das neue buch
Herausgegeben von Jürgen Manthey

Wolfgang Harich
Jean Pauls
Revolutionsdichtung

Versuch einer neuen Deutung
seiner heroischen Romane

das neue buch
rowohlt

Veröffentlicht im Rowohlt Taschenbuch Verlag GmbH,
Reinbek bei Hamburg, Juni 1974
Copyright 1974 by Akademie-Verlag, DDR – Berlin
Vom Akademie-Verlag genehmigte Lizenzausgabe
Alle Rechte vorbehalten
Umschlagentwurf Christian Chruxin und Hans-Gert Winter
(Foto: Aufstand in der Vorstadt St. Antoine 28. April 1789.
Radierung von Pélicier-Niquet nach einer Zeichnung von Vény-Girardet)
Herstellung VEB Druckerei »Gottfried Wilhelm Leibniz«, 445 Gräfenhainichen
Printed in GDR
ISBN 3 499 25041 1

„Zu Ostern 1794
werde ich einige Winke über das Tertianfieber
der Weltrevolution geben."

Jean Paul

*in einem Brief an Otto
Schwarzenbach 1793*[1]

„Ich arbeite kein Buch aus,
ohne eine bestimmte Tendenz zu haben. . . .
Ich habe mehr Plan und
Absicht in meinen Schriften,
als man gewöhnlich glaubt."

Jean Paul

*in einem Gespräch mit Abegg
Leipzig 1798*[2]

Einleitung

Unter den literarischen Leistungen Jean Pauls sind am gewichtigsten die sechs umfangreichen Prosa-Epen, die er selbst gern als „Biographien" bezeichnete.[1] Drei davon hat man im Hinblick auf die Charaktere ihrer Haupthelden seine heroischen Romane genannt: „Die unsichtbare Loge"[2], „Hesperus"[3] und „Titan"[4]. Auf sie konzentriert sich das Interesse nachstehender Untersuchung, sie bilden ihren zentralen Gegenstand. Im Unterschied zum „Siebenkäs" und zu den „Flegeljahren", deren Verehrergemeinde sich bis in die Gegenwart hinein immer wieder erneuert hat, handelt es sich um Werke, von denen die Öffentlichkeit im deutschen Sprachgebiet seit langem kaum noch Notiz nimmt. Nicht genug damit, daß ihnen das Publikum keine Beachtung mehr schenkt, wäre es sogar euphemistisch, mit einem auf Klopstock gemünzten Lessing-Wort zu behaupten, sie würden zwar viel gelobt, doch wenig gelesen; denn gerade um ihr Anerkanntsein als unentbehrlicher Bildungsbesitz ist es schlecht bestellt. Der Deutschunterricht erwähnt sie gewöhnlich mit keiner Silbe, in den Kompendien der Literaturgeschichte werden sie meist bagatellisiert, und die namhaften Schriftsteller, die sich über sie geäußert haben, sind an den Fingern einer Hand abzuzählen.[5] Selbst im Geburtsland ihres Verfassers ist es seit Generationen kein Kriterium des Gebildetseins mehr, sie auch nur vom Hörensagen zu kennen.

Die vorliegende Arbeit setzt sich das Ziel, diesen Mißstand beheben zu helfen, überzeugt, daß er als Dauerschwund an Kultursubstanz wie als Indiz mangelnden progressiven Traditionsbewußtseins gleich beklagenswert ist. Sie möchte den zu Unrecht, wenn auch keineswegs zufällig, in Vergessenheit geratenen drei Romanen aufs neue die Geltung erkämpfen, die ihnen zukommt. Sie beabsichtigt indes nicht, dies in der Weise zu tun, daß sie sie vorwiegend ästhetisch würdigt. Obwohl auch das ein Gesichtspunkt ist, der zur Sprache kommen muß, ist es ihr um etwas anderes zu tun: Sie will das aktuelle „Tua res agitur", das diesen Werken innewohnt, vernehmbar machen durch den Nachweis, daß sie der Ära sozialer Transformation, in der wir leben, wieder viel zu sagen haben. Jean Paul – so soll dem Leser von heute zur Evidenz gebracht werden – hat für das Bildungsideal des harmonisch entwickelten Menschen, anders als Goethe und Schiller, ja in betontem Gegensatz zu ihnen, eine primär *politische Verwirklichung* gesucht und hat diese schließlich gestalterisch ausprägen können, weil sein Demokratismus, inspiriert durch den Sturm auf die Bastille, ihn im Erziehungsroman zugleich Utopien revolutionärer Überwindung der deutschen Misere entwerfen ließ, die den gehaltvollsten Teil seiner Lebensleistung zum noch unabgegoltenen Geisteserbe der Linken machen. Daß die deutschsprachige Linke sich dessen bewußt werde, daß sie den um die Wende vom 18. zum 19. Jahrhundert überragendsten Vorkämpfer ihrer Bestrebungen wiederentdecke – darauf kommt es an, das ist der Zweck, auf den das vorliegende Buch hinauswill, wenn es Jean Pauls heroische Romane als das relevanteste künstlerische Echo wertet, das die Französische Revolution, noch bevor ihr Vermächtnis von den Armeen Napoleons über den Rhein getragen wurde, im deutschen Sprachraum zu antwortender Resonanz brachte.

Für Inhalt, Umfang und Gliederung des folgenden ergeben sich daraus gewisse Konsequenzen. Beachten möge der Leser als erstes, daß die hier im Mittelpunkt stehenden Werke um ihrer selbst willen in einen über sie hinausgreifenden Kontext gestellt werden. Um ihren revolutionären Gehalt dem Gegenwartsbewußtsein über den Abstand der Zeiten hinweg nahezubringen, werden in ihre Interpretation auch die geschichtlichen, literarhistorischen und erlebnismäßigen Entwicklungsprozesse mit einbezogen, die in ihnen ihren Niederschlag gefunden haben, und wird außerdem ihre Sonderstellung in der Literaturperiode, der sie angehören, durch die Reflexion auf simultane Aussagen anderer Dichter herausgearbeitet. Nachstehend ist daher weder allein von Literatur noch gar ausschließlich von Jean Paul die Rede. Wo aber die Darstellung wirklich nur ihn betrifft, da geht sie noch auf weitere Werke von ihm ein, insbesondere auf früher entstandene, soweit sie für die Genesis seiner Romankonzeption aufschlußreich sind.

Verständnis möge der Leser ferner für die Gründe aufbringen, aus denen hier mitunter nicht auf ausführliche Inhaltswiedergaben verzichtet werden kann. Auf der einen Seite wäre es abwegig, ein Publikum vorauszusetzen, dem die zu erörternden Bücher bereits geläufig sind. Den von Schullektüre, Theaterbesuch und Zitatenschatz her schon verständigten Adressaten, auf den der Goethe- oder Schiller-Biograph rechnen kann, kennt die Exegese der heroischen Romane nicht. Sie ist vorläufig darauf angewiesen, ihn sich erst zuzubereiten, wobei es ohne informative Mitteilungen an ihn schwerlich abgeht. Andererseits ist Jean Paul wieder nicht so unbekannt, daß sein Name gar keine Assoziation mehr wachrufen würde. Daraus läßt sich hier jedoch erst recht kein Nutzen ziehen, denn gerade die gängigsten Vorstellungen sind den Absichten dieses Buchs konträr. Die Nachfolge, die der Dichter im 19. Jahrhundert gefunden hat, und die relative Vorzugsstellung, die der „Siebenkäs", die „Flegeljahre" und besonders seine idyllisch-humoristischen kleineren Werke in der Publikumsgunst einnehmen, haben, zusammen mit einer sich allzu ausgiebig bei den Merkmalen ihrer Erzählweise und ihres Sprachstils aufhaltenden

Analyse, zusammen auch mit einem Kranz von Anekdoten, die teils den genügsamen Winkelschulmeister im Vogtländischen, teils den behäbigen Biertrinker im Seitenstübchen der Rollwenzelei zeichnen, ein einseitiges, schiefes Bild von ihm fixiert. Und in dieses Bild paßt die These, es gebe eine Revolutionsdichtung Jean Pauls, sie mache den Kern seines Lebenswerks aus, so wenig hinein, daß es gründlicher Dokumentation bedarf, um sie einwandsimmun zu belegen.

All dies bedeutet, daß der vorliegende Versuch seinem Umfang nach den Eindruck erwecken könnte, eine Gesamtwürdigung Jean Pauls zu sein. Um so nötiger ist es, den Leser auch darauf aufmerksam zu machen, daß ihm hier viel weniger geboten wird, als er von einer solchen würde erwarten dürfen. Diese Studie ist keine Biographie, auch keine umfassende Monographie. Sie geht nicht einmal auf alle Hauptwerke des behandelten Autors ein, ja, sie läßt, ungeachtet ihrer politischen Absichten, sogar dessen zeitkritische Traktate[6] beiseite, da sie einer Periode angehören, in der seine Revolutions*dichtung* bereits hinter ihm lag. Nicht weniger als 23 Jahre aus seinem späteren Leben bleiben unberücksichtigt. Seine großen theoretischen Werke und eine Reihe reifer belletristischer Leistungen werden höchstens im Vorbeigehen gestreift. Mit der Beendigung der Arbeit am „Titan", Ende 1802, bricht die Darstellung ab, nachdem sie auch in bezug auf die vorausgegangenen Lebensabschnitte nicht etwa Vollständigkeit erreicht, nicht das philologisch aufbereitete Material, das verfügbar wäre, komplett ausgewertet, sondern hier ebenfalls eine auf ihr begrenztes Thema bezogene Auswahl getroffen hat.

Fragt sich, wie ein solches Vorgehen gerechtfertigt werden kann. Seine Zulässigkeit hängt selbstredend davon ab, daß die Auswahl keine willkürliche ist. Und der Verdacht, sie sei es, kann offenkundig nur entkräftet werden entweder auf Grund von Merkmalen, die den heroischen Romanen gemeinsam sind und sie von den übrigen Schriften Jean Pauls unterscheiden, oder durch den Nachweis, daß ihre Genesis sie zu einem relativ kohärenten Ganzen verbindet.

Beide Bedingungen sind, glaube ich, erfüllt. Für die genetische Zusammengehörigkeit spricht der Umstand, daß die drei Romane in derselben Schaffensperiode konzipiert wurden. Aus dem Juli 1790 ist ein Brief Jean Pauls überliefert, worin er seinem Freund Christian Otto anvertraut, daß er erstmals an einem großen Roman „laiche".[7] Gemeint ist das Buch, das drei Jahre später, als Fragment veröffentlicht, den Titel „Die unsichtbare Loge. Mumien" erhielt. Seine Ausarbeitung erfolgte zwischen Februar 1791 und August 1792.[8] Es blieb ein Torso, weil dem Verfasser inzwischen, Anfang 1792, die Idee eines zweiten Romans aufgegangen war, der es zur Vollendung seines epischen Erstlings nicht mehr kommen ließ: „Hesperus oder 45 Hundsposttage". Die ältesten Notate hierzu stammen aus dem Mai desselben

Jahres, im September begann die Ausarbeitung, und im Juli 1794 lag das Manuskript vor.[9] Diesmal war ein fertiges Opus zustande gekommen, aber wieder war dem Abschluß ein weiterer Plan vorausgeeilt: der des „Titan". Zwar ist dieses Werk, verzögert durch anderweitige Vorhaben, erst 1796/97 in das entscheidende Stadium seines Entstehens eingetreten und erst 1802 vollendet worden. Doch schon um die Jahreswende 1792/93 waren die frühesten Entwürfe dazu zu Papier gebracht[10], und bereits Ende 1794 dürfte der Autor zum ersten Mal zur Niederschrift angesetzt haben, die freilich bald darauf auch ihre erste Unterbrechung erlitt. Selbst wenn also die im folgenden zu erörternden Romane sonst nichts miteinander zu tun hätten, wären sie unter epochalen Voraussetzungen und persönlichen Lebensumständen entstanden bzw. in Angriff genommen worden, die für einen so kurz bemessenen Zeitabschnitt als konstant veranschlagt werden müssen, und daraus wäre auf die Einheitlichkeit der Motivlage ihres Urhebers wie auf die Identität der gesellschaftlichen Grundlagen seines damaligen Schaffens zu schließen.

Tatsächlich haben sie aber viel miteinander zu tun. Es ist dabei nicht so sehr an das lose Verknüpftsein ihrer Handlungen zu denken, das zu äußerlich bleibt, als daß ihm Gewicht zukäme[11]; von einer Trilogie kann kaum die Rede sein. Belangvoll ist etwas anderes: die Häufung konzeptioneller Analogien, der Umstand, daß die heroischen Romane, bei aller Eigenart jedes einzelnen, in ihren Sujets, ihren lokalen und zeitgeschichtlichen Koordinatensystemen, ihrem Ideengehalt, desgleichen dank der Struktur der jeweiligen Fabelkonstruktion und, vor allem, hinsichtlich der in ihnen agierenden Charaktere untereinander auffällige Parallelen aufweisen. Vielerorts drängt sich der vergleichenden Analyse die Vermutung auf, es handle sich nicht um verschiedene Konzeptionen, sondern um eine, die dreimal variiert worden ist, anders ausgedrückt: zur Bewältigung einer persistenten Aufgabe seien drei Anläufe unternommen worden, von denen der erste auf halbem Wege stecken blieb und der zweite, gelungene den Verfasser auch noch nicht zufriedenstellte. Die Annahme wird zur Gewißheit, sobald man sich den gemeinsamen Nenner der Analogien klarmacht: Sie sind durchweg auf die welthistorischen Vorgänge und die deutschen Zustände eben jener Jahre bezogen, auf die alle drei Werke zurückgehen. Übereinstimmend spielen deren Handlungen in typischen Duodezfürstentümern des ausgehenden 18. Jahrhunderts; übereinstimmend schärft der Autor seinen Lesern ein, daß das Geschehen, derweil es von ihm aufgezeichnet werde, sich in der Wirklichkeit zutrage[12]; übereinstimmend gruppieren die Stoffmassen sich dabei jedesmal um dasselbe Problem: um die Frage, wie die Umwälzung, die soeben in Frankreich eingesetzt hat, auf Deutschland übergreifen und hier zum Sieg geführt werden könnte; und wieder und wieder werden unter diesem Gesichtspunkt Idealgestalten von Revolutionären entworfen, die, gäbe es sie wirklich, dazu berufen wären, das deutsche Volk aus seiner feudalen Bedrückung zu erlösen.

Man spürt: Statt sich bloß chronologisch zu überschneiden, sind die Entstehungsgeschichten dieser Bücher sachlich dergestalt auseinander hervorgegangen, daß sich beim Niederschreiben des einen stets auch schon die Idee des nächsten herauskristallisiert hat, aber nicht, weil der Dichter das ursprüngliche Ziel aufgegeben hätte, um sich anderweitigen Projekten zuzuwenden, sondern weil er, im Bann der Revolutionsereignisse, an diesem Ziel so unverwandt festhielt, daß er es dreimal hintereinander mit jeweils neuen Mitteln – durch Variierung des Stils, Abwandlung der Grundfabel, Einführung anderer Romanfiguren, Einbeziehung weiterer Zeitprobleme, Verarbeitung neuer Lebenserfahrungen usw. – zu erreichen suchte.

Dem genetischen Zusammenhang entspricht demnach auch – womit die zweite Bedingung der gesonderten Thematisierung erfüllt ist – eine Gemeinsamkeit wesentlicher Inhalts- und Strukturmomente. Sie wäre freilich nicht spezifisch genug, um einen Sonderfall zu konstituieren, wollte man sie allein im Genremäßigen oder lediglich in der Art der Zeitbezogenheit suchen: Jean Paul hat einerseits mit dem „Siebenkäs"[13], den „Flegeljahren"[14] und dem „Kometen"[15] noch drei weitere Prosa-Epen geschaffen, die eine Würdigung seiner Verdienste als Romancier nicht vernachlässigen dürfte, und er hat sich andererseits in zumindest zwei Nebenwerken, den „Biographischen Belustigungen"[16] und dem Aufsatz „Charlotte Corday"[17], direkter mit der Revolution auseinandergesetzt als in seinen heroischen Romanen, weshalb es unsinnig wäre, seine Einstellung dazu vorwiegend durch deren Analyse zu eruieren. Aber diese Gruppe von Werken steht bei ihm, wie überhaupt in der deutschen Literatur, insofern einzig da, als sich nur in ihr der Antrieb zur Gestaltung gesellschaftlicher Totalität *und* das Inspiriertsein von der Revolution wechselseitig durchdringen. Nirgends sonst wächst aus dem Revolutionsbekenntnis eines Schriftstellers der Goethe-Zeit die Utopie einer Revolutionierung der deutschen Zustände hervor. Nirgends sonst wird eine vergleichbare Utopie dadurch, daß sie die erhoffte Realisierbarkeit ihrer Perspektiven aus der Widerspiegelung des vorgefundenen Gesellschaftsgefüges abzuleiten sucht und so die Form epischer Erzählung annimmt, zugleich zum Ausgangspunkt eines qualitativ neuen, über die Traditionen des 18. Jahrhunderts hinausführenden Romantyps. Und das zusammen reicht aus, um die Themenstellung einer Untersuchung zu legitimieren, die es auf eben diese differentia specifica abgesehen hat.

Bleibt die Frage, ob der vorliegende Versuch nicht auf ein einseitig politisiertes Jean Paul-Bild hinausläuft. Dahingehende Einwände wären kaum zu entkräften, wenn die Beschränkungen, die er sich auferlegt, einen untergeordneten Aspekt der Lebensleistung des Dichters herausheben würden und daran nichtsdestoweniger der Anspruch geknüpft bliebe, dieser umfassend gerecht zu werden. So verhält es sich jedoch nicht. Der Aspekt, den meine Arbeit herausgreift, ist, unabhängig von seiner politischen Signifikanz, alles andere als nebensächlich. Auch bei Ignorierung der aufgezeigten Beziehung zur Revolution ließen sich Gründe nennen, ihm für die Jean Paul-Forschung große Bedeutung beizumessen. Der erste Grund ist der, daß die Aufgabe, die Jean Paul sich 1790 stellte, für seinen Werdegang schon deswegen richtunggebend gewesen sein muß, weil sie ihn vom 28. bis zum 40. Lebensjahr in Anspruch genommen hat. Selbst die Unterbrechungen der Arbeit am „Titan" beeinträchtigen die Beweiskraft dieser Überlegung nicht, sondern unterstreichen sie nur: Sie erklären sich nicht aus leichter Ablenkbarkeit, sondern daraus, daß der Autor die Vollendung seines „Kardinalromans" lange absichtlich hinausgezögert hat in der Meinung, dies werde dem Buch zustatten kommen, erweiterte Lebenserfahrung werde es inhaltlich bereichern, gesteigerte Beherrschung der Sprachmittel formal aus ihm ein Gebilde vollendeter Kunst machen.[18] Zumindest für die Kulminationsphase der Entwicklung des Belletristen Jean Paul bekommt man also, indem man sich der „Unsichtbaren Loge", dem „Hesperus" und dem „Titan" zuwendet, den Hauptstrang seines Schaffens in den Griff.

Ein zweiter Grund: Außer den „Biographischen Belustigungen", die im ersten Ansatz steckengeblieben sind, hat Jean Paul nur diese drei Romane schon im Augenblick der originären Eingebung als solche geplant. Bei ihnen kommt daher das Resultat der ursprünglichen Idee relativ am nächsten, ihnen läßt sich am ehesten entnehmen, was er als Romancier gewollt hat. Das gilt sogar für den viele Rätsel aufgebenden Torso der „Unsichtbaren Loge", vorausgesetzt, man faßt diese als einen zum Werdeprozeß des „Hesperus" und des „Titan" gehörenden Vorentwurf auf, dessen Ausführung abgebrochen wurde, nachdem eine zweite, geeignetere Möglichkeit der Realisation gefunden war. Nicht dagegen kann dergleichen von den „Flegeljahren" oder selbst von dem zum Abschluß gediehenen „Siebenkäs" gesagt werden, die vielmehr beide unterderhand programmwidrig ausgefallen sind.[19] Nicht an ihnen also – auch wenn die verbreitete Meinung zutreffen sollte, daß sie der Nachwelt mehr zu geben hätten –, nein, an der weniger bekannten, im „Titan" gipfelnden Romangruppe hat sich zu orientieren, wer ermitteln will, von welchen Zielvorstellungen Jean Paul sich leiten ließ, als er sich mit der Prosa-Epik einer Literaturgattung annahm, die damals, im deutschen Sprachraum erst in statu nascendi begriffen, den Schriftstellern wie keine andere noch Pioniergeist – und das heißt in Dingen der Kunst allemal auch: ein durchdachtes Programm – abverlangte.

Drittens: Werkgeschichtlich verhalten der „Siebenkäs", die „Flegeljahre" und der „Komet" sich zum „Titan" wie Ableger zu ihrer Mutterpflanze.[20] Aus ihm sind sie abgezweigt, an sie hat er teils Figuren und Motive, deren sie bedurften, teils Probleme, die in seiner Welt nicht unterzubringen waren, gleichsam delegiert. Und da er seinerseits die vollkommenste Ausführung der Konzeption darstellt, die bereits der „Loge" und dem „Hesperus" zugrunde lag, bildet er, zusammen mit diesen seinen Vorläufern, den Schlüssel zum genetischen Verständnis der Jean Paulschen Prosa-Epik überhaupt. Auch aus philologischen Erwägungen sind folglich von der vorrangigen Analyse der drei heroischen Romane Aufschlüsse zu erwarten, die sich keinem anderen Teil des Gesamtwerks abgewinnen ließen.

Schließlich viertens: Es kommt nicht nur der Gruppe im ganzen, es kommt auch jedem dieser Romane, für sich genommen, exorbitante Bedeutung zu. Beim „Titan", den der Autor selbst als sein „chef d'œuvre" verstanden hat, steht dies ohnehin außer Frage. Mutatis mutandis gilt es aber auch für die beiden anderen Werke. So verdient der „Hesperus", abgesehen davon, daß ihn seine ungeheure Popularität bei den Zeitgenossen zum literatursoziologischen Problem ersten Ranges macht, unter biographischen Gesichtspunkten schon aus dem Grunde besondere Aufmerksamkeit, weil er im Leben seines Verfassers die in sozialer Beziehung folgenreichste Wende herbeigeführt hat. Ist es doch dem Erfolg dieses Buchs zuzuschreiben, daß der bis dahin in kümmerlichen Verhältnissen vegetierende Kandidat Richter, eine verkrachte Existenz, von 1795 an zu den höchsten Kreisen Zugang fand, die er nun erst, als ruhmgekrönter Jean Paul zugleich ihr unnachsichtigster Kritiker, aus eigener Anschauung zu schildern vermochte. Und die „Unsichtbare Loge" wiederum markiert den in literarisch-ästhetischer Hinsicht wichtigsten Wendepunkt seiner Entwicklung, denn sie war der erste große Wurf, der dem geborenen Fabulierer in dem ihm am meisten gemäßen Genre gelang, nachdem er vorher fast nur ironisch räsoniert oder abstrakt theoretisiert hatte. An die „Loge" muß daher jeder Versuch sich halten, seinen Werdegang als Romancier, seine Eigentümlichkeiten in Erzählweise, Fabelführung, Charakterisierung und Sprachbehandlung, desgleichen seine Position in der Geschichte des Romans, sein Verhältnis zu den Vorgängern auf diesem Gebiet vom Ursprung her auf den Begriff zu bringen.

Diese Argumente müßten genügen, um Zweifel an der zentralen Stellung der heroischen Romane in Jean Pauls Gesamtwerk auszuräumen. Trotzdem reicht deren Interpretation allein natürlich *nicht* aus, um die Basis eines umfassenden Jean Paul-Verständnisses abzugeben. Der Satiriker, der Idylliker, der reine Humorist, der universale Denker kommen bei solch begrenzter Themenwahl zu kurz. Wird obendrein, wie es hier geschehen soll, auf Sprachanalysen resolut verzichtet, so gerät auch ein überragend belangvolles künstlerisches Moment ins Hintertreffen. Und vollends kann infolge Vernachlässigung wichtiger biographischer Details selbst in den Lebensabschnitten, auf die die Darstellung sich beschränkt, von der Persönlichkeit des Dichters nur ein schemenhaftes Bild entstehen. Das besagt aber nicht, daß der Vorwurf politischer Vereinseitigung am Platze wäre, denn der revolutionäre Demokrat Jean Paul kommt in der vorliegenden Arbeit auch nicht genug zur Geltung. Sie kann mit keinem der vielen Essays konkurrieren, in denen linke Publizisten ihn längst gebührend gewürdigt haben[21], und kann ebensowenig beanspruchen, den Gedankenreichtum der Chrestomathien auszuschöpfen, die wiederholt aus seinen politischen Traktaten, Artikeln und Aphorismen zusammengestellt worden sind. Beides will sie aber auch nicht. Sie will einzig zeigen, wie die politische Gesinnung sich bei Jean Paul in Romanfabeln und gestaltete Charaktere umgesetzt, was mithin sein Radikalismus für seine erzählende Prosa bedeutet hat und warum der heute unbekannteste Teil dieser kostbaren Prosa im Hinblick auf die in ihm sich vollziehende Synthese von Revolutionsgeist und Dichtung es verdient, unserem Traditionsbewußtsein wieder vertraut zu werden. Wenn dabei ein bisher übersehener Wesenszug des Dichters sichtbar werden sollte – um so besser. Die Absicht, sein Bild im ganzen neu zu zeichnen, liegt mir fern.

ERSTES KAPITEL

Zur Problematik der satirischen Periode

I

Hält man sich vor Augen, welche Begebenheiten sich in der politischen Landschaft Europas zutrugen, als Jean Paul sein frühestes Epos konzipierte, und in welch starkem Maße es davon beeinflußt ist, so gelangt man leicht zu der Annahme, es sei überhaupt die Erhebung des Dritten Standes gewesen, die den Romancier in ihm erweckt hat. In der Tat läßt sich in seiner Jugendgeschichte ein Wendepunkt konstatieren, der auf das dem Bastillesturm folgende Jahr angesetzt werden muß, und die Hinwendung zu erzählender Gestaltung, insbesondere zum Roman, war der wichtigste Vorgang der zu dieser Zeit beginnenden Periode seines Schaffens. Dennoch liegen die Dinge so einfach nicht, daß der Genrewechsel auf die Französische Revolution zurückgeführt werden könnte. *Was* in der „Unsichtbaren Loge" steht, ist ohne die Revolution allerdings nicht denkbar. *Daß* ihr Verfasser aber gerade zu diesem Zeitpunkt als Romanschriftsteller auftrat, hat Gründe, die zu ihr in keiner Beziehung stehen. Doch um die Koinzidenz richtig zu konkretisieren, muß hier etwas weiter ausgeholt werden.[1]

II

Jean Paul (bürgerlicher Name: Johann Paul Friedrich Richter) ist im März 1763 in Wunsiedel geboren worden – Sohn eines Lehrers, der u. a. Theologie studiert hatte, daher zwei Jahre später eine Pfarrstelle in dem Dorf Joditz erhielt und 1776 als Seelsorger nach Schwarzenbach, nahe Hof, berufen wurde. Die Bildung, die der Vater seinem Ältesten angedeihen ließ, war dürftig: In Joditz unterrichtete er ihn, zusammen mit den kleineren Brüdern, nach Methoden von grotesker Unzulänglichkeit selbst, in Schwarzenbach schickte er ihn für drei Jahre auf die dortige Einklassen-Schule, und erst den Sechzehnjährigen brachte er aufs Gymnasium in Hof. Der Knabe machte seine Wissenslücken aber mehr als wett, indem er, unglaublich viel lesend, sich aus eigener Kraft zu einem kleinen Polyhistor ausbildete. Da der Erwerb von Büchern ihm versagt war, pflegte er das Gelesene jedesmal zu exzerpieren, und aus dem Bedürfnis, seine Exzerpte mit Kommentaren zu versehen, entfalteten sich bei ihm früh schriftstellerische Neigungen. Universell interessiert, bald gepackt vom Drang zur Publizität, dabei ebenso scharfsinnig wie reich an Phantasie, Humor und Gefühl, scheint er zuerst geschwankt zu haben, ob er, neben dem ihm zugedachten geistlichen Beruf, Philosoph werden oder sich der Poesie zuwenden sollte. Nachdem zwei Amtsbrüder seines Vaters, Völkel und Vogel, ihm Leibniz, Wolff und die deutschen Popularphilosophen nahegebracht hatten, hat er jedenfalls bis ins 19. Lebensjahr vorwiegend philosophische Arbeiten verfaßt. Seine ältesten erhalten gebliebenen Aufsätze stammen aus dem Sommer 1779, als er soeben begonnen hatte, sich auf dem Gymnasium auf sein Theologiestudium vorzubereiten, das ihn dann Ostern 1781 an die Universität Leipzig führte. Inmitten dieser ersten Schaffensphase, deren Früchte von Frühreife, Kombinationsgabe und phänomenalem Wissen zeugen[1], brachte er Anfang 1781, als Mulus, aber auch bereits einen dichterischen Versuch hervor: „Abälard und Heloise"[2], eine durch den Liebeskummer des Schulfreundes Adam von Oerthel angeregte Nachahmung von „Werther" und „Sigwart". Neun Jahre indes sollten von da an noch vergehen, ehe er sich erneut an erzählende Werke wagte.

Gegen Ende des ersten Semesters faßte Jean Paul den Entschluß, freier Schriftsteller zu werden. Zu der in der evangelischen Kirche tonangebenden Orthodoxie hatte er bereits in Hof, als Gymnasiast in Gegensatz gestanden. Die unbefriedigenden Eindrücke in den Vorlesungen der Leipziger Theologie-Professoren, der Druck, der in Kursachsen, ähnlich wie daheim, auf den heterodox eingestellten Pfarrern lastete, und die Lektüre von Freigeistern wie Reimarus, Voltaire, gar Helvétius verleideten ihm die geistliche Laufbahn vollends. Auch war er mittlerweile dermaßen vom Schreibteufel besessen, daß er sich unter den künftigen Predigerpflichten nur Störungen seiner eigentlichen Bestimmung vorzustellen vermochte. Hinzu kam, daß er zu schnellem Geldverdienen gezwungen war. Sein Vater war 1779 verschieden und hatte nichts hinterlassen als Schulden. Als Ältester war Jean Paul das Oberhaupt der verwaisten Familie Richter. Einen Rückhalt hatte zunächst der Großvater, Tuchmacher Kuhn in Hof, geboten. Doch 1780 war auch der verstorben, und die Vermögenswerte, die er Jean Pauls Mutter hinterlassen hatte, kamen dieser nicht zugute, weil ihre mit einem Advokaten verheiratete Schwester das Testament anfocht. Ein sich durch Jahre hinziehender Erbschaftsprozeß verschlang alle Gelder, die den Richters den Lebensunterhalt hatten gewähren sollen. Das Elend, das über sie hereinbrach, war unbeschreiblich. Im August 1781 mußte Frau Richter ihre Schwarzenbacher Wohnung aufgeben und mit ihren Söhnen in einer Stube in Hof zusammenrücken. Der zweite Sohn, Adam, verließ seine Mutter, um sich als Barbier durchzuschlagen, und fiel Werbern in die Hände. Der vierte, Heinrich, nahm sich, wahrscheinlich aus Verzweiflung über die Notlage der Familie, 1789 das Leben. Bei dem jüngsten, Samuel, bildeten sich später kriminelle Neigungen heraus.[3] Jean Pauls Entwicklung in den achtziger Jahren muß man vor diesem Hintergrund betrachten. Im Bücherschreiben sah der kaum Neunzehnjährige die Rettung. Doch er täuschte sich. Seine

Einkünfte waren so armselig, daß er immer tiefer in Schulden geriet. Von Gläubigern verfolgt, mußte er Leipzig schließlich fluchtartig verlassen. Mit Erfrierungsschäden, die er sich auf dem Heimweg zugezogen, kroch er im November 1784 wieder in Hof bei den Seinen unter, für die er mit seiner brotlosen Kunst aber nur eine zusätzliche Belastung war. Bald ließen er und die Mutter ein Stück des Hausrats nach dem anderen ins Leihhaus wandern, sanken zu Lumpensammlern herab und ernährten sich zeitweilig nur von Salatblättern und trocken Brot.

Anfang 1787 war das Elend so ausweglos, daß Jean Paul eine Hofmeisterstelle in Töpen, auf dem Landsitz der Eltern seines inzwischen verstorbenen Freundes v. Oerthel, antrat. Hier blieb er bis zum Frühjahr 1789, unter Konflikten, die am Ende zu seiner Entlassung führten.[4] Nach einem weiteren Jahr in Hof ging er im März 1790 erneut nach Schwarzenbach, wo ihm drei Familien ihre Kinder zu gemeinsamer Erziehung anvertrauten. Als ein Teil der Schüler im Mai 1794 aufs Gymnasium kam, kehrte er abermals nach Hof zurück, um sich dort mit Stundengeben zu ernähren. Das war aber nun nicht mehr lange nötig. Die ersten größeren Honorare und besonders der Erfolg des „Hesperus" machten bald darauf der Armut ein Ende und ermöglichten es ihm, sich fortan ausschließlich schriftstellerischer Arbeit zu widmen. Mit einem Schlage war er zum meistgefeierten Repräsentanten der deutschen Literatur aufgestiegen. 1796 kam er in Weimar zum ersten Mal mit der Welt der Großen in Berührung. 1797 verließ er, nach dem Tod seiner Mutter, Hof, um sich in Leipzig niederzulassen. Jeweils vorübergehend hat er dann noch in Weimar, in Berlin, wo er sich verheiratete, sowie in Meiningen und Koburg gelebt, ehe er 1804 endgültig nach Bayreuth übersiedelte.

III

Die Schriften, mit denen Jean Paul zunächst so wenig Glück hatte, waren Prosa-Satiren. Im Winter 1781/82 entstand sein „Lob der Dummheit".[1] Einen Verleger fand er dafür nicht. Unverdrossen machte er sich an die „Grönländischen Prozesse", diesmal eine Satiren-Sammlung.[2] Voß in Berlin nahm das Werk an, das anonym in zwei Bänden, im Februar und Oktober 1783, herauskam. Käufer fanden sich indes kaum, so daß Voß zu weiteren Abschlüssen nicht mehr bereit war. Für den nächsten Sammelband, dessen Manuskript in erster Fassung – mit dem Titel „Abrakadabra" – im Frühjahr 1784 vorlag, wurde lange Zeit vergeblich ein Verleger gesucht. Erst 1786 ist das Buch in dritter Fassung, als „Faustins Nachlaß", von einem Buchhändler in Gera angenommen wurden, der aber den Druck noch jahrelang hinauszögerte. Im Mai 1789 erschien es in vierter Fassung unter dem Titel „Auswahl aus des Teufels Papieren"[3], in einer Auflage von nur 750 Exemplaren, anonym und ohne Angabe von Verlag und Druckort. Der Erfolg war noch geringer als bei den „Grönländischen Prozessen".

Außer diesen Büchern hat der junge Jean Paul noch eine Fülle einzelner Satiren verfaßt. In wenigen Fällen brachte er etwas davon in Zeitschriften unter. Der größte Teil ist erst nach seinem Tode veröffentlicht worden.[4] Verhältnismäßig am meisten förderte ihn der Herausgeber der „Literatur- und Völkerkunde", Archenholz. Dreimal öffnete er ihm im Verlauf von vier Jahren die Spalten seines Blatts, und im Winter 1789/90 bemühte er sich darum, für die dritte, beste Satiren-Sammlung seines Protegés, die „Bayerische Kreuzerkomödie"[5], in Berlin einen Verleger zu finden. Vergebens: Man war nicht bereit, das Manuskript auch nur anzusehen. Alle erklärten, Satiren ohne erzählende Einkleidung seien nicht absetzbar. So sah das traurige Ende dieser Schaffensperiode aus.

IV

Warum hat Jean Paul sich als Achtzehnjähriger der Satire zugewandt? Und warum ist er trotz aller Mißerfolge ihr so lange treu geblieben? Mehrere Motive wirkten da in gleicher Richtung. Das gesellschaftlich bedeutungsvollste liegt darin, daß er schon 1781 Gegner des deutschen Kleinstaatdespotismus war[1], den er in der Heimat in seiner niederträchtigsten Form kennengelernt hatte. Freilich ist er nie, wie Schiller in Württemberg, persönlich den Launen eines Tyrannen ausgesetzt gewesen. Aber in den Jahren des Reifens, als er seine Umwelt kritisch zu mustern begann, als durch eigene Armut sein Mitgefühl für alle Notleidenden geweckt war, stieß er in Hof und Umgebung auf eine noch schlimmere Mißwirtschaft, als es sie im Lande Karl Eugens gab.

Politisch gehörten die Stätten seiner Jugend zu Ansbach und Bayreuth, die, von den fränkischen Hohenzollern regiert, seit dem Mittelalter abwechselnd getrennte Fürstentümer gewesen waren oder eine vereinigte Markgrafschaft gebildet hatten. Ein letzter Zusammenschluß fand 1767 statt. 1791 trat der kinderlose Markgraf Karl Alexander gegen eine Jahresrente beide Gebiete an Preußen ab, wo damals der durch seinen Obskurantismus und seine Mätressenwirtschaft berüchtigte Friedrich Wilhelm II. regierte. Als dessen Nachfolger, Friedrich Wilhelm III., 1806 gegen Napoleon unterlag, gliederten die Franzosen das Land dem Rheinbundstaat Bayern ein, und Bestandteil des bayerischen Königreichs blieb es auch nach dem Wiener Kongreß. Jean Paul hat somit im selben Landstrich nacheinander unter den fränkischen Hohenzollern, ihren Potsdamer Vettern und den Wittelsbachern gelebt.

Die Zustände, die ihn während seiner Jugend umgaben, waren vom niedergehenden Feudalismus geprägt. Die Landedelleute verfügten über ihre Fronbauern nahezu wie über Sklaven. Patrimonialgerichtsbarkeit und mittelalterliche Gesetze boten der Willkür der Großen jede Handhabe, sich im Dasein der einfachen Leute geltend zu machen. Auf dem geistigen Leben lastete der Druck einer fanatischen Orthodoxie. Im Volk grassierte wüster Aberglaube. Schlimmstes Übel war die Verschwendungssucht des Bayreuther Hofs. Sie zehrte die Kräfte der Untertanen seit Generationen in solchem Maß auf, daß der Bürgerfleiß der Städte dem Schöpfen in ein Danaïdenfaß glich. Mit immer neuen Steuern wurden sie geschröpft, ja, die Regierung scheute sich nicht, Kontingente ihrer Landeskinder zur Unterdrückung der nordamerikanischen Freiheit an England zu verkaufen. Anhaltend ausgesogen, gediehen Gewerbe und Handel nicht über kümmerliche Anfänge hinaus. Der Mittelstand stagnierte. Und furchtbar stand es um das Schicksal der Besitzlosen. Gelehrte, Pastoren und Schulmeister lebten in dürftiger Armut. Für Kriegsinvaliden war keine Unterstützung da. In Scharen zogen Bettler durchs Land.[2]

Das war die Welt, in der Jean Paul aufwuchs, die sich in seiner Dichtung widerspiegelt. Man braucht nur an die Erbfolgeprobleme in Franken zu denken, um zu verstehen, warum dynastische Konflikte, bei denen es um winzige Ländchen geht und die gleichwohl von grausigen Verbrechen begleitet sind, ein so wichtiges Thema seiner Schilderung deutscher Politik bilden. Ebenso genügt es, sich die sozialen Verhältnisse in Ansbach-Bayreuth zu vergegenwärtigen, um zu erkennen, daß es kein Zufall ist, wenn in seinen Werken soviel Elend vorkommt, wenn da Bauern von Edelleuten geschunden werden, Bettler einsam in Straßengräben verrecken, Gelehrte, Schulmeister und Soldaten hungern, Ehen sich unter dem Druck der Armut zersetzen und das Pfandhaus die unentbehrlichste Institution jedes Marktfleckens zu sein scheint. Aus den in der Heimat erlebten Zuständen bezieht Jean Pauls Kritik an der deutschen Misere ihren Stoff. Und eben am Anfang dieser Kritik stand bei ihm die Satire. Als er in Leipzig, noch angefüllt mit den Eindrücken aus Hof, selbst in elender Lage, voller Sorge um Mutter und Brüder daheim, bei wachsenden Schulden, dazu als linkischer Provinzler von Professoren mißachtet, von besser situierten Kommilitonen zurückgestoßen[3], die Werke des Sturm und Drang las und sich daneben mit den Ideen Voltaires, Rousseaus und Helvétius' bekannt machte, da fiel es ihm wie Schuppen von den Augen, da begriff er das Unhaltbare der bestehenden Ordnung, und es erwachte in ihm der Wunsch, gegen Fürsten, Adel, Orthodoxie und knechtsseliges Philistertum den Kampf aufzunehmen. Just in dieser Situation fand er bei Sturz die Bemerkung, Voltaire habe, im Unterschied zu Rousseau, ungestraft Religionen und Könige angreifen können, weil er sich dabei die Narrenmaske vorgehalten hätte. Ein „Lustigmacher" sei unverletzlich. Hierauf beziehen sich an markanter Stelle die „Grönländischen Prozesse"[4], und beiden Bänden ist je ein Voltaire-Zitat als Motto vorangestellt.[5] Kein Zweifel, daß der Verfasser mit der Entscheidung für die Satire als Feind des Regimes dem von Sturz erteilten Wink hat folgen wollen.

V

Humorist aus Naturveranlagung, brachte Jean Paul zum „Lustigmacher" gute Voraussetzungen mit. Allerdings sind Humor und Satire nicht dasselbe – die „Vorschule der Ästhetik" betont ihren Unterschied. Aber beide haben den Sinn fürs Komische zur Bedingung, und daß der bei dem Dichter des „Schmelzle" und des „Katzenberger" schon in der Kindheit ausgeprägt war, steht fest. Es wird, wie durch viele Anekdoten, nicht zuletzt durch die Lektüre, welcher der Knabe den Vorzug gab, bezeugt. Sein Lieblingsbuch, nächst dem „Robinson", war der „Veit Rosenstock" von Sintenis[1], eine vergröberte Nachahmung der humoristischen Manier Sternes und Fieldings, die später im Original auf ihn noch bedeutenden Einfluß ausüben sollte. Vom zwölften Lebensjahr an ließ er sich „lustige Bücher" nie mehr entgehen. So war es, bei seiner Lesewut, unvermeidlich, daß er bald auch auf die Satire stieß. Zimmermanns Buch „Über den Nationalstolz" machte ihn auf sie aufmerksam[2], und die „Dunciade" von Pope war das erste satirische Werk, das er las.[3] Beide Bücher regten ihn dazu an, sich Gedanken über den Unterschied von Narrheit und Dummheit zu machen. Ein Stück seiner „Übungen im Denken", vom Dezember 1780, ist bereits diesem psychologischen Thema gewidmet[4], und die dort gewonnenen Einsichten werden in den „Rhapsodien", vom Herbst 1781, noch einmal zusammengefaßt.[5] Dazwischen hatte in Leipzig sein Studium der französischen Aufklärer eingesetzt, das im selben Maße, wie es seine politische Gesinnung radikalisierte, auch sein Vergnügen an der witzigen Formulierung wecken half. Alsbald verschlang er außer den französischen auch die lateinischen und englischen „witzigen" Autoren, mit dem Erfolg, daß in seiner Sympathie fortan die Engländer – Butler, Pope, Swift, Young – die erste Stelle einnahmen.[6] Damit befand er sich aber bereits mitten in der Rezeption klassischer und moderner Satirenliteratur, und wenig später drängte es ihn zu schöpferischer Betätigung auf diesem Gebiet. Als ihm im Herbst 1781, nachdem er sich intensiv mit Dummheit und Narrheit befaßt hatte, das „Encomium moriae" des Erasmus von Rotterdam in die Hände fiel, gab es kein Halten mehr. Wie der große Humanist des 16. Jahrhunderts mit vernichtender Ironie gegen die Krebsschäden seiner Zeit angekämpft hatte, so wollte Jean Paul im „Lob der Dummheit" mit den Mächten, den Institutionen, den üblen Gewohnheiten der vom Feudalabsolutismus beherrschten Gegenwart ins Gericht gehen.

Bei alledem fühlte er sich poetischen Aufgaben noch nicht gewachsen. Lyrik und Drama entsprachen der Art seiner Begabung sowieso nicht. Was ihm lag, war die erzählende Prosa. Bei dem Versuch aber, den er als Siebzehnjähriger in diesem Genre gewagt hatte, war nicht viel herausgekommen, und das wurde ihm bei erneuter Durchsicht der Arbeit bewußt. Er nahm „Abälard und Heloise" im August 1781 nochmals zur Hand, schickte den kleinen Briefroman aber nicht an einen Verleger, sondern unterzog ihn einer Selbstkritik, die seine Fehler – unechte Empfindelei, mangelnde Charakterisierung der Helden, Uninteressantheit der Fabel, schlechte Nachahmung von Goethes Stil – ohne Schonung bloßlegt.[7] Ungefähr gleichzeitig wurde ihm Lichtenbergs „Vorschlag zu einem Orbis pictus" bekannt, worin die fehlende Lebenserfahrung der deutschen Autoren gerügt und jungen Schriftstellern empfohlen wird, vor dem 30. Lebensjahr keinen Roman zu schreiben.[8] Diesen durch das Mißlingen von „Abälard und Heloise" als richtig bestätigten Rat hat der junge Jean Paul sich zu eigen gemacht und fast ein Jahrzehnt lang seinen Neigungen zur Poesie und zum Fabulieren nicht mehr nachgegeben. Erst als reifer, weltkundiger Mann wollte er zum Roman zurückkehren. Trotzdem hielt er 1781 an dem Vorsatz fest, unverzüglich Schriftsteller zu werden, und eben die räsonierende Satire bot sich ihm da als die einzige Literaturgattung an, die auf gestaltete Charaktere, Motivierung von Handlungen, anschauliche Beschreibung sozialer Milieus usw. nicht angewiesen ist. Mit ihr ließ sich die Zeit bis zur Reife für den Roman schöpferisch – und vermeintlich gewinnbringend – ausfüllen, sie eröffnete die bequemste Möglichkeit, den Übergang vom Theoretisieren zur schönen Literatur vorzubereiten.

VI

An Stoff fehlte es dem jungen Satiriker nicht. Selten war das „Difficile est satiram non scribere" aktueller als in dem verwinkelten Deutschland des 18. Jahrhunderts mit seinen prunkenden Zwergpotentaten, seinem ohnmächtigen Bürgertum, seinen nach Ketzern schnüffelnden Kirchenkonsistorien und verzopften Gelehrten. Hat doch selbst der würdevoll pathetische Schiller, als er noch Tendenzdramen auf die Bühne brachte, der Satire mitunter Tribut gezollt.[1] Aber den Stoff finden war eines, ihn zur Sprache bringen etwas anderes. Es ist das Dilemma der Satire, daß die Epochen, die sie durch Mißstände am meisten anregen, stets zugleich an dem Mißstand zu kranken pflegen, ihr am wenigsten Freiheit zu gewähren. Die Weltliteratur kennt daher nur wenige große Satiriker. Deren Auftreten hängt von Bedingungen ab, die selten vorkommen. Zumal in der Neuzeit, seit der Feudalismus, in Zersetzung begriffen, das Hofnarrentum nicht mehr in seinen Institutionen zu integrieren vermochte, bedurfte es revolutionärer Energien in der Gesellschaft, um dieser Schwierigkeit Herr zu werden. Nur der Emanzipationskampf zukunftsträchtiger Klassen konnte den Satiriker noch stützen und ihm zugleich Schärfe und Mut abverlangen. Man weiß, wie es damit in Deutschland seit dem Dreißigjährigen Krieg stand.

Unter den deutschen Aufklärern hatten vor Jean Paul einzig Liscow und Rabener die Geißel geschwungen, beide in Kursachsen, wo er ihre Tradition vorfand. Jede Zeile, die sie hinterlassen haben, verrät den Druck, der auf ihnen lastete, das Fehlen selbst einer bescheidenen Redefreiheit, die philiströse Verkümmerung der öffentlichen Meinung. Kein Wunder, daß ihre Haltung zahm war. Unbedeutend sind die Gegenstände, die sie behandeln. Den Gebrechen der Gesellschaft weichen sie ängstlich aus. „Deutschland ist nicht das Land, wo eine bessernde Satire es wagen dürfte, das Haupt mit Freiheit emporzuheben", hat Rabener einmal geklagt. Wahrheiten, die sich in London ein Lord-Erzbischof anhören müsse, dürfe man hier keinem Dorfschulmeister sagen.[2] Liscow gebührt immerhin das Verdienst, mit der von Swift kultivierten Ironie das geeignetste Mittel taktischer Camouflage in die Zeitkritik der deutschen Aufklärer eingeführt zu haben. Inhaltlich sind seine Schriften noch unergiebiger als die Rabeners, und dies bedingt, daß das scheinbare Loben des Tadelnswerten bei ihm aus der gezielten Kampflist, als die Swift es gehandhabt hat, zu einer mechanischen Manier wird.[3]

Beim Auftreten Jean Pauls war es um die deutsche Satire immer noch kläglich bestellt. Das Feld wurde von platter Spaßhaftigkeit in der Art der Cranzschen „Charlatanerien"[4] beherrscht. Doch von anderer Seite her war inzwischen der Entstehung belangvoller Satiren – wenn auch nicht ihrer Verbreitung, wie sich zeigen sollte – der Boden bereitet worden. Der Sturm und Drang hatte, den Ruf Rousseaus nach Wiedergeburt und Verjüngung aufgreifend, den Kampf aufgenommen gegen alles, was unecht und verkünstelt war. Ansetzend an der gezierten Unnatur des Rokoko, an tötender Regelhaftigkeit in Kunst und Dichtung, an pedantischer Gelahrtheit, war seine Opposition alsbald zu den sozialen Kernfragen vorgedrungen, hatte an Standesschranken zu rütteln begonnen und sich schließlich, bei Klinger und dem jungen Schiller, zu offenem Tyrannenhaß gesteigert. Damit war eine Satire von Rang möglich geworden, und wirklich wurde sie beim jungen Jean Paul. Die Leistung, die er in den achtziger Jahren, parallel zur frühen Schillerschen Dramatik, für die deutsche Literatur vollbracht hat, besteht darin, daß er die Tradition Liscows und Rabeners unter Überwindung ihrer philisterhaften Schwächen auf das gesellschaftskritische Niveau der Sturm- und Drang-Dichtung hob.

Freilich hat Jean Paul nicht selbst zum Sturm und Drang gehört. In seinen Anfängen stand er dem älteren, von Voltaire, Lessing oder Lichtenberg repräsentierten Aufklärertyp weit näher, und gerade in seinen Satiren werden die Originalitätssucht und Kraftprotzerei der Stürmer und Dränger oft verhöhnt (wobei er allerdings die Bahnbrecher der Bewegung, Herder und Goethe, verehrte[5]). Dennoch sind das „Lob der Dummheit" und die „Grönländischen Prozesse" insofern ohne den Sturm und Drang nicht denkbar, als erst durch ihn in Deutschland die Atmosphäre geschaffen worden ist, in der ein Fortsetzer Liscows und Rabeners einen revolutionär-demokratischen Standpunkt beziehen konnte. Durch den Sturm und Drang ist Jean Paul zu keckem Wagen ermutigt worden, derart, daß er der Satire der deutschen Aufklärung ihre Zaghaftigkeit austrieb, sie mit Rebellengeist erfüllte und im Kampf gegen Fürsten, Höflinge, Landadel, Kirche und Spießbürgertum auf einen politisch relevanten Gegenstand orientierte.

VII

Für dieses Verdienst hat die Germanistik bisher kein Organ gehabt. Selbst den Verehrern Jean Pauls unter den Literarhistorikern pflegt sein satirisches Erbe fremd zu sein. Das Urteil, seine Frühschriften seien „ungenießbar", ist auch von sonst wohlwollender Seite so oft wiederholt worden, daß sie seit Generationen wirklich kaum jemand mehr liest.[1] Obwohl das landläufige Verdikt den literarischen Genuß ins Spiel bringt, stützt es sich dabei, statt auf ästhetische Kriterien, auf unsachliche psychologische Erwägungen. Das liegt vor allem daran, daß die Interpreten, ungeachtet ihrer meist liberalen Einstellung, in dem Augenblick, wo sie Literaturforschung betreiben, reaktionären Ideologien anheimfallen. Sie teilen den Horror des Irrationalismus vor „eiskaltem Verstand", halten die von der Diltheyschen Strukturpsychologie inaugurierte Entgegensetzung von „Verstand" und „Gefühl" für geeignet, literarische Strömungen zu erfassen, und leisten überdies dem Bestreben der Bourgeoisie, die eigene revolutionäre Vergangenheit loszuwerden, dadurch Vorschub, daß sie die Aufklärung verächtlich machen. Unter diesen Umständen müssen sie zu den Frühwerken Jean Pauls eine negative Haltung einnehmen. Da sie aber für den verkannten Dichter werben wollen, versuchen sie, ihn auf Kosten seiner Jugendsünden zu retten, d. h. zwischen dem Verfasser der späteren Idyllen und Romane, dem „wahren", „eigentlichen" Jean Paul, und dem Satiriker der achtziger Jahre einen Gegensatz zu konstruieren, für den sie dann wieder, mit Hilfe der Antithetik von „Gefühl" und „Verstand", sehr hohle Erklärungen auszuklügeln gezwungen sind.[2] So verwandelt sich bei ihnen der Stein des Anstoßes in das große existentielle Rätsel, in die Frage, wie ein sensibler, ideal gestimmter Jüngling, unter Vergewaltigung seines besseren Ich, sich so lange habe verstellen können.[3] Und so auch kommt es, daß sie dessen Werke, statt sie an legitimen, aus den Kunstregeln ihres Genres abgeleiteten Maßstäben zu messen, unter der diffamierenden Voraussetzung ihrer mangelnden Authentizität nur nach weichen Stellen abklopfen, an denen die „seelische Verkrustung" endlich „vom lebendigen Gefühl durchbrochen" wird.[4]

Bei unbefangener Prüfung erweist sich, daß das Rätsel keines ist. Auf der einen Seite war Jean Paul nie reiner Gefühlsmensch. Wer ihn auf seine sentimentale Komponente festlegt und darüber den nüchternen Realisten, den geistsprühenden Causeur, den zu makaberen Scherzen aufgelegten Zyniker, der er auch sein konnte, vergißt, simplifiziert ihn. Vollends ist seine Wesensart der Kategorie „Verstand" nicht konträr. Woher kämen sonst die scharfsinnigen Reflexionen, die nicht nur in seinen theoretischen Schriften stehen, sondern massenhaft auch in seine erzählende Prosa eingestreut sind? Andererseits ist reiches, tiefes Gefühl am Zustandekommen seiner Satiren durchaus beteiligt gewesen. Seine Korrespondenz offenbart, welch feines Empfinden er dank seiner Gemütstiefe und Sensibilität schon als junger Mensch für die Mißstände der ihn umgebenden Wirklichkeit gehabt hat[5], und eben diese in ihrer Unmenschlichkeit und Absurdität den Zeitgenossen zu Bewußtsein zu bringen war der Sinn seiner satirischen Produktion.

Die psychologisierenden Konstruktionen der Literaturlegende werden im übrigen durch keinen Geringeren als Schiller Lügen gestraft. In seinem Essay „Über naive und sentimentalische Dichtung" zeigt Schiller, daß Gefühlsreichtum und ideales Streben den Hang zur Satire ebensosehr begünstigen, wie sie der Elegie und der Idylle zustatten kommen.[6] Hält man sich im Lichte dieser Feststellung den unaufhörlichen Wechsel elegischer, idyllischer und satirischer Partien beim späteren Jean Paul vor Augen, so wird man gewahr, daß eigentlich er der paradigmatischste Fall eines im Schillerschen Sinne „sentimentalischen" Dichters gewesen sein muß. Als Konstituens seiner Modernität ist demnach der Spott der „Grönländischen Prozesse" nicht weniger bedeutungsvoll als die Trauer über die Vergänglichkeit des Irdischen, welche die „Unsichtbare Loge" durchzieht, oder das Schwelgen in vergnügter Beschaulichkeit, das den Zauber des „Schulmeisterlein Wutz" ausmacht.

Freilich, der Wortsinn von „sentimentalisch" umfaßt mehr und anderes als der von „sentimental". Schiller meint damit die reiche Subjektivität des neuzeitlichen Menschen im Unterschied zum antiken. Er meint zugleich die eigene, subjektivere Geistesart im Unterschied zu der „naiv" objektiven Weltorientierung des wiedergeborenen Heiden Goethe. Er meint vor allem die Haltung, die bei den Dichtern entsteht, wenn sie die Natur *suchen* müssen, nachdem das fraglose Einssein mit ihr ihnen verlorengegangen ist – wobei der Begriff „Natur" den eines harmonischen Gesellschaftszustandes involviert. Aber jene Subjektivität schließt einen Gefühlsreichtum ein, wie ihn die Antike noch nicht kannte, und ganz gewiß ist das Streben nach Idealen ein „sentimentalischer" Zug insofern, als es das für die nach-antiken Kulturen charakteristische Auseinanderklaffen von Ideal und Wirklichkeit zur Bedingung hat. Wie dem auch sei, jedenfalls wurzeln, laut Schiller, Satire, Elegie und Idylle in derselben Grundstimmung und verhalten sich somit komplementär, nicht ausschließend, zueinander.[7] Speziell von der Satire aber heißt es, sie entstehe dort, wo den Dichter, angesichts des Gegensatzes von Ideal und Wirklichkeit, Abneigung gegen die Unnatur des Lebens erfülle, derart, daß er durch Darstellung der Mängel des Bestehenden das Gefühl für die wiederzugewinnende Natur, sprich: harmonische Gesellschaft, zu erwecken suche. Dies könne, wie bei Juvenal, Swift und Haller, in pathetisch strafendem Ton geschehen oder auch, wie bei Lukian, Cervantes, Voltaire, Sterne und Wieland, in scherzhaftem Spott.[8] An die eine wie die andere Gruppe von Autoren hat nachweisbar Jean Paul als Satiriker angeknüpft. Was soll man da von einer Einschätzung seines Frühwerks halten, die es „wunderlich" findet, daß „der von ernstestem Streben nach den hohen Idealen des Guten, Schönen und Wahren erfüllte junge Mensch" sich jahrelang „eine närrische Maske vors Gesicht gehalten" habe![9]

Zu allem Überfluß läßt Jean Paul selbst sich wiederholt darüber aus, daß seine Gefühle und Ideale mit seinem Entschluß zur Satire in Einklang stünden. So in den „Teufelspapieren" an zwei Stellen: Das „Nötige Aviso" charakterisiert den Autor, J. P. F. Hasus (Jean Pauls erstes Pseudonym), als einen weichherzigen, gefühlvollen Menschen, der eben deswegen Unrecht nicht habe ertragen können und so zum Satiriker geworden sei, beseelt von dem Wunsch, die *Köpfe* der Zeitgenossen zu *erhellen*[10] – womit die falsche Antithese Gefühl–Verstand bereits erledigt ist. Und in dem ersten „Ernsthaften Anhang" des Buchs heißt es, Satire sei „ebenso verträglich mit duldender Menschenliebe und der noch schwereren Menschenachtung wie Kriminalurteile und Strafpredigten"; der Advokat des Teufels müsse vom Freund des Teufels unterschieden werden.[11] Es ist akkurat der von Schiller beschriebene Gegensatz von Ideal und Wirklichkeit, der hier als Anlaß zum Satirenschreiben zutage tritt.

Natürlich dürfen Gefühle in einer Satire nicht unmittelbar zum Ausdruck kommen, nicht einmal die, aus denen sie entsprungen ist. Selbst die ihr gemäßen Emotionen – Scham, Zorn, Empörung, Bitterkeit – muß sie, um wirksam zu sein, allemal in kalten, schneidenden Hohn umsetzen. So verlangen es die Regeln des Genres. Seit wann aber ist es zulässig, einem Autor deren Befolgung zum Vorwurf zu machen? Auf diese Absurdität läuft jede Kritik hinaus, die das Fehlen von

Herzensergießungen in den Frühschriften Jean Pauls als Indiz mangelnder Eigenursprünglichkeit wertet, statt zu untersuchen, ob darin die adäquaten Ausdrucksformen des Hohns – der Spott, der Sarkasmus, die Ironie – gemeistert und gegen typische Gebrechen der Gesellschaft eingesetzt werden. Nur wenn das verneint werden müßte, wäre die ästhetisch motivierte Ablehnung, die sich in dem Prädikat „ungenießbar" kundtut, gerechtfertigt.

VIII

Damit soll nicht bestritten werden, daß eine Biographie schwerlich an dieser Frage allein interessiert sein könnte. Sie müßte sich auch mit dem Problem beschäftigen, was das Satirenschreiben für den literarischen Werdegang des Dichters bedeutet hat, ob es der Entfaltung seiner Fähigkeiten im allgemeinen zuträglich gewesen ist. Indes gerade unter biographischen Gesichtspunkten erweist die Entgegensetzung des „eigentlichen" und des „uneigentlichen" Jean Paul sich als zweifelhaft. Denn wie hat später der gefühlvolle Poet zu dem eiskalten Verstandesmenschen, der in den achtziger Jahren eine Satire nach der anderen herausgejagt hatte, gestanden? Wenn die Wende von 1790, der Übergang zur Idylle und zum Roman, ein Bruch mit dem Bisherigen gewesen wäre, dann müßte sich das danach in der rückblickenden Selbstbeurteilung widerspiegeln. Bis an sein Lebensende jedoch hat Jean Paul sich zu seinen Jugendwerken bekannt. Und es hilft nichts, den zahllosen Beweisen dafür[1] entgegenzuhalten, daß Schriftsteller mitunter ihren Anfängen, ohne sich das einzugestehen, untreu werden. Ein solcher Fall liegt hier offensichtlich nicht vor. Noch überzeugender als die Dokumente des Selbstverständnisses ist nämlich der Umstand, daß Jean Paul zeitlebens Satiriker *geblieben* ist. Erstens wird die Handlung seiner poetischen Werke oft von satirischen Digressionen, „Extrablättchen" u. dgl. unterbrochen, welche die erzählten Vorgänge mit kommentierenden Räsonements versehen oder durch eine Art „Verfremdung" auffällig machen sollen, wobei sein häufiger Ausruf, er „lechze" nach solchen Abschweifungen, darauf schließen läßt, daß er sie kaum als Vergewaltigung seiner „wahren" Natur empfunden haben kann. Zweitens haben bestimmte Gestalten seiner Romane (z. B. Fenk in der „Unsichtbaren Loge", Leibgeber-Schoppe im „Siebenkäs" und im „Titan", Vult in den „Flegeljahren") vor allem die Funktion, die geschilderten Vorgänge satirisch zu reflektieren. Und drittens sind ganze Personengruppen und soziale Bereiche seiner Romanwelt in satirisches Licht getaucht. Wie man da behaupten kann, er habe 1790 den ihm wesensfremden Satirenschreiber hinter sich gelassen, bleibt unerfindlich. Wahr ist lediglich, daß er sich damals neue, reichere Gestaltungsmittel hinzuerobert hat, die das Satirische nunmehr zum bloßen

Moment einer umfassenderen humoristisch-sentimentalen Weltschau herabsinken ließen.

Zumindest für diese Seite seiner Belletristik kann mithin die satirische Periode nicht von Schaden gewesen sein. Zu prüfen bliebe nur, ob sie seine Entwicklung in anderer Beziehung beeinträchtigt hat. Dies scheint denkbar bei dem sentimentalen Aspekt. Doch auch da steht die Literaturlegende auf schwachen Füßen. Einerseits reduzieren die Gefühlsschwelgereien des reifen Jean Paul sie auf die dürftige Feststellung, daß er den reinen Gefühlston nie ein Werk lang durchzuhalten vermocht habe – und ob das zu bedauern ist, bleibt fraglich. Andererseits kann niemand beweisen, daß bei frühzeitigerem Loslassen des Gefühls Ersprießliches herausgekommen wäre. Denn ein sentimentales Elaborat der Frühzeit existiert ja in Gestalt von „Abälard und Heloise", und wie es zu bewerten ist, liegt auf der Hand. Jean Paul selbst war der Ansicht, das lange Eindämmen poetischer Neigungen sei seiner Entwicklung gut bekommen. Ein horazisches Jahrneun hindurch sei sein Jünglingsherz von der Satire zugesperrt gewesen; so habe es mehr Richtiges und Gemäßes bewahrt als ein immer offen gelassenes, „das Wellensprünge machen muß für die nächste Buchhändlermesse", heißt es in der Vorrede zur 2. Auflage der „Unsichtbaren Loge" (1821).[2] Dieses Bekenntnis sollte jeden, der in der satirischen Periode eine Verirrung sieht, vorsichtig stimmen. Dabei operiert es mit einem Bild, das noch zu schwach ist, um den wahren Sachverhalt zu treffen. Wäre bloßes Verschließen des Herzens das Wesentliche gewesen, so hätte das Vertagen schriftstellerischer Betätigung bei Wahl eines prosaischen Berufs den gleichen Dienst leisten können. Entscheidend ist, daß der Gefühlsreichtum des reifen Jean Paul gegenüber der „Werther"- und „Sigwart"-Sentimentalität neue Qualitäten aufweist, an denen das Satirenschreiben produktiv Anteil hat. Das Dichterherz, das sich in den nach 1790 entstandenen Romanen und Idyllen ausströmt, hat sich, gegenüber „Abälard und Heloise", veredelt durch den Humor, den die Satire forcierte, indem sie ihn mannigfaltige Ausdrucksformen erproben ließ. Die Weltliteratur kennt keinen anderen Schriftsteller, der in seiner Jugend so gründlich über die Spielarten des Komischen nachgedacht, der so bewußt mit der Ironie, dem Spott, dem Scherzhaften, Launigen, Spaßigen usw. experimentiert hätte. Dadurch, daß seine spätere Dichtung dies als Errungenschaft in sich aufnahm, reicherte sie die Poesie des Herzens mit Elementen an, die den deutschen Literaturwerken aus der Sentimentalitätsperiode fehlen – etwa mit dem für den „Wutz" charakteristischen „Lächeln unter Tränen" oder mit einer Gestalt wie dem Viktor des „Hesperus", die sich zwischen den Polen exzessiver Empfindsamkeit und hemmungsloser Freude am Albernen bewegt. Nichts dergleichen findet man in „Werther" und „Sigwart", „Allwill" und „Woldemar".

Doch auch darin erschöpft der positive Ertrag des Satirenschreibens sich nicht. Die Anforderungen, die es an Jean Paul stellte, glichen seinen Gefühlsüberschwang durch nüchterne Illusionslosigkeit aus. Sie schärften seinen Blick für Mißstände, erzogen ihn zum kritischen Realisten. Ja, die Mission des Satirikers, „alle Stände" zu geißeln, hat die Form bestimmt, in der ihm die Totalität des gesellschaftlichen Seins, die er später mit den Sujets seiner Romane zu erfassen suchte, allererst zum Problem geworden ist. Die verschiedenen Klassen, Schichten, Berufe waren ihm, als er anfing, sich ihre Beziehungen in epischer Gesamtschau zu vergegenwärtigen, längst vertraut, nachdem das satirische Genre ihn genötigt hatte, den lächerlichen Eigenschaften ihrer typischen Vertreter auf den Grund zu gehen.[3] Die geradezu soziologische Systematik, welche die Anlage seiner meisten Romane kennzeichnet, hat hier ihre Wurzel. Die Satire bahnte ihm den Weg zu kritisch-produktiver Auseinandersetzung mit sämtlichen sozialen Bereichen, insbesondere mit denen, die ihm vom Erlebnis her zunächst nicht zugänglich waren. Ohne das Eindringen in die Mentalität der Fürsten und Höflinge, das zuerst im „Lob der Dummheit", in den „Grönländischen Prozessen" und den „Teufelspapieren" seinen Niederschlag fand, hätte er sich bis ins vierte Lebensjahrzehnt auf Stoffe aus seiner kleinbürgerlichen und bäurischen Umwelt beschränkt gesehen. Die Universalität würde so seinem Bild der deutschen Zustände abgehen.

IX

Über den Eigenwert der frühen Schriften ist freilich mit alledem noch nichts gesagt. Wie steht es damit? Wenn Jean Paul nach 1790 nichts mehr geschrieben hätte, so würden seine genialsten Werke zwar nicht vorhanden sein, aber auch dann hätte er in der Literaturgeschichte einen ehrenvollen Platz zu beanspruchen – als einziger deutscher Satiriker, der Swift und Saltykow-Schtschedrin an Ranghöhe gleichkommt. Diese Einschätzung mag gewagt erscheinen, da das negative Urteil so gut wie aller Literarhistoriker sich auf *ein* Argument stützen kann, das Gewicht hat: Mit seinen Satiren hat Jean Paul nie Anklang gefunden. Aber ihr größerer Teil ist erst nach seinem Tode ediert worden[1], darunter die literarisch hochwertigsten Stücke, z. B. die der „Bayerischen Kreuzerkomödie". Soweit die Zeitgenossen von seinem frühen Schaffen Notiz nahmen, mußten sie ihr Urteil allein auf Grund der „Grönländischen Prozesse" und der „Teufelspapiere" fällen, die ein unvollständiges Bild vermitteln. Und selbst wenn man davon absieht, besagt der Mißerfolg dieser Bücher, für sich genommen, nicht so viel, wie man bei oberflächlicher Betrachtung meinen könnte. Denn den Geisteszustand des Publikums, an das sie appellierten, hätte der Autor auch mit vollkommeneren Leistungen des gleichen Genres überfordert.

Der Sinn für Humor war unter den Deutschen seiner Zeit verkümmert. Echte Satire zumal wußte kaum jemand zu würdigen. Wohl war Rabener beliebt gewesen, aber nur, weil er dem Vergnügen an Spießerwitzchen über heiratslustige alte Jungfern u. dgl. Tribut gezollt hatte. Komisch fand man es, wenn einer seinem Mitmenschen unbemerkt einen Hasenfuß in die Tasche steckte (was der junge Jean Paul in einer theoretischen Untersuchung als trauriges Charakteristikum des deutschen im Unterschied zum englischen und französischen Humor anführt[2]). Am wenigsten wurde Ironie verstanden. Daß Swift nur durch das Mißverständnis populär geworden ist, das den „Gulliver" als Kinderbuch nahm, worin Zwerge und Riesen vorkommen, sagt alles. Die räsonierenden Satiren Swifts, mit ihrem strengen Scheinernst, sind beim deutschen Leser zu keiner Zeit beliebt gewesen. Auch darf man nicht glauben, daß politischer Radikalismus, er mochte noch so „heiße Eisen" anpacken, bei den Deutschen des Aufklärungszeitalters Resonanz gefunden hätte. Wo ihn nicht, wie beim jungen Schiller, zugkräftige Dramen oder, wie beim späteren Jean Paul, fesselnde Romanhandlungen eingängig machten, stieß er auf taube Ohren. Die Wirksamkeit unvermittelt oppositioneller Aussagen blieb auf eine Minorität der Intelligenz beschränkt. Kurz, das Publikum, das sich zu den „Grönländischen Prozessen" und den „Teufelspapieren" gleichgültig verhielt, ist als richtende Instanz nicht sehr ernst zu nehmen.

Ein weiterer ungünstiger Umstand bestand darin, daß paradoxerweise die gleiche Literaturbewegung, welche die Kühnheit des jungen Jean Paul entfesselte, die klassische Satire als Genre aus der Mode brachte. 1782 konnte Voß noch hoffen, für die „Grönländischen Prozesse" Käufer zu finden. 1789/90, als Archenholz sich für die „Bayerische Kreuzerkomödie" einsetzte, war das vorbei. Mit dem Sturm und Drang war die Belletristik, besonders das dramatische, in den Mittelpunkt des Interesses gerückt. Die der älteren Aufklärung verhaftete Tradition eines Rabener geriet in Vergessenheit, so sehr, daß selbst das revolutionärdemokratische Schrifttum, worin sie kulminiert, zum abseitigen Phänomen herabsank. Das 19. Jahrhundert hat dann für oppositionelle Ideen neue publizistische Genres entwickelt (man denke, was Deutschland angeht, an Börne und Heine). Nur in Rußland, bei Saltykow, sollte es noch einmal zu einer Erneuerung der antifeudalen Satire aus dem Geist der Aufklärung kommen – ein Sonderfall, der an die dort verzögerte Krise des Feudalismus gebunden und daher gesamteuropäisch untypisch ist. Derart war der junge Jean Paul in seinem Metier gleichzeitig Pionier im eigenen Land *und* letzter Mohikaner im Weltmaßstab. Als nach 1825 sein Nachlaß zum Vorschein kam, hatte man für gesellschaftskritische Literatur solcher Art keinen Sinn mehr. Hinzu kam die inzwischen problematische Gegenwartsbezogenheit dieser Schriften. Manches von ihrem Inhalt war schon damals veraltet.

Gewisse feudale Mißstände, wie sie sich den Satirikern aus der Ära des ancien régime als Angriffsobjekt dargeboten hatten, wurden angesichts der kapitalistischen Entwicklung nicht mehr als dermaßen bedrückend empfunden, daß die Kritik an ihnen ein vordringliches Interesse hätte artikulieren können. Das gilt für die Patrimonialgerichtsbarkeit, den Verkauf von Untertanen an kriegführende Mächte, die Adelsvorrechte, die Mätressenwirtschaft der Fürsten usw. Wo Jean Pauls satirischer Nachlaß sich dagegen auf nach wie vor unveraltete Gebrechen der Gesellschaft bezog, da wieder lief er den Interessen der politischen und klerikalen Reaktion zuwider und wurde infolgedessen von deren Ideologen als bedauerlicher Makel an seinem – mitterweile zu Berühmtheit gelangten – Gesamtwerk ausgegeben. Beides zusammen erzeugte jene Atmosphäre eisiger Ablehnung, in der das Vorurteil, als Satiriker sei Jean Paul unerfreulich, sich bis in unsere Zeit hinein fortgeerbt hat. Während er in den Augen der Reaktionäre durch seine Respektlosigkeit gegen geheiligte Einrichtungen der Klassengesellschaft den Anspruch verwirkt hatte, in den Klassikerkult der offiziösen Literaturwissenschaft einbezogen zu werden, galt er progressiven Kräften als antiquiert.

X

Erst wenn man diese Faktoren berücksichtigt, ist man berechtigt, auf die ungleiche Qualität der frühen Satiren Jean Pauls einzugehen und festzustellen, daß das „Lob der Dummheit" und die „Grönländischen Prozesse" (sie namentlich im ersten Band) formale Mängel aufweisen. Ihr Hauptfehler erklärt sich daraus, daß dem achtzehn-, neunzehnjährigen Verfasser noch nicht das Geheimnis der Ironie aufgegangen war. Obwohl er 1781 Swift schon gelesen hatte, war er zum eigenen Nachteil zunächst stärker beeindruckt geblieben von Pope und Young, bei denen der pathetisch strafende Ton Juvenals unorganisch mit Ironie und scherzhaftem Spott verquickt ist. Im „Lob der Dummheit" gesellen sich zu den daraus resultierenden Schwächen noch die Mängel des „Encomium moriae". Wie Erasmus die Torheit, läßt Jean Paul die Dummheit ihr eigenes Lob verkünden, was er später im § 34 seiner „Vorschule der Ästhetik" selbst mit den Worten gerügt hat, Erasmus' „Selbstrezensentin" sei ein leeres, abstraktes Ich, das, statt lyrischen Humors oder strenger Ironie, „Kollegienhefte der Weisheit" vortrage, die diese „aus dem Souffleurkasten noch lauter herausschreit als die auf der Bühne stehende Kolumbine selber".[1]

Während der Arbeit an seiner ersten großen Satire hat Jean Paul ferner das Spielen mit gelehrt-witzigen Gleichnissen entdeckt, das zum hervorstechenden Merkmal seines Stils werden sollte und bereits in den „Grönländischen Prozessen" exzessive Formen annimmt. Auch wer dieses „Überwuchern des Beiwerks" nicht beanstandet, sondern den Reiz der Jean Paulschen Metaphernspiele im Prinzip zu schätzen weiß, wird zugeben, daß die erste, experimentierende Erprobung der eben gefundenen Methode noch schwerfällig wirkt. Ein wieder neues Experiment brachte sodann die „Bittschrift der deutschen Satiriker an das Publikum".[2] Nach dem Abschluß des ersten Bandes der „Prozesse" hatte der Autor Wesen und Technik der Ironie erfaßt. Jetzt begann er sich von den bisherigen Vorbildern zu lösen, und in der schier endlosen, schließlich unvollendet abgebrochenen „Bittschrift" versuchte er, Popes Ausdrucksstärke mit Swifts und Liscows Ironie zu verbinden. An sich war er damit auf dem richtigen Weg. Aber bei der Niederschrift geriet er in Terminnot mit dem fälligen zweiten Band, von dessen Konzeption er sich unversehens entfernt hatte. Überstürzt komplettierte er ihn mit dem umgearbeiteten Anfang der „Bittschrift".[3] Die Folge war, daß aus den „Grönländischen Prozessen" stilistisch und kompositorisch ein Zwittergebilde wurde.

Gelungener ist die „Auswahl aus des Teufels Papieren". Doch auch sie hat ihre Mängel. Der mit der Verlegersuche zusammenhängende langwierige Entstehungsprozeß, die wiederholten Überarbeitungen sind ihr schlecht bekommen. Sie gleicht, wie Eduard Berend treffend bemerkt, „vielfach einem durch immer neue Übermalungen verdorbenen Gemälde".[4] Besonders stört die stilistische Unsicherheit, die durch eine Konzession an den seichten Publikumsgeschmack zustande gekommen ist. Jean Paul hatte sich eben zu meisterhafter Beherrschung der Ironie diszipliniert, als Christian Felix Weiße, Anfang 1784 um Rat befragt, die Länge und den allzu strengen Scheinernst seiner Satiren beanstandete und vorschlug, den Lesern zuliebe einen leichteren, scherzhaften Ton anzuschlagen. Wäre dieser Hinweis konsequent befolgt worden, so hätten die besten Stücke ausgeschieden werden müssen. Das geschah nicht. Aber die Komposition wurde durch scherzhafte Einlagen „aufgelockert", die dem Verfasser nicht lagen. Auch die ersten Anleihen, die er in dem Zusammenhang bei Laurence Sterne machte, mißlangen ihm – im Gegensatz zu der später kongenialen Adaption des Sterneschen Humors in seinen erzählenden Werken. Die oft läppischen Zierate der zweiten Fassung der „Teufelspapiere", der „Scherze in Quart", sind in der endgültigen Version nur zum Teil wieder ausgemerzt worden.[5] Sie mindern den Wert des Werkes, ohne daß sie die anziehende Wirkung auf naive Gemüter erhöht hätten. Und um so deplacierter wirken daneben in der letzten Fassung die „Ernsthaften Anhänge", die sich – gedanklich anspruchsvoll – mit Kant, Jacobi, Helvétius und der Stoa auseinandersetzen[6], aber ihrerseits, weil zwischen Witze eingebettet, philosophiehistorisch untergegangen sind.

All dies hat der ungünstigen Beurteilung der frühen Satiren Vorschub geleistet, berührt jedoch nicht deren Substanz. Selbst ein so fehlerhaftes Gebilde wie das „Lob der Dummheit" ist bewundernswert durch den Angriffsgeist, mit dem es die Schäden der Zeit bloßlegt. Nie zuvor hatte in Deutschland ein Aufklärer solche Töne angeschlagen. Und viele der folgenden Satiren sind auch von formalen Mängeln frei, können den Vergleich mit den besten Arbeiten Swifts aushalten und übertreffen sie bisweilen. Am meisten gilt dies von einigen Einzelveröffentlichungen und von fast allen Stücken der „Bayerischen Kreuzerkomödie".[7] Worin der junge Jean Paul seinen Meister überragt, das ist die Menschenliebe, die ihn, bei aller Bitterkeit, sich nirgends zu solchen misanthropischen Verallgemeinerungen versteigen läßt, wie wir sie etwa in Gullivers Beschreibung der Hoynhnms finden. Immer ergreift er für die Armen und Unterdrückten Partei, und in der Entlarvung der ihm verhaßten Großen, der Fürsten zumal, versteht er spürbar zu machen, daß ihre Unmenschlichkeit, im feudalen System begründet, eine Funktion ihres sozialen Status ist. So gehören seine besten Satiren zu jenen bleibend wertvollen Zeugnissen aufklärerischer Humanität, welche die sozialistische Demokratie als verpflichtendes Kulturerbe zu betrachten hat. Und das ist keineswegs nur im Sinne musealer Bewahrung zu verstehen: So sehr ein Teil ihrer Themen auch überholt ist, andere besitzen für die Gegenwart eine – oft erschreckende – Aktualität. In der Satire über den Gebrauch, den das Strafrecht von den Ärzten machen könnte[8], und in der Abhandlung über die Verarbeitung der menschlichen Häute[9] stecken z. B. Warnungen vor extremen Möglichkeiten der Despotie und des Terrors, die erst in unserer Zeit, durch Praktiken des Faschismus, wahr geworden sind. Ebenso enthält die Verteidigung der Menschenrechte der Farbigen in den gegen Sklavenhandel und Kolonialpolitik gerichteten Satiren manchen Gedanken, der auf die Apartheid in Südafrika oder die Diskriminierung der schwarzen Bevölkerung in USA gemünzt scheint.[10] Wieder andere Stücke würden sich noch heute dazu eignen, in Westdeutschland Schönfärbereien des offiziösen Geschichtsbildes zurechtzurücken, usw. – um nur einiges herauszugreifen. Das Satirenwerk des jungen Jean Paul in Bausch und Bogen als allenfalls historisch interessant abzutun wäre also grundverkehrt. Abgesehen von seiner literaturgeschichtlichen Relevanz, hat es, wenigstens partiell, auch dem 20. Jahrhundert noch etwas zu sagen.

Darauf kann hier nur beiläufig aufmerksam gemacht werden. Aber verfehlt wäre es, zu meinen, daß bereits die bisherigen Darlegungen in einer Untersuchung, die in die heroischen Romane einführen will, nicht zur Sache gehören würden. Die Würdigung der „Unsichtbaren Loge", des „Hesperus" und des „Titan" als Revolutionsdichtung verlangt, dem Leser einen Begriff von der Kontinuität zu geben, mit der die sozialen und politischen Anschauungen Jean Pauls sich durch alle seine Wandlungen und Schaffenskrisen hindurch entwickelt haben, und in diesem Zusammenhang ist ein klärendes Wort über seine satirische Periode nicht zu entbehren. Es war nötig, die Vorurteile, die den Zugang zu ihr erschweren, auszuräumen. Es wird an anderer Stelle[11] nötig sein, die Tendenz der in ihr entstandenen Werke herauszuarbeiten, damit deutlich werde, daß der sonst von Umbrüchen gekennzeichnete Werdeprozeß, den der Dichter in den achtziger Jahren hinter sich brachte, in einer Hinsicht problemlos glatt verlief: Derselbe revolutionäre Demokratismus, der den frühen Satiren Jean Pauls das Gepräge gibt, bestimmt durchweg auch den Geist seiner Idyllen und Romane. Im Zeichen der akuten Revolution setzten diese fort, was jene, in anderem Genre, unter den Bedingungen des vorrevolutionären Europa begonnen hatten.

ZWEITES KAPITEL

Momente des Reifens

I

Das Romaneschreiben hatte Jean Paul, wie gesagt, nur vorläufig vertagt. An dem Plan, zum Erzählen zurückzukehren, hielt er seit 1781 fest, und es dauerte nicht, wie dies Lichtenbergs Rat entsprochen hätte, bis zum 30. Lebensjahr, ehe er seinen Vorsatz wahrmachte. Bekannte wiesen ihn, angesichts der Erfolglosigkeit seiner Satiren, schon vorher auf diesen Weg. So forderte sein ältester Gönner, Pfarrer Vogel, ihn im März 1787 auf, ein philosophisch-pädagogisches Epos in die Welt zu setzen.[1] Jean Paul hielt das damals, wohl in noch ungebrochener Hoffnung auf die „Teufelspapiere", für verfrüht. Als ihm aber drei Jahre später Archenholz von der vergeblichen Verlegersuche für die „Kreuzerkomödie" Mitteilung machte, sah er ein, daß es eine Illusion war, in Deutschland als reiner Satiriker ins Breite wirken zu können. Und auch Archenholz empfahl ihm nun, das Genre zu wechseln: „Wäre dieser Aufwand an Witz und Laune in Romanform gebracht, ... die Buchhändler würden sich danach reißen. Warum in aller Welt tun Sie das nicht mit Ihren Produkten?"[2] Zu diesem Zeitpunkt stand fest, daß das Publikum für die seit neun Monaten gedruckt vorliegenden „Teufelspapiere" noch weniger Interesse zeigte als für die „Grönländischen Prozesse".[3] Früher als vorgesehen begann daher Jean Paul 1790, den Übergang von der räsonierenden Satire zu erzählender Darstellung zu vollziehen.

Gegenüber dem Stadium, in dem er „Abälard und Heloise" zu Papier gebracht hatte, war er jetzt reifer geworden – bei dem Unterschied von 17 und 27 Jahren eine Selbstverständlichkeit. Fragt sich, worin das geistige Reifen in seinem Fall konkret bestand. Die positive Wirkung des Satirenschreibens wurde oben angedeutet. Sie war *ein* Element der Entwicklung, die ihn geformt hat, jedoch nicht das entscheidende. Um seine Prosa-Epen, so weit es geht, aus seinem Werdegang zu erklären, müssen noch andere Faktoren in Betracht gezogen werden.

II

Zunächst der Umstand, daß das Leben in Armut für Jean Pauls Dichtung bedeutungsvoll gewesen ist. Nach seinem Tode hat Börne ihm nachgerühmt: „Er sang nicht in den Palästen der Großen, er scherzte nicht mit seiner Leier an den Tischen der Reichen. Er war der Dichter der Niedergeborenen, er war der Sänger der Armen, und wo Betrübte weinten, da vernahm man die süßen Töne seiner Harfe."[1] Möglicherweise wäre die soziale Parteinahme, auf die damit angespielt wird, bei begüterter Herkunft nicht anders ausgefallen. Sie hätte sich dann aber eher in gedanklicher Form artikuliert – als publizistische Kritik, als theoretische Reflexion oder auch, wie geschehen, als satirisches Räsonement. Lebenswahre Poesie wäre unter solchen Umständen kaum zustande gekommen. Der *Dichter* der Niedergeborenen mußte selbst ein Niedergeborener sein, der *Sänger* der Armen am eigenen Leib verspürt haben, was Armsein heißt, und dafür, daß diese Voraussetzungen erfüllt waren, hatte das Schicksal gesorgt. Es waren die Hungerjahre in der Leipziger Dachkammer, das ans Bettlerdasein grenzende familiäre Elend in Hof, die immer wieder zerstörten Hoffnungen auf Erfolg, die Ängste ewigen Verschuldetseins, die nicht nur den Anklagen Jean Pauls gegen Unrecht, Ausbeutung, Unterdrückung ihre Authentizität verleihen, sondern die in ihm auch den Erlebnisstoff anhäuften, von dem seine Schilderung enger Verhältnisse und drückender Not zu zehren vermochte. Daß er sich in dem ersten Versuch, der von seiner satirischen Produktion zum Erzählen hinüberleitet, eines am Straßenrande verendeten Bettlers annahm, um dessen trostloses Leben heraufzubeschwören[2], ist dafür bezeichnend.

III

Zum Kapitel „Armut" gehören auch die Demütigungen, denen Jean Paul als Hofmeister ausgesetzt war.[1] Indes noch in anderer Beziehung erwies der Aufenthalt in Töpen sich als folgenreich: Er brachte den jungen Schriftsteller in Berührung mit den Fronbauern eines feudalen Landguts. An sich war das Leben auf dem Lande für ihn nichts Neues. Einen großen Teil seiner Kindheit hatte er in Joditz verbracht, wo sein Vater Dorfpfarrer gewesen war, und die Wirkung dieser Jahre auf sein späteres Schaffen kann nicht hoch genug veranschlagt werden. Stets autobiographisch gefärbt, sollte das Thema „Kindheit auf dem Dorf" sich zu einem Kardinalmotiv seiner Dichtung auswachsen.[2] Doch lebte Joditz in seiner Vorstellung als seliges Idyll fort. In Töpen lernte er, zu sozialkritischem Bewußtsein erwacht, das deutsche Dorf mit anderen Augen betrachten. Er entdeckte hier, daß die Mehrzahl der Landbewohner in einer Hölle lebte. Herr v. Oerthel war als Geizkragen und Halsabschneider berüchtigt. Erst Kaufmann in Hof, hatte er, reich geworden, sein Vermögen in Landbesitz angelegt und sich adeln lassen. Seine Bauern, aus denen er das Letzte herauswirtschaftete, vegetierten in grauenhaftem Elend. Jean Paul lernte ihre Lage kennen. Er scheint sich auch mit dem Wirtschaftsbetrieb des Guts vertraut gemacht zu haben. Intensiv verfolgte er die Praxis der Patrimonialgerichtsbarkeit[3], die v. Oerthel allem Anschein nach besonders brutal handhabte. Mit dem orthodoxen Dorfpfarrer hatte er einen Zusammenstoß.[4] Es wäre ein Wunder, wenn die Töpener Wirklichkeit den schärfsten demokratischen Satiriker der Epoche nicht aufgewühlt hätte. Joditz hat das treuherzige Dorfkind geprägt, das zeitlebens in Jean Paul steckte. Töpen rief in ihm den Vorkämpfer der Bauernbefreiung wach. Hatte er den Adel bis dahin hauptsächlich wegen seines lächerlichen Ahnenstolzes angegriffen, so ging es ihm im Kampf gegen die Aristokratie von nun an um eine gewichtigere Frage: um die Menschenschinderei der Großgrundbesitzer, und schon durch die „Launichte Phantasie", die er 1788 in der „Literatur- und Völkerkunde" veröffentlichte, wanken die Elendsgestalten der ausgesogenen Bauern.[5] Auch die „Teufelspapiere" zeigen in ihrer endgültigen Fassung, in Töpen zum Abschluß gebracht, diesen neuen Gegenstand seiner Gesellschaftskritik, namentlich in den jetzt erst konzipierten Stücken, „Der Edelmann nebst seinem kalten Fieber"[6] und „Meine vielen und erheblichen Rollen".[7]

Die letztgenannte Satire geht vermutlich auf einen wirklichen Vorfall zurück, den wohl ersten Agitprop-Versuch der Literaturgeschichte. J. P. F. Hasus schildert darin, wie er in der Dorfschenke aus dem Stegreif ausgedachte Stücke aufführt, mit mehreren Rollen, die er selber agiert. Ein aufschlußreicher Sketch gibt das Verhör einer Räuberbande durch einen über sie zu Gericht sitzenden Grafen wieder. Der wirft den Missetätern ihren Eingriff in seine Rechte vor. Nur ihm steht es zu, die Dorfleute zu quälen, sie auszuplündern, sie gegebenenfalls auch umzubringen, wobei es aber fein ordentlich zugehen muß, mit einem Stoß Akten und einem Schöffenstuhl. „Was bleibt denn noch für ein Unterschied zwischen euch und mir, und woraus will bei so gestalten Sachen ein vernünftiger Mensch . . . noch abnehmen, wer von uns eigentlich die Obergerichtsbarkeit habe, . . . ihr oder ich?"[8] Das sollten die Zuschauer im Wirtshaus sich auch fragen: Worin unterscheiden sich eigentlich Gutsherr und Räuber? Von hier zieht sich zu den Idyllen und Romanen Jean Pauls eine Linie, die dazu berechtigt, seine klassenmäßige Position als die eines Verteidigers der Bauerninteressen zu bestimmen. Folgendermaßen stellt z. B. der Autor des „Titan" bei der Beschreibung eines Diners im Palast des Ministers einen hochgeborenen Gast vor: „Hier hab' ich dir (dem Leser – W. Hr.) zu präsentieren den jungen, aber fetten Domherrn von Meiler, der, um seinen innern Menschen mit einem dicken, warmen äußern zu bekleiden und auszuschlagen, jährlich nicht mehr Bauern abzurinden braucht, als der Russe Lindenstämme für seine Bastschuhe abschindet, nämlich 150."[9] Immer werden der Schilderung des Adels in den heroischen Romanen solche Lichter aufgesetzt. Stets wird daran erinnert, daß die Ausplünderung der Bauern seine Existenzgrundlage bildet. Und dementsprechend steckt in den Idyllen, welche die kümmerlichen Freuden kleiner Leute malen[10], jedesmal ein Stück sozialer Anklage, das sie von einem Winkelglück à la Spitzweg ebenso scharf unterscheidet wie von dem wirklichkeitsfernen Arkadien Geßners. Sie lassen den düsteren gesellschaftlichen Hintergrund, vor dem sie sich abspielen, durchscheinen, und es ist die Fronknechtschaft, die ihn düster macht.[11]

IV

Als weiteres Moment des Reifens sind die Erzieherpflichten hervorzuheben. In Töpen unterrichtete Jean Paul den elfjährigen Christian v. Oerthel, in der Schwarzenbacher „Winkelschule" war ihm eine ganze Kinderschar anvertraut. In Hof gab er dazwischen und danach, bis 1796, Stunden in den Häusern des Kaufmanns Herold, des Postmeisters Wirth und anderer Honoratioren. Ungern, aus finanzieller Not hatte er eine Hofmeisterstelle angetreten, die seiner schriftstellerischen Arbeit natürlich Zeit entzog. Der übernommenen Aufgabe aber wuchs Liebe zur Sache nach. Mit so viel Hingabe widmete er sich dem neuen Beruf, daß bereits damals in ihm die Erziehungsgrundsätze ausreiften, die in seiner „Levana" (1806)[1] zu finden sind. Nur die Ausführungen über die Behandlung von Kleinkindern darin gehen auf Erfahrungen mit den eigenen, zwischen 1802 und 1804 geborenen Sprößlingen zurück. Alles übrige ist der frühen pädagogischen Praxis in Hof und Umgebung zu verdanken.

Obwohl Jean Paul sich zu Erziehungsfragen zuerst in der „Unsichtbaren Loge" geäußert hat[2], gehören seine einschlägigen Theorien nur entfernt zum Themenkreis der vorliegenden Studie. Vermerkt zu werden verdient jedoch, inwiefern seine Tätigkeit als Lehrer für sein literarisches Schaffen ergiebig gewesen ist. Mit der Seele des Kindes erschloß sich ihm ein neuer Wirklichkeitsbereich, der ihm beim Satirenschreiben ferngelegen hatte. Wachgerufen durch den Umgang mit seinen Schülern, stiegen eigene Kindheitserlebnisse in ihm auf, ausgesetzt dem vergleichenden Blick des Pädagogen, der sich in die Vorstellungswelt des Kindes hineinzuversetzen sucht. So ist er zu einem für die deutsche Literatur bahnbrechenden Gestalter von Kindern und Jugendlichen geworden. Gleichzeitig begannen ihm die Gebrechen der Erziehung, die er selbst genossen hatte, bewußt zu werden, so daß er sich zu kritischer Auseinandersetzung mit seinen einstigen Lehrern, namentlich den Gymnasialprofessoren in Hof, gedrängt sah. Indem er über deren Bildungsideale und didaktische Methoden nachsann, kam er dem Zusammenhang auf die Spur, der die Erziehungsprinzipien des humanistischen Gymnasiums und die Mentalität der darin wirkenden Lehrer institutionell und ideologisch mit dem Kleinstaatdespotismus verknüpfte. Und da die Erkenntnisse über diesen Komplex sich bei ihm ebenfalls in dichterische Imagination umsetzten, wurde aus ihm auch der erste deutsche Schriftsteller, der reaktionäre Lehrertypen richtig gesehen und hinreißend komisch geschildert hat. Sein Rektor Fälbel[3] eröffnet die Reihe der grotesken Oberschulpauker, an denen die realistische Literatur des ausgehenden 19. und der ersten Hälfte des 20. Jahrhunderts später so reich sein sollte. Figuren Wedekinds, Heinrich Manns, Leonhard Franks usw. werden hier vorweggenommen. Derselbe Jean Paul hat aber auch das positive Gegenstück dazu geliefert. Er hat gezeigt, welch idealschaffende Macht die Verehrung edler Lehrer im Leben junger Menschen sein kann. Es sei nur daran erinnert, was es im „Hesperus" für Viktor und Klotilde bedeutet, daß sie sich in der gemeinsamen Liebe zu ihrem Erzieher, dem weisen Inder Emanuel-Dahore, finden.[4]

So oder so ist die Erziehungsproblematik aus seiner erzählenden Prosa nicht fortzudenken, und die Analyse der heroischen Romane wird ergeben, daß jedesmal sie das Medium bildet, in welchem sich die Transponierung seiner revolutionären Utopie in Menschengestaltung vollzogen hat.[5] Nur am Rande sei erwähnt, daß es kein Zufall ist, wenn in dem ersten Roman, der gestalterisch diesen Weg beschreitet, der Autor, wie Jean Jacques im „Emile", als Erzieher des Helden auftritt. Das zu Ehren Rousseaus gewählte Pseudonym „Jean Paul" hat hier seinen Ursprung.[6] Und es war die pädagogische Praxis in Töpen, Schwarzenbach und Hof, durch die der Satiriker J. P. F. Hasus sich in den Dichter Jean Paul, den Schöpfer eines neuen, über Rousseau hinausführenden Erziehungsromans, verwandelt hatte.

V

Ein Problem für sich sind seine Beziehungen zum weiblichen Geschlecht. Hält man sich an seine literarische Produktion, so scheint Jean Paul sich zunächst in der Pose eines kaltschnäuzigen Weiberverächters gefallen zu haben. In seinen frühen Satiren werden die Frauen aufs ärgste gezaust. Kübelweise wird die Lauge ätzenden Spotts über sie ausgegossen.[1] Die Vorrede zur 2. Auflage der „Grönländischen Prozesse" (1821) sagt dazu, daß gleichwohl der jugendliche Verfasser „nichts Schöneres, Besseres, Holderes" sich habe vorstellen können als ein Weib. Herz und Augen seien ihm voll gewesen „von trunkener Liebe für alle". Doch die rechte Satire komme nun einmal so wenig aus dem Herzen wie die rechte Empfindung aus dem Kopf.[2] Dies scheint den strukturpsychologischen Konstruktionen recht zu geben, gegen die oben polemisiert worden ist.[3] Aber der alte Jean Paul führt weiter aus, ein Jüngling sei, weil „das Ideal für ihn noch am Horizont dieser Welt" stehe, „überall lyrisch" und sehe daher sowohl die Flecken als auch die Lichtseiten „zu breit", während ihn später, im Alter „zugleich die Mängel schwächer entzaubern und die Reize schwächer bezauber" würden.[4] Damit ist die Sache ins Lot gebracht. Einmal wird eingeräumt, daß es an den Weibern Flecken und Mängel tatsächlich gebe; man dürfe sie nur nicht übertreiben. Zum anderen tritt – analog zu Schillers „sentimentalischer" Grundstimmung als gemeinsamer Wurzel von Satire, Idylle, Elegie – an die Stelle jener starren Antithetik von „Kopf" und „Herz" eine davon entschieden abweichende Bestimmung: der jugendliche Lyrismus, der sich gleichermaßen als exaltierte Begeisterung für das Gute *und* als kompromißloser Zorn auf das Schlechte äußern kann – womit der Hohn auf die Weiber als mögliche Ausdrucksform durchaus authentischer Jünglingsgefühle legitimiert erscheint.

Was an den Frauen forderte den Hohn des jungen Jean Paul heraus? Pauschale Weiberfeindschaft, im Sinne Schopenhauers oder Weiningers, war ihm fremd. Seine einschlägigen Satiren richten sich gegen die entmenschenden Konsequenzen der Rolle, welche die Frau unter bestimmten geschichtlichen Bedingungen zu spielen gezwungen ist, vorab gegen das sinnentleerte Dasein der mode- und putzsüchtigen Rokokodame, die ihre Zeit mit Nichtigkeiten totschlägt, gegen einen Typ also, der nur dort vorkommt, wo es nichtarbeitende privilegierte Schichten gibt, deren weibliche Vertreter überdies in der Familie eine abhängige, unselbständige Stellung einnehmen. So heißt es im „Lob der Dummheit": „Sie ist zu zart zu arbeiten und hat kaum Kräfte genug, den Müßiggang zu ertragen. Der Zustand des Hauswesens, wie sollte der sie bekümmern, da sie nicht Magd, sondern Frau ist? Ihre Pflicht in ihrem Ehestande ist ja nicht, die Güter ihres Mannes zu vermehren oder zu erhalten, sondern sie zu genießen. Und wann hätte sie Zeit, nützliche Dinge zu tun? Sie hat kaum Zeit, unnützliche zu tun. Der halbe Teil des dem Schlaf entzogenen Vormittags reicht kaum zu, die Sorge um den Putz zu endigen, und die Zeit läuft soviel geschwinder als der Müßiggang, daß die Schöne kaum noch vor dem Mittagessen die Folgen von der Unmäßigkeit der vorigen Nacht mit einer fremden Schamröte übertünchen kann."[5] Bezeichnenderweise endet dieser Absatz mit der Feststellung: „Kurz, um eine Frau nach dem jetzigen Schlage zu sein, ist sie alles das, was eine Frau nicht sein soll"[6], womit gesagt ist, daß sie etwas anderes, besseres sein könnte.

Dieselbe Einstellung kennzeichnet auch die spätere Romandichtung, freilich mit einem gravierenden Unterschied: Während die Jugendschriften satirisch die negativen Eigenschaften ans Licht ziehen, die infolge fehlender Gleichberechtigung und erzwungenen Parasitentums am weiblichen Geschlecht selbst zutage treten, pflegen die Romane die andere Seite hervorzuheben: daß die Frauen *Opfer* einer verkehrten Gesellschaftsordnung sind, woraus sich, nach Meinung des reifen Jean Paul, die Mission des Dichters ergibt, sie mit liebevoller Einfühlung zu verstehen, zu trösten und, vor allem, als Anwalt ihres Menschenrechts gegen ihre Bedrücker zu verteidigen.[7] Diese Differenz darf indes nicht zu einem absoluten Gegensatz aufgebauscht werden. Ansätze zu der Erkenntnis, daß die Frauen unter ihrer Lage leiden, klingen mitunter auch schon in den frühen Satiren an (namentlich im Zusammenhang mit dem Phänomen der Langeweile[8]), und das Dominieren des Mitgefühls schließt andererseits in den Romanen die Kritik an weiblichen Schwächen nicht aus. Trotzdem bleibt der Abstand erheblich. Modetorheiten zu verspotten, über Prostitution empört zu sein und den beschränkten Horizont der kleinbürgerlichen Hausfrau zu rügen ist etwas anderes, als für die Nöte des weiblichen Herzens hingebungsvolles Verständnis zu haben, und falls die letztere Haltung das Eintreten Jean Pauls für die Emanzipation des Weibes von Anfang an bestimmt haben sollte, so ist sie jedenfalls erst in seinen reifen Werken ausdrucksfähig geworden. Das aber war die Voraussetzung dafür, daß eine bedeutungsvolle Tendenz seiner Lebensleistung weltliterarische Größe erlangen, ja ihn dazu befähigen konnte, in dieser Hinsicht über alle seine dichtenden Zeitgenossen hinauszuwachsen. In der Verherrlichung der Schönheit, der Anmut, des seelischen Adels von Frauen steht er Goethe, Schiller oder Hölderlin nicht nach. Aber mit der Ausdruckskraft einer Prosa, die an Bilderreichtum und emotioneller Suggestivität selbst der Lyrik der anderen noch überlegen ist, tut er mehr als das, steht er den Frauen bei, und zwar sämtlichen, mit Einschluß derer, die weder schön noch anmutig sind. Er hilft ihnen, er kämpft für sie – voller Verständnis für ihre Situation, mit psychologischem Scharfblick die menschlichen Qualitäten aufspürend, die sie, wie die meisten Unterdrückten, ihren Herren voraushaben, und ohne je zu verhehlen, daß das Unrecht, das man ihnen antut, sich auf ihre Mentalität und und ihre geistigen Potenzen doch zugleich auch deformierend auswirkt in dem Sinne, wie seine frühen Satiren es angeprangert haben.

Das Gefallen, das Jean Paul am weiblichen Geschlecht fand, zeigte sich literarisch zuerst in der Satire „Pasquill auf die schönste Frau" (März 1790).[9] Auch hier werden die Weiber getadelt, aber erstmals geschieht dies im Ton gutmütigen Spotts, und am Schluß wird das Idealbild der in Schönheit verkörperten weiblichen Tugend gefeiert, womit der Rahmen der Satire gesprengt ist. Die „schönste Frau" ist übrigens – jede, die das Werk gerade liest. Das Umschmeicheln der Leserin tritt von da an als gleich gern benutzte Methode neben die kritisch-psychologische Beschreibung weiblicher Fehler. Als Anwalt der Frauen begegnet der Dichter uns dagegen zum ersten Mal in der Humoreske vom Rektor Fälbel (1789/90).[10] Der stockkonservative Titelheld hat eine Tochter, Kordula, deren Recht auf ein freies, sinnvolles Leben er brutal unterdrückt, mit dem Ergebnis, daß das Mädchen zu einem so beschränkten wie unglücklichen Wesen verkümmert. „Ihr Vater", heißt es, „ließ, wie die meisten Schulleute durch die

Römer verwöhnt, nichts einer Frau zu, als daß der Körper ein Koch wurde und die Seele eine Köchin." An die Männerwelt gewandt, fügt Jean Paul hinzu: „Oh, es ist mir jetzt, als säh' und hört' ich in all eure Häuser hinein, wo ihr, Väter und Ehemänner mit vierschrötigem Herzen und dickstämmiger Seele, beherrscht, ausscheltet, abhärtet und einquetschet die weiche Seele, die euch lieben will und hassen soll." Und zu den Mädchen und Frauen sagt er: „Oh, ihr milden, weichen, unter schweren finstern Schnee gedrückten Blumen, was will ich euch wünschen, als daß der Gram, eh' ihr mit besudelten, entfärbten, zerdrückten Blättern verweset, euch mit den Knospen umbeuge und abbreche für den Frühling einer andern Erde! Und ihr seid schuld, daß ich mich nicht so freuen kann, wenn ich zuweilen eine zärtlich fühlende, unter einer ewigen Sonne blühende Schwester von euch finde, eine hauchende Blume im Wonnemond; denn ich muß denken an diejenigen unter euch, deren ödes Leben eine in einer düsteren Obstkammer durchwachte Dezembernacht ist."[11] Worte wie diese hatte für das Leid des unterdrückten Weibes bis dahin noch niemand gefunden.

Kordula Fälbel eröffnet den Zug der „leidenden Hausfrauen" mit dem „zerfegten, zerkochten, zerwaschenen Leben"[12], der wie eine nicht abreißende Protestdemonstration gegen die von Männern beherrschte Welt durch Jean Pauls ganzes Werk geht. Es ist dies ein stehender Typ bei ihm. Und neben den Frauen, die, zu Haussklavinnen erniedrigt, in die Tretmühle eines abstumpfenden Alltags gebannt sind, begegnen uns in seinen Werken zahlreiche Gestalten, die andere Versionen weiblichen Unterdrücktseins versinnbildlichen: Junge Mädchen aus kleinen Verhältnissen werden zu Lustobjekten von Lebemännern, die sie nach flüchtigem Genuß wegwerfen; Töchter wohlhabender Familien lassen sich blutenden Herzens von Mitgiftjägern fortschleppen; Frauen mit herrlichen Anlagen richtet eine kalte Dressur zu Hofdamen ab, deren Dasein sich sinnlos in dekorativem Zeremoniell erschöpft; Prinzessinnen müssen den Anspruch auf ein Liebesglück eigener Wahl der Hausmachtpolitik ihrer Dynastie opfern, usw. Durch alle Stufen der Gesellschaftshierarchie, von der Bauernkate über die Wohnstube des Provinzphilisters bis hinauf zum Fürstenhof, verfolgt der Dichter das Schicksal des um ein menschenwürdiges Leben betrogenen Weibes. Gleichzeitig räumt er mit der Vorstellung auf, daß die Gattin am häuslichen Herd der Inbegriff weiblicher Vollkommenheit sei. Radikal unterscheidet sich in dem Punkt seine Haltung von der der Weimarer Klassik. Es gibt bei ihm keine Analogie zu der Idealisierung der Hausfrauentugend in Schillers „Glocke", nichts, was dem infamen Vers in Goethes „Hermann und Dorothea": „Dienen lerne beizeiten das Weib usw." entspräche. Sein Ideal sieht ganz anders aus: Es ist ohne den Drang nach Emanzipation nicht denkbar und findet seine höchste Verkörperung in einer sogar politisch aktiven Frau von revolutionärer Gesinnung, in der Idoine des „Titan".[13] Die leidenden Hausfrauen kontrastieren mit ihr. Sie verdienen Mitleid und Trost, aber als Vorbilder gelten sie nicht. Kordula Fälbel, so sehr sie uns rührt, erscheint als Lebensgefährtin kaum empfehlenswert. Unvermindert klingt wieder der Hohn der Satiren an, wenn von ihr gesagt wird: „Kordula wußte wenig, las nichts, als was sie sonntags sang, und schrieb keinen Buchstaben als den, womit sie schwarze Wäsche signierte, und sie war weiter nichts als schuldlos und hülflos."[14] Ähnlich Lenette, die Heldin im „Siebenkäs". Mit ihr wird deutlich gemacht, daß selbst das liebenswürdigste weibliche Wesen, brav und engelrein, einem geistig hochstehenden Mann auf die Dauer unerträglich werden muß, wenn es eine beschränkte Hausfrauennatur ist. Daß Lenette, im Unterschied zu Kordula, fröhlich und unbeschwert wirkt, ändert daran auch nichts. Verständnislosigkeit gegenüber jedem höheren Interesse ist der Preis ihres heiteren Angepaßtseins an die Repression. Siebenkäs ist kein Hausdespot wie Fälbel, doch gerade weil er sich von diesem durch Sensibilität und Progressivität unterscheidet, vollzieht sich an ihm, in seiner Ehemisere die Rache für das, was die Fälbels seit jeher angerichtet haben: Das Zusammenleben mit Lenette wird ihm zur Qual.

VI

Wenn dergestalt in den Äußerungen Jean Pauls über die Weiber um 1790 Töne anklingen, die neu sind, so liegt das zum Teil daran, daß er sich zu der Zeit Gattungen zugewandt hat, die das verlangen. Aber nicht nur: Als Momente seines Reifeprozesses waren an dieser Veränderung auch Erlebnisse beteiligt, die in ihm die Bereitschaft zur Erprobung der neuen Genres erwecken halfen.

Drei Tatsachen verdienen in dem Zusammenhang Beachtung, als erste die früheste Erfahrung mit einer lobspendenden Leserin. 1788 hatte er, erstmals seit „Abälard und Heloise", wieder ein kleines nichtsatirisches Werk verfaßt: „Was der Tod ist"[1], nach dem Muster von Herders Paramythien. Zusammen mit einer politischen Satire[2] schickte er die Arbeit an Herder mit der Bitte, beides in einer Zeitschrift unterzubringen. Herder weilte gerade in Italien. Aber seine Frau tat für die Veröffentlichung, was in ihrer Macht stand. Da Wielands „Teutscher Merkur" und Boies „Deutsches Museum" ablehnten, mußte sie die Manuskripte an den Verfasser zurücksenden. In ihrem bedauernden Begleitbrief sprach sie von dem „innigen Wohlgefallen", das sie an der Betrachtung über den Tod gefunden habe. Das war für Jean Paul etwas Neues, Unerhörtes: Eine Frau, noch dazu die Gattin des von ihm am glühendsten verehrten Zeitgenossen, bewunderte seine Kunst und setzte sich für ihn ein. Nach den Rückschlägen vieler Jahre empfand er den

Brief aus Weimar wie einen Lichtstrahl, und die Folge war, daß er sich von da an bewußt auf weibliche Leser einzustellen begann – zunächst in der Form gefühlvoller kleiner Beiträge für die Poesiealben ihm bekannter junger Mädchen (Helene Köhler, Wilhelmine von Spangenberg)[3], dann aber auch mit Veröffentlichungen wie dem „Pasquill auf die schönste Frau".

Als zweites Moment ist seine Beziehung zur eigenen Mutter zu erwähnen, einer herzensguten Frau, deren Horizont nicht über ihren Haushalt hinausging. Jean Paul hat unter ihr zeitweilig gelitten. Als er in Leipzig lebte, setzte die Mutter ihm mit jammernden Briefen zu.[4] Für seinen Entschluß, Schriftsteller zu werden, hatte sie keinen Sinn. Sie beschwor ihn, das Schreiben gottloser Bücher sein zu lassen und ihr dafür ihren Lieblingswunsch zu erfüllen: ihn auf der Kanzel der heimatlichen Spitalkirche predigen zu sehen.[5] Dennoch lüftete sie, als die „Grönländischen Prozesse" erschienen, aus Eitelkeit sein Pseudonym, was ihn bei den Hofer Honoratioren in Verruf brachte. In den Jahren endlich, in denen er auf engem Raum mit den Seinen zusammenlebte, störte sie ihn mit unablässigem Fegen, Scheuern, Abwaschen bei der Arbeit und unterbrach seine Konzentration oft durch ihr Geschwätz mit Nachbarinnen. Diese unleidlichen Züge kehren an Lenette im „Siebenkäs" wieder, mit der der Dichter eigentlich seiner Mutter ein Denkmal gesetzt hat, sich selbst in dem Titelhelden als ihren Ehemann porträtierend, der unter tausend Belästigungen die „Teufelspapiere" schreibt. Eben diese Gestalt, die Banalität in ihrer rührendsten Verkörperung, und Siebenkäs' Einstellung zu ihr lassen indes auch erkennen, daß Jean Paul mitfühlendes Verständnis für seine Mutter besaß und sie sehr liebte. Und mit wachsender sozialer Einsicht liebte er sie deswegen, weil sich ihm in der abgehärmten, zermürbten, Fußböden scheuernden, geistig beschränkten Pfarrerswitwe mit fünf hungrigen Söhnen die Tragik der leidenden Hausfrau offenbarte. So hat die Mutter ihm ein zentrales Problem seines Schaffens vorgelebt. Ohne das Miterleben ihres armseligen Alltags, ohne den Blick voll Mitgefühl und Rührung, mit dem der kritische Sohn, liebevoll und angeekelt zugleich, diesen Alltag bis in kleine Details beobachtete, wären weder die Realistik noch der tiefe soziale Gehalt seiner Behandlung der Frauenfrage vorstellbar.

Schließlich ein dritter Erlebniskomplex: die Eindrücke, die der junge Schriftsteller im Hause des wohlhabenden Kaufmanns Herold empfing, wo er 1789 durch seinen damaligen philosophischen Gesprächspartner Friedrich Wernlein, der dort Hauslehrer war, eingeführt wurde. Für Hofer Verhältnisse war Herold ein gebildeter, geistreicher Mann, und politisch vertrat er progressive Ansichten. Nichtsdestoweniger führte er sich im Familienkreis als despotischer Egoist auf, der seinen Töchtern, insbesondere der begabtesten, Amöne, das

Dasein zum Martyrium machte. Jean Paul, der sich mit Amöne und Karoline Herold anfreundete, hat durch Jahre die Leiden dieser Mädchen miterlebt und ihnen in ihren Nöten beigestanden. Unzweifelhaft hat das auf die mißhandelten Ehefrauen und Töchter in seinen Büchern, von Kordula Fälbel bis zur „Titan"-Heldin Liane, eingewirkt.[6]

VII

Diese Begegnungen sind nun nicht das, was man sich unter den Erlebnissen eines jungen Dichters mit Frauen vorstellt. In der Tat muß die Frage, ob die „Unsichtbare Loge" mit ihrer hauchzarten Erotik, ihren überschwenglichen Gefühlsergüssen durch Liebe inspiriert worden sei, verneint werden. Daß zur selben Zeit, als Jean Paul Romane zu schreiben anfing, auch seine Freundschaften mit einer Schar von Honoratorentöchtern in Hof einsetzten – er nannte sie seine „erotische Akademie" –, ist freilich kein Zufall. Aber das war eher die Folge, nicht die Ursache seiner Hinwendung zur Poesie. So, wie er sich im November 1790 ein Übungsheft für Gefühlsschwelgereien anlegte, so entstand bei ihm gleichzeitig das Bedürfnis, Liebesbriefe zu wechseln, und erst dadurch wurden jene Freundschaften quasi „romanhaft". Das heißt, er dichtete nicht, weil er liebte, sondern er schuf sich, um zu dichten, eine verliebte Atmosphäre. Dabei schenkte er sein Herz auch keinem einzelnen Mädchen – was übrigens seiner Mentalität überhaupt zuwiderlief; das Bekenntnis, von „trunkener Liebe für *alle*" erfüllt gewesen zu sein[1], ist buchstäblich zu nehmen. Die „Simultan- und Tutti-Liebe"[2], der er huldigte, gilt sämtlichen Frauen des Erdballs zugleich und keiner bestimmten ausschließlich. Alle Mädchen der „erotischen Akademie" wurden mithin nebeneinander geliebt, alle in derselben schwelgerisch seelenvollen Weise, und die sentimentale Korrespondenz war dabei die Hauptsache. Gewiß war Renate Wirth, Tochter des Postmeisters, während der Abfassung der „Unsichtbaren Loge" „Favorit-Sultanin". Doch sie zählte 1790 erst 15 Jahre, und von einer ernsthaften Beziehung zu ihr war ebensowenig die Rede wie davon, daß ihretwegen die übrigen Herzensfreundschaften vernachlässigt worden wären. Die Romanheldin gleicht übrigens nicht Renate, sondern der einstigen unglücklichen Jugendliebe des Freundes Adam v. Oerthel, Beata Schäffer geb. v. Spangenberg, von der sie auch den Vornamen hat.[3]

Auf den Gedanken, sich in Amöne Herold zu verlieben, verfiel Jean Paul erst Ende 1792, und es war dies primär eine Leidenschaft zu der „Hesperus"-Heldin Klotilde, deren Züge seine Phantasie auf die talentierte, etwas herbe Achtzehnjährige übertrug. Amöne wurde sozusagen zur Klotilde *ernannt,* wozu gehörte, daß der Autor, Urbild des

Helden, für sie entbrennen mußte. Da Amönes Herz vergeben war, blieb ihm nichts übrig, als zu entsagen. Ein gutes Jahr später war er dann kurze Zeit mit ihrer jüngeren Schwester, Karoline, wieder einer Fünfzehnjährigen, verlobt.[4] Anscheinend ist diese Verbindung – sein zweites Verlöbnis nach dem episodenhaften mit Sophie Ellrodt aus dem Jahre 1783 – dadurch entstanden, daß er die verstörte Karoline trösten wollte, als ihre Mutter durch einen Unglücksfall umgekommen war und die häusliche Tyrannei des Vaters Herold nun gar keine Grenzen mehr kannte. Wie dem auch sei: Die „Simultan- und Tutti-Liebe" fand durch die Verlobung keineswegs ein Ende, denn die intimste Seelenfreundin blieb Amöne, und schon gab es Herzensergießungen mit den ersten Verehrerinnen im nahen Bayreuth.[5]

All das hielt sich in den Grenzen keuscher Schwärmerei. Wir finden bei Jean Paul bis zu seiner Verehelichung (1801 in Berlin) eine sonderbare Verknüpfung von Neigungen, die sonst Ausdruck wüsten Libertinismus zu sein pflegen, mit prüden sittlichen Grundsätzen. Der Hang, mit möglichst vielen Frauen und Mädchen vertrauten Umgang zu haben, und die Sehnsucht nach dem Ebenbild eines erträumten Ideals, der keine Wirklichkeit genügt – ausgesprochene Don Juan-Motive –, verbinden sich bei diesem Dichter mit puritanischer Strenge gegen das Geschlechtliche, Abscheu vor lüsternen Abenteuern, Kritik an der Frivolität der Zeit[6] und, dementsprechend, radikaler Ablehnung sexueller Sujets in der Kunst. Und bewußt gestaltete er nach seinen Überzeugungen das eigene Leben: Die Tutti-Liebe ist die Vielweiberei eines fanatischen Platonikers. Infolgedessen geriet er auch erst spät, von der Weimarreise im Juni 1796 an, in brenzliche erotische Situationen – „Tabakrauchen im Pulvermagazin", wie er es nannte –, als nunmehr die literarisch enthusiasmierten Damen der großen Welt, die „Pracht- und Fackeldisteln, die man geniale Weiber nennt", Charlotte von Kalb, Emilie von Berlepsch und viele andere, ihn plötzlich mit ihrer Leidenschaft bestürmten[7], ihm zum Teil riesige Vermögen zu Füßen legten, sich um seinetwillen scheiden lassen wollten[8] und, natürlich, auch seiner Tugend nachstellten. Er hat derartigen Versuchungen, so sehr ihn diese Frauen faszinierten, hartnäckig widerstanden und vor der Ehe mit Karoline Mayer, einem gefühlvollen, klugen Mädchen bürgerlicher Herkunft, den physischen Genuß der Liebe nicht kennengelernt.

War diese Keuschheit des umschwärmten Jean Paul um die Jahrhundertwende mitbestimmt von der Furcht, das dem Werk geweihte Leben den nervenaufreibenden Ansprüchen einer exaltierten Titanide auszuliefern, so hätte dem Winkelschulmeister in den Jahren davor die Kümmerlichkeit der eigenen Existenz auch dann Verzicht auferlegt, wenn er für seine damaligen Freundinnen als Mann anziehend statt gleichgültig[9] gewesen wäre. Der Moralist, der gegen die Sitten-

verderbnis der Höfe die Geißel schwang, konnte sich aus Selbstachtung ebensowenig Libertinage gestatten, wie der erfolglose Skribent,
der gescheiterte Studiosus an die Ernährung von Weib und Kind hätte
denken können, abgesehen davon, daß ein solcher Hungerleider für
Herrn v. Spangenberg, Bürgermeister Köhler, Postmeister Wirth oder
Kaufmann Herold als Schwiegersohn kaum in Betracht gekommen
wäre. Dennoch war es für den angehenden Romancier wichtig, den
Frauen die Seele zu lösen, an ihren Nöten und Träumen teilzuhaben,
die Suggestion der eigenen Dichtung auf ihr Gemüt zu erproben. Die
Surrogatfreuden der Tutti-Liebe verschafften ihm die Gelegenheit
dazu. Laut „Hesperus" bestehen sie darin, daß der Universalliebhaber
bald mit diesem, bald mit jenem Mädchen „hundert Seiten in Salis oder
in Goethe liest – oder mit ihr über den Kleebau oder Seidenbau oder
Kants ‚Prolegomena' drei bis vier Briefe wechselt – oder ihr fünfmal
mit dem Pudermesser den Puder von der Stirn kehret – oder neben
und mit ihr betäubende Säbelbohnen anbindet" usw. Ihr Herz erobert
er so freilich nicht, und das eigene zu verlieren wird er sich hüten.
Aber er gelangt so doch wenigstens in ihre „Herzohren" und empfindet
selbst für sie „etwas, das zu warm ist für die Freundschaft und zu un-
reif für die Liebe, das an jene grenzt, weil es mehrere Gegenstände
einschließt, und an diese, weil es an dieser stirbt".[10] In solch wachsam
kontrollierten Grenzempfindungen bei humoristisch getönter Resignation erschöpfte sich die Erotik Jean Pauls, als er seine ersten großen
Dichtungen in sich trug. Ein „Fluidum femininer Beseeltheit" (Robert
Minder) durchtränkt daher diese Werke, die, soweit sie von Liebe
handeln, weder antik-naiver Sinnenfreude noch tobender Leidenschaft ihren Ursprung verdanken, sondern aus der sublimierten Zärt-
lichkeit eines entsagenden Seelenberaters ganz junger Mädchen geboren sind.

VIII

Nun sind diese Romane niemals *nur* Liebesgeschichten. Als Lebens-
macht gleichen Ranges steht in ihnen neben der Liebe stets die Freundschaft. Dies ist der einzige originelle Zug, der bereits den Briefroman
des Siebzehnjährigen vor den darin nachgeahmten Mustern auszeichnet: daß auf das Freundespaar Abälard und Karl ebensoviel Wert gelegt wird wie auf die Tragödie der Liebenden – ein Prinzip, das sich
später mit Gustav und Amandus, Viktor und Flamin, Siebenkäs und
Leibgeber, Albano und Roquairol usw. abgewandelt immer wieder
reproduzieren sollte. Und das gemeinsame Motiv der drei heroischen
Romane heißt: „Liebe – Freundschaft – Kampf um die Freiheit"[1]; so
läßt ihr Grundthema sich auf die knappste Formel bringen. Drei
Freunde finden wir während der satirischen Periode an Jean Pauls

Seite: Adam v. Oerthel, Johann Bernhard Hermann und Christian Otto. Mit allen verband ihn sein Freiheitsdrang, mit jedem auf besondere Weise.

Oerthel, Sohn des Töpener Gutsherrn, ein zarter, gemütstiefer, kränkelnder Jüngling, war sein Intimus schon auf dem Gymnasium. Er verkörpert den Konflikt des ideal gesinnten Jugendlichen mit einem groben, geistfeindlichen, nur aufs Geld bedachten Vater. Adams Primanerliebe inspirierte, wie erwähnt, „Abälard und Heloise". Von Wertherstimmung war der Bund der Schulkameraden umgeben. Gemeinsam frönten sie in Hof der sentimentalen Zeitmode.[2] In Leipzig dann lebten sie zusammen in einem Dachgeschoß, Wand an Wand. Eifrig nahm Adam hier am Werden der Satiren Anteil. In nächtlicher Arbeit schrieb er, trotz anfälliger Gesundheit, die Manuskripte des Freundes ab. Aufopfernd teilte er mit ihm, selbst von den Eltern kurz gehalten, das letzte Stück Brot, machte auf den eigenen Namen für ihn Schulden, half ihm bei der Flucht vor seinen Gläubigern und bemühte sich danach, einen Verleger für seine „Teufelspapiere" zu finden.

Gleichfalls auf dem Gymnasium ist der Dichter mit Hermann bekannt geworden, dem einzigen genialen Kopf unter den ihm in der Jugend nahestehenden Menschen. Aus den untersten Volksschichten stammend, von Kindheit an zu körperlicher Arbeit gezwungen, hatte Hermann sich in Nachtarbeit vielseitige naturwissenschaftliche Kenntnisse erworben. Mit Stundengeben verdiente er sich das Schulgeld. Als Neunzehnjähriger schon verfaßte er Abhandlungen über Fragen der Physik und Chemie. Zeitweilig ermöglichten Stipendien ihm das Medizinstudium. Dann wieder war er mittellos, wanderte wochenlang durchs Land, kroch bei Bauern unter, ernährte sich als Erntehelfer, um nach anscheinend spurlosem Verschollensein plötzlich wieder aufzutauchen und die Gefährten mit bizarren Einfällen zu frappieren. Dieser Freund repräsentiert die Rebellion des freien Geistes gegen Herkommen und Überlieferung, den Zweifel der Wissenschaft an der göttlichen Allmacht. In seinem Wesen verbanden sich Zynismus und Herzenswärme, Streben nach Erkenntnis und galliger Humor, Liebe zu den Mitmenschen und bitteres Auflachen über ihre Torheiten. Nicht zu bezähmen war sein Drang nach Unabhängigkeit.[3] Kein anderer Charakter hat Jean Paul jemals mehr gefesselt. Gelehrsamkeit, die er sonst nur bei Stubenhockern antraf, trat ihm in Hermann faszinierend unbürgerlich, als lebensverzehrende Hingabe an hochgesteckte Ziele entgegen, vermischt mit Vagabundentum, in der Gestalt eines von Tragik umwitterten Außenseiters. Hermann war das Urbild seiner gelehrten Humoristen: des Doktor Fenk[4] und vor allem Leibgeber-Schoppes[5]. Im „Titan" taucht am Rande noch ein Doktor Sphex[6] auf: Hier ist derselbe Typ auf den Zynismus des Nichts-als-Mediziners reduziert –

eine Vorstudie zum späteren Doktor Katzenberger, den sein Berufsfanatismus sich mit groteskem Behagen ins Ekelhafte einwühlen läßt.[7]
Wollte der Dichter bestimmte Züge des eigenen Wesens objektivieren
– die satirische Ader, den Realismus, die Attitude des lachenden
Polyhistors, das Erhabensein des Humoristen über die Kleinlichkeit
bürgerlicher Existenz –, stets flossen in das Selbstporträt Eigenschaften des bewunderten Freundes mit ein, am deutlichsten im Titelhelden
des „Siebenkäs", zuletzt in dem ungebunden durch die Welt schwei-
fenden Flötenspieler Vult der „Flegeljahre".
Endlich Christian Otto. Er und sein älterer Bruder Albert hatten zusammen mit Hermann, ein Jahr später als Jean Paul und Oerthel, das
Gymnasium verlassen, in Leipzig und Erlangen die Rechte studiert
und 1785 im heimatlichen Hof eine Anwaltskanzlei eröffnet. Ein Jahr
danach retteten sie ihren Schulgefährten vor dem Schuldgefängnis.[8]
Von da an datierte seine Freundschaft mit der ganzen Familie, insbesondere mit Christian. Der politisch radikal denkende, historisch
gebildete junge Jurist wurde sein engster Vertrauter und blieb es bis ans
Lebensende. Seit 1790 berieten beide sich bei ihren schriftstellerischen
Arbeiten, indem sie ihre Manuskripte – Otto schrieb über historische
und rechtswissenschaftliche Themen – zu gegenseitiger Kritik aus-
tauschten. Dies förderte Jean Pauls politische Sachkenntnis, schärfte
seinen Blick für geschichtliche Zusammenhänge. Otto war der Jakobiner unter seinen Jugendfreunden, die Inkarnation des plebejischen
Klassenbewußtseins, der personifizierte republikanisch-demokrati-
sche Staatsgedanke. Einhellig begeisterten beide sich für die Französische Revolution, über deren Verlauf und Perspektiven sie in Gesprächen und langen Briefen diskutierten. Als kritischer Berater hat
Otto, trotz einzelner Fehlurteile, auf den Schaffensprozeß Jean Pauls
im ganzen günstig eingewirkt. Aus den ersten Fassungen seiner Werke
half er manche Widersprüche und Geschmacklosigkeiten ausmerzen.
In praktischen Dingen war er dem unbeholfenen Dichter überlegen
und konnte ihn so bisweilen vor Schaden bewahren. Voll selbstloser
Hilfsbereitschaft gab er sich der Freundschaft zu dem Größeren in
solchem Maße hin, daß wir Jean Paul ohne seinen Otto kaum denken
können.
Um die Jahreswende 1792/93 kam es zwischen den Unzertrennlichen
vorübergehend zu einem Konflikt.[9] Damals umwarb Jean Paul, wie
gesagt, Amöne Herold. Die aber war bereits mit Christian Otto, ihrem
späteren Ehemann, in heimlicher Liebe verbunden. Tief unglücklich
resignierte der Dichter, wurde nun jedoch erst in vollem Umfang Amönes Seelenfreund. Wenn im „Hesperus" zwei einander treu ergebene
Freunde, Viktor und Flamin, geeint durch ihren Kampf gegen den
Despotismus, aus Liebe zu demselben Mädchen, Klotilde, zeitweilig
zu Todfeinden werden, so scheint dies die Dreiecksbeziehung zwischen

Otto, Amöne und Jean Paul widerzuspiegeln. Indes schon in der „Unsichtbaren Loge" entzweien die Freunde Gustav und Amandus sich als Rivalen bei Beate Röper, und was die ähnliche Grundfabel des „Hesperus" angeht, so stand sie bereits im Sommer 1792 fest, als Jean Paul Amöne noch nicht mit besonderer Zuneigung auszeichnete. Die Idee, sie unter den Mädchen der „erotischen Akademie" exklusiv zu lieben, ist in ihm erst in dem Maße herangereift, wie seine Heldin Klotilde Gestalt annahm. Es sieht danach so aus, als habe er einen ausgedachten Konflikt ins Leben hineingetragen, um ihn im Hinblick auf seine literarische Verwertbarkeit praktisch durchzuprobieren, etwa so, wie in der „Loge" Öfel oder im „Titan" Roquairol die Lebenswirklichkeit zu ästhetischem Zweck manipulieren. Doch das hätte die Kenntnis der Bindung zwischen Otto und Amöne vorausgesetzt, und davon kann keine Rede sein. Als Jean Paul, von Amöne abgewiesen, in einer Aussprache mit dem Freund die bittere Wahrheit erfuhr, fiel er aus allen Wolken, war wie niedergeschmettert und sofort bereit, seine Liebe der Freundschaft zu opfern. Er hatte folglich ungewollt mit der „Hesperus"-Fabel die Tragödie seiner einzigen ernsthaften Jugendpassion und zugleich den einzigen ersten Konflikt mit seinem besten Freund prophetisch vorweggenommen. Und erst nachdem sich das herausgestellt, strömten in die weitere Ausarbeitung des Romans die Gefühls- und Erlebnismassen der wirklichen Herzensverstrickung ein, wobei der siegreiche Rivale in Personalunion auch der kritische Gutachter des Manuskripts und somit an dessen endgültiger Fassung beteiligt war – eine in der Literaturgeschichte einzig dastehende Konstellation. Nimmt man hinzu, daß in den zwischen September 1792 und Juni 1794 niedergeschriebenen Roman auch noch die Französische Revolution hineinspielt und seine politische Aussage bestimmt, so erweist die Gegenwartsnähe sich als unüberbietbar. Die Fiktion, daß dem Verfasser die Ereignisse, während sie sich abspielen, laufend zugetragen werden, ist also von der Wahrheit nicht weit entfernt.

Noch ein weiterer Freund, mit dem der Dichter lebenslang verbunden blieb, sei bei Gelegenheit der „Hesperus"-Situation kurz erwähnt: Emanuel Samuel, der sich später den Familiennamen Osmund zulegen durfte.[10] Der vielseitig interessierte Sohn eines Hausierers hatte es früh zum wohlhabenden Kaufmann in Bayreuth gebracht und sich reiche Bildung angeeignet. Im September 1793 lernte Jean Paul durch Renate Wirth den für Literatur und Philosophie begeisterten, überdies bildschönen jungen Juden kennen, als der kurz zuvor durch üble Vertreter der im „Hesperus" bekämpften Reaktion, Raufbolde in preußischer Offiziersuniform, vermutlich Antisemiten, eine Mißhandlung erlitten hatte, die ihn für immer schwerhörig machte. Der Dichter schloß Freundschaft mit ihm, und beide fingen etwa ein Jahr danach eine bis zum Tode nicht mehr abreißende Korrespondenz an. In den Bund mit den Ottos wurde Emanuel bald einbezogen. Auf Drängen Jean Pauls standen Albert und Christian ihrem jüdischen Freund bei seinem Bemühen, sich für die erlittenen Verletzungen rechtlich Genugtuung zu verschaffen, zur Seite und ermutigten ihn, seinen Kampf nicht aufzugeben.[11] Der Briefwechsel mit Emanuel stellt eine sonderbare Mischung von Erörterungen über Philosophie, Religion und Kunst und der Mitteilung banaler Alltäglichkeiten dar. Denn der Freund in Bayreuth war nicht nur juristischen Zuspruchs bedürftig und geistig sehr anregend, er kümmerte sich auch darum, daß der unpraktische Dichter mit Kleidern aus anständigem Stoff, später mit bekömmlichen Biersorten versorgt wurde, und in finanziellen Angelegenheiten beriet er ihn. Emanuel ist der letzte Gefährte, den Jean Paul als armer, unbekannter Winkelschulmeister gewann. Seine späteren Männerfreundschaften, mit Friedrich v. Oertel, Paul Emil Thieriot u. a., gehören der Periode an, in der er sich als Schriftsteller bereits durchgesetzt hatte. Auf sie einzugehen muß ich mir versagen. Einzig von der Freundschaft und dem Geistesbund mit Johann Gottfried Herder wird noch zu sprechen sein.

IX

Nur wer die Bedeutung der Freundschaft im Leben Jean Pauls kennt, vermag zu ermessen, wie schwer es ihn traf, daß seine frühesten Jugendgefährten ihm blutjung durch den Tod entrissen wurden. Im Oktober 1786 starb Adam v. Oerthel, nachdem er bei seinen Eltern noch die Anstellung des notleidenden Freundes als Hofmeister ausgewirkt hatte. Jean Pauls Erschütterung war so groß, daß seine Schaffenskraft zeitweilig erlahmte und sein Briefwechsel auf Monate zum Erliegen kam.[1] Und im Februar 1790 erreichte ihn eine noch schrecklichere Nachricht: In Göttingen hatte der lungenkranke, von den Strapazen seines ungesicherten Daseins geschwächte Hermann einen qualvollen Tod erlitten. Ein Kommilitone überbrachte den letzten, in einem angefangenen Satz abbrechenden Brief des Sterbenden, ein Dokument des Grauens.[2] Ein Jahr lang irrte Jean Paul um den Nachlaß des geliebten Toten, ehe er, nach langen Erörterungen mit Otto und Wernlein, einsah, daß es unmöglich war, die Manuskripte dieses in Aufbruch und Gärung begriffenen Wissenschaftsgenies für die Nachwelt zu retten. Alles war unfertig, voller Schlacken und Widersprüche.[3] Aber 1795 setzte er in den „Biographischen Belustigungen unter der Gehirnschale einer Riesin" noch einmal dazu an, Hermann ein Denkmal zu errichten.[4] Genau porträtiert und unter vollem Namen wollte er den Freund in einem erzählenden Werk auftreten lassen, im Anhang dazu die von seiner Hand stammenden Fragmente beifügen und ihn so doch noch dem Vergessen entreißen – ein absurder Plan, der denn auch nicht ausgeführt werden konnte. In Trauer über die beiden verlorenen Jugendfreunde klingt die „Unsichtbare Loge" aus. Der letzte Satz der Totenehrung lautet: „Du aber, den die zwei schlafenden Gestalten geliebt und in dem sie mir ihren und meinen Freund zurückgelassen, du mein mit ewiger Hochachtung geliebter Christian Otto, bleibe hienieden bei mir!"[5] Zweieinhalb Jahre nach Hermanns und fast sechs Jahre nach Oerthels Tod ist das zu Papier gebracht worden, und durch das ganze Buch zieht sich die Klage über die Vergänglichkeit des Lebens.

Zwischen den beiden Todesfällen ereignete sich ein Selbstmord in der eigenen Familie: Im April 1789 ging Heinrich Richter, weil er das Elend daheim nicht mehr ertragen konnte, knapp 19 Jahre alt, in die Saale.[6] Und nach Hermanns Ende hielt das Sterben um Jean Paul weiter an. Sein einstiger Zögling, Christian v. Oerthel, der an seinem entlassenen Lehrer rührend hing[7], ward im September 1792 von den Blattern dahingerafft.[8] 1793 waren dann gleich zwei Verluste unter den Nächsten zu beklagen: Im Februar verloren die Ottos ihre Mutter, und im Juni starb der Mann, von dem als erstem das Genie des Verfassers der „Unsichtbaren Loge" erkannt worden war: Karl Philipp Moritz.[9] „Und wenn Sie am Ende der Erde wären, und müßt' ich hundert Stürme aushalten, um zu Ihnen zu kommen, so fliege ich in Ihre Arme", hatte Moritz nach Lektüre des Manuskripts der „Loge" an Jean Paul geschrieben, und dieser hatte geantwortet: „Ihre zwei Blättchen . . . überfüllten mein Herz mit Freude und Blut. Meine Phantasie tat seitdem nichts als Sie empfangen. . . . Wir sehen einander bald, entweder in Hof oder in Berlin."[10] Der Tod ließ die Begegnung nicht mehr zustande kommen. Bis ins Mark getroffen, schrieb der Dichter an Moritz' Schwager Matzdorff: „Ich, der ich in wenigen Jahren drei Freunde verlor, bin jetzt so sehr an den bittersten Kummer gewöhnt, daß ich jeden, den ich liebe, nur für einen aufgerichteten Toten halte. Menschen in Totenkleidern stehen neben uns. . . . Ein Mensch, der alt wird, findet sein Grab von lauter Gräbern umlagert, in denen seine schöneren Tage und seine Geliebten schlafen."[11]

X

Die Begegnung mit dem Tod hat am meisten dazu beigetragen, Jean Pauls Reifeprozeß zu vollenden. Unausgeglichen hatten sich Scharfsinn und Sentimentalität in dem Knaben nebeneinander entfaltet, eins wie das andere genährt von den Tendenzen der Zeit. Gleichermaßen hatten Lessings Streitschriften und der „Werther" auf ihn eingewirkt, dazu aber auch platter Aufkläricht der Wolffschen Schule, platte Weinerlichkeit im Sigwart-Stil. Abwechselnd hatte der Siebzehnjährige an rationalistischen „Übungen im Denken" und an dem tränenseligen Briefroman „Abälard und Heloise" geschrieben. Dann war er durch die Schule des Satirenschreibens gegangen, in der sprühender Witz und kühle Ironie ihm als Ausdrucksmittel zu routinierter Gewohnheit wurden und seinem Gefühl die unechten Töne austrieben. Jetzt, in den Jahren zwischen dem Dahinscheiden Oerthels und der Vollendung des „Hesperus", wandelte der Satiriker sich zu dem weisheitsvollen Dichter, den wir den größten Humoristen deutscher Sprache deshalb nennen dürfen, weil sein Humor auf unvergleichliche Weise durch Erschütterungen hindurchgegangen ist und sein Lächeln über Abgründen der Trauer und Melancholie schwebt. In einer seelischen Krise, die sich durch Jahre hinzog, ist diese Wesensart des reifen Jean Paul geboren worden. Zuweilen hat das Ringen mit dem Phänomen des Todes ihn dabei bis an die Schwelle des Wahnsinns getrieben[1], und das Bild des armen Plebejers und Anwalts der Bauern, des Simultanliebhabers und Virtuosen der Männerfreundschaft, das hier gezeichnet wurde, wäre unvollständig, fehlten darin die Züge der Schwermut, die aus dem Entsetzen des sensiblen, phantasiereichen Poeten über die Vergänglichkeit herrühren.

Das Sterben der Freunde und des Bruders war die Ursache. Mit dem Tode Oerthels setzte die Krise ein, die späteren Todesfälle vertieften sie. Auf Schritt und Tritt stieß Jean Paul in Töpen auf Spuren des Dahingegangenen; sie hielten in ihm schmerzliche Erinnerungen wach. Bald wuchs seine Trauer in hypochondrische Stimmungen hinüber und weitete sich zugleich zu Betrachtungen über die Endlichkeit des Daseins aus. Die Vorstellung peinigte ihn, genau wie der ja gleichaltrige Oerthel selbst plötzlich sterben zu können. Die Pein steigerte sich zur Panik, als sich, auf Grund von Überarbeitung und unmäßigem Kaffeegenuß, bei ihm selber Herzbeschwerden einstellten, die er irrigerweise auf ein Lungenleiden zurückführte. Von übermächtiger Phantasie angestachelte Angst spiegelte ihm bei der Beobachtung der eigenen Leibesfunktionen das nahe Verlöschen seines Ich vor. Schon sah er sich, erstarrt, mit glasigen Augen, auf dem Totenbett.[2] Was den Wahn auf die Spitze trieb, waren die Erörterungen über den Scheintod, die damals im populärwissenschaftlichen Schrifttum grassierten. Auch daran entzündete sich seine Phantasie. Er fragte sich, wie das sein würde, wenn er im zugeschaufelten Grab aus der Erstarrung erwachen sollte, nur um an den eigenen ungehörten Schreien zu ersticken.

All das schlug sich bei ihm in literarischer Produktion nieder. Von der Töpener Zeit an schrieb er mehrere Arbeiten, die sich auf Vergänglichkeit, Vernichtung, Krankheit, Sterben, Auferstehen, Scheintod usw. beziehen. Teils sind es elegische Gefühlsergüsse, teils analytische Untersuchungen, teils aber auch zynische Satiren von ekelerregender Realistik, makabre Scherze, schwarzer Humor. Eröffnet wird die Reihe durch zwei kleine Werke aus dem Sommer 1788, die in ihrer Gegensätzlichkeit eng zusammengehören. In dem einen, „Hinlängliche Winke, wie mein Epitaphium sein soll", treibt der Autor mit dem eigenen zukünftigen Tod seinen Spaß[3], in dem anderen, „Was der Tod ist", sinnt er sich mit solcher Reinheit des Empfindens in den Abschied hinein, den ein auf dem Schlachtfeld tödlich verwundeter Krieger von seiner Braut nimmt, daß Karoline Herder davon tief angerührt war.[4] Dort ist von den Würmern die Rede, die er mit seinem Kadaver mästen wird, hier werden die Gefühle eines Engels geschildert, der in das verrinnende Leben des Jünglings und den Trennungsschmerz der Braut eingeht und die Seelenqualen beider so spürt, als wäre es sein eigenes Leid – eine Erfahrung, die ihn mit Mitleid für die Menschen erfüllt.

Anfang 1789 befragte Jean Paul wegen seiner Kreislaufbeschwerden den damals schon in Göttingen studierenden Hermann, der seinerseits wirklich an Lungenschwindsucht litt. Der medizinkundige Freund erklärte alles für Einbildung.[5] Das Vertrauen zur eigenen Gesundheit scheint sich daraufhin bei Jean Paul wiederhergestellt zu haben. Dann aber ereignete sich der Selbstmord des Bruders, der ihm bis in seine Träume nachgegangen sein muß, und den grausigsten Traum schrieb er in der „Rede des toten Shakespeare" nieder, worin des Nachts die Toten auf dem Friedhof darüber belehrt werden, daß es keinen Gott gibt.[6] In der aus derselben Zeit stammenden Satire über das innere Zölibat hält der Autor auf der Galgenleiter seine Valediktionsrede[7], in der scharfen politischen Satire „Was für Sätze nach meinem Tode jährlich sollen erwiesen werden", vom Juli 1789, macht er sein Testament.[8]

Immerhin war Heinrich Richters Freitod kein Anlaß, eigenen Körperbeschwerden wieder übertriebene Beachtung zu schenken. Endlich war Jean Paul daher im September so weit, seine Hypochondrie zur Zielscheibe selbstkritischen Hohns zu machen. Dies aber ließ ihn sich erst recht in das Problem des Sterbens hineinwühlen. „Meine Überzeugung, daß ich tot bin" heißt die neue Satire, die zwar nicht über drei Seiten hinausgediehen ist, aber so groß angelegt war, daß sie in Kapitel eingeteilt werden sollte.[9] Und im Februar riß Hermanns Tod die kaum verheilten Wunden abermals auf. Es entstanden die kleine Dichtung „Das Leben nach dem Tode"[10] und die Satire „Meine lebendige Begrabung".[11] Im Spätherbst 1790 dann erreichte die Krise ihren Höhepunkt in einer Todesvision, welche die überreizte Phantasie des maßlos Trauernden, nachdem er monatelang über Hermanns hinterlassenen Fragmenten gebrütet hatte, fast in Wahnwitz umschlagen ließ. Totengleich brachte er zwei Tage zu. Am 16. November richtete ihn, laut Tagebuch, der Gedanke wieder auf, daß „der Tod das Geschenk einer neuen Welt sei".[12] An diese Hoffnung klammerte er sich, doch da sie seinem kühlen Verstand zweifelhaft war, nahm er nun eine große Abhandlung „Über die Fortdauer der menschlichen Seele und ihres Bewußtseins" in Angriff, worin er sich, nach Argumenten suchend, mit allen erreichbaren Schriften zum Unsterblichkeitsproblem auseinandersetzte.[13] Am 18. Dezember war die erste Fassung fertig. Sie ging an den Pfarrer Völkel, dem im Frühjahr die Frau gestorben war. In dem Begleitbrief steht die Bemerkung, die Schrift sei abgefaßt worden, „um den November zu vergessen".[14] Unmittelbar danach wandte Jean Paul sich seinen ersten Erzählungen zu.

XI

Dieses Kreisen der Gedanken um den Tod psychologisch zu erklären ist eines, es zu bewerten etwas anderes. In einer Studie, die dartun will, daß es sich bei der „Unsichtbaren Loge" und dem „Hesperus" um Revolutionsdichtung handelt, wird die Frage unabweisbar, ob durch beide Romane nicht vielmehr lähmende pessimistische Stimmungen verbreitet worden sind, die eine solche Deutung Lügen strafen. Der alte Jean Paul war da selbst sehr kritisch. Er ist von der Predigt des Hinfälligseins alles Irdischen, die zumal die Welt seines ersten großen Romans in düsteres Licht taucht, energisch abgerückt. In der Vorrede zur 2. Auflage der „Loge", von 1821, erklärt er den Untertitel „Mumien" damit, daß „überall ... im Werke die Bilder des irdischen Vorüberfliegens und Verstäubens, wie ägyptische Mumien und griechische Kunstskelette, unter den Lustbarkeiten und Gastmahlen aufgestellt" seien, und fügt hinzu, der Sinn der Poesie werde dadurch verfehlt. Unter Berufung auf Goethe stellt er fest: „Die Dichtkunst soll nur erheitern und erhellen, nicht verdüstern und bewölken." Ja, er läßt im gleichen Zusammenhang Spott anklingen: Die Jugend lese und dichte „nichts lieber als Nachtgedanken, und nicht nur vor der liebeskranken Jungfrau, sondern auch vor dem liebesstarken Jüngling – der darum einem Schlachttode weit begeisterter entgegenzieht als ein Alter – schweben die Gottesäcker als hangende Gärten in Lüften, und sie sehnen sich hinauf. Die Jugend kennt nur grüne, blumige Grabhügel, aber das Alter offne Gräber ohne grünende Wände. Diese jugendliche Ansicht komme nun dem Verfasser, der in einem für ihn noch jugendlichen Alter schrieb, bei seinen zu häufigen Grablegungen und seinen Nachtstücken der Vergänglichkeit ... zugute."[1]
So wahr jede revolutionäre Perspektive diesseitsbezogen und optimistisch ist, steht dieses Bekenntnis zu Goethescher Heiterkeit der Kunst mit dem Ideengehalt von Jean Pauls Lebensleistung unzweifelhaft besser in Einklang als die elegische, oft von Selbstquälerei niedergedrückte Stimmung, die viele Vorgänge der „Loge" umgibt und selbst noch lange Passagen des „Hesperus" kennzeichnet. In einem Punkt aber ist die zitierte Selbstkritik ungerecht: Daß der Jean Paul von

1790/91 sich in den Gottesacker *gesehnt* habe, trifft nicht zu; von diesseits*flüchtigen* Tendenzen sind seine damaligen Werke, mit Einschluß der „Loge", frei. Was man ihm vorwerfen könnte, ist, im Gegenteil, die Maßlosigkeit seiner Verzweiflung darüber, daß es den Tod gibt. Und die Grundlage seiner überspannten Ängste, seines grenzenlosen Trauerns, seines von Ekel geschüttelten Ausmalens der Verwesungsprozesse war – Liebe zum Leben, die sich mit dessen Vergänglichkeit nicht abfinden wollte. Nicht als Erlöser aus dem irdischen Jammertal empfand er den Tod, sondern als das furchtbarste Unglück der Menschen. Und wenn er, ausnahmsweise, in „Was der Tod ist" dem Engel des Sterbens Motive des Tröstenwollens zuschreibt und ihn somit in die Nähe christlicher Vorstellungen zu rücken scheint, so hat das seinen Grund in dem Wunsch, die Qualen der Agonie gelindert zu wissen. Klammerte er sich aber an Imaginationen eines Jenseits an, so deshalb, weil er das Leben in irgendeiner Form, sei es selbst in ätherischer, jenseitiger, erhalten zu sehen wünschte, die für ihn das kleinere Übel bedeutete, verglichen mit dem absoluten Nichts. An dieses Nichts mußte er immerfort denken, nachdem in ihm der Glaube der Kindheit durch die Aufklärungsphilosophie ausgehöhlt worden war. Eben der Gedanke des Nichts jedoch war ihm ein einziger Schmerz – in exakt dem Sinne, den Feuerbach meint, wenn er sagt: „Der Schmerz ist die Quelle der Poesie. Nur wer den Verlust eines endlichen Wesens als einen unendlichen Verlust empfindet, hat die Kraft zu lyrischem Feuer. Nur der schmerzliche Reiz der Erinnerung an das, was nicht mehr ist, ist der erste Künstler, der erste Idealist im Menschen. Aber der Glaube an das Jenseits macht jeden Schmerz zum Scheine."[2] Es ist diese atheistische These, die sich an dem Jean Paul von 1790 als so buchstäblich wahr erweist wie nirgendwo sonst in der neueren Literatur. „Oh, wenn's auch Täuschung wäre, gebt uns unsern blauen Himmel wieder statt dieses schrecklich schwarzen!" heißt es in der Abhandlung über die Fortdauer der Seele[3], und gegen Ende kommt darin die Idee des Jenseits als kleineren Übels, mithin des Diesseits als höheren Werts, in beinahe komischer Form zum Ausdruck: „Ach, es ist ohnehin, bei aller Unsterblichkeit, so wenig, wenig Trost, wenn dir im Gewühle fremder, stoßender, fortflatternder Menschen der einzige Bekannte, mit dir Aufgewachsene aus dem Arm gezogen wird und du allein fortschleichst, nicht ewig, aber doch bis ins Grab."[4] Mit anderen Worten: Der Autor betrachtet die ewige Seligkeit als miserables Surrogat für jenen „unendlichen Verlust endlicher Wesen", der ihn durch den Tod seiner Freunde getroffen hat. Auf gleicher Linie liegt, noch komischer, sein Bekenntnis, er spreche von „Fortdauer" der Seele, da er nicht absolute Unsterblichkeit, sondern „nur" noch „ein paar Quadrillionen Jahre" begehre[5], eine Formulierung, welche die aus dem modernen Zweifel geborene, zutiefst paradoxe Verdiesseitigung der Jenseitsvorstellungen auf die Spitze treibt.

Sind die so zu verstehenden Todesgedanken Jean Pauls der revolutionär-demokratischen Tendenz seiner heroischen Romane abträglich gewesen? In der „Loge" hat das Memento mori sicher ein Übergewicht, das die politische Konzeption verzerrt, um so mehr, als das Werk an dem Punkt abbricht, wo die Handlung in aufrührerische Aktivität der positiven Helden einmündet. Revolutionsdichtung hat der Dichter in seinem ersten Roman nur geben wollen; erst im „Hesperus" hat er sie wirklich gegeben. In diesem Buch durchdringt die Todesproblematik aber auch nicht mehr die Atmosphäre nahezu des gesamten Werks, und im „Titan" schließlich fehlt sie fast vollständig, denn in der schwärmerisch dem Jenseits zugewandten Gestalt Lianes verkörpern sich die todessüchtigen Stimmungen der Romantiker und werden, mit deutlicher Spitze gegen Novalis, kritisch gesehen, was mit dem Memento mori der „Loge" nichts mehr zu tun hat. Trotzdem hieße es sich zu leicht machen, daraus zu folgern, daß die revolutionäre Substanz der heroischen Romane in dem Maße klarer hervortrete, wie diese über die Todesproblematik hinauswüchsen. Denn gerade die düstere Philosophie der „Loge" enthält auch die Prämisse zu jenen politisch radikalen Schlußfolgerungen, welche die Romanhandlung sinnfällig machen sollte.

Nachdem Jean Paul Oerthel und Hermann verloren hatte, sah er in jedem Mitmenschen einen Todeskandidaten, ein Wesen, dem es höchstens für eine „Minute von achtzig Jahren"[6] vergönnt sei, die Schönheiten der Erde zu genießen. Daraus leitete er für sich den Vorsatz ab, allen soviel Gutes wie möglich zu tun. Umfassende Menschenliebe war der ethische Ertrag namentlich seiner Todesvision vom 15. November 1790. In diesen Tagen schrieb er an Renate Wirth: „Der herrliche Engel in der ersten Herzkammer rät mir . . ., in dem bißchen Zwergleben, womit man so bald niedersinket, den armen zerrinnenden Schatten, die man Menschen nennt, nichts zu machen als Freude."[7] Dieses Motiv zieht sich sowohl durch den „Wutz" als auch durch die „Loge" und findet seine prägnanteste Formulierung in dem Epilog „Ausläuten oder Sieben letzte Worte", der beide Werke beschließt.[8] Auf den ersten Blick scheint das mit Revolution wenig zu tun zu haben. Es wirkt eher wie eine Neuauflage des Appells zur Nächstenliebe, also doch wie christliches Gedankengut. Ja, der Leser von heute fühlt sich zuweilen an die Art erinnert, in der Heidegger das Ethos auf das Memento mori gründet. Und daß dies bei Jean Paul Ausdruck eines bereits zersetzten, von rationalistischen Zweifeln erschütterten Glaubens ist, verstärkt den fatalen Eindruck noch, da auch die bis zum Atheismus säkularisierte Religiosität von „Sein und Zeit" aus einem Bewußtsein stammt, das, „hineingehalten ins Nichts", den Verlust des endlichen Wesens als unendlichen Verlust beklagt. Aber die mutmaßliche Christlichkeit mitsamt Heidegger-Nähe erledigt sich weitgehend, sobald man fragt, was bei Jean Paul die Menschen daran hindert, sich das ephemere Leben durch Nächstenliebe erträglich zu machen. Die „Unsichtbare Loge" klagt darüber, daß die „zitternden Schatten" einander „zerreißen", daß der verlassene Mensch „in der gefährlichen Dezembernacht dieses Lebens", „in diesen bebenden Abenden, die sich um unser zerstäubendes Erdchen lagern", Dolche in die „ähnliche Brust" treibe, „womit der gute Himmel die seine wärmen und beschützen wollte".[9] Und worin erblickt die „Loge" den Grund dieses unfaßlichen Verhaltens? Ihre Darstellung der sozialen Verhältnisse beweist: in den Institutionen des Feudalabsolutismus, in der Despotie der Fürsten und der Macht der grundbesitzenden Aristokratie über die Fronbauern. Die Beseitigung dieser Krebsschäden der Gesellschaft würde zwar nicht den ungeheuersten Anlaß zur Trauer, den Tod, aus der Welt schaffen, aber wenigstens das Erdenleben menschlich gestalten, d. h. Freundschaft und Liebe in ihm triumphieren lassen.

Deshalb vor allem ist die, ideologisch gesehen, interessanteste Figur der „Loge", der Kapitän Ottomar, ein Revolutionär. Ottomars Bestreben, die Verhältnisse grundstürzend zu verändern, ist die Konsequenz einer Liebe zum Nächsten, die daraus erwächst, daß ihm unablässig die Vergänglichkeit vor Augen steht. Allerdings wird er uns als Rebell von Anfang an, noch bevor er seine Todesphilosophie zu predigen beginnt, vorgestellt. Dabei geht es ihm zunächst jedoch nur um die harmonische Entfaltung der eigenen Persönlichkeit, für die der bestehende Staat ihm keinen Raum bietet, weshalb Ottomar ihn am liebsten an der Spitze einer Räuberbande vernichten würde.[10] Dann aber widerfährt es ihm, scheintot in einem Kirchengewölbe beigesetzt zu werden[11], und dieses Erlebnis verändert seine Einstellung zu allen Daseinsproblemen derart, daß nunmehr sein Empörertum eine neue, sozial engagierte Qualität erhält: Es verbindet sich mit Mitgefühl für die vergänglichen Menschen und wird dadurch zum Motiv einer umstürzlerischen Aktivität, die um der Befreiung des Volkes willen mutig Lebensgefahren auf sich nimmt.[12] Ottomar muß also erst „mit dem Tod geredet" haben, ehe er die Gesinnung in sich auszubilden vermag, die ihn als Rebellen zugleich zum Freund und Helfer der Unterdrückten macht. Und das gilt nicht nur für diese Gestalt. Der Charakter Lord Horions im „Hesperus" unterscheidet sich erheblich von dem wilden Wesen des Kapitäns aus der „Loge", das offensichtlich den Sturm und Drang symbolisiert. Gleichwohl finden wir bei Horion eine verwandte Motivlage: Der nach dem Tod seiner Frau bis zum Weltschmerz melancholische Engländer, der sich blind geweint hat[13], stellt von da an sein Leben in den Dienst der Aufgabe, in einem deutschen Fürstentum den Feudalismus zu liquidieren. Ähnlich entscheidet der

„Titan"-Held Albano, so sehr ihm elegische Anwandlungen fremd sind, sich für die Revolution erst nach der Erschütterung durch den Tod seiner großen Jugendliebe.[14] Man sieht: Der reife Jean Paul hat die düsteren Todesgedanken seiner belletristischen Anfänge zwar nach und nach überwunden, doch geblieben ist ihm die Überzeugung, daß es angemessen sei, tatentschlossene Parteinahme für die Umwälzung des Bestehenden mit leidgeprüfter Männlichkeit verknüpft zu gestalten.

DRITTES KAPITEL

Der Weg zum Leitbild des Hohen Menschen

I

[1]Seine schriftstellerische Laufbahn hat Jean Paul mit Ausarbeitungen über theoretische Themen begonnen. Er schloß sich dabei zunächst der Popularphilosophie an. Die hatte ihr Zentrum in Preußen, namentlich in Berlin, wo sie mit Nicolais „Allgemeiner Deutscher Bibliothek" in Verbindung stand. Ihre Hauptvertreter waren Mendelssohn, Garve, Engel, Steinbart und Nicolai selbst. Zeitweilig stand Lessing derselben Schule nahe, desgleichen Kant in seiner vorkritischen Periode. Das Denken der Popularphilosophen bewegte sich im Geleise jener Schulmetaphysik, zu der Wolff das Gedankenerbe von Leibniz ausgestaltet hatte. Nur suchten sie diese von Residuen der Scholastik durchsetzte Tradition des Rationalismus mit den zeitgemäßeren Lehren der englischen Deisten zu verbinden.

England war damals das fortgeschrittenste Land Europas. Der Kapitalismus hatte dort einen höheren Stand erreicht als auf dem Kontinent. Das heißt nicht, daß die englische Philosophie, als die Deutschen sie aufgriffen, sich noch auf der Höhe der Zeit befunden hätte. Das Kriterium der Progressivität eines Systems der Aufklärung ist stets dessen negative Stellung zur Religion, und darin waren die Engländer inzwischen überflügelt worden von den Franzosen. Die englische Bourgeoisie hatte ihren revolutionären Bürgerkrieg im Zeichen religiöser Schibboleths, weil unter puritanischer Führung, ausgefochten, und seit der Glorious Revolution von 1688, ihrem Kompromiß mit Adel und Krone, gehörte sie zu den herrschenden Schichten des Landes. Beides erschwerte es ihrer Vorhut, sich vollständig von der Religion zu lösen. Die progressiven Ideologen Frankreichs verliehen demgegenüber im 18. Jahrhundert, unter fortgeschritteneren Bedingungen der gesamteuropäischen Zivilisation, dem Emanzipationsstreben einer politisch niedergehaltenen Bourgeoisie Ausdruck, in einem Land, wo es, seit der Hugenottenverfolgung, keine Ansätze für bürgerliche Bewegungen mit religiöser Ideologie mehr gab. Nachdem die englischen Anregungen in Frankreich durch Montesquieu, Maupertuis und Voltaire rezipiert worden waren, setzte hier daher bald eine Radikalisierung der Aufklärung ein, derart, daß deren jüngere Verfechter, die La Mettrie, Diderot, Helvétius und Holbach, die Position des Atheismus und Materialismus bezogen, womit sie der Umwälzung von 1789 den Weg bahnten, der in der Revolutionsgeschichte ersten, die ihre Rechtfertigung nicht mehr in religiös verkleideten Parolen finden, sondern sich ausschließlich rechtlich-politischer Argumente bedienen sollte.

Die deutsche Situation glich insofern der französischen, als auch die deutschen Bürger politisch ohnmächtig waren. Aber sie waren es in einem noch rückständigeren, dazu durch Kleinstaaterei zersplitterten Land, wo ihnen jede Voraussetzung fehlte, ihre Interessen im nationalen Maßstab und mit revolutionären Mitteln durchzusetzen. Sie waren also auch noch zu schwach, um der materialistischen Philosophie Rückhalt und Resonanz bieten zu können. Als daher Frankreich den Durchbruch zum Materialismus bereits hinter sich hatte, galt es den Popularphilosophen immer noch als Non plus ultra an Modernität, bei den zahmen Engländern in die Lehre zu gehen. Trotzdem hatte, was eine Halbheit war, wenn man es an den damals radikalsten Ergebnissen europäischen Denkens mißt, innerhalb Deutschlands den Wert einer befreienden Tat. Zuerst von den englischen Aufklärern ist der Autoritätsanspruch der unsinnigsten Kirchenlehren bestritten und das Feld der Erfahrung für unbefangenes Forschen freigekämpft worden. Und wenn die Engländer dabei auch stehenblieben, in den letzten Weltanschauungsfragen am Zwittergebilde eines neuzeitlich zurechtgestutzten Gottes- und Unsterblichkeitsglaubens festhaltend, so bedeutete es doch eine Absage sowohl an die Bibelfrömmigkeit protestantischer Orthodoxie wie an die Dogmen des Katholizismus, den solcherart reduzierten Glaubensinhalt, versetzt mit einer auf lebenstüchtigen Bürgersinn zugeschnittenen Moral, zum „Vernunftkern" des Christentums zu erklären.

Hier knüpften die Popularphilosophen an, und das brachte sie mit dem institutionalisierten Offenbarungsglauben in Konflikt. Von der katholischen Kirche und der evangelisch-lutherischen Orthodoxie befehdet, wurden sie zu Bahnbrechern der Toleranz, der Denkfreiheit und der Kritik am Überlieferten. Es bleibt ihr Verdienst, in das Gemäuer des mittelalterlichen Glaubensfanatismus die ersten Breschen geschlagen zu haben, durch die der Geist einer neuen Zeit auch in das Bewußtsein des deutschen Volkes einströmen konnte. Ihre Ethik, in der die Nützlichkeit der Tugend betont wird, ist freilich, wie die ihrer schottischen Vorläufer, trivial. Sie half jedoch, zumal im Bürgertum der protestantischen Staaten, selbstlos-tüchtige Gesinnung und praktische Menschenliebe verbreiten, die sich wohltuend von der Sittenverderbnis an den Fürstenhöfen unterschied. Und indem die Popularphilosophie so den Gegensatz von Bürgertum und Adel bis ins Alltagsverhalten hinein ausprägen half, entzog sie zugleich den Kirchen den Anspruch, für die Wahrung der Moral unentbehrlich zu sein.

Der klügere Teil der Geistlichkeit paßte sich dieser Entwicklung an. Infolgedessen drangen die Ideen der Aufklärung in den Raum der Kirche selbst ein. Von Theologieprofessoren wie Ernesti und Michaelis wurden an die Bibel die Maßstäbe philologischer Kritik angelegt. Prediger wie Sack, Spalding, Jerusalem u. a. deuteten das Christentum in eine deistische „Vernunftreligion" um. Noch weiter ging Semler mit seiner Trennung von Religion und Theologie. Reimarus, Verfasser der von Lessing herausgegebenen „Fragmente eines Ungenannten", gab den Offenbarungsglauben gänzlich preis. Dadurch ermutigt, bahnte der keckste der opponierenden Theologen, Bahrdt, sogar eine mythengeschichtliche Auffassung der Evangelien an, wie sie nachmals von den Junghegelianern vertreten worden ist. Von seiten der Orthodoxie wurden solche Tendenzen natürlich bekämpft und, wo immer es möglich war, unterdrückt. Doch die Verketzerten setzten sich zur Wehr, und so bildeten sich im Protestantismus die Parteien der Orthodoxen und Heterodoxen heraus, deren Fehden ein gut Teil des damaligen deutschen Geisteslebens als unaufhörliches Gezänk rechthaberischer Pastoren erscheinen lassen. Unfruchtbar waren diese Kämpfe keineswegs. Lessings „Nathan", seine „Erziehung des Menschengeschlechts", seine glänzenden theologischen Streitschriften sind aus ihnen hervorgegangen. Herders echt historische Auffassung des Alten Testaments als Schöpfung hebräischer Volkspoesie hat sie zur Voraussetzung. Durch die Kirche Luthers ging ein Riß, und die Geister schieden sich bis in die kleinsten Städtchen und Dörfer.

II

Jean Paul hatte einen streng orthodoxen Pfarrer zum Vater. Seine Mentoren aber, Pfarrer Vogel und Kaplan Völkel, gehörten dem heterodoxen Lager an. Ihnen gelang es, dem Amtsbruder in Schwarzenbach den frühreifen Sohn geistig abspenstig zu machen. In seinen theoretischen Schriften sehen wir den Jüngling daher im Fahrwasser der Leibniz-Wolffschen Schulmetaphysik und der Popularphilosophie.[1] Mit Leibniz hält er die Welt für die beste aller möglichen Welten, in der jedes Übel nur Vehikel des Guten ist, alle Wesen ein Stufenreich sich vervollkommnender Kräfte bilden und auch der Irrtum letztlich der Wahrheit dienen muß. Mit Mendelssohn und J. J. Engel plädiert er für Gedankenfreiheit und Toleranz. Mit den schottischen Moralphilosophen und deren deutschen Epigonen vom Schlage Garves erörtert er das Wesen der Tugend, erblickt in ihr die Bedingung der Glückseligkeit und macht es sich dabei zum Vorsatz, sich in die Lage seiner Mitmenschen so weit hineinzuversetzen, daß er die Beweggründe selbst derer zu verstehen vermag, die ihm feindlich begegnen sollten. Hartley und Priestley regen ihn zu psychologischen Untersuchungen, Home, Sulzer und abermals Mendelssohn zu ästhetischen Überlegungen an. Groß ist seine Begeisterung für Nicolais „Sebaldus Nothanker" und die „Allgemeine Deutsche Bibliothek". Stark beeinflußt zeigt er sich von Lessing, dessen Idee von der „Erziehung des Menschengeschlechts" er für ein vertieftes Verständnis des historischen Wandels der ethischen

Normen fruchtbar zu machen sucht, und vereinzelt bemerkt man bei ihm auch schon Spuren der Lektüre Herders.

Mit den philosophischen stehen die theologischen Überzeugungen des jungen Jean Paul in Einklang. Als Adept der Heterodoxie kämpft er gegen das Ungerechte der Lehre von der Erbsünde sowie gegen die Spitzfindigkeiten der Evangelien-Synopsis an, brandmarkt Wunderglauben, Teufelswahn und Dreifaltigkeitsdogma als ungereimt, dringt auf kritische Prüfung von Bibel und Kirchenhistorie und tritt dafür ein, daß die Religion auf ein bloßes Mittel, den Menschen sittlich zu veredeln, beschränkt werde. Für den Druck waren seine Ausarbeitungen allerdings nicht bestimmt. Die Ansichten indes, die er öffentlich äußerte, stimmen mit dem Inhalt seiner Manuskripte und Briefe überein. Schon der Sechzehnjährige bestritt auf einer Schuldisputation vor geladenem Publikum mit so großem Scharfsinn die Göttlichkeit Jesu, daß die unplanmäßig verlaufende Veranstaltung, die dieses Dogma hatte befestigen sollen, abgebrochen werden mußte.[2] Die gleiche Haltung bezeugen die beiden Schulreden, die der Primaner, im Oktober 1779 und ein Jahr darauf bei der Abschlußfeier des Gymnasiums, hielt.[3] Daß er hierbei vor Lehrerkollegium und Eltern diplomatisch lavieren mußte, versteht sich von selbst. Wie er das tat, gereicht seiner Aufrichtigkeit ebenso zur Ehre wie seinem Geschick: Um für die Heterodoxie eine Lanze zu brechen, berief er sich auf das Neuerertum, das während der Reformation in dem großen Luther selbst verkörpert gewesen sei.[4]

Den Bruch mit der Religion schloß eine solche Einstellung nicht ein. Jean Paul folgte der Popularphilosophie auch darin, daß er, bei aller Ablehnung der Orthodoxie, an dem Glauben festhielt, die Welt sei von einem höchsten Wesen erschaffen worden und die Seele lebe nach dem Tode fort. Dafür, so meinte er, hätten Leibniz und Wolff unwiderlegliche Beweise erbracht. Neben Untersuchungen über erkenntnistheoretische und metaphysische Probleme, neben polemischen Ausfällen gegen orthodoxe Lehrmeinungen stehen daher in seinen „Übungen im Denken" auch Anrufungen des gütigen Allvaters, und gar im Anschluß an die von ihm gelobte Leibnizsche Monadologie läßt der Verfasser es sich nicht nehmen, die Freuden des Jenseits auszumalen, wobei er sorgfältige Unterscheidungen zwischen Engeln und Seraphim trifft und die Frage, ob Tiere und Pflanzen am ewigen Leben teilhätten, breit erörtert und, unchristlich zwar, doch eminent religiös, bejaht.[5]

Zweifel an alledem stellten sich beim jungen Jean Paul erst während des Studiums in Leipzig ein. Voltaire und Rousseau allein hätten ihn in seinem Deismus freilich nicht wankend zu machen brauchen. Aber er las eben auch Helvétius[6], und es scheint, daß ihm La Mettrie und Holbach schon damals nicht unbekannt geblieben sind. Im September 1781 kam Kants „Kritik der reinen Vernunft" heraus. Der achtzehnjährige Jean Paul gehörte zu ihren ersten Lesern.[7] Unschwer läßt sich vorstellen, daß Kants Einwände gegen die Leibniz-Wolffsche Metaphysik ihn beeindruckt haben. Jedenfalls können wir in seinen vorläufig letzten philosophischen Ausarbeitungen, vom Herbst 1781, Bedenken gegen das Monadensystem feststellen, die er vorher nicht gekannt hatte. Und nun trat bei ihm eine charakteristische Reaktion ein: In seinen Aufzeichnungen erklärt er auf einmal Leibniz' Philosophie für wahrscheinlich falsch, aber nennt sie einen Irrtum, so schön, daß er ihn ungern missen wolle. Leibnizianer sei er zwar nicht, er hoffe jedoch, es dereinst im Himmel zu werden; denn die Monadologie sei offensichtlich nicht für irdische Wesen bestimmt, sondern für Engel geschrieben.[8] Inzwischen hatte sein theoretisches Interesse sich auf psychologische und moralische Probleme verlagert[9], und im Herbst brach er die philosophische Arbeit ab, um sich der Satire zuzuwenden. So ist anzunehmen, daß er durch Kant und den französischen Materialismus in eine erste weltanschauliche Krise gestürzt worden war. Vermutlich bestand sie darin, daß er seine alten Überzeugungen nicht mehr mit Gründen verteidigen konnte, aber gefühlsmäßig zu sehr an ihnen hing, um sie aufzugeben, und sich aus diesem Grunde neuerlicher Beschäftigung mit den Grundfragen von Erkenntnistheorie und Metaphysik entzog. Wenn dem so ist, dann war die Satire für ihn nicht nur, wie im vorigen Kapitel dargestellt, Waffe gegen die reaktionären Mächte der Gesellschaft, Betätigungsfeld für den angeborenen Humor und ein Mittel, produktiv die Zeit bis zur Romanreife zu überbrücken, sondern außerdem auch ein Asyl, in das er auswich, um sich philosophisch nicht radikal neu orientieren zu müssen.

III

Trotzdem enthalten die Satiren wichtige Aufschlüsse für die Beurteilung seiner philosophischen Entwicklung. Als erstes ist hervorzuheben, daß Jean Paul hier die Abrechnung mit der Orthodoxie fortsetzt und sogar verschärft. Die Entlarvung vernunftwidriger Glaubenssatzungen spielt dabei eine erhebliche Rolle. Gleichzeitig wird der von den Kirchenkonsistorien praktizierte Glaubenszwang angeprangert.[1] Allerdings greifen die einschlägigen Satiren nie expressis verbis die Theologie schlechthin an. Zwischen hirnlosen, niederträchtigen Superintendenten und nach Vernunfterkenntnis strebenden „heterodoxen Dorfpfarrern" wird differenziert.[2] Mit letzteren fühlt der Verfasser sich nach wie vor solidarisch. Da er aber weder Predigten noch Traktate schreibt, kommen positive Überzeugungen, die ihm mit diesen Bundesgenossen gemeinsam sein mögen, nirgends zum Ausdruck. Anscheinend will er nur nicht allein dastehen, und unter den oppositionellen Geistern sind die aufklärerisch gesinnten Amtsbrüder seines Vaters ihm besonders vertraut. Indes die Vogel und Völkel haben die negierende Tendenz der Auseinandersetzung ihres Protegés mit der Kirche jederzeit begrüßt, so daß bei ihnen eine ähnliche Motivsituation bestanden haben muß. Wahrscheinlich herrschte unter aufsässigen Pastoren damals die stillschweigende Übereinkunft, Orthodoxie zu sagen, wenn sie das Luthertum überhaupt meinten.

Aufschlußreich ist in dem Zusammenhang der Zweifrontenkampf des jungen Autors gegen irrationalistische und pseudorationalistische Strömungen, deren Vertreter gleichermaßen der Theologie zu Hilfe kommen wollen. Einerseits überschüttet er, deutlich auf Lavater anspielend, jene Gefühlsphilosophie mit Hohn, die durch den Appell an unkontrollierbare Emotionen die Glaubensdogmen zu retten sucht, nachdem sie mit Gründen nicht mehr zu stützen sind. Zu schließen ist hieraus, daß ihn mit Leibniz und Wolff, obwohl er an der Substanz ihrer Doktrinen zweifelt, immer noch die rationalistische Argumentationsbasis verbindet. Eine Bestätigung dafür liefert die Satire über Theologie und Dichtkunst, die sich ausdrücklich zu Wolffs verehrungswürdiger „Sucht nach Gründen" bekennt.[3] Andererseits zieht Jean Paul aber auch, namentlich in der „Bittschrift der deutschen Satiriker", gegen Ideologen vom Leder, die den Rationalismus für theologische Zwecke einspannen. Ähnlich wie Lessing eine derartige „Vernunfttheologie" im Vergleich zur alten Orthodoxie „Mistjauche gegen unreines Wasser" genannt hat, erklärt er, dieser Rationalismus gleiche einem Liliputaner, der, auf den Schultern eines Brobdignaken stehend, Gulliver für einen Liliputaner und sich selbst für einen Brobdignaken ausgebe.[4] An anderer Stelle spricht er von der als Lockpfeife für Freigeister mißbrauchten Vernunft.[5] Man muß sich fragen, was der Theologie da noch übrigbleibt. Verlangt sie blinde Unterwerfung unter ihre Dogmen, so wird das als Knechtung des freien Denkens gebrandmarkt. Nimmt sie Zuflucht zum Gefühl, so wird ihr gegenüber auf Gründe gepocht. Und macht sie Argumente geltend, so wird nachgewiesen, sie treibe mit der Vernunft Schindluder. Offenkundig verfolgen die Satiren das Ziel, ihr jeden Ausweg zu verstellen.

Nicht weniger aufschlußreich ist das Verhältnis Jean Pauls zum transzendentalen Idealismus. Er hat sich freilich mit der „Kritik der reinen Vernunft" nicht in schriftlicher Form umfassend auseinandergesetzt. Aber es ist erwiesen, daß er sie unmittelbar nach Erscheinen erstmals gelesen und später genau gekannt hat. Das eine dokumentieren Briefstellen vom Herbst 1781[6], das andere die profunden Randglossen, mit denen er 1798 zu Herders „Metakritik" Stellung nahm.[7] Nichts spricht demnach dagegen, daß schon die Anspielungen auf Kant in den frühen Satiren von einem Kenner stammen. Das Urteil nun, das hier über den Kantischen Idealismus gefällt wird, ist äußerst negativ. In der Vorrede zu den „Teufelspapieren", in der „Bayerischen Kreuzerkomödie" und der Einzelsatire „Meine lebendige Begrabung" wird die subjektivistische Deutung von Raum, Zeit und Kategorien als abstruse Verirrung gebrandmarkt.[8] Gegen Kant verteidigt Jean Paul die Überzeugung, daß es eine unabhängig vom Bewußtsein bestehende Außenwelt gibt, die vom Subjekt nur widergespiegelt, nicht erschaffen wird. Dies ist die Position, von der aus er später, in der „Clavis Fichtiana", gegen Fichte polemisiert hat[9], und die gleiche Einstellung kommt darin zum Ausdruck, daß er im „Titan" Leibgeber-Schoppe über dem Studium der Fichteschen Philosophie wahnsinnig werden läßt.[10] Derselbe Jean Paul hat in seiner satirischen Periode jedoch nirgends die Leibniz-Wolffsche Metaphysik gegen Kant in Schutz genommen, obwohl er die „Kritik der reinen Vernunft" Kants „Werk über oder gegen die Metaphysik" zu nennen pflegte, also die erkenntnistheoretische Problemstellung darin nicht isoliert nahm.[11] Daraus ist zu schließen, daß die Einwände, mit denen Kant die rationalistischen Gottes- und Unsterblichkeits„beweise" als unzulässig erweist – und diese Einwände sind an den erkenntnistheoretischen Subjektivismus nicht unbedingt gebunden –, ihm eingeleuchtet haben dürften. Wie aber muß ein Denker charakterisiert werden, der den in der Vernunftkritik begründeten gnoseologischen Idealismus mißbilligt und dennoch Kants Abrechnung mit den trügerischen Beweismethoden der Schulmetaphysik gutheißt? Offenbar als Materialist – womit der Kampf gegen die Theologie und das Beeinflußtsein durch Helvétius ja auch in Einklang stünden. So verhält es sich jedoch nicht. Jean Paul hat den Materialismus jederzeit verworfen. Hier liegt eine logische Diskrepanz vor, und die erklärt, wieso er, nachdem ihm die Popularphilosophie zweifelhaft geworden war, darauf verzichtete, die ihn bewegenden Probleme zu Ende zu denken: Er *wollte* sich der fortgeschrittensten Philosophie seiner Zeit nicht anschließen. Die Folge war, daß er ungefähr von 1783 an auf Jahre hinaus einem radikalen Skeptizismus huldigte, der in seinen Satiren nur deshalb nicht massiv zum Ausdruck kommt, weil sie vermeiden, sich auf eine angemessene Erörterung philosophischer Fragen einzulassen, und sich das gemäß den Genregesetzen auch leisten können.

1790 hat Jean Paul in einem Brief an Wernlein rückblickend seinen Skeptizismus geschildert: Keine Wissenschaft habe ihm mehr schmekken wollen, ein Buch mit scharfsinnigem Unsinn hätte er lieber gelesen als eines mit schlichtem Menschenverstand, „weil ich bloß noch las, um meine Seele zu üben, nicht aber zu nähren". Als Grund der skeptischen Haltung gibt er an, von der Idee besessen gewesen zu sein, daß die Wahrheit uns nur durch unsere Überzeugtheit verbürgt werde und wir dieser nicht trauen könnten, da wir in früheren Lebensstadien von Ansichten, die uns nachher als falsch erschienen wären, ebenfalls überzeugt gewesen seien.[12] Diese Selbstdeutung dringt nicht zu den eigentlichen Ursachen vor, gibt jedoch wertvolle Aufschlüsse über sie. Sie enthält zumindest das Eingeständnis Jean Pauls, daß er in Leipzig an seinen früheren Auffassungen nicht mehr mit gutem Gewissen festzuhalten vermochte. Allein in diesen war er wankend geworden durch die französischen Aufklärer und Kant, was besagt, daß die neuen Einflüsse ihn doch so weit überzeugt haben müssen, wie seine vorhergehende Weltanschauung durch sie erschüttert worden ist. Ganz uferlos kann sein Skeptizismus mithin nicht gewesen sein, um so weniger, als aus den damaligen Satiren gegen die Theologie hervorgeht, daß ihr Verfasser in relevanten Fragen sehr wohl zwischen Wahrheit und Irrtum zu unterscheiden weiß und einen dezidierten Standpunkt einnimmt. In der Hauptsache war somit die Skepsis bei ihm eine willentliche Fluchtposition.

Was die Beweggründe angeht, aus denen Jean Paul sich dem Materialismus verschloß, so darf man da nicht an eine von Furcht diktierte Akkommodation an die vorherrschende Ideologie denken. Bei einem hungernden, verschuldeten Studenten, der unausgesetzt Fürsten, Adel und Kirche angreift, wären derartige Hemmungen sonderbar. Die wahren Gründe liegen woanders, und wieder geben die Satiren darüber Auskunft.

Am symptomatischsten ist, daß sie den Materialismus als aristokratische Ideologie angreifen und die Unmenschlichkeit der Großen mit deren Gottlosigkeit in Verbindung bringen, gerade so, wie fast gleichzeitig der junge Schiller dem aristokratischen Schurken Franz Moor die Thesen der französischen Materialisten in den Mund legte.[13] Beides war nicht abwegig. Die frühesten materialistischen Konzeptionen der Neuzeit sind in der Tat im höfischen Milieu entstanden und vom Bürgertum lange Zeit durchaus nicht gutgeheißen worden. Aristokratisch war der Materialismus Bacons, bürgerlich der Puritanismus, dessen Destruktion der elisabethanischen Kultur sich ebenso gegen die Baconsche Philosophie richtete wie gegen das Theater Shakespeares. Auf der Seite der höfischen Partei stand noch Hobbes im englischen Bürgerkrieg. Erst im Frankreich des 18. Jahrhunderts begann die materialistische Philosophie, bürgerliche Interessen zu artikulieren, aber auch dies nur in dem Sinne, daß sie objektiv die säkularisierten Parolen zubereitete, in deren Zeichen Jahrzehnte später die Französische Revolution stehen sollte. Davon, daß schon unter dem ancien régime die Masse des Bürgertums von materialistischen Ideen erfüllt gewesen wäre, während der Adel diese abgelehnt hätte, kann keine Rede sein. Am Hof kamen auf einen bigotten Ludwig XVI. Dutzende Freigeister im Gefolge der Marie Antoinette, im Dritten Stand auf einen Anhänger Diderots Hunderttausende bigotter Spießer. Als Höfling Friedrichs II. von Preußen starb La Mettrie, und der Verfasser des „Système de la Nature" war ein von überwiegend adligen Gesinnungsfreunden umgebener Baron. Daß sich am Horizont der Zukunft die Guillotine abzeichnete und materialistische Ideen daran beteiligt sein würden, sie in Gang zu setzen, konnte niemand ahnen, um so weniger, als der Exponent der plebejisch-demokratischen Tendenzen, Rousseau, kein Materialist gewesen ist. In Deutschland vollends sind Materialismus und bürgerlicher Klassenkampf erst im 19. Jahrhundert, dank der Feuerbachschen Religionskritik, zu einer Einheit zusammengewachsen. In der Zeit, als Jean Paul seine Satiren schrieb, war es noch längst nicht so weit. Vielmehr trieben da in den Duodezstaaten die höfischen Kreise mit der Freigeisterei als neuester Pariser Mode ein leichtfertiges Spiel, wobei sie die Leugnung von Gott und Unsterblichkeit als Freibrief für ihre Laster und Verbrechen auffaßten, während im Bürgertum Rechtschaffenheit und Gottesfurcht Hand in Hand gingen, auch dann, wenn bei halbwegs Gebildeten der Christenglaube durch Popularphilosophie und Heterodoxie schon abgeblaßt war. In der Aversion gegen den Materialismus konnte sich also ein gegen die Höfe aufbegehrendes plebejisches Klassenbewußtsein geltend machen.

Speziell bei Jean Paul stand damit ein weiteres Moment in Zusammenhang: seine Sittenstrenge, im Werk ästhetisch praktiziert als Prüderie, moralisch gehandhabt als Waffe gegen die Liederlichkeit des Hoflebens. An sich ist auch dies ein problematischer Zug. Von La Mettries „L'art de jouir" bis zu Feuerbachs Kritik an der christlich-asketischen Verteufelung des Geschlechtlichen ist die „Emanzipation des Fleisches" (Heine) immer ein Anliegen materialistischen Denkens gewesen, und stets haben, in Analogie dazu, diejenigen Kunstwerke, die am meisten zur Befreiung des modernen Bewußtseins von mittelalterlichen Vorurteilen beitrugen – von den Gemälden der Renaissance-Maler und den Novellen Boccaccios bis zur Lyrik Goethes –, in gleicher Richtung gewirkt. Dennoch kann ein Schriftsteller, der sich dazu ablehnend verhielt, seine in dem Punkt reaktionäre Position als Revolutionär bezogen haben. Denn parallel zur Säkularisierung des Weltbildes ist auch in bezug auf die Emanzipation des Fleisches zu einer Zeit, als das Bürgertum noch in borniertem Anschauungen befangen war, die höfische Kultur der Pionier der modernen Entwicklung gewesen – unbeschadet der Tatsache, daß die Fortschritte des Frühkapitalismus letztlich auch diesen Teilaspekt des Säkularisierungsprozesses determiniert haben –, und fast jedesmal, wenn bürgerliches Selbstbewußtsein sich zu regen begann, pflegte es, vor sonstigem Opponieren, erst einmal Sittenstrenge und Prüderie gegen den höfischen Lastersumpf ins Treffen zu führen.

Es ist dieser moralistische Initialprotest, der sich bei Jean Paul wiederherstellt. Allerdings hat er bei ihm nicht mehr die welthistorische Berechtigung wie bei den Puritanern – weshalb er bei ihm auch nicht seine Klassizität zu bewahren vermochte, sondern eine einzigartige, ihn selber erotisierende Verbindung mit dem Sentimentalismus und den Don Juan-Motiven der Tutti-Liebe einging. Aber die, an europäischen Maßstäben gemessen, provinziell und antiquiert wirkende Reprise puritanischer Prüderie war bei einem deutschen Gegner des Feudalabsolutismus, der sich mit der adligen Libertinage in ihrer lumpigsten Gestalt, an ihrerseits provinziellen Duodezhöfen, konfrontiert wußte, nur zu verständlich; besonders dann, wenn der betreffende Kritiker des Despotismus eine spezifisch plebejische Position einnahm, von der man weiß, daß sie später, bei Girondisten und Jakobinern, auch wieder durch Sittenstrenge pointiert worden ist. Erst im handgreiflich materialistischen Bereicherungs- und Freudentaumel des Directoire hat der Bourgeois den prüden Asketen abgestreift, und es wird zu zeigen sein, daß die andere deutsche Möglichkeit, über die höfischen Karikaturformen der Fleischesemanzipation hinauszugelangen, ohne deswegen dem Puritanertum Tribut zu zollen, daß die schönheitstrunkene Vereinigung von antiker Sinnenfreude und moderner Humanitas in der Weimarer Klassik nicht zufällig zur Zeit des Directoire mit einem Verlust unserer Nationalliteratur an demokratischer Substanz erkauft worden ist.

Zurück zum theoretischen Materialismus, so darf man seine im 18. Jahrhundert noch mechanistische Beschränktheit nicht vergessen, an der ein ehemaliger Leibnizianer, gewöhnt an die dynamischere Denkweise seines einstigen philosophischen Idols, ja durch Lessing und Herder mit den aus Leibniz gewonnenen ersten Ansätzen zum Entwicklungsgedanken vertraut, natürlich Anstoß nahm. In Jean Pauls Satiren ist festzustellen, daß er sich die mechanistischen Vorstellungen bisweilen zu eigen macht, aber nur ironisch, um sie durch Übertreibung ins Lächerliche zu ziehen, am deutlichsten dort, wo er bei der Verhöhnung schlechter Schriftsteller die Literatur aus den Gliedmaßen des Körpers ableitet und etwa nachweist, daß Magen und Gesäß für die Entstehung eines Buchs ausschlaggebend seien.[14] Das Schwergewicht liegt in diesen Arbeiten zwar auf der Verunglimpfung literarischer Tagesgrößen, denen niedrige Beweggründe unterstellt werden. Damit verbindet sich jedoch die Absicht, den mechanischen Materialismus ad absurdum zu führen durch ein Bild der Welt, das mit groteskem Scheinernst nach seinen buchstäblich genommenen Theorien entworfen ist. Und einen nichtmechanischen gab es halt im 18. Jahrhundert noch nicht.

Ein letzter Beweggrund kam hinzu, der sich ohne das Schlagwort „Bedürfnisse des Herzens" schwer definieren ließe. Ob Jean Paul nach Lektüre der französischen Aufklärer und Kants noch an einen persönlichen Gott und an das Fortleben der Seele geglaubt hat, ist fraglich. Seit er zu philosophieren begonnen hatte, war seine Religiosität, weil den Dogmen der Orthodoxie entfremdet, auf Vernunftgründe angewiesen, wie sie die Wolffsche Metaphysik zu bieten schien, und dieses Fundament geriet, wie gesagt, 1781 ins Wanken. Rückkehr zum naiven Kinderglauben ist aber für einen Geist, der sich auf Beweise zu verlassen gelernt hat, kaum mehr möglich, zumal wenn er ständig Satiren gegen die Kirche schreibt. Und was die beschriebene Fluchtposition angeht, den Skeptizismus, so ist der mit Religiosität ebensowenig zu vereinbaren wie mit materialistischen Überzeugungen. Abgesehen davon lassen sich aus den nach 1781 entstandenen Jugendwerken auch Stellen, obschon nur wenige, beibringen, denen direkt atheistische Anwandlungen zu entnehmen sind. Auch in dieser Lage jedoch hat Jean Paul auf den Glauben Wert gelegt. Die Welt ohne Gott und die Unwiderruflichkeit des Todes waren ihm schwer zu ertragende Gedanken. Die eigenen, wohlbegründeten Zweifel und ebenso die Äußerungen seiner atheistischen Freunde Oerthel und Hermann sind ihm daher unbehaglich gewesen.[15] Solange ihm indes schwere Erschütterungen erspart blieben, ließ sich mit einem solchen gedanklichen Dilemma leben. Doch als Oerthel und Hermann starben, da änderte seine seelische Verfassung sich. Jetzt wuchs die Angst, daß der Atheismus recht haben könnte, sich zu einem Alptraum aus, und damit entstand bei ihm eine auf Wunschvorstellungen gegründete Religiosität, von der man ohne Übertreibung sagen kann, daß Verzweiflung und Wahnsinn ihre einzige Alternative waren. Als später die irreligiöse Charlotte von Kalb die Jenseitsvorstellungen beanstandete, die er in zwei kleineren Dichtungen erneut bekräftigt hatte, wies Jean Paul sie scharf zurecht und erklärte, er könne vieles opfern, aber nie die Hoffnung auf Unsterblichkeit.[16] Es liegt auf der Hand, daß ein Denker, der sich darauf festlegt, für den Materialismus verloren ist.

IV

Bevor die philosophischen Konsequenzen dieser Haltung aufgezeigt werden, sei noch die ethische Seite der Weltanschauungskrise des jungen Jean Paul erwähnt. Es gibt *einen* Materialisten, der ihn nachhaltig beeinflußt hat: Helvétius. Er las „De l'homme" und „De l'esprit" im Sommer 1781[1], und sowohl in der kurz danach entstandenen Abhandlung „Über den Menschen"[2] wie insbesondere im damaligen „Tagebuch meiner Arbeiten"[3] gibt es Stellen, die bezeugen, wie sehr er davon fasziniert gewesen ist. Angeeignet hat er sich Helvétius' entlarvende Sozialpsychologie, die hinter allen edelmütigen Maskierungen die eigennützige Begierde, das Streben nach Lustgewinn, Macht und materiellem Vorteil aufspürt. Aus den Satiren ist diese Errungenschaft nicht fortzudenken, und auch die Charakterzeichnung in den späteren Romanen erweist sich als teilweise von ihr inspiriert. Man vergleiche etwa die sich an Helvétius anschließenden Ausführungen über geheuchelte Aufrichtigkeit im „Tagebuch meiner Arbeiten"[4] mit den Charakteren der Residentin v. Bouse in der „Unsichtbaren Loge" und der Fürstin Isabella im „Titan". Man wird feststellen: Was hier künstlerisch gestaltet erscheint, bietet sich dort als Ergebnis psychologischer Reflexion dar. Zugespitzt ausgedrückt, hat Jean Paul die typische Mentalität der herrschenden Klassen stets mit den Augen von Helvétius gesehen.

Gleichwohl stand er dem großen Franzosen philosophisch nie kritiklos gegenüber. Sympathisch war die Theorie, daß sich hinter den Tugenden eigensüchtige Interessen verbergen, ihm nicht, und die Allgemeingültigkeit, die Helvétius seiner Entdeckung vindiziert, schien ihm von vornherein fragwürdig. Das hatte seinen Grund einmal darin, daß er sich von dieser Hypothese nicht getroffen fühlte. Wer die „Übungen im Denken" gelesen hat, wird dies verstehen. Schon hier nämlich sind die ethischen Grundsätze der liebenswürdigsten Romanfigur Jean Pauls, des von Eigensucht himmelweit entfernten Walt aus den „Flegeljahren", als Idealnormen des Verhaltens fixiert, das der jugendliche Autor sich selber anerziehen will; so in der 9. Untersuchung der Entschluß, sich sogar in den Beleidiger der eigenen Person hineinzuversetzen, „um die Bewegungsgründe zu entdecken, die ihn vielleicht zu dieser Haltung gereizet haben".[5] Zum anderen wirkte einer vorbehaltlosen Übernahme des Menschenbildes von Helvétius der gleichzeitige Einfluß von Rousseau entgegen.[6] Rousseau trug nicht allein dazu bei, daß das zunächst verworrene Aufbegehren des jungen Jean Paul gegen Standesprivilegien und Despotie sich zu politischer Überzeugung klärte, er beeindruckte ihn auch mit seiner Predigt der ursprünglichen Güte und Unschuld der menschlichen Natur. So hielten sich bei der Formierung der moralischen Auffassungen des angehenden Dichters die Einflüsse von Helvétius und Rousseau die Waage, er kombinierte sie miteinander – ein Beispiel dafür, daß die verzögerte Herausbildung einer bürgerlichen Kultur in Deutschland dessen Ideologen insofern zustatten kam, als sie ihnen nahelegte, an das westeuropäische Erbe in seiner ganzen Breite anzuknüpfen.

Zunächst scheint in Jean Pauls Schriften Helvétius zu dominieren. Das liegt aber an ihrer Thematik. Es sind moralisch-psychologische Vorbereitungen auf das Satirenschreiben und gleich darauf selbst Satiren. Um so bemerkenswerter ist das früheste Auftauchen eines Einwands. Im „Tagebuch meiner Arbeiten", vom September 1781, wertet der Verfasser aus, was er von Helvétius gelernt hat. Unverkennbar ist er stark beeindruckt. An einer Stelle jedoch meldet er Bedenken an. In „De l'homme" (IV, 6) beschäftigt Helvétius sich u. a. mit dem seiner Grundthese anscheinend widerstreitenden Phänomen, daß jungen Menschen Neid gegen mächtige und reiche Leute fremd ist, und erklärt dies damit, daß sie noch hoffen könnten, es einmal ebenso weit zu bringen, während die Erwachsenen Illusionen darüber bereits begraben hätten. Damit ist Jean Paul nicht ganz einverstanden. Er hält es für bedeutsamer, daß das noch arglose Kind voll Vertrauen zu den Erwachsenen aufblickt und erst später, durch bittere Erfahrungen belehrt, in eine andere Haltung hineingetrieben wird. „In unserer Jugend", schreibt er, „kennen wir noch nicht den schändlichen Mißbrauch, den der Reiche von seinem Reichtum, der Mächtige von seiner Macht macht; wir haben noch nicht erfahren, wie der Fuß der Gewalt nur die Freude der Armen zertritt und wie die Hand der Großen ihre Stärke zu unserem Unglück gebraucht. . . . Wir schließen, daß alle Menschen ihre Macht und ihre Güter so zu unserem Nutzen gebrauchen werden, wie unsere Eltern sie dazu gebraucht haben."[7] Das ist vorerst nur eine – demokratisch akzentuierte – Ergänzung, aber es kündigt sich in ihr schon ein grundsätzlicher Gegensatz zu einem Menschenbild an, dessen Einseitigkeit darin zum Vorschein kommt, daß es dem unschuldigen Kind, diesem Paradebeispiel der Rousseauschen Betonung ursprünglicher Güte, nicht Rechnung zu tragen weiß.

Über drei Jahre hat es gedauert, ehe die Vorbehalte gegen Helvétius sich aufs neue regten. In die Satire „Beweis der Nichtexistenz des Teufels" (1784/85) ist eine Allegorie eingeschaltet – die Bienenallegorie –, mit der der Teufel die Antriebe des Handelns im Sinne von Helvétius veranschaulicht. Plötzlich unterbricht der Verfasser ihn, reißt ihm „den Pinsel, mit dem er die Menschen so schwarz abmalt" aus der Hand und weist auf diejenigen hin, „die Ausnahmen von seiner Allegorie sind und deren es so viele gibt, daß sie aufhören, nur bloße Ausnahmen zu sein". An die Stelle der satanischen Allegorie setzt er dann eine andere, in der die Fähigkeit des Menschen, selbstlos edle Taten zu vollbringen, verherrlicht wird.[8] Damit ist Helvétius für Jean Paul zwar nicht abgetan; seine Psychologie wird von ihm weiterhin, sobald es den Egoismus und die Verlogenheit der Großen samt ihres spießbürgerlichen Nachtrabs zu entlarven gilt, virtuos eingesetzt. Doch den Anspruch der in „De l'homme" und „De l'esprit" entwickelten Lehre, für die anthropologischen Grundfragen der Ethik zuständig zu sein, erkennt er fortan nicht mehr an.

Auf die Satiren hat dieser Wandel keinen Einfluß ausgeübt, denn hier ist die demaskierende Psychologie nach wie vor am Platze. Folgenreich ist die Neubesinnung dagegen für die späteren Dichtungen gewesen, insofern, als in ihnen ja auch Charaktere vorkommen, die sich durch Opferbereitschaft und Menschenliebe (oder Vertrauensseligkeit oder rührende, harmlose Narrheit) auszeichnen. Wieder stark zugespitzt wäre festzustellen, daß Jean Paul die kleinen Leute, die Armen, Unterdrückten zumal – und selbstredend die Jugendlichen – mit den Augen Rousseaus sieht. Vorbereitet aber hat er die Gestaltung solcher Charaktere durch einige Aufsätze, die mit Helvétius abrechnen. Sie markieren zugleich seine erneute Hinwendung zur Philosophie, nachdem die pädagogische Praxis und die Berührung mit den notleidenden Fronbauern ihn an sozialer Erfahrung bereichert haben und Oerthels Tod ihn existentiell aufgewühlt hat.[9]

In diesen Arbeiten kommt indes noch ein weiteres Problem, die Frage des individuellen Lebensideals, zur Sprache. In denselben Jahren, in denen der junge Jean Paul als Satiriker Swift nachahmte, als Psychologe auf Helvétius eingeschworen war und weltanschaulich dem Skeptizismus huldigte, suchte er sich innerlich zu einer Haltung zu disziplinieren, die ihn befähigen sollte, Elend, Mißerfolge und die Geringschätzung von seiten der Mitmenschen zu ertragen. Hierfür glaubte er ein konkretes Leitbild der Lebensweisheit zu benötigen. Er fand es im stoischen Weisen, der sich durch nichts aus der Fassung bringen läßt. Das wichtigste Dokument dieser Wahl ist ein 1783 für den Privatgebrauch angelegtes Heft: das „Andachtsbüchlein".[10] Gegen Resignation ankämpfend, trug Jean Paul da Überlegungen und Grundsätze ein, die ihm innere Festigkeit verleihen sollten: „Jedes Übel ist eine Übungsaufgabe und ein Lehrer der Standhaftigkeit." „Es wäre ein unmögliches Wunder, wenn dich kein Übel anfiele; stelle dir daher seine Ankunft vor; jeden Tag mache dich auf viele gefaßt. – Denke dir das Weltenheer und die Plagen auf diesem Weltstäubchen. – Was ist sechzig Jahre Schmerz gegen Ewigkeit!" Oder auch: „Niemand achtet dich in einem Bettlerrock; sei also nicht auf eine Achtung stolz, die man dem Kleide bezeugt." Aber bei Imperativen dieser Art blieb es nicht. Im zweiten „Ernsthaften Anhang" der „Teufelspapiere" (1788/89 niedergeschrieben) sieht man den Dichter vom Stoizismus wieder abrücken.[11] Sein neues Leitbild wurde nun das des „hohen Menschen", das er in der „Unsichtbaren Loge" und im „Hesperus" mehrfach in Romanfiguren zu versinnbildlichen versucht hat und an dem er bis zu seiner Auseinandersetzung mit dem Persönlichkeitsideal der Weimarer Klassik (1796) festhalten sollte.

Was es mit dem „hohen Menschen" auf sich hat, wird noch gezeigt werden. Vorläufig bleibt zu konstatieren, daß die neuen Momente, die der Philosophie und Lebensanschauung Jean Pauls beim Übergang zur Poesie das Gepräge gaben – die Überwindung des Skeptizismus durch einen auf Wünsche gegründeten Glauben und die Abkehr von der Stoa –, erst in *der* Periode nachzuweisen sind, die auf Oerthels Tod folgte, und mit dieser Erschütterung zusammenhängen, wobei das neue Leitbild, das den stoischen Weisen ablöste, außerdem durch die Töpener sozialen Eindrücke mitbestimmt war. Ein drittes Moment, die Ablehnung des erkenntnistheoretischen Subjektivismus, tritt zwar ebenfalls erst in Werken dieser Periode auf, kann aber auch schon vorher vorausgesetzt werden, da Sympathie für die Gnoseologie Kants, wenn vorhanden, in den Satiren ihren Niederschlag hätte finden müs-

sen, wovon nichts zu entdecken ist. Das vierte Moment, die Kritik an
Helvétius, war schon vor Oerthels Tod vorhanden – siehe die erwähnte
Allegorie –, zu umfassender Auseinandersetzung mit Helvétius' Moral-
lehre hat Jean Paul jedoch erst 1788, im Zuge seiner Bemühungen, den
eigenen ethischen Standort neu zu bestimmen, angesetzt[12], so daß die
Resultate dieser Abrechnung mit der gleichzeitigen Überwindung des
Stoizismus und der Herausarbeitung der Wesensmerkmale des „hohen
Menschen" einen einheitlichen Komplex bilden.

V

Die angedeuteten Weltanschauungskrisen spielten sich ab zu einer
Zeit, da sich in der deutschen Philosophie tiefgreifende Wandlungen
vollzogen. Zwischen 1781 und 1788 erschienen alle erkenntnistheoretischen und moralphilosophischen Hauptwerke Kants. Von 1784 an
veröffentlichte Herder die „Ideen zur Philosophie der Geschichte der
Menschheit". Friedrich Heinrich Jacobi brachte 1785 seine Schrift
über die Lehre des Spinoza heraus, worin er bekanntgab, daß Lessing
sich kurz vor seinem Tode zum Spinozismus bekannt hatte – eine Pu-
blikation, die in denselben Jahren, als die Auseinandersetzungen um
Kant entbrannten, die Spinoza-Debatte hervorrief, mit der die deutsche Aufklärung ihren Abschluß fand. Durch Lessing ermutigt, traten
jetzt Herder und Goethe als Pantheisten auf, während einerseits Jacobi seine Glaubensphilosophie als einzig denkmögliche Alternative
zum Atheismus anpries und andererseits mit dem entsetzten alten
Mendelssohn die Wolffsche Metaphysik geschlagen ins Grab wankte.
Damit gehörte die Popularphilosophie der Vergangenheit an, die alten
Gegensätze zwischen orthodoxen und heterodoxen Theologen waren
gleichfalls uninteressant geworden, und in der Philosophie bildeten
sich neue Fronten heraus.
Jean Paul bezog in diesen Kämpfen eine eigentümliche Zwischen-
position. Kants transzendentalen Idealismus griff er an, freilich als
Satiriker in einer Form, die keine Chance hatte, wissenschaftlich ernst
genommen zu werden.[1] Dem Wesen der Sache nach stimmte er dabei
mit Herder und Goethe und vor allem mit F. H. Jacobi überein. In
der gnoseologischen Gegnerschaft erschöpfte seine Beziehung zu
Kant sich aber nicht. Der Ethik des Weisen aus Königsberg zollte er,
auch hier allerdings mit Einschränkungen, begeisterte Anerkennung.
Der erste „Ernsthafte Anhang" der „Teufelspapiere", die Abhandlung
„Über die Tugend"[2], ist sicher die früheste Resonanz, welche die kurz
vorher erschienene „Kritik der praktischen Vernunft" in einem Buch
gefunden hat, und noch im November 1795 schrieb Jean Paul an Emanuel: „Ich bitte Sie, alles zu lesen, was Kant über die Moral geschrieben ... Das Geschrei über seine Unverständlichkeit werden Sie nicht

mitschreien, wenn sie bloß in die ewig glänzenden Sonnen schauen, die er im Reiche der Moral aufgehen läßt. Ihm fehlet zu einem zweiten Sokrates nur der Giftbecher und zu einem zweiten Christus nur das Kreuz."[3]

Der Denker, der Jean Paul am stärksten beeinflußt hat, war aber Herder. Um darüber erschöpfend auszusagen, müßte man ein besonderes Buch schreiben. Die Naturanschauung des Dichters, seine Geschichtsauffassung, seine Ästhetik, seine Sprachtheorie, sein Verhältnis zum Christentum, sein Bild der Antike und des Mittelalters, sein Urteil über andere Schriftsteller, die Form seiner kleineren ernsten Dichtungen usw. stehen durchweg im Zeichen der Weiterentwicklung Herderscher Anregungen. Es sei hier nur vermerkt, daß z. B. die Zukunftsvision „Über die Wüste und das gelobte Land des Menschengeschlechts", die im „Hesperus" den Debatten des jakobinischen Klubs vorausgeht[4], eine durch die Revolution inspirierte Fortbildung der Grundgedanken aus Herders „Ideen" darstellt. Schon als Gymnasiast übrigens, in seiner zweiten Schulrede, hatte Jean Paul den Stil von Herders „Ältester Urkunde des Menschengeschlechts", die Vorliebe für Apokopierung, nachgeahmt. Von der Mitte der achtziger Jahre an pflegte er sich als Anhänger des bewunderten Mannes zu bekennen, dessen Neuerscheinungen er jedesmal sofort verschlang. In der Vorrede zu den „Teufelspapieren" erklärt er, in Form einer humoristischen Huldigung, daß er Swift, Sterne und Herder am meisten zu verdanken habe.[5] Und doch schloß er sich der pantheistischen Richtung nicht an. Mit der Lehre Spinozas schienen ihm jene Kernstücke des Glaubens, die für ihn unverzichtbar waren, ebenso unvereinbar wie mit dem Materialismus. Wenn er sich mit Spinoza nicht in diesem Sinne auseinandergesetzt hat, so sicher deswegen, weil er Jacobis Kritik an ihm für ausreichend erachtete. Später wird er davon abgesehen haben, Dinge zur Sprache zu bringen, die ihn von seinem Freund Herder trennten, so wie umgekehrt der es vermied, seinen Pantheismus gegen den einzigen bedeutenden Verbündeten seiner letzten Lebensperiode kränkend hervorzuheben. Hinsichtlich der höchsten Weltanschauungsfragen hat Jean Paul sich – auch hier wieder mit eigenwilligen Abweichungen – an Jacobi gehalten, in dem er, mit Recht, den Herder gegenüber fachkundigeren Philosophen sah[6], dessen Rang er im übrigen aber überschätzt hat.

Die Philosophie Jacobis ist eine tiefer durchdachte Neuauflage von Rousseaus „Glaubensbekenntnis eines savoyischen Vikars". Wie Rousseau verneint sie das dogmatische Kirchenchristentum und versucht dennoch – nicht, weil ihr Urheber fromm wäre, sondern weil er sich danach sehnt, es zu sein –, die letzten Inhalte der Religion, Gott und Unsterblichkeit, dazu die Willensfreiheit, vor dem Zugriff des Denkens zu retten, indem sie auf unmittelbare Gewißheit, auf innere Erleuchtung pocht. Das macht Jacobi, wie den savoyischen Vikar, zum Gegner der Materialisten und Atheisten. Als Atheismus gilt ihm indes auch der Pantheismus, und nachdem Lessing sich zu diesem bekannt hat, steht für Jacobi fest, daß die Leibniz-Wolffsche rationalistische Spekulation, bis in ihre Konsequenzen vorgetrieben, zu derselben trostlosen Lehre führe. Nur der Glaube, auf das Gefühl gegründet, könne uns geben, was die Vernunft uns versage. Die Verhöhnung, mit der Jean Paul 1784/85 Lavater bedacht hat[7], wäre demnach auch Jacobi gegenüber angebracht gewesen. Mit dessen Schriften wurde er jedoch erst nach dem Tode Oerthels bekannt, und da wirkte die Glaubensphilosophie auf ihn wie erlösend. In ihr fand er, was sein verzweifelndes Herz begehrte, während alles, was ihn an der christlichen Theologie abstieß, darin zu fehlen schien. Hinzu kam, daß Jacobi in puncto Willensfreiheit gegen Helvétius mit Argumenten polemisiert, die sich für den Erweis der Möglichkeit selbstlosen Verhaltens gebrauchen ließen. Außerdem war er der erste Denker, der als erkenntnistheoretischer Realist gegen Kant Stellung nahm. Jacobis scharfsinnige Überlegung, man könne ohne das „Ding an sich" nicht in die Vernunftkritik hineinkommen und mit ihm nicht darin verbleiben, sagte warnend die Entwicklung voraus, die später tatsächlich von Kants „kopernikanischer Wendung" zum radikalen Subjektivismus der Fichteschen Ich-Philosophie führen sollte. All dies zog Jean Paul an. In seiner Aversion gegen den Materialismus *und* gegen Kant sah er sich bestätigt, und als hinsichtlich der Konsequenzen der Vernunftkritik die Zeit erfüllt war, hat er seine Polemik gegen die „Wissenschaftslehre", die „Clavis Fichtiana", durch briefliche Diskussion mit Jacobi (seit 1798) vorbereitet[8] und schließlich ihm gewidmet.[9] Gleichwohl ist er bedingungsloser Jacobi-Anhänger auch nicht gewesen. Jacobis philosophische Schriften erschöpfen sich meist darin, in ermüdender Wiederholung den Glauben gegen die demonstrierende Vernunft auszuspielen. Nach einer Parallele dazu sucht man bei Jean Paul vergebens. Er übernahm Jacobis Resultate, machte sich dessen Argumente gegen Helvétius' Ethik und Kants Erkenntnistheorie zu eigen, bewahrte im übrigen aber der rationalistischen Tradition die Treue. Das hatte zur Folge, daß er theoretische Leistungen, wie die „Vorschule der Ästhetik" und die „Levana", zu vollbringen vermochte, die nicht nur — worin sich der Schüler des universalistischen Herder zeigt — an Fülle des Stoffs und an Ideenreichtum über allem stehen, was Jacobi geschrieben hat, sondern denen man die irrationalistischen Verirrungen, zu denen ihr Verfasser in den fundamentalen Weltanschauungsfragen neigt, auch nicht anmerkt. Andererseits ließ die Wolffsche „Sucht nach Gründen" Jean Paul bei Jacobis Patentlösung nur bedingt und zeitweilig Befriedigung finden. Besonders in der Frage der Unsterblichkeit war ihm bloßes Glauben nicht genug. Immer wieder sieht man ihn hier doch an „Beweisen" tüfteln: 1790, nach dem Tode Hermanns, in der Abhandlung über die Fortdauer der Seele[10]; 1797 im „Kampanertal"[11]; schließlich noch einmal 1821–25, nach dem Dahinscheiden seines Sohnes Max, in der „Selina".[12] Über der erzählenden Einkleidung „ganz neuer" Unsterblichkeitsbeweise ist er, mit 62 Jahren ein erblindeter, gebrochener Greis, gestorben. Reduziert man diese ergreifenden Dokumente auf ihren theoretischen Ertrag, so nimmt ihr Autor sich wie ein ins 19. Jahrhundert hineinragender Wolffianer aus. Den Adepten der Popularphilosophie, der seit der Kindheit in ihm steckte, ist er nie ganz losgeworden.

VI

Für die vorliegende Untersuchung sind diejenigen philosophischen Äußerungen Jean Pauls relevant, die seiner Hinwendung zum Roman unmittelbar vorausgehen. Um die Genesis des ethischen Gehalts seiner Revolutionsdichtung zu begreifen, muß man sich mit ihnen vertraut gemacht haben, vor allem mit der Abhandlung „Über die Tugend".[1] Es handelt sich um eine durch die „Kritik der praktischen Vernunft" angeregte Erörterung ethischer Probleme, die sich mit dem Eudämonismus der schottischen Moralisten und mit Helvétius auseinandersetzt. Beiden Richtungen hat der Autor zeitweilig nahegestanden. Gegen beide betont er jetzt den Eigenwert der Tugend, die weder aus dem Nutzen, den sie der menschlichen Gattung bringt, erklärt werden könne, noch gar ein stummer Knecht der Vorteile und Lüste des wollenden und handelnden Individuums sei. Interessanterweise kommen in dem Zusammenhang auch ökonomische Fragen zur Sprache. Wenn nämlich, so heißt es, die Achtung für bestimmte Taten von deren Nutzen abhinge, so „müßte der Eigennutz, der die unzähligen großen Räder des Handels treibt und der unter allen Neigungen das wenigste Verdienst und die größten Vorteile zurückläßt, unserer größten Achtung und die Uneigennützigkeit, deren himmlische Arme selten weit reichen, unserer Verachtung würdig sein, und es gäbe keinen tugendhafteren Mann als einen Fabrikanten, den tausend besoldete Hände dadurch nähren, daß sie sich selber nähren."[2]
Unverkennbar tritt hier die Abneigung des revolutionären Demokraten gegen den Bourgeois zutage. Trotzdem ist diese Seite der Abhandlung theoretisch besonders anfechtbar. Jean Paul erliegt hier einem Mißverständnis: Wenn die Gesellschaft Uneigennützigkeit deswegen als wertvoll auszeichnet, weil sie ihr nützt, so heißt das nicht, daß der einzelne mit der Bewunderung einer selbstlosen Tat berechnende Überlegungen über ihren Nutzen verbinden müßte. Vielmehr sind dem Individuum die gesellschaftlichen Wertmaßstäbe derart einverseelt, daß es gefühlsmäßig, spontan altruistisches Verhalten so bejaht, als

ob es ein von seinen Folgen unabhängiger Wert an sich wäre. Die Beziehung zwischen objektiven sittlichen Normen und individuellem Wertempfinden hat die Aufklärung nie begriffen, und auch Jean Paul, ein halbes Menschenalter vor dem Auftreten Hegels, begreift sie nicht, weshalb er dem platt-mechanischen Eudämonismus nur mit Kant eine überspannte Verherrlichung der Tugend als absoluten Selbstzwecks entgegenzusetzen weiß. Es erhebt sich die Frage, ob wir denn eine uneigennützige Handlung auch dann bewundern werden, wenn sie unter keinen Umständen einem anderen Menschen, oder der Gesellschaft im ganzen, zum Vorteil gereicht, ob uns z. B. jemals ein Mensch Achtung abnötigen wird, der sein Geld buchstäblich zum Fenster hinauswirft. Was aber die Folgen des ökonomischen Eigennutzes betrifft, so sind die in der Klassengesellschaft – und auf die bezieht sich das Beispiel vom Fabrikanten und den tausend Lohnarbeitern – widerspruchsvoll. Zwar ist der Eigennutz des Unternehmers Vehikel des Fortschritts – ganz gewiß war er das im 18. Jahrhundert –, aber zugleich betätigt er sich in der Form der Bereicherung auf Kosten anderer, so daß wir ihm deswegen, und nicht, weil das Nützlichkeitsstreben an sich moralisch indifferent wäre, unsere Achtung versagen. Den „tausend besoldeten Händen" versagen wir sie keineswegs. Am wenigsten versagt Jean Paul, der Anwalt der Armen, sie ihnen. Andernfalls hätte er in seinen erzählenden Werken den arbeitenden Menschen, die darin vorkommen, irgendwo einmal vorwerfen müssen, daß sie durch ihrer Hände Fleiß sich ernähren und zugleich materielle Werte für die Gesellschaft schaffen. Natürlich hat er das nicht getan. Mithin gereicht es zwar seinem Demokratismus zur Ehre, daß er bei der Klärung ethischer Grundfragen die Werktätigen mit ins Spiel bringt. Aber eben dadurch beweist sein ökonomisches Beispiel das Gegenteil von dem, was es beweisen soll.

Der Wahrheit näher kommt die spezielle Kritik an Helvétius. Seiner Theorie zufolge stellen Tugend und Laster „nur verschiedene Kalkulationen des nämlichen Vorteils" dar. Wäre dem wirklich so – erwidert Jean Paul –, dann bestünde zwischen Sokrates und Cesare Borgia kein anderer Unterschied als der eines weitsichtigen und eines kurzsichtigen Verstandes. Es gäbe dann „keinen anderen Grund, warum wir uns mit dem tiefsten Hasse vor Borgia entsetzen, als den, weil er – nicht genug auf seine Gesundheit bedacht gewesen, und keinen anderen Grund, warum unser Herz für das des Sokrates in liebender Eintracht schlägt, als den, weil er – ganz gute Diät gehalten und von keiner Pest zu bezwingen war." Dies anzunehmen sei absurd.[3] Im übrigen komme es auch vor, daß ein lasterhafter Mensch, obwohl erfolgreich, sich selbst verachte. In einer Ethik, die alle moralischen Regungen auf selbstsüchtige Antriebe zurückführt, gebe es dafür keinen Raum. Davon abgesehen, würden von Helvétius gelegentlich Beispiele uneigennützigen Handelns erwähnt, die er nur willkürlich eigennützig *nenne*.[4]

An Helvétius' Verdienst, das Interesse als Triebkraft des Geschichtsprozesses entdeckt zu haben[5], geht diese Kritik vorbei. Sie stellt freilich diese Errungenschaft dadurch, daß sie sie unberührt läßt, auch nicht in Frage. Vorzuwerfen ist Jean Paul lediglich, daß er seinen Gegner auf den bloßen Theoretiker der Moral reduziert. Helvétius ist das jedoch unter anderem *auch* gewesen, und soweit er es war, bleiben die zitierten Einwände gegen ihn berechtigt. Die Ethik würde wirklich über kein Kriterium verfügen, um Sokrates und Borgia unterschiedlich zu bewerten, wenn individuelle Selbstsucht die einzige Triebfeder menschlichen Handelns wäre. Feuerbach, der mit der Konzeption des „vernünftigen Egoismus" die Ethikauffassung der französischen Materialisten weiterentwickelt hat, konnte mit diesem Dilemma nur durch die Einführung seiner Dialektik von Ich und Du halbwegs fertigwerden, und selbst *seine* Theorie krankt noch daran, daß sie mangels soziologischer Kategorien die Phänomene des Verzichts, der Selbstverleugnung usw. nicht materialistisch zu erklären weiß.

Dies nur am Rande. Jedenfalls ist ersichtlich, daß sich das, worauf es in der Polemik gegen den Eudämonismus und gegen Helvétius ankommt, mit der „Kritik der praktischen Vernunft" nur teilweise deckt. Jean Paul geht es darum, Erhabenheit über irdische Bedürfnisse, Selbstlosigkeit, hingebende Menschenliebe usw. als irreduzible Realitäten des sittlichen Lebens zu erweisen, namentlich aber unsere Bewunderung und Sympathie für derartige Tugenden theoretisch zu legitimieren. An Kant rühmt er dabei sein Verdienst, diese ethischen Grundphänomene herausgestellt zu haben, deren Eigenwert so lange verkannt werden mußte, solange man sie aus Zielsetzungen ableitete, die der Sphäre der Durchschnittlichkeit und Alltäglichkeit entnommen waren. Bedenkt man, daß Jean Paul selbst in seinen Anfängen die Tugend eudämonistisch aufgefaßt und dann jahrelang Satiren geschrieben hatte, die Helvétius erschreckend recht gaben, daß nun aber – 1788/89 – die Zeit nahte, wo er – unter anderem – die Gestaltung edler Seelengröße in Angriff nahm, so wird man die Bedeutung der Abhandlung „Über die Tugend" für seinen Werdegang nicht gering einschätzen. Im Grunde schafft er sich hier die theoretische Basis für die Erfindung seiner ersten positiven Helden. Und daß diese Vorbereitung auf seine Romane von der „Kritik der praktischen Vernunft" inspiriert war, ist ein denkwürdiges Ruhmesblatt in dem Kapitel „Kant und die deutsche Literatur".

Trotzdem ist Jean Paul auch als Moralphilosoph kein Kantianer gewesen. „Der Mensch tut oft Fragen", schreibt er, „die man mit nichts beantworten kann als damit, daß er sie nicht hätte stellen sollen. So fragt er: ‚Wenn ich die Tugend nicht als verkleidete Glückseligkeit suche, warum such' ich sie denn?' Denn gesetzt, ich gäb' es zu, so kann ich ja meinerseits fragen: ,Warum suchst du denn die Glückseligkeit?' Er kann bloß antworten: ,Weil sie meiner Natur gemäß ist!', und eben das antwortete der Stoiker auf deine obige Frage. Die Verbesserung und Fortführung dieser stoischen Antwort trieb seit sechs Jahrtausenden kein Scharfsinn so weit als der Kantische, und wessen Tugend die Schriften dieses Mannes nicht stärken, der sieht nur seine Geistes-, nicht seine Seelengröße . . ."[6] Das ist ein großes und historisch berechtigtes Lob. Doch ob Kant selbst auf die Frage, warum ein Mensch sich der Pflicht unterwerfe, in, sei es noch so verbesserter, Form geantwortet haben würde: „Weil dies meiner Natur gemäß ist", bleibt zu bezweifeln. Allenfalls hypothetisch und nur von außen kann eine solche Antwort in seine Ethik hineininterpretiert werden. Denn nach Kant gehört nun einmal zum Wesen des Menschen – als des „Bürgers zweier Welten", der übrigens auch noch das „radikal Böse" in sich trägt – der Widerstreit von Pflicht und Neigung, und soweit die Menschennatur, als Naturseite des Menschen verstanden, in Betracht kommt, muß sie, der „Kritik der praktischen Vernunft" zufolge, um der Moralität willen immer erst überwunden werden.

An diesem Punkt hat später, 1793, Schillers Kantkritik angesetzt. In den „Kalliasbriefen" führt Schiller aus, Härte und Zwang raubten der moralischen Größe ihre Schönheit.[7] Und in „Über Anmut und Würde" stellt er das Ideal der „schönen Seele" auf, in der Vernunft und Sinnlichkeit miteinander harmonieren, die daher frei, leicht und heiter, so als wäre es ihr ein Naturbedürfnis, peinliche Pflichten und heldenmütige Taten ausübt.[8] Diesem Bild einer versittlichten Natur, einer zur Natur gewordenen Sittlichkeit steht Jean Pauls Auffassung näher als dem Kantischen Rigorismus. Im November 1794 schrieb er an Christian Otto, daß „der höchste Grad der Moralität ohne Kampf, folglich ohne die Unlust bestrittener Triebe und folglich ein Fortwehen von lauter Wonne" sein müsse.[9] Noch deutlicher äußerte er sich im Februar 1795 zu Emanuel: „Die moralische Kraft besteht so wenig in Besiegung der unmoralischen wie Gesundheit in der Bekämpfung der Krankheitsmaterie; sondern wie die Gesundheit am größten ist ohne Anlaß zum Bekämpfen, so ist Tugend ohne Anlaß zu Siegen – d. h. ohne Angriffe des Lasters, d. h. ohne anfallende kleine Laster – am größten."[10]

Sind diese Äußerungen von Schiller angeregt? Die Frage ist müßig, weil in der Abhandlung „Über die Tugend" zu einer Zeit, als Schiller Kant noch nicht gelesen hatte, schon ähnliche Gedanken stehen. So beschäftigt sie sich mit dem Phänomen, daß „unsere menschenfreundlichsten Handlungen mit geheimen eigensüchtigen Zwecken legiert" sein können, und sagt, dies komme häufig vor, denn „es handelt ja niemals ein aus allen Ringen ausgehenkter, isolierter, selbständiger

Trieb im Menschen, sondern der Mensch selbst mit allen seinen Trieben".[11] Es ist evident, daß eine solche Problemstellung von dem dualistischen Menschenbild der „Kritik der praktischen Vernunft" wegführt. Noch weiter geht Jean Paul dort, wo er für das mögliche Zusammenwirken sittlicher Motive mit sinnlichen Antrieben folgenden Vergleich findet: „Über keinen Text predigte unser fleischernes Jahrhundert so gern und so oft als über den, daß die Seele an der Kette des Körpers liege, daß die Windlade des Unterleibs der Souffleur des im Kopfe regierenden Theaterkönigs sei und daß unsere Tugenden oft von einem tiefliegenden Mistbeete getrieben werden. Die Erfahrung ist wahr, aber falsch der Schluß daraus, der den menschlichen Geist entheiligen will. Denn so wenig es diesen erniedrigt, daß er zu seinen Gesichtsempfindungen des Sehnerven bedarf, ebensowenig beschimpft es einige seiner edelsten Empfindungen, daß sie erst durch die Sekretion, die dem Kastraten fehlt, in Blüte schlagen."[12] Hier ist die absolute Entgegensetzung von Pflicht und Neigung bereits überwunden – radikaler als bei Schiller, der fünf Jahre später den Einseitigkeiten der „Kritik der praktischen Vernunft" ja nur dadurch beizukommen weiß, daß er ästhetische Gesichtspunkte gegen sie ins Treffen führt, die von Kantianern als sachfremd beiseite geschoben werden können.

Am Ende der Abhandlung stellt Jean Paul „zum eigenen Besten" zwei Regeln auf, mit denen er zum ersten Mal über die Stoa hinauswächst. Hatte er sich in dem „Andachtsbüchlein" vorgenommen, jedem Übel mit Gleichmut zu begegnen, so erteilt er sich jetzt andere Ratschläge: „Warte niemals auf außerordentliche Lagen zum Gutsein, denn die alltäglichste ist die verdienstlichste dazu, und versprich dir nie von deiner eigenen Tugend die Entzückungen, die die Bewunderung der fremden gewährt, sondern schmerzliches Aufopfern."[13] Daran knüpft der zweite „Ernsthafte Anhang" der „Teufelspapiere" mit seiner Kritik am Stoizismus an, der im ersten Anhang, als Vorstufe zur Kantischen Ethik gewürdigt, noch gut weggekommen war. Nachdem die These der Stoiker, daß die Tugend bloß von der Einsicht abhänge, mit dem Hinweis auf Bösewichter widerlegt worden ist, die ihre Verbrechen als solche erkennen und sie dennoch begehen, wendet die Polemik sich gegen das stoische Lebensideal selbst: „Der Stoizismus, der den ganzen Menschen stärkt und hebt, macht selbstsüchtig und gibt dem moralischen Unkraut neue, feste Wurzeln, wenn es nicht schon vorher weggeschafft worden."[14] Es genügt dem, der das schreibt, nicht mehr, im Unglück standhaft zu sein. Zu allererst will er nunmehr tätige Menschenliebe üben.

Indes wo Liebe ist, da ist auch Haß, und der bleibt dem ungerührten Stoiker so fremd wie dem weichherzigen Schwärmer – nicht, weil das Hassen verdammenswert wäre, sondern weil beide falsche Ideale haben. Den Wandel Jean Pauls in der Einstellung zur Gesellschaft bezeugt nichts eindrucksvoller, als daß er sich jetzt auch zum Hassen bekennt. Mit dem „Allesverstehen, Allesverzeihen" aus den „Übungen im Denken", mit den Grundsätzen, die er später dem weltfremden Idealisten Walt in den Mund legen wird, räumt 1788/89 der zweite „Ernsthafte Anhang" so energisch auf wie mit dem stoischen Gleichmut: „Setz' ich mich an die Stelle des Beleidigers und mindere dadurch seine Schuld, so setz' ich mich auch an die Stelle des Freundes und mindere dadurch sein Verdienst. Ich zwang mich sonst zum Glauben an ein Fatum bei schlimmen Handlungen, aber nicht bei guten, und machte mir also wissentlich eine Lüge weis. Allein alle Achselträgerei, selbst die bestgemeinte, ist erbärmlich und erniedrigend. . . . Überhaupt: Wenn ich nicht das unmoralische Subjekt hassen soll, so gibt's nichts mehr zu hassen."[15]

Für die Vorbereitung des Übergangs zum Roman war diese Zuspitzung des Antistoizismus ebenso wichtig wie die Entdeckung des Eigenwerts der Tugend unter dem Eindruck der „Kritik der praktischen Vernunft". Wurde im ersten „Ernsthaften Anhang" der Gestaltung positiver Charaktere der Weg gebahnt, so geht es im zweiten darum, den Blick auf die Herrenkaste vom Fatalismus soziologisierender Abstraktionen zu befreien. Man könnte meinen, daß Jean Paul 1788 das Hassen nichts Neues gewesen sei, denn seine Satiren gegen die Fürsten und Großen sprühen von Haß. Aber der Haß zielt darin auf die Institutionen. Kälte und Unmenschlichkeit werden aus dem sozialen Status der Großen abgeleitet, die als Marionetten eines Systems agieren. Soziologisch gesehen, ist das nicht falsch, und da die Satiren sich in allgemeinen Feststellungen über „Stände" bewegen, liegt in dem Verzicht auf das Anprangern schlechter Eigenschaften von Individuen sogar eine tief humane Weisheit, die man bei Swift vermißt. Was beim Satirenschreiben jedoch ein Vorzug war, hätte bei der Abfassung von Romanen zum Mangel werden müssen. Nicht, daß der Roman den Zusammenhang zwischen den Mißständen, die er kritisieren will, und den Institutionen verschleiern und an seine Stelle böse Eigenschaften von Individuen setzen dürfte. Wohl aber muß er die institutionellen Sachverhalte durch das Handeln lebendiger Personen vermittelt sichtbar machen, und dafür ist der konkrete hassenswerte Charakter, der sich die verkehrte Ordnung zum Schaden konkreter Opfer zunutze macht, unentbehrlich. Gleichzeitig muß der Roman sich aber auch von Schwarzweißmalerei frei halten, während es für die Satire nicht nur erlaubt, sondern geboten ist, mit übertreibenden Verallgemeinerungen zu arbeiten, die keine Ausnahme kennen. Er muß in bezug auf die Individuen differenzieren, muß ergreifende Schicksale wertvoller Menschen auch aus der Herrenschicht schildern können: einen an seinen Reformbemühungen scheiternden Minister, einen aristokratischen Jüngling, der aus ethischen Motiven mit seiner Kaste bricht, eine Prinzessin, die sich nicht zum Schacherobjekt für dynastische Interessen herabwürdigen läßt, usw. Das wieder erfordert, ohne daß sich das Urteil über das System deswegen ändern würde, den liebenden Blick. Es genügt, diesen Unterschied der Genres zu durchdenken, um zu begreifen, daß der werdende Romancier einer Konkretisierung seiner *Parteilichkeit* bedurfte. Die abstrakt-allgemeine Parteinahme galt es in eine hassende und liebende Beziehung zu lebendigen Individuen hinüberzuleiten.

Selbstredend wäre es abwegig, dies so zu verstehen, als hätte Jean Paul sich im Hinblick auf neue schriftstellerische Aufgaben eine entsprechende neue Ethik zubereitet. Abgesehen davon, daß bei ihm der Entschluß zum Roman erst 1790 herangereift ist, hätte es ihm bei solcher Absichtlichkeit mit den moralischen Problemen, die ihn bewegten, unmöglich Ernst sein können, und gerade der Ernst seiner ethischen Neubesinnung hat ihn zu großer Dichtung befähigt. Erklären läßt die Krise seiner sittlichen Ideale sich also nur aus den aufwühlenden Lebenserfahrungen, denen er ausgesetzt war, und aus der damit zusammentreffenden Berührung mit den neuen Ideen, in denen sich am Vorabend der Französischen Revolution die deutsche Aufklärung vollendete. Allerdings aber setzte der Durchbruch einer neuen Ethik in seinem Bewußtsein geistige Energien frei, die wenig später seiner Dichtung effektiv zustatten gekommen sind. Und wie er als Eudämonist bzw. als Helvétius-Anhänger schwerlich die herzbezwingende Liebenswürdigkeit oder den fast weltenfern erhabenen Edelmut seiner ersten positiven Helden hätte gestalten können, so wären ihm beim Erschaffen seiner bösartigen oder vertrottelten Fürsten, intrigierenden Minister, schurkischen Hofschranzen, seelenlosen Bourgeois-Typen usw. der stoische Gleichmut wie die alles verzeihende Einfühlung gleichermaßen im Wege gewesen. Mit gutem Gewissen zu konkreten Personen in Liebe und Haß entbrennen zu können – das war es, was ihm als Dichter nottat.

VII

Den Anhängen der „Teufelspapiere" sollten in der „Kreuzerkomödie" „Ernsthafte Zwischenakte" entsprechen. Einer davon ist fertig geworden: „Des toten Shakespeares Klage unter toten Zuhörern in der Kirche, daß kein Gott sei".[1] Berühmt geworden ist diese gedankenreiche visionäre Dichtung in ihrer zweiten, 1795 dem „Siebenkäs" beigefügten Fassung als „Rede des toten Christus vom Weltgebäude herab".[2] Man hat sie mit Dante, Michelangelo und Shakespeare verglichen und früh in viele Sprachen übersetzt. In Madame de Staëls Übertragung hat sie auf die französischen Schriftsteller von Nerval, Vigny, Musset bis Balzac, Baudelaire und Renan überwältigend gewirkt. Nirgends sonst kommt die Krise, in die Jean Paul durch Oerthels Tod geraten war, gleich ergreifend zum Ausdruck.

Das kleine Werk, das formal wieder von Herders Paramythien angeregt ist, geht inhaltlich auf einen Traum zurück. Nach einer Lokalsage sollen in der Lorenzkirche in Hof die Toten einmal eine Messe abgehalten haben.[3] Der Dichter spielt auf diese Überlieferung an. Als Kind will er von ihr gehört haben. Wir wissen, daß sein orthodoxer Vater an Gespenster glaubte und seine Söhne mit Geistergeschichten einzugraulen pflegte. Vermutlich hat Pastor Richter auch jene Sage seinem phantasiebegabten Ältesten erzählt, dem sie ins Unterbewußtsein abgesunken sein dürfte, um in einem Traum des reifen Mannes wieder aufzutauchen, als den im Frühjahr 1789 ein besonders grausiger „Tagesrest", der Selbstmord des Bruders, bis in den Schlaf verfolgte. Neu ist, gegenüber der Sage, der Inhalt der Predigt, die den Toten gehalten wird. Ihn hat die seit Oerthels Tod anhaltende Angst eingegeben, daß der Atheismus recht haben könnte. So muß das Werk als Gedankendichtung gewertet werden, die Aufschlüsse über die philosophische Entwicklung des Verfassers gewährt.

In seinem Traum glaubt Jean Paul, auf dem Gottesacker zu erwachen. Alle Gräber stehen offen, die Toten sind in der Kirche versammelt. Am Altar predigt der tote Shakespeare. Er klagt darüber, daß Gott nicht existiert, und beschreibt, wie die Welt ohne Gott aussieht. Das Bild, das er von ihr entwirft, entspricht den Erkenntnissen moderner Wissenschaft, ist aber in poetische Metaphern und Gleichnisse übersetzt, die ein Gefühl des Grauens vor dem unendlichen schwarzen Weltenraum und den nichtigen Stäubchen von Sternensystemen darin erzeugen. Am Ende schlägt die Kirchenglocke die zwölfte Stunde. „Ich erwachte und war froh, daß ich Gott anbeten konnte. Seine Sonne aber schien röter durch die Blüten, und der Mond stieg über das östliche Abendrot, und die ganze Natur ertönte friedlich wie eine ferne Abendglocke."[4] Daß es keinen Gott gibt, *darf* nicht wahr sein; es war nur ein böser Traum.

Wie viele Dichter konnte Jean Paul sich von gräßlichen Vorstellungen nur dadurch lösen, daß er sie sich „von der Seele schrieb". So sind auch die makabren Scherze über Tod und Verwesung in jenen Satiren entstanden, die sich so abstoßend neben seinen elegisch gefühlvollen Dichtungen über den Tod ausnehmen. Über alles, worüber er Ekel empfand, mußte er – siehe den „Doktor Katzenberger" – sich aussprechen, erst recht über das, was ihm schrecklich war, ihn beunruhigte. „Atheist mit dem Kopf, Christ mit dem Herzen", wie sein Lehrer Jacobi sich selbst charakterisiert hat, sehnte er sich in die illusionäre anthropozentrische Naturanschauung zurück, mit der die Menschen früherer Zeitalter sich das Gefühl der Geborgenheit unter der Obhut eines gütigen Allvaters geschaffen hatten. Gerade deshalb aber zog es ihn unwiderstehlich an, sich das entgötterte Weltbild auszumalen, das, unwiderruflich geworden durch Naturwissenschaft und materialistische Philosophie, in ihm ein atembeklemmendes Gefühl der Nichtigkeit und Heimatlosigkeit des menschlichen Daseins hervorrief. Die „Rede des toten Shakespeare" ist das früheste literarische Produkt dieser inneren Verfassung. Sie steht am Anfang der kosmischen Naturbilder Jean Pauls, die dazu berechtigen, ihn den ersten Schriftsteller zu nennen, der die Lehre des Kopernikus in Dichtung transponiert hat. In der poetischen Schilderung des Winkelglücks, der Pfarrgärtchen, der winzigen, abgezirkelten Salatbeete, der idyllischen Wiesen, mit einem Miniaturparadies für ein Kleinkind mitten darin, hat er Unvergleichliches geleistet. Doch jählings reißt er uns aus alledem in unnennbare Weltenhöhen empor und läßt uns schaudernd aus kosmischen Fernen das „zerstäubende Erdchen" erblicken, wie es im Unendlichen um eine Sonne kreist, die selbst nur ein ephemeres Fünkchen ist. Nicht von den traulichen Sternen ist dann bei ihm die Rede, sondern vom Gestöber zahlloser Sonnen in den Milchstraßensystemen, nicht vom lieben, blauen Himmelszelt, sondern von den Luftmeeren, auf deren Grund tief unten der Mensch dahinlebt und die doch selbst bloß verlorene Äthertröpfchen im All sind.

Bei keinem dichtenden Zeitgenossen Jean Pauls treffen wir eine gleich exzessive Modernität des Naturempfindens an. Selbst nicht bei Goethe, obwohl der ein großer, vielseitiger Naturforscher war. Das Universum, dessen begriffene Gesetzmäßigkeiten dem Christenglauben unrecht geben, hat Goethe sich auf neue Weise durch seinen spinozistischen Pantheismus wieder heimisch gemacht. Allvater regt sich und wirkt bei ihm in der Natur selbst, ist ausgegossen ins Diesseits, eins mit dem unendlichen Sein. In solcher Naturanschauung brauchen die Resultate unbefangenen Forschens, die Goethe, wie nur je ein Aufklärer, als Triumph des Menschengeistes feiert, und sein naives Auskosten erlebter Naturschönheit sich nie gegenseitig zu stören. Indes wenn diese Harmonie im Spinozismus eine problematische Weltanschauung zur Grundlage hat, so gilt das erst recht für die Disharmonien im Naturbild des Spinoza-Gegners Jean Paul, bei dem oft fassungsloses Entsetzen über die Perspektiven der Jahrmilliarden, der unmeßbaren Entfernungen in die Beschreibung von Naturschönheiten einbricht. Philosophisch bedeutet die „Rede des toten Shakespeare" denn auch – darin liegt das auf nicht-pantheistische Art Problematische –, daß die Religiosität vor der Vernunft ihren Bankrott erklärt, sich aber gleichzeitig weigert, zu kapitulieren. Was als Wahrheit erkannt ist, wird durch Willensentschluß zum bloßen Angsttraum erklärt, nur damit liebgewordene Gefühle weiter ihr Dasein fristen.

Wäre der Mann, der so dachte, reiner Philosoph gewesen und dies sein Programm, dann ließe sein Werk sich heute so wenig mehr retten wie das seines Meisters F. H. Jacobi. Zum Glück verhält es sich anders, denn nicht einmal die Details seiner theoretischen Lebensleistung – als Ästhetiker, Pädagoge, Sprachdenker – werden durch jenen prinzipiellen Irrationalismus nennenswert beeinträchtigt, und was gar sein dichterisches Erbe anbelangt, so haben wir gerade seiner problematischen Beziehung zum modernen Weltbild eine Poetisierung des Kosmischen zu verdanken, wie sie ein beruhigender Pantheismus nie hergegeben hätte, ja die erst in der Gegenwart voll nachempfindbar zu werden beginnt, nachdem Kosmonautik und Fernsehen es uns ermöglicht haben, das blaue Himmelszelt von außen, als die zarte, versehrbare Haut, die unseren Planeten umspannt, vor dem Hintergrund unendlicher Nachtschwärze anzuschauen.

Und noch eines ist zu bedenken: Ein Humorist, soll er gehaltvolle Werke schaffen, tut gut daran, an heiligen Gefühlen zu hängen, und kann es sich mit ernsten Fragen nicht schwer genug machen; denn große humoristische Dichtung stellt besonders strenge Anforderungen an den Geist, weil sie ihre Sujets in Bereichen findet, in denen die Banalität vorzuherrschen pflegt. Nichts hat daher dem langjährigen Satirenschreiber, als er sich zum humoristischen Romancier wandelte, mehr zur Größe verholfen als die an Verzweiflung und Wahnsinn grenzende Erregung, in die ihn Probleme versetzten, über die der Durchschnitt aus Mangel an Sensibilität unbeschwert zur Tagesordnung übergeht. „Die Menschen leugnen mit ebensowenig Gefühl das göttliche Dasein, wie die meisten es annehmen", sagt Jean Paul im Vorbericht zur zweiten Fassung seiner Traumvision. Und über die Kantianer mokiert er sich, weil sie „das Dasein Gottes so kaltblütig und kaltherzig erwägen, als ob vom Dasein des Krakens und Einhorns die Rede wäre."[5] Damit hat er recht. Gleichgültig ist es keinesfalls, ob es eine Gottheit gibt oder nicht. Und wenn es für die Menschen im allgemeinen ein Segen ist, daß sie sich, ohne in schmerzliche Lebenskrisen zu geraten, mit der einen oder anderen Antwort auf diese Frage abfinden, so hätte dieselbe Unbeteiligtheit gegenüber dem Konflikt unvereinbarer Weltbilder bei dem Verfasser der „Grönländischen Prozesse" und der „Teufelspapiere" sicher bedeutet, daß er zu großer Dichtung nicht berufen gewesen wäre, am wenigsten zu ganz und gar unbanalem Humor. Man mag zu der Lösung, die er für sich fand – und die weder theoretisch noch praktisch eine ist – stehen, wie man will, die Gemütserschütterungen, aus denen sie hervorging, bezeugen jene Macht der Phantasie, Tiefe des Empfindens und Lauterkeit des Herzens, ohne die das „Schulmeisterlein Wutz" und der „Quintus Fixlein", der „Hesperus" und der „Siebenkäs", der „Titan" und die „Flegeljahre" nicht hätten entstehen können.

Nur kurz braucht auf zwei weitere philosophische Arbeiten aus dem Frühjahr und Sommer 1790 hingewiesen zu werden. In dem Aufsatz „Über die vorherbestimmte Harmonie"[1] polemisiert Jean Paul sowohl gegen die Annahme eines influxus physicus (des Körpers auf die Seele) als auch gegen Leibniz' prästabilierte Harmonie, die er, wie Jacobi, als „fatalistisch" betrachtet und daher ebenfalls verwirft. Seine Einwände gegen den influxus hat er kurz darauf in die Abhandlung über die Fortdauer der menschlichen Seele eingebaut, so daß das plötzliche Interesse an einer idealistischen Lösung des psychophysischen Problems, das hier zutage tritt, wahrscheinlich bereits im Zeichen der durch Hermanns Tod neu aufgerührten Unsterblichkeitsfrage stand. In dem zweiten Aufsatz, „Es gibt keine eigennützige Liebe, sondern nur eigennützige Handlungen", an den sich eine briefliche Kontroverse mit Wernlein und Völkel anschloß[2], soll, auf der Linie der Helvétius-Kritik, die Liebe gegen jede Möglichkeit einer Reduktion auf egoistische Motive abgesichert werden. Der Autor versteigt sich dabei zu der Paradoxie, daß selbst die Liebe eines Geizkragens für einen Mitmenschen, der ihm etwas testiert, an sich so uneigennützig sei wie die, „die ich für den göttlichen Mönch hege, der für einen anderen sich auf die Galeere schmieden ließ". Mit spitzfindigen Unterscheidungen zwischen der Liebesempfindung als solcher und den Bedingungen, an die sie bei dem Geizigen gebunden ist, gelingt es, der Behauptung einen gewissen Sinn zu verleihen. Die literarhistorische Bedeutung der kleinen Arbeit liegt darin, daß sie von den neuen moralphilosophischen Überzeugungen zur Konzeption der „Unsichtbaren Loge" hinüberleitet. Mit äußerster Schärfe will Jean Paul das Wesen der Liebe begrifflich herauspräparieren, bevor er sich an die Aufgabe macht, sie dichterisch zu gestalten. In der Erwiderung auf Völkels und Wernleins Einwände spielt er auf den werdenden Roman an.[3]

Die Abhandlung „Über die Fortdauer der menschlichen Seele und ihres Bewußtseins"[4], von Ende 1790 (überarbeitet im Juli 1791), ist die erste, rein theoretische Ergänzung zur „Rede des toten Shakespeares"; eine zweite, in poetischer Form, sollte erst die Vision „Die Vernichtung"[5], vom April 1796, bringen. Zum Problem des Daseins Gottes tritt beide Male das der Unsterblichkeit, genauer: das jener „Quadrillionen Jahre", die uns nach unserem physischen Tod „wenigstens" noch beschieden sein sollten. Die Abhandlung setzt sich zunächst mit den rationalistischen Unsterblichkeits„beweisen", insbesondere in Mendelssohns „Phädon", auseinander. Alle diese Argumente werden widerlegt. So sagt die Popularphilosophie – und Jean Paul selbst hat das einst in seinen „Übungen im Denken" zustimmend wiederholt –: „Der stufenweise Aufflug zur Vollkommenheit in diesem Leben, die Anstalten zu unsrer Vervollkommnung beweisen die Fortsetzung derselben." Vernichtend fährt der Einwand dazwischen: „Dieser Aufflug stößet hier schon eher an als am Sargdeckel. . . . Wenn der Mensch vom Kind zum Mann immer mehr Knospen und Äste treibt, so schließen wir daraus auf Unmöglichkeit künftigen Stillstands, da wir doch schon gegenwärtigen sehen. Ich meine das Greisenalter." Nicht besser steht es mit dem Argument: „Tugend und Laster müssen ihrem Lohn entgegensterben." Das sei lächerlich. „Für unsere Minute Arbeit fordern wir eine Ewigkeit voll Lohn. Wie lange wollen wir denn nach dem Tode fortleben, um belohnt genug zu sein?" In diesem Stil geht es munter weiter. Auch die Gründe, die man für die Unabhängigkeit der Seele vom Körper geltend macht, werden zerpflückt. Es scheint sich um das Pamphlet eines Materialisten zu handeln.[6] Und der Eindruck verstärkt sich, wenn man die darin explizierte Beweisführung mit derjenigen Feuerbachs, von 1846, vergleicht und feststellt, daß dessen Einwände gegen den Jenseitsglauben in vielen Punkten von Jean Paul bereits zu einer Zeit vorweggenommen worden sind, als der damalige Materialismus sich noch mehr oder weniger auf die kruden Gesichtspunkte La Mettries kaprizierte.[7] Der zweite Teil schlägt dann aber andere Töne an. Das Leibnizsche Monadensystem, wonach die Materie selbst spirituell ist, muß, obwohl neun Jahre vorher bereits preisgegeben, abermals dazu herhalten, den Retter zu spielen; die erwünschte Unabhängigkeit des Geistes von den Organen wird doch noch nachgewiesen, nur mit raffinierterer Begründung, als sie in der Popularphilosophie bis dahin üblich gewesen war; Kants Postulate der praktischen Vernunft, als die Hintertür, durch die der „Alleszermalmer" die Religion wieder hereingelassen, bieten ihre Dienste an; und zuguterletzt wird die im ersten Teil soeben höhnisch abgefertigte Klage des alten Mendelssohn, ihm würde ohne Hoffnung auf das ewige Leben hienieden jede Freude versalzen sein, in eleganterer Formulierung dem Sinn nach schlicht wiederholt.[8] Ein Konglomerat von Widersprüchen.

Kein Wunder, daß Jean Paul dabei philosophisch kein gutes Gewissen hat. Schwungvoll trägt er seine Hypothesen vor, muß sie dann jedoch mit Einschränkungen versehen, die sie wieder als unsinnig erscheinen lassen. Auch klingt durchaus nicht verlockend, was er über die Lebensbedingungen der fortdauernden Seele zu sagen weiß: Vielleicht treibe sie „nicht bloß Jahrtausende auf dem Monadenmeere herum, sondern vielleicht hebt, nach dem Laufe der Natur, diese erneuerte Verkörperung erst an, wenn der zerbröckelte Erdball der Sonne zugeschleudert worden oder sonst am Los der Endlichkeit gescheitert ist".[9] Eine Hölle alten Stils wäre dem vorzuziehen, von den Vorteilen der Grabesruhe ganz zu schweigen. Der Schluß bringt das Eingeständnis, daß der

Aufwand an Belesenheit, Scharfsinn und spekulativer Begriffsphantasie vergebliche Liebesmüh war und ein bloßer Wunsch, eine vage Hoffnung das einzige ist, was uns bleibt. „Nimm die tröstende Stimme des Priesters vom Gottesacker weg, so sehen die Gräber gräßlich aus, wie käuende Rachen, die Väter, Freunde, Brüder vor euch zermalmen, und über die Weltgeschichte herrscht ein Dämon, der, feind allen Menschen, die sich umschlingen, allemal die eine Hälfte einäschert und an die Brust nichts legt als einen kalten Toten. . . . Möge mir die Hoffnung immer so lebendig bleiben als jetzt, da ich endige; besonders dann, wenn ich das ganze Spiel endige. Mög' ich und jeder am Tage des Lebens, wie der Grönländer am längsten Tage, in der Todesmitternacht noch die Unsterblichkeitssonne die höhern Gegenden röten und beleuchten sehen."[10]

Dennoch ist die Abhandlung mehr als die von vergeudeter Gedankenenergie zeugende Manifestation eines unhaltbaren Standpunkts. Sie ist positiv bedeutungsvoll als Vorbereitung auf die Romandichtung, weil hier Jean Paul zum ersten Mal eine Begriffsbestimmung jenes neuen Leitbildes gibt, das den Stoizismus in ihm verdrängt hat. Nicht der stoische Weise ist mehr sein Ideal, sondern das, was er den „hohen Menschen" nennt. Und der Umstand, sagt er jetzt, daß es „hohe Menschen" gegeben habe und gebe, verbürge uns, daß das Leben mit dem Tode nicht zu Ende sei. „Ein Mensch, der edel ist, ist Bürge für die Fortdauer von vielen, die es nicht sind."[11] Auch dieser Schluß entbehrt der Beweiskraft, und es macht ihn nicht stringenter, daß ohne die seit Oerthels Tod anhaltende Krise, die in einem der scharfsinnigsten Köpfe der Zeit ein solch verzweifeltes, aller Logik hohnsprechendes Wunschdenken hervorgetrieben hat, das neue Leitbild sich schwerlich hätte herausbilden hönnen. Das mindert dessen eigenauthentischen Rang jedoch nicht. Moralisch trägt das Ideal, das der schiefe Schluß sich zur Prämisse erwählt hat, seinen Wert in sich, und kein noch so triftiger Einwand gegen eine dermaßen willkürlich verfahrende Philosophie darf uns davon abhalten, anzuerkennen, daß eben dieses Ideal für den ethischen Gehalt und die revolutionäre Aussage von „Loge" und „Hesperus" bahnbrechend gewesen ist. Erst der „Titan" hat später mit dem „allkräftigen Menschen", der Jean Paulschen Version des Bildungsideals der Weimarer Klassik, abermals eine neue Verhaltensnorm gesetzt.

Der „hohe Mensch" ist nicht zu verwechseln mit einem geistig und an Bildung hochstehenden, schon gar nicht mit einem hochgeborenen Menschen. Höhe ist hier vielmehr zu verstehen als die aus der Konfrontation mit dem Tod erwachsende Fähigkeit, das Leben von einer hohen Warte her, aus kosmischer Ferne gleichsam, zu sehen und davon die eigene sittliche Haltung bestimmen zu lassen. Der „hohe Mensch" hat, so heißt es, „den Blick oder den Wunsch über den Wolken"; er ist „voll vom Gefühl der allgemeinen Vergänglichkeit und der Geringfügigkeit des irdischen Tuns", daher für die eigene Person gleichgültig gegen den „ekelhaften Köder" irdischer Genüsse, Vergnügungen und Ehren, unbekümmert um das allgemeine Beispiel, das die anderen geben, somit auch unabhängig von deren Urteil über ihn, und erträgt das Leben mehr, als daß er es genießen würde. Gleichwohl ist er, „feind der schwärmerischen tatenlosen Beschaulichkeit", *für* die anderen „tätig aus Tugend".[12]

Soweit die Definition in der Abhandlung selbst. Kommentiert wird sie in einem Brief an Wernlein, vom 5. Juli 1790, durch Abgrenzung gegen die Leitbilder sonstiger Schulen der Lebensweisheit. Darin steht: „Der Stoizismus – Monachismus – Mystizismus und Fohismus sind Milchbrüder. Der Stoizismus fordert nicht bloß Apathie, sondern schränkt die Tugend auf tatenleere Verfassung ein (denn wie sollte der Stoiker einem angenehme Empfindungen zuzuführen bemüht oder verpflichtet sein, da diese nicht viel besser als die entgegengesetzten sind?). Gerade so ist's mit dem Glauben und den guten Werken der Orthodoxen. – Der Monachismus untersagt jeden eigenen Willen. – Der Mystizismus (Brüder des freien Geists im 13. Jahrhundert) verwandelt alle Neigungen etc. der Seele in den einzigen Gedanken an Gott und begehrt einen frommen Grund mit Gleichgültigkeit für die darauf gemalten guten oder schlimmen Handlungen. – Der Fohismus in China, aus dem das warme, schlafsüchtige Klima noch ein paar Sprossen mehr vortrieb, sagt, daß man Geistesanstrengung und Sinnenabtötung so lange fortsetzen müßte, bis Wille und Gedanke und Empfindung verschwände." Mit alledem hat der „hohe Mensch" nichts zu schaffen. Zwei Bestimmungen unterscheiden ihn von den Leitbildern sämtlicher anderer Richtungen – scheinbar mit Ausnahme einer einzigen –: Er ist nicht kontemplativ, nicht „tatenleer", sondern eminent aktiv, und: Der Sinn der Lebensweisheit bezieht sich nicht auf ihn, den Weisen, selbst, sondern findet darin, daß dieser den Mitmenschen Gutes tut, ihnen „angenehme Empfindungen zuführt", seine Erfüllung.[13]

Die einzige Ausnahme scheint die Orthodoxie, d. h. das Christentum mit seiner Forderung „guter Werke", zu bilden. Warum hat Jean Paul darauf Wert gelegt, den „hohen Menschen" auch dazu in Kontrast zu setzen? Der Schlüssel liegt in der Wendung „gerade so", mit der Orthodoxie und Stoizismus insofern einander gleichgestellt werden, als beide den Unterschied zwischen „angenehmen" und den „entgegengesetzten Empfindungen" nicht kennen bzw. als gleichgültig ansehen, was beim Christentum mit dessen diesseitsverneinender Tendenz zusammenhängt, die aus der gleichen Seinsgrundlage erwachsen ist wie das stoische Ideal auch – weshalb denn auch Hegel später Stoizismus, Skeptizismus und „unglückliches Bewußtsein" (= Christentum) als gleichermaßen zeitgemäße Ausprägungen derselben untergehenden Antike aufgefaßt hat.[14] Für den „hohen Menschen" ist demgegenüber der Gegensatz von „angenehm" und „unangenehm" alles andere als gleichgültig, denn er verneint das Leben, das Diesseits *nicht*. Gute Werke, die er verrichtet, sind daher, anders als die von der Orthodoxie geforderten, keine Handlungen der Selbstkasteiung und Selbstabtötung, sondern dem Mitmenschen bereitete Annehmlichkeiten. Wer Gutes tun will, muß das Gute zu schätzen wissen, auch dann, wenn er es nicht sich, sondern anderen zukommen läßt.

Das letztere scheint über den Text des zitierten Briefs hinauszugehen. Um einzusehen, daß diese Interpretation den Intentionen Jean Pauls entspricht, muß man die Betonung des Unterschieds angenehmer Empfindungen und ihres Gegenteils sowie die Geringschätzung der als „Milchbruder" des Stoizismus durchschauten Orthodoxie zusammenhalten mit dem, was oben über den nicht weltflüchtigen Charakter der eben deswegen so schmerzenden, quälenden Todesgedanken des Dichters ausgeführt worden ist.[15] Man erkennt dann, daß der „hohe Mensch" zwar immer noch, im Jacobischen Sinne, „Christ mit dem Herzen" ist, da er ja „den Blick oder den Wunsch (!) über den Wolken" hat, aber zugleich auch nicht mehr Christ, Besseres als ein Christ kraft seiner Liebe zum Leben, ohne die der Schmerz über dessen Endlichkeit nie die läuternde Wirkung ausüben könnte, die in dem Vorsatz gipfelt, „den armen, zerrinnenden Schatten, die man Menschen nennt, nichts zu machen als Freude".[16] Was Freude ist, dürfte ein Christ so wenig wissen wie der Stoiker. Weiß er es doch, so ist er beim Gutestun in Wahrheit ein „hoher Mensch", der vom Wesen seines – zufälligen, äußerlichen – Bekenntnisses falsche Vorstellungen hat.

Erst beim „hohen Menschen" gewinnen Selbstlosigkeit, Selbstverleugnung, Gleichgültigkeit gegen Genüsse, Vergnügungen, Ehren usw. echte sittliche Qualität. Sie sind nicht mehr Konsequenzen einer Mißachtung des irdischen Jammertals und werden auch nicht mehr im Hinblick auf himmlische Belohnung geübt – eine egoistische Spekulation, mit der die Abhandlung über die Fortdauer der Seele scharf ins Gericht geht –[17], sondern haben den Charakter von Opfern, die ein diesseits-*bejahendes* Wesen aus reiner Tugend, ohne Hintergedanken an Vorteile für sich, dem Nutzen seiner Mitmenschen bringt. Daß der „hohe Mensch" die Kraft hat, sich Versagungen aufzuerlegen, setzt allerdings auch bei ihm – in Parallele zur christlichen Gesinnung – voraus, daß er nicht am Irdischen klebt. Aber weil sich in seinem Bewußtsein die Unsterblichkeitsvorstellung aus einer Gewißheit in einen bloßen Wunsch verflüchtigt hat und er von berechnenden Hoffnungen auf jenseitigen Lohn frei ist, bedeutet dies nur, daß er, eingedenk der Kürze des eigenen Erdendaseins und der Unendlichkeit der Welt in Raum und Zeit, *sich selbst nicht wichtig nimmt* und deswegen die *anderen, in deren Dienst er sich stellt, um so wichtiger nehmen kann*. Je weniger sie „hohe Menschen" sind, desto mehr bedürfen sie seiner Hilfe. In Menschenliebe also muß das „Gefühl der allgemeinen Vergänglichkeit" einmünden, in hingebungsvoller Tätigkeit für die anderen die Indifferenz gegenüber den eigenen Bedürfnissen ihre Krönung finden. Nur wenn ein Individuum diese Kriterien erfüllt, verdient es, „hoher Mensch" genannt zu werden. Und damit stimmt überein, daß die „hohen Menschen", die Jean Paul als Schriftsteller hat Gestalt werden lassen, jedesmal aus der durch Leid und Todeserfahrung erworbenen Fähigkeit, auf das „zerstäubende Erdchen" aus kosmischer Höhe herabzublicken, die Kraft zur Selbstlosigkeit ziehen.

Wie aber bringen sie ihren Altruismus zur Geltung? In Taten für die Freiheit ihrer Mitmenschen, als Revolutionäre! Alle „hohen Menschen" in der „Unsichtbaren Loge" und im „Hesperus" sind bestrebt, die Französische Revolution auf Deutschland zu übertragen, damit das deutsche Volk aus Elend und Unterdrückung erlöst werde und der moralischen Gebrechen, die sein schmachvoller Zustand ihm auferlegt, Herr werden kann. In seiner literarischen Konkretisierung verwandelt das Leitbild, das aus anscheinend rein ethischen Überlegungen aufgestellt worden ist, sich derart sogleich in das des vorbildhaften Politikers. Vom Ideal selbst her gesehen, wie es die Abhandlung definiert, wäre das nicht unbedingt nötig. „Hohe Menschen" wären im Prinzip auch in weniger anspruchsvollem Rahmen, mit ihren Taten nicht gar so weit ausgreifend, denkbar. Doch diese eine Erscheinungsform hat der Dichter als schlechthin zentral empfunden. Ihr hat er vor den übrigen möglichen Varianten poetisch den Vorzug gegeben, und darin liegt die bedeutungsvollste Eigentümlichkeit seiner beiden ersten heroischen Romane. Sie kann freilich aus der moralphilosophischen Problematik allein, mit der er gerungen hat, nicht mehr erklärt werden. Sie wurzelt in spezifisch politischen Motiven, die seinem Ethos von vornherein, noch bevor er Kant und Jacobi las oder an Helvétius Kritik übte, eine revolutionäre Dimension verliehen.

VIERTES KAPITEL

Politischer Standort und Einstellung zur Revolution

I

Jean Paul hat sich politisch mit solch beharrlicher Treue zu den einmal gewählten Grundsätzen entwickelt, daß die Frage, wie er zu den Zuständen und Ereignissen seines Zeitalters stand, auf den ruhenden Pol seines Werdeganges zielt. Von den Brüchen, die der Herausbildung seiner Philosophie eigen sind, ist da nichts mehr zu spüren. Modifizierungen des Inhalts seiner Aussagen spiegeln lediglich den Wechsel der geschichtlichen Konstellationen wider, der seinem engagierten Denken neue Sachverhalte aufdrängte. Der Standort, von dem aus er dazu Stellung nahm, unterlag keiner Veränderung. Auch sein Aufstieg vom notleidenden Plebejer zu einem mit den Großen auf gleichem Fuß verkehrenden Erfolgsautor hatte darauf nicht den geringsten Einfluß.

Die politischen Ansichten Jean Pauls herauszuarbeiten ist infolgedessen nicht schwer. Die bei anderen oft unübersehbar verwickelte Problematik der Widersprüche und Schwankungen entfällt bei ihm. Auch hat er zu keiner Zeit mit dem, was er dachte, hinter dem Berg gehalten. Bis 1795 war er zu arm, als daß er die Folgen unbedachter Äußerungen hätte fürchten müssen. Er konnte sozial nicht tiefer sinken, als er infolge des Erbschaftsprozesses zwischen Mutter und Tante, des abgebrochenen Studiums und der Erfolglosigkeit seiner Satiren sowieso gesunken war. Dann aber machten ihn Erfolgsbücher wie „Hesperus" und „Quintus Fixlein" plötzlich in einem Maße unabhängig, wie es Klopstock, Lessing, Wieland, Herder, Goethe und Schiller nie gewesen sind.[1] Weder auf ein Kirchenkonsistorium noch auf einen fürstlichen Mäzen noch auf die Verbindlichkeiten eines Amts brauchte er Rücksicht zu nehmen. Man kann sich ausrechnen, was herauskommt, wenn ein solches Los einem Mann zufällt, der mit äußerster Prinzipienfestigkeit die Tugenden und Laster eines publizitätssüchtigen enfant terrible in sich vereinigt.

II

Nicht erst unter dem Eindruck der Umwälzung in Frankreich ist Jean Paul zum revolutionären Demokraten geworden. Von Gegnerschaft gegen den Feudalabsolutismus zeugen bereits seine frühen satirischen Werke, ja, schon in den Ausarbeitungen des Siebzehnjährigen kommen gelegentlich die progressiven Anschauungen zum Vorschein, die auch für die Haltung des reifen Mannes kennzeichnend sind.

Zum ersten Mal stößt man auf eine soziale Überlegung im Dezemberheft 1780 der „Übungen im Denken". Es scheint da um ein sehr allgemeines weltanschauliches Problem zu gehen, das jedoch zu einer bezeichnenden Betrachtung Anlaß gibt. Der Verfasser setzt der Diesseitsverneinung des Kirchenchristentums den Leibnizschen Optimismus entgegen: „Mancher denkt, recht gottesfürchtig zu sein, wenn er die Welt ein Jammertal nennt. Aber ich glaub', er würd' es eher sein, wenn er sie ein Freudental hieße. . . . Bei so vielen Freuden in der Welt, ist's nicht schwarzer Undank, sie einen Ort des Kummers und der Qual zu nennen?"[1] Dies ist ein in der Popularphilosophie häufig wiederkehrender Gedanke. Aber die „Zusätze und Verbesserungen" zu dem Heft tragen eine originelle Ergänzung nach: „Eher möcht' ich einen solchen Ausdruck dem Sohne des Unglücks vergeben, der in trüben Stunden schwarzer Melancholie sein eingeengtes Herz in Klagen ausströmen läßt. Aber von dem dickbäuchigen Abt, der auf seinem weichen Sofa herrliche Tage verlebt, . . . so einen Ausspruch . . . zu hören, ist unerträglich, heißt des Schöpfers spotten."[2]

Das gleiche Mitgefühl für die Armen klingt in der Untersuchung „Man belohnt die Tugend zu wenig" an. Einen Einfall aus dem „Werther"[3] aufgreifend, plädiert sie dafür, Verbrechen milder zu strafen, wenn Armut ihre Ursache sei, und die Strafen möglichst zu ersetzen durch Belohnungen für edle Taten. „Es würden mehr Menschen tugendhaft leben, wenn man mehr Nutzen hätte, es zu sein." Zur Begründung wird ergreifend die Lage eines mittellosen Mannes geschildert, den der Anblick seiner hungernden Familie zu einem Eigentumsdelikt treibt.[4] Und endlich meldet sich in der Untersuchung „Über Narren und Dummköpfe, Weise und Genies" erstmals der Rebell zu Wort: „Die Narren sperrt man ein oder hängt sie an Ketten, aber die Dummköpfe läßt man laufen, sie sind geduldige Tiere wie die Esel. Sie stehen oft auf Kathederstühlen, auf Kanzeln – sie sitzen auf dem Throne. Oft braucht's nichts, um ein Amt zu bekommen, als ein Dummkopf zu sein."[5]

Ähnlich bemerkenswert sind gewisse Absätze in der gesonderten Abhandlung „Die Spuren der Vorsehung bei dem Übel der Armut und Krankheit", vom Frühjahr 1781. Gottes Weisheit und Güte wird da gegen Zweifel à la Pierre Bayle in Schutz genommen, die angesichts der Übel in der Welt naheliegen. Von Armut und Krankheit wird gezeigt, daß sie auch ihr Gutes hätten – eine elende Trostpredigt, an der sich die Fragwürdigkeit des apologetischen Optimismus der „Theodizee" wie an einem Schulbeispiel nachweisen ließe. Jean Paul indes führt in dem Zusammenhang Gedanken aus, die sich bei ihm später mit anderem Vorzeichen noch als fruchtbar erweisen sollten. Er tröstet die Armen u. a. damit, daß auch die Reichen nicht glücklich seien, und macht hierfür Gründe geltend, die nachmals in seinen Satiren und

Romanen für die Schilderung der Psychologie der Herrschenden wichtig geworden sind. Eines der konstanten Angriffsziele seiner Gesellschaftskritik, soweit sie sich auf den Adel bezieht, ist nämlich der Parasitismus, und unter dem haben, wie er zeigt, die Großen in lächerlichen und tragischen Formen selber zu leiden, indem sie von Langweile geplagt werden. Nicht erst Büchner also, nein, Jean Paul hat dies entdeckt und ist damit den „beiden Seiten der Selbstentfremdung" (Marx), in ihrer feudalen Spielart freilich, auf die Spur gekommen. Eben das Stichwort „Langweile" nun fällt zum ersten Mal in der zitierten Bemerkung der „Übungen im Denken" über den feisten Abt, und die Abhandlung „Über die Spuren der Vorsehung" bestimmt dieses Übel, das den Reichen quält, näher. „Ohne Reiz tönt ihm die schmelzendste Musik – sein Ohr ist ihren sanften Bebungen zu stumpf, sein Herz zu abgehärtet den sanften Gefühlen – Langweile foltert ihn unter allen Anstalten der Freude".[6]

In den Leipziger Fragmenten vom Juni 1781 finden sich Bruchstücke von Dialogen, in der Form nachgeahmt den Lessingschen Freimaurergesprächen. Inhaltlich greifen sie den Gedanken aus „Minna von Barnhelm"[7] auf, daß man am meisten von der Tugend rede, die man nicht hat. Das erste Gespräch will dafür ein Beispiel geben. Es geht um einen Pfarrer, der christliche Liebe predigt, obwohl er in einem Prozeß einen Bauern um Haus und Hof gebracht hat. A. findet das unfaßlich. B. macht ihm klar, daß der Pfarrer an jedem Ort so redet, wie es der Ort verlangt. „Seine Predigt, die ist nur für euch gemeine Leute eingerichtet, und da hat er alles Gelehrte weggelassen. Aber in seinem Kopf existiert sie viel anders. . . . Da hat er tausend Distinktionen angebracht – mit denen kann er heut' von der christlichen Liebe predigen und morgen seine Bauern schinden." A. versteht nicht, was Distinktionen sind. B. erklärt ihm, sie glichen der wächsernen Nase der Justiz, die man dreht, wie man will. Man könne damit aus schwarz weiß, und umgekehrt, machen. „Mit einer Distinktion kann der Orthodoxe einen Heterodoxen am Pfahl verbrennen und ganz getrost am Scheiterhaufen eine Predigt über die Moral halten." Als „Hauptfechter" dafür wird am Schluß der Hauptpastor Goeze in Hamburg, der Gegner Lessings, bezeichnet. Damit bricht das Manuskript ab.[8] Zum ersten Mal trägt dieses Bruchstück in den Kampf gegen die Orthodoxie sozialkritische Gesichtspunkte hinein, wie sie den Wortführern der Heterodoxie, auch Lessing selbst, in ihren Streitschriften noch ferngelegen hatten.

III

So weit waren die sozialen Anschauungen Jean Pauls gediehen, als er in Leipzig mit der französischen Aufklärung, dem Sturm und Drang und den antiken und modernen Satirikern bekannt wurde. Daß diese

Anregungen bei ihm auf fruchtbaren Boden fielen, läßt sich denken. Es bildete sich nun bei ihm eine folgerichtige demokratische Gesinnung heraus, die schon seinen Arbeiten aus dem ersten Semester, dem Essay „Etwas über den Menschen"[1], dem „Tagebuch meiner Arbeiten"[2] und den „Rhapsodien"[3], wo immer darin auf soziale Fragen Bezug genommen wird, das Gepräge gibt, aber besonders machtvoll in seiner ersten Satire, dem „Lob der Dummheit"[4], zum Durchbruch kommt.

Die Göttin Dummheit legt hier ihre Verdienste um das Glück der Menschen dar. Gleich eingangs beruft sie sich u. a. darauf, daß viele dank ihrer Dummheit Karriere machen, und erklärt dies so: „Die Mächtigen und Reichen sind es am meisten, welche die Ausbreitung der Dummheit besorgen und die . . . der Weisheit verhindern. Ein Reicher ist selten an etwas anderm als an Geld reich. . . . Wenn er nun keinen Verstand hat, wie soll er den Verstand des andern schätzen und wie . . . in der Austeilung der Ämter, der Belohnungen usw. mehr Rücksicht auf die Weisen als auf die nehmen, die er weder verachten noch beneiden kann?" Verfolgung, die der Kluge, Aufgeklärte auf sich zieht, bleibt dem Dummen erspart. Er hat keine Feinde. „Er ist gewohnt, vor denen zu kriechen, die auf fremde Schande ihre Ehre gründen und in den Erniedrigungen anderer die Beweise ihrer Größe suchen." „Da der Lohn der Verdienste nur für die bestimmt ist, die keine Verdienste haben, und nur der regieren darf, der zu regieren am wenigsten Verstand zeigt, wer anders als der Dumme zeichnet sich durch den Mangel an beiden genug aus, um damit sein Glück zu machen?"[5]

Der zweite Teil nimmt die verschiedenen „Stände" durch. Die Satire auf die Aristokratie ist das Kernstück. Um der Zensur Rechnung zu tragen, wird bei den Fürsten so getan, als sei die Vergangenheit gemeint. Diese Vorsichtsmaßregel geht dem Verfasser aber dermaßen gegen den Strich, daß er sie so durchsichtig wie möglich einhält. Die Dummheit versichert, dumme Fürsten hätte es nur früher gegeben, und fügt sofort hinzu: „Und wenn dies auch nicht wäre, so würd' ich doch deswegen schweigen, weil es eine Todsünde ist, die Wahrheiten zu sagen, die kaum der lachende Narr sagen darf." Anschließend wird aber durchaus im Präsens auseinandergesetzt, welche Vorteile Dummsein den gekrönten Häuptern verschafft. Zunächst ist eigener Mangel an Verstand für sie von Wert. Dieser Abschnitt endet: „Ich wollte in Rücksicht der Fürsten wenig zu meinem Lob sagen; jetzt seh' ich, daß ich viel gesagt habe."[6] Am Schluß des Werkes folgt jedoch erst das Wichtigste: der Nutzen, den die Fürsten von der Dummheit ihrer Untertanen haben. Da ist dann aber unverfänglicher nur von den Großen im allgemeinen die Rede.[7]

Glücklich ist ein dummer Fürst deswegen, weil er leichter die mit dem Parasitentum verbundene Langeweile erträgt. Besonders kommt es ihm zustatten, wenn er zum Regieren unfähig ist. Er kann dann die Früchte despotischer Politik genießen, ohne sich die Finger zu beschmutzen. Ist er klug, so muß er, als aktiver Regent, zum Schurken werden. „Durch mich", sagt die Dummheit, „überläßt er seinen Ministern die Sorge, ungerecht zu sein, und teilt den Raub mit ihnen, ohne ihre Verbrechen zu teilen." Womit gesagt ist, daß das Verbrechen zum System gehört. Allein ein dummer Fürst nützt auch andern: den Hofschranzen und korrupten Beamten, die sich wie Geier auf den Körper des Staates stürzen und ihn zerstückeln. Mit zornigem Pathos werden an dieser Stelle die verrotteten Zustände in den deutschen Kleinstaaten geschildert. Ironie und Witz haben zu schweigen. Eine Anklage von furchtbarem Ernst, im Ton Juvenals, tritt an ihre Stelle.[8]

Das Mäzenatentum der Fürsten wird sodann in den Ausführungen über die Höflinge angegriffen. Man muß diese Partie lesen, um die Gründe kennenzulernen, aus denen der Dichter es stets verschmäht hat, in die Dienste eines Hofs zu treten, wozu sich ihm von 1795 an manche Gelegenheit geboten hätte. Ist ein Höfling weise, so ist er bei einem weisen wie bei einem dummen Fürsten in Gefahr. Am Hof eines Dummkopfs Verstand zu haben ist tödlich. Der Potentat ist zu töricht, ihn zu schätzen, zu stolz, ihn nicht zu bestrafen. Doch vor dem geistig hochstehenden Fürsten hüte man sich erst recht. Dieser wird „dem Weisen das nehmen, was sein Wesen ausmacht: die Freiheit zu reden. Das Gold des Fürsten macht die Zunge des Weisen schwer wie Blei, und dieser letztere verliert in seinem goldnen Käfig . . . mit der Freiheit zugleich seinen Wert, seine Glückseligkeit, sein Alles." Wie gut kommt dagegen ein dummer Höfling weg! Der dumme Fürst liebt an ihm, was er an sich selber liebt, der kluge findet sein Vergnügen darin, den an Verstand zu übertreffen, den er in allem übertrifft. Mit realistischer Phantasie zeichnet nach diesen Bemerkungen der achtzehnjährige Sohn einer verarmten Pfarrerswitwe, der nie auch nur einen Blick in ein fürstliches Gemach hat werfen können, das Bild des törichten Höflings, ein glänzendes publizistisches Seitenstück zu jenem Hofmarschall von Kalb, den zwei Jahre später der junge Schiller auf die Bühne bringen wird.[9]

Am vernehmlichsten schafft das aufbegehrende bürgerliche Klassenbewußtsein sich in dem Abschnitt über den Adelsstolz Gehör. Die Aristokraten, heißt es da, „werden mit Verdiensten geboren wie andere mit Zähnen". Mehr als sechzig Jahre danach wird es der Kühnheit des jungen Marx bedürfen, damit, in einer Bemerkung zum § 307 der Hegelschen Rechtsphilosophie, ein ähnlicher Vergleich zustande kommt. Er lautet 1843: „Die Natur macht in diesem System unmittelbar Könige, sie macht unmittelbar Pairs etc., wie sie Augen und Nasen macht", und gipfelt in dem Schluß: „Das Geheimnis des Adels ist die Zoologie".[10] „Schätzen andere sich", sagt 1781 Jean Paul, „wegen der

Verdienste, die sie zu haben glauben, so schätzen die Edelleute sich wegen der Verdienste, die sie nicht zu haben glauben, die aber ihre Ahnen hatten." „Man sieht leicht ein, daß es die größte Dummheit ist, mit fremdem Ruhm zu prahlen; allein da nun einmal diese Dummheit die nötigste Eigenschaft eines Edelmanns ist, wie sehr verdien' ich Lob, daß ich sie ihm erteile." „Daher wird unter geerbten adligen Verdienst nur das Blut, nicht das Gehirn gerechnet. ... Dieser mein Zusammenhang mit dem Adel erhebt mich weit über die Weisheit, welche nur mit dem gemeinen Pöbel zusammenhängt."[11]

Am Schluß kommt, wie gesagt, die Hauptsache: der „Nutzen, den die Oberen von der Dummheit des Volkes ziehen". „Man wird immer bemerkt haben", erklärt die Göttin, „daß ich denen am meisten nütze, die befehlen, und denen weniger, die gehorchen." „Wann erträgt ein Volk die Ungerechtigkeiten seines Beherrschers mit der wenigsten Ungeduld, als wenn es unfähig ist, sie einzusehen? Wann folgt es am liebsten unnützen Befehlen, als wenn es blind folgt und weder die Härte seines Zustandes noch die Härte dessen, der jene vermehrt, zu begreifen Verstand genug hat?" Die Höfe, die Justiz, die Pfaffen – sie alle sind der Dummheit zu Dank verpflichtet. Sie macht ihnen das Volk gefügig. Und sie wissen das und bemühen sich daher nach Kräften, für die Erhaltung der Volksdummheit zu sorgen. „Der Glanz der staatlichen Macht, der das Volk blendet, ermöglicht jeden willkürlichen Gebrauch derselben." „Man malt die Gerechtigkeit mit verbundenen Augen – man hätte sie vielleicht wahrer gemalt, wenn man sie vorgestellt hätte, wie sie andern die Augen verbindet." Und die Kirche? „Nie war der Klerus am glücklichsten, als da der Pöbel am dümmsten war." „Diejenigen, welche die Dummheit des Volkes am meisten befördert und genährt haben, haben den meisten Nutzen von derselben gezogen. Es ist nicht gewiß, daß die Dummheit den Himmel im andern Leben verschafft, aber es ist gewiß, daß sie denen, die das gesagt haben, den Himmel in diesem Leben verschafft hat." In einen Aufruf an die Mächtigen, die Dummheit in all ihren Gestalten zu fördern, klingt die Satire aus.[12]

IV

Da Jean Paul für seine erste Satire keinen Verlag fand, konnte er ihren Inhalt in den „Grönländischen Prozessen" sinngemäß wiederholen. Die politischen Partien gingen in die Satire „Über den groben Ahnenstolz" und in die den Fürsten, Höflingen und Edelleuten gewidmeten Abschnitte über, die aus der „Bittschrift der deutschen Satiriker" umgearbeitet in den zweiten Band gewandert sind.[1] Die neuen Einfälle und formalen Abweichungen lassen die Tendenz unberührt, so daß auf die „Prozesse" hier nicht näher eingegangen zu werden braucht. Ein Wort aber ist über die „Bittschrift" am Platze, weil deren Konzeption zeigt, wieviel Mühe auf die Täuschung der Zensur verwandt wurde.

Der im „Lob der Dummheit" praktizierte Trick[2] war zu plump, als daß er einen Zensor hätte überlisten können. Im ersten Band der „Prozesse" verfiel der Autor auf einen anderen Ausweg: Er formulierte die Satire über den Ahnenstolz als Brief, den ein stellungsuchender Theologe an einen Edelmann schreibt. U. a. ist darin die Rede von dem „vortrefflichen" Onkel des Adressaten, der zu Lebzeiten der Vertraute des seligen Fürsten war. Der fiktive Briefschreiber teilt mit, daß nach dem Tode des Fürsten und dem Abgang des Onkels auf diesen „ein rohes Pasquill (es wollte juvenalisch schreiben)" verfaßt worden sei, „wovon ich Ihnen das Gröbste absichtlich hersetze, weil eben gerade durch dieses hindurch der herrliche, nur hier getrübt dargestellte Einfluß schimmert, welchen der Unvergeßliche auf Fürst und Land gehabt." Darauf folgt, eingefügt, besagtes Pasquill, das die Anklage gegen den Feudalabsolutismus aus dem „Lob der Dummheit" ohne Abschwächung wiederholt, aber so, daß vorgeschützt werden kann, es gehe um einen einzelnen, dazu der Vergangenheit angehörenden Fall und außerdem distanziere der Briefschreiber sich von den Schmähungen.[3] Auch dies erschien Jean Paul indes als unbefriedigend. Mit der Nötigung zum Entaktualisieren konnte er sich nicht abfinden. Um eine bessere Lösung ringend, kam er auf die Idee, seine Zwangslage als solche zum Ausgangspunkt einer Satire zu machen, die sich, ironisch, als Apologetik der Gegenwart gibt.

So entstand die „Bittschrift". In ihr beklagen sich die Satiriker darüber, daß sie in einer Zeit leben, in der es für sie keinen Stoff mehr gebe. Alles sei vernünftig eingerichtet, die Narrheiten seien im Aussterben begriffen. Das Publikum möge, um ihnen den Hungertod zu ersparen, für Mißstände sorgen.[4] Bei der Begründung der Beschwerde werden wieder die verschiedenen „Stände" in Augenschein genommen. Scheinbar ist die Tendenz ihrer Beurteilung der im „Lob der Dummheit" entgegengesetzt; aber nur scheinbar, denn einerseits erweist die Klage angesichts der haarsträubenden Fakten, die geschildert werden, sich als unsinnig – die Gebrechen der Gesellschaft sind schlimmer denn je –, andererseits haben die Satiriker auch noch die Möglichkeit, bisher übriggebliebene Mängel ironisch zu rühmen und um ihre Erhaltung zu bitten.

Das taktische Dilemma enthüllt der entscheidende Satz aus dem Abschnitt über die Fürsten: „Die Erde bedeckte wohl, aber trug nie gekrönte Henker, und ein Tyrann erbte nie einen königlichen Thron, sondern immer nur eine königliche Gruft."[5] Soll heißen: Allenfalls von toten Fürsten darf gesagt werden, daß sie Tyrannen waren; solange ein Fürst regiert, hat man ihn als Wohltäter zu preisen. Auf derselben Linie bewegt sich die „beruhigende" Feststellung, daß die Klage über das Aussterben schlechter Herrscher „gemildert" werde „durch den Sprachgebrauch, welcher einem gekrönten Haupte all die Tugenden zuschreibt, deren Mangel es durch Vermeidung der entgegengesetzten Fehler vergütet. ... Wenn daher ein Fürst den Ackerbau durch nichts als die Jagd verhindert, so unterstützt er ihn, und das Getreide, das er nicht wegerntet, sät er."[6]

V

Aus den vier Fassungen der „Teufelspapiere" und den zur Einzelveröffentlichung bestimmten Satiren alle politisch belangvollen Äußerungen herauszupräparieren würde zu weit führen. Bei einigen Beispielen mag es sein Bewenden haben. Kernstück der ersten Fassung („Abrakadabra") sollte die Satire über die Göttlichkeit der Fürsten sein. Erhalten hat sich davon ein Fragment. Nach rationalistischer Methode wird hier aus Axiomen und Definitionen das satanische Wesen der Fürsten deduziert. Nachdem der apriorische Beweis vorliegt, soll er, wie bei Wolff üblich, auch noch empirisch gestützt werden – durch Tatsachen, aus denen hervorgeht, daß die Fürsten „uns gar wohl in dieser Welt den reinsten Vorgeschmack von der Hölle geben, die sie für uns in der künftigen aufheben".[1] Hier bricht das Manuskript ab, und dem gedruckten Text der „Teufelspapiere" läßt sich nicht entnehmen, wie es weitergehen sollte. Die Idee hat jedoch nicht aufgehört, Jean Paul zu beschäftigen. 1788 setzte er noch einmal zur Ausführung an, und 1789 verwertete er Gedanken, die dafür bestimmt gewesen waren, in der Satire „Was für Sätze nach meinem Tode bewiesen werden sollen".[2]

Auf die zweite Fassung („Scherze in Quart mit ernsthaften Noten") gehen mehrere politische Stücke zurück, die sich auch im Buch finden. In der Satire „Von den fünf Ungeheuern" zieht J. P. F. Hasus als Schausteller mit einer Sammlung menschlicher Monstrositäten durchs Land. Schließlich fallen sie ihm zur Last, er will sie loswerden. Ihre Anpreisung liefert den Vorwand, das Mißratene von Menschentypen, die der Leser als normal zu betrachten gewohnt ist, auffällig zu machen. Das fängt harmlos an mit einem Tanzmeister ohne Gehirn und mit der modischen Kleidung und Haartracht der Frau des Autors. Inmitten dieser Witzeleien stößt man dann aber auf einen ernsten Kern: Das interessanteste Ungeheuer hat riesige Ausmaße. Da es Reichtum und Macht besaß, wurde es durch ständiges Loben aufgeblasen. So etwas, heißt es, komme häufig vor: „Denn bestiegen wohl manche berühmten Regenten die Erde mit einer größeren Aufgeblasenheit als mein Ungeheuer, die erst durch den Atem unbelohnter Hofpagen soviel Größe erreichten, daß sie nun als erhebliche Ungeheuer ihren weiten Thron ... rühmlich auszufüllen vermochten?" Überhaupt brauche man nur aufzupassen, um zu merken, daß Deutschland an Ungeheuern reich sei. Auf dem Halse des Kronprinzen sitze schon bei seiner Geburt statt des Kopfs eine Krone. Am Kammerpräsidenten hingen hundert Hände herab, mit deren jeder er den Untertanen etwas wegnehme. Der Minister habe zwischen seinen Zähnen eine Zunge, die so gut wie ein Geldbeutel andere belohnen und bereichern könne. Bedauerlich sei nur, daß nicht alle Mißgestalten sichtbar seien. Oft erstreckt die Monstrosität „sich nicht über das Herz und das Gehirn hinaus und geht für die Welt so gut als verloren: Außen um den Körper herum ist alles glatt und recht." Vielleicht lasse sich dem eines Tages abhelfen durch eine neue chirurgische Technik, die einen Staatsminister auch äußerlich in die Hyäne verwandelt, die er ist, oder „einen Hofmann in eine stille koulörte Schlange".[3]

Denselben Gedanken wandelt die Satire „Unvergeßliche Entlarvung des Teufels" ab. Hier spricht der Satan beim Autor vor und entledigt sich, um es bequemer zu haben, nach und nach aller Merkmale, an denen man ihn äußerlich erkennt. Zuerst zieht er sich die Pferdefüße aus wie Schuhe und sagt: „Ich war der erste, der auf Pferdefüßen ging, aber nur auf zweien; aber Menschen von Stande regen sich auf weit mehreren, und wer 32 Ahnen hat, der kann seine Bewegung um die Achse und um die Erde ohne 32 Pferdefüße gar nicht verrichten." Derart stellt sich von allen Attributen des Teufels heraus, daß sie bei den Herrschenden so, wie diese uns täglich begegnen, auch vorkommen. So erweisen seine Hörner sich als einfache Pulverhörner, die er, in seiner Eigenschaft als wilder Jäger, fast wie ein jagender Mensch benötigt, der ja auch „oben in eine saubere Frisur endigt"; „allein deswegen bleibt doch immer zwischen einem Jägermeister und seinen Leuten und . . . dem wilden Jäger nebst dem wütenden Heer der gute Unterschied, daß bloß jener den Bauern die Ernte zerrüttet, aber nicht dieser." Mehr und mehr nimmt der Teufel menschliche Gestalt an. Wer bürgt dafür, daß die Weltleute keine Teufel sind, wo doch der Teufel wie ein Mensch aussieht? In gewisser Betrachtung würden sie sich „weit mehr von ihm unterscheiden, wenn sie sich mit Pferdeschwänzen befranzten und in Pferdefüßen gingen und mit unzähligen Hörnern".[4] Ähnlich äußern bei Brecht Puntilas Bräute den Wunsch, die Ausbeuter sollten wie Bären oder Kreuzottern aussehen, um leichter als solche erkannt zu werden.[5]

In der Satire über den Gebrauch, den das Strafrecht von der Medizin machen könnte, rät der Autor den Herrschenden, die Ärzte künftig an der Hinrichtung von Missetätern zu beteiligen, deren Todesart sie nach Bedarf verlangsamen oder beschleunigen und so recht qualvoll gestalten sollten. Hier kommt es bei der Ausmalung unmenschlicher Strafvollstreckung zu einer jener grausig prophetischen Visionen des Faschismus, auf die oben hingewiesen wurde.[6] Bezugnehmend auf die

Zustände im Strafvollzug, auf die aufmerksam gemacht zu haben eines der größten Verdienste Jean Pauls ist, prangert die gleiche Satire aber auch beiläufig den bei den deutschen Kleinstaatpotentaten beliebten Verkauf der Landeskinder an fremde Kriegsherren an. Die Todesstrafe sei ein Segen, weil sie dem Staat die Beköstigung der Verurteilten und diesen das langsame Verhungern in der Haft erspare. Bei den freien Untertanen stünden dem Landesherrn noch andere Möglichkeiten, sie vor dem Hungertod zu bewahren, offen. Es sei „gut genug, daß ein Fürst . . . sie gern der ersten besten Macht, die Krieg führt und nicht ohne Geld ist, oder auch beiden kämpfenden Mächten zugleich, vorschießet und durch das feindliche Schwert den armen Untertan auf immer vor der Verhungerung sichert; aber Missetäter verdienen diese Güte kaum. Sind sie indessen nicht auch Untertanen? . . . Mich dünkt, der Fürst muß sie ebensogut als jeden . . . hinrichten lassen, damit sie nicht im geringsten darben."[7]

In den Betrachtungen über die Köpfe auf den Münzen gibt die Versteigerung eines numismatischen Kabinetts Gelegenheit zur Glossierung absolutistischer Mißwirtschaft. Die aufgeprägten gekrönten Häupter erwecken Assoziationen, die diese Ausfälle motivieren, und da von Geld die Rede ist, kann zwanglos auf die Finanzpolitik eingegangen werden. „Ich weiß so gut als irgendein Rock, der in einem Vorzimmer aufpasset", schreibt J. P. F. Hasus, „daß der Fürst ein Landesvater ist, der seinen Kindern, den unapanagierten Untertanen, wie ein guter Vater wenig mehr Geld lassen soll als bloß zum Spaße." Gleich darauf spielt er abermals auf den Verkauf von Staatsbürgern an. „Ich müßte auch meine Pandekten gar zu schlecht gelesen haben, wenn ich nicht wüßte, daß mithin dieser Vater, wie jeder römische, seine Kinder – und das geht bis zum Urenkel – für eine nützliche Art von Sklaven ansehen kann, deren . . . Freiheit und Emanzipation wahrhaft noch nicht da sein kann, nachdem sie nicht öfters nach Amerika, Asia, Afrika und Europa verkauft worden sind als wenigstens einmal, da das römische Kind dreimal verhandelt wurde. Allein ein Fürst . . . kann nicht allemal durch orientalische – chinesische – persische – siamesische und afrikanische Mittel das Vermögen seiner Untertanen . . . einkassieren, sondern . . . er tut schon seiner Pflicht Genüge, wenn er bloß Finanzkammerräte und Hebungsbediente anstellet, die sich als gesunde einsaugende Gefäße am Staatskörper aufführen."[8]

Die Satire über die Schauessen existiert in einer für die „Scherze in Quart" bestimmten Fassung[9] und einer kürzeren, die in den endgültigen „Teufelspapieren" Aufnahme fand.[10] In beiden erzählt ein Zeitungsbericht, wie ein Fürst eine Jagd unternimmt, die den Bauern die Ernte ruiniert. Huldvoll läßt der hohe Herr danach jedem Dorf eine reichliche Mahlzeit verabfolgen – „jedoch dergestalt, daß man ihnen nicht gewöhnliche, rohe Bauernspeisen, sondern – um fast das Vergnügen aufs höchste zu treiben und den armen Landleuten zu zeigen, daß ein rechtschaffener Bauer von seinem Landesherrn nicht schlechter als der tägliche Gesellschafter an seiner Tafel behandelt werde – lauter Schaugerichte vorsetzte." Nachdem die Dorfbewohner sich an dem porzellanenen Zeug satt – gesehen haben, dürfen sie sich „zum Überfluß", da freilich für Geld, von Städtern verschobene Viktualien kaufen. Hieran knüpft Hasus seinen Kommentar. In der endgültigen Fassung heißt es, die Bauern müßten einsehen, daß der Fürst zwischen ihnen und dem Wildbret Unterschiede mache. Weder knalle er sie nieder, noch versorge er sie in harten Wintern mit Fraß. Und noch eines sei zu bedenken: Die Obrigkeit sollte in das Hungern der Untertanen mehr System bringen. Daran schließt sich eine Stelle an, wo Jean Paul in näherer Ausführung eines Gedankens, der bei ihm zum ersten Mal in der gesondert veröffentlichten „Launichten Phantasie" („Literatur- und Völkerkunde", 1788) angeklungen war[11], als Anwalt der notleidenden Soldaten auftritt. Ihr Hungern, schreibt er, habe noch nicht die Grenzen des Menschenmöglichen erreicht, was an dem Versäumnis der Fürsten liege, sich untereinander abzustimmen. Sie sollten übereinkommen, ihre Heere einem 365tägigen Fasten im Jahr zu unterwerfen. So würde sich ein „gutes Gleichgewicht der Kräfte" herstellen. Darbende Truppen würden nur noch solchen gegenüberstehen, die ihrerseits darbten, und alle Staaten könnten sich Unkosten ersparen.[12] In den „Scherzen in Quart" finden sich noch weitere Stellen dieser Art. Empfohlen wird hier z. B., Schauessen für Arme zur ständigen Einrichtung zu machen. Die Untertanen versteckten immer noch zu viel Mehl in ihren Mägen, wo es überflüssig herumliege, während es in der Form gepuderter Frisuren weit ansehnlicher wirken würde.[13]

Verzichtet sei auf die politischen Ausfälle in Nebenarbeiten, die während der Abfassung der „Scherze in Quart" entstanden sind. Nur kurz erwähnt werde die Satire über die Verarbeitung der menschlichen Häute, die beanstandet, daß die Herrschenden ihre Untertanen bloß bis auf die Haut ausplündern, statt auch die Häute selbst noch gewinnbringend zu verwerten.[14] Die „Launichte Phantasie", ferner die „Teufelspapiere" in ihrer dritten Fassung („Faustins Nachlaß") sowie insbesondere deren vierte, endgültige Version fallen bereits in die Töpener Jahre und spiegeln infolgedessen erstmals die Parteinahme des Dichters für die Fronbauern wider. Dadurch erhalten die Angriffe auf das feudale System größere Konkretheit. Einerseits wird nunmehr eine Hierarchie von Blutsaugern ins Auge gefaßt, während bis dahin alles Unglück von den Fürsten zu kommen schien und man die Bauern nur unter ihren Jagdvergnügen leiden sah. Andererseits tritt in der Kritik am Adel die Frage des Ahnenstolzes hinter der unmenschlichen Ausbeutung der Bauern und dem Mißbrauch der Patrimonialgerichtsbarkeit zurück. Diese neue Qualität sozialer Einsicht zeigt sich, wie gesagt, zuerst in der „Launichten Phantasie" und dann besonders in der Satire „Meine vielen und erheblichen Rollen"[15], aus welcher der aufschlußreichste Absatz vorhin bereits zitiert worden ist. Auf derselben Linie liegt die mit Bestimmtheit zur letzten Fassung gehörende Satire „Der Edelmann nebst seinem kalten Fieber". Ein im Winter erkrankter Gutsbesitzer legt darin das Gelübde ab, seinen Untertanen, sobald seine Gesundheit wiederhergestellt sein wird, Material für soviel Häuser zu schenken, wieviel Wochen lang ihn das Fieber geplagt hat. Als er genesen ist, stellt er den Bauern aber nur Eis aus dem zugefrorenen See zur Verfügung, da sie ja nicht, wie die Städter, Sommerhäuser brauchten und das Gelübde auch so erfüllt werden könne. Hasus knüpft daran die Frage, ob nicht ein solches Beispiel geeignet sei, zehn andere, die den Adel verschreien, aufzuwiegen, „ich meine nicht bloß jene Beispiele, wo der Edelmann den Leuten Geld zum Bauen leihet, um solches, wenn das Haus fertig ist, plötzlich aufzukündigen und dann die mühsam zusammengeballte Hütte an Zahlungsstatt zu rauben – sondern überhaupt jeden andern Fall, wo der Gerichtsherr ... die Bauern geschickt aus ihren Häusern stäupt und trommelt – mit dem Naturrecht – mit dem Römischen Recht – mit dem Landesrecht – mit dem Lehnsrecht – mit dem Dorf- und Bauernrecht – mit dem Faust- und Kolbenrecht – mit des Teufels und seiner Großmutter Recht?"[16] Das ist die Sprache, die der Dichter von der Töpener Zeit an stets gegen die Großgrundbesitzer als Kaste, wenn es deren Verhalten zu den Fronbauern zu kennzeichnen galt, gebraucht hat.

VI

Um die Tendenz der „Bayerischen Kreuzerkomödie" zu charakterisieren, mögen drei Beispiele genügen. In der Satire „Wie Gemeine sich aus falschen Waden falsche Rücken machen" wird das Prügeln der Untertanen angeprangert.[1] Gleich die ersten Sätze schlagen den für die Arbeit bestimmenden Ton an: „Junge Offiziere sollten dem Himmel danken, daß sie soviel Geduld und Feuer haben, wenn sie Gemeine ausprügeln. Es ist unmöglich, daß sie nicht fühlen, wie sehr eine solche Friedenstapferkeit ihre Kriegstapferkeit anfache." Beißende Ironie straft die Herrensöhnchen im Offiziersrock ab, die an den Rekruten ihren Sadismus austoben.
Der Umstand, daß manche Soldaten sich die Monturwaden als falsche Rücken zum Abfangen der Schläge unterlegen, läßt den Autor darüber nachsinnen, ob das Prügeln nicht perfektioniert werden könne. Da erhält er das Avertissement eines neu eingerichteten Prügelbüros. Der

Inhaber, Georg Oehrmann, hat alle deutschen Städte bereist, um die besten Züchtigungsmethoden zu studieren. Fachmännisch stellt er das Institut vor. An die Spitze seiner Ausführungen setzt er „Prolegomena über das Schlagen überhaupt". Bekanntlich, heißt es da, ist der Mensch ein Tier mit Sprache. Doch er braucht die Zeichen seiner Ideen nicht unbedingt in die Ohren des anderen zu spedieren. Auch die übrigen Sinne sind für Mitteilungen empfänglich, und das Gefühl hat den Vorzug, Dolmetscher der Weltsprache zu sein. „Wenn ein Harlemer nach Afrika abfährt und einen dasigen Neger heftig aufs Gesicht oder auf den Bauch schlägt, so versteht ihn dieser recht gut"; er fühlt sich in der Weltsprache angeredet. Man kann diese mit bloßen Händen beherrschen, sich in ihr aber noch besser mit dem Stock verständlich machen, einem Sprachorgan, das noch keine Nation fortgeworfen hat. Wenn die wichtigsten Ämter nicht ohne dazu gehörende Stöcke verliehen würden – wie den Krummstab, den Marschallstab, das Szepter „und andere Teile des Gebälks des Staatsgebäudes" –, so zeige das nur, daß wir durch Beredsamkeit regiert werden. Oehrmanns Prügelbüro hat mehrere Zimmer mit Spezialeinrichtungen, bei deren Beschreibung verschiedenartige Beziehungen zwischen Menschen unter dem Gesichtspunkt der Züchtigung geschildert werden: das Verhältnis von Eheleuten zueinander, das der Lehrer zu den Schülern, der Offiziere zu den Soldaten, der Gutsbesitzer zu den Fronbauern. Eine Offerte bildet den Abschluß: „Sollen Bauern . . . halb oder mehr erschlagen werden – will ein Mann von Stande seinem Bedienten . . . oder die römische Kirche ganzen . . . Konfraternitäten Striemen, Inzisionen, furunkulöse, zystische und andere Verletzungen aufnötigen, so bin ich hoffentlich so gut da wie mein Avertissement."[2]
In der Satire über die Krönungsfeierlichkeiten[3] doziert ein Staatsrechtler über Thronwechsel. Er rühmt zunächst die Erziehung der Erbprinzen. Sie sei strenger als im alten Orient. An deutschen Höfen gehe die Abhärtung so weit, daß „wir den Thron-Akzessisten . . . mit Vergnügungen übergießen und foltern", was „einen fast unheilbaren Lebensekel erregt". Das sei ausgezeichnet. Bedenken hat der Professor jedoch gegen die Krönungsfeiern. Durch sie würden „Keime versäet, die in den jetzigen Rebellionen (eine Anspielung auf die Französische Revolution – W. Hr.) aufschießen." Es folgt, zur Begründung, eine Verhöhnung der Gnadenerweise, die bei Thronwechseln dem Volk Illusionen machen sollen. Zu empfehlen sei, das Gegenteil zu tun, damit die Untertanen an das, was ihnen unter dem neuen Regime blühe, beizeiten gewöhnt würden. Alte Völker hätten sich in der Trauer um einen verstorbenen Herrscher nicht genugtun können. Die Spartaner hätten sich die Stirnen wund geschlagen, die Ägypter 72 Tage lang gefastet. Diese Überlieferung sei zu beherzigen. Sie müsse nur anders gedeutet werden: In ihr habe bereits die Huldigung für den neuen

Herrn bestanden. „Einen solchen Vorgeschmack hat die russische Braut (und etwas anders als der Seelenbräutigam und Eheherr eines ganzen Staats soll der Fürst selbst nicht sein), wenn der Bräutigam am Kopulationstag die Peitsche unter seinen Reichsinsignien aufsucht."[4]
Schließlich die Satire auf die Prostitution.[5] Die Bordellunternehmer richten darin eine Eingabe an das Polizeiamt. Sie beklagen sich über unlautere Konkurrenz durch Ehebrüche und freie Liebschaften, die außerhalb ihres Gewerbes einreißen. Solche Beziehungen sollten mit Steuern belegt und daraus ihnen Entschädigungen gezahlt werden. Auch tue eine Handwerksordnung für Huren not, die als Innung organisiert werden müßten. Die einzelnen Bestimmungen des Entwurfs benutzt Jean Paul wieder zu Ausfällen gegen den Absolutismus. Jede Hure ist, laut §§ 48 und 49, ordentlich auszubilden. „Zum Meisterstück muß geliefert werden ein echter . . . Zwerg . . ., der tot oder lebendig sein kann. Die Arbeiten der Innungen werden meist in Unsere dazu errichteten Waren- oder Kaufhäuser abgeliefert, die gewöhnlich Findelhäuser genannt werden; hier werden sie in Streckteiche geworfen und ins Größere verarbeitet und (damit diese Puppenware in und außer Europa ebenso gut ist wie die Nürnberger) mit der architektonischen Verzierung einer Flinte und eines Zopfs . . . versehen und vom Kompanieschneider emballiert, um in großen Partien Unseres Aktivhandels ins Ausland und selbst nach Amerika ausgeführt zu werden, wo ganze Schützenkompanien aus Mangel hölzerner Vögel und Hirsche geschickt danach schießen."[6] „Unser" wird hier natürlich deswegen groß geschrieben, weil das Statut als Erlaß des Landesvaters figuriert.

VII

Soviel zur Kennzeichnung des politischen Standorts der frühen Satiren. Fragt sich, ob die Gesinnung, von der sie eingegeben sind, irgendwo auch affirmativ, als Bekenntnis zu einem positiven Staats- und Gesellschaftsideal zum Ausdruck kommt. Der Antwort hierauf sei vorausgeschickt, daß Jean Paul in seiner Jugend, ohne Anhänger des „aufgeklärten Absolutismus" zu sein, diesem nicht absolut negierend gegenüberstand. Wie diverse Briefstellen zeigen, pflegte er jedwedes Reformbestreben, das er in dem einen oder anderen deutschen Staat sah – oder zu sehen glaubte –, mit sympathisierendem Interesse zu verfolgen. Die Aufhebung der Folter und der Infamiestrafen in Kursachsen hat er z. B. enthusiastisch gefeiert.[1] Erst während der Französischen Revolution trat in der Beziehung bei ihm eine Radikalisierung ein. Jetzt argwöhnte er, Teilreformen könnten einer an die Wurzel gehenden Umwälzung bloß vorbeugen. Dies ist der Standpunkt der „Unsichtbaren Loge".[2] Vor der Revolution vertrat er ihn noch nicht.

Wenn trotzdem bereits seine Satiren äußerst radikal wirken, so deswegen, weil in Werke dieses Genres bei Strafe ihrer Verwässerung keine differenzierenden Überlegungen einfließen dürfen. In der gleichzeitigen Korrespondenz mit den Freunden wird durchaus differenziert.

Illusionen hat der junge Jean Paul vor allem über die historische Rolle Katharinas II. von Rußland gehabt, vermutlich unter dem Einfluß Herders, der seinerzeit, wie Voltaire und Diderot, auf das demagogische Gesetzgebungsprojekt der Zarin hereingefallen war.[3] Nüchterner beurteilte er den Preußenkönig Friedrich II. Wie noch zu zeigen sein wird, hat er ihn in seinen Satiren 1788/89 zweimal angegriffen[4], und gar der Nekrolog auf ihn, den er später dem im Todesjahr des Königs spielenden „Siebenkäs" einfügte[5], ist überaus kritisch gehalten. Er besagt, daß selbst einer überragenden Persönlichkeit die Königswürde schlecht bekomme, und sieht den Unterschied zwischen Friedrich und Benjamin Franklin darin, daß jener die Freiheit bloß im eigenen Geist gefördert habe, während sie durch diesen auf der Erde gemehrt worden sei.[6] Dennoch hat die Legende vom Müller von Sanssouci bewirkt, daß die einzige Stelle, an der eine Spur aufgeklärt-absolutistischer Ideologie in das frühe Satirenwerk, soweit es veröffentlicht wurde, eingedrungen ist, sich auf das friderizianische Regime bezieht: In den „Teufelspapieren" steht eine Allegorie, derzufolge die Gerechtigkeit die übrige Welt im Stich gelassen hat, die Richter im Brandenburgischen aber immer noch erleuchtet.[7]

Wie es um die Urteile des jungen Jean Paul über einzelne Fürsten, die den progressiven Zeittendenzen zu huldigen vorgaben, indes auch bestellt sein mag, im Prinzip weichen seine politischen Ideale von denen des aufgeklärten Absolutismus entschieden ab. Seine Vorstellungen über die fällige Neuordnung von Staat und Gesellschaft bewegen sich zwischen zwei Polen: zwischen der für den plebejischen Flügel der Aufklärung charakteristischen Verherrlichung der antiken Republiken und einer wachsenden Sympathie für die politischen Verhältnisse in England, beides durchsetzt mit Gedanken Rousseaus.

Den antikisierenden Republikanismus mögen zwei Beispiele aus den „Scherzen im Quart" (1785) belegen. In den „Ernsthaften Noten" dazu findet sich folgender Aphorismus, der vermutlich als Erwiderung auf die in Wielands „Agathon"[8] geübte Kritik an der Demokratie gedacht war: „Die Republiken ermorden freilich so gut große Männer wie die Monarchien; aber sie zeugen auch mehrere als diese. In jenen darf man doch etwas Großes tun, eh' man Verfolgung leidet; in diesen ist die große Tat selber verwehrt, und man ist nicht imstande, Undank zu verdienen. ... In jenen macht meistens zu ängstliche Sorge um die Freiheit ungerecht gegen das Verdienst; in diesen tun es niedrige Leidenschaften. Überhaupt ist zwischen dem Ostrazismus und einem lettre de cachet ein großer Unterschied."[9] Im gleichen Manuskript steht eine – später in die „Teufelspapiere" aufgenommene – Allegorie über den Tod der Tugend.[10] Bevor sie verscheidet, macht die Tugend ihr Testament. Dem Superintendenten hinterläßt sie ihr Gesicht, einer Herrnhuterin ihre Augen und den toten Königen ihr Herz, „weil man ihnen allzeit ihres nach dem Tode ausschneidet und es in ein goldenes Gefäß einsargt; denn die lebendigen Könige, denen ich sonst meines gern gegönnt hätte, könnten's nicht brauchen, da sie glücklicherweise noch ihr eigenes (tugendfeindliches – W. Hr.) haben." Nachdem die Tugend das Zeitliche gesegnet hat, begibt sie sich in jene „bessere Welt, wo die ersten Griechen, wo die ersten Römer und die ersten Christen sind, aber keine große Welt", und dort findet sie den ihr gemäßen Platz.[11]

Diese Stellen nehmen sich, zugegeben, etwas dürftig aus. Aber die Idealisierung der antiken Republiken, die eine mehr Hölderlinsche Form verlangt, ließ sich in satirischen Werken naturgemäß schwer anbringen. Tatsache ist, daß Jean Paul seit 1781 Republikaner im Sinne des Rousseauschen „Contrat social" gewesen ist und nach der Lektüre von Platons „Politeia", Ende 1784[12], viel darüber nachgedacht hat, wie die Demokratie der antiken Polis – mit Bürgerfreiheit, Hingabe der einzelnen an das Ganze, öffentlicher Kontrolle der Macht – auf die moderne Gesellschaft, unter Beseitigung der feudalen Hierarchien, übertragen werden könne. Im Unterschied zu den meisten prinzipiell gleichgesinnten Zeitgenossen war ihm dabei bewußt, daß wegen der Sklaverei, welche die Grundlage der antiken Gesellschaftsverhältnisse gebildet hatte, deren unveränderte Wiederherstellung nicht wünschenswert sei. So weist etwa der Epilog der „Teufelspapiere" die Vorstellung als grauenhaft zurück, „daß die musterhafte spartische Regierungsform, in der jeder Bürger groß, frei, angesehen, reich und weit über die zahlreichen Heloten erhaben war, die seine Sklaven und Ernährer waren, vielleicht doch wieder das Modell manches europäischen Staates werde, so, wie sie das des vollkommensten war, nämlich des platonischen, wie ich denn selbst in Staaten über Nacht geblieben, worin alle eigentlichen Glieder desselben – das sind die Großen sowie der Fürst selbst – frei, reich, geehrt und völlig über die Heloten – das sind die sogenannten Untertanen – emporgehoben waren, die ihre Sklaven sind und für sie das Feld durchschneiden."[13] Es schwebte Jean Paul also eine Erneuerung der Polis-Demokratie ohne Sklaverei vor, etwas, wofür es geschichtlich kein Beispiel gab.

Größere Bedeutung hatte für die Herausbildung seiner politischen Anschauungen das Orientiertsein an England. Hier hatte er ein handfestes Exempel vor Augen, das ihm überdies durch den eigenen Bildungsgang vertraut war. Wenn man von der Wirkung Rousseaus absieht, so haben die progressiven Regungen im deutschen Bürgertum des 18. Jahrhunderts überhaupt ihre Impulse aus England empfangen, und das mußte auf die Dauer ein Hinüberwachsen der kulturellen Orientierung in eine politische zur Folge haben.

Ein Impuls ist vorhin bereits gewürdigt worden: die Wirkung des englischen Deismus auf die Popularphilosophie. Aber das war nicht der einzige. Schon die für die Anfänge der deutschen Aufklärung bedeutsamen moralischen Zeitschriften waren durch Steele und Addison angeregt. Klopstock war mit seinem „Messias" dem Beispiel Miltons gefolgt. Unter dem Einfluß Humes hatte Kant sich von der Schulmetaphysik gelöst. Die Erneuerung des deutschen Dramas stand im Zeichen Shakespeares. Enorm war die Wirkung, welche Richardsons Romane, Sternes „Yorik", Youngs „Nachtgedanken" und Macphersons Pseudo-Ossian auf den Sturm und Drang und den deutschen Sentimentalismus ausübten. Und die Anfänge des deutschen Romans, von Gellert über Wieland bis Hippel und Thümmel, sind ohne die von Richardson, Sterne und Fielding geschaffenen Muster nicht vorstellbar.

Diese Tradition konzentriert sich in Jean Paul. Seine Jugendentwicklung stellt, wie wir sahen, eine Kette immer neuer Rezeptionen englischer Philosophie und Literatur dar. Den Knaben entzückten unter den Romanen, die er las, am meisten Defoes „Robinson" und die ersten deutschen Nachahmungen Sternes und Fieldings.[14] Dann nahm der Schüler und Gymnasiast mit der Popularphilosophie große Teile der englischen Aufklärung seit Locke in sich auf.[15] Die Beschäftigung des Siebzehnjährigen mit dem Sturm und Drang ging Hand in Hand mit eifriger Shakespeare-Lektüre, seine Lieblingsautoren aber wurden Sterne und sein deutscher Epigone Hippel.[16] Der Student las, außer lateinischen Klassikern und französischen Aufklärern, vor allem Butler, Pope, Young und Swift. Der Satirenschreiber ließ sich zuerst durch Pope und Young anregen, wandte sich 1783 Swift zu und versuchte schließlich, von 1785 an, die strenge Ironie der Swiftschen Satiren mit der launigen Manier des „Tristram Shandy" zu verbinden. Und damit hatte es keineswegs sein Bewenden. Denn der Übergang zur Roman- und Idyllendichtung vollzog sich, wie noch dargelegt werden wird[17], erst recht als Weiterentwicklung englischer Errungenschaften. Bei einem hochgradig politischen Menschen kann es nach alledem nicht wundernehmen, daß er auch die gesellschaftlichen Voraussetzungen dieser ihn anziehenden Kultur zu ergründen suchte.

Sich mit der englischen Wirklichkeit zu befassen fing Jean Paul im Laufe der achtziger Jahre an. In wachsendem Maße gelangte er zu der Überzeugung, daß die sympathische Mentalität der Engländer, ihr Humor und ihre überragenden literarischen Leistungen in Verhältnissen wurzelten, die für Deutschland vorbildhaft seien: im Konstitutionalismus, im Parteienwesen, in der Macht des Parlaments und in der Pressefreiheit. Es scheint, daß er die Anregung, die seiner Vorliebe diesen politischen Inhalt gab, von Archenholz empfangen hat. Der Herausgeber der „Literatur- und Völkerkunde" war auch Verfasser des 1785 erschienenen Buchs „England und Italien"[18], das damals wesentlich dazu beigetragen hat, die Aufmerksamkeit der deutschen Intelligenz auf die freiere Verfassung Britanniens zu lenken. Seit 1784 stand Jean Paul mit Archenholz in Verbindung, gleich nach Erscheinen las er sein neues Werk, und im Juli 1789 schrieb er an ihn: „Sie haben das Verdienst, uns aus unseren monarchischen Ketten und Bandagen aufzurütteln durch das Beispiel eines Volkes, das sich frei bewegt und jene nur Missetätern und diese nur Kranken umflicht. Mög' es Ihnen nie an Zeit und Kraft fehlen, unserem Freiheitsgefühl (das, wie Gewächse unter Steinen, unter Thronen kränkelt) durch lehrende Beispiele . . . Luft und Sonne zu geben."[19]

Jean Pauls Begeisterung für die Engländer ging sehr weit. „Der Engländer", schrieb er im Epilog zu den „Teufelspapieren", „gewinnt sich (so wie er überhaupt mehr Mensch ist als irgendein Volk) durch seine Paarung des Ernstes mit dem Humor unser Herz so sehr."[20] Den Revolutionär der „Unsichtbaren Loge", Ottomar, wollte der Dichter ursprünglich zum Engländer machen. Im „Hesperus" ist ein Lord Initiator des Reformplanes für das Fürstentum Flachsenfingen. Um die Verwirklichung seiner Idee zu sichern, läßt er drei illegitime Söhne des Fürsten in Eton-College erziehen. Als die Jünglinge zur Zeit der Revolution in Deutschland auftauchen, haben sie sich unterdessen zu Jakobinern entwickelt. Damit sollte symbolisiert werden, welche Qualitäten die Führungskräfte eines erneuerten Deutschland in sich vereinigen müßten. Gleichzeitig spiegelt diese Konstellation aber auch den Gewissenskonflikt wider, in den der Dichter durch die Feindseligkeit der Regierung des jüngeren Pitt gegenüber Frankreich geraten war. Mit der Französischen Revolution sympathisierend, wollte Jean Paul doch seine alte Vorliebe für die Engländer nicht preisgeben. So dachte er sich englische Jakobiner aus und verwickelte sie mit dem Haupthelden, Viktor, in Kontroversen, bei denen die Eton-Zöglinge das englische System als undemokratisch verwerfen, während ihr Diskussionspartner dafür plädiert, zwischen der hassenswerten Politik Pitts und den Institutionen des englischen Volkes, die davon nicht berührt würden, zu unterscheiden.[21] Auch in den Entwürfen zum „Titan" war zeitweilig eine wichtige Rolle für einen Engländer, Lord Brionne, vorgesehen. Gemeinsam mit dem Haupthelden sollte er wohl versuchen, einen Tyrannen zu stürzen.[22] In den „Biographischen Belustigungen" ist es ein schottischer Graf, der als Anhänger der Revolution nach Frankreich geht.[23] Der Gedanke an eine politische Ehrenrettung seiner geliebten Briten hat also Jean Paul durch Jahre nicht losgelassen, und noch 1798, als er die Bekanntschaft des Reiseschriftstellers Küttner gemacht hatte, der lange in England gelebt, berichtete er triumphierend in einem Brief an Otto: „Neulich . . . lernt' ich Küttner (einen feinen, gelehrten Mann) und England kennen. Wahrlich, ich hatte in Hof recht, nichts ist darin schlecht als der Minister."[24]

VIII

Damit sind zum Teil bereits Dinge zur Sprache gebracht worden, die Jean Pauls Haltung in den Jahren der Revolution und danach betreffen. Bevor hierauf näher eingegangen werden kann, bleibt zu klären, wie er sich vor der Revolution die Verwirklichung seiner Ideale vorgestellt hat. Diese Frage zu beantworten fällt schwer, da weder in den Satiren noch im Briefwechsel der achtziger Jahre ein Programm der Umgestaltung Deutschlands entwickelt wird. Sicher ist nur, daß der Verfasser damals die Möglichkeit einer Reformpolitik „von oben" zwar nicht ausschloß, mitunter aber auch den gewaltsamen Sturz der Fürsten ins Auge faßte.

Wie erwähnt, waren seine Ideale mit Rousseauschen Theorien durchsetzt. Was hat der junge Jean Paul an Rousseaus Lehre als fruchtbar empfunden? Er verhielt sich zu ihr durchaus nicht unkritisch. Wie Lessing und Herder, Schiller und Fichte lehnte auch er – als Wortführer eines Bürgertums, das, nach einem Wort Mehrings, nur durch Entfaltung von Wissenschaft und Kunst seine Emanzipation zu erringen hoffen konnte – die Idealisierung eines Urzustandes ab[1], mit der besonderen Nuance, daß diese Seite des Rousseauismus überdies seinem barocken Geschmack und seiner Vorliebe für Eleganz zuwider war. Nicht also die Kulturkritik des „Discours sur les arts et les sciences", nein, die sentimentale Grundstimmung der „Nouvelle Heloise", die pädagogischen Einsichten im „Emile" und besonders die politischen Ideen des „Contrat social" zogen ihn an. Als epochemachend empfand er den Demokratismus und Republikanismus des Genfers, seine hohen Begriffe von „Volkssouveränität" und „allgemeinem Willen". Demgemäß brachte er es fertig, *mit* Rousseau die Herrschenden zu bekämpfen und *gegen* ihn ihren Prunk wundervoll zu finden.[2] An den zwei Stellen nun, wo seine Satiren auf Rousseaus politisches Vermächtnis anspielen, fließen jedesmal Überlegungen ein, die nur als Bejahung revolutionärer Gewalt im Kampf gegen die Fürsten aufzufassen sind.

Die erste Stelle findet sich in einer Version in den „Scherzen in Quart", in einer anderen in den endgültigen „Teufelspapieren". Ursprünglich lautete sie: „Die Ursache, warum die Menschheit so wenig glücklich ist und so wenig tugendhafte Früchte trägt, ist einzig und allein die, weil wir keinen großen Wiesenhobel haben (Fußnote: Mit dem . . . Wiesen

hobel schleift man die Maulwurfshaufen . . . eben). Denn wenn wir
den hätten, so tauschte sie mit dem König nicht. Wir zögen dann den
Hobel über die ganze Erde und arbeiteten damit alle Throne, welche
von regierenden Maulwürfen aufgeworfen wurden, ganz geschickt darnieder.“[3] In der späteren Formulierung sieht derselbe Aphorismus so
aus: „Wenn der große Rousseau gern einen Wiesenhobel (Fußnote:
womit man die Maulwurfshaufen auf den Wiesen wegebnet) gehabt
hätte, um ihn, hoff' ich, über die ganze Erde zu ziehen und damit die
Erhebungen, die jetzt selbige so ungleich und höckerig machen und
die von Eroberern zu ihren Sitzen und Thronen aufgeworfen worden,
. . . darnieder zu machen, so verdient' er dafür nicht die Eicheln, die
er den Menschen anpries, sondern die bloßen – Blätter derselben.“[4]
Mit den Eicheln ist natürlich das „Zurück zur Natur“, mit den Eichen-
blättern dagegen der Ruhmeskranz gemeint, womit das, was Jean Paul
am Rousseauismus abstieß und anzog, in einem Aperçu beisammen
wäre. Eine zweite derartige Äußerung über Rousseau hat erst der Bastillesturm angeregt.[5] Sie soll gleich ebenfalls zitiert werden. Aber
vorher muß noch eine Satire aus dem Sommer 1788 zur Sprache kommen, in der eine hellseherisch anmutende Voraussage der Revolution
steht.
1780 hatte die Berliner Akademie auf Anregung Friedrichs II. die
Preisfrage aufgeworfen, ob es nützlich oder schädlich sei, die Aufklärung des Volkes zu fördern.[6] Jean Paul hat dies als schamlos empfunden und zweimal, im März 1786 und im Sommer 1788, darauf satirisch reagiert. Beide Male wurden seine einschlägigen Arbeiten von
den Zeitschriften, an die er sie schickte, nicht angenommen. Erhalten
haben sich von beiden nur Bruchstücke: der Anfang der ersten Satire,
„Dummheit schickt sich auf alle Weise für das gemeine Volk“[7], und
etwa ein Drittel aus der umfangreicheren zweiten, „Meine Beantwortung der Berliner Preisfrage, ob man den Pöbel aufklären dürfe“, darunter der Anfang und der mit „J. P. F. Hasus“ unterzeichnete
Schluß.[8]
Der erste Aufsatz geht davon aus, daß die Großen den Pöbel „nicht,
wie er sie, bewundern, sondern völlig verachten“, und lobt ironisch
diese Einstellung als berechtigt. Daß der Pöbel Verstand haben wolle,
sei anstößig, „da Leute auf ihn Verzicht tun, die weit besser sind und
Gewicht genug haben“. Das wird begründet durch Beispiele, die bezeichnend sind für die mangelnde Bildung der tonangebenden Kreise
und die Inkompetenz vorgeblicher Fachleute in vielen Berufszweigen.
Noch bevor daraus Schlüsse gezogen werden, bricht das Manuskript ab.
Gehaltvoller ist die zweite Arbeit. Hasus, Hofmeister und Gerichtshalter eines Großgrundbesitzers (Berufe der späteren Romanfigur Jean
Paul in der „Unsichtbaren Loge“), arbeitet darin seinen Aufsatz über

die Aufklärung des Pöbels im Kopf aus, während er einem Maler sitzt. Anwesend ist außerdem ein Akademiker, mit dem er sich unterhält. Die reine Ironie ist diesmal aufgegeben. Was der Autor denkt, wird doppelt ausgedrückt: ironisch nur durch den realistischen Kern, der in Hasus' zynisch-reaktionären Äußerungen steckt, völlig ernst dagegen durch den progressiven Akademiker, und der behält mit einer flammenden Rechtfertigung der Revolutionen das letzte Wort.

Hasus unterscheidet zwischen vornehmem und gewöhnlichem Pöbel. Ob man den vornehmen aufklären solle, werde durch die Gegenfrage beantwortet: Soll man die Tiere aufklären? Nach Helvétius' „De l'esprit"[9] müßten diese „dümmer als die Menschen bleiben, weil sie ein kürzeres Leben, bessere Bekleidung und Bewaffnung, mithin wenigere Bedürfnisse" hätten. Das gelte für die Großen auch. „Wer wird, außer den Tieren, mit Pelz und Seidenkleidern geboren, wer findet auf jedem Platz einen vollen Tisch und ein volles Bett, in seinen Windeln Ordensbänder, in seiner Wiege eine reiche Heirat und um sich eine ganze Welt zum Angebinde ... als eben, mein' ich, der sogenannte feinere Pöbel?" Ihm also seien Verstand und Bildung schon aus diesem Grund entbehrlich. Und was die Kurzlebigkeit betreffe, so sei ein feiner Mann mit 30 Jahren von Ausschweifungen dermaßen zerrüttet, daß er nur noch daliege wie ein von Ameisen skelettierter toter Maulwurf. Auch deswegen erübrige es sich, ihn aufzuklären. Bleibt der niedrige Pöbel. In bezug auf ihn stellt Hasus sich auf den Standpunkt des Edelmanns, dem er dient: „Der gemeine Mann dürfe ... nicht mehr Verstand haben, als er brauche, um sein Testament zu machen." Dies sei die Meinung seines Prinzipals – „aber beweisen muß ich sie hier selbst, denn die Gerichtsherren müssen allemal eine Meinung haben, und die Gerichtshalter müssen sie ordentlich beweisen". Der Beweis läuft darauf hinaus, daß der Staatszustand die Einfältigkeit der Untertanen zur Voraussetzung hat. „Sehen Sie", fragt Hasus den Akademiker, „daß die Sparter, dieses glänzende Volk von Fürsten, weder sich in ihrer Freiheit noch die Heloten in ihrer Sklaverei erhalten konnten, wenn sie nicht den letztern alle menschliche Bildung untersagten?" So sei es heute auch. Was soll aus den Herrschenden werden, „wenn man's vorher mit Regimentern und grobem und kleinem Geschütz umsonst probiert hätte und die Leute durchaus nichts annehmen und hören als – Vernunft?"[10]

Gegen diese Argumentation führt der Akademiker die Ideale Freiheit und Fortschritt ins Treffen. Am Schluß fragt er: „Mit welchem Recht wirft sich der kleinere Teil zum Austeiler der Kenntnisse und des Schicksals auf? ... Könnte man nicht mit dem Vorwande, das Volk könne die Aufklärung mißbrauchen, sie jedem anderen Stand auch abschlagen, und wird sie nicht von den höhern Ständen grausam mißbraucht? ... Warum zittert man vor dem Orkan, unter welchem allzeit ganze Länder von der Finsternis sich mit bebender Erde ins Licht hinheben, und zittert doch nicht vor dem Orkan des Krieges, mit dem man oft nur Kleinigkeiten kaufet? Oder soll das Volk getäuscht werden, damit es geläufiger regiert werde, anstatt daß es regiert wird, um nicht immer getäuscht zu bleiben? Und wo werden Befehle der Vernunft gehorsamere Ohren finden als an Köpfen voll Vernunft?"[11] Damit schließt sich der Kreis der vorrevolutionären Satiren. Schon 1781 hatte Jean Paul ausgesprochen, daß die Dummheit des Volkes von denen aufrechterhalten würde, die aus ihr Nutzen zögen.[12] 1788 wiederholt er diesen Gedanken, fügt nun aber hinzu, die Verbreitung von Bildung, Erkenntnis und Wissen werde die bestehende Gesellschaftsordnung sprengen. Und er bekennt sich dazu, das zu wollen, wobei der von ihm bejahte Orkan durch die Anspielung auf den anderen, den des Krieges, unmißverständlich als gewaltsame Erhebung des Volkes gegen seine Bedrücker ausgewiesen wird.

Ein Jahr später brach tatsächlich ein solcher Orkan los. Frankreich, damals der mächtigste Nationalstaat des Kontinents, schien sich wirklich „mit bebender Erde aus der Finsternis ins Licht zu heben", und von Anfang bis Ende nahm Jean Paul daran Anteil. Am 14. Juli 1789 fiel in Paris die Bastille. Aus dem September des gleichen Jahres stammt die Satire „Meine Überzeugung, daß ich tot bin", in der beiläufig von den „aus der babylonischen Gefangenschaft heimkehrenden Parisern" die Rede ist.[13] Schon vorher jedoch, am 19. Juli, war eine andere Arbeit, „Was für Sätze nach meinem Tode jährlich sollen erwiesen werden"[14], vollendet worden, in der zwar jede direkte Anspielung auf aktuelle Vorgänge fehlt, die aber ihrem Gehalt nach von den soeben aus Paris eingetroffenen Nachrichten inspiriert sein muß. Denn erstmals wird hier der Wunsch, die Massen zur Rebellion aufzurufen, angedeutet, und in dem Zusammenhang fordert Jean Paul, nach seinem früheren Aphorismus über den Wiesenhobel, ein weiteres Mal unter Berufung auf Rousseau revolutionäre Gewalt.

Die Einkleidung ist wieder von Gedanken an den Tod eingegeben. Im Hinblick auf sein nahes Ableben diktiert J. P. F. Hasus sein Testament. Fast sein gesamtes Vermögen vermacht er an gewisse Wahrheiten, die für entsprechende Legate vom Rektor, von der Kammer, der Literaturzeitung, der Juristischen Fakultät usw. jedes Jahr neu verkündigt werden sollen. Die erste besagt, daß der Mann nicht des Amtes, sondern das Amt des Mannes wegen da sei. Darüber soll der Superintendent predigen. Besonders wichtig sei, daß die mit einem Amt verbundenen Pflichten von einem Bürgerlichen wahrgenommen werden dürften, vorausgesetzt, der Inhaber des Amtes sei von Adel und ziehe als einziger Gewinn aus dem Posten. In diesem Sinne geht es durch die ganze Satire fort. Vorurteile, die das feudale System stützen, werden ironisch gepriesen, üble Praktiken, die man gewöhnlich durch Phrasen verschleiert, als erhabene Grundsätze proklamiert, und jeder dieser „Wahrheiten" wird eine Begründung hinzugefügt, die sie als hellen Wahnsinn erkennen läßt. Die Göttlichkeit der Fürsten ist nicht vergessen; die Grundgedanken aus den einschlägigen alten Fragmenten – hier kehren sie wieder.[15]

Eine der Thesen ist doppelt und dreifach beachtlich, weil sie die Einstellung des Autors zur Rassenfrage kennzeichnet, gleichzeitig seine Parteinahme für die Fronbauern offenbart und überdies eine weitere Polemik gegen Friedrich II. enthält. In den „Beiträgen zur juristischen Literatur in den preußischen Staaten" findet sich ein Artikel, „Rechtsgeschichte eines erkauften Mohren", aus dem hervorgeht, daß Friedrich zu dem geschilderten Fall eigenhändig „auf immer bestätigt" hat, einem ausländischen Sklavenhalter, der einen „Mohren" nach Preußen bringt, seien alle Rechte an diesem Eigentum zuzubilligen.[16] Dazu sagt Hasus: „Dieser Satz ist so fruchtbar an Folgen, daß ich sie, wenn ich den längsten Thron und die breiteste Armee besäße, unfehlbar alle daraus ziehen würde." Das Recht, einen anderen als Sklaven zu behandeln, werde hier allein von dessen Hautfarbe abhängig gemacht. Die Schwärze sei demnach „auf dem angeborenen Freiheitsbriefe des Negers der ausstreichende lange Tintenklecks und das schwarze Siegel seiner abgestorbenen Freiheit". Camper habe nun nachgewiesen, die „Negerschwärze . . . liege bloß in der schleimigen Netzhaut, die die schwarze Kunst der kochenden Sonne umfärbe", und wir alle trügen „auf dieser Haut die Anlage und oft den Anfang zum Neger herum". Das sollte das Staatsrecht beherzigen. Es sei „ein außerordentliches Glück, daß . . . für den Hofstaat, für das Staats- und Regimentswesen . . . niemals Geld genug da ist: Ein solcher Mangel spornet, mit der Pflicht zugleich vereinet, den Fürsten und die Kammer an, auf die färbende Ausbildung des Landmannes mit Eifer loszuarbeiten und ihn in die Sonne (diese heraldische Koloristin) hinauszutreiben, damit er unter ihren malenden Strahlen so lange ackere und mähe, bis er brünett genug ist. Diese bräunliche Punktierung, welche die Kammer aus recht guten Gründen unter den Namen und Vorwand von Fronen und Abgaben versteckt, ist im Grunde eben erst die wahre physische Huldigung, und anders (als durch diese Ölmalerei) wird der Bauer nicht zum treuen Landeskinde umgefärbt." Im übrigen legt es „meine publizistische Farbentheorie so gut wie die ganze Erfahrung vor Augen, daß . . . die höheren Stände immer freier werden müssen, je kalkweißer und je weniger in der Sonne und Arbeit sie sind". Und endlich hätte der Staat allen Grund, „die brünetten Untertanen verhältnismäßig mehr als die blonden mit ordinären und Extrasteuern zu befrachten".[17]

Dies nur als Beispiel für die Tendenz der zu verkündenden Sätze. Mit dem Scharfsinn des Wahnwitzes proklamiert das Testament an anderer

Stelle das Recht der Fürsten, Verträge zu brechen.[18] Bei dem Diktat
der Begründung hierfür kommt es nun zu einem interessanten Vorfall.
Notar und Zeugen geraten durch die Darlegungen des Erblassers in
Unruhe. Plötzlich wirft Hasus die närrische Maske ab und befiehlt
dem Notar, zu „schreiben, ich legierte jedem Menschen einen bessern
Strick, einen aus *Spinnenseide* (das hervorgehobene Wort in Fett-
druck – W. Hr.) . . ., der, eh' er damit gehenkt würde, in der Valediktionsrede, die er mit der größten Zensurfreiheit vor dem anschauenden
Auditorio halten dürfe, Wahrheiten vorbrächte, deren Eigner gewöhnlich totgeschlagen werden. . . . Ja, ich nannte dem Notarius und dem
künftigen Galgen-Akzessisten . . . einige hübsche Rousseauische Sätze
über die Freiheit eines Volks vor und sah den Notarius dabei an –
aber der hatte bisher bloß mich angesehen und seine schöne Nieder-
schreibungszeit, den befiederten Arm in die Luft haltend, mit nichts
verbracht als mit Erschrecken über Rousseaus gefährliche Sätze . . ."
Schließlich springt der Notar vor Entsetzen über das aufrührerische
Testament aus dem Fenster und landet draußen in einem Mist-
haufen.[19]
Was sind das für Sätze, die eine solche Wirkung hervorrufen? Gemeint
sind die Ausführungen des „Contrat social", die aus der freien Verein-
barung des Gesellschaftsvertrages das Recht des Volkes, seinen Monarchen zu stürzen, ableiten, dieselben, mit denen wenig später, 1791/92,
in Frankreich die Republikaner ihre Forderung, die Monarchie ab-
zuschaffen, legitimieren sollten. Einmal ergibt sich das aus der wörtlich
bei Rousseau vorkommenden Formulierung „Freiheit eines Volks",
zum anderen läßt die Art, in der Jean Paul denselben Einfall später
verwertet hat, keine andere Deutung zu. Denn die Idee, daß ein ver-
urteilter Revolutionär unter dem Galgen seine Valediktionsrede dazu
benutzt, das Volk zum Aufstand aufzurufen, gehört im „Hesperus" zu
dem Plan Flamins, in Flachsenfingen den Landesvater zu stürzen und
die demokratische Republik zu errichten[20], während im „Siebenkäs"
der Titelheld bei seinem Scheinsterben das Diktieren des Testaments
dazu ausnutzt, der Obrigkeit und seinen Mitbürgern all die Wahrheiten
zu sagen, die er vorher nie öffentlich auszusprechen gewagt hat, wobei
wieder der Notar, um die aufrührerischen Thesen nicht niederschreiben
zu müssen, sich dem Widerstreit seiner Pflichten durch einen Sprung
aus dem Fenster entzieht.[21] Es ist für die Beziehung, die zwischen
Jean Pauls Romanen, den Rousseauschen Ideen und der Französischen
Revolution besteht, charakteristisch, daß beide Vorfälle zuerst in dem
Aufsatz auftauchen, mit dem Jean Paul den Bastillesturm hat begrüßen
und zugleich seinen Landsleuten einen Wink hat geben wollen, es den
westlichen Nachbarn gleichzutun.
Für die „Literatur- und Völkerkunde" war der Aufsatz bestimmt. In
seinem Begleitbrief bat der Autor sich von Archenholz aus, er möge

ihn in einer Note als den Verfasser der „Teufelspapiere" bezeichnen und hinzufügen, „daß das Buch gar wohl den Henker wert ist".[22] Die oben zitierte Würdigung von Archenholz' Verdiensten um den Kampf gegen den deutschen Feudalabsolutismus[23] steht in demselben Schreiben. Mit ihr wird an den politischen Bundesgenossen, den Verfasser von „England und Italien", appelliert. Erschienen ist die Satire zu Lebzeiten des Dichters nicht.

Die beiden nächsten Bezugnahmen auf die Revolution finden sich, wie erwähnt, in dem angeführten Fragment vom September 1789[24] und in der etwa zur gleichen Zeit entstandenen Satire über die Krönungsfeiern.[25] Das Ableben Hermanns ließ dann Jean Pauls Interesse am Zeitgeschehen vorübergehend zurücktreten hinter der ihn aufs neue aufwühlenden Todesproblematik.[26] Doch in demselben Brief, mit dem er die Abhandlung über die Fortdauer der Seele an Völkel schickte, steht neben der Bemerkung über die Todesvision vom 15. November 1790 auch das Bekenntnis: da er kein Royalist sei, müsse sein Patriotismus, der in Paris am Leben bleiben würde, im Bayreuthischen zugrunde gehen.[27]

In dieser Situation stand Jean Paul im Begriff, den „Fälbel"[28] und das „Schulmeisterlein Wutz"[29] zu schreiben, Übungen in erzählendem Darstellen, mit denen er sich auf den ihn seit Monaten beschäftigenden Roman vorbereitete. Anhand zweier verschrobener Lehrertypen veranschaulicht er darin, einmal mit hassendem, einmal mit liebendem Blick, falsche deutsche Verhaltensweisen vor dem Hintergrund einer welthistorischen Lage, der deutscher Patriotismus einzig in der Form Pariserischer Auflehnung angemessen gewesen wäre. Und nach diesen Arbeiten wirkte gleich darauf das in ihm durch die Revolution zu höchster Intensität gesteigerte demokratische Bewußtsein auf das Werden seines großen Romans noch weit stärker ein.

Was oben über das Memento mori in der „Unsichtbaren Loge" ausgeführt wurde, bliebe daher einseitig, würde es nicht mit der politischen Aussage dieses Werks in Konnex gebracht. Ob Jean Paul ohne die Erschütterungen, denen er durch die Todesfälle unter seinen nächsten Freunden ausgesetzt war, die Wandlung von der Ironie seiner Satiren zu gleich wortmächtiger Offenbarung reichen Gefühls so schnell, mit so hinreißender Gelungenheit hätte vollziehen können, ist zweifelhaft. Ausgeschlossen aber ist, daß er als Dichter in der Stimmung, in der er sich damals befand, mehr zuwege gebracht hätte als ergreifende Melancholie, wenn nicht zugleich sein hellwaches politisches Denken von der Menschheitshoffnung erfüllt gewesen wäre, die er mit den besten Deutschen seiner Zeit an die Französische Revolution knüpfte.

Wie hat er die Revolution in der Folgezeit beurteilt? Was hat sie ihm bedeutet? Auskunft hierüber gibt, zusätzlich zu den Werken und unabhängig von ihnen, seine Korrespondenz, namentlich die mit Christian Otto. Zu beachten ist dabei, daß er und Otto während der Revolutionsjahre reichlich Gelegenheit zu mündlicher Diskussion hatten. Von 1790 bis 1794 trafen sie sich einmal oder mehrmals in der Woche auf halbem Weg zwischen Hof und Schwarzenbach, um, ins Gespräch vertieft, stundenlang miteinander spazieren zu gehen. 1789 und dann wieder von Sommer 1794 bis Herbst 1797 waren sie in Hof sogar Nachbarn. Ihr Briefwechsel kann unter solchen Umständen, abgesehen davon, daß er sich wahrscheinlich nicht vollständig erhalten hat, nur ein schwacher, gelegentlicher Widerschein ihres wirklichen Gedankenaustauschs sein. Um so erstaunlicher ist die Ergiebigkeit dieser Informationsquelle. Hier einige Beispiele.

Seit Juli 1790 tauschten die Freunde ihre Manuskripte aus. Gegen Ende des Jahres legte Otto zwei historische Aufsätze zur Begutachtung vor. Selbst unzufrieden mit ihnen, nannte er sie langweilige Schulprogramme.[1] Jean Paul widersprach. Am 24. Dezember ermunterte er den Verfasser, so weiterzumachen, und schlug ihm diverse Themen vor. Großenteils beziehen sie sich auf Fragen, denen angesichts der Ereignisse in Frankreich direkt oder indirekt Aktualität zukam; u. a. sollte Otto untersuchen, „durch welche Übergänge die Sklaven zu Bauern und die Ämter zu Regierungen" geworden seien.[2] 1791 arbeitete Otto an seiner „Einleitung zu einer Geschichte des europäischen Gleichgewichts". Am 1. Juni nahm Jean Paul zu dem ersten Stück, das ihm daraus zugegangen war, Stellung. Sein Brief enthält das Bekenntnis: „Wer in keinem ganz anelektrischen Körper steckt, dem muß die Weltgeschichte die Nerven und die Feder mit Äther füllen."[3] So dachte er während der Ausarbeitung der „Unsichtbaren Loge".

Vom 12. Juli 1792 sind die wichtigsten brieflichen Auslassungen über diesen Roman datiert. Im Zusammenhang mit der Titelwahl und der Frage, ob es ratsam sei, in der Vorrede seine Absichten zu erläutern, schrieb der Dichter, die Tendenz des unvollendeten Werks dränge sich nicht jedem auf; dennoch würden „die wenigen geheimen Naturforscher . . . ohne mich einsehen, . . . welches die rechten Namen sind und auf welchen unerwarteten Schlag in diesem Säkul – aber die Schwefeleidechse wird doch dem roten Löwen entschlüpfen – durch dieses Buch vorbereitet werden soll. Dem größeren Teil der Leser sag' ich, daß sie durch die höhern Beziehungen, die sich in dem Roman verstecken, nichts verlieren und daß es für sie ebensoviel ist, als wenn er wirklich gar keine hätte. Ich ziehe zum Beweise Homers Odyssee an, die Aeneis, Vergils Eklogen, Dantes Hölle etc., die alle durch den mystischen, allegorischen Kern beim ungelehrten Leser nichts verlieren, den der gelehrte riecht und frisset."[4] Mit der Schwefeleidechse ist natürlich der kleinstaatliche Despotismus gemeint, mit dem roten Löwen die Revolution, mit dem „unerwarteten Schlag" also wahrscheinlich eine deutsche Volkserhebung noch vor der Jahrhundertwende.

Die interessantesten Briefe über den „Hesperus" sind im Frühjahr 1793, wenige Wochen nach der Hinrichtung Ludwigs XVI., geschrieben worden. Am 26. März kündigte Jean Paul an, er werde mit seinem neuen Roman „zu Ostern 1794 einige Winke über das Tertianfieber der Weltrevolution geben". Im gleichen Brief äußert er sich zu Ottos Aufsatz „Über den Parallelismus der Kreuzzüge, der Reformation und der Revolution".[5] Die Französische Revolution wird in dieser Arbeit als Beginn einer neuen Aera gefeiert und in ihrer Bedeutung mit der Entstehung des Christentums verglichen. In der neueren Geschichte habe sie zumindest dieselbe Tragweite wie die Kreuzzüge und die Reformation, und wie diese könne sie unmöglich auf ein Land beschränkt bleiben; sie werde auf ganz Europa übergreifen. Hierauf erwidert Jean Paul, daß das Christentum, wäre es in die Blütezeit der römischen Republik gefallen, eine Sekte nach Art der Herrnhuter hätte bleiben müssen. Roms Heidentum sei gefällt worden „durch frühere Hände als christliche, durch monarchische". Zu Ottos Hoffnungen auf eine baldige Revolutionierung des Kontinents äußert er sich wieder, wie im Vorjahr über die Besiegung der Schwefeleidechse, skeptisch. Obwohl er für die revolutionäre Ungeduld, die solche Erwartungen hervortreibt, Verständnis hat, warnt er vor ihr: „Deine apokalyptischen Träume . . . unterscheiden sich von Wahrheiten in nichts als in der Zeit; aber der Unterschied ist um einige Jahre größer, als Du denkst. Denn nur wenn Europa *ein* gepreßtes, abgefressenes Gallien wäre, dann müßte sich dieser Riesengeist aufrichten von seiner über den ganzen Weltteil reichenden Lagerstätte. Aber jetzt, da uns nicht dasselbe gemeinschaftliche Bedürfnis – Druck – Wunsch – und Geist wie bei den zwei anderen Revolutionen (den Kreuzzügen und der Reformation – W. Hr.) emporspornt, da muß noch weit mehr Licht unter unsere Hirnschalen und noch weit mehr Torturschwefeltropfen an unser Herz geworfen werden, eh' sich die liegende Welt ermannt."[6] Trotzdem ist der Dichter überaus angetan von der Perspektive, die sein Freund aufgezeigt hat. Zwar gibt er ihm zu bedenken: „Auf den reinen Höhen der Begeisterung sieht man, wie auf den Alpen, wegen der unbesudelten Luft alles näher an sich geschoben". Doch gesteht er, es „erwärme" ihn, „in diesen Frosttagen der Kleinigkeiten, wo unsere ganze Freiheitsfahne in einem Federkiel besteht, auf einen Mai des Menschengeschlechts vorauszublicken".[7] Die nüchternere Einschätzung der europäischen Realitäten mindert seine Sympathie für Ottos Prognose nicht.

Am nächsten Tag wurde der Brief fortgesetzt. Jetzt nahm Jean Paul zu Ottos Bild der Reformation Stellung. Vernichtend urteilte er dabei über denselben Erasmus, den er im „Lob der Dummheit" nachgeahmt hatte. Auf einmal galt der große Humanist aus dem 16. Jahrhundert ihm als verächtlicher Prototyp des abseitsstehenden Beobachters einer in Umwälzung begriffenen Epoche, die, nicht anders als die Gegenwart von 1793, mannhaftes Handeln verlangt hätte. „Er (Erasmus – W. Hr.) war ein Museums-Ratz, und da diese Tiere allzeit vor einem Erdbeben aus den Häusern laufen, so wollt' er seiner Stube wegen kein Erdbeben." Die aktuelle Schlußfolgerung liegt nahe: „Alles, was er . . . anrät, war ja schon vor Luther . . . geschehen; wie bei uns die ähnlichen Kabinettspredigten gegen die Fürsten; aber da diese die ihrem Stande eigene Unverschämtheit besitzen, . . . Ungerechtigkeiten zu gleicher Zeit zu begehen und – einzusehen, so bringt sie kein Licht, so wenig wie den Papst, sondern nur das Schütteln von ihren Throngipfeln herab."[8] Lapidar bekräftigt das eine weitere Briefstelle: „So gut der König das Volk (seine Krone) abdanken kann, so gut dieses ihn."

Erstmals kommt hier die Bedeutung der neuen ethischen Überzeugungen Jean Pauls für seine Revolutionsdichtung zum Vorschein. Im zweiten „Ernsthaften Anhang" der „Teufelspapiere" hatte er, wie oben gezeigt wurde, gegen die stoische Ableitung der Tugend aus der Erkenntnis eingewandt, es gäbe Schurken, denen es an Einsicht nicht fehle und die doch Verbrechen begingen.[9] 1793 erhält der gleiche Gedanke eine Spitze gegen den aufgeklärten Absolutismus und die auf ihn sich beziehenden Illusionen der Reformer: Die Fürsten zu belehren sei unnütz; obwohl belehrt, setzten sie ihre Schandtaten fort; man müsse sie stürzen. Genau das will der „Hesperus" am Beispiel des Fürsten Januar veranschaulichen, von dem es heißt, daß er „mit Vergnügen das Ideal einer guten Regierung ansah, sei es im Druck oder in einer Rede", der aber nichtsdestoweniger in seinem Ländchen fürchterliche Mißstände duldet. Auch da bewahrheitet sich die Erkenntnis, daß die Fürsten imstande seien, Unrecht einsehen und zugleich begehen zu können.[10] Und die aus dieser Erfahrung erwachsende Konsequenz, sie „von ihren Throngipfeln herabzuschütteln", gestaltet der Roman in der umstürzlerischen Aktivität Flamins und der drei jakobinisch gesinnten jungen Engländer.[11]

Der aufschlußreichste „Hesperus"-Brief wurde am 27. März ausnahmsweise nicht an Otto, sondern an K. Ph. Moritz gerichtet.[12] Einmal offenbart er, wie schmerzlich Jean Paul unter dem Krieg der alten Feudalmächte gegen die französische Republik gelitten hat: „Der blaue Glanz über uns umzieht sich mit den Pulverwolken, in denen man uns jetzt die Göttin der Freiheit entzieht. . . . Wir stehen in unseren trüben Tagen vor dem großen Grabe, unter dem die im Sarg erwachte Freiheit poltert und herauswill und sich Wunden reißet." Zum anderen steht hier auch ein symptomatisches Bekenntnis zu Georg Forster, der eben damals als Vertreter der Mainzer Republik nach Paris gegangen war, um dem Konvent den Wunsch des jungen demokratischen Freistaats nach Anschluß an das revolutionäre Frankreich zu überbringen. Forster, so erklärt Jean Paul, sei einer von den drei Menschen, die er sich ständig als Leser des „Hesperus" vorstelle und die das Buch als erste beurteilen sollten. „Man muß an Individuen denken, wenn man schreibt, so, wie man der Frau anrät, ihr ungeborenes Kind durch den Gedanken schöner Menschen zu verschönern. Und da ich an drei Kritiker auf einmal denke, worunter mein Otto und Georg Forster gehören (als dritter natürlich Moritz selbst – W. Hr.), so wird meine zweite Biographie Ihrer Aufmunterung wenigstens in dem Grade würdig werden, den meine kleinen Kräfte suchen können."[13] Als die Arbeit an dem Roman abgeschlossen war, war nur noch Otto übrig. Die beiden anderen weilten nicht mehr unter den Lebenden, und Forster hatte nicht einmal von dem Werk erfahren, das für ihn bestimmt, an ihn gerichtet war und wie keines sonst seiner Sache – der Sache der ersten deutschen demokratischen Republik – recht gibt.

Die zitierten Briefe dokumentieren, daß Jean Paul nicht nur den Fall der Bastille begrüßt hat, sondern auch in den darauffolgenden Jahren mit seinen Sympathien für die demokratischen Extreme der Revolution weiter ging und größere Ausdauer an den Tag legte als die meisten deutschen Schriftsteller seiner Zeit. Die Kriegserklärung der Franzosen an Österreich, den Sturm auf die Tuilerien, die Abschaffung der Monarchie, die Etablierung des Konvents, die Hinrichtung des Königspaares – das alles wurde von ihm bejaht. Ja, selbst nach dem Sturz der Gironde, in der Zeit der Jakobiner-Diktatur hielt er an dieser Einstellung fest. Es existiert von ihm aus dieser Periode keine Zeile, mit der er sich von der Bergpartei und dem von ihr beherrschten Wohlfahrtsausschuß distanziert hätte. Und an der Konzeption des „Hesperus", der vier Wochen vor dem 9. Thermidor vollendet wurde und zwei Wochen nach diesem Ereignis an den Verleger ging, änderten die in Deutschland laufend eintreffenden Nachrichten über das Schreckensregime der Robespierre und Saint-Just nichts. Die Klubbisten des Romans sind unverkennbar Vertreter des Jakobinertums, und der Autor schildert sie voller Sympathie.

Trotzdem wäre es verfehlt, Jean Paul einen deutschen Jakobiner zu nennen. Das war er zu keiner Zeit. Einmal wären damit seine englischen Neigungen unvereinbar gewesen, mit denen er in Frankreich noch rechts von den Girondisten gestanden hätte. Zum anderen maß er, als markgräflich-bayreuthischer bzw., ab 1791, preußischer Untertan, alles, was das französische Volk jeweils erreicht hatte, an den Zuständen in den deutschen Kleinstaaten mit ihrer anhaltend feudalen Struktur, und aus dieser Sicht hätte er es selbst dann noch als gewaltigen Fortschritt empfunden, wenn die Französische Revolution nicht über den Punkt hinausgediehen wäre, der etwa den Zielen eines Mirabeau entsprach. Tatsächlich hat Jean Paul ja auch nicht nur an den Jakobinern nicht beanstandet, sie gingen zu weit, sondern ebensowenig einer der vorausgegangenen französischen Regierungen seit Juli 1789 jemals vorgeworfen, sie gehe nicht weit genug. Daß er aus der Ferne die Vorgänge von 1793, die über die Abschaffung der Monarchie hinausführten und einer Diktatur der Volksmassen nahekamen, in ihrer eigentlichen Bedeutung begriffen hätte, ist mithin ausgeschlossen. Aber sein Ja zur Revolution war allerdings von der Art, daß es ihn 1793 zum *Verbündeten* der Jakobiner machte. Dieses Ja nämlich war damals so pauschal, so indifferent gegenüber der Feinstruktur innerrevolutionärer Fraktionskämpfe, daß es selbst dafür Raum bot. Und wenn sich bei Jean Paul schon zu der Zeit Bedenken gegen die jakobinische Praxis gemeldet haben sollten – wofür es keinen Anhaltspunkt gibt –, dann hatten sie zumindest hinter dem pauschalen Ja zur Revolution hintanzustehen, gerade so, wie sich im „Hesperus" Viktor durch seine englischen Vorbehalte gegen den Radikalismus seiner jakobinischen Freunde nicht in der Solidarität mit ihnen beirren läßt.[14] Solange die Revolutionskämpfe im Gang waren, beurteilte der „Hesperus"-Dichter das Geschehen in Frankreich als ganzes unter dem Gesichtspunkt welthistorischer Perspektiven, hielt den Sturz des Absolutismus, den Durchbruch des Dritten Standes zur Macht, die Liquidation der feudalen Privilegien für allein entscheidend und scheint daher bereit gewesen zu sein, jede Fraktion, die in Paris gerade regierte, ohne diese fundamentalen Errungenschaften in Frage zu stellen, also *auch* die radikalste, mit der Revolution selbst zu identifizieren und ihr bei der Abwehr sowohl ihrer inneren Feinde wie besonders der intervenierenden Feudalmächte den Sieg zu wünschen.

X

Diese Einstellung hielt lange vor. Sie hatte aber, abgesehen von der unzulänglichen Informiertheit, eine rein ideologische Grundlage in der – noch dazu deutsch-moralisch reflektierten – Aufklärerillusion, daß der Sturz der feudalen Despotie gleichbedeutend sei mit dem Sieg von Freiheit, Gleichheit und Brüderlichkeit, mit dem Triumph einer neuen, höheren Tugend. Als daher die akuten Revolutionskämpfe der Vergangenheit angehörten und sich herausstellte, daß sie mit all ihren Opfern, ihren blutigen Tragödien das erwartete Zeitalter umfassender Menschlichkeit und brüderlicher Liebe *nicht* heraufgeführt hatten, da entfielen die subjektiven Voraussetzungen, unter denen Jean Paul jahrelang sogar die schrecklichsten Nachrichten aus Paris unbeirrt hingenommen hatte. Jetzt endlich begann er, aber ernüchtert, enttäuscht, zu den Fraktionsfehden der Revolutionszeit *im nachhinein* differenzierend Stellung zu nehmen, und das Ergebnis war, daß er nunmehr in der Gironde *die* Partei entdeckte, mit der er sich am ehesten identifizieren zu können glaubte. Von der Gironde war der König verdienter Strafe zugeführt worden, aber nie hatten die Girondisten, solange sie an der Macht waren, das Blut von Republikanern vergossen – das gab für ihn den Ausschlag.

Die Wende von der *pauschalen Revolutionsbejahung* zu diesem *nachträglichen Girondismus* setzte bei Jean Paul 1795 ein, in der Zeit des korrupten, alle Bourgeois-Gelüste entfesselnden Directoire, das die alten Aufklärer-Illusionen endgültig Lügen strafte. Fortan betrachtete er als Höhepunkt der Revolution die vorübergehende Herrschaft „seiner" Partei, d. h. die Etappe zwischen dem Zusammentritt des Konvents (September 1792) und dem Sturz der Gironde (Ende Mai 1793). Die darauffolgende radikal-demokratische Diktatur wurde von ihm nachträglich nur noch als gräßliches Gemetzel eingeschätzt, das Directoire moralisch verachtet, und beide Entartungen führte er darauf zurück, daß die Franzosen nicht die menschlichen Qualitäten und die politische Reife der Engländer besäßen (deren Außenpolitik er freilich weiterhin auch verwarf). Für die Verdienste der Bergpartei, die mit der Verfassung von 1793 das für Europa erste demokratische Grundgesetz der Neuzeit geschaffen, durch die Liquidierung der feudalen Überreste auf dem Lande, die Aufteilung der Allmende usw., die levée en masse ausgelöst und so den Sieg über die äußeren Feinde erst ermöglicht hatte, war er und blieb er blind. Und da er dem Positiven nicht gerecht wurde, konnte er natürlich auch die wirklichen Fehler und Versäumnisse Robespierres keiner sachlichen Kritik unterziehen. Die Vorstellung des Blutsumpfs, in dem 1793 die republikanische Freiheit untergegangen sei, machte ihm jede objektive Beurteilung der letzten Phase der Revolution unmöglich.

In zwei Werken hat dieser Standpunkt seinen Niederschlag gefunden: in den „Biographischen Belustigungen", 1795[1], und in dem in erzählende Form eingekleideten Aufsatz „Charlotte Corday", 1799[2]; das zweite Werk ist wahrscheinlich im Hinblick auf den vierten Band des „Titan", eigens zu dem Zweck, die Gironde zu rechtfertigen, geschrieben worden. Beide Male wird über die Jakobiner einseitig und ungerecht geurteilt, so z. B., wenn das Verbrechen der Corday gefeiert wird mit der Begründung, sie „durchbohrte nicht als Bürgerin einen Staatsbürger, sondern als Kriegerin in einem Bürgerkriege einen Staatsfeind, folglich nicht als einzelne einen einzelnen, sondern als gesundes Parteimitglied ein abtrünniges, krebshaftes Glied".[3] Ungeachtet dieser Verirrung ist Jean Paul überzeugt, nach wie vor kein Gegner, sondern ein

Verteidiger der Revolution zu sein. Er verherrlicht die Corday als Rächerin der zerstörten Republik und rühmt ihre – wie er meint – revolutionäre Gesinnung. „Griechen und Römer und die großen Schriftsteller der neueren Zeit hatten sie erzogen und . . . zu einer Republikanerin vor der Republik gemacht. Sie war kühn sogar bis in die Religion hinüber. Als das Revolutionstribunal sie fragte: ‚Haben Sie einen Beichtvater?‘, so antwortete sie: ‚Keinen!‘ – Es fragte: ‚Halten Sie es mit den vereideten Priestern oder mit den unvereideten?‘ – Sie antwortete: ‚Ich verachte beide‘.“[4] Von der Revolution selbst heißt es in dem Aufsatz, sie sei „ein Frühlingsmonat der großen zurückkehrenden Freiheit und Weltwärme“ gewesen.[5]

Aus dieser Haltung heraus hat Jean Paul seit 1795 poetischer Verklärung die Tragödien besonders von Nichtfranzosen für würdig befunden, die für die französische Republik erst mit Hingabe gekämpft, sich dann aber, durch die Schreckensherrschaft zur Verzweiflung getrieben, von den Jakobinern schaudernd abgewandt hatten, ohne ihre revolutionären Ideale innerlich preisgeben zu können. Schon in dem schottischen Helden der „Biographischen Belustigungen“ sollte ein derartiger Charakter gestaltet werden: Lismore fühlt sich von den Umtrieben der Konterrevolution *und* dem Terror der Jakobiner gleichermaßen abgestoßen. Die Revolution, an die er große Hoffnungen geknüpft hat, scheint ihm zu einem Chaos einander zerfleischender Ungeheuer ausgeartet zu sein.[6] Mit ähnlichem Tenor wird in „Charlotte Corday“ das Schicksal des Mainzer Klubbisten Adam Lux wiedergegeben.

Zusammen mit Forster war Lux im März 1793 nach Paris gereist, um seine Heimat an Frankreich anzureihen. Entsetzt von der kurz danach beginnenden Schreckensherrschaft, wollte er sich vor dem Konvent erstechen, woran Forster und andere ihn nur mühsam hinderten. Wenig später sah Lux, wie die Corday zur Hinrichtung gefahren wurde. Dies inspirierte ihn zu einer Verteidigungsschrift für sie. Er wurde daraufhin ins Gefängnis geworfen. Als ein Bekannter ihn entlastete durch die Aussage, er habe aus Liebeswahn gehandelt, und die Behörden ihn unter der Bedingung freilassen wollten, daß er künftig keine staatsfeindlichen Schriften mehr verbreite, bestand Lux darauf, sich der Sache der Corday aus politischen Motiven angenommen zu haben, lehnte ferneres Schweigen ab und verlangte, vor das Revolutionstribunal gestellt zu werden, alles in der Absicht, den Tod zu finden. Im November 1793 fand eine Verhandlung statt, die der Verzweifelte wieder dazu benutzte, öffentlich gegen Robespierre aufzutreten. Noch am selben Tag wurde er auf die Guillotine geschickt. Von diesem Unglücklichen sagt Jean Paul: „Er hatte . . . in seiner Katos-Brust mehr mitgebracht, als er finden konnte im damaligen Pariser Blutsumpf: eine ganze römische und griechische Vergangenheit und Rousseaus ein-

gesognen Geist und die Hoffnung einer steigenden, siegenden Menschheit. Da er nun kam und sah, so gingen ihm die Freuden und Hoffnungen unter, und er behielt nichts als sich, sein deutsches Herz; nur die verjagten, an der Zeit reifenden Girondisten waren mit ihren Wunden Balsam für die seinige. Kein Deutscher vergesse ihn!"[7]
Was die Urteile Jean Pauls über die nachrevolutionäre Entwicklung angeht, so könnten sie adäquat nur im Rahmen einer umfassenden Darstellung seiner politischen Anschauungen behandelt werden, die nicht zu den Aufgaben vorliegender Untersuchung gehört. Nur soviel sei hier gesagt, daß er im Sommer 1796, obwohl durch das Directoire ernüchtert, noch immer mit dem Krieg Frankreichs gegen „die österreichische Straußenbrut" sympathisierte[8], sich in der Folgezeit aber, von 1798 an, von dem Eroberungsdrang und den Annexionsgelüsten der französischen Bourgeoisie mehr und mehr abgestoßen gefühlt hat, bis er 1802 mehrmals äußerte, er könne die Franzosen nicht mehr die Große Nation nennen, sondern nur noch die vergrößerte.[9] Am meisten jedoch erfüllte es ihn, ähnlich wie etwa zur gleichen Zeit Beethoven, mit Empörung und Ekel, daß in Frankreich schließlich sogar die erbliche Monarchie wieder eingeführt wurde. „Wer Zähne hat, knirschet sie – damit beißen wäre freilich besser –, sobald er kaiserliche Majestät in Gallien hört", schrieb Jean Paul am 19. Juni 1804 an Otto, „Doch hass' ich Bonaparte nicht so sehr, als ich die Franzosen verachte; und – Goethe war weitsichtiger als die ganze Welt, da er schon den Anfang der Revolution so verachtete wie wir das Ende."[10] Auch dieses bittere Wort liegt auf der Linie des ideologischen Girondismus, nicht anders als der Aufsatz über die Corday fünf Jahre vorher, und man darf darüber, daß der gleiche Standpunkt jetzt seine antimonarchische Seite zeigt, nicht die Momente von Borniertheit verkennen, die er auch in diesem Fall aufweist. Die Alternative von Republik und Monarchie wird hier weit überschätzt. In Wahrheit hat die Umwandlung des Konsulats in ein erbliches Kaisertum am substantiellen Wesen der napoleonischen Politik so gut wie nichts geändert.
Um so beachtlicher ist wieder, daß Jean Paul auch damals die relativ progressiven Züge nicht übersah, die selbst das nachrevolutionäre Frankreich vor den absolutistisch regierten deutschen Staaten auszeichneten. 1805 und besonders nach dem Zusammenbruch Preußens in der Schlacht bei Jena nahm er zum Rheinbund zunächst eine Haltung ein, die der Goethes und Hegels verwandt war. Wie noch aus seiner „Friedenspredigt an Deutschland" (1808) klar hervorgeht, witterte er in einer „schönen Eidgenossenschaft" der deutschen Länder unter dem Schutz Bonapartes und eines langen Friedens neue Möglichkeiten, mit den feudalen Zuständen fertigzuwerden.[11] Erst als bittere Erfahrung jeden Zweifel darüber beseitigt hatte, daß die Reformen in den Rheinbundstaaten in Halbheiten steckenblieben, während Frankreich seinen

Eroberungskrieg unabsehbar fortsetzte und die deutschen National-
interessen mit Füßen trat, nahm er als Publizist und Satiriker den
Kampf gegen die Fremdherrschaft auf, von den Arndt und Fichte nur
darin unterschieden, daß seine stärkere Affinität zur Aufklärung, sein
Humor und sein Weltbürgersinn ihn hinderten, Töne eines aggressiven
Chauvinismus anzuschlagen, und er desto größeren Wert auf die Volks-
freiheiten legte, die es im befreiten Vaterland der Zukunft zu schaffen
galt.[12]
Die „Heilige Allianz" hat nach den Befreiungskriegen dafür gesorgt,
daß diese Wünsche sich nicht erfüllten. So konnte der alte Streiter auch
im letzten Lebensjahrzehnt die Waffen nicht niederlegen. Während
allenthalben die Lobredner der Restauration zur Wiederherstellung
eines schrankenlosen Absolutismus riefen, entfaltete Jean Paul das
Banner des Kampfes für die Volksrechte und prangerte zornmütig die
Demagogenjagd an.[13] Und dem, was er erneut als Tagesschriftsteller
leistete, entsprach abermals die Tendenz seines dichterischen Schaffens.
Sein letzter, unvollendeter Roman, „Der Komet", ein die „Titan"-
Motive satirisch umkehrender moderner „Don Quichotte", an dem er
seit 1811 arbeitete, wuchs sich, der Intention nach, zu einem zeitkriti-
schen Gemälde der Metternich-Aera aus.[14] Gestorben ist der Mann,
der im Schreckensjahr sein erfolgreichstes Buch in dem Gedanken geschrieben hatte, der Revolutionär Georg Forster solle der erste Leser
sein, als einer der frühesten publizistischen Widersacher des Systems,
das die Feudalmächte auf dem Wiener Kongreß in der Absicht errichtet hatten, jeder künftigen Revolution in Europa geeint begegnen
zu können. Ludwig Börne und das „Junge Deutschland" nahmen sein
Erbe auf, die kleinbürgerlich-demokratischen Revolutionäre von 1848
feierten in ihm ihren geistigen Wegbereiter.[15]
Diese Hinweise führen vom hier zu erörternden Thema weit fort. Sie
waren nur nötig, um klarzustellen, daß die nachträglichen Fehlurteile
über die Jakobiner die Progressivität der politischen Gesinnung Jean
Pauls kaum beeinträchtigen. Mag der Girondismus in gewissen Phasen der akuten Revolution auch eine konterrevolutionäre Rolle gespielt
haben, die damals gerade wegen seiner republikanisch-rousseauschen
Schlagworte gefährlich war, dem Kampf gegen die deutsche Misere
konnte er gleichwohl bis in den Vormärz hinein noch gute Dienste
leisten. Und eben auf diesem anhaltend aktuellen Kampf, nicht auf
der retrospektiven Kritik an den Extremen von 1793, liegt bei Jean
Paul auch nach seiner Bekehrung zum Girondismus das Gewicht. Hat
er doch nicht eine im Sinne seines Corday-Aufsatzes gehaltene Revolutionsgeschichte geschrieben, sondern Romane verfaßt, die in den
deutschen Kleinstaaten spielen, und um diese Welt gebührend kritisch
zu sehen, bedurfte es keiner unbedingt gerechten Einschätzung der
Tragödien des Pariser Schreckensjahres. Die grundsätzliche Bejahung

der Revolution als Maßstab für die Bewertung der deutschen Verhältnisse reichte dazu aus. Im übrigen sind die Werke aus den Jahren 1790 bis 1794, auf die es im folgenden zunächst ankommt, die „Unsichtbare Loge" und der „Hesperus", von den negativen Momenten der späteren antijakobinischen Position naturgemäß frei. Und was den später vollendeten „Titan" betrifft, so kommt es ihm wieder zustatten, daß seine Handlung bereits im Herbst 1792 endet;[16] von der Französischen Revolution kommen darin, weil der Dichter sie lobpreisen möchte, also nur *die* Phasen zur Sprache, zu denen er sich nach wie vor bekennt und denen er auch von seiner girondistischen Warte aus historisch gerecht zu werden vermag. So erklärt es sich, daß zwischen dem „Hesperus", in dem 1793/94 die Jakobiner mit den Augen des sympathisierenden Verbündeten gesehen werden, und dem „Titan", der in einer Periode abgeschlossen wurde, in der derselbe Autor – nachträglich, rückblickend – Robespierre und Marat geschmäht hatte, dennoch kein Widerspruch besteht. Und vielleicht ist das überhaupt das Großartigste an dem politischen Jean Paul: daß er durch die wohlüberlegte zeitliche Placierung der Fabel seines Hauptwerks die reaktionären Momente des eigenen Girondismus daraus ferngehalten hat.

Indes am deutlichsten wird die nach deutschen Maßstäben ungewöhnliche Radikalität seiner Position, wenn man diese vergleicht mit derjenigen der Weimarer Klassiker. Goethe verhielt sich zu der Umwälzung in Frankreich von vornherein ablehnend; nicht aus konservativem Parteigeist oder moralisierender Entrüstung – darüber war er erhaben –, wohl aber, weil er Unruhe und Unordnung, die in seine Bildungskreise einzubrechen drohten, haßte. Seine Einstellung glich der des Erasmus zur Reformation. Obwohl er mit den sozialen Inhalten des Geschehens im Grunde übereinstimmte, waren ihm die tumultuosen Formen zuwider, in denen sie sich geltend machten. „Franztum drängt in diesen verworrenen Tagen, wie ehmals Luthertum es getan, ruhige Bildung zurück." Im September 1792 nahm Goethe ohne Skrupel im Gefolge des Herzogs von Braunschweig am Krieg gegen Frankreich teil. Er wurde so Augenzeuge der Kanonade von Valmy, des ersten großen Siegs der Revolutionsarmee. Den berühmten Ausspruch: „Von hier und heute geht eine neue Epoche der Weltgeschichte aus", hat er wahrscheinlich erst 1820, als er seine alten Aufzeichnungen unter dem Titel „Campagne in Frankreich" in Druck gab, hinzuerfunden. Immerhin aber ist ihm bei Valmy die geschichtsmächtige Kraft der Revolution, die er ihr bis dahin nicht zugetraut hatte, bewußt geworden. Das verringerte jedoch seine Abneigung keineswegs. Sympathie für die Sache der französischen Republik lassen seine Berichte, liest man sie im Zusammenhang, schwerlich erkennen. Aus dem Jahre 1793 stammt sodann Goethes kleines Schauspiel „Der Bürgergeneral", worin der Widerwille gegen die Revolution sogar kleinlich-gehässige Formen annimmt und namentlich alle Versuche, die Losungen des französischen Volkes auch in Deutschland aufzugreifen, ins Lächerliche gezogen werden. Als angeblich typischer Revolutionär figuriert in dem Stück ein Gauner, der bei ehrlichen Leuten den Speiseschrank aufbricht und als Gratisfrühstück einen Teller dicke Milch verzehrt, womit „der Freiheit und der Gleichheit saure und süße Sahne fertig" ist. Dieselbe negierende Tendenz zeigen das Schauspiel „Die Aufgeregten" und die Anspielungen auf Zeitereignisse im „Reineke Fuchs". Erst als die Revolution vorüber war, hat Goethe diese Haltung allmählich überwunden. In „Hermann und Dorothea" (1796/97) feiert er die herzerhebende Wirkung, welche die Revolution in ihren Anfängen auf die Deutschen ausgeübt habe. Das ist viel, ändert aber nichts daran, daß Goethe sich seine Verabscheuung gewaltsamer Umwälzungen zeitlebens bewahrt hat.[17]

Schiller hat den Fall der Bastille, anders als Goethe, noch begrüßt. Indes auch bei ihm stellten sich bald Zweifel ein, die 1792 bereits so weit gingen, daß er bei der Beurteilung des Krieges nicht wußte, wem der Sieg zu wünschen sei, und sich über die Mainzer Republik abfällig äußerte. Peinlich berührte es ihn, daß das Pariser Parlament, auf Antrag der Girondisten, ihm zum Dank für seine Freiheitsdramen die Würde eines Ehrenbürgers von Frankreich verlieh. Er nahm die Auszeichnung zwar an, wollte sie aber Ende 1792 dazu ausnutzen, den gefangengehaltenen Ludwig XVI. in einer Denkschrift, die, ins Französische übersetzt, mit Hilfe des Herzogs Karl August in Paris verbreitet werden sollte, gegen seine Ankläger zu verteidigen, von denen er ohne weiteres voraussetzte, daß sie dem landesverräterischen Monarchen Unrecht täten. Als der überführte Louis Capet Anfang 1793 hingerichtet wurde, wandte Schiller sich voll Abscheu endgültig von den „elenden Schindersknechten" ab und wollte von dem Augenblick an von der Revolution nichts mehr wissen.[18] Selbst Goethe, der nie so weit links gestanden hatte, verhielt sich in dem Punkt weiser. Engstirniges Moralisieren über Königsmörder lag ihm fern: „Warum denn, wie mit einem Besen, / Wird so ein König hinausgekehrt? / Wären's Könige gewesen, / Sie stünden alle noch unversehrt." Wohlgemerkt stand bei alledem die Jakobiner-Diktatur noch aus. Um aus Schiller einen Gegner der Revolution zu machen, bedurfte es nicht erst der Schreckensherrschaft. Er war es schon vorher. Und nicht nur das: Seit 1793 verwarf er die Revolution, samt ihren Anfängen, total, ja, selbst die zahmsten politischen Reformabsichten erschienen ihm fortan auf unabsehbare Zeit als verfrüht, weil, wie er meinte, die Ereignisse in Frankreich bewiesen hätten, daß durch die Roheit des Pöbels jedwede Änderung des Bestehenden notwendig zum Bösen ausschlage, weshalb der Umgestaltung der Gesellschaft die Erziehung der einzelnen Menschen vorausgehen müsse.[19]

Der Gegensatz, in dem die politischen Ansichten Goethes und Schillers zu denen Jean Pauls stehen, liegt demnach auf der Hand. Von diesem Gegensatz muß man ausgehen, wenn man den Kern der geistigen Fehden erfassen will, in deren Verlauf Jean Paul den Weimarer Klassikern mit seiner Revolutionsdichtung auch literarisch opponiert hat – erst unbeabsichtigt, dann bewußt und schließlich mit der Konsequenz, daß er gestaltete Sinnbilder ihres Verhaltens in seine Kritik an der deutschen Misere mit einbezog. Nach der Analyse des persistenten Problemgehalts seiner drei heroischen Romane wird im Zusammenhang mit den Besonderheiten des „Titan" auf dieses Kapitel der deutschen Literaturgeschichte noch zurückzukommen sein.[20]

Übergang von der räsonierenden Satire zu erzählender Darstellung vor dem Hintergrund der Revolution

I

Den Übergang zum Roman hat Jean Paul schrittweise vollzogen. Als Vorboten seiner epischen Werke sind einerseits jene kleinen visionären Dichtungen anzusehen, in denen er seit 1788 die ihn bedrängenden weltanschaulichen Fragen behandelt hat[1], andererseits die Ansätze zur Schilderung bizarrer Charaktere, die sich hie und da in seinen Satiren finden. Aus der ersten Gruppe wurden hier „Was der Tod ist" und die „Rede des toten Shakespeare" bereits erwähnt, auf die zweite braucht nicht eingegangen zu werden, da die allenfalls beachtenswerten Beispiele für diese Kategorie, die Charakterstudie „Vom Kaufmann Vagel" (1785)[2] und die schemenhafte Gestalt des Bratschisten Habermann aus den „Teufelspapieren"[3], in den Romanen später nochmals verwertet worden sind (Röper bzw. Leibgeber-Schoppe). Im Sommer 1790 begann Jean Paul, sich systematisch in erzählender Darstellung zu üben. Neben unbeholfenen, auch inhaltlich belanglosen Versuchen[4] entstanden hierbei einige Arbeiten, die für das Thema dieser Untersuchung wichtig sind und zum Teil hohen künstlerischen Wert haben. Die beiden ersten Stücke, die herausgegriffen seien, „Mein Leichensermon beim Grabe eines Bettlers"[5] und „Schilderung eines Zerstreuten"[6], gehören zu dem frühesten Manuskript, an dem Christian Otto mit kritischen Ratschlägen mitgewirkt hat.

Mitte Juli hatte der Dichter seinen Freund gebeten, ihm als Gutachter behilflich zu sein, hatte ihm gleichzeitig seine Absicht, einen Roman zu schreiben, mitgeteilt und eine Liste mit 32 Themen beigefügt, über die er noch vorher neue Satiren schreiben könne. Die Reihenfolge der Ausarbeitung müsse ihm „befohlen" werden.[7] Ottos Wahl fiel auf das erste und das letzte Thema: „Florian Fälbels Reise mit seinen Primanern" und „Weibliche Ohnmachten".[8] Jean Paul entschied sich jedoch, bevor er den „Fälbel" in Angriff nahm, für andere Sujets, die er dann bis zum Herbst in einer kleinen Satirensammlung zuerst behandelte. Den darin vereinigten Arbeiten ist gemeinsam, daß sie, von dem gewohnten satirischen Räsonement mühsam fortstrebend, um lebendige Darstellung und individuelle Charakterisierung ringen und ihren Stoff aus der den Dichter umgebenden Lebenswirklichkeit beziehen. Eines der schwächeren Stücke bricht unvollendet ab mit der Entschuldigung: „Ich hab' es, lieber Otto, schon satt, besonders wegen meinem Schwanken zwischen allgemeiner und individueller Schilderung."[9]

Am gewichtigsten ist in dem Heft der „Leichensermon", der fünf Jahre später, abgeändert und erweitert, in den Appendix der „Biographischen Belustigungen"[10] überging. 1790 setzte er den ersten, noch rein satirischen Beitrag der Sammlung, „Die Bettler sind die neuen Barden", fort, worin die deutschen Fürsten dafür verantwortlich gemacht werden, daß Scharen von Krüppeln, meist Kriegsinvaliden, obdachlos, hungernd, um Almosen flehend durch die Lande ziehen.[11] In diesem Stück überwiegt noch die „allgemeine Schilderung", und es liegt auf der Linie der früheren Satiren, wenn Jean Paul ironisch vorschlägt, die Herrschenden sollten in ihr Prunkgefolge Bettler aufnehmen, da Macht und Reichtum eines großen Mannes sich eindrucksvoller durch eine Suite armer Lazarusse demonstrieren ließen, die vorzeigen, was er ihnen genommen, als durch prächtig gekleidete Lakaien, die nur zur Schau tragen könnten, was sie ihm gestohlen hätten.[12] Dann aber folgt in dem anschließenden Beitrag etwas Neues: Der Autor erzählt, wie er auf einem Spaziergang in der Nähe von Hof die Leiche eines einarmigen Bettlers liegen sieht, der am Straßenrand verstorben ist. Der Nachlaß des Toten besteht aus einem zerknitterten Brandbrief, der den Besitzer als ehemaligen Bergmann namens Zaus ausweist. Jean Paul läßt die Bauern aus dem nächsten Dorf herbeirufen, sorgt für die Bestattung des Toten und hält eine Ansprache, in der er aus dem trostlosen Leben des Bettlers einen Tag beschreibt, damit den Anwesenden bewußt werde, wie einem Menschen zumute ist, der nichts hat, worauf er sich freuen kann.

Der Leser erlebt, wie Zaus des Morgens, mit der „Aussicht in einen kahlen, ausgeleerten, alltäglichen Tag", in einer Hirtenkate aufwacht, wie er einsam durch Kornfelder und Wiesen wandert und alle Schönheit der Natur ihn nur bedrückt, wie er zur Kirchweih in ein Dorf kommt und die Vergnügungen der Bewohner mit ansehen muß als ein Ausgestoßener, dessen Anblick jedes fröhliche Gesicht verdrießlich macht. Habe Zaus sich zur Ruhe begeben, so sei es ohne Abendsegen geschehen. Er hätte aber auch keinen nötig gehabt, „weil ihm nur der Tag etwas anhaben konnte". Und dieser grenzenlos Verlassene, er war ein Mensch wie du und ich. „Stehest du (Zaus – W. Hr.) denn nicht da in meiner Gestalt und mit einer Seele wie meiner, die aber mehr leidet?" „Allein jetzt", so schließt die Grabrede, „da es länger Nacht wird, da sich der Tod über die Augen und Ohren des alten Mannes gelegt hat, will ich für ihn einen Abendsegen sagen: Schlafe und zerfalle recht sanft, du gutes, altes, hundsmäßig gequältes Menschengerippe; kein Kettenhund, kein Hunger, kein Bettelvogt erschrecken dich mehr."[13]

Es ist dies nicht die erste ernste Dichtung, die Jean Paul verfaßt hat, wohl aber unter den ernsten die erste, in der er uns zugleich als Realist, als Schöpfer eines sozialkritischen Abbilds seiner Umwelt begegnet. Daß das kleine Werk die Zeitgenossen aus ihrer stumpfen Gleichgültigkeit gegenüber den am furchtbarsten leidenden Opfern feudaler Mißwirtschaft aufrütteln will und dem eine politische Satire vorausschickt, in der die Urheber solch schreiender Not gegeißelt werden, kennzeichnet den Standpunkt, von dem aus die darauffolgenden erzählenden Werke die deutsche Wirklichkeit des ausgehenden 18. Jahrhunderts beleuchten. Vier Jahrzehnte sollten vergehen, ehe in Georg Büchner ein weiterer deutscher Dichter ähnlich als Anwalt der Armen auftrat. Klassik und Romantik kennen nichts dergleichen.

Die „Schilderung eines Zerstreueten", das vorletzte Stück der Sammlung, ist weniger gehaltvoll, sei aber kurz erwähnt als die bestgelungene Vorübung zu humoristischem Fabulieren. Ein studierter Mann berichtet darin, wie ihm alles verkehrt gerät, weil seine „Gehirnkammern bis an die Decke mit gelehrten Kaufmannsgütern vollgepackt" sind. Einige der Szenen, die er aus seinem Leben schildert, sind überwältigend komisch. Auch an den schwächeren jedoch ist bemerkenswert, daß hier zum ersten Mal die Bitterkeit und das abstrakte Räsonement der Satiren sich verflüchtigt haben. Ein unverwechselbarer Charakter entfaltet sich, handelnd in Situationen, deren Beschreibung nichts anderes bezweckt, als erheiternd zu wirken. Otto rügte, daß der Held sich seiner Zerstreutheit bewußt ist.[14] So schuf Jean Paul Ende 1790 eine zweite Fassung, die sich nicht erhalten hat, auf Grund der erneuten Stellungnahme des Freundes[15] aber leicht rekonstruiert werden kann. Aus dem anonymen Gelehrten wurde schon damals der Amtsvogt Josuah Freudel, der sich aus Vergeßlichkeit nach dem Gottesdienst in der Kirche hat einschließen lassen und dort ein „Klaglibell gegen seinen verfluchten Dämon" schreibt. Daß er ein Konfusionsrat ist, will Freudel nicht wahrhaben. Vielmehr verachtet er in seiner Humorlosigkeit derartige Menschen, und all sein Mißgeschick schiebt er einem Dämon, der ihn verfolge, zu. Da Zerstreute, entgegen Ottos Meinung, durchaus imstande sind, ihre Fehlleistungen nachträglich zu durchschauen und anderen mitzuteilen, ist die erste Fassung psychologisch glaubhafter. Die zweite indes enthält neue Szenen, von denen eine zu den komischsten Einfällen der deutschen Literatur gehört: Ursprünglich Theologiekandidat, vergißt der junge Freudel beim Beten auf der Kanzel, warum er niedergekniet ist, und weiß sich endlich, als er seiner blamablen Lage innewird, nur dadurch aus der Affäre zu ziehen, daß er sich heimlich davonschleicht, wobei er aber zur Tarnung der Flucht seine Perücke auf dem Betpult liegenläßt und so bei der Gemeinde den Eindruck erweckt, das Gebet nehme diesmal kein Ende. Diese Episode findet sich auch in der dritten Fassung von „Freudels Klaglibell", die Jean Paul 1795 hergestellt hat, um sie als Beigabe zum „Quintus Fixlein" zu veröffentlichen.[16] In dieser endgültigen Gestalt gehört das kleine Werk zu den originellsten komischen Prosadichtungen, und so, wie „Zaus" die soziale Anklage in elegischem Ton vorbereitet hat, die zur nicht fortzudenkenden Komponente der Romane des Dichters werden sollte, ist „Freudel" für die Elemente freien, reinen, nicht-satirischen Humors in ihnen bahnbrechend gewesen.

II

Seine erste geniale komische Dichtung, die obendrein wieder tieferen Gehalt aufweist, hat Jean Paul Anfang 1791 mit der mehrmals vertagten Humoreske vom Rektor Fälbel geschaffen. Schon 1789 hatte sie eine Szene der „Bayerischen Kreuzerkomödie" bilden sollen, war aber damals über ein Blatt mit Notizen und zwei Anfänge nicht hinausgediehen.[1] Im Juli des folgenden Jahres stand dann, wie eben erwähnt, der ursprüngliche Titel an der Spitze jenes Registers geplanter Satiren, das Otto zur Auswahl vorgelegt wurde.[2] Aber erst nach der Niederschrift der Abhandlung über die Fortdauer der menschlichen Seele scheint Jean Paul mit der Ausführung begonnen zu haben. Anfang Februar 1791 legte er Otto die erste Fassung vor. Leider ist sie verlorengegangen. Zugänglich ist die Arbeit nur in der zweiten Version, die 1795 unter dem Titel „Des Rektors Fälbel und seiner Primaner Reise nach dem Fichtelberg" zusammen mit „Freudels Klaglibell" im zweiten Anhang zum „Quintus Fixlein" zur Veröffentlichung gelangte.[3] Jedoch läßt sich dem Briefwechsel zwischen Jean Paul und Otto sowie den Vorarbeiten entnehmen, daß die Konzeption und die wesentlichen Elemente des gedruckten Textes bereits der Periode des Übergangs von der Satire zum Roman angehören und der „Fälbel" schon zu der Zeit gegenüber dem „Freudel" in doppelter Hinsicht ein Schritt vorwärts war.[4] Einmal in gestalterisch-formaler Beziehung: Im „Freudel" findet man ein äußerliches Nacheinander einzelner Szenen, die in der Reihenfolge fast ausnahmslos gegeneinander ausgetauscht werden könnten; der „Fälbel" dagegen hat eine fortlaufende, gut motivierte und zeitlich umgrenzte einheitliche Handlung, in der überdies ein reicheres Gefüge zwischenmenschlicher Beziehungen zur Geltung kommt. Zum anderen ist, während im „Freudel" Humor und launiges Fabulieren zwecklos auf sich gestellt sind, der „Fälbel" alles andere als harmlos und unverfänglich, denn in ihm verbinden die neu erlernten Techniken erzählenden Darstellens sich nunmehr mit der sozialen und politischen Tendenz der früheren Satiren, wobei zum ersten Mal in einem Werk Jean Pauls die Einstellung zur Französischen Revolution, und zwar zunächst eine extrem negative, zum konstitutiven Merkmal des Charakters der Hauptfigur gemacht ist.
Die kleine Schrift gibt sich als von Jean Paul herausgegebener und kommentierter Aufsatz, den ein borniert Rektor – als Familientyrann ist er hier schon behandelt worden –[5] für das Michaelis-Pro-

gramm seines Gymnasiums verfaßt hat. Eine mißglückte Wanderfahrt mit zwölf Primanern und der Tochter Kordula als begleitender Köchin wird darin im Stil der klassischen Autoren so beschrieben, als sei es ein Parallelereignis zum Heerzug der Zehntausend bei Xenophon oder zu Caesars Gallischem Krieg. Wie Caesar und Friedrich II. spricht Fälbel als Autor von sich zunächst in der dritten Person. „Den 20. Juli brach der Rektor (der Verfasser dieses) mit seinen Nomaden auf, nachdem er ihnen vorher eine leichte Rede vorgelesen, worin er ihnen die Anmut des Reisens überhaupt dartat und von den Schulreisen insbesondere forderte, daß sie sich vom Lukubrieren in nichts unterschieden als im Sitzen."[6] Dieser Ton wird durchgehalten, nur nimmt der fiktive Herausgeber sich die Freiheit, den mit gelehrten Reminiszenzen prunkenden „Heerführer" bisweilen zu unterbrechen, um seine eigenen, bald witzigen, bald ernsten Betrachtungen anzubringen. Die Reise führt durch verschiedene vogtländische Ortschaften und endet, bevor es zur Besteigung des Fichtelbergs kommt, mit einem längeren unfreiwilligen Aufenthalt in Thiersheim, wo der Gruppe das Geld ausgeht. Der Rektor hinterläßt zum Schluß seine Tochter dem Gastwirt als Pfand und tritt mit den Primanern den Rückweg an. Nur dadurch, daß Jean Paul, der als Pflegevater eines der Gymnasiasten vorkommt, dem Schulmann das Honorar für sein Michaelis-Programm vorschießt, wird das Mädchen wieder frei. (Übrigens soll im folgenden der Name „Jean Paul", falls damit nicht der Dichter selbst gemeint ist, sondern die von ihm gezeichnete, per „Ich" sprechende Figur, als die er häufig in seinen erzählenden Werken – wie früher J. P. F. Hasus in den Satiren – auftritt, von nun an zwecks leichterer Unterscheidung immer mit „JP" abgekürzt werden.)

Die komische Wirkung der Geschichte beruht vor allem auf der Unangemessenheit zwischen dem an Cicero geschulten Stil, in dem Fälbel spricht und schreibt, und den dürftigen Vorfällen einer Fahrt durch verschlafene Provinznester, in denen bestenfalls, wie in Hof, die Bauart der Klassen, der Bänke und des Katheders im Gymnasium „besichtigt" werden kann. Gleichzeitig gibt das manische Bestreben des Rektors, aus jeder, sei es noch so unpassenden Gelegenheit pädagogischen Nutzen herauszuschlagen, Stoff für köstliche Szenen her. Alle Primaner müssen z. B. unausgesetzt Schreibheft und Bleistift zur Hand haben, um Neuigkeiten sogleich zu notieren, und sind mit Meßstäben bewaffnet, „weil ja der Fichtelberg und die Straße dahin von den herrlichsten Gegenständen zum Messen wimmeln". Der Primus trägt eine Landkarte bei sich, auf der Fälbel jedesmal das Dorf zeigt, in dem man sich gerade befindet. So wird „vielleicht Motion und Geographie nicht ungeschickt verkettet". Merkwürdigkeiten, die nicht auf der Karte stehen, werden „aus Büschings Erdbeschreibung, 7. Auflage, Hamburg 1790, geschöpft und gelehrt", einem vielbändigen Werk, aus dem JPs fiktiver Pflegesohn der Gesellschaft allzeit über die Ortschaften, durch die sie jeweils wandert, vorlesen muß. Als am ersten Abend in Töpen einige Eleven auf die Berge steigen wollen, um die Landschaft zu betrachten, verwehrt ihnen Fälbel das, weil nach seinem Plan am nächsten Morgen ohnehin „natürliche Theologie und Vergnügen an der Natur dozieret und rekapitulieret werden" sollen. Dieser Naturgenuß in Gemeinschaft und auf Kommando gehört dann zu den Glanzstücken der Geschichte. Bei Sonnenaufgang versammelt man sich im Freien, der erste Band von Sturms „Betrachtungen über die Werke Gottes in der Natur" wird aufgeschlagen, und während die Schüler „die Augen vergnügt in der ganzen Gegend herumwerfen" müssen, rezitiert der Lehrer Sturms Darlegungen über die heitere Stimmung, die das lebensspendende Himmelslicht in jeder menschlichen Seele ausbreitet. Ständig wird derart gelehrt und gelernt.[7]

Angeregt ist die Humoreske durch Basedows Philanthropin, zu dessen Spezialitäten es gehörte, Schulreisen zu veranstalten und danach von Lehrern oder Schülern in der „Dessauischen Zeitung für die Jugend und ihre Freunde" beschreiben zu lassen. Das war an sich nichts Schlechtes, wie Basedow überhaupt zu seiner Zeit eine progressive Richtung der Pädagogik vertrat. Der Erzieher Jean Paul stand selbst den Bestrebungen Basedows nahe und wäre der letzte gewesen, diesen wirksamsten deutschen Apostel des Rousseauschen „Emile" zu verhöhnen. Aber die komischen Seiten der in Dessau inaugurierten Reformen reizten ihn zum Lachen, und wenn er von Schülern las, die unter Anleitung ihrer Lehrer den Auf- und Untergang der Sonne mit Liedern zum Preise des Schöpfers begleiteten, so konnte er der Versuchung nicht widerstehen, das humoristisch auszuschlachten. Dennoch ist der „Fälbel" keine Satire auf das Philanthropin. Was an diesem lächerlich war, dient bloß der komischen Ausschmückung. Der wirkliche Angriff richtet sich gegen das reaktionäre humanistische Gymnasium, gegen den Gymnasialpauker, der sich den Interessen des feudalen Polizeistaats verschrieben hat. Diesen Lehrertyp hat Jean Paul so gehaßt, daß er ihm in Fälbels Gestalt alle Charakterzüge verlieh, die ihm an Menschen zuwider waren, weshalb er schon bei der Übersendung der ersten Fassung an Otto mitteilte, er werde seinem Helden, je länger er über ihn schreibe, desto feindlicher.[8]

Fälbel ist nicht allein monoman, pedantisch, lebensfremd und von abstrusen Erziehungsgrundsätzen besessen, er wird auch moralisch als übler Patron charakterisiert. Daß er geizig ist, wäre an sich schon schlimm genug. Aber es geht ihm nicht nur darum, mit dem eigenen Vermögen zu knausern. Viel wichtiger erscheint ihm, daß andere zu kurz kommen. Die Unkosten der Reise könnte er in Geldform auf die Eltern seiner Eleven umlegen. Doch er legt Wert darauf, die Gastwirte nichts verdienen zu lassen. Deshalb müssen die Primaner eine

Unmenge geräucherter Würste mitbringen, die in einem Fuhrwerk verstaut und an den Aufenthaltsorten von Kordula gekocht werden. Trotzdem werden unterwegs die Wirtshäuser ausgiebig benutzt, aber so, daß für Besitzer und Personal nichts herausspringt, und jedesmal enden die Übernachtungen mit Gezänk, weil der Rektor um Pfennige feilscht. Empörend ist, wie früher geschildert, sein Verhalten zu der Tochter. Er, der sich darin nicht genugtun kann, mit seinem Wissen zu renommieren, enthält dem eigenen Kind, nur weil es weiblichen Geschlechts ist, jede Bildung vor. Frauen sind nach seiner Überzeugung von Natur aus minderwertig, und so behandelt er Kordula wie eine Sklavin. Der private Zweck, den er mit der Reise verbindet, besteht darin, daß er die Tochter irgendeiner adligen Familie, die er auf den vogtländischen Rittersitzen ausfindig zu machen gedenkt, zur Ausbeutung überlassen möchte.[9] Er hofft, auf diese Weise Beziehungen zu wohlhabenden, privilegierten Kreisen anzuknüpfen. Und als die Reisegesellschaft kein Geld mehr hat, geniert er sich nicht, das Mädchen wie einen leblosen Gegenstand zu versetzen. Pferd und Wagen läßt er nicht zurück, die tragen ihn nach Hause.

Im Umgang mit der Aristokratie erweist dieser Tyrann sich als Kriecher. Um Kordula an die Domestikenstube loszuwerden, sucht Fälbel in Schwarzenbach verschiedene adlige Familien auf. Er findet für seine lebende Ware zwar keinen Absatz, ist aber gerührt über die Huld, mit der man ihn, den schlichten Bürger, in den vornehmen Häusern empfängt. „Ich wurde – ich kann es nie vergessen – in die Wohnzimmer selber gezogen, über die Zahl meiner Dienstjahre, Intraden und Kinder aufmerksamst ausgefragt und nicht immer ungern – obwohl unwürdig – angehört." Aus dieser Erfahrung zieht er den Schluß: „Ich lehne mich gar nicht dagegen auf, wenn der Adel noch außer dem savoir vivre, das aus Büchern geschöpfet werden kann, von bürgerlichen Gästen begehrt, daß sie das weiche Wachs der Biegsamkeit und der Lobsprüche . . . in Mienen und Worten nicht knauserisch von sich geben. Jetzt ist überhaupt die Zeit, wo der höfliche Deutsche den frankreichischen Grobian, der darin sonst den Vorsprung hatte, überflügeln kann."[10]

Damit ist das hier wichtigste Stichwort gefallen. Unübertroffen an Höflichkeit waren die Franzosen, solange sie sich mit dem Feudalabsolutismus abfanden. Als Grobiane haben sie sich durch ihre Auflehnung gezeigt. Jetzt – 1791 – hat für den Deutschen die Stunde geschlagen, sich in unbeirrbarem Festhalten an Knechtsseligkeit und Devotion an die Spitze aller Völker zu setzen, die noch in Unterdrückung schmachten und weiter schmachten *sollen*. Ist Fälbel von Charakter egoistisch, geizig, mißgünstig, vereinigt er in seinem Verhalten Unterwürfigkeit nach oben mit despotischen Gelüsten nach unten, so ist seine Staatsgesinnung die eines Erzkonservativen.

Dies kommt während der Fahrt zum ersten Mal in Hof zum Vorschein, wo sich in einer Wirtsstube ein demokratisch eingestellter Handlungsreisender zu anderen Gästen abfällig über die Publizisten Girtanner und Hofmann, zwei berüchtigte Verleumder des revolutionären Frankreich, äußert. Der gar nicht gefragte Fälbel mischt sich in das Gespräch ein und läßt eine wüste Hetzrede vom Stapel. Kreuzestod, Deportation, Vorschmeißen vor Raubtiere, schreit er, seien geeignete Mittel, mit Aufständischen fertigzuwerden. So hätten es die – „obwohl republikanischen" – Römer gehalten. Und wenn man als Christenmensch die Strafe mildern und sich nur des Galgens bedienen wolle, so sei das immer noch nicht so zartfühlend wie das Verfahren der gegen Frankreich alliierten Feudalmächte, welche „die Nation, weil sie sich in eine Soldateska verwandelt hat, auch bloß nach dem Kriegsrecht strafen und nur arkebusieren wollen."[11]

Ein enger Zusammenhang besteht zwischen den politischen Ansichten des Rektors, seiner Auffassung des Erzieherberufs und der Art, wie er die Antike verehrt. Wäre, so fragt er den Handlungsreisenden, das „frankreichische hysteron proteron" möglich gewesen, „wenn jeder statt der französischen Philosophen die alten Autoren ediert und mit Anmerkungen versehen hätte?" Sicher nicht. Warum sei denn ihm, Fälbel, noch nie ein „insurgierender Gedanke gegen den gnädigsten Landesherrn" gekommen? Er treibe seine Klassiker und verachte „solches Gelichter wie Thomas Paine". „Mich ärgert's", berichtet er dann, „daß ich dem Haselanten noch vorhalten wollte, daß schon die Könige der Tiere, z. B. der Geierkönig, der Adler, der Löwe, ihre eignen Untertanen aufzehrten – daß ein Fürst, wenn er auch nicht einem ganzen Volke wohlwolle, doch einige Individuen daraus versorge und also immer gerade das Umgekehrte jener von französischen Philosophen ersonnenen göttlichen Vorsehung sei, die nur Gattung, nicht Individuen beglücke – und daß überhaupt gerade unter einer donnernden und blitzenden Regierung sich ein treues und geduldiges Landeskind am meisten erprobe. ... Kurz, ich wollte den Menschen eines öffentlichen Zeitungskollegiums werthalten, aber der republikanische Hase ... ging, ohne ein prosaisches Wort zu sagen, ... zur Tür hinaus. ... Indessen bracht' ich diese Belehrung bei meiner Jugend an, wo sie mehr verfing." Bei der Gelegenheit erwähnt Fälbel weiter, daß er nachgeforscht, ob je ein Kollege gegen seinen Landesherrn rebelliert habe. Das Ergebnis hat ihn befriedigt: „Ich kann zu meiner unbeschreiblichen Freude melden, daß sowohl die größten Philologen und Humanisten ... als auch besonders die verstorbne Session hiesiger Schuldienerschaft ... niemals tumultuieret haben. Männer spielen oder defendieren nie Insurgenten gegen Landesväter und -mütter, Männer, die sämtlich fleißig und kränklich in ihren verschiedenen Klassen von 8 bis 11 Uhr dozieren und die zwar Republiken erheben, aber offenbar nur die zwei bekannten auf klassischem Grund und Boden, und auch das nur wegen der lateinischen und griechischen Sprache."[12]

Der Kern von alledem ist abgründige Unmenschlichkeit. Sie läßt sich in Fälbels Mentalität vom Revolutionshaß nicht trennen. Dies zeigt sich in Marktleuthen, wo Rektor und Primaner zufällig die Erschießung eines ungarischen Soldaten erleben, der seine Truppe verlassen hat, um nicht in den aufständischen Niederlanden ihm unbekannte Menschen töten zu müssen. In scharfem Kontrast setzt Jean Paul die noble Haltung dieses Mannes von der des humanistisch gebildeten Pädagogen ab. Der Deserteur äußert als letzten Wunsch, Kleidungsstücke ausziehen zu dürfen, die er der alten Waschfrau beim Regiment für geschuldeten Wäscherlohn vermachen möchte. Fälbel hingegen bringt es fertig, seinen Schülern im Angesicht der Todesangst des Delinquenten lateinische Syntax beizubringen. Und als gleich darauf Schüsse knallen und der Mann tot zu Boden stürzt, knüpft Fälbel daran archäologische Betrachtungen über die alten Kriegsstrafen. „Ich zerstreute", berichtet er, „damit glücklich jenes Mitleiden mit dem Malefikanten, gegen das sich schon die Stoiker so deutlich erklären."[13] Über ein Jahrhundert mußte vergehen, ehe im Werk Heinrich Manns der kritische Realismus abermals und kaum eindringlicher die Bestie ans Licht zog, die in dem servilen, autoritätsgläubigen, sich eine „donnernde und blitzende" Regierung wünschenden deutschen Untertanen[14] steckt.

III

Am 2. Februar 1791 ging die Humoreske an Otto.[1] Am 17. Februar folgte ein weiteres Manuskript, fast zwei Drittel eines Werks enthaltend, mit dem Jean Paul unterdes eine neue Gattung der Poesie geschaffen hatte: „Leben des vergnügten Schulmeisterleins Maria Wutz in Auenthal".[2] Im Begleitbrief schrieb er: „Bei diesen mit unendlicher Wollust empfangenen und gezeugten vier Bogen bedenke: 1.) daß es in 10 Tagen geschah, 2.) und in gestohlenen Stunden vor und nach der Schule, 3.) und daß es soviel ist, als schlägst du das Ei auf und besiehest das rinnende Hühnchen, 4.) und daß es dürre Knospen und Vorübungen sind, damit unsereiner . . . einen Roman in die Welt setzen könne."[3] Otto spendete der Arbeit im ganzen Lob, beanstandete aber Einzelheiten. Am 12. März übersandte Jean Paul ihm den Rest und äußerte sich diesmal über das neue Opus fast mißtrauisch. Das Schreiben sei ihm allzu leicht gefallen. Die empfohlene Überarbeitung wolle er daher vertagen. „Ich will mich an etwas Schwierigers oder wenigstens mit mehr Anstrengung machen. Man verdirbt sich, wenn man zwei-, dreimal zur Lust nachlässig wegschreibet, und man will's immerfort nachher."[4]

Das Schwierigere, das er drei Tage darauf in Angriff nahm, war die

Niederschrift der „Unsichtbaren Loge". Erst im Oktober unterbrach er diese Hauptarbeit, um sich abermals dem „Wutz" zuzuwenden, wobei er jetzt Ottos Einwände berücksichtigte und überdies ein paar neue Episoden einflocht.[5] Dann kam wieder der Roman an die Reihe, und Monate nachdem er unvollendet abgebrochen war, im Juli 1792, ging das Manuskript des „Wutz" nach Berlin, an K. Ph. Moritz, der inzwischen den Torso der „Loge" enthusiastisch beurteilt hatte[6] und nun entscheiden sollte, ob es ratsam sei, ihr im Anhang das Schulmeisterlein „beizuleimen".[7] Überschwenglich antwortete Moritz: „Der Wutz' Geschichte verfaßt hat, ist nicht sterblich", und teilte mit, daß er seinen Schwager, den Buchhändler Matzdorff, bewogen habe, Roman *und* Idylle zu verlegen.[8] So ist der „Wutz" nicht separat, sondern im Frühjahr 1793 als Anhang zur „Unsichtbaren Loge" erschienen. Eine Verbindung beider Werke hat der Autor dadurch hergestellt, daß er das Gut, auf dem der Hauptheld des Romans, Gustav, aufwächst, bei Auenthal, dem Schauplatz der Idylle, ansiedelte, einige Ackerlängen vom Dorf entfernt, und den Sohn des Maria Wutz, Sebastian, als Nachfolger seines Vaters im Schulamt zur Nebenfigur des Romans machte.[9] Da infolgedessen Auenthal zu dem fiktiven Fürstentum Scheerau gehört, wo die Handlung der „Loge" spielt, lag es nahe, das Alumnat, auf das Wutz d. Ä. als Knabe geschickt wird, in die Residenz gleichen Namens zu verpflanzen.[10] JP tritt in beiden Werken auf: In der Idylle ist er Zeuge des Sterbens von Maria Wutz, im Roman logiert er zeitweilig bei Sebastian.[11]

Der Untertitel weist den „Wutz" als *eine Art* Idylle aus. Die sich darin offenbarende Unsicherheit hinsichtlich seiner Zuordnung zu einem bestimmten Genre erscheint heute als unverständlich. Das liegt aber daran, daß man beim Wort „Idylle" die Merkmale mitzudenken gewohnt ist, um die erst Jean Paul – durch Werke wie „Quintus Fixlein", „Jubelsenior", „Fibel", „Selberlebensbeschreibung" – diesen Begriff erweitert hat. Der „Wutz", der die genannte Reihe eröffnet, war zu seiner Zeit tatsächlich ein literarisches Gebilde eigener Art, das sich nur schwer klassifizieren ließ. Voß' „Luise" und Goethes „Hermann und Dorothea", die wenig später das gleiche Genre in anderer Weise erweitern sollten, haben mit der Geschichte des Schulmeisterleins zwar soviel gemeinsam, daß auch sie die alltägliche Lebenswirklichkeit ihrer Zeit widerspiegeln. Doch abgesehen von den – stärker ins Gewicht fallenden – Unterschieden, lagen sie 1791 noch nicht vor. Eine Idylle, die sich von antiken Mustern vollständig emanzipiert hat, die in Form und Erzählweise, Stoff und Gehalt absolut modern sein will, die das „Vollglück in der Beschränkung" zeigt und zugleich die Schranken, in die es gebannt ist, mit schonungsloser Realistik sichtbar macht, eine Idylle, die ein ganzes Menschenleben schildert und dabei Humor und Melancholie, Witz und Gefühl, satirische Bitterkeit und trauliche

Herzenswärme unentwegt einander abwechseln, ineinander umschlagen läßt – dergleichen hatte es noch nicht gegeben. Ohne Vorbild, unbedingt eigenwillig in der poetischen Substanz wie im Stil, mit einem Helden, der keiner Gestalt eines vorhandenen Literaturwerks vergleichbar war, getragen von einer lyrisch heiteren, verschmitzten und besinnlichen, humorigen und doch wieder elegisch getönten Grundstimmung, so stand der „Wutz" plötzlich da, so war er seinem Schöpfer in wenigen Tagen frei und leicht aus der Feder geflossen. Kein Wunder, daß dieser dem eigenen Gebilde fürs erste ratlos gegenüberstand, sich für das Geschehene fast entschuldigte, noch anderthalb Jahre danach unsicher war, ob das kleine Werk wert sei, gedruckt zu werden, und nicht wußte, wie er es ästhetisch rubrizieren sollte.

Will man den „Wutz" in einen genregeschichtlichen Zusammenhang stellen, der dem Verfasser bewußt gewesen sein könnte, so kommen dafür allenfalls die von Theophrast ausgehenden Charakterbeschreibungen in Betracht, eine Gattung, die im 17. Jahrhundert in England, seit dem Verfall des Dramas, zu neuer Blüte gelangt war. Angesichts der Vertrautheit Jean Pauls mit der englischen Literatur ist anzunehmen, daß er die berühmteste Sammlung von „characters", John Earles „Microcosmography", gelesen hat. Belegen läßt sich, daß er seit 1781 den „Hudibras" von Samuel Butler, einem Autor, von dem ebenfalls ein Buch mit „characters" stammt, kannte.

Freilich stellt der „Wutz" auch dieser Überlieferung gegenüber etwas qualitativ Neues dar. Während die „characters" Miniaturskizzen sind, in denen Menschen*typen* moralisch-satirisch analysiert werden, ist „Wutz" eine hochpoetische Dichtung, die synthetisch, Zug um Zug eine unverwechselbare *Individualität* aufbaut. Dennoch schiene hier eine Anregung plausibel, um so mehr, als „Wutz" aus einer Periode stammt, in der Jean Paul um seines Romanprojekts willen sich intensiver denn je mit dem englischen Literaturerbe befaßte, und Gestalten wie Freudel und Fälbel den „character"-Typen nahekommen. Von einer Wirkung indes, die damals die Idyllendichtung des 18. Jahrhunderts oder deren antike Muster auf sein Schaffen ausgeübt hätten, kann schwerlich gesprochen werden. Von dieser Tradition scheint er nicht einmal in dem Sinne ausgegangen zu sein, daß er den „Wutz" bewußt gegen sie konzipiert hätte; vermutlich hat er sie einfach ignoriert. Sein „Jubelsenior"[12], durch die „Luise" und den „Siebzigsten Geburtstag" von Voß angeregt, entstand 1796/97, und was die Betrachtungen zum Problem der Idylle angeht, die in der „Vorschule der Ästhetik" (1803/04) stehen[13], so gehen sie auf Studien zurück, die sicher auch erst im Laufe der neunziger Jahre eingesetzt haben. Im Gegensatz zu den Satiren und den Romanen Jean Pauls ist also seiner ersten Idylle wahrscheinlich keine Auswertung der Errungenschaften anderer vorausgegangen. Der sonst so planmäßig verfahrende, sorgfältig sein Handwerkszeug zubereitende, die Erfahrungen seiner Vorgänger nutzende Dichter hat sich diesmal einzig seinem Ingenium überlassen.

Wenn hier trotzdem jetzt an den bekanntesten Idylliker des 18. Jahrhunderts, Salomon Geßner, erinnert werden soll, so nur wegen des lehrreichen Kontrasts. Die Idyllen Geßners spielen in einem schönen Arkadien, das es nie gegeben hat und von dem keiner weiß, wo es sich befinden soll. Harmonie und Glück werden in einem Unschuldszustand gesucht, in dem Konflikte, Schmerz und Leid nur deswegen nicht existieren, weil alle Wirklichkeit wegretuschiert ist. Dieser Zustand soll Natur sein und ist in Wahrheit verkünstelt, wie es sich ärger kaum denken läßt. Er soll der Einfalt und Tugend ein Asyl bieten, ist aber erfüllt von jenem verderbten Raffinement, dem das Rokoko dann am wenigsten zu entfliehen vermochte, wenn es sich bukolisch gebärdete. Eine neckisch tändelnde, süßlich schmachtende, küssende und kosende Schäferwelt zwischen murmelnden Bächlein, bei Flötenspiel, von Zephyrswinden umsäuselt, tut sich da auf, unausstehlich in ihrer Verlogenheit, dabei farblos, arm an Phantasie, mit Gestalten, die, statt Menschen, überzuckerte, parfümierte Abstraktionen sind. Anders der „Wutz“: Angesiedelt in einem realistisch gezeichneten historisch-konkreten Milieu, hat er einen scharf individualisierten Helden, dessen Lebensumstände durch die typischen Verhältnisse in einem deutschen Duodezstaat zur Zeit der Französischen Revolution bedingt sind. Durchweg spielt er sich auf dem Boden des Tatsächlichen ab, ohne es auch nur geringfügig aufzuschönen. Nun stand Geßner um 1790 nicht mehr in uneingeschränktem Ansehen. Längst hatte Herder erklärt, daß der lorbeergekrönte Schweizer hinter Theokrit, auf den er sich gerne berief, zurückbleibe, da bei dem Griechen jedes Wort naiv, charakteristisch, farbig, fest und wahrhaftig sei.[14] Voß hatte dann, noch bevor er die „Luise“ schrieb, an Theokrit selbst angeknüpft, und er und der Maler Müller, ursprünglich Epigone Geßners, hatten sich volkstümlichen Stoffen zugewandt, die sie aus der heimischen Gegenwart bezogen.[15] Das waren Schritte auf dem rechten Weg. Die Ergebnisse fielen jedoch immer noch fragwürdig aus, derart, daß der Vergleich mit dem „Wutz“ hier abermals einen Kontrast ergibt. Die Voßsche Idylle verfällt zuweilen ins Nüchtern-Prosaische, Lehrhaft-Absichtliche, in hausbackenes Moralisieren und subalterne Zutraulichkeit. „Wutz“ dagegen ist reine Poesie, von einem Gefühlsreichtum, einer Innigkeit und Zartheit, wie man sie sonst nur in romantischer Lyrik antrifft, dazu würzig und echt in seinem Humor und nie penetrant, wenn ernste Töne angeschlagen werden. Was aber die wichtigste Differenz ausmacht: Bei Voß werden zum ersten Mal die Gefahren spürbar, denen die moderne Idylle ausgesetzt ist, wenn sich in ihr gegenwartsnahe Thematik, zumal deutschbürgerlicher Provenienz, und klassizistischer Stilwille durchdringen.

Das Bestreben des Homer-Übersetzers Voß, Genrebildchen deutschen Kleinlebens in antike Formen zu gießen, deutsches Provinzphilisterium zu edler Kunstidealität hinaufzustilisieren, hat trotz seines dezidierten Demokratismus zur Apologetik geführt. Und das gilt für „Hermann und Dorothea" auch, ja, wegen der überlegenen Schönheit der Goetheschen Verse in noch stärkerem Maße. Denn wer nüchtern, will sagen: unberauscht vom Glanz dieser Verse, erwägt, was der Wirt vom Goldenen Löwen und seine Gattin, was Apotheker und Pastor da eigentlich in Hexametern von sich geben, wer sich weiter das gehobene Magdtum ausmalt, dem das heroische Mädchen Dorothea, in solchem Lebenskreis zur Eheliebsten erwählt, entgegengeht, der muß selber im Spießbürgertum verwurzelt sein, wenn sich ihm nicht die Frage aufdrängen soll, ob diese Welt es denn wert war, daß Goethe auf sie verklärende Strahlen aus der Sonne Homers fallen ließ. Tatsächlich haben Generationen deutscher Spießer sich, wie durch Schillers „Glocke", so auch durch „Hermann und Dorothea" geschmeichelt gefühlt und deren Kunstvollendung als Beweis für die Vortrefflichkeit der eigenen Lebensformen empfunden, von denen, wie sie meinten, die herrliche Dichtung inspiriert worden sei. War das ein Mißverständnis, dann ein von Goethe nicht unverschuldetes. Würde und Hoheit des antikisierenden Stils haben es ihm verwehrt, der Idylle jene kritisch-satirischen Lichter aufzusetzen, ohne die das Bild eines Ausschnitts der deutschen Misere nicht realistisch ausfallen konnte. Solche Lichter fehlen, bekanntlich, in dem später gemalten Winkelglück der Spitzweg und Ludwig Richter. In dem monumentalisierten Philisterbehagen des edelsten Versepos der deutschen Klassik vermißt man sie erst recht. Und dies ist der Punkt, in dem die Idylle Jean Pauls sogar die Goethesche überragt: Dank der Modernität ihrer Form, der kritisch-realistischen Auffassung der gesellschaftlichen Totalität und einer humoristischen Darstellungsweise, die jederzeit aus passendem Anlaß ins Satirische umschlagen kann, ist sie dem Zustand, den sie widerspiegelt, angemessener.

IV

Wie ist Jean Paul dazu gekommen, den „Wutz" zu schaffen? Dem zitierten Brief an Otto zufolge handelt es sich hier wieder um eine Vorübung zum Romaneschreiben. Dabei wird diesmal auch der – in „Zaus", „Freudel", „Fälbel" noch ignorierten – Liebe Tribut gezollt. Bei der Planmäßigkeit, mit der der Dichter 1790/91 vorging, ist also anzunehmen, daß er vor der Ausarbeitung der „Unsichtbaren Loge" erst seine Fähigkeit, eine Liebesgeschichte zustande zu bringen, hat erproben wollen. Dafür, daß dies der Ausgangspunkt für die Konzeption der Idylle gewesen ist, spricht übrigens im Text die Ankündigung, jetzt werde er sich zum ersten Mal „an ein Blumenstück gemalter Liebe machen"[1] (das mißlungene in „Abälard und Heloise", ein Jahrzehnt früher, hat er vergessen). Nun pflegen Poeten, wenn sie von Liebe handeln, ihre eigenen Passionen darzustellen. Das geschah im vorliegenden Fall auch. Nur lag, in Ermangelung einer aktuellen Herzensaffäre, das inspirierende Erlebnis weit zurück. Jean Paul konnte die fällige Liebesgeschichte, wollte er nicht etwas von A bis Z Ausgedachtes liefern, einzig der eigenen Kindheit entnehmen, und da hatte sich seiner Erinnerung eine von Poesie umflossene Erfahrung eingeprägt: die sehnsüchtige, scheue Neigung, die er als Knabe im Dörfchen Joditz für ein gleichaltriges, pockennarbiges Bauernmädchen gefühlt hatte. Dieses Wesen, von ferne angebetet, ohne daß es auch nur zu einem Gespräch gekommen wäre, hieß Augustina, und den Namen Justina trägt die Heldin des „Wutz", deren Verehrer somit der kleine Pfarrerssohn Fritz Richter in den Jahren vor 1775 ist.[2]

Damit wäre bereits das zweite Motiv angedeutet, das den Anstoß für den „Wutz" gegeben haben dürfte: das Schwelgen in Kindheitserinnerungen. Der Hang dazu, der bei Jean Paul ungewöhnlich früh, schon in „Abälard und Heloise", zutage trat[3] und ihn zeitlebens in selig-produktive Stimmungen versetzen konnte, hat ihm, wie viele spätere Dichtungen[4], so unzweifelhaft auch sein erstes Idyllion eingegeben. Man vergleiche den „Wutz" mit der „Selberlebensbeschreibung", in welcher der Fünfundfünfzigjährige seine Kindheit bis zur Einsegnung wiedergibt[5], und man wird, bei allen Unterschieden im einzelnen, feststellen, daß die Atmosphäre beider Werke die gleiche ist, daß namentlich in der Wesensart und Erlebnisweise ihrer Helden frappante Übereinstimmung besteht. Es gehört zu den rührenden Zügen dieses Dichters, daß er, der als Satiriker die Fürsten angriff, der in seinem Wissensdrang ganze Bibliotheken exzerpierte, der als Denker mit tiefen philosophischen Problemen rang, nur an die entschwundenen Kindertage in einem fränkischen Dörfchen zurückzudenken brauchte, um aus der Innerlichkeit seines Gemüts eine quellende, webende, jubilierende Welt des Glücks herauszustellen. Sobald er an diesem Punkt den Hebel ansetzte, kam der Born seiner Poesie ins Strömen. „Wutz" ist das erste große Beispiel dafür.

Ein dritter Grund der Sujetwahl ist in dem Bedürfnis des Lehrers zu sehen, den eigenen Berufsstand von einer anderen Seite her anzuleuchten, als es soeben im „Fälbel" geschehen war. Kontrastbilder unterschiedlicher Pädagogen-Typen zu zeichnen scheint Jean Paul von 1789 an als Aufgabe ersten Ranges betrachtet zu haben – Wirkung sowohl des Rousseauschen „Emile" als auch der eigenen Erzieherpraxis, wie sie oben als eines der Momente seines Reifens interpretiert worden ist.[6] In der „Loge", im „Hesperus", im „Fixlein", im „Titan" – überall wimmelt es von schlechten und guten, niedrig komischen und fast überirdisch idealen Lehrern. Bei solch professionell bedingter Vorliebe konnte der Typ des kleinen Dorfschulmeisters, der sich im Vogtland vermutlich zu Dutzenden in schnurrigen Exemplaren der Beschreibung darbot, unmöglich lange übersehen werden. Und da nach dem Scheusal Fälbel, um des gerechten Ausgleichs willen, möglicherweise sogar – ein bei Jean Paul oft wiederkehrendes Motiv – zur „Erholung" des Autors, ohnehin ein liebenswerter Repräsentant desselben Metiers fällig war, der zwar auch Produkt miserabler Zustände im Erziehungswesen ist, aber auf herzgewinnende Art, fiel die Wahl nicht schwer. Und viertens: Während die Idee des „Fälbel" noch aus der Zeit der „Kreuzerkomödie" stammt[7], stellt der „Wutz" die erste Dichtung dar, die nach der Todesvision des 15. November 1790 ab ovo neu konzipiert worden ist, jenes „wichtigsten Abends", an dem Jean Paul, bis zum Wahnsinn vom Bewußtsein seiner und aller Vergänglichkeit durchdrungen, sich das Ethos umfassender Menschenliebe erobert hatte, das mit dem neuen Leitbild des „hohen Menschen" das Vakuum in seinem Innern ausfüllen sollte, worin vorher der stoische Weise, inzwischen als egoistisch durchschaut, als verantwortungslos kontemplativ verworfen, angesiedelt gewesen war.[8] Die Stimmung des aufwühlenden Erlebnisses vom November klingt in dem kleinen Werk nach. Gleich der erste Satz nimmt in die Idylle den Tod mit hinein: „Wie war dein Leben *und Sterben* so sanft und meerstille, du vergnügtes Schulmeisterlein Wutz!"[9] Und wenn der Dichter aus dem Innewerden der Daseinsendlichkeit den Vorsatz ableitete, „den armen, zerrinnenden Schatten, die man Menschen nennt, nichts zu machen als Freude"[10], so war der „Wutz", nach der bloß artistischen Erprobung des zwecklosen Humors im „Freudel", der erste Versuch, diese Absicht produktiv auszuführen. Durch seine komische Kraft den Mitmenschen Vergnügen zu spenden, statt sie, wie in den Satiren, immer nur durch Bitterkeit zu quälen, das war die neue Aufgabe, die Jean Paul sich damals in seinen Tagebuch-Aufzeichnungen stellte. Und dabei wird ihm vielleicht auch schon die Idee des „Freudenspiels", wie er sie später, im § 73 der „Vorschule der Ästhetik"[11], dargelegt hat, aufgegangen sein. „Freudenspiele" nämlich hat er, der „Vorschule" zufolge, mit seinen Idyllen schaffen wollen, Werke, die nicht, wie das Trauerspiel, Anlässe von Leid und Schmerz gestalten, aber auch nicht mit der Schadenfreude des Lustspiels das Auslachen komischer Personagen provozieren, sondern den Genuß reiner Mitfreude an einem glücklichen Helden gewähren.

V

Gab es das damals in den Dörfern des Vogtlands: einfache Menschen, die so glücklich waren, daß die Schilderung ihres Alltags Mitfreude zu erwecken vermochte? Und wenn ja, waren derartige Fälle gesellschaftlich typisch? Konnten Dichtungen mit solchem Sujet lebenswahr sein? Diese Fragen rühren an den sozialen Kern der Jean Paulschen Idylle. Von ihrer Beantwortung hängt es ab, wie diese vom realistischen Standpunkt aus zu beurteilen ist.

Mit den Prinzipien des Realismus steht die einschlägige Theorie in der „Vorschule" insofern in Einklang, als sie an lauter Ausnahmefällen bzw. eng umgrenzten Lebensausschnitten exemplifiziert wird. Nach § 73 hat die Idylle „das Vollglück in der Beschränkung" zu zeigen, und die Beispiele, die dies erläutern sollen, sind so gewählt, daß sie, ohne unidyllisch zu sein, als Hintergrund eine beliebig düstere Totalität des Lebens zulassen. Man könne, heißt es da, die Fahrt eines Fuhrmanns bei gutem Wetter und gutem Straßenbau, unterbrochen von einer Rastpause mit schmackhaftem Mahl, zur Idylle erheben und dem Mann, was aber schon Überfluß sei, im Gasthof gar seine Braut anbieten. Desgleichen sei es möglich, die Ferien eines Schulmanns zu schildern, von dem soeben ein Buch gedruckt worden ist, oder den blauen Montag eines Handwerkers oder die Taufe des ersten Kindes oder auch den ersten Tag, an dem eine von Hoffesten mattgehetzte Fürstenbraut endlich mit ihrem Fürsten allein in eine blühende Einsiedelei hinausfährt. Alle diese Menschen könnten von sich sagen: Auch wir waren in Arkadien.[1] Demnach sind es ephemere Situationen, winzige Inselchen des Wohlbehagens, der Harmonie und Zufriedenheit, die der Idylle als Stoff zu Gebote stehen. Und die Inselhaftigkeit unterstreicht Jean Paul, indem er äußert, sogar das Leben Robinsons und das Rousseaus auf Saint Pierre erquickten uns mit Idyllenduft und -schmelz.[2] Namentlich die Berufung auf Rousseau ist hier bezeichnend; denn die kurze, vorübergehende Episode seines Geborgenseins auf dem romantischen Eiland im Bieler See, das unbekümmerte Botanisieren des Flüchtigen, der nicht ahnt, daß man ihn nächstens aufs neue vertreiben wird, spielen sich in den „Confessions" nicht nur buchstäblich auf einer Insel ab, sondern sind in ihrer ephemeren Sorglosigkeit auch inselhaft von Gefahr und Verfolgtsein umgeben[3], gerade so, wie die harte, schmerzerfüllte Wirklichkeit einer repressiven Gesellschaft die wenigen Stunden ungetrübten Glücks, die dem einfachen Menschen blühen, zu umstellen pflegt.

Dasselbe gilt unleugbar auch für die idyllischen Einsprengsel in Jean Pauls großen Romanen, etwa in der „Unsichtbaren Loge" für den Aufenthalt in Lilienbad und den Tag auf der Insel (!) Teidor[4] oder im „Hesperus" für die Kindstaufe bei den Eymanns und die Maienthaler Seligkeit.[5] Seine poetische Praxis liefert für seine realistische Theorie insoweit die Probe aufs Exempel. Es fragt sich indes, ob davon seine rein idyllischen Werke nicht a priori auszunehmen sind. Wird, wie in „Wutz", „Fixlein" und „Fibel"[6], das „Vollglück in der Beschränkung" auf ganze Lebensläufe kleiner Leute ausgedehnt, so scheint eine schönfärbende Verfälschung der Gesellschaft, eine Verzerrung der realen Proportionen von Freud und Leid im Leben der Armen unvermeidlich. Interessanterweise ist dem nicht so. Sieht man sich die Glückspilze in diesen Büchern näher an, so erkennt man, daß ihr Autor sich der Gefahren, die in der idyllischen Biographie stecken, voll bewußt gewesen ist und jedesmal Mittel und Wege gefunden hat, sie zu eliminieren. Auch hier bewährt er sich als Pionier des kritischen Realismus, als ein Dichter, dem jedwede apologetische Tendenz fremd ist.

Es lohnt, unter diesem Gesichtspunkt einen prüfenden Blick auf den „Fixlein", den „Jubelsenior" und die „Selberlebensbeschreibung" zu werfen. (Im „Fibel" stehen andere, für die Altersperiode spezifische Fragen im Vordergrund, die im gegebenen Kontext nicht zu interessieren brauchen.[7]) Egidius Fixlein, Pfarrerssohn und selbst Kandidat der Theologie, von Haus aus ein Hungerleider, hat plötzlich, unvermutet Grund zur Zufriedenheit. Überraschend schnell macht er „Karriere". Eben erst zum Quintus (fünften Lehrer) ernannt, wird er zum Konrektor befördert, und kurz danach beruft man ihn zum Pastor seines Heimatdorfs. Mehr verlangt er vom Leben nicht, und seiner armen, verwitweten Mutter, die in einem Gärtnerhäuschen lebt, von dem aus sie lange Jahre sehnsüchtig zum Pfarrhaus hinübergeblickt hat, geht ihr größter Wunsch in Erfüllung: Der Sohn besteigt die Kanzel. Fixlein kann sogar um das Fräulein Thienette werben, eine – wenn auch verarmte – Adlige, die zu begehren er früher nie gewagt hätte. Verlobung, Hochzeit, Kindstaufe. Ein alter Familienaberglaube, der den männlichen Fixleins frühen Tod verheißt, stellt sich als unsinniges Märchen heraus. Alles ist gut und schön.[8]

Eine solche Laufbahn brauchte der Idylliker Jean Paul, um vor dem Hintergrund eines vogtländischen Dörfchens mit leuchtenden Farben Freude und Seligkeit zu malen. Aber wie motiviert er sie? Nicht mit den Fähigkeiten und Verdiensten seines Helden. Das würde der Misere einer Gesellschaft widersprechen, in der das Verdienst typischerweise nicht belohnt wird (wie dies die Satiren wiederholt eingeschärft haben). Vielmehr ist Fixlein begünstigt durch groteske Zufallsfügungen, die einmal zeigen, daß er von den Launen seiner Patronatsherren und den willkürlichen Beschlüssen eines korrupten Magistrats abhängt, und zum anderen, daß selbst ein so bescheidenes Glück unter diesen Bedingungen eine märchenhafte Ausnahme darstellt.

Es fängt damit an, daß Fixleins Weg haarscharf am Rand des sozialen Abgrunds entlang führt. Denn bei dem Gutsbesitzer im Heimatdorf Hukelum ist er in Ungnade gefallen. Infolge eines Mißverständnisses bildet Herr v. Aufhammer sich ein, der Quintus habe nach ihm seinen Hund getauft. Alle Erklärungen helfen nichts. Der Baron bleibt unerbittlich.[9] Zufällig ist jedoch dessen kranke Frau dem jungen Mann gewogen. Nicht, daß sie gerechter wäre, aber sie ist bigott, und weil Fixlein ihr versichert, streng orthodox zu sein, und das mit einer erbaulichen Vermahnung an ihrem Krankenbett unter Beweis stellt, schließt sie ihn ins Herz.[10] Zwar steht es nicht in ihrer Macht, ihm eine Versorgung in Hukelum zu verschaffen – hier bestimmt ihr Mann –, aber sie kann ihn zum Konrektor am Gymnasium machen, da diese Stelle vom Rat der Stadt Flachsenfingen besetzt wird, wo die Baronin gute Beziehungen zu den Honoratioren hat: Beim Bürgermeister kauft sie ihren Kaffee, beim Stadtsyndikus die Lichter. So kommt es zu Fixleins erster Beförderung.[11] Fast gleichzeitig mit dem Tode der Gönnerin, die ihrem Schützling noch ihr Himmelbett und ein paar Dukaten vermacht, stirbt auch der alte Hukelumer Pastor. Herr v. Aufhammer will die vakante Pfarre natürlich nicht an Fixlein vergeben, den er immer noch haßt, wohl aber an einen entfernten Vetter desselben, den – unsympathischen – Subrektor v. Füchslein. Der Gerichtshalter des Barons verwechselt jedoch die ähnlichen Namen und fertigt so eine an Fixlein gerichtete Vokation aus, die der Patronatsherr, nur um sich Blamage und Scherereien zu ersparen, dann nicht widerruft. „So sehr wächset unser bürgerliches Glück", resümiert Jean Paul, „bloß auf der Flugerde von Zufälligkeiten, Konnexionen, Bekanntschaften und der Henker oder der Himmel weiß von was."[12]

Der „Jubelsenior"[13] ist keine idyllische Biographie, sondern ein Idyllion der ephemeren Situation: Dorfpfarrer Schwers begeht sein fünfzigjähriges Amtsjubiläum und feiert am selben Tag Goldene Hochzeit. Doch auch in diesem Rahmen macht der Dichter die beschämende Abhängigkeit des kleinen Mannes von der Willkür der Herrschenden sichtbar. Schwers' größter Wunsch, seinen Sohn, den Adjunkt Ingenuin, als Nachfolger im Amt begrüßen zu können, scheint erst in Erfüllung gehen zu wollen, erweist sich kurz vor dem Doppeljubiläum aber plötzlich als aussichtslos. Die Enttäuschung der Familie ist um so bedrückender, als die Pflegetochter des Hauses, Alithea, und Ingenuin sich lieben und die Vokation ihnen die Heirat ermöglichen würde. Hilfesuchend wendet man sich an eine frühere Hofdame, ein ältliches Fräulein, das, von der Not des jungen Paares erschüttert, einen einstigen ungetreuen Liebhaber, Herrn v. Esenbeck, derzeit Maître de Plaisir am Hof von Flachsenfingen, brieflich ersucht, beim Fürsten Januar in der Sache vorstellig zu werden. Der Höfling öffnet das Schreiben aber nicht, denn er argwöhnt, daß die Verlassene es immer noch auf ihn abgesehen habe. Zufällig erfährt JP, unehelicher Sohn des Fürsten und dessen Außenminister, von der Angelegenheit und nimmt sich der Pfarrersfamilie an. Er geht selbst zu Serenissimus, und da dieser soeben einen anderen Bittsteller abgewiesen hat, was er ungern zweimal hintereinander tut, wird der

Wunsch erfüllt, ja, aus einer huldreichen Laune will der Fürst die Vokation sogar persönlich am Jubelsonntag überbringen. Das hätte JP eigentlich lieber selbst getan, um sich an dem Glück der Familie zu erfreuen und „ins zitternde Herz, wenn es sich weit und gewaltsam zur Aufnahme der großen Wonne öffnen muß, tief hineinzusehen". Indes er hütet sich, das zu sagen, aus Furcht, sein Vater könnte unwillig werden und seine Entscheidung wieder rückgängig machen. „So war weiter kein Spaß und zum Einwenden kein Wort; ich hätte den Adjunktus mit drei dummen Worten um Braut und Kanzel bringen können." Das Schicksal der Familie – und damit das Glück, das die Idylle malen will – hängt folglich, wie im „Fixlein", an einem seidenen Faden.[14] Prompt vergißt der Potentat, was er sich vorgenommen hat, und macht, statt den Jubelsenior zu besuchen, eine Lustpartie, so daß bis zuletzt alles in der Schwebe bleibt. Nur dadurch, daß JP, unter Verletzung seiner Pflichten als Hofmann, einen förmlichen Betrug begeht, wird der Jubeltag im Pfarrhaus für alt und jung noch ein herrliches Fest.[15]

Die „Selberlebensbeschreibung"[16] findet, bei gleicher Tendenz, formal einen anderen Weg, um Idylle und kritischen Realismus zu verbinden. Sie hat die Form von Vorlesungen. Der „Geschichtsprofessor" JP doziert darin über den kleinen Fritz Richter fast so, als wäre das ein anderer Mensch als er, fällt dabei aber, scheinbar regellos, in Wahrheit wohlüberlegt, immer wieder aus der Rolle und erzählt ganze Passagen doch in der ersten Person. So ist die Schilderung des ersten Kusses, dieser „Einzig-Perle von Minute", in Ich-Form gehalten[17], während vorher, bei der Beschreibung der kümmerlichen Bildung, die Fritz vermittelt wird, der fiktive Professor ausruft: „Gott gebe doch dem armen Knaben einmal einen gründlichen Lehrer, wünsch' ich, so wenig auch überall dazu sich Aussicht zeigt!"[18]

Was hat Jean Paul damit beabsichtigt? Anscheinend hat er einerseits keinen trockenen Tatsachenbericht geben, sondern das sich geborgen fühlende glückliche Dorfkind sowie – vor allem – den alten Mann, der in Erinnerungen schwelgt, mit der Schönheit und Leuchtkraft ihrer Empfindungen unmittelbar zu Wort kommen lassen wollen – und auf diese Weise ist ihm die Autobiographie zu einer seiner kostbarsten Idyllen geraten. Andererseits hat er aber auch zu vermeiden gesucht, das deutsche Dorf des 18. Jahrhunderts und die Zustände im damaligen Ansbach-Bayreuth nur aus der Perspektive dieser beiden trunkenen, seligen Schwärmer darzustellen, weil er wußte, daß dies ein schöngefärbtes Bild ergeben hätte, und hat deswegen den distanzierten, nüchtern überlegenen, zur Satire aufgelegten Professor eingeführt, der die z. T. empörenden Realitäten bei Namen nennt und mit seinem Kommentar das Idyll sozialkritisch verfremdet. Im Grunde soll also das Schwanken zwischen erster und dritter Person, weit entfernt, zweckloses Produkt barocker Erzählmanier zu sein, dieselbe Funktion erfüllen wie früher die satirisch pointierten günstigen Zufälle, die im „Fixlein" und im „Jubelsenior" zwar unwahrscheinlich sind, aber eben dadurch um vieles typischer, als es unter den obwaltenden Verhältnissen ein vernünftig motiviertes Berufsglück der betreffenden Helden wäre.

VI

Blickt man von da her jetzt auf den „Wutz" zurück, so findet man in ihm unter anderem auch den ersten Keim jener Fabelkonstruktion, wie sie später im „Fixlein" und abermals im „Jubelsenior" benutzt werden sollte, um sogar im Genre der Idylle ein realistisches Bild der verfaulenden Feudalgesellschaft zur Geltung zu bringen. Auch im „Wutz" geht es an einer für den Fortgang der Handlung belangvollen Stelle darum, daß die Laufbahn des Helden – freilich die noch bescheidenere eines Dorfschullehrers – von dem Belieben eines großen Herrn abhängt, der unter grotesk unsachlichen Gesichtspunkten personalpolitische Entscheidungen trifft.

Die Wutze haben seit der Schwedenzeit in Auenthal den Schulmeister gestellt. Als der Vater des Maria stirbt, ist dieser Sekundaner. Um die Nachfolge anzutreten, verläßt er das Scheerauer Alumneum. Der Gutsbesitzer, ein Herr v. Ebern, hat jedoch anders disponiert. Er hielt „seinen ausgedienten Koch an der Hand, um ihn in ein Amt einzusetzen, dem er gewachsen war, weil es in diesem ebensogut wie in seinem vorigen Spanferkel . . . totzupeitschen und zu appretieren, obwohl nicht zu essen, gab". Hier folgt eine satirische Abschweifung, die mit der üblen Praxis abrechnet, die Dorfschulen unqualifizierten Leuten anzuvertrauen. Dann heißt es: „Herr v. Ebern hätte seinen Koch als Schulmeister investieret, wenn ein geschickter Nachfahrer des Kochs wäre zu haben gewesen; es war aber keiner aufzutreiben, und da der Gutsherr dachte, es sei vielleicht gar eine Neuerung, wenn er die Küche und die Schule durch *ein* Subjekt versehen ließe, . . . so behielt er den Koch und vozierte den Alumnus."[1] Schon Wutz erhält demnach sein Ämtchen, nicht weil er dafür taugen würde – das ist in seinem Fall ebenso unerheblich wie später bei Fixlein oder dem jungen Schwers –, sondern dank der willkürlichen, sachfremden, um ein Haar in ganz anderer Richtung laufenden Erwägungen eines Patronatsherrn, dem nichts gleichgültiger ist als die Erziehung der Dorfjugend.

Das Schwergewicht der Gesellschaftskritik liegt im „Wutz" aber noch nicht auf diesen Erscheinungen, sondern auf der Schilderung der harten Existenzbedingungen, die unter feudalen Verhältnissen den kleinen Leuten das Leben verdüstern und ihnen insbesondere ihre Jugendzeit zur Hölle machen. Wutz gehört nicht einmal zu den Ärmsten der

Armen. Es ist ihm immerhin vergönnt, höhere Schulbildung zu erwerben. Doch für den Sohn eines Dorfschullehrers sind damit die ärgsten Entbehrungen, Leiden und Demütigungen verbunden. Das Alumnat, auf das man den Zehnjährigen schickt, ist nichts als ein Kinderzuchthaus, in dem Hunger und Stockprügel regieren. Durch „Kreuzigung und Radbrechung des Fleisches und Geistes" werden darin künftige Lehrer und Pfarrer reifgezüchtigt.[2] Wo liegt in dieser grauenhaften Welt das Inselchen, auf dem das „Vollglück in der Beschränkung" blüht? Es existiert nur in der Mentalität des Helden. Im Gegensatz zu den späteren Fixlein und Fibel, auch zur Familie Schwers, hat Wutz eigentlich, objektiv keinen Grund, glücklich zu sein. Er wächst auf dem Dorf unter dürftigen Bedingungen auf, kommt als Zehnjähriger in die Marterzucht des Alumneums, muß nach dem Tod des Vaters für sich und die mittellose Mutter das Brot verdienen, erhält mit knapper Not die Schulmeisterstelle, heiratet und steigt bis ans Lebensende nicht weiter auf. In denselben armseligen Verhältnissen, in die er hineingeboren wurde, stirbt er auch. Dennoch ist er immer vergnügt. Not, Mühsal, Unbill des Lebens können ihm nichts anhaben. An seinem heiteren Gemüt prallt alles ab.

Hier bedürfen die vorhin dargelegten Vermutungen über die Beweggründe, die zur Konzeption dieser Idylle geführt haben[3], der Ergänzung. So bedeutsam das Bestreben, als Vorübung für den Roman eine Liebesgeschichte zu schreiben, *und* die Neigung, Kindheitserinnerungen heraufzubeschwören, *und* der Wunsch, ein sympathisches Gegenstück zu Fälbel zu schaffen, sicher gewesen sind, die Hauptsache tritt erst zutage, wenn man jetzt, um das weitere, vierte Motiv konkreter zu fassen, sich der weltgeschichtlichen Situation entsinnt, in der sich die Todesvision vom 15. November 1790 auf Jean Pauls geistige Entwicklung ausgewirkt hatte. Er wollte, wie gesagt, als Humorist den gequälten Menschen Freude spenden. Das war nur möglich, wenn es ihm gelang, in dem „Freudenspiel", das ihm vorschwebte, eine ebenso liebenswerte wie komische *volkstümliche* Figur zu gestalten, in der die einfachen Menschen sich selbst wiederzuerkennen vermochten. Was aber war in den Jahren der Französischen Revolution die hervorstechendste Eigenschaft der einfachen Menschen des deutschen Volkes? Ihre *Anspruchslosigkeit,* die Geduld, mit der sie sich, *ohne aufzubegehren,* schinden und aussaugen ließen. Westlich des Rheins befand sich eine ganze Nation in Aufruhr. In Deutschland ging alles seinen gewohnten Gang. Friedhofsstill lagen die kleinen Fürstentümer im Schatten des Westfälischen Friedens. Unangefochten regierten Dutzende von Zwergmonarchen ihre schweigenden, ergebenen Untertanen, beuteten allenthalben die Großgrundbesitzer ihre Fronbauern aus. Nur eine winzige Vorhut der Intelligenz griff die neuen Ideen auf, blickte, wie Jean Paul und Otto, sehnsüchtig nach Frankreich hinüber und träumte von

Völkererwachen und Menschheitserlösung. Die Masse des Volkes – Bettler, Tagelöhner, Manufakturarbeiter, Bauern, Handwerker, Lehrer, Geistliche – blieb von den weltbedeutenden Ereignissen unberührt, war eingesponnen in ihr kärgliches Dasein, das sie als naturgegeben, selbstverständlich und unveränderbar empfand. In dieser Situation hat Jean Paul mit Wutz ein Denkmal des anspruchslosen, fröhlich-tapferen kleinen Mannes geschaffen.

Das war nicht unproblematisch. Leicht hätte dabei eine Apologetik schlimmster Art herauskommen können. Dies um so mehr, als in der Stimmung, die dem 15. November folgte, die Auffassung der Dichtkunst als Trösterin der Leidenden zu den Lieblingsgedanken gehörte, die dem Tagebuch anvertraut wurden. „Ich will daher euch mehr Freude machen. Aufgebend meine Pläne, will ich mich darauf beschränken, euch zu erheitern. . . . Wie ich daher selbst auch für mich in solchen Augenblicken mit meiner Kunst, heiter zu sein und mich mit allen Beschränkungen zu begnügen, ihnen Freude abzugewinnen wußte, so will ich auch meine Nebenmenschen zu beglücken suchen durch die Mitteilung des Gewinns meines bisherigen Lebens, der . . . Kunst, Trost, Heiterkeit und Freude selbst an den beschränktesten Lebensverhältnissen zu finden."[4] Auch das gehört, und nicht zuletzt, zur Konzeption des „Wutz": die gutgemeinte, aber sehr bedenkliche Idee, eine Art Anleitung in der Kunst, immer fröhlich zu sein, für die Armen und Unterdrückten zu schreiben, ihnen zu zeigen, wie man in widrigen Umständen sich nicht nur heimisch einrichten, sondern aus Enge und Dürftigkeit sogar noch Glück saugen kann. Hätte Jean Paul diesen Gedanken wirklich ausgeführt, so würde er, gewollt oder nicht, den konservativen Kräften, die an der Bedürfnislosigkeit und Gefügigkeit ihrer Untertanen interessiert waren, einen erwünschten Dienst geleistet haben.

Warum ist aus dem Werk doch etwas anderes geworden? Um dies zu begreifen, muß man sich konkret die Beziehung dieses Dichters zum Volk klarmachen. Er war ein mit den Volksmassen, insbesondere den Fronbauern, eng verbundener Demokrat und Republikaner. Aber er war dies unter ökonomisch-sozialen Bedingungen, die in Deutschland für eine Umgestaltung der feudalen Verhältnisse „von unten", auf dem Wege einer von der Bourgeoisie geführten Volkserhebung, damals noch nicht reif waren. Zwangsläufig bewegte er sich so in den Jahren der Revolution zwischen zwei falschen Extremen: Einerseits war er der Gefahr ausgesetzt, wie sein Freund Otto die eigenen revolutionären Wünsche mit den realen Möglichkeiten zu verwechseln und so einem abstrakten Radikalismus anheimzufallen, der ihn von den Massen isoliert und an der Schaffung realistischer Literaturwerke mit gegenwartsnahen, aus dem Volksleben bezogenen Sujets gehindert hätte. Diesem Pol näherte er sich dann, wenn er in seinen Büchern Helden auftreten ließ, die inmitten der deutschen Gegenwart das Volk zur Rebellion aufrufen. Das klassische Beispiel hierfür ist der Aufstandsversuch Flamins im „Hesperus". Der abstruse Einfall, den herbeigesehnten Aufruhr auslösen zu lassen durch einen zum Tode Verurteilten, der von der Galgenleiter aus an die Massen appelliert, offenbart, zu welch irrsinnigen Vorhaben sich aufgestaute revolutionäre Ungeduld in einer objektiv nicht-revolutionären Lage versteigen kann[5], und Jean Paul ist dort, wo er derartige Pläne ins Auge faßt, ein geistiger Vorläufer der anarchistischen Aktivitäten des ausgehenden 19. Jahrhunderts und der Gegenwart. Andererseits gab es aber auch die entgegengesetzte Gefahr: sich aus Liebe zum Volk kritiklos mit dessen spontanen Verhaltensweisen zu identifizieren und damit auf ein weltgeschichtlich rückständiges Niveau herabzusinken. Und die Neigung hierzu kommt in den Tagebuch-Eintragungen unmittelbar vor der Niederschrift des „Wutz" zum Ausdruck. Es gereicht nun Jean Paul zur Ehre, es beweist die Reife seines politischen Bewußtseins, daß er in seinen Werken weder dem einen noch dem anderen Fehler jemals vollständig erlegen ist. Sobald er es unternahm, die gesellschaftlichen Realitäten zu schildern, hielt er zwischen beiden Extremen den goldenen Mittelweg ein. So bleibt der Volksaufstand im „Hesperus" ein scheiternder Plan jugendlicher Idealisten, die durchaus ins Bild gehören, wenn das Leben in einem deutschen Kleinstaat des Jahres 1793 realistisch widergespiegelt werden soll, und Wutz' Geschichte wiederum stellt *keine* Ermunterung dar, sich mit empörenden Mißständen abzufinden und das von der Gesellschaft versagte Lebensglück allein in Sonnenschein und Ofenwärme oder gar in fiktiven, eingebildeten Freuden zu suchen.

Wie dem auch sei, beide Extreme, auch das zweite, sind einseitige Übertreibungen an sich berechtigter Tendenzen. Denn wenn Jean Paul die kleinen Leute in Deutschland wegen ihrer geduldigen, anspruchslosen Haltung verachtet hätte, so wäre das mit Sicherheit das Ende seiner Volksverbundenheit gewesen. Sein Radikalismus hätte dann, wie wenig später der der frühen Romantiker, beziehungslos in der Luft geschwebt und beliebig in bohèmehafte Pseudorebellionen umschlagen können, von denen man weiß, daß sie der Ausgangspunkt der späteren romantischen Bekehrungen zur feudalen und klerikalen Reaktion gewesen sind (man denke an die Brüder Schlegel). Ein solch wurzelloser Radikalismus lag dem Dichter, den das Sterben eines Bettlers am Straßenrand tiefer bewegte als alle Literaturtragödien, jederzeit fern. Er liebte das Volk und fühlte sich ihm zugehörig. Liebevoll, gerührt, erschüttert umfing sein Blick die in kümmerlichen Verhältnissen vegetierenden einfachen Menschen. Aufrichtig bewunderte er ihre Geduld, den tapferen Optimismus, mit dem sie ihr armseliges Leben zu genießen und mit kleinen Freuden auszustatten wußten. Und diese unbesiegliche seelische Kraft des Volkes verspürte er auch in sich selbst und war stolz darauf, und das mit Recht: Ein Schriftsteller, der in der Blüte seiner Jugend, von Salat und trocken Brot lebend, mit einer vielköpfigen Familie in ein enges Zimmer gepfercht, verfolgt von Gläubigern, ein witzsprühendes Werk nach dem anderen verfaßt hat, braucht den Vergleich mit Fronbauern, die trotz Not und Plackerei guter Dinge bleiben, nicht zu scheuen. Diese bewußte Identifikation der eigenen heroischen Bedürfnislosigkeit und des eigenen unverdrossen fröhlichen Herzens mit den besten Volkseigenschaften hat dem Schulmeisterlein der Idylle seine überwältigende Liebenswürdigkeit verliehen.

Dies ändert aber nichts daran, daß derselbe Jean Paul ein universell gebildeter, hochgradig politisch orientierter Geist war, derart, daß seine Volksverbundenheit ihren höchsten Ausdruck in den demokratischen Überzeugungen fand, die ihn zum Anhänger der Revolution machten. Sich mit dem Zustand des Volksbewußtseins vorbehaltlos zufrieden zu geben, darin gleichsam unterzugehen, kam für ihn also auch nicht in Betracht. Und wenn er gefühlsmäßig bisweilen dazu tendierte, so waren seine intellektuellen Reserven, seine Affinität zur Aufklärung, seine Verabscheuung der deutschen Misere doch stark genug, es nicht zu romantischem Verklären von Provinzialität und Rückständigkeit kommen zu lassen. Man denke nur an den Hohn, der darin liegt, daß Fälbel in seinem Lob der Kriecherei ausruft, jetzt sei die Zeit da, wo der Deutsche den Franzosen als Schmeichler überflügeln könne.[6] Ein Autor, der 1790/91 auf die Idee kam, einer widerwärtigen Gestalt derartige Äußerungen in den Mund zu legen, war dagegen gefeit, sich zur Idealisierung dumpfer Schicksalsergebenheit zu versteigen oder gar sich bei den Mühseligen und Beladenen mit einem Vademecum des Frohsinns für schlechte Lebenslagen anzubiedern. So fehlt es dem „Wutz" nicht an kritischen Akzenten. Was die im Tagebuch deklarierten Absichten auch besagen mögen, als Vorbild kommt er, so wie sein Charakter gestaltet ist, nicht in Frage, denn offensichtlich ist er ein kindischer, närrischer Kauz. Man muß ihn lieb haben, man ist mitunter fast zu Tränen über ihn gerührt, und jedesmal, wenn man einen armen Mann sich mit dürftigen Mitteln eine frohe Stunde bereiten sieht, vermag man sich in Gedanken an den vergnügten Schulmeister innerer Bewegung nicht zu erwehren. Aber darüber, daß es um eine Nation, die aus lauter Wutzen bestünde, sehr schlecht bestellt wäre, kann es keinen Zweifel geben. Die bewundernswerten menschlichen Qualitäten, die sich in der Genügsamkeit des Volkes offenbaren, poetisch zu verklären, ohne deswegen – was nur der Herrenkaste genützt hätte – Verzicht zu predigen, und, umgekehrt, das Bornierte, Beschränkte, ja Pathologische der Genügsamkeit sichtbar zu machen, ohne aufzuhören, die kleinen Leute liebevoll zu sehen – das war die komplizierte künstlerische Aufgabe. Bewußt oder unbewußt – mit einem genialen Griff hat der Dichter sie gelöst.

VII

Der „Selberlebensbeschreibung" ist zu entnehmen, worin das Geniale besteht. Hier schildert Jean Paul, wie er als Kind in Joditz die Umwelt erlebt hat. Menschen, Dinge, Zustände erschienen ihm damals, wie es bei allen Kindern der Fall ist, als etwas Selbstverständliches, das nicht anders sein kann. Korolenko hat, in dem Kapitel der „Geschichte meines Zeitgenossen", worin er seine Kindheit beschreibt, den Konservativismus kindlicher Erlebnisweise einmal am Beispiel des Erschreckens erläutert, mit dem er als kleiner Junge auf die Entfernung einer schadhaften hölzernen Verandatreppe am Haus seiner Eltern wie auf eine Umwälzung alles Gewohnten reagiert habe; zum ersten Mal sei ihm – wohlgemerkt: einem späteren revolutionären Demokraten – wie durch einen schmerzhaften Schock bewußt geworden, daß die Wirklichkeit, brüchig und hinfällig unter ihrer Oberfläche, sich verändern kann.[1] Genau dieser Konservativismus ist auch dem Knaben Fritz Richter in der „Selberlebensbeschreibung" eigen, und in der so von ihm wahrgenommenen Umwelt, eng und elend, wie sie ist, schafft dieser Held sich einzig mit der Phantasie ein Paradies herrlicher Freuden und Genüsse, dergestalt, daß er z. B. „braun getrocknete Birnhälften als kleinere Schinken, in Scherben gebratene abgeschnittene Taubenfüße für ein fertiges Essen" nimmt und „Schnecken auf die Weide treibt". Und mag bei derlei Spielen noch ein untergründiges Bewußtsein der wahren Realitäten vorhanden sein, dann gibt es in Joditz doch auch massivere Seligkeiten, die untrüglich sind, so wenn in der Dämmerstunde der Vater in der Stube auf und ab geht und „die Kinder unter seinem Schlafrock nach Vermögen an seinen Händen traben", auf den „Mondaufgang" des allabendlichen Talglichts wartend, oder wenn bei grimmigem Frostwetter das frohe Ereignis eintritt, den Tisch der Wärme wegen an die Ofenbank geschoben zu sehen. Und hier der erste sinnliche Hochgenuß, an den Jean Paul sich erinnert: In der Holzwand des Joditzer Schulhauses gab es Astlöcher, die im Winter mit ausgestopften Leinwandzapfen verschlossen wurden; diese brauchte man nur herauszuziehen, „um in den offenen Mund die herrlichsten Erfrischungen von Luft aus dem Froste draußen aufzunehmen."[2]
Es würde zu weit führen, das Dorfidyll aus dem Fragment von 1818 im einzelnen mit dem kleinen Werk von 1791 zu vergleichen. Ausschlaggebend ist: Die Freuden von Wutz sind in der Hauptsache die des kleinen Fritz Richter; der Unterschied besteht „nur" darin, daß der letztere sich mit der Zeit zum Verfasser der „Teufelspapiere", die „gar wohl des Henkers wert" sind[3], entwickelt hat, wohingegen Wutz auf dem kindlichen Erlebnis- und Verhaltensniveau auch als Erwachsener stehenbleibt. Und auf diese Differenz kommt es an: Ihn sich als ernstzunehmenden, reifen Menschen vorzustellen ist unmöglich. Schon der

Name läßt das Krümelige, Männleinhafte anklingen, und wenn die Theorie der Idylle in der „Vorschule" mit der Erwägung schließt, daß vielleicht „nur ein umzäuntes Gartenleben für die Idyllen-Seligen passe", wie „für frohe Liliputer, . . . welche eine Leiter an ein abzuerntendes Zwergbäumchen legen"[4], dann kann man sich ausrechnen, daß die Infantilität des Helden nicht ohne Überlegung zustande gekommen ist. Eben infantile Züge aber sind typisch bei einfachen Leuten, wenn sie, politisch ahnungslos, die sie umgebenden Zustände wie Naturgegebenheiten hinnehmen. Konservativismus im Widerspruch zur eigenen Interessenlage äußert sich häufig als lebenslange Infantilität. So gesehen, ist Wutz eine negative Figur und, wie Fälbel, obschon auf andere Art, Prototyp falschen, von der deutschen Misere geprägten Verhaltens in einer weltgeschichtlich revolutionären Situation, vor einem Hintergrund, den die anbrechende Umwälzung der Feudalgesellschaft zum grellen Kontrast alles Wutzischen macht.

Freilich ist dafür gesorgt, daß der Leser den Schulmeister nicht wie eine negative Lustspielfigur auslacht. Was Wutz ihm abnötigt, ist vielmehr jenes „Lächeln unter Tränen", das zuerst Sterne im „Tristram Shandy" für die rührend komischen Gestalten des Onkel Toby und des Korporal Trim zu erwecken gewußt hat. Ja, damit verglichen, wirkt die Wutz-Idylle noch inniger, zarter, gemütstiefer, noch reicher an Herzenswärme und poetischer Kraft. Im übrigen wird in ihr der Eindruck eines schnurrig-infantilen Männleins zunächst dadurch gemildert, daß die Geschichte mit der wirklichen Kindheit des Helden einsetzt und ein in Armut und Bedrängnis aufwachsendes Kind, auch wenn es sich auf närrisch-possierliche Weise gegen die Härten des Lebens abschirmt, mehr Mitgefühl als Heiterkeit erregt. Doch schon in bezug auf dieses Stadium wird da mit deutlich kritischem Unterton gesagt: „Der Charakter unseres Wutz hatte . . . etwas Spielendes und Kindisches; aber nicht im Kummer, sondern in der Freude. Schon in der Kindheit war er ein wenig kindisch. Denn es gibt zweierlei Kinderspiele, kindische und ernsthafte – die ernsthaften sind Nachahmungen der Erwachsenen, das Kaufmann-, Soldaten- und Handwerkerspielen – die kindischen . . . Nachäffungen der Tiere. Wutz war beim Spielen nie etwas anderes als ein Hase, eine Turteltaube oder das Junge derselben, ein Bär, ein Pferd oder gar der Wagen daran."[5]

Es unterstreicht die Kritik, daß dieser Zug sich bei dem Helden der „Selberlebensbeschreibung" ausnahmsweise nicht findet. Offenbar hat Jean Paul das Bild der eigenen Kindheit, um es gegen Wutz' Charakter abzugrenzen, von solcherart kindischen Merkmalen frei halten wollen. Im Nachahmen der Erwachsenen scheinen beide Knaben dagegen übereinzustimmen. Wie Fritz Richter sich eine „Etui-Bibliothek aus lauter eigenen Sedez-Werkchen" zulegt, die er „aus den bandbreiten Papierschnitzeln von den Oktav-Predigten seines Vaters zusammennäht und zurechtschneidet"[6], so schreibt Wutz allein auf Grund der Vorstellungen, welche die Buchtitel in ihm erwecken, Neuerscheinungen wie den „Werther", die „Kritik der reinen Vernunft", die „Räuber", Rousseaus „Bekenntnisse", ohne sie gelesen zu haben, noch einmal.[7] Aber selbst hier ist der Unterschied, bei Lichte besehen, frappierend: Während der eine Held ein – im Sinne der obigen Definition – „ernsthaftes Kinderspiel" treibt, worin sein künftiger Schriftstellerberuf sich ankündigt, bleibt der andere zeitlebens, auch als Erwachsener so ungeheuer subjektiv und von närrischem Spieltrieb besessen, daß er vom fiktiven Bücherschreiben seiner Kindheitsjahre nie loskommt. Schon vor der Schilderung der düsteren Alumnatszeit wird der Leser darauf hingewiesen als auf einen ergreifenden und zugleich pathologisch verschrobenen Zug:[8] Ergreifend ist die Sehnsucht des hinterwäldlerischen Dorfbewohners nach der märchenhaften Welt der Geistesriesen, pathologisch sein Stehenbleiben auf kindlicher Entwicklungsstufe.

Die gleiche Doppelbödigkeit von Erweckung sozialen Mitgefühls und kritischer Beschreibung eines krankhaften Falls kommt in dem Werk wiederholt zum Vorschein. Bei fast allem, was Wutz denkt, fühlt und tut, wird die Überzeugung des Autors spürbar, daß man ein infantiler Narr sein muß, um imstande zu sein, sich in einer dermaßen scheußlichen Umwelt freudig und mit Behagen einzurichten. Die Zugehörigkeit zum Alumnat wäre für jeden normalen Knaben ein Martyrium. Nicht so für Wutz. Allein schon das Ordnunghalten in der ihm zugewiesenen Zelle befriedigt ihn. „Er schlichtete seine Schreibbücher so lange, bis ihre Rücken so bleirecht aufeinander lagen wie eine preußische Fronte, und er ging beim Mondschein aus dem Bette und visierte so lange um seine Schuhe herum, bis sie parallel nebeneinander standen. War alles metrisch, so rieb er die Hände, riß die Achseln über die Ohren hinauf, sprang empor, schüttelte sich fast den Kopf herab und lachte ungemein."[9] Die Stelle ist entlarvend, und der Vergleich mit der preußischen Fronte zeigt, warum: Die durch viele Generationen in Militärzucht gehaltenen Deutschen, zumal Preußen, haben den ihnen eingebleuten, bis zur Pedanterie in lächerlichen Kleinigkeiten gehenden Ordnungssinn derart einverseelt, daß er ihnen Genuß und Trost bereitet. Auf liebenswerte Art demonstriert der närrische Wutz diesen pathologischen Zug in der Mentalität seiner Landsleute, dessen gefährliche Kehrseite die Welt seither kennengelernt hat.

Wenig macht dem Alumnatsschüler das Hungern und Geprügeltwerden aus. Auch zu Hause ist Schmalhans Küchenmeister gewesen, und Züchtigungen schmerzen nicht so sehr, wenn man dabei an etwas Angenehmes, das einem bevorsteht, denkt. Wutz' Prinzip ist es, sich ununterbrochen auf die jeweils nächste Mahlzeit zu freuen. Daß ihm dies nicht schwerfällt, scheint der Vorteil einer Kost, bei der man immer nur für Minuten satt wird. Selbst die negativste Auswirkung des

Hungerns, der Zwang, in Gedanken vom versagten Essen nicht loszukommen, verwandelt sich bei diesem Helden in einen Quell der Freude.[10] Und so geht es weiter: Die Todessehnsucht, mit der die Kirchen die Leidenden und Unterdrückten indoktrinieren, um ihnen über die Nöte ihres Daseins hinwegzuhelfen, im Wutzischen Alltag reproduziert sie sich als unentwegte Vorfreude auf das Versinken des Bewußtseins im Schlaf. „Abends, dacht' er, lieg' ich auf alle Fälle, sie mögen mich den ganzen Tag zwicken und hetzen, wie sie wollen, unter meiner warmen Zudeck' und drücke die Nase ruhig an's Kopfkissen, acht Stunden lang."[11]

Naturgemäß treten die kritischen Momente im Blick auf den Helden dort zurück, wo es sich um die reine Liebesgeschichte handelt. Auch hier zwar bleibt er über normales Maß hinaus in Subjektivität eingesponnen, doch ist diesmal ausnahmsweise der Anlaß objektiv erfreulich. Anders hätte das Werk seine Funktion, Vorübung für den Roman zu sein, in puncto Liebe schwerlich erfüllen können. Wutz also findet als Sekundaner ein neues Mittel, fröhlich zu sein: Er verliebt sich. Mit herrlicher Poesie wird diese von Anfang bis Ende glückliche Liebe zu Justina oder Justel ausgemalt.[12] Unterdes stirbt der Vater. Der Gutsherr voziert statt seines Kochs, für den kein Ersatz zu finden ist, Wutz zum Schulmeister und Kantor. Die acht Sommerwochen zwischen dem Verlassen des Alumneums und der Hochzeit mit Justel werden zur schönsten Zeit seines Lebens. „Für das Meisterlein funkelte der ganze niedergetauete Himmel auf gestirnten Auen der Erde."[13] Und jetzt zeigt sich, welch Kindskopf Wutz geblieben ist. Der Alumnatszucht entronnen, schnitzt er abwechselnd Holzlöffel für seine Mutter, die froh ist, das Schulhäuschen nicht verlassen zu müssen, und dichtet noch einmal, auf seine Art, die von ihm nie gelesene Messiade Klopstocks. Da er gehört hat, das Werk sei unverständlich, schreibt er es mit schlecht geschnittenen Federn, damit es, was nach seiner Meinung auf dasselbe hinausläuft, unleserlich sei.[14] Ebenso subjektivistisch wie seine Beziehung zur Literatur ist sein Verhältnis zum Geld. Als er zum ersten Mal bei einer Kindestaufe als Kantor fungiert und dafür ein paar Pfennige kriegt, näht er sich ein Einnahmebuch, um die Summe einzutragen. Und auch das Buchführen soll ihm zum reinen Vergnügen werden. Das Heft wird daher so angelegt, daß es, außer Rubriken für Groschen und Pfennige, auch eine für Louisd'or enthält, obwohl Wutz diese Münzsorte sein Lebtag lang nicht in die Hand bekommen wird. Das Notieren von Ausgaben aber ist, weil es betrübend wirken könnte, nicht vorgesehen – die sicherste Methode, mit finanziellen Nöten fertigzuwerden.[15] Doch das sind bloß die Freuden für den Wochentag. „Der Sonntag brennt in einer Glorie, die kaum auf ein Altarblatt geht." Unter hundert Menschen allein zu orgeln, dem Pfarrer das Ornat umhängen zu dürfen, heimlich in der Sakristei den Bodensatz des sauren

Kommunionsweins auszusaufen – nicht alle Erdenbürger können Kantor werden und sich solche Genüsse verschaffen.[16]

Die in allen Farben prangende Hochzeit auf dem Dorf ist der Höhepunkt der Geschichte.[17] Elegische Betrachtungen des Dichters über die Vergänglichkeit des Menschenlebens schließen sich an. Längst ist das Fest vorbei. Justine ist ein altes Weiblein, der Held liegt auf dem Gottesacker. Statt weitere „Seligkeiten aus dem Freuden-Manual" mitzuteilen, möchte JP nur noch die letzten Tage des Schulmeisterleins, so wie er sie selbst erlebt haben will, beschreiben. Eine Rückblende macht die Leser zu Zeugen des Sterbens von Wutz. Es ist ein alt und hinfällig gewordenes Kind, das da stirbt, ein in seine Einbildungen versponnener Kauz, der das wirkliche Leben zu keiner Zeit an sich hat herankommen lassen. Halbseitig gelähmt, sitzt der Greis in seinem Bett und hat vor sich sein Kinderspielzeug ausgebreitet, von dem er sich niemals hat trennen können, dessen Anblick ihn auch in der letzten Stunde wieder ins Kinderreich zurücksinken läßt. Kostbare Erinnerungen hängen an jedem Stück. Und die größte Krankenlabung ist ein alter Kalender, der mit seinen geschmacklosen Kupfern den Schulmeister durchs Leben begleitet hat. In jedem Monat des Jahres nämlich hat Wutz, da nicht alle Jahreszeiten mit ihren besonderen Freuden beisammen sein können, jeweils elf Vignetten anschauend durchwandert – „die des Monats, worin er wanderte, ließ er fort" – und dabei in die Holzschnitte all das hineinphantasiert, was er und sie nötig hatten, um sich die gerade entbehrten Naturschönheiten nahezubringen. Noch einmal zieht in den Bildern sein ganzes Erdendasein mit seinen Herbst- und Winter-, Frühlings- und Sommertagen an ihm vorüber, ehe er die Augen zum endgültigen Schlummer schließt.[18] Dann ist Wutz tot. Weil in ihm auch der Glöckner des Dorfs gestorben ist, muß Justel zum Totengeläut für ihren Mann die Glocken selbst bedienen. JP verläßt das Schulhäuschen, über das sich die Trauer senkt, und sieht die Totengräber auf dem Friedhof das neue Grab aushauen. „Und als ich das Leichenläuten seinetwegen hörte und daran dachte, wie die Witwe im stummen Kirchturm mit rinnenden Augen das Seil unten reiße, so fühlt' ich unser aller Nichts und schwur, ein so unbedeutendes Leben zu verachten, zu verdienen und zu genießen."[19]

VIII

Hat Jean Paul mit Wutz *bewußt* ein Sinnbild charakteristisch falschen deutschen Verhaltens im Zeitalter der Französischen Revolution schaffen wollen? Philologisch läßt sich dies nicht schlüssig beweisen, aber es gibt einige indirekte Indizien dafür. Drei Tage nach dem vorläufigen Abschluß der Arbeit an diesem Werk hat der Dichter sich an die Niederschrift der „Unsichtbaren Loge" gesetzt, deren Konzeption im wesentlichen schon vorher feststand und in der die zwei männlichen Haupthelden revolutionäre Verschwörer sind. Dem Schulmeisterlein liegt nichts ferner als Auflehnung gegen das Bestehende. Die ihm ähnlichste spätere Jean Paulsche Figur, der Quintus Fixlein, verhält sich zu dem Gutsbesitzersehepaar v. Aufhammer in Hukelum äußerst devot. Die Entschuldigungen und Erklärungen, mit denen Fixlein vergeblich das Mißverständnis des ihn hassenden Barons auszuräumen sucht, bezeugen das ebenso wie sein Herausstreichen der eigenen Rechtgläubigkeit gegenüber der bigotten Baronin.[1] Devotion aber wird als deutsche Nationaltugend proklamiert und, unter direkter Bezugnahme auf die Revolution, dem Aufrührergeist der Franzosen entgegengesetzt durch den widerwärtigen Fälbel in einem Werk, das nur wenige Tage vor der Inangriffnahme des „Wutz" vollendet worden ist.[2] Und Wutz selbst sich vorzustellen, wie er einen mächtigen Herrn unterwürfig umschmeichelt, fällt bloß deswegen schwer, weil sein behagliches Eingesponnensein in selbstgeschaffene Illusionen ihn sogar zu einer solchen Initiative, die eigene Lage realiter zu verbessern, unfähig machen würde. Bei Berücksichtigung aller dieser Faktoren scheint es kaum denkbar, daß dem Jean Paul von 1791 dieses Kontrastbild zu den französischen Revolutionären, die er bewunderte und beneidete, absichtslos gelungen sein, daß er einen derartigen Charakter aus Versehen ersonnen haben sollte.

Doch gesetzt den Fall, die vorhin zitierte Tagebuch-Notiz würde das einzig entscheidende Motiv enthüllen, das in der Konzeption des „Wutz" seinen Niederschlag gefunden hat. Zu fragen bliebe dann, was aus der Anleitung zu der „Kunst, Trost, Heiterkeit und Freude selbst an den beschränktesten Lebensverhältnissen zu finden", denn effektiv geworden ist. Jedenfalls nicht das, was beabsichtigt war, eher das Gegenteil. Die gesellschaftlich relevante Aussage der „Wutz"-Dichtung besagt: Nur ein kindischer Narr vermag sich voll Heiterkeit und Freude mit diesen beschränkten Verhältnissen abzufinden. Den zumindest objektiv revolutionären Gehalt der Idylle wird man also auch dann nicht los, wenn man sich lediglich an deren philologisch manifeste Motivationen hält, ja aus diesen auch noch die vermeintlich unverfänglichste, rein philanthropisch anmutende herausklaubt.

Und noch ein letztes muß zum „Wutz" bemerkt werden. Nicht wenige Anhänger Jean Pauls neigen zu der Ansicht, seine Idyllen seien das Wertvollste, was er geschaffen habe. Desgleichen pflegt die Kritik der Gegner des Dichters vor dem „Wutz", dem „Fixlein", dem „Fibel", auch vor den „Flegeljahren", die ihnen unter den Romanen an Gehalt und Stimmung verhältnismäßig nahestehen, leise zu werden, wenn nicht zu verstummen. Es ist wahr: Nirgends war Jean Paul so zu Hause wie in der winkligen, kümmerlichen Welt seiner Glückspilze. Nichts lag ihm künstlerisch mehr und ging ihm leichter von der Hand, als den urvertrauten Lebensbereich auszumalen, in dem sie wurzeln. Aber es wäre grundverkehrt, sich deswegen unter ihm eine Art literarischen Spitzwegs vorzustellen und, womöglich, zu bedauern, daß er sich mit dieser Bestimmung und Wesensart nicht habe zufrieden geben wollen. Abgesehen davon, daß seine Idyllen als solche durchaus nicht spitzwegisch sind – die Interpretation des „Wutz" eben dürfte das klargestellt haben –, geht Jean Paul in dem Idylliker, der er *unter anderem auch* gewesen ist, nicht auf. Neben dem innig gemütstiefen Genremaler deutschen Kleinlebens steht als geistige Macht gleichen Ranges der glänzend witzige Satiriker, der mit der Ironie als Waffe für die Volksrechte kämpft. Über beiden erhebt sich der tiefsinnige, eigenwillige Problemdenker, der die „Vorschule der Ästhetik" und die „Levana" geschrieben und in einer Vielzahl philosophischer Abhandlungen und Aphorismen, dabei gedankenreich stets auch inmitten seiner poetischen Lebensleistung, fast unübersehbare Schätze an Erkenntnis und Weisheit ausgebreitet hat. Und der beste Teil seines geistigen Vermächtnisses ist und bleibt das vielbändige Romanwerk, das mit seinem tiefen Ideengehalt, seinen unvergänglichen Charakteren, seinen realistisch motivierten Fabeln jeden anderen Versuch, die deutsche Wirklichkeit im Zeitalter der Französischen Revolution als gesellschaftliche Totalität episch zu gestalten, hoch überragt. Wer diese Rangfolge nicht anerkennt und im Ernst den „Wutz" oder den „Quintus Fixlein" über den „Titan" stellt, beweist damit nur die eigene Inkompetenz, in Fragen der Literatur mitzureden.

Aber nicht allein das: Nur weil Jean Paul sich in den Jahren der Revolution mit seinen großen Romanplänen trug, konnten ihm Nebenwerke wie „Wutz" und „Fixlein" in ihrem Zauber, ihrer sprachlichen Schönheit, ihrer brisanten sozialkritischen Aussage auch ästhetisch zu weit Besserem geraten als zu Genrebildchen und Gartenzwergen. Was an ihnen unverlierbar ist, verdanken sie dem Umstand, idyllische Teilausschnitte im umfassenden Weltbild eines gewaltigen, universellen Geistes zu sein, der mit Schöpfungen ringt, welche die Wirklichkeit seiner Zeit im ganzen widerspiegeln sollen. So, wie ein Schubert-Lied nicht wäre, was es ist, wenn es nicht von dem Titanen stammte, der imstande war, die große C-Dur-Symphonie und die Unvollendete zu komponieren, so würde den rührend heiteren Männlein der Jean Paulschen Idyllen Tiefe, Lebenswahrheit und Schönheit fehlen, wäre der Riese, der sie uns auf der Handfläche darbietet, selbst eine Wutz-Natur gewesen, deren Horizont über Haus und Dörflichkeit nicht hinausreicht. Das aber sinnt man dem Dichter an, wenn man seinen Idyllen vor seinen Romanen den Vorzug gibt.

Nur eine vorübergehende Stimmung konnte es sein, daß Jean Paul Anfang 1791, vielleicht zurückbebend vor seinem weit ausgreifenden epischen Plan, einen Augenblick lang, für ein paar Tage höchstens, von sich aus dazu neigte, sich kleiner zu machen, als er war. Es war eben nicht, wie er damals, laut Tagebuch, glaubte, der entscheidende Gewinn seines bisherigen Lebens, an beschränkten Verhältnissen Trost, Heiterkeit und Freude zu finden, wie es ihm denn auch nicht gelungen ist, diesen vermeintlichen Lebensertrag im „Wutz" zu versinnbildlichen – falls das wirklich über einen ephemeren Moment hinaus seine vordringliche Absicht bei der Konzipierung des Werks gewesen sein sollte. Schon gar nicht konnte seine Aufgabe als Künstler sich darin erschöpfen, die leidenden Mitmenschen mit seiner komischen Kraft zu erfreuen. Viel war freilich damit gewonnen, daß er Witz, Ironie und Laune jetzt nicht mehr nur, wie in der satirischen Periode, eng und einseitig, mit dem borniertern Fanatismus der Jugend, als bloße Mittel des Kampfes gegen Mißstände auffaßte, sondern sich die Pflicht des Humoristen, den Lebensgenuß der Menschen zu steigern, klarzumachen begann. Es war dies nicht zuletzt die Voraussetzung für die Volkstümlichkeit seiner späteren Werke, die seiner Sozialkritik, im Gegensatz zu der der ungelesenen Satiren, erst zu breiter Resonanz verholfen hat. Aber bei dem Vorsatz, das Publikum zu erheitern, konnte er unmöglich stehenbleiben, und als er am 15. März 1791 die Ausarbeitung der „Unsichtbaren Loge" in Angriff nahm, da lagen derartige Gedanken auch hinter ihm. „Wutz" schien ihm jetzt verdächtig. Zu leicht war ihm diese Arbeit gefallen. An Schwierigeres wollte er sich wagen.[3] Vor ihm erhoben sich die großen Probleme der Erziehung und der Politik, die durch die Revolution für Volk und Menschheit den Rang von Schicksalsfragen angenommen hatten. Und indem Jean Paul es nicht nur theoretisch, sondern als menschengestaltender Erzähler mit diesen Problemen aufnahm, wuchs er zu dem großen geistigen Führer empor, den die deutsche Nation an der Wende des 18. zum 19. Jahrhundert brauchte.

SECHSTES KAPITEL

Die drei heroischen Romane als Revolutionsdichtung

I

Der „Unsichtbaren Loge" merkt man nicht ohne weiteres an, daß bereits sie als Revolutionsdichtung gedacht war. Die Literaturwissenschaft sieht in ihr denn auch lediglich den Torso eines Erziehungsromans, der, von Rousseaus „Emile" und Wielands „Geschichte des Agathon" beeinflußt, zugleich die Tradition der englischen Romanciers des 18. Jahrhunderts, besonders der Humoristen unter ihnen (Fielding, Sterne, Smollet), fortführt. Dem Umstand, daß in die Handlung eine Verschwörung eingebaut ist, die immerhin dem Buch seinen Namen gegeben hat, wird im allgemeinen keine Bedeutung beigemessen. Eduard Berend z. B. meint, Jean Paul sei es hierbei wohl nur um Spannungseffekte zu tun gewesen. Um die zu erzielen, sei von ihm das Freimaurer- und Illuminatentum, das auf die Phantasie damaliger Leser anregend gewirkt habe, ins Spiel gebracht worden.[1]

Gegen derartige Auffassungen etwas einzuwenden fällt schwer, solange man das Werk isoliert nimmt. Der Eindruck, den eine oberflächliche Lektüre hinterläßt, scheint der Verharmlosung recht zu geben, und aus den Texten kann sie schon deswegen nicht hinreichend widerlegt werden, weil der Roman Fragment geblieben ist und sich den Vorarbeiten, soweit sie erhalten geblieben sind, kaum entnehmen läßt, wie die Geschichte im fehlenden dritten Teil weitergehen sollte. Eben die isolierende Betrachtung aber wird der wahren Sachlage von vornherein nicht gerecht. Es wurde oben gezeigt, wie Jean Paul zur Französischen Revolution stand, was sie ihm und seinem Freund Otto bedeutet hat.[2] Und Tatsache ist, daß sowohl im „Hesperus" als auch im „Titan", die beide ebenfalls in den Jahren der Revolution entstanden bzw. konzipiert worden sind, die Frage der Überwindung des Feudalismus in Deutschland, diesmal unter deutlicher Beziehung auf die französischen Ereignisse, im Mittelpunkt steht. Die „Unsichtbare Loge" nun kann überhaupt nur verstanden werden, wenn man davon ausgeht, daß sie eine Vorstufe oder Vorübung zum „Hesperus" *und* zum „Titan" darstellt, und dementsprechend ihren Inhalt aus der Sicht dieser späteren, zur Vollendung gediehenen Werke analysiert. Tut man das, so ergeben philologisch einwandfrei belegbare Fakten das Resultat, auf das die vorliegende Arbeit hinauswill. Tut man es nicht, so bleibt der Roman ein einziges Rätsel, und die Feststellungen, die man dann allenfalls über sein Genre, seinen Stil, seine Thematik und die in ihm verarbeiteten Literatureinflüsse treffen kann, entbehren des Bezugspunkts, der allererst den Stellenwert dieser Aspekte auszumachen erlaubt.

Die Begriffe „Vorstufe" und „Vorübung" bedürfen allerdings der Prä-
zisierung. Im gegebenen Fall ist damit nicht dasselbe gemeint wie vorhin bei „Zaus" und „Freudel", „Fälbel" und „Wutz". Daran, sich im
Erzählen zu üben, dachte Jean Paul nicht mehr, als er an die Ausarbeitung des belletristischen Werks ging, das später den Titel „Die unsichtbare Loge" erhielt. Dieses Stadium lag hinter ihm. Jetzt hatte er
durchaus ein großes, veröffentlichungsreifes Prosa-Epos im Sinn, das
alles enthalten sollte, was er den Deutschen in der damaligen Situation glaubte sagen zu müssen. Doch während der Niederschrift fiel
ihm knapp ein Jahr später, Anfang 1792, für die inhaltlichen und ge-
stalterisch-formalen Probleme, mit denen er rang, eine neue, glücklichere Lösung ein. So entschloß er sich, das Begonnene abzubrechen,
um noch einmal von vorn anzufangen. Und das heißt, daß er im „Hesperus", den er nunmehr in Angriff nahm, kein vollständig neues Werk
schuf, sondern eine reifere, verbesserte Fassung des als unzulänglich
empfundenen alten.

Inzwischen war dieses jedoch schon weit vorgeschritten und wies im
einzelnen Gedanken und poetische Schönheiten auf, welche die Erwägung rechtfertigten, ob es nicht vielleicht, ungeachtet seiner Schwächen,
als Fragment für sich bestehen könne. Jean Paul brachte den fast ferti-
gen zweiten Teil daher schnell zu Ende, gab das Manuskript, während
er bereits in den Vorarbeiten zum „Hesperus" steckte, Ende Februar
zur Beurteilung an Otto[3] und schickte es schließlich am 7. Juni, unter
Berücksichtigung der Ottoschen Beanstandungen verändert und ergänzt, nach Berlin, an den Schriftsteller K. Ph. Moritz, den er, auf
Grund der Lektüre von „Anton Reiser" und „Andreas Hartknopf",
für einen besonders empfänglichen Gutachter halten mußte.[4] Er behielt recht. Moritz äußerte sich nicht nur begeistert – gegenüber seinen
Berliner Bekannten wertete er das Buch als etwas unerhört Neues, das
noch über Goethe stehe[5] –, sondern gewann in der Person seines Schwa-
gers sogleich auch einen Verleger dafür. So kam es zur Drucklegung,
wobei, wie gesagt, der „Wutz" als Anhang mit aufgenommen wurde.
Das „Ausläuten oder Sieben letzte Worte" und der „Vorredner in
Form einer Reisebeschreibung", beide im Sommer 1792 verfaßt[6], run-
deten den Band ab, der zur Ostermesse 1793 erschien.
Seither gilt die „Loge" als selbständiges Gebilde. Im Verhältnis zu den
ihr vorausgegangenen Werken, „Wutz" einbegriffen, ist sie das auch.
Vom „Hesperus" her gesehen ist sie es aber nicht. In bezug auf ihn hat
sie den Charakter eines großen ersten Anlaufs, eben einer Vorstufe
oder Vorübung. Und das war post festum auch die Meinung Jean
Pauls selbst, als er bei Übersendung des Manuskripts, am 27. Februar
1792, in plötzlicher Abwertung des Ergebnisses einjähriger Mühsal an
Otto schrieb: „Übrigens ist dieses Buch ein corpus vile (gleichgültiges,
verächtliches Ding – W. Hr.), an dem ich das Romanemachen lernte;

ich habe jetzt etwas Besseres im Kopf."[7] „Etwas Besseres" meint hier
nicht: „etwas prinzipiell anderes", sondern: die verbesserte Ausführung dessen, was mit dem „corpus vile" bereits beabsichtigt war.
Was der nie geschriebene dritte Teil der „Loge" enthalten sollte, muß
folglich aus dem erschlossen werden, was der „Hesperus" tatsächlich
enthält. Natürlich nur in groben Zügen, nur der generellen Tendenz
nach. In bezug auf Einzelheiten, zumal der Fabelführung, die voller
Rätsel steckt, führt der Rückschluß vom Späteren auf das nicht belegbare Frühere notwendig zu unsicheren Vermutungen. Eines indes darf
mit Bestimmtheit behauptet werden: Auf keinen Fall kann die Absicht bestanden haben, in der „Loge" die Zeitfragen der Jahre 1789–92
zu übergehen oder zu ihnen in anderem Sinne Stellung zu nehmen, als
es kurz vorher in den Satiren und im „Fälbel" geschehen war und gleich
nachher im „Hesperus" wieder geschah. Dies annehmen hieße an
Wunder glauben. Die eminente Bedeutung, die den Zeitfragen im
„Hesperus" zukommt, genügt aber bereits, um der in der älteren Ro-
manversion anzutreffenden Verschwörung ihre vermeintliche Neben-
sächlichkeit und Harmlosigkeit zu nehmen: Aus der Sicht der analogen Klubbisten und ihres Aufstandsversuchs dort[8] erweisen die subversiven Aktivitäten der Logenbrüder hier[9], obwohl sie erst am
Schluß des Fragments unmißverständlich zutage treten, sich als der
ideelle Angelpunkt der gesamten Handlung.
Daß zwischen beiden Romanen erhebliche Unterschiede bestehen, soll
damit nicht bestritten werden. Zu begreifen gilt jedoch, daß wahrscheinlich die Differenzen weit geringfügiger wären, wenn Jean Paul
sich darauf hätte beschränken können, im „Hesperus" die Fehler der
„Loge" zu vermeiden. Das konnte er nicht, nachdem deren Veröffentlichung, durch Otto und Moritz empfohlen, feststand. Jetzt mußte er
bestrebt sein, die zweite Version nicht nur besser zu machen, sondern
in sie auch möglichst viele neue Momente hineinzutragen, damit sie
sich nicht wie eine ermüdende Wiederholung der ersten ausnehme.
Und logischerweise ist seine ohnehin ausgeprägte Neigung, sich bei
Umarbeitungen jedesmal etwas Neues einfallen zu lassen, durch dieses Motiv noch forciert worden. Um so bemerkenswerter sind die
zahlreichen leicht vermeidbaren Punkte, in denen „Loge" und „Hesperus" trotzdem übereinstimmen; Hans Bach hat sie in seinen „Hesperus"-Studien eindrucksvoll zusammengestellt.[10] Die Analogien sind
so häufig und auffällig und gehen so weit, daß manche Interpreten sich
veranlaßt sehen, sie auf eine beklagenswert einförmige Phantasie des
Dichters zurückzuführen. In Anbetracht der exzessiven Phantasie, die
im „Hesperus" am Werk ist, erscheint dieser Vorwurf als abwegig.
Plausibler ist eine andere Erklärung: daß das perennierende politische
Grundanliegen beider Romane die Beibehaltung gewisser, schwer aus-
wechselbarer Elemente der Fabel, der Charakterzeichnung und des

zu schildernden sozialen Milieus, mitsamt den dafür nötigen formalen Strukturen, nach sich gezogen hat.

Die für den Inhalt konsequenzenreichste Abweichung ist die, daß der „Hesperus", da er mit mehreren zentralen Helden aufwartet, nur bedingt die klassischen Merkmale des Erziehungsromans aufweist. Und es sieht so aus, als sei einer der Springpunkte des „Titan" das den Autor unbefriedigt lassende Gefühl gewesen, um des „Hesperus" willen einen normgerechter angelegten Erziehungsroman unfertig abgebrochen zu haben.[11] Merkwürdig ist jedenfalls, daß bereits Ende 1792, nur wenige Monate nach dem Beginn der Ausarbeitung des „Hesperus", das „Genieheft" mit Notizen für ein drittes großes Epos angefangen wurde, eben für den „Titan"[12], der dann während eines zehnjährigen Entstehungsprozesses durch alle konzeptionellen Wandlungen hindurch stets den Charakter eines klassischen Erziehungsromans bewahrt und somit die Idee der „Loge" auf höherer Stufe wiederhergestellt hat. Der „Titan" aber stützt die hier vorgetragene Vermutung am meisten: Das Problem, einen Helden zu schaffen, der kraft seiner menschlichen Größe, seiner demokratischen Gesinnung und seines vorherrschenden Interesses an den Staatsangelegenheiten dazu berufen wäre, die Französische Revolution auf Deutschland zu übertragen, ist in ihm am ernstesten und gedankenreichsten gelöst worden, und das noch zu einer Zeit – die Niederschrift des endgültigen Textes fällt, wie erwähnt, in die Jahre 1797–1802 –, als Jean Paul die Vorgänge in Frankreich nicht mehr mit uneingeschränkter Sympathie betrachtete (man denke an die „Biographischen Belustigungen" und „Charlotte Corday"). Daß in dem Vorläufer des „Titan", der aus den Jahren 1791/92 stammt, die damals noch atemberaubend gegenwärtige und enthusiastisch begrüßte französische Umwälzung hätte unreflektiert bleiben sollen, ist unter diesen Umständen kaum vorstellbar.

Sieht man die Sache so an, dann erst enthüllen gewisse, zunächst belanglos anmutende Ingredienzien der „Loge" ihren durchdachten Sinn. Beispielsweise ist das Phantasieländchen, worin sie spielt, in die Nähe des Rheins verlegt, wobei überdies dem Leser mit pedantischen kalendarischen Angaben mehrfach das Brandaktuelle ihres Geschehens suggeriert wird.[13] Beide Einfälle wiederholen – mutatis mutandis – der „Hesperus" und auch der „Titan"[14], obwohl sie ansonsten, aus besagten Gründen, den Eindruck zu erwecken suchen, sie seien absolute Novitäten. Bei einem so bewußt selbst winzige Details seiner Texte austüftelnden Autor wie Jean Paul muß hinter dieser örtlich-zeitlichen Fixierung eine Absicht gesteckt haben. Worin bestand sie, wenn nicht darin, daß schon in der „Loge" der Geheimbund, den der Buchtitel meint, als politischer Reflex der jenseits des nahen Rheins sich vollziehenden Revolution verstanden werden sollte? Diese Hypothese wird als zutreffend bestätigt durch den hier früher zitierten Brief an Otto.

Jean Paul erklärt darin, der Roman wolle in einer für „geheime Naturforscher" einsichtigen Weise auf einen „unerwarteten Schlag" noch vor
Ende des Jahrhunderts vorbereiten; leider werde die „Schwefeleidechse" wohl aber doch dem „roten Löwen" entschlüpfen.[15] Das
wären ebenso sinnlose wie mysteriöse Andeutungen, bezögen sie sich
nicht auf die in jenen Jahren von beiden Freunden herbeigesehnte
deutsche Revolution. Freilich spiegelt der Brief unmittelbar eine spätere Situation wider als die, in der die „Loge" konzipiert worden ist.
Er ist erst am 12. Juli 1792, als deren Manuskript bereits seit Monaten
vorlag, geschrieben worden. Aber es erscheint unwahrscheinlich bis
zur Absurdität, daß ein Schriftsteller den Vorsatz, in einem neuen
Werk eine derartige Perspektive sichtbar zu machen, nicht spätestens
bei Beginn der Niederschrift gefaßt, sondern sich das erst nachträglich, bei der Wahl des Titels ausgedacht haben sollte.

II

Nach alledem ist man berechtigt, vorauszusetzen, daß in den Überlegungen Jean Pauls über sein Romanprojekt von Anfang an die Absicht eine Rolle gespielt hat, ein Sinnbild für das Revolutionserlebnis
freiheitlich gesinnter Deutscher zu schaffen und in dem Zusammenhang mögliche Wege zur revolutionären Überwindung des feudalen
Systems in Deutschland aufzuzeigen. Daß dies eine schwer zu realisie-
rende Idee war, liegt auf der Hand. Denn nirgends traten Kräfte in
Erscheinung, die sich unter dem Eindruck der Pariser Ereignisse entschlossen gezeigt hätten, mit den Mitteln revolutionärer Politik den
Kampf gegen die deutsche Misere aufzunehmen. Die eigene Aktivität
des Dichters, sich erschöpfend im – erfolglosen – Satirenschreiben,
war stofflich unergiebig, und die literarischen Vorbilder boten so gut
wie nichts, was als Muster in Betracht gekommen wäre. Es war schon
viel, wenn in Wielands „Agathon" das Wagnis des Titelhelden, dem
Tyrannen Dionys eine für Syrakus segensreiche Reformpolitik aufzu-
dringen, dadurch, daß es zum Scheitern verurteilt ist, an die Problematik des aufgeklärten Absolutismus rührte und so mit den bedrängenden Gegenwartsfragen entfernt in Beziehung stand.[1] Von den englischen Pionieren der modernen „Novel", bei denen der angehende
Romancier in die Lehre ging, waren derlei Anregungen überhaupt
nicht zu erhoffen, und selbst Rousseau ließ in diesem Punkt seinen
Jünger im Stich. Jean Paul sah sich also auf die eigene Einbildungskraft angewiesen, als er sich vornahm, in dem ihm vorschwebenden
deutschen Gegenwartsroman Revolutionäre auftreten zu lassen.
Nun können Gebilde selbst der ausschweifendsten Phantasie immer
nur Kombinationen von Elementen sein, die der Realität entnommen
sind. So auch hier. Zwar gibt es im ganzen für die sonderbare Lösung,

die in den Vorarbeiten zur „Loge" zuerst auftaucht, weder ein literarisches Vorbild noch ein reales Modell. Doch ihre Bestandteile zeugen
von dem Wunsch, Erscheinungen der Zeit, die als symbolisch für bürgerlichen Freiheitsdrang empfunden wurden, aus voneinander entfernten Bereichen zusammenzutragen und zu einer Einheit zu verknüpfen. Gemeint ist die Gestalt des Kapitäns Ottomar. Bereits in den
ältesten Manuskriptteilen findet man diese Figur, wenngleich noch
nicht unter ihrem späteren Namen, und schon dort trägt sie Züge eines
Sturm- und Drang-Rebellen, wird im übrigen jedoch als „der Engländer" vorgestellt.[2] In ihr klingen also Reminiszenzen an die erste demokratische Bewegung des deutschen Geisteslebens, etwa an Klinger und
den jungen Schiller, an, und zugleich soll sie Sendbote des sich in
freieren Verhältnissen bewegenden britischen Inselvolks sein.
Mit erstaunlicher Ausdauer hat Jean Paul auf beide Symbole Wert gelegt. In einem Entwurfheft zum „Hesperus", vom Juli 1792, blitzt z. B.
die Idee auf, für die „Klubbisten" dieses Romans Dichter des Sturm
und Drang Modell stehen zu lassen[3], was in einem Fall, bei Flamin,
tatsächlich geschehen ist; er trägt Züge Klingers. Andererseits stellt
im „Hesperus" Lord Horion eine Abwandlung dessen dar, was ursprünglich Ottomar in der „Loge" auch noch hatte sein sollen: des
Engländers. Ende 1794 sieht sodann ein „Schmierheft" zum „Titan"
wieder „Klingerschen Abscheu an Despotismus" als Charakterzug
für den Haupthelden vor[4], während in dem bis ins Jahr 1796 reichenden „Genieheft" zum gleichen Roman wieder ein „Ex-Ottomar" namens Lord Brionne in Aussicht genommen ist, der, zusammen mit dem
Helden, „einen Schlimmen zu stürzen suchen" soll.[5] Man sieht: Der
Typ Klinger und „der Engländer" sind später doch voneinander abgetrennt worden, um jeder für sich entwickelt zu werden. Ursprünglich, bei dem Prä-Ottomar der ältesten Vorarbeiten zur „Loge", war
daran gedacht, beide zu einer Figur zu verschmelzen, und das ist die
erste nachweisbare Konzeption, von der ausgehend Jean Paul sein politisches Anliegen als Romancier hat zur Geltung bringen wollen.
Wenn diese Idee so nicht zur Ausführung gelangt ist, wenn vielmehr
im gedruckten Text aus Ottomar ein revolutionär gesinnter illegitimer
Fürstensohn wurde, der mit einem antidespotischen Geheimbund, der
unsichtbaren Loge, in Verbindung steht, dann ist diese Metamorphose
darauf zurückzuführen, daß der Dichter inzwischen, laut Tagebuch im
Mai 1791, aus dem Roman „Dya-Na-Sore" die Anregung geschöpft
hatte, in die Handlung eine Verschwörergruppe einzuführen. Damit
paßten im Charakter Ottomars – jetzt erhielt er diesen Namen – die Züge
des Sturm- und Drangrebellen gut zusammen. Doch der „Engländer"
war nunmehr überflüssig geworden, und erst als es galt, im „Hesperus"
das persistente politische Motiv zu variieren, wurde auf die „Engländer"-Version, in stark veränderter Form, wieder zurückgegriffen.

„Dya-Na-Sore oder die Wanderer" – so lautet der Titel eines 1787 bis 1789 dreibändig erschienenen Werks[6], das in Jean Pauls Entwicklung Epoche gemacht hat, wobei er nicht ahnen konnte, daß ein gleichgesinnter engerer Landsmann von ihm, Wilhelm Friedrich v. Meyern aus Ansbach, der Verfasser war. Doppelt gesichert durch die Anonymität des Autors und die Einkleidung des brisanten Themas in eine angeblich aus dem Sanskrit übertragene, im alten Indien spielende Geschichte, ist der „Dya-Na-Sore" ein politischer Tendenzroman reinsten Wassers – künstlerisch von geringem Wert, mit blassen, allgemein gehaltenen Charakteren, doch militant demokratisch, geboren aus unbändigem Haß auf feudale Bedrückung und in der Situation seines Erscheinens (2. Auflage 1791) streckenweise wie ein Aufruf wirkend, es den Franzosen gleichzutun und in einer Volkserhebung die Machthaber Deutschlands hinwegzufegen.

Den Grundstock der Fabel bildet das orientalische Märchen von den getrennten und wiedervereinigten Brüdern. In einem Lande, wo Unrecht und Unterdrückung herrschen, erzieht ein Vater seine vier Söhne zu Gegnern des Regimes, in dem Willen, sie zu Rettern der geschändeten Heimat zu machen. Als sie herangewachsen sind, schickt er sie in die Fremde. Hier leitet sie, ohne daß sie das wissen, ein der Tyrannis feindlicher Geheimbund. Nach Prüfungen, in denen sie zu Männern reifen, nimmt er sie in seine Reihen auf, und sie beginnen, für die Befreiung ihres Vaterlandes zu kämpfen. Der wankelmütige Jüngste fällt auf die Ränke der despotischen Partei herein, an deren Spitze der Minister steht. Dennoch ist die Verschwörung erfolgreich. Der Bund entfesselt eine Revolution, bei der König und Minister das Leben verlieren. Die Republik wird ausgerufen und fortan das Land nach freiheitlichen Prinzipien regiert.

Dieses Buch hat Jean Paul so gefesselt, als sei es eigens für ihn geschrieben worden. Die Begeisterung für die Freiheit, die sich durch das Ganze zieht, entsprach seinen eigenen Überzeugungen. Die Geschichte der Verschwörung, verknüpft mit den in die Abenteuer der vier Söhne hineinverwobenen pädagogischen Motiven, bot ihm für die gestalterischen Probleme, mit denen er selbst sich herumschlug, die lange gesuchte Lösung. Und vollends verwuchs die ins alte Indien projizierte Revolution in seiner Phantasie mit der unterdes wirklich gewordenen, gegenwärtigen der Franzosen dermaßen zu einem einheitlichen Erlebniskomplex, daß die mit Otto viel diskutierte Frage, wie die französische Umwälzung aufs eigene Vaterland übergreifen könne, sich ihm in völlig neuem Licht darstellte. All das zusammen hat bewirkt, daß die Fabel des eigenen Romans, in dem er dieses ersehnte Ereignis als deutsche Möglichkeit sinnfällig machen wollte, ihm nach der des „Dya-Na-Sore" geriet. Das Muster, das die literarisch bedeutenderen Vorläufer nicht hergaben, hier fand er es.

Freilich darf die Abhängigkeit seiner Revolutionsdichtung von Meyerns Roman nicht übertrieben werden. Von dem enormen ästhetischen Rangunterschied abgesehen, beweisen die frühen Satiren, der ideelle Gehalt von „Zaus", „Fälbel" und „Wutz" und nicht zuletzt die Konzeption des Prä-Ottomar, daß auch die politische Tendenz der heroischen Romane festgestanden haben muß, bevor Jean Paul mit dem „Dya-Na-Sore" bekannt wurde. Selbst den Gedanken, auf eine Volkserhebung hinzuwirken, hatte er schon vorher, wie oben gezeigt: wenige Tage nach dem Bastillesturm, gefaßt.[7] Trotzdem: Die Lösungen, mit denen er mehrmals die Aufgabe zu bewältigen suchte, in einem erzählenden Werk Vorbilder für den revolutionären Kampf gegen die deutsche Misere zu gestalten, wären ohne das von Meyern geschaffene Modell nicht denkbar. Erst der „Titan" beschreitet in der Beziehung, vermutlich unter dem Einfluß des späten Klinger, einen anderen Weg, was aber auch wieder nur geschehen konnte, weil und nachdem sein Verfasser sich jahrelang mit der Schwierigkeit abgemüht hatte, die „Dya-Na-Sore"-Fabel – oder eine ihr ähnliche, die gleiche Vorzüge aufwies – mit den typischen Lebenstatsachen seiner Zeit und seines Landes in Einklang zu bringen.

Und hier liegt das Problem, das man sich klarzumachen hat, wenn man begreifen will, wie die drei heroischen Romane zustande gekommen sind und was sie literarhistorisch bedeuten. Das Neue, worin sie von Meyerns Roman prinzipiell abweichen, besteht ja – zunächst – darin, daß dessen Fabel, unter Verzicht auf die altindisch-märchenhafte Einkleidung, in die deutsche Gegenwart des ausgehenden 18. Jahrhunderts verpflanzt und mit der Französischen Revolution in unmittelbare Beziehung gebracht wird. Vor einem Schriftsteller, dem es um Lebenswahrheit zu tun war, der seiner Epoche, seinem Volk den Spiegel vorhalten wollte, mußte sich die Frage erheben, ob er damit nicht den Boden der Wirklichkeit verließ und seine revolutionären Wünsche für Realitäten ausgab. Und in der Tat sind Form und Inhalt der Jean Paulschen Revolutionsdichtung durchweg, bis in scheinbar geringfügige Einzelheiten, von dem fast verzweifelten Bemühen diktiert, dieser Schwierigkeit Herr zu werden. Den Deutschen seiner Zeit ein Literaturwerk zu schenken, in dem sie sich so, wie sie waren, wiederzuerkennen vermochten, und ihnen darin zugleich, nicht nur durch philosophisches und politisches Räsonement, sondern nacherlebbar, weil in künstlerischer Form, mit den spezifischen Mitteln des Erzählers, zu zeigen, was sie tun sollten und was unter Umständen von ihnen getan werden konnte, um ihre Misere loszuwerden, das war die ungeheuer schwere Aufgabe, die Jean Paul sich stellte. Bis zum 40. Lebensjahr hat sie ihn nicht mehr losgelassen.

Die Fabeln des „Hesperus" und des „Titan" – und vermutlich auch die geplante der „Loge" – lassen jedesmal zum Schluß die Perspektive einer tiefgreifenden Umwälzung der deutschen Zustände aufscheinen. Am Horizont wird einen Moment lang, auf den letzten Seiten das Bild einer besseren, menschlicheren Gesellschaft sichtbar: Happy end nicht allein für die Romanfiguren, sondern für Staat und Volk im ganzen.[8] Untersucht man, wie es dazu kommt, so zeigt sich, daß die verschiedenen Ereignisreihen, die eine solch erfreuliche Konstellation herbeiführen, unter sorgfältiger Berücksichtigung des gesellschaftlich Typischen motiviert sind. Nur ihr Zusammentreffen ist ein extremer Glücksfall: zu schön, um wahr zu sein. Letztlich mündet der Realismus ein in Wunschträume. Und doch sind diese Träume insofern auch wieder real, als sie irgendwann in der Zukunft, zwar kaum auf dem Wege der kunstvoll ersonnenen Fabeln, wohl aber durch die Tat des deutschen Volkes selbst, verwirklicht werden können, dann nämlich, wenn dessen beste Söhne und Töchter sich die positiven Helden Jean Pauls, ihr ideales Staatsbewußtsein, ihre reine, hohe Menschlichkeit und selbstlose Solidarität, zum Vorbild nehmen werden. Sich Menschen dieser Art einen Augenblick lang als Herrscher vorzustellen – das ist der Sinn des Happy end, auf das die Fabel jeweils hinausführt. Und an Menschen dieser Art neue, im Geist der Französischen Revolution politisierte Maßstäbe des sittlich Guten zu gewinnen, ist der Sinn ihrer Charaktere. Anders ließen sich Lebenswahrheit und revolutionäre Perspektive, realistisches Wirklichkeitsbild und der Sieg begeisternder Menschheitsideale in deutschen Gegenwartsromanen jener Epoche nicht vereinen.

III

Mit welchen Mitteln hat Jean Paul es zuwege gebracht, Fabeln vom Typ „Dya-Na-Sore" glaubhaft mit den vorgefundenen gesellschaftlichen Gegebenheiten zu verknüpfen? Was den Schauplatz betrifft, so hat er sich stets ein Ländchen ausgedacht, worin die üblichen Verhältnisse eines deutschen Kleinstaats zur Zeit der Französischen Revolution bestehen, hat es mit einem Phantasienamen belegt und von einer Phantasiedynastie beherrschen lassen, deren Angehörige die typischen Züge der damaligen höchsten Adelskreise tragen. In der „Loge" heißt dieses Fürstentum Scheerau, im „Hesperus" Flachsenfingen, im „Titan" Hohenfließ.[1] Im letzten Fall scheint es an Ausdehnung und Bevölkerungszahl etwas größer zu sein, da es eine Residenzstadt mit besonderem Namen, Pestitz, hat, bei der wohl an Leipzig gedacht ist.[2] Von den drei hier nicht zur Debatte stehenden Romanen spielen die „Flegeljahre" und der „Komet" in ebensolchen Fürstentümern – Haslau bzw. Hohengeis – und der „Siebenkäs" in einem reichsunmittelbaren Marktflecken namens Kuhschnappel, der an Hof erinnert, dessen Verfassung aber der von Bern nachgebildet ist.[3]

Bei der Schilderung der Zustände in diesen Staaten hat der Dichter viel von dem verwertet, was er in Ansbach-Bayreuth an der Basis der Feudalpyramide selbst erlebt und beobachtet hatte. Dies gibt seiner Darstellung Frische und Anschaulichkeit, bedingt ihre Authentizität und den – meist satirisch getönten – Realismus, mit dem Mißstände aller Art gesehen werden. Willkür und Dünkel oben, Elend und Knechtsseligkeit unten, bösartige oder unfähige Potentaten auf der einen, servile Philister auf der anderen Seite, hier von Genüssen entnervte Höflinge, dort zerlumpte, bettelnde Kinder, doch inmitten des Widerwärtigen auch Inselchen behaglichen Glücks, deutsches Kleinleben auf Dorfangern und in Pfarrgärtchen, das der Idylliker mit liebendem Blick umfängt, das er mit leuchtkräftigen Farben ausmalt, all das umgeben von herrlicher Mittelgebirgslandschaft, von Höhen, Tälern und Auen, in welche die feenhaften Schlösser und Parks der Residenzen eingebettet sind: Jeder deutsche Leser mußte sich in diesen Romanländern im Guten wie im Bösen zu Hause fühlen.

Was Jean Paul lange Zeit als Erlebnisstoff nicht zu Gebote stand, das war die Welt der Großen. Über ein paar Honoratiorenhäuser in Hof und höchstens die ihm wohlgesinnte Gutsbesitzersfamilie v. Spangenberg im nahen Venzka gingen seine Beziehungen zu bessergestellten Kreisen bis 1795/96 nicht hinaus.[4] Vertreter des hohen Adels hatte er kaum je von ferne gesehen. Stundenlang hat er als Student in Leipzig einmal auf der Straße gewartet, um mitzuerleben, wie ein Gesandter in einem vornehmen Gasthof absteigt.[5] Noch bei der Arbeit am „Hesperus" informierte er sich über das Aussehen eines Ministers aus einem Schulbuch. Und da er Luxusartikel, wie sie in wohlhabenden Haushalten in Gebrauch waren, nicht aus eigener Anschauung kannte, legte er sich, wie sein Walt in den „Flegeljahren", „auf Vorrat" Listen mit Beschreibungen solcher märchenhaften Gegenstände an, die er dann bei Bedarf literarisch auszuwerten pflegte.[6]

Zu derartigen Notbehelfen trat belletristische Lektüre, aus der sich Belehrung über die Mentalität der herrschenden Schichten, deren Moral und Umgangsformen schöpfen ließ. Die meisten Aufschlüsse in dieser Hinsicht gewährte Wielands „Agathon", der, trotz der antikgriechischen Einkleidung, ein getreues Spiegelbild des höfischen Milieus im 18. Jahrhundert bot. Schon dem jungen Satiriker hatte dieses Buch viel gegeben. Der Schilderung des Hofs von Syrakus im 10.–12. Teil hatte er manche Anregung für seine Ausfälle gegen Fürsten und Höflinge entnommen. Es genügt, bei Wieland zu lesen, daß „man an Höfen genug getan hat, wenn man den Lastern, welche des Fürsten Beispiel adelt oder wodurch seine Absichten befördert werden, tugendhafte Namen gibt"[7], um zu erkennen, daß dies das Stichwort für die Abrechnung mit der Heuchelei der Hofleute in Jean Pauls Satire „Flüchtige Mutmaßungen über die menschlichen Tugenden", von 1784, gewesen ist.[8] Dem angehenden Romancier mußte der „Agathon" als erster Erziehungsroman der deutschen Aufklärung natürlich erst recht bedeutsam werden, und aus dieser Quelle vor allem hat er die Kenntnisse bezogen, bei denen die eigene soziale Erfahrung ihn im Stich ließ. Wieland wurde nunmehr sein Lehrer in der anschaulichen Gestaltung der Hofsitten. Was der Untertan der Bayreuther Markgrafen an Auswirkungen absolutistischer Willkür und Mißwirtschaft im Volksleben hatte beobachten können, das kombinierte er mit den Bildern höfischen Treibens, die er im „Agathon" fand und die nur in die deutsche Kleinstaatwirklichkeit der Gegenwart, aus der sie ja stammten, wieder zurückübersetzt zu werden brauchten, um zu Scheerau und Flachsenfingen zu passen.

So ist Jean Pauls Schilderung der Verhältnisse an den Höfen seiner Phantasieländchen, der Psychologie von Fürsten und Hofschranzen und der despotischen Politik zustande gekommen. Sie geriet ihm so hervorragend, daß die adligen Leser des „Hesperus" glaubten, der Verfasser des Buchs verfüge über langjährige Erfahrungen mit dieser Welt, und einige sich darüber den Kopf zerbrachen, welcher Hofmann hinter dem Pseudonym „Jean Paul" stecken mochte. Erst im „Titan" jedoch ist das Leben der höchsten Gesellschaftskreise tatsächlich aus eigener Anschauung beschrieben, nachdem dem erfolggekrönten Dichter, besonders nach seinem ersten Weimarbesuch 1796, endlich zugänglich geworden war. Und zumal der Weimarische Hof hat es sich gefallen lassen müssen, zu dem gesellschaftskritischen Bild der Aristokratie von Hohenfließ Modell zu stehen.

IV

In zweierlei Hinsicht war die Kleinstaaterei geeignet, mit einer Fabel vom Typ „Dya-Na-Sore" in Verbindung gebracht zu werden. Einmal konnten die Konstellationen, in denen Jean Paul die Handlungsreihen seiner heroischen Romane zusammenlaufen ließ, wie gesagt, nur extrem und ausgefallen sein. Auf dem Schauplatz eines der wohlbekannten Nationalstaaten indes wären sie undenkbar gewesen. Eine „Dya-Na-Sore"-Handlung in England oder Rußland spielen zu lassen wäre auf Phantasterei hinausgelaufen. Mit Frankreich verhielt es sich seit 1789 zwar anders. Doch hier wieder hätte die wirkliche Revolution die Logik der Fabel bestimmen müssen, und herausgekommen wäre ein äußerst gegenwartsnaher historischer Roman, also etwas ganz anderes als der „Dya-Na-Sore". Durch die Vielzahl der deutschen Miniaturdespotien dagegen erhöhte der Wahrscheinlichkeitsgrad der ausgefallenen Konstellationen sich beträchtlich. Diese wurden schon aus statistischen Gründen hier wenigstens denkmöglich. Es war mithin abzusehen, daß der Leser nicht unbedingt sagen würde, das habe es ja nie gegeben. Er würde vielmehr zwar voraussetzen, daß es das nicht gegeben hat, aber doch, nachdenklich, hinzufügen, unter Umständen könne auch so etwas vorkommen. Und mehr verlangte Jean Paul nicht. Dieser Denkanstoß reichte hin, um die Kette der Assoziationen auszulösen, die beim Leser einmünden sollten in den psychologischen Zwang, sich einen Ottomar, einen Gustav, einen Flamin, einen Albano als Staatsmann bzw. Fürsten vorzustellen – mit dem Stoßseufzer: „Schön wär's!" Bei Dutzenden von Residenzen und Dynastien sind die unerfüllten Möglichkeiten, die um die Wirklichkeit herumzugeistern scheinen[1], halt reicher, als wenn es nur ein Petersburg und einen Zaren gibt. Das Mögliche scheint unabsehbar, sobald das Wirkliche unübersehbar ist.

Zum anderen ersparte die Kleinstaaterei dem Dichter das Dilemma, seine Fabel entweder in ein Land Nirgendwo verlegen zu müssen oder, bei Wahl eines realen Schauplatzes, gezwungen zu sein, sie gekünstelt mit bekannten Personagen und Ereignissen, gar solchen aus nächster Gegenwart, in Einklang zu bringen. Er brauchte nur ein Scheerau oder Flachsenfingen zu fingieren, und schon genoß er alle Vorzüge freier Handlungsführung, wie sie sonst nur das Nirgendwo bietet, ohne daß er deswegen aufgehört hätte, sich auf dem Boden der nationalen Gegebenheiten seiner Zeit zu bewegen. Man könnte dagegen einwenden, das sei nichts Besonderes. Einer, der heute über Schwedt schreibe und es „Wartha" nenne[2], handle nicht anders. Aber Scheerau, Flachsenfingen usw. sind nicht fiktive Namen für reale Ortschaften *in* einem bekannten Staat, sondern sind erfundene Staaten, und das in Romanen, in denen Kräfte mit neuen sozialen Impulsen zur Macht gelangen. Nur die Unzahl an Ländern, in die Deutschland zersplittert war, bot die Möglichkeit, eine derartige Thematik eng der Realität anzunähern, ohne sie auf einen bestimmten existierenden Staat einengen zu müssen, und umgekehrt: sie zu verschlüsseln, ohne zum Allegorisieren genötigt zu sein, und ins Allgemeingültige zu erheben, ohne daß sich daraus unentrinnbar die Konsequenz eines Auslassens der Fülle des Charakteristischen und Besonderen ergeben hätte. Man kann sich nämlich Rußland oder England ebensowenig als nichtexistierend vorstellen wie ein Nirgendwo von gleichen Ausmaßen als existent. Ob es aber neben Staaten wie Hildburghausen, Bückeburg, Meiningen usw. auch noch das Fürstentum Flachsenfingen gab oder nicht gab, tat nichts zur Sache. Gerade der Umstand, daß von einem politischen Gebilde dieses Namens niemand je gehört hatte, machte Flachsenfingen repräsentativ für den nationalen Zustand, und genau konnte keiner wissen, ob es auf der buntscheckigen Landkarte Deutschlands sich nicht doch vielleicht mit dem Vergrößerungsglas würde entdecken lassen.

Wieland hat nach Lektüre des „Hesperus" geäußert, Flachsenfingen liege „in Deutschland sehr zerstreuet".[3] Er wollte damit sagen, dieses

Phantasieländchen spiegele die Verhältnisse in allen deutschen Fürstentümern wider. Das war richtig, aber nur die halbe Wahrheit. Flachsenfingen muß auch insofern in Deutschland zu finden gewesen sein, als zwischen seiner Nichtexistenz und der Nullität beliebiger vorhandener Duodez-Despotien kaum ein Unterschied bestand. Wenn also die nationale Zersplitterung auch der Entstehung großer Romanliteratur im allgemeinen nicht förderlich gewesen ist – noch ein Fabuliergenie wie Raabe hat, weil es kein deutsches London gab, hinter seinem Vorbild Dickens zurückbleiben müssen –, so bleibt doch festzuhalten, daß die Romankonzeption Jean Pauls und die politische Realität, die sie abbilden sollte, einander gemäß waren. Und daß dieser Schluß an Erwägungen über das Vorhandensein von Flachsenfingen anknüpft, die zwangsläufig soeben ins Witzeln abgeglitten sind – darauf kommt es an. Die deutsche Misere in einem realistischen Prosaepos einzufangen und darin zugleich den Deutschen eine revolutionäre Perspektive zu zeigen war allerdings eine ernste Aufgabe, bei der es letztlich um Recht und Freiheit für Millionen unterdrückter Menschen im Herzen Europas ging. Aber gestalterisch gelöst werden konnte sie nur von einem großen Humoristen und Satiriker, dem es gegeben war, auch die grotesken Seiten des nationalen Zustands sichtbar zu machen.

Goethes „Wilhelm Meister" ist ein humorloses Buch – und kann es sich, unbeschadet seines literarischen Ranges, leisten, humorlos zu sein, weil darin aus dem Gesellschaftsbild der damaligen deutschen Gegenwart alles Politische wegretuschiert ist: Staat, Residenz, Hof, dynastische Interessen, die ganze Problematik des öffentlichen Lebens, mit Einschluß der auf sie sich beziehenden Ideenkämpfe, kommen einfach nicht vor. Schiller gar ist, nach einem Wort von Marx, in seiner klassischen Periode aus der platten in die überschwengliche Misere geflüchtet.[4] Eins wie das andere kam für Jean Paul nicht in Frage. Primär politisch orientiert, nahm er es unverdrossen mit der platten Misere auf, als er die deutsche Gesellschaft im Zeitalter der Französischen Revolution zum Gegenstand großer Romane wählte, und gerade er war der rechte Mann, mit dem humoristischen Roman die der Widerspiegelung dieser Wirklichkeit am meisten angemessene Literaturgattung auszugestalten und zu klassischer Blüte zu führen. Eben in der nationalen Zerklüftung, der Kleinstaaterei, diesem Erbübel jahrhundertealter nationaler Fehlentwicklung, aber waren alle grotesken Momente der deutschen Misere zusammengeballt. Indem er es unternahm, kritisch-realistische Abbilder deutscher Kleinstaaten zu schaffen, stieß er somit notwendig auf Erscheinungen, die ihn selbst dann, wenn ihm das zuwider gewesen wäre, gezwungen hätten, die in der satirischen Periode errungenen Sichtweisen und Ausdrucksformen – Witz, Ironie, Scherz, Laune – in die schwelgerisch gefühlvolle Poesie seiner reifen Prosadichtungen hinüberzuretten. Und gleichzeitig bedeutete die Erschaffung von

Scheerau, Flachsenfingen usw., daß er in einer Zeit, in der die bürgerliche Klasse Deutschlands noch weit davon entfernt war, im politischen Aspekt der nationalen Frage das Kernproblem ihrer künftigen demokratischen Revolution zu erkennen, eben dieses Problem mit kühnen satirischen Bildern als erster gestaltend zur Sprache brachte.

Man sieht Jean Pauls Romanfiguren über Schlagbäume und Länderschranken förmlich stolpern. Da wird im „Titan" von einer Reisegesellschaft gesagt, sie sei gleich am Ziel; das Fürstentum, in das sie wolle, sei nur noch ein Fürstentum entfernt.[5] Da läuft in den „Flegeljahren" die Grenze zwischen zwei Hoheitsgebieten quer durch ein Haus, und die kreißende Mutter wird, für den Fall, daß sie einen Knaben zur Welt bringt, im Bett in diejenige Stubenecke getragen, wo den Neugeborenen seine Staatsbürgerschaft davor sichert, dereinst zur Armee des Fürsten von Haslau gepreßt zu werden.[6] Gewaltige Charaktere, wie Ottomar[7], wie Schoppe-Leibgeber[8], wie im Bösen Gaspard[9], nehmen sich in diesen souveränen Liliputgärtchen wie Riesen aus. Und vom „Titan" an fehlt es auch nicht an gelegentlichen Reflexionen, in denen schon die Einigungsparolen der Befreiungskriege und der Achtundvierziger Revolution anklingen, so wenn Schoppe in einer satirischen Auslassung den Körper des Reichs mit einem Polypen vergleicht, der zerstückelt wird mit dem Erfolg, daß der gezähnte Teil den Hinterrest aufspeist.[10] Erst beim jungen Hegel, in der Schrift über die Verfassung Deutschlands[11], findet man ein gleiches Niveau nationalpolitischer Problemstellung. Und vergessen wir nicht: In der auf den Schlachtfeldern der Freiheitskriege kämpfenden Generation, der geschichtlich ersten, in der deutsches Nationalgefühl zum Massenerlebnis wurde, war der „Hesperus" mit dem so komischen wie lebensechten Flachsenfingen das gelesenste Buch. Das literarische Verdienst Jean Pauls, die herrlichsten humoristischen Romane deutscher Sprache geschaffen, und seine nationale Tat, dem gerechten Kampf der Deutschen um ihre staatliche Einheit geistig den Weg gebahnt zu haben – in der „Entdeckung" von Scheerau, Flachsenfingen und Hohenfließ erweisen sie sich als zwei Seiten derselben Sache.

V

Bleibt zu fragen, wer diese Ländchen revolutionieren und so für den gelähmten Freiheitssinn der ganzen Nation ein beflügelndes Beispiel schaffen sollte. Auch in diesem Punkt legte der Dichter Wert darauf, seine Fabel möglichst auf den Boden des real Vorhandenen und allgemein Bekannten zu stellen. Und wieder kombinierte er, wie analog im Falle des Prä-Ottomar, dabei zunächst zwei disparate Phänomene zu einem ebenso sonderbaren wie bedeutungsreichen Phantasiegebilde: den Illuminaten-Orden und – Schillers Räuber.

Der „Dya-Na-Sore" hatte ihn auf die Idee gebracht, in seinen Roman einen Geheimbund, eine politische Verschwörung einzuführen. Wo gab es etwas, das daran erinnerte? Die einzigen Organisationen, die sich von progressiven Bestrebungen leiten ließen, waren die Geheimbünde der Freimaurer und Illuminaten.[1] Also entschloß Jean Paul sich – aus ähnlichen Beweggründen wie Mozart beim Komponieren der „Zauberflöte" – zu einer unsichtbaren Loge. Die erwähnte Meinung von Berend, es sei ihm dabei nur um den Spannungseffekt gegangen[2], ist mehr als oberflächlich. Einmal beweisen die späteren Umbildungen dieses Fabelelements im „Hesperus" und im „Titan", daß Jean Paul das Logenmotiv ohne Rücksicht auf dessen geheimnisträchtige Aura fallenließ, sobald sich ihm für die Veranschaulichung seines politischen Konzepts geeignetere Motive darboten. Zum anderen aber hatte die sympathisierende Darstellung einer Loge an sich schon die Bedeutung eines Bekenntnisses, gerade so, wie das Interesse des Publikums an dieser Materie seinerseits nicht in erster Linie den mysteriösen Attributen, sondern den Zielen einer Bewegung galt, die echten gesellschaftlichen Bedürfnissen entsprach.

Im 18. Jahrhundert waren Freimaurerlogen und Illuminaten-Orden geschichtlich berechtigte, von humanen und freiheitlichen Idealen getragene Organisationsformen fortschrittlicher Kräfte aus Bürgertum und Adel, die sich, zumal dort, wo die klerikale Reaktion über starke Machtpositionen verfügte, aus gutem Grund mit dem Schleier der Konspiration umgaben. Es handelte sich um Vorläufer der späteren Oppositionsparteien des Liberalismus, noch angepaßt den Bedingungen des despotischen Polizeistaats, der kein öffentliches Leben duldete. Der Illuminatenorden z. B. war in München als Gegengründung gegen die – ihrerseits konspirativ vorgehenden – Jesuiten ins Leben getreten. Er huldigte der Aufklärung, unter Bevorzugung erst Voltaires und des französischen Materialismus, später der Schriften Rousseaus. 1784 in Bayern durch Spitzel ausgekundschaftet und behördlich unterdrückt, fiel er in den neunziger Jahren auch in denjenigen Staaten, in denen verhältnismäßig tolerante Fürsten regierten, dem Entsetzen zum Opfer, das die Französische Revolution der Feudalkaste einjagte. Mit der lächerlichen Begründung, daß führende Männer des Ordens, unter ihnen der liberale Schriftsteller und Übersetzer Bode[3], sich 1788 (!) in Paris aufgehalten hatten, wurde gegen die Illuminaten die Anklage erhoben, sie seien die Inspiratoren des Jakobinertums, womit die Bewegung, deren Anhänger sich eingeschüchtert zurückzogen, erledigt war.

Nach allem, was über Jean Pauls politische Gesinnung bekannt ist, kann seine Sympathie für Geheimbünde dieser Art nicht überraschen. Indes waren die Illuminaten und gar die Freimaurer doch harmloser, als es ihren Gegnern vorkam, und das scheint ihn gestört zu haben. Es ist aufschlußreich, sich klarzumachen, daß auch Goethe, vielleicht sogar angeregt durch Jean Paul[4], das Logenwesen literarisch verwertet hat, wobei dessen Tendenz aber von beiden Dichtern in jeweils entgegengesetzter Richtung verschoben worden ist. Die dem Freimaurer- und Illuminatentum nachgebildete Turmgesellschaft, die aus dem Verborgenen die Entwicklung Wilhelm Meisters lenkt, setzt sich anscheinend nur aus Adligen zusammen und arbeitet, gleichgültig gegenüber allen staatlichen Fragen, auf die Kultivierung und Humanisierung der individuellen Persönlichkeit hin. In diesem Sinne wird der Wilhelm der „Lehrjahre" auf seinem von verwirrenden Einflüssen durchkreuzten Lebensweg durch ihm wohlgesinnte Aristokraten so geleitet, daß er die ausschweifende Genialitätssucht seiner Anfänge überwindet, doch auch davor bewahrt bleibt, philiströs zu verkümmern, und sich schließlich als innerlich freier, von idealem Streben erfüllter Mensch dem werktätigen Leben einfügt.[5] Dies entspricht nicht einmal adäquat der Klassenfunktion und dem Geist der Freimaurerlogen, und vollends die überwiegend bürgerlichen Illuminaten gingen über derartige Bildungsbestrebungen hinaus, indem sie sich, wenn auch auf der Linie des aufgeklärten Absolutismus, in den Dienst politischer Reformabsichten stellten. Mit Methoden, die man heute als „Unterwandern der Institutionen" bezeichnen würde, hofften sie ihre Ziele durchzusetzen. Davon ist im „Wilhelm Meister" keine Spur zu entdecken. Demgegenüber war bei Jean Paul das Umgekehrte geschehen: Er hatte seine unsichtbare Loge zu einer antidespotischen Verschwörergruppe gemacht, die in den fertig gewordenen Teilen des Werks bereits beunruhigende, Teile der Bevölkerung nachdenklich stimmende Vorfälle in Szene setzt[6], was den wirklichen Freimaurern und Illuminaten auch wieder fernlag. Die politisch oppositionelle Bedeutung des Logenwesens also, die Goethe abschwächte, von Jean Paul war sie zuvor übersteigert worden.

Bei bestimmten Anschlägen der unsichtbaren Loge – sie ähneln dem, was der Neoanarchismus von 1967/68 „Aufklärung durch Aktion" nannte – hat nun Berend angemerkt, daß sie an die Streiche der Schillerschen Räuber, der ersten in einem deutschen Literaturwerk gestalteten Rebellengruppe, erinnerten.[7] Dieser Hinweis ist richtig, und er steht in Einklang damit, daß der der Loge angehörende Kapitän Ottomar in seinem programmatischen Brief an Dr. Fenk angesichts der miserablen Zustände in Deutschland den Wunsch äußert, mit seinen *Räubern* gehenkt zu werden, nachdem er mit ihnen vorher, als ihr Hauptmann, die ganze alte Verfassung niedergerannt habe.[8] Ergänzend zu den von Berend angeführten Beispielen im 13. und 48. Kapitel[9] sei hier noch auf eine weitere Episode hingewiesen, die ihm entgangen zu sein scheint: Im 14. Kapitel überrumpeln Logenbrüder einen Transport mit jungen Männern, die Werbern in die Hände gefallen sind. Die

Rekruten werden befreit und können gemeinsam mit ihren Erlösern glücklich das Weite suchen.[10] Ein solcher Streich hat mit Illuminatentum nichts mehr zu tun. Zu dergestalt aktivem „Verunsichern" der Institutionen, gar des Militärs, haben Männer vom Schlage Bodes sich niemals hinreißen lassen.

Verstehen läßt diese Abweichung vom historisch-realen Modell sich nur, wenn man bedenkt, daß die wirklichen Logen zu zahm waren, um unverändert in eine Fabel vom Typ „Dya-Na-Sore" eingebaut zu werden, weshalb ihr Abbild mit Zügen ausgestattet worden ist, die revolutionären Aktivismus glaubhaft zu machen hatten. Und diese Züge zeichnete Jean Paul nach einem anderen Modell: nach dem Muster des weithin berühmten Dramas, dessen Motto „In tyrannos" heißt, wie denn auch Ottomar charakterlich und in seinen Äußerungen – siehe den eben erwähnten Brief – an Karl Moor gemahnt.[11] Eine Mischung von Illuminaten und Schillerschen Räubern – so mußten nach den Vorstellungen des Jean Paul von 1791 die Kräfte beschaffen sein, die berufen waren, mit der deutschen Misere aufzuräumen.

Hier wird aber auch bereits klar, wieso der erste Roman – genauer: *der* Roman in seiner ersten, „Die unsichtbare Loge" genannten Version – nicht vollendet werden konnte. Mit der epischen Ausgestaltung einer derartigen Verschwörergemeinschaft, gar mit der Schilderung ihres Siegs hätte der Dichter den Boden der Realitäten verlassen und wäre aus revolutionärer Ungeduld ins Reich der bloßen Wünsche aufgestiegen. Im „Hesperus" ist an die Stelle der logenartigen Geheimgesellschaft daher etwas Besseres, Zeitgemäßeres getreten: der revolutionäre Klub[12], eine Abwandlung des Motivs, in der sich die Fortentwicklung der Pariser Ereignisse zwischen 1791 und 1793 widerspiegelt. In Frankreich hatte es politische Klubs schon früher gegeben. 1787 waren sie dort verboten worden. 1789 aber bildeten sie sich neu und nahmen reißenden Aufschwung. Durch weitverzweigte Angliederungen verstärkt, bildeten sie alsbald die Mittelpunkte großer Parteien und übten so auf den Gang der Revolution gewaltigen Einfluß aus. Am bedeutendsten waren die Klubs der Feuillants, der Jakobiner und der Cordeliers. Durch sie wurde das Klubwesen auch in Deutschland bekannt und fand hier von 1791 an, wenngleich nur stellenweise und in örtlich begrenztem Rahmen, immerhin soviel Nachahmung, daß 1793 auf Antrag der Regierungen durch kaiserliches Reichsgesetz alle Klubs verboten wurden.[13] Im Herbst 1792 war Mainz gefallen, mit der Folge, daß einer der deutschen Klubs sogar zur Macht gelangte und eine Republik gründete[14], und der Fall von Mainz markiert die Situation, in der Jean Paul an die Niederschrift des „Hesperus" ging.

Ein Klub also auf dem Territorium des in der Nähe des Rheins gelegenen Fürstentums Flachsenfingen, von der Umwälzung in Frankreich inspiriert, zusammengesetzt aus jungen Männern, die den Stürmern und Drängern, allen voran dem Despotenhasser Klinger, ähneln, das kam der Wirklichkeit näher als die zwischen Räuberromantik und Illuminatentum schwankende Konzeption des ersten Wurfs. Und es entsprach auch mehr der Grundidee, deren frühester Realisierungsversuch von Jean Paul noch in Unkenntnis des Klubbegriffs in Angriff genommen worden war. Was mit der „Unsichtbaren Loge" gewollt war, ist Mißverständnissen ausgesetzt und muß vor verharmlosender Ausdeutung in Schutz genommen werden. Beim „Hesperus" dagegen ist alles klar. Das Schreckensjahr 1793, in dem er hauptsächlich entstand, ist ihm gut bekommen.

VI

Soviel zu den Kräften, von denen die befreiende Perspektive ausgeht. Offen bleibt damit noch, wie sie, ob als Loge oder als Klub formiert, unter den gegebenen Bedingungen den Sieg erringen konnten. War das gewünschte Happy end für Volk und Staat überhaupt denkbar? Ließ es sich unter Wahrung der gebotenen Lebenswahrheit dichterisch gestalten? Eines stand fest: Das Mainzer Beispiel eignete sich schwerlich zu literarischer Verwertung. Ein Volk, das seine Bedrücker nicht nur duldet, sondern, von ihnen angeführt, obendrein der revolutionären Nachbarnation einen Krieg ins Land trägt, dabei geschlagen wird und dann Freiheit und Gleichheit aus dem Troßgepäck der Sieger empfängt, ist etwas zu Prosaisches, um als Gegenstand großer Dichtung in Betracht zu kommen. Die Freiheit von Scheerau, Flachsenfingen, Hohenfließ durfte von fremden – französischen und englischen – Sonnen fernher beschienen, doch sie mußte landeseigenes Gewächs sein. Sicher wäre Jean Paul, in Mainz lebend, denselben Weg wie Forster gegangen.[1] Nie wäre er jedoch imstande gewesen, einem Klub, der unter – sei es noch so segensreichem – Okkupationsregime zur Macht gelangt, poetische Seiten abzugewinnen. Was aber gab es sonst noch an Möglichkeiten?

Für einen progressiven Ideologen waren damals zwei alternative Wege vorstellbar, auf denen sich die Umwandlung Deutschlands in ein modernes, bürgerliches Land vollziehen konnte: die Revolution „von unten", nach französischem Vorbild, und die „von oben", in Gestalt liberaler Reformen, die von den Machthabern freiwillig durchgeführt werden; d. h. *entweder* Volksaufstand, erstürmte Kerker, Machtergreifung durch den Dritten Stand, Proklamierung der Republik, während rings auf gutsherrlichen Schlössern der Rote Hahn flammt, *oder* der von den Ideen der Aufklärung erleuchtete weise Fürst, der freiheitlich gesinnte Männer zu Rate zieht, gerechte Gesetze erläßt, die Privilegien von Adel und Klerus aufhebt, die Bauern aus der Fronknechtschaft erlöst und dem Staat eine moderne Verfassung gibt. Für den ersten

Weg fehlten damals in Deutschland, infolge seiner nationalen Zersplitterung und unterentwickelten Produktion, noch alle Voraussetzungen. Und der zweite Weg war im Prinzip illusorisch, weil es das nicht gibt, daß eine Herrenkaste aus freien Stücken auf ihre Vorrechte verzichtet. Die Reformvorhaben des aufgeklärten Absolutismus sind entweder nicht ernst gemeint gewesen (wie die Katharinas II. von Rußland) oder am Widerstand der Territorialfürsten und der Masse des Adels gescheitert (wie die Josephs II.), oder sie haben, falls sie zu partiellen Erfolgen führten, nicht der Überwindung des Systems, sondern dessen Stabilisierung gedient.

Trotzdem sollte Deutschland zu Beginn des 19. Jahrhunderts durch eine Art Revolution „von oben" historisch vorankommen, zwar nur um ein anachronistisch winziges Stück, gemessen an westeuropäischen Maßstäben, doch recht erheblich im Vergleich zur Misere des ancien régime im Lande selbst. Freilich bestätigte dies die Illusionen des aufgeklärten Absolutismus durchaus nicht. Denn nicht der Erleuchtung der deutschen Fürsten war der halbe, lahme Fortschritt zu danken, sondern dem Umstand, daß durch die Siege Napoleons, des Testamentvollstreckers der bürgerlichen Revolution, in Mitteleuropa eine neue Lage entstand, der sich Fürsten und Adel, ob erleuchtet oder nicht, eben anzupassen hatten. In den Rheinbundstaaten war es unmittelbarer französischer Druck, der Reformen erzwang, in Preußen die – den Herrschenden bitter wehtuende – Notwendigkeit, für den Kampf gegen einen fremden Eroberer solcher Herkunft und Art die Volksmassen gewinnen zu müssen. Und daß es zu einer solchen Entwicklung jemals kommen werde, ließ sich in den neunziger Jahren fast ebensowenig voraussehen wie in der vorrevolutionären Periode, in der jene Illusionen entstanden waren. Da sich die Dinge dann aber faktisch so gestalteten, mußte jeder Versuch, die – im Prinzip falsche – Theorie der Revolution „von oben" zu konkretisieren, Gedankenelemente enthalten, welche die tatsächliche spätere Entwicklung bis zu einem gewissen Grade vorwegnahmen, Elemente vor allem, die es den Beteiligten später ideologisch erleichterten, sich ihr zu unterwerfen. Man entschließt sich, einerseits, als Rheinbundfürst nicht gar so schwer, den Code Napoleon einzuführen, wenn schon vorher Ideen in der Luft gelegen haben, die den Nachruhm eines weisen, erleuchteten Monarchen an Rechtsreformen zugunsten des Bürgertums knüpfen, gerade so, wie es einem als König von Preußen, falls derartige Ideen virulent sind, etwas leichter fällt, dem Freiherrn vom Stein die Staatsverwaltung und dem Scharnhorst die Armee anzuvertrauen. Und andererseits drängt man als Bürger weniger ungestüm auf liberale Verfassung, Parlament und Pressefreiheit, nachdem einem eingeredet worden ist, daß die – dem eigenen Profit so nötige – Lockerung der feudalen Fesseln auch ohne Umsturz, ja unter Beibehaltung der absoluten Monarchie erreicht werden könne.

Welchen Anteil die Ideologie am Zustandekommen der künftigen Konstellation indes auch gehabt haben mag, jedenfalls waren die Gedanken, die während der neunziger Jahre in den Köpfen aufatmender Bürger und verängstigter Aristokraten um die Revolution „von oben" kreisten, dem bevorstehenden Gang der Ereignisse angemessener als die Hoffnung der radikaler Gesinnten, es werde in Deutschland nächstens dasselbe wie in Frankreich geschehen. Der Wunsch, daß es geschehen möge, hatte zwar progressiveren Charakter, war aber eben deswegen seiner Zeit ein halbes Jahrhundert voraus, was einschloß, daß er für die nächsten Jahre ohne Beziehung zu den gegebenen Möglichkeiten in der Luft hing.

VII

Um Wert und Unwert der politischen Substanz von Jean Pauls Revolutionsdichtung gerecht abwägen zu können, muß man sich dies einmal klargemacht haben. In Christian Otto war, wie oben erwähnt, die Hoffnung auf eine deutsche Revolution „von unten" 1793 so übermächtig, daß Jean Paul, nüchterner denkend, seinem Freund entgegenhielt, auf den Höhen der Begeisterung sehe man, wie auf den Alpen, wegen der unbesudelten Luft alles zu nahe.[1] Die Welt durch Alpenluft zu betrachten war Jean Paul selbst aber auch angenehm. So ist in seinen heroischen Romanen die Sympathie für den französischen Weg einer Umgestaltung Deutschlands, für die Erhebung der Volksmassen, nicht zu verkennen, und die Neigung, sich dies auszumalen, durch die Nachrichten aus Paris, die Lektüre des „Dya-Na-Sore" und eine maßlose Phantasie gesteigert, führt dort zuweilen bis hart an die Grenze, wo die Phantasterei beginnt.

Man kann nicht wissen, was an Zuspitzungen für den dritten Teil der „Loge" vorgesehen war. Aber im ersten und zweiten Teil sind die Aktionen der Logenbrüder dermaßen verwegen, daß diese, falls gefaßt, am Galgen enden müßten[2], und tatsächlich bricht das Fragment ab in einer prekären Situation: Gustav, der Held, mit den Verschwörern in geheimnisvoller Verbindung, sitzt im Gefängnis.[3] Da indes unmöglich die Absicht bestanden haben kann, die Geschichte tragisch ausgehen und damit den schurkischen Fürsten von Scheerau triumphieren zu lassen, dürfte geplant gewesen sein, durch einen Umsturz Gustavs Rettung herbeizuführen. Die spärlichen, widerspruchsvollen Notizen, die in den Vorarbeiten gewisse Aspekte der Fortsetzung andeuten, sehen u. a. vor, daß Ottomar – ebenfalls Mitverschworener der Loge, dabei dem Fürsten, seinem Halbbruder, verhaßt – Minister werden soll.[4] Auch das spricht für einen Aufstand, und nichts anderes scheint mit der brieflichen Äußerung des Autors vom 12. Juli 1792 gemeint zu sein, selbst ohne Fingerzeig in der Vorrede würden die Gelehrten merken, auf welchen „unerwarteten Schlag" das unvollendete Buch vorbereiten wolle.[5] Zumindest haben Volksaufruhr und Erhebung der Rebellen zu Herren des Landes zu den Alternativlösungen gehört, die für den dritten Teil in Reserve gehalten wurden, wobei vorsorglich stehengelassene Verzahnungen im gedruckten Text auch die Möglichkeit einer solchen Variante späterer Vollendung des Fragments offenhielten.

Eine sonderbare Methode, Romane zu schreiben! War sie mitbestimmt von der Erwägung, daß eventuell der Geschichtsprozeß selbst für einen dergestalt optimistisch stimmenden Schluß sorgen werde? Niemand weiß es. Fest steht jedoch, daß die analogen Verschwörer im „Hesperus" – nun nicht mehr Loge, sondern Klub – einen Aufstand vorbereiten und nahe daran sind, ihren Plan zu verwirklichen. Einer von ihnen, Flamin, nimmt den Verdacht auf sich, als Bürgerlicher einen Adligen im vermummten Duell getötet zu haben. Er will sich zum Tode verurteilen lassen und die Valediktionsrede vor der Hinrichtung dazu benutzen, das Volk zur Rebellion aufzurufen. Schon sitzt der todesmutige Fanatiker im Kerker, schon ist von einem Mitverschworenen der Pulverturm von Flachsenfingen, zur Aufreizung der Massen und um die Munition der Armee zu vernichten, in die Luft gesprengt worden. Schon liegt der zündende Aufruf vor, der, mehr als ein Menschenalter vor Büchners „Hessischem Landboten", den Krieg der Hütten gegen die Paläste proklamiert.[6] Und nicht weil der Klub einen Rückzieher machen würde, sondern weil überraschend Ereignisse eintreten, die bewirken, daß die verblüfften Verschwörer auf bequemste Art in die höchsten Staatsämter aufsteigen, wird aus der Sache nichts. Hält man sich vor Augen, daß die Klubbisten zu den positiven Figuren des „Hesperus" zählen und die aufrührerische Rede als Idee schon in einer Satire aus dem Juli 1789 auftaucht[7], so wird klar, wie liebend gerne Jean Paul die französische Manier, mit dem Feudalsystem fertigzuwerden, als Ereignis deutscher Gegenwart dichterisch verklärt hätte. Und nicht nur das: Wer den „Hesperus" liest, kann sich kaum des Eindrucks erwehren, daß an den betreffenden Stellen die Leser geradezu angeregt werden sollten, darüber nachzudenken, wie das französische Beispiel sich nachahmen ließe.

Bei alledem ist der Aufstandsplan nicht einmal unrealistisch motiviert. Der Dichter läßt den verzweifelten Heroismus Flamins organisch hervorwachsen aus gesellschaftlich typischen Ursachen und bringt ihn so dem menschlichen Verständnis des Lesers, an dessen eigene soziale Erfahrungen appellierend, nahe. Der human gesinnte Held hat im Staatsdienst fortgesetzt üble Machenschaften mit ansehen müssen, ohne ihnen Einhalt gebieten zu können. Er ist aus triftigen Gründen überzeugt, daß man als Glied der absolutistischen Bürokratie nichts Nützliches für die Menschen zu tun vermag, und darüber todunglücklich. Gleichzeitig macht unerwiderte Liebe ihn lebensüberdrüssig. Dem geliebten

Mädchen stellt überdies der regierende Fürst nach, unter Ausnutzung der bestehenden Machtverhältnisse, was Flamin auch von seinen privaten Empfindungen her zum Haß reizt.[8] Das Ganze spielt sich 1793 ab. Die Ideen des Jakobinertums liegen in der Luft. Im Klub wird unentwegt über die Revolution diskutiert.[9] Das Duell paßt gleichfalls ins Bild der Zeit, noch mehr der Umstand, daß die ansonsten mit moralischem Prestige honorierte Unsitte des Duellierens als Verbrechen erst dann gilt, wenn ein Adliger von einem Bürgerssohn erschossen wird.[10]

Dennoch balanciert Jean Paul hier auf der Grenze zum Phantastischen, und wenn er den Aufstand wirklich hätte ausbrechen, gar triumphieren lassen, so wäre sie überschritten worden. Denn abgesehen davon, daß es 1793 nirgendwo in Deutschland Volksaufstände gegeben hat und bei etwaigen Unruhen in einem Fürstentum Flachsenfingen nötigenfalls Truppen der Nachbarstaaten einmarschiert wären, um den Umsturzversuch binnen weniger Stunden zu ersticken, beginnt eine bürgerliche Revolution klassischen Typs, wie sie in der Aera des aufsteigenden Kapitalismus auf der Tagesordnung der Geschichte stand, auf keinen Fall damit, daß die Massen sich unvermittelt, auf den Ruf eines Tribunen hin erheben, sondern kommt in aller Regel durch einen Budgetkonflikt zwischen Thron und Bourgeoisie in Gang, dann nämlich, wenn das Kapital stark genug ist, den in finanzielle Bedrängnis geratenen Monarchen mit konstitutionellen Forderungen unter Druck zu setzen. Im revolutionsreifen Frankreich haben dergestalt dem Sturm auf die Bastille die Einberufung der États Géneraux, die Konstituierung der Vertreter des Dritten Standes zur Nationalversammlung und der Ballhausschwur vorausgehen müssen, ehe die Vorbereitung gewaltsamer Gegenmaßnahmen durch den König das Volk dermaßen provozierte, daß es den Reden der Revolutionäre Gehör schenkte und zu folgen bereit war.

Überlegungen dieser Art sind anscheinend Jean Paul nicht fremd gewesen. Schon die oben mehrmals erwähnte Briefstelle über die „Loge", vom Juli 1792[11], bezeugt, daß er, bei aller Sympathie für radikale Lösungen, ein sicheres Gefühl für die gesellschaftlichen Realitäten besaß. Dem Wort von dem „unerwarteten Schlag" fügt er sofort in Parenthese hinzu, daß aber die Schwefeleidechse dem roten Löwen wohl doch entschlüpfen werde. Noch bezeichnender sind die Argumente, mit denen er in dem Brief vom 26. März 1793 begründet, wieso, nach seiner Meinung, ein Übergreifen der Revolution auf ganz Europa mehr Zeit beanspruchen werde, als man „auf den reinen Höhen der Begeisterung" glaube. Europa, heißt es da, sei nicht ein einziges „gepreßtes, abgefressenes Gallien" – ein richtiger Hinweis angesichts der Tatsache, daß in keinem europäischen Staat, auch keinem deutschen, 1789 ein Defizit von derartigem Ausmaß wie in Frankreich bestanden hat.

Auch fehle, heißt es weiter, den *verschiedenen* Ländern und Völkern die *Gemeinsamkeit* von „Bedürfnis, Druck, Wunsch und Geist" – eine Festellung die beinahe schon die Leninsche Doktrin von der ungleichmäßigen Entwicklung vorwegnimmt. Es sind diese nüchternen Erwägungen, aus denen dann der Schluß gezogen wird: „Da muß noch weit mehr Licht unter unsere Hirnschalen und noch weit mehr Torturschwefeltropfen an unser Herz geworfen werden, eh' sich die liegende Welt ermannt."[12]

Ähnliche Gedanken dürften Jean Paul beim Niederschreiben seines Romans, sowohl in der ersten wie in der zweiten Version, davor bewahrt haben, mit seinen Wünschen übers Ziel hinauszuschießen. Wie nahe er daran war, das zu tun, wird durch die Vorarbeiten zum „Hesperus" noch überzeugender dokumentiert als durch die vagen Andeutungen über den ungeschriebenen dritten Teil der „Loge". In den nicht verwerteten „Hesperus"-Manuskripten finden sich z. B. Notizen darüber, wie die Liebesgeschichte mit dem Hauptmotiv, dem „Kampf für politische Freiheit (Republik)", verbunden werden könne. Geplant ist zunächst ein „Königsmord im zweiten Teil". Aus dem König wird dann ein Fürst, der sich der Heldin bemächtigen will: „Hugo (ursprünglicher Name des Haupthelden – W. Hr.) will seine Geliebte schützen." Somit wird gleichzeitig für die Freiheit und für die Geliebte gekämpft. Sie „müssen eilen, damit sie (die Geliebte – W. Hr.) der Fürst nicht verführt", und „weil die Demokraten an einem Tag erwürgt werden sollen". Als Schauplatz der ausbrechenden Kämpfe ist eine „Einweihungsinsel" vorgesehen, an deren Ufer „alle Typen der despotischen Schlachthäuser und Grausamkeiten, gebundene Menschen, verbrannte Hütten" zu sehen sind. Diese Insel, das Bollwerk der Monarchie, soll vom Helden „mit Kanonen" erobert werden, usw.[13] Alle diese Motive, ausgenommen das Interesse des Fürsten für die Geliebte des Helden, sind später fallengelassen oder in Anpassung an die Wirklichkeit abgemildert worden. So lautet eine jüngere Notiz: „Aufopferung für Vaterland, aber ohne Mord"; nunmehr soll der Held nur noch „auf dem Landtag Widerstand" leisten und dabei „von der unbekannten Loge (!) unterstützt" werden[14] (ein Einfall, der abermals die Zusammengehörigkeit beider Romane bezeugt). Je mehr die vorprüfenden Erwägungen zur Fabel sich der Ausarbeitung nähern, desto deutlicher setzt sich gegen das von revolutionärer Ungeduld eingegebene Wunschdenken, gegen den Drang, es in epische Gestaltung umzumünzen, der Realismus durch.

Doch dabei blieb es nicht. Die zurückgedrängten Motive bemächtigten sich des Dichters zeitweilig aufs neue, als er seinen letzten heroischen Roman schrieb. Noch aus der – nach Berend – dritten Entstehungsperiode des „Titan", vom Juli bis September 1796, haben sich Aufzeichnungen erhalten, denen zufolge Albano durch seinen Freiheitsdrang in handgreifliche politische Händel verwickelt werden sollte. Wieder, im Prinzip wie bei Flamin, war beabsichtigt, ihn an einem Aufstand teilnehmen zu lassen. Dadurch sollte er mit der Obrigkeit und mit seinem – ihr loyal gegenüberstehenden – Vater in Konflikt geraten. Das sollte seine Entfernung nach Italien veranlassen. Dort sollte er in Gefahr schweben, auf Befehl des Fürsten ermordet zu werden.[15] Auch hier hat eine andere Version die Oberhand behalten: Von einem Aufstand ist im gedruckten „Titan" keine Rede mehr, für die Italienreise gibt es eine zeitgemäß normale Motivierung[16], die Ursache für die dem Helden drohende Gefahr ist im Bereich üblicher dynastischer Interessen angesiedelt, und seine politische Aktivität reduziert sich auf das Vorhaben, sich im Krieg von 1792 auf die Seite der französischen Republik zu stellen[17] – ein „Sieg des Realismus", der indes nicht von vornherein entschieden war, der vielmehr in der Brust sogar des girondistischen Jean Paul noch den wiederauflebenden alten „Hesperus"-Träumen abgerungen werden mußte.

VIII

Was aber bedeutete dieser Sieg, der hier, anders als später bei Balzac[1], nicht über konservative Voreingenommenheit, sondern über die allzu hochgespannten Erwartungen eines revolutionären Demokraten triumphierte? In der Zeit, in der „Loge", „Hesperus" und „Titan" entstanden sind, konnte realistische Einsicht bei einem Revolutionär entweder nur bitteres Resignieren zur Folge haben, wie es elegisch Hölderlins „Hyperion" mit seiner Klage über den Zustand der Deutschen ausdrückt[2], oder der Realismus mußte, falls die Entschlossenheit, eine optimistische Perspektive mit der nächsten Gegenwart zu verknüpfen, durch ihn nicht zu beirren war, zur Annäherung an die Theorie der Revolution „von oben" führen. Ungern, zögernd hat Jean Paul mindestens zweimal – Anfang 1792 und 1793/94 –, vielleicht, wie die eben zitierten „Titan"-Vorarbeiten zeigen, sogar noch ein drittes Mal – 1796/97 – auf die ihn immer wieder faszinierende schönere Lösung, welche der „Dya-Na-Sore" ihm nahelegte, verzichtet und sich dazu durchgerungen, seiner Romankonzeption eine weniger schöne zugrunde zu legen, die, unter Aufrechterhaltung des Mißtrauens gegen die Herrschenden, gleichwohl den anderen Weg, die deutsche Misere zu überwinden, als möglich unterstellt. Sowohl im „Hesperus" als auch im „Titan" mündet am Ende das Romangeschehen in eine Revolution „von oben" ein.
Zu Beginn des 19. Jahrhunderts wäre dies nicht mehr in Betracht gekommen, weil die Formen, in denen sich da die Revolution „von oben" tatsächlich vollzog, weil namentlich die Halbheiten, in denen sie stecken blieb, zu prosaisch waren, als daß sie dichterischer Verklärung

fähig gewesen wären. Unter diesen Umständen wäre, bei gleichem Sujet, die Idealisierung zur Apologetik, die Lebenswahrheit zur Satire geraten. (Nicht zuletzt deswegen ist das „Komet"-Fragment, 1811 begonnen, in der Restaurationszeit fortgeführt, ein Satyrspiel, das die heroischen Motive des „Titan" travestiert.[3]) Doch in den neunziger Jahren, bevor der Stoff durch die Prosa der Realitäten historisch festgelegt war, konnte ein Gegenwartsroman, der zum Schluß einen Idealfall fürstlicher Reformpolitik als deutsche Möglichkeit aufscheinen läßt, noch zwei Vorzüge in sich vereinigen: Er konnte eine annähernde Antizipation der wirklich bevorstehenden Entwicklung – die durch die schönere Lösung einer erzählten Volkserhebung verfehlt worden wäre – verbinden mit dem phantasiereich-poetischen Erschaffen vorbildhafter Helden, die in Gesinnung und Tat sinnfällige Verkörperungen der besten Tendenzen der Zeit waren.

Das Gros der Landesväter und Bürokraten, das später im Rheinbund nolens volens den Code Napoleon akzeptierte bzw. in Preußen dafür sorgte, daß die fälligen Neuerungen kümmerlich blieben, hat mit den positiven Gestalten des „Hesperus" und des „Titan" allerdings wenig gemein. Aber mit diesen Gestalten als erlebbaren Sinnbildern einer *idealen* Verwirklichung dessen, was in Deutschland nunmehr möglich war, mit ihrer Humanität, ihrer Selbstlosigkeit, ihrem himmelstürmenden Rebellengeist wurden *anspruchsvolle Maßstäbe* aufgerichtet, an denen die aufrichtigen Vertreter der kommenden Reformbewegung ihren eigenen menschlichen Rang und den Wert und Unwert des historisch Vollbrachten zu messen vermochten. Was in der Generation freiheitlich denkender Deutscher aus Adel und Bürgertum zur Zeit Napoleons und der Befreiungskriege an sittlicher Reinheit, an Tatendrang, Vaterlandsliebe, Ergebenheit für die Volksinteressen, Idealismus im guten Sinne zutage trat – in Viktor, Flamin und Klotilde, in Albano und Idoine ist es, *ins vorleuchtend Ideale überhöht, prophetisch vorweggenommen* worden. Ja, in Einzelfällen scheint das antizipierte Idealbild die wirkliche Reform beflügelt zu haben. Wie anders z. B. sollte man den Tatbestand umschreiben, daß die Königin Luise von Preußen, eine der glühendsten Jean Paul-Verehrerinnen, eine Frau, deren Lieblingsbuch seit ihrem 19. Lebensjahr der „Hesperus" war, am Berliner Hof stets die Partei der entschiedenen Reformer protegiert hat![4]

Die Bedingungen, von denen Jean Paul eine segensreiche Revolution „von oben" abhängig macht, sind praktisch ausgefallen, doch in dem, was sie ideell besagen wollen, um so bedeutungsvoller. Es handelt sich um eine Weiterentwicklung der von Voltaire, Diderot, Helvétius und Holbach herrührenden Aufklärerutopie vom „fürstlichen Weisen"[5], die aber im Lichte der wenig ermutigenden Erfahrungen mit dem aufgeklärten Despotismus aus der Aera des ancien régime und im Sinne der Französischen Revolution inhaltlich von Grund auf umgestaltet ist. Jean Paul stellt sich im „Hesperus" wie im „Titan", und vermutlich auch schon in der „Loge", auf den Standpunkt, daß die Liquidation des Feudalismus auf Initiative eines Fürsten zwar möglich ist, jedoch nur dann, wenn dieser die Qualitäten eines bürgerlichen Demokraten besitzt, die einem vom höfischen Milieu geprägten Menschen fehlen müssen. Das ist es, was er mit seinen positiven Helden zum Ausdruck bringen will. Sie alle verkörpern eine soziale Einsicht, die er seinen Zeitgenossen aufdrängen möchte, und zugleich eine Forderung, die er an den aufgeklärten Absolutismus stellt: Wenn dessen Reformprojekte glaubwürdig sein sollen, dann muß der Fürst bzw. der absolutistische Staatsmann, der sie in Angriff nimmt, als Bürgerssohn aufgewachsen und mit dem Volk verbunden sein, dann muß er die Mißwirtschaft und Willkür der Herrschenden aus der Sicht des kleinen Mannes kennengelernt haben und unprivilegiert durch Konflikte des gewöhnlichen Lebens hindurchgegangen sein, in denen er sich als Mensch bewähren konnte, dann müssen die demokratischen Ideen der Zeit sein Denken bestimmen, dann muß er vor allem selbstlos, zu persönlichen Opfern bereit, für die Französische Revolution Partei nehmen und im Sinne ihrer Ziele im eigenen Land handeln. Hat er dagegen von Kindheit an in dem Bewußtsein gelebt, ein großer Herr zu sein, ist er in der Hofluft aufgewachsen, seit jeher gewöhnt an das Leben eines Müßiggängers und Parasiten, hängt er an den Privilegien, die durch die Revolution in Frage gestellt sind, so ist von Reformen, die er verkünden mag, nichts Gutes zu erwarten.

Es ist klar, daß es damals einen Herrscher, wie er hier verlangt wird, schwerlich geben konnte. Das wußte Jean Paul natürlich, und im praktischen Leben stellte er solche extremen Ansprüche auch nicht. Wenn er bei irgendeinem Fürsten reale Ansätze zu einer den Volksinteressen dienlichen Politik feststellte, dann wußte er das in den Grenzen, die der Sache angemessen waren, durchaus zu schätzen, ohne auf der Erfüllung überspannter Bedingungen zu bestehen. So hat er 1801/02, noch während der Abfassung des „Titan", mit dem menschenfreundlichen, reformbestrebten Herzog Georg I. von Meiningen auf freundschaftlichem Fuß verkehrt[6] und ist später Arm in Arm mit dem Herzog Emil August von Gotha für die Abschaffung der Zensur eingetreten.[7] Aber in seinen heroischen Romanen handelte es sich nicht darum, den einen oder anderen passablen Landesvater zu porträtieren, diese oder jene halbwegs ersprießliche Reform zu würdigen, sondern um mehr: um *das poetische Bild des Idealfalls der Revolution „von oben"*, um die Gestaltung normativer Charaktere, die den Fürsten und Staatsmännern der damaligen Gegenwart zum Vorbild dienen und gleichzeitig das Bürgertum ermutigen sollten, die führenden Repräsentanten des Staates hinfort kritischer zu sehen, an sie, anhand anspruchsvoller sozialer Kriterien, höhere Anforderungen als bisher zu stellen und so darauf hinzuwirken, daß die Reformpolitik, die fällig war, an die man nach Lage der Dinge aber nur so geringe Hoffnungen knüpfen durfte, dem Ideal näher komme. Um dieser Ziele willen galt es, mit den Mitteln des Erzählers sichtbar zu machen, daß die Verbürgerlichung der hohen Aristokratie, die durch die Französische Revolution für Deutschland unabwendbar geworden war, nur ernst genommen werden konnte, wenn sie ihrem politischen Inhalt nach einer Erhebung bürgerlicher Demokraten zu Herrschern des Staates gleichkam. Daher in der „Loge", im „Hesperus", im „Titan" das erbarmungslose kritisch-satirische Bild der Fürsten und Minister, wie sie *sind,* und daher auch die abenteuerlichen Umstände, unter denen die Herrscher, wie sie *sein sollen,* zur Macht gelangen.

Alle Gestalten, die in der Revolutionsdichtung Jean Pauls am Ende zu Herrschern aufsteigen, sind positive Helden, und ausnahmslos stellt ihre Rangerhöhung für sie selbst eine Überraschung dar, die um so größer ist, als sie die bestehende Staatsordnung radikal ablehnen und sich soeben noch mit revolutionären Plänen getragen haben. Daß so etwas unwahrscheinlich ist, liegt auf der Hand. Ohne den Rückgriff auf diese extrem unwahrscheinlichen Glücksfälle wäre es aber nicht möglich gewesen, die ausgedachten idealen Initiatoren der Revolution „von oben" den charakterverderbenden Einflüssen bei Hof zu entziehen und von feudalen, besonders dynastischen Interessen zu emanzipieren. Um mit dem Volk verbunden zu sein, um zu demokratischen Überzeugungen gelangen und sich Weltkenntnis im Rahmen eines normal-alltäglichen Daseins erwerben zu können, mußten sie Lebensbedingungen ausgesetzt werden, von denen her üblicherweise kein Aufstieg zu einer Machtstellung möglich war. Und eines ausgefallenen Glücksumstands bedurfte es jedesmal, um sie dennoch auf den Thron zu bringen.

XI

Auch bei der Konkretisierung dieser nicht zu vermeidenden Zufälle hat Jean Paul sich größte Mühe gegeben, dem Typischen und Geläufigen möglichst nahe zu bleiben. Die erste Lösung, für die er sich nachweislich, im „Hesperus" entschloß – hinsichtlich der „Loge" sind wir da auf Vermutungen angewiesen –, ergab sich aus der in den Satiren oft gegeißelten Sittenlosigkeit der höchsten Gesellschaftskreise, aus den Nachstellungen, denen die Mädchen aus dem Volk von seiten lüsterner Fürsten und Prinzen ausgesetzt waren. Fast jeder Landesvater trug auf diese Weise selbst zur Vermehrung seiner Untertanen bei. Reiste er durch fremde Länder, so betätigte er sich dort gleichfalls bevölkerungspolitisch. Nicht völlig ausgeschlossen war es, daß Kinder, aus derartigen Liebschaften hervorgegangen, ihrem Erzeuger außer Sicht gerieten, ohne Kenntnis ihrer zur Hälfte hohen Herkunft aufwuchsen, sich in bewegter Zeit, unter dem Einfluß radikaler Ideen oder auf Grund bitterer Lebenserfahrungen, zu Revolutionären entwickelten und gleichwohl eines Tages als illegitime Sprößlinge einer regierenden Dynastie erkannt wurden. Dies zugegeben, konnte es im extremen Fall natürlich auch geschehen, daß der betreffende Vater sie gerührt ans Herz schloß, sie zu Grafen erheben ließ oder sonstwie auszeichnete und vertrauensselig in hohe politische Positionen berief, die es ihnen erlaubten, im Sinne ihrer revolutionären Auffassungen auf den Staat Einfluß zu nehmen.

Diese Möglichkeiten bestimmen das Schema, das der Handlung des „Hesperus" zugrunde liegt. Aus den Söhnen des „Dya-Na-Sore" macht Jean Paul natürliche Kinder, die der Regent von Flachsenfingen, Fürst Januar, auf seiner Kavaliersreise in Frankreich und England gezeugt hat, fünf an der Zahl. Drei davon werden als Säuglinge entführt, so daß sie von der Wiege an aus dem Gesichtskreis des Vaters entschwunden sind, genießen später eine gediegene Erziehung in Eton-College, ziehen, herangewachsen, als „Semperfreie" in der Welt umher, geraten in den Jahren der Revolution nach Frankreich und werden – Jakobiner. Der vierte – Flamin – wächst, infolge einer Kindesvertauschung, als vermeintlicher Sohn eines Flachsenfinger Landpfarrers auf, tritt in den Staatsdienst und macht dort so schlechte Erfahrungen, daß auch er zu revolutionären Überzeugungen gelangt. Der fünfte ist JP, der gegen Ende des Romans, nachdem er ihn, dem Geschehen entrückt, fast fertiggeschrieben hat, zu seiner Verwunderung erfährt, gleichfalls fürstlichen Gebluts zu sein, und von da an in seinen Büchern als Außenminister des Fürsten von Flachsenfingen aufzutreten pflegt (so z. B. im oben erwähnten „Jubelsenior"). Alle Söhne – mit Ausnahme des von der Abfassung des Buchs in Anspruch genommenen JP – sind an der Verschwörung des Klubs gegen den Fürsten beteiligt, und *eben damit* stellen sie – das ist die tendenziöse Pointe der Geschichte – ihre Befähigung, das Land zum Segen seiner Bewohner zu regieren, unter Beweis. Derjenige Romanheld, der die englisch-konstitutionellen Ansichten des Dichters vertritt, Viktor, wird nicht zum Staatsmann erhöht, sondern bleibt fürstlicher Leibarzt. Von ihm stellt sich heraus, daß er bürgerlicher Herkunft ist. Viktor bringt zur Sprache, was Jean Paul – nicht zu verwechseln mit der Romanfigur JP – von der äußersten Linken trennt. Zugleich aber wird durch seine bescheidenere Laufbahn zum Ausdruck gebracht, daß es für Flachsenfingen doch wohl besser wäre, wenn dort regelrechte Jakobiner die öffentlichen Angelegenheiten in die Hand nähmen.[1]

Seine Absicht, die Söhne in Unkenntnis ihrer hohen Abkunft heranwachsen zu lassen, hat Jean Paul durch Kindesvertauschungen und

-entführungen erreicht, die Fieldings „Tom Jones" und „Joseph Andrews" entnommen sind.[2] In „Tom Jones" erweist der Titelheld, der während des ganzen Romans als armes, rechtloses Findelkind erscheint, sich zum Schluß als Neffe und rechtmäßiger Erbe des wohlhabenden Mr. Allworthy. Auch hier ist dies bereits ein Mittel, den Helden, bevor es zum Happy end kommt, Erfahrungen auszusetzen und Bewährungsproben zu unterwerfen, die ihm erspart blieben, wenn seine wahre Herkunft von Anfang an bekannt wäre. Desgleichen wird der menschliche Wert seiner Geliebten, Sophia Western, so auf harte Proben gestellt.

Dieser Typ der Romanfabel wird von Jean Paul übernommen, aber zugleich – was Fielding ferngelegen hatte – politisiert, wodurch er in zweierlei Hinsicht einen tieferen Sinn erhält. Einmal geht es nicht mehr nur darum, einen Angehörigen der herrschenden Klassen von Geburt an in eine Lage zu versetzen, in der er wie ein einfacher, armer Mensch mit den Härten des Lebens fertigzuwerden und an ihnen seine ethischen Qualitäten zu beweisen hat. Vielmehr hängt jetzt von der Frage, wie er diese Probe besteht, in welcher Richtung er sich unter diesen Bedingungen entwickelt, das Wohl eines ganzen Staates und seiner Bevölkerung ab. Zum anderen wird der moralischen Selbstoffenbarung des Helden eine neue Sinngebung seiner Erfahrungen hinzugefügt. Bei Fielding schafft das Hineingestoßensein des Helden in die Bewährung lediglich die Anlässe, an ihm Charaktereigenschaften zu demonstrieren, die derartiger Proben an sich nicht bedürften: Tom Jones wäre der liebenswürdige Mensch, der er ist, auch ohne die Abenteuer und ungerechten Verdächtigungen, denen wir ihn ausgesetzt sehen. Ähnliches gilt für Joseph Andrews, das Opfer einer Kindesentführung durch Zigeuner. Anders liegen die Dinge bei Jean Paul. Zwar sind auch seine Helden prächtige Burschen, hochherzig, selbstlos, besten Willens. Hinsichtlich ihrer moralischen Qualitäten wäre es also ebenfalls nicht nötig, sie erst Läuterungsprozeduren auszusetzen, und was sie erleben, hat auch nicht den Sinn, sie zu läutern. Aber: Da sie Herrscher werden sollen, genügt der moralische Wert nicht. Hierzu bedarf es noch anderer Eigenschaften, und das Aufwachsen im bürgerlichen bzw. ländlich-bäurischen Milieu, die sozialen Erfahrungen einfacher Menschen, das Beeinflußtsein durch demokratische Ideen und, vor allem, der an bösen politischen Erfahrungen gereifte Haß auf den Despotismus[3] sind die Voraussetzungen, unter denen allein die Helden ihrer hohen Bestimmung fähig werden können. Wären die illegitimen Fürstensöhne als Angehörige der hohen Aristokratie aufgewachsen, so wären sie schwerlich Jakobiner geworden und folglich, bei gleich guten Charaktereigenschaften, für die Aufgaben, die ihrer harren, untauglich. Daß die Weiterentwicklung des Fieldingschen Erbes in dieser Richtung durch die Französische Revolution, durch ein

Ereignis, das den Erwartungshorizont Fieldings überstiegen hätte, inspiriert ist, scheint evident.

Die zweite nachweisbare Lösung, mit der Jean Paul einen künftigen Herrscher ohne Kenntnis der eigenen Herkunft und Bestimmung zum Revolutionär heranreifen läßt, knüpft an die Erbfolgestreitigkeiten der deutschen Dynastien an. Darauf zurückzugreifen lag angesichts der Geschichte der fränkischen Hohenzollern nahe.[4] Mit dem kinderlosen Markgrafen Karl Alexander war der in Bayreuth regierende Zweig zum Aussterben verurteilt, und die Markgrafschaft wäre über kurz oder lang auch dann an die preußischen Hohenzollern gefallen, wenn der Fürst nicht schon 1791 gegen eine hohe Pension zugunsten König Friedrich Wilhelms II. auf den Thron verzichtet hätte. Die Vettern aus Potsdam hatten früher schon einmal in Franken die Erbfolge antreten wollen, was den dortigen Untertanen bei ihrer Einverleibung in den preußischen Staat sicher wieder ins Bewußtsein gerückt ist. 1726 war mit dem Tode des Markgrafen Georg Wilhelm von Bayreuth die regierende Linie erloschen. Da damals der Weferlingensche Nebenzweig in seinem Familienhaupt Christian Heinrich, durch eine preußische Pension abgefunden, auf die Erbfolge Verzicht getan, hatte Friedrich Wilhelm I., der Soldatenkönig, geglaubt, das Land an sich reißen zu können. Aber Christian Heinrich, der noch vor Georg Wilhelm verstorben war, hatte einen weitab von dem Treiben der Dynastien aufgewachsenen Sohn, Georg Friedrich Karl, hinterlassen, der unvermutet auftauchte, seine Ansprüche erfolgreich geltend machte und, im Volksmund „Markgraf Säbelbein" genannt, noch etliche Jahre in Bayreuth regierte.

Diese Vorgänge waren geeignet, die Aufmerksamkeit Jean Pauls auf die dynastischen Verwicklungen zu lenken, die in den verschiedensten Winkeln des Reichs nicht abreißen wollten. Im Zuge historischer Studien stellte er fest, daß nicht selten die physische Ruinierung, gar Ermordung des Thronfolgers einer Dynastie durch Verwandte von der im Falle seines Todes erbberechtigten Nebenlinie vorkam und daß manche Prinzen vor derartigen Anschlägen nur durch Verheimlichung ihrer Existenz, bis zum Thronantritt, hatten geschützt werden können, was möglicherweise auch mit dem Markgrafen Säbelbein in dessen Jugend geschehen war. Wenn also Jean Paul der Fabel des „Titan" einen solchen Fall zugrunde legte, dann wagte er wieder den Griff ins Dickicht tatsächlicher monarchischer Verbrechen, ja, er prangerte damit einen Mißstand an, mit dem verglichen die fürstliche Sexuallibertinage, der im „Hesperus" lauter Jakobiner entsprießen, sich harmlos ausnimmt.

Der „Titan"-Held, Albano, ist der Erbprinz des Fürstentums Hohenfließ. Er erfährt dies aber erst, als sein Vorgänger, Fürst Luigi, stirbt. Um ihn vor den Nachstellungen seiner im benachbarten Fürstentum

Haarhaar regierenden Vettern, die schon diesem Vorgänger, seinem kinderlosen älteren Bruder, gesundheitliche Schädigungen zugefügt haben, zu schützen, hat man Albano von Geburt an als den Sohn eines spanischen Granden, des Grafen Gaspard, ausgegeben und auf dem Dorf, im Hause des Hohenfließer Landschaftsdirektors v. Wehrfritz, eines Mannes von schlicht bürgerlichem Lebenszuschnitt, aufwachsen lassen, der die wahre Herkunft seines Pflegesohnes auch nicht kennt, da er Weisungen nur von dessen angeblichem Vater, Gaspard, erhält.[5] Diese Maßnahme, mit der die fürstlichen Eltern Leben und Gesundheit ihres Kindes retten und den Fortbestand ihrer Dynastie sichern wollen – für den Dichter ist sie ein Mittel, seinen Helden möglichst lange vom Hof fernzuhalten, wobei es die – wohlüberlegte – Gunst des Zufalls will, daß z. B. schon der Pflegevater Wehrfritz ein Radikaler ist.[6] Auch Albano reift also, ähnlich wie die „Hesperus"-Helden, zum Gegner des Feudalabsolutismus, zum Anhänger der Französischen Revolution heran. Erst nachdem sein Entschluß, in die Revolutionsarmee einzutreten, gefaßt ist, wird ihm seine Herkunft und Bestimmung offenbar, und der Roman endet mit der Aussicht, daß der neue Herrscher das Land im Sinne seiner Parteinahme für die Revolution regieren wird. Da es sich um einen Erbprinzen handelt, braucht der „Titan" nur einen einzigen derartigen Helden, während bei den illegitimen Fürstensöhnen im „Hesperus", die eines gesetzlichen Machtanspruchs entbehren, gleich ein ganzes „Team" zuverlässig radikaler junger Männer für die wichtigsten Staatsämter benötigt wird. Ein weiterer Unterschied besteht darin, daß im „Titan" der revolutionär gesinnte Prinz die zentrale Romanfigur ist, wohingegen im „Hesperus" die Rolle des Haupthelden noch von einem jungen Arzt, Viktor, ausgefüllt wird. Erst im „Titan" also hat sich die von Jean Paul intendierte Verschmelzung von fürstlichem Weisen und bürgerlich-revolutionärem Demokraten vollendet.

In der „Unsichtbaren Loge", die den genetischen Ausgangspunkt sowohl des „Hesperus" als auch des „Titan" bildet, sind, wie gesagt, die Hintergründe unklar. Gewisse Anhaltspunkte aber lassen erkennen, daß in ihr, neben der Verschwörer- und Aufstandskonzeption, Elemente auch derjenigen Lösung enthalten sind, mit denen die dem „Dya-Na-Sore" nachgebildete Fabel in einer etwaigen Fortsetzung der Idee der Revolution „von oben" hätte angepaßt werden können. Ottomar ist illegitimer Fürstensohn, allerdings einer, der das weiß, und Halbbruder des mit ihm verfeindeten regierenden Fürsten von Scheerau.[7] Wenn sich in den Vorarbeiten die Notiz findet, daß er regierender Minister werden soll[8], dann kann das folglich besagen, daß ein Happy end vorgesehen war, wie es ähnlich später im „Hesperus" gestaltet worden ist. Es kann aber auch sein, daß die Übernahme der Macht durch diesen rebellischen Helden das Ergebnis eines von der Loge or-

ganisierten Aufstands sein sollte und daß vielleicht sogar an die Umwandlung Scheeraus in eine Republik gedacht war; denn Ottomar ist
durch und durch Republikaner. Die „Titan"-Lösung dagegen könnte
in der Gestalt des Haupthelden der „Loge", Gustavs, vorgebildet sein,
oder auch in seinem rätselhaft verschollenen älteren Bruder, der ihm
fast zum Verwechseln ähnlich sein muß.[9] Vielleicht ist einer von beiden, wie später Albano, als legitimer Fürstensohn konzipiert gewesen,
und vielleicht sollte der dritte Teil dieses Geheimnis, ähnlich wie im
„Titan", durch eine in Italien spielende Vorgeschichte mit Kindesvertauschung aufklären.[10] Wir wissen es nicht, und Jean Paul hat es anscheinend selbst nicht gewußt, sondern sich alle diese Möglichkeiten
offengehalten, dann jedoch nicht die eine *oder* die andere durch Wei-
terschreiben an der „Loge", sondern beide, jede für sich, in neuen Romanen, eben im „Hesperus" und im „Titan", realisiert.

X

Nach diesen Erläuterungen läßt sich genauer angeben, bis zu welchem
Grade in den heroischen Romanen die Konstellationen, die das Happy
end für Staat und Volk bedingen, realistisch und inwiefern sie bis zum
Utopischen extrem und unwahrscheinlich sind. Schicksale wie das der
illegitimen Fürstensöhne im „Hesperus" oder dasjenige des verborgen
gehaltenen Thronfolgers im „Titan" entsprachen durchaus den gesellschaftlichen Bedingungen der Zeit (ausgenommen die Kindesvertauschungen, die bei dem notorischen Realisten Fielding aber nicht weniger gekünstelt wirken als bei Jean Paul). Und daß ideal gestimmte
deutsche Jünglinge sich in den Jahren der Revolution für Gleichheit,
Freiheit, Brüderlichkeit begeisterten, war ebenfalls eine typische Erscheinung (man denke nicht nur an den Dichter selbst oder etwa an
Hegel, Hölderlin und Schelling im Tübinger Stift[1], sondern auch z. B.
an unbedeutende junge Menschen wie die Brüder Otto, kleine Notare
in einem Provinznest wie Hof). Doch das Zusammentreffen der einen
mit der anderen Komponente, das wäre ein untypischer Glücksfall gewesen, freilich bei den Dutzenden deutscher Staaten statistisch, wie
gesagt, nicht absolut ausgeschlossen.
Bei dieser Art Verknüpfung von Realismus und Wunschtraum kann
man sich leicht die – durchaus beabsichtigte – Wirkung auf den damaligen Leser vorstellen. Der Leser fühlte sich in der Welt von Scheerau, Flachsenfingen und Hohenfließ wie zu Hause, alles war ihm bekannt und vertraut. Am Ende jedoch mußte er das Buch aus der Hand
legen mit dem bedauernden Ausruf: „Zu schön, um wahr zu sein!",
ohne indes mit Bestimmtheit behaupten zu können, daß ein Glücks-
umstand wie der geschilderte unter keinen Umständen eintreten könne.
So blieb er *bis zum Schluß* im Bann einer lebenswahren Geschichte,

und *am Schluß* selbst drängte sich ihm suggestiv die Erkenntnis auf, daß man sich auf derartige Glücksfälle nicht verlassen, sie nicht tatenlos abwarten dürfe. Da nun in den Helden der Romane ideale Herrscher gezeichnet sind, an denen gemessen die durchschnittlichen Fürsten, Staatsmänner und Höflinge – und die gerade kommen hier en masse vor – sich erbärmlich ausnahmen, entstand beim bürgerlichen Leser der Wunsch, solchen Helden wie den eben erlebten im wirklichen, gegebenen Staat zur Macht zu verhelfen, bzw. bei den aufrichtig progressiven Vertretern der Aristokratie der Wunsch, so zu sein wie sie.

Dies war der Weg, auf dem Jean Paul, nachdem er die Aussichtslosigkeit seiner Hoffnungen auf eine deutsche Volkserhebung erkannt hatte, das in seiner Macht Stehende tat, bei den Deutschen wenigstens das Verlangen nach einer anderen, besseren Führungsschicht zu erwecken. Im Grunde operierte er dabei auf höherer Stufe, im Bereich des Politischen mit ähnlichen Zufällen, wie sie im kleinen die Laufbahn des Quintus Fixlein begünstigen, und beide Male schloß sein Kunstgriff die Kritik an Verhältnissen ein, die das Happy end zur unwahrscheinlichen Ausnahme machen.[2] In den heroischen Romanen war das aber eine mobilisierende Kritik, ganz dazu angetan, die Ansprüche der Untertanen an ihre Herren auf möglichst hohes Niveau zu heben und zugleich im Bewußtsein des Adels Prozesse selbstkritischen Nachdenkens auszulösen, die dem Fortschritt der Nation nützen konnten.

SIEBENTES KAPITEL

Das Bild der Gesellschaft
und die Formprobleme ihrer Widerspiegelung

I

Um seiner revolutionären Grundkonzeption zu poetischer Evidenz zu verhelfen, mußte Jean Paul die Veränderungsbedürftigkeit der ihn umgebenden Gesellschaft in epischer Totalität widerspiegeln. Er mußte die materiell, rechtlich und moralisch unhaltbare, angesichts der Französischen Revolution zu einem weltgeschichtlichen Anachronismus depravierte Lage der Bauern und Kleinbürger, der Pastoren, Dorfschulmeister, kleinstädtischen Honoratioren usw. schildern, zugleich aber auch eine ebenso sozialkritisch akzentuierte Darstellung der Sphäre, in der damals Politik betrieben wurde, d. h. der höchsten Feudalkreise, liefern. Und da ergab sich für ihn, außer seiner Unkenntnis des Lebens der Großen, eine weitere Schwierigkeit, die sich durch Wieland-Lektüre und das Anlegen von Listen mit Luxusgegenständen nicht beheben ließ: In den absolutistisch regierten Ländern mit ihren starren Standesschranken stellten die verschiedenen Gesellschaftsschichten *getrennte Welten* dar, die kaum durch eine lebensechte Romanhandlung so miteinander in Beziehung zu setzen waren, daß zumindest ein Teil der Hauptfiguren sich abwechselnd, mit gleicher Zwanglosigkeit in allen sozialen Bereichen bewegen konnte. Aus denselben strukturellen Gründen, aus denen die niedergehende Feudalgesellschaft veränderungsbedürftig war, setzte sie mithin auch dem Epos, das dies zu veranschaulichen unternahm, Widerstand entgegen.

In der „Unsichtbaren Loge" hat Jean Paul dieses Problem dadurch zu bewältigen versucht, daß er in Gustav v. Falckenberg zur zentralen Romanfigur einen adligen Rittmeisterssohn wählte, der, gemäß dem Wunsch seines Vaters, selber Offizier werden soll und daher, nachdem er auf dem Landgut seiner Eltern von einem Hofmeister – es ist JP – unterrichtet worden ist, auf die in der Residenz gelegene Kadettenanstalt geschickt wird. Der Jüngling fällt dort einem – untergeordneten – Hofmann, dem Legationsrat v. Öfel, auf, der ihn zu seinem Gehilfen im Staatsdienst macht, und kann dadurch gerade noch, mit knapper Not, als Randfigur in höfischen Kreisen in Erscheinung treten.[1] Noch begrenzter ist der Radius seines Sozialkontakts nach unten. Er reicht hier bis zu dem einstigen Hofmeister, der Mentor seines vormaligen Zöglings bleibt (und über ihn den Roman „Die unsichtbare Loge" verfaßt), und JP seinerseits erweitert dann den Umkreis noch etwas, indem er beim Dorfschulmeister von Auenthal, Sebastian Wutz, zeitweilig zur Miete wohnt.[2] Für den Helden selbst bedarf es der im Dorf verbrachten Kindheit, um ihn wenigstens ganz jung mit plebejischen Elementen in Berührung zu bringen und z. B. sich in ein Bauernmädchen verlieben zu lassen.[3]

Erst im „Hesperus" ist es Jean Paul gelungen, einen Helden zu erfinden, den er noch als Erwachsenen durch sämtliche Sphären der Gesellschaftshierarchie, von der Bauernkate bis in den Machtmittelpunkt des Fürstenhofs, zu führen vermochte. Viktor ist vermeintlich Sohn eines einflußreichen, als vornehmer Engländer dabei unabhängigen fürstlichen Ratgebers, des Lord Horion, der um die eigentliche Herkunft des jungen Mannes weiß, ihn daher vorsorglich hat Medizin studieren lassen und seine freundschaftliche Beziehung zu den wahren Eltern, dem Pfarrer Eymann und seiner Frau im Badedorf St. Lüne, fördert.[4] Der Lord lanciert, um auch während seiner Abwesenheit einen Späher bei Hof zu haben, den Jüngling in die Stellung des fürstlichen Leibarztes, in welcher Eigenschaft er dem hypochondrischen Fürsten unentbehrlich wird, ohne daß der ihn, den vermeintlichen Lordsohn, aus Gründen der Etikette von Hoffestivitäten u. dgl. ausschließen müßte.[5] Gleichwohl erlaubt der Arztberuf es Viktor, sich beim Hofapotheker einzulogieren, wodurch abermals sein Kontakt mit dem Kleinbürgertum gesichert ist.[6] Außerdem hat er am liebsten Umgang mit einfachen Menschen, eine Neigung, der er zumindest in dem Stadium seiner Entwicklung, in dem wir ihn kennenlernen: nach Abschluß des Studiums und vor Antritt der Stellung bei Hof, halb noch Student, ausgiebig frönen darf, so daß wir ihn gleich beim ersten Auftreten von einer Schar zerlumpter Bettlerkinder umringt sehen, denen er zu neuen Hosen zu verhelfen verspricht.[7] Eine Fußwanderung dieses Helden bis an die Grenze des Staatsgebiets gibt Gelegenheit, ihn mit den allerärmsten Bevölkerungsteilen in Berührung zu bringen und so auch deren Not und Elend, wenigstens episodenhaft, in die Handlung mit einzubeziehen.[8] Der „Hesperus" ist auf diese Weise in einem Maße, wie man das von keinem anderen Werk damaliger deutscher Dichtung sagen kann, zu einer wahren Enzyklopädie des deutschen Lebens seiner Zeit geraten, vergleichbar in dieser Beziehung dem „Eugen Onegin" Puschkins in der russischen Literatur.

Im „Titan" hat Jean Paul die Reichweite der sozialen Enzyklopädie ursprünglich noch überbieten wollen. Den Vorarbeiten zufolge war beispielsweise vorgesehen, den Helden eine Zeit lang die Stellung eines Bergmanns oder die eines Lohnarbeiters in einem Eisenhammer bekleiden zu lassen.[9] Nichtsdestoweniger sollte mit seinem Werdegang aber auch der eines weisen Fürsten, wie er dem Dichter vorschwebte, dargestellt werden. Es ist begreiflich, daß ein solcher Plan scheitern mußte. Der Mann, den die Eltern des zu verbergenden Prinzen Albano bei dessen Geburt glaubwürdigerweise ins Vertrauen ziehen konnten, der überdies die Gewähr gab, daß das Kind, zum Jüngling herangewachsen, sich vor Thronantritt, während des Universitätsstudiums,

noch in Hofkreisen bewegen lernen würde, mußte mindestens Grafen-
rang haben, und schon für einen Grafensohn war, mehr noch als für
den Gustav der „Loge", die Möglichkeit der Berührung mit einfachen
Menschen auf die im Dorf verbrachten Kinderjahre eingeschränkt, so
daß es gar nicht in Betracht kam, aus dem Blickwinkel dieses Helden
ein vollständiges Bild der Gesellschaft zu zeichnen.

Es ist dies der Grund, aus dem Jean Paul sich, von 1796 an, jahrelang
damit abgemüht hat, in sein Hauptwerk eine „im Parterre und auf der
Groschengalerie" spielende Parallelhandlung zu dem Schicksal des
verheimlichten Fürstensohnes mit hineinzukomponieren, durch die der
Leser die plebejischen und mittelständischen Aspekte der Welt von
Hohenfließ hätte kennenlernen sollen.[10] Auch das erwies sich als unmöglich, und außerdem wuchs diese „Wutz-Fixleinsche Historie" sich
unversehens zu einem eigenen Werk aus: zu den „Flegeljahren", die
schließlich, Anfang 1799, vom „Titan" abgetrennt und, zum Teil abwechselnd mit ihm, für sich ausgearbeitet worden sind.[11] Die beiden
literarisch hervorragendsten und in Milieu, Sujet und Ton dabei gegen-
sätzlichsten Romane Jean Pauls sind also gewissermaßen eineiige Zwil-
linge, die sich freilich, im Unterschied zu denen der Natur, alles andere
als ähnlich sehen. Infolge der Verselbständigung der „Flegeljahre" ist
dann aus dem „Titan", entgegen dem ursprünglichen Plan, eine nahezu
ausschließlich in Hofkreisen spielende Geschichte geworden. Nur die
Darstellung der Kindheit Albanos zeigt Ausschnitte aus dem Volksleben.[12] Und da der Dichter dies als unbefriedigend empfand, schrieb
er zwei Bändchen eines „Komischen Anhangs" zum „Titan", von denen
das erste, in der Form eines „Pestitzer Realblatts", den Mangel an
Volksszenen wettmachen und das Bild des Gesellschaftszustandes
nach der bäurisch-kleinbürgerlichen Seite hin ergänzen sollte, was jedoch nicht überzeugend gelungen ist.[13] Die „Hesperus"-Totalität hat
Jean Paul nie wieder erreicht. Vielleicht hätte er sie im Alter mit dem
„Kometen", wenn der von ihm nur weitergeführt worden wäre, noch
einmal erreichen können.

II

Selbst mit der Erfindung eines Viktor indes, der sich, dank der soziologischen Konsequenzen Fieldingscher Kindesvertauschung, in allen
Lebenskreisen bewegen kann, war es nicht getan. Da vielmehr begann
erst die komplizierteste Aufgabe: den Stil der Darstellung auf die
scharf miteinander kontrastierenden Milieus abzustimmen, von denen
jedes seine spezifische Atmosphäre hatte. Der dissonanzenreiche,
schockierend jähe Wechsel der Tonarten in Jean Pauls Erzählweise,
den die meisten Interpreten, lobend oder tadelnd, auf seine Subjektivität zurückführen, indem sie ihn als Offenbarung seines wider-

spruchsvoll-vielgestaltigen Wesens deuten, war, vom Gegenstand her gesehen, vor allem ein Mittel, die bis in subtile Lebensäußerungen und Empfindungen ihrer Glieder durch Standesschranken zerklüftete Gesellschaft des ancien régime adäquat abzubilden.

Es ist lehrreich, sich dies anhand der einschlägigen Ausführungen in der späteren „Vorschule der Ästhetik" klarzumachen. Auf Grund der Erfahrung mit den Hemmnissen, welche die feudale Struktur der Gesellschaft dem epischen Erzählen auferlegte, unterscheidet die „Vorschule" im § 72 drei Typen von Romanen, die, im wesentlichen, auf verschiedene soziale Schichten zugeschnitten sind.[1] Jean Paul hat sich diese klassifizierende Theorie keineswegs erst ausgedacht, um dann als Gestalter je nach Bedarf die aus ihr abgeleiteten unterschiedlichen Stilformen anzuwenden. Vielmehr stellt offenbar die Theorie einen *nachträglichen* Versuch dar, Überlegungen zusammenzufassen, die ihm wahrscheinlich bei der Abtrennung der „Flegeljahre" vom „Titan" gekommen sind und mit denen er sich über den Charakter der Schwierigkeiten, auf die er im Zuge der Realisierung dieser dritten, anspruchsvollsten Version seines Romankonzepts gestoßen war, als Ästhetiker Rechenschaft geben wollte.

Die drei Romantypen nennt er den niederländischen, den deutschen und den italienischen. Den „niederländischen" repräsentieren u. a. die Romane Smollets, der Korporal Trim in Sternes „Tristram Shandy" sowie „Wutz", „Fixlein" und „Fibel". Zum „deutschen" gehören die erzählenden Werke von Hippel, Fielding, Musäus, Hermes, der „Vikar of Wakefield" von Goldsmith, der „Siebenkäs", die „Flegeljahre" sowie teilweise mit den im Bürgertum spielenden Kapiteln, der „Wilhelm Meister" Goethes. Dem „italienischen" Typ schließlich sind Goethes „Werther", Schillers „Geisterseher", Jacobis „Woldemar", Heinses „Ardinghello", Rousseaus „Nouvelle Heloïse", Wielands „Agathon", die Romane Klingers und der „Titan" zugeordnet.[2] Vom Roman der „italienischen" Schule wird gesagt, er verlange einen hohen Ton und Stil, die größere Freiheit und Allgemeinheit der höheren Stände, weniger Individualisierung, unbestimmtere oder italienische oder ideale Gegenden, hohe Frauen, große Leidenschaften usw.[3] Im Roman „deutscher" Schule stünden die kleinstädtischen Honoratioren im Mittelpunkt, und die seien dichterisch am schwersten zu bewältigen – wer es nicht glaube, der möge versuchen, die „Flegeljahre" zu vollenden.[4] Leichter sei es dagegen wieder, den plebejischen „niederländischen" Stoffen, vorab dem Leben der Bauern, dem dörflichen Milieu, Poesie abzugewinnen.[5]

Offensichtlich handelt es sich bei diesen Gedanken um Ansätze zu einer – für ihre Zeit bahnbrechenden – Literatursoziologie, was die von den Namen dreier Nationen hergenommenen klassifizierenden Begriffe bloß verbal verdecken. Die Erfassung gesellschaftlicher Strukturen, klassenmäßig konkretisiert, wird unmittelbar in die Definition von spezifisch ästhetischen Kategorien hineingezogen und hat diesen ihre Fundierung zu geben. Besonders bezeichnend ist hierfür eine Äußerung Jean Pauls über den von ihm als „italienisch" eingestuften „Werther". Es mag merkwürdig erscheinen, sagt er, daß der durchweg im mittelständischen Bereich spielende „Werther" gleichwohl den hohen, „italienischen" Ton durchhalte. Das Geheimnis erkläre sich daraus, daß hier kein Roman im eigentlichen Sinne vorliege, sondern wir es mit den lyrischen Gefühlsergüssen der hohen Seele Goethes selbst zu tun hätten. Unweigerlich hätte Goethe sich aus der „italienischen" in die „deutsche" Schule herabbegeben müssen, wenn er den Stoff des „Werther", statt lyrisch-subjektiv, echt episch behandelt haben würde. Dann nämlich wäre es für ihn nicht zu vermeiden gewesen, objektiv die prosaischen Verhältnisse des Amtmanns, der Amtmännin und des Legationssekretärs zu schildern, und die hätten einen Stil à la „Wilhelm Meisters Lehrjahre", in deren bürgerlichen Passagen, wenn schon nicht den des „Siebenkäs", erfordert.[6] Er selbst, fügt Jean Paul hinzu, „baue" in seinen Romanen im allgemeinen „alle drei Schulen oder drei Schulstuben wie in einer Bildergalerie quer durcheinander". Nur sein „Kampanertal" und die drei letzten Bände des „Titan" seien ganz in der „italienischen" Manier gehalten. Zusätzlich sei bemerkt: Rein „italienisch" sind desgleichen die „Biographischen Belustigungen" (abzüglich der Zugaben), und kaum „durcheinandergebaut" wird auch in den rein „deutschen" Romanen „Siebenkäs" und „Flegeljahre", wobei in sie freilich, besonders im letztgenannten Fall, gewisse „niederländische" Elemente mit einfließen.

Die Frage, ob die Einheitlichkeit des Stils ein Vorzug oder ein Mangel ist, bleibt an der eben zitierten Stelle offen. Verständlicherweise. Daß der Dichter sich darauf hätte einlassen sollen, ganze Gruppen seines Gesamtwerks auf Kosten anderer als künstlerisch höherwertig herauszustreichen, ist bei der Hingabe, mit der er sich aller drei „Schulen", sowohl getrennt als auch im „Durcheinanderbauen", bemächtigt hat, kaum zu erwarten. Es wäre ihm aber auch schwergefallen, die Frage hinreichend differenziert zu beantworten, wenn er dabei an der doch etwas schematischen Allgemeinheit festgehalten hätte, mit der die „Vorschule der Ästhetik" diesen Gegenstand abhandelt. Die eben angestellten Überlegungen über die epische Totalität, die für seine Revolutionsdichtung unerläßlich, angesichts der zerklüfteten Feudalgesellschaft aber schwer zu erreichen war, gestatten es, da die nötige Ergänzung anzubringen.

Sicher ist, daß der rein „niederländische" „Wutz", das rein „italienische" „Kampanertal" und der rein „deutsche" „Siebenkäs" jeweils einen künstlerisch geschlosseneren Eindruck erwecken als der hinsichtlich seines Stils durchaus chaotische „Hesperus". Sie bieten dafür aber auch nicht, wie dieser, ein panoramahaftes Gemälde der gesamten Gesellschaft der Zeit, von dem wandernden Gesellen auf der Landstraße und dem alten Imker im Dorf über Pfarrhaus und Apotheke bis in die Gemächer des fürstlichen Palasts.[7] Ein solches Gemälde jedoch war erforderlich, um die Veränderungsbedürftigkeit der bestehenden Ordnung zu veranschaulichen, d. h., um mit dichterischen Mitteln die Notwendigkeit der Revolution zu suggerieren. Denn nirgendwo ließ die Unhaltbarkeit des gegebenen Gesellschaftszustandes sich deutlicher sinnfällig machen als ganz unten, im Elend der ärmsten Volksschichten, und nirgendwo als ganz oben, bei Hof, konnten die Kräfte faßbar werden, die nicht nur den vom Volk erwirtschafteten Reichtum in glänzendem Luxus und üppiger Schwelgerei verpraßten, sondern auch all die politisch relevanten Entscheidungen trafen bzw. Versäumnisse begingen, durch die vermittelt der unhaltbare Zustand sich fortgesetzt reproduzierte. Gerade das „Durcheinanderbauen der Schulen", mitsamt der durch sie bedingten Uneinheitlichkeit von Stil und Ton, war also die dem revolutionären Grundanliegen der heroischen Romane optimal entsprechende, weil der umfassenden Widerspiegelung der niedergehenden Feudalgesellschaft am meisten angemessene, ästhetische Form. Und in diesem Sinne, gemessen an diesem Kriterium, weisen die fast rein „italienischen" letzten „Titan"-Bände einen Mangel auf. Er besteht darin, daß, obwohl der Zweck der Tendenz des Romans, nämlich die Notwendigkeit der Revolution zu begründen, epische Totalität im Dienste umfassender Gesellschaftskritik voraussetzt, seine nach klassizistischen Maßstäben künstlerische Vollendung durch eine Beschränkung der Handlung auf die Hofsphäre erreicht wird. Daß Jean Paul dies bei der Abtrennung der „Flegeljahre" selbst als Mangel empfunden hat, beweisen seine krampfhaften Bemühungen, im „Komischen Anhang" doch noch das mit der glanzvoll-erhabenen „Titan"-Welt kontrastierende deutsche Dorf zu zeigen, das deren ausgepowerte, unterdrückte Basis bildet – es zu zeigen etwa in der Satire auf die Dorfbibliotheken, die, nicht zufällig mit Hilfe eines kulturellen Motivs, den Tiefstand des Daseins jener Fronbauern beleuchtet, von deren Schweiß die für den Klassizismus begeisterten, den „Tasso" mit verteilten Rollen lesenden Hofschranzen von Pestitz leben. (Die Dorfbibliothek enthält solche Kostbarkeiten wie alte Zuckertüten, weggeworfene Wäschezettel u. dgl.[8])

Das bedeutet durchaus nicht, daß der ästhetische Rang des „Titan" geringzuschätzen sei. Es bleibt eine *Vollkommenheit*, die mit besagtem Mangel erkauft wird. Der „Titan" ist im zweiten bis vierten Teil der unüberbietbare Höhepunkt dessen, was von Rousseau in der „Nouvelle Heloïse" begonnen, vom jungen Goethe im „Werther" fortgeführt worden war. Und er kann dies deswegen in der streng objektiven, an Homer geschulten Form eines gewaltigen Epos, das obendrein dramatische Zuspitzungen à la Sophokles, Shakespeare und Schiller in sich aufgenommen hat, sein – und nicht als der bloß extensivere lyrisch-subjektive Gefühlserguß einer anderen hohen Dichterseele –, weil er, im Gegensatz zum „Werther", unter resolutem Verzicht auf Amtmann, Amtmännin usw., fast nur in den höchsten Adelskreisen spielt. Man darf auch keineswegs etwa glauben, daß der revolutionäre Gehalt der heroischen Romane damit verlorenginge. Im Gegenteil: Was an der Revolutionsdichtung Jean Pauls überhaupt auf den hohen Ton der „italienischen" Schule gestimmt werden *kann* – und schon in der „Loge", erst recht im „Hesperus", in Gestalt des Freiheitsenthusiasmus von Viktor und Flamin, ist das nicht wenig –, das hat sich im „Titan" nicht nur erhalten, sondern wird gerade erst hier durch das Revolutionsbekenntnis Albanos und die dazu gehörende individuell-erlebnismäßige Motivierung auf den Kulminationspunkt hochgetrieben, ja, der revolutionäre Entschluß des Helden, in Italien, vor den steinernen Zeugen der römischen Republik gefaßt, verleiht dem nunmehr buchstäblich „italienischen" Stil erst seinen vollen Glanz.[9] Das ändert jedoch nichts daran, daß man sich an die „niederländischen" bzw. deutschen" Partien in der „Loge" und im „Hesperus" halten muß, um mitzuerleben, wie die fundamentalen, nur durch Revolution aufhebbaren Gebrechen des ancien régime sich im Alltag des Volkes geltend machen. Und es beeinträchtigt ebenfalls nicht die Wahrheit der Feststellung, daß es natürlich keine Lösung war, den „Titan"-Leser allein durch die Macht des Buchbinders zu nötigen, sich im beigehefteten Anhang auch noch das Dorfelend zu Gemüte zu führen, damit ihm diese Seite von Hohenfließ nicht ganz entgehe.

Solch differenzierender Beurteilung bedürfen in den letzten „Titan"-Bänden auch die Verstöße gegen den hohen Stil, die unterbliebenen wie die nicht unterbliebenen. Mit den letzteren sind die satirischen Lichter gemeint, die überall dem Hofleben von Pestitz aufgesetzt werden. Es ist wahr: Strenges Durchhalten der „italienischen" Manier hätte verlangt, aus den üblen Repräsentanten der Adelswelt fast durchweg Bösewichter von Format zu machen. Abgesehen von Roquairol, der ein Sonderproblem darstellt, und von der bloß bedingt verwerflichen Linda, ist das aber nur in einem Fall geschehen: Nur Gaspard imponiert als Persönlichkeit – kein Wunder, da er schon als Spanier von düsterem Glanz umgeben ist, dazu sehr stilvoll stoische Gelassenheit ausströmt und überdies in der Diktion Goethes redet. Die übrigen höfischen Schurken sind kleinlich-egoistische Intriganten, teils auch Dummköpfe, in grelles satirisches Licht getaucht. So Luigi, Bouverot, Froulay usw., in denen die analogen Figuren aus der „Loge" (Öfel, der Scheerauer Fürst) und aus dem „Hesperus" (Le Baut, Matthieu von Schleunes usw.) abgewandelt wiederauferstehen. Nach der Definition der „italienischen" Schule ist dies eigentlich ein Stilbruch. Er erweist sich jedoch als ein vom Standpunkt des Realismus unentbehrliches Moment, sobald man sich vor Augen führt, daß auch der „Titan", nicht anders als seine konzeptionellen Vorläufer, den Feudalabsolutismus in seinen deutschen kleinstaatlichen *Karikaturformen* hat abbilden wollen.

Absolut negativ ist die *Tilgung* bestimmter Stilverstöße zu bewerten. So hat Jean Paul um der Reinheit des „italienischen" Tons willen z. B. eine Szene wieder fallenlassen, aus der im Manuskript hervorgegangen war, daß Roquairol, ansonst überspannter Ästhet, sich zugleich als Offizier am Rekrutenschinden ergötzt.[10] Durch Eliminierung dieser signifikanten Episode ist einer der anhaltend aktuellen Hauptvorzüge des „Titan", die Vorwegnahme des Thomas Mann-Worts vom „Ästhetizismus als Wegbereiter der Barbarei in der Seele des Menschen"[11], abgeschwächt worden. Und hier liegt erstmals einer der – zum Glück seltenen – Beweise dafür vor, daß die Gefahr abstrakt schematisierender Simplifikation, die der – im Ansatz vorzüglichen – Theorie von den drei Romanschulen innewohnt, sich unter Umständen störend auf die dichterische Praxis Jean Pauls auswirken konnte.

Daß diese Theorie kritischer Revision bedarf, wird freilich *noch* deutlicher an den – zum Glück häufigeren – Fällen, in denen die Praxis des Dichters sich zugunsten des Realismus über das Schema hinwegsetzt. Einerseits findet eigentlich die Satire in keiner der drei Schulen, die er theoretisch unterscheidet, Raum. Die Öfel, Le Baut, Matthieu, Bouverot, Froulay usw. demonstrieren jedoch, daß die Satire ein aus Jean Pauls Charakterisierungskunst nicht fortzudenkendes Gestaltungsmittel gewesen ist, von dem er, falls die gesellschaftliche Wahrheit dies erforderte, sogar inmitten der Welt des „italienischen" Romantyps Gebrauch gemacht hat, das aber auch in seinen Idyllen nicht fehlt (man erinnere sich der obigen Analyse des „Wutz"). Andererseits müßte nach seiner Definition des „niederländischen" Romantyps bei der Schilderung einfacher Menschen aus dem Volk nur Humor am Platze sein, allenfalls, wie die Hinweise auf Korporal Trim und Wutz ahnen lassen, ein elegisch getönter Humor („Lächeln unter Tränen"), in der Regel aber derbe, drolatische Komik in der Manier Smollets. Indes die schriftstellerische Praxis sprengt auch hier die Fesseln, welche die ästhetische Doktrin ihr anlegen will. Nicht nur in bezug aufs höfische Milieu, auch nach unten hin ist Jean Pauls Romanwelt reicher, als es das Schema vorsieht. Neben idyllisierend oder humoristisch gesehenen Volkstypen stehen Elendsgestalten, Opfer grenzenloser Bedrückung, die der Darstellung eine ernste, aus elegischem Mitgefühl und sozialer Anklage gemischte Färbung geben, wie sie zuerst für den „Zaus" gefunden worden war, und die ganz und gar nicht „niederländisch" wirken. Oft wird Smollet durch Vorwegnahmen des Büchnerschen „Woyzek" oder der Droste-Hülshoffschen „Judenbuche" verdrängt. Die arme

Marie etwa, die in der Hofapothekersfamilie des „Hesperus" Magd-dienste verrichtet, von den sie ausbeutenden Spießern täglich „Stich-wunden der Worte und Schußwunden der Blicke" empfängt und der-maßen eingeschüchtert ist, daß „ihre aufgelöste und zerquetschte Seele der Bruchweide gleicht, der man alle Zweige rückwärts mit der bloßen Hand herunterstreichen kann"[12], hat offenkundig in der „niederländ-ischen" Schule, so wie sie definiert wird, nichts zu suchen. Hier siegt der Realismus über eine theoretische Auffassung vom Volksleben, die sich für dessen Gestaltung durch die klügere dichterische Praxis als nicht weit und differenziert genug erweist.

So hilfreich die „Vorschule der Ästhetik" demnach auch ist, wenn es gilt, sich die gesellschaftliche Bedingtheit des „Durcheinanderbauens" der Schulen klarzumachen, man sollte sich gleichwohl davor hüten, die von Jean Paul tatsächlich dargebotenen sozialen Erscheinungen dog-matisch den post festum in ihr unterschiedenen Romantypen zuzuord-nen, die vielmehr nur in erster Näherung das in Wahrheit komplizier-tere Problem auf den Begriff zu bringen suchen, wie auf die in der Realität kontrastierenden Gesellschaftsbereiche die Stilmittel ihrer Widerspiegelung abzustimmen sind.

III

Soviel fürs erste zur Abbildung der gesellschaftlichen Totalität unter ästhetischen Gesichtspunkten. Wie damit bewiesen sein dürfte, läßt sich schon in diesem Zusammenhang die revolutionäre Tendenz der heroischen Romane nicht ausklammern. Seiner Klassenlage und seinen persönlichen Lebensverhältnissen nach wären Jean Paul erlebnismäßig bis zur Veröffentlichung des „Hesperus" nur „deutsche" und „nieder-ländische" Stoffe zugänglich gewesen. Der Umstand aber, daß er, in-spiriert von der Französischen Revolution, mit seiner erzählenden Prosa zur Umwälzung der Feudalgesellschaft beizutragen wünschte, trieb ihn dazu, bei der Sujetwahl nach unten bis zur Dorfarmut, nach oben bis in die Palastintrige vorzudringen, wodurch er sich zwangs-läufig mit den eben angedeuteten, aus dem Postulat der epischen To-talität resultierenden Gestaltungsproblemen konfrontiert sah. Dabei hatte es jedoch nicht sein Bewenden. Noch gravierender wirkte der revolutionäre Charakter seiner Romankonzeption sich auf Inhalt und Form seiner *Kritik* an der Gesellschaft aus. Und als Romancier ist er so zum hervorragendsten deutschen Pionier des kritischen Realismus geworden, mit der Einschränkung allerdings, daß er, wieder dank seiner *revolutionären* Konzeption, dem in Desillusionierung einmün-denden kritischen Realismus der späteren Hauptvertreter dieser Rich-tung, der Romanciers des 19. Jahrhunderts, notwendig noch fernstand. (Davon an anderer Stelle.[1])

Was in Flachsenfingen und Hohenfließ nach dem Machtantritt der Revolutionäre geschieht, wie sie regieren, welche Reformen sie durchführen, wird nicht mehr gezeigt. Ebensowenig wäre es in einer vollendeten „Unsichtbaren Loge" in bezug auf Scheerau gezeigt worden. Die Gestaltung selbst der Revolution „von oben" hätte, nicht anders als das Ausmalen eines erfolgreichen Volksaufstandes, von den Realitäten fortgeführt, d. h. an die Stelle der deutschen Wirklichkeit von 1792/93 bloße Wunschträume gesetzt. Nur bis an den Punkt, wo die Aera der Freiheit anbricht, führen jeweils die Romanfabeln heran, die sich somit ganz auf dem Boden des Gegebenen abspielen. Die Revolutionsdichtung Jean Pauls ist in *dem* Sinne *keine* Utopie. Das bedeutet aber, daß sie die Glaubwürdigkeit ihrer Botschaft auf die kritische Schilderung des Gegebenen stützen und durch diese die Gesinnungen und Handlungen ihrer revolutionären Helden motivieren muß. So verfährt sie in der Tat. Das kritische Bild der Gesellschaft ist ihr – in Anschaulichkeit umgesetztes – zentrales Argument.

Um von dieser Gesellschaftskritik einen adäquaten Begriff zu geben, müßte man die heroischen Romane jetzt eigentlich Kapitel für Kapitel durchgehen und alle einschlägigen Stellen daraus stichwortartig reproduzieren. Das ist, weil allein dabei ein viele hundert Seiten füllendes Buch herauskommen würde, schlechterdings nicht möglich. Ich beschränke mich darauf, einige – beileibe nicht erschöpfende – Kategorien der Kritik aufzustellen und für die eine oder andere unter ihnen bisweilen auch ein sie illustrierendes Beispiel auszuwählen, das nicht vereinzelt dasteht, sondern für die Gesamttendenz charakteristisch ist. Um mit den thematischen Anlässen zu beginnen, die unterhalb der „niederländischen" Sphäre angesiedelt sind, sei zunächst auf die Elendsmalerei hingewiesen, an der es Jean Paul selten fehlen läßt. Sie kommt zwar, verglichen mit dem „Siebenkäs", in den heroischen Romanen nur gelegentlich, episodenhaft vor, hat aber auch hier, besonders im „Hesperus", eine wichtige Funktion und ist nicht einmal aus dem so „italienischen" „Titan" vollständig eliminiert.

Schreiende soziale Not zeigt Jean Paul mit Vorliebe vor dem Hintergrund deutscher Mittelgebirgslandschaft, deren in allen Farben prangende Schönheit der Leser nicht genießen darf, ohne sich immer wieder schreckhaft der entsetzlichen Menschenschicksale bewußt zu werden, die sich inmitten solcher Naturherrlichkeit abspielen. So stößt im „Hesperus" Viktor auf seiner Wanderung nach Kussewitz, die zu schwelgerischer Naturschilderung Anlaß gibt, auf zwei Kinder, die wie Zugvieh einer schwer beladenen Karre vorgespannt sind. Er fragt sie, warum nicht ihr Vater diese Arbeit verrichte, und erfährt, daß dem ein stürzender Baum die Beine abgeschlagen hat, weshalb nun der große Bruder allein die Feldarbeit bewältigen muß.[2] Wenig später begegnet der Held einem fieberkranken, halb verhungerten Schmiedegesellen, der seine ganze Habe in einem Schnupftuch bei sich trägt. Der schon fünfzigjährige Mann zieht, ohne Aussicht, daß es ihm jemals besser gehen wird, von einem Ort zum anderen, lebt von Zuchthauskost und wird gewöhnlich, wenn bei Beendigung einer Gelegenheitsarbeit der Meister „zufällig" nicht da ist, von der Meisterin um den Zehrpfennig gebracht.[3] Viktor, heißt es dann, schämt sich des „Blumenfeldes von Entzückungen", auf dem er soeben noch gewandelt ist, und glaubt, es nicht mehr verdient zu haben als der arme Schmied. Man braucht hier nur an die von derartigen sozialkritischen Einsprengseln „gereinigten" Naturschwelgereien der späteren Romantiker zu denken, um die Signifikanz dieser Begegnungen mit dem Elend zu ermessen.

Extensiv gewichtiger sind die Stellen, wo en passant Mißstände aufgedeckt werden, die gerade dadurch, daß sie Kleinigkeiten betreffen, beim heutigen Leser erst eine konkrete Vorstellung von den Auswirkungen der viel zitierten absolutistischen Mißwirtschaft im Alltag erwecken. Auch hierfür ein bezeichnendes Beispiel. In der „Loge" begeben sich Gustav, JP und dessen (fiktive) Schwester Philippine zu einem Kuraufenthalt in das idyllische Lilienbad. Dieser Ort, so erfährt man beiläufig, verdankt seine Vorzüge administrativer Stümperei. Die fürstliche Kammer hat erst in ihn so viel hineinbauen lassen und daher so hohe Preise verlangen müssen, daß die Gäste andere Bäder bevorzugten. Daraufhin sind alle Badeschwestern entlassen und die Preise gesenkt worden. Jetzt ist Lilienbad billig, aber da Badeschwestern fehlen, bleiben die Gäste auch weiterhin aus, und die Helden sind an dem herrlichen Platz ungestört.[4] Zu solchen Illustrationen bürokratischer Unfähigkeit gesellen sich Tausende Beispiele für Korruption, Schlamperei, Protektionswirtschaft, lieblose Menschenbehandlung durch Behörden, grassierende Kriminalität usw., die jeweils aus passendem Anlaß, aus dem Ärmel geschüttelt werden. Das dem Dichter in der Beziehung zu Gebote stehende Material scheint unerschöpflich. Immer, wenn ihm eine Begebenheit, die er für den Fortgang der Handlung braucht, ungenügend begründet vorkommt – wie etwa ein Kuraufenthalt des ja als mittellos geschilderten JP –, flugs findet er in seinem Riesenvorrat beobachteter und notierter Mißstände irgend etwas, das ihm weiterhilft.

Zur Kennzeichnung der Zustände auf dem Dorf wird außer der Elendsmalerei vor allem in der „Loge" das Mittel eingesetzt, die Willkür der Großgrundbesitzer anhand der Praxis der Patrimonialgerichtsbarkeit zu demonstrieren. Um hierüber authentisch berichten zu können, macht Jean Paul dort aus sich, als Romanfigur JP, zeitweilig einen Gerichtshalter, der dem Mißbrauch der Rechtspflege durch den Gutsbesitzer v. Röper entgegenzuwirken sucht.[5] Dieser Röper ist im übrigen eine Karikatur des Töpener Gutsherrn v. Oerthel, und da dieser erst Kaufmann gewesen war, ergibt es sich, daß der Dichter, unter Verwendung einer frühen satirischen Porträtskizze, „Vom Kaufmann Vagel"[6], auch gleich seiner Verachtung der durch Raffgier und Geiz bestimmten Mentalität der Kaufleute Ausdruck geben kann.

Von Kindheit an hat Röper Genialität im Erfinden neuer Bereicherungsmethoden an den Tag gelegt und sich zugleich zum Virtuosen der Sparsamkeit ausgebildet. Mit neun Jahren z. B. hat er, an Blattern erkrankt, einen kleinen Kaufladen eröffnet, um darin das aus dem eigenen Körper extrahierte Pockengift gegen Barzahlung für Impfzwecke feilzubieten. Später machte er eine Pfandleihe auf, aus der er nicht nur Leihzinsen kassierte, sondern die es ihm obendrein erlaubte, die ihm als Pfänder überlassenen Kleidungsstücke seiner Kunden am eigenen Leib zu tragen und so das Geld für eigene Kleidung zu sparen, usw. usf. Auf diese Weise ist er reich geworden.[7] Röper verkörpert das früheste erzählend gestaltete Beispiel dafür, daß Jean Paul, ungeachtet seines Eintretens für die Rechte des Bürgertums gegen den Adel, doch auch schon charakteristische Züge des Bourgeois als abscheulich empfunden und mit Hilfe einer ins Grotesk-Phantastische hinüberwachsenden Satire entlarvt hat. Im allgemeinen freilich betont er die Überlegenheit der bürgerlichen Moral gegenüber der der Aristokratie, und auch dafür hat er viele Personifikationen geschaffen (erwähnt seien nur der Arzt Dr. Fenk aus der „Loge" oder der als Pfarrerssohn aufgewachsene heroische Flamin aus dem „Hesperus"). Das hindert indes nicht, daß sich bei ihm mitunter auch bereits ethisch akzentuierte antikapitalistische Affekte bemerkbar machen.

Aber nur mitunter. Nicht verwechselt werden darf damit die psychologisch viel eindringlichere und in der Fülle gestalteter Charaktere reichere Kritik an der deformierenden Auswirkung spezifisch feudaler Strukturen auf die Mentalität von Menschen bürgerlicher und plebejischer Herkunft. Schon in der „Loge" wird in dem Kammerjäger Robisch, der sich als Spürhund der Herrschenden gegen die politischen Verschwörer betätigt, ein negativer Charakter aus dem einfachen Volk gezeichnet.[8] Bleibt dies aber hier ein Einzelfall, der außerdem handlungsmäßig schlecht motiviert ist, so fächert die tendenziell gleiche Kritik sich im „Hesperus" zu einer abgestuften Reihe von Figuren auf, die, in unterschiedlicher Weise, aus der Repression herrührende moralische Defekte an sich tragen.

An drei verschieden gelagerten Fällen von Anpassung durch Devotion sei dies kurz exemplifiziert. Eine tragische, Mitleid erregende Erscheinungsform dieser Art Deformierung begegnet uns in der erwähnten armen Marie. Die mittellose Verwandte des Hofapothekers hat sich so daran gewöhnt, nur getreten und ausgescholten zu werden, daß sie, als Viktor sie einmal freundlich und behutsam auffordert, ihm ihren Kummer anzuvertrauen, darüber fassungslos erstaunt ist, kein Wort herausbringt und bloß in Tränen ausbricht.[9] Daneben findet man im gleichen

Roman einen gutmütigen Vertreter spießbürgerlichen Untertanengeistes in Gestalt des Dorfpfarrers Eymann. Bei Gelegenheit eines Besuchs, den Fürst Januar in Begleitung Lord Horions dem Badedorf St. Lüne, wo Eymann amtiert, abstattet, beschreibt der Dichter den unbedeutenden Monarchen mit bissiger Satire. Es ergibt sich, daß Januar einen Moment lang im Pfarrhaus weilt. Eymann, obwohl im Priesterornat und daher zu Würde verpflichtet, erstarrt vor Ehrfurcht und macht noch nach der Abfahrt der hohen Gäste in lächerlicher Weise seinem Zorn über vermeintliche Unordnung in der Wohnung Luft, die Serenissimus gestört haben könnte.[10] Schließlich der Hofapotheker Zeusel, die gefährliche Version des devoten Untertanen. Hier handelt es sich um einen mit grellen satirischen Farben gemalten, gleichwohl psychologisch sehr fein erfaßten Spießer, der sich als wichtigtuerischer Verbreiter geheimer Nachrichten aus höchsten Kreisen betätigt, weil er, wie es heißt, den Ehrgeiz hat, noch durch andere Dinge als Klistierspritzen Ansehen zu gewinnen. Gegen Leute, die nicht von Hof sind, verhält dieser Mann sich verächtlich, während er vor vornehmen Herrschaften in Unterwürfigkeit erstirbt, es sei denn, ihm ist zu Ohren gekommen, daß sie demnächst in Ungnade fallen werden. Der taube Blasbalgtreter und Pfarrkutscher des Kirchamts von St. Lüne ist sein Bruder. Zeusel pflegt ihn zu verleugnen, da er sich durch die Verwandtschaft mit einem so tiefstehenden Wesen kompromittiert fühlt, und eine weitere Verwandte, eben die arme Marie, behandelt er, der im Katzbuckeln und Schmeicheln nach oben nie ermüdet, zugleich nach unten tretend, ärger als eine Sklavin – womit sich der Kreis repressiven Reagierens im charakterologischen Bereich schließt.[11]

Massiv macht Jean Pauls Gesellschaftskritik sich sodann in seiner Darstellung der Herrschenden, ihrer Charaktereigenschaften und Lebensgewohnheiten, ihrer verkommenen Moral und volksfeindlichen Politik, geltend. Dies ist ein dominierendes Thema aller drei Romane, während die Repräsentanz guter und schlechter Eigenschaften des Bürgertums im „Titan" vom zweiten Band an immer mehr an Umfang verliert. Hinsichtlich der Charaktere wird uns auch bei Hof eine reich abgestufte Mannigfaltigkeit des Negativen vorgeführt. Erwähnt sei nur, daß etwa an die Stelle des infamen Scheerauer Fürsten der „Loge" im „Hesperus" der gutmütige, aber vertrottelte und durch seinen Hang zu Ausschweifungen politisch passive Fürst Januar tritt[12], während die Infamie im letztgenannten Roman mehr auf die aktiv reaktionäre Hofpartei, den Minister v. Schleunes und seinen Sohn Matthieu, übergeht, mit der interessanten Nuance, daß dieser zugleich einen koketten Scheinradikalismus zur Schau trägt, der ihm sogar Zutritt zu dem revolutionären Klub verschafft.[13] Zentrale Themen der Kritik an den höfischen Lebensgewohnheiten sind die diversen Erscheinungsformen des Parasitentums, die Substanz- und Nutzlosigkeit der kulturellen Inter-

essen, denen die Höflinge frönen, um die sie marternde Langweile loszuwerden[14], ihre skrupellosen privaten und politischen Intrigen[15] und
die – puritanisch gesehene, daher als abscheuerregend geschilderte –
Amoral ihres Liebeslebens.[16] All dies erreicht seine größte Lebendigkeit und Anschaulichkeit im „Titan".

Und eben im „Titan" gipfelt auch die Entlarvung des verbrecherischen
Wesens der absolutistischen Politik, genauer: der Durchsetzung monarchischer Ziele mit Mitteln, die selbst nach den in der Feudalgesellschaft gültigen, der Willkür ohnehin breiten Raum bietenden Gesetzen
kriminell sind. Die Anschläge Haarhaars gegen Hohenfließ, desgleichen
die dunklen Machenschaften Gaspards und seines unheimlichen Bruders Peppo, für die „Titan"-Fabel besonders relevant, fallen unter diese
Kategorie. Dabei ist der „Titan" der einzige der drei Romane, der auch
der ausschließlich von dynastischen Interessen bestimmten Außenpolitik der deutschen Kleinstaaten die gebührende Beachtung schenkt
– und damit direkt auf die vorhin besprochene nationalpolitische Problematik des Reichszustandes anspielt[17] –, während die außenpoliti-
schen Aspekte in der „Loge" gar nicht, im „Hesperus" nur im Zusammenhang mit der Frage der dynastisch vorteilhaften Heiraten aufscheinen[18] und das Schwergewicht im übrigen auf der haarsträubenden
Innenpolitik der Fürsten, auf der Willkür, Brutalität, Korruptheit und
Schlamperei ihrer Verwaltungsmaßnahmen, liegt.

Nichtsdestoweniger ist in einem Punkt der „Hesperus" in bezug auf
die staatlichen Belange dem „Titan" überlegen: In Flachsenfingen ringen zwei Hofparteien mit prinzipiell gegensätzlichen Zielen um die
Macht, die praktisch auszuüben Fürst Januar zu schwach und indifferent ist – die reaktionäre Partei des Ministers und die aufklärerisch-
liberale des fürstlichen Privatgünstlings Lord Horion. Daraus ergibt
sich für den Dichter hier ausnahmsweise die Möglichkeit, mit der
Wärme parteiischer Anteilnahme in die hofinterne Intrigenwirtschaft
hineinzuleuchten und dem Leser doch zugleich bewußt zu machen, daß
unter dem Zwang der Verhältnisse, in der generell ungesunden Atmosphäre des Hofs auch die progressiven Kräfte in ihren Mitteln nicht
wählerisch sein können. Im „Titan" sorgt demgegenüber nur die – erst
am Ende ans Licht kommende – fürstliche Abstammung des revolutionär gesinnten Haupthelden dafür, daß die um ihn sich entspinnenden,
ins Kriminelle hinübergleitenden Intrigen nachträglich, ohne entsprechende Zielsetzung bei den am Kampf Beteiligten, eine mehr als dynastische Bedeutung gewinnen – was freilich die „Titan"-Intrigen im
aktuellen Vollzug nur desto gräßlicher macht.

Quer durch alle Schichten und Stände hindurch läuft in allen drei
Romanen als eine der wichtigsten thematischen Achsen Jean Paulscher
Gesellschaftskritik schließlich der Mißstand, daß die Frauen unter-
drückt sind. Angefangen von der armen Marie, die ein Zeusel mit

Füßen tritt[19], über die hochgesinnte, kluge Klotilde, die darunter leidet, daß sie nicht schöpferische, sozial nützliche Berufe, wie sie von den Männern ausgeübt werden, ergreifen darf[20], bis hinauf zu den Fürstinnen, die um dynastischer Interessen willen an ungeliebte Männer verheiratet sind[21], wird dieses Problem in den vielfältigsten Formen abgewandelt.

IV

Bei diesen knappen Hinweisen mag es vorläufig sein Bewenden haben. Fragt sich, wie Jean Paul seine Gesellschaftskritik an den Mann bringt. In erster Näherung, doch mit dem Anspruch, damit das Wesentliche zu treffen, lautet die Antwort: Er bedient sich der bewährten, klassischen Mittel des Erzählers, indem er jedesmal die Fabel so anlegt, die Begebenheiten episch so begründet und solche Charaktere sich handelnd entfalten läßt, daß vor dem geistigen Blick des Lesers zwanglos, aus den Ereignissen selbst organisch hervorwachsend, das Bild des schlechten, unhaltbaren, veränderungsbedürftigen Gesellschaftszustandes ersteht. Insoweit unterscheidet seine Erzählweise sich nicht von der aller übrigen kritisch-realistischen Romanciers.

Daß dies die hauptsächliche Methode der Explikation seiner Gesellschaftskritik ist, muß hier aber deswegen mit solchem Nachdruck, möglicher Mißdeutung der nachfolgenden Ausführungen vorbeugend, betont werden, weil es nicht die Hauptsache sein kann in einer Untersuchung, die aus der revolutionären Grundkonzeption Jean Pauls die Besonderheiten seiner heroischen Romane, darunter auch deren formale Eigenart, mithin das, was sie vom Normalfall des Prosaepos *unterscheidet*, zu erklären sucht. Und ein hervorstechendes Unterscheidungsmerkmal dieser Romane besteht darin, daß – zuerst in ihnen, von ihnen her übergreifend aber auch im gesamten belletristischen Schaffen ihres Verfassers – der gesellschaftskritische Gehalt stets *zusätzlich* noch direkt, in der Form abstrakten Räsonements, man würde heute sagen: als „Leitartikel", zum Ausdruck gelangt.

Damit wäre, nach der stilistischen „Chaotik" des „Durcheinanderbauens" der drei Romanschulen, ein weiteres Jean Paulsches Formelement, das umstritten ist, zur Sprache gebracht. Seine Kritiker nennen es „Überwuchern des Beiwerks". Diese Phrase deckt freilich meist noch etwas anderes mit, was uns hier nicht zu interessieren braucht: die für Jean Pauls Sprache charakteristische Häufung weit hergeholter Metaphern und Gleichnisse. Von sprachanalytischen Erörterungen, an denen kein Mangel ist, bewußt absehend, soll im folgenden nur auf dasjenige „Beiwerk" reflektiert werden, das sich bei ihm aus gedanklichen Stellungnahmen zu den dichterisch gestalteten Begebenheiten und Zuständen zusammensetzt. Der abschätzige Ausdruck „Überwuchern" kann offenbar nur so verstanden werden, daß die kritischen Interpreten das „Beiwerk" überhaupt, und somit auch dieses, als störend empfinden. Rein ästhetisch haben sie da nicht ganz unrecht. Sie sind aber auf dem Holzweg, wenn sie glauben, daß ästhetische Erwägungen, die den konzeptionellen Sinn eines eigenwilligen Formelements außer Acht lassen, für dessen Beurteilung ausreichen würden. Und die Anhänger des Dichters, die sein „Beiwerk" feiern, ohne es ihrerseits auf seine konzeptionelle Funktion hin zu untersuchen, sind außerstande, dem Fehlurteil an der Wurzel beizukommen. Indem auch sie sich auf der Ebene einer reinen Geschmacksdiskussion bewegen, verfestigen sie es nur.

Worin liegt der konzeptionelle Sinn? Falls die Kritiker das „Beiwerk" nicht bloß mit ein paar wegwerfenden Gemeinplätzen abtun, erklären sie es daraus, daß Jean Paul sich nie von der übermächtigen Neigung zum Reflektieren habe lösen können, die bei ihm, zum Schaden seiner Dichtung, in der Jugend erst durch die Hingabe an rein theoretische Aufgaben, dann durch das langjährige Satirenschreiben entstanden sei. Darin steckt ein wahrer Kern. Der Übergang zu erzählender Darstellung ist ihm in der Tat nicht leicht gefallen. Noch in seinen reifsten Schöpfungen hat er, mehr als andere Erzähler seines Formats, mit der Kunst des indirekten Charakterisierens Schwierigkeiten gehabt, und oft konnte er selbst dort, wo es ihm auf rein poetische Wirkung ankam, nur mühsam die aus seiner ungeheuren Belesenheit herrührenden gelehrten Reminiszenzen zurückdrängen. Trotzdem ist die Handhabung erzählerischer Mittel ihm in wachsendem Maße, bis zu souveräner Meisterschaft gelungen, vorausgesetzt, daß er es darauf mit Konsequenz anlegte aus Beweggründen, stärker als die, die ihn von einer Dispensation seines Hangs zum Gedanklichen Abstand nehmen ließen. Erst der Wettstreit mit der Weimarer Klassik aber, geleitet von der Absicht, ihr im „Titan", bei aller Bekämpfung ihrer ideologischen Tendenzen, künstlerisch ebenbürtig zu sein[1], war ein dermaßen starkes Motiv. Und solange dieser Antrieb in Jean Pauls Schaffensprozeß noch keine Rolle spielte, muß aus gewichtigen Gründen in ihm der Wunsch überwogen haben, sich *auch* dem *Verstand* seiner Leser mitzuteilen und zu dem Zweck selbst im Rahmen poetischer Werke von den ihm seit jeher geläufigen Ausdrucksmitteln der theoretischen Aussage und des ironisch-satirischen Räsonements ausgiebig Gebrauch zu machen.

Diese Gründe gilt es zu begreifen, bevor man an ihre ästhetischen Folgen Wertmaßstäbe anlegt, die ihnen ideologisch äußerlich bleiben. Jean Paul hatte in den achtziger Jahren die zum Teil enormen Erfolge der Sturm- und Drang-Dramatik beobachtet. Ihm war zur selben Zeit mit Werken, die in anderer Form, eben in der des Räsonements, die gleiche antifeudale Tendenz womöglich noch unerschrockener artikulieren, jede Resonanz versagt geblieben, bis er sich schließlich hatte sagen lassen müssen, daß in Berlin, dem Zentrum des Aufklärertums Lessingscher Provenienz, für seine reifste Satirensammlung nur deswegen kein Verleger zu finden sei, weil es ihr an belletristischer Einkleidung fehle.[2] Da mußte bei ihm der Eindruck entstehen, daß das Publikum, das, sagen wir, den Präsidenten von Walter und den Schreiber Wurm hassenswert fand und über Ferdinand und Luise Tränen vergoß, in seiner Emotionalität die brisante Gesellschaftskritik der frühen Schillerschen Dramen gar nicht mitbekam. Denn wenn es den Applaudierenden um diese Kritik gegangen wäre, dann hätten sie die ja auch in den „Grönländischen Prozessen" finden können. Folglich galt es, den kritischen Gehalt, nachdem er in die emotionell nacherlebbare poetische Gestaltung versenkt war – die seiner Publikumswirksamkeit nottat, von der er aber auch absorbiert zu werden drohte –, sofort noch ein zweites Mal direkt, als Lehre, in die begriffsstutzigen Hirne zu hämmern.

Von philologischer Seite mag eingewandt werden, die Vermutung, daß Jean Pauls Schlüsse ungefähr so ausgesehen hätten, entbehre eines exakten Belegs. Wäre dies richtig, so könnte man, dieselbe Hypothese vorsichtiger formulierend, auch sagen: Da Jean Paul dem Publikum Lehren erteilen wollte, primär politische Lehren, brauchte er diesen nur so weit erzählende Form zu geben, wie es ihm um der öffentlichen Resonanz willen nötig schien, und dieses von rein ästhetisch bestimmtem Streben nach geschlossener Form noch weit entfernte Motiv reichte allein weder aus, in ihm den Hang zu begrifflichem Sichmitteilen zu besiegen, noch war es mächtig genug, ihn zum Bruch mit einer Romantradition zu veranlassen, die – man denke an Fielding – bei aller Freude am Fabulieren dem lehrhaften Element selbst noch erhebliche Bedeutung beimaß.[3]

Doch es stimmt nicht, daß es für jene Vermutung keinen Beleg gäbe. In der „Vorschule der Ästhetik" findet sich nicht nur, im § 69, das Bekenntnis, daß der Roman lehre und lehren solle, wenn freilich „der hölzerne Kanzel- und Lehrstuhl ... und wer darin steht" den „lebendigen Frühlingsduft der Poesie auch nicht ersetzen" könne.[4] Es findet sich da ebenfalls, im § 29, in den Ausführungen, die der Unterscheidung zwischen der Satire und dem Komischen als Element der Poesie gewidmet sind, der Satz, die satirisch verspottete Unmoralität sei *kein* Schein, die humoristisch verlachte Ungereimtheit dagegen ein halber[5], was klar besagt, daß die Darstellungsmittel reiner Dichtkunst, selbst wenn es die des Humoristen sind, an *nicht* scheinhafte, wirkliche Unmoralität, also namentlich an das Unmoralische gesellschaftlicher Mißstände, höchstens zur Hälfte heranreichen. Einem Dichter, der solcher Einsicht fähig war, muß der Gedanke gekommen sein, daß, sobald die poetisch zu vermittelnde Lehre inhaltlich in Kritik am gegebenen Gesellschaftszustand besteht, deren *zusätzliche* direkte Darbietung, in Form satirischer Reflexionen *inmitten* des Romans, geboten sein kann. Im Lichte der Unentrinnbarkeit dieser Überlegung aber ist die Tatsache zu sehen, daß Jean Paul, als der große Poet, der er war, die literarische Relevanz seiner mißachteten Satiren, in denen seine Kritik an der Gesellschaft ihre äußerste Zuspitzung erhält, der seines poetischen Schaffens zeitlebens gleichgestellt hat. Hat er doch schon den Erfolg der „Loge" dahingehend kommentiert, daß das Buch glücklicher sei als die Satirensammlungen, aber nicht besser, eine Feststellung voll massiver Kritik an dem Urteilsvermögen des Publikums, dem die Gleichrangigkeit entgangen war.[6] Unerfindlich bliebe es, wie er da angesichts der Erfolge anderer belletristischer Autoren, vorab der Stürmer und Dränger, nicht zu der Überzeugung hätte gelangen sollen, mit reiner Dichtung lasse sich, selbst bei gesellschaftlich bedeutungsvollen Sujets und noch so großer Publikumsresonanz, politisch wenig ausrichten.

Daß durch diese Überzeugung der Reflexionsreichtum der Jean Paulschen Romane erst heraufbeschworen worden sei, wird hier, wohlgemerkt, nicht behauptet. Aber allerdings dürfte es ihr zuzuschreiben sein, wenn aus seinen Frühwerken das gedankliche Element derart widerstandslos in sein Schaffen als Erzähler hinüberwachsen konnte. Und ihr entspricht es, daß darin dem Unterhaltungsbedürfnis zwar alles gegeben wird, was es verlangt – Spannung, Poesie, Schwelgen in Liebesgefühlen und Naturschilderungen, erhabene Tragik, viel Stoff zum Lachen –, daß der Dichter seine Leser zwischendurch, unmittelbar an ihren Verstand appellierend, wiederholt jedoch auch zum *Nachdenken* über die veränderungsbedürftige Gesellschaft zwingen möchte, mit dem Ergebnis, daß insbesondere „Loge" und „Hesperus" von Stellungnahmen voll abstrakter Direktheit, meist politischen Inhalts und vorzugsweise in satirischer Form, durchzogen sind.

Wichtig ist dieser Punkt deswegen, weil der unter Sozialisten längst fälligen Jean Paul-Renaissance am meisten das unüberlegt einseitige Verlangen nach geschlossener künstlerischer Gestaltung bei der Mehrzahl der marxistischen Ästhetiker im Wege steht. Die Antipathien der klassizistisch orientierten bürgerlichen Literaturtheorie gegen diesen Dichter sind dadurch bis zu einem solchen Grade reaktiviert worden, daß die Kühnheit seiner revolutionär-demokratischen Inhalte sogar in der Arbeiterbewegung bis heute so gut wie unbekannt geblieben ist. Abgeholfen werden kann dem nur, wenn nachgewiesen wird, daß das „überwuchernde Beiwerk" mit diesen Inhalten insofern zusammenhängt, als es überwiegend politische Aussagen enthält, welche die gestaltete Gesellschaftskritik durch begriffliche Hinzufügung dessen, worauf sie hinauswill, noch verdeutlichen möchten.

Der prominenteste der auf Gestaltung dringenden Literaturtheoretiker des Marxismus ist Georg Lukács, der übrigens, wohl nicht zufällig, von Jean Paul fast ebensowenig Notiz nimmt wie seine Vorläufer Mehring, Plechanow und Lafargue.[7] Um so nachdenklicher muß es stimmen, daß gerade Lukács zumindest einmal, in seinem Essay „Die intellektuelle Physiognomie der künstlerischen Gestalten"[8], noch dazu unter Berufung auf unumstrittene klassische Vorbilder (auf Platons „Symposion", auf die Erörterungen über Hamlet in Goethes „Wilhelm Meister", auf die Diskussionen Lewins mit seinem Bruder und mit Oblonski in Tolstois „Anna Karenina"), Gedanken geäußert hat, die viel von dem Jean Paulschen „Beiwerk" mitlegitimieren. „Eine Charakteristik", sagt Lukács, „die nicht die Weltanschauung der gestalteten Menschen umfaßt, kann nicht vollständig sein. Die Weltanschauung ist die höchste Form des Bewußtseins. Also verwischt der Schriftsteller das Wichtigste an der ihm vorschwebenden Gestalt, wenn er an ihr vorübergeht. Die Weltanschauung ist ein tiefes, persönliches Erlebnis des einzelnen Menschen, ein höchst charakteristischer Ausdruck seines inneren Wesens, und sie spiegelt gleichzeitig in bedeutsamer Weise die allgemeinen Probleme der Epoche wider."[9]

Zwei Besonderheiten des Jean Paulschen Romans werden dadurch implicite gerechtfertigt: seine Humoristen (Fenk, Leibgeber-Schoppe) als der lebensvollste, „saftigste" Prototyp der vielen Romanfiguren, die er, unter anderem, durch ihre Weltanschauung bzw. politische Überzeugung charakterisiert hat, *und* – im Sinne des Hinweises auf die Gespräche Lewins bei Tostoi – alle seine Dialoge mit weltanschaulicher bzw. politischer Thematik. Da Jean Paul aber eins wie das andere in quasi propagandistischer Absicht konzipiert hat, da Schoppe, als scharf umrissene Individualität, in all seiner – einen unauslöschlichen Eindruck hinterlassenden – Lebendigkeit, unentwegt Satiren gegen die Feudalkaste von sich gibt und die politisierenden Dialoge ebenfalls ein Mittel sind, die Ansichten des Autors über die gesellschaftlichen Realitäten noch zusätzlich zu deren dichterischer Gestaltung auch gedanklich zur Geltung zu bringen, läßt sich bei ihm zwischen erlaubter, ja geforderter „intellektueller Physiognomie" und unerlaubtem räsonierenden „Beiwerk" kein Trennstrich ziehen.

Es wäre nicht stichhaltig, dagegen einzuwenden, Lukács grenze seine Forderung gegen das mögliche Mißverständnis ab, die intellektuelle Physiognomie der literarischen Gestalten bedeute, daß deren Anschauungen stets richtig sein müßten.[10] Er meint damit natürlich nicht, daß ein Literaturwerk im ganzen den Leser darüber im unklaren lassen darf, wie der Autor zu den „allgemeinen Problemen der Epoche" steht. Er meint nur, daß innerhalb eines solchen Werks auch Vertreter negativ bewerteter weltanschaulicher Tendenzen auftreten können und sollen, und genau das geschieht im „Titan" (man denke z. B. an Roquairol) ebensogut wie, sagen wir, in Thomas Manns „Zauberberg" (man denke an Naphta und Settembrini). Und da weder hier noch dort die Stellung des jeweiligen Autors zu den solcherart aufgegriffenen epochalen Problemen dahingestellt bleibt, entfällt auch der andere denkbare Einwand, daß es Lukács einzig um die Weltanschauung als *Mittel* zur Charakterisierung des Helden gehe, während hier, umgekehrt, die Neigung Jean Pauls verteidigt werde, die eigenen Auffassungen durch den Mund eines Teils seiner Helden vortragen zu lassen. Wenn dabei keine sich in Rhetorik erschöpfenden „Sprachrohre des Zeitgeistes" herauskommen, sondern lebensvolle, unverwechselbar individualisierte Gestalten wie Schoppe, Ottomar, Viktor, Flamin, Klotilde, dann sind das zwei Seiten derselben Sache.

V

Doch sehen wir uns ein einschlägiges Beispiel an, das so ausgewählt ist, daß der Vorwurf demagogischer Argumentation, den man hier erheben könnte, sich von selbst verbietet. Halten wir uns nicht an Schoppe oder Viktor, die durch ihre Charaktere bestechen, sondern an einen der politisierenden Dialoge, und zwar einen ziemlich primitiven aus der „Loge"[1], dem noch die Brillanz der späteren analogen Schöpfungen aus dem „Hesperus" oder dem „Titan" fehlt.

Nach dem Ableben des alten Fürsten macht sich in Scheerau zum ersten Mal die unsichtbare Loge bemerkbar. Drei ihrer Mitglieder brechen des Nachts in Kirchen ein, entfernen daraus aber jedesmal nur das schwarze Tuch, mit dem Altäre und Kanzeln bekleidet sind, so daß beim Frühgottesdienst die Pfarrer ohne äußere Zeichen der angeordneten Trauer predigen müssen. Die Loge will mit dieser „Aufklärung durch Aktion" sagen, den Tod eines Fürsten brauche niemand zu betrauern. Der stets zum Bespitzeln von Staatsfeinden aufgelegte Kammerjäger Robisch stellt nun eines Abends fest, daß im Dorf Maußenbach nach Kirchschluß drei Kirchgänger nicht wieder herauskommen, und meldet das. Man umstellt das Gotteshaus, faßt die drei noch in der Nacht, und siehe da: Sie haben nichts entwendet, tragen aber – Trauerkleidung, was im Scheerauischen (wie damals tatsächlich in einigen deutschen Staaten) den Untertanen verboten ist, sofern es aus privatem Anlaß geschieht. In diesem Aufzug werden die drei am frühen Morgen in einem Leiterwagen zur Residenz gefahren. Dabei gelingt es ihnen, zu fliehen.

Über diesen Vorfall kommt es – womit der Autor die politisierende Wirkung der Aktion veranschaulichen will – zwischen JP, Dr. Fenk und dem Rittmeister v. Falckenberg zu einem Gespräch. Der unpolitische, aber menschlich anständige Rittmeister macht Robisch Vorwürfe und sagt, man solle ihn dafür hängen, daß er zur Festnahme von Dieben beigetragen hätte, die nur Kirchen, nicht Menschen bestehlen.

JP dagegen läßt bissige Bemerkungen darüber fallen, daß man wohl den Landes-, doch nicht den eigenen Vater betrauern dürfe. Ironisch fragt er, wieso den Landeskindern denn noch das Weinen über verstorbene Anverwandte gestattet sei, da es doch die dem Staat zustehenden Tränendrüsen erschöpfe. Auch findet er unbegreiflich, daß Tränen steuerfrei sind. Falckenberg meint, dies gehe zu weit. Er werde zufrieden sein, wenn die Regierung nach dem Dahinscheiden des alten Fürsten so bleibe wie die bisherige; diese hätte sich von früheren immerhin durch ihr Bemühen um die wirtschaftliche Blüte des Landes unterschieden. Damit ist wieder Fenk nicht einverstanden. Er läßt sich zu einem empörten Ausbruch über den Despotismus hinreißen, der, selbst wenn er ausnahmsweise den Wohlstand hebe, sich zu den Untertanen nur verhalte wie ein Sklavenhändler, der seine Neger zwar prügelt, aber gut ernährt, um für sie einen höheren Preis zu erzielen. (Übrigens klingt hier ein Motiv an, das später Heine, wahrscheinlich durch die „Loge" angeregt, im „Sklavenschiff" zu höchster Wirkung gebracht hat.[2]) Man spürt: Der Streich der Logenbrüder war nicht umsonst, er hat in Scheerau das Nachdenken über Politik angeregt.

Ohne Zweifel ist dieses Gespräch „gestaltet": Eine erzählte Episode motiviert es, es wird selber auch erzählt, die Gesprächspartner offenbaren ihre jeweilige Mentalität, ihre unterschiedlichen Temperamente und, nicht zuletzt, auch ihre intellektuelle Physiognomie. Nichtsdestoweniger stellen sich bei jedem Jean Paul-Kenner, der diese wenigen Seiten unter ästhetischen Gesichtspunkten durchliest, zwei Überlegungen ein: Erstens brauchten die Auslassungen JPs oder auch Fenks nur um Nuancen erweitert zu werden, und schon wäre eine der – bei den Anhängern geschlossener Gestaltung so mißliebigen – satirischen Einlagen, „Extrablättchen" usw. fertig. Und zweitens: Wenn ein derartiges Gespräch künstlerisch legitim ist – und das ist es sicher, da der moderne Homer unter den Gestaltern, Tolstoi, Andrej Bolkonski und Pierre Besuchow ja u. a. über Herder diskutieren läßt –, dann muß die Ausweitung des Dialogs zu einem eingelegten Briefwechsel, zumal bei Personen einer Epoche, in der das Korrespondieren eine heute kaum mehr nachvollziehbar wichtige Rolle spielte, ebenfalls legitim sein. Die eingelegten Briefe aber, mit ihren gedanklichen Auslassungen, gehören unbedingt zum „überwuchernden Beiwerk" bei Jean Paul. Sie wachsen sich, wenn im „Hesperus" Viktor an Pfarrer Eymann schreibt, zu kompletten Abhandlungen aus.[3] Und worüber? Über Probleme von Staat und Gesellschaft, über Erscheinungen, in denen der Gegensatz von Adel und Bürgertum zutage tritt, über das Phänomen, daß selbst in den Empfindungen der Liebe Aristokrat und Bürger sich unterscheiden, usw. Mit einem Wort: Die Charakterisierung der Helden durch ihre intellektuelle Physiognomie, von Lukács im Namen vertiefter Gestaltung gefordert, gleitet ohne markierbare

Grenze in den Kommentar über, der die erzählte Gesellschaftskritik ergänzt.

Und dieser Übergang läßt sich nicht nur vom politisierenden Dialog her aufzeigen. Er hätte ebenso – demagogisch – am Charakter Leibgeber-Schoppes plausibel gemacht werden können. Diese Gestalt ist wahrscheinlich die großartigste, die Jean Paul überhaupt geschaffen hat, und sie wäre das nicht ohne ihre langen, bizarren, mit gelehrt-witzigen Gleichnissen angefüllten, stets satirischen Betrachtungen über alle möglichen Zeiterscheinungen, unter denen Leibgeber besonders gern, mit angeekelter, hohnlachender Bitterkeit die Gemeinheiten und Dummheiten kleinstaatlich-absolutistischer Politik aufs Korn nimmt.[4] Aber wo hört hier die Charakterisierung durch die intellektuelle Physiognomie auf, wo fängt das „Beiwerk" an? Auch Leibgeber schreibt Briefe, die sich von störenden Einlagen in nichts unterscheiden – man denke an „Adams Hochzeitsrede" und an das Schreiben über den Ruhm im „Siebenkäs"[5] –, und viele gesprächsweise Auslassungen von ihm könnten, mit besonderen Überschriften, satirische Glanzstücke aus den „Teufelspapieren" sein.

Am schwersten lassen sich natürlich Einschübe verteidigen, die weder einen Helden durch seine Weltanschauung kennzeichnen noch den Sinn einer eben gestalteten Begebenheit gedanklich zusammenfassen, sondern nur abschweifen, weil der Autor „sich erholen" möchte oder dgl. Derartige Stellen findet man relativ am häufigsten in der „Loge", vereinzelt noch im „Hesperus", ganz selten in den ersten „Titan"-Bänden, in den späteren gar nicht mehr. Gerade bei diesen Digressionen aber haben wir es mit dem – zugegeben problematischen – Ausgangspunkt einer Entwicklung zu tun, in deren Verlauf Jean Paul sich eine Errungenschaft erobern sollte, die viel später im Schauspiel, aus ähnlichen Beweggründen, mit ähnlichem Effekt, von Brecht erneuert worden ist (ohne daß dieser von seinem epischen Vorläufer im „Verfremden" gewußt hätte). Die gelegentlich verstandlosen Abschweifungen in der „Loge" erklären sich primär aus der Nachahmung des „Tristram Shandy". Ein weiteres Moment kommt aber hinzu: Jean Paul hatte um 1791/92 Berge unveröffentlichter Satiren vorrätig, und nachdem Sterne mit seinem versponnenen, schnurrigen Humor, seinem Schwanken zwischen Gefühl und Komik ihn bei der Abfassung des „Wutz" in günstiger Weise beeinflußt hatte, fühlte er sich durch die Digressionen, die es im „Shandy" zu einer fortlaufenden Erzählung gar nicht kommen lassen, dazu ermächtigt, einen Teil jener Manuskripte, mitunter etwas wahllos, in seinen ersten Roman hineinzukippen. Dann jedoch, noch während dessen Ausarbeitung, kam ihm der glücklichere Einfall, neue Satiren zu schreiben, die sich vermöge ihres Inhalts an sorgfältig gewählten Knotenpunkten mit der Romanhandlung sinnvoll verknüpfen ließen – als Einlagen, mit denen jeweils ein soeben erzähl-

ter Sachverhalt noch einmal, meist in satirischer Form, gedanklich an-
geleuchtet wird.

Und genau das ist die Funktion des Songs im Brechtschen Stück. Um
die Theaterbesucher daran zu hindern, sich, unter Ausschaltung ihres
Erkenntnisvermögens, im emotionalen Miterleben der Bühnenvor-
gänge zu verlieren, unterbricht Brecht gelegentlich die Aufführung dadurch, daß er den Schauspieler an der Rampe einen mit dem zuvor
Geschehenen inhaltlich verknüpften Song darbieten läßt, durch dessen
Anhören der Zuschauer sich die dem Stück immanente Kritik an der
Gesellschaft nunmehr auch gedanklich aneignet. Erst dann geht die
Handlung weiter. Nicht anders verfährt Jean Paul, wenn er den in
die Geschichte versunkenen Leser plötzlich durch ein „Extrablatt"
oder dgl. aufstört, das ihn zwingen soll, sich denkend den ideellen,
namentlich gesellschaftskritischen Gehalt des eben Gelesenen in seiner
Allgemeingültigkeit zu vergegenwärtigen.

Geniale Ausprägung hat dieses Prinzip im „Hesperus" erhalten – und
in den beiden ersten „Titan"-Bänden, wo die, von der Handlung her
gesehen, sinnlosen Abschweifungen gänzlich verschwunden sind. Im
„Hesperus" haben die „Schalttage" zwischen den erzählenden „Hunds-
posttagen" den Charakter tiefsinniger Sentenzen oder auch Abhandlungen, die den in Gestaltung eingesenkten, von Poesie absorbierten
Ideengehalt ins Allgemeine heben[6], während es sich bei den „Extrablättern" und „-blättchen" jeweils um satirische Variationen über ein
zuerst in epischer Form vorgetragenes Thema handelt.[7] So folgt auf
Viktors gesellschaftliche Erfahrungen mit dem Feudalabsolutismus der
„Schalttag" „Über die Wüste und das gelobte Land des Menschengeschlechts"[8], worin Jean Paul unter dem Eindruck der Französischen
Revolution aus der Geschichtsphilosophie Herders die Zukunftsvision
einer von Ausbeutung und Unterdrückung befreiten Menschheit herzu-
leiten sucht. Und als, andererseits, Flamin unter Mordverdacht eingekerkert wird, unterbricht der Dichter an dieser spannenden Stelle die
Handlung, um sich in einem „Extrablatt" satirisch über jene „Tempel"
der Gerechtigkeit zu verbreiten, die „der gemeine Mann bloß Gefäng-
nisse nennt".[9]

Hier noch ein besonders gelungenes Beispiel aus dem zweiten „Titan"-
Band. Im 57. Zykel gestaltet Jean Paul, unter Wahrung der Regeln des
Epos und mit emotioneller Eindringlichkeit, die Intrigen, durch die
der Minister v. Froulay seine Tochter Liane, die Albano liebt, zur Ehe
mit dem üblen Höfling Bouverot zu zwingen sucht. Mit allen Gefühls-
tönen, die dem Sentimentalismus seit Richardson zu Gebote stehen,
werden da die dem Mädchen zugefügten seelischen Leiden geschildert.
Inmitten des Erzählten steht jedoch ein satirisches „Extrablatt", „Über
den grünen Markt mit Töchtern", worin mit der bewährten Ironie der
„Kreuzerkomödie", nur nicht mehr so weitschweifig, sondern aufs We-

sentliche verknappt, das Verschachern junger Mädchen an ungeliebte Bewerber wie eine kommerzielle Operation erörtert wird – eiskalt, ungerührt. Schließlich schlägt der Ton abermals um, jetzt in ernste Argumentation, die in den beschwörenden Appell an Väter und Mütter einmündet, das Lebensglück ihrer Töchter zu achten, das von nichts so abhänge wie von der Freiheit zur Liebe aus eigener Wahl.[10]

An einem solchen Kulminationspunkt der Entwicklung sinnvoll eingeschobener Reflexion möchte man bedauern, daß der „Titan" vom dritten Band an um der Reinheit des „italienischen" Stils willen von der quasi verfremdenden Methode keinen Gebrauch mehr macht, sondern klassizistisch formstreng wird. Das hat indes den Vorteil, daß es für Leser, die sich von der barock-humoristischen Manier abgestoßen fühlen, noch einen anderen, davon relativ freien, überwiegend gestalteten Zugang zur Revolutionsdichtung Jean Pauls gibt. Sie können mit dem „Titan" beginnen und sich von da her an diesen Dichter gewöhnen. Klassischen Normen folgen, reiner Erzähler sein, den Fluß des berichteten Geschehens durch nichts unterbrechen lassen, eine in sich geschlossene Romanwelt schaffen, die sich allein aus der Logik ihrer Fabel und den Charakteren der in ihr agierenden, plastisch individualisierten Figuren entfaltet – das konnte er, wenn er wollte, auch.

ACHTES KAPITEL

Der Charakter des positiven Helden und seine moralische Bewährung

I

Im Zuge der bisherigen Ausführungen wurde gelegentlich bereits auf die Charakterisierung einzelner Gestalten aus den heroischen Romanen angespielt. Gemessen an deren Figurenreichtum war die Auswahl klein, und sie muß es im wesentlichen bleiben, da eine weitergehende Würdigung der Charakterisierungskunst Jean Pauls wieder ein Problem beträfe, das für seine Revolutionsdichtung nicht spezifisch ist. Soweit es sich nicht um die Haupthelden handelt, wird in der vorliegenden Untersuchung nur noch auf Schoppe, Gaspard, Roquairol, Liane und Linda aus dem „Titan" näher eingegangen werden[1], aber hauptsächlich erst im Zusammenhang mit der speziell diesem Roman eigenen Bildungsproblematik, was die Kennzeichnung des Verhältnisses voraussetzt, in dem der Dichter, von 1796 an, zur Weimarer Klassik und zur Jenenser Romantik gestanden hat.[2] Jetzt dagegen, noch diesseit des „Hesperus"-Erfolgs, der Jean Paul erst den Zugang zur Welt von Weimar eröffnen sollte, kann es ausschließlich um die Haupthelden gehen. Zu ihrer Charakterisierung sind wenigstens ein paar prinzipielle Feststellungen zu treffen, die wieder verdeutlichen, wie die Grundkonzeption aller drei Romane nicht nur in Dichtung umgesetzt worden ist, sondern sich auch auf die Art der Umsetzung selbst übertragen hat.

Es geht also im folgenden vor allem um die Revolutionäre, um Gustav und Ottomar in der „Loge", Flamin und Viktor im „Hesperus", Albano im „Titan". Es geht in zweiter Linie um die ihnen nahestehenden progressiven Gestalten, wie Lord Horion im „Hesperus", oder die mit den zentralen Helden verbundenen Frauengestalten, Beate in der „Loge", Klotilde im „Hesperus", Idoine im „Titan". Dabei können Ottomar und Horion, nachdem über sie das Nötigste schon angedeutet worden ist, ausgeklammert werden, und in bezug auf Albano und Idoine ist es möglich, sich vorläufig kurz zu fassen im Hinblick darauf, daß auf beide später, bei Gelegenheit der „Titan"-Problematik, noch zurückzukommen sein wird.

Zum Kreis der „Hesperus"-Revolutionäre gehören auch die drei jungen Engländer, die 1793 in Flachsenfingen auftauchen, ihre Decknamen von den drei Königen aus dem Morgenland bezogen haben – wobei Kaspar zugleich den Spitznamen „Kato der Ältere" trägt – und sich, zu Unrecht, da von verschiedenen Müttern stammend, vermutlich aus Unwissenheit über ihre Herkunft, als Drillinge bezeichnen.[3] Sie stellen aber eher wandelnde Allegorien des Revolutionsgeistes dar, als daß sie zu Individualitäten ausgeformt wären. Künder der Freiheit, Gleichheit, Brüderlichkeit, Anhänger der extremen französischen Revolutionspartei, weisen sie es mit Verachtung von sich, bei Hof ihre Aufwartung zu machen, und in allen, selbst den „freigelassenen", Deutschen sehen sie beklagenswerte „Christensklaven und Steckenknechte". Von Melchior heißt es, er verberge unter seiner phlegmatischen Kruste solche Glut, daß er einem von Eisschichten gepanzerten Vulkan gleiche; die Wahrheit sehe er nur in einem Brennspiegel, und wenn er schreibe, sei „seine Tinte eine wegreißende Wasserhose". Balthasar soll dagegen Philosoph sein und wie ein Deutscher wirken. Von Kaspar wird gesagt, seinen Charakter – den Katos – kenne jeder aus der römischen Geschichte.[4] Ansätze, diese Differenzierung durch Handlungen der „Drillinge" zu veranschaulichen, führen indes nicht weit. Die Einheitlichkeit der Gesinnung läßt sie in eins zusammenfließen. Ihre Funktion erschöpft sich darin, aus Frankreich die revolutionären Losungen zu überbringen, für die Flamin und Viktor auf Grund ihrer sozialen Erfahrungen reif sind, und den Debatten im Klub die zeitgerechte Atmosphäre zu verleihen.

Um die Charakterisierung der Haupthelden angemessen zu würdigen, muß man von der gezielten Wirkung ausgehen, die Jean Paul durch sie hat auf den Leser ausüben wollen. Sie sollten, zumindest, Sehnsüchte erwecken, die sich zusammenfassen ließen in dem Ausruf: „Ja, solche Männer müßten regieren!" Im Sinne dieser Absicht sind es Helden ohne Fehler und Makel, Verkörperungen idealen Menschseins schlechthin. Die Überzeugung, daß die Gestaltung solcher Charaktere möglich sei, ja zu den vornehmsten Aufgaben der Literatur gehöre, hat Jean Paul später, in der „Vorschule der Ästhetik" (§ 58), begründet: Das Erschaffen rein vollkommener Charaktere, schreibt er da, sei der Dichtkunst notwendig, während es für rein unvollkommene in ihr keinen Platz gebe. Wohl solle der Dichter auch Schufte, Intriganten, Bösewichter, Egoisten zeichnen. Aber die müßten dann durch Kraft und Energie oder glänzende Intelligenz Eigenschaften aufweisen, die als solche, unabhängig von der moralisch verabscheuenswerten Persönlichkeit, in die sie integriert erscheinen, wertvoll sind und Interesse erwecken. Handle es sich andererseits um schwache oder törichte Menschen, so seien sie mit Skrupeln, die von Residuen ethischen Verhaltens zeugten, auszustatten. Nicht gestaltbar sei ein absolut negativer Mensch, denn in ihm müßten sich „Schadensüchtigkeit und Ehrlosigkeit mit ekelhafter Schwäche" paaren. Dagegen sei der absolut positive Held unentbehrlich, und wenn er dem Dichter nicht gelinge, so liege das an dessen Unvermögen. An diese These schließt sich in der „Vorschule" die programmatische Forderung an: „Große Dichter sollten daher öfter den Himmel als die Hölle aufsperren, wenn sie zu beiden den Schlüssel haben. Der Menschheit einen sittlich idealen Charakter, einen

Heiligen, zu hinterlassen verdient Heiligsprechung und ist zuweilen für andere noch nützlicher, als ihn selber gehabt zu haben; denn er lebt und lehrt ewig auf der Erde; ein Geschlecht nach dem anderen erwärmt und erhebt sich an dem göttlichen Heiligenbilde." „Wandelte ein Gottmensch durch die Welt, würde aber als solcher erkannt, sie müßte sich vor ihm beugen und ändern. Allein eben nur im Gedichte geht er unverhüllt, ohne drückende Verhältnisse mit dem Zuschauer, und darum trifft er jeden so sehr."[5]

In diesem Sinne zielen „Loge", „Hesperus" und „Titan" darauf ab, in ihren Haupthelden unbedingt gute Charaktere vorzuführen, die möglichst dem Leser durchs ganze Leben als Leitbilder voranziehen sollen. In der „Loge" und im „Hesperus" sind es „hohe Menschen" gemäß jenem Ideal, das um 1790 aus der Gesinnung Jean Pauls den stoischen Weisen verdrängt hatte.[6] Begeht Gustav einen Fehltritt, indem er sich von der gleisnerisch vornehmen Residentin von Bouse verführen läßt, während gleichzeitig seine Beate den Nachstellungen des Scheerauer Fürsten trotzt[7], so nicht, weil der Dichter seinen Liebling durch einen zwielichtigen Zug hätte komplizieren machen wollen, sondern weil die Reue, die den Jüngling nach dem Geschehenen quält, seinen menschlichen Wert demonstriert.[8] Neigt Viktor zu Leichtsinn, so nur auf liebenswürdig herzgewinnende Art, ähnlich, wie es bei Tom Jones oder Egmont der Fall ist, wobei deren weit führende sinnliche Verstrickungen von dem keuschen Jean Paul aber vermieden werden.[9]

Dies ist die Tendenz, so war es gewollt. Ob die derart idealen Charaktere künstlerisch gelungen sind, ist eine Frage für sich. Sie verlangt eine differenzierende Beantwortung, die sachgerecht nur ausfallen kann, wenn man beachtet, daß die drei Romane letztlich aus einer einzigen Konzeption hervorgewachsen sind, die, bei Abbrechen des ersten Anlaufs, dreimal abgewandelt worden ist. Bei dieser Wiederholung hat Unzufriedenheit mit der jeweils letzten Ausführung natürlich immer eine Rolle gespielt. Also läßt sich denken, daß der normale Vorgang des Reifens künstlerischer Meisterschaft von Werk zu Werk im vorliegenden Fall durch die Selbstkritik potenziert sein wird, mit der stets ähnlich gelagerte Aufgaben mit dem Vorsatz, begangene Fehler zu vermeiden, neu in Angriff genommen zu werden pflegen. So verhält es sich in der Tat: Der „Hesperus" ist ein Fortschritt gegenüber der „Loge", der „Titan" einer gegenüber dem „Hesperus", nicht zuletzt in bezug auf die Charakterisierungskunst, die durch zunehmende Befähigung des Dichters zu plastischer Gestaltung gekennzeichnet ist.

Diese Feststellung gilt aber nur im allgemeinen, nur für die drei Romane im großen und ganzen. Sie wird falsch, sobald man aus ihr ein Schema macht und meint, es müsse von allen Romanfiguren, die funktionell oder charakterlich in Analogie zueinander stehen, jeweils die zuletzt entstandene künstlerisch am vollkommensten und die früheste am wenigsten gelungen sein. So einfach liegen die Dinge deswegen nicht, weil die Analogien von anderweitigen Faktoren modifiziert werden, die den Fortschritt im ganzen unter Umständen durch Rückschritte im einzelnen durchkreuzt erscheinen lassen. Hat man also funktionell analoge Figuren entdeckt und miteinander verglichen – was heuristisch von Wert ist –, so muß man weiter auf die Abwandlung der Grundkonzeption von Roman zu Roman reflektieren, die gegebenenfalls nur eine bedingte Analogie zulassen mag, dergestalt, daß der späteren Ausführung des näherungsweise gleichen Funktionsträgers neue Züge eigen sind, die nicht für oder gegen die gewachsene Reife des Autors zu sprechen brauchen.

Am Beispiel der drei zentralen Helden sei dies erläutert. Viktor fällt unter ihnen durch Lebendigkeit und scharfe Individualität am meisten auf. Er wirkt am faszinierendsten. Neben ihm nimmt Gustav sich wie eine blasse Vorstudie aus, Albano wie ein Schritt zurück, und dieser Eindruck ist, so betrachtet, nicht verkehrt. Aber er impliziert, weil die Analogie abstrakt-schematisch aufgefaßt wird, Momente der Ungerechtigkeit, die sich zum Fehlurteil verdichten, falls aus dem Vergleich geschlossen wird, daß Jean Pauls Charakterisierungskunst in der „Loge" noch nicht voll entfaltet gewesen sei – eine Annahme, der immerhin ein gewisses Maß an Wahrheit zukommt –, daß sie dann im „Hesperus" ihren Höhepunkt erreicht habe – was nicht einmal in bezug auf diese eine Figur uneingeschränkt richtig ist – und schließlich im „Titan" wieder abfalle – wovon überhaupt keine Rede sein kann.

Damit ein ausgewogenes Urteil zustande komme, bedarf die Analogisierung, so wenig sie als Annäherung an den wahren Sachverhalt zu umgehen ist, der Korrektur. Von Viktor ausgehend, sei versucht, die Konkretisierungen und Differenzierungen, die sie der Wahrheit anpassen, plausibel zu machen. Viktor ist eine Wiedergeburt von Tom Jones, bereichert um all das, was Jean Paul in sich selbst an guten Eigenschaften vorfand, also ein von Schlacken gereinigtes, idealisiertes Selbstporträt – das einzige dergestalt vollkommene, das er von sich gemalt hat. In den „Flegeljahren" teilt er sich auf in den verträumten, weltfremden Walt und den gewandten, realistischen, bis zum Zynismus satirischen Vult; Viktor umfaßt, zugespitzt gesagt, gewissermaßen beide. Ihm sind überströmendes Gefühl, hoher Verstand, ein sich mitunter zu verspielter Albernheit übersteigernder Humor und Witz, der dann wieder von tief ernsten, elegischen Stimmungen abgelöst wird, eigen, ferner vielseitige geistige Interessen, grenzenlose Menschenliebe, Unduldsamkeit gegen jedes Unrecht, Solidarität mit den Unterdrückten und die in Ernst und Scherz nie versiegende satirische Ader. Mit dieser Gestalt zu konkurrieren fällt den anderen Haupthelden der heroischen Romane, ob davor oder danach entstanden, schwer. Gustav ist davor entstanden. Ihn allein von Viktor her zu bewerten ist schon deswegen ungerecht, weil er noch kein Selbstporträt hat sein sollen. Das ist im ersten Roman – schemenhaft – JP, der hier noch als an der Handlung aktiv beteiligte Figur fungiert. JP bindet in der „Loge" die gestaltbaren Eigenschaften seines Urbilds, des Dichters, an sich, verhindert so deren Übertragung auf den zentralen Helden, verhindert aber auch ihre Idealisierung, da sich dies um der ostentativen Bescheidenheit des Autors willen verbieten würde, der, im Gegenteil, ins Niedrig-Komische verzerrt wird, äußerlich durch einen Klumpfuß, charakterlich durch Hypochondrie.[10] Erst dadurch, daß JP im zweiten Roman als bloßer Chronist an den Rand rückt[11], werden dort die Jean Paulschen Eigenschaften verfügbar und zugleich zur Idealisierung freigegeben. Gustav hat ihrer noch entraten müssen. Hinzukommt, daß, nachdem seine Kindheit erzählt worden ist, er Jüngling bleibt, mit Zügen der Unfertigkeit, die sich erst im – nicht geschriebenen – dritten Teil hätten verlieren können, wohingegen man es in Viktor von Anfang an mit einem jungen Arzt zu tun hat, der außerdem als – vermeintlicher – Lordsohn weltmännischer wirken soll als der Kadett des ersten Romans. Betrachtet man Gustav nicht von Viktor her, sondern mißt man ihn an vergleichbaren Helden deutscher erzählender Prosa vor ihm, so erweist sich, daß es da eine Gestalt seiner poetischen Qualität seit Werther nicht gegeben hatte. Auf welch hohem Niveau die Jean Paulsche Charakterisierungskunst sich schon in dem ersten Roman bewegt, beweisen im übrigen der aus Rebellentrotz und Todesmelancholie gewobene Ottomar und eine brillante Frauengestalt wie die Bouse.

Mit Viktor kann aber auch Albano nicht konkurrieren. Erstens ist er zentraler Held eines Romans fast rein „italienischen" Typs und darf daher, außer als Kind, aus dem entsprechenden Stil und Ton nicht herausfallen. Zweitens handelt es sich bei ihm um den idealen Fürsten, was mit seinem Gebaren glaubhaft in Einklang stehen muß. Edle Männlichkeit, Heroismus, Glut der Leidenschaft und eine gewisse, wenn auch menschlich aufgelockerte, Würde, dabei hohe Geistigkeit, harmonisch abgestimmt mit Tatendrang, sind die Qualitäten, deren eine solche Figur bedarf. Drittens muß Albano in sich das idelle und psychologische Fazit einer Bildungsproblematik verkörpern, die, obwohl im Gegenzug zu „Wilhelm Meisters Lehrjahren" entwickelt, von diesem Roman insofern doch beeinflußt ist, als auch der „Titan"-Held auf seinem Wege zu harmonischer Allseitigkeit, von Jean Paul „Allkräftigkeit" genannt, an der Erfahrung mit einseitigen Menschentypen reift.[12] Und die sind notwendig schärfer individualisiert als er. Insbesondere hat sein negativer Gegenspieler, Roquairol, ihm an schillernder Interessantheit viel voraus von dem, was, mutatis mutandis, Mephisto zu einer dankbareren Bühnenrolle als Faust macht. Denkt man sich die „einkräftigen" Persönlichkeiten, in deren Charakterisierung die

Kunst Jean Pauls gipfelt, fort – außer Roquairol vor allem Schoppe, Gaspard, Froulay, Linda, Liane –, so stellt sich heraus, daß Albano neben manchem Schillerschen Dramenhelden bestehen könnte; nur ist ihm von jenen gleichsam „die Show gestohlen" worden.

In Albano und Roquairol kontrastieren ein positiver und ein negativer Held, vorher in Flamin und Viktor zwei positive Helden, und dies ist ein Kabinettstück, dessen Genialität man nur ermißt, wenn man sich klarmacht, was es heißen will, zwei Jünglinge zu zeichnen, die beide von denselben revolutionären Idealen beseelt sind, sich beide durch einen bis zum Heroismus gehenden Edelmut auszeichnen und doch in der Profilierung ihrer Charaktere einen Gegensatz bilden, wie er sich schärfer kaum vorstellen läßt. Viktor ist heiter, spielerisch, warmherzig, tolerant, Flamin von strengem Ernst, asketischer Selbstzucht, verbittertem Trotz und fanatischer Leidenschaft, Viktor, wie gesagt, ein Tom Jones, Flamin ein Stürmer und Dränger, den Robespierre in die Zucht seiner Unbestechlichkeit genommen hat. Den Dialog, den Treueschwur, das sich zur Todfeindschaft zuspitzende zeitweilige Zerwürfnis und die Wiederaussöhnung dieser ungleichen Freunde geschaffen zu haben gehört zu den bedeutendsten Leistungen der Weltliteratur. Es hat sogar mehr Gewicht als das – heute bekanntere – ungleiche Brüderpaar aus den „Flegeljahren", das seine Lebendigkeit aus konträren Eigenschaften ziehen kann, wie sie den „Hesperus"-Helden im Hinblick auf ihre unentbehrliche Idealität versagt bleiben mußten: Weder hätte Viktor weltfremd sein dürfen wie Walt, noch Flamin ein Filou wie Vult. Ebensowenig wäre die konträre Einstellung zum Adel, die Walt und Vult politisch gegensätzlich profiliert, als Charakterisierungsmittel für den „Hesperus" tauglich gewesen, wo es gerade das konflikterfüllte Zusammenwirken zweier Gleichgesinnter darzustellen galt, von denen überdies der eine, Flamin, sich nicht mit Zügen ausstatten ließ, die aus dem Selbstverständnis des Dichters hätten stammen können.

Indem Jean Paul den ideologischen Aspekt der Unterschiedlichkeit beider herausarbeitet, macht er zugleich sichtbar, was ihn vom Jakobinertum schon zu einer Zeit getrennt hat, als er noch dessen Verbündeter war. Beide Freunde nehmen Partei für die Armen, die Unterdrückten und verabscheuen die Herrenkaste besonders deswegen, weil sie sich zu Lasten des darbenden Volkes bereichert. Aber während Viktor, wie im Leben Jean Paul, sich nichtsdestoweniger sein Wohlgefallen an Luxus und Eleganz bewahrt[13], huldigt Flamin den asketischen Tendenzen der Jakobiner[14]. Mit gutmütig spöttischer Distanzierung davon nimmt der Dichter hier die „hellenische" Kritik Heines am „Nazarenertum", auch an dem der Babœufschen Befürworter des Asketismus, vorweg. Aufschlußreich ist in dem Zusammenhang die feine Sottise, daß Flamin zwar als „ultralinks" erscheint, sich deswegen aber nicht etwa als der wachsamere Revolutionär bewährt. Er ist es, der dem Agenten der reaktionären Hofpartei, Matthieu, arglos begegnet und so den „Unterwanderungs"plan Horions beinahe zum Scheitern bringt. Ausgerechnet ihm also fällt die Rolle desjenigen Sohnes aus dem „Dya-Na-Sore" zu, der durch Ränke der despotischen Partei für die feindliche Sache gewonnen wird. Der Unterschied ist freilich enorm: Zum Verräter wird Flamin subjektiv nie. Sein Radikalismus unterliegt auch keinen Schwankungen. Seine Hingabe an die Revolution bleibt über jeden Zweifel erhaben, ja, einzig bei ihm schließt sie den Entschluß ein, für die Befreiung des Volkes den Tod zu erleiden. An seinen Fehlern ist Flamin demgemäß schuldlos. Sie erklären sich daraus, daß er, im Gegensatz zu Viktor, weder von Horions Plänen weiß noch durch den Lord vor der Ministers-Clique gewarnt worden ist. Trotzdem hat Viktor noch vor Kenntnis der Lage den von Flamin mit Vertrauen beehrten Matthieu als menschlich übel durchschaut, womit angedeutet wird, daß der tolerantere Freund dem hyperradikalen einen untrüglichen Instinkt für die Machenschaften des gemeinsamen Gegners voraushat.

Was die idealen Frauen angeht, so gehört die Beate der „Loge" durch ihr überwallendes, allzu zartes Gefühl zu den wenigen rein sentimentalen Figuren, von denen ausgehend Hettner sich zu der Verallgemeinerung verstiegen hat, die Mädchen bei Jean Paul seien „nichts als unmögliche Mondscheingebilde, glänzende Lilien aus der zweiten Welt".[15] Tatsächlich weist diese Merkmale sonst nur Liane im „Titan" auf, und der steht der Dichter als einer „einkräftigen" Gestalt kritisch gegenüber. Seine übrigen Mädchen kontrastieren mit diesem Typ: sowohl die unkomplizierten, gesunden, rotbäckig–rustikalen, wie Agathe Eymann im „Hesperus" oder Rabette v. Wehrfritz im „Titan", als auch die intellektuell hochstehenden, nach Emanzipation strebenden, wie eben Klotilde oder auch, mit problematischen Zügen, Linda. Im übrigen ist Beate selbst noch nicht einmal Lianes Todessüchtigkeit eigen, die Hettner von sämtlichen Jean Paulschen Mädchen behaupten läßt, sie seien „sich selber ein Zeichen dafür, daß sie bald ins Jenseits fliehen"[16] würden. Trotzdem wird man Beate als funktionell analogen Fall, als Vorstufe zu Liane auffassen und somit noch eine zweite wichtige Gestalt, die Hettners These partiell zu stützen vermag, konzedieren dürfen.

Um so bedeutungsvoller sind dann aber zwei Fakten, die ihm wieder entgangen zu sein scheinen. Einmal werden schon in der „Loge" bei der Kommentierung dieses Typs kritische Töne vernehmbar – so, wenn es da heißt, derartige Mädchen seien „zu zart und zu wallend, zu fein und zu feurig für geistige Anstrengung", ihr „Leib und Geist" würden sich daher „nur durch die immerwährende Zerstreuung der häuslichen Arbeit erhalten können", und dann diese – bei Jean Paul nie als Kompliment zu verstehende – Auslassung in dem Ausruf gipfelt: Eine solche Frau, „wenn sie Schillers Feuerseele hätte, stürbe, wenn sie damit eines seiner Stücke machte, im fünften Akt selber mit nach".[17] Zum anderen ist selbst die mondscheinhafte Heldin in einem Punkt der Haltung ihres Geliebten stets würdig: durch einen Heroismus, den eine um so erhabenere Gloriole umstrahlt, als ihn Geschöpfe von versehrbarer Zartheit und holder Schwäche an den Tag legen. In der Standhaftigkeit, mit der Beate sich dem Liebeswerben ihres Fürsten widersetzt, blitzt das Bild einer Heroine auf[18], und gar Liane nimmt, nachdem sie ihre Liebe zäh gegen den eigenen Vater verteidigt hat, erschütternd tapfer das Opfer auf sich, bis an die Schwelle des Todes vor ihrem Geliebten als treulos dazustehen, weil sie glaubt, sein tragisches Mißverständnis nicht aufklären zu können, ohne sein Leben und seine Zukunft als Herrscher zu gefährden.[19] Trotzdem darf Liane wegen der Problematik ihres ätherischen Wesens nicht zur endgültigen Gefährtin des Helden werden. Mit der Rücksichtslosigkeit großer Epik läßt Jean Paul sie sterben, damit er Albano anderen, ganz und gar nicht mondscheinhaften Geliebten zuführen kann: erst der Titanide Linda und schließlich einer Frau, die dieser, ebenso emanzipiert wie sie, obendrein eine sich energisch betätigende politische Progressivität voraushat: der Prinzessin Idoine. Und die Analogie, die uns Beate als Vorstufe zur Liane des „Titan", nicht zur Klotilde des „Hesperus", zugleich aber Gustav als Vorstufe zu Albano begreifen läßt, hat immerhin einen Forscher wie Walther Harich zu der – aus anderen Gründen schwer aufrechtzuerhaltenden – Vermutung verleitet, daß schon für Gustav „die zarte Beate nur ein Vorspiel für die eigentliche Erfüllung seines Lebens" habe sein sollen, derart, daß, bei Vollendung der „Loge", wohl auch er „noch seiner ,Linda' und seiner ,Idoine' begegnet sein würde".[20]

Jean Paul gestaltet die Liebe von Gustav und Beate mit großer dichterischer Schönheit. Es gelingt ihm dabei auch in Beate selbst ein Mädchenbild von hoher Poesie, das auf viele Zeitgenossen überwältigend wirkte. Gleichwohl teilt es mit dem Lianes den Mangel, heute emotionell kaum mehr nachempfindbar zu sein, ohne daß es ästhetisch an die mit gereiften Mitteln indirekten Charakterisierens ins Extrem getriebene Sentimentalität und Todessüchtigkeit Lianes heranreichen würde, die, eine viel plastischere Gestalt, literaturhistorisch den Kulminationspunkt des Sentimentalismus markiert. Ein an revolutionärer Literaturtradition interessierter, doch modern prosaisch empfindender Leser kann sich also aussuchen, ob er das mondscheinhafte Mädchen in künstlerisch unüberbietbarer Vollendung, bei Liane, *studieren* oder in der gemilderten, weil weniger exzessiven und durch direkte Charakteristik relativ blasseren, Vorstudie dazu, bei Beate, eben noch ertragen will.

Ein ganz anders gelagerter Fall ist Klotilde, von Flamin unglücklich, von Viktor am Ende glücklich geliebt. In ihr zeichnet Jean Paul mit subtiler Kunst, die alle indirekten Mittel souverän beherrscht, ohne die direkten zu verschmähen, ein höchst kompliziertes Sinnbild weiblicher Größe. Klotilde ist eine formvollendete, allen Ansprüchen der Hofetikette gerecht werdende junge Aristokratin, bleibt davon aber als Mensch unberührt, weil sie, kraft ihres nüchternen Verstandes, ihrer Natürlichkeit und ihrer progressiven sozialen Überzeugungen, sich von Konventionen innerlich frei zu halten vermag. Lange vor Viktor als vertrauenswürdige Verbündete Horions in dessen Reformabsichten und den riskanten Plan ihrer Durchführung eingeweiht, gehört sie zu den politisch exponierten Figuren des „Hesperus", womit in Einklang steht, daß aus ihrem Charakter der Emanzipationsdrang nicht fortzudenken ist. Ihr reiches, tiefes Gefühl wird von einem hellwachen, disziplinierten Intellekt kontrolliert. Dies läßt sie so herb wirken, daß es des Blicks der Liebe, von seiten Viktors, bedarf, damit sich aus seiner Sicht – die erst nur dergestalt vermittelt die des Lesers ist – ihre innere Zartheit und Herzenswärme offenbart. Dann aber gerät diese Frau infolge des politischen Konflikts, in den sie verwickelt ist, und der in ihn verwobenen Herzensverstrickungen – geliebt vom eigenen Bruder, dem sie über seine wahre Herkunft nicht die Augen öffnen darf, gleichzeitig zur Mätresse begehrt vom Fürsten, dabei selbst von Leidenschaft ergriffen für Viktor, dem gegenüber sie sich um des Gelingens der Horionschen Pläne willen zurückhalten muß, der sie aber mit anderen zu betrügen scheint – in eine so furchtbare Situation, daß wir sie bei tapfer durchgehaltener Disziplin ihre mädchenhafte Frische verlieren sehen und sich uns im Kern ihres heldenmütigen Wesens rührend ein leidendes, anlehnungsbedürftiges Frauenherz enthüllt, bis am Ende die marternde Zerreißprobe ihrer Nerven sich löst und alles doch noch gut ausgeht. Sogar Goethe, sonst von Jean Pauls Romanen wenig erbaut, voll kühler Reserviertheit gegen sie, hat die Charakterisierung Klotildes uneingeschränkt gelobt.

Schließlich Idoine. Sie war als das Non plus ultra der positiven Heldinnen gedacht, fällt aber, sowohl mit ihrer Vorgängerin im „Hesperus", eben Klotilde, verglichen als auch gemessen an Linda, ihrer Gegenspielerin im „Titan" selbst, gegen beide ästhetisch ab. Wieder bleibt hinzuzufügen: Nicht weil die Charakterisierungskunst des Dichters geringer geworden wäre – fast beispiellos interessante Figuren wie Roquairol und Linda strafen diese Hypothese Lügen –, sondern weil „italienischer" Romanstil, Bestimmtsein zur Herrscherwürde und die für den „Titan" spezifischen, aus der produktiven Auseinandersetzung mit dem „Wilhelm Meister" hervorwachsenden Bildungsprobleme die Anschaulichkeit der konzipierten Gestalt vermindert haben. Sie haben sie hier noch mehr reduziert als bei Albano, da Idoine, als seine letzte

Passion, erst gegen Ende des dritten Bandes wie eine Nebenfigur eingeführt wird, um erst in den Schlußkapiteln des vierten Bandes in den Vordergrund zu rücken.[21] Wir erfahren *über* sie, daß sie Liane täuschend ähnelt und dabei Linda an Energie und geistiger Freiheit gleicht, *sehen* es aber nicht. Ebensowenig *erleben* wir Idoine bei ihrer ein feudales Landgut in ein Arkadien freier Bauern umgestaltenden Reformtätigkeit, sondern finden lediglich das Resultat vor. Wie Natalie im „Wilhelm Meister", der sie offenbar nachgestaltet wurde, ist diese Frau kein lebendiger Mensch, sondern mehr ein allegorischer Bedeutungsträger humaner Zeitimpulse, und das heißt, sie ist künstlerisch mißlungen.

In dem einzigen Fall, in dem Jean Paul bei dem sonst bewunderungswürdigen Menschengestalter Goethe in die Schule gegangen ist, hat er sich von einem seiner schwächsten Gebilde beeinflussen lassen, und das in der Absicht, *die* Frau, die ihm weltanschaulich als der Inbegriff weiblicher Vollkommenheit vorschwebte, zu einer unvergeßlichen Gestalt zu formen. (Mit den unerreicht plastischen Philinen und Marianen Goethes hätte er ihrer losen Moral wegen nichts anfangen können.)

II

Wie macht Jean Paul die Charaktereigenschaften der genannten positiven Helden sichtbar? Er verwickelt sie in Konflikte, die sich aus ihren Liebeserlebnissen ergeben, d. h., er bedient sich eines Mittels, das aller Dichtkunst vom Inhalt her erst ihre Anziehungskraft verleiht, namentlich bei einem politisch desinteressierten Publikum, das nur unterhalten sein will. Näher betrachtet, sind die Liebesgeschichten in den heroischen Romanen durchweg Dreieckskonflikte: In der „Loge" wird Beate von Gustav und Amandus geliebt, im „Hesperus" Klotilde von Viktor und Flamin, im „Titan" Linda von Albano und Roquairol. Daß Beziehungen solcher Struktur in Gesellschaften mit Monogamie eine Quelle von Rücksichtslosigkeit und gegenseitig zugefügten Leiden zu sein pflegen, ergibt die dunkle Folie, die nötig ist, um konstruierte Idealfälle derselben Situation hier in desto hellerem Licht erstrahlen zu lassen. Dabei wird in den Konflikt jedesmal die Komplikation eingebaut, daß die beiden jungen Männer untereinander befreundet sind, was die Dreiecksbeziehung zusätzlich durch die Gefahr verschärft, daß ein Freund am anderen Verrat begeht. Die Folie erhält so eine noch dunklere Färbung, sie wird tiefschwarz, mit dem Effekt, daß der Held, der sogar in derart beschaffener Konfliktkonstellation moralisch integer bleibt, wie ein Heiliger wirkt.

Was aber ermöglicht es dem Autor, den Helden selbst unter solchen Umständen integer bleiben zu lassen? Antwort: der Rekurs auf die Politik, auf die Teilnahme am Kampf gegen die Despotie. Aus der

Loyalität, die den Helden an Mächte dieses Bereichs bindet, gewinnt Jean Paul stets dasjenige dritte – zur Liebe und zur Freundschaft noch hinzukommende – Motiv, durch das er einen Gustav, einen Viktor zwingen kann, als treulos und unehrlich zu erscheinen, ohne es zu sein. Der Freund des zentralen Helden glaubt sich von diesem betrogen, hintergangen, verraten. Er irrt, es liegen nur Mißverständnisse vor, die sich leicht aufklären ließen. Aber der verkannte Held darf sie nicht aufklären: Ein Geheimnis verschließt ihm den Mund, das zu hüten im Interesse der Beseitigung des feudalen Systems liegt. Gäbe er es preis, so würde er die Revolution verraten. Gewiß, er liebt dieselbe Frau wie der Freund. Er hat sich ihr jedoch nicht genähert, bzw. wenn er dies getan hat, so hat er es tun dürfen, weil dem Freund dadurch kein Schaden zugefügt worden ist. Es sieht also nur so aus, als hätte er die Freundschaft gebrochen, und sein Unglück ist es, daß er die Verdachtsmomente, die es so erscheinen lassen, nicht ausräumen kann; denn dazu müßte er Dinge enthüllen, über die zu schweigen er als Revolutionär verpflichtet ist.

Dies ist das persistente Konfliktschema der heroischen Romane, das sie freilich immer neu modifizieren. Es sei im folgenden kurz in abstracto beschrieben, um deutlich zu machen, was die Notiz besagt, die in den Vorarbeiten zum „Hesperus" dessen Sujet mit drei Stichworten umreißt, die ebenso zur Kennzeichnung des Inhalts auch der „Loge" und des „Titan" dienen könnten, nämlich: „Liebe–Freundschaft–Kampf um politische Freiheit (Republik)".[1] Die Notiz besagt nicht *nur*, daß diese Komplexe in den Romanen behandelt werden, sondern weist vor allem auf die sittlichen Mächte hin, die in ihnen dramatisch kollidieren. Hinter den Dreieckskonflikten, in ihnen und durch sie vermittelt, stehen immer wieder die Liebe, die Freundschaft und der Kampf für die Freiheit untereinander in einem Konflikt höherer Ordnung, ungefähr so wie in der Leibnizschen „Theodizee" die Prädikate Gottes. Das heißt nicht, daß sie dies partout tun müssen. Aber so, wie die Dinge in den drei Romanen liegen, tun sie es, und ihre Harmonisierung muß hier erst durch die Tat der Helden hergestellt werden, eine Tat, die jedesmal – und das ist das für die Charaktergestaltung ausschlaggebende Moment – den Sinn einer schwierigen, anspruchsvollen Bewährungsprobe hat. Das Schwierige liegt darin, daß die Helden allen drei sittlichen Mächten zugleich, trotz deren Kollision, bis an die Grenze des Menschenmöglichen Treue zu wahren haben. Nur wenn ihnen das gelingt, können diese Jünglinge und Mädchen für den Leser Leitbilder seines eigenen Verhaltens werden und vor ihm glaubwürdig ihre Befähigung nachweisen, ideale Staatsmänner bzw. deren moralisch ebenbürtige Frauen zu sein. Gustav in der „Loge", Viktor und Flamin im „Hesperus", Albano im „Titan" dürfen weder den Freund noch die Geliebte noch die Revolution verraten, und doch sind

– tendenziell – die Fabeln so gebaut, daß kein durchschnittlicher Mensch in gleicher Lage es fertigbrächte, das eine oder das andere nicht zu tun.

Dabei ist die Gewichtsverteilung zwischen den kollidierenden Pflichten nicht ganz gleich. Die Liebe verdient dort am wenigsten Rücksicht, wo es sich um das Glück des Helden selbst handelt. Er soll es opfern, falls er auf diese Weise seinen dasselbe Mädchen begehrenden Freund beglücken kann, und besonders soll er es hintansetzen, wenn damit der Revolution gedient ist. Hängt indes das Glück des Mädchens davon ab, daß es den Helden kriegt, dann haben Liebe und Freundschaft den gleichen Rang, und kann gar der Freund unter keinen Umständen der Lebensgefährte des Mädchens werden (z. B. weil er, ohne es zu wissen, ihr Bruder ist), dann muß der Held der Liebe den Vorrang einräumen, freilich mit der Bedingung, daß er alles vermeidet, was den Freund verletzen könnte, solange die Wahrung des politischen Geheimnisses es nicht erlaubt, ihm die Augen zu öffnen. Vollends steht die Liebe über der Freundschaft in Fällen, in denen es darum geht, für die Geliebte einzustehen, sie vor Schaden zu bewahren. Ist das nur auf Kosten des Freundes möglich, dann braucht auf ihn in den Grenzen, in denen es nötig ist, relativ weniger Rücksicht genommen zu werden.

Das Gebot, für die Freiheit zu kämpfen, steht obenan. Die Revolution zu verraten kommt für den Jean Paulschen positiven Helden nie in Betracht. Aber das heißt nicht, daß er sich aus politischen Motiven über Liebe oder Freundschaft ohne weiteres hinwegsetzen darf, denn auch das wäre Verrat an der Revolution, insofern, als diese, neben Freiheit und Gleichheit, die erst zu erkämpfen sind, ja auch die Brüderlichkeit auf ihr Panier geschrieben hat und es die in der gegebenen Gesellschaft, wenn auch unzureichend, weil eingeschränkt auf die Beziehungen einzelner Individuen, in Gestalt von Liebes- und Freundschaftsverhältnissen, nach deren Modell die Revolution Brüderlichkeit allgemein machen will, bereits gibt. Mit den Zielen der Revolution könnte es somit dem nicht Ernst sein, dem Freundschaft und Liebe nicht heilig wären, der es schon privatim an Treue und Verläßlichkeit fehlen ließe, sich im Umgang mit dem je begegnenden Einzelnen unsensibel verhielte und das Vertrauen seiner Mitmenschen leichthin enttäuschte. Wer für Brüderlichkeit streitet, ist vielmehr all den Werten, die sie konstituieren, Loyalität schuldig. Also muß er auch dafür sorgen, daß in dem Kampf, den er führt, diese Werte so unversehrt wie möglich bleiben. Verlangt die Revolution von ihm beispielsweise, seinem Freund Dinge zu verheimlichen, die für diesen bedeutungsvoll sind – und schon das schließt die Verletzung eines für die Brüderlichkeit konstitutiven Werts ein –, dann ist er, gemäß den sittlichen Imperativen derselben Revolution, gleichzeitig gehalten, Handlungen zu unterlassen, die zwar, in Anbetracht der verheimlichten Tatsachen selbst, einwandfrei wären, aber dem unvermeidlicherweise belogenen Freund wehtun müßten. Die Unterlassung kann bedeuten, daß auf eigenes Glück verzichtet werden muß, und dann ist sie geboten. Bedeutet sie dagegen, daß der Freund zwar geschont, dafür aber der Geliebten wehgetan wird – etwa weil sie annehmen muß, daß ihre Liebe zu dem Revolutionär nicht erwidert werde, und ihr das Qualen bereitet –, dann wieder tritt die Kasuistik der Rangfolge von Freundschaft und Liebe in Kraft, so daß die Schonung der Geliebten Vorrang hat, ohne daß dabei aber der Wunsch des Revolutionärs, sie für sich zu gewinnen, den Ausschlag geben dürfte.

III

Von Anfang an hat Jean Paul in seiner Revolutionsdichtung die im Gewissen eines Revolutionärs sich abspielende Kollision der Freundschaft mit der Liebe und beider mit den Anforderungen, welche die Regeln der Konspiration an sein Verhalten stellen, gestalten und dabei den Charakter des Helden moralisch durch die Art veranschaulichen wollen, wie er aus diesem Widerstreit der Pflichten menschlich integer hervorgeht. Und schon in der „Loge" hat er zu dem Zweck erzählerische Mittel angewandt, die bei ihm später, abgewandelt, noch wenigstens zweimal wiederkehren: die Mittel des doppelt überdeterminierten, durch Hineinnahme der Freundschafts- und der Revolutionsproblematik noch mehr dramatisierten Dreieckskonflikts, wie er soeben abstrakt, schematisch nachgezeichnet worden ist.

Gustav besitzt in dem Sohn Dr. Fenks, Amandus, einen Herzensfreund. Dieser vereint in sich Charaktereigenschaften zweier Freunde Jean Pauls: Adam v. Oerthels und Christian Ottos. Ausgewählt sind sie so, wie es die Fabel verlangt. Wie Oerthel ist Amandus extrem sensitiv und dermaßen kränklich, daß er früh stirbt. Wie Otto neigt er dazu, leicht verletzbar zu sein. Der frühe Tod ermöglichte es, in den Roman die seelischen Krisen hineinzutragen, denen der Dichter selbst durch Oerthels Sterben ausgesetzt war, und mit ihrer Hilfe, wieder die eigene Entwicklung nachgestaltend, das Reifen Gustavs zu motivieren. Die Kombination von reizempfänglicher Sensitivität und schnellem Gekränktsein jedoch hatte eine andere Funktion: Sie sollte psychologisch die Hellsichtigkeit glaubhaft machen, die Amandus bereits die ersten, unmerklichen Regungen von Gustavs Zuneigung zu Beate, bevor sie diesem selbst bewußt geworden sind, wahrnehmen läßt, und sollte vor allem die rasende Eifersucht erklären, mit der er darauf reagiert.[1] Und eben das Rasende, Krankhafte dieser Eifersucht brauchte Jean Paul, weil ihm daran gelegen war, ihre Grundlosigkeit in helles Licht zu rücken.

Amandus liebt Beate. Gustav hegt für sie, nachdem auch er sie kennen-

gelernt hat, unterschwellige Sympathie, die ihm erst durch Amandus'
Eifersucht allmählich spürbar wird. Ähnlich spornt im „Hesperus"
Flamins Eifersucht die Liebe Viktors zu Klotilde an.[2] In beiden Fällen
beginnt die Verwicklung damit, daß den zentralen Helden – erstes
Moment seiner moralischen Reinheit – keine Schuld trifft, wenn seine
Gefühle für die Herzenserwählte des Freundes sich zur Liebe steigern.
Und das zweite Moment: Schon für Gustav, genau wie später für
Viktor, genügt die bloße Tatsache, daß in das Mädchen, das ihm gut
gefällt, der Freund verliebt ist, um auch nicht den winzigsten Schritt
zur Annäherung an sie zu tun.
So weit, so gut. Dann jedoch ist Gustav – hier schlägt später der „Hesperus" einen anderen, wenn auch der Tendenz nach ähnlichen Weg
ein – infolge seiner Zugehörigkeit zur unsichtbaren Loge gezwungen,
Dinge zu tun – z. B. tagelang von der Bildfläche zu verschwinden –,
die von dem eifersüchtigen Amandus dahin mißdeutet werden, daß
er sich Beate schon genähert habe.[3] Und da dringt in die zunehmend
gespannte Situation zwischen den Freunden als weiterer Konfliktfaktor
die dritte, höchste sittliche Instanz ein: Gustavs Loyalität gegenüber
der Logenverschwörung. Mit einem Wort könnte er Amandus' ungerechten, obschon nicht mehr grundlosen, Argwohn entkräften. Doch
das politische Geheimnis, an dem er teilhat, läßt es nicht zu. So sehen
wir Gustav verzweifelt um das Vertrauen seines Freundes ringen,
sehen ihn immer neue Beweise seiner Treue zu Amandus antreten, die
von diesem indes nur mit sich steigerndem Haß beantwortet werden.
Der Konflikt löst sich so, daß schließlich Amandus auf dem Sterbebett
eine Läuterung durchmacht und es für seinen letzten Wunsch erklärt,
daß Gustav und Beate einander lieben mögen. Große Versöhnung, bevor der Freund in den Armen des Freundes stirbt.[4] Gustav reift durch
Trauer vom Jüngling zum Mann und vermag jetzt aus eigenem Erleben
die Todesphilosophie Ottomars, des älteren Revolutionärs in dem Roman, nachzuempfinden.[5]
Schon in dieser Version bieten Verkettung und Widerstreit der drei
Loyalitäten viele Möglichkeiten, erzählend den idealen Charakter des
Haupthelden sichtbar zu machen. Ein Verschwörer, der die ihm anvertrauten Geheimnisse um den Preis schmerzvoller Niederlagen im privaten Lebenskreis wahrt, ist eine hochpoetische Veranschaulichung
moralischer Integrität. Ein Jüngling, der sich rührend, mit großer Geduld vergebens abmüht, das erschütterte Vertrauen seines Freundes
wiederherzustellen, ist es desgleichen. Beide Sinnbilder menschlicher
Anständigkeit verschmelzen in Gustav zu einer identischen Gestalt, bei
der es sich überdies um einen Liebenden handelt, der zum ersten Mal
von einer großen Passion ergriffen ist. Der Held der Jean Paulschen
Revolutionsdichtung ist geboren.
Dennoch sind hier die dem überdeterminierten Dreieckskonflikt im-

manenten Gelegenheiten, moralische Größe poetisch evident zu machen, bei weitem nicht ausgeschöpft, ja, es gibt empfindlich störende Mißtöne. Damit überhaupt eine Annäherung von Gustav an Beate stattfinden kann – und ohne die käme die Liebesgeschichte nicht in Gang –, muß Amandus ein so unausstehlicher Hysteriker sein und sich so über jedes zumutbare Maß hinaus scheußlich benehmen, daß er als von gleichen Idealen beseelter Freund, gar als weiteres Sinnbild des Revolutionsgeistes – wie dies Flamin sein wird – ausscheidet, womit auch die Freundschaft der beiden Jünglinge eines tieferen Gehalts entbehrt. Was sie aneinander bindet, ist eine von Emotionen durchtränkte Gewöhnung, die allein aus dem Umstand herrührt, daß sie schon als Kinder zusammen gespielt haben. Bewegt somit schon Gustavs Anhänglichkeit, wie rührend auch immer, sich ideell auf niedrigem Niveau, so wirkt noch störender, daß es, dementsprechend, bei ihm eine zu nahe Grenze geben muß, wo die Freundschaft aufhört. Durch den letzten Haßausbruch von Amandus, als der in die zur Versöhnung ausgestreckte Hand seines Freundes höhnisch abweisend eine präparierte Leichenfaust aus dem anatomischen Kabinett seines Vaters geschoben hat, glaubt Gustav sich schließlich doch ermächtigt, auf einen solch widerlichen Kerl keine Rücksicht mehr zu nehmen, und wird so Beate gegenüber fortan leicht offensiv.[6] Man kann das verstehen. Nur dürfte etwas so Ekelhaftes in einem Werk, das u. a. ein in Lyrismen schwelgendes Poem auf die Freundschaft ist, nicht vorkommen, und wenn, andererseits, dieser Lapsus einem sonst ideell hochstehenden Freund, einem, der für den zentralen Helden mehr als eine stehengebliebene Spielplatz-Reminiszenz ist, unterlaufen würde, dann wieder wäre sie noch längst kein Grund, bisher geübte Rücksichten plötzlich fallenzulassen. Eifersucht ist zu manchem fähig, und Freundestreue mit substantiellem Gehalt dürfte sich durch die Geschmacklosigkeit ihrer Exzesse in keinem Fall beirren lassen, am wenigsten dann, wenn der betroffene Held, sei es aus noch so ehrenhaften Gründen, sich außerstande zeigt, für Merkwürdigkeiten seines Verhaltens eine Erklärung zu geben.

Endlich der Hauptmangel der Heldin. Wie der Freund in seiner Hysterie, so bleibt sie in ihrer Mondscheinhaftigkeit ideell unbesetzbar. Beate nimmt gefühlsmäßig Anteil an der Bewegtheit ihres Geliebten, aber nicht verstandesmäßig an dem, *was* ihn bewegt, womit gesagt ist, daß sie keine einem Revolutionär gemäße Gefährtin sein kann. So be dürfte das Werk einer Fortsetzung, die dieses Mädchen entweder wandelt oder es, wie die Liane des „Titan", auf der Strecke läßt, um Gustav einem ihm ebenbürtigen, zu gemeinsamem Kampf mit ihm verbundenen weiblichen Wesen zuzuführen. Eine Fortsetzung aber hat es nie gegeben. Abgesehen von dem Bauernmädchen in Auenthal, dem der eben konfirmierte Gustav einen Kuß auf die Lippen drückt[7], bleibt

Beate seine einzige Liebe, und die Bemerkung am Schluß des Roman-torsos, Beate „*unterliege*" der Nachricht über Gustavs Festnahme[8], ist das letzte, was wir über sie erfahren. Was das Wort besagen will, bleibt unklar. Ist sie *unter* der Wirkung des Schocks nur seelisch zusammen-gebrochen, oder *erliegt* sie ihm in dem Sinne, daß sie stirbt? Man weiß es nicht. Klar ist nur, daß sie mit der Logenverschwörung nichts zu tun hat.

IV

Erst der „Hesperus" beseitigte diese Mängel. Erst hier hat Jean Paul aus seinem überdeterminierten Dreieckskonflikt herausgeholt, was in ihm steckt. Auch Flamin rast vor Eifersucht, ja, er tut Schlimmeres als Amandus – wenn auch nichts so Geschmackloses –: Er zwingt seinen Rivalen zum Duell und zielt auf sein Herz, und nur weil in dem Mo-ment, wo der Schuß losgeht, der einstige Lehrer der illegitimen Fürsten-söhne, der Inder Emanuel-Dahore, sich dazwischenwirft und mit sei-nem Leib die Kugel auffängt, bleibt Viktor am Leben.[1] Aber: Flamin ist Viktor ebenbürtig. Intellektuell steht er mit ihm auf etwa gleicher Höhe. Dieselben freiheitlichen Ideale beseelen auch ihn. Er kämpft gegen dieselben reaktionären Mächte, und er tut es, obwohl objektiv Fehler begehend, subjektiv mit mehr Verbissenheit und Leidenschaft, tiefer verstrickt in die Verschwörung des Klubs. Er ist die Seele des Aufstandsplans. Er will die Fackel des Aufruhrs in die Massen schleu-dern. Er schmachtet im Gefängnis. Er ist bereit zum Weg aufs Schafott. Und ihn auch betrifft das ihm vorenthaltene Geheimnis existentiell, während zu Amandus' Leben das, was Gustav ihm zu verheimlichen verpflichtet ist, in keiner Beziehung steht. Die im „Hesperus" auf dem Spiel stehende, zeitweilig zerbrechende Freundschaft hat also eine ganz andere Basis, eine von ideell anspruchsvollem Niveau. Ginge dieser Freundesbund definitiv zum Teufel, so wäre das ein für die Mitmen-schen, für die Gesellschaft unersetzlicher Verlust. Und daß er sich unter reuevollen Abbitten und seligen Umarmungen wiederherstellt[2], ist am Schluß eine Voraussetzung dafür, daß die Ränke der Feinde zuschan-den werden und die gute Sache triumphiert.

Auf gleicher Höhe wie die Gefährdung und Rettung der Freundschaft bewegt sich die Dreiecksgeschichte, soweit es um das umkämpfte Weib geht. Als geistiger Mensch, als Frau, die Gleichberechtigung für ihr Geschlecht fordert, als früheste, zuverlässigste Mitverschworene Ho-rions wäre Klotilde, sieht man davon ab, daß sie Flamins Schwester ist, für den einen wie den anderen Mann *die* ideale Gefährtin. Und tatsächlich liebt sie beide: wie in Viktor den Freund, den sie sich zum Eheliebsten wünscht, so in Flamin den Bruder, an dessen Qualen sie mit leidet, um dessen Leben sie bangt. Doch auch unabhängig von den geschwisterlichen Gefühlsregungen: Charakterlich gibt es nichts an Flamin, was ihn als etwaigen Ehemann Klotildes auch nur entfernt so disqualifizieren würde wie den unausstehlichen Amandus als etwaigen Bewerber um die Hand Beates. Vor allem aber: Für Viktor wie für Flamin hört die Freundschaft nicht bei irgendeinem extrem schlechten Benehmen des anderen auf. Für Flamin endet sie dort, wo er die Gewißheit zu haben glaubt, daß der andere die gemeinsam beschworenen politischen Ideale verrät und sich in dem Zusammenhang zum Schaden der Geliebten an den Verbrechen des Hofs beteiligt. Viktor seinerseits bricht mit dem Freund erst in dem Augenblick, als der auf ihn, anscheinend aus mangelndem Vertrauen, das ihn solche ungeheuerlichen Anschuldigungen hat glauben lassen, einen Mordanschlag verübt. Alles andere kann auf beiden Seiten die Freundestreue nicht erschüttern.

Es würde zu weit führen, hier die Entwicklung der Beziehungen zwischen Viktor, Flamin und Klotilde, die zu den verschlungensten Geschichten der deutschen Literatur gehört, in Abbreviatur wiederzugeben. Hervorgehoben seien nur die Momente, die zu kennen für das Verständnis des moralischen Aspekts der Charakterisierung beider männlicher Helden unbedingt nötig ist. Die Sache fängt damit an, daß, noch ehe Viktor Klotilde kennenlernt, Flamin schon eifersüchtig ist in der Annahme, sein Freund werde ihr, sobald er sie sehe, verfallen sein. So veranlaßt er ihn, bevor er ihm seine Liebe zu dem Mädchen anvertraut, zu einem Schwur ewiger Treue.[3] Gleich darauf kommt es zur ersten Begegnung, und Viktor ist von dem Mädchen sehr angetan. Er läßt aber keine Empfindung für sie in sich aufkeimen, sondern stürzt sich, den Impulsen der „Simultan- und Tutti-Liebe" nachgebend, in Flirts mit diversen anderen Frauen – von der dümmsten Dorfschönheit in Kussewitz bis zu der dort, an der Grenze, eben eintreffenden italienischen Prinzessin, die Fürst Januar heiraten wird.[4] Forcierte Leichtfertigkeit erscheint ihm als Verdienst um seinen Freund. Dann aber weiht sein – vermeintlicher – Vater, Lord Horion, ihn in das Geheimnis um Flamins Geburt ein, und nun weiß Viktor, daß er Klotilde lieben darf.[5]

Um seinen Plan zur „Unterwanderung" des Regimes in Flachsenfingen auszuführen, muß Horion für längere Zeit nach England reisen. Er will die illegitimen Fürstensöhne herbeischaffen, von denen die meisten sich noch im Ausland befinden, vor allem die „Drillinge", mit denen sein Kontakt abgerissen ist. Im Fürstentum einzig verfügbar ist der „Infant", identisch mit dem vermeintlichen Pfarrerssohn Flamin, den der Lord in die Stellung eines Regierungsrats lanciert hat, damit er sich auf seine künftigen staatsmännischen Aufgaben vorbereite. An Flamin aber hat sich die Kamarilla des regierenden Ministers v. Schleunes herangemacht, die zugleich ein Komplott gegen Horion schmiedet und während dessen Abwesenheit wohl versuchen wird, ihn als Günstling des Fürsten zu stürzen, womit zum Schaden der Bevölkerung seine menschenfreundlichen Pläne durchkreuzt wären. Viktor soll als neuer Leibarzt des Fürsten um dieser Pläne willen eine geheime Mission bei Hof erfüllen. Der Lord macht ihn daher, kurz vor der eigenen Abreise, mit den Hintergründen seines politischen Vorhabens, soweit nötig, bekannt und eröffnet ihm dabei auch, daß Flamin und Klotilde, als Kinder derselben Mutter, einer Nichte des Lords, Geschwister sind. Klotilde weiß das. Sie ist Horions Vertraute. Flamin dagegen, meint der Lord, dürfe es nicht wissen, denn, zu zornhitzig, um mit einem derartigen Geheimnis leben zu können, werde er vor Wut zur Unzeit seine hohe Abkunft geltend machen, bloß um sich mit den Widersachern zu duellieren, und damit alles verderben. Um so sorgfältiger müßten die Manöver der Schleunes-Clique beobachtet werden, deren durchtriebenster Vertreter, der Hofjunker Matthieu, Sohn des Ministers, sich in Flamins Vertrauen einzuschleichen versuche. Die Aussprache endet damit, daß der Lord mit der doppelten Autorität des Vaters *und* des einzigen einflußreichen Mannes bei Hof, der der Bevölkerung aus ihrer Not heraushelfen will, Viktor den Schwur strengen Stillschweigens abnimmt.[6]

Viktor braucht nun wegen Klotildes keine ihn hemmenden Skrupel mehr zu haben. Liebe und Freundschaft stehen insoweit nicht in Konflikt. Aber da er dem Freund dessen Herkunft zu verheimlichen gezwungen ist, verzichtet er, um ihn zu schonen, auch jetzt darauf, Klotilde zu umwerben, und das über ein Jahr lang, von Ostern 1792 an. Dabei fällt es ihm sehr schwer, sich zurückzuhalten, denn zeitweilig häufen sich Anzeichen dafür, daß Klotilde ihn wiederliebt, dann wieder werden ihm Äußerungen von ihr zugetragen, die das auszuschließen scheinen, so daß er zwischen Hoffnung und Verzweiflung hin- und hergezerrt wird, derweil Flamin mit seiner Eifersucht dafür sorgt, daß ihm das Mädchen nie aus dem Kopf geht. Trotzdem hält er dem Freund zuliebe diese seelische Tortur durch, kämpft er alle Versuchungen, Gewißheit zu erlangen, in sich nieder und nähert sich der von ferne Angebeteten nicht. Daß Flamin dennoch den Eindruck gewinnt, er tue dies, liegt teils an Mißverständnissen, bedingt durch eine Verkettung unglücklicher Umstände, teils an harmlosen Vorfällen, die Flamins eifersüchtige Phantasie aufbauscht.[7] Erst als Flamin plötzlich erklärt, zugunsten des Freundes auf die Geliebte verzichten zu wollen, gesteht Viktor zu Pfingsten 1793, in der Frühlingsseligkeit des nahe gelegenen Maienthal, ihr seine Liebe, mit dem Erfolg, daß sie ihn erhört. Und da bricht auf dem Höhepunkt ihres Liebesidylls auf einmal Flamin, mit zwei Pistolen in der Hand, begleitet von dem Hofjunker Matthieu, aus einem Gebüsch hervor und erzwingt besagtes Duell.[8] Nach diesem Vorfall kennt Viktor keine Rücksicht mehr, um so weniger, als ihn jetzt auch eine Loyalitätsverpflichtung an Klotilde bindet, die er schon deswegen ernst nehmen muß, weil das Mädchen von dem begehrlichen Fürsten Januar bedrängt wird, der sie zur Hofdame gemacht hat, um sie leichter in seine Gewalt zu bekommen. So geschieht es, daß Viktor nach dem Duell, das er nicht gewollt, bei dem er, obwohl tödlich bedroht, absichtlich in die Luft geschossen hat, mit Flamin bricht und bei dem Kammerherrn v. Le Baut, Klotildes Vater, um deren Hand anhält.[9]

Die Integrität Viktors steht demnach außer Zweifel. Problematisch scheint dagegen die Haltung Flamins zu sein. Aber auch seine Motive sind einwandfrei. Seit langem hat er Gründe, an seinem Freund zu zweifeln. Als Regierungsrat hat er Erfahrungen gesammelt und Beobachtungen gemacht, die ihn zum leidenschaftlichen politischen Gegner des Hofs haben werden lassen. Für den einzig progressiv gesinnten Menschen dort hält er Matthieu v. Schleunes, während viele Anzeichen dafür zu sprechen scheinen, daß Viktor als Leibarzt zu einem gewöhnlichen Höfling entartet ist. Flamin darf nicht wissen, daß Viktor nur als Vorposten im Kampf gegen die reaktionäre Kamarilla des Ministers intensiv am Hofleben teilnimmt. Flamin muß darin also ein Zeichen von Gesinnungslosigkeit sehen, zumal er, als – vermeintlicher – Bürgerlicher bei Hof nicht zugelassen, sich kein Bild davon machen kann, wie Viktor sich dort tatsächlich aufführt. Daß Viktor ständig dem Fürsten mit den Nöten der Bevölkerung in den Ohren liegt, daß er seine – in Wahrheit harmlosen – Flirts bei Hof, die übrigens auch Klotilde irritieren, vor allem deswegen so auffällig in Szene setzt, um seine, Flamins, Eifersucht zu besänftigen, davon hat Flamin keine Ahnung. Gleichzeitig scheinen sich in seinen Augen die – auf Mißverständnis beruhenden – Indizien dafür zu häufen, daß dieser leichtsinnig und oberflächlich anmutende Viktor Klotilde für sich zu gewinnen sucht, und Viktor scheint diesen Verdacht seit einiger Zeit (in der Tat seit seinem Gespräch mit Horion) dadurch selbst zu bestätigen, daß er sich auch auf wiederholtes Drängen hartnäckig weigert, den Schwur abzulegen, Klotilde niemals heiraten zu wollen, sondern immer nur ausweichend versichert, eines Tages werde sich alles aufklären. Trotz alledem will Flamin sich das Bild des Freundes nicht zerstören lassen. Sein Vertrauen zu Viktor ist so groß, daß er alle Zweifel in sich niederkämpft.[10] Auch er bewährt sich damit als Freund, und so bleibt der Konflikt lange in der Schwebe.

Da tritt im Frühjahr 1793 eine Wende ein. Die „Drillinge" tauchen auf. Es bildet sich der Klub. Unter dem Einfluß des Jakobinertums will Flamin jetzt sein Leben dem Kampf um die Freiheit weihen, und aus dem Grunde ringt er sich, unter seelischen Qualen, zu dem Entschluß durch, auf Klotilde zu verzichten. Da Viktor ebenfalls an den Treffen des Klubs teilnimmt und damit jeden Zweifel an seiner politischen Haltung entkräftet, hat Flamin, der dies erleichtert zur Kenntnis nimmt, auch keine Bedenken, dem Freund zu sagen, daß er Klotilde für ihn freigebe. Er glaubt das Mädchen, dessen Leben er mit seiner revolutionären Tätigkeit belasten würde, in den guten Händen eines sie liebenden Mannes, der sein Vertrauen verdient, und er will, vor allem, die politische Kampfgemeinschaft mit diesem Mann nicht länger durch einen privaten Konflikt belasten.[11] So kann Viktor ohne Skrupel nach Maienthal gehen, um dort Klotilde sein Herz anzutragen. Damit wäre alles gut. Doch in dem Moment holt die Hofkamarilla, die inzwischen herausbekommen hat, daß es sich bei Flamin um den lange gesuchten „Infanten", den politisch gefährlichsten der illegitimen Söhne des Fürsten, handelt, zu einem vernichtenden Schlag aus. Noch bevor Horion aus England zurückkehrt, will sie den Infanten dadurch beseitigen, daß sie ihn in ein Duell hineintreibt. Durchgeführt wird der Auftrag von Matthieu, der dabei noch private Ambitionen zu fördern hofft. Und die raffinierten Tricks, mit denen der Hofjunker auf den gutgläubigen Flamin einwirkt, führen zu dem Mordanschlag in Maienthal.

Matthieu, der sich im Klub radikal gibt, ist in Wahrheit Agent seines Vaters. Der Minister will Horion stürzen. Als er erfährt, daß Flamin der Infant ist, denkt er nicht daran, das dem Fürsten mitzuteilen. Es brächte nichts ein. Es ist zweifelhaft, ob es den Sturz des Lords zur Folge hätte. Jedenfalls aber würde in Flamin ein Mann zum ersten Günstling aufsteigen, der, nach Matthieus Auskünften, den radikalen Ideen verschworen ist, die der Minister verfolgt. Flamin umzubringen plant Herr v. Schleunes zunächst nicht. Stürzt der Lord, so mag der Infant der armselige Pfarrerssohn bleiben, als der er gilt. Stürzt er nicht, so soll Matthieu das Verhalten Flamins im Sinne der Hofkamarilla manipulieren. Für Horions Sturz aber bieten sich neue Aussichten, seit Fürst Januar Klotilde zu seiner Mätresse machen will. Einerseits wird deswegen die neue, ohnehin nur aus dynastischen Rücksichten geheiratete Fürstin Agnola vernachlässigt, die daher einen Liebhaber braucht, und diese Rolle soll Matthieu übernehmen. Andererseits ist es Januars Prinzip, sich nur verehelichte Mätressen zu halten, und da wieder bietet sich eine günstige Gelegenheit, Matthieu formal zu Klotildes Ehemann zu machen, denn er steht im besten Einvernehmen mit deren Vater und Stiefmutter, den Le Bauts, die, in Ungnade gefallen, wieder bei Hof aufzusteigen wünschen und dies leicht erreichen könnten, falls sie dazu beitrügen, Klotilde via Matthieu an den Monarchen zu verkuppeln. Über seinen Sohn würde dann der Minister sowohl den Fürsten als auch die Fürstin lenken können, und über kurz oder lang hätte der Lord ausgespielt.

Hindernisse stellen sich diesem Plan insofern in den Weg, als es bei Hof in Gestalt der Jesuiten noch eine dritte Partei gibt, die der ebenso unbefriedigten wie temperamentvollen Fürstin, einer Italienerin katholischen Glaubens, durch ihren Beichtvater, damit sie nicht in die Hände der Schleunes-Clique falle, gern einen harmlosen Liebhaber zuführen möchte. Hierfür hat der Orden den reizvollen, charmanten Hofmedikus, eben Viktor, ausersehen. Die Pläne beider Parteien drohen nun zu scheitern, als Flamin auf Klotilde verzichtet und sich somit voraussehen läßt, daß sie und Viktor heiraten werden. Die Fürstin rast sowieso vor Wut, weil der vom Seelsorger empfohlene Liebhaber sich ihren Verführungskünsten stets entwindet. Und gar die Ministerspartei sieht keinen anderen Ausweg mehr, als Viktor und Flamin in ein Duell hineinzuhetzen. Fällt Flamin, dann ist der jakobinisch gesinnte Infant tot und Viktor kommt, weil als Duellant straffällig, als Schwiegersohn des Kammerherrn v. Le Baut nicht mehr in Betracht. Fällt Viktor, dann kann Matthieu sich noch sicherer Klotildes bemächtigen und sie dem Fürsten als Mätresse zuführen, während Flamin dadurch, daß er als Bürgerlicher einen Adligen getötet, ebenfalls sein Leben verwirkt hat. Kurz, in dem Augenblick, da die Freunde sich versöhnen, haben sie den ganzen Hof gegen sich. Die Verschärfung ihres Konflikts bis zum Mord ist zum Kardinalproblem der Staatsräson geworden.

Matthieu führt das Duell herbei, indem er Flamin einredet, Viktor tue all das, was er, Matthieu, tun will. Glaubhaft zu machen, daß Viktor mit der Fürstin Agnola ein Liebesverhältnis habe, fällt nicht schwer, denn ein Zettel mit einer früheren, leicht flirthaften Huldigung des Jünglings an die Monarchin läßt sich zum Beweis dafür aufbauschen, und die erfolglosen erotischen Nachstellungen, mit denen Agnola ihren Leibarzt beehrt hat, können leicht auch so interpretiert werden, als verhielte es sich umgekehrt. Mit einem Schlage tauchen in Flamin all die Verdachtsmomente, die sich schon im Vorjahr gegen den Freund in ihm angehäuft haben, wieder auf und finden in der Behauptung des vorgeblichen Klubbisten Matthieu, Viktor wolle bei Hof zu höchster Gunst aufsteigen, ihre plausible Erklärung. Doch damit nicht genug. Jetzt erst rückt Matthieu, indem er augenfällige Tatsachen verdreht, mit der noch ungeheuerlicheren Verleumdung heraus, Viktor wolle Klotilde heiraten, um sie dem Fürsten als Mätresse zu überlassen, damit er von dieser Seite her ebenfalls zu Einfluß bei Hof gelange, und mit solch berechnender Absicht werde er sie in Maienthal verführen. Da lodert in Flamin tödlicher Haß auf. Der Jakobiner in ihm will den Verräter an den gemeinsam beschworenen politischen Idealen hinrichten, der Liebende zugleich die Geliebte dem egoistischen Kuppler, dem sie anheimzufallen droht, aus den Klauen reißen. Er begibt sich nach Maienthal, findet dort, wie von Matthieu vorausgesagt, Viktor und Klotilde als Liebespaar vor und schießt.[12]

Auch Flamin also handelt moralisch integer. Dieselbe durch die Klub-Debatten bewirkte politische Radikalisierung, die ihn über die jedem

Liebesgefühl innewohnenden egoistischen Momente so weit hatte hinauswachsen lassen, daß er zugunsten des Freundes auf die Geliebte verzichtete, sie hat in ihm auch den Altruismus der Liebe, die Bereitschaft zu selbstlosem Eintreten für die Geliebte, nur noch gesteigert. Sein Verbrechen offenbart das. Es zeigt, daß seine Liebe nicht nachgelassen, daß sie bloß ihre Ichbezogenheit abgestreift und dadurch einen heroischen Zug gewonnen hat. Indes auch die Freundschaft, weit entfernt, von Flamin als Wert verleugnet zu werden, erhält erst durch den Verzicht und den ihm folgenden Tötungsversuch ihr rechtes Maß, eines, das der Kinderspielplatz-Verbundenheit von Amandus und Gustav diametral entgegengesetzt ist: Dem Freund, der einem verbunden ist durch den gemeinsamen Kampf für die Revolution, soll man alles geben, man soll ihm zuliebe sogar auf die Frau, die man begehrt, verzichten – vorausgesetzt natürlich, man erweist auch ihr damit eine Wohltat. Aber wenn dieser Freund die Revolution verrät, dann muß man ihn niederknallen. Eine neue, höhere Vorstellung von Liebe, ein neuer, würdigerer Begriff der Freundschaft blitzen, in eins zusammengeballt, in dem Schuß von Maienthal auf, und es gehört zu den größten epischen *und* dramatischen Einfällen der Weltliteratur, daß Viktor, auf den da geschossen wird, nicht nur selbst ein reines Gewissen haben kann, sondern obendrein aus *seiner* Sicht die hochgespannt ethischen Motive seines Gegners auch noch für verrückte, unberechenbare Launenhaftigkeit halten muß, um sich dann vor allem deswegen entsetzt von ihm abzuwenden, weil er dessen mangelndes Vertrauen zu ihm nicht zu ertragen vermag.

Der Bruch scheint total und endgültig. Doch dabei bleibt es nicht. Matthieu hetzt, nachdem sein Vorhaben an der Selbstaufopferung Emanuel-Dahores gescheitert ist, Flamin in eine weitere Schießerei hinein, diesmal mit dem Kammerherrn v. Le Baut, und dieses von einem reaktionären Höfling aus Rachsucht und Egoismus angezettelte Verbrechen, aus dem Flamin wieder, nunmehr auch rechtlich, nicht nur moralisch, schuldlos hervorgeht, wird durch den heroischen Edelmut der Klubbisten zum Ausgangspunkt ihrer revolutionären Aktion umfunktioniert, einer Aktion, die voraussetzt, daß Flamin sich als vermeintlicher Mörder einkerkern läßt. Von dem Augenblick an steht Viktor, wenn auch vorerst nur aus Mitgefühl, wieder auf seiner Seite, obwohl der Sinn der Aktion ihm verborgen geblieben ist und er die Anschuldigungen gegen den Inhaftierten für begründet halten muß. Er tut alles in seiner Macht Stehende, Flamins Leben zu retten, und als seine Bemühungen vergeblich zu bleiben scheinen, weil man ihn, den bei Hof inzwischen in Ungnade Gefallenen, kalt zurückweist, da endlich entschließt er sich, dem Fürsten Januar das ihm von Lord Horion anvertraute Geheimnis preiszugeben, um die Vollstreckung des Todesurteils zu verhindern. Eine Stunde vor dem eigenen

Tode – so hat der Lord ihm erlaubt – dürfe er dies im äußersten Notfall tun. Sich daran haltend, will Viktor vor den Fürsten hintreten, ihm alles sagen und sich anschließend das Leben nehmen. Trotz allem, was geschehen ist, steht die Existenz des Freundes ihm höher als die eigene.[13]

Wenn es dazu nicht kommt, so deswegen, weil unterdes Matthieu, um sich aus der prekären Lage herauszuwinden, in die er durch das zweite Attentat geraten ist – er nämlich hat Le Baut erschossen –, auf eine neue taktische Finte verfällt, die ihn bei Januar in Gunst setzen und es zugleich der Partei seines Vaters ermöglichen soll, den Sturz des Lords mit besserer Erfolgschance herbeizuführen, als es im Falle von Flamins Hinrichtung geschähe. Dazu muß Matthieu wagen, als Entdecker des gesuchten Infanten den Fürsten aufzusuchen, und ihm die hochwillkommene Eröffnung offerieren, eingewickelt in ein Paket schlau aufeinander abgestimmter Lügen, Halbwahrheiten und Ausflüchte, die der Verschleierung der eigenen Verbrechen dienlich sind. So geschieht es, noch bevor Viktor den beabsichtigten Schritt tun kann. Das Ergebnis ist, daß Flamin auf freien Fuß gesetzt wird und der Hofpartei, der weitere Anschläge auf sein Leben nun als unzweckmäßig erscheinen, sogar für Freiheit und Leben dankbar sein muß. In seiner Verblendung ist er das auch, schon deswegen, weil er sich nach seiner Freilassung über Matthieu noch größere Illusionen macht als vorher.[14] Aber das nützt der Schleunes-Clique wenig. Ihr unter diesen Umständen leicht durchführbar erscheinender Alternativplan, den Infanten auf ihre Seite zu ziehen, ist zum Scheitern verurteilt. Denn eines hat sie nicht vorausgesehen: daß in dem Moment, wo Flamin durch die Enthüllung seiner wahren Abstammung bewußt wird, wie sehr er Viktor Unrecht getan hat, seine Reue darüber jedes andere Gefühl übersteigt. Und da auch in Viktor, nachdem er Flamin unter Hingabe des eigenen Lebens hat retten wollen, längst die Bereitschaft gewachsen ist, sich mit ihm auszusöhnen, kann die Erneuerung ihres Freundschaftsbundes nicht ausbleiben. Zwar ist Horions Ansehen beim Fürsten gesunken, zwar hat man den unbequemen Leibarzt, den Vertrauten des Lords, vom Hof verbannt und den „Drillingen" Ausweisungsbefehle erteilt. Aber das hilft alles nichts. Der Versuch, den Infanten von der Partei des Lords zu trennen, mißglückt, weil Flamin und Viktor sehr schnell wieder zusammenfinden, sich aussprechen und ihren Treueschwur wiederholen, der nun fürs ganze Leben durch nichts mehr zu gefährden sein wird. Die „Drillinge" folgen der Ausweisungsorder nicht, sondern halten sich versteckt, und als Horion, aus England zurückgekehrt, auch noch sie dem Fürsten als wiedergefundene Söhne präsentieren kann, da hat die Schleunes-Clique ausgespielt. Durch unzerreißbare Freundesbande zu harmonischer Gemeinschaftlichkeit vereint, bemächtigen die jungen Revolutionäre sich der Staatsämter.[15]

V

Auch im „Titan" entfalten die Charaktereigenschaften des Haupthelden sich im Spannungsfeld von Liebe, Freundschaft und Revolution, aber in stark modifizierter Weise. Die Revolution macht sich hier erst in einem späteren Stadium geltend als in den beiden vorausgegangenen Romanen. Erst im vierten Band wird sie, dann freilich unter deutlicherer Bezugnahme auf Frankreich, zum bestimmenden Faktor des Geschehens.[1] Das heißt keineswegs, daß die davor erzählten Begebenheiten mit ihr nichts zu tun hätten. Doch durch drei Bände stehen sie nicht, wie die Aktivitäten Gustavs und Ottomars in einem vergleichsweise weit früheren Stadium der „Loge", wie im „Hesperus" die Pläne und Handlungen Horions, Klotildes, Viktors und Flamins von Anfang an, im Zeichen der Absicht des Helden, die deutschen Zustände umzuwälzen, sondern sollen sein schließliches Revolutionsbekenntnis nur breiter und tiefer begründen, als es in den funktionell analogen Partien dieser Romane geschehen ist.

Natürlich kommt innerhalb des derart vertieften, breiter angelegten Motivationszusammenhanges dem Charakter Albanos die Bedeutung eines wichtigen Moments zu. Dies in doppelter Hinsicht. Einmal wollte Jean Paul veranschaulichen, daß, wenn ein so vorbildhafter Jüngling sich mit einer Konstellation wie der von 1792 konfrontiert sieht, er aus innerem Drang der bedrohten revolutionären Republik zu Hilfe eilen wird.[2] Zum anderen wollte er den Leser darüber frohlocken lassen, daß ein solcher Mensch, einer, der dank seiner vorbildhaften Qualitäten diese Entscheidung hat treffen müssen, am Ende den Thron besteigt. Damit wären jedoch die Absichten des Dichters in diesem Fall sehr unzureichend beschrieben, würde der Begriff „Charakter" nicht jetzt in einem neuen, gleichfalls breiteren und vertieften Sinn verstanden werden, dem mit moralischen Kriterien allein schwer beizukommen ist. Und dies konstatieren heißt eine weitere Besonderheit des „Titan" zur Sprache bringen: seine Kulturkritik. Wohl haben auch die Gestalten der „Loge" und des „Hesperus" eine nicht zuletzt kulturell geprägte intellektuelle Physiognomie. Allein die Art und Weise, wie ihre Charaktere in den Kollisionen, denen sie ausgesetzt sind, sich bewähren, kann bei Vernachlässigung dieses Aspekts doch mit rein moralischen Kategorien adäquat reproduziert werden. Und das ist beim „Titan" nicht mehr möglich. So wenig an die in ihm sich abspielenden Konflikte bloße ethische Wertungen, obwohl unentbehrlich, heranreichen, ebensowenig kann man von den Charakteren der darin agierenden Figuren eine angemessene Vorstellung vermitteln, solange man nicht deutlich macht, daß es sich um *Persönlichkeiten* handelt, die bis in ihr Ethos hinein von den epochalen Bildungsmächten determiniert sind, als deren sinnbildhafte Repräsentanten sie dastehen.

Ein Beispiel möge dies klarmachen. Die wichtigsten in den drei Romanen vorkommenden negativen Figuren, die im Verhältnis annähernder funktioneller Analogie zueinander stehen, sind Öfel in der „Loge", Matthieu im „Hesperus" und Roquairol im „Titan". Bereits Öfel und Matthieu haben eine intellektuelle Physiognomie, die Bildungsmächte des 18. Jahrhunderts, und zwar verzerrt, widerspiegelt. Beide verkörpern die aristokratisch-zynische Karikaturform des Aufklärertums, wie sie an deutschen Höfen damals weit verbreitet war.[3] Beide *handeln* aber aus Interessen und nicht aus der so gearteten Ideologie heraus, weshalb man diese, wenn man ihre Taten beurteilen will, denn auch vernachlässigen darf, um auf rein moralische Normen zu rekurrieren. Matthieu freilich *benutzt* diese Ideologie. Das ist aber etwas anderes. Sie ist ihm geläufig wie ein Modeartikel, er hat sein Lebtag lang, von ihren Schlagworten Gebrauch machend, in den Salons herumschwadroniert. Deshalb fällt es ihm leicht, sich mit ihrer Hilfe vor Flamin und den „Drillingen" einen progressiven Anstrich zu geben.[4] Doch das eben zeigt, daß er innerlich von ihr unberührt ist, und nicht aus ihr sind seine Schurkereien zu erklären, sondern aus den handgreiflichen Vorteilen, denen er nachjagt, sowie aus den Defekten seines von der Hofatmosphäre vergifteten Charakters, lauter Faktoren, die sich nur soziologisch erfassen lassen. Anders im „Titan" Roquairol. Er vertritt nicht nur eine spätere, geistesgeschichtlich entwickeltere Ideologie – die der Jenenser Romantik –, sondern ist von ihr auch bis in den Kern seines Wesens so sehr durchdrungen, daß er es, von ihr bestimmt, fertigbringt, Dinge zu tun, die seinen Interessen zuwiderlaufen und die dennoch, ästhetisch gesehen, insofern gut motiviert wirken, als sie seinem Charakter völlig gemäß sind.[5] Das macht Roquairols Gemeinheiten zwar nicht um ein Deut besser, aber es bedeutet, daß in ihre moralische Bewertung kulturhistorische Reflexionen mit einfließen müssen, die man sich bei der Würdigung der im „Hesperus" vorkommenden Charaktere ersparen kann.

Dies gilt nun, mutatis mutandis, auch für den zentralen *positiven* Helden des „Titan" und dessen *gute* Taten. Daß Albano moralisch integer ist, versteht sich am Rande, reicht zur Kennzeichnung seiner charakterlichen Größe aber nicht aus. Wenn daher, um die Kontinuität der Jean Paulschen Revolutionsdichtung aufzuzeigen, jetzt bei Albano dieselben moralischen Fragen nochmals erörtert werden sollen, von denen ausgehend soeben die Charaktere Gustavs, Flamins und Viktors behandelt worden sind, dann wird das Ergebnis zwangsläufig dürftiger ausfallen als beim „Hesperus", aber nicht, weil der Gegenstand weniger ergiebig wäre, sondern weil seine spezifische Ergiebigkeit auf anderer Ebene liegt: auf der Ebene der kulturkritischen Opposition gegen Weimar und Jena, die zu diskutieren späteren Kapiteln vorbehalten bleiben muß.[6]

Das Problem der Freundschaft zieht sich durch den ganzen „Titan". Es wird hier in der Weise behandelt, daß Albano simultan in zwei Freundesbeziehungen entgegengesetzter Art hineinverwoben ist, die beide geeignet sind, von seinen großen charakterlichen Qualitäten einen Begriff zu geben. In seinem Mentor Schoppe hat er einen *guten* Freund, mit dem es, moralisch gesehen, gar keine Konflikte gibt. Schoppe bewährt sich gegenüber Albano: Mit Gefahr für Leib und Leben, unter zermürbenden Strapazen, furchtlos sogar den Verdacht eines Mordes auf sich nehmend, sucht er die dunklen Kräfte aufzuspüren und zu offenem Kampf zu stellen, die seinen jungen Freund aus dem Hintergrund mit üblen Praktiken in eine ihren Machtgelüsten genehme Richtung drängen wollen.[7] Albano seinerseits bleibt Schoppe nichts an Freundestreue schuldig, wird in seinem Vertrauen zu ihm auch dadurch nicht wankend, daß Schoppe selbst – irrigerweise – von sich berichtet, bei Verfolgung der Gegner einen davon ohne Notwehr getötet zu haben, und holt ihn, noch ohne Kenntnis der das eigene Interesse betreffenden Zusammenhänge, aus dem Tollhaus, in das Gaspard und dessen unheimlicher Bruder Peppo ihn haben bringen lassen, als er ihnen mit seinen privatdetektivischen Nachforschungen unbequem wurde.[8] Da Albano und Schoppe an Jahren und hinsichtlich ihrer intellektuellen Physiognomie zu ungleich sind, als daß sie mit Siebenkäs und Leibgeber in eine Reihe gestellt werden könnten, es ihrer Beziehung aber auch an den Zerwürfnissen und Aussöhnungen fehlt, die das Verhältnis von Gustav und Amandus oder das von Viktor und Flamin dramatisch pointieren, wird oft übersehen, daß mit ihrer kaum je getrübten, daher unauffälligeren Harmonie im „Titan" der Freundschaft einander würdiger Männer ein ergreifendes Denkmal gesetzt ist.

Die einzige Trübung entsteht zeitweilig dadurch, daß Albano in Roquairol noch einen *bösen* Freund besitzt, den Schoppe, womit er recht behält, von Anbeginn verabscheut.[9] In dieser zweiten, dramatischeren, farbiger wirkenden Beziehung gestaltet Jean Paul den schmerzvollen Prozeß des Enttäuschtwerdens, den ein guter Mensch durchmacht, der zu den glänzenden Eigenschaften eines schlechten anfangs bewundernd aufgeblickt hat, ohne ihn zu durchschauen. Von Kindheit an ist Albano von dem fern in der Residenz schimmernden Roquairol durch alles, was man über ihn berichtet, begeistert. Zum Jüngling herangewachsen, endlich selbst in die Residenz übergesiedelt, bemüht er sich sofort darum, ihn zum Freund zu gewinnen, und ist stolz und glücklich, von ihm persönlichen Umgangs für wert befunden zu werden. Dann aber erlebt man, wie bei wachsender Vertrautheit gleich Peitschenhieben die erschreckenden Beobachtungen, die er machen muß, sodann die ihn selbst betreffenden schlimmen Erfahrungen auf ihn einprasseln und ihm seine Bewunderung und Zuneigung, die er sich in anhänglicher

Freundestreue zu bewahren sucht, gnadenlos austreiben, bis er so weit ist, mit diesem Menschen zu brechen.[10] Die Trennung von ihm hilft seinen Durchbruch zu männlicher Reife beschleunigen und ist so ein für seine Entwicklung bedeutungsvoller sittlicher Triumph.

Was die Liebe angeht, so wird Albano durch zwei unglücklich endende Passionen hindurchgeführt, ehe er in einer dritten, der endgültigen, die würdigste Liebeserfüllung findet, die einem Mann seines Formats und seiner Bestimmung beschieden sein kann. Er liebt erst Liane[11], dann Linda[12], endlich Idoine.[13] An dem Scheitern der beiden ersten Verhältnisse trägt er keine Schuld. Seine moralische Reinheit wird durch ihr Zerbrechen folglich nicht beeinträchtigt. Obwohl das überzeugend wirkt, scheint Jean Paul im Hinblick auf die Idealität seines Helden es als peinlich empfunden zu haben, daß dieser in fast atemberaubender Geschwindigkeit dreimal hintereinander für sehr unterschiedlich geartete Frauen entbrennen muß, damit die für die politische Tendenz des Romans wichtige Synchronisation seiner menschlichen Entwicklung mit den Revolutionsereignissen zustande komme. Offensichtlich sollte der nachteilige Eindruck, den dies erwecken könnte, abgeschwächt werden durch die gekünstelte Konstruktion, daß die dritte Geliebte äußerlich fast eine Doppelgängerin der ersten ist, so daß der blitzschnelle Übergang von Linda zu ihr doch einen Anstrich von Beständigkeit erhält.[14] In den Augen eines Lesers, der sich in den Daten der Revolutionsgeschichte weniger gut auskennt als Jean Paul, dem es hier darauf ankam, das hochpoetische Zusammentreffen von Albanos Revolutionsbekenntnis mit seiner idealsten Liebe noch in die Zeit des girondistischen Regimes fallen zu lassen (und nicht etwa dem Robespierre zu gönnen), ist dieser Kunstgriff natürlich überflüssig.

Überhaupt kommt es im „Titan", im Unterschied zur „Loge" und zum „Hesperus", in puncto Liebe auf moralische Integrität nur im Sinne einer conditio sine qua non für den als vorbildhaft herauszustellenden Charakter des Helden an. Wichtiger, gemäß den neuen Intentionen, ist, daß Liane wie Linda in ihrer gegensätzlich akzentuierten Unvollkommenheit bloß Durchgangsstationen des Reifens von Albano bleiben dürfen, Erlebnisse, die er vorübergehend gehabt haben soll, die es dann aber – gestalterisch möglichst so, daß auf ihn kein schlechtes Licht fiel – wieder zu liquidieren galt, damit er, sie hinter sich lassend, zu umfassendem Menschentum emporwachse. Klotilde ist, anders als Beate, bereits gleichwertige, gleichgesinnte Gefährtin ihres Erwählten. Idoine soll das zwar auch sein, aber noch mehr dazu: der für die menschliche Vollendung des „Titan"-Helden im Bereich seines Liebeslebens benötigte höchste Bildungsfaktor, der nur voll wirksam zu werden vermag, nachdem die Erlebnisse mit den zwei problematischen Frauen dem vorbereitend vorausgegangen sind.

Das Herabsinken des ethischen Aspekts zum bloßen Moment einer

umfassender verstandenen Menschlichkeit bedingt denn auch, daß im „Titan" Liebe und Freundschaft nicht mehr unter so furchtbaren Gewissensbelastungen für den Haupthelden zu kollidieren brauchen wie im „Hesperus". Im „Titan" erleben wir zunächst etwas anderes als den überdeterminierten Dreieckskonflikt: Von zwei Freunden liebt, über kreuz, jeweils der eine die Schwester – nicht die Geliebte – des anderen: Albano Liane, die Schwester Roquairols, und Roquairol Rabette v. Wehrfritz, die Tochter der Pflegeeltern Albanos, mit der dieser die Kindheit verbracht hat, weshalb er für sie geschwisterliche Zuneigung empfindet.[15] Für die Charakterisierung ist diese Kombination unter ethischen Gesichtspunkten – bei Ausklammerung dessen, was Liane als transitorischer Bildungsfaktor bedeutet – insofern wichtig, als Albano sich zu seiner Geliebten ritterlich, liebevoll, treu verhält, während sie gezwungen ist, ihn zu enttäuschen, ohne daß er zu begreifen vermag, warum, wohingegen Roquairol sich gleichzeitig zu Rabette wie ein Schurke benimmt. Und der daraus erwachsende Konflikt zwischen den Freunden ist nicht, wie beim Dreiecksverhältnis, eine Eifersuchtragödie, sondern äußert sich so, daß am Ende beide Mädchen – Liane mit tödlichem Ausgang – seelisch ruiniert sind, worüber die Freundschaft der an ihren Schwestern hängenden Jünglinge zerbricht. An Roquairols Schuld gibt es dabei keinen Zweifel. Die Albanos aber erschöpft sich, obwohl ihre Folgen schrecklicher sind, darin, daß er auf die ihm unverständliche Auflösung des Verlöbnisses durch Liane einen Augenblick lang mit – subjektiv berechtigter – Heftigkeit reagiert hat. Und wenn Gewissensnot und Verzweiflung ihn trotzdem deswegen bis an den Rand des Wahnsinns treiben, derweil Roquairol nur ihn haßerfüllt anklagt, ohne über die eigene Gemeinheit Reue zu empfinden, dann tut sich zwischen den Freunden in dem Augenblick, da ihre Beziehung in Feindschaft umschlägt, ein unüberbrückbarer moralischer Abgrund auf, der den Wert des einen ebenso eindrucksvoll demonstriert wie die Verworfenheit des anderen.[16]
Danach indes kommt es doch noch zum Dreieckskonflikt, aber zu keinem überdeterminierten mehr. Nach Lianes Tod überwindet Albano seine bis zum seelischen Zusammenbruch führende Trauer dadurch, daß er nach Italien reist und sich dort in Linda verliebt, und nach Linda verzehrt sich seit seiner Kindheit in unglücklicher Leidenschaft Roquairol. Jean Paul legt Wert darauf, deutlich zu machen, daß dies Albano moralisch nicht zu belasten braucht. Er führt daher die Handlung so, daß Linda nie etwas für Roquairol empfunden, daß sie sein Werben stets zurückgewiesen hat. Insoweit glückt die Entlastung auch. Der Leser kann sich unmöglich des Eindrucks erwehren, daß, selbst wenn Albano auf Linda verzichten würde, Roquairol dem Ziel seiner Wünsche dadurch nicht näher käme. Dies scheint jedoch dem Dichter nicht genügt zu haben. Es sieht so aus, als hätte er außerdem Roquairol

durch die unglücklich ausgehende Episode mit Rabette moralisch disqualifizieren wollen, damit er zu dem Zeitpunkt, wo Albano Linda kennenlernt, bereits als ein in Frauenaffären dermaßen gefährlicher Schuft dastehe, daß es geradezu zur Pflicht wird, ihm ein etwaiges weiteres Opfer abspenstig zu machen. Und das ist des Guten zuviel. Bei diesem Entlastungsversuch kommt das Gegenteil des Beabsichtigten heraus. Die lebenslange Leidenschaft Roquairols zu Linda steht nämlich nicht nur – wie Richard Rohde richtig bemerkt[17] – in Widerspruch zu der Intention Jean Pauls, die negativste Figur des „Titan" als haltlosen Libertin, der keines echten Gefühls fähig sei, erscheinen zu lassen. Sie wird auch zum mildernden Umstand bei Roquairols anderweitigen Amouren, da die ihn offenbar deswegen kalt lassen, weil sein Herz an Linda hängt, und nicht, weil er überhaupt herzlos wäre. Unter solchen Umständen aber sollte es für einen ethischen Heroen, wie er in Albano vorgeführt wird, nicht abwegig sein, Linda aus Respekt vor der lebenslangen Passion, die der einzige sympathische Zug am Charakter seines Freund-Feindes ist, als tabu zu betrachten.

Dies nur am Rande. Beabsichtigt hat Jean Paul jedenfalls, die Kollision zwischen den sittlichen Mächten Freundschaft und Liebe, abweichend von den analogen Konfliktlagen in der „Loge" und im „Hesperus", so zu entschärfen, wie ihm dies für die Gestaltung der nur vorübergehenden Freundesbeziehung eines guten und eines bösen Menschen erforderlich schien. Deshalb hat er die Freundschaft im Verlauf der früheren Kombination – Albano/Liane, Roquairol/Rabette – ohne Anlaß zur Eifersucht daran zugrunde gehen lassen, daß der eine Freund sich weder ihr noch der Liebe wert zeigt, und deshalb auch ist die Freundschaft bei der zweiten, den Dreieckskonflikt modifiziert erneuernden Kombination von vornherein bereits zerbrochen, was zur Folge hat, daß sie nicht mehr als sittliche Macht gleichen Ranges mit der Liebe kollidieren kann. Die Eifersucht wird in dem Zusammenhang zwar wieder eingeführt, aber nur noch als böse, zerstörende Kraft, der keine moralische Berechtigung mehr innewohnt[18], weshalb der positive Held der Pflicht zu schonender Rücksichtnahme auf sie enthoben ist. Und es ist diesmal das umkämpfte Weib, an dem die Eifersucht, derart depraviert, sich in einem infamen Racheakt austobt: Roquairol verletzt scheußlich die Menschenwürde Lindas[19], in scharfem Kontrast zu dem eifersüchtigen Flamin, der im „Hesperus" unter höllischen Seelenqualen auf Klotilde erst verzichtet, um in dem Augenblick, wo er ihre Menschenwürde gefährdet glaubt, mit gezückter Pistole für die nach wie vor Geliebte als Retter und Rächer einzutreten.

Indes läuft im „Titan" neben dem Dreieckskonflikt noch eine konfliktlose Dreiecksbeziehung einher, in der die dort eliminierte Freundschaft wieder zum Zuge kommt, doch durch die Liebe diesmal nicht gefährdet, sondern mit ihr harmonierend. Denn Linda wird auch noch von

Schoppe angebetet, der in ihr das Ebenbild seiner einstigen Jugendliebe, ihrer Mutter, der toten Gräfin Cesara, wiedererkannt hat.[20] Ähnlich wie bei dem Hans Sachs der „Meistersinger" erlebt der Leser die
hoffnungslose, sich zu edlem Resignieren durchringende Passion eines
alten Mannes zu einem jungen Mädchen, was im vorliegenden Fall aber
noch ergreifender wirkt, weil ein wilder, ungebundener, hohnlachender
Satiriker von dieser zur Tragik bestimmten Leidenschaft befallen ist,
die er, obwohl sie ihn verzehrt, verspottet. Und Schoppe resigniert,
indem er Albano den größten Freundesdienst seines Lebens leistet. Als
der Freund nach dem Dahinscheiden Lianes todkrank darniederliegt,
entschließt Schoppe sich, vor die von ihm bis dahin aus Gründen seelischer Selbsterhaltung gemiedene Linda hinzutreten und sie um Hilfe
zu bitten, und er tut das in dem Gefühl, daß nun wohl der Jüngere
sie gewinnen wird.[21] Selbst dieser Schritt jedoch bleibt frei von kon-
flikthaften Momenten. Nicht einmal ein latenter Konflikt, der schließlich zugunsten der Freundschaft entschieden würde, kommt zustande.
Vielmehr bezwingt Schoppe an seiner Liebe lediglich das, was ohnehin
an ihr hoffnungslos ist, mit dem Erfolg, daß sie sich in die positive
innere Kraft verwandelt, die ihn, den stets Räsonierenden, zu aktivem
Handeln treibt. Aus Liebe zu Linda wie aus Freundschaft zu Albano
wird der alte Mann wenig später nach Spanien aufbrechen, um den
Schleier von den Geheimnissen der eigenen Vergangenheit zu ziehen,
überzeugt, damit das Verbrechen abwenden zu können, das sich über
den beiden jungen Menschen zusammenbraut, und wie ein frischer
Wind wird dieser Entschluß in die Nebel seines beginnenden Wahnsinns fahren.[22]
Man sieht: So gegensätzlich die Beziehungen zwischen Albano und Roquairol auf der einen, Albano und Schoppe auf der anderen Seite in
dem Punkt auch sein mögen, zur Kollision zwischen Liebe und Freundschaft als sittlichen Mächten kommt es weder im einen noch im anderen
Fall. Die Freundschaft wird das eine Mal ausgeschaltet, das andere
Mal mit der Liebe harmonisiert. Dagegen ereignet sich im vierten Band
eine große Kollision zwischen der Revolution und der Liebe. Der Lebensbund Albanos und Lindas scheint beschlossen, da stellt sich heraus: Linda wünscht nicht, daß ihr Geliebter sein Leben der Französischen Revolution weiht. Natürlich entscheidet der „Titan"-Held sich
ohne Zögern für die Revolution.[23] Nachdem das geschehen ist, erspart
es ihm aber der Dichter, das Bild eines Mannes zu bieten, der deswegen mit seiner Geliebten, gar seiner Ehefrau bricht. Vermieden wird
dies teils durch Einführung weiterer Motive, die Linda auch sonst als
ungeeignete Lebensgefährtin erscheinen lassen[24], teils – und vor allem
– dadurch, daß Albano seinen Entschluß gar nicht mehr ausführen
kann, weil sich im selben Augenblick, im Zusammenhang mit dem Ableben des regierenden Fürsten von Hohenfließ, das Geheimnis seiner

hohen Geburt enthüllt und er in der Heimat als Thronfolger die Macht antreten muß. Seine letzte Geliebte jedoch, Idoine, hat noch vorher ihre politische und moralische Ebenbürtigkeit dadurch unter Beweis gestellt, daß von ihrer Seite sein Entschluß voller Sympathie begrüßt worden ist, so daß der Staat ein neues Herrscherpaar erhält, das *deswegen* Liebe zueinander verbindet, *weil* für beide die Revolution vor der Liebe den Vorrang hat.[25]

Zurück zum Dreieckskonflikt, so hat Jean Paul aus diesem, wie er sich im „Titan" darstellt, das Geheimnis ausscheiden müssen, das die Helden von „Loge" und „Hesperus" im Dienste der Revolution zu wahren haben. Als Revolutionär – und fast mehr noch als der zentrale Liebhaber – steht Albano zwar im Verhältnis funktioneller Analogie zu Gustav und auch zu Viktor. Doch Geheimnisträger kann er nicht sein, weil das Geheimnis ihn selbst betrifft und ihm wie der übrigen Welt bis zum Schluß verborgen bleiben muß. Darin gleicht er, wie auch sonst in manchem, Flamin – eine Analogie, die freilich wieder nur eingeschränkt gilt: Obwohl Albano mit seinem Revolutionsbekenntnis nicht allein dasteht – zumindest Idoine und seine Erzieher Wehrfritz und Dian teilen es –, gehört er keiner Gruppe Gleichgesinnter, weder Loge noch Klub, an. Denn bevor eine solche Vereinigung sich in Hohenfließ herauskristallisieren kann, fällt ihm ohnehin die Macht zu. Außerdem läuft die Entscheidung, die er trifft, auch nicht, wie die der Helden in den beiden älteren Romanen, auf eine Untergrundaktivität in Deutschland selbst hinaus, sondern auf seine persönliche Beteiligung am Revolutionskrieg an der Seite der französischen Republik.[26]

Die aus alledem folgende Eliminierung des Geheimnisses aus dem Dreieckskonflikt bedeutet indes nicht, daß Jean Paul auf das für seine Revolutionsdichtung so wichtige Element, eine heroische Gestalt durch die Standhaftigkeit zu charakterisieren, mit der sie ein ihr anvertrautes Geheimnis zu hüten weiß, im „Titan" überhaupt verzichtet hätte. Auch hier kommt dieser Archetyp vor, nur in anderem Kontext. Geheimnisträger ist nicht der revolutionär gesinnte zentrale Held, sondern dessen erste Geliebte, Liane, und das Geheimnis, das sie wahren soll, besitzt zwar politische Relevanz, ist ihr aber keineswegs von revolutionären Kräften anvertraut worden, sondern betrifft dynastische Interessen. Als Liane um keinen Preis auf Albano verzichten will, zwingen die Eingeweihten bei Hof sie schließlich doch dazu, ihm zu entsagen, indem sie ihr durch den Hofprediger Spener unter dem Siegel der Verschwiegenheit mitteilen lassen, daß sie es in der Person ihres Geliebten mit dem künftigen Herrscher von Hohenfließ zu tun habe, dem eine gewöhnliche Adlige, auch wenn es die Tochter des Ministers ist, nicht ebenbürtig sein kann. Schweigen muß Liane, weil das Leben des Geliebten und damit der Fortbestand der Dynastie gefährdet wären, wenn die erbberechtigte Nebenlinie erführe, daß noch ein Erbprinz aus der

Hauptlinie existiert, der mit Albano identisch ist; unweigerlich würden sie dann versuchen, diesen zu ermorden.[27] So bricht das todunglückliche Mädchen mit ihm, ohne ihm sagen zu dürfen, warum sie das tut, und sie nimmt das doppelte Opfer, ihn entbehren zu müssen und ihm dabei auch noch als treulos zu erscheinen, um der Rettung seines Lebens willen, aber auch aus Loyalität zum Herrscherhaus auf sich. Daß sie damit objektiv zugleich der künftigen Revolution den Weg bahnt, erfährt sie nie, weil sie an der seelischen Belastung, die man ihr da zugemutet hat, gestorben ist, ehe es zu Albanos Entscheidung für die Revolution kommt.

Nichtsdestoweniger ist interessant, daß mit Liane, die als Geheimnishüterin den Heroismus Gustavs und Viktors noch überbietet, ohne deren revolutionäre Überzeugungen zu teilen, im Rahmen der Jean Paulschen Revolutionsdichtung nicht zum ersten Mal eine todessüchtige Figur durch eine Tat, mit der sie, nunmehr ungewollt, ihrem Leben ein Ende setzt, die Revolution effektiv fördert. Der erste derartige – in dem Punkt Liane analoge – Fall ist der weise Inder Emanuel-Dahore, der, ebenfalls ein Todessüchtiger, plötzlich, aus altruistischem Impuls, Viktor vor der Kugel Flamins rettet und dann selbst an der dabei erlittenen Verletzung stirbt.[28] Würde er nicht so handeln, so wäre im „Hesperus" sowohl durch Flamins strafrechtliche Ausschaltung als auch durch Viktors Tod der Kampf zugunsten der revolutionsfeindlichen Hofkamarilla entschieden. Und die Analogie geht noch weiter: So, wie im „Hesperus" das Sterben Emanuel-Dahores für das menschliche Reifen Viktors bedeutungsvoll wird, reift im „Titan" Albano, außer an den Enttäuschungen, die er mit Roquairol erlebt, auch an der Erschütterung über den Tod Lianes.

Doch das betrifft bereits die den heroischen Romanen innewohnende Erziehungsproblematik, und die steht auf einem anderen Blatt als die moralische Charakterisierung der zentralen Helden.

Die Entwicklung des positiven Helden zum Revolutionär als Gegenstand des Erziehungsromans

I

Es wäre verfehlt, von der Revolutionsdichtung Jean Pauls zu behaupten, sie bestünde aus Erziehungsromanen, wenn dies eine erschöpfende Kennzeichnung ihrer Sujets sein sollte. In gleichem Maße handelt es sich um Panoramen des anachronistischen deutschen Zustandes, die, mit den Mitteln des *Gesellschafts*romans dargeboten, am Ende immer in *politische Utopien* einmünden. Nichtsdestoweniger trifft der Begriff „Erziehungsroman" zumindest auf die „Loge" und den „Titan", mit einem Vorbehalt auch auf den „Hesperus", mehr zu als auf andere Werke erzählender Prosa aus derselben Zeit. Denn der Vorsatz, den Werdegang junger Menschen darzustellen, die in Auseinandersetzung mit der Umwelt reifend ihren Lebensaufgaben zuwachsen, verbindet sich nirgends sonst mit einem dermaßen ausgeprägten, geradezu fachmännischen Interesse an den speziellsten, fast noch die Säuglingspflege einbeziehenden pädagogischen Problemen. Eben das aber sind die *beiden* Themenbereiche, die *zusammen* den Erziehungsroman konstituieren müßten, wenn er sozusagen seiner platonischen Idee entspräche und nicht die schriftstellerische Praxis diese Sujets so weit hätte auseinandergleiten lassen, daß heute am einen Pol der „Zauberberg" steht und am anderen Makarenkos „Pädagogisches Poem".

Diese Buchtitel nennen heißt demonstrieren, daß das Wort „Erziehungsroman" disparate literarische Gebilde deckt. Im folgenden soll darunter der *Oberbegriff zweier idealtypischer Kategorien* verstanden werden, die in solcher Trennschärfe durch kein Literaturwerk rein repräsentiert sein dürften, weil das literarische Schaffen, um Klassifizierungen unbekümmert, in diese Kategorien stets auch Inhalte hineingetragen hat, die in ihnen nicht aufgehen. Benötigt wird eine derartige heuristische Konstruktion, um den Ort zu bestimmen, den Jean Pauls Revolutionsdichtung, soweit sie die Kriterien des Erziehungsromans erfüllt, zwischen diesen Extremen einnimmt.

Zu der einen Kategorie, der des „pädagogischen Romans", gehören danach nur Werke, die ausschließlich die Einwirkung von Erziehern auf Kinder und Jugendliche behandeln, wobei es ihrem Anliegen mehr oder weniger äußerlich ist, daß sie dies erzählend tun. Der anderen Kategorie, der des „Bildungsromans", sind dagegen alle Bücher zuzuordnen, in denen die Geschichte eines zu Beginn bereits erwachsenen, wenn auch noch jungen, Helden erzählt wird, der durch seine Lebensumstände, Erfahrungen und Erlebnisse oder auch durch Einflüsse geistig-kultureller Provenienz, bzw. eine Mischung aus beidem, so geformt wird, daß er am Ende klüger oder reifer oder, weil geläutert, moralisch besser oder im spezifisch kulturellen Sinne gebildeter dasteht, als er es zu Anfang war. Daß es ein Buch gibt, das einem dieser „Idealtypen" (Max Weber) absolut kongruent wäre, wird damit, wie gesagt, nicht vorausgesetzt. Behaupten möchte ich lediglich, daß alle erzählende Prosa, in der Erziehungsfragen im Mittelpunkt stehen, sich dem einen oder anderen Typ nähert, und, davon ausgehend, zugleich festsetzen, daß der Oberbegriff „Erziehungsroman" Werken vorbehalten bleiben soll, die – wieder näherungsweise – einen maximalen Anteil an beiden Typen in sich vereinen.

Dem ersten Idealtyp am meisten angenähert sind der „Emile" von Rousseau, der diese Gattung begründet hat, und die erzählenden pädagogischen Werke Pestalozzis. Wird in Büchern dieser Art die Entwicklung eines Jugendlichen über den Punkt hinaus, bis zu dem Eltern und Lehrer für ihn die Verantwortung tragen, weiter verfolgt, so nehmen sie Elemente des Bildungsromans in sich auf. Andererseits können die Reflexionen der darin agierenden Erzieher das gestaltete Geschehen in so starkem Maße durchziehen, daß diese formell belletristische Literatur fließend in das theoretisch formulierte pädagogische Schrifttum übergeht.[1] Demgegenüber stehen Romane wie Wielands „Agathon", Goethes „Wilhelm Meister", Kellers „Grüner Heinrich" und auch die „Flegeljahre" Jean Pauls dem zweiten Idealtyp am nächsten, wobei sie vom anderen, vom pädagogischen Typ jeweils desto mehr mitbekommen haben, je ausführlicher sie auf die Kindheit ihrer Helden eingehen. Das qualitative Gewicht dieses Anteils sollte man indes nicht überschätzen. Denn selbst ein relativ breiter Umfang der Kindheits-Passagen – z. B. in „Wilhelm Meisters theatralischer Sendung" oder in beiden Fassungen des „Grünen Heinrich" – ändert meist nichts daran, daß es den Autoren weniger um die Veranschaulichung pädagogischer Grundsätze geht – was für einen Rousseau, Pestalozzi oder Makarenko das Wichtigste ist –, als vielmehr darum, mit den Mitteln der objektivierten Autobiographie, unter Heraufbeschwörung eigener Erinnerungen die Individualität ihrer Helden plastisch herauszuarbeiten, und dies primär im Hinblick auf die dem Bildungsroman eigene Thematik, der das vorrangige Interesse gilt, die daher konzeptionell das Übergewicht hat. Tritt vollends die Kindheit so sehr zurück wie im „Agathon", in „Wilhelm Meisters Lehrjahren" oder den „Flegeljahren", dann kommen nahezu perfekte Annäherungen an den Idealtyp „Bildungsroman" zustande, d. h., die den bereits erwachsenen Helden formenden Erfahrungen stehen absolut im Mittelpunkt und drängen die im engeren Sinne pädagogische Problematik an die Peripherie.

Welche Literaturwerke repräsentieren nun den Erziehungsroman als solchen? Aus der Epoche, die der klassischen deutschen Literatur vorausgegangen ist, läßt sich nur ein bedeutender Roman nennen, der ein

Maximum an gestalteter Pädagogik mit einem Maximum bildungs-
romanhafter Elemente verbindet: Fieldings „Tom Jones" (1749). Selbst
da aber sind Einschränkungen am Platze. Erstens wird der Punkt, an
dem der von den englischen Erzählern des 18. Jahrhunderts rezipierte
spanische Schelmenroman in den modernen Erziehungsroman hinüberwächst, gerade durch dieses Werk markiert, das schon darum nicht als
typisch für die letztere Kategorie allein anzusehen ist. Zwar ist Tom
nicht mehr, wie der spanische rein picareske Held, Außenseiter der
feudalen, sondern er ist prinzipiell bereits integriertes Glied der bürgerlichen Gesellschaft. Die Lage jedoch, in die Tom nach dem erzwungenen Fortgang aus Allworthys Haus gerät, drängt ihn in eine zeitweilige Außenseiterrolle hinein, die Fielding Gelegenheit gibt, picareske Motive mit all ihren abenteuerlichen Reizen so zu bewahren, daß
es zu einem unvermischten Hervortreten der Merkmale des Bildungsromans noch nicht kommt.[2] Zweitens dienen Toms Abenteuer in den
diversen sozialen Milieus mindestens ebensosehr dem Zweck, ein Pan-
orama der englischen Gesellschaft auszubreiten, wie sie ein Mittel
sind, den Helden Erfahrungen auszusetzen, die seinen Reifeprozeß
fördern, weshalb es einseitig wäre, die Konzeption auf die zweite Absicht einzugrenzen, die aber im echten Bildungsroman stets die Hauptsache ist. Trotzdem macht sich im „Tom Jones" *auch* diese Absicht bereits bemerkbar, und nimmt man hinzu, in welchem Umfang, mit welch
wachem Interesse außerdem in den ersten sechs Büchern, im Zusammenhang mit Toms und Blifils Kindheit, pädagogische Fragen bald
gestaltet, bald theoretisch erörtert werden, so wird man zugeben, daß
hier eines der seltenen Werke vorliegt, in denen pädagogische *und*
Bildungsproblematik so proportioniert sind, wie es der wirklichen Entwicklung von Individuen entspricht. Daß dabei Fielding auch zur Pädagogik einen eigenen Standpunkt hat, ist unverkennbar. Er zeichnet ja
in Square und Thwackum komische Lehrertypen nicht etwa nur deswegen, weil die in eine Kindheitsgeschichte atmosphärisch hineinge-
hören, sondern um beide über ihre Erziehungsgrundsätze streiten zu
lassen und an beiden als Autor fast nach Art eines Schiedsrichters
Kritik zu üben.[3]
Die Entwicklung des Erziehungsromans ist nun so vor sich gegangen,
daß er bei den vom „Tom Jones" inspirierten deutschen Erzählern
seine Komplexität eingebüßt und sich unter Zurückdrängung des pädagogischen Interesses immer mehr dem Idealtyp des Bildungsromans
genähert hat. Wichtigste Stationen waren der „Agathon", „Wilhelm
Meisters Lehrjahre" und die „Flegeljahre", alles Romane, in denen
die Handlung bei dem zwar noch jünglingshaften, aber schon verant-
wortungsfähigen Helden einsetzt und dessen Kindheit erst nachträglich
rekapituliert[4], ohne daß den pädagogischen Faktoren, die auf das Kind
eingewirkt haben, noch die gleiche Beachtung wie im „Tom Jones"

geschenkt würde. Zwischen „Agathon" und „Lehrjahren" hatte freilich „Wilhelm Meister", in Gestalt der „Theatralischen Sendung", ursprünglich eine dem „Tom Jones" ähnlichere Struktur. Doch abgesehen davon, daß diese Version (1777 bis 1785 entstanden) erst 1910 veröffentlicht worden, auf ihre Zeit also ohne Wirkung geblieben ist, findet hier inmitten der breiter ausgeführten Kindheit dieselbe Zurückdrängung des pädagogischen Moments in der Weise statt, daß schon für den Knaben Wilhelm ein kultureller Bildungsfaktor, das Theater, bedeutsamer ist als alles übrige, eine Tendenz, die durch das Überwiegen des autobiographischen Interesses noch verstärkt wird, da die von Enthusiasmus fürs Theater erfüllten Frankfurter Knabenjahre Goethes den Stoff hergeben. (Die gleiche autobiographische Orientierung hat später bei Keller zur gleichen Konsequenz geführt, nur daß im „Grünen Heinrich" die Präponderanz des Theaters durch eine solche der Malerei ersetzt ist.)

Fragt sich, wieso demgegenüber Jean Pauls heroische Romane eine Sonderstellung einnehmen, dergestalt, daß sie eher Erziehungsromane, im Sinne des Oberbegriffs, genannt zu werden verdienen. Auf den ersten Blick scheint das gar nicht der Fall zu sein. Der „Titan" weist mit der nachträglich eingeschobenen Kindheit[5] eine ähnliche Struktur wie „Agathon" und „Lehrjahre" auf. Im „Hesperus" wird die Kindheit der Helden überhaupt nicht gestaltet. In allen drei Romanen haben die bildungsromanhaften Elemente eindeutig das Übergewicht, was selbst für den Torso der „Loge" gilt, deren Vollendung, wäre sie erfolgt, die Proportion noch mehr zuungunsten der pädagogischen Partien verschoben hätte. Und außerdem wird nachweisbar in diesen Werken nicht nur direkt an Fielding angeknüpft, sondern ebenso das im „Agathon" Begonnene fortgeführt. Dies alles spricht dafür, daß Jean Paul, als Schüler Wielands und parallel zu dem Goethe der „Lehrjahre", an der Umformung des Erziehungs- in den Bildungsroman produktiv beteiligt war, selbst wenn man die sowieso in diese Reihe gehörenden „Flegeljahre" außer Acht läßt.

In der Tat: So *würde* es sich verhalten, wenn nicht auf den professionellen Lehrer, als er die „Loge" und den „Hesperus" schrieb, der „Emile" so intensiv eingewirkt hätte wie sonst nur auf Schriftsteller, die reine Pädagogen waren (Pestalozzi, Basedow, Salzmann usw.). Es waren Rousseausche Anregungen, die in seiner Dichtung mit dem Trend der deutschen erzählenden Prosa zum Bildungsroman eine spannungsgeladene Synthese eingingen, und nicht weil Jean Paul dem Muster „Tom Jones" näher geblieben wäre als Wieland, sondern weil er bewußt ein deutsches Pendant zum „Emile" schuf, der ihm natürlich mehr bedeutete als die pädagogischen Aspekte der Kindheitsgeschichte von Tom und Blifil, sind seine ersten großen Erzählwerke zu Erziehungsromanen im – annähernd – umfassenden Sinne geraten.

Auf die Frage, wieweit er der Botschaft des „Emile" inhaltlich verpflichtet geblieben ist, wird noch zurückzukommen sein. Thematisch hat ihn der „Emile" bis in den „Titan" hinein angeregt, und formal steht jedenfalls die „Loge" weitgehend im Bann dieses Werks. Hier wie dort tritt der Autor mit seinen wirklichen Vornamen, als Jean Jacques bzw. Jean Paul, als Erzieher des Helden auf. Hier wie dort findet man die Naturschwärmerei, die zuerst Rousseau in den Sentimentalismus hat einfließen lassen. Hier wie dort auch ist die Gestaltung durchsetzt von Erörterungen über pädagogische Probleme.[6] Und im einen wie im anderen Fall geht es darum, welche Mittel pädagogischer Einwirkung am geeignetsten sind, das von Natur aus gute Kind zum Ideal eines Bürgers, im Sinne des Citoyen, zu formen, eine Fragestellung, die bei Fielding, in den doch reichlich naiven Diskussionen von Square und Thwackum, noch nicht aufgetaucht war.

In den analogen Partien des „Titan" ist die Übereinstimmung, da der Verfasser nicht mehr selbst als Romanfigur agiert, weniger auffallend. Nur bei einem ins Detail gehenden Vergleich vermag man Rudimente formaler Abhängigkeit von Rousseau noch zu erkennen. Das prinzipielle Problem aber ist das gleiche geblieben. Erst in den „Flegeljahren" hat Jean Paul es, sich nunmehr dem Goetheschen Typ des Bildungsromans zuwendend, fallengelassen, um fortan einerseits seine pädagogischen Überzeugungen fast nur noch theoretisch vorzutragen (namentlich in der „Levana"[7]) und andererseits bei der Gestaltung von Kindern dem psychologischen und künstlerischen Interesse vor der pädagogischen Tendenz den Vorrang einzuräumen (so im 58. Kapitel der „Flegeljahre", im „Leben Fibels", im „Kometen" und auch in der „Selberlebensbeschreibung"[8]).

Diese spätere Entwicklung zu analysieren gehört nicht mehr zum hier zu erörternden Thema. Ein Wort aber bleibt noch zum „Hesperus" zu sagen, bei dem es fraglich scheint, ob er überhaupt als Erziehungsroman, gleichviel in welchem Sinne, anzusprechen ist. Wie im „Agathon", in den „Lehrjahren" und im „Titan" setzt seine Handlung erst in einem Stadium ein, wo die Helden bereits erwachsen sind. Die Erzählung der Kindheit wird hier jedoch nicht in späterer Rückblende nachgeholt, ja, es kommt nicht einmal zum Schwelgen der Helden in Kindheitserinnerungen, das in den „Flegeljahren"[9] einen künstlerisch durchgestalteten Ersatz dafür schafft. Wohl wird einiges *über* die Erziehung gesagt, welche die „Hesperus"-Helden in ihrer Kindheit genossen haben, aber nichts davon erleben wir mit.[10] Demnach sieht es so aus, als seien zumindest hier die Elemente des pädagogischen Romans mitsamt ihren epischen Voraussetzungen verschwunden. Und ob das Werk den Kriterien des Bildungsromans genügt, scheint gleichfalls zweifelhaft. Denn da Jean Paul sich im „Hesperus" relativ am engsten an das Modell „Dya-Na-Sore" gehalten hat, hat man es offenkundig nicht mit der – für den Bildungsroman konstitutiven – Entwicklung eines einzelnen Helden zu tun, sondern mit einer Gruppe junger Leute, von denen zwei, Viktor und Flamin, relevant genug sind, um mit dem Gustav der „Loge" und dem Albano des „Titan" in Parallele gesetzt zu werden.

All das betrifft indes nur die formale Seite. Inhaltlich kommt den Erziehungsprozessen im „Hesperus" enorme Bedeutung zu, und im Prinzip zeitigen sie auf ähnliche Weise ähnliche Wirkungen, wobei die Frage, wodurch ein wertvoller junger Mensch zum Revolutionär wird, in allen drei Romanen identisch ist und darüber hinaus in der „Loge" und im „Hesperus" sogar identisch beantwortet wird, freilich mit Hilfe jeweils anderer konkreter Erlebnisse. Dem „Hesperus" die Qualitäten des Bildungsromans abzusprechen, nur weil in ihm die Erziehung zweier Freunde dargestellt wird, wäre folglich formalistische Prinzipienreiterei. (Allerdings darf man sich auf das Brüderpaar der „Flegeljahre" in dem Zusammenhang auch wieder nicht berufen, denn Vult unterliegt keiner Erziehungsprozedur, sondern fungiert selbst als Erziehungsfaktor, der auf Walt einwirkt, wofür es zwischen Flamin und Viktor keine Parallele gibt.) Wenn es das Kriterium des Bildungsromans ist, daß er die Entwicklung eines mündigen Jugendlichen zu menschlicher Reife – was auch immer darunter verstanden werden mag – veranschaulicht, dann hält der „Hesperus" dem sowohl hinsichtlich Viktors als auch Flamins stand. Und nicht nur das: Sobald man analysiert, was da inhaltlich über die Erziehung ausgesagt wird, die diesen Helden einst als Kindern zuteil geworden ist, stößt man auf eine Variante der gleichen Faktoren, die in den vom „Emile" inspirierten Passagen der „Loge" und des „Titan" in Aktion zu erleben sind. Das berechtigt zwar nicht dazu, von Elementen des pädagogischen *Romans* im „Hesperus" zu sprechen – denn bloß Referiertes kann seiner Unanschaulichkeit wegen kein Element von Belletristik sein –, wohl aber darf festgehalten werden, daß die pädagogischen Probleme auch in diesem Werk keineswegs ausgelassen sind. Ja, das Interesse daran ist auch hier stärker ausgeprägt als in der erzählten Kindheit, die wir in „Wilhelm Meisters theatralischer Sendung" finden, oder in dem Austausch von Erinnerungen zwischen den Brüdern der „Flegeljahre". Und darauf muß es einer Untersuchung, welche die der Revolutionsdichtung Jean Pauls innewohnende Erziehungsproblematik herausarbeiten will, mehr ankommen als auf deren poetische Umsetzung. So zögere ich nicht, auch den „Hesperus" als Erziehungsroman gelten zu lassen.

II

Erziehung eines schon mündigen Jugendlichen zu menschlicher Reife – *was auch immer darunter verstanden werden mag*. Dies war soeben ein wichtiges Stichwort, das jetzt helfen soll, einen prinzipiellen Unterschied zwischen den heroischen Romanen Jean Pauls, namentlich ihren bildungsromanhaften Partien, und Prosadichtungen vom Typ „Wilhelm Meister" und „Grüner Heinrich" ins Auge zu fassen. Daß die Literaturwissenschaft den Begriff des Bildungsromans an den letztgenannten Werken gewonnen hat, ist ebenso evident, wie es vernünftig scheint, ihn dem Romantyp vorzubehalten, der durch sie klassisch repräsentiert wird. Unter den Äquivokationen des Wortes „Bildung" ist diejenige Bedeutung, welche die Aneignung kultureller Werte meint, dem Sprachgebrauch nun einmal am geläufigsten, und eben die Auseinandersetzung mit kulturellen Bildungsfaktoren läßt sich aus Wilhelm Meisters und Heinrich Lees Entwicklung am wenigsten fortdenken. In den „Lehrjahren" wie im „Grünen Heinrich" wird uns jeweils der Werdegang eines jungen Mannes mit künstlerischen Neigungen vorgeführt, dessen rezeptive und produktive Begegnungen mit der Welt der Kunst hier wie dort breiten Raum einnehmen, und vollends die „Theatralische Sendung" hatte die Lebensbeschreibung eines ganz der Schauspielkunst hingegebenen Menschen werden sollen.

Nichts, was dem gleichkäme, existiert in den heroischen Romanen Jean Pauls. In der „Loge" und im „Hesperus" sind es, außer der Erschütterung durch das Memento mori, einzig moralische und politische Konfliktanlässe, an denen die Helden reifer werden, und wenn der „Titan" den kulturellen Bildungsmächten, von der bildenden Kunst über das Schauspiel bis zur Philosophie, erhebliche Beachtung schenkt, so wird doch gerade in ihm Wert darauf gelegt, den damit in Berührung kommenden Helden von künstlerischen oder literarischen Ambitionen, wie sie seinen funktionell analogen Vorläufern noch vergönnt waren, wenn nicht von Anfang an frei zu halten, so doch darüber hinauswachsen zu lassen. Sehen wir Gustav an der Aufführung eines Theaterstücks mitwirken und wenigstens poetische Episteln abfassen, betätigt Viktor sich, neben dem Arztberuf, schriftstellerisch, so ist für Albano kennzeichnend, daß er von analogen Neigungen, die bei ihm im übrigen viel schwächer ausgeprägt sind, sich im Verlauf seines Reifens vollständig löst. Der Held, der der Bestimmung entgegenreift, weiser Fürst von Hohenfließ zu sein, durfte keine literatenhaften Züge haben, geschweige behalten. Seine intellektuelle Physiognomie ist denn auch mehr durch den Widerstand, den er den dominierenden kulturellen Tendenzen entgegensetzt, als dadurch, daß die ihn beeinflussen würden, bestimmt, und positiv wirken eigentlich nur die Philosophie Herders[1] sowie die Satire Swiftscher Provenienz auf die Formierung seiner Weltanschauung ein. So gesehen, kann allenfalls der „Titan" als Bildungsroman klassifiziert werden, und selbst er nur mit dem Vorbehalt, daß es zwischen den geistigen Interessen seines zentralen Helden und den künstlerischen Wilhelms bzw. Heinrichs keine Analogien gibt.

Danach könnte man meinen, die übliche Einengung des Bildungsbegriffs auf seine kulturellen Aspekte sei hier lediglich deswegen zu vermeiden, weil es die Kategorie des Bildungsromans ad hoc so weit zu fassen gelte, daß die heroischen Romane Jean Pauls sich in ihr noch unterbringen lassen. Ganz so verhält es sich jedoch nicht. Bei Lichte besehen, verlangen durchaus auch die „Lehrjahre" und der „Grüne Heinrich", den Begriff „Bildung" weiter zu fassen. Gerade in ihnen wird darunter ja eine umfassende *Persönlichkeitsformung* verstanden, an der Sozialkontakte der verschiedensten Art, Liebeserlebnisse, Freundschaften, private Konflikte, Enttäuschungen usw., ebensosehr beteiligt sind wie das Theater bzw. die Malerei. Und was das Entscheidende ist: Als gebildet erweisen Wilhelm und Heinrich sich jeweils erst in dem Stadium, wo sie ihrem Künstlertum entsagen; erst da sind sie zu reifen Menschen geworden. Es ist klar, daß, wenn das Fazit des klassischen Bildungsromans so aussieht, es *Prozesse menschlichen Reifens überhaupt* sein müssen, die seinen Gegenstand ausmachen. Nichtsdestoweniger ist an besagtem Ad-hoc so viel wahr, daß erst die derart erweiterten Begriffe „Bildung" und „Bildungsroman" uns in die Lage versetzen, die Revolutionsdichtung Jean Pauls mit den Bildungsromanen Goethes und Kellers auf derselben thematischen Ebene zu vergleichen, und allerdings erweist bei der Konkretisierung dieses Vergleichs der Unterschied zwischen dem, was im einen, und dem, was im anderen Fall unter Prozessen menschlichen Reifens zu verstehen ist, sich als so groß, daß zu wünschen wäre, das mißverständliche Wort „Bildungsroman" ließe sich zumindest bei der Interpretation der „Loge" und des „Hesperus" vermeiden. Leider ist es nicht zu entbehren, wenn von deren pädagogischen Passagen die den „Lehrjahren" noch am ehesten korrespondierenden Teile abgehoben werden sollen; denn für diese den Terminus „Erziehungsroman" zu beanspruchen ginge erst recht nicht an, weil dann als Bezeichnung für den Oberbegriff beider Kategorien nur das Wort „Bildungsroman" übrig bliebe, das, so verwendet, nicht bloß mißverständlich, sondern schlicht fehl am Platze wäre. Ein weiterer Terminus aber steht nicht zur Verfügung.

Die Geschichten Gustavs, Viktors, Flamins und Albanos haben also selbst von dem Punkt an, wo sie sich, nach Absolvierung der Kinderstube, im Rahmen der bildungsromanhaften Partien abspielen, mit denen Wilhelm Meisters und Heinrich Lees nur dies gemeinsam, daß, wie gesagt, allemal die Entwicklung bereits mündiger Jugendlicher zu menschlicher Reife dargestellt wird – *was auch immer darunter verstanden werden mag.* Und es wird darunter dort und hier, so ist jetzt hinzuzufügen, sehr Unterschiedliches, ja Gegensätzliches verstanden – nicht nur in bezug auf die in dem Prozeß wirksamen Faktoren, sondern besonders hinsichtlich des Ziels, zu dem er hinführt, d. h. hinsichtlich dessen, *was menschliche Reife heißen soll*. Das von Goethe und Keller anvisierte Ziel ist die „gebildete Persönlichkeit", ein in der Weimarer Klassik aufgekommenes Ideal, das Jean Paul – damit fängt die Differenz an – bis zum „Hesperus" inclusive nicht kennt. Erst sein – in Albano sich verkörpernder – „allkräftiger Mensch" meint insofern etwas Ähnliches, zumindest Vergleichbares, als auch hier die disharmonische, deformierende Einseitigkeit, vom Autor des „Titan" und der „Levana" „Einkräftigkeit" genannt, den Gegenbegriff bildet, der jedesmal an den Auswirkungen der Arbeitsteilung gewonnen ist. Aber das ist auch alles. Der Gemeinsamkeit der Problemstellung entspricht keine Gemeinsamkeit der vorschwebenden Lösungen.

Erstens kommt, wie gesagt, der „allkräftige Mensch" in der „Loge" und im „Hesperus" noch nicht vor. Das Bestreben Ottomars, allkräftig zu *werden,* gehört einer transitorischen Phase seiner Entwicklung an, die abgelöst wird von der, wie wir glauben sollen, wertvolleren, in der er uns, durch das Memento mori geläutert, als „hoher Mensch" begegnet.[2] Als „hohe Menschen" gelten desgleichen die übrigen positiven Helden, und damit sind sie etwas völlig anderes als „gebildete Persönlichkeiten" im Sinne der Klassik. Der „hohe Mensch" ist der Inbegriff einer bestimmten Einstellung zur Welt und zum Leben, eines – daraus resultierenden – ethischen Verhaltens, mit einem Wort: jenes *sittliche Leitbild,* das hier im dritten Kapitel analysiert worden ist.[3]

Zweitens zeichnet der „allkräftige Mensch" dort, wo sowohl seine affirmative Darstellung als auch seine Abgrenzung gegen diverse „einkräftige" Charaktere zum Programm erhoben ist, nämlich im „Titan", sich durch Qualitäten aus, an denen gemessen das Persönlichkeitsideal der Klassik selber als Gipfel der „Einkräftigkeit" erscheint, aus dem einfachen Grunde, weil es den *Willen zur weltverändernden politischen Tat* nicht unter die Kriterien menschlicher Reife aufnimmt, geschweige ihn zum Mittelpunkt idealen Menschentums erklärt, so wie Jean Pauls Postulat der „Allkräftigkeit" dies verlangt, sondern, im Gegenteil, einer – wenn auch kultivierten, geistig hochstehenden – *Anpassung des Individuums an die vorgefundenen gesellschaftlichen Verhältnisse* das Wort redet. Und es ist dieser Gegensatz, der von der „gebildeten Persönlichkeit" auch bereits den „hohen Menschen" trennt, nur daß dessen vorrangiges Fixiertsein auf moralische Werte noch nicht an die breite kulturanthropologische Problematik heranreicht, die in dem Persönlichkeitsbegriff der Klassik steckt, den Jean Paul daher erst im „Titan" mit einer ebenbürtigen Gegenkonzeption zu parieren gewußt hat.[4]

An diesem Gegensatz hängen alle übrigen Differenzen. Probleme des Erzogenwerdens und Reifens spielen in den heroischen Romanen Jean Pauls keine geringere Rolle als in den „Lehrjahren" und im „Grünen

Heinrich". Aber seine revolutionäre Konzeption bedingt, daß er das Wesen menschlicher Reife an anderen, höheren Maßstäben mißt als Goethe und Keller, an solchen, die nicht auf die Eingliederung des Helden in den bürgerlichen Alltag zugeschnitten sind, sondern darauf, daß sich an seine Handlungen die Hoffnung auf Veränderung der Welt zum Besseren knüpfen soll. Infolgedessen muß der Held auch einem anderen Lebensziel zugeführt werden – dem Ziel, idealer Staatsmann zu sein –, und das wieder zieht nach sich, daß er einer anderen Erziehungsprozedur unterworfen wird. Ja, nicht nur das: *All dies erfordert einen anderen Helden.* Der Wilhelm der „Theatralischen Sendung" hat immerhin noch geniale Züge. Man spürt, er ist in seinem Metier zu glänzendem Aufstieg erkoren. Nicht so der Wilhelm der „Lehrjahre", nicht so Heinrich Lee. Diese jungen Männer sind bloß „guter Durchschnitt". Ihr Fehler ist, daß sie anfangs mehr sein *wollen*, d. h., daß sie Ambitionen haben, die zu ihren bescheidenen Fähigkeiten in keinem Verhältnis stehen. Auch weisen ihre Charaktere moralische Defekte auf. Auch erliegen sie zeitweilig Irrtümern, ohne daß die für sie zum Ausgangspunkt totaler Neubesinnung, großer innerer Aufschwünge würden. Zu den auf sie einwirkenden Lebenstatsachen und kulturellen Bildungsmächten verhalten sie sich mehr oder weniger passiv. Kein Zweifel: Solche Figuren hätte Jean Paul, jedenfalls in den hier zur Debatte stehenden Werken, nicht gebrauchen können. Seine zentralen Helden sind durchweg als überdurchschnittliche Talente, makellose sittliche Vorbilder und glühende Idealisten konzipiert, und aktiv zu handeln ist ihr erstes Lebensbedürfnis.

Welcher Bestimmung werden Wilhelm und Heinrich zugeführt? Sie sollen lernen, sich an bescheidenem Platz in die Gesellschaft einzuordnen. Nicht selbstsüchtig volksfeindlichen Kräften dienend, gewiß nicht, sondern nützlich tätig, dem Wohl ihrer Mitmenschen verpflichtet. Auch nicht als Banausen, sondern eben als gebildete Persönlichkeiten, gebildet im doppelten Sinne des harmonischen Geformtseins ihrer Individualität *und* der Teilhabe an geistigen Interessen. Das heißt, daß sie von den Kulturwerten, mit denen sie auf Grund ihrer jugendlich überspannten Ambitionen einst in Berührung gekommen sind, sich so viel bewahren dürfen, wie erforderlich ist, um im Zustand des Sichabfindens mit der eigenen Mittelmäßigkeit und der Anpassung an das Bestehende gleichwohl kultivierte, dem Schönen und Wissenswerten aufgeschlossene Menschen zu bleiben.

Für die Helden der Jean Paulschen Revolutionsdichtung wäre das zu wenig. Ihnen soll der Leser glauben, daß sie der Aufgabe entgegenreifen, mit Kühnheit, Umsicht und Energie feudale Augiasställe auszumisten, verrottete Staaten zu reformieren und deren Bewohnern ein freies, menschenwürdiges Leben zu schaffen. Und weil, dementsprechend, die Romanhandlungen dazu da sind, den Gustav, Viktor, Flamin, insonderheit Albano Gelegenheit zu geben, die hohe Intelligenz, den moralischen Wert, die progressive Gesinnung und den Tatendrang unter Beweis zu stellen, die sie als prädestiniert dafür erscheinen lassen, gibt es nicht viel, *darf* es nicht viel geben, was an ihnen zu bessern, abzuschleifen, zurechtzurücken, gar ihrem Selbstbewußtsein an genialitätssüchtigen Flausen auszutreiben wäre.

Es ist z. B. bezeichnend, daß im „Titan" die Knabenträume, mit denen der kleine Albano sich die eigene Zukunft ausmalt, weit ausschweifender sind und um vieles höher greifen als die Wilhelm Meisters und Heinrich Lees, ohne daß der Dichter darauf abzielen würde, sie im Verlauf des Romans zu widerlegen. Schon zur Charakterisierung der kindlichen Psyche Albanos werden Sinnbilder gehäuft, die seinen Drang zur Höhe deutlich machen sollen. So hat er den Wunsch, zu fliegen, dann aus der Luft auf eine Turmspitze herabzufallen und sich dort der Abendsonne gegenüberzustellen. So auch stürmt er hohe Bäume hinauf, um sich, vom windgeblähten Wipfel durch Grün und Sonnenblitze gedreht, einzubilden, das sei der Baum des Lebens, der mit ihm allein im Universum wachse, usw.[5] Und dem entsprechen seine Berufsziele: Er möchte der Alte Fritz und Goethe zugleich werden. Ein Land zu beglücken und zu erleuchten, so wie er es sich naiv von Friedrich II. vorstellt, und in den Mußestunden ein großer Weltweiser wie der Geistesheros von Weimar zu sein, das ist es, was dem Jungen im Dorf vorschwebt, und nur weil er um seine hohe Abkunft nicht weiß, will er sich damit bescheiden, es zum Minister zu bringen.[6] Jean Paul berichtet davon mit verschmitztem Humor, beurteilt es aber keineswegs als Selbstüberschätzung, die durch die Erfahrungen des Lebens aufs rechte Maß reduziert werden müßte. Im Gegenteil: Die Romanhandlung hat die Funktion, den Jüngling Eigenschaften offenbaren zu lassen, die sein Selbstvertrauen und seine hochfliegenden Pläne als berechtigt erweisen sollen, und was sich in ihm auf Grund seiner Lebenserfahrungen ändert, ist in der Hauptsache nur, daß seine anfangs diffusen Interessen sich aufs Politische konzentrieren und er gleichzeitig von einem Bewunderer des Alten Fritz zum Anhänger der Französischen Revolution wird. Von Selbstbescheidung keine Spur.

Die Erziehung eines Schwärmers zu bürgerlicher Lebenstüchtigkeit zu gestalten hat Jean Paul erst in den „Flegeljahren" unternommen, die unter seinen Romanen dem „Wilhelm Meister" und dem „Grünen Heinrich" relativ am nächsten stehen. Symptomatischerweise hatten jedoch die „Flegeljahre" zunächst, wie man sich erinnern wird, nur eine untergeordnete Parallelhandlung zu dem auf Albano sich beziehenden Hauptgeschehen der „Titan"-Welt sein sollen.[7] Ihr Held also hatte ursprünglich nicht die gleiche Bedeutung gehabt wie der zum Revolutionär heranreifende verborgene Prinz. Kein Wunder: Um die

Mitte der neunziger Jahre – und bis da lassen die Vorarbeiten zu den „Flegeljahren" sich zurückverfolgen – waren in Jean Paul die Impulse, die er von der Revolution empfangen hatte, noch so stark, daß es ihm in erster Linie um die Gestaltung idealer Staatsmänner ging. Erst in dem Maße, wie die prosaischen Ergebnisse der Revolution ihm bewußt wurden, gewann der kleinbürgerliche Stoff, mit einem Helden, den es anspruchsloseren Zielen entgegenzuführen galt, für ihn an Interesse und Gewicht.

Dabei ist auch der Walt der „Flegeljahre" kein durchschnittlicher Held mit charakterlichen Defekten, wie es Wilhelm Meister dadurch wurde, daß Goethe das vielversprechende Talent der „Theatralischen Sendung" in den „Lehrjahren" zu der mittelmäßigen Figur gleichen Namens depravierte. Der Drang des Jean Paul von 1792/93, ein „in allem gutes Genie" zu schaffen, wirkt in Walt noch fort. Es begegnet uns in ihm ein talentierter junger Mann von fast überirdischer Reinheit und Güte, hinreißend liebenswürdig und anziehend, zu tiefgründigem Denken aufgelegt und zugleich die Selbstlosigkeit in Person. Er hat lediglich den Fehler, bis zum Tölpelhaften weltfremd zu sein und sich durch maßlose Vertrauensseligkeit fortwährend zu schaden, und nur das soll ihm, nach dem Wunsch eines reichen Mannes, der ihm sein Vermögen vermacht hat, durch eine humoristische Erziehungsprozedur abgewöhnt werden, bis er fest auf dem Boden der prosaischen Realitäten des bürgerlichen Lebens steht[8] (was der Leser, weil das Werk Fragment geblieben ist, nicht mehr erlebt).

Nun stelle man sich einen solch sympathischen Defekt an einem Politiker vor, um zu begreifen, wie wenig Raum dafür blieb, Gustav, die „Hesperus"-Helden und gar Albano mit irgendwelchen Mängeln auszustatten, um sie ihnen durch Erziehung auszutreiben. Niemand sähe sein Land gern einem Mann anvertraut, der Weltfremdheit und Vertrauensseligkeit erst überwinden müßte. Ihnen aber sollte der Leser die Erhöhung zu Staatsmännern wünschen. Und sie mit unsympathischen Fehlern auszustatten wäre erst recht nicht gegangen. Mit welcher Durchtriebenheit hat Jean Paul den schurkischen Matthieu versehen, damit der Leser es nicht auf gestörten Realitätssinn zurückführe, daß Flamin auf ihn hereinfällt! Welche Mühe hat er aufgewandt, um durch unglückliche Zufälle, die auch einen besonnenen Mann in Rage bringen müßten, die Eifersucht Flamins so zu motivieren, daß sie nicht als Ausfluß pathologischer Gemütsverfassung erscheine![9] Es ist klar, daß dies für die Erziehungsproblematik Konsequenzen hat: Wenn die Konzeption mit der Idealität des zentralen Helden steht und fällt, dann ist der Spielraum für heilsames Scheitern, Läuterung, resignierende Selbstbescheidung, einsichtiges Begreifen eigenen Unvermögens oder verwandte Motive, die das Themenreservoir des geläufigen Typs realistischer Bildungsromane ausmachen, eng begrenzt. Sich zu läutern haben bei Jean Paul nur fragwürdige Nebenfiguren wie Amandus nötig, und zum Regieren sind die nicht ausersehen.[10]

III

Nichtsdestoweniger nehmen Erziehungsprobleme in den heroischen Romanen viel Raum ein. Ich wende mich zuerst denen zu, die in den Bereich des pädagogischen Romans fallen. Ausgangspunkt ist da stets die Überlegung, daß von früh auf gut erzogen zu sein zu den wünschenswerten Eigenschaften eines Staatsmannes gehört. Und dieser Vorzug wird allen positiven Helden zuteil, wobei Jean Paul in der „Loge" und im „Titan" anschaulich schildert, wie das vor sich geht, und im „Hesperus" für die Vermissung entsprechender Kapitel, wie erwähnt, dadurch Ersatz schafft, daß er beiläufig mit Informationen über die Erziehung, welche die Helden in ihrer Kindheit genossen haben, aufwartet.

Mit diesem Unterschied überschneidet sich ein weiterer. Er betrifft die Ziele der den Erziehungsprozeß jeweils manipulierenden Instanzen und bringt in dem Zusammenhang bereits politische Gesichtspunkte ins Spiel. Im „Hesperus" heißt die Instanz Lord Horion. Durch ihn ist die Erziehung der Helden von der Wiege an im Hinblick darauf arrangiert worden, daß sie progressive Staatsmänner werden *sollen*. Aus dem Grund hat der Lord die natürlichen Kinder, die von dem Fürsten Januar in England und Frankreich gezeugt worden sind, bald nach ihrer Geburt entführen lassen[1] und mit ihnen jene Vertauschungen à la Fielding vorgenommen, aus denen sich später, außer dem angestrebten pädagogischen Zweck, der sich nur fern des Hofs erreichen läßt, auch jene – nicht gewollten – Verwicklungen ergeben, von denen oben ein schwacher Begriff vermittelt werden konnte.

Anders im „Titan". Zwar wird die Entwicklung des Helden auch hier manipuliert, aber von zwei Instanzen zugleich, ohne daß die eine oder die andere sich von progressiven Absichten leiten ließe. Vielmehr geht es dem Herrscherpaar von Hohenfließ, von der gewöhnlichen Elternliebe abgesehen, um dynastische Interessen, und Gaspard wiederum, den die Eltern dafür gewonnen haben, als angeblicher Vater des verheimlichten Erbprinzen zu figurieren, verfolgt, unter Ausnutzung dieser Situation, mit kriminellen Mitteln Ziele, die seine eigensüchtigen Machtgelüste ihm eingegeben haben; vor allem will er der eigenen Tochter, der schönen Linda, den Prinzen in die Arme treiben, damit sie Fürstin werde. Die Motivlage weicht folglich auch in diesem Fall von der Selbstlosigkeit Horions im „Hesperus" ab. Immerhin aber ist es im „Titan" beiden im Hintergrund wirkenden Kräften, unabhängig von ihren divergierenden Sonderinteressen, darum zu tun, einen künftigen Fürsten heranzubilden. Auch diese Konstellation gewährleistet also, daß der Held hervorragend erzogen wird. Dafür sorgen teils geheime Direktiven der Dynastie, die durch Gaspard an Albanos Pflegevater Wehrfritz im Dorf Blumenbühl weitergeleitet werden, teils Gaspards eigene Initiativen. Und auf konservative Beeinflussung des Knaben hat es keine Instanz abgesehen: Die wahren Eltern gehören nicht zu den schlechtesten Vertretern ihrer Kaste, während Gaspard sogar die Weltanschauung und Lebensauffassung Goethes nach der italienischen Reise verkörpert.

Indes einen politischen Rebellen aufzuziehen hat natürlich erst recht niemand im Sinn. Das ergibt sich unbeabsichtigt. Die für die Erziehung eines Prinzen anomalen Umstände bringen es so mit sich. Unvermeidbares muß dabei in Kauf genommen werden, und hie und da unterlaufen unvorhersehbare Pannen. So ist schon der Pflegevater, was die Obrigkeit, mangels freier öffentlicher Meinung im Lande, nicht weiß, oppositionell eingestellt und sympathisiert von 1789 an mit der Revolution.[2] Desgleichen hat die Notwendigkeit, den Prinzen auf dem Dorf aufwachsen zu lassen, die, wenn nicht unerwünschte, so jedenfalls kaum angestrebte Konsequenz, daß er mit plebejischen, vorab bäuerischen Elementen in Berührung kommt.[3] Und wenn Gaspard ihm schließlich einen Schoppe als Mentor zuführt, dann tut er das zwar aus Goethescher Toleranz, die jede bedeutende Erscheinung, auch die sonderbarste, in ihrer Eigenart gelten läßt. Aber es geschieht doch in Unkenntnis der antifeudalen Affekte, die für Schoppes Eigenwilligkeit konstitutiv sind. Nach allem, was wir über seine Anstellung erfahren, dürfte da wieder ein Versehen passiert sein.[4]

Wie es sich in der „Loge" verhält, bleibt unklar, weil es zu keiner Aufklärung ihrer Rätsel kommt. Sicher ist, daß weder Gustavs Eltern noch seine an Erziehungsfragen interessierte herrnhutische Großmutter bei ihren pädagogischen Maßnahmen daran denken, einen Staatsmann, sei es selbst nur einen systemkonformen, heranzubilden. Feststeht aber auch, daß es in Gustavs Kindheit nicht an geheimnisumwitterten Begebenheiten fehlt, die darauf schließen lassen, daß auch sein Werdegang von verborgenen Kräften gelenkt wird, die auf seine Erziehung Einfluß nehmen, und das müßten, nach dem Modell „Dya-Na-Sore", freiheitliche Kräfte sein, organisiert in jener Loge, die an den Jüngling später herantritt und ihn als Mitstreiter in ihre Reihen aufnimmt. Oder sind im Hintergrund *zwei* manipulierende Zentren am Werk, ein dynastisches, wie in der späteren „Titan"-Fabel, und außerdem ein revolutionäres, in Gestalt der Loge? Verhielte es sich so – auch dafür gibt es Anhaltspunkte –[5], dann wäre Gustav, der nach anderen Stellen einen Doppelgänger haben muß, ein in der Wiege ausgetauschter Prinz, den das zweite Zentrum für sich zu gewinnen weiß.

Alle diese Konstellationen nun erlaubten es dem passionierten Lehrer Jean Paul, die Möglichkeit denkbar bester Erziehung seiner Helden als episch hinreichend begründet anzusehen. Er konnte daher beim Ausfabeln einer Pädagogik, wie er sie, besonders bei der Heranbildung politischer Führungskräfte, für wünschenswert hielt, seiner Phantasie jedesmal freien Lauf lassen. Und den Ratschlägen, die er später in seiner „Levana", in der Absicht, die in Deutschland fällige Reformpolitik zu fördern, den Prinzenerziehern erteilt hat, ist zu entnehmen, daß selbst die merkwürdigsten Einfälle in den Kindheitskapiteln seiner Revolutionsdichtung stets einen ernsten Kern haben.[6] In diesen Kapiteln wird poetisch antizipiert, was die Ausführungen zur Erziehung künftiger Fürsten in dem theoretischen Werk, unter Berücksichtigung des Umstandes, daß die feudale Struktur noch existiert, zu praktikablen Vorschlägen an solche reformerisch gesinnten Pädagogen ausgestalten wollen, denen die Unterrichtung von Thronfolgern anvertraut ist. Hier wie dort herrscht die gleiche Tendenz, begegnen wir verwandten gedanklichen Motiven. Nur wirkt die poetische Antizipation, weil noch eingebettet in den Wunschtraum einer radikalen Beseitigung des feudalen Systems, phantastischer, wodurch die revolutionäre Substanz des Jean Paulschen Programms der Fürstenerziehung hier zugleich aber auch weit deutlicher hervortritt, als es in den seriösen, nüchternen, praktizierbaren Vorschlägen der „Levana" später der Fall sein konnte.

IV

Eröffnet werden die pädagogischen Passagen der Revolutionsdichtung mit einem Einfall, der so absurd anmutet, daß er vielen Lesern den Versuch, Jean Paul kennenzulernen, beim ersten Anlauf verleidet hat. Gustav lebt als Kleinkind jahrelang allein mit einem idealen Erzieher, dem Genius, und einem Pudel in einer unterirdischen Höhle, ehe er zum richtig gewählten Zeitpunkt zur Erdoberfläche „auferstehen" darf.[1] Man ist geneigt, ein Buch, worin einem so etwas zugemutet wird, kopfschüttelnd für immer beiseite zu legen. Aber worum geht es da? Der Dichter hat hier erstmals eine Lieblingsvorstellung veranschaulicht, die später bei ihm noch häufig wiederkehren sollte: den Gedanken, daß wir Natureindrücke desto intensiver genießen, je schockartiger sie uns überwältigen, ohne daß vorher unsere Sinne durch allmähliche Gewöhnung an die betreffende Landschaft abgestumpft sind.[2] Ein solches Erlebnis sollte Gustav bei der „Auferstehung" zuteil werden, damit der Leser begreife, daß die Seele des Knaben auf Grund einer unauslöschlichen Vision so mit Liebe zur Schönheit der Natur erfüllt ist, wie es sich für einen Helden des Sentimentalismus gehört. Gleichzeitig bot die „Auferstehungs"szene dem Autor Gelegenheit, nach der Smolletschen Komik der vorausgegangenen Kapitel mit der ersten Naturschwelgerei des Romans die Vielseitigkeit seines Könnens unter Beweis zu stellen.[3] Mit beiden Absichten verband sich jedoch eine weitere, die bereits an die Erziehungsproblematik der heroischen Romane rührt: das Bestreben, die Tendenzen der Rousseauschen Pädagogik zu übersteigern. Anscheinend hat dieses Motiv bei Jean Paul den neuen, realistischeren Konzeptionen vorausgehen müssen, mit denen er dann das Erbe Rousseaus, unter Abstreifung seiner Abstraktheit, bei Bewahrung seines humanistischen Kerns, kritisch weiterentwickelte.

Rousseau lehrt, daß der Mensch ursprünglich, von Natur gut sei – und führt seine faktische Schlechtigkeit darauf zurück, daß die verkünstelte, naturwidrig eingerichtete, auf Ungleichheit basierende Zivilisation ihn verdorben habe. Aus dieser Theorie resultiert – unter anderem – die für den „Emile" charakteristische Vorstellung, zum idealen Bürger könne ein Kind nur herangebildet werden, wenn es, isoliert von Umwelteinflüssen, eine Privaterziehung erhalte, die darauf abzielt, die spontane Entfaltung seiner natürlichen Bedürfnisse und Anlagen zu fördern. Demgemäß heißt es an einer Stelle, wo von der Schwierigkeit einer solchen Erziehung gesprochen wird, daß ein Kind sich negativen Einwirkungen eigentlich nur auf dem Mond oder auf einer einsamen Insel würde fernhalten lassen.[4] Es ist dieser Gedanke, an den die „Loge" anknüpft, mit ihm will sie, in der Phantasie, radikal Ernst machen. Die Bedingungen des Mondes, in Gustavs Höhle sollen sie, miterlebbar für den Leser, gegeben sein.

Sähe man in der Idee der Isolierung einen Ausdruck prinzipieller Gesellschaftsfeindlichkeit, so hieße das die Intention Rousseaus verkennen. Sein pädagogisches Programm ist durchaus auch in diesem Punkt auf die Gesellschaft hin konzipiert. Es will keinen Individualisten und Egoisten heranbilden helfen, sondern den Idealfall eines sozial eingestellten Menschen, den Citoyen, der in der Hingabe an das Ganze, an den allgemeinen Willen, den Sinn seines Lebens findet. Mit dem Demokratismus des „Contrat social" stehen die Erziehungsgrundsätze des „Emile" akkurat in Einklang, und dementsprechend sind mit den schädlichen Einflüssen, die aus der Entwicklung des Kindes in dessen bildsamstem Alter ausgeschaltet werden sollen, immer nur die den Charakter deformierenden Einwirkungen gemeint, die von der „unnatürlichen", d. h. verkehrten, ungerechten, Gesellschaftsordnung, die hic et nunc existiert, ausgehen – einer Ordnung zumal, in der es keine Gleichheit gibt.

Dieser Sinn des „Emile" ist aber dadurch verdunkelt, daß in Rousseaus Philosophie politische Doktrin und pädagogische Programmatik nur durch die Einheitlichkeit ihrer Tendenz *abstrakt* miteinander verbunden sind, ohne daß es zwischen beiden Momenten eine den geschichtlichen Realitäten adäquate Vermittlung gäbe. Im „Contrat social" steckt insofern ein revolutionärer Appell, als er eine „natürliche"

Ordnung der Freien und Gleichen, der Volkssouveränität und des allgemeinen Willens postuliert, die ersichtlich noch aussteht, die herzustellen für die Gegenwart nur eine Aufgabe sein kann. Im „Emile" jedoch wird mit Methoden, die sich suggestiv zu unmittelbarer Nachahmung empfehlen, ein Citoyen erzogen, dessen „natürliche" Idealität erst in die „natürliche" Ordnung, als bereits verwirklichte, hineinpassen würde. Und da die nicht vorhanden ist, muß um das Kind herum für sie, solange die mustergültige Erziehungsprozedur anhält, ein Ersatz geschaffen werden, der nur in antigesellschaftlichen Begriffen gedacht werden kann, weil er, paradoxerweise, inmitten der bestehenden schlechten Ordnung die von ihr notwendig ausgehenden Einflüsse zu eliminieren hat.

Es scheint, daß Jean Paul diese Paradoxie in dem Höhlenkapitel ins Extrem hat treiben müssen, ehe er sich von ihr zu befreien vermochte. Die Auseinandersetzung mit dem „Emile" allein hätte dazu freilich kaum ausgereicht. Man sieht es den neuen, mit den Realitäten besser vermittelten Lösungen in den heroischen Romanen an, daß sie durch die Französische Revolution inspiriert sind. Die Revolution hat dem Dichter die Idee eingegeben, die radikale Umgestaltung Deutschlands in den Mittelpunkt seiner Romankonzeption zu stellen. Sie hat ihm also auch das Erfinden von Helden abverlangt, denen zuzutrauen ist, daß sie die dafür erforderlichen Taten vollbringen. Durch sie folglich sind in seinem Bewußtsein die abstrakte politische Doktrin und die abstrakte pädagogische Programmatik Rousseaus so eng zueinander gerückt, daß sich zwischen ihnen eine geschichtsnahe Vermittlung herstellen konnte. Und als es sich für den geschichtlich derart belehrten Rousseau-Jünger darum handelte, den Werdegang jener Helden zu schildern, da erkannte er, daß es im Hinblick auf ihre politische Mission nicht anging, sie unter gesellschaftlich keimfreien Laboratoriumsbedingungen, als homunculi in – sei es noch so „naturgemäßen" – pädagogischen Retorten aufwachsen zu lassen, sondern daß sie, im Gegenteil, mitten in die zu verändernde gesellschaftliche Welt hineinzustellen waren, die ihrer Taten bedurfte und mit der sie ihre Erfahrungen gemacht haben mußten, um am rechten Punkt den Hebel der Veränderung anzusetzen.

Nur so ist es zu erklären, daß Jean Paul an dem Postulat, von dem Jugendlichen schädliche Umwelteinflüsse fernzuhalten, zwar festhält, es sich bei ihm aber in die klassenmäßig konkretisierte Forderung verwandelt, die Berührung des Helden mit einem ganz bestimmten Milieu: mit der Welt der Großen und Mächtigen, so lange zu vermeiden, bis er gegen deren Einflüsse gefeit ist, während sein Vertrautsein mit anderen, guten Milieus – mit der kleinbürgerlichen Familie, dem Leben der Bauern, dem deutschen Pfarrhaus usw. – gar nicht intim genug sein kann.[5] Und so auch erklärt sich das weitere dem „Emile" gegenüber neue Moment: daß Jean Paul das Stadium der Isolation erst auf die früheste Kindheit einschränkt und dann auch noch innerhalb dieser Phase die Isolation aufbricht und beseitigt, um an ihre Stelle idyllische Kollektive von Kleinkindern zu setzen[6], welche die für den Helden ethisch bedeutungsvollen Kommunikationsgemeinschaften seines späteren Lebens vorzubereiten haben. An die schon oben erwähnte Besonderheit der Jean Paulschen Rousseau-Rezeption, daß sie sich von negativer Beurteilung zivilisatorischer Werte frei hält, braucht hier nur noch einmal kurz erinnert zu werden.

V

Dem Höhlenkapitel wird man also nicht gerecht, wenn man versäumt, es in dem Kontext zu betrachten, der den geistesgeschichtlichen Stellenwert dieses sonderbaren Einfalls erst erkennen läßt. Und man wird den pädagogischen Passagen der „Loge" nicht gerecht, wenn man sie auf das Höhlenkapitel reduziert. Schon in der „Loge" finden sich Ansätze zur Überwindung des Rousseauschen Isolationsgedankens, die, ihres Realismus wegen weniger aufdringlich, für die Geschichte des pädagogischen Romans relevanter sind.

Hierher gehört die Errungenschaft, die darin liegt, daß Jean Paul seinem Helden in den verschiedenen Kindheitsphasen jeweils andere, voneinander scharf abstechende Lehrer zuführt. Auf den dem Kleinkind zuträglichen milden, gütigen Genius in der Höhle[1] folgt in Gustavs früher Entwicklung das Erlebnis des Dorfs[2], und danach erst tritt das Pendant zu dem Jean Jacques des „Emile" in Aktion: der Hofmeister JP[3], der jedoch, in deutlichem Kontrast zu Rousseaus Grundsätzen, seinen Schutzbefohlenen in vielfältige, wenn auch kontrollierte, das Schlechte durch Kritik kompensierende, Beziehung zur Welt bringt. JP stellt sich vor als Rechtskonsolent, der in Bologna studiert hat, als Klavierlehrer und – als Weltmann. Der Kreis seiner Musikschülerinnen, betont er, reiche von den Damen bei Hof bis zu diversen Bürgertöchtern, weshalb er sich in allen Gesellschaftskreisen gut auskenne, und als besonderen Vorzug streicht er heraus, daß feine Umgangsformen für ihn als Republikaner zwar nicht das Höchste seien, er sie aber habe.[4] Die Distanzierung von Rousseaus Zivilisationskritik ist bei alledem unüberhörbar. Ja, über Gustavs Höhlenjahre wird jetzt gesagt, sie hätten den Knaben zum Heulpeter und Weichling gemacht. Es sei nun an der Zeit, daß er kerniger werde.[5] Gleichzeitig lernt man sofort JPs sich in satirischen Ausfällen Luft machenden Radikalismus kennen, woraus zu schließen ist, daß Gustav durch seinen Hofmeister auch politisch beeinflußt werden wird.[6] Und das heißt: Er wird nicht gegen eine pauschal negativ bewertete Umwelt abgeschirmt sein, sondern es werden in ihm gegen wirklich schädigende Einwirkungen aktive Abwehrkräfte in Gestalt demokratischer Überzeugungen mobilisiert werden, die, mehr als vom „Emile", vom „Contrat social" geprägt sind.

Fast nichts freilich erlebt der Leser von JPs Unterricht oder von dem Gedankenaustausch zwischen Lehrer und Schüler mit. Die Zeit bis zur Einsegnung des Zwölfjährigen wird überbrückt durch theoretische Exkurse, in denen Jean Paul seine pädagogischen Auffassungen, zum Teil unter wörtlicher Wiederholung von Meinungsäußerungen aus seinem damaligen Briefwechsel mit Friedrich Wernlein, begründet. Erstmals klingen Motive der „Levana" an.[7] Dann rückt die erzählte Geschichte mit dem poetischen Abendmahlsidyll und Gustavs erstem Kuß ein Stück weiter, wird aber gleich nochmals durch Einlagen unterbrochen, die eine erneut nicht gestaltete Zwischenzeit, von diesmal sechs Jahren, anzudeuten haben.[8] Danach beginnen die bildungsromanhaften Teile, zu deren Beginn JP als Hofmeister abgedankt wird, um fortan Biograph des Helden und sein Mentor zu sein[9], und da erst wird auf die politischen Aspekte seines Einflusses angespielt.[10]

Nun zum „Hesperus". Auch hier erfährt man, obwohl nicht einmal Ausschnitte davon erzählerisch vorgeführt werden, genug, um zu wissen, welch ausgezeichnete Erziehung sowohl Viktor als auch die illegitimen Fürstensöhne dank Lord Horions Fürsorge hinter sich haben. Nach ihrer Entführung waren sie zunächst in England dem weisen Dahore anvertraut. Unter der Obhut dieses gütigen, sanften Inders haben sie in gedeihlicher Harmonie ihre ersten Jahre verbracht. Die schulische Ausbildung der drei in England verbliebenen Brüder, jener „Drillinge", die sich später zu Jakobinern entwickeln, ist dann in Eton, der Pflanzstätte vollendeter Gentlemen, erfolgt. Einem vierten Bruder, dem Infanten – er tritt im Roman unter dem Namen Flamin auf –, hat Horion dadurch, daß er ihn gegen den Sohn der in England zu Fürst Januars Hofstaat gehörenden Pfarrersfamilie Eymann austauschte, den Vorzug gewährt, im Hause eines Dorfgeistlichen aufzuwachsen, was dem Sohn des Dorfpfarrers Richter aus Joditz stets als Garantie für die Anerziehung kleinbürgerlicher Gesittung bei ebenso heilsamem Zusammenleben mit der Landbevölkerung galt. Den wirklichen Sohn der Eymanns, der im Roman den Namen Viktor trägt, wiederum gegen den eigenen Horionschen Sprößling, Julius, auszutauschen empfahl sich wegen dessen Blindheit, die es als ratsam erscheinen ließ, diesen unglücklichen, lebensuntüchtigen Jungen zu seinem Besten dem sanften Dahore zu überlassen.[11] Viktor gilt seither als Horions Sohn. Auch er hat aber, vor Aufnahme des Studiums, bei den Eymanns, seinen leiblichen Eltern, zusammen mit Flamin in St. Lüne gelebt.[12]

Allen Kindern ist so, ohne Rücksicht auf den sozialen Status ihrer natürlichen Eltern, zuteil geworden, was sowohl ihnen selbst guttun mußte als auch ihrer künftigen Bestimmung in dem zu unterwandernden Staat angemessen war.

Was die frühe Kindheit anbelangt, so entfernt Jean Paul den Isolationsgedanken doppelt, indem er im „Hesperus" das Höhlenmotiv fallenläßt und außerdem an die Stelle des dem „Emile" analogen einzelnen Kindes, auf dessen Erziehung sich der Genius der „Loge" konzentriert, eine Art Kindergarten setzt. Hierbei hat es sich – nach allem, was darüber mitgeteilt wird – um einen Versuch gehandelt, eine andere Seite des Rousseauismus zu praktizieren: Eine Gruppe kleiner Kinder ist durch Horion in jenen unschuldsvollen Naturzustand versetzt worden, wie er sich für das 18. Jahrhundert, seit man die Berichte von Forschungsreisenden über das der Gentilgesellschaft gemäße Leben der Naturvölker im Sinne Rousseaus deutete, mit dem Schlagwort „Otahiti" verband. Ausdrücklich spricht Jean Paul von einem Otahiti im kleinen.[13] Anscheinend wollte er mit der neuen Variante sagen, daß die „Hesperus"-Helden im bildsamsten Lebensstadium auf Verhaltensweisen einer organischen, natürlichen Solidarität eingestimmt worden sind, die ihr späteres politisches Zusammenwirken – das Verschwörertum im Klub und danach die schöne Gemeinschaftlichkeit, mit der sie, zu Staatsmännern aufgestiegen, an ihr Reformwerk gehen – von vornherein begünstigt haben.

Ihr einstiger Kindergärtner tritt unter dem Namen Emanuel auf und ist Nachtwächter in Maienthal, was ihm zugleich erlaubt, sich als Astronom zu betätigen. Wir begegnen ihm in den Maienthaler Szenen an der Seite des von ihm liebevoll betreuten blinden Julius. Aus ihrer Harmonie können wir, nachdem die Vorgeschichte sich uns enthüllt hat, schließen, wie gut es die Kinderschar mit den ausgewechselten Identitäten einst gehabt haben muß.[14] Die Anregung zu diesem frühesten idealen Erzieher der Helden stammt aus dem „Dya-Na-Sore", wo Dya ebenfalls von einem erhabenen, weisen Lehrer erzogen wird, der nach der Logik der von Meyern gewählten Fiktion, das Buch sei aus dem Sanskrit übersetzt, natürlich nur Inder sein kann. Emanuel-Dahores Charakter ist dagegen dem Priester Kanna, dem Pflegevater der Titelheldin aus Kalidasas „Sakontala", nachgebildet, aus jener indischen Dichtung, die 1791 in der deutschen Übertragung Georg Forsters erschienen war. Außerdem trägt Emanuel-Dahore die weichen, schwärmerischen Züge von K. Ph. Moritz, so wie Jean Paul sich diesen bedeutendsten aus dem Pietismus hervorgegangenen Schriftsteller vorstellte. Man erinnere sich, daß Forster und Moritz zu ersten Lesern des „Hesperus" ausersehen waren.[15] Die Gestalt des Inders sollte mithin auch eine Huldigung an diese verehrten älteren Kollegen sein.

Emanuel-Dahore ist bei den Interpreten umstritten. Von Anhängern der Romantik wird er vergöttert, die Freunde der Klassik hingegen empfinden ihn – um es mit einer Formulierung Richard Rohdes auszudrücken – als „Hypertrophie der sentimentalen Elemente nach der mystischen Seite hin" und somit als die „unleidlichste von allen Jean Paulschen Personen".[16] Beide Parteien übersehen, daß der Autor dieser Gestalt distanziert gegenübersteht, weshalb er ihren Einfluß auf die Helden auch auf deren Kindheitsjahre einschränkt und ihr für die darauffolgende Zeit einzig den hilflosen Julius anvertraut sein läßt, ähnlich wie in der „Loge" der Genius nur auf das Kleinkind Gustav einwirken darf. In seiner Reinheit, Sanftmut und Güte, seiner weltfernen Erhabenheit über die kleinlichen Verhältnisse von Flachsenfingen nimmt Emanuel sich fast wie ein Wunder aus. Neben einem Januar, Matthieu oder Zeusel wirkt er staunenswert und anziehend. Aber er gilt durchaus nicht als Vorbild, dem nachzueifern auch nur möglich wäre, geschweige, daß er als Bildungsfaktor in der Entwicklung der angehenden Staatsmänner eine dominierende Rolle spielen dürfte. Von der späteren Indienschwärmerei der Romantiker, auch Schopenhauers, ist der „Hesperus", so sehr er sie mit seinen Maienthal-Kapiteln angeregt hat, scharf unterschieden durch sein Betonen der Absurdheit, exotische Religiosität für die Bewältigung von Problemen der europäischen Gesellschaft fruchtbar machen zu wollen. Soweit zwei der Helden, Klotilde und Viktor, noch als Erwachsene mit Emanuel in Berührung kommen, stärkt er in ihrem Bewußtsein zwar die Verachtung für Egoismus und philisterhaftes Kleben am Alltäglichen, doch nirgendwo zeigt er ihnen affirmativ einen Weg, den sie beschreiten könnten – den weisen ihnen allein Lord Horion, als Sinnbild der Errungenschaften Englands, und die Ideen der Französischen Revolution.

Am wenigsten wird von Jean Paul Emanuels Prophezeiung des eigenen Sterbens an einem vorausgewußten Tag gutgeheißen. Die Handlung ergibt, daß die Voraussage sich als Einbildung erweist[17], wie überhaupt darauf hingewiesen wird, daß mit der mystischen, mehr in Gleichnissen orakelnden als begrifflich artikulierten Weltanschauung des Inders wenig anzufangen ist. „Erdulde, lieber Leser, diese blumige Seele", sagt der Dichter fast mokant im Anschluß an die ersten philosophischen Ausführungen Emanuels, um im Sinne Herders hinzuzufügen: „Wir wollen beide bedenken, daß die Menschen noch leichter *eine* Religion als *eine* Philosophie haben könnten und daß jedes System sein eigenes Gewebe des Herzens voraussetze und daß das Herz die Knospe des Kopfes sei." Und von Viktor heißt es, daß er „den Artillerietrain und die elektrischen Pistolen der Disputierkunst leichter zu handhaben versteht als Emanuel, aber er würde seine Zunge verabscheut haben, wenn sie ihre Leichtigkeit gegen diese schöne Seele gerichtet hätte".[18] Auch Viktor also empfindet das, was Emanuel zum besten gibt, nicht als höchste Frucht philosophischer Kultur.

Zurück zu den Momenten, die im „Hesperus" dem pädagogischen Roman kongruent sind, so ermöglicht es die Mehrzahl der Helden diesmal, in der Kindheitsgeschichte die für förderlich gehaltenen Einwirkungen auf verschiedene Personen aufzuteilen. Die Kindheit im Dorf fällt Flamin und – bis zum Studium – Viktor zu, während die feinen Sitten und die weltmännische Lebensart, die in der „Loge" dem Hofmeister JP angedichtet werden, damit er sie auf Gustav übertrage, von Viktor im wenigstens sporadischen Umgang mit einem Lord als vermeintlichem Vater und von den „Drillingen" in dem legendären Eton erworben werden. In irgendeiner Form hat Jean Paul immer wieder zum Ausdruck gebracht, daß in guter Erziehung beide Faktoren wirksam sein müssen. Der ideale Staatsmann, der ihm vorschwebte, sollte ein Mensch aus dem einfachen Volk ohne dessen durch Armut erzwungene Primitivität sein, und er sollte die Kultur der Herrenkaste in sich aufgenommen haben, aber nicht deren Laster, Vorurteile und Unmenschlichkeiten teilen. Und wenn, wie im „Hesperus", um der schärferen Profilierung der Charaktere willen dem einen Helden ein Plus an Volksverbundenheit, dem anderen eines an Kultiviertheit zugemessen wird, dann steht im Hintergrund die beruhigende Gewißheit, daß ja beide der Bestimmung entgegenreifen, am Ende eine tätige Gemeinschaft zu bilden, in der ihre ungleichen Vorzüge sich wechselseitig ergänzen werden. Selbst wo es um das so wünschenswerte Erlernen souveräner Weltgewandtheit geht, bleibt dem Jean Paulschen positiven Helden in seiner Kindheit jedoch *ein* Bereich der Gesellschaft unbedingt verschlossen: der deutsche Fürstenhof. An ihn darf er sich immer erst als Erwachsener und nur mit gefestigter Moral, mit politisch feindseliger Gesinnung begeben. Daher in der „Loge" der fein gesittete Demokrat JP als Hofmeister, daher im „Hesperus" sowohl die Eton-Zeit der „Drillinge" als auch die Fieldingsche Kindesvertauschung, die Viktor zum Sohn eines Lords macht. So oder so wird eine Erziehung bei Hof überflüssig.

Endlich der „Titan". An die Stelle des Höhlenkapitels und des Kinderhorts à la Otahiti mußte der dritte Roman abermals ein neues Motiv setzen, wollte auch er die pädagogische Vorgeschichte mit dem bildungsromanhaften Werdegang in bedeutungsreiche Koordination bringen. Jean Paul fand das Motiv in dem harmonischen Aufwachsen mit der geliebten Schwester Severina auf Isola bella, das die ersten drei Jahre des verheimlichten Prinzen Albano ausfüllt (die übrigens im „Titan" ausnahmsweise auch nicht erzählend gestaltet werden[19]). Offenbar soll dieses anfängliche Zusammenleben mit dem Schwesterchen das frühe Eingestimmtsein auf die Geschwisterbeziehung als dasjenige zwischenmenschliche Verhältnis deutlich machen, das in Albanos späteren Phasen einen Ausgleich dafür schafft, daß er, im Gegensatz zu Viktor, Flamin und den „Drillingen", mit seinem Revolutionsbekenntnis zunächst ganz auf sich gestellt ist.

Die Einstellung zur Schwester bzw. zum Bruder ist ein hervorragend geeignetes Medium, die soziale Haltung einer Figur zu veranschaulichen. Die Geschlechtsdifferenz ist dieser Beziehung so immanent wie der Liebe, doch von jeder erotischen Komponente zugleich so frei wie die Freundschaft. Beiden hat sie überdies eine urwüchsigere, durch Blutsverwandtschaft und gemeinsames Aufwachsen fest gegründete, daher selbstverständlich gegebene, nicht erst herzustellende Solidarität voraus. So sieht man schon in der „Loge" JP sich um seine Schwester Philippine Sorgen machen, die als Kinderzofe bei der Residentin v. Bouse unter dem Einfluß der Hofnähe kokett zu werden droht[20], und der Umstand, daß Beate v. Röper einen verschollenen Halbbruder hat, der, als uneheliches Kind ihrer Mutter und des Rittmeisters v. Falckenberg, zugleich Halbbruder Gustavs sein muß[21], läßt die Absicht erkennen, im – nicht geschriebenen – dritten Teil die Geschwisterbeziehung zum Mittel der Charakterisierung gerade auch bei den Haupthelden zu machen. Im „Hesperus" sodann sind die Nöte, die Klotilde um ihren Bruder Flamin auszustehen hat, ein Mittel, die Anhänglichkeit und das Verantwortungsbewußtsein dieser Heldin ins rechte Licht zu rücken. Im „Titan" schließlich gewinnt die Geschwisterbeziehung fast dieselbe Relevanz wie Freundschaft und Liebe: Das Hinüberwachsen der kindlichen Verbundenheit mit der Pflegeschwester Rabette in die Rolle ihres ritterlichen Beschützers, die Empörung über die ihr von Roquairol zugefügten Leiden gehören notwendig zur Charakteristik Albanos, desgleichen die Wandlungen seiner Einstellung zu der Prinzessin Julienne, nachdem ihm bewußt geworden ist, daß er in dieser eine Zwillingsschwester besitzt, ebenso die Gefühle, die ihn bewegen, als er für kurze Zeit – irrtümlich – glaubt, auch Linda sei seine Schwester.[22] Jedesmal sieht man ihn da sich als einen Bruder bewähren, wie er solidarischer und zartfühlender nicht sein kann, und stets verleiht die dämmernde Erinnerung an das Schwesterchen Severina der Gesinnung und den Taten, in denen diese Bewährung sich offenbart, ihre von Herzen kommende Wärme, die das Bild des heroischen Einzelgängers am Hof von Pestitz mildert und es uns menschlich näherbringt.

Nach dem Geschwister-Idyll ist Albano im vierten Lebensjahr in das Dorf Blumenbühl im Fürstentum Hohenfließ gebracht worden, teils auf Geheiß seiner Eltern, die wünschen, daß er in der Heimat, die er einst regieren soll, großwerde, teils weil Gaspard, der ihm die eigene Tochter zum Weibe aufdrängen will, vermeiden muß, daß sich zwischen dem Knaben und dem Mädchen eine enterotisierende geschwisterliche Vertrautheit herausbildet. Severina nämlich ist mit Linda identisch. Um seiner Pläne willen muß daher Gaspard Linda als sein Mündel ausgeben, damit sie dem Jüngling nicht als Blutsverwandte erscheine, und von Severina behaupten, sie sei verstorben.[23] Die Trennung der vermeintlichen Geschwister vom vierten Jahr an ist die Voraussetzung dafür, daß Gaspards Manipulation so lange nicht durchschaut werden kann, wie Albanos Herkunft weder diesem selbst bewußt noch anderen bekannt werden darf. Diese Trennung nun hätte mit noch besser gesichertem Effekt gleich nach der Geburt vollzogen werden können. Aber dann wäre es nicht möglich gewesen, in der Entwicklung des Helden den Dorfjahren noch die Kleinkind-Idylle am Lago Maggiore vorausgehen zu lassen, die dem Pädagogen Jean Paul im Rahmen eines idealen Erziehungsprogramms für den kleinen Albano so nötig schien, wie es für Gustav das Höhlenerlebnis mit dem Genius und für die „Hesperus"-Helden der Otahiti-Kindergarten unter der Obhut Emanuel-Dahores ist. In der Wiege hatte die gute Erziehung des weisen Fürsten anzufangen, und von Geburt an mußte jeder Lebensphase das ihr gemäße Instrumentarium pädagogischer Einwirkungen zugeordnet sein.

Das Dorfleben ist ein optimal zuträgliches Milieu ungefähr vom vierten Jahr an, wie für Gustav nach Absolvierung der Höhlenzeit, wie für Viktor und Flamin im Hause der Eymanns, so für Albano in Blumenbühl. Indem in der zweiten bis vierten „Jobelperiode" des „Titan" einige idyllisierend humoristische Episoden vorüberziehen, erlebt man, wie der Knabe bei der prächtigen Familie v. Wehrfritz heranwächst, die von halb bürgerlichen, halb ländlichen Lebensgewohnheiten geprägt ist. Man sieht, wie gut es ihm seelisch bekommt, in der Obhut des Landschaftsdirektors und seiner mütterlich warmherzigen, praktische Lebenstüchtigkeit ausstrahlenden Frau zu stehen sowie mit der ländlich naiven, gutmütigen, immer fröhlichen Rabette geschwisterlich vertraut zu sein. Man nimmt das Selbstverständliche seiner Kontakte mit einfachen Menschen wahr, so wenn er, um einem armen, blinden Mädchen, mit dem er spielt, ein Tuch schenken zu können, das ein ambulanter Händler feilbietet, sich seinen Zopf abschneiden läßt und ihn, zum Entsetzen der Pflegeeltern, gegen einen billigen Lederzopf und das Tuch eintauscht. Im Dorf, wo jeder jeden kennt, bleibt ihm die kalte Gefühllosigkeit fremd, die, nach Jean Pauls Überzeugung, in der Anonymität des Stadtlebens die Beziehungen zwischen den Menschen unerquicklich macht.[24]

Die Unterrichtung des Jungen liegt in den Händen eines ländlichen Schulmeisters, des „Schachtelmagisters" Wehmeier, den später noch ein regelmäßig aus der Residenz herüberkommender Tanz- und Anstandslehrer, der Wiener Falterle, unterstützt, eine durch die Gegensätzlichkeit beider Lehrertypen wieder bekömmliche Kombination, weil in ihr eine dem Wutz-Fixleinschen Archetyp nahestehende Art von Wissensvermittlung sich mit gezierter, affektierter, nur im Menuettschritt vorstellbarer Feinheit zu wechselseitigem Ausgleich verschränkt. Derart wird Albano zur Universitäts- und zur Residenzreife gebracht.[25] Doch noch bevor seine Übersiedlung nach Pestitz, um das die Gedanken des Halbwüchsigen lange sehnsüchtig kreisen, spruchreif wird, fangen auf ihn die eigentlich geistigen Einflüsse wirksam zu werden an, als die Kirche von Blumenbühl renoviert wird und der damit beauftragte Baumeister, ein junger Grieche namens Dian, mit ihm ins Gespräch kommt und ihm Kunst und Literatur, philosophische Problemstellungen und kulturgeschichtliche Zusammenhänge zu erschließen beginnt.[26] Eine Reise an die einstige Kindheitsstätte, nach Isola bella, unternommen zu dem Zweck, dort mit Gaspard, dem vermeintlichen Vater, zusammenzutreffen, erfüllt vom Erlebnis herrlicher südlicher Landschaft, kompositorisch in die erste „Jobelperiode" vorverlegt (damit der „italienische" Ton des Ganzen schon die Melodieführung der Ouvertüre bestimme), schließt die Jugendgeschichte ab.[27] Die beiden Mentoren, die von da an dem Neunzehnjährigen zur Seite stehen, der Lektor Augusti sowie der satirisch-humoristische Titularbibliothekar und Maler Peter Schoppe, verkehren mit ihrem Schutzbefohlenen bereits auf gleichem Fuß und sind, ebenso wie Dian, personifizierte Erziehungsfaktoren eines Gepräges, wie es die an rein pädagogischen Problemen orientierte Belletristik nicht mehr kennt.[28]

VI

Gewichtiger als diese pädagogischen Partien sind die bildungsromanhaften Teile, in denen die Reifungsprozesse der erwachsenen Helden dargestellt werden. Natürlich sind es von Roman zu Roman andere Begebenheiten, die das Reifen zu poetischer Evidenz bringen. Die Geschichten haben aber eines gemeinsam: Immer ist die Entwicklung der politischen Einstellung die entscheidende Komponente. Immer werden Erlebnisse geschildert, die begreiflich machen, daß und wieso der Held zum Revolutionär wird. Und immer gilt in dem Moment, wo das erreicht ist, die Erziehungsprozedur als erledigt und werden weitere Wandlungen an seinem Bewußtsein und seinem Ethos höchstens noch aufgezeigt, wenn das Memento mori sie hervorruft. Dabei handelt es sich in keinem Fall um Metamorphosen, die Saulusse zu Paulussen machen würden. Vielmehr wird stets schon im Rahmen der Kindheitsgeschichten dafür gesorgt, daß der Held Einflüssen und Eindrücken ausgesetzt ist, die seine spätere Entwicklung zum Revolutionär organisch vorbereiten und ihr Wahrscheinlichkeit verleihen. Sie reichen jedoch nie weiter als bis zur Anerziehung einer naiven, allgemein gehaltenen, noch von Illusionen durchsetzten Humanität, die der Belehrung durch den Zusammenstoß mit massiven Mißständen bedarf, um in revolutionäre Haltung umzuschlagen. Und darauf, daß dieser Umbruch dem Leser vom Charakter des Helden und der Art seiner Erlebnisse her als notwendig einleuchte, kommt es an.

Den ersten, noch unbeholfenen Versuch, einen derartigen Prozeß zu gestalten, findet man in der „Loge". Auf doppelte Weise will Jean Paul hier glaubhaft machen, daß Gustav v. Falckenberg, als er ins Kadettenkorps eingereiht wird, schon von freiheitlichen Idealen beseelt und zu kritischer Beurteilung seiner Umwelt fähig ist: Er läßt ihn als Kind mit Männern in Berührung kommen, die durch ihre oppositionelle Einstellung charakterisiert sind, und er versetzt seinen Vater, einen an sich staatsloyalen Rittmeister, in finanzielle Verlegenheiten, an denen der Hof die Schuld trägt. Ein wenig unbeholfen wirkt das zweite Moment deswegen, weil es den sicher untypischen Fall voraussetzt, daß ein Fürst an einen seiner Offiziere privat verschuldet ist. Das ändert jedoch nichts an der geistesgeschichtlichen Relevanz der hier zum ersten Mal in der deutschen Literatur sich geltend machenden Absicht, eine Romanfabel so zu führen, daß die Ehrlosigkeit der Herrenkaste zum Vehikel der politischen Bewußtseinsbildung bei einem Helden wird, dessen künftiges Rebellentum vom Leser als verständlich, ja vorbildhaft empfunden werden soll.

Der alte Fürst von Scheerau pflegt keine Mätresse abzudanken, ohne ihr ein Landgut zu schenken. Von der Mutter seines natürlichen Sohnes Ottomar hat er sich auf dem Rittergut Ruhestatt getrennt. Um ihr diesen Landsitz überlassen zu können, mußte er ihn kaufen. Unter Ausnutzung seiner Autorität hat er die dafür nötigen 13 000 Reichstaler von dem Rittmeister v. Falckenberg entliehen, und seither wartet der, durch übertriebenen Hang zur Gastlichkeit inzwischen in ökonomische Bedrängnis geraten, vergebens darauf, daß ihm das Geld zurückerstattet wird. Er bekommt es nie.[1] Die erste Reise, auf der Gustav seine Eltern in die Residenz begleitet, wird von diesen vor allem zu dem Zweck unternommen, bei Hof in der Geldsache vorstellig zu werden. In dem Moment stirbt der alte Fürst. Man begegnet unterwegs einem Trauerzug, der das Herz des toten Monarchen in eine Abtei überführt. Falckenberg muß sich daher an den Thronfolger wenden. Der aber weilt noch in Italien, und als er zurückgekehrt ist, erreicht der Rittmeister mit einem an ihn gerichteten Gesuch nichts.[2] Bald darauf will es der Zufall, daß Falckenberg, in Begleitung des neu eingestellten Hofmeisters JP, seinem Sohn die Scheerauer Kadettenschule zeigt, auf die er ihn später gerne bringen möchte, und sie dort dem neuen Fürsten begegnen, der überraschend die Anstalt besichtigen kommt. Der frischgebackene forsche Monarch bemerkt nichts von dem, was er sich ansieht, hört über alles, was ihm erklärt wird, hinweg, gibt sich aber leutselig und bietet seine Worte herum wie Schnupftabak, wobei auch der Rittmeister eine Prise erhält. Mit einer scherzhaften versteckten Anspielung geruht Serenissimus, auf die Bittschrift seines Gläubigers zurückzukommen, indem er sich für dessen Filius zu interessieren vorgibt, den er unter den Kadetten ganz am Platze findet und dem Vater zu gegebener Zeit gern, wie er sagt, für 13 000 Reichstaler abkaufen werde, um aus ihm einen tüchtigen Offizier zu machen. Damit läßt Falckenbergs Soldatenherz sich abspeisen. Froh über die Aussicht, Gustav bei den Kadetten unterzubringen und bei der Gelegenheit vielleicht doch noch zu seinem Geld zu kommen, sieht er von weiteren Eingaben ab. In der Folgezeit vergißt der Fürst seine Zusage, und als es so weit ist, muß der Rittmeister einen ihm zufällig bekannt gewordenen Höfling, Herrn v. Öfel, darum bitten, sich für Gustav zu verwenden.[3]

Geht man davon aus, daß die Grundkonzeption des „Hesperus" und des „Titan" auch für die Fabelführung der „Loge" bestimmend war, so wird klar, warum Jean Paul sich diese Geschichte ausgedacht hat. Im „Wutz" hatte er soeben denselben unhaltbaren Gesellschaftszustand mit Hilfe der unsachlichen Personalpolitik eines Patronatsherrn, an der die Berufung des Titelhelden zum Schulmeister um ein Haar scheitert, kritisch beleuchtet[4], und dabei brauchte angesichts der Mentalität von Wutz die Frage, welchen Eindruck die Willkür bei ihm selbst hinterläßt, nicht in Betracht gezogen zu werden. Jetzt, wo der Dichter sich den Lebenslauf eines Revolutionärs zum Sujet gewählt hatte, mußte er den Anlaß zur Gesellschaftskritik so auswählen, daß er zugleich als Erziehungsfaktor im Reifeprozeß seines Helden fungieren konnte. Er benötigte eine die Korruptheit und Willkür des Scheerauer Hofs unterstreichende Begebenheit, die das Schicksal Gustavs so gravierend und zugleich einprägsam betrifft, daß sie ihm, nachdem sie sich schon in der Kindheit seinem Bewußtsein aufgedrängt hat, bis zum Eintritt ins Berufsleben fortwährend gegenwärtig bleibt. Nicht anders ist literarisch das Zustandekommen jenes zufälligen Zusammentreffens mit dem Fürsten, das die Geldaffäre zwanglos mit den Berufsplänen des Rittmeisters für seinen Sohn zu verknüpfen erlaubte, zu erklären.

Die erste Begegnung mit dem Landesvater ist für ein Kind unvergeßlich, das erste Betreten der eigenen künftigen Ausbildungsstätte desgleichen, besonders, wenn es sich um eine Kadettenanstalt mit ihren Scharen bunt uniformierter Schüler handelt. Beide Eindrücke verbinden sich bei Gustav mit der Erinnerung an ein aufgeschnapptes Erwachsenengespräch, das seine dereinstige Berufslaufbahn zum Gegenstand hatte. Und in dem Maße, wie in den folgenden Jahren der Zeitpunkt näherrückt, wo das damals in Aussicht Gestellte Wirklichkeit werden soll, wird dem einsichtiger werdenden Knaben immer deutlicher, daß sowohl die finanziellen Schwierigkeiten seiner Eltern als auch das bis zuletzt Ungesicherte des für ihn vorgesehenen Ausbildungsplanes mit der Unzuverlässigkeit der Scheerauer Fürsten zusammenhängen.

Den in dieser psychologischen Situation befindlichen Gustav läßt Jean Paul aber auch noch von früh auf in den Bannkreis von Männern geraten, die zu alledem die politisch verallgemeinernden Kommentare liefern. Die staatsloyale Gesinnung hindert seinen Vater weder, mit dem oppositionellen Dr. Fenk, dem Vertrauten des Kapitäns Ottomar, befreundet zu sein, noch in der Person JPs einen Hofmeister zu engagieren, der nicht anders denkt. Und beide Figuren pflegen bei jeder Gelegenheit mit zornmütigen Anklagen oder bissigen satirischen Ausfällen über die miserablen Zustände im Fürstentum herzuziehen. Für Fenk, einen Vorläufer Leibgeber-Schoppes, ist bezeichnend, daß er im Beisetzungsgefolge des Fürstenherzens den Nekrolog auf das Gekröse verstorbener Landesherren entwirft, der später, als Jean Paul diese köstliche Satire in ausführlicherer Fassung noch einmal im „Komischen Anhang" zum „Titan" verwertete, von der Berliner Zensur unterdrückt werden sollte. Der Gedanke, daß der Magen eines Monarchen ebensoviel Pietät verdiene wie sein Herz, weil er ebensoviel wie sein Gewissen zu verdauen habe, klingt in der „Loge", eben bei Fenk, bereits an.[5] Vollends wird JP, mit dem Gustav Jahre hindurch täglich Umgang hat, als Demokrat und Despotenhasser porträtiert.[6] Freilich erlebt man nicht mit, daß der Knabe konkrete politische Äußerungen dieser Erwachsenen mit anhören, gar sie unmittelbar innerlich verarbeiten würde. Doch man kann sich keine in Gegenwart der einen oder anderen Gestalt verbrachte Stunde vorstellen, die von der Kundgabe subversiver Gedanken frei wäre, und das genügt, um es als glaubhaft erscheinen zu lassen, daß das früh von Zweifeln und Skrupeln befallene Staatsbewußtsein des Helden nicht fertig vom Himmel fällt.

Es ist die Kadettenanstalt, die dann Gustavs Oppositionsgeist zum Vorschein bringt. Die Schilderung des sinnlosen militärischen Drills gehört zu den gesellschaftskritischen Glanzstücken des Romans.[7] In dieser Umgebung sehen wir Gustav bald über die Problematik des ihm bestimmten Offiziersberufs nachdenken, der die Bereitschaft zur Hinmordung anderer und zur Aufopferung des eigenen Lebens zur Pflicht macht. Der gemütstief veranlagte, human empfindende Jüngling gelangt schließlich zu dem Resultat, daß der gegebene Staat so, wie er ist, nicht das Vaterland sein kann, für das zu streiten ehrenvoll wäre. Diese Ansicht vertraut er in einem Brief seinem einstigen Hofmeister an. Er verbreitet sich darin über die Gefühle, die ihn bei der Ausbildung jedesmal befallen, wenn er daran denkt, daß man ihm das Töten beibringt. In der freien Natur, schreibt er, „tritt jeder Blutstropfen meines Herzens zurück vor den Pechkränzen, Tranchéekatzen und vor den Wischkolben, womit die Artillerie unsere blauen Morgenstunden ausstopfet. Dennoch vergeß' ich die grünende Natur und die Kontraminen, womit wir sie in die Luft aufschleudern lernen, und sehe bloß die langen Trauerflöre, die an den Stangen am Hause eines Färbers gegenüber in die Höhe fliegen, schon wie Nächte über den Gesichtern armer Mütter hängen, damit der Tau des Jammers im Dunkeln hinter den Leichen falle, die wir am Morgen machen lernen."

Trotzdem würde Gustav dem Kriegshandwerk, so scheußlich er es findet, verschworen bleiben, wenn er nur wüßte, wofür er im Felde kämpfen soll. Und das weiß er nicht, im Gegenteil, er ist überzeugt, daß es zu einem schlechten Zweck, daß es dem wahren Vaterland zum Schaden geschähe. „Ach, seitdem es keinen Tod mehr *für*, sondern nur *wider* das Vaterland gibt, seitdem ich, wenn ich mein Leben preisgebe, keines errette, sondern nur eines binde, seitdem muß ich wünschen, daß man mir, wenn mich der Krieg einmal ins Töten hineintrommelt, vorher die Augen mit Pulver blind brenne, damit ich in die Brust nicht steche, die ich sehe, und die schöne Gestalt nicht bedaure, die ich zerschnitze, und nur sterbe, aber nicht töte."[8]

Gustavs Wunsch geht dahin, den Menschen zu nützen. Die Erkenntnis, daß ihm das als Offizier versagt sein wird, bezeichnet eine wichtige Etappe seines Werdeganges. Aber noch gibt er sich der Hoffnung hin, im zivilen Staatsdienst werde es anders sein. Daher erwägt er, statt des Schlachtfeldes den Sessionstisch zu wählen, um von dort aus den Staat so verbessern zu helfen, daß er der Bereitschaft seiner Bürger, sich fürs Vaterland aufzuopfern, wert wird. Auch über diesen Ausweg aus seiner Gewissenskrise spricht der Jüngling sich in seinem Brief an JP aus. Und eben an der Stelle bringt der Dichter eine Fußnote an, die den Illusionen des aufgeklärten Absolutismus eine Absage erteilt. „Ich kann nichts dafür", heißt es da, „daß mein Held so dumm ist und zu nützen hofft. Ich bin's nicht, sondern ich zeige unten (im weiteren Verlauf des Romans – W. Hr.), daß das Medizinieren eines kakochymischen Staatskörpers – z. B. bessere Polizei-, Schul- und andere Anstalten, einzelne Dekrete etc. – dem Arzneinehmen des Nervenschwächlings gleiche, der *gegen die Symptome und nicht gegen die Krankheitsmaterie* (hervorgehoben von Jean Paul – W. Hr.) arbeitet und der sein Übel bald wegschwitzen, bald wegbrechen oder weglaxieren oder wegbaden will."[9]

Offensichtlich ist diese Äußerung von den damaligen Ereignissen in Frankreich inspiriert. Jean Paul will mit ihr sagen, auch in Deutschland könnten menschlichere Verhältnisse nur durch eine revolutionäre Umwälzung geschaffen werden. Dies allein wäre für die Eruierung des Ideengehalts der „Loge" aufschlußreich genug, selbst wenn hier lediglich eine absichtslos eingeflochtene Sentenz vorläge. In zweierlei Hinsicht geht die Bedeutung der Note jedoch weiter. Einmal hat die Ankündung, „unten" *zeigen* zu wollen, daß an Symptomen herumkurierende Reformen zu nichts führen, programmatischen Charakter. Sie besagt, daß im folgenden mit der gesellschaftskritischen Aussage des Romans die Notwendigkeit der Revolution demonstriert werden soll. Zum anderen enthüllt die Note, worum es bei dem Reifungsprozeß des Helden geht. Dieser soll ein makellos vollkommener Charakter sein. Einen solchen als dumm zu bezeichnen hätte Jean Paul nicht fertiggebracht ohne die Absicht, ihn seine „Dummheit" überwinden zu lassen. Wenn er aber diesen Vorsatz gehabt hat, dann kann das hier nur heißen: In dem Stadium, in dem Gustav den zitierten Brief schreibt, gilt seine Erziehung als noch nicht abgeschlossen. Folglich soll er danach Erfahrungen und Belehrungen ausgesetzt werden, die ihn über seinen „dummen" Standpunkt hinausführen. Und daraus, daß dies der Standpunkt einer Reformgläubigkeit im Sinne des aufgeklärten Absolutismus ist, ergibt sich: Schon der Reifungsprozeß Gustavs war als Entwicklung eines naiv humanen Reformanhängers zum Revolutionär konzipiert.

Die folgenden Ereignisse muß man unter diesem Gesichtspunkt sehen. Nur so vermag man ihren durch den fragmentarischen Zustand des Werks verdunkelten Sinn zu begreifen. Als erstes erfährt man da, daß JP sich nach Erhalt jenes Briefs in die Residenz, zur Kadettenanstalt begibt, um Gustav „ein wenig zu belehren".[10] Selbstredend teilt die per Ich berichtende Romanfigur JP die Ansichten des Dichters, mit dem sie ja als identisch vorgestellt werden soll. Mithin gibt auch die Fußnote, die Gustavs „Dummheit" konstatiert, nicht bloß eine Meinung des Dichters wieder, sondern deckt sich auch mit dem, was JP als Romanfigur über den Brief seines Zöglings denkt. Ja, nach der Fiktion des Romans ist es JP, der den Brief mitteilt und ihn mit der Note versieht. Folglich ist die Belehrung, die JP dem Jüngling erteilen will – zu welchem Zweck er eigens von Auenthal in die Hauptstadt reisen muß –, eine politische. Sagen will er ihm, daß die antimilitaristische Gesinnung, die er im Kadettenkorps gewonnen hat, nicht genüge, daß er, um nicht „dumm" zu bleiben, vielmehr auch die Einbildung aufgeben müsse, im Zivildienst des feudalabsolutistischen Staates eine den Menschen nützende Tätigkeit ausüben zu können. Was bedeutet demnach die Absicht, Gustav „ein wenig zu belehren"? Antwort: Daß der JP der „Loge" seinen Vorläufer, den Jean Jacques des „Emile", der Intention nach in einem Punkt, über den die pädagogischen Kapitel sich noch ausgeschwiegen haben, übertrumpft: JP agiert als der gesellschaftskritische Mentor des Helden. Er trägt aktiv dazu bei, aus diesem einen Revolutionär zu machen. Damit zielt allerdings auch *seine* erzieherische Mission, wie die Jean Jacques, auf die Heranbildung eines echten Citoyen ab. Ebendeswegen aber muß sie jetzt, angesichts der Aktualität der Revolution, die der 1778 verstorbene Vorgänger nicht mehr erlebt hat[11], in einer seinem pädagogischen Vermächtnis gegenüber neuen, im spezifischsten Sinn politischen Aufgabe gipfeln: in der subversiven Beeinflussung des zu Erziehenden.

Nun kommt es zu der von JP gewünschten Aussprache zunächst nicht, und zwar deswegen nicht, weil der Autor, von der Romanfigur gleichen Namens halt doch unterschieden, es vorgezogen hat, die Radikalisierung des Helden anders herbeizuführen: nicht durch Belehrung, sondern durch ein erzählend gestaltetes Erlebnis; genauer: weil er der Belehrung ein Erlebnis, das ihr einen aufnahmefähigeren Boden bereitet, hat vorausgehen lassen wollen. Im Rahmen der Fabel sieht das so aus, daß JP Gustav nicht antrifft, da dieser an der Spitze einer Handvoll Husaren an die Staatsgrenze kommandiert worden ist, um dort dem Schmuggel zu wehren. Unverrichteterdinge begibt der Besucher sich nach Maußenbach, wo er seine neue Stellung als Gerichtshalter des Kommerzienagenten v. Röper anzutreten hat, und da wird er Zeuge der Begebenheit, die seinem Zögling dazu verhilft, sich von seinen Illusionen zu lösen.[12]

Das Gut des Kommerzienagenten hat die Obergerichtsbarkeit, und JP und Röper sind darin einig, daß das ärgerlich ist. Nur hat ihr Ärger ungleiche Gründe. Während JP es empörend findet, daß Leben, Freiheit und Ehre von einigen Hundert Menschen in der Hand eines einzelnen Feudalherrn liegen, stört es diesen, daß das mehr kostet, als es einbringt. Der bisherige Gerichtshalter Kolb ist fanatischer Kriminalist. Er hätte z. B. beinahe eine kostspielige Aushebung von Galgenanwärtern, die sich im Maußenbacher Forst zusammenrotten sollen und denen der Spitzel Robisch auf der Spur zu sein behauptet, ins Werk gesetzt. Röper war aus Sparsamkeit dagegen, und um den übereifrigen Kolb loszuwerden, hat er ihn durch Grobheit zum Abdanken gezwungen. Für JP als Nachfolger entscheidet er sich deswegen, weil der billig ist – er beansprucht kein Pferd – und weil Kolb vor seiner Neigung warnt, armen Leuten in ihren Rechtshändeln mit Adligen beizustehen. Röper ist dies willkommen, denn ständig prozessiert er mit Landadligen der Umgebung, wofür er einen Mann braucht, der zu ihnen keine Konnexionen hat, während er wegen kleiner Lumpereien im Dorf die teure Justizmaschine möglichst gar nicht in Gang setzt, es sei denn, es geht um sein Eigentum.

Als JP sein neues Amt antritt, feiert Röper gerade Geburtstag. So wird der neue Gerichtshalter, nachdem er den versammelten fünfhundert Untertanen vorgestellt worden ist, zum Kaffee ins Gutshaus eingeladen. Da er Röpers angenehme Frau gern hat und vor allem Beate, die schöne Tochter des Hauses, seine Klavierschülerin, zugegen ist, fühlt er sich sehr wohl, ja, er findet den Kommerzienagenten als Privatmann sogar recht annehmbar und muß über die merkwürdige Erscheinung nachdenken, „daß ein Minister, der ein Volk drückt, seine Kinder lieben und ein Menschenfeind am Sessionstisch ein Menschenfreund am Nähtisch seines Weibes sein kann".[13] Plötzlich wird das Idyll gestört. Draußen naht der den Röpers noch unbekannte Gustav, der, in Uniform, einem von Husaren eskortierten Kornwagen vorausreitet. Er hat die Ladung an der Grenze aufgebracht. Der Pächter, dem sie gehört, hat sie als Röpersches Gut ausgegeben und die Husaren zu bestechen versucht. Deswegen will Gustav den Kommerzienagenten zur Rede stellen. Vorher wendet er sich an den ihm unter den Anwesenden einzig bekannten JP und erklärt dem, worum es sich handelt. Röper belauscht das Gespräch, entdeckt das vor dem Haus stehende corpus delicti und gerät gegen den Kadetten, den die Sache nichts angehe, in Wut.

Tatsächlich verschiebt der alte Betrüger seit langem Getreide über die Grenze. Um für den Fall von Beschlagnahmen sein Renommee zu schützen, hat er die von ihm abhängigen Pächter gezwungen, bei Kontrollen sein Korn als ihr Eigentum auszugeben. Daher setzt er voraus, es gehe auch diesmal um eine Fuhre aus seinem Besitz. Daß er sich an dem Schmuggel rege beteiligt, kommt nun durch sein Verhalten an den Tag. Erst versucht Röper, den pflichtgetreuen Gustav mit dem Vorwurf der Amtsanmaßung unter Druck zu setzen. Als das nichts hilft, möchte er hinter seinem Rücken, mit der Begründung, der Fürst kenne gegenüber seinen Beamten keine Schonung, den neuen Gerichtshalter dafür gewinnen, auf Biegen oder Brechen zu bestreiten, daß es sich um eigenes Getreide handle, und jegliche Schuld auf den Pächter abwälzen. JP sieht zwar ein, daß der Fürst, der Ämterhandel und Justizunfug stets fördert, nur dann seine Strenge entdeckt, wenn es Ungehorsam gegen ihn zu ahnden gilt, ist aber dagegen, den ersten Betrug durch einen zweiten aus der Welt zu schaffen, und widersetzt sich dem Ansinnen seines Gerichtsherrn. Doch bevor es darüber zu einer Auseinandersetzung kommt, meldet sich der Pächter und klärt unter vielen Entschuldigungen auf, daß er sein eigenes Korn als Röpers Eigentum bezeichnet habe. Sofort stellt Röper sich um, wird moralisch, hält dem Pächter das Verbrechen vor, ihn, das Land und den Fürsten derart zu betrügen, droht ihm mit Auslieferung an die Regierungsjustiz und – wettert abermals gegen Gustav, dem er nun jedoch vorwirft, die Sache nicht gründlich genug untersucht zu haben. Mit „reißenden Gefühlen" stürzt der Kadett aus dem Hause und entfernt sich.[14]

Diese Episode soll *das* Erlebnis sein, das bei dem Helden den inneren Umschwung herbeiführt. Sie soll *die* Erfahrung hergeben, die ihn aus einem naiven Reformgläubigen zum Revolutionär erzieht. Aus dem Zusammenstoß in Maußenbach zieht Gustav die Lehre, daß ein Staatsgebilde, worin Gauner wie Röper Macht ausüben und zu Ehren gelangen, krank und verdorben ist. Deshalb muß Röper sich als Schmuggler entlarven und gleichzeitig einem kleinen Pächter, der in geringfügigem Umfang dasselbe tut, Verfolgung androhen. Deshalb auch wird er – als schwerreicher Händler, als Großgrundbesitzer, als patrimonialer Richter, als hoher Staatsbeamter – mit soziologischen Bestimmungen überhäuft, die ihn zum Sinnbild möglichst vieler „Stände" und öffentlicher Einrichtungen (der Justiz, der Bürokratie usw.) auf einmal machen, von denen allen Gustav sich angewidert fühlen soll. Aus demselben Grunde ist der Geburtstagskaffee arrangiert. Anders wäre es schwer zu bewerkstelligen gewesen, sowohl den sonst in Auenthal wohnhaften JP als auch die eigentlich in der Residenz lebende Beate bei dem Ereignis anwesend sein zu lassen. Der einstige Hofmeister aber mußte ebenso als Biograph des Helden Gelegenheit erhalten, die Affäre sogleich notieren zu können, wie es ihm, als dessen politischem Mentor, sozialkritisch verwertbaren Stoff für die noch ausstehende Belehrung zuzuführen galt. Und die Gegenwart Beates wieder war deswegen nicht zu entbehren, weil die Dramatik des Jean Paulschen heroischen Romans verlangt, daß die Revolution als sittliche Macht sogleich mit der Liebe in bedeutungsvolle Kollision gerate, was auf besonders eindrucksvolle Weise erreicht werden kann, wenn der Held im selben Augenblick aus Haß auf den verabscheuenswerten Vater für den Untergrundkampf reif wird *und* in der hinreißenden Tochter zum ersten Mal seiner künftigen großen Liebe begegnet.

Festgehalten zu werden verdient an alledem die Intention. Sie offenbart, daß Jean Paul schon in seinem ersten Romanfragment mit dem Problem gerungen hat, die Wandlung eines positiven Helden zum Revolutionär von dessen sozialen Erfahrungen her plausibel zu machen, und das ist von hoher Relevanz für die Erhellung jener tiefer durchdachten, besser komponierten Lösungen, mit denen er im „Hesperus" dieselbe Aufgabe noch einmal bewältigt hat. Für sich genommen, taugt die in der „Loge" vorliegende Version des Erlebnisses, das den Durchbruch zur Radikalität bewirkt, nicht viel. Was man über Röpers Geldgier erfährt, ist zu sehr ins Phantastische karikiert[14a], als daß man in ihm einen typischen Vertreter der Herrenkaste sehen könnte, und seine vielen Ämter und Würden verstärken diesen Fehler noch. Andererseits ist Getreideschmuggel wieder eine zu prosaische Angelegenheit, um in jene Phantastik hineinzupassen, ja bewegt sich als Delikt auf so subalternem Niveau, daß es sich hätte von selbst verbieten müssen, damit die Krise in Gustavs Staatsbewußtsein zu motivieren. An den gravierendsten Mangel reichen derlei Einwände aber noch nicht heran. Sie setzen voraus, daß die Intention, wie es um Wert oder Unwert ihrer künstlerischen Bewältigung auch bestellt sein mag, wenigstens klar zutage tritt, und das ist hier nicht der Fall. Tatsächlich hat Jean Paul die Fabel nach Techniken von Fielding konstruiert, in deren Natur es liegt, daß der Sinn des Geschehenen erst vom Ausgang her durchsichtig wird, und die sich infolgedessen katastrophal auswirken müssen auf die Verständlichkeit eines Fragments, das die Auflösung seiner Rätsel schuldig bleibt. Bevor man daher sachgerecht darüber urteilen kann, ob und wie weit Jean Paul in der „Loge" die künstlerische Verwirklichung einer Absicht gelungen ist, muß man immer erst mittels komplizierter Rückschlüsse, zumal aus dem „Hesperus", herauspräparieren, was eigentlich seine Absicht war, und oft gelangt man dabei zu unsicheren Hypothesen.

Wie also komme ich zu der Behauptung, die Begebenheit in Maußenbach sei für Gustavs politische Entwicklung so entscheidend, daß die Motivierung seines Radikalismus als gestalterisch unangemessen beanstandet werden muß? Dies ergibt sich aus Gustavs gerade jetzt einsetzendem Kontakt mit der unsichtbaren Loge. Seit Jahren sind die Logenbrüder im Scheerauischen Untergrund am Werk. Ihre ersten Aktionen haben zur Zeit des vorigen Thronwechsels, als Gustav noch Knabe war, stattgefunden.[15] Kurz vor seinem Zusammenstoß mit Röper wird nun daran erinnert, daß es die Loge noch gibt. Sie nämlich ist – wie sich später bei Gustavs Einkerkerung herausstellen wird – mit jenen „Galgenanwärtern" gemeint, die, nach Art der Schillerschen Räuber, im Maußenbacher Forst ihr Versteck haben.[16] Und unmittelbar nach der Auseinandersetzung mit Röper ist Gustav plötzlich fünf Tage lang verschwunden.[17] Daß er sich bei der Loge aufhält, wird vorerst freilich nicht gesagt; es kommt, wie bemerkt, erst gegen Ende des zweiten Teils ans Licht. Ebensowenig wird direkt ausgesprochen, daß zwischen seinen jüngsten Erfahrungen und dem Doppelleben, das er von nun an führt, eine kausale Beziehung besteht. Aus zwei Gründen kann es daran aber keinen Zweifel geben. Einmal besteht eine funktionelle Analogie zwischen der Loge und dem im „Hesperus" vorkommenden Klub, dergestalt, daß der Sinn der Aufeinanderfolge des Maußenbacher Vorfalls und des fünftägigen Verschwindens von Gustav sich am sichersten dann enthüllt, wenn man darin die Vorstufe zu dem Zusammenhang erkennt, der in dem zweiten Roman die Bildung des Klubs mit der vorausgegangenen politischen Desillusionierung von Flamin und Viktor verbindet.[18] Zum anderen hat Jean Paul sich von Fielding, wie bis in den „Titan" hinein belegt werden kann, das Prinzip zu eigen gemacht, auf wichtige Begebenheiten zunächst nur beiläufig, unauffällig, in scheinbar nichtssagender Weise hinzudeuten, um erst nachträglich, oft viel später ihre enorme Relevanz aufzudecken und ihnen eine tiefere Begründung zu verleihen. Und wenn man etwa daran denkt, in welch neuem Licht im „Tom Jones" am Ende, auf Grund des Geständnisses von Dowling, die unauffälligen Randereignisse erscheinen, die auf Allworthys Landsitz unmittelbar auf Miß Blifils Tod gefolgt sind, ohne daß der Leser sich damals veranlaßt gesehen hätte, auf sie acht zu haben[19], so wird man zugeben, daß ähnlich unscheinbare, zwecklos aussehende Vorkommnisse im Text der „Loge" wahrscheinlich dieselbe Doppelbödigkeit haben, mit anderen Worten: daß es sich auch hier um getarnt bedeutsame Verzahnungen für den – in dem Fall nicht geschriebenen – Schlußteil handeln dürfte.

Eines dieser Vorkommnisse wurde eben bereits auf seinen Gehalt hin analysiert: daß JP Gustav aufsuchen will, um ihn wegen seines Briefs zu belehren. Dazu kommt es, wie gesagt, nicht, weil Gustav auf Grenzwacht steht, was die Voraussetzung für den Maußenbacher Vorfall ist. Danach findet das Gespräch aber doch statt, und zwar im Anschluß

an Gustavs fünftägiges Verschwinden, denn in den ersten Zeilen des
Kapitels, das auf den Zusammenstoß mit Röper folgt, heißt es beiläufig, Gustav weiche JPs Erkundigungen nach seinem Verbleib mehr
ängstlich als listig aus[20], womit klar gesagt ist, daß es zwischen beiden
eine Zusammenkunft gibt, um deretwillen entweder JP, nun schon zum
zweiten Mal nach Erhalt des Briefs, eigens in die Residenz – was
wahrscheinlicher ist – oder Gustav nach Auenthal reisen muß. Selbstverständlich wird bei diesem Zusammentreffen – über das der Leser
bloß aus romantechnischen Gründen Fieldingscher Provenienz nicht
mehr erfährt – die fällige Belehrung nachgeholt, wobei der Maußenbacher Vorfall, weil typisch für die Korruption der höchsten Kreise
und die Verbrechen von Justiz und Bürokratie, dem Mentor überzeu-
gende Argumente liefert. JP weiß folglich zwar nicht, wo Gustav gesteckt hat, gehört demnach auch nicht selbst zu den Logenverschwörern,
ist aber an dem Beitritt des Jünglings zur Loge insofern eminent beteiligt, als er ihm seine jüngste soziale Erfahrung im Sinne jener kritischen Fußnote deutet und ihm so just zu dem Zeitpunkt, wo die Loge
Verbindung mit ihm aufgenommen hat, dazu verhilft, seine „Dummheit", d. h. die letzten rosigen Täuschungen über die Veränderbarkeit
der bestehenden Ordnung auf dem Wege absolutistischer Reformpolitik, zu überwinden.
Für diese Hypothese spricht noch ein weiterer Umstand. Dadurch, daß
Gustav, auf Grund eines ernüchternden Erlebnisses und belehrt durch
JP, sich dem Untergrund anschließt, steht nunmehr seine Immunität
gegen schädliche Einwirkungen, die von der Welt der Großen ausgehen, außer Frage. Ohne Gefahr für seinen Charakter und seine Moral kann er daher jetzt in diese Welt aufsteigen, was denn auch prompt
geschieht. Und da zeigt sich, daß sein Autor, indem er ihn zum Revolutionär hat reifen lassen, als Erzähler in ein kaum zu bewältigendes
Dilemma geraten ist. Denn nur solange Gustav glaubte, im zivilen
Staatsdienst ein Feld sinnvoller, den Menschen nützender Betätigung
zu finden, hätte er leicht über ein Staatsamt in Hofnähe gerückt werden
können. Jetzt dagegen muß er sich gegen eine derartige Veränderung
seines Status aus denselben Gründen, aus denen er für sie reif geworden ist, sträuben. Der Maußenbacher Vorfall und die ihn interpretierende Belehrung durch JP erklären also auch die gekünstelte Motivierung der Ereignisse, die das Überwechseln Gustavs vom Kadettenkorps in die Diplomatie bewirken.
Schlüsselfigur dieses Teils der Geschichte ist ein Bruder des Oberhof-
marschalls, der oben schon kurz erwähnte Legationsrat v. Öfel, ein
Intrigant und oberflächlicher Schöngeist, der an einem Roman schreibt,
worin er den Scheerauer Hof zu verherrlichen gedenkt. Mit einem an
den Haaren herbeigezogenen Motiv versucht Jean Paul plausibel zu
machen, wieso dieser Mann sich ständig in der Kadettenanstalt auf-

hält: Der Fürst hat ihm erlaubt, dort Dienst zu tun, damit er die Zöglinge als Menagerie für sein Buch studieren kann.[21] An Gustav nun findet der Legationsrat besonderes Gefallen. Er will in der Hauptfigur ihn porträtieren, so daß – man höre und staune – über den Helden simultan zwei Werke mit entgegengesetzter Tendenz verfaßt werden: außer der „Loge" JPs auch noch dasjenige Öfels.[22] Das Abstruse der Konstruktion liegt auf der Hand.

Gustav strebt von der Militärlaufbahn fort. Seine Vorgesetzten haben dafür Verständnis, sein Vater besteht jedoch darauf, daß er Offizier werden soll. Da ergibt es sich, daß Öfel an seinen eigentlichen Wohnsitz, in das alte Schloß von Marienhof, zurückkehren und Gustav dorthin mitnehmen will. Im angrenzenden neuen Schloß lebt bei der Residentin v. Bouse die schöne Beate Röper, der sich Öfel nähern möchte, ohne deswegen das Modell seines Romanhelden aus den Augen zu verlieren. So schildert er Gustav in verlockenden Farben das Hofleben. Da das den Kadetten kalt läßt, arrangiert er eine Begegnung zwischen ihm und der in Begleitung Beates durch den Park von Marienhof spazierenden reizvollen, eleganten Residentin, durch deren Anblick er den Jüngling zu locken hofft, und macht ihm danach das Angebot, sein Legationssekretär zu werden. Wieder lehnt Gustav ab. Mit dem Hof will er nichts zu tun haben. Öfel bleibt zwar der Nutzen, diese Weigerung in seinem Roman verwerten zu können. Aber um des Romans willen hat er den Vorschlag gemacht, denn vom Rang des Legationssekretärs aus kann ein junger Adliger schnell höher steigen, und wie Gustav sich dabei verhält, das wünscht Öfel zu beobachten. Um doch noch zum Ziel zu gelangen, sorgt er daher, selbst im Hintergrund bleibend, dafür, daß dem Kadetten der Militärdienst durch Schikanen vollends unerträglich gemacht wird. Physische Überanstrengung und seelische Drangsal führen endlich dazu, daß Gustav erkrankt. Das nimmt der Legationsrat zum Anlaß, Herrn v. Falckenberg die Verwendung seines Sohnes im weniger strapaziösen diplomatischen Dienst anzubieten. Besorgt um die Gesundheit seines Sprößlings und geschmeichelt durch den Vorschlag, stimmt der Rittmeister zu.[23]

In gewissem Maße gehören die Schikanen im Dienst noch zu Gustavs Erziehung. Hauptsächlich aber stellen sie ein – in Anbetracht ihrer Ursachen äußerst unbeholfenes – Mittel dar, ihn so in Hofnähe gelangen zu lassen, daß es gegen seinen Willen geschieht. Und in der höfischen Welt brauchte ihn Jean Paul, einmal, um die Totalität der Gesellschaft episch widerspiegeln zu können, zum anderen, weil er die Logenverschwörung, mit Gustav im Mittelpunkt, in eine Staatsaktion revolutionären Inhalts hinüberzuleiten gedachte. Wie das geschehen sollte, bleibt unklar. Was Gustav im überlieferten Fragment an der Peripherie des Hofs erlebt, läßt zwar an gesellschaftskritischer Tönung nichts zu wünschen übrig, bewegt sich aber fast ganz auf privater

Ebene.[24] Einziger Anhaltspunkt für seine Tätigkeit im Untergrund bleibt bis zu seiner Verhaftung das regelmäßige, jeweils fünftägige Verschwinden. Erst im „Hesperus" hat der Dichter die progressive Geheimmission eines Helden in der höfischen Sphäre organisch mit dessen intimsten Erlebnissen und Konflikten zu verknüpfen vermocht, und erst die Erfindung einer solchen Mission hat ihm da auch die Möglichkeit eröffnet, das Auftauchen eines Revolutionärs im Hofmilieu glaubwürdig, ohne die gekünstelten Beweggründe eines Öfel, zu motivieren.

VII

Außer den Erfahrungen, die Gustav die Fäulnis des feudalen Systems bewußt machen, ist für sein Reifen noch ein weiterer Erziehungsfaktor wichtig: die Begegnung mit dem Tod. Er erlebt das Dahinscheiden seines Freundes Amandus, nachdem der sich auf dem Sterbebett mit ihm ausgesöhnt hat.[1] Die Läuterung des todgeweihten Kindheitsgefährten, das Mitansehen seiner Agonie, die Trauer um ihn erschüttern Gustav tief, und fortan ist das Memento mori ein bestimmendes Moment seiner Weltanschauung, so sehr, daß von Amandus' Ende an ihm alle Gestalten der Geschichte als Symbole der Vergänglichkeit erscheinen. Die Sinngebung des Todeserlebnisses ist in der „Loge" an das Schicksal des Kapitäns Ottomar geknüpft, der seinerseits auch einen Reifungsprozeß mit politischer Grundkomponente durchmacht, aber in vorgeschrittenerem Lebensstadium, bei anderem Charakter und betroffen von Ereignissen mit abweichendem Erfahrungswert. Gustavs Entwicklung verläuft von der in jünglingshaften Illusionen befangenen Humanität über das Innewerden des korrupten Verhaltens der Herrschenden zu der Einsicht, daß in Deutschland nur eine grundstürzende Veränderung des Bestehenden menschliche Verhältnisse schaffen könnte, und das Memento mori verleiht dieser Erkenntnis dann ihren männlich reifen Ernst. Ottomar dagegen ist ein im Bösen wie im Guten genialer Mensch, der unter der Enge der ihn umgebenden Verhältnisse so leidet, daß er über deren Widerwärtigkeit nicht erst aufgeklärt zu werden braucht, dessen titanischer Trotz aber der läuternden Wirkung des Memento mori bedarf, um von Menschenliebe erfüllt zu werden und so die soziale Orientierung zu erhalten, die dem Rebellieren erst seine sittliche Rechtfertigung gibt.

Wir lernen Ottomar kennen, als die Freundschaft zwischen Gustav und Amandus zerbrochen scheint, und erfahren, daß auch der Kapitän, vorher mehrfach erwähnt als gehaßter Halbbruder des Fürsten, mit der unsichtbaren Loge in Verbindung steht. Zumindest bedient er sich ihrer, um aus Italien einen Brief brisanten Inhalts nach Scheerau zu schmuggeln.[2] Gustav bringt das Schreiben von dem letzten fünftägigen Verreisen, das ihm übrigens durch seine militärischen Vorgesetzten auf Öfels Geheiß erschwert worden ist, mit und händigt es Dr. Fenk aus. Ottomar kündigt darin an, er werde im Herbst nach Scheerau zurückkehren. Gustav weiß das nicht, denn die Loge – der er anscheinend vorerst nur als Kurier dient – will, daß für den Überbringer Herkunft und Inhalt des Briefs im Dunkeln bleiben. Dem Leser wird der Wortlaut jedoch bekanntgegeben. Es geht um das Problem des allseitig entfalteten, freien, harmonischen Menschen. Aufgeworfen wird es von einem Mann, der an Kraft, Energie und Geistesgröße den Durchschnitt überragt, dabei wünscht, ein ganzer, tätiger Mensch zu sein, aber erkennen muß, daß das in allen monarchischen Ämtern unmöglich ist. Der Brief ist durchdrungen von Protest gegen die deutsche Misere, in der zu großen Taten befähigte Charaktere verkrüppeln müssen, und gipfelt in dem hier schon zitierten Ausruf, er, Ottomar, wolle als Räuberhauptmann die bestehende Ordnung zerstören.[3] Als Einschaltung folgt ein „Extrablatt" über den „hohen Menschen", das zum Teil fast wörtlich übereinstimmt mit den einschlägigen Darlegungen in dem Aufsatz „Über die Fortdauer der menschlichen Seele und ihres Bewußtseins". „Hohe Menschen", so teilt der Autor mit, sind unter den Romanfiguren nur Ottomar, Gustav, der Genius und Fenk.[4] Demnach scheint auch der soeben wiedergegebene Brief einen Charakter zu offenbaren, der die Kriterien dieses Leitbilds erfüllt, und in der Tat geht aus Ottomars Bekenntnis hervor, daß er sich durch *eine* Qualität auszeichnet, die aus dem „hohen Menschen" nicht fortgedacht werden kann: Er ist der Anti-Stoiker schlechthin, weil er, mehr als die anderen Figuren, von Natur aus die Fähigkeit mitbringt, in Liebe und Haß zu entbrennen. Dennoch steht in dem Brief der Drang nach ungehemmtem Sichausleben der eigenen genialen Kräfte zu sehr im Vordergrund, als daß man den Absender durch das ebensowenig zu entbehrende Merkmal des „hohen Menschen", sich selbst nicht wichtig zu nehmen, nur für die anderen da zu sein, definieren könnte. So gesehen, beschreibt das Extrablatt nicht, was Ottomar *ist*, sondern stellt ein *Programm* auf für das, was er *werden soll*, und die weitere Geschichte bestätigt diesen Eindruck, indem sie ihn einer Wandlung unterwirft, die ihn über die anfängliche Ichbezogenheit hinauswachsen läßt.

Bevor Ottomar persönlich auftritt, erlebt der Leser die Anfänge der Liebe zwischen Gustav und Beate[5], den Tod von Amandus[6], die Trauer um den Verstorbenen, die zwischen Fenk und Gustav enge Gemeinsamkeit stiftet[7], und den niederschmetternden neuen Schlag, der den Vater und den besten Freund des Toten trifft, als sie, auf dem Rückweg von einer Reise, mit der sie vergebens ihren Kummer zu betäuben versucht haben, im Tempel von Ruhestatt nun auch den – inzwischen heimgekehrten – Kapitän aufgebahrt und durch eine Trauerfeier geehrt sehen.[8] Wie sich bald herausstellt, ist der im Sarg aber nur scheintot gewesen. In die poetische Szene, zu der das gegenseitige Liebesgeständnis von Gustav und Beate an Amandus' Grab ausgestaltet ist, dringen Orgeltöne aus dem Ruhestatter Tempel, und kein anderer als der Kapitän läßt sie erklingen. Nach seinem Erwachen hat er seine Grabstätte verlassen und sich an die Orgel gesetzt.[9] Wieder folgt ein langer Brief von ihm an Fenk. Ottomar berichtet darin von dem grauenhaften Erlebnis, das hinter ihm liegt, und legt zugleich die tiefgreifenden Veränderungen dar, die sich durch die Todesnähe in seiner Einstellung zum Leben vollzogen haben. Der zweite revolutionäre Held des Romans hat nicht aufgehört, ein Mensch von wildem, leidenschaftlichem Trotz zu sein. Aber seine rebellische Gesinnung steht jetzt unter dem Vorzeichen des Memento mori, das ihn mit unendlichem Mitleid für die todgeweihten Menschen erfüllt. Erhaben über die Eitelkeit kleinlicher Zwecke, frei von persönlichen Ambitionen, dem eigenen Glück gegenüber gleichgültig, kennt er keine andere Aufgabe mehr, als dafür zu sorgen, daß den Lebenden die zwei Dezembertage, die sie achtzig Jahre nennen, nicht noch kälter und kürzer gemacht werden.[10]

Und erst nach dieser Wandlung begegnet er Gustav – wahrscheinlich, um dem Jüngling ebenso den Verlust von Amandus zu deuten, wie vorher JP ihm den Vorfall mit Röper gedeutet hat. Selbst durch das Todeserlebnis erzogen, vermag Ottomar zum Erziehungsfaktor im Bildungsgang des jüngeren Revolutionärs zu werden. In den Wochen, da Gustav und Beate in Marienhof in Liebesseligkeit schwelgen, während JP in Maußenbach wenigstens die Mutter des Mädchens dafür zu gewinnen sucht, dem jungen Paar den elterlichen Segen zu geben, erscheint Ottomar eines Tages bei der Residentin v. Bouse. Ironisch macht er der großen Dame Komplimente, und ernst und unverblümt äußert er im Verlauf der Unterhaltung seinen Zorn auf die Fürstenhöfe, die das Volk unterdrücken, wobei man beiläufig erfährt, daß es ihm bei seiner Unzufriedenheit jetzt um mehr geht als um die der eigenen Persönlichkeit angelegten Fesseln. Vom neuen Schloß begibt der Gast sich ins alte, wo Öfel wohnt, und spricht dort mit Gustav. Drei Stunden währt ihre Unterredung. Was sie behandelt, verrät der Dichter nicht, doch weist er darauf hin, daß beide insofern schon in Beziehung stehen, als nicht nur Gustav, sondern auch der Kapitän in regelmäßigen Abständen verschwindet. Die Gedanken des Jünglings, heißt es weiter, haben sich durch das Zusammentreffen mit dem genialen Mann „zu einer ganzen Welt erweitert".[11]

Kurze Zeit später begibt Gustav sich in Ottomars Schloß Ruhestatt, wo seit dem Scheintod des Besitzers eine merkwürdige Atmosphäre herrscht. Auf Schritt und Tritt stößt der Besucher auf Dinge, welche die Vergänglichkeit des Lebens symbolisieren. Dazu gehört, daß Ottomar sich nur von Kindern, diesen Verkörperungen vorüberfliegender Jugend, bedienen läßt und viel Blumen und junges Vieh um sich hat.

In einem Saal stehen, aus Wachs nachgebildet, die Gestalten derer, die der Hausherr liebt. Soweit die Betreffenden verstorben sind, halten die Wachsfiguren schwarze Sträuße in den Händen. Fenk erscheint ebenfalls. Er und Ottomar begrüßen sich durch Umarmung. Gustav wird in ihren Freundesbund aufgenommen. Wieder klingt das Memento mori an. Der Kapitän nimmt den schwarzen Strauß aus den Fingern einer wächsernen Frauenfigur, steckt sich ihn ans Herz und sagt: „Sonach leben wir drei, das ist das sogenannte Existieren, was wir jetzt tun". Betroffen stehen die Freunde da, und erst als sie von ferne den Fürsten unter Waldhörnerklang zur Jagd traben hören, verscheuchen diese Geräusche des Lebens die Nacht, die sich auf sie herabgesenkt hat.[12]
Überhaupt neigt Ottomar zu düsteren philosophischen Betrachtungen. Sie würden, mündeten sie nicht in Äußerungen militanter Humanität und revolutionären Demokratismus' ein, wie eine Vorwegnahme der Tendenzen eines Kierkegaard oder Heidegger wirken, die durch die sonderbare Emphase, mit der hier bereits das Wort „Existieren" gebraucht wird[13], bis in die Terminologie zu reichen scheint. Und die demokratischen Äußerungen selbst, die uns damit versöhnen, bleiben in den fertiggestellten Teilen des Fragments – das ist sein ärgster inhaltlicher Fehler – so gut wie folgenlos. Ottomar räsoniert meist nur revolutionär, und falls gesagt wird, daß er auch so handle, dann wird es nicht gezeigt. Er verbringt, so lesen wir, den Winter mit „nützlichem Streit". Advokat geworden, obwohl er das als Gutsherr nicht nötig hätte, befehdet er bei jeder sich bietenden Gelegenheit den Hof im Volksinteresse. Auch verfaßt er für die unsichtbare Loge anonym aufrührerische Satiren, die wie Flugblätter von Hand zu Hand gehen und Aufsehen erregen.[14] Aber nichts davon ist gestaltet, nichts wird dem Leser erlebnismäßig nahegebracht.
Erst gegen Ende des Fragments, als Fenk die Freunde zu einer Gartengesellschaft vereint, die Jean Paul mit hoher Poesie beschreibt[15], gewinnt der Kapitän wieder an Lebendigkeit. Als er eintrifft, klingen sofort neue Töne auf. Der Mann, der das Sterben hinter sich hat, sprengt die beschaulich-harmonische Idylle. Bald schlägt er ein Thema an, das abermals an seine umstürzlerische Aktivität gemahnt. „Er behauptete, die meisten Laster kämen von der Flucht vor Lastern – aus Furcht, schlimm zu handeln, täten wir nichts und hätten zu nichts Großem mehr Mut . . . wir stürzten keinen Betrüger, keinen Tyrannen."[16] Kein Zweifel: Wenn Gustav anfangs nicht mehr gewesen sein sollte als ein Geheimkurier der Loge, dieser Mensch hat ihn in die Vorbereitung eines Umsturzes hineingezogen. Am nächsten Tag müssen denn auch der Kapitän und Gustav wieder kurz verreisen, diesmal gemeinsam. Nach seiner Rückkehr soll dann der Jüngling den Legationsrat Öfel bei einer diplomatischen Mission begleiten. Abschiedsstimmung liegt über dem Abend. Nachdem man Punsch getrunken hat, wird mit

einer Bootsfahrt bei Mondschein der Rückweg angetreten. In der Nacht kommen die Ausflügler in Lilienbad an, wo JP und Philippine, Beate und Gustav zur Erholung weilen. Mit einem Kuß vor Beates Tür trennen die Liebenden sich. Es ist in dem Fragment das letzte Mal, daß sie sich sehen.[17]

Im Schlußkapitel wird berichtet, man habe Gustav verhaftet. Die Hiobsbotschaft steht in einem Brief, den JP von Fenk erhält. Zu entnehmen ist daraus, daß Ottomar und Gustav an einer staatsfeindlichen Verschwörung beteiligt waren. Herausgekommen ist es durch einen lächerlichen Zufall. Ein Spaßvogel namens Dr. Hoppedizel, der im ganzen Buch für die Auflockerung des Romangeschehens durch burlesk-komische Szenen à la Smollet sorgt[18], hat in Herrn von Röpers Haus einen Scheineinbruch verübt, um dem Geizkragen einen Schabernack zu spielen, und ist dabei auf einen wirklichen Einbrecher gestoßen. Für den inzwischen zum Regierungsrat avancierten ehemaligen Gerichtshalter Kolb und seinen Spürhund Robisch war das ein erwünschter Anlaß, den Maußenbacher Forst zu durchkämmen, und im Zuge ihrer Aktion haben sie tief im Wald eine geheime Verschwörung ausgehoben, die sich in einer unterirdischen Höhle verborgen hielt. Unter den vermummten Gestalten befand sich auch Gustav. Die ganze Gruppe wurde gefangen. Fenk ist, als die Sache ruchbar wurde, zu Ottomar gestürzt, und dieser hat ihm daraufhin anvertraut, wie Gustav gerettet werden könnte.[19]

Von den Darlegungen des Kapitäns erfährt man auch aus Fenks Brief so gut wie nichts. Lediglich die Andeutung des Arztes, er wisse nun, daß „Ottomar in seiner Höhle besser gelebt hat als alle übrigen Scheerauer", weist, angesichts der oppositionellen Denkart des Briefschreibers, in die Richtung einer revolutionären Betätigung. Aber nur der Kenner der dürftigen Vorarbeiten für den dritten Teil ist zu einem weitergehenden Schluß berechtigt: Die Notizen, die Ottomars Aufstieg zum Minister vorsehen, sprechen dafür, daß ein Umsturz alles zum Guten wenden wird. Und da der Kapitän weiß, wie Gustav gerettet werden kann, wird mutmaßlich auch dieser, als sein engster Mitverschworener, dabei zur Macht gelangen, worauf seine Erziehung ihn vorbereitet hat.

Ottomar, schreibt Fenk, hätte einen Schwur geleistet, das Geheimnis, das er ihm preisgegeben, äußerstenfalls eine Stunde vor seinem Tode zu lüften. Wie viele Motive kehrt auch dieses im „Hesperus" wieder: Als Flamin zum Tode verurteilt ist, will, wie gesagt, Viktor dem Fürsten Januar die Identität des Freundes mit dem Infanten enthüllen und danach, um einen ähnlichen Schwur zu halten, aus dem Leben scheiden.[20] Bedeutet diese Parallele, daß auch Gustav ein illegitimer Fürstensohn ist? Oder bedeutet sie womöglich – da wir einen solchen bereits in Ottomar vor uns haben und der Scheerauer Fürst, um vieles bösartiger als der von Flachsenfingen, doch wohl zum Abdanken gezwungen werden sollte –, daß Gustav, wie später im „Titan" Albano, der rechtmäßige Herrscher des Landes ist? Niemand kann das wissen. Aus Fenks Brief geht nur hervor, daß Ottomars Versuch, sich selbst zu töten, scheitert. Mit den Schlußworten des Briefs: „Er lebt aber noch. Fenk", endet das Fragment und entläßt so den Leser mit der Hoffnung auf ein gutes Ende.[21]

VIII

Mit gereifter Darstellungskraft und besser durchdachter Fabel wandelt der „Hesperus" in seinen bildungsromanhaften Partien die gleiche Konzeption so ab, daß Absicht und Ausführung einander entsprechen und man sich, im Unterschied zur „Loge", Erörterungen darüber, was eigentlich gemeint und gewollt war, ersparen kann. Zunächst ein Wort zum Memento mori. Die Begegnung mit dem Tod ist in dem zweiten Roman, mit ähnlichem Effekt wie bei Ottomar, auf Lord Horion übertragen. Aber der Scheintod ist dabei verschwunden, die melancholischen Passagen sind insofern drastisch verkürzt, als Jean Paul den traurigen Anlaß in die Vorgeschichte verlegt hat, und die aus dem Memento mori hervorwachsende humane Praxis des Lords wird nicht mehr bloß deklariert oder geheimnisvoll angedeutet, sondern bildet das Rückgrat der Fabelkonstruktion.

Horion verkörpert alle Tugenden, die, nach Meinung Jean Pauls, einem Mann von Geist, edlem Charakter, Weltkenntnis und gediegener Bildung eigen sein müssen, wenn er in den freien politischen Verhältnissen Englands aufgewachsen ist. Aber erst der Tod seiner geliebten jungen Frau läßt ihn zum „hohen Menschen" reifen. Durch diesen Schlag, der ihn, bei äußerlich gefaßter Haltung, in solche Verzweiflung treibt, daß er sich fast blind weint, wird für den Lord das Leben in dem Sinne nichtig, daß er es nicht mehr genießt, sondern nur noch erträgt, sich selbst nicht mehr wichtig nimmt, keine ichbezogenen Interessen mehr verfolgt, vielmehr einzig darauf sinnt, wie er möglichst vielen Mitmenschen ihr Erdendasein erleichtern könnte.[1] Eine Chance, diese Humanität zu praktizieren, erwächst daraus, daß Horion kurz vor dem Tod seiner Frau einen deutschen Verwandten von ihr kennengelernt hat, der daheim Gebieter eines ganzen Landes ist und auf den er sogleich Einfluß gewinnt. Es ist der gutmütige, aber charakterschwache, politisch passive, nur seinen leiblichen Genüssen lebende Fürst Januar, derzeit mit seinem halben Hofstaat auf einer Kavalierstour, die ihn auch nach London führt. Januar entbrennt in Leidenschaft zu einer Nichte des Lords, mit dem er sich daher gut stellen zu müssen glaubt, wird ihm aber auch deswegen hörig, weil er nur durch ihn eine bestimmte Käsesorte beziehen kann, nach der sein verwöhnter Gaumen verlangt. (Die Nichte ist die spätere gemeinsame Mutter von Flamin und Klotilde.) Dies macht Horion sich zunutze, um seine Intentionen in die Tat umzusetzen. Als Januar nach Deutschland zurückkehrt, begleitet er ihn, wird, bei Wahrung eigener Unabhängigkeit, sein enger Vertrauter und tut in dieser Position alles in seiner Macht Stehende, um den unterdrückten, darbenden Untertanen von Flachsenfingen zu helfen.[2]

Seinem Einfluß sind allerdings Grenzen gesetzt, denn die – dem Fürsten gleichgültigen – Regierungsgeschäfte besorgt der erzkonservative Minister v. Schleunes, der eine ganz auf die Adelsinteressen zugeschnittene Politik betreibt. Doch der Lord trifft Vorkehrungen, das eines Tages zu ändern. Er bemächtigt sich, wie gesagt, kurz nach ihrer Geburt der natürlichen Söhne, die Januar in Frankreich und England mit verschiedenen Müttern, darunter jener Nichte Horions, gezeugt hat, und läßt ihnen im geheimen eine solche Erziehung angedeihen und sie unter solchen Verhältnissen aufwachsen, daß sie befähigt sein werden, dereinst in Flachsenfingen eine Wende herbeizuführen. Auf die Verwirklichung dieses „Unterwanderungs"planes zielstrebig hinarbeitend, macht Horion sich derweil dem Fürsten unentbehrlich dadurch, daß er nach den verlorenen Söhnen, an denen der Vater hängt, unablässig zu fahnden vorgibt.[3]

Soweit die Vorgeschichte. Die Erzählung setzt ein, als die fünf jungen Männer für den Machtantritt erwachsen genug sind. Sie hat zum Gegenstand die verwickelten Begebenheiten, die in den Jahren 1792–94 dem guten Ende von alledem vorausgehen. Man sieht, was aus dem Memento mori der „Loge" geworden ist: Es hat zwar seine Relevanz bewahrt, ja als Ausgangspunkt der neuen Fabel an Gewicht zugenommen, aber eben dadurch ist es so sehr an den – nur retrospektiv berichteten – Anfang gerückt, daß die Geschichte selbst ihre überwiegend politischen Aspekte freier und reicher entfalten und sich desgleichen in einer helleren Atmosphäre abspielen kann. Freilich nicht ganz. Die erzieherische Wirkung der Begegnung mit dem Tod hält Jean Paul nach wie vor für dermaßen bedeutungsvoll, daß er das Memento mori nicht nur an Horion exemplifiziert, sondern es auch – und in dem Fall gestaltet – in die seelische Entwicklung des Liebespaares einfließen läßt. Klotilde trauert um ihre früh verschiedene Herzensfreundin Giulia v. Schleunes[4], sie und Viktor werden der Erschütterung durch die Todesahnungen und das Sterben Emanuel-Dahores ausgesetzt[5], Viktor mit der besonders ans Herz greifenden Nuance, daß Emanuel sich für ihn opfert, und eben die Gestalt Emanuels mit ihrer erhabenen Todesmystik trägt in das Idyll von Maienthal eine Melancholie hinein, die, für sich genommen, der Grundstimmung des ersten Romans verwandt ist.[6] Selbst in den Maienthalszenen bleibt dies jedoch *eine* Komponente unter anderen, lichtvollen, und die bei der „Loge" unabweisbare Frage, wieso eigentlich ein Buch, das den Werdegang eines Revolutionärs schildern will, den Todesstimmungen seiner Helden fast ebensoviel Raum gewährt wie deren gesellschaftlichen Erfahrungen, drängt sich im Falle des „Hesperus" nicht mehr auf. Vollends spielt in der Entwicklung seiner politisch am stärksten profilierten progressiven Figur das Memento mori keine Rolle mehr: In Flamin hat Jean Paul das Bild eines jungen Mannes gezeichnet, der ausschließlich an den erlittenen und beobachteten Mißständen des überlebten Feudalsystems und unter dem Einfluß des Jakobinertums zum Revolutionär reift.

IX

Der Reifungsprozeß Viktors, des anscheinend wichtigsten „Hesperus"-Helden, setzt auf einem weltanschaulich und politisch sehr hohen Niveau ein. Wir erleben, wie Horion ihm nahelegt, die Stellung des fürstlichen Leibarztes zu übernehmen. Viktor erwidert, daß er die Hofluft verabscheue. Die Spiel- und Speiseteller bei Hof seien die „Schlachthäuser hingerichteter Provinzen". Auch hasse er die knechtischen, lauernden Höflinge. Trotzdem ist er bereit, Leibarzt zu werden, denn er hofft, so die Leiden der Untertanen mildern zu können. „Ach, um jeden Thron stehen tausend nasse Augen", sagt er, „die von verstümmelten Menschen ohne Hände hinaufgereicht werden. Droben sitzt das eiserne Schicksal in Gestalt eines Fürsten und streckt keine Hand aus. Warum soll ein weicher Mensch nicht hinaufgehen und dem Schicksal die starre Hand führen und mit einer unten tausend Augen trocknen?"[1] Als Viktor dem Fürsten Januar vorgestellt wird, findet er ihn unbedeutend, aber menschlich angenehm, weil frei von Eitelkeit und überheblichem Stolz. Er beschließt, ihn zu lieben, worin zum Ausdruck kommt, daß seine politischen Überzeugungen nicht Vorurteile gegen Einzelpersonen aus der Herrenkaste nach sich ziehen.[2] Vorher indes wird anschaulich gezeigt, daß er die üblen Vertreter des Adels – den Hofjunker Matthieu, den Kammerherrn v. Le Baut und dessen Frau – nicht nur als Individuen negativ bewertet, sondern ihre widerwärtigen Züge auch als für ihre Kaste typisch auffaßt.[3]
Viktors liebevoll solidarische Einstellung zu einfachen Menschen wird auf seiner Wanderung nach Kussewitz deutlich.[4] Und hier gibt die Begrüßungszeremonie für die neue Gemahlin Januars, Prinzessin Agnola, dem Dichter zugleich Gelegenheit, dem Leser auch davon einen Eindruck zu vermitteln, daß der Held die dynastischen Heiraten als für die betroffenen Frauen tragisch und schmachvoll empfindet. Es ist aus seinen Gefühlen heraus gesprochen, wenn es da heißt: „Seid weich und erweitert nicht Fürstenhaß zu Fürstinnenhaß! Soll uns ein gebeugtes weibliches Haupt nicht rühren, weil es sich auf einen Tisch von Mahagony stützt, und große Tränen nicht, weil sie in Seide fallen?"[5]

Nachdem Viktor durch Horion Instruktionen für sein Verhalten bei Hof bekommen hat, tritt er seine Stelle an. Januar läßt es sich nicht nehmen, den Sohn seines Günstlings persönlich in die Hofgesellschaft einzuführen. Kurz danach schildert der Hofmedikus in einer Epistel an den Pfarrer Eymann seine Eindrücke und zieht aus dem Erlebten Schlüsse, die sein ausgeprägt bürgerliches Bewußtsein offenbaren. Mit eindringender Gesellschaftskritik leitet er die Mentalität der Höflinge aus deren Parasitentum ab und analysiert die Gegensätze von Bürgertum und Adel, von denen alle Aspekte der Gesellschaft dermaßen durchdrungen seien, daß sogar zwei grundverschiedene Denkweisen und Moralen existierten, in denen dieselben Wertbegriffe entgegengesetzte Bedeutung hätten. Hervorstechendes Merkmal der höfischen Moral sei ihre Verlogenheit, die so weit gehe, daß sie sich selbst aufhebe. Es könne, da eine allgemeine Verstellung keine mehr sei und jeder dem anderen Gift zutraue, keiner belügen, sondern jeder nur überlisten. Emphatisch betont der Briefschreiber die Überlegenheit der bürgerlichen Moral. „Wenn man den Inhalt des Throns und des platten Pöbellandes vergleicht, so scheinet die physikalische und moralische Erhabenheit der Menschen in umgekehrtem Verhältnis zu der ihres Bodens zu stehen, so wie Marschländer größer sind als die Bergländer. Aber gleichwohl tragen jene erhabnen Leute den Staat leicht wie auf Schmetterlingsflügeln . . . und beschirmen mit einem Spazierstöckchen das Volk vor Löwen oder jagen damit die Löwen im Volk. . . . Nein, Ihr Garten, Ihre Stube ist schöner, da gibt es keine steinerne Brust, an der man die Arme und Adern der Freundschaft kreuzigt wie ein Spaliergewächs."[6]

Man sieht: Von Anbeginn ist Viktor außerordentlich progressiv eingestellt. Trotzdem muß er politisch noch erzogen werden. Denn er hegt die Illusion, für das Volk etwas Nützliches durchsetzen zu können, wenn es ihm gelinge, den Fürsten zu beeinflussen, und die gutmütige Aufgeschlossenheit Januars bestärkt ihn in diesem Irrtum um so mehr, als der Monarch den Umgang mit ihm bald nicht mehr missen mag. Satirisch werden die Gründe dieser Sympathie geschildert. Januar glaubt, an Podagra zu leiden. Viktor stellt fest, daß ihn nur versetzte Winde plagen. So verschreibt er ihm ein Blähungspulver, und Serenissimus wird schnell gesund. Der alte Hofarzt fällt in Ungnade, der neue erfreut sich höchster Gunst.[7] Bei näherem Kennenlernen ist der Fürst bald so begeistert von ihm, daß er ihn ständig um sich haben will. Diese Bevorzugung möchte Viktor für die Bevölkerung nutzen. Er verfällt auf den Plan, den Fürsten zu gemeinsamen Inkognito-Reisen durchs Land zu bewegen, um ihm unterwegs die Mißstände in seinem Machtbereich und die Not seiner Untertanen vor Augen zu führen. Er hofft, damit durchgreifende Reformen anzuregen. Angesichts der Denkart des Fürsten scheint ihm das aussichtsreich. Januar hat nicht Mentalität und Gebaren eines Despoten. Er hört aufmerksam den Reden zu, in denen Viktor ihm die Vorzüge republikanisch-demokratischer Verfassung anpreist, ja, er gerät dabei zuweilen selbst in Enthusiasmus und bekennt, er würde gerne von den Bürgern einen Kongreß wählen lassen. Wenn dennoch in dem Ländchen nicht einmal von bescheidenen Ansätzen zu Reformen die Rede ist, so deshalb, weil der Fürst aus Faulheit und Schwäche die Dinge schleifen läßt und dem Minister selbst zahme liberale Tendenzen als Jakobinertum verhaßt sind.[8]

Auf den Vorschlag der Inkognito-Reise geht Januar freudig ein. Wenig später ziehen er und Viktor verkleidet durchs Land. Allenthalben stoßen sie auf Fälle ungeheuerlicher Korruption und schamloser Aussaugung und Entrechtung der Landeskinder. Die Beschreibung der Reise ist mit lauter anklagenden Satiren durchwirkt.[9] Der Fürst scheint tief beeindruckt und nimmt sich vor, zu helfen und zu bessern. Den einen oder anderen Mißstand stellt er sogar an Ort und Stelle ab. Doch schon nach wenigen Tagen erschüttern die Hausmannskost, die er zur Tarnung zu sich nehmen muß, und das Fehlen seiner Leibwache ihn mehr als die Nöte der Untertanen, und alle Strahlen seiner Zuneigung sammeln sich bald in dem einzigen Mann von Stande, den er noch um sich hat: in dem – vermeintlichen – Lordsohn Viktor. Als man zum Schluß im Dorf St. Lüne eintrifft, ist Januar so erfreut, in dem Kammerherrn v. Le Baut endlich wieder einen wahren Weltmann zu sehen, daß er die hinter ihm liegenden deprimierenden Erlebnisse schnell vergißt. Es kommt nichts bei der Reise heraus, alles geht in Flachsenfingen seinen alten Gang, und Viktor muß einsehen, wie dumm seine Hoffnungen gewesen sind.[9] Nur weil Horion es so von ihm verlangt hat, hält er weiter bei Hof aus. Er empfindet sein Leben und Treiben dort aber mehr und mehr als unnütz und leidet darunter.

X

Der andere „Hesperus"-Held, Flamin, hat zu Beginn eine Passion für den Soldatenberuf. Dies entspricht seiner kraftvollen Männlichkeit und seinem heißblütigen Temperament, hängt aber auch damit zusammen, daß er, als – vermeintlicher – Bürgerlicher, durch Kriegsruhm der adligen Klotilde v. Le Baut, die er liebt, ebenbürtiger zu werden hofft. So dringt er in Viktor, sich bei Horion dafür zu verwenden, daß der sich für seine Ausbildung zum Offizier einsetze. Zum freudigen Erstaunen der Freunde hat der Lord für Flamin jedoch einen noch ehrenvolleren Posten parat. Er erwirkt seine Ernennung zum Regierungsrat.[1] Der Sinn liegt auf der Hand: Der Infant, illegitimer Sohn des Fürsten und einer hohen englischen Aristokratin, der Lordnichte, soll sich, im Sinne des Unterwanderungsplanes, Fähigkeiten aneignen, die er beim Regieren nötig haben wird, und dabei aus eigener Anschauung mit dem miserablen Zustand des Landes vertraut werden. Mit edlen Vorsätzen bereitet Flamin sich auf den Dienst vor. Er brennt für den Gedanken, vom Sessionstisch aus den Bürgern zu nützen. Alles will er tun, um die Gerechtigkeit zu fördern. Fanatisch fleißig verbringt er seine Ferien mit Arbeiten, die ihn üben sollen, es zu können. Sein Freund, der in diesen Tagen in St. Lüne weilt, ist gerührt darüber. „Oft, wenn der höhere Patriotismus mit Heiligenschein und Mosis-Glanz aus dem Angesicht des geliebten Flamin hervorbrach, standen Tränen der freudigen Freundschaft in Viktors Augen, und im Augenblick einer lyrischen Menschenliebe schwuren sich beide an ihren Herzen für die Zukunft gegenseitige Unterstützung im Gutestun und gemeinschaftliche Aufopferung für die Menschen zu."[2] Dann ziehen die Freunde in die Residenz um. Ihre Quartiere liegen in derselben Straße und vis à vis, so wie sie es sich in den Jahren ihrer Trennung, als Viktor noch in Göttingen studierte, immer gewünscht haben.[3] Und da tritt durch den Konflikt um Klotilde Entfremdung zwischen ihnen ein.

Dieses Zerwürfnis ist oben bereits besprochen worden.[4] Hinzuzufügen bleibt jetzt, daß beide Freunde, während sie sich entzweien, an gleichartig enttäuschenden Erfahrungen mit dem Staat zu illusionslosen Gegnern des feudalen Systems reifen, nachdem sie vorher geglaubt haben, im Rahmen des Bestehenden für das Glück ihrer Mitmenschen wirken zu können. In Viktor wird diese Einbildung durch den Ausgang der Inkognito-Reise zerstört. Flamin nimmt simultan dieselben Mißstände, die Landesherr und Leibarzt in den besuchten Städtchen und Dörfern antreffen, aus der Sicht der Staatsverwaltung wahr und kann nichts gegen sie unternehmen, weil die reaktionäre Politik des Ministers ihm die Hände bindet. Je tiefer er sich daher in die ihm amtlich anvertraute Materie einarbeitet, desto mehr erkennt er, daß seine Berufspflichten so, wie die Vorgesetzten sie auffassen, in keiner Weise mit seinen Vorsätzen in Einklang zu bringen sind.[5] Und seine Enttäuschung darüber ist aus schwerwiegenden Gründen noch größer als die Viktors.

Bei Flamin ist weder die Neigung zu gesellschaftskritischer Reflexion so ausgeprägt wie bei Viktor, noch hat er den Vorzug genossen, unter dem direkten Einfluß Horions erzogen worden zu sein. Bei Antritt seines Amts hat er sich daher noch mehr Illusionen gemacht, aus denen er jetzt noch tiefer herabstürzt. Ferner fühlt er sich, als Glied einer Bürokratie, die das Volk unterdrückt, an dessen Not unmittelbar mitschuldig. Man hindert ihn nicht nur, den Menschen zu nützen, man zwingt ihn geradezu, ihnen zu schaden, wohingegen Viktor als Arzt unter allen Umständen Gutes tun darf. Hinzukommt, daß Flamin nichts von Horions Plan weiß, also auch für die Zukunft keine Möglichkeit einer Veränderung des Bestehenden sieht, während Viktor sich, bei aller Enttäuschung über Januar, immer noch an die Aussicht klammert, bei Rückkehr des Lords werde eine Wende eintreten. Und daß ihm bis dahin die Mission eines Vorpostens im Kampf gegen die Ministerspartei aufgetragen ist, läßt ihn sein Leben nicht als gänzlich sinnlos erscheinen. Der entscheidende Unterschied aber besteht in folgendem: Bei Flamin ist die Desillusionierung insofern enger mit seinen persönlichen Leiden verknüpft und daher emotioneller gefärbt, als er sich im Konflikt um Klotilde auch noch von seinem besten Freund verraten glaubt und obendrein beobachten muß, wie der, den gemeinsamen Idealen anscheinend untreu, zum Favoriten des Fürsten aufsteigt. Daß dieser Eindruck ebenso ungerecht ist wie die Eifersucht, wurde oben bereits dargelegt.[6] Ebensowenig wie die Eifersucht kann Viktor ihn jedoch entkräften, denn dazu müßte er das ihm anvertraute Geheimnis preisgeben. Also verzehrt Flamin sich nicht nur in tödlichem Haß auf den Staat, dem er dienen soll, sondern dieses Gefühl wird in ihm zusätzlich noch angefacht durch Eifersucht und enttäuschtes Freundesvertrauen.

Flamin ist es denn auch, der sich dem Jakobinertum verschreibt und zum Initiator des Klubs wird. In St. Lüne, das Kurort ist, tauchen im Frühjahr 1793 ausländische Gäste auf: drei wilde junge Engländer, die sich als Drillinge bezeichnen. Der Leser erkennt in ihnen unschwer die Söhne, die Januar einst in Frankreich gezeugt hat und die Horion nach ihrer Geburt hat entführen lassen. Als Engländer fühlen sie sich, weil sie in Eton-College erzogen worden sind. Anschließend haben sie die Welt durchstreift, zuletzt sind sie in Paris gewesen. Was sie nach Flachsenfingen verschlagen hat, wird nicht gesagt.[7] Aus einem kurz vorher mitgeteilten Brief Horions an Viktor geht jedoch hervor, daß der Lord die Verbindung zu den drei im Ausland lebenden natürlichen Fürstensöhnen wieder hat herstellen können[8], und im letzten Kapitel erfährt man: Er hat den „Drillingen" geraten, sich unter dem Vorwand einer Kur in Flachsenfingen umzusehen und dort bis zum Herbst auf ihn zu warten.[9]

Von ihrer wahren Herkunft wissen die drei nichts. Daß sie sich als Drillinge ausgeben, ist insofern nicht falsch, als sie eines Geistes sind: Anhänger Robespierres und Saint Justs. In St. Lüne lernt Flamin sie kennen, ohne zu ahnen, seine Halbbrüder vor sich zu sehen. Seine Eindrücke im Staatsdienst, sein Haß auf Hof und Minister treiben ihn in ihre Arme. Bald sind sie in allen Fragen eines Sinnes.[10] Zu viert bilden sie einen Klub, der im Pfarrhaus seine Sitzungen abhält. Ständige Themen sind die Ereignisse in Paris, die Perspektiven der Revolution, die schändliche Politik der europäischen Großmächte, nicht zuletzt Englands, und die Schmach der deutschen Zustände.[11] Arglos bringt Flamin eines Tages auch Matthieu v. Schleunes mit, dessen Gepflogenheit, alles zu bewitzeln und herunterzureißen, er mit der eigenen rebellischen Haltung verwechselt. Im biederen Pfarrhaus aufgewachsen, kennt Flamin die Hofleute nicht genug, um den Typ des amüsanten Pseudoradikalen zu durchschauen. Die „Drillinge" sind von Matthieu weniger erbaut. Nur einer, selbst zur Satire neigend, mag ihn. Der Hofjunker seinerseits würde die Klubbisten für „Franzosen und Zirkularboten der jakobinischen Propaganda" halten, wenn er nicht glaubte, daß nur Narren die Losungen der Revolution ernst nähmen.[12] Weil er den Klub derart als harmlos ansieht, informiert er seinen Vater über die Zusammenkünfte vorerst nicht. Da er aber zur Schlüsselfigur der Intrige wird, welche die Hofpartei gegen Flamin und Viktor anzettelt, spielt er im Laufe des weiteren Geschehens doch die Rolle eines feindlichen Agenten unter den Klubbisten.

Flamin befindet sich Viktor gegenüber in einer Vertrauenskrise. Noch aber kämpft er seine Bedenken gegen ihn in sich nieder. So lobt er vor den „Drillingen" ihren Landsmann und macht sie dann auch mit ihm bekannt. Und daß Viktor, nach der Inkognito-Reise von seinen letzten politischen Illusionen ebenfalls kuriert, sich dem Klub anschließt, läßt Flamin neues Vertrauen zu ihm fassen. Zu der ersten erweiterten Zusammenkunft kommt es Ostern. In der Debatte argumentiert Viktor weniger radikal als Flamin und die „Drillinge". Er beteuert, ein so guter Republikaner zu sein wie sie, ist aber nicht damit einverstanden, daß die Institutionen Englands – das Parlament, die Pressefreiheit usw. – nichts taugen sollen. Verdammenswert sei die Außenpolitik Pitts, doch die britische Verfassung werde davon nicht berührt. Sie an den deutschen Verhältnissen messend, könne er nicht umhin, sich zu seinem englischen Vaterland zu bekennen. Freilich würden auch in England große Ungerechtigkeiten begangen, aber unter dem Schein der Gesetze, und das sei besser, als wenn die Gesetze selbst mit der Gerechtigkeit unvereinbar seien. Die „Drillinge" sind mit diesen Ansichten sehr unzufrieden. Der Lordsohn und Fürstengünstling ist ihnen etwas suspekt. Kato d. Ä. meint, derartigen Grundsätzen würde in London das Oberhaus Beifall spenden, und dessen müsse ein Demokrat sich schämen. Gleichwohl wird Viktor, da in Flachsenfingen sogar seine gemäßigten Ansichten als staatsgefährlich gelten, als Verbündeter akzeptiert.[13]

Vor der nächsten Zusammenkunft kommt es zwischen Flamin und Viktor zu einer Eifersuchtsszene. Sie ist aber nur Auftakt zur ersten Aussöhnung der Freunde. Das politische Zusammenwirken führt sie wieder zueinander. Beiden ist klar, daß im Klub Feindschaft zwischen ihnen fehl am Platze wäre. Viktor nimmt sich vor, die nächste Sitzung zur Wiederherstellung der Freundschaft zu nutzen oder doch wenigstens zu erreichen, daß Flamin sich bis zur Rückkehr Horions in Geduld faßt. Da er Grund hat, an dieses Ereignis auch politisch größere

Hoffnungen zu knüpfen als an das einflußlose radikale Grüppchen im Hinterzimmer des Pfarrhauses, sind für ihn die Klubgespräche nur eine Gelegenheit, zur gemeinsamen Klärung von Überzeugungen zu gelangen, und deshalb ist ihm diesmal der Anlaß des Beisammenseins auch weniger wichtig als die Chance, die es ihm bietet, begütigend auf Flamin einzuwirken. Aber weil ihm daran soviel liegt, gerät ihm das Referat, mit dem er, auf Beschluß der Klubbisten, seine Auffassung des Republikanismus darlegen soll, extremer, als es seine Äußerungen zu Ostern waren. Anders Flamin. Für ihn bedeutet der Klub alles. In seinem Denken haben Freiheit und Gleichheit solchen Vorrang vor sonstigen Überlegungen, daß er sich zu dem Entschluß durchringt, sein Leben der Revolution zu weihen. Und deswegen will er jetzt, um des gemeinsamen politischen Kampfes willen, auf Klotilde zugunsten Viktors verzichten. Doch wie unterschiedlich die Beweggründe auch sind, auf beiden Seiten ist der Wunsch da, sich wieder zu vertragen. Noch vor der Versammlung spricht Flamin Viktor gegenüber den Verzicht aus, den er unter Qualen auf sich nimmt, und gerührt sinken die Freunde sich in die Arme.[14]

Viktor verleugnet auf der Sitzung seine abweichenden Ansichten zwar nicht. Er deutet beispielsweise, wohl im Hinblick auf Horions Plan, an, daß er es für besser halte, den Fortschritt, wenn irgend möglich, friedlich durchzusetzen, da gewaltsame Eingriffe dem „Zifferblattrad der Zeit, das tausend kleine Räder drehen", Zähne ausbrechen könnten. Worauf es ankomme, sei, sich an das Gewicht des Uhrwerks zu hängen, das alle Räder treibt. Doch seine Vorliebe für den englischen Konstitutionalismus läßt er diesmal beiseite und hält, ganz im Geiste des Jakobinertums, eine flammende Rede für Demokratie und republikanische Tugend, mit der die „Drillinge" und Flamin einverstanden sind. Sie gipfelt in der Forderung, den Patriotismus zur weltumspannenden Menschheitsliebe zu erweitern. Balthasar fügt hinzu: „Daher muß die ganze Erde einmal ein einziger Staat werden, eine Universalrepublik." Flamin wirft die Frage auf, ob sich nicht immer das Glück des Ganzen auf einzelne Opfer gründe, so, wie ein Stand sich dem Ackerbau widmen müsse, damit ein anderer dem Wissen obliege. „Dann spei' ich auf's Ganze, wenn ich das Opfer bin", antwortet Kato d. Ä., „und verachte mich, wenn ich das Ganze bin." Melchior ergänzt, durch die natürliche Ungleichheit werde irgendeine politische so wenig entschuldigt wie durch Pest der Mord oder durch Mißernten die Bereicherung wuchernder Kornhändler, sondern umgekehrt müsse die politische Gleichheit das Ersatzmittel der fehlenden physischen sein, usw.[15]

In Einmütigkeit trennt man sich. Als Freunde kehren Viktor und Flamin, noch erfüllt von der Debatte, in die Residenz zurück. Und mit gutem Gewissen kann Viktor die Tage in Maienthal verbringen, die, wenn er Klotilde dort begegnet, nicht mehr durch Flamins Eifersucht gestört sein werden. Er irrt sich. Es wurde oben gezeigt, warum das neuerliche Einvernehmen Flamins und Viktors die Pläne der Hofkamarilla so gründlich durchkreuzt, daß ihr nichts mehr übrigbleibt, als die Freunde in ein Duell hineinzutreiben. Und gezeigt wurde auch, wie Matthieu es fertigbringt, in Flamin rasenden Zorn gegen Viktor anzufachen. Die Folge ist die Schießerei in Maienthal.[16] Ihr Ausgang bedeutet, daß Matthieu seinen Auftrag nicht erfüllt hat. Nach wie vor also muß er danach trachten, den inzwischen als Infanten erkannten Flamin in eine Tätlichkeit zu verwickeln, bei der er entweder umkommt oder sich in solchem Umfang strafbar macht, daß er für immer ausgeschaltet werden kann. So hetzt der Hofjunker den Ahnungslosen in ein zweites Duell. Zum Opfer hat er nunmehr den Kammerherrn v. Le Baut ausersehen, weil der dem Verlöbnis seiner Tochter Klotilde mit Viktor zugestimmt hat. Wegen dieser Entscheidung möchte Matthieu, der Klotilde heiraten wollte, um sie dem Fürsten als Mätresse zuzuführen, sich an Le Baut rächen, und es fällt ihm nicht schwer, dem noch im Bann der früheren Verleumdungen stehenden Flamin einzureden, zu eben diesem schändlichen Zweck seien der Kammerherr und Viktor im Bunde. Fällt Flamin, so ist der gefährliche, wie ein Jakobiner denkende Infant tot. Fällt Le Baut, so ist das noch besser, denn dann hat Matthieu seine Rachegelüste gründlicher befriedigt als im umgekehrten Fall und Flamin ist ebenso sicher erledigt, da ein Bürgerlicher, der einen Adligen erschossen, zum Tode verurteilt wird.

Das zweite Duell findet vermummt statt. Weil es wieder nicht zum gewünschten Erfolg führt, hilft Matthieu nach, ermordet Le Baut selbst und macht sich, unter Zurücklassung des damit schuldig erscheinenden Flamin, aus dem Staube. Flamin, der in der Tötung des Kammerherrn eine bewundernswerte Tat der Tugend sieht, will von seinem vermeintlichen Freund Verfolgung abwenden und daher die Beschuldigung, der Mörder zu sein, auf sich nehmen. Ja, nicht nur das. Er weiß, welches Aufsehen die Erschießung eines Aristokraten durch einen Bürger erregen muß, und kennt die Bestimmung, daß sie die öffentliche Hinrichtung des Delinquenten nach sich zieht.[17] Das will Flamin dazu ausnutzen, das Feuer des Aufruhrs ins Volk zu schleudern. Aus seinem Blut soll die Revolution geboren werden. Diesen Plan setzt er den „Drillingen" auseinander und bestürmt sie, ihn zu unterstützen. „Flamin wurde ein Eisberg – dann ein Vulkan – dann eine wilde Flamme – dann ergriff er die Hände der Briten und sagte: ‚Ich, bloß ich habe den hier getötet. Mein Freund (Matthieu – W. Hr.) hätte nichts mit ihm gehabt. Aber da er für mich gesündigt hat, ist's Pflicht, daß ich für ihn büße. Ich will sterben. Ich gebe mich bei den Richtern für den Mörder aus, damit ich hingerichtet werde – und ihr müsset wie ich aussagen.' Aber er entdeckte ihnen jetzt noch einen viel höheren

Antrieb zu seiner kühnen Lüge. ‚Wenn ich sterbe‘, sagte er immer glühender, ‚so müssen sie mich auf dem Richtplatz sagen lassen, was ich will. Da will ich sagen: Seht, hier neben dem Richtschwert bin ich so fest und froh wie ihr, und *ich* habe doch nur *einen* Nichtswürdigen aus der Welt geworfen. *Ihr* könntet Blutegel, Wölfe Schlangen und einen Lämmergeier zugleich fangen und einsperren.‘" In großen Zügen entwirft er den Inhalt der Valediktionsrede, mit der er vom Schafott herab die versammelten Massen zur Vernichtung der Despotie aufrufen will. Der Kerngedanke des Ganzen ist es, Fürst und Regierung gewaltsam zu stürzen und die Fronbauern gegen die Herren in den Palästen in Aufruhr zu bringen.[18]

Die „Drillinge" sind von dem Plan begeistert. Sie geloben Flamin, sich so zu verhalten, wie er es will. Nur verabreden sie untereinander eine Aktion zu seiner Rettung, die in den Volksaufstand einmünden soll. Nach seiner Rede wollen sie ihn dem Henker entreißen. Flamin erfährt davon nichts, sondern glaubt, dem Tod entgegenzugehen. Das eigene Leben ist ihm gleichgültig geworden. Nur ein Gedanke brennt in ihm: in Deutschland eine Revolution auszulösen, die das feudale System hinwegfegen soll. Wie vereinbart, tragen die „Drillinge" das Gerücht ins Dorf, Flamin habe den Kammerherrn, weil er als Bürgerlicher ihn nicht habe fordern können, in der Vermummung Matthieus erschossen. Bei einer inszenierten Scheinflucht, die diese Version unterstreicht, wird der vermeintliche Mörder ergriffen.[19] Kato d. Ä. reitet zu dem an die Grenze entflohenen Matthieu und legt ihm den Plan Flamins sowie den zu dessen Rettung vor. Der Hofjunker genehmigt alles, nimmt aber nichts davon ernst und bleibt vorerst außer Landes. Auch vor den Eymanns halten die „Drillinge" an ihrer Darstellung fest. Der Pfarrer verflucht seinen vermeintlichen Sohn. Klotilde erfährt davon, eilt zu der untröstlichen Pfarrfrau und vertraut ihr an, sie hüte ein Geheimnis, das es möglich mache, Flamin zu retten. Beide Frauen reisen nach England. Klotilde will, um ihren Bruder vor dem Henker zu bewahren, seine und ihre Mutter, die von Le Baut seit langem geschiedene Lordnichte, die überzeugend das Geheimnis von Flamins Geburt vor dem Fürsten aufklären kann, und möglichst auch Horion selbst zur Reise nach Deutschland bewegen.[20] Die „Drillinge", durch Flamin in einen Freiheitsrausch versetzt, beschließen derweil, den Pulverturm des Fürstentums in die Luft zu sprengen. Es ist das einzige Munitionsmagazin, das der Armee zur Verfügung steht – Getreidemagazine, bemerkt Jean Paul beiläufig, gebe es in Flachsenfingen noch weniger –, und ein weit ins Land sichtbares Symbol der fürstlichen Macht. In der Johannisnacht will Kato d. Ä. die Tat vollbringen. So geschieht es. Eine gewaltige Detonation läßt die Erde erbeben, eine riesige Explosionsflamme steigt zum Himmel empor.[21]

Wie es zum Happy end kommt, wurde früher angedeutet. Es braucht hier nicht noch einmal erörtert zu werden. Interessant für die Geschichte des Bildungsromans ist die Fabel lediglich bis zu dem Punkt, wo Flamin mit der Gewißheit, sterben zu müssen, sich in eine Aktion stürzt, von der er sich das Losbrechen eines Aufstandes verspricht. Interessant vor allem im Hinblick auf den politischen Gehalt des Werkes.

Im Grunde stellt der „Hesperus" einen groß angelegten Versuch dar, mit erzählerischen Mitteln die Ideologie des aufgeklärten Absolutismus so zu überwinden, wie die Aktualität der bürgerlichen Revolution dies in den Entstehungsjahren des Buches, 1792–94, verlangte. Der Plan Horions ist noch von dieser Ideologie bestimmt und muß es sein, weil er schon im Säuglingsalter der Helden, als die Französische Revolution sich noch nicht am Horizont abzeichnete, konzipiert worden sein soll. Der Plan nimmt die absolutistische Herrschaftsstruktur als gegeben hin. Er geht aus von der erblichen Monarchie und der Omnipotenz des Monarchen. Ohne diese Bedingungen in Frage zu stellen, will er nur dafür sorgen, daß die faktische Macht in die Hände humaner, vernünftiger Menschen übergeht. Das ist aber – so möchte der Jean Paul von 1793 zeigen – angesichts dessen, was sich in Frankreich zuträgt, nicht mehr zeitgemäß, es sei denn, die Personen, die dazu ausersehen sind, die wünschenswerten Reformen zu verwirklichen, arbeiten darauf hin, die feudale Struktur durch demokratische Institutionen zu ersetzen. Und ob sie dazu fähig und entschlossen sein werden, kann einzig ihr politisches Verhalten *vor* ihrer Erhöhung zu Staatsmännern erweisen. Deshalb müssen die „Hesperus"-Helden, die den *optimalen Idealfall einer solchen Möglichkeit, beispielgebend für alle realen Reformer,* versinnbildlichen sollen, in den Sog des Jakobinertums geraten, deshalb auch müssen sie mit letzter Entschlossenheit einen Volksaufstand anzuzetteln versuchen, wobei eins wie das andere bedeutet, daß sie Horions Plan geradezu sprengen. Die Französische Revolution hat neue, den aufgeklärten Absolutismus transzendierende Maßstäbe dafür geschaffen, was unter ernstzunehmender Reformpolitik verstanden werden kann, und nur ein Revolutionär vermag ihnen gerecht zu werden.

Dies ist nun auch der springende Punkt für die Erziehungsprobleme, und zwar in allen drei Romanen. Das Transzendieren des aufgeklärten Absolutismus, seiner Ideologie sowohl wie seiner – als aussichtslos zu begreifenden – reformerischen Praxis, stellt allemal das wichtigste Moment des Reifungsprozesses dar, den die Helden durchzumachen haben. Bei der Besprechung der „Loge" wurde gezeigt, wie kritisch Jean Paul die politischen Konfessionen seines Helden beurteilt, solange sie sich im Rahmen des bestehenden Systems bewegen. Er bezeichnet sie da – man erinnere sich der Fußnote zu Gustavs Brief an JP – rundheraus als „dumm".[1] Diese „Dummheit" findet sich bei Viktor und Flamin ebenfalls, dort nämlich, wo sie sich vor dem Berufsantritt „gegenseitige Unterstützung im Gutestun und gemeinschaftliche Aufopferung für die Menschen zuschwören", bei welcher Gelegenheit die Vorsätze Flamins sogar fast mit den gleichen Worten ausgedrückt werden wie in Gustavs Brief: „am Sessionstisch den Menschen nützen".[2] Das ist gut gemeint, will Jean Paul hier sagen, aber es genügt nicht. Und so, wie er Gustav nach der analogen, mit jener kritischen Note versehenen Absichtserklärung in das scheußliche Maußenbacher Erlebnis hineingestoßen hat, damit er enttäuscht werde, genau so und mit gleichem erzieherischen Effekt läßt er jetzt die Illusionen Flamins und Viktors zuschanden werden.

Der künstlerische Rangunterschied beider Romane ist freilich – die sprachlichen Qualitäten immer ausgenommen – so groß, daß man die Identität der Aufgabenstellung leicht verkennt. Die heilsame Ernüchterung wird den „Hesperus"-Helden nicht mehr durch den Getreideschmuggel eines skurril geldgierigen Röper bereitet, sondern durch die Mißstände eines ganzen Fürstentums, die Viktor während der Inkognito-Reise aufdeckt, auf die Flamin bei seiner administrativen Tätigkeit stößt, ohne daß der eine oder der andere etwas dagegen ausrichten könnte.[3] Auch erfolgt die belehrende Ausdeutung des solcherart Erfahrenen nicht mehr, wie im Falle der Einwirkung JPs auf Gustav, in Gesprächen, von denen nur versteckt angedeutet wird, daß sie stattgefunden hätten, und deren dem Leser vorenthaltener Inhalt höchstens hypothetisch durch Rückschlüsse ermittelt werden kann. Vielmehr sind es, in Gestalt der „Drillinge", revolutionserfahrene Jakobiner, die dem tobenden Zorn Flamins die ihn zeitgemäß artikulierenden Losungen zuführen.[4] Und vollends dort, wo „die Idee zur materiellen Gewalt" wird, nimmt der Aufstandsplan der Klubbisten, mitsamt gesprengtem Pulverturm, sich ansehnlicher aus als eine aufrührerische Praxis, von der man weiter nichts mitkriegt, als daß einer alle sieben Wochen für fünf Tage verreist.[5] Wie groß diese Differenzen indes auch sind, sie betreffen allein den Qualitätsabstand der literarischen Lösungen. An der Identität des ideellen Gehalts ändern sie nichts. Unterschiedslos geht es in der „Loge" wie im „Hesperus", soweit sie die Kriterien des Bildungsromans erfüllen, um die Darstellung von Reifeprozessen, in deren Verlauf die Helden sich unter dem Eindruck niederschmetternder sozialer Erfahrungen von der Ideologie des aufgeklärten Absolutismus abkehren und zu revolutionären Kämpfern werden.

Hier könnte man einwenden, dies gelte für Flamin, doch es sei fraglich, ob auch Viktor sich zum Revolutionär entwickelt, und die zentrale Stellung gerade dieses Helden setze die vorliegende Interpretation des „Hesperus" dem Verdacht tendenziöser Einseitigkeit aus. Zweierlei wäre dazu zu sagen. Erstens braucht revolutionäre Haltung *nicht unbedingt* die Forderung gewaltsamen Umsturzes einzuschließen. Konstitutiv für sie ist vielmehr nur, daß eine umfassende Verneinung des gegebenen Gesellschaftszustandes in die Absicht einmündet, dessen Macht- bzw. Besitzstrukturen zu beseitigen und durch eine qualitativ neue Ordnung zu ersetzen. Nach diesem Maßstab ist Viktor, als prononcierter Demokrat und dank seiner universellen Kritik an den feudalen Verhältnissen, Revolutionär schon vor der Inkognito-Reise, deren Ergebnislosigkeit ihn lediglich letzte Überreste der Ideologie des aufgeklärten Absolutismus in seinem Bewußtsein überwinden läßt. Wenn man aber schon in der Bejahung der gewaltsamen Mittel, mit denen eine grundstürzende Änderung des Bestehenden allerdings *in der Regel* allein erreicht werden kann, das ausschlaggebende Kriterium revolutionärer Einstellung erblickt, dann darf daran erinnert werden, daß Viktor immerhin 1793 ein Bekenntnis zur Französischen Revolution ablegt und sich einem Klub anschließt, in dem Jakobiner die Majorität haben. Von *unbedingter* Verwerfung revolutionärer Gewalt kann demnach bei ihm keine Rede sein. Er plädiert nur dafür, friedliche Methoden, *wenn möglich*, zu bevorzugen, und warnt davor, von einem plötzlichen, einmaligen Umsturzakt zuviel zu erwarten.

Zweitens bleibt zu fragen, *aus welchen Gründen* denn Viktor Hauptfigur ist. Das ist vor allem darauf zurückzuführen, daß ein Arzt vermeintlich aristokratischer Herkunft sich besonders zwanglos durch alle Schichten der Gesellschaft hindurchführen ließ. Außerdem lag es nahe, dieser Figur die – bei Jean Paul stets satirischen – Reflexionen in den Mund zu legen, nachdem soeben in der „Loge" Dr. Fenk, ebenfalls Arzt, die in dem Punkt funktionell analoge Rolle gespielt hatte.[6] Daraus aber, daß Viktor, im Unterschied zu Fenk, obendrein als zentraler Liebhaber figuriert, was ihn am meisten zur Hauptperson macht, erklärt sich die Verbindung, die bei ihm Fenks Hang zur Satire mit dem Gefühlsüberschwang des Sentimentalismus eingeht. Und diese Verbindung wieder hat Viktor auch noch zum Selbstporträt des so gefühlvollen wie satirischen Jean Paul selbst geraten lassen. Der ideologischen Substanz des „Hesperus" ist dies alles äußerlich. Es sind lauter kompositorische Erfordernisse, die Viktors Präponderanz bedingen. Eines dieser Erfordernisse läßt jedoch erkennen, was es mit dem Ideengehalt auf sich hat. Denn warum ist Viktor und nicht Flamin der zentrale Liebhaber? Offensichtlich deswegen, weil dem politisch relativ harmloseren Freund, der ja am Ende auch nicht zum Staatsmann aufsteigt, die Rolle des aussichtsreichen Bewerbers um die zentrale Heldin hat zufallen sollen, damit es gestalterisch der Entwicklung des radikaleren, Flamins nämlich, zugute komme, daß dessen Oppositionsgeist zusätzlich durch Eifersucht und durch Erbitterung über vermeintlichen Freundesverrat angeheizt wird. Und diese Überdeterminierung des Verhaltens von

Flamin wäre unverständlich, wenn es Jean Paul nicht primär darum gegangen wäre, den *totalen Bruch* eines seiner positiven Helden mit der Feudalordnung zu gestalten und durch Anhäufung vieler Motive, die ihn alle in die gleiche Richtung drängen, möglichst glaubhaft und für den Leser nacherlebbar zu machen.

Von der politischen Aussage des Werks her gesehen, ist also Flamin der Hauptheld. Und dafür sprechen noch weitere Indizien. Unter den natürlichen Fürstensöhnen hat einzig er eine aus dem Hochadel stammende Mutter: die Lordnichte. Er hat also die größte Chance, bei Hof zu Macht zu gelangen. Minister zu werden ist das Wenigste, was ihm dort zusteht. Infolgedessen bestand auch bei ihm in höherem Grade als bei seinen mit bürgerlichen Mädchen gezeugten Brüdern, den „Drillingen", die Gefahr, daß er von der Mentalität der Hofleute infiziert werden würde. Deshalb hat Flamin im Zuge der Kindesvertauschungen den niedrigsten sozialen Status erhalten. Deshalb ist er ins Dorfmilieu hinabgeschleudert worden. Bei ihm vor allem kam es darauf an, den hochgeborenen Herrn zu einem mit den Fronbauern vertrauten Kleinbürger zu formen. Und mit kleinbürgerlichem Status, dem potentiell revolutionärsten, den es im Jahrhundert der Rousseau und Robespierre gab, sehen wir Flamin vom naiven Idealisten, den die Illusionen des aufgeklärten Absolutismus erfüllen, an den furchtbaren Enttäuschungen, die ihm der Staatsdienst bereitet, zu einem tatentschlossenen Revolutionär reifen, dem das eigene Leben gleichgültig ist, sobald er glaubt, durch seinen Opfertod die plebejischen Massen – die Fronbauern zumal, in deren Mitte er seine Kindheit verbracht hat – zum Sturz des verhaßten Feudalregimes mobilisieren zu können.

Auf die Gestaltung eines solchen Reifungsprozesses hat Jean Paul in seinen heroischen Romanen am meisten Wert gelegt. Aus den Vorarbeiten zum „Hesperus" geht hervor, daß diese Aufgabe ihn zuerst gereizt hat und ihm am wichtigsten gewesen ist und daß er dem Umschlagen der Entwicklung des Helden in revolutionäre Aktivität ursprünglich eine noch viel phantastischere Form, bis zum Schießen mit Kanonen, hat geben wollen.[7] Ob aber mit oder ohne Kanonen, jedenfalls sollte ein Jüngling, dem in der Beziehung *alles* zuzutrauen ist – Hugo, später Flamin genannt –, die Hauptfigur sein, und wenn diese Absicht nicht adäquat realisiert werden konnte, weil aus romantechnischen Gründen der weichere, literatenhafte Freund, Viktor, ein Übergewicht erhielt, so war das allem Anschein nach eine der Ursachen – andere werden noch genannt werden[8] – dafür, daß der Dichter auch seinen zweiten Roman, während er ihn zu Papier brachte, als unbefriedigend empfand und daher im „Titan" noch ein drittes Mal zur Verwirklichung seiner Grundidee ansetzte.

Was ist der Inhalt dieser Idee, soweit sie den zu gestaltenden Erziehungsvorgang betrifft? Mit einem Satz besagt sie: Ein Dorfkind wird als Jüngling durch seine bitteren Erlebnisse mit dem deutschen Feudalstaat zum Revolutionär erzogen. Hinzuzufügen bleibt: Ist dies geschehen, so gelangt das Dorfkind, nachdem sich seine hohe Geburt herausgestellt hat, zur Macht. Das letztere brauchte eigentlich nicht erwähnt zu werden, da für den Erziehungsprozeß als solchen sowohl die hohe Geburt als auch der Machtantritt unerheblich sind. Es ist aber nötig, auch diese beiden Merkmale zu erwähnen, sobald es darum geht, herauszufinden, wer jeweils als Hauptheld gedacht war. Denn sie sind das Indiz dafür, daß wir es mit demjenigen Helden zu tun haben, an dessen politischem Werdegang der Dichter das größte Interesse hatte. In der „Loge" heißt das Dorfkind Gustav. Schon hier deuten die Hinweise auf einen ihm täuschend ähnlichen anderen Knaben, sein zeitweiliges Verschwinden als Kind sowie andere geheimnisvolle Umstände, interpretiert man sie im Lichte der offenkundig vorliegenden Fielding-Adaption, darauf hin, daß bereits dieser Held von hoher Abkunft sein dürfte. Sein eventueller Machtantritt im dritten Teil kann freilich nur vermutet werden. Doch gesetzt, auch dieses Merkmal wäre wahrscheinlich – und meines Erachtens ist es das –, dann würde der „Hesperus" diesen Fall in der Gestalt Flamins reproduzieren, nicht in der Viktors, dessen dörfliche Bindungen wegen seiner vermeintlich aristokratischen Herkunft und infolge seines Göttinger Medizinstudiums relativ lockerer sind. Auf die Erziehung Flamins käme es also primär an. Das kommt jedoch im „Hesperus" nicht klar zum Ausdruck, weil die für die revolutionäre Konzeption wichtigere Analogie Gustav–Flamin hier verdeckt ist durch eine andere: durch die von Gustav und Viktor als zentralen Liebhabern, obwohl – paradoxerweise – die Rolle des aussichtsreich Liebenden auf Viktor gerade um der revolutionären Entwicklung Flamins willen übertragen worden ist.

Diesen die Grundidee verdunkelnden Fehler, der ästhetisch keiner ist, hat Jean Paul anscheinend als so störend empfunden, daß er ihn loswerden wollte, und im „Titan" ist ihm das gelungen. Hier endlich ist das Dorfkind erstens von vornehmer Geburt – noch vornehmer als Flamin, nämlich erbberechtigter Prinz –, zweitens der zentrale Liebhaber (sogar mit drei aufeinanderfolgenden Geliebten) und drittens der von A bis Z im Mittelpunkt stehende Haupheld, womit all die Bestimmungen, die schon die beiden vorausgegangenen Romane mehr oder weniger vergebens zusammenzubringen versucht hatten, erstmals in einer einzigen Figur konzentriert sind.

Und was ist der Sinn der Erziehungsprozedur, der dieser Held ausgesetzt ist? Abermals das Heranreifen eines Revolutionärs. Auch Albano gerät mit hohen Idealen und hochfliegenden Illusionen im Kopf aus dem Dorf in die Residenz und erlebt dort heilsame Enttäuschungen.[9] Freilich ist es, da der Roman fast nur in Hofkreisen spielt, nicht mehr ein als paradigmatisch gedachter Einzelfall von Korruptheit, wie für Gustav der Zusammenstoß mit Röper, und auch nicht mehr, wie für Flamin am Sessionstisch, wie für Viktor auf der Inkognito-Reise, ein riesiger Wust derartiger Fälle, der Albano zur Besinnung bringen würde. Dafür aber flößt die deutsche Misere als Totaleindruck – und selbst noch mit den anspruchsvollen Kulturformen, die ihr zur Fassade dienen – dem „Titan"-Helden so umfassenden Ekel ein, daß er in dieser Umgebung weiterzuleben nicht mehr ertragen kann. Und als ihn 1792 in so gearteter Stimmung die Ruinen Roms an die untergangenen antiken Republiken erinnern und er, just in den gleichen Tagen, vernimmt, eine Koalition der europäischen Feudalmächte sei drauf und dran, die junge französische Republik der Freien und Gleichen in der Wiege zu ersticken, da faßt er den Entschluß, seiner ihm nun vollends unerträglichen Heimat den Rücken zu kehren, nach Frankreich zu eilen und als Soldat in die Revolutionsarmee einzutreten – „nicht aus Ehrgeiz, obwohl aus Ehrliebe gegen mich selber", wie er an seinen Mentor Schoppe schreibt.[10]

Der Plan ist viel realistischer, wirkt weniger abenteuerlich und phantastisch als der Flamins. Er setzt jedoch den gleichen *totalen Bruch* mit der in Deutschland herrschenden Kaste voraus und schließt die gleiche Bereitschaft, für die Revolution in den Tod zu gehen[11], ein. Zwölf Jahre nach Inangriffnahme der „Loge", acht Jahre nach Vollendung des „Hesperus" hat der mit den Resultaten der Französischen Revolution durchaus unzufriedene Jean Paul – zur Zeit des Konsulats, am Vorabend der Proklamation des Napoleonischen Kaiserreichs – in demjenigen Kapitel seiner bedeutendsten Romanschöpfung, das die innere Entwicklung des zentralen Helden auf ihren Kulminationspunkt treibt, in beharrlicher Treue zu den unabgegoltenen Idealen dieser Revolution bekräftigt, daß er in der Parteinahme für die Freiheit des Volkes, im Durchbruch zur weltverändernden Tat nach wie vor den letzten Sinn, die höchste Erfüllung der Erziehung eines vorbildhaften Menschen sah und einem so erzogenen Mann in Deutschland die Macht wünschte. Es ist, bei aller Unfertigkeit Gustavs, aller Präponderanz des toleranten Viktor, schwer vorstellbar, daß es in den beiden früheren, den „Titan" vorbereitenden und anbahnenden Romanwerken, die ja noch im Freiheitsrausch der Revolutionsjahre selbst niedergeschrieben worden sind, nicht auch schon das Hauptanliegen dieses Dichters gewesen sein sollte, genau das zum Ausdruck zu bringen.

ZEHNTES KAPITEL

Die demokratische und die entpolitisierende Adaption des Agathon

I

Bei diesen wenigen Bemerkungen zum „Titan" muß es vorläufig sein Bewenden haben. Das Spezifische der in ihm gestalteten Erziehungsprozedur auf den Begriff zu bringen ist nur bei gleichzeitiger Analyse der neuen Momente möglich, die in Jean Pauls Werdegang erst nach Erscheinen des „Hesperus" auftauchen. Es wird hierauf im zwölften und dreizehnten Kapitel einzugehen und dabei auf Albano nochmals zurückzukommen sein. Vorher indes steht ein anderes Problem zur Beantwortung an, das seinen logischen Platz besser noch in der summarischen Behandlung aller drei Romane findet: die Frage, welche Literatur-Tradition speziell auf die bildungsromanhaften Passagen der Jean Paulschen Revolutionsdichtung eingewirkt hat und wie sie darin modifiziert worden ist.

Zu unterstreichen ist das Wörtchen *„speziell"*. Denn die Antwort bei *den* Einflüssen zu suchen, denen *im allgemeinen* die größte Relevanz zukommt, wäre, obwohl naheliegend, falsch. Im allgemeinen ist für Jean Pauls dichterische Lebensleistung wesentlich, daß er den englischen humoristischen Roman des 18. Jahrhunderts (Fielding, Sterne, Smollet) fortgeführt und zwischen ihm und dem Sentimentalismus (Richardson, Rousseau, Goethes „Werther") eine neuartige Synthese hergestellt hat. Für „Loge" und „Hesperus" gilt dies uneingeschränkt, für den exklusiver auf den „italienischen" Ton gestimmten „Titan" mit dem Vorbehalt, daß in ihm die sentimentalistische Komponente überwiegt. Nichtsdestoweniger würden Ausführungen hierüber an dem, worauf es jetzt ankommt, vorbeigehen. Denn nicht um den historischen Ort, den die genannten Werke überhaupt im Kontinuum der Literaturgeschichte einnehmen, geht es jetzt – davon wird im abschließenden vierzehnten Kapitel zu sprechen sein[1] –, sondern um die Frage, ob es, analog zur Wirkung des „Emile" auf ihre pädagogischen Kapitel, für das, was an ihnen bildungsromanhaft ist, Vorbilder gegeben hat und, wenn ja, wie diese in ihnen teils ausgewertet, teils umgestaltet worden sind.

Aus der englischen Tradition kommt in der Beziehung nur das Erbe Fieldings in Betracht. Namentlich dem „Tom Jones" hat Jean Paul, außer technischen Finessen und dem Charm des Titelhelden, den Einfall entnommen, einen Jüngling aus den privilegierten Schichten vorübergehend so zu deklassieren, daß er ein plebejisches Leben zu führen gezwungen ist. Das von seiner hohen Abkunft nichts ahnende Dorfkind hat hier seinen Ursprung. Auf diese Ideenfiliation wurde hier mehrfach angespielt und dabei, gleich beim ersten Mal, auch schon betont, daß Jean Paul das Schicksal Toms politisiere.[2] Dies sei jetzt nochmals bekräftigt, aber nunmehr mit dem Zusatz: In der deutschen Literatur war das kein absolut origineller neuer Zug. Der Fielding-Rezeption Jean Pauls hatte diejenige Wielands in dem Punkt vorgearbeitet, namentlich mit der „Geschichte des Agathon"[3], die sowohl den Vorläufer von „Wilhelm Meisters Lehrjahren" bildet als auch den Ausgangspunkt der Reihe „Loge" – „Hesperus" – „Titan", soweit die letztgenannten Werke sich überhaupt auf deutschsprachige Anregungen zurückführen lassen.

Es gilt in dem Zusammenhang zu begreifen, daß das Hauptanliegen des reifen Wieland ein politisches war, und zwar nicht erst in dem Staatsroman „Der goldene Spiegel"[4], sondern auch bereits im „Agathon". Beide Werke rechtfertigen es, ihren Autor den am stärksten an der Problematik der Macht interessierten Erzähler zu nennen, den die deutsche Aufklärung bis zum „Dya-Na-Sore" v. Meyerns gekannt hat. Daß der „Dya-Na-Sore" seinerseits ohne den Vorläufer Wieland nicht denkbar wäre, sei nur am Rande vermerkt.

Wieland war überzeugt, den Fortschritt in Deutschland dadurch fördern zu können, daß er die monarchische Politik, miserabel, wie sie war, an ihrem oft verkündeten, nie erfüllten Anspruch maß, der Aufklärung verpflichtet zu sein. Zu dem Zweck bediente er sich, wie nach ihm der radikalere v. Meyern, einer Form, die, unter Benutzung scheinbar entlegener Stoffe aus Antike oder Orient, zwischen märchenhafter Parabel und historisch kaschierter Zeitkritik die Mitte hält. Sich solcherart gegen Zensur und Verfolgung absichernd, schuf Wieland Sinnbilder für die ihn umgebende gesellschaftliche Wirklichkeit, denen zu entnehmen war, daß die Praxis des aufgeklärten Absolutismus dessen vorgeblich idealen Intentionen hohnsprach. Freilich vermochte Wieland sich von der aufgeklärt-absolutistischen Ideologie selbst nicht zu lösen, wenigstens noch nicht in *dem* Stadium, in dem „Agathon" und „Goldener Spiegel" entstanden sind. Gleichwohl hat er diese Ideologie objektiv dadurch ad absurdum geführt, daß er das Postulat des weisen Fürsten, der nach den Vorstellungen der Aufklärung deren politische Programmatik in die Tat umsetzen sollte, mit naiver Kompromißlosigkeit ernst nahm und mahnend auf das nirgendwo eingelöste Versprechen hinwies, das in dieser Forderung beschlossen lag, seit es bei den Herrschenden zum guten Ton gehörte, sich ostentativ zu ihr zu bekennen.

Im „Agathon" greift Wieland, um seine Mahnung sinnfällig zu machen, das interessanteste Moment aus dem Leben Platons auf. Um 390 v. Chr. weilte Platon auf Sizilien. Mit den Pythagoräern in Verbindung stehend, war er dort in politische Händel verstrickt, die dazu beigetragen haben dürften, seiner Staatsutopie ihre weltflüchtige Tendenz zu verleihen. Mit Hilfe des ihm befreundeten Staatsmannes Dion wollte er den Tyrannen von Syrakus, den älteren Dionys, für einschneidende Reformen gewinnen, von denen er sich segensreiche Folgen für sein Land und wohl auch ein auf andere Staaten ausstrahlendes Beispiel versprach. Dabei geriet er in Gefahr für Freiheit und Leben. Der Tyrann, dem er zuerst gefiel, der sich seinen Vorschlägen aber, als sie zu Lasten der Privilegierten realisiert werden sollten, widersetzte, ließ ihn zum Sklavendienst an die mit seiner Heimat Athen im Krieg befindlichen Spartaner ausliefern, und nur Freundeshilfe konnte den auf dem glatten Parkett der Politik gestrauchelten, der höfischen Intrige nicht gewachsenen Denker loskaufen.[5]

So weit die Fakten. Ihre Eignung für eine Parabel, die den praktisch konservativen, in der Phrase sich aufgeklärt und reformfreudig gebärdenden Despotismus des 18. Jahrhunderts meint, liegt ebenso auf der Hand wie die verwandte Tragik der Machtlosigkeit, die den scheiternden Platon zum Archetyp der Situation des aufklärerisch gesinnten Intellektuellen in den deutschen Fürstentümern dieser Epoche macht. Natürlich hält Wieland sich nicht starr an die Überlieferung. Zwar schildert er, anscheinend um die historische Glaubwürdigkeit seines Romans zu erhöhen, im zehnten bis zwölften Buch Platons Niederlage auch unmittelbar.[6] Doch um an dessen Biographie nicht gebunden zu sein, um an ihre Stelle eine attraktivere Jünglingsgeschichte, eben in der Manier des „Tom Jones"[7], setzen zu können, benutzt er die Tatsache, daß Platon seinen Versuch in Syrakus staunenswert unverdrossen noch zweimal, erneut mit unglücklichem Ausgang, wiederholt hat, dazu, mit Agathon einen erfundenen Helden einzuführen, der gleichfalls am Hof des Dionys, trotz anfänglich höchster Protektion, als Reformpolitiker ein fast lebensgefährdendes Fiasko erleidet, im übrigen aber andere, farbigere Erlebnisse, insonderheit erotische Abenteuer, bestehen muß. Und diese Abweichung wiederum erlaubt es Wieland, den scheiternden Reformer in episch ergiebige, zu phantasiereicher Ausmalung einladende Umstände zu versetzen, die durch die antike Einkleidung das Bild der höfischen Welt in den deutschen Duodez-Staaten des Rokoko schimmern lassen.

Welche Konsequenzen hatte das für den Bildungsroman? Es wurde oben angedeutet, daß diese Gattung im „Tom Jones" ihren Vorläufer hat, daß sie in England mit ihm, noch durchsetzt von picaresken Elementen spanischer Provenienz, ins Dasein zu treten begann und dann durch Wieland, Goethe, Jean Paul zu jener Klassizität entwickelt wurde, die als relativ weitestgehende Approximation an ihren Idealtyp anzusehen ist.[8] Dies kann jetzt konkretisiert werden durch die Feststellung: Es war das politische Engagement Wielands, das im „Agathon" der deutschen „Tom Jones"-Rezeption, einer bis dahin in dürftigen Nachahmungen sich erschöpfenden Mode, dadurch, daß es sie mit Platons sizilianischem Fiasko verknüpfte, den neuen Gehalt hinzueroberte, den sie brauchte, um den eigentlichen, den klassischen Bildungsroman hervorzubringen. Denn was im „Agathon", von der Tendenz, dem vorwurfsvoll mahnenden Appell an den Absolutismus, her gesehen, als belletristische Ausschmückung erscheint, die sich ein publikumswirksames Muster zunutze macht (ohne es übrigens zu erreichen), das erweist sich, sobald man die wachsende ideelle Anreicherung der Erzählkunst im Zeitalter der Aufklärung zum Blickpunkt wählt, als die in der Beziehung über Fielding, unter Preisgabe seiner picaresken Elemente, hinausführende Gestaltung eines individuellen Entwicklungsprozesses, der erstmals dahingehend definiert werden kann, daß ein unerfahrener idealistischer Jüngling, konfrontiert mit der Übermacht schlechter gesellschaftlicher Verhältnisse, zu Ernüchterung, Einsicht und Reife gelangt.[9] Und *ernüchternde soziale Erfahrungen unter Einbeziehung einer immer reicheren Fülle ernster Zeitprobleme als Vehikel menschlichen Reifens darzustellen,* das sollte später, parallel bei Goethe *und* bei Jean Paul, beide Male in Anknüpfung an den „Agathon", zur Generalthematik jenes nicht mehr antik kostümierten, sondern die damalige Gegenwart direkt widerspiegelnden Prosa-Epos werden, das die Wissenschaft dazu herausgefordert hat, mit dem Begriff „Bildungsroman" eine neue ästhetische Kategorie aufzustellen.

II

Wie diese Weiterentwicklung bei Goethe aussieht, wird gleich zu zeigen sein. Bei Jean Paul sieht sie so aus, daß er in seinen heroischen Romanen die Wielandsche Umformung des mit dem „Tom Jones" inaugurierten Fabeltyps in einem spezifisch demokratischen Geist fortsetzt – und das nicht allein in bezug auf ihre im engeren Sinne politischen Aspekte, sondern auf der ganzen Breite der in das Sujet integrierten gesellschaftlichen Problematik, darunter in Zusammenhängen, die – scheinbar – von dem Gegensatz zwischen aufgeklärt-absolutistischer Ideologie und revolutionärem Demokratismus kaum berührt werden, so wenig berührt wie etwa Agathons amouröse Abenteuer.

Es ist aufschlußreich, sich klarzumachen, inwiefern selbst in diesem Punkt eine enge Beziehung zu den weltanschaulich-politischen Differenzen vorliegt, die Jean Paul von seinem Vorläufer trennen. Eine Seite seines Verhältnisses zu Wieland wurde oben bereits erwähnt: Während der Abfassung von „Loge" und „Hesperus" war ihr Verfasser noch im plebejischen Milieu eines Provinznests gefangen, weshalb er seine Kenntnis der Welt der Großen, des Treibens bei Hof zumal, noch aus zweiter Hand beziehen mußte, und eben dabei hat vor allem Wieland-Lektüre ihm geholfen.[1] Vor diesem soziologischen Hintergrund nun braucht nur nochmals an Jean Pauls keuschen Lebenswandel und die Strenge seiner sittlichen Grundsätze erinnert zu werden, und sogleich wird begreiflich, wieso er sich zu Anleihen bei dem schlüpfrig-galanten Wieland besonders dort gedrängt sah, wo für die Schilderung der aus der Hofatmosphäre des Rokoko nicht fortzudenkenden schwülen Frivolität authentische Erfahrungen ihm vollends fehlten. Durch Lesefrüchte mußte er die aus seiner Prüderie resultierende Unerfahrenheit ausgleichen. Hier liegt der Grund dafür, daß in der „Loge" Gustavs Verführerin, die mit allen Reizen einer reifen Beauté gezeichnete Bouse, Züge der Danae aus dem „Agathon" trägt[2] und die funktionell analoge „Hesperus"-Dame, Fürstin Agnola, wenn sie, anders als Danae und die Bouse, Viktors Tugend vergebens nachstellt, in ihrem rasenden Zorn darüber und ihrer Rachsucht auch wieder einer Wielandschen Frauengestalt: der Kleonissa aus dem zwölften Buch des „Agathon", gleicht.[3] Erst im „Titan" gehen bei Jean Paul die lasziven Frauen des Adels – Fürstin Isabella[4], Gräfin Linda – auf Beobachtungen zurück, die er selbst an jenen leibhaftigen Titaniden hat anstellen können, von denen er in seinen Erfolgsjahren mit Liebesangeboten überschüttet worden ist. Vorher war er auf das Nachzeichnen von Figuren seines Vorgängers angewiesen.

Gleichviel jedoch, ob seine Bücher da Angelesenes oder Erlebtes reproduzieren, stets unterscheidet Jean Paul sich von Wieland darin, daß er weder dessen Behagen an schlüpfrigen Sujets teilt noch gar, wie dieser bei der Darstellung der zwischen Agathon und Danae spielenden Liebesaffäre[5], den sexuellen Lernprozeß eines Helden als positive Komponente seines menschlichen Werdeganges behandelt. Im Gegenteil: Wenn Jean Paul, um der Vollständigkeit seines Gesellschaftsbildes willen, Erotica zu beschreiben gezwungen ist, dann taucht er sie entweder in satirisches Licht[6] oder läßt moralische Strafpredigten vom Stapel.[7] Bildungsfaktoren aufbauender Art dürfen die seinen Helden begegnenden Mädchen und Frauen immer nur dank ihrer seelisch-charakterlichen Qualitäten und einer rein ästhetisch bezaubernden Schönheit sein. Fleischeslust ist mit dem Stigma der Verderbtheit gezeichnet.

Einer Verderbtheit, von der, wohlgemerkt, der revolutionäre Held sich frei halten soll, weil die Aristokratie ihr frönt und der als sittlich überlegen gefeierte Dritte Stand sie verabscheut. Nirgends als in der Wieland-Rezeption Jean Pauls wird gleich überzeugend deutlich, daß im 18. Jahrhundert Prüderie ebenso die Kehrseite demokratischer Tendenzen gewesen ist, wie Frivolität zur höfischen Kultur gehörte, besonders dann gehörte, wenn diese von einem der Aufklärung verschworenen, den Fortschritt bejahenden Geist wie dem Verfasser des „Agathon", dem literarischen Vollender des Rokoko, repräsentiert ward. Mit der Politisierung der „Tom Jones"-Fabel steht Jean Paul allerdings auf Wielands Schultern. Aus dem „Agathon" stammt der von humanen Idealen beseelte junge Mann, der, ins Hofmilieu vorgedrungen, die dort erlangte Günstlingsstellung dazu ausnutzen möchte, die despotische Macht dem Glück des Volkes dienstbar zu machen (Viktor), aus dem „Agathon" auch der schließlich im Kerker sitzende junge Idealist (Gustav, Flamin).[8] An den „Goldenen Spiegel" überdies hält sich speziell der „Hesperus", wenn er den Charakter des Fürsten Januar sowie die Stellung Viktors zu ihm den Figuren Schah Gebals und Danischmendes nachzeichnet und dabei erneut Personifikationen für den Appell des aufklärerischen Reformwillens an die Vernunft feudaler Herrscher zu schaffen sucht.[9] Und wieder der „Agathon" hat Pate gestanden bei der von der „Loge" bis in den „Titan" durchgehaltenen Idee, den ernüchternden Effekt des Scheiterns, politisch pointiert, als die Peripetie eines Reifungsprozesses zu gestalten, der einen naiven Jüngling zum Mann werden läßt. Aber so, wie Jean Paul aus seinen Romanen den Einfluß jenes lüsternen Satyrs, jenes Protagonisten der Sinnlichkeit fern hält, als der Wieland stets auftrat, seit er sich von der Frömmelei seiner pietistischen Anfänge abgekehrt und der vom Rokoko-Stil geprägten höfischen Variante des Aufklärertums zugewandt hatte, gerade so, mit gleicher Entschiedenheit und aus verwandten gesellschaftsbezogenen Beweggründen, zerreißt Jean Paul für sein Teil auch die Bande, die das politische Engagement seines Vorläufers noch an die Ideologie des aufgeklärten Absolutismus fesselten. Die an die Herrenkaste adressierte vorwurfsvolle Mahnung, die im „Agathon" wie im „Goldenen Spiegel" den Sinnbildern des dort gemeinten politischen Zustands innewohnt, in Jean Pauls Revolutionsdichtung schlägt sie um in die Forderung, den Sturz dieser Kaste herbeizuführen und deren Machtbasis zu vernichten.

III

Für diese Radikalisierung sind, wenn man sie in ihren unmittelbar politischen Manifestationen faßt, drei Momente bezeichnend. Erstens entledigt Jean Paul sich, indem er die antike – bzw. im „Goldenen Spiegel" orientalisch-märchenhafte – Kostümierung abstreift, der Parabelform und stellt so die volle Gegenwartsnähe Fieldings resolut wieder her. Da er aber gleichzeitig den auf die Problematik der Macht bezogenen Gehalt, den Wieland in die deutsche Fielding-Nachfolge hineingetragen hat, beibehält, ja ihn – im Anschluß an den „Dya-Na-Sore" – mit radikaleren Akzenten versieht, bedeutet dies, daß er in der Geschichte des Romans der erste Autor war, der den bestehenden Gesellschaftszustand seiner Epoche und seines Landes einer Kritik unterzog, die nicht einmal vor direkten Angriffen auf die regierenden Fürsten zurückschreckte.

Zweitens bricht Jean Paul mit Wielands antidemokratischen Vorbehalten. Um diesen Aspekt gebührend zu würdigen, muß man wissen, daß Wieland zwar – in Parabelform – den Machtmißbrauch der Kleinstaatfürsten angeprangert, sich aber auch, als *grundsätzlicher* Befürworter des aufgeklärten Absolutismus, von republikanisch-demokratischen Staatsidealen distanziert hat (denen er sich erst später, in den Jahren der Revolution, vorübergehend nähern sollte, ohne daß dies sein belletristisches Schaffen aber beeinflußt hätte[1]). Agathon scheitert daher nicht nur in Syrakus mit gutgemeinten Reformplänen, sondern er macht – vorher – auch böse Erfahrungen mit der Demokratie, nämlich, laut achtem Buch, in Athen, wo er schnell zu hohen Ämtern und Ehren gelangt, um alsbald, infolge der ewig schwankenden Stimmungen des Demos, nur desto tiefer zu stürzen.[2] Von diesem ideologischen Zweifrontenkampf – gegen Despotismus *und* Republikanismus – ist Jean Paul, soweit die zweite Front in Frage kommt, nie erbaut gewesen. Alles spricht z. B. dafür, daß er dem „Agathon" in dem Punkt eine Absage erteilt hat, als er 1785 in die „Scherze in Quart" den oben zitierten Aphorismus über die Republiken einfügte, die zwar auch große Männer ermordeten, wie die Monarchien, aber mehr davon erzeugten als diese, weshalb der Ostrazismus einem lettre de cachet immer noch vorzuziehen sei, usw.[3] Im Einklang damit läßt sich in den heroischen Romanen, obwohl auf alle drei der „Agathon" eingewirkt hat, von einer Auswertung des achten Buchs, von Parallelen zu den darin geschilderten Begebenheiten keine Spur entdecken. Das ist um so bemerkenswerter, als der „Hesperus" ja in den gleichen Jahren niedergeschrieben wurde, in denen westlich des Rheins ein modern-demokratisches Pendant zum Ostrazismus, in Gestalt des jakobinischen Terrors, gerade an der Tagesordnung war und der ungerechten Behandlung Agathons durch den Demos von Athen hohe Aktualität verlieh. Und vollends erstaunlich ist es, wenn man bedenkt, daß der Vollendung des „Titan" der ganz im Geist des Girondismus gehaltene Aufsatz „Charlotte Corday"[4] vorausging. Die einzige Figur Jean Pauls, von der man allenfalls meinen könnte, daß sie durch Enttäuschung über den terreur charakterisiert sei: Graf Lismore, tritt in einem fragmentarischen Nebenwerk auf[5] und muß daher bei der Beurteilung der bildungsromanhaften Passagen in den heroischen Romanen, wo es keine Parallele dazu gibt, außer Betracht bleiben.

Und drittens das für die Geschichte des Bildungsromans wichtigste neue Moment: Bei Jean Paul erhält die Ernüchterung des zentralen Helden einen gegenüber Wieland ganz entschieden veränderten Stellenwert. Die Erfahrungen Agathons als Staatsmann sind Faktoren einer Persönlichkeitsentwicklung, in der politisches Ethos und jugendlicher Idealismus wohl vom Autor als sympathisch geschildert werden, aber eine starke Reduzierung erleiden und *am Ende als falsche Tendenzen gelten.* Bei Wieland ringt dergestalt der „Schwärmer" – damals ein abwertendes Synonym für den heute mit gleicher Geringschätzung „Weltverbesserer" genannten Revolutionär – sich im Ergebnis seiner heilsamen Niederlagen zu Auffassungen von Tugend und Weisheit durch, die zum ersten Mal in der Genesis des Erziehungsromans den für dessen weitere Fortbildung, bis hin zur Desillusionierungsthematik des 19. Jahrhunderts, so folgenreichen Gedanken anklingen lassen, daß *menschliches Reifen mit Resignation identisch* sei, daß das Kriterium der Reife in der Fähigkeit liege, die eigenen Jugendideale aus Impulsen zur Veränderung des Bestehenden in bloße Aufbauelemente der privaten Gesinnung und Lebensführung zu transformieren.[6] Und *davon will Jean Paul am wenigsten wissen, das ist dem Geist seiner heroischen Romane am meisten konträr.*

Auch Jean Pauls positive Helden sind von einem bestimmten Punkt ihres Werdeganges an heilsam ernüchtert, insofern, als ihnen auf Grund niederschmetternder Lebenserfahrungen – man denke an den Maußenbacher Vorfall in der „Loge", an die Inkognito-Reise Viktors und die administrativen Pflichten Flamins im „Hesperus" – das Aussichtslose ihres ursprünglichen Vorhabens, im Rahmen der bestehenden Ordnung „den Menschen zu nützen", d. h. der Miserabilität der deutschen Zustände mit den Methoden des aufgeklärten Absolutismus beikommen zu wollen, bewußt wird. Insoweit unterscheiden sie sich von Agathon nicht. Aber diese Peripetie ereignet sich bei ihnen in einer weltgeschichtlichen Lage, in der ihnen die Aktualität der Revolution einen Ausweg zeigt, und führt sie daher zu dem entgegengesetzten Resultat: *Statt zu resignieren, entscheiden sie sich, nachdem sie als Reformer gescheitert sind, für Verschwörung und gewaltsamen Umsturz, bzw. dafür, auf der Seite der revolutionären Republik am Krieg teilzunehmen, am Krieg selbst gegen das eigene Geburtsland.* Mit anderen Worten: Die Botschaft von jenseits des Rheins bewirkt bei ihnen, daß die Ernüchterung sofort in den entscheidenden Aufschwung ihres Lebens umschlägt, daß ihnen dadurch gleichsam Flügel wachsen, daß sie die Veränderung der Welt zum Besseren unverdrossen nur noch energischer und gründlicher in Angriff nehmen. Der himmelstürmende Idealismus der Jugend behält bei Jean Paul also recht, und *reif werden heißt für ihn, sich der Sache der Revolution zu verschreiben.*

Einzig bei der fragmentarischen „Loge" könnte es hier wieder Mißverständnisse geben und hat es sie gegeben. Aus der Tatsache, daß sie sich von Wieland beeinflußt zeigt, daß man Gustav ebenso wie Agathon in politische Händel verwickelt und dann ins Gefängnis gesetzt sieht, hat Paul Nerrlich geschlossen, das Thema des Ganzen sei die Erziehung eines Idealisten zum Realisten, soll heißen: die eines Rebellen zur Selbstbescheidung, gewesen.[7] Mit Recht weist Eduard Berend darauf hin, daß diese Deutung grundverkehrt ist und eine Fortsetzung des Fragments eher den Untergang des Helden – was aber auch unwahrscheinlich ist – als seine Bekehrung im Sinne des Resignierens gebracht haben würde.[8] Abermals muß aus der Sicht des „Hesperus" und des „Titan" erschlossen werden, was in dem ersten Roman gemeint war. Der „Hesperus" zeigt noch deutlichere Spuren der „Agathon"-Rezeption als die „Loge". Den oben erwähnten Indizien sei noch hinzugefügt, daß Klotilde ebenso die Schwester Flamins ist wie Psyche die Schwester Agathons, daß ferner in der Zeichnung des höfischen Milieus der Dichter mehr als irgendwo sonst Wielands Schilderung des Hofs von Syrakus verpflichtet war und daß auch das Motiv der Inhaftierung aus politischen Gründen, obschon anders motiviert, nicht fehlt.[9] Nichtsdestoweniger sieht man am Schluß alle positiven Helden – Viktor, Flamin, die Drillinge, JP, auch Klotilde – in ungebrochenem Idealismus, erfüllt von revolutionärem Tatendrang, und kann sich lebhaft vorstellen, mit welchem Elan sie ans Werk gehen werden, um den ihnen zugefallenen Staat umzukrempeln. Und die gleiche Gesinnung und Haltung findet man bei Albano am Schluß des „Titan".[10] „Hesperus" und „Titan" aber stellen – das sei nochmals betont – nur besser durchdachte, künstlerisch vollkommenere Ausführungen dessen dar, was ideell bereits mit der „Loge" angestrebt war. Daß im übrigen auch die – von Berend sorgfältig analysierten – Vorarbeiten zur Fortführung der „Loge" gegen Nerrlichs kurzschlüssige Hypothese sprechen, wurde bereits deutlich. Es genügt, hier nur noch einmal an die in Aussicht genommene Erhöhung Ottomars zum Regierungschef zu erinnern.

IV

Soviel zu Jean Pauls Weiterentwicklung und Umgestaltung des Wielandschen Bildungsromans. Bleibt noch zu klären, wie sie sich, verglichen mit derjenigen Goethes, ausnimmt. Goethes Arbeit an „Wilhelm Meisters theatralischer Sendung" reicht bis 1777 zurück. Diese fragmentarische, um die Mitte der achtziger Jahre abgebrochene Fassung ist aber der Öffentlichkeit erst 1910 zugänglich geworden; bis dahin war sie verschollen.[1] „Wilhelm Meisters Lehrjahre" dagegen haben, durch Umarbeitung der „Theatralischen Sendung", ihre endgültige Gestalt 1793–95 gewonnen und sind 1795–96 erschienen, nach der „Unsichtbaren Loge" (entstanden 1791–92; veröffentlicht 1793), auch etwas später als der „Hesperus" (entstanden 1792–94; veröffentlicht 1795); desgleichen Jahre nach der ersten Konzipierung des „Titan" („Genieheft" von der Jahreswende 1792/93), jedoch *bevor 1796/97* der „Titan" ins Stadium seiner definitiven Ausarbeitung trat, die sich dann noch bis Ende 1802 hinziehen sollte (Veröffentlichung je eines Bandes 1800, 1801, 1802 und 1803). Die „Loge" könnte Goethe schon zu Beginn der Arbeit an den „Lehrjahren" bekannt gewesen sein, aber erst im März 1794 wurde ihm von Jean Paul ein Dedikationsexemplar übersandt (für das er nicht gedankt zu haben scheint[2]). Gelesen hat Goethe den „Hesperus" 1795.[3] Jean Paul las von Goethes „Lehrjahren" den ersten Teil im Februar, den zweiten im Juni 1795 – fast genau zu der Zeit, als der „Hesperus" auf den Markt kam –, den dritten und vierten Teil ungefähr ein Jahr später.[4]

Nach meiner Überzeugung, die freilich nicht absolut schlüssig zu beweisen ist, hat Goethe bei der Abfassung der „Lehrjahre" die „Loge" nicht nur gekannt, sondern sich von ihr auch, allerdings zu eher abwehrendem Reagieren, anregen lassen. Folgende Indizien sprechen dafür: Erstens war Goethe mit dem nächst Christian Otto frühesten Enthusiasten dieses Jean Paulschen Werks, K. Ph. Moritz, der es bereits 1792 im Manuskript kennengelernt hatte, befreundet, und es ist unwahrscheinlich, daß Moritz es ihm nicht zur Lektüre empfohlen haben sollte. Zweitens scheint die Turmgesellschaft in den „Lehrjahren" nicht ohne Kenntnis der „Unsichtbaren Loge" konzipiert worden zu sein. Und drittens erinnert das Schloß Natalies im 5. Kapitel des achten Buchs der „Lehrjahre" auffällig an Ottomars Schloß Ruhestatt. Daß die Anregungen Abwehr auslösten, wurde oben am Beispiel der unterschiedlichen Akzentuierung des Freimaurer- und Illuminatenmotivs bei Jean Paul und Goethe bereits demonstriert.[5] Hinzuzufügen bleibt jetzt, daß anscheinend auch Natalies Schloß ein polemisch gemeintes Gegenstück zu dem Pendant in der „Loge" hat sein sollen, wobei aber diesmal Goethe nicht, wie mit der anders gearteten Verwertung des Logenwesens, politische Radikalität, sondern die – ihm wohl noch unsympathischere – Selbstquälerei des Memento mori abwehren wollte. Auch in Natalies Schloß gibt es ägyptische Symbole – die Sphinxe aus Granit, die den Haupteingang zum „Saal der Vergangenheit" flankieren – was vermutlich eine Anspielung auf den Untertitel der „Loge", „Mumien", ist –, und alles bereitet uns, wie in Ruhestatt, auf einen ernsten, melancholisch stimmenden, ja schauerlichen Eindruck vor.[6] Dann aber entsteht eine große Überraschung, wenn man in den Saal tritt, in dem Kunst und Leben jede Erinnerung an den Tod aufheben. Und auf der Rolle, welche die Marmorstatue des Mannes gegenüber der Eingangstür in der Hand hält, sind die Worte zu lesen: „Gedenke zu leben!" (Daß all dies in der „Theatralischen Sendung" noch nicht vorkommt, versteht sich am Rande.)

Was das Verhältnis zwischen dem „Hesperus" und den „Lehrjahren" angeht, so kann es hier keinerlei Einwirkung, weder von Jean Paul auf Goethe noch auch umgekehrt, gegeben haben. Es handelt sich um voneinander unabhängige, fast simultan entstandene Werke, in denen höchstens Parallelen, bzw. Gegensätze in bezug auf parallele Probleme, möglich sind, die freilich, wenn vorhanden, für die Bewertung der unterschiedlichen Wieland-Adaption eben deswegen um so aufschluß-reicher sein dürften. Bei der Genesis des „Titan" dagegen liegt, wenig-stens von 1796/97 an, eine derartige Parallelität des voneinander Un-abhängigen nicht mehr vor, so daß hier – und hier ausschließlich – die Frage nach dem Einfluß, den die „Lehrjahre" auf Jean Paul ausgeübt haben, nach der Art, wie er auf sie produktiv reagiert hat, sinn-voll ist.

Gehört demnach der Vergleich „Lehrjahre"/„Titan" in das Gegen-standsfeld der Aufgabe, zu eruieren, welche Literaturtraditionen in den bildungsromanhaften Teilen der Revolutionsdichtung Jean Pauls aufgegriffen, weiterentwickelt und modifiziert worden sind, so geht es bei dem Vergleich „Lehrjahre"/„Unsichtbare Loge" + „Hesperus" darum, das, was bisher über die Eigenart von Jean Pauls Wieland-Adaption als Element seiner Fortführung des Bildungsromans ausge-macht worden ist, durch die Kontrastierung mit der andersartigen Ver-arbeitung desselben Literaturerbes bei Goethe zu verdeutlichen (wo-bei die Möglichkeit eines gegenüber der „Loge" *bewußt* anderen Ver-fahrens auf seiten Goethes zumindest nicht ausgeschlossen werden kann). Die erste Problemstellung ist mit der zweiten evidentermaßen nicht zur Deckung zu bringen. Gleichwohl gehen beide für die Inter-pretation des „Titan" notwendig ineinander über, weil in diesem Ro-man die in der „Loge" und im „Hesperus" begonnene produktive Aus-wertung des „Agathon" ja ihre Fortsetzung findet, aber so, daß die sich von der hier gleichzeitig beginnenden Auseinandersetzung mit den „Lehrjahren" nicht trennen läßt.

V

Um mit der zweiten Problemstellung, von den Besonderheiten des „Titan" vorläufig abstrahierend, anzufangen, geht die Gemeinsamkeit Goethes und Jean Pauls in ihrer kreativ rezipierenden Beziehung zum Wielandschen Bildungsroman nur so weit, daß beide ihre zu diesem Genre gehörenden Prosadichtungen, anders als Wieland, in der deut-schen Gegenwart ihrer Zeit spielen lassen – Goethe in der „Theatra-lischen Sendung" aus Gründen eines vorwiegend autobiographischen Interesses – und beide, jeder auf seine Art, als Erzähler, Sprachkünst-ler, Menschengestalter bedeutender als ihr Vorläufer sind. In allem übrigen divergieren ihre Adaptionen, zunächst und vor allem in der Auffassung des episch zu bewältigenden Gesellschaftszustandes.

Der „Wilhelm Meister" weist da einen Bruch auf. Soweit er dichte-risch auf der Höhe ist, spiegelt er die spätfeudale Gesellschaft, frei-lich ohne sie zu beschönigen, naiv als selbstverständliche, unerschütter-liche Gegebenheit und nicht als vergänglich und veränderungsbedürftig wider. Dies gilt vor allem für die „Theatralische Sendung" und auch für diejenigen Teile der „Lehrjahre", die aus ihrer Umarbeitung hervorgegangen sind. Hier findet man plastische Charaktere, anschauliche Schilderung des typischen Milieus von Landedelleuten und fahrenden Schauspielern, echt episches Behagen am Fabulieren, Beschreiben und Gestalten, eine fast Shakespearesche Menschenschau. Und hier auch wächst der Wielandsche sexuelle Lernprozeß, unter Abstreifung seiner schlüpfrigen Frivolität, bei voller Bewahrung der bejahten Sinnlichkeit, mit Figuren wie Mariane und Philine in eine neue, humanisierte, menschlich vertiefte Qualität hinüber, an der gemessen die Jean Paulsche Prüderie peinlich antiquiert wirkt. Philines Ausspruch in den „Lehrjahren": „Daß ich dich liebe, was geht's dich an", wiegt an Gehalt viele Seelenergüsse der Beaten und Lianen auf. Aber die sozialen Verhältnisse des deutschen ancien régime werden in diesen Partien des „Meister" als unabänderlich hingenommen.

In die späteren, ab ovo neuen Bücher des Romans dagegen sind die Inhalte der bürgerlichen Revolution eingedrungen, was, ungeachtet der Vermeidung politischer Thematik, darin zum Ausdruck kommt, daß die vorbildhaften, geistig hochstehenden Vertreter des Adels freiwillig auf ihren Gütern den Agrarfeudalismus liquidieren und alle Heiraten, mit denen der Roman endet, sogenannte Mesalliancen (von Adligen und Bürgerlichen) sind.[1] Ja, in der aus den zwanziger Jahren des 19. Jahrhunderts stammenden Fortsetzung, „Wilhelm Meisters Wanderjahre", hat später der alte Goethe sich sogar dem utopischen Sozialismus angenähert (man denke an die pädagogische Provinz). Indes alle diese Veränderungen, die sein *gedankliches* Mitgehen mit dem, was er das „fortschreitende Leben" nannte, bezeugen, sind begleitet von einem *künstlerischen* Qualitätsverlust. Die Erzählung hat durch die Bearbeitung an Frische verloren, kompositorisch ist sie unübersichtlich geworden, fast ausnahmslos sind die in den Jahren 1793 bis 95 neu geschaffenen Figuren, meist Träger humaner Ideen und Bildungswerte, zu blassen, abstrakten Schemen geraten, und nirgends wird die deklarierte Notwendigkeit, den Feudalismus zu überwinden, mit epischen Mitteln sinnfällig gemacht. Den letzten Büchern der „Lehrjahre" fehlt daher poetische Evidenz, an die Stelle gestalteter Lebenswirklichkeit sind allegorisierende Allgemeinheiten getreten, und vollends die „Wanderjahre" wirken durch das Überwuchern des allegorischen Elements als Dichtung spröde bis zur Ungenießbarkeit.

Jean Paul hat in *einem* Fall auch, statt zu gestalten, allegorisiert: mit der Idoine des „Titan". Aber die ist wahrscheinlich eine Lesefrucht aus den „Lehrjahren" (kombiniert aus Therese und Natalie) und jedenfalls eine Ausnahme. Den für den Goetheschen Bildungsroman *generell* charakteristischen Bruch finden wir bei ihm sonst nirgends. Die Alternative zwischen einer Anschaulichkeit, die davon abhängt, daß die gegebenen gesellschaftlichen Lebensformen als gültig empfunden werden, und abstrakt progressiven Einsichten, die sich nur in individualitätsfreien Sinnbildern ohne Fleisch und Blut geltend machen, existierte für Jean Paul nicht. Er war als Epiker nicht, um fabulieren und Charaktere erschaffen zu können, darauf angewiesen, sich in den bestehenden Verhältnissen wie in naturgegebenen Daseinsbedingungen zu bewegen. Im Gegenteil: Das protestierende Aufbegehren gegen diese Umwelt war ihm, schon von seiner satirischen Vergangenheit her, erst recht durch die aus der Ferne heißen Herzens miterlebte Revolution, so zur zweiten Natur geworden, daß seine Stärke gerade darin liegt, das Empörende und Absurde, die Brüchigkeit und Unhaltbarkeit der vorgefundenen Ordnung an ihren bald tragischen, bald grotesken Konsequenzen aufzuzeigen. Und wenn er es unternahm, das eigene Ich im Werk darzustellen, dann ließ er es entweder in Jünglingen daherstürmen, die von rebellierendem Idealismus glühen, oder er verkörperte es, nicht weniger tief empfunden, in seinen scharfsinnigen gelehrten Außenseitern, deren satirisches Räsonement vor keiner Autorität, keiner geheiligten Institution Halt macht. In jedem Fall, so oder so, mußte der Konflikt mit dem Bestehenden zur Gestalt werden. Einen anderen Weg, die ureigenen Empfindungen, Erlebnisse, Ideale mit Frische und Unmittelbarkeit in einer poetisch überzeugenden Individualität zusammenzufassen, kannte Jean Paul nicht.

Dieser Art, Ich und Welt in Beziehung zu setzen, hatte der Sturm und Drang den Weg gebahnt, und der junge Goethe, als Verfasser des „Werther“, war daran pionierhaft beteiligt gewesen. Aber die Stürmer und Dränger hatten ihre Auflehnung nie in ein großzügiges episches Gesellschaftsbild der deutschen Gegenwart umzusetzen vermocht. Zumal der „Werther“ ist ganz aus lyrischer Subjektivität gewoben. Protest gegen die „unnatürliche“ Gesellschaft überhaupt, Leiden an der Welt im ganzen – nur so hatten Freiheitsdrang und antifeudale Stimmung sich literarisch äußern können, höchstens in der Dramatisierung der einen oder anderen typischen Episode an konkreten Standesschranken rüttelnd, falls diese dem Intimen und Persönlichen Zwang auferlegten, jedoch in keinem Fall durch ein Gesamtbild die Totalität der Gesellschaftsformation in Frage stellend, in der Fronknechtschaft, bürgerliche Ohnmacht, Kleinstaaterei, despotisches Regime und höfischer Intrigensumpf sich wechselseitig bedingten. Und dies nicht aus zufälligem Unvermögen der Stürmer und Dränger, sondern weil erst die – damals noch nicht voraussehbare – Revolution die bestehende Ordnung praktisch, handgreiflich als überwindbaren Zustand erweisen sollte. Die später geborenen, diese Umwälzung von früh auf reflektierenden Schriftsteller befanden sich in einer anderen Lage. Ihnen war jene konkrete Gesellschaftskritik objektiv möglich, die allein imstande ist, revolutionären Impuls und epische Objektivität,

Protest und Totalschau zur Synthese zu bringen. Der Punkt nun, an dem in der deutschen Erzählkunst die Tradition des Sturm und Drang in den modernen totalitätsbezogen kritischen Roman einmündet – nicht zufällig in den Jahren der Revolution –, wird durch die Prosaepen Jean Pauls bezeichnet.

Nicht durch den „Wilhelm Meister". Denn in Goethes Entwicklung hatte auf dem Weg von der lyrischen Subjektivität des „Werther" zur epischen Objektivität der „Theatralischen Sendung" zugleich die Anerkennung der Gesellschaft überhaupt jenen Protest gegen die Gesellschaft überhaupt abgelöst, ein Wandel, den auch die aus derselben Zeit stammenden Umarbeitungen des „Tasso" bezeugen.[2] Da es aber nirgendwo jemals die Gesellschaft überhaupt realiter gibt, sondern immer nur eine bestimmte, konkrete, hatte diese Metamorphose episch zur naiven Hinnahme der vorgefundenen feudalen Lebensformen führen müssen, gerade so, wie ideologisch im „Tasso" die Einfügung der genialischen Individualität in die Gesellschaft naiv mit der Unterwerfung unter die höfische Etikette identifiziert wird.

Das war *vor* der Französischen Revolution geschehen, in derselben Periode, aus der die Satirensammlungen des jungen Jean Paul stammen. Schwerlich hätten unter diesen Umständen die „Lehrjahre" *während* und unmittelbar nach der Revolution ohne radikalen Positionswechsel ihres Autors zu einem kritischen Bild des deutschen Gesellschaftszustandes von poetischer Überzeugungskraft geraten können. Vollends die Verneinung der Revolution, zusammen mit der Vorstellung, daß es möglich sei, die „Theatralische Sendung" durch Umbau, Kürzung, Erweiterung, durch Reduzierung des Theaterthemas, Hineinnahme allgemeinerer Bildungsprobleme usw. ideell zu vertiefen und so den Ansprüchen der neuen Epoche anzupassen, schloß aus, daß aus den progressiven *Gedanken*elementen in den letzten Büchern Dichtung wurde statt allegorisierender Künstelei. Die *dichterische* Bewältigung des großen Zeitanliegens bedurfte nicht nur eines anderen Standpunkts, sondern auch einer anderen Erlebnisgrundlage, eines durch die Revolution inspirierten Aufschwungs, eines Blicks voll Haß auf die Mächte der Beharrung, einer von Grund auf neuen, aus dem Revolutionserlebnis selbst geborenen Konzeption. Das alles fehlte bei Goethe. Das alles gab es bei Jean Paul.

VI

Sieht man ab von der künstlerischen Schwäche der letzten Bücher der „Lehrjahre", so scheint die darin geschilderte freiwillige Liquidation der feudalen Agrarstruktur durch vorbildhafte Vertreter des Adels sich mit Jean Pauls idealisierender Antizipation der Revolution „von oben" zu berühren. So wäre es in der Tat, wenn Goethe nicht das ausgelassen hätte, was in der „Loge" und im „Hesperus" – und später abermals im „Titan" – die Hauptsache ist: die Problematik des feudal-absolutistischen *Staates*. Weder wird im „Wilhelm Meister" die Frage aufgeworfen, geschweige beantwortet, was mit dem Staat zu geschehen habe, wenn die Beseitigung des Feudalismus nicht dem sporadischen Belieben einzelner Landedelleute überlassen bleiben, sondern das Ganze der Gesellschaft ergreifen soll, noch treten der Staat und die ihn beherrschenden, bzw. um ihn ringenden, Kräfte überhaupt in Erscheinung. Goethes Roman ist in diesem Sinne apolitisch. Er ist es nicht allein durch seine verharmlosende Umdeutung des Logenwesens und seine Ignorierung der nationalen Zersplitterung Deutschlands – Momente, auf die hier andernorts bereits hingewiesen wurde. Er ist es paradoxerweise gerade auch dort, wo ihm eine antifeudale Tendenz nicht abgesprochen werden kann, wo er die ökonomischen Ergebnisse der bürgerlichen Revolution bejaht.

Um voll zu ermessen, wie sehr dies allem zu Erwartenden widerspricht, muß man sich vor Augen führen, daß ja Goethes Konzeption des Bildungsromans – wenn nicht überhaupt erst in dieser zweiten, endgültigen Fassung, so doch in ihr weit mehr als in der „Theatralischen Sendung" – durch Wielands „Agathon" angeregt worden ist. Einen strebenden und irrenden Jüngling durch mannigfaltige Abenteuer und verschiedene Lebensbereiche zu führen, bis er am Ende zu einer reifen, innerlich freien Persönlichkeit geworden ist, das ist der Grundgedanke des „Agathon", der in den „Lehrjahren", bereichert und vertieft, in die deutsche Gegenwart transponiert und verknüpft mit den Bildungsproblemen der modernen Kultur, schöpferisch weiterentwickelt wird. Aber bei Wieland ist es mit Händen zu greifen, daß die politischen Erfahrungen des Helden zu den unerläßlichen Bedingungen seines Reifens gehören, ja unter diesen den Vorrang haben, und davon findet sich bei Goethe keine Spur mehr, in der zweiten Fassung des „Wilhelm Meister" so wenig wie in der ersten. Während bei Jean Paul gerade diese Aspekte des Wielandschen Erbes fortwirken, kritisch umgestaltet, mit radikaleren Akzenten, hinsichtlich der Bewertung des jugendlichen Idealismus mit entgegengesetzter Tendenz, verzichtet Goethe resolut darauf, Wilhelm Erlebnissen auszusetzen, die an das politische Fiasko Agathons in Syrakus erinnern könnten. Und da nichtsdestoweniger Wilhelms Schicksal in der neuen Version, und gerade erst in ihr, eine Reprise des heilsamen Scheiterns von Agathon aufweisen sollte, mußte Goethe ihm, im Gegensatz zu dem stark autobiographisch gefärbten, daher genial wirkenden Helden der „Theatralischen Sendung", jene prosaische Mittelmäßigkeit von Talent und Charakter verleihen, ohne die das politische Scheitern Agathons sich nicht durch künstlerisches Versagen hätte ersetzen lassen. Der Einfall mit dem durchschnittlichen Schauspieler, der sich am Ende dem normalen werktätigen Leben einfügt und damit seine menschliche Reife unter Beweis stellt, ist sicher hierdurch mitbedingt.

Seltsam erscheint die Entpolitisierung der „Agathon"-Motive auch, betrachtet man sie unter dem Gesichtspunkt der inhaltlichen Ausweitung, die im Zuge der Umarbeitung der „Theatralischen Sendung" zu den „Lehrjahren" die Bildungsproblematik erfahren hat. Daß im Bewußtsein Wilhelms, entsprechend der Elimination des Staates aus dem Gesellschaftsbild, alle Momente politischer Ideologie fehlen, wäre nicht gar so merkwürdig, hätte Goethe nicht wohlüberlegt, mit großer Absichtlichkeit den ersten Entwurf auf der Grundlage einer vollständig neuen Konzeption umgestaltet und dabei selbst die Voraussetzungen zerstört, unter denen der Apolitizismus dem ursprünglichen Romanstoff angemessen war. In der „Theatralischen Sendung" ist Wilhelm nichts als Künstler. Das Theater bildet den Mittelpunkt seines Lebens. Daß ein solcher Mensch dem öffentlichen Leben indifferent gegenübersteht und auch nie auf Personen und Sachverhalte stößt, die ihn darin beirren könnten, ist durchaus glaubwürdig – nicht nur im 18. Jahrhundert –, brauchte an sich also nicht als atypisch beanstandet zu werden. In den „Lehrjahren" hat der Kreis der geistigen und menschlichen Interessen sich jedoch dermaßen ausgedehnt, daß eine qualitativ neue Thematik entstanden ist. Der Roman ist weitgehend enttheatralisiert worden, der Schwerpunkt hat sich auf die Bildung überhaupt verlagert, wobei der Goethesche Bildungsbegriff auch noch ausgesprochen sozial akzentuiert ist. Trotzdem wird die Politik weiterhin umgangen. Wilhelm vollbringt als Zeitgenosse der Aufklärung z. B. das Wunder, von Montesquieus „Geist der Gesetze" und Rousseaus „Gesellschaftsvertrag" keine Notiz zu nehmen. Und die Turmgesellschaft, die ihn auf seinem Bildungsgang leitet, zeigt sich, obwohl dem Illuminatenwesen nachgebildet, an staatlichen Zuständen sowie an Bestrebungen und Ideen der Zeit, die auf sie Bezug haben, gleichfalls desinteressiert. All dies setzt der Lebenswahrheit Grenzen.

Sowohl durch den „Agathon", als literarische Anregung, wie auch durch die Umarbeitung der Theatererzählung in einen allgemeinen Bildungsroman mußte sich Goethe eine andere Lösung aufdrängen. Warum hat er sie vermieden? Daß ihn in puncto Politik die eigene Weltkenntnis im Stich gelassen hätte, ist ausgeschlossen. Goethe hätte sich nicht, wie Jean Paul, Materialien aus zweiter Hand über einen Gegenstandsbereich zusammenzusuchen brauchen, der ihm vielmehr seit seiner Übersiedlung nach Weimar wohlvertraut war. Als langjähriger Minister des Herzogtums Sachsen-Weimar konnte er die höfische Welt aus eigener Anschauung so genau beurteilen, hatte er die staatlichen Verhältnisse Deutschlands und die Praxis absolutistischer Politik so intensiv studiert wie kein anderer Schriftsteller seiner Epoche. Er selbst war, dem Agathon nicht unverwandt, in seiner ersten Weimarer Periode ein Reformer gewesen, der im Rahmen der bestehenden Ordnung für die Untertanen Gutes zu wirken versucht, und war damit gescheitert, was zu seinem fluchtartigen Aufbruch nach Italien geführt hatte. Es bleibt mithin nur die Erklärung, daß gerade seine gesellschaftliche Stellung, daß Rücksichten auf den Hof Karl Augusts ihn daran gehindert haben, die Wirklichkeit des Kleinstaatdespotismus zu gestalten und so den Romanhelden in die Lage zu bringen, über diese Wirklichkeit nachzudenken, sich an ihr abzumühen, unter ihr zu leiden.

Und in der gleichen Richtung der Entpolitisierung des Stoffs wirkte die Abneigung gegen die Französische Revolution. Man spürt den „Bürgergeneral" und die „Aufgeregten". Man spürt vor allem die Nähe Schillers, der um dieselbe Zeit, da Goethe, unter dem anfeuernden Zuspruch des eben neu gewonnenen Freundes, die Arbeit am „Meister" wiederaufnahm, mit seinen „Briefen über die ästhetische Erziehung des Menschen" die Programmschrift des Apolitizismus der Weimarer Klassik verfaßte.[1] In der gemeinsamen Ablehnung der Revolution, in der angewiderten Mißachtung alles Politischen, in der Überzeugung, daß es zuerst die harmonisch gebildete Persönlichkeit zu schaffen gelte, ehe an eine Reformierung des Staats zu denken sei, fanden sich die beiden großen Dichter.

Anders der armselige Winkelschulmeister in Schwarzenbach. Er kannte Hemmungen, die es ihm verwehrt hätten, Fürsten und Höfe in das Gesellschaftspanorama seiner Bücher einzubeziehen, nicht. Desgleichen waren ihm Antipathien gegen die Revolution des Dritten Standes fremd. Die realistische Schilderung des höfischen Milieus und der absolutistischen Politik, die in den „Lehrjahren" ausgelassen wird, in seinen Werken nimmt sie breiten Raum ein, und die Charaktere und Gesinnungen der wichtigsten Helden, die darin auftreten, sind überwiegend durch ihr Verhältnis zum Staat gekennzeichnet. Wie es nicht anders sein kann, entsprach also auch in diesem Fall der unterschiedlichen sozialen Position die Unterschiedlichkeit der geistigen Resultate. Der *Klassenkampf* war im Spiel, als die simultanen Wieland-Adaptionen bei Jean Paul und bei Goethe so gegensätzlich ausfielen, als das den „Agathon" durchdringende politische Interesse gleichzeitig im „Hesperus" einen revolutionär-demokratischen Inhalt annahm und, literarhistorisch parallel dazu, im „Wilhelm Meister" versiegte.

Mit den „Flegeljahren" hat Jean Paul später seinerseits einen Bildungsroman geschaffen, worin Staat und Hofsphäre ausgelassen sind und der Held lediglich zu einem praktisch-lebenstüchtigen Menschen und nicht, wie die „Hesperus"-Helden, zum Revolutionär geformt werden soll. Dies bedeutete, nachdem die Französische Revolution der Vergangenheit angehörte und die großen Menschheitshoffnungen, die

Jean Paul an sie geknüpft, sich nicht erfüllt hatten, eine Annäherung an Goethes Position. Dennoch wäre es falsch, die „Flegeljahre", wie es oft geschieht², nur als humoristisches Seitenstück zum „Wilhelm Meister" zu betrachten und dabei zu übersehen, daß es auch hier Unterschiede prinzipieller Natur gibt, die klassenmäßig bedingt sind.

In den „Flegeljahren" grenzt Jean Paul sich in einer sehr wesentlichen Frage mit deutlicher polemischer Spitze von der Ideologie des Goetheschen Bildungsromans ab. Einer der Hauptfehler des weltfremden Walt besteht darin, daß er gläubig und verehrungsvoll zu hochgestellten Personen aufblickt, daß er besondere Vorliebe und Bewunderung für die Aristokratie hegt³, und genau das ist die Einstellung Wilhelm Meisters, ins Rührend-Komische transponiert. Man braucht nur das Gespräch, das Walt und Vult im 30. Kapitel über den Adel führen, mit den einschlägigen Auslassungen in Goethes Roman zu vergleichen, um sich davon zu überzeugen.⁴ Während nun Wilhelm Meister in dem Punkt mehr oder weniger Sprachrohr seines Dichters ist und jedenfalls im siebenten und achten Buch, auf dem Schloß Lotharios, das ideale Walten der allegorischen Bedeutungsträger hoher Humanität, Bildung und Kultur an die selbstbewußte Lebensfreiheit der Aristokratie gebunden erscheint, sehen wir den Helden der „Flegeljahre" schweren Enttäuschungen ausgesetzt, die ihm seine geliebten und bewunderten Adligen, besonders der Graf Klothar (eine Anspielung auf den Namen Lothario??) bereiten⁵, und sein weltkundiger, realistischer Bruder Vult, Verächter und Feind des Adels, liefert ihm, ganz im alten Geist der „Grönländischen Prozesse", als deren Verfasser er uns vorgestellt wird, den bissigen satirischen Kommentar dazu.⁶ Findet man in den „Flegeljahren" also auch nicht mehr die umfassende Politisierung des Erziehungsproblems, wie sie für die heroischen Romane aus den neunziger Jahren bezeichnend ist, so legt doch der Dichter immer noch Wert darauf, seinem Helden wenigstens Bürgerstolz und gesundes Mißtrauen gegen die hohen Herrschaften einzubleuen, was er beides an Wilhelm Meister vermißt.

Im übrigen ist die Erziehung eines überspannt idealistischen reinen Toren zum Realisten zwar das Programm der „Flegeljahre", aber es zu verwirklichen hat Jean Paul nicht vermocht. An der Aufgabe, eine Wandlung dieser Art zu gestalten, ist er gescheitert. Bis zum Schluß des Romantorsos bleiben Charakter, Mentalität und Lebensanschauung Walts unverändert, nicht, weil es seinem Autor überhaupt schwergefallen wäre, Realisten zu porträtieren – der gleich gut gelungene, sich unvergeßlich einprägende Vult steht mit beiden Beinen fest auf der Erde –, sondern weil die Jean Paulschen Realisten, Vult eingeschlossen, sich jedesmal durch ihr untrügliches Gespür für die Brüchigkeit und Fragwürdigkeit der bestehenden Gesellschaftsordnung auszeichnen, die sie eben deswegen mit satirischem Hohn überschütten, und weil die Wandlung des weltfremden Träumers Walt zu einem so gearteten Gegenpol seines Wesens ja nie die *Anpassung* hätte hergeben können, ohne die der als harmonisch-optimistisch vorschwebende Schluß der Geschichte nicht ausgekommen wäre. Deshalb vermutlich mußte das Werk unvollendet bleiben: *Ein Happy end der Anpassung zu gestalten lag Jean Paul nicht.* Eben das Merkmal des Angepaßtseins aber ist konstitutiv für die Version gereifter Menschlichkeit, der in Goethes „Lehrjahren" Wilhelm Meister entgegengeführt wird.

Nun sind, wie gesagt[7], die „Flegeljahre" aus dem „Titan", sich verselbständigend, hervorgewachsen, und es ist überaus wahrscheinlich, daß die in ihnen entfaltete Kritik an der für die „Lehrjahre" charakteristischen Verherrlichung des Adels noch mit zu dem Komplex erzählend gestalteter Bezugnahmen auf Goethe gehört, die dem „Titan" zu einem gut Teil das Gepräge geben. Läßt man vorläufig diesen Aspekt auf sich beruhen und klammert man die Frage des genetischen Zusammenhanges, der zwischen den beiden reifsten Romanschöpfungen Jean Pauls – zwei Bildungsromanen par excellence – obwaltet, erst einmal aus, so bleibt festzuhalten, daß der „Titan" nicht nur zeitlich, sondern auch sachlich, kategorial, als Glied im Formierungsprozeß seines Genres, zwischen den „Flegeljahren" nach ihm und dem „Hesperus" vor ihm steht. Mit dem „Hesperus" hat der „Titan" noch gemeinsam, daß ein Reifungsprozeß, der den Helden zum Revolutionär werden läßt, seinen Inhalt ausmacht, und zu den „Flegeljahren" leitet er über durch die in ihm beginnende Auseinandersetzung mit dem als schlechthin klassisch geltenden Bildungsroman Goethes. Diese Auseinandersetzung war Lernprozeß und Wettstreit zugleich. Sie war sowohl Erbantritt als auch Polemik. Sie wollte den Gegner widerlegen und dabei übertreffen, wollte ihn benutzen und doch bekämpfen, es ihm gleichtun *und* etwas ganz anderes schaffen als er. Vor dem biographischen und literarhistorischen Hintergrund der Jahre 1795 bis 1802 wird jetzt zu zeigen sein, wie das geschah.

ELFTES KAPITEL

Vom Hesperus zum Titan

I

Mit dem „Hesperus" errang Jean Paul 1795 den durchschlagenden Erfolg, den er lange vergebens ersehnt hatte. Der Roman fand reißenden
Absatz, seine Wirkung auf die Zeitgenossen glich einer Sensation. Seit
dem „Werther" hatte kein belletristisches Werk mehr solche Massen
von Lesern in seinen Bann gezogen. Fast über Nacht sah der Verfasser,
ein kleiner Hauslehrer in einem vogtländischen Nest, sich zum ge-
feiertsten Schriftsteller Deutschlands erhöht. Fand die intellektuelle
Vorhut des Bürgertums in dem Buch eine glänzend geistreiche Begründung ihrer Emanzipationsbestrebungen, so erblickten die literarisch
interessierten Kreise der Aristokratie darin den vollendeten Ausdruck
des Krisenbewußtseins, das sie angesichts der Französischen Revolution ergriffen hatte. Aber auch einfache Menschen aus den unteren
Schichten griffen zu den beliebten Bändchen, erfreuten sich an ihrem
Humor, schwelgten gerührt in den sentimentalen Passagen, verfolgten
mit Spannung die packende Fabel und genossen das lebenswahre Abbild einer ihnen hautnah vertrauten Wirklichkeit. Hingerissen waren
die Frauen und jungen Mädchen. Die Herzensnöte, die Mißverständnisse, die zarten Seligkeiten zwischen Viktor und Klotilde kamen ihnen
als das Schönste und Ergreifendste vor, was je über die Liebe geschrieben worden war. Zugleich scheinen sie sich in den Mutter- und Haus-
frauensorgen der Pfarrfrau Eymann, im traurigen Los der armen
Marie, im ungestillten Verlangen der an einen gleichgültigen Mann
geketteten Fürstin Agnola und, nicht zuletzt, in Klotildes Sehnsucht
nach Gleichberechtigung tief verstanden gefühlt zu haben. Jedenfalls
vergötterten sie fortan in dem „Hesperus"-Dichter stets auch den Anwalt ihrer lebenswichtigen Belange.
Allgemein bewunderte man die Mannigfaltigkeit an poetischen Bildern
des Stadt- und Landlebens und die Echtheit der in den verschiedenen
sozialen Sphären angesiedelten Typen und Szenen. Und hinter all diesem Reichtum spürte man ein Ethos, das die Lust am Fabulieren, die
Kunst epischer Komposition und eine von bildhaften Vergleichen blühende, überquellende Prosa in den Dienst reiner, erhabener Ideale gestellt hatte. Läuternde Wirkung ging daher von dem so bunten, heiteren, gefühlvollen und gedankentiefen Werk aus. Es bewog manchen
zu innerer „Bekehrung", nach dem Vorbild Viktors, der sich aus Liebe
zu Klotilde zur Tugend entschließt.[1] Sterbende fanden letzten Trost
in dem Buch.[2] In preußischen Festungen – Glatz, Spandau, Magde-
burg – gab es politischen Gefangenen moralischen Halt.[3] Hartknoch
aus Riga, der Verleger Herders und Klingers, bekannte, er habe dem

„Hesperus" die Rettung vor sibirischer Verbannung zu danken, da er aus ihm die Kraft geschöpft, sich wirksam gegen Anschuldigungen der zaristischen Regierung zu verteidigen.[4] Zahlreiche Leser, namentlich Leserinnen, schütteten dem Autor in Briefen ihr Herz aus oder suchten ihn gar auf, um sich in Lebenskrisen Rat zu holen. Unglücklich Verliebte wandten sich ebenso an ihn wie ein Barbiergehilfe, der sich bilden wollte.[5] Durch ein Wort von ihm hoffte ein Elternpaar aus Königsberg, das sein einziges Kind verloren hatte, wiederaufgerichtet zu werden.[6] Um Rat bat die im Stich gelassene Geliebte eines Soldaten, die, mit einem unehelichen Kind unter dem Herzen, nicht mehr aus noch ein wußte[7], usw.

Auch an komischen Begleiterscheinungen des Ruhms fehlte es nicht. Der Mundharmonikaspieler Franz Koch, der im „Hesperus" auf einem Osterkonzert im fiktiven St. Lüne auftritt, erhielt durch die ihn überraschende Reklame derartigen Zulauf, daß unter gleichem Namen bald noch ein zweiter Musikant vor vollen Häusern konzertierte.[8] Das Blähungspulver, mit dem Viktor den Fürsten Januar kuriert – das Rezept ist im Roman angegeben –, wurde alsbald von den Apothekern als „Hesperus"-Pulver feilgeboten.[9] Und noch 1817, als Jean Paul auf Betreiben Hegels und des jüngeren Voß in Heidelberg die Ehrendoktorwürde verliehen ward, rissen Souvenirjäger aus der begeisterten Studentenschaft sich um Haare aus dem Fell seines Hundes, wähnend, es sei derselbe Spitz, der in der komischen Rahmenhandlung des „Hesperus" dem auf einer Insel lebenden JP ständig Depeschen mit Nachrichten über die jüngsten Geschicke seiner Helden zuträgt.[10] Damals waren der „Siebenkäs", der „Titan", die „Flegeljahre", die als Dichtungen reifer sind, längst erschienen. Auch die „Vorschule der Ästhetik" und die „Levana", die ihren Autor als Denker von Rang ausweisen, lagen seit über zehn Jahren vor. Keines dieser Werke hat je den Ruhm, geschweige die Popularität des „Hesperus" erreicht.

II

Im Frühjahr 1794 war die Winkelschule in Schwarzenbach aufgelöst worden. Da ein Teil der Zöglinge aufs Gymnasium kam, lohnte es sich für die Eltern nicht mehr, das Unternehmen aufrechtzuerhalten. So zog Jean Paul Anfang Mai wieder nach Hof zu seiner Mutter und seinem jüngsten Bruder, Samuel. Seine finanzielle Not war noch nicht behoben. Die Einkünfte aus der „Loge" blieben zunächst gering, und von dem zweiten Romanwerk lag eben erst das fertige Manuskript vor. Nach wie vor war er darauf angewiesen, Privatstunden zu erteilen, was noch über zwei Jahre lang die Hälfte seiner Zeit beanspruchen sollte. Häufig zog es ihn jetzt nach Bayreuth. Hier fand er in dem erwähnten Emanuel Osmund einen neuen Freund fürs Leben, den zweiten neben Christian Otto. Und in dem Maße, wie sein Ansehen wuchs, erschlossen sich ihm hier auch Kreise, die kultivierter waren als die Hofer Honoratioren und ihn zuvorkommender aufnahmen. Allmählich brachte ihn dies auf den Gedanken, der unfreundlichen, an Anregungen armen Stadt, in der nur Otto seinen Wert voll zu schätzen wußte, den Rücken zu kehren. Einen konkreten Entschluß indes vermochte er in dem Punkt nicht zu fassen. Er schwankte, ob er nach Bayreuth oder nicht besser nach Berlin, Leipzig, Weimar oder Jena ziehen sollte, machte Reisepläne und verwarf sie wieder.

Da zog der „Hesperus" die Aufmerksamkeit der Großen von Weimar und Jena auf sich. Goethe zwar äußerte sich nach flüchtigem Durchsehen des ihm zugegangenen Widmungsexemplars erst ziemlich abfällig darüber, ließ sich dann aber durch den beeindruckten Schiller zu gründlicherer Lektüre bewegen und änderte sein Urteil.[1] Besonders Klotilde begann ihn zu fesseln. Seine wohlwollende Bewertung des Ganzen schränkte Goethe nur noch durch das Bedauern ein, daß der Autor, weil isoliert lebend, zu keiner Reinigung seines Geschmacks kommen könne; er selbst sei anscheinend die beste Gesellschaft, mit der er Umgang habe.[2] Die Situation in Hof, mit dem doch etwas subalternen Otto als geistigem Berater, war damit nicht schlecht getroffen. Schiller nannte den „Hesperus" einen „prächtigen Patron", rühmte seine „Imagination und Laune" und stellte ihn über die von ihm sehr geschätzten „Lebensläufe" Hippels, das bis zur „Unsichtbaren Loge" bedeutendste Romanwerk aus der deutschen Sterne-Nachfolge.[3] Keine Grenzen kannte die Begeisterung bei Herder und Wieland. Wieland las den Roman gleich dreimal hintereinander und erklärte, dies sei das rechte Not- und Trostbüchlein für seine alten Tage und könne sein bisheriges Leibbuch, den „Tristram Shandy", aus seiner Gunst verdrängen; der Verfasser sei ihm mehr als Herder und Schiller, er habe „eine Allübersicht wie Shakespeare".[4] Herder gar, schon von den „Grönländischen Prozessen" angetan, empfand Jean Pauls Romane überhaupt als unüberbietbare Vollendung des von Richardson, Fielding und Sterne Begonnenen, und insbesondere vom „Hesperus" fühlte er sich so stark ergriffen, daß er jedesmal, wenn er darin las, tagelang seinen Amtsgeschäften nicht nachgehen konnte.[5] Ende 1795 hatte der „Hesperus"-Taumel die ganze Weimarer Hofgesellschaft erfaßt. Am 15. Dezember schrieb Goethe an Schiller, dies sei gegenwärtig „das Werk, worauf unser feineres Publikum seinen Überfluß von Beifall ergießt", und fügte hinzu: „Ich wünschte, daß der arme Teufel in Hof bei diesen traurigen Wintertagen etwas Angenehmes davon empfände."[6]

Die leidenschaftlichste Verehrerin in Weimar war Charlotte von Kalb, Schillers und Hölderlins einstige Freundin, seit Jahren vertraute Parteigängerin Herders. Sie ergriff im Frühjahr 1796 die Initiative, in einem enthusiastischen Brief nach Hof zwischen dem Dichter und seinen Bewunderern im Musensitz an der Ilm eine Brücke zu schlagen. Wenig später, nachdem auch der „Quintus Fixlein" Aufsehen erregt hatte, lud sie den Verfasser ein, sie zu besuchen.[7] So kam im Juni des gleichen Jahres der triumphale dreiwöchige Aufenthalt Jean Pauls in Weimar und Jena zustande, ein Ereignis, das in seinem Schaffen wie in seinem privaten Dasein Epoche gemacht hat. Freundlich wurde er von Goethe und Schiller und von der Herzoginmutter Anna Amalia, der Geistesgefährtin Wielands, empfangen, trat zu Charlotte von Kalb in Beziehungen, die sich auf der Grenze zwischen Freundschaft und Liebe bewegten, und schloß vor allem – Wieland war gerade nicht am Ort – eine innige und feste Strebensgemeinschaft mit dem Mann, der ihm seit jeher als der verehrungswürdigste seiner großen Zeitgenossen erschienen war: mit Herder. Durch die Briefe an Otto nach Hof ist die Nachwelt über die Eindrücke dieser Reise genau unterrichtet.[8] Jean Paul hat ihre Bedeutung für seine weitere produktive Entwicklung, namentlich für die Arbeit am „Titan", in dem Bekenntnis zusammengefaßt, er habe in wenigen Tagen zwanzig Jahre erlebt und seine Welt- und Menschenkenntnis sei in die Höhe geschossen wie ein mannshoher Pilz.

Nach Hof zurückgekehrt, gab der Dichter endlich, im Alter von 33 Jahren, seine Hauslehrertätigkeit auf, um fortan nur noch schriftstellerisch zu wirken. Seine Einkünfte ermöglichten es ihm jetzt, in bescheidenem Wohlstand zu leben, alte Schulden aus den Notjahren zu tilgen und sich gegenüber Familie und Bekannten als Freudenbringer zu erweisen. Nachdem 1797 seine Mutter gestorben war, verließ er Hof. Fürs erste siedelte er wieder nach Leipzig über, das er 13 Jahre zuvor, damals auf der Flucht vor Gläubigern, bei Nacht und Nebel hatte verlassen müssen. Er wollte auf eigene Kosten und unter seiner Aufsicht seinen jüngsten Bruder studieren lassen, es aber vermeiden, deswegen in einer Residenz ansässig zu werden, wo er sich leicht dem Verdacht hätte aussetzen können, daß die kritische Schilderung des Hofmilieus in seinem „Titan" sich auf örtliche Personen und Verhältnisse beziehe.[9] Und eben die Handelsmetropole Kursachsens verfügte, ohne Residenz zu sein, über eine angesehene Universität. Im übrigen besaß in der Nähe von Leipzig, in Belgershain, ein neuer Freund, der auch von Herder geschätzte, mit ihm verbündete Schriftsteller Friedrich v. Oertel (nicht verwandt mit den Töpener Oerthels), ein Landgut. Oertel hatte u. a. eine Polemik gegen Kotzebues Schrift vom Adel verfaßt.[10] Seither sah Jean Paul, der seinerseits wegen der in den „Grönländischen Prozessen" enthaltenen Ausfälle gegen den Adel von Kotzebue angegriffen worden war, in dem Verfasser einen Bundesgenossen und war daher erfreut, als der Gleichgesinnte Ende 1794 mit ihm brieflich Kontakt aufnahm. In Weimar hatte er 1796 bei Oertels Bruder Ludwig logiert[11], und seither war ihre Beziehung immer herzlicher geworden.

Nur ein knappes Jahr jedoch, von November 1797 bis Oktober 1798, währte der zweite Leipziger Aufenthalt Jean Pauls, noch dazu unterbrochen von Reisen nach Hof, Dresden, Halle, Halberstadt und abermals Weimar. Bald wich die Zufriedenheit am neuen Ort wachsendem Überdruß. Schon im Juli diente der Besuch in Halberstadt, beim „Dichtervater" Gleim, nicht zuletzt dem Zweck, sich nach einem anderen Domizil umzusehen an einem Ort, der von der Leipziger Kaufmannsatmosphäre frei war. Eine nicht unwesentliche Rolle spielte bei den Umzugsplänen der Umstand, daß es mit Samuel eine Enttäuschung gegeben hatte. Der zum Leichtsinn neigende, allzu übergangslos aus dem Elendsdasein in Hof erlöste Jüngling hatte Spielschulden gemacht, dann seinem Bruder und Wohltäter, als der in Dresden weilte, aus der gemeinsamen Wohnung eine erhebliche Geldsumme gestohlen und war auf und davon gegangen.[12] Für den Dichter entfiel damit das Motiv, sich in Leipzig für längere Zeit festzusetzen. Seine im August unternommene zweite Weimarreise, durch das Wiedersehen mit Herder und Goethe und das Kennenlernen Wielands ein neuer Höhepunkt[13], ließ so in ihm den Entschluß reifen, in das damalige Zentrum des deutschen Geisteslebens überzusiedeln. Zwei Jahre lang, von Oktober 1798 an, hat er dann dort gelebt, in freundschaftlichem Verkehr und ständigem Gedankenaustausch mit Herder, aber auch häufig mit Wieland, Goethe, Schiller, Meyer, Böttiger, dem Major Knebel u. a. zusammentreffend, gern gesehen bei der Herzoginmutter in Tiefurt, von Charlotte v. Kalb mit Liebesanträgen bestürmt.[14] Ausflüge führten ihn zwischendurch mehrmals nach Jena, kurze Reisen nach Gotha, Hildburghausen, Erfurt und Eisenach (mit Besuch der Wartburg), eine längere Ende Mai 1800 über Leipzig nach Berlin.

In Hildburghausen, das zu der Zeit noch Residenz eines souveränen Zwergstaats war, ist Jean Paul auf Einladung des Hofs zweimal, im Mai und im Oktober 1799, gewesen. Die Herzogin Charlotte und zwei ihrer Schwestern, die Fürstin Friederike von Solms, spätere Königin von Hannover, und die Fürstin Therese von Thurn und Taxis, gehörten zu den Bewunderinnen seiner Bücher und brannten darauf, ihn persönlich kennenzulernen. Nur ein Zufall verhinderte, daß er schon beim ersten Besuch auch ihrer vierten Schwester, der ihn gleichfalls tief verehrenden Königin Luise von Preußen, begegnet ist. Im August wurde ihm vom Herzog der – etwas komisch wirkende – Ehrentitel eines Hildburghausischen Legationsrats verliehen, und daraufhin beschloß Jean Paul, in stiller Hoffnung auf eine spätere Alterspension, den „Titan", den er ursprünglich dem ganzen weiblichen Geschlecht hatte widmen wollen, jenen „vier schönen und edlen Schwestern auf dem Thron" zu dedizieren. Beim zweiten Aufenthalt in Hildburghausen verlobte er sich mit Caroline von Feuchtersleben, einem jungen Mädchen, das bis vor kurzem Hofdame gewesen war.[15]

Auch in Weimar hat Jean Paul sich auf die Dauer nicht wohl gefühlt. Dem Herzog Karl August galt er als suspekt, weil er politisch noch radikaler eingestellt war als der mißliebige Herder. Er seinerseits konnte den Herzog wegen seines, wie er meinte, unsittlichen Lebenswandels nicht ausstehen. Seine Sympathie gehörte der abseits im Schatten lebenden Herzogin Luise. Mit den tonangebenden Gruppierungen in Literatur und Philosophie, den sich um Goethe, Schiller und ihren Freund Meyer scharenden Anhängern des Klassizismus wie den Wortführern der Jenenser Frühromantik, stand Jean Paul auf gespanntem Fuß, sein ihm gleichgesinnter Freund Herder befand sich in Isolierung, und an diesem wieder mißfielen ihm der Mangel an Objektivität des Urteils über die gemeinsamen Gegner und der Hang zu grämlichem Pikiertsein.[16] Hinzu kam ein prosaischer Grund, der ihm Weimar verleidete. Nachdem er früher, zu Lasten seines Herzens, beim Arbeiten viel Kaffee konsumiert und sich das dann abgewöhnt hatte, war er zum exzessiven Biertrinker geworden, und die einzige Sorte am Ort war so schwer, daß er, bei der Maßlosigkeit seines Bedarfs, fürchtete, sie werde ihn töten.[17] Schon deswegen ließ ein neuerlicher Wechsel des Wohnsitzes sich nicht lange vermeiden.

Den letzten Anstoß dazu lieferte die Erkenntnis, daß seine Braut bei näherer Überlegung doch nicht den Vorstellungen entsprach, die er sich über seine künftige Lebensgefährtin gemacht hatte, weshalb er es für besser hielt, sich von ihr wieder zu trennen. Im Mai 1800 traf er, begleitet von Herder und dessen Frau, auf halbem Wege in Ilmenau mit dem Mädchen zusammen und erklärte nach kurzer Aussprache das Verlöbnis für aufgelöst. Caroline von Feuchtersleben war völlig gebrochen, und das Ehepaar Herder hatte für die treulose Haltung Jean Pauls um so weniger Verständnis, als die Verlassene den ganzen Winter über wegen ihrer Entscheidung für einen bürgerlichen Mann tapfer quälende Konflikte mit ihrer vornehmen Verwandtschaft bestanden hatte. So kam es zwischen den sonst unzertrennlichen Bundesgenossen zu einer tiefen Verstimmung. Die Folge war, daß Jean Paul nichts mehr an Weimar band.[18]

In dieser Lage faßte er den Entschluß, seine schon häufig geplante erste Reise nach Berlin zu unternehmen. Dort wurde er im Mai und Juni 1800 so stürmisch gefeiert, daß es ihn unwiderstehlich lockte, für einige Zeit überhaupt in die preußische Residenz umzuziehen. Die Königin Luise ließ es sich nicht nehmen, mit ihrem Lieblingsdichter in Potsdam zu speisen und ihm die Anlagen von Sanssouci zu zeigen.

Zu seinen Ehren veranstaltete Iffland, auf Geheiß der Königin, eine Galavorstellung im Schauspielhaus am Gendarmenmarkt. Die geistigen Kreise Berlins, gleichviel welcher Richtung, an der Spitze die literarisch enthusiasmierten Damen, rissen sich um den berühmten Gast, der sich von ihnen auch gerne in den Salons herumreichen ließ. Rauschende Diners wurden für ihn gegeben. Junge Mädchen flochten ihm Kränze aus ihren abgeschnittenen Haaren. In dem anmutigsten dieser Geschöpfe, Karoline Mayer, der Tochter eines Obertribunalrats, die ihn buchstäblich anbetete – „Ich möchte Sie anbeten, vor Ihnen knien, wie man vor Gott sich beugt", schrieb sie ihm –, fand er seine spätere Frau. Kein Wunder, daß, als in Weimar die Herders dem Heimgekehrten immer noch mit kühler Zurückhaltung begegneten, ihm diese Stadt vollends verhaßt war. Im Oktober verließ er sie und zog nach Berlin. Dabei war diesmal von Anbeginn vorgesehen, daß er nur vorübergehend bleiben werde. So sehr ihm das Berliner gesellige Treiben gefiel, zwei Dinge fehlten ihm: die Nähe der von Kindheit auf vertrauten Mittelgebirgslandschaft und – schmackhaftes Bier. Deshalb quartierte er sich nur provisorisch bei einem Herrn v. Ahlefeld, den er in Bayreuth kennengelernt hatte, ein und bereitete fürs nächste Frühjahr seine Übersiedlung nach Meiningen vor, wo er sich definitiv niederlassen wollte.[19]

Wichtigstes Ereignis der Berliner Monate Jean Pauls war seine zeitweilige Annäherung an die ihm bis dahin unsympathischen Romantiker. Gegen Ende der Weimarer Zeit hatte, nach Feindschaft auf beiden Seiten, das theoretische Haupt der Jenenser Romantischen Schule, Friedrich Schlegel, ihn überraschend aufgesucht und anderthalb Tage lang mit ihm diskutiert.[20] Versöhnt waren sie voneinander geschieden, wenngleich Jean Paul hinterher an Otto schrieb, der junge Mann sei in Philosophie und Gelehrsamkeit noch zehnmal seichter, als er ihn sich vorgestellt habe.[21] In Berlin nun trat er zu Ludwig Tieck und dessen Schwager Bernhardy in herzliche Beziehung. In Tieck schätzte er den phantasiereichsten Vertreter der neuen Richtung.[22] Auch Schleiermacher lernte er kennen. Mit Fichte setzte er die von einem Zusammentreffen in Jena her datierende Bekanntschaft fort, und die vor kurzem erschienene satirisch-philosophische Polemik „Clavis Fichtiana" verübelte der Schöpfer der Wissenschaftslehre ihm nicht, wie sehr er sich in der kleinen Schrift auch mißverstanden fühlte.[23] In den Fehden, welche die Berliner Romantiker mit dem Haupt des alten preußischen Aufklärertums, dem Buchhändler Friedrich Nicolai, zu bestehen hatten, ergriff Jean Paul nunmehr ihre Partei; im „Gianozzo", dem zweiten Anhang-Bändchen zum „Titan", wird das deutlich.[24] Erst später, in der „Vorschule der Ästhetik", hat er sich auf den Standpunkt gestellt, daß es einen Kampf an zwei Fronten, gleichermaßen gegen beide Richtungen, zu führen gelte.[25]

Im Mai 1801 fand in Berlin die Hochzeit mit Karoline Mayer statt. Gleich anschließend trat das junge Paar die fällige Reise nach Thüringen an. In Weimar wurde mit der Familie Herder, die inzwischen ihren Groll begraben hatte und die junge Frau ins Herz schloß, die Freundschaft wiederhergestellt.[26] Dann ging es über Gotha zum Südrand des Thüringer Waldes. Am 19. Juni war man am Ziel. In Meiningen, wo damals der von ernstem Reformwillen beseelte Herzog Georg I. (der Großvater des späteren Theaterherzogs) regierte, der sich glücklich schätzte, mit einem berühmten demokratischen Autor Umgang zu haben[27], hat Jean Paul die zwei schönsten Jahre seines Lebens verbracht. Hier wurde ihm im September 1802 sein erstes Kind, Emma Idoine Richter, geboren.[28] Hier vollendete er ein Vierteljahr später sein Hauptwerk: den „Titan". Doch auch hier hielt es ihn nicht. Der Mangel eines geistig anregenden Bekanntenkreises ließ ihn, trotz der inständigen Bitten des Herzogs, für immer zu bleiben, im Juni 1803 abermals aufbrechen, ins nahe Koburg[29], und erst im August 1804 fand er in Bayreuth, wo sein Freund Emanuel Osmund lebte und inzwischen auch Christian Otto, mit Amöne Herold als Ehefrau, sich niedergelassen hatte, eine endgültige Heimstatt, bis zum Tode (1825).

III

Die Periode zwischen dem Erscheinen des „Hesperus" und der Vollendung des „Titan" stellt die Literaturwissenschaft vor komplizierte Probleme. Soziologisch am belangvollsten ist dabei die Frage, wie die antifeudale Tendenz der literarischen Lebensleistung Jean Pauls sich mit seinen – zum Teil sehr herzlichen – Beziehungen zu zahlreichen Vertretern des Hochadels und, vor allem, mit der Stellung des Adels zu ihm zusammenreimt. Die vorangegangenen Etappen sind da unproblematisch. Daß ein Schriftsteller, der unausgesetzt das feudalabsolutistische System angreift und selbst für die demokratischen Extreme der Französischen Revolution Partei nimmt, unter den Bedingungen der deutschen Misere das Dasein eines armseligen, mißachteten Hungerleiders fristet, kann so wenig überraschen wie die Tatsache, daß umgekehrt seine erbärmliche Lage einen günstigen Nährboden für die von ihm verfochtenen revolutionären Tendenzen bildet. Auch die wenigen Freunde, die wir in diesen Jahren an seiner Seite sehen – der mit den Jakobinern sympathisierende Advokat Otto und der von Offizieren mißhandelte Jude Emanuel Osmund –, entsprechen dem, was zu erwarten ist. Kaum weniger gut passen, da es sich um einen Hauslehrer handelt, dem man nicht unbesehen seine Kinder anvertraut, die Brotgeber ins Bild: Sowohl der Initiator der Winkelschule, Amtsverwalter Clöter in Schwarzenbach, Besitzer eines Eisenhammerwerks, als auch der Hofer Kaufmann Herold, Vater Amönes und Karolines, waren Gegner der Fürstenmacht und der Adelsprivilegien, überzeugte Sympathisanten der Französischen Revolution, und die politischen Satiren ihres Hauslehrers fanden stets ihren Beifall.[1] Noch unter Friedrich Wilhelm III. wurde Herold wegen Majestätsbeleidigung zu einer Gefängnisstrafe verurteilt (und Jean Paul bemühte sich im März 1801 in Berlin, unter offensichtlicher Ausnutzung seiner guten Beziehungen zur Königin, bei Hardenberg erfolgreich darum, ihn freizukämpfen[2]). Die politische Botschaft der „Loge" und des „Hesperus" steht also mit der klassenmäßigen Grundlage, aus der sie unmittelbar hervorgewachsen sind, so gut in Einklang, daß man es mit einem Paradebeispiel für schematisierende Literatursoziologen zu tun zu haben glaubt. Aber eben mit dem Erfolg des zweiten Romans entsteht eine Situation, die, bei schematischer Betrachtung, alle gewohnten Vorstellungen über den Haufen wirft.

Daran, daß wirklich der „Hesperus" das radikalste Literaturwerk seiner Zeit war, kann kein Zweifel bestehen. Selbst wenn man absieht von der Verklärung des Revolutionserlebnisses, von dem Klub und der Erhöhung der Verschwörer zu Staatsmännern, deren Vertrauenswürdigkeit suggestiv mit ihrem Jakobinertum identifiziert wird, so bleibt immer noch die Schilderung der höfischen Kreise und ihrer Verbrechen das Äußerste, was bis dahin in deutscher Sprache an antifeudaler Gesellschaftskritik gewagt worden war. Man denke nur an die Mittel, mit denen die Ministerspartei endgültig die Macht an sich zu reißen sucht: an die Intrigen Matthieus, an die von ihm provozierten Duelle, an die Ungeheuerlichkeit seines Plans, gleichzeitig die Fürstin Agnola zu seiner Geliebten zu machen und Klotilde zu heiraten, um sie dem Fürsten als Mätresse zu überlassen, beides, damit längst fällige Reformen im Staat sistiert werden können. Man denke an die Ermordung Le Bauts, aber auch an die Selbstverständlichkeit, mit der der ursprünglich Mordverdächtige, Flamin, obwohl geständig, sofort auf freien Fuß gesetzt wird, nachdem sich herausgestellt hat, daß er fürstlichen Geblüts ist.[3] Nie zuvor hatte ein deutscher Schriftsteller mit auch nur annähernd gleicher Schonungslosigkeit die politischen Machtkämpfe an den kleinen Fürstenhöfen und die daraus erwachsenden Unmenschlichkeiten bloßgelegt. Und damit auch klar werde, daß es sich nicht um einen extremen Einzelfall handelt, sondern um etwas Typisches, das sich tendenziell Tag für Tag so zuträgt, ist der Roman obendrein noch mit jenen „Schalttagen" und „Extrablättern" durchschossen, die dem Leser verallgemeinernde Schlußfolgerungen förmlich aufdrängen.

Trotzdem geschah nach der Veröffentlichung nicht, was man hätte erwarten sollen. Große Teile des Adels, mit Einschluß so manches Fürsten, machten, anstatt das Buch zu unterdrücken, die allgemeine

Begeisterung mit, was um so erstaunlicher ist, als die höheren Stände, trotz des Wirkens von Goethe und Schiller, der deutschsprachigen Literatur noch immer ziemlich spröde gegenüberstanden. Und man kann nicht behaupten, daß das Gros der aristokratischen Leser Mißverständnissen erlegen gewesen wäre oder sich an die unverfänglichen Partien des „Hesperus" gehalten hätte. Im Gegenteil: Die Echtheit der höfischen Intrige, die Lebenswahrheit von Charakteren wie Matthieu und Le Baut, wie Januar und Agnola, das gerade imponierte ihnen und entzückte sie, während die Neigung, der gefühlvollen Liebesgeschichte und den schwelgerischen Naturschilderungen den Vorzug zu geben, eher beim kleinbürgerlichen Publikum anzutreffen war.

Wie ist dieses Phänomen geschichtlich zu erklären? Die ungeschminkte Wahrheit über fragwürdige gesellschaftliche Sachverhalte übt meist auch auf diejenigen prickelnden Reiz aus, die Grund haben, sie zu fürchten. Eine herrschende Klasse kann noch so an ihren Privilegien hängen und daher, *als Klasse*, von überindividuellen Interessen bestimmt, Ideologien favorisieren, die ihr Eigentum und ihre Macht rechtfertigen – je mehr sie dabei ins Heucheln gerät, desto unwiderstehlicher wird in den vielen Einzelpersonen, aus denen sie sich zusammensetzt, der Drang, sich für Augenblicke, gleichsam zur Erholung, von dem Druck der obligaten Lügen und Illusionen zu befreien und die Dinge so zu sehen, wie sie sind. Dieses Bedürfnis ist elementar und tiefwurzelnd, jede Klassengesellschaft muß ihm Rechnung tragen, und der Feudalismus hat, schon zur Zeit der Kreuzzüge, zu dem Zweck, es gefahrlos abzusättigen, eine besondere Institution geschaffen: den Hofnarren, der seither in vielerlei Gestalt durch die Geschichte zieht. Seine Mission besteht darin, vor den Herrschenden auszusprechen, was sonst tabu ist, und ihnen zugleich durch sein närrisches Gebaren das beruhigende Gefühl zu geben, daß die solcherart vorgetragene Entlarvung, Mahnung oder Anklage eigentlich nicht ernst zu nehmen sei. Primär dient dies der Sicherung und Stabilisierung des jeweils bestehenden Systems. Der Hofnarr verharmlost die verführerische Wahrheit, er entschärft ihre Sprengkraft und hilft so, den latenten Konflikt zwischen den Gesamtinteressen der Herrenkaste und den Regungen der Wahrheitsliebe im Bewußtsein der ihr angehörenden Individuen abzureagieren. Diese an sich konservative Funktion kann jedoch, wie jedes Zugeständnis an die Vernunft, ins Gegenteil umschlagen. Seit der Renaissance haben daher die großen Satiriker unter den Wortführern der erst dem feudalen, dann dem kapitalistischen System opponierenden Kräfte oft versucht, das Amt des Hofnarren zu usurpieren und es dem Kampf für den Fortschritt, für die Volksinteressen dienstbar zu machen. So war Voltaire ein Wegbereiter der bürgerlichen Revolution, maskiert als Hofnarr der von ihm umschmeichelten europäischen Fürsten. So leistete Gogols „Revisor" der russischen revolutionären Demokratie Vorschub unter dem Vorwand, die Petersburger Hofkreise amüsieren zu wollen. So spielte im Dienst sozialistischer Ziele Shaw zeitlebens den Hofnarren des Spätkapitalismus. In all diesen Fällen kannte das Vergnügen der dergestalt buchstäblich genarrten herrschenden Schichten keine Grenzen. Und wenn die Aristokratie des ancien régime in Frankreich, allen voran Marie Antoinette und ihre Günstlinge, dem „Figaro" Beaumarchais' oder die Bourgeoisie der Weimarer Republik der „Dreigroschenoper" zujubelte, so handelte es sich um verwandte Erscheinungen. Die Wirkung des „Hesperus" auf die deutschen Adelskreise in der Zeit zwischen der Französischen Revolution und den Befreiungskriegen ist ein Glied in der Kette dieser Tradition.

Als Jean Paul Satiren zu schreiben anfing, stand er, wie eingangs erwähnt, unter dem Eindruck einer Äußerung von Sturz, derzufolge Voltaire bei seinen Angriffen auf Kirchen und Könige sich durch die vorgehaltene Narrenmaske vor Verfolgung geschützt habe.[4] Diesem Beispiel ist er, als Verfasser des „Lobs der Dummheit" und der „Grönländischen Prozesse", damals bereits gefolgt, und später, beim Romaneschreiben, hat er es erneut beherzigt, schon in der „Loge", erst recht im „Hesperus". Die närrische Form, die bis zur Albernheit lustige Rahmengeschichte, die Einteilung in „Hundsposttage" statt in Kapitel, das Mitspielen des Autors als verschollener Fürstensohn JP, der am Ende Außenminister wird[5], die eingelegten burlesken Szenen à la Smollet[6], der märchenhaft wirkende Einfall, die natürlichen Söhne Januars mit einem apfelförmigen Muttermal auszustatten, das nur sichtbar wird, wenn im Herbst die Äpfel reifen[7], usw., das alles gibt der erbarmungslosen Gesellschaftskritik und dem revolutionären Ideengehalt einen Anstrich des Unernsten und Spielerischen, der jeden, der da hätte nach der Polizei rufen wollen, von vornherein ins Unrecht gesetzt, ja mit dem Stigma kompletter Lächerlichkeit gezeichnet hätte. Verfehlt freilich wäre es, zu behaupten, daß der Adel auf diese List hereingefallen, daß sie von ihm nicht durchschaut worden sei. Allerdings aber ließen die aristokratischen Leser, um der aufregend interessanten Wahrheiten willen, die man ihnen da um die Ohren schlug, es sich gern gefallen, unter Einhaltung der Spielregeln des Hofnarrentums überlistet zu werden.

Das geschah nun nicht in beliebiger historischer Lage, sondern in unmittelbarem Anschluß an die Französische Revolution, und es gilt zu begreifen, daß das Reagieren des deutschen Adels auf dieses Ereignis widerspruchsvoll war. Auf der einen Seite herrschten an den Höfen, in den Schlössern der Landedelleute und in vielen aristokratischen Salons Angst und Panik. Eine Welle der Verfolgung freiheitlicher Regungen ging durch Deutschland. Aufgestachelt von dem hetzenden

Emigrantenklüngel in Koblenz, rächten die Kabinette der Monarchen an den eigenen Untertanen, was die französischen Revolutionäre dem landesverräterischen Louis Capet angetan. In Österreich, in Preußen, in Sachsen wurde die Lehrfreiheit noch strenger unterdrückt und gegängelt als zuvor. Freimaurer und Illuminaten verdächtigte man gefährlicher Umtriebe und erzwang mit Terror und Verleumdung die Auflösung ihrer Verbindungen.[8] Aber: Die Furcht, die derlei Maßnahmen diktierte, war, wie immer in solchen Fällen, zugleich Ausdruck tiefer Unsicherheit, und diese äußerte sich auf der anderen Seite *auch* darin, daß der Adel verzweifelt nach Mitteln und Wegen suchte, die eigenen Privilegien durch Anpassung des feudalen Systems an die unausweichlichen Erfordernisse des bürgerlichen Fortschritts vorbeugend gegen Umsturzversuche abzusichern.

Viele begannen damals zu erkennen, daß auf die Dauer die naiv-brutalen Praktiken despotischer Politik, der schamlos offene Machtmißbrauch und die provozierendsten Formen von Prunk und Völlerei, Mätressenwirtschaft, Beamtenkorruption und verletzender Diskriminierung des Bürgers im Volk gefährlichen Zündstoff anhäuften, und *einige* gelangten zu noch weitergehenden Einsichten. So bildeten sich, als Ergebnis der Revolution, mit den terroristischen Abwehrreaktionen zugleich verschiedene Spielarten und Schattierungen eines umfassenden Krisenbewußtseins der deutschen Aristokratie heraus. Sie reichten von zynischen Überlegungen taktischer Natur, die nur auf raffiniertere Methoden des Volksbetrugs abzielten, über Tendenzen der Auflösung des feudalen Selbstgefühls, über plumpes Sichanbiedern beim Bürgertum und ein modehaftes, äußerliches Kokettieren mit den Lebensweisen und Stilformen der Revolution bis zu selbstlosen, ernst gemeinten Reformbestrebungen einzelner, die nicht zögerten, dem bürgerlichen Emanzipationskampf auf der ganzen Linie recht zu geben. Und der Ausgang der Revolution führte dazu, daß diese letzteren Varianten an Boden gewannen. Denn einerseits verlor die innerfranzösische Entwicklung nach dem 9. Thermidor, in den Jahren des Directoire und des Konsulats, viel von der extremen Bedrohlichkeit, die ihr unter der Herrschaft des Konvents eigen gewesen war, und andererseits demonstrierten die militärischen Siege der Franzosen – von der Kanonade bei Valmy (1792) bis zur Schlacht bei Jena (1806) – immer deutlicher die Reformbedürftigkeit des in den deutschen Staaten bestehenden politischen und sozialen Systems.

In dieser Situation erschien der „Hesperus", und in ihm erkannte der Adel wie in einem Spiegelbild sich selbst, seine eigenen Probleme wieder. Man nehme nur die Figur des Fürsten Januar. Jean Paul hatte sie, im Sinne seiner Konzeption, mit Charakterzügen ausstatten müssen, die sowohl die Mißstände in Flachsenfingen als auch die Erfolgsaussichten für eine durchgreifende Reformpolitik der jakobinisch gesinnten Fürstensöhne in der Zukunft als glaubhaft erscheinen lassen. Zu diesen Zügen gehört, außer der Faulheit und Genußsucht des Monarchen, welche die Macht der reaktionären Ministerspartei erklären, außer seiner Gutmütigkeit und enormen Beeinflußbarkeit, die gleichwohl den tatkräftigen, energischen Söhnen samt ihren revolutionären Bestrebungen eine Chance bieten, das haltlose Schwanken Januars zwischen inkonsequenten Sympathien für republikanische Ideale und panischer Furcht vor einem Umsturz.[9] Damit war die Mentalität des durchschnittlichen deutschen Duodezfürsten in den neunziger Jahren genau getroffen. Daneben steht die Schleunes-Clique. In ihren Machenschaften konzentrierte sich noch einmal die ganze Scheußlichkeit des Despotismus: unüberbietbarer Gipfelpunkt der antifeudalen Gesellschaftskritik, wie sie aus „Emilia Galotti", den „Räubern" und „Kabale und Liebe" geläufig war. Daneben stehen aber auch Horion, Viktor, Flamin, Klotilde und die „Drillinge" als idealisierte Verkörperungen der Revolution „von oben": ein letzter Appell an die Aristokratie zur Besinnung und Einkehr, ein letztes Aufleuchten der Möglichkeit, sich zu radikalem Neubeginn aufzuraffen. Setzt man diese Aspekte des Romans mit der Krisenstimmung des deutschen Adels um 1795 in Beziehung und nimmt man dann noch die verspielte, schrullige Form hinzu, in der das Ganze dargeboten wird, eine Form, die, wie gesagt, den Konventionen des Hofnarrentums mustergültig Genüge leistet, dann verliert die Resonanz des „Hesperus" unter Aristokraten jede Befremdlichkeit.

Diese Resonanz nun war so groß und sie gab sich so betont selbstverständlich, daß Jean Paul überzeugt sein mußte, sich nunmehr das Abwerfen der Narrenmaske leisten zu können, d. h. die Gesellschaftskritik und den revolutionären Ideengehalt der „Unsichtbaren Loge" und des „Hesperus" noch einmal darzubieten, aber ohne närrische Garnierungen, ernst, in der Form eines großen Bildungsromans, vergleichbar dem „Wilhelm Meister" Goethes. Und da haben wir eigentlich schon die erste jener Besonderheiten des „Titan", die in den folgenden beiden Kapiteln herauszuarbeiten sein werden: Mit diesem Werk verwandelte der revolutionäre Demokrat, der listig das Hofnarrenamt umfunktioniert hatte, sich bewußt in einen Klassiker von olympischem Zuschnitt, ohne aufzuhören, revolutionärer Demokrat zu sein. Reste des Verspielten, Unernsten finden sich nur hie und da noch im ersten „Titan"-Band. Das an Homer und Sophokles geschulte klassische Maß der späteren Bände reflektiert nicht zuletzt die aus der Breitenwirkung des „Hesperus" herrührende Überzeugung, als geistiger Führer der Nation keine närrische Attitüde mehr nötig zu haben.[10]

[1]Die Beliebtheit des „Hesperus" öffnete Jean Paul den Zugang zu Kreisen, die ihm bis dahin verschlossen gewesen waren. Das fing damit an, daß sich im Juni 1795 eine österreichische Fürstin, Christiane Lichnowsky, in Bayreuth den Verfasser des Romans, den sie gleich nach Erscheinen verschlungen hatte, vorstellen ließ. Hofrat Schäfer, Erzieher ihres Sohnes, eine der Bayreuther Persönlichkeiten, mit denen der Dichter durch Emanuel Osmund bekannt geworden war, vermittelte die Begegnung, die dazu führte, daß die Fürstin einen Nachmittag und Abend mit Jean Paul im Gespräch verbrachte.[2] Von da an reißt der Strom der hochgeborenen Verehrer und Verehrerinnen – der Fürstinnen, die eigenhändig gestickte Beutel übersenden, der Prinzessinnen, die ihre Huldigung darbringen, der schmeichelhaften Einladungen an große und kleine Höfe, auch vieler Verführungsversuche von seiten pikanter Gräfinnen und Baronessen – nicht mehr ab. Nur ein winziger Bruchteil davon ist oben mit den Hinweisen auf die Weimarer Konnexionen und die Aufenthalte in Hildburghausen, Berlin und Meiningen knapp andeutend erwähnt worden.

Hier stellt sich die Frage, ob Jean Paul dadurch von seinem Wege abgebracht worden ist, ob er sich hat korrumpieren lassen. Nicht leugnen läßt sich, daß er die Gelegenheiten zum Umgang mit der Aristokratie freudig wahrnahm. Sein Demokratismus war, wie der Viktors, frei von asketischer Tendenz. Erlesene Geselligkeit, amüsantes Geplauder, Leute mit feinen Manieren, traumhafte Schlösser und Parks, Champagner und Delikatessen, Luxusartikel aller Art behagten ihm ungemein. Auch war er nicht uneitel. Den Salonlöwen zu spielen, im Mittelpunkt zu stehen, umschwärmt zu sein, sich von hübschen Mädchen um Haarbüschel fürs Medaillon auf schneeigem Busen bitten zu lassen, das lag ihm sehr. Aber: Seine politische und sittliche Haltung blieb bei alledem völlig unverändert. Unangefochten ging er durch die Welt der Großen hindurch. Er lebte in ihr, er genoß sie, doch sie berührte ihn nicht. Kein Stück seines Wesens gab er ihr zuliebe auf. Ja, er legte Wert darauf, die hohen Herrschaften, die sich an seine Rockschöße hefteten, seinen Plebejerstolz spüren zu lassen. So pflegte er zur Begrüßung aus Prinzip nur den Kopf, nie den Rücken zu beugen. So brach er die Beziehungen zu den vornehmsten Häusern ab, wenn in ihnen sein Hund nicht freundlich genug behandelt worden war, und mit Freimut traktierte er seine erlauchten Gönner so grob, wie sie es verdienten. Am wenigsten nahm er in Staatsfragen je ein Blatt vor den Mund. Natürlich hatten dafür nicht alle Verständnis. Der Herzog von Weimar z. B. vermied es, mit Jean Paul zusammenzutreffen. Doch der Kreis, der diese Gepflogenheiten als Sensation empfand und sie sich um so bereitwilliger gefallen ließ, als sie stets mit Witz und Humor gewürzt waren, nahm von Jahr zu Jahr zu.

Von Anpassung an die höfische Gesellschaft ist in den nach 1795 entstandenen Werken keine Spur zu entdecken. Um dies anhand eines bezeichnenden Beispiels klarzustellen, sei erwähnt, daß der Dichter allerdings Bedenken hatte, den „Titan", mit seiner kritisch-satirischen Geißelung der Hofverhältnisse und der verbrecherischen Politik des deutschen Kleinstaatabsolutismus, besagten vier Schwestern auf dem Thron zu widmen. Er hatte diese Damen gern und mochte sie nicht verletzen. Auf den Gedanken, im Text abschwächende Korrekturen vorzunehmen, aber kam er gar nicht. Nicht einmal das brachte er übers Herz, die für die Romanhandlung durchaus entbehrliche, dabei ungeheuer provozierende Satire „Leichenrede auf einen Fürstenmagen" aus dem „Komischen Anhang" auszuscheiden. Nur weil sie vom Berliner Zensor unterdrückt wurde, ist von ihr lediglich der Titel „Dreikönigsblatt" mit der Anmerkung „fehlt" übriggeblieben und der Text erst später, als eine der Beigaben zum „Katzenberger", veröffentlicht worden.[3] Man überlege sich, was das heißt: Es existiert ein der Königin Luise und ihren Schwestern gewidmetes Buch, aus dem der Rotstift eines königlich-preußischen Zensors eine staatsfeindliche Satire herausgestrichen hat, und der dedizierende Autor hat verlangt, daß deren Überschrift stehenbleiben müsse, damit der stattgehabte Eingriff nicht vertuscht werde. So war Jean Paul.

In seinen Briefen aus Weimar, an Christian Otto, macht er sich wiederholt über die Rücksichtnahmen lustig, von denen Goethe, Schiller und Wieland sich gegenüber dem Hof Karl Augusts bestimmen ließen. Selbst Herder schien ihm zu ängstlich.[4] Er für sein Teil kannte Befürchtungen, in Ungnade zu fallen, nicht. Die Möglichkeit, wieder ein anspruchsloses Dasein führen zu müssen, konnte ihn nicht schrecken, nachdem er bis ins vierte Lebensjahrzehnt ein armer Teufel gewesen war und gelernt hatte, sich einzuschränken. Andererseits war sein erstes Auftreten in der großen Welt mit seinen in Deutschland bis dahin einzig dastehenden Bucherfolgen zusammengefallen, so daß er in materieller Beziehung unabhängig war und es folglich nicht nötig hatte, sich irgendwelchen Wünschen der Herrschenden zu unterwerfen. Könige und Fürsten um eine Pension zu ersuchen hat er gelegentlich nicht verschmäht, in Hildburghausen und Berlin vergebens, im Falle des Fürstprimas des Rheinbunds, Dalberg, eines Freundes von Wieland, Herder, Goethe und Schiller, später mit Erfolg.[5] Aber weder gab er deswegen auch nur nur einen Millimeter seiner Position preis, noch war er jemals bereit, in die Dienste eines Fürsten zu treten. Von dem Moment an, da Jean Paul seine Hauslehrertätigkeit aufgab, bis zu seinem Tode, d. h. fast 30 Jahre lang, hat er als freier Schriftsteller gelebt und jedes noch so verlockende Angebot, sich an einen Hof zu binden, zurückgewiesen. Einzig Lessing, und auch der nur bis zu seiner Wolfenbütteler Periode, ist ihm unter den großen deutschen Literaten darin vorangegangen.

Trotzdem mißbilligten die alten Freunde den intensiven Umgang Jean Pauls mit dem Adel, und er betrachtete die Vorhaltungen, die sie ihm deswegen machten, als so verständlich, daß er wiederholt das Bedürfnis empfand, sich vor ihnen zu rechtfertigen. Will man von der unzerreißbaren klassenmäßigen Verwurzelung seines Schaffens, seiner ganzen Existenz im Plebejertum, von der Festigkeit seines bürgerlichen Bewußtseins, seiner demokratisch-republikanischen Überzeugungen den rechten Begriff erhalten, so muß man sich die betreffenden, von schlechtem Gewissen zeugenden Briefstellen vor Augen führen und zum Vergleich an die Skrupellosigkeit denken, mit der Wieland, Goethe und Schiller sich im höfischen Milieu bewegt haben.

Hier ein exemplarischer Fall. Der Brief ist an Christian Otto gerichtet, der den Verkehr seines Freundes mit der Aristokratie empörend fand und ihn deswegen häufig tadelte. Nach der Lektüre eines Teilmanuskripts des „Titan" hatte Otto beanstandet, daß bei der Schilderung eines Diners im Palast des Ministers v. Froulay die Tochter des Hauses, Liane, in Anwesenheit der Gäste den Salat zubereitet. In dem Zusammenhang verdächtigte der Freund den Dichter, das Salatmischen bei Tisch nur aus Eitelkeit beschrieben zu haben, um mit seiner neuerworbenen Kenntnis aristokratischer Sitten zu renommieren.[6] Darauf erhielt er von Jean Paul aus Weimar folgende, vom 2. Juli 1799 datierte, Antwort: „Am meisten fiel mir Deine Teleologie über das . . . Salatmachen auf, eine Erbärmlichkeit, die man ja von dem ersten besten Bedienten erfahren könnte, ohne je eine Tafel gesehen zu haben. Und kannst Du denken, daß ich, der ich Gesundheit der Kunst aufopferte, diese einer kahlen Eitelkeit preisgäbe? (Der Salat ist wegen der Malerei des körperlichen Spiels . . .) Ja, ich bin oft eitel, aber frank und frei und spielend, weil ich immer etwas in mir habe, was sich um keinen Beifall schiert. In meinem zehnten Lebensjahr erhob ich mich ohne Muster und Nachahmer schon über Stand und Kleider und war ein Republikaner im achtzehnten und finde noch hier einen Mut und eine Denkungsart gegen Fürsten in mir, die ich bei den großen Männern hier eben nicht so finde. Überhaupt steig' ich ja in die Nester der höheren Stände nur der Weiber wegen hinauf, die da, wie bei den Raubvögeln, größer sind als die Männchen."[7]

In dieser Kontroverse tritt die ganze Eigenwilligkeit der gesellschaftlichen Position Jean Pauls zutage. Man stelle sich vor: Der von der Herzoginmutter geschätzte, bei der märchenhaft reichen Frau von Kalb in Gunst stehende, sich ihrer mit Mühe erwehrende berühmte Dichter schickt, obwohl er mit Goethe und Schiller Umgang hat und mit Herder und Wieland befreundet ist, seine Manuskripte laufend zur

Beurteilung an einen unbekannten, subalternen Juristen in einem Provinznest, nur weil der sein Jugendfreund ist. Dieser, unverwandt den Idealen von 1793 treu, ist ein so rabiater Gegner des Adels, daß er den Verkehr seines Freundes mit Aristokraten mißbilligt und gefährlich findet und ständig argwöhnt, es könnten infolge dieses schlechten Umgangs ideologische Verunreinigungen in sein Werk eindringen, im vorliegenden Fall aus Eitelkeit. Was tut Jean Paul? Verbittet er sich das? Weit gefehlt. Er weist zwar eine besonders abwegige Beanstandung, die aus dem wachsamen Mißtrauen seines Freundes resultiert, zurück, unterwirft sich aber prinzipiell dessen Richteramt und fühlt sich den von ihm verfochtenen Grundsätzen so sehr verpflichtet, daß er es für unerläßlich hält, sich wegen der eigenen Vertrautheit mit den höheren Ständen vor ihm zu entschuldigen, wobei der Kern seiner Selbstverteidigung die stolze Berufung auf seinen seit dem 18. Lebensjahr außer Frage stehenden Republikanismus ist. Es erübrigt sich jeder Kommentar.

Das wichtigste Moment ist dabei aber noch nicht einmal zur Sprache gekommen: Jean Paul hat sich, unter Ausnutzung seines Ruhms, vor allem deshalb jahrelang in höfischen Kreisen bewegt, weil er dort planmäßig Beobachtungen anstellte und Material sammelte, um aus eigener Sachkenntnis mit den Großen und Mächtigen noch überzeugender abrechnen zu können, als es bereits in der „Loge" und im „Hesperus" geschehen war. Die Frucht dieser Studien ist der „Titan", dessen Gesellschaftskritik in der Tat die der beiden früheren Romane an Konkretheit und Authentizität noch übertrifft, ohne ihnen gegenüber an Schärfe eingebüßt zu haben. Um des „Titan" willen drang Jean Paul wie ein feindlicher Späher in die ihm fremden sozialen Sphären ein und kundschaftete sie aus. Und als das Werk vollbracht war, zog er sich wieder in stille kleinbürgerliche Häuslichkeit zurück. Meiningen, Coburg, Bayreuth heißen die Stationen dieses Rückzugs. Nichts ist in Bayreuth von dem Salonlöwen der Jahrhundertwende mehr übriggeblieben. An seine Stelle trat der früh gealterte, von übermäßigem Bierkonsum aufgeschwemmte, nach außen leicht philiströs wirkende Familienvater, der Tag für Tag im Seitenstübchen der Rollwenzelei seine Manuskriptseiten vollschrieb und ein paar mal in der Woche seine Abende wieder, wie einst, mit dem kleinen Advokaten Otto und dem jüdischen Kaufmann Osmund zuzubringen pflegte. So war Jean Paul.

V

Zurück zu der Zäsur von 1795. Mit dem Wandel, der von da an in der äußeren Lebensführung des Dichters zu verzeichnen ist, gehen kaum weniger auffällige Veränderungen seiner Arbeitsweise einher.

Hatte er „Loge" und „Hesperus" äußerst konzentriert, unmittelbar hintereinander und jeweils in einem Zuge, ohne Unterbrechungen (es sei denn die des täglichen Broterwerbs) niedergeschrieben – nach sorgfältig durchdachten, zielstrebig verfolgten Plänen, denen beide Male die gleiche Idee zugrunde lag –, so weisen die Entstehungsgeschichten seiner darauffolgenden Bücher auf den ersten Blick Merkmale planlosen Sichverzettelns auf. Ihr Autor gibt plötzlich auftauchenden Einfällen nach, er richtet sich nach zufällig an ihn herangetragenen Verlegerwünschen, spekuliert auf Publikumsbedürfnisse, die sich an seine Manier heften, nimmt, als sei er eines neuen großen Wurfs nicht mehr fähig, zeitraubende Umarbeitungen früherer Veröffentlichungen vor bzw. stoppelt liegengelassene ältere Manuskripte zusammen oder überläßt sich, wenn er etwas ab ovo Neues schafft, unkontrollierten Inspirationen, die ihn oft während der Niederschrift vom ursprünglichen Konzept weit fortführen. Mehr und mehr gewöhnt er sich dabei auch an, abwechselnd an verschiedenen Büchern zu schreiben.

Wertloser sind die so zustande gekommenen Werke deswegen nicht. Ein Differenzieren zwischen bedeutenden Dichtungen und bloßen Elaboraten des „Vizekopfs", wie es bei E. T. A. Hoffmann angebracht ist[1], wäre, auf Jean Paul bezogen, verfehlt. Auch ausgesprochene Nebenwerke haben in seinem Fall meist hohen Rang, zuweilen um so höheren, je leichter sie ihm von der Hand gegangen sind. Das gilt besonders für eine Perle deutscher Idyllendichtung wie den „Quintus Fixlein" und ganz bestimmt für das ungeplante große Epos „Siebenkäs", von dem man, auf Grund von Kriterien, die manches für sich haben, gemeint hat, daß es nicht nur den „Hesperus", sondern selbst den „Titan" überrage. Aber auch das „Kampanertal" z. B. gehört zu den Kabinettstücken des „italienischen" Stils, und gar von einem schmalen Büchlein wie der „Clavis Fichtiana" muß gesagt werden, daß es im philosophischen wie im satirischen Schrifttum international einzig dasteht – um nur einige Beispiele zu nennen.

Nichtsdestoweniger scheint der umfangreichen Produktion, die Jean Paul in der zweiten Hälfte der neunziger Jahre auf den Markt geworfen hat, auch dort, wo ihre Qualität sehr hoch steht, das zu fehlen, was für den Komplex „Unsichtbare Loge" + „Hesperus" charakteristisch gewesen war: Man vermißt die klare Linie, das durch nichts zu beirrende Durchhalten einer großen ideellen Konzeption. Statt dessen entsteht das Bild eines von wachsender Nachfrage bedrängten Erfolgsautors, der unter dem Zwang, bei jeder Buchhändlermesse mit einer Novität aufzuwarten, zum Vielschreiber geworden ist und als solcher in dem Sinne von der Hand in den Mund lebt, daß er sich seine Themen bald von wechselnden äußeren Einflüssen, bald von Eingebungen des Augenblicks diktieren läßt.

Indes der Anschein trügt. Aufrechterhalten läßt der negative Eindruck sich nur so lange, wie von dem allmählichen Reifen des „Titan" abstrahiert wird, das sich in derselben Periode vollzogen hat. Davon absehen aber hieße die Hauptsache außer Acht lassen. In der Genesis des „Titan" fand die konzeptionelle Geradlinigkeit der Entstehung von „Loge" und „Hesperus" ihre direkte, ungebrochene Fortsetzung, und von da her gesehen erweist die auf den „Hesperus" folgende, scheinbar verzettelte Nebenproduktion sich teils als ein der Erholung dienendes Einlegen von Pausen, das nur die Schwierigkeit der hier zum dritten Mal in Angriff genommenen Aufgabe unterstreicht, teils als absichtsvoll gewähltes Mittel, die Vollendung dieses gewichtigsten Vorhabens hinauszuschieben, damit ihm ein Optimum an künstlerischer Meisterschaft zugute komme – gerade so, wie gleichzeitig das scheinbar verzettelte Leben der Jean Paulschen Wanderjahre, mit seinen häufigen Ortswechseln, seinem geselligen Trubel, seinen vielen Flirts, seiner sich ins Uferlose ausweitenden Korrespondenz, ein Mittel gewesen ist, den „Titan"-Stoff mit Weltkenntnis zu durchsättigen.

Nur unter diesem Gesichtspunkt vermag man der hier zur Debatte stehenden Werkgeschichte gerecht zu werden. Im einzelnen bietet sie sich folgendermaßen dar. Schon zu Beginn der Arbeit am „Hesperus", noch im selben Jahr, in das der Abbruch der „Loge" fällt, hat Jean Paul, laut seinem „grünen Erfindungsbuch", sich selbst den Befehl erteilt: „Schildere im dritten Roman ein gutes ideales Genie in allem!"[2] Kurz danach legte er, mit dem Datum des 31. Dezember 1792, ein neues Heft für Notizen und Entwürfe an, das er mit der Überschrift „Das Genie" versah.[3] Es birgt die frühesten nachweisbaren Keime zu dem riesigen Epos, dessen vierten Band er fast auf den Tag zehn Jahre später abschließen sollte: zum „Titan". Während der Entstehung von „Hesperus" und „Quintus Fixlein"[4], in Schwarzenbach und Hof, 1793/94, begann dieses „Genie-Heft", wie es die Philologen nennen, sich mit gelegentlichen Aufzeichnungen zu füllen. Ende 1794 dürfte der Autor zum ersten Mal zur Ausarbeitung angesetzt haben, zu der er bis zum Sommer 1795 wiederholt zurückkehrte – mit besonderer Energie wohl im April. Doch fühlte er sich der Sache damals noch so wenig gewachsen, daß er erst, bis März, dem Ausfeilen des „Fixlein" den Vorrang gab und sich danach, ab April, einem Verlegerwunsch stattgebend, anderen Projekten zuwandte, die er gleichfalls für nicht gar so anspruchsvoll hielt: Bis September 1795 entstand das Fragment seiner „Biographischen Belustigungen"[5]; von da an bis Juni 1796 saß er – mit einer kurzen Unterbrechung im April, der wir die kleine Vision „Die Vernichtung"[6] zu verdanken haben – an dem zunächst als kurze Humoreske gedachten, sich aber unversehens zu einem sehr umfangreichen Roman auswachsenden „Siebenkäs".[7]

Der Name „Titan" (statt „Das Genie") begegnet uns erstmals im April 1796.[8] Und zwei Monate später ließ die Weimarreise das so lange liegengelassene chef d'œuvre in den Mittelpunkt von Jean Pauls produktivem Interesse rücken. Nach Hof zurückgekehrt, arbeitete er vom Juli bis September intensiv daran, bestrebt, möglichst frisch die Eindrücke zu verwerten, die ihm soeben seine erste Berührung mit der Welt der Großen vermittelt hatte. Schon am 11. Juli schrieb er an die neugewonnene Freundin Charlotte von Kalb: „Der ‚Titan' hat seine Raupenhülse zerrissen."[9] Und „in den Webstuhl des ‚Titan' eingekerkert" nannte er sich am 5. August in einem Brief an den Buchhändler Lübeck.[10] Bloß eine kurze Unterbrechung brachte die Niederschrift der „Geschichte meiner Vorrede zur zweiten Auflage des Quintus Fixlein".[11] Gleich danach heißt es am 13. September, in einem Brief an Frau von Kropff, wieder: „Ein neues langes Werk hat mich und meine Kräfte verschlungen. Kaum kann ich mit dem Kopfe aus dem Krater meines Vulkans heraussehen."[12] Im September auch konnte dem Freunde Friedrich v. Oertel, als der nach Hof zu Besuch kam, das erste Kapitel vorgelesen werden.[13]

Dann allerdings wurde abermals, zur Erholung, einer Verlegerbitte um ein kleineres Buch nachgegeben, diesmal mit dem durch die Lektüre der Voßschen Idyllen angeregten „Jubelsenior". Die ersten Notizen dazu stammen aus dem August 1796, die Ausarbeitung dauerte bis Januar 1797.[14] Jetzt klagte der Dichter sich Otto gegenüber aber schon dafür an, daß er sich durch solche „kleinen Schreibereien von seiner längsten abbringen" lasse.[15] Trotzdem behielt das Gefühl vorläufigen Unvermögens die Oberhand, und abermals wurde ein Verlegerwunsch zum Anlaß, bei einer Interimsarbeit Zuflucht zu suchen. Die Monate vom Januar bis April 1797 waren dem „Kampanertal"[16] gewidmet. Die Zeit danach, bis zum Juni, gehörte der Überarbeitung des „Hesperus" für die längst fällige zweite Auflage.[17] Erst die letzten in Hof verbrachten Monate, bis Oktober, beanspruchte ausschließlich der „Titan". Damals trat die Ausarbeitung des Werks in ihre entscheidende Phase. „Ich füge nun", verrät ein Brief an Oertel vom 13. Juni, „die stückweise seit vier Jahren gesammelten Gebeine zu einem Knochengebäude (Plane) für meinen Mammut-Titan zusammen; dann überzieh' ich's mit seinem Nerven- und Adersystem."[18] Und in einem Brief vom 28. Juni, an Kosegarten, heißt es: „Meine Seele schlingt sich jetzt mit Armen und Flügeln an den ‚Titan' an, der wenigstens typographisch einer ist: Nun fühl' ich die Stöße des Erdeschiffs nicht mehr und sehe nichts als das, was ich male."[19] Im August wurde der Freundin Emilie von Berlepsch, bei Gelegenheit eines gemeinsamen Ausflugs nach Franzensbad, aus dem erheblich vorgeschrittenen Manuskript des ersten Bandes vorgelesen.[20]

Die Erschütterung über den Tod der Mutter, die anschließende Übersiedlung nach Leipzig und die geselligen Zerstreuungen dort bewirkten, daß sich der Wunsch nach einer Pause einstellte. Die von dem Verleger des „Kampanertals" ausgehende Anregung, bei ihm auch die „Auswahl aus des Teufels Papieren" neu herauszubringen, war Jean Paul daher willkommen. So arbeitete er in Leipzig von Oktober 1797 bis März 1798 die alte, einst erfolglose Satirensammlung zu jenen „Palingenesien" um, die seither ihren Inhalt in erzählender Einkleidung darbieten.[21] Dann war wieder der „Titan" an der Reihe, besonders nach der Dresden-Reise im Mai, auf der seinen Dichter im Antikensaal der kursächsischen Kunstsammlungen zum ersten Mal ein Hauch klassischer Schönheit angeweht hatte.[22] Zwischen Frühjahr 1798 und dem 1. August 1799 wurde in Leipzig und Weimar der erste Band fertiggestellt, freilich mit zwei Unterbrechungen durch weitere Nebenwerke: durch das Buch „Jean Pauls Briefe und bevorstehender Lebenslauf"[23], das zwischen September und Februar den für das genauere Kennenlernen der Weimarer höfischen Verhältnisse benötigten Aufschub ermöglichte, und den Aufsatz „Charlotte Corday", der im Juni 1799 entstand.[24] Dazwischen begann zwischen Februar und Mai sporadisch die Niederschrift bzw. Zusammenstellung des ersten komischen Anhang-Bändchens zum „Titan"[25], ab März neben der letzten Überarbeitung des ersten Hauptbandes einherlaufend, in die jetzt Eindrücke der Lektüre Homers und der griechischen Tragiker mit einflossen. Wie notwendig und fruchtbar die Unterbrechung vom Herbst und Winter 1798/99 auch unter dem Gesichtspunkt der sozialen Erfahrungen gewesen war, erhellt u. a. aus einem an Otto gerichteten Brief vom Dezember, worin Jean Paul aus seinen stürmischen Auftritten mit Frau von Kalb das Fazit zieht: „Ich kann Dir nicht sagen, mit welcher ernsten Berechnung auf meinen ‚Titan' das Geschick mich durch alle diese Feuerproben in und außer mir, durch Weimar und durch gewisse Weiber führt. Jetzt kann ich ihn machen, indes ich früher manchen Fehler leichter . . . begangen als gesehen hätte."[26] Während der erste „Titan"-Band sich in Druck befand, nicht weniger als sieben Jahre nach der Inangriffnahme des Werks, wurde in Weimar von September bis November 1799 auch das erste Anhang-Bändchen vollendet. Zur Frühjahrsmesse 1800 kamen beide Bücher gleichzeitig heraus.[27]

Relativ rascher, doch ebenfalls nicht ganz kontinuierlich, ging es mit den weiteren Teilen des Romans voran. Im November 1799 begann Jean Paul in Weimar mit der Ausarbeitung des zweiten – kürzesten – Bandes. Sie stockte zunächst zwischen Dezember und Februar, wegen der zu dieser Zeit entstandenen Streitschrift „Clavis Fichtiana"[28], und wurde im Sommer 1800 durch zwei kleine erzählende Gelegenheitsarbeiten erneut kurz unterbrochen: durch das „Heimliche Klaglied"[29] und die „Wunderbare Gesellschaft in der Neujahrsnacht".[30] Zum Abschluß gedieh der zweite „Titan"-Band Ende 1800 in Berlin.[31] Die Umarbeitung der „Wunderbaren Gesellschaft" schloß sich in den letzten Dezembertagen daran an. Den Rest der Berliner Zeit nahm mit dem „Gianozzo" das zweite – und letzte – komische Anhang-Bändchen in Anspruch.[32] In Meiningen wurden sodann zwischen Juni und Dezember 1801 der dritte und zwischen März und Dezember 1802 der vierte „Titan"-Band zu Papier gebracht.[33] Die Zeit dazwischen – Dezember 1801 bis März 1802 – aber gehörte bereits den ersten neun Bogen der „Flegeljahre".[34]

Dieses Buch war hervorgewachsen aus dem – vom Sommer 1795 datierenden – Plan einer „kleinen Wutzischen Idylle", die ein Jahr später, nunmehr „Quintus II" genannt, in den „Titan" als Parallelhandlung aufgenommen worden war und noch im Februar 1799, kurz vor Beginn der Arbeit am „Komischen Anhang", einen Teil des Hauptwerks hatte bilden sollen.[35] Sie hatte sich dann freilich, schon in Weimar, erst recht in Berlin, zunehmend verselbständigt und trat nun in der Meininger Periode als für sich bestehendes Romanwerk hervor. Seit Anfang 1799 war mit ihrer allmählichen Abtrennung vom „Titan" die restlose Tilgung der „niederländischen" und „deutschen" „Schleichware" aus seinen drei letzten Bänden sowie die Verarbeitung des Literaturerbes der Antike in ihnen Hand in Hand gegangen. Und unmittelbar nach der Fertigstellung des vierten „Titan"-Bandes sollte die Weiterarbeit an den „Flegeljahren", zunächst bis zum dritten Bändchen inclusive, sowohl in Meiningen als auch danach in Koburg zur Hauptaufgabe werden (Dezember 1802 bis Oktober 1803).[36]

Man sieht: Bis zuletzt hat es immer wieder Unterbrechungen und Ablenkungen gegeben, aber über alle Zwischen- und Nebenproduktionen hinweg ist nichtsdestoweniger während des ganzen hier in Betracht kommenden Zeitraumes unbestreitbar die Arbeit am „Titan" der Hauptstrang des Jean Paulschen Schaffens geblieben. Dessen zielstrebige Beharrlichkeit ist gegenüber der „Loge" und dem „Hesperus" somit nicht nur nicht verlorengegangen, sondern sie wirkt hier gerade durch das gewollte Hinauszögern der Vollendung und die bewußt mit leichterer Arbeit ausgefüllten Pausen nur um so imponierender.[37]

VI

Fragt sich, ob es wissenschaftlich vertretbar ist, all die genannten Nebenwerke – vom „Quintus Fixlein" bis zum „Gianozzo", bis zu den Anfängen der „Flegeljahre" – so, wie es im folgenden Kapitel geschehen soll, beiseite zu schieben und sich allein auf den „Titan" zu beschränken. Sicher wäre es unzulässig, dies im Rahmen einer Biographie zu tun, die darauf prätendierte, Jean Paul im ganzen zu erfassen. Selbst eine solche Arbeit aber müßte, um ihrer Aufgabe gerecht zu werden, verschiedenen Faktoren Rechnung tragen, die dafür sprechen, daß eine Spezialanalyse seiner heroischen Romane sehr wohl so verfahren darf.

Von der Fertigstellung des „Hesperus" bis Ende 1802 ist, wie gesagt, ohne Zweifel der „Titan" Jean Pauls kreatives Hauptanliegen gewesen, wohingegen er alle übrigen Werke aus der gleichen Schaffensperiode, unabhängig von ihrem Umfang, ihrer literarischen Qualität sowie dem Ausmaß ihrer Publikumsresonanz, als mehr oder weniger leicht zu bewerkstelligende Nebenarbeiten aufgefaßt hat. Eine vergleichbar zentrale Stellung in seiner belletristischen Produktion aber haben vorher nur die „Loge" und der „Hesperus" eingenommen, so daß es schon deswegen nicht abwegig ist, an ihre Interpretation die des „Titan" anzuschließen.

Es gibt dafür jedoch noch gewichtigere Gründe. Einmal ruft die bei Autoren übliche Einteilung ihrer Werke nach der Chronologie der Veröffentlichungsdaten im Falle Jean Pauls den falschen Eindruck hervor, als sei auch die Entstehung seines Hauptwerks erst auf jene Nebenarbeiten gefolgt. Aus der Notwendigkeit, diesen Irrtum aufzuklären, ergäbe sich also gerade für eine Gesamtwürdigung seiner Lebensleistung die Verpflichtung, energisch darauf hinzuweisen, daß in Wahrheit der „Titan" bis in ein Stadium zurückreicht, in dem der „Quintus Fixlein", die „Biographischen Belustigungen", der „Siebenkäs", der „Jubelsenior", das „Kampanertal" usw., die dann viel früher erschienen sind als er, noch nicht einmal geplant waren.[1] Zum anderen setzt, was noch wichtiger ist, das literarhistorische Verständnis zumindest eines Teils dieser Interimsarbeiten die Kenntnis der spezifischen Problematik des „Titan" voraus. Denn einige davon sind im Hinblick auf ihn geschrieben worden – so zur Einübung des für ihn benötigten „italienischen" Stils wenigstens die „Biographischen Belustigungen", wahrscheinlich aber auch noch das „Kampanertal"[2] –, und andere zehren inhaltlich von seiner Substanz. Das zweite gilt, was die Personen anbelangt, sowohl für den „Siebenkäs" als auch für die „Geschichte meiner Vorrede zur zweiten Auflage des Quintus Fixlein": In jenen Roman ist aus dem „Genieheft" der Komikus, der im ausgearbeiteten „Titan" Schoppe heißt, unter dem Namen Leibgeber übergegangen[3]; in dieser Schrift tritt eine weitere „Titan"-Figur, der Kunstrat Fraischdörfer, auf.[4] Hinsichtlich des philosophischen Gehalts ist das gleiche von der „Geschichte meiner Vorrede" und der „Clavis Fichtiana" zu sagen: Wird dort die dem großen Epos immanente Abrechnung mit dem ästhetischen Formenkult[5], so hier dessen Subjektivismus-Kritik satirisch und zugleich abstrakt-gedanklich artikuliert.[6] In jedem der genannten Fälle ist die – vorläufig zurückbehaltene, obschon bereits vorhandene – „Titan"-Konzeption der Niederschrift dieser dann früher veröffentlichten Arbeiten vorausgegangen und bildet deren Grundlage. Folglich leistet man, indem man aus der Periode 1794–1802 lediglich das in ihr entstandene Hauptwerk herausgreift, einen für die angemessene Deutung der simultanen Nebenwerke kaum zu entbehrenden Beitrag sogar dann, falls man auf diese mit keinem Wort eingeht.

Schließlich darf daran erinnert werden, daß der „Titan" im ersten Band, in Gestalt seines „Antrittsprogramms", den rudimentären Ansatz zu einer Rahmengeschichte aufweist, die an die des „Hesperus" anknüpft.[7] So äußerlich und unwesentlich dieser Zusammenhang für den Inhalt dann auch sein mag, formal würde er, genaugenommen, dazu berechtigen, im „Titan" eine Art Fortsetzung des „Hesperus" zu sehen.[8] Es ist klar, daß alle diese Momente zusammen die hier gewählte Art des Vorgehens legitimieren; selbstredend immer unter der Voraussetzung, daß der Teilaspekt, auf den die vorliegende Untersuchung sich beschränkt, nicht für das Ganze genommen wird – wovor nochmals gewarnt sei.

ZWÖLFTES KAPITEL

Zur Erklärung der Besonderheiten des Titan

I

Welche Beweggründe haben Jean Paul kurz nach Beginn der Niederschrift des „Hesperus" dazu veranlaßt, das Projekt eines dritten Romans ins Auge zu fassen, der die Grundthematik seiner beiden ersten, abgewandelt, noch einmal behandeln sollte? Warum zeigte er sich mit der zweiten Version so bald, noch im Anfangsstadium ihrer Verwirklichung, auch wieder unzufrieden?

Dem „Befehl" aus dem „grünen Erfindungsbuch" und den im „Genieheft" enthaltenen frühen Notizen ist nicht zu entnehmen, daß er sich hierbei von der Absicht hat leiten lassen, ein weiteres Sinnbild für die von ihm ersehnte revolutionäre Überwindung der deutschen Misere zu schaffen. Wohl sind von Anfang an für den zentralen Helden wieder die Züge eines Rebellen, u. a. „Freiheitsliebe" und „Klingerscher Abscheu an Despotismus", vorgesehen.[1] Doch wird die darin anklingende Tendenz des „Titan" in ihrer Bezogenheit auf die deutschen Zustände erst sichtbar in Aufzeichnungen, die frühestens Anfang 1795 zu Papier gebracht sein können und mutmaßlich bis in die Mitte des Jahres 1796 reichen.[2] Das Grundgerüst der Romanhandlung, die dynastische Intrige um einen Fürstensohn, läßt sich sogar erst zwischen Juni und Oktober 1797 nachweisen.[3] Vollends taucht die Beziehung auf die Französische Revolution manifest erst auf losen Notizblättern und in „Schmierheften" auf, die vom März bis August 1802 datiert sind.[4]

Aus diesem Sachverhalt zieht die positivistische Philologie den Schluß, es sei Jean Paul Ende 1792 ausschließlich darum gegangen, einmal den Werdegang eines genial veranlagten Menschen zu gestalten, ein Sujet, an dem ihn nichts so sehr interessiert hätte wie der Charakter. Die Fabelkonstruktion sei für ihn demgegenüber sekundär gewesen. Das erkläre, wieso er sie sich erst in einem verhältnismäßig späten Stadium der Vorarbeiten ausgedacht habe, aus „einförmiger Phantasie" unter nochmaliger Verwendung des schon im „Hesperus" benutzten Handlungsschemas, das von ihm schließlich, leicht modifiziert, dem eigentlichen, wesentlichen Geschehen des neuen Romans, dem Drama des Titanentums, aufgepfropft worden sei. So sieht beispielsweise Eduard Berend die Sache – und fügt rügend hinzu, die Erfindungskraft des Dichters hätte beim Ersinnen der Fabel „gründlich versagt": Sein „Fund war weder originell noch glücklich, nicht sowohl romantisch als romanhaft im schlechten Sinne. In der Hauptsache war es nur eine Wiederholung der Hesperus-Handlung, eine auf Kindesvertauschung beruhende geheimnisvolle genealogisch-dynastische Verwicklung, nur mit dem Unterschied, daß dort der Freund des Helden (Flamin), hier der Held selber der Fürstensohn, ohne es zu wissen, ist."[5]

Diese Auffassung ist nach meinem Dafürhalten, wie man das Handlungsgerüst des „Titan" ästhetisch auch beurteilen mag, grundverkehrt. Einmal verkennt Berend, daß eine äußere Fabel dieses Typs als Vehikel für die Entfaltung des eigentlichen, wesentlichen Geschehens notwendig war. Die Lebensbeschreibung eines derartigen positiven Helden, wie er Jean Paul seit 1790 unentwegt vorschwebte, hätte ohne Rückgriff auf genealogisch-dynastische Verwicklungen nicht realistisch mit den gesellschaftlichen Gegebenheiten des damaligen Deutschland in Einklang gebracht werden können. Zweitens scheint Berend, weil er am unmittelbaren Aussagewert der überkommenen Manuskripte klebt, von der Voraussetzung auszugehen, daß die ersten Notizen eines Schriftstellers bei der Vorbereitung eines neuen Werks unbedingt auch über dessen bedeutungsvollste konzeptionelle Momente Aufschluß geben müßten. Schon psychologisch liegt dabei die umgekehrte Annahme viel näher: daß der Autor das konzeptionell Relevanteste, da es sich für ihn von selbst versteht, gerade nicht notiert, während seine Notizen Gedächtnisstützen sind, mit denen er leichter entgleitende, weil im einzelnen weniger belangvolle, Feinheiten festzuhalten sucht. In der Tat hat Jean Paul im „Genieheft" vor allem anderen den Charakter des zentralen „Titan"-Helden skizziert. Das schließt jedoch nicht aus, daß er schon damals einen sich zum Revolutionär entwickelnden Fürstensohn und dynastische Bedingungen, unter denen er zur Macht gelangt, im Sinn gehabt haben kann. Im Gegenteil, aus schwerwiegenden Gründen ist es wahrscheinlich, daß dies die stillschweigende Voraussetzung seiner Erwägungen war.

Wie auch Berend richtig vermerkt, hat bereits der in der „Loge" vorkommende, als Glorifizierung des Scheerauer Hofs gedachte Roman Öfels einen unerkannten Fürstensohn zum Helden. Wenn Gustav geeignet erscheint, für ihn Modell zu stehen, dann ist das eines der Anzeichen – nicht das einzige – dafür, daß seine Vorgeschichte, bzw. die seines ihm täuschend ähnlich sehenden Bruders, dem wirklich entspricht.[6] Dieses Motiv war dem Jean Paul von 1792 also dermaßen geläufig, daß er es nicht nötig hatte, sich darüber Notizen zu machen. Ferner: Mit dynastischen Verwicklungen war er zu der Zeit in noch stärkerem Maße durch den Stoff des in statu nascendi befindlichen „Hesperus" vertraut. Aufzeichnungen hierüber erührigten sich mithin ebenfalls. Und schließlich: Was das Revolutionsmotiv angeht, so hat es dem Verbündeten der Jakobiner von 1792/93 mehr auf den Nägeln gebrannt als dem – nachträglichen – Girondisten zehn Jahre später. Wenn folglich im vierten „Titan"-Band sowie in den unmittelbaren

Vorarbeiten dazu das Revolutionsthema zutage tritt, so sicher nicht deswegen, weil – wie Berend an anderer Stelle glauben machen will – dem Autor da erst die „überraschende Wendung" eingefallen wäre, die Entwicklung seines Helden in dem Entschluß gipfeln zu lassen, „durch Teilnahme am französischen Krieg seinem Leben einen tätigen Gehalt zu geben"[7], sondern weil Jean Paul einer *tendenziell* seit jeher vorgesehenen Lösung dieser Art bis zur Vollendung des Werks die Treue gewahrt hat.

Daß in den frühen Aufzeichnungen der Held noch als Jüngling bürgerlicher Herkunft, zuweilen sogar mit 14 Jahren als Arbeiter (in einem Bergwerk oder bei einem Eisenhammer)[8] figuriert, ist kein Gegenbeweis. Dargestellt werden sollte ja im „Titan" auf noch überzeugendere Weise als in der „Loge" und im „Hesperus" das Schicksal eines jungen Mannes, der, bevor ihm die Macht im Staat zufällt, ungeachtet seiner hohen Geburt all den Härten und Fährnissen ausgesetzt ist, wie sie typischerweise das einfache Volk zu erdulden hat.[9] Die in den Vorarbeiten zusammengetragenen Einfälle, die für die Konkretisierung dieser Idee Material bereitstellen, sprechen somit ebensowenig dagegen, daß im Kopf des Verfassers die Abstammung des Helden aus dem Hochadel von vornherein festgestanden haben kann, wie etwa aus den Abenteuern, die Tom Jones im plebejischen Milieu zu bestehen hat, geschlossen werden darf, daß Fielding über ihrer Schilderung mangels Notizen die Blutsverwandtschaft Toms mit dem gesellschaftlich hochstehenden Mr. Allworthy vergessen hätte. Wie sonst wären die für den „Titan"-Helden in einem frühen Stadium in Aussicht genommenen Namen – etwa Adelhard, Fulgens, Claudius Romanus, Justus Viktorin[10] – zu erklären? Bei einem in puncto Namensgebung stets bewußt soziologisch vorgehenden Autor wie Jean Paul (man vergleiche auch hierzu wieder die „Vorschule der Ästhetik", und zwar den § 74[11]) deuten sie durchweg auf aristokratische Herkunft der Figur hin. Und deren, wie Berend[12] darlegt, „sehr bald" gewählter endgültiger Name, Albano, ist einerseits identisch mit dem des – ganz gewiß adligen – Bruders der Residentin v. Bouse aus der „Loge"[13] und andererseits, durch seinen romanischen Klang, ein Symptom dafür, daß „sehr bald" auch schon daran gedacht gewesen sein muß, dem Helden zum vermeintlichen Vater einen südländischen Aristokraten zu geben, wie er uns im gedruckten Text denn auch tatsächlich in Gestalt Gaspards begegnet.

Alle diese Anhaltspunkte legen den Schluß nahe, daß Jean Paul, als er um die Jahreswende 1792/93 unter dem vorläufigen Arbeitstitel „Das Genie" seinen „Titan" in Angriff nahm, darin noch ein drittes Mal mit im Prinzip gleichen, nur zu variierenden erzählerischen Mitteln zeigen wollte, wie die Französische Revolution auf Deutschland übertragen werden könne. Die Art der konkreten Beziehung des Romangeschehens auf die aktuellen französischen Vorgänge und die Details der dynastischen Konstellation, die den Aufstieg des revolutionär gesinnten Helden zum Herrscher begünstigt, werden ihm damals noch unklar gewesen sein und erst zwischen 1796 und 1799 bestimmtere Kontur erhalten haben.[14] Die ideelle und politische Grundkonzeption war nichtsdestoweniger mit Sicherheit von Anfang an dieselbe wie in der „Loge" und im „Hesperus".

Erst wenn man davon ausgeht, erhält die Frage, wieso die ältesten Partien des „Geniehefts", statt hierüber etwas auszusagen, sich auf den Charakter des zentralen Helden konzentrieren, ihren richtigen Stellenwert. Die Antwort lautet: Dies eben war *der* Punkt, in dem der Dichter die analogen bisherigen Lösungen als dermaßen unzureichend empfand, daß er das ihn seit 1790 bewegende gestalterische Problem in einem weiteren, dritten Anlauf, mit Hilfe eines völlig neuen Helden noch einmal zu bewältigen unternahm.

Was ihn speziell am „Hesperus" gestört hat, wird deutlich, wenn man ihn sowohl dem „Titan" als auch der „Loge" gegenüberstellt und mit beiden vergleicht. Man erkennt dann, daß das der „Loge" zugrunde liegende klassische Schema des Erziehungsromans, mit einem einzigen Haupthelden, auf dessen Entwicklung allein es ankommt, in dem sich stärker an das Muster „Dya-Na-Sore" anlehnenden „Hesperus" zugunsten einer Geschichte preisgegeben ist, in der eine Gruppe junger Leute, noch dazu unter Auslassung ihrer Kindheit, agiert. Der „Titan" aber stellt jenes Schema wieder her.

Warum tut er das? Oben ist dargelegt worden, wieso *auch* der „Hesperus", unbeschadet der Eigentümlichkeit seiner Struktur, wesentliche Kriterien des Erziehungs-, zumindest des Bildungsromans erfüllt.[15] Das scheint Jean Paul selbst indes nicht so gesehen zu haben. Man hat den Eindruck, als habe ihn bei der Ausarbeitung des „Hesperus" das ungute Gefühl geplagt, daß dieses Werk, obwohl an literarischer Qualität vollkommener, hinsichtlich der pädagogischen und Bildungsproblematik die „Loge" nicht ersetzen könne. Die 1790/91 geplante „Biographie" *eines* Individuums, die dessen Werdegang vom Säuglingsalter bis zur Reife hatte schildern, die in diesen Prozeß die vorschwebende revolutionäre Utopie hatte hineinverweben sollen, war unfertig abgebrochen und durch eine, wie es schien, ganz andere, diese bestimmte Aufgabe verfehlende Konzeption abgelöst worden. Das war schade, dem galt es abzuhelfen. So stellt Richard Rohde richtig fest: „Der Name ‚Biographie‘, mit dem Jean Paul seine Romane am liebsten charakterisierte, paßt auf den ‚Hesperus‘ am wenigsten. Zum Entwicklungsroman gehört für den Schüler Rousseaus das Erziehungsproblem, und so schließt sich der ‚Titan‘ nicht an den ‚Hesperus‘, sondern an die ‚Unsichtbare Loge‘ an, in deren Entstehungszeit seine Anfänge fast zurückreichen."[16]

Freilich, an den „Hesperus" schließt der „Titan" sich *auch* an, nur in anderer Beziehung: durch den für alle drei Romane charakteristischen, auf die französische Umwälzung bezogenen revolutionär-demokratischen Ideengehalt, der abermals durch Zufallsfügungen, wie die monarchisch-feudale Struktur der deutschen Kleinstaaten sie als möglich erscheinen ließ, mit der gegebenen gesellschaftlichen Realität vermittelt ward. Faßt man diese Übereinstimmung ins Auge, so kommt ein weiteres Ursprungsmoment, das Rohde nicht erwähnt, das die bürgerlichen Interpreten überhaupt zu ignorieren pflegen, zum Vorschein: der *Mangel* des „Hesperus", daß in ihm der zur Herrscherwürde auserkorene rebellische Held, nämlich Flamin, infolge der Logik der Liebesgeschichte seine dominierende Stellung im Romangeschehen eingebüßt und an den milder denkenden, von kleinbürgerlichen Eltern abstammenden, für die Ausübung politischer Macht daher nicht in Frage kommenden Freund, den Arzt Viktor, abgetreten hat. Der Gustav der „Loge" war demgegenüber Rebell *und* zentraler Liebhaber zugleich und hatte, wie man auf Grund zahlreicher Indizien vermuten darf, *als Rebell* einer staatsmännischen Lebensmission entgegenreifen sollen.[17] Wenn die – im Sinne der revolutionären Grundkonzeption kaum zu entbehrenden – Vorzüge einer solchen Gestalt nicht definitiv verlorengehen sollten, dann bedurfte es auch aus diesem Grunde eines dritten Romans, der zur ursprünglichen Idee wieder zurückkehrte, um sie zwar gleichfalls, wie im „Hesperus", auf literarisch anspruchsvollerem Niveau weiterzuentwickeln, aber diesmal ohne die konzeptionelle Abweichung des „Hesperus", die geeignet war, die Evidenz der politischen Intention zu beeinträchtigen.

Was eigentlich aber war am Niveau der „Loge" besonders auszusetzen? Antwort: der Charakter Gustavs. Er ist moralisch integer, er hat auch Poesie, doch wirkt er zu unbedeutend, als daß ihm staatsmännisches Wirken aus revolutionären Impulsen zuzutrauen wäre. Gustav macht den Eindruck eines „guten Jungen", er ist kein – Genie. Geniale Züge trägt in der „Loge" Ottomar. Der ist jedoch, wie es einmal heißt, „Genie in gutem Sinne und im bösen auch"[18], weshalb er, um zum „hohen Menschen" zu reifen, durch das Erlebnis des Scheintods, mit der läuternden Wirkung des Memento mori, hindurchgehen muß. Dem Fürstensohn im „Hesperus", Flamin, gehen dann wieder, obschon er um vieles interessanter ist als Gustav, geniale Eigenschaften ab. Außerdem sind in ihm, zusammen mit den heroischen, auch die bornierten Seiten des typischen Jakobiners, der Asketismus z. B., konzentriert.[19] Bei Viktor, andererseits, hat der vorhandene Anflug von Genialität eine ausgesprochen literatenhafte Färbung.[20] Kurz, einen präsumtiven Staatsmann der Revolution „von oben" zu gestalten, der sich durch geniale Qualitäten auszeichnet, ohne daß sie durch problematische Züge verzerrt erscheinen würden, das war dem Jean Paul von 1792/93 weder in der „Loge" gelungen, noch ließ sich erwarten, daß es ihm im „Hesperus", seiner ganzen Anlage nach, gelingen werde. Und hier liegt der Springpunkt des „Titan", denn auf einen Charakter dieser Prägung zielt der „Befehl" im „grünen Erfindungsbuch" ab, wenn er die Schilderung eines *in allem guten idealischen Genies* fordert, und zielt desgleichen das „Genieheft" ab, wenn es in Albano einen Menschen zeichnet, den schon als Knaben überragende Intelligenz, Kühnheit der Phantasie, Sehnsucht nach Größe, Drang zur Höhe, zur Vollkommenheit aus den Bahnen des Alltags emporreißen.[21]

II

Ein durchweg und konstant *gutes* Genie ist gleichwohl der „Titan"-Held nicht in allen Phasen seiner Ausarbeitung geblieben. Er ist es erst wieder in dem Teil der Vorarbeiten geworden, der dem gedruckten Text annähernd kongruent ist. Der Verwirklichung des ursprünglichen Konzepts ging 1794/95 eine Periode des Schaffensprozesses voraus, in der sich in Albano, ehe er sich zu vorbildhaftem Menschentum durchringen würde, ein heftiger Kampf wertvoller und böser Seelenmächte, ausgelöst durch mancherlei Anfechtungen, abspielen sollte. Auf eine Rekapitulation der hierher gehörenden Einzelheiten, die man den Untersuchungen von Berend und Rohde entnehmen mag[1], sei verzichtet. Festzuhalten bleibt, daß es überhaupt in der Genesis des Romans ein Stadium zeitweiligen Problematischwerdens der zentralen Gestalt gegeben hat und daß Jean Paul sich davon erst in dem Maße wieder zu lösen vermochte, wie, ab Sommer 1796, nach der Weimarreise, unter dem Eindruck des dort Erlebten, in seinen Aufzeichnungen der Gegenspieler des Haupthelden, der Ministerssohn und Hauptmann Roquairol v. Froulay, an Kontur gewann, auf den nun das Böse, Zwielichtige übertragen wurde.[2] Albano verwandelte sich damit wieder in den Idealmenschen zurück, als der er von Anbeginn vorgesehen war, freilich mit der Konsequenz, daß er zugleich zugunsten Roquairols an interessanter Kompliziertheit verlor.

Dieses zeitweilige Abweichen von dem Vorsatz, ein *in allem gutes* Genie zu schaffen, hat einen konkreten ideengeschichtlichen Grund. 1792 war die Buchausgabe von „Eduard Allwills Briefsammlung" herausgekommen, eines fragmentarischen Werks, das sein Verfasser, Friedrich Heinrich Jacobi, unter dem Titel „Aus Eduard Allwills Papieren" zuerst 1775/76 in Zeitschriften veröffentlicht hatte.[3] Man erinnere sich an den Einfluß, den Jacobi seit dem Ausgang der achtziger Jahre als Philosoph auf Jean Paul ausgeübt hat[4], und man wird verstehen, daß dieser, mit dem „Titan"-Stoff ringend, sich von dem neu erschienenen, überarbeiteten „Allwill" um so bereitwilliger inspirieren ließ, als darin just das Genieproblem im Mittelpunkt steht. Das Genie ist aber bei Jacobi, schon in der ersten, erst recht in der zweiten Fassung, nicht ausschließlich mehr Gegenstand des Kults, den der Sturm und Drang mit diesem Begriff getrieben hatte, sondern wird auch kritisch beleuchtet – sehr kritisch in einer Äußerung der fiktiven Briefschreiberin Sylli zu Amalia.[5] Von dieser in die Buch-Edition neu eingefügten Stelle hat später Jean Paul in einem Brief an Jacobi behauptet, sie habe ihm die Idee des „Titan" eingegeben, was deswegen stark übertrieben sein muß, weil nachweislich im „Genieheft" Spuren von ihr nicht vor November 1794 zu entdecken sind.[6] Trotzdem war in der Tat ihr Einfluß auf den „Titan" enorm.

Auf bedenkliche Charakterzüge Allwills eingehend, erklärt Sylli, daß jedes Übermaß an Kräften zu Gewalttätigkeit und Unterdrückung reize, auch bei „den Allwillen", die sich durch besonders lebhafte Sinnlichkeit, große Gewalt des Affekts und eine ungemeine Energie der Einbildungskraft vor den durchschnittlicheren Mitmenschen auszeichneten. Wo der hellere Kopf sei, stelle sich oft auch ein höherer Grad an Ruchlosigkeit ein. Im hellen Kopf eben vollziehe sich der „Übergang von der Empfindung zur Reflexion, zur Beschauung und Wiederbeschauung" mit Beihilfe des Gedächtnisses schneller, mannigfaltiger, durchgreifender, umfassender. Anschauung, Betrachtung und Empfindung jeder Art würden hier selbst in Momenten äußerster Leidenschaft nie von der „zur größten Fertigkeit gediehenen Selbstbesinnung, Geistesgegenwärtigkeit und inneren Sammlung", welche den Helden dieser Gattung eigen sei, verlassen werden. Die Spontaneität des Empfindens hätte schließlich bei ihnen für sich keine Gewalt und keine natürlichen Rechte mehr. „Der *ganze Mensch, seinem sittlichen Teile nach, ist Poesie geworden*, und es kann mit ihm dahin kommen, daß er *alle Wahrheit verliert und keine ehrliche Faser an ihm bleibt. Die Vollkommenheit dieses Zustandes ist ein eigentlicher Zustand der Gesetzesfeindschaft und ein *Quietismus der Unsittlichkeit*."[7]

Man braucht dieses Zitat nur mit der Charakterbeschreibung Roquairols am Anfang des zweiten „Titan"-Bandes[8] zu vergleichen, um zu erkennen, daß die Züge hypertrophischer Reflektiertheit, der Hang zur Selbstbespiegelung, die bis zur Amoral gehende Poetisierung des Lebens, die von 1794 an das reine, hehre Bild Albanos zu entstellen begannen, um ihm dann wieder entzogen und auf den negativen Gegenspieler gehäuft zu werden, durch den „Allwill" angeregt sind. Ebenso hat offenbar die Jacobische Formel „Quietismus der Unsittlichkeit" bei dem Charakter Gaspards Pate gestanden.[9] Hinzutritt im „Titan", abgesehen von der subtileren Psychologie und überlegenen Wortmächtigkeit Jean Pauls, an grundsätzlich Neuem eine gesellschaftsbezogene, an den Klassengegensätzen orientierte Fundierung der Kritik, wie sie Jacobi fernlag. So wenn über Roquairol etwas gesagt wird: „Äußere

Verhältnisse hätten ihm vielleicht etwas helfen können, und das Gelübde der Armut hätt' ihm die beiden andern erleichtert. Hätte man ihn als Negersklaven verkauft, sein Geist wäre ein freier Weißer und ein Arbeitshaus ihm ein Purgatorium gewesen. . . . Aber das müßige Offiziersleben arbeitete ihn bloß noch eitler und kecker aus."[10]
Derartige auf das Parasitentum des Adels zielende Reflexionen sind im „Titan" allerdings nur dem „Allwill" gegenüber neu. Nicht neu waren sie bei Jean Paul selbst. In der „Loge" und im „Hesperus" findet man dergleichen im Kontext der Schilderung negativer Figuren aus den herrschenden Schichten en masse. Im Vergleich damit muß die im „Titan" errungene Vertiefung der sozialen Einsicht und Erweiterung des sozialen Horizonts also unter einem anderen Gesichtspunkt gewürdigt werden: Hier bestand der Fortschritt darin, daß die revolutionär-demokratische, den Lebensinteressen der Fronbauern verpflichtete Infragestellung der feudalabsolutistischen Ordnung jetzt eine kulturkritische Dimension erhielt, die ihr vorher gefehlt hatte, die jedenfalls in Charakteren wie Öfel, Matthieu usw., bei aller Satire auf die höfisch-französierende Kultur, nicht bis in die Motivation des Verhaltens dieser Figuren hineinverarbeitet worden war.[11]
Was aber bedeutete diese Art von neuer Qualität geistesgeschichtlich? Wenn unter dem Eindruck des „Allwill" die bedenklichen, sittlich wertwidrigen Momente erst temporär im zeitweiligen Problematischwerden Albanos, dann endgültig im konstanten Charakter und Handeln Roquairols als Auswüchse eines verantwortungslosen Ästhetentums gebrandmarkt wurden, dann hieß das: Der revolutionäre Held hatte sich, weil im Unterschied zu Gustav und Flamin mit Genialität ausgestattet, nicht mehr nur mit konservativ-feudaler Politik auseinanderzusetzen, die in himmelschreienden sozialen Mißständen ihren Niederschlag fand, sondern sein nächster, unmittelbarer Widerpart — im eigenen Innern, in der Person des sich als böse erweisenden Freundes und schließlich in der ihn umgebenden Gesellschaft als Totalität — war nun, vor dem Hintergrund jener Mißstände, die Ruchlosigkeit überschätzter Kunst und Poesie. Dies inmitten der „Kunstperiode" (wie später Heine die Goethe-Zeit genannt hat), in bewußt polemischem Gegenzug zu ihr, zum Ausdruck zu bringen, wurde, dank der Genieproblematik als Ausgangspunkt, das ideelle Hauptanliegen des „Titan". Und die Paradoxie, daß der „Titan" eben dies mit Mitteln zum Ausdruck bringt, die, jedenfalls in den drei letzten Bänden, formal wie kein anderes Prosawerk deutscher Sprache dem Stil der „Kunstperiode" verpflichtet sind, macht seine hervorstechendste Besonderheit aus. (Doch von den Stilproblemen später mehr.)

Das künstlerische Genie schlechthin unter den Zeitgenossen Jean Pauls hieß Goethe. Und im Zeichen Goethes steht der „Allwill" – nicht bloß als eines der schwächeren Elaborate aus der „Werther"-Nachfolge, mehr noch deswegen, weil mit dem genialischen, *alles wollenden* Helden kein anderer als Goethe gemeint ist, der Jacobi beim ersten vertrauten Zusammensein, im Juli 1774, sein Inneres erschlossen, der ihm dabei auch Einblick in Widersprüche und Abgründe der eigenen Seele gewährt und ihn, nicht zuletzt, zu belletristischer Produktion ermuntert hatte, als deren früheste Frucht dann der „Allwill" zutage trat.[1] Ergriffen von der persönlichen Ausstrahlung seines Freundes, versucht Jacobi, das Ringen um die Verwirklichung des Ideals freier und reiner Menschlichkeit zur Anschauung zu bringen. Dabei verteidigt er das auf die Rechte des Herzens pochende Kraftgenie, dem dieses Ideal vorleuchtet, gegen die Einwände enger Philistermoral, will zugleich aber auch, indem er eine Reihe von Frauengestalten, wie Sylli, brieflich sich über die Gemütswillkür des Helden verbreiten läßt, vor den Gefahren warnen, die ungebärdiger Geniesucht innewohnen.

Daß Jean Paul die Identität von Allwill geläufig war, zeigen die Vorarbeiten zum „Titan" deutlich genug. In dem Schaffensstadium, in dem er – vorübergehend – seinen Helden mit teilweise negativen Zügen zu versehen und innerer Fährnis auszusetzen gedachte, spielt er häufig darauf an. So liest man z. B. im „Genieheft": „Er entführt eine – hat darum zwei auf einmal. Hat jene Goetheschen Tobjahre in der Claudine."[2] Oder: „Titan war durch Reisen über das andere Geschlecht verdorben wie Goethe."[3] Ähnliche Stellen finden sich in dem zweiten, 1794 angefangenen Studienheft, das den Titel „Geschichte" trägt, sowie in dem Charakterstudienheft.[4] Da heißt es etwa: „Kommt kalt gegen Weib aus Italien."[5] Oder: „Kalt wie Goethe mag er nie werden. Anfangs werden seine Tugenden und seine Laster miteinander entfaltet, aber er ist doch bloß unschuldig."[6] Oder: „Er habe die verschlossene handelnde Liebe wie Goethe".[7] Unterstrichen steht über dem Komplex dieser Notizen: „Junge Goethe".[8] Manche Bemerkung hier deutet aber darauf hin, daß in das vorschwebende Bild eines titanenhaften Genies, mit all seinen Vorzügen und Fehlern, bereits auch Farben einzufließen beginnen, die nicht so sehr von dem im „Allwill" porträtierten jungen, sondern von dem mittleren Goethe, nach der italienischen Reise, so wie er sich zu der Zeit dem Urteil kritischer Beobachter darbot, hergenommen sind.

Heißt das, daß Jean Paul schon damals zu Goethe, zur Weimarer Klassik überhaupt – mit Einschluß Schillers, dessen Name in den „Titan"-Vorarbeiten gelegentlich ebenfalls auftaucht[9] –, in Gegensatz gestanden hat? Man würde es sich zu leicht machen, wollte man dies ohne weiteres bejahen. *Objektiv* war da bereits ein Gegensatz vorhanden. Die zitierten Notizen stammen immerhin aus denselben Jahren, in denen, sowohl unabhängig voneinander als auch fast simultan, einerseits der „Hesperus", andererseits „Wilhelm Meisters Lehrjahre" zum Abschluß und auf den Markt gebracht worden sind, und der vorhin[10] angestellte Vergleich zwischen diesen beiden Romanen hat, besonders anhand der je unterschiedlichen Adaption des „Agathon" in ihnen, gezeigt, wie scharf der revolutionäre Demokratismus Jean Pauls den Tendenzen des Goetheschen Bildungsromans bereits hier widerstreitet. Da jedoch keine Rede davon sein kann, daß Jean Paul dies in den Jahren 1792–95 auch schon bewußt gewesen wäre, stellt seine *subjektive* Einstellung zu Goethe ein Problem für sich dar, das nur verdunkelt würde, wenn man in die Inspiration durch den „Allwill", deren Spuren sich im „Genie-" und „Geschichtsheft" nachweisen lassen, aus der Sicht des späteren Konflikts einen Sinn hineindeutete, den sie nicht hatte – *noch* nicht hatte.

Es scheint nicht überflüssig, bei der Gelegenheit darauf hinzuweisen, daß überhaupt das Verhältnis Goethe–Jean Paul komplizierter, vielschichtiger und vor allem wechselvoller ist, als es die von Börne inaugurierte, mit dem Marxismus nicht zu verwechselnde vulgärdemokratische Interpretation wahrhaben will, wenn sie den „Fürstenknecht" und den „Dichter des Volkes" einander schroff ausschließend gegenüberstellt. So einfach liegen die Dinge nicht. Tatsächlich war Jean Paul von früher Jugend an ein enthusiastischer Goethe-Verehrer. Dies geht schon aus seinem frühesten Romanversuch, „Abälard und Heloise", hervor.[11] Er gehört nicht nur als solcher zur „Werther"-Nachfolge, sondern die beiden befreundeten Jünglinge darin, Abälard und Karl, pflegen auch den Wert jedes Mitmenschen danach zu beurteilen, ob er ihre Begeisterung für Goethe teilt; tut einer das nicht, so gilt er ihnen von vornherein als widerwärtiger Philister.[12] An dieser Einstellung hat Jean Paul lange Zeit im wesentlichen festgehalten, und sie war bei ihm – was besonders zu beachten ist – nicht etwa an den Sturm- und Drang-Goethe gebunden. Sie galt später auch dem Verfasser von „Tasso" und „Iphigenie", an den Dedikations-Exemplare von „Loge" und „Hesperus" mit bewundernden, fast demütigen Begleitbriefen gingen.[13] Im „Hesperus" selbst werden Verse aus der „Iphigenie" in einem Zusammenhang zitiert, der von großer Vorliebe für dieses Werk zeugt und die Absicht der Huldigung verrät.[14] Vollends hat Jean Paul im „Faust" zeitlebens die einzige zeitgenössische Dichtung gesehen, die den Werken seines Abgotts Shakespeare ebenbürtig sei.[15]

Aus den Lebensperioden nach dem Abschluß des „Titan" sind dann abermals Zeugnisse überliefert, aus denen eine verwandte Haltung spricht. Das am meisten bezeichnende sei herausgegriffen. Wie Varnhagen in einer Aufzeichnung vom Oktober 1808 berichtet, hat er damals, bei einem Besuch in Bayreuth, Jean Paul von einem im gleichen Jahr erschienenen Doppelroman erzählt, den er, Varnhagen, gemeinsam mit Bernhardy, Fouqué und Neumann verfaßt hatte und worin Goethe, Jean Paul, J. v. Müller und Voß verspottet werden.[16] Die Verhöhnung der eigenen Person nahm Jean Paul, laut Varnhagen, humorvoll, mit gutmütigem Verständnis auf, wohingegen er „Schreck und Entrüstung empfand, als er vernahm, daß wir Goethen zu necken gewagt und auch die Figur Wilhelm Meisters frevelhaft mißbraucht hätten. ‚Kinder, was habt ihr da getan‘, sagte er bedenklich, ‚das hättet ihr unterlassen sollen. Goethe ist ein geweihtes Haupt, der steht anders als alle übrigen. Den geb’ ich weniger preis als mich selbst‘.“ Varnhagen fährt fort: „Von Goethe sprachen wir nun noch eine Weile und Jean Paul mit steigender Bewunderung, ja mit einem Schauder von Ehrerbietung.“[17]

Der Bericht erweist sich als wahrscheinlich, hält man ihn mit der Mehrzahl der Urteile über Goethe zusammen, die sich in der wenige Jahre zuvor – 1804 – veröffentlichten „Vorschule der Ästhetik“ finden, wie denn überhaupt dieses Werk, durch den Kampf, den es einerseits gegen die Poesiefeindlichkeit der Berliner Aufklärer um Nicolai, andererseits gegen die substanzlosen Exaltationen der Romantischen Schule führt[18], der Position Goethes und Schillers nahesteht, die es weniger befehdet als heilsam ergänzt. Ja, selbst politisch gab es 1808 zwischen Jean Paul und Goethe Berührungspunkte: Beide sind, wenn auch von unterschiedlichen Prämissen her, zu dieser Zeit Anhänger der Rheinbund-Politik Napoleons gewesen.[19]

Und wie stand Goethe zu Jean Paul? Bei einem Besuch in Bamberg, 1810, hat dieser darüber zu K. F. Kunz geäußert: „Das ist das einzige, was ich vor dem großen Manne voraushabe, daß ich seine Schriften richtiger und würdiger aufzufassen verstehe als er die meinigen.“[20] Im großen und ganzen wird man dem zustimmen können. Doch darf auch daraus kein Dogma gemacht werden. Daß Goethe sich, nach anfänglichem Sträuben, durch Schiller zu einer günstigeren Bewertung des „Hesperus“ bewegen ließ[21], daß er dann insbesondere die Gestalt Klotildes hinreißend fand[22], wurde bereits erwähnt. Sein Lob der „Levana“ ging später aber noch viel weiter.[23] Und in den zwischen 1814 und 1819 entstandenen Noten zum „Westöstlichen Divan“ hat er sogar den Erzählstil Jean Pauls mit so unbefangener Anerkennung gewürdigt, daß es jeden Verehrer desselben mit Genugtuung erfüllen muß.[24]

Sind demnach Begriffe wie „Ablehnung“, „Gegnerschaft“ usw. zu simpel, als daß durch sie allein das Verhältnis Jean Pauls zu Goethe gekennzeichnet werden könnte, so gilt das, bis zu einem gewissen Grade, für die umgekehrte Beziehung auch. Und das ist nicht erstaunlich. Große Schriftsteller pflegen von der Borniertheit frei zu sein, den bedeutenden Erscheinungen einer ihnen wesensfremden Literaturrichtung jeden Wert abzusprechen. Außerdem waren um die Wende des 18. zum 19. Jahrhundert in dem zurückgebliebenen, zersplitterten Deutschland die Klassengegensätze zwischen Adel und Bürgertum, zwischen Bürgertum und plebejischen Massen längst nicht entwickelt genug, um zwischen der literarischen Avantgarde des demokratisch-republikanischen Lagers und den im Überbau dominierenden Literaturrichtungen – der Klassik, der Romantischen Schule – jede Verbindung zu zerstören.

Dies vorausgeschickt, bleibt es gleichwohl unbestreitbar, daß der erwähnte *objektive* Gegensatz Jean Paul von einem bestimmten, für die Genesis des „Titan" einschneidend wichtigen Zeitpunkt an auch bewußt geworden ist und daß das in der Entwicklung seiner künstlerischen Überzeugungen einen Qualitätsumschlag bewirkt hat, der ihn jahrelang, bis zur Vollendung des Werks, in Goethe und Schiller, trotz Anknüpfung persönlicher Beziehungen zu ihnen und bei allem Respekt vor ihrer Größe, geradezu Feinde sehen ließ, die es zu bekämpfen galt. Aber: Diese Feindschaft war an eine bestimmte, transitorische, wenn auch geschichtlich, literarhistorisch und biographisch eminent bedeutsame, Situation gebunden, und in den Jahren der Vollendung und Veröffentlichung des „Hesperus", die zeitlich mit Jean Pauls „Allwill"-Rezeption zusammenfallen, existierte sie noch nicht.

An mehreren Sachverhalten muß jeder Versuch, sie bereits in diese Periode zurückzuprojizieren, scheitern. Durch den Jacobischen Briefroman sah Jean Paul sich vor allem zu *selbstkritischer* Besinnung veranlaßt. Es war das *eigene* Künstlertum, das ihm plötzlich als moralisch suspekt erschien[25], wobei er aus dem Umstand, daß bei Jacobi unmittelbar Goethe gemeint war, zunächst nur den Schluß zog, der poetische Charakter sei, weil offenbar selbst in seinen hervorragendsten Repräsentanten, ganz allgemein von so tiefer Zwielichtigkeit, daß es eine Verpflichtung gegenüber der Gesellschaft bedeute, mit den ihm immanenten Gefahren schonungslos abzurechnen. Und es muß, um etwaigen weiteren Mißverständnissen vorzubeugen, gleich hier betont werden: Im Ibsenschen Sinne Gerichtstag zu halten über sich selbst, das ist auch später, auch in der Phase des bewußten Kampfes gegen Goethe, Schiller und die Jenenser Romantik, stets die beherrschende Komponente der Ausarbeitung des Roquairol-Charakters geblieben, der dann übrigens an Goethe-Ähnlichkeit verlor und dafür zum Sinnbild frühromantischer Wurzellosigkeit und Zerrissenheit wurde, schon weil Roquairol als Jüngling die gegebene Generation junger Intellektueller – und nicht mehr, wie Allwill, die der vorausgegangenen Sturm- und Drang-Periode – widerzuspiegeln hatte.

Weiter ist zu bedenken, daß für Jacobi der junge Goethe alles andere als Gegenstand eines Verdammungsurteils war, daß also auch Allwill bei ihm keineswegs eine überwiegend negative Figur ist. Im Gegenteil, gemäß dem Jacobischen Goethe-Erlebnis von 1774 wird er in dem Briefroman als ungewöhnlich wertvoller Mensch geschildert, so daß wir, bei gedanklichem Fortspinnen der fragmentarischen Handlungsfäden, überzeugt sein müssen: Mit den Gefahren, die seine Genialität in sich birgt, wird Allwill fertigwerden.[26] Und dem entspricht bei Jean Paul, daß es Albano war, das *„gute* idealische Genie", auf das er – vorübergehend – die von Sylli beobachteten fragwürdigen Eigenschaften übertrug, in der Absicht, es sie überwinden zu lassen. Aus den Aufzeichnungen geht das klar hervor.[27] In den Spuren der „Allwill"-Lektüre einen Angriff auf Goethe sehen hieße somit den Charakter, den der *positive* Held in einer Übergangsphase der Genesis des „Titan" hat erhalten sollen, verwechseln mit dem danach von ihm abgespaltenen und dann durchweg negativen Roquairol.

Ein zusätzliches Argument ergibt sich aus der obigen Feststellung, daß der bewußten, auch subjektiv reflektierten Gegnerschaft jener objektive Gegensatz vorausgegangen sei, wie er in den so unterschiedlichen Tendenzen von „Wilhelm Meisters Lehrjahren" und „Hesperus" für uns faßbar werde.[28] Wenn dem so war, dann besagt das, daß Jean Paul den „Meister" erst ganz gelesen und innerlich verarbeitet haben mußte, ehe in bezug auf diejenige Literaturgattung, die, der Art seiner Begabung nach, das einzig mögliche Betätigungsfeld seiner dichterischen Kreativität gewesen zu sein scheint, nämlich in bezug auf die erzählende Prosa, insonderheit den Roman, die Divergenz zwischen den eigenen und den Goetheschen Intentionen ihm hat klar werden können. Evidentermaßen hätte vorher die Gegnerschaft auf seinem ureigensten Gebiet sehr wenig Substanz gehabt. Tatsächlich hat er den „Meister" aber erst in dem Maße kennengelernt, wie der sukzessive herauskam: zwischen Februar 1795 und Sommer 1796.[29] Und erst aus dem Jahre 1798 sind gesprächsweise kritische Äußerungen von ihm darüber, zu Abegg in Leipzig, zu Karoline Schlegel in Dresden, verbürgt – Äußerungen, die, nebenbei bemerkt, den Kern des Gegensatzes kaum berühren.[30]

Schließlich läßt sich leicht belegen, daß Jean Pauls Verehrung für Goethe 1794/95, zur Zeit der „Allwill"-Rezeption, noch ungebrochen anhielt und daß sie damals bei dem kleinen Hauslehrer in Hof, bevor der fabelhafte Erfolg seines „Hesperus" einsetzte, eine Einschätzung der eigenen literarischen Bedeutung zur Grundlage hatte, die um so bescheidener war, als ihn, den Verfasser selbst, das nachmals so beliebte Werk ja *nicht* befriedigte.[31] Die Vorstellung, er könne jemals als Antipode Goethes auftreten, lag ihm zu der Zeit also fern. Sie wäre ihm als absurd, als Vermessenheit erschienen.

Eine Wende trat in der Beziehung dann aber im Sommer 1796 durch den Weimar-Besuch ein. Da war es unvermeidlich, daß der „Hesperus"-Autor, eingeladen von Frau von Kalb, geradewegs den Gegnern Goethes in die Arme lief. Und nachdem die überragendste Erscheinung unter ihnen, nachdem Herder, den er seit jeher noch mehr als Goethe verehrt, ihn in die Hintergründe, die Einzelheiten, die ideologischen Streitpunkte der aktuellen Literaturfehde eingeweiht und zum ebenbürtigen Bundesgenossen erkoren hatte, da flossen für ihn die problematischen Eigenschaften des in Allwill porträtierten frühen mit denen des gegenwärtigen, olympierhaften Goethe dergestalt in eins zusammen, daß er sich jetzt dazu entschloß, aus seinem „Titan" eine Kampfschrift gegen die Weimarer Klassik zu machen – nunmehr auch mit voller Kenntnis des „Wilhelm Meister" (Weimar-Besuch und Abschluß der Lektüre dieses Romans fallen in Jean Pauls Biographie fast genau zusammen[32]). Herder mußte, isoliert, wie er war, daran gelegen sein, einen von so viel Ruhm umstrahlten Dichter aus der jüngeren Generation auf seine Seite zu ziehen, und gläubig, liebevoll, auch geschmeichelt blickte der junge Mann aus der hintersten Provinz zu ihm auf, mit der Folge, daß sein dritter heroischer Roman zu einem Frontalangriff gegen die Widersacher des Älteren geriet.

IV

Es fällt schwer, zu der damaligen Konfliktsituation in der deutschen Literatur von einem progressiven Standpunkt aus Stellung zu nehmen, ohne vulgärdemokratischer Borniertheit à la Börne das Wort zu reden. Herder stand viel weiter links als Goethe und Schiller. Unter den hervorragenden Literaten seiner Generation gar war er der entschiedenste Republikaner und Demokrat. Von plebejischen und freiheitlichen Impulsen ist sein ganzes Lebenswerk durchdrungen. Selbst für seine Entscheidung, Geistlicher zu werden, war einst die Absicht maßgebend gewesen, von der Kanzel herab unter dem „ehrwürdigen Teil der Menschheit, den man das Volk nennt", die Ideen der Aufklärung zu verbreiten.[1] Seit der Kindheit in Ostpreußen von Abneigung gegen das friderizianische Regime erfüllt[2], als Jüngling in Riga durch das Gesetzgebungsprojekt Katharinas II. zum Ausfabeln kühner Reformpläne für Rußland angeregt[3], als Hofprediger in Bückeburg an der Beobachtung eines grotesken kleinen Militärdespoten, des Grafen Wilhelm, seine Verabscheuung der deutschen Misere nährend[4], war Herder schließlich in Weimar unter dem Einfluß August v. Einsiedels, eines der revolutionärsten deutschen Denker seiner Zeit[5], zum geradezu staatsverneinenden Radikalen gereift. Einsiedels nur handschriftlich vorhandene „Ideen", von ihm exzerpiert, waren in die politischen Partien seiner Geschichtsphilosophie eingeflossen[6], die sogar in ihrem Titel die Erinnerung an das geheimgehaltene Manuskript des Freundes anklingen läßt. Kein Wunder, daß derselbe Mann, der sich schon in den achtziger Jahren so weit vorgewagt, die Französische Revolution dann mit mehr Ausdauer bejaht, mit größerer Wärme verteidigt hatte als die meisten deutschen Schriftsteller.[7] Und dadurch zuerst war seine Stellung am Weimarer Hof prekär geworden, hatte auch seine Freundschaft und Zusammenarbeit mit Goethe sich gelockert, der in der Ablehnung der Revolution von Anbeginn mit dem Herzog Karl August konform gegangen war.[8] Daß ein Marxist, der in die Weimarer politischen Querelen eindringt, mit Herder sympathisieren muß, versteht sich danach von selbst.

Nicht anders wird ein solcher Betrachter zu der – damit eng verknüpften – menschlichen Enttäuschung stehen, die, kurz vor dem Auftauchen Jean Pauls in Weimar, Herder von Goethe zugefügt wurde. Mit beleidigender Zurechtweisung, von oben herab, erinnerte der Höfling Goethe den einstigen Mentor und langjährigen Geistesgefährten an den Sündenfall seines Revolutionsbekenntnisses, als Karoline Herder, von finanzieller Bedrängnis der vielköpfigen Familie getrieben, bei dem Freund Goethe die Einlösung von Versprechungen anzumahnen wagte, mit denen 1789 der Herzog durch ihn ihren Gatten davon hatte abbringen lassen, einem Ruf an die Göttinger Universität zu folgen.[9] Wie ein Peitschenhieb wirkte auf den sensiblen, leicht verletzbaren, um fünf Jahre älteren Mann, wirkte auf seine ganze Familie die Erwiderung. Denn Goethe schrieb frostig an Karoline: „Ich bedaure Sie, daß Sie Beistand von Menschen suchen müssen, die Sie nicht lieben und kaum schätzen, an deren Existenz Sie keine Freude haben und deren Zufriedenheit zu befördern Sie keinen Beruf fühlen. . . . Freilich ist es bequemer, in extremen Augenblicken auf Schuldigkeit zu pochen, als durch eine Reihe von Leben und Betragen das zu erhalten, wofür wir doch einmal dankbar sein müssen."[10] Mit dem Betragen, das demzufolge gegenüber Karl August besser hätte sein sollen, war das Echo der Revolution in den Predigten und Schriften des Weimarer Generalsuperintendenten gemeint, der jetzt, kümmerlich besoldet, mit seiner Frau um das berufliche Fortkommen zweier herangewachsener Söhne bangte.[11] Kein Zweifel, wie der Fall politisch zu werten ist. Kein Zweifel auch, daß es verständlich erscheint, wenn die Herders fortan in Goethe einen kalten, bis zur Niederträchtigkeit herzlosen Egoisten sahen und ihn so auch ihrem neuen Freund Jean Paul schilderten.

Vollends scheint die Unumgänglichkeit linker Parteinahme für Herder evident, nimmt man hinzu, was davor schon zu seinem Ausscheiden aus dem Mitarbeiterkreis der „Horen" geführt hatte. Gegen Herders letzten Beitrag, den im Oktober 1795 verfaßten Aufsatz „Iduna oder der Apfel der Verjüngung"[12], wandte der Herausgeber Schiller ein, es werde darin vorausgesetzt, „daß die Poesie aus dem Leben, aus der Zeit, aus dem Wirklichen hervorgehen, damit eins ausmachen und darein wieder zurückfließen müsse". Dies war nach Schillers Meinung eine *falsche* Tendenz. Denn, so fügte er hinzu, der poetische Genius habe sich aus der realen Welt zurückzuziehen, sich eine eigene Welt zu formieren und – „durch die griechischen Mythen der Verwandte eines fernen, fremden und idealischen Zeitalters zu bleiben, da *ihn die Wirklichkeit nur beschmutzen würde*".[13] So sah der Anfang der Literaturfehde aus, in deren Verlauf, von da an, Herder den ästhetischen Aristokratismus Goethes und Schillers verwarf, indem er ihrem Kult der schönen Form die Forderung nach nützlichen Inhalten entgegensetzte und der Poesie die Aufgabe zuwies, der Humanität zu dienen, sich moralischen Zwecken unterzuordnen. Würden die Künste das tun, äußerte Goethe am 20. Juni 1796 – drei Tage nach Jean Pauls Antrittsbesuch am Frauenplan – brieflich zu seinem Freund Heinrich Meyer, so wäre es für sie „besser, daß man ihnen gleich einen Mühlstein an den Hals hinge und sie ersäufte, als daß man sie nach und nach ins Nützlich-Platte absterben ließe."[14]

Offenbar also strebte der späte Herder eine Literatur an, die man heute wirklichkeitsnah und engagiert nennen würde. Und offenbar hat davon die Weimarer Klassik nichts wissen wollen. Nicht anders jedenfalls verstand Jean Paul den Streit, als er, von Herder in eingehenden Gesprächen belehrt, im Juli 1796, wieder daheim in Hof, die Vorrede zur zweiten Auflage seines „Quintus Fixlein" in eine satirische Erzählung einkleidete, in der er, unter Anspielung auf Goethe, Schiller, Meyer und die ihnen damals noch verbündeten Jenenser Romantiker, gegen die Verabsolutierung des Formalen in Kunst und ästhetischer Theorie die Waffen seines glänzenden Witzes aufbot.[15] Der Kunstrat aus den „Titan"-Vorarbeiten, der erstmals in dieser „Geschichte meiner Vorrede" unter dem Namen Fraischdörfer die Züge Meyers annahm – die Zeitgenossen hielten ihn freilich für ein Konterfei August Wilhelm Schlegels –, vertritt da beispielsweise die Ansicht, daß Gebäude, als architektonische Kunstwerke, zum Beschauen, nicht zum Bewohnen errichtet würden und man in sie „nur mißbrauchsweise zöge, weil sie gerade wie Flöten und Kanonen hohlgebohrt wären".[16] Fraischdörfers oberste Maxime, auf die Nachwelt wie eine Parodie des Briefwechsels von Goethe und Schiller wirkend, lautet, es „gäbe weiter keine schöne Form als die griechische, die man durch Verzicht auf die Materie am leichtesten erreiche".[17] Und die kalte, unmenschliche Gemütslosigkeit seines Ästhetizismus deutet sich u. a. in der Bemerkung an, der „Tod eines Söhnchens" sei dem Kunstrat „nicht unerwünscht, weil die Asche des Kleinen in der Rolle einer Elektra einem Polus weiter hilft als drei Komödienproben".[18] Am

Ende der Schrift mündet die Satire, ebenso bezeichnend, in ein ergreifend ernstes Gleichnis ein, durch das Jean Paul den Sinn seines eigenen künstlerischen Schaffens dahingehend bestimmt, daß es unterdrückten, leidenden Menschen helfen solle – womit denn auch die soziale Parteilichkeit betont wird, die dem Herderschen Postulat einer humanen, moralischen Zwecken verpflichteten Kunst innewohnt.[19]

Trotzdem kommt für den Marxismus, unbeschadet seiner Bejahung sozial engagierter Literatur, seiner Ablehnung von l'art pour l'art, bei der Einschätzung jenes Konflikts eine vorbehaltlose Identifizierung des eigenen Standpunkts mit dem des späten Herder nicht in Betracht. Und es sind nicht so sehr dessen gelegentliche Fehlurteile über einzelne bedeutende Literaturwerke, wie etwa über die großen Balladen Goethes[20], die das ausschließen. Denn in anderen Fällen hat Herder, von den gleichen Grundsätzen ausgehend, durchaus auch berechtigte Kritik an kalter klassizistischer Künstelei geübt, zu der Goethe und Schiller sich in den neunziger Jahren mitunter verstiegen.[21] Nein, ausschlaggebend ist, daß gerade der ästhetische Aristokratismus der Weimarer Klassik, welch fragwürdige Formexperimente er im Extremfall, neben seinen bleibend wertvollen Leistungen, auch hervortreiben mochte, unter den damaligen geschichtlich-gesellschaftlichen Bedingungen nach europäischen Maßstäben doch in vorwärtsweisendem Sinne zeitgemäß war, daß er für die aufstrebende Klasse, das Bürgertum, eine emanzipatorische Funktion besaß und ihm von da her Errungenschaften zu verdanken sind, auf welche die moderne Kultur nicht mehr verzichten kann. Aus mangelndem Verständnis für die welthistorischen Resultate der Revolution, wie sie eben damals, 1795/96, zutage traten, hat Herder das nicht erkannt.

Die Französische Revolution war entstanden aus dem Antagonismus zwischen den Strukturen der Feudalordnung und den kapitalistischen Produktionsverhältnissen, die sich im Schoße des Feudalismus entwickelt hatten. Die Aufgabe der Revolution bestand darin, diesen Konflikt zugunsten der neuen, höheren Produktionsweise zu lösen, d. h. das Kapital von allen hemmenden feudalen Fesseln – von der absolutistischen Monarchie, den Privilegien des Adels, der Fronknechtschaft der Bauern, den Zunftschranken, Binnenzöllen usw. – zu befreien. Dazu bedurfte es des revolutionären Kampfes der plebejischen Massen, so, wie er sich in Frankreich seit dem Bastillesturm, kulminierend in den Ereignissen von 1793, abgespielt hatte. Die definitive Errichtung einer Volksherrschaft aber konnte nicht das Ergebnis dieser Revolution sein. Das hätte den Erfordernissen des ökonomischen Fortschritts erst recht widersprochen. Historisch notwendig war die Herrschaft der Bourgeoisie. Die revolutionäre Demokratie mußte also scheitern. Und bereits unter den Bedingungen des ancien régime hatte das Unabwendbare ihrer schließlichen Niederlage sich ideologisch angekündigt in den heroischen Illusionen des demokratischen Flügels der Aufklärung. In den Revolutionsjahren selbst offenbarte es sich in dem Dilemma der Jakobiner, daß sie zwar das Privateigentum als Menschenrecht proklamierten, doch seine Konsequenz, den kapitalistischen Bereicherungsdrang, um der Gleichheit willen und im Namen der „republikanischen Tugend" mit Hilfe der Guillotine aus der Welt zu schaffen suchten. Das Konzept der Jakobiner lief, im Stil Rousseaus, auf Gerechtigkeit im Rahmen einer Agraridylle mit antik-republikanischem Überbau hinaus. Einen Aufschwung von Industrie und Handel, eine aufblühende Zivilisation sah es nicht vor. Als daher die Jakobiner-Diktatur ihre Mission, den Feudalismus im Innern auszurotten und die Revolution nach außen wirksam zu verteidigen, erfüllt hatte, mußte sie fallen. Sie fiel 1794, am 9. Thermidor, zur Strecke gebracht freilich durch Verrat, Volksbetrug, schmutzigen Egoismus, aber mit dem Ergebnis, daß jetzt erst *die* Gesellschaft, die *objektiv an der Zeit* war, die kapitalistische, sich frei entfalten konnte.

So muß man die Dinge ansehen, wenn man dem Directoire (1795–99) gerecht werden will – demjenigen Stadium der französischen Geschichte, mit dem die Weimarer Klassik koinzidiert, von dessen Lebensgefühl sie durchdrungen ist, als dessen ideellen Widerschein wir sie zu begreifen haben. Marx sagt dazu in der „Heiligen Familie": „Nach dem Sturz Robespierres beginnt die politische Aufklärung, die sich selbst hatte überbieten wollen, die überschwenglich gewesen war, erst, sich prosaisch zu verwirklichen. Unter der Regierung des Directoire bricht die bürgerliche Gesellschaft – die Revolution hatte sie von den feudalen Fesseln befreit und offiziell anerkannt, so sehr der Terrorismus sie einem antik-politischen Leben aufopfern wollte – in gewaltigen Lebensströmungen hervor. Sturm und Drang nach kommerziellen Unternehmungen, Bereicherungssucht, Taumel des neuen bürgerlichen Lebens, dessen erster Selbstgenuß noch keck, leichtsinnig, frivol, berauschend ist, wirkliche Aufklärung des französischen Grund und Bodens, dessen feudale Gliederung der Hammer der Revolution zerschlagen hatte und den nun erst die Fieberhitze der vielen neuen Eigentümer einer allseitigen Kultur unterwirft, erste Bewegung der freigewordenen Industrie – das sind einige von den Lebenszeichen der neu entstandenen bürgerlichen Gesellschaft."[22]

Es war diese – nicht mehr revolutionäre, aber aus der Revolution soeben hervorgegangene, deren Errungenschaften nutzende – Gesellschaft, die in ihrer welthistorischen Progressivität von den demokratischen Ideologen, zumal in Deutschland, nicht begriffen wurde. Besonders Herder stand ihm verständnislos gegenüber.[23] Goethe und Schiller dagegen fanden zu ihr bald ein positives Verhältnis und stellten sich auch in ihrer literarischen Produktion auf sie ein, was ihnen deswegen nicht sonderlich schwerfiel, weil sie, *infolge* ihrer Ablehnung der Revolution selbst, von demokratischen Emotionen unbelastet waren, ohne darum die Vorteile des sozialen Inhalts der neuen Epoche zu verkennen. Während Herder, obwohl vom Schreckensjahr kaum weniger entsetzt als sie, im Prinzip auf das antik-republikanische Staatsideal der Revolution, auf die Aufhebung der „Stände", auf Freiheit und Gleichheit eingeschworen blieb[24], also nach wie vor dem Untergang der Gironde von 1792 nachtrauern mußte, gingen die Dioskuren der Weimarer Klassik, von ihm geschmäht, jetzt beispielsweise dazu über, poetische Monumentalisierungen des normalen bürgerlichen Lebens ihrer Zeit zu schaffen: Goethe mit „Hermann und Dorothea", Schiller mit dem „Lied von der Glocke". Beide Werke sind in ihrer sozialen Aussage von der Bejahung des nachthermidorianischen Weltzustandes, den sie widerspiegeln, eingegeben, beide stehen insoweit auf der Höhe der europäischen Situation. Wenn sie gleichwohl streckenweise penetrant wirken, so ist das weniger aus ihrer prononcierten Bürgerlichkeit an sich zu erklären, als vielmehr daraus, daß ihre unmittelbaren Sujets jenen kleinlichen, spießigen Zwergformen des bürgerlichen Lebens in Deutschland entnommen sind, für die halt doch die nicht monumentalen, dafür gesellschaftskritisch pointierten, von antifeudaler Satire durchschossenen Idyllen eines Jean Paul immer noch zuständiger waren.[25]

Kulturgeschichtlich noch bedeutsamer sind weitere Charakteristika der Weimarer Klassik: Einmal ihre Diesseitigkeit, der offene Affront gegen die christliche Religion, der ihrem Kult der heidnischen Antike ebenso innewohnt wie ihrer pantheistischen Weltanschauung, sodann – damit zusammenhängend – die unbefangen natürliche, im Geist antik-sinnlicher Lebensfreude gehaltene, von der konventionellen Rokoko-Schlüpfrigkeit zugleich durch tieferen menschlichen Gehalt unterschiedene Behandlung erotischer Sujets, in der namentlich Goethe Immenses geleistet hat. Beides hat gleichfalls seine epochale Basis im Directoire. Um hier den gesellschaftlichen Zusammenhang zu erfassen, genügt es, aus der Darlegung von Marx den Satz herauszugreifen, daß es damals einen „Taumel" des befreiten bürgerlichen Lebens gegeben habe, daß dessen „erster Selbstgenuß noch keck, leichtsinnig, frivol, berauschend"[26] gewesen sei. In der Tat hat die europäische Bourgeoisie um 1795/96 zum ersten Mal in ihrer Geschichte den Asketismus, die Prüderie über Bord geworfen, ein puritanisches Erbübel, das soeben noch eine nicht fortdenkbare Komponente auch der girondistisch-jakobinischen „republikanischen Tugend" gewesen war. Dies war ein emanzipatorischer Akt von großer Tragweite. Jetzt erst entstand die Möglichkeit einer Kultur spezifisch bürgerlichen Gepräges, die gleichwohl von der bisherigen höfischen – und damit von den großen, den klassischen Kunstepochen der Neuzeit: von der italienischen Renaissance, der elisabethanischen Aera in England – nicht mehr zum eigenen Nachteil durch moralisierende Verklemmtheit abzustechen brauchte. Und wenn der Geist des französischen Bürgertums 1795/96 noch allzu sehr von politischer Praxis absorbiert war, als daß er an Ort und Stelle aus dieser objektiven Möglichkeit schon die ihr optimal gemäßen Kunstwerke, namentlich Dichtungen, hätte herausholen können, so sprang gerade da die den Zeitereignissen mehr entrückte, kontemplativere Weimarer Klassik mit ihren stilvoll-edlen Verherrlichungen des Eros, überhaupt mit ihrer hellenischen Schönheitstrunkenheit – und der daraus zwangsläufig resultierenden Überbewertung des Ästhetischen – in die Bresche. Man begreift sowohl die Analogie wie den Unterschied, wenn man sich etwa klarmacht, daß, als die Pariser Mode, nach der roh-asketischen Sansculotten-Gammelei, plötzlich vermittels der Merveilleuse die appetitlichsten runden Busen zu präsentieren begann, gleichzeitig Goethes „Römische Elegien" in den „Horen" erschienen.[27] Und man erkennt die Momente anachronistisch-provinzieller Borniertheit in der Literaturauffassung der demokratischen Opponenten Goethes, wenn man dann erfährt, daß der späte Herder die Veröffentlichung der Elegien mit der Bemerkung kommentiert hat, die Zeitschrift solle besser in „Die Huren" umbenannt werden.[28]

Wie sehr der ästhetische Aristokratismus der Weimarer Klassik zur Emanzipation des aufstrebenden Bürgertums beigetragen hat, erhellt aus der Art, wie er später, rückblickend, von ausgesprochen demokratischen Ideologen des 19. Jahrhunderts gewürdigt worden ist, die, als Repräsentanten eines fortgeschritteneren Entwicklungsstadiums der deutschen Linken, über Herders Bedenken hinauswaren. Ich nenne zwei unmittelbare Vorläufer von Marx, der übrigens in dem Punkt mit ihnen konform geht, der aus denselben Motiven wie sie vor allem Goethe gegen Kritik von links stets verteidigt hat.[29] Ludwig Feuerbach pflegt, wo auch immer er seine Religionskritik als Fortführung progressiver Überlieferungen deklariert, jedesmal unter ausdrücklicher Berufung auf Goethe und Schiller zu betonen, daß die verselbständigte, von anderweitigen Interessen losgelöste Freude an der Kunst für die Säkularisation der Weltanschauung des modernen Menschen ebenso bedeutsam gewesen sei wie der Fortschritt der Wissenschaften, den wir einer analogen Verselbständigung des Strebens nach Erkenntnis zu verdanken hätten.[30] Ähnlich Heinrich Heine. Er leitet zwar aus dem von ihm konstatierten „Ende der Kunstperiode", d. h. der Goethe-Zeit, für seine Gegenwart die Forderung eines entschiedenen Engagements der Literatur in den sozialen Zeitkämpfen ab. Aber er verbindet damit, unter unentwegter Polemik gegen vulgärdemokratische Vorurteile, einerseits retrospektiv eine energische Rechtfertigung des Primats rein ästhetischer Interessen in der – nunmehr abgeschlossenen – „Kunstperiode" selbst, wobei auch er, wie Feuerbach, die Verselbständigung der Kunst als Errungenschaft feiert; andererseits faßt er seine Epoche als bloßes Übergangsstadium auf, das, wie er meint, in der – sozialistischen – Zukunft durch eine neue Blüte echt klassischer, als Selbstzweck betriebener Kunst abgelöst werden würde.[31] Daß beide Denker den Kampf des späten Herder, ohne sich jemals direkt darauf zu beziehen, implicite desavouieren, liegt auf der Hand.

Soviel zu den Grenzen, in denen linke Kritik an der Weimarer Klassik sich zu bewegen hat, falls sie weder geschichtsfremd sein noch in Banausentum abgleiten will. Es muß aber hinzugefügt werden: Die demokratischen Opponenten Goethes und Schillers auf der ganzen Linie geringzuschätzen erlaubt der Marxismus deswegen noch lange nicht. Einmal ließe sich damit seine Auffassung der nachthermidorianischen Epoche auch wieder nicht vereinbaren. Denn Marx' Anerkennung der historischen Notwendigkeit, ja relativen Progressivität des Directoire bedeutet natürlich keineswegs, daß durch den Triumph der konterrevolutionären Kräfte, die den Konvent gestürzt haben, das Vermächtnis des Jakobinertums für die revolutionäre Arbeiterbewegung so erledigt wäre wie für die Bourgeoisie. Abgesehen davon, daß der Verschwörer Babœuf, der 1796 in Paris die jakobinische Demokratie wiederherstellen wollte, zugleich der erste kommunistische Revolutionär war, ist das Erbe Robespierres noch bis in die proletarischen Revolutionen des 20. Jahrhunderts hinein, freilich kritisch berichtigt, eine Quelle der Inspiration gewesen. Zum anderen wäre es nicht marxistisch gedacht, die deutsche Literatur vom Ausgang des 18. Jahrhunderts ausschließlich an der simultanen Entfaltung des befreiten bürgerlichen Lebens in Frankreich zu messen und dabei zu ignorieren, daß sie, unmittelbar aus den Verhältnissen in Deutschland hervorgewachsen, sich primär mit diesen auseinanderzusetzen hatte. Deutschland aber war in der Praxis von jenen relativen Segnungen des nachthermidorianischen Zustandes ausgenommen. Obwohl jetzt Zeitgenosse einer nachrevolutionären europäischen Situation, steckte es selbst noch tief im ancien régime. Keine einzige Aufgabe der bürgerlichen Revolution war hier auch nur in Angriff genommen, geschweige bewältigt worden. Selbst die halben, zwieschlächtigen Reformen der späteren Napoleonischen Ära – der Rheinbundpolitik, der preußischen Reformzeit – lagen noch in weiter Ferne. Und die Krisenstimmung des Adels, wie sie symptomatisch in der Resonanz des „Hesperus" zutage trat[32], änderte daran vorläufig nichts. Sie bewies nur, daß die in Deutschland nach wie vor nicht zu entbehrende engagierte Literatur der revolutionären Demokratie jetzt eine erhöhte Chance hatte, geduldet, gelesen und öffentlich diskutiert zu werden, also gut daran tat, ihren Angriff auf die bestehende Ordnung noch zu verschärfen und auszuweiten, ihr Aufzeigen einer optimistischen Zukunftsperspektive noch zu steigern, damit sich vielleicht doch etwas ändere.

So gesehen, kann der Aversion des späten Herder gegen Weimar, bei aller Ablehnung ihrer problematischen Seiten, nicht jede Berechtigung abgesprochen werden. Eine der Politik total entfremdete, die „Beschmutzung" durch die miserable Wirklichkeit scheuende, Gegenwartsthemen daher meist ausweichende, allein dem Kult der Schönheit hingegebene Klassik war, ungeachtet der *europäischen* Zeitgemäßheit ihrer Intentionen, unter den gegebenen *nationalen* Bedingungen mindestens ebenso problematisch wie die moralisierende Borniertheit ihres namhaftesten Gegners von links.

Die Wahrheit ist: Die marxistische Literaturwissenschaft darf sich ohne Vorbehalt weder für die eine noch für die andere Richtung erklären. Sie muß vielmehr, von der komplizierten äußeren und inneren Lage Deutschlands zur Zeit des Directoire ausgehend, bemüht sein, die auf beide Seiten verteilten falschen und richtigen, reaktionären und progressiven Momente herauszuarbeiten und gegeneinander abzuwägen. Hält sie dabei nun nach Leistungen großen Formats Ausschau, die ein Maximum an revolutionär-demokratischem Engagement mit einem Maximum an formaler Schönheit, an ästhetischer Klassizität in sich vereinigen, dann stößt sie auf die Lyrik Hölderlins – die in der vorliegenden Untersuchung ausgeklammert werden muß[33] – und im Bereich der erzählenden Prosa mit deutscher Gegenwartsthematik auf Jean Pauls „Titan". Speziell für den „Titan" aber gilt, daß er das einzige Literaturwerk jener Epoche ist, das sich Herders Kritik an der Weimarer Klassik voll zu eigen gemacht hat, ohne Herders Fehlern zu erliegen und ohne sich zu genieren, soviel wie möglich von den Errungenschaften Goethes und Schillers zu übernehmen. Was jetzt, in diesem und dem folgenden dreizehnten Kapitel, zu beweisen und ursächlich zu erklären sein wird.

V

Zunächst ein Wort zu demjenigen Herderschen Fehler, der den Nachgeborenen den wahren Zusammenhang oft verdunkelt hat: zur Kaschierung des politischen Kerns seiner Opposition durch bloße Appelle an die Moral, bloßes Beschwören des Humanitäts-Ideals im allgemeinen. Die Eigenart der Herder-Nachfolge Jean Pauls im „Titan" ließe sich ohne Aufhellung dieses Punkts nicht adäquat auf den Begriff bringen.

Die bürgerlichen Literarhistoriker, soweit sie auf den Klassik-Kult der nationalliberalen Ära eingeschworen sind, tragen stets mißfälliges Erstaunen darüber zur Schau, daß in Herder derselbe Mann, der einst der deutschen Dichtung als Führer zur Befreiung vorangezogen, der den Frühling unserer größten Literaturepoche angekündigt und vielfältig angeregt, später auf die reiche, herrliche Erfüllung seiner Sehnsüchte und Forderungen so verdrossen und schmähsüchtig reagiert habe. Er sei, meinen sie, damit der eigenen Sache abtrünnig geworden, rügen im selben Atemzug an ihm meist aber auch den Starrsinn vorzeitigen Alterns, ohne zu merken, wie schlecht der eine Vorwurf sich mit dem anderen reimt.

Mit seiner frühen Literaturkritik hatte Herder die Bewegung des Sturm und Drang ausgelöst.[1] Danach war er zur Bearbeitung von Problembereichen übergegangen, die thematisch seinen universalen Geist nach verschiedenen Richtungen von diesem Ausgangspunkt fortlockten. Er hatte Beiträge zur Sprachphilosophie und philosophischen Anthropologie, zur Theologie-Kritik, zur Erkenntnistheorie, zur Ästhetik der bildenden Kunst geschrieben.[2] Er hatte ein riesiges geschichtsphilosophisches Werk verfaßt[3], war als Verteidiger von Spinozas Pantheismus aufgetreten[4], hatte die Resultate der Naturforschung Goethes philosophisch zu verallgemeinern gesucht[5] usw. Als er schließlich 1795/96 nach langer Zeit abermals zu zeitgenössischer Dichtung Stellung nahm – in der siebenten und achten Sammlung der zweiten, veröffentlichten Fassung seiner „Briefe zur Beförderung der Humanität"[6] –, da geschah es in Abwehr neuer Tendenzen, die, nach dem unzweideutigen Bekenntnis der Kritisierten selbst, den Bruch mit dem Sturm und Drang zur Voraussetzung hatten, also, unbeschadet des Reichtums und der Herrlichkeit der künstlerischen Objektivationen dieser Wende, alles andere als die Erfüllung des einst von ihm Ersehnten und Geforderten waren. Daran, in Deutschland auf der Basis des unüberwundenen Kleinstaatdespotismus eine neue Klassik heraufzuführen, hatte Herder nie gedacht. Er folglich war sich treu geblieben. Goethe und Schiller hatten Wege betreten, die von dem seinen fortführten.

Bleibt somit nur der andere Vorwurf, der des Erstarrens, übrig. Danach wäre der späte Herder, unfähig, mit der Entwicklung Schritt zu halten, einer alten, abgestorbenen Literaturperiode verhaftet geblieben und hätte deshalb alles Neue, Zukunftsträchtige geschmäht. Auf den ersten Blick wirkt diese Annahme fundierter als die vorige. Herders Hang, sich an – bisweilen subalterne – Größen von vorgestern zu klammern[7], scheint sie zu bestätigen. Aber das innigste Bündnis, das er einging, steht dem entgegen: das mit Jean Paul. Jugendlicher Schmelz, rebellischer Elan, frappierende, bizarre Neuartigkeit machten nicht zum wenigsten den Reiz des „Hesperus" aus, dessen Verfasser im übrigen, als er zum ersten Mal Weimar besuchte, erst 33 Jahre zählte, mithin jünger als Schiller, wesentlich jünger als Goethe war, wenn auch älter als ihre frühromantischen Adepten in Jena. Daß Herder sich Jean Paul zum Freund und Mitstreiter erwählte, beweist: Sich neuen Erscheinungen aufzuschließen, Anreger himmelstürmender Jugend zu sein war ihm immer noch gegeben. Nur: Der Verbündete mußte auf der Linie der antifeudalen Tradition von Aufklärung und Sturm und Drang neuartig sein, es mußten deren Impulse in ihm fortwirken. Und eben diese Bedingung erfüllte der „Hesperus"-Autor – dank der geradlinigen, bruchlosen Entwicklung seines politischen Bewußtseins von Kindheit an. Weder der Roman, der ihn mit einem Schlage berühmt gemacht, noch der, an dem er gerade arbeitete, hatte eine andere Tendenz als seine aus der Kulminationsphase von Aufklärung und Sturm und Drang stammenden Satiren, die übrigens Herder als wohl einziger großer Zeitgenosse gelesen hatte und zu schätzen wußte.[8] Um den Kampf gegen die deutsche Misere, aus der die Weimarer Klassiker inzwischen ins Reich des schönen Scheins geflohen waren, ging es Jean Paul nach wie vor. Das war es, was ihn zu dem Bündnis mit dem bewunderten Älteren prädestinierte.

Diese politische Substanz ihrer Gemeinsamkeit nun wird durch zwei Umstände dergestalt verdeckt, daß das wohl wichtigste Übergangsglied zwischen der revolutionär-demokratischen deutschen Literatur vor 1789, die man Sturm und Drang nennt, und ihrer Fortsetzung danach, für die es kein derartiges Etikett gibt, kaum je bemerkt worden ist. Einerseits hat der frühe Herder unmittelbar nur auf die Initialphase des Sturm und Drang befruchtend eingewirkt, und da auf eine Weise, die mit Politik, faßt man den Begriff zu eng, scheinbar wenig zu tun hat. Sein Demokratismus war damals von der Art, daß er die neue Schriftsteller-Generation vom Ausgang der sechziger und Beginn der siebziger Jahre, allen voran den jungen Goethe, dazu ermutigte, sich durch Hinwendung zur Volkspoesie, zum Shakespearisieren auf der Bühne, zu Stoffen aus der vaterländischen Geschichte usw. gegen den kulturellen Überbau des Feudalabsolutismus, die Versailles-Imitationen an den deutschen Fürstenhöfen, aufzulehnen. Der daraus allmählich hervorwachsende, unmittelbar politische Radikalisierungsprozeß des Sturm und Drang, bis hin zu den Dramen des jungen Schiller, hat sich dann unabhängig von Herder vollzogen. Andererseits steht der Angriff des späten Herder auf die Weimarer Klassik scheinbar auch wieder nicht im Zeichen der Politik, sondern erschöpft sich, was seine ideologische Substanz betrifft, in moralisierenden Rügen, die, noch dazu, wenn ein mißmutiger Geistlicher sie vorbringt, Radikalismus kaum vermuten lassen, ja wie eine nachträgliche Desavouierung des Sturm und Drang – man denke an dessen unbekümmert kühne, kraftgenialische Attitude – viel eher wirken als die reine, freie Poesie der klassischen Literaturwerke, gegen die sie gerichtet sind. So scheint die Behauptung, daß das Bündnis Herder – Jean Paul das Zentrum einer revolutionär-demokratischen Opposition gegen die Weimarer Klassik gewesen sei, tendenziös übertrieben.

Der Eindruck ist falsch. Freilich müßte, um ihn zu widerlegen, jetzt die Entwicklung der politischen Auffassungen Herders vom Beginn der siebziger Jahre an bis zur Französischen Revolution, werkgeschichtlich von den Straßburger sowie den Bückeburger Schriften bis zu beiden Fassungen der „Humanitätsbriefe", rekapituliert werden, was hier viel zu weit führen würde.[9] Es würde sich dann zeigen, daß auch Herder, parallel zur gleichzeitigen Radikalisierung der Dichtung des Sturm und Drang, also dessen geistesgeschichtlicher Mission nach wie vor verpflichtet, zunehmend immer politischer und radikaler geworden ist, um schließlich bis ans Lebensende auf dem Standpunkt des Girondismus von 1792 zu verharren, auf einer Position mithin, die just in diesem Jahr der einst prononcierteste Sturm- und Drang-Dichter, Schiller, mit der Konsequenz seiner Wendung zum Klassischen, endgültig preisgab.[10] Womit die hier vertretene literaturhistorische These, Herder habe eine Kontinuität gewahrt, die durch die Weimarer Klassik abgebrochen worden sei, auch vom Politischen her als gut begründet erwiesen wäre. Indes zuzugeben bliebe, daß *der* Herder, der 1796 den in Weimar eintreffenden Jean Paul in die Arme schloß – und ihm bezeichnenderweise als erstes Komplimente über die „Grönländischen Prozesse", ein 13 Jahre zurückliegendes revolutionär-demokratisches Satirenwerk, machte[11] –, zu der Zeit, auf Grund seiner Abhängigkeit vom Hof Karl Augusts, nach dem Verlust des Rückhalts, den die Freundschaft mit Goethe ihm bei Hof geboten hatte, bereits viel zu eingeschüchtert war, als daß er noch gewagt hätte, den wahren Kern seiner Aversion gegen die Weimarer Klassik öffentlich zu enthüllen, und er deshalb sein primär politisch motiviertes Dringen auf wirklichkeitsnahe, engagierte Literatur hinter moralischen Postulaten und hinter Einwänden gegen die Überschätzung der künstlerischen Form versteckt hat.

Schon dem ersten Brief, den Jean Paul, am 12. Juni, aus Weimar an Christian Otto nach Hof schrieb, ist das zu entnehmen. Herder und der kleine Kreis seiner Gesinnungsfreunde – Karoline, Knebel, Charlotte von Kalb – haben mit dem Neuankömmling, so ersieht man aus dessen Bericht, sofort über Politik diskutiert, indem sie z. B. mit ihm eine einmütige Beurteilung der damaligen Kriegslage erzielten, dahingehend, daß die Verlegung von Teilen der französischen Armee aus Italien an den Rhein als vorteilhaft für die „österreichische Straußenbrut" zu bedauern sei. Keinen Zweifel ließen sie dem Gast gegenüber daran, „eifrigste Republikaner" zu sein, weshalb er ungeniert „so viele Satiren auf die Fürsten wie bei Herold" vom Stapel lassen konnte. Im gleichen Brief finden sich jedoch auch folgende aufschlußreiche Sätze: „Von seinen eignen Werken sprach Herder mit einer solchen Geringschätzung, die einem das Herz durchschnitt, daß man kaum das Herz hatte, sie zu loben. Er will nicht einmal die ‚Ideen‘ (sein geschichtsphilosophisches Hauptwerk – W. Hr.) fortsetzen. ‚Das Beste ist, was ich ausstreiche‘, sagt‘ er, *weil er nämlich nicht frei schreiben darf* . . .“[12] So fing der Meinungsaustausch der Freunde an. Im Jean Paulschen Briefwechsel aus den Jahren seiner Ansässigkeit in Weimar (1798–1800) häufen sich sodann die Beschwerden über zu weitgehende Ängstlichkeit Herders, über die Rücksichten, die er nehmen zu müssen glaube, und die übellaunige Bitterkeit, die das Verbergen der eigenen Überzeugungen bei ihm zurücklasse.

Die Analyse von Herders Werken aus dieser Zeit – Rudolf Haym hat sie vom liberalen Standpunkt aus detailliert durchgeführt[13] – bestätigt, wie sehr diese Klagen zutreffen. Die Literaturgeschichte kennt keinen anderen bedeutenden Schriftsteller, der in heiklen Fragen sich so furchtsam wie der späte Herder mit vagen, unklaren Anspielungen begnügt, keinen auch, der so oft wie er, wenn er den Esel gemeint, den Sack geschlagen hätte. Zwei große Streitschriften z. B. hat er gegen den fernen Kant in Königsberg, seinen einstigen, kurz zuvor noch hochverehrten Lehrer, verfaßt und dabei eigentlich mit der einen die Fichte-Rezeption der Romantiker im näheren Jena, mit der anderen die ästhetischen Auffassungen Goethes und Schillers, drei Straßenecken weiter, treffen wollen.[14] Schon dort also, wo es lediglich um die kompliziert vermittelten Widerspiegelungen der bewegenden Zeitfragen im ideologischen Überbau ging, glaubte er eine derartige Umwegigkeit des Vorgehens, ein solches Versteckspiel nötig zu haben, wie sehr also erst da, wo es gegolten hätte, das Vermittelte in seinem Bezogensein auf die ihn bedrückenden gesellschaftlichen Realitäten zu erörtern. Gab daher dieser Mann im vertrauten Freundeskreis immer noch, wie früher in Wort und Schrift coram publico, ja in den Revolutionsjahren auf der Predigerkanzel[15], sich als eifrigen Republikaner zu erkennen, dann kann man sich ausrechnen, was hinter seinen moralisierenden Einwänden gegen die neuen Produktionen Goethes und Schillers steckte, welche Art von Nutzen er mit dem nützlicheren Inhalt, den er ihnen zu ihrem Ärger abverlangte, im Sinn hatte. Man rechnet es sich um so leichter aus, nimmt man hinzu, daß die Begriffe „Tugend“, „Moral“, „Humanität“, wie Herder sie in seinen philosophischen Schriften verstanden wissen will, ohnehin das Postulat demokratischen Engagements, im Sinne der Hingabe des Polis-Bürgers an die öffentliche Sache, die res publica, involvieren. Und vollends kann es Herder mit der Prüderie, die er jetzt zur Schau trug, mit der er in seiner Isolierung auch zweifellos auf beifällige Resonanz im Spießbürgertum spekuliert haben dürfte, selbst nicht ganz ernst gewesen sein. Wie hätte er sonst mit seiner Lostrennung von Goethe intensive und erfolgreiche Bemühungen um engeren Anschluß an den frivolsten, schlüpfrigsten Literaten weit und breit, an Wieland, verbinden können. Da störte der Mangel des sittlichen „Pünktchens der Waage" ihn nicht so wie an der „Braut von Korinth" und den Marianen und Philinen des „Wilhelm Meister".[16] Der zu vermutende Grund: Wieland hatte sich nicht nur sein altes Interesse an Politik bewahrt, sondern unter dem Eindruck der Revolution sogar zeitweilig einen Mauserungsprozeß in linker Richtung durchgemacht.[17]

Was den Konflikt besonders undurchsichtig erscheinen läßt, ist der Umstand, daß die Gegner auf das Versteckspiel eingingen, weil sie ihrerseits aus Rücksicht auf das hohe geistliche Amt, das Herder zu einer öffentlichen Autorität im Herzogtum machte, sich scheuten, die verborgenen Motive seines Angriffs auf ihre Positionen ans Licht zu ziehen. Daß auch ihnen, wie allen Beteiligten, bewußt war, worum es ging, ist nicht zu bezweifeln, und eines der beweiskräftigsten Zeugnisse hierfür verdankt die Nachwelt Jean Paul. Major v. Knebel, der durch die Radikalität seiner Ansichten Herder bis ans Lebensende eng verbunden bleiben sollte, der in Herders Spätphase in der Beziehung fast eine ähnliche Rolle wie früher August von Einsiedel bei der Konzipierung seines geschichtsphilosophischen Hauptwerks gespielt hat[18], dieser Knebel hatte für die „Horen" 1795/96 eine Nachdichtung der Elegien des Properz geschaffen, die er Jean Paul wenige Wochen nach dessen Weimarbesuch zuschickte. In dem vom 3. August aus Hof datierten Dankschreiben machte daraufhin der Adressat u. a. die Bemerkung: „Jetzt braucht man einen Tyrtäus mehr als einen Properz", wobei er sich abermals auf den bereits in Weimar diskutierten französisch-österreichischen Krieg bezog, voller Freude über die Niederlagen der Österreicher, doch mit leisem Zweifel, ob die sich durch die bezogenen Prügel bessern würden.[19] Diesen Brief bekam auch Goethe zu lesen, bezog die darin gerügte Unzeitgemäßheit des Properz, d. h. der apolitischen Liebesdichtung aus der römischen Kaiserzeit, sofort auf sich, auf die eigenen erotischen Elegien, und sah in dem Ruf nach einem Kriegssänger von der Art des althellenischen Feldherrn Tyrtäus, der mit seiner Elegie „Eumonia" die Spartaner zum Sieg über die Messenier entflammt hatte, die unverschämte Zumutung, er, Goethe, solle, statt die Liebe zu besingen, endlich mit anfeuernder Parteinahme in die Kämpfe der Gegenwart eingreifen.

Ob Jean Paul in diesem konkreten Fall wirklich Goethe gemeint hatte, ist ungewiß.[20] Wenn aber nicht, dann jedenfalls lag der vermutete Sinn seiner Äußerung akkurat auf der Linie dessen, was Herder stets hintergründig zu meinen pflegte, wenn er neuerdings Goethe und Schiller mit moralisierender Kritik zusetzte. Indes auch Goethe verzichtete darauf, die ihm wohlvertraute politische Substanz der Kontroverse kenntlich zu machen. In seiner öffentlichen Erwiderung auf „die arrogante

Äußerung des Herrn Richter in einem Brief an Knebel" ignorierte er sie: Das kleine Gedicht, das er in Schillers Musenalmanach auf das Jahr 1796 abdrucken ließ, verspottet Jean Paul, unter Anspielung auf seine literarische Manier, lediglich als einen Chinesen, der, nach Rom verschlagen, dort an der antiken Säulenpracht geschmackloserweise die „Latten und Pappen", das „Geschnitz" und die „bunte Vergoldung" der gewohnten heimatlichen Baukunst vermißt.[21] Damit war die brisante Gegenüberstellung von Properz und Tyrtäus schonend unter den Teppich gekehrt und der Streit, der ein Politikum hätte werden können, wieder auf die unverfänglichere Ebene einer Meinungsverschiedenheit über ästhetische Formfragen hinübergespielt.

In Weimar direkt zu werden fiel schwer. Jean Paul gebührt das Verdienst, dies fertiggebracht zu haben. In ihm hatte der eingeschüchterte Herder einen unbekümmerten, unerschrockenen Vollstrecker seiner geheimsten Intentionen gefunden. Es war eine sonderbare Partei, die sich da herstellte: das Bündnis zweier Gleichgesinnter, von denen der eine ein ängstlicher alter Griesgram, der andere ein vom Hafer gestochenes Enfant terrible war. Deutete der eine in der achten Sammlung seiner „Humanitätsbriefe" vorsichtig an, daß in der Kunst „die Form nicht alles" sei[22], so platzte der andere mit einer Satire heraus, die, unter Benutzung wörtlicher Meinungsäußerungen der darin Angegriffenen und mit dem ins Phantastisch-Groteske verzerrten Porträt ihres prominentesten kunsthistorischen Beraters, Meyers, den Kult der schönen Form mit beißender Ironie abstrafte.[23] Argumentierte der eine in der Sklavensprache philosophischer Schwerverständlichkeit gegen die Erkenntnistheorie des fernab lebenden alten Kant[24], prompt sprang der andere ihm mit einer Satire zur Seite, die Fichte und seinen Jenenser romantischen Anhang wie Irre erscheinen ließ.[25] So auch im Bereich des Politischen. Den Hof von Weimar öffentlich herauszufordern hätte der eine nie gewagt, als höchster geistlicher Würdenträger im Staat auch nie wagen können. Nicht so der andere: Der pflanzte die Großen am Ort, zuweilen mit der Porträt-Ähnlichkeit von Schlüsselroman-Figuren[26], als Schurken in seinen „Titan", nachdem ihm klar geworden, wessen sie fähig waren, wie übel sie seinem Freund mitgespielt hatten. Man kennt die großen Tage von Weimar nicht, solange man nicht im steten Hinblick auf sie den „Titan" gelesen hat. Und man kennt das Zustandekommen des „Titan" nicht, falls man nicht weiß, daß in der vertraulichen Kommunikation zwischen Herder und Jean Paul die Energien des Sturm und Drang sich noch einmal, ein letztes Mal aufstauten, ehe sie wie ein Lavastrom in die größte Prosadichtung der Epoche hinüberschossen.

VI

Bei alledem war Jean Pauls politische Radikalität längst fertig und in sich gefestigt, bevor er nach Weimar kam.[1] In der Beziehung konnte das beglückende Gewahrwerden seiner Übereinstimmung mit Herder, auch mit Knebel, ihn bloß noch in der Überzeugung bestärken, auf dem rechten Weg zu sein, so sehr die Mitteilungen des Herderschen Kreises über die philosophischen und literarischen Gruppierungen am Ort, über die Cliquen, die Querelen, die Intrigen bei Hof, über die Charaktere der beteiligten Personen usw. ihm auch halfen, seine antifeudale Gesellschaftskritik mit anschaulichen Details aufzuladen. Erst durch Herder aber ist er auf Jahre hinaus mit so tiefer Antipathie gegen Goethe und Schiller als Menschen erfüllt worden, daß das Innewerden des objektiven Gegensatzes, in dem er ohnehin zu ihnen stand, bei ihm sogleich eine emotionelle Färbung annahm. Und erst unter Herders Einfluß hat, damit zusammenhängend, die Problematik des Künstlertums, der ästhetischen Lebensform für ihn eine neue Qualität gewonnen.

Hatte er zuvor, von seiner „Allwill"-Rezeption her und aus mißtrauisch-selbstkritischer Beobachtung der eigenen Dichter-Mentalität, in der reflektierten Einstellung zur Lebenswirklichkeit als verwertbarem Stoff eine sittliche Gefahrenquelle des genialischen Individuums gesehen, so widerte ihn jetzt der Ästheten- und Literaten-Geist des ganzen Zeitalters an, der, wie ihm schien, zu nichts anderem taugte, als aus dem Zeitvertreib, mit dem die herrschende Parasitenkaste die sie marternde Langeweile totschlug, obendrein noch einen schönseligen Aufputz der durch ihr Verschulden so elenden, erbärmlichen deutschen Zustände herauszuholen. Gleichzeitig erhielt bei ihm diese Kulturkritik, soweit sie keimhaft, ansatzweise bereits in gewissen Partien von „Loge" und „Hesperus" steckte[2], jetzt, ebenfalls durch Herder, in dem Maße ihrer sich ausweitenden, totalisierenden Entfaltung ein neues Angriffsobjekt. Fortan bezog sie sich nicht mehr nur auf die Gallomanie des deutschen Rokoko, sondern richtete sich vor allem gegen die Ideologie von Weimar-Jena, so, wie die klassische Periode Goethes und Schillers, wie die Anfänge der Romantischen Schule sie eben damals ausprägten.

Nun liegt es, nach den früheren Ausführungen vorliegender Untersuchung, auf der Hand, daß Jean Paul, wollte er all das für seinen „Titan" fruchtbar machen, die Weimarer Eindrücke und Erfahrungen überhaupt, die Herderschen Anregungen im besonderen in die ihn bewegende Erziehungsproblematik hineinverarbeiten mußte. Denn ein Erziehungsroman im strengen Sinn der „Loge", nur auf höherem Niveau, sollte der „Titan" ja werden. Und da fragt es sich, was Weimar in dieser Hinsicht Jean Paul gegeben hat. Daß er, als langjähriger passionierter Lehrer, als Gestalter von Fälbel, Wutz und Emanuel-

Dahore, mit Herder, der für die Unterrichtsanstalten im Herzogtum Karl Augusts Mustergültiges geleistet hatte[3], auch über pädagogische Fragen diskutiert haben dürfte, ist wahrscheinlich. Belegen kann man es kaum. Nicht mit rechten Dingen jedoch hätte es zugehen müssen, wenn die Herders ihm nicht ihre diesbezüglichen familiären Sorgen mitgeteilt hätten. Beweisen läßt sich, daß er sehr bald von ihnen wie ein Glied der Familie behandelt worden ist[4]. Bekannt ist auch, daß ihr Bruch mit Goethe, gegen den sie ihn in Harnisch brachten, unmittelbar durch die erwähnte Mißhelligkeit verursacht war, die sich auf das berufliche Fortkommen bzw. das Studium ihrer Söhne Gottfried und Wilhelm bezog.[5] Belegt ist schließlich, daß später Jean Paul, unter Inanspruchnahme der Konnexionen seines Bayreuther Freundes Emanuel Osmund, helfend mit einem menschenwürdigen Berufsangebot einsprang, als der Weimarer Herzog die Geschmacklosigkeit besaß, die Überlassung einer Pächterstelle an den vierten Herderschen Sohn, den Landwirt Adalbert, von der unzumutbaren Bedingung abhängig zu machen, dieser müsse zur Heirat mit der Witwe des verstorbenen früheren Pächters bereit sein.[6] All dies freilich hatte, so sehr es die Schicksale nahestehender junger Menschen betraf, mit deren Erziehung nur entfernt zu tun. Doch es gab da noch einen weiteren, den zweiten, begabtesten Sohn des Hauses, namens August, und die spezielle Sorge, die der seinen Eltern bereitete, bot reichen Stoff für pädagogische Überlegungen.[7]

August war Patenkind Goethes, war außerdem Liebling der Herzoginmutter, und beides bekam ihm nicht gut. Erst verhätschelt von allen, die sich bei Anna Amalia anzubiedern suchten, dann in Goethes Kreise hineingezogen, hatte der Jüngling, dem Vater entfremdet, mit bedenklichen Auswirkungen auf seinen Charakter, gefährdet fast bis zur Lebensuntüchtigkeit, sich in der zerstreuenden Schöngeisterei bei Hof verloren. Die Eltern, durch diese Erfahrung dahin belehrt, daß Weimar „der heilloseste Ort für die Erziehung von Kindern" sei, sahen sich schließlich gezwungen, ihn in ein Erziehungsinstitut nach Neufchâtel zu geben, von wo er im Herbst 1795 zurückgekehrt war. Mit rührender Besorgtheit, glücklich über jedes Anzeichen von Sinneswandlung und Besserung, verfolgten sie seither seinen weiteren Werdegang. Es ist kaum denkbar, daß Jean Paul, bei seiner Vertrautheit mit dem Herderschen Haus, daran nicht intensiv Anteil genommen haben sollte, und die Erziehungsproblematik in seinen heroischen Romanen macht es zur Gewißheit, daß er in dem Fall eine traurige Bestätigung pädagogischer Überzeugungen gesehen haben muß, die er sich längst schon, auch ohne ein solches Anschauungsobjekt, gebildet hatte. Einen positiven Helden, dem nur bei hoher Geburt die Macht im Staat zufallen kann, dennoch in seiner Kindheit und frühen Jugend den verderblichen Einflüssen des Hoflebens zu entziehen, das ist – wie wir sahen[8] –

jedesmal die Hauptschwierigkeit der Fabelkonstruktion in diesen Werken. Jetzt lieferte die nächste Umgebung mit der gestörten Entwicklung August Herders für die Unbekömmlichkeit der Hofatmosphäre ein Beispiel, das um so erschütternder war, als diesmal nicht übliche, durchschnittliche Hofleute, sondern Persönlichkeiten, in denen sich die höchste Kultur der Epoche verkörperte, den Schaden angerichtet hatten.

Wie aber, wenn gerade dies kein Zufall war? Die Frage mußte sich dem „Titan"-Dichter aufdrängen, sobald er den Fall im Lichte jener Kritik beurteilte, die eben damals Herder und er an der einseitig ästhetisch orientierten Kultur von Weimar–Jena zu üben begannen. Und es scheint, als sei hier die Erklärung dafür zu suchen, wieso Jean Paul sich unmittelbar nach dem ersten Weimar-Besuch, zwischen Juli und September 1796, dazu entschloß, aus den sittlich problematischen Allwill-Zügen, die Albano in den Vorarbeiten von 1794/95 angenommen hatte, nunmehr eine gesonderte Gestalt zu formen, sie zum fast gleichgewichtigen Gegenspieler des Haupthelden zu machen und an ihrer so asozialen wie selbstzerstörerischen Fehlentwicklung die verhängnisvollen Auswirkungen einseitig ästhetischer Erziehung zu veranschaulichen. Denn erst in den jetzt entstandenen Aufzeichnungen kommt der Name Roquairol als der einer zentralen Figur vor, von der es gegen Schluß des „Geniehefts" z. B. heißt: „Durch alle Kühnheiten, Schreibereien, Wollüste, Saufen entnervt – seine öde Leerheit des Lebens – stirbt ohne Glauben und Unglauben – hat zuletzt nichts als Eitelkeit – tötet sich auf dem Liebhabertheater als Franz Moor wirklich."[9]

Erwähnt wurde oben bereits, daß in dem Maße, wie dieser Charakter sich verselbständigte und festen Umriß erhielt, Albano sich wieder in das „in allem gute" Genie zurückverwandelte, das er schon nach der ursprünglichen Idee des Romans hatte sein sollen.[10] Hinzuzufügen bleibt, welchen Inhalt dieses neuerliche Gutwerden hatte: Bezeichnenderweise ging es Hand in Hand mit der Profilierung Albanos als politischer Revolutionär. Die Züge eines Rebellen waren dem Haupthelden allerdings von Anfang an eigen gewesen: „Freiheitsliebe" und „Klingerscher Abscheu an Despotismus". Doch jetzt gewannen sie anschauliche Genauigkeit durch die Einführung neuer Fabelelemente, die zunächst, in abgewandelter Form, die hemmungslosen Revolutionsphantasien aus den einstigen Vorarbeiten zum „Hesperus"[11] zu neuem Leben erweckten. Wie Hugo (später Flamin) sollte auch Albano aus Freiheitsdrang an einem Volksaufstand teilnehmen. Konflikte mit der Obrigkeit und seinem staatsloyalen Vater sollten demgemäß die Ursache seiner Entfernung nach Italien sein. In Italien sollte er in Gefahr geraten, auf Befehl des Fürsten ermordet zu werden, usw.[12] Und die realistische Lösung, die später an die Stelle dieser abenteuerlichen Zuspitzungen trat, aber auch diesmal so, daß deren politischer Aussagegehalt bewahrt blieb, die stammt offenbar auch aus dem Erfahrungszuwachs von 1796. Denn was August Herder für die Verselbständigung Roquairols, das scheint, als positives Gegenbeispiel dazu, der Sohn des demokratisch gesinnten Musikers und Journalisten Johann Friedrich Reichardt für den Primat der Politik im Charakter und Verhalten Albanos, namentlich für dessen Entscheidung, sich der französischen Revolutionsarmee anzuschließen, bedeutet zu haben. Beide mutmaßlichen Anreger der zentralen Jünglingsgestalten des „Titan" muß man im Zusammenhang sehen, die Schicksale beider als wahrscheinliche Modelle der in dem Roman veranschaulichten Gegenüberstellung von ästhetischer und politischer Erziehung begreifen.[13]

Reichardt hatte durch seine Vertonungen, lange vor Zelter, die Volkstümlichkeit Goethes als Liederdichter begründen helfen. Von ihm auch stammen die Bühnenmusiken zu den Goetheschen Singspielen „Claudine von Villabella" (1789), „Erwin und Elmire" und „Jery und Bätely" (1790). Von Friedrich II. zum Nachfolger Grauns berufen, hatte er als Hofkapellmeister zwanzig Jahre lang die musikalische Leitung des königlichen Opernhauses in Berlin innegehabt, berühmt durch seine Opernkompositionen sowie durch bedeutende, noch heute lesenswerte Leistungen als Musikschriftsteller. Wegen seiner Parteinahme für die demokratischen Extreme der Französischen Revolution war Reichardt 1794 entlassen worden, zu Fall gebracht durch die gegen ihn intrigierenden italienischen Künstler am Hof Friedrich Wilhelms II. In Giebichenstein bei Halle hatte er danach seinen Wohnsitz genommen, fortan gezwungen, sich und die Seinen durch die prosaische Arbeit eines Salinen-Inspektors zu ernähren. Daneben aber wirkte er als Publizist in den von ihm herausgegebenen Journalen „Frankreich" (1795–1802) und „Deutschland" (1796) mit bewundernswürdigem Mut weiter für die Ideale der Revolution.[14] Und Reichardts Sohn hatte sich, vom Vater beeinflußt, nach Paris begeben und war dort in die Revolutionsarmee eingetreten. Mit seinen zwanzig Jahren war er der anonyme „Nordländer", der für die in Lübeck erscheinende Zeitschrift „Frankreich" die Korrespondentenberichte über das Kriegsgeschehen schrieb, bis er den Heldentod starb.

Zu den unerfreulichsten Punkten in Goethes Biographie gehört die Tatsache, daß er sich, übrigens noch vor seinem Bruch mit Herder, von Reichardt trennte, nur weil dessen politische Überzeugungen ihm zuwider waren – die umgekehrt den verfemten Komponisten nicht daran hinderten, zeit seines Lebens ein begeisterter Verehrer der Goetheschen Dichtungen zu bleiben. Von Schiller wurde Reichardt mit dem Abscheu, den stets die Abtrünnigen einer revolutionären Idee für deren getreue Verfechter zu empfinden pflegen, geradezu gehaßt. 1796 trieben Goethe und Schiller, diesmal ungehemmt durch die politische Zurückhaltung, die ihnen der Herderschen Partei gegenüber ihre Weimarer Nachbarschaftsrücksichten auferlegten, die Niederträchtigkeiten, denen der aufrechte Giebichensteiner Demokrat seit Jahren ausgesetzt war, auf die Spitze. Der – ansonsten in vielem berechtigte – Kampf, den gemeinsam sie damals in ihren „Xenien", erschienen im Oktober, gegen Philistertum und Provinzialismus, gegen plattes Mittelmaß und frühromantische Übertreibungen führten, enthüllt, deutlicher noch als in der Verunglimpfung der Manen Georg Forsters[15], seine reaktionäre Kehrseite in den vielen gehässigen Zweizeilern, die gegen Reichardt gerichtet sind und förmlich ihn als den Hauptgegner der neuklassischen Bestrebungen erscheinen ließen (Nr. 80, 208–217, 219 bis 229, 251; Anhang I Nr. 6–24, 43[16]). Das Jakobinertum des Mannes wird darin abwechselnd zur Narretei erklärt, auf persönliches Machtgelüst zurückgeführt und als die Undankbarkeit eines Schmarotzers angeprangert, der die Großen, nachdem er selbst einst an ihrer Tafel geschmaust habe, jetzt stürzen wolle. Reichardts erstaunliche Doppelbegabung gar muß es sich gefallen lassen, bald von der hohen Warte dichterischer Genialität herab als seichter, papierener Journalismus, bald aus musikalischer Ignoranz als Verfertigung frostigen, herzlosen Gesangs, ja als Plagiatorentum angegriffen zu werden. Und der Anonymität seiner Journale, die den Herausgeber vor Verfolgung schützen sollte, wird unterstellt, sie diene keinem anderen Zweck, als den Abdruck lobender Besprechungen über seine Kompositionen zu ermöglichen.

Was Jean Paul angeht, so kommt er in den „Xenien" glimpflich davon. Nicht unzutreffend wird ihm in Nr. 41 bescheinigt, daß er der Bewunderung wert sein würde, wenn er seinen Reichtum nur halb so gut zu Rate zu halten wüßte wie Manso (ein schwacher Wieland-Epigone) seine Armut.[17] Aber Nr. 42, an sich auch noch gegen Manso gerichtet, erhielt ungeschickterweise eine Überschrift, die den Eindruck erweckte, es sei abermals, und nun mit verächtlicher Herabsetzung, Jean Paul gemeint.[18] Empört erklärte der daraufhin in einem Brief an v. Oertel: „Goethes Charakter ist fürchterlich; das Genie ohne Tugend muß dahin kommen."[19] Dies ereignete sich erst im Oktober. Vorausgeschickt war den „Xenien" jedoch der erwähnte Goethesche Vers, der den „Hesperus"-Dichter in Vergeltung einer privaten brieflichen Äußerung als „Chinesen in Rom" lächerlich macht, und schon während seines Besuchs in Weimar-Rom dürfte „der Chinese" über das Goethe-Schillersche Xenien-Vorhaben, dessen polemischer Teil im wesentlichen seit Februar im Manuskript vorlag, durch Herder unterrichtet und von vornherein dagegen aufgebracht worden sein. Als er daher Anfang September den Hallenseschen Salinen-Inspektor, den damals eine Dienstreise u. a. auch nach Hof führte, bei einem Konzert persönlich kennenlernte, konnte es nicht ausbleiben, daß beide Männer durch die Gleichheit ihrer politischen Gesinnung im Handumdrehen miteinander vertraut wurden und daß Goethe alsbald im Mittelpunkt ihres Gespräches stand.

Beide haben über ihr Zusammentreffen sogleich berichtet: Jean Paul unmittelbar nach jenem Konzert, in einem vom Nachmittag des 5. September 1796 datierten Brief an Otto, noch vor dem dann mit Reichardt gemeinsam verbrachten Abend[20], und Reichardt bald darauf in Form eines fingierten Schreibens an seine Frau, das er im Rahmen seiner „Briefe auf einer Reise durch Franken" in der Zeitschrift „Deutschland" veröffentlichte.[21] Geht aus dieser Schilderung hervor, daß Jean Paul „ganz herrliche Sachen über Goethes göttliches Genie" gesagt, sich aber auch, im Sinne seiner Weimarer Eindrücke, kritisch über seinen Charakter verbreitet und im einen wie im anderen Fall das Urteil der Reichardtschen Familie über den ungetreuen Freund, den sie gleichwohl als Dichter nach wie vor bewunderte, bekräftigt hat, so verrät jener Brief an Otto: Bei gleicher Gelegenheit ist Jean Paul von Reichardt über Goethe „viel Neues, aber lauter Schlimmes erzählt" worden.[22]

Gleich daneben nun steht die für die Genesis der „Titan"-Fabel aufschlußreiche Mitteilung: „Er (Reichardt – W. Hr.) schreibt das ‚Frankreich', und die Briefe des Nordländers darin sind von seinem zwanzigjährigen – Sohne, der in Frankreich dient."[23] Nimmt man hinzu, daß zu diesem Zeitpunkt die eben angedeuteten, mit Sicherheit in den Monaten Juli und August zu Papier gebrachten, noch abenteuerlich anmutenden Details zur Konkretisierung von Albanos Rebellentum bereits vorlagen, die dann im gedruckten Text durch den Entschluß des Helden, nach Frankreich zu gehen und Soldat der Revolutionsarmee zu werden, ersetzt worden sind[24], dann erweist meine Vermutung, für diese endgültige Lösung habe Reichardts Sohn Modell gestanden, sich als ziemlich fundiert.

Beigetragen zu dem Einfall hat allerdings auch ein Klingerscher Roman, den Jean Paul wenig später, 1798 in Leipzig, las:[25] die „Geschichte eines Teutschen der neuesten Zeit". Klingers Held, Staatsmann einer kleinen deutschen Feudaldespotie, seit seiner Jugend erfüllt von den Ideen Rousseaus, fordert unter dem Eindruck der Französischen Revolution den Adel seines Landes dazu auf, freiwillig die eigenen Privilegien preiszugeben, wird daraufhin als Feind der bestehenden Ordnung von der Macht verdrängt und begibt sich, voller Hoffnung auf den Anbruch eines neuen, freiheitlichen Zeitalters, nach Frankreich. Die Verwandtschaft der Konzeption mit wichtigen Motiven des „Titan" ist offensichtlich. Aber Klinger läßt seinen deutschen Revolutionär 1793 in Paris angesichts des Terrors der Jakobiner jede Perspektive verlieren und zum Menschenhasser werden, bis er am Ende aus Gründen, die mit dem Zeitgeschehen wenig zu tun haben, allmählich wieder zu seinem besseren Selbst zurückfindet. Diesen Schluß hat Jean Paul abgelehnt, und zwar mit solcher Entschiedenheit, daß er fortan den Grundfehler von Klingers spätem Erzählwerk in der Neigung sah, den „Zwiespalt zwischen Ideal und Wirklichkeit" zu erweitern, statt ihn zu versöhnen.[26] So sehr er selbst die Ereignisse des Schreckensjahres zurückblickend verabscheute, für den Helden des „Titan" konnte er Pessimismus und Menschenhaß nicht gebrauchen, und in dem Zusammenhang, beim Ringen um einen zuversichtlich stimmenden Ausgang, scheint er das von Reichardts Sohn vorgelebte Beispiel als Legitimation empfunden zu haben, den Klingerschen Stoff ganz anders, auf idealisierende Weise zu gestalten – um den Preis freilich, daß im „Titan" die letzte Phase der Revolution überhaupt nicht mehr reflektiert wird.

Soviel hypothetisch zu dem Anteil, den die im Freundeskreis beobachtete bzw. durch Hörensagen erfahrene Lebenswirklichkeit dazu beigesteuert haben mag, dem perennierenden Erziehungsgedanken der heroischen Romane im „Titan" einen qualitativ neuen, über „Loge" und „Hesperus" hinausgehenden Inhalt zu geben. Um nun zu sehen, wie diese neue Qualität geistesgeschichtlich zustande gekommen ist, muß man das Werk in der Fassung, die es konzeptionell von 1796 an erhielt, als Gegenstück zu „Wilhelm Meisters Lehrjahren" von Goethe und, vor allem, als die dichterisch gestaltete Widerlegung des Erziehungsprogramms, das im „Meister" mit dichterischen Mitteln veranschaulicht worden war, begreifen. Dieses Programm aber geht gedanklich auf Schiller zurück, der es inzwischen, in seinen „Briefen über die ästhetische Erziehung des Menschen" (1794/95), auch öffentlich dargelegt hatte.[27]

Sollte es zutreffen, daß August Herders Fehlentwicklung Jean Paul dazu angeregt hat, Charakter und Schicksal Roquairols gesondert auszuarbeiten, so geschah das deswegen, weil die Sorge der Herders um ihren verzogenen Sohn mehr als alle theoretischen Überlegungen geeignet war, ihm die Doktrin der Schillerschen „Briefe" suspekt zu machen. Und wenn, andererseits, das über Reichardts Sohn Vernommene ihn tatsächlich dazu bewogen hat, die Fabel des „Titan" so anzulegen, daß Albanos Entwicklung in einer ähnlichen Entscheidung für das revolutionäre Frankreich kulminieren konnte, dann ist dafür die Absicht maßgebend gewesen, das Schillersche Erziehungsideal affirmativ, durch ein bejahtes und bejahenswertes Gegenbeispiel erst recht ad absurdum zu führen. Der Xenien-Streit von 1796/97 jedoch, mit der mutmaßlichen Inspiration durch die beiden Jünglinge zusammentreffend, hat gleichzeitig in Jean Paul den letzten Rest der Hemmungen beseitigt, den Weimarer Dioskuren derart Paroli zu bieten. Als ihr demütiger Verehrer war er nach Weimar gepilgert. Zu ihrem ebenbürtigen Feind schwang er sich auf, als er, nach Hof zurückgekehrt, daranging, der Fabel, den Charakteren, dem Ideengehalt des „Titan" ihr endgültiges Gepräge zu geben.

VII

In den „Briefen über die ästhetische Erziehung" hat die Abkehr Schillers von der Französischen Revolution und damit von den eigenen Jugend-Idealen – die Voraussetzung seiner Wende zum Klassischen – ihren theoretisch bündigsten Ausdruck gefunden. Aufschlußreich ist es daher, den zu dieser Schrift hinführenden Werdegang Schillers wenigstens skizzenhaft unter politischen Gesichtspunkten mit demjenigen Jean Pauls zu vergleichen.

Die Entwicklung Goethes in analoger Weise an der Jean Pauls zu messen wäre ein Unding. Goethes größere Vielseitigkeit, seine Zugehörigkeit zu einer anderen Generation, seine Herkunft aus patrizischer Familie, sein seit der Mitte der siebziger Jahre anhaltendes Höflingsdasein würden den Vergleich undurchführbar machen, selbst wenn man von der Hauptsache absähe: daß die Erasmus-Haltung, die Goethe zu abwehrendem Reagieren auf die tumultuarischen Revolutionsereignisse – nicht auf deren soziale Resultate – bestimmt hat[1], das Ergebnis tragischer Resignation gewesen ist, verursacht durch das Scheitern seiner reformerischen Praxis als Weimarer Staatsmann vor dem fluchtartigen Aufbruch nach Italien 1786.[2] Auch war Goethes Künstlertum, im exakten Sinn der bekannten Schillerschen Definition, „naiv", sein Rückzug auf eine ästhetisch-kontemplative Einstellung zum Leben daher in so starkem Maße durch Abneigung gegen jede Art von Ideal, gegen allgemeine Prinzipien, welches Inhalts auch immer, bedingt, daß schon deswegen die Motive seines Verhaltens zur Gesellschaft, zum Staat nur auf einer Ebene diskutiert werden könnten, die zu der disparaten Wertskala eines Jean Paul in windschiefem Verhältnis stünde. Goethes „naiver" Zuwendung zum je Konkreten, Bestimmten, Einzelnen entsprach es z. B., daß er in Staatsangelegenheiten wohl der Alternative von Sachkenntnis und Pfuscherei große Bedeutung beimaß – und von da her Mißständen, die eine reaktionäre Politik verschuldet hatte, unter Umständen nicht weniger feind sein konnte als gewaltsamen Umwälzungen –, daß aber Begriffe wie „Freiheit", „Gleichheit", gar „Tugend", die auf Schriftsteller von der Art Jean Pauls, auch auf radikale Journalisten vom Schlage Reichardts, elektrisierend wirkten, ihm stets als bloße Abstraktionen, wenn nicht als leere Wortschälle, galten.

Anders Schiller. Er und Jean Paul haben mehr gemeinsam, als das würdevoll-rhetorische Pathos des einen, der kauzige Humor des anderen auf Anhieb vermuten lassen. Sie gehören derselben, um 1760 geborenen Generation an, deren bedeutendste literarische Repräsentanten sie sind. Sie stehen dem Rang nach etwa auf gleicher Höhe, gleichermaßen von Goethe überragt, und sowohl in bezug auf ihre Herkunft und Geistesart als auch, zunächst jedenfalls, hinsichtlich ihrer ideologischen Entwicklung gibt es zwischen ihnen viele Berührungspunkte und Parallelen. Schiller und Jean Paul stammen aus dem Kleinbürgertum. Beide haben ihre Jugend in despotisch regierten Kleinstaaten verbracht. Beide vereinen in ihrer Begabung dichterische Genialität mit starker Neigung zum Theoretisieren sowie mit ausgeprägt politischem Interesse, das sie, in übereinstimmendem Unterschied zu Goethe, jedoch nie in der Praxis haben betätigen können. Beide sind, abermals im Unterschied zu ihm, nicht „naive", sondern im höchsten Grade „sentimentalische" Dichter, was einschließt, daß sie an politische Sachverhalte stets mit idealen moralischen Forderungen herangehen. Ja, es ist nicht einmal möglich, sie ohne weiteres durch ihre überwiegende Affinität zur Bühnendichtung bzw. zur erzählenden Prosa als Gegensätze aufzufassen, denn das Jean Paulsche Romangeschehen, besonders im „Titan", rollt in dramatischen Szenen ab, die den Schillerschen Theatereffekten mitunter näher stehen als dem ruhigen Fluß der Goetheschen Prosaepen, und ist überdies mit kolportagehaften Elementen angereichert, für die Schiller als Erzähler – man denke an den „Geisterseher" – ebenfalls eine Vorliebe hatte.[3]

Natürlich sind beide Dichter, weil derselben Klasse und Generation zugehörig, in den siebziger Jahren des 18. Jahrhunderts von derselben ideengeschichtlichen Situation ausgegangen, in der simultan Popularphilosophie, Sentimentalismus und Sturm und Drang auf die deutschen bürgerlichen Intellektuellen einwirkten, weshalb auch der junge Schiller zuerst rationalistisch, im Sinne der Aufklärung, philosophiert hat[4] und nebenher einen weiteren „Werther" oder „Sigwart" hat schreiben wollen, wie ihn der junge Jean Paul mit „Abälard und Heloise" tatsächlich schrieb.[5] Und ebenso haben später beide, bevor sie jeweils in das reifste Stadium ihres dichterischen Schaffens eintraten – Jean Paul 1788/89 in Töpen[6], Schiller von 1791 an in Jena[7] –, sich erneut mit Philosophie beschäftigt, wobei sie nunmehr, keineswegs zufällig, unter den Einfluß Kants gerieten. Kurz, in ihrem Fall ist eine breite Basis verwandter Bedingungen gegeben, welche die parallel laufenden Prozesse ihrer politischen Meinungsbildung samt deren literarischen Folgen kommensurabel macht.

Der Vergleich nun ergibt, daß zu Beginn der achtziger Jahre Schiller und Jean Paul, unter Bevorzugung stark differierender literarischer Ausdrucksmittel – hier räsonierende Prosa-Satire, dort Tragödien-Dichtung –, beide als radikale Ankläger des deutschen Kleinstaatdespotismus aufgetreten sind: „Die Räuber" und das „Lob der Dummheit" bzw. „Kabale und Liebe" und die „Grönländischen Prozesse" sind nicht nur jeweils in denselben Jahren verfaßt worden, sondern haben auch im wesentlichen die gleiche Tendenz. Der Eindruck, Jean Paul habe schon damals einen extremeren Standpunkt eingenommen, mag durch einzelne Äußerungen von ihm zu belegen sein. In der Hauptsache ist er auf die Eigenart des von ihm gewählten Genres zurückzuführen, in dessen Natur es liegt, von grotesken Überspitzungen Gebrauch zu machen, mit denen die Tragödie nicht konkurrieren kann, selbst wenn sich ihrer ein durchaus zur Satire aufgelegter Autor wie Schiller – man denke an den Hofmarschall von Kalb und sogar noch an bestimmte Passagen im „Don Carlos" – annimmt.

1792 jedoch begannen, infolge der schaudernden Abkehr Schillers von der Französischen Revolution, die bis dahin parallelen Wege beider Dichter divergierende Richtungen einzuschlagen, mit der Folge, daß sie nunmehr zu entgegengesetzten Positionen führten. Während der gemeinsame revolutionäre Demokratismus ihrer Anfänge bei Jean Paul nach wie vor für dessen gesamtes Schaffen bestimmend blieb, derart, daß in politischer Beziehung zwischen der Aussage seiner Romane aus den neunziger und der seiner Satiren aus den achtziger Jahren keine Differenz besteht, verlor im Falle Schillers diese Tendenz sich in der Folgezeit vollständig, verdrängt von einer sich an Kants Ästhetik orientierenden, sie zugleich aber auch willkürlich umdeutenden weltanschaulichen Neubesinnung, die schließlich mit der Inangriffnahme des „Wallenstein" in eine totale Beanspruchung durch die Formprobleme des Weimarer Klassizismus, bei gleichzeitiger Abwendung von Gegenwartsthemen, selbst von Parabeln mit gegenwartsbezogenen Implikationen, einmündete.

VIII

Es ist lehrreich, sich dies anhand der Genesis von „Wallenstein" und „Maria Stuart", der beiden ersten klassischen Dramen Schillers, kurz klarzumachen. Der Bruch der Kontinuität tritt darin deutlicher zutage als etwa in der Gedankenlyrik, weil ein Theaterstück in der Regel eine längere Inkubationszeit hat als ein Gedicht und sich so bei beiden Tragödien zwischen dem Materialstudium und der Ausführung des Vorhabens die neue, ablehnende Haltung zur Revolution mit gravierenden Auswirkungen auf das jeweilige Werk geltend machen konnte.

Schiller sympathisierte noch mit der Revolution, als er sich Anfang 1791 dazu entschloß, eine Wallenstein-Tragödie zu schreiben.[1] Es zog ihn aus diesem Grund an dem Stoff der Held an, so, wie er ihn damals sah bzw. im Hinblick auf seinen dramatischen Plan sehen wollte. Am Schluß der Charakteristik, die der Historiker Schiller in seiner „Geschichte des Dreißigjährigen Krieges" (1790–92) von Wallenstein gibt, heißt es, dieser hätte durch freien Sinn und hellen Verstand die

Vorurteile seines Jahrhunderts überragt, er sei ein Feind der Jesuiten, der Vorkämpfer einer neuen Zeit gewesen und darum durch mönchische Künste um Kommandostab, Leben und ehrlichen Namen gebracht worden.[2]

Demzufolge hat nach der ursprünglichen, offensichtlich dem „Carlos" verwandten Konzeption Wallenstein ein reiferer Marquis von Posa werden sollen, nicht, weil dies den historischen Tatsachen nachweisbar entsprochen hätte, sondern weil Schiller zu der Zeit noch einen Freiheitshelden, einen Revolutionär brauchte, der sich überzeugender als der erfundene Posa mit der wirklichen Geschichte in Beziehung bringen und sich als Deutscher darüber hinaus in der nationalen Vergangenheit ansiedeln ließ. Geplant war, mit einem Wort, ein die Zeitgenossen aufrüttelndes deutsches Freiheitsdrama in Parabelform. Die Nähe zu den politischen Impulsen, die gleichzeitig Jean Paul dazu bewogen, die „Unsichtbare Loge" zu schreiben, liegt nach der obigen Interpretation dieses Romanfragments[3] auf der Hand.

Ähnlich dürfte es sich ursprünglich mit „Maria Stuart" verhalten haben. Hier reichen die analogen Pläne sogar bis ins Jahr 1783 zurück.[4] Denkt man an den aus eben dieser Periode stammenden ersten Entwurf des „Don Carlos" – eine Satire gegen Inquisition und Pfaffentum, die, wäre sie zustande gekommen, denselben Aussagegehalt wie die antiklerikalen Partien in den damaligen Jean Paulschen räsonierenden Satiren gehabt hätte[5] –, denkt man weiter an die antidespotische Tendenz von „Luise Millerin" (später „Kabale und Liebe" genannt) aus derselben Zeit, dann erscheint es als sicher, daß im Falle von „Maria Stuart" zunächst daran gedacht war, die Umtriebe der katholisch-feudalen Reaktion gegen das elisabethanische England, den fortschrittlichsten europäischen Staat des 16. Jahrhunderts, auf die Bühne zu bringen und auch damit dem Emanzipationsstreben des Bürgertums einen Dienst zu leisten.

Nichts von diesen Absichten ist ausgeführt worden. Was „Wallenstein" anbelangt, so war dem Dichter, als er an die Ausarbeitung ging – zuerst ansatzweise 1794 (im Jahr der Vollendung des „Hesperus"), dann endgültig im Oktober 1796 (in der Situation des Xenien-Streits, vier Monate nach Jean Pauls erstem Weimarbesuch) –, an einem Freiheitshelden und an progressiven politischen Ideen nichts mehr gelegen, was bei dem Verfasser der Invektiven gegen Reichardts Jakobinertum auch schizophren gewesen wäre. Schiller wollte jetzt seinem Drama keinen revolutionären Inhalt mehr geben und warf deshalb den Ausgangsgedanken, Wallenstein gegenüber dem Kaiser ein höheres geschichtliches Prinzip vertreten zu lassen, resolut über Bord. Übrig blieb ihm eine schreckliche Gestalt aus finsterer Zeit, ein Charakter ohne Edelmut und Größe, der sich nur von Ehrgeiz, Rachsucht und selbstsüchtiger Berechnung leiten läßt, dem es aber auch an Kraft und Geschick fehlt, seine Ziele durchzusetzen. Anteilnahme vermag der Untergang dieses Ungeheuers nicht zu erwecken, Befriedigung ebensowenig, da die Mächte, von denen es zur Strecke gebracht wird, nicht besser sind, wobei die beiderseitige Scheußlichkeit, weil ausschließlich in den Charakteren der Individuen begründet, aber auch kein kritisches Licht auf den Gesellschaftszustand wirft, dem der Dreißigjährige Krieg, als das verhängnisvollste Ereignis deutscher Geschichte an der Schwelle vom Mittelalter zur Neuzeit, zuzuschreiben ist. Selbst die Aufhellung der düsteren, sinnentleerten „Wallenstein"-Welt durch die Episode mit den liebenswerten Kontrastgestalten Max und Thekla ist weder mit sozialer Anklage verknüpft, wie in „Kabale und Liebe" die Tragödie Ferdinand–Luise, noch läßt auch sie ein geschichtsmächtig vorwärtsweisendes Ideal aufscheinen.

Noch ärger steht es um die Metamorphose von „Maria Stuart"[6] (ausgearbeitet 1799/1800, zur selben Zeit, als Band I des „Titan" vollendet und veröffentlicht wurde). Die zu vermutende ursprüngliche Idee hat sich hier geradezu in ihr Gegenteil verkehrt, denn die Sympathien und Antipathien sind nunmehr auf die bekannten welthistorischen Figuren so umverteilt worden, daß es den grundlegenden Tatsachen und Verhältnissen des elisabethanischen Zeitalters, der Progressivität von Elisabeths Absolutismus, ins Gesicht schlägt. Alle Geschichtswahrheit, alle politischen Beurteilungsmaßstäbe sind eliminiert, der Boden echter Tragik ist überhaupt verlassen. Das Stück vor Engländern aufzuführen darf man kaum wagen.

Was hat Schiller sich bei alledem gedacht? Er hat historischen Stoffen, in die er sich mit einer völlig anderen Gesinnung hineinstudiert hatte, den Ideengehalt, den er ursprünglich durch sie hatte veranschaulichen wollen, nachträglich bewußt wieder entzogen, um an dem ihm verbliebenden Rohmaterial einmal erworbener Geschichtskenntnisse, auf deren Verwertung er gleichwohl nicht verzichten mochte, nur noch inhaltlich tendenzfreie formalästhetische Experimente durchzuexerzieren. Namentlich ging es ihm darum, modern abgewandelte Reprisen der antiken Schicksalstragödie zu schaffen, und bis zu der extrem gekünstelten „Braut von Messina" (vollendet 1802/03, gleichzeitig mit dem vierten Band des „Titan") sollte ihn diese Absicht nicht mehr loslassen. Man begreift, wieso Jean Paul, während er sich in Weimar, Berlin und Meiningen immer ausschließlicher der Ausarbeitung und Vollendung des „Titan" widmete, in seinem Briefwechsel mehrmals an den simultan entstehenden klassischen Dramen Schillers, namentlich an „Wallenstein" und „Maria Stuart", vernichtende Kritik geübt[7] und die von ihm am meisten beanstandete artistische Kälte dieser Werke wiederholt aus dem erkalteten Gemüt ihres Verfassers zu erklären versucht hat. „Schiller ist kalt", sagte er z. B. bei seinem ersten Berlin-Besuch zu Helmina von Chezy, als die sich zu ihm begeistert

über den „Carlos" äußerte. „Sie fühlen das jetzt nicht, Sie werden es noch fühlen! Schiller ist Eis, er ist ein Gletscher im Sonnenstrahl mit göttlichem Farbenspiel, warmen Purpurtönen. Eilen Sie hin, Sie finden weder Glut noch Leben, Todesodem schleudert hinweg."[8]
Jean Paul konnte zu dem Zeitpunkt schwerlich ahnen, daß der Gegner selbst sich zur eigenen Kälte bekannt hatte. Als Schiller über dem „Wallenstein" saß, zweifelte bezeichnenderweise auch er daran, ob sich aus dem Charakter und der Geschichte des Herzogs von Friedland so, wie sie sich ihm jetzt darboten, eine tragische Fabel werde gewinnen lassen. Demgemäß betonte er gegenüber Goethe, Körner und Wilhelm v. Humboldt brieflich wiederholt, daß der ganze Stoff, daß besonders der Held ihn absolut kalt ließen. Da von dem Inhalt des neuen Stücks „fast nichts zu erwarten" sei, müsse, so schrieb er, „alles durch eine glückliche Form bewerkstelligt" werden; einzig eine „kunstreiche Führung der Handlung" könne „den ungeschmeidigen Stoff zu einer schönen Tragödie machen".[9] Was Schiller konkret fesselte, war die Aufgabe, das künstlerisch vollkommenste Schicksalsdrama der Antike, den Sophokleischen „Ödipus", unter Bewahrung seiner ästhetischen Reize so zu modifizieren, so auf den Boden neuzeitlicher Wirklichkeit zu übertragen, daß er moderner Vorstellungsweise annehmbar erschien. Zu diesem Zweck wollte er die Ereignisse und äußeren Umstände dergestalt verketten, daß der Held durch jeden Schritt, den er tut, besonders durch alle Handlungen, mit denen er dem eigenen Verderben entgegenzuwirken strebt, nur um so unentrinnbarer den ihm bestimmten Untergang fördert, ohne daß dies durch transzendente Schicksalsmächte, wie im „Ödipus", bewirkt wäre – für deren entpoetisierenden Ausfall Wallensteins astrologischer Wahn aber auch wieder, wenigstens stimmungsmäßig, Ersatz schafft. Der Held fällt, nicht, weil er rebelliert, sondern er rebelliert, weil er fällt, und durch sein Rebellieren beschleunigt er nur seinen Sturz – darin erschöpft sich der Sinn des Ganzen.
Und um dasselbe ästhetische Problem geht es im Grunde auch in „Maria Stuart". Beim Wiederaufgreifen dieses alten Plans hatte Schiller kein Interesse mehr an der Frage, welche der beiden rivalisierenden Königinnen historisch im Recht gewesen war, geschweige, daß er dem in ihrem Streit sich zuspitzenden Gegensatz von Katholizismus und Protestantismus, als geschichtsgestaltenden Mächten der elisabethanischen Ära, noch ein Sinnbild zur Erhellung analoger Konfliktlagen in dem ihm gegenwärtigen, unter seinen Augen sich abspielenden Kampf zwischen Reaktion und Fortschritt hätte abgewinnen wollen. Ihn reizte nur, daß die Endphase des Schicksals der katholischen, erzreaktionären Maria, die als in Schönheit leidende Gefangene getrost die Sympathien des Publikums auf sich ziehen mochte, ihm Gelegenheit bot, eine ganze Tragödie – wieder ohne transzendente Voraus-

bestimmung, obwohl wieder nach dem Muster des „Ödipus" – in das Hereinbrechen der Vernichtung zusammenzuballen und die Handlung der Katastrophe, in der sie enden soll, durch scheinbares Sichentfernen von ihr, scheinbar erfolgversprechendes Ankämpfen gegen sie effektiv immer näher zu führen.

IX

Nun, zu dieser zweifachen Liquidation eines ursprünglich progressiv-politischen Anliegens zugunsten einer rein ästhetischen Aufgabenstellung hat Schiller sich in Jena gedanklich den Weg gebahnt vermittels seiner philosophischen Studien und Versuche, unter denen die „Briefe über die ästhetische Erziehung des Menschen" am deutlichsten offenbaren, aus welchen Beweggründen er unter dem Eindruck der – jetzt von ihm verdammten – Revolution die Flucht aus der miserablen deutschen Wirklichkeit ins „Reich des schönen Scheins", mit allen sich daraus für sein dichterisches Schaffen ergebenden Konsequenzen, antreten zu müssen geglaubt hat.

Schiller begann sich noch *vor* seiner Abkehr von der Revolution, bereits im Jahre 1791, in die Philosophie Kants zu vertiefen, die ja von Jena aus, durch die Vorlesungen Reinholds, weite Verbreitung gefunden hatte. Es ist wichtig, das genaue Datum festzuhalten, denn nicht wenige marxistische Literaturhistoriker sehen zu Unrecht schon in der Tatsache, daß Schiller sich überhaupt von Kant hat beeinflussen lassen, ein Verhängnis und sind infolgedessen geneigt, die problematischen Momente in der Weltanschauung seiner klassischen Periode in ebenso starkem Maße auf diesen Einfluß zurückzuführen wie auf den erst ein Jahr später erfolgten Bruch in der Entwicklung seiner politischen Ideologie. In dem Zusammenhang wird dann meist auch angenommen, daß Schiller im Zuge seiner Kant-Rezeption zu einem Anhänger des subjektiven Idealismus geworden sei, was schon gar nicht zutrifft.[1] Freilich hat er die Erkenntnistheorie Kants mit ihrer Subjektivierung von Raum, Zeit und Kategorien nie ausdrücklich bekämpft. In seinen philosophischen Schriften wird man vergebens nach einer Parallele zu der intensiven Idealismus-Kritik suchen, die bei Jean Paul inmitten seiner satirischen Periode, um 1788, mit bissigen Ausfällen gegen Kants „Kritik der reinen Vernunft" eingesetzt hatte, im brieflichen Gedankenaustausch mit F. H. Jacobi sowie in der Mitarbeit an Herders „Metakritik" dann ihre Fortsetzung fand und schließlich in einer genialen Satire auf Fichtes „Wissenschaftslehre", in der „Clavis Fichtiana seu Leibgeberiana" (1800), gipfelte.[2] Doch sich aus Desinteresse an erkenntnistheoretischen Problemen über den subjektiven Idealismus auszuschweigen ist eines. Etwas ganz anderes ist es, ihm verfallen zu sein, und dafür, daß Schiller das letztere vorzuwerfen wäre, gibt es keinen

Anhaltspunkt. Was an seinem Kant-Studium von 1791 mit Recht beanstandet werden kann, ist einzig die dilettantische Art, in der er die grundlegende „Kritik der reinen Vernunft" ungelesen beiseite schob, um sich unvermittelt, unvorbereitet sogleich in die Lektüre der Kantischen Ästhetik, in Gestalt der „Kritik der Urteilskraft", zu stürzen, nur weil die, soeben erschienen, ihm als Dichter mehr zu geben versprach. (Ein Irritiertsein durch Kants Erkenntnistheorie findet man in der deutschen Literaturgeschichte erst beim jungen Kleist.) Schillers Hinwendung zur Ästhetik Kants hätte an sich aber auch keine desorientierende Wirkung zu haben brauchen. Denn die in der „Kritik der Urteilskraft" explizierte Theorie des „interesselosen Wohlgefallens" hat nicht den reaktionären Inhalt, den der Vulgärmarxismus in sie hineinzudeuten pflegt.[3] Sie grenzt vielmehr lediglich das ästhetische Empfinden einerseits gegen das sinnliche Begehren, andererseits gegen die moralischen Impulse ab und hat mit dieser Errungenschaft zu ihrer Zeit in durchaus vorwärtsweisendem Sinn, im Sinne der für die Emanzipation des Bürgertums unentbehrlichen Verselbständigung der Kunst, dazu beizutragen, sowohl deren spezifisches Wesen als auch die Eigenart ihrer Wirkung begrifflich trennscharf herauszuarbeiten. Das jedoch genügte Schiller nicht. Er wollte dem Ästhetischen als solchem sittliche Bedeutung zuerkannt wissen, und das Ideal der „schönen Seele", das er zu dem Zweck im Schreckensjahr 1793 aufstellte – in den „Kallias-Briefen" und in der Schrift „Über Anmut und Würde"[4] –, setzt im gleichen Maße, wie es von revolutionsfeindlichen Motiven eingegeben ist, mit der Aufhebung der Grenze zwischen Moralität und Schönheit die *Abkehr* von den Intentionen der Kantischen Philosophie voraus – weshalb Schiller sich von seiten Kants denn auch den Vorwurf zuzog, daß er aus den Grazien, indem er ihnen gestatte, „sich ins Geschäft der Pflichtbestimmung einzumischen", „Buhlschwestern im Gefolge der Venus Dione" mache.[5]

Für die vorliegende Untersuchung ist diese Wende der Schillerschen Kant-Rezeption höchst aufschlußreich. Sie ist es deswegen, weil sie sich mit der Einstellung Jean Pauls zu Kant eng zu berühren scheint und man doch bei näherem Zusehen gewahr wird, mit welch weittragenden Konsequenzen beide Dichter gerade hier voneinander abweichen. Wie Jean Paul seit 1788, seit seiner Lektüre der „Kritik der praktischen Vernunft"[6], fühlte nämlich auch Schiller seit 1792/93 sich von der Hoheit und Reinheit der Kantischen Ethik angezogen. Und wie Jean Paul nahm nichtsdestoweniger auch er, besorgt um das harmonische, von Dualismen freie Bild der menschlichen Natur, auf das jeder humanistische Dichter Wert legt, an Kants Rigorismus, an seiner schroff ausschließenden Entgegensetzung von Pflicht und Neigung, Anstoß. Am bündigsten formuliert diesen Vorbehalt das berühmte Schillersche Distichon „Gewissensskrupel" von 1796, das als Nr. 388

in den „Xenien" steht: „Gerne dien' ich den Freunden, doch tu' ich es leider mit Neigung, / Und so wurmt es mich oft, daß ich nicht tugendhaft bin."[7] Jean Paul muß, wie sehr er über die „Xenien" sonst auch entrüstet war, diesen Spottvers daraus uneingeschränkt bejaht haben, denn in Briefen von ihm an Otto, vom November 1794, sowie an Emanuel, vom Februar 1795, finden sich ähnliche Äußerungen[8], und schon im Winter 1788/89 hatte er in seiner Abhandlung „Über die Tugend" gegen Kant eine von Neigung getragene, aus sinnlichen Antrieben entspringende Güte des Menschen als Realität des sittlichen Lebens nachgewiesen und überschwenglich gefeiert.[9]

Trotzdem ist die Differenz zwischen seiner und der Schillerschen Auffassung auch hier von Anfang an unverkennbar. Aufrechterhalten läßt der Eindruck einer schlechthin identischen Stellungnahme zu Kants Ethik sich nur so lange, wie man jenes Distichon isoliert nimmt. Stellt man es in den Kontext der Überlegungen, aus denen sein gedanklicher Gehalt bei Schiller 1792/93 hervorgewachsen ist, und vergleicht man damit die Argumente, die fünf Jahre vorher Jean Paul gegen den Kantischen Rigorismus ins Treffen geführt hatte, so zeigt sich: Beide Dichter sind mit demselben Problem auf kaum zu vereinbarenden Wegen fertiggeworden, und bereits vom Ansatz der Fragestellungen her war es die unterschiedliche Haltung zum Ästhetischen, die ihre dann im Ergebnis so verwandt anmutenden Kant-Kritiken disparat machte.

Dabei ist auch Jean Paul an ästhetischer Theorie stark interessiert gewesen. Schon in den frühesten Exzerpten und auch in den „Übungen im Denken" des Sechzehn-, Siebzehnjährigen klingt dies gelegentlich an.[10] Während der darauffolgenden Periode hat der Satirenschreiber unentwegt auf die Formprobleme des von ihm gewählten Genres reflektiert.[11] Und vollends bezeugt das später in seiner „Vorschule der Ästhetik" ausgebreitete und verarbeitete Gedankenmaterial, welch reiche Kenntnisse auf diesem Gebiet dem reifen Humoristen und Prosadichter zu Gebote standen – um vieles reicher als die, über die Schiller verfügte.[12] Nichts lag dem Denker Jean Paul jedoch so fern wie ein Rekurs auf ästhetische Kategorien, als er sich mit der „Kritik der praktischen Vernunft" auseinandersetzte. Seine Abhandlung „Über die Tugend" bewegt sich durchweg streng fachgerecht im Rahmen ethischer Fragestellung und greift dort, wo sie die Wahrheit des Kantischen Rigorismus bestreitet, ausschließlich auf Argumente von der Art zurück, daß es den edlen Empfindungen des Menschen nicht zur Schande gereiche, „erst durch die Sekretion, die dem Kastraten fehlt, in Blüte zu schlagen", usw.[13] Damit soll nicht behauptet werden, daß Kant von dieser Beweisführung, wäre sie ihm zur Kenntnis gelangt, sich eher hätte überzeugen lassen als später von Schillers Schrift „Über Anmut und Würde". Aber sich über eine unzulässige Einmischung der Grazien zu beschweren hätte er keinen Grund gehabt. Von einem Versuch, die spezifisch moralphilosophische Problematik auf die ihr heterogene ästhetische Ebene hinüberzuspielen, den Dualismus von Pflicht und Neigung in einer „Anmut" des Verhaltens aufzuheben, die vom Musischen her geprägt ist, fehlt in der Abhandlung „Über die Tugend" jede Spur.

Natürlich liegt es nahe, dies darauf zurückzuführen, daß zur Zeit der Niederschrift dieser Arbeit die erst 1790 veröffentlichte „Kritik der Urteilskraft" noch nicht vorlag, während die später einsetzende Kant-Rezeption Schillers vornehmlich im Zeichen dieses Werks hat stehen können. Doch Jean Paul hat seinerseits die „Kritik der Urteilskraft" bald nach ihrem Erscheinen gelesen, und in der Folgezeit kannte er sie nicht nur gut genug, um imstande zu sein, die „Kalligone", Herders große Streitschrift gegen sie, durch sachkundig-kritischen Ratschlag zu fördern[14], sondern er ist, ungeachtet seiner Vorbehalte, von Kants ästhetischer Doktrin in mancher Hinsicht auch selbst beeinflußt worden; man denke etwa daran, daß er seine Verwerfung sexueller Sujets in der Poesie von den neunziger Jahren an stets auf Gründe zu stützen pflegte, deren Herkunft aus dem Kantischen „interesselosen Wohlgefallen" evident ist.[15] Dennoch hat Jean Paul, sobald er sich zu Kants Ethik äußerte, strikt daran festgehalten, das ihr zugrunde liegende dualistische Menschenbild nur auf *der* Problem-Ebene in Zweifel zu ziehen, auf der es im Kontext des Kritizismus selbst angesiedelt ist, d. h. die Moralität mit den Triebphänomenen, den Leidenschaften, Neigungen, vitalen Interessen des wollenden und handelnden Subjekts so in Beziehung zu setzen, daß sie sich als mit diesen virtuell in harmonischem Einklang befindlich darbietet.

Keine andere Deutung lassen die erwähnten, an Otto und Emanuel gerichteten brieflichen Äußerungen vom Winter 1794/95 zu. Wenn es da, über ein Jahr nach dem Erscheinen von „Über Anmut und Würde", heißt, daß „der höchste Grad der Moralität ohne Kampf, folglich ohne die Unlust bestrittener Triebe sein" müsse, daß „die Tugend ohne Anlaß zu Siegen, d. h. ohne Angriffe des Lasters, am größten" sei[16], so ist zwar die Nähe zu dem, worauf Schiller in jener Schrift hinauswollte, mit Händen zu greifen. Indes wird dem unseligen Einfall Schillers, den Dualismus von Pflicht und Neigung durch ein Niederreißen der Schranke zu überwinden, die bei Kant die moralischen Impulse von den ästhetischen Empfindungen trennt, hier nicht die geringste Konzession gemacht. Und das ist – so behaupte ich – aus primär politischen Gründen kein Zufall, da es sich bei der Verquickung des Moralischen und Ästhetischen um das eigentlich konterrevolutionäre Moment der Philosophie des klassischen Schiller handelt, gegen das Jean Pauls „Titan" konzipiert worden ist.

Den Beweis hierfür liefern die „Briefe über die ästhetische Erziehung des Menschen". In ihnen treibt das Bestreben Schillers, dem Ästhetischen als solchem sittliche Bedeutung zu vindizieren, eine kulturpädagogische Theorie hervor, die eindeutig zeigt, woraus es entsprungen ist: aus seinem Entsetzen über die Französische Revolution, aus seiner Preisgabe der eigenen revolutionären Jugend-Ideale, aus seinem Bedürfnis, apolitisch zu werden, und das heißt: sich in der eigenen literarischen Arbeit auf die Bewältigung bloßer Formprobleme zurückzuziehen. In diesem Sinne nehmen die „Briefe" zur Revolution Stellung. In diesem Sinne ziehen sie aus den blutigen Ereignissen der Revolution die Lehre, daß allen Versuchen, Staat und Gesellschaft umzugestalten, die Erziehung des Menschen, als je einzelnen Individuums, im Rahmen der bestehenden Verhältnisse vorauszugehen habe. Wenn, so meint Schiller, der Versuch der Franzosen, nach Vernunftgrundsätzen eine Gesellschaft der Freien und Gleichen zu schaffen, in ein gräßliches Chaos ausgeartet sei, so deshalb, weil die Menschen dafür noch nicht reif gewesen wären. Also komme es zunächst darauf an, sie zu bessern, um sie auf eine kommende Veränderung des Gesellschaftszustandes vorzubereiten, und bis dahin müsse auf jedes Streben nach Reformen verzichtet, vor allem aber jeder Gedanke an revolutionäre Umwälzung aufgegeben werden.[17]

Daß Jean Paul bereits über diesen Punkt – und nicht erst über das konkrete Erziehungsprogramm, das Schiller im Anschluß daran entwickelt – ganz anders gedacht hat, geht wieder aus einer aufschlußreichen Stelle seines damaligen Briefwechsels mit Emanuel hervor. Sie ist Teil einer breiter angelegten Argumentation, mit welcher der erfahrene Pädagoge seinen Freund davor warnt, an die Wirkungen guter Erziehung auf Kinder und Jugendliche übertriebene Erwartungen zu knüpfen. Unter anderem weist er in diesem Zusammenhang darauf hin, daß „die besten Völker – die Griechen, Römer und Engländer – die schlechtesten Schulen" gehabt hätten, während die Deutschen durch ihre ausgezeichneten Schulen „wohl gelehrter, aber nicht besser" würden. Daraus zieht er den Schluß: „Kurz, damit der Mensch gut werde, braucht er ein lebenslanges Pädagogium, nämlich einen – *Staat.* Solange unsere *Regierungsform* sich nicht so ändert, daß aus Sklaven Menschen, aus Egoisten Freunde des Vaterlandes werden – solange uns nicht der Staat und der Ruhm darin *ein* Motiv wird, groß zu handeln – solange der Reichtum geachtet wird (und das muß so lange dauern, wie die Sklaverei die Mittel erschwert, nicht zu verhungern), solange bleibt die Menschheit ein elender, niedriger, ängstlicher Schwarm, aus dem nur einzelne moralische Halbgötter hervorragen und den alles Predigen und Erziehen nur veränderlich, nicht gut macht. – Ich müßte hier so viel Papier, wie im ‚Hesperus' ist, vor mir haben, um alles zu beweisen."[18]

Diese Stelle erweist sich als der eigentliche Schlüssel zum Verständnis der spezifischen Erziehungsproblematik im „Titan", sobald man sie als Ausdruck der revolutionär-demokratischen Gegenposition zu Schillers „Briefen über die ästhetische Erziehung" betrachtet. Und aus rein philologischen Gründen ist es unerläßlich, das zu tun. Nicht zwar in dem Sinne, daß die Stelle unmittelbar als Kritik an den „Briefen" anzusehen wäre. Das Schreiben an Emanuel, dem sie entnommen ist, trägt das Datum des 18. November 1795[19], und nachweislich hat sich Jean Paul erst drei Tage später von Otto die – kurz zuvor erschienenen – beiden Hefte der „Horen" ausgeliehen, die den Erstdruck der „Briefe" enthalten.[20] Er kann diese, als er die zitierte Äußerung zu Papier brachte, also noch nicht gekannt haben, was im übrigen auch deswegen ausgeschlossen scheint, weil er andernfalls gegenüber Emanuel sicher auf Schiller angespielt haben würde; die weitgehende Identität des zwischen den Freunden erörterten Themas mit dem in den „Briefen" behandelten läßt keinen anderen Schluß zu. Aber in Anbetracht des geringen zeitlichen Abstands zwischen jener Äußerung und seiner Lektüre der „Briefe" kann man sich unschwer vorstellen, wie Jean Paul über Schillers Konzeption dann gedacht haben wird, zumal wenn man sich überlegt, wie stark das hier wie dort angeschnittene Problem ihn damals beschäftigt haben muß, das ihm nur in einem Buch vom Umfang des „Hesperus" erschöpfend zu behandeln möglich schien, und wenn man hinzunimmt, daß er später tatsächlich ein großes pädagogisches Werk geschrieben hat.[21] Soeben hatte er erklärt, das Besserwerden der menschlichen Individuen setze die Änderung der Regierungsform, ja die Abschaffung der Sklaverei, die Überwindung von Reichtum und Armut voraus – prompt sah er sich in den „Horen" mit dem entgegengesetzten Standpunkt konfrontiert, der eben diese – einzig vernünftige, einzig realistische – Reihenfolge umzukehren verlangte.

Doch damit nicht genug. In Schillers „Briefen" wird – das ist, wie schon der Titel besagt, der Kern des in ihnen explizierten Erziehungsprogramms – als das entscheidende Mittel, die Menschen sittlich zu bessern, in konsequenter Weiterentwicklung jener Ästhetisierung des Moralischen, die Jean Paul bereits aus der Schrift „Über Anmut und Würde" geläufig war, die Erweckung und Kultivierung des ästhetischen Sinns propagiert[22], und diese Idee mußte Jean Paul aus diversen Gründen als ebenso absurd erscheinen wie die revolutionsfeindliche politische Prämisse, aus der er sie jetzt abgeleitet sah. Erstens schloß sie die ästhetisierende Lösung ein, mit der in „Über Anmut und Würde" die Kantische Entgegensetzung von Pflicht und Neigung überwunden wird, die er in seiner Abhandlung „Über die Tugend" fachgerecht, mit Hilfe einer innerethischen Argumentation zu überwinden versucht hatte. Zweitens war er selbst soeben, an einer anderen Stelle des Briefs vom 18. November, auf die einzige Kunstgattung, die allen-

falls moralische Wirkungen beim Rezeptiven zu zeitigen vermag, eingegangen: auf die Belletristik, wobei er sogar *deren* veredelnden Einfluß ziemlich gering veranschlagt hatte mit der Bemerkung: „Wie
sollen die pedantischen Lehren der Lehrer auf das ungebildete Kind
mehr wirken als die schönsten, geliebtesten in den Büchern auf den
gebildeten Menschen? *Und doch, wie selten bekehrt ein Buch!*"[23] Bei
Schiller aber fand er, derart skeptisch gestimmt, nun eine Theorie vor,
die nicht bloß die läuternde Ausstrahlungskraft poetisch gestalteter
Charaktere im Auge hatte, sondern der ästhetischen Bildung im allgemeinen, jeder Art von Geschmacksverfeinerung, selbst der Betätigung
des Spieltriebs u. dgl. moralische Relevanz zusprach. Drittens gehörte
die Situation, in der Jean Paul die „Briefe" las, auch noch demjenigen
Stadium seiner Arbeit am „Titan" an, das durch die „Allwill"-Rezep-
tion, durch das Gewahrwerden der sittlich fragwürdigen Seiten des
künstlerischen Genies, gekennzeichnet ist.[24] Mußte ihm folglich bereits die politische Ausgangsüberlegung der „Briefe": der Individual-
erziehung den Vorrang vor der Veränderung der Gesellschaft einzuräumen, als verdächtig erscheinen, so gilt das für die in ihnen vorge-
schlagene Art der Erziehung erst recht. Und wie negativ mußte die
ihm erst im Lichte der neuen gesellschaftlichen Erfahrungen und
Kenntnisse vorkommen, die er nur sieben Monate später in Weimar
erwarb: Die gestörte Entwicklung August Herders und das, was Herder, Karoline, Knebel, Charlotte v. Kalb über so manche Niederträchtigkeit zu berichten wußten, die sich hinter den Kulissen des im
Schönheitskult schwelgenden Weimarer Musenhofs zutrug, schienen
den Theoretiker Schiller in einem Maße zu widerlegen, das die Klagen
Syllis bei Jacobi noch weit überstieg.
Nichtsdestoweniger verdient festgehalten zu werden, daß Schiller, soweit er in den „Briefen" der Aneignung ästhetischer Kulturwerte für
die Herausbildung vollkommener, harmonischer Persönlichkeiten
große Bedeutung beimißt, an sich recht hat. Es ist vor allem eine Errungenschaft, die nicht hoch genug veranschlagt werden kann, wenn er
darin ein Mittel sieht, der durch die Arbeitsteilung hervorgerufenen
Vereinseitigung und Deformierung des Menschen entgegenzuwirken.[25]
Aber damit verbindet sich bei ihm ein doppelter Fehler. Einerseits
verleiht Schiller der ästhetischen Komponente idealer Erziehung ein
die übrigen, nicht weniger wichtigen Komponenten erdrückendes, sie
absorbierendes Übergewicht, das, pädagogisch praktiziert, selbst wieder zur Vereinseitigung und Deformierung führen müßte. Bezeichnend
ist hierfür beispielsweise, daß die „Briefe" den erzieherischen Wert
ignorieren, der in der Stimulation des rationalen Denkens durch die
Beschäftigung mit Philosophie und Wissenschaft liegt, und daß sie,
infolge ihres krampfhaft betonten Apolitizismus, die Erweckung des
Verantwortungsbewußtseins für öffentliche Belange natürlich erst recht

nicht als Erziehungsfaktor in Betracht ziehen. Andererseits verspricht Schiller sich von der ästhetischen Erziehung als solcher einen moralisch veredelnden Effekt, den zu erzielen ihr wesensfremd ist. Selbst die Dichtung, die – ein Ausnahmefall unter den Künsten – diese Wirkung mitunter wirklich hat, bedarf dazu stets eines sittlichen Gehalts, dem ihre spezifisch künstlerischen Ausdrucksformen sich dienend unterordnen müssen, da sie ihn von sich aus nicht hergeben. Die Möglichkeit amoralischer Literatur von künstlerischer Vollkommenheit kann nicht a priori ausgeschlossen werden, und die Beweggründe, aus denen man sie als abstoßend empfände, würden die bereits existierende Moral der Gesellschaft, nicht deren ästhetischen Geschmack, voraussetzen. Ebenso ist ein amoralischer Ästhet kein Widerspruch in sich. Im „Bildnis des Dorian Gray" etwa hat später Wilde mit der Gestalt Lord Henrys einen solchen Charakter gezeichnet, und wie dieser plastischen, überzeugend wirkenden Romanfigur durch *ästhetische* Erziehung ihr Zynismus ausgetrieben werden sollte, bleibt unerfindlich.

Sehr spät und nur ein einziges Mal dämmert bei Schiller, vermutlich unter dem Eindruck der frühromantischen Überspitzung seiner Theorie, eine schwache Ahnung der damit angedeuteten Problematik auf. In der gegen Ende seiner philosophischen Periode entstandenen kleinen Abhandlung „Über den moralischen Nutzen ästhetischer Sitten"[26] („Horen" 1796, drittes Stück) führt er richtig aus, ästhetische Gefühle könnten im Widerstreit zwischen Pflicht und Neigung leicht unsere Vernunft meistern und uns dazu bestimmen, die widerwärtige, weil schwere, Tugend dem gefälligen Schein zu opfern. Wo das geschehe, da wirke der Schönheitssinn nicht veredelnd, da verfeinere er nur die Selbstsucht und vergifte so die Sittlichkeit in ihren Quellen.[27] Diese Erkenntnis – eines der Generalthemen des „Titan" – führt bei Schiller indes nicht zu der durchgreifend selbstkritischen Revision seines Standpunkts, zu der sie, wirklich ernst genommen, führen müßte. Vielmehr ist er schnell bei der Hand mit der beruhigenden Erklärung, ästhetische Gefühle seien zwar von sich aus nicht imstande, lautere Gesinnung zu erzeugen, wohl aber versetzten sie den Menschen in die dafür günstigste Stimmung, und darin bestehe ihr moralischer Nutzen.[28] Damit ist die Angelegenheit für ihn erledigt. Der Sache nach ist sie es nicht. Und in den zwei Jahre davor entstandenen „Briefen" findet man noch nicht einmal eine solche leicht einschränkende Erwägung. Hier wird von Schillers Denken die Moral als Gegenstand pädagogischen Bemühens zwar unentwegt umkreist, doch nur zu dem Ziel, sie vollständig vom ästhetischen Gefühl abhängig zu machen. Daß es ethische Impulse gibt, die dem Schönheitssinn gegenüber autonom sind, und daß auch sie der Weckung und Kräftigung bedürfen, wollen die „Briefe" so wenig wahrhaben wie die Schrift „Über Anmut und Würde". Wo der Verfasser auf derartige Phänomene des sittlichen

Lebens stößt, da disputiert er sie, bisweilen unter Aufbietung der will-
kürlichsten Sophismen, aus der Welt. Das Gute ist angewiesen auf das
Schöne – so lautet sein ewiger Refrain.

Zu erklären ist diese an Monomanie grenzende Einseitigkeit daraus,
daß in Schillers geistigem Werdegang die Abkehr von der Französischen Revolution aus seiner philosophisch unangemessenen Kant-Kritik,
aus seinem Versuch, den Widerstreit von Pflicht und Neigung *und* die
Grenzziehung zwischen dem Ethischen und dem Ästhetischen in *einem*
Zuge zu überwinden, das Begriffsinstrumentarium einer Selbstrecht-
fertigung gemacht hatte, die der nicht-„naive", der „sentimentalische"
Dichter brauchte, wollte er die Preisgabe des revolutionären Gehalts
seiner bisherigen Tendenz-Dramatik, von den „Räubern" bis „Don
Carlos", sowie den bevorstehenden, von ihm innerlich schon ange-
steuerten Übergang zu tendenzfreien Formexperimenten à la „Wallenstein" und „Maria Stuart" vor dem eigenen Gewissen motivieren.
Sinnlichkeit und moralische Vernunft, Neigung und Sittengesetz mit
Hilfe der Schönheit zur Harmonie aufheben, das hieß bei ihm der
schönen Form, so selbstherrlich-autonom, wie Kant sie in der „Kritik
der Urteilskraft" auffaßt, genau das zuerkennen, was Kant ihr ab-
spricht: eine sittliche Funktion per se. Es hieß somit: den Inhalt des
Kunstwerks, auch des literarischen, von der Aufgabe entbinden, auf
die Veränderung schlechter gesellschaftlicher Verhältnisse hinzu-
arbeiten.

Daß hierbei, philosophiehistorisch gesehen, eine ambivalente, keine
unbedingt reaktionäre Theorie herausgekommen ist, lehrt ein Blick
auf den Prozeß der Annäherung des philosophischen Gedankens an
die reale gesellschaftliche Rolle der Kunst. In den klassischen Kunstepochen der Vergangenheit – der Antike, der Renaissance – hatte allerdings das Ästhetische objektiv kultivierend auf das Leben, auf die
Gesellschaft eingewirkt. Aber weder bei den Künstlern selbst noch bei
den damaligen Denkern hatte es jemals ein diese Wirkung reflektie-
rendes Bewußtsein gegeben. Und als endlich die Reflexion darauf eingesetzt hatte, im Aufklärungs-Zeitalter, da war man nicht viel weiter
gekommen, als – mit Voltaire – die Kunst als „décoration de la vie"
zu definieren. Demgegenüber stellte es einen Fortschritt dar, wenn jetzt
Schiller die Schönheit als erzieherische Macht im Leben der Menschen
begriff, einen um so bedeutenderen, als in den Erweis ihrer Notwendigkeit, wie gesagt, Gründe mit einflossen, die von Besorgnis um die
enthumanisierenden Auswirkungen der Arbeitsteilung eingegeben
waren. Doch belastet mit der Negierung des politischen Engagements
der Literatur durch einen ehemaligen, mit seinen früheren Intentionen
nunmehr abrechnenden Tendenz-Dramatiker, schlug diese Errungenschaft, wie pädagogisch in Illusionen über den moralischen Wert des
Geschmacks, so ästhetisch in eine falsche Verabsolutierung des for-

malen Elements um, die das Errungene wieder aufhob, indem sie das literarische Schaffen von seinem – stets an den Inhalt gebundenen – Wirklichkeitsbezug zu entleeren drohte. Und ging mit der Errungenschaft gar, wie am speziellsten in den „Briefen über die ästhetische Erziehung", der paradoxe Anspruch einher, die Herstellung einer menschenwürdigeren Gesellschaft durch veredelnde Ästhetisierung des menschlichen Verhaltens, d. h. das Ziel idealer Politik durch Dispensation jedes politischen Strebens, durch dessen vorsätzliche Preisgabe zugunsten der Ausbildung von Kunstverständnis, der Angewöhnung „anmutigen" Betragens u. dgl., näherzubringen, so war *das* ein Konzept, das nicht mehr als ambivalent, das nur noch als reaktionär bewertet werden kann.

Nach Schiller führt der Weg zur Freiheit durch das Schöne, der Weg zu einer gerechteren Ordnung des menschlichen Zusammenlebens über die Erweckung und Betätigung des ästhetischen Gefühls. Das „Geschenk liberaler Grundsätze", heißt es in den „Briefen", werde „Verräterei an dem Ganzen", solange in den unteren Klassen die rohe Natur, die blinde Gewalt der Triebe herrsche und bei den höheren Ständen Erschlaffung und Entartung des natürlichen Gefühls die Regel seien. Das eine wie das andere Gebrechen gelte es durch ästhetische Erziehung der Individuen auf dem Boden der bestehenden, nicht anzutastenden staatlichen und sozialen Ordnung zu überwinden. Sei diese Aufgabe – eine „für mehr als ein Jahrhundert" (!)[29] – bewältigt, dann werde, irgendwann einmal, ein ähnlicher Augenblick wie der von 1789 ein seiner würdigeres Geschlecht finden.

Ein abstruser Einfall. Man fragt sich, wie eigentlich die unteren Klassen, solange ihnen die nötigsten Subsistenzmittel fehlen, zur Aufnahme ästhetischer Werte befähigt werden sollen und wie ohne Veränderung des Gesellschaftszustandes ihre materielle Lage so gehoben werden kann, daß der Genuß des Kunstschönen ihnen zum Bedürfnis wird. Ob Schiller sich diese Frage auch gestellt hat, ist ungewiß. Aus dem Text geht es nicht hervor. Beantwortet aber hat er sie implicite auf sehr bequeme Weise: dadurch, daß er im weiteren Verlauf seiner Ausführungen den unteren Klassen keine Beachtung mehr schenkte, ja den Ausgangspunkt seiner Überlegungen fallenließ.

Während der Arbeit an den „Briefen" bemächtigte sich seiner eine immer stärker werdende Abneigung gegen alles Politische. Infolgedessen griff er Ideen seines neuen Freundes W. v. Humboldt auf, von denen er glaubte, daß sie zur theoretischen Fundamentierung eines radikalen Apolitizismus tauglich seien. Bei Humboldt hatte der Horror vor den demokratischen Extremen der Französischen Revolution, zusammen mit seiner ebenso starken Antipathie gegen den Polizeidespotismus Friedrich Wilhelms II. im heimatlichen Preußen, die Überzeugung reifen lassen, daß der Staat überhaupt – jedweder Staat – im

Grunde nichts tauge, daß er bestenfalls ein notwendiges Übel sei, weshalb seine „Wirksamkeit" im Interesse der freien Entwicklung der Individuen möglichst eingeschränkt werden sollte.[30] Die Spitze dieses kulturphilosophisch verfeinerten, dabei schon an spätere anarchistische Konzeptionen angrenzenden Liberalismus richtete sich unter den in Deutschland bestehenden Bedingungen hauptsächlich gegen die Institutionen und Praktiken der absoluten Monarchie und war insofern, trotz der anders gearteten Motivation, dem demokratisch-republikanischen Oppositionsgeist eines Herder, eines Jean Paul oder Hölderlin effektiv nicht unverwandt. Schiller aber verstand es nicht so. Für ihn bedeutete die staatsnegierende Gesinnung seines neuesten Geistesgefährten eine willkommene Aufforderung, unpolitisch zu werden. Und dadurch trat unterderhand in seinen „Briefen" eine Verschiebung der Tendenz ein.

In den ersten „Briefen" wird wenigstens noch eine – wenngleich in ferne Zukunft hinausgeschobene – Veränderung von Staat und Gesellschaft als der Endzweck deklariert, auf den die ästhetische Erziehung hinwirken soll.[31] In den späteren „Briefen" ist selbst davon keine Rede mehr. Sie vielmehr erklären unverblümt, daß die ästhetische Kultur immer nur Sache eines kleinen Kreises Auserwählter sein könne. Nur im „Staat des schönen Scheins" werde „das Ideal der Gleichheit erfüllt, das der Schwärmer (sprich: der politische Revolutionär – W. Hr.) so gern auch dem Wesen nach realisiert sehen möchte". Wann und wo aber wird es diesen „Staat" geben? Es gibt ihn bereits: „Dem Bedürfnis nach existiert er in jeder feingestimmten Seele; der Tat nach möchte man ihn wohl nur, wie die reine Kirche und die reine Republik, in einigen wenigen auserlesenen Zirkeln finden, wo nicht die geistlose Nachahmung fremder Sitten, sondern eigne schöne Natur das Betragen lenkt, wo der Mensch durch die verwickeltsten Verhältnisse mit kühner Einfalt und ruhiger Unschuld geht und weder nötig hat, fremde Freiheit zu kränken, um die seine zu behaupten, noch seine Würde wegzuwerfen, um Anmut zu zeigen."[32] Man sieht: Die unteren Klassen kommen nicht mehr vor. Sie sollen offenbar ad infinitum der „rohen Natur" und der „blinden Gewalt der Triebe" überlassen bleiben. Der Sinn der ästhetischen Erziehung reduziert sich nunmehr darauf, eine aus den erschlafften und entarteten höheren Ständen hervorgehende Kulturelite mit verfeinerten Gefühlen zu versehen. Was aus Staat und Gesellschaft, ob jetzt oder in irgendeiner Zukunft, werden soll, mag der Teufel wissen. Anmut und Würde feingestimmter Seelen in erlesenen Zirkeln – das ist 1795 das höchste soziale Leitbild des Mannes, dessen Losung einst „In tyrannos" hieß.

Jean Paul, der aus besagten Gründen die Schillersche Konzeption ohnehin ablehnte, muß namentlich diese Wendung als Herausforderung empfunden haben. Nicht anders ist es zu erklären, daß er seinen

„Titan" mit solch üblen Potentaten und Hofschranzen bevölkerte, wie man sie in den Sturm- und Drang-Dramen des *frühen* Schiller findet, und sie zugleich mit vernichtender Ironie als Kultur-Elite im Sinne der „Briefe über die ästhetische Erziehung des Menschen" schilderte. Die Luigi, Isabella, Froulay, Roquairol, Gaspard, Bouverot, Fraischdörfer usw. gleichen den hochgestellten Schuften aus den „Räubern" und „Kabale und Liebe" darin, daß sich in ihrer Amoral, ihren Gemeinheiten und Verbrechen die Fäulnis des feudalabsolutistischen Systems der deutschen Kleinstaaten offenbart. Doch sie sind dabei ausnahmslos Ästheten, die, im Stil von Weimar-Jena, Antiken-Abgüsse sammeln, sich auf Feinheiten der Renaissance-Malerei verstehen, den „Tasso" mit verteilten Rollen lesen und die griechische Kunst als schlechthin normativ betrachten. Die Schönheit ist ihnen das Höchste, Theateraufführungen nehmen sie ungeheuer wichtig, und nie lassen sie es in ihrem Betragen an Anmut fehlen. Diejenige negative Romanfigur aber, die, nach einem von langer Hand vorbereiteten, mit kriminellen Mitteln durchgeführten Plan, den Fall des verborgen aufwachsenden Prinzen Albano skrupellos für die eigenen egoistischen Zwecke auszubeuten sucht, der Vließ-Ritter Graf Gaspard von Zesara, ähnelt äußerlich Schiller und trägt, wie gesagt, stets Goethes Überzeugungen in dessen Diktion vor.

Ein weiterer Sonderfall ist Roquairol. Um diese Gestalt voll beurteilen zu können, muß man wissen, daß es noch eines letzten Schritts bedurfte, um von der Elite-Theorie, in der Schillers „Briefe" gipfeln, zu einem unbedingten Ästhetizismus zu gelangen, und daß es die Jenenser Romantik war, die ihn damals vollzog. Getragen vom Lebensgefühl der um 1770 geborenen Generation, die in den nachthermidorianischen Weltzustand hineinwuchs und seine Atmosphäre einsog, ohne von dem Ernst und der Härte des bürgerlichen Emanzipationskampfes im Aufklärungszeitalter noch berührt worden zu sein, griffen die Brüder Schlegel und ihre Freunde – entwurzelte, komplizierte, mit Bildung überladene junge Literaten, die sich jetzt in Jena zu einer neuen Schule formierten – die Schillerschen Ideen auf, um sie hemmungslos zu überspitzen. Friedrich Schlegel freilich, der Doktrinär der Gruppe, mehr als die übrigen hin- und hergerissen zwischen spürsinniger Anpassungsbereitschaft und dreister Oppositionslust, tat das zunächst als quasi-jakobinisch gesinnter Radikaler. Mit unverhohlener Sympathie für den antikisierenden Republikanismus der französischen Revolutionäre, ihm ähnlich huldigend wie Forster und Hölderlin, überbot der junge Mann, der zwölf Jahre später im Schoß der katholischen Kirche landen sollte, in Reichardts „Deutschland" die Orientierung der Weimarer Klassik an griechischen Kunstnormen durch eine gegen die moderne Poesie gerichtete Parteirede[33], die den entrüsteten Schiller, neuerdings Verfechter der Daseinsberechtigung des

„sentimentalischen" Dichtertyps[34], dazu veranlaßte, in den „Xenien" vor solch schrankenloser „Graecomanie" zu warnen.[35] Indes im gleichen Maße, wie der Geist des Directoire sich in Deutschland ausbreitete, schlug im romantischen Lager, bei Aufrechterhaltung der oppositionellen Attitude, die linke Übertreibung der Weimarer Tendenzen in eine rechte um, und nun waren es die „Briefe über die ästhetische Erziehung des Menschen", deren Gedanken dazu herhalten mußten, benutzt, ins Extreme gesteigert und gegen ihren maßvolleren Urheber gekehrt zu werden. Mündete bei Schiller die Verselbständigung des Kunstschönen, vermittelt durch den Einfall, daß allein ästhetische Kultur den Menschen zu veredeln imstande sei, letztlich doch in eine gesellschaftsbezogen-moralische Aufgabe ein, so ward von den Romantikern das Ästhetische zum absoluten Selbstzweck erhoben. Zeichnete bei ihm die vorschwebende Elite sich noch durch den harmonischen Gemeinsinn, den das kultivierte Betragen in erlesenen Zirkeln fördern soll, aus, so proklamierten sie die bindungsfrei auf sich gestellte Individualität und Originalität des Künstlers als das Non plus ultra von Natur und Geschichte.

Unter diesen Umständen konnte es nicht ausbleiben, daß die demokratische Opposition gegen Weimar–Jena, als sie den Ästhetengeist des Zeitalters in die Schranken forderte, beide Richtungen als Einheit nahm. So verfuhr Herder, so auch, bei der Abfassung des „Titan", Jean Paul. Dies hatte sein Mißliches insofern, als die im gegnerischen Lager sich abzeichnenden Differenzierungen allzu lange außer Sicht blieben und infolgedessen mögliche Partialbündnisse mit der Klassik versäumt wurden (erst die „Vorschule der Ästhetik", namentlich in ihrer zweiten Auflage[36], hält sich von diesem Fehler frei). Trotzdem war es nicht unberechtigt, so zu verfahren, da die Frühromantik in der Tat aus der Weimarer Klassik hervorgewachsen ist und, nach Schlegels kurzem jakobinischen Debut, ihre negativen Aspekte überpointiert hat. Wie groß die Differenz zwischen den Jenensern und Schiller auch sein mochte, er hatte in den „Briefen" ihren geistigen Exzessen den Weg gebahnt. Durch seine Formalisierung des Kunstinteresses, seine Ästhetisierung der Ethik waren dem zynischen Bekenntnis der Romantiker zur Bindungslosigkeit der Poesie die Stichworte geliefert worden. Wie in allem, so stellte die Romantik auch hier die auf den Fuß folgende Konsequenz der Klassik dar. Sie enthüllte deren problematische Seiten, indem sie an sie anknüpfte und sie überbot.[37]

Und eben Jean Paul war der rechte Mann, einen solchen Zusammenhang im dichterischen Sinnbild festzuhalten. Denn bekämpfenswerte Zeiterscheinungen bloßzustellen durch Übertreibungen, die sie in kaum noch ausdenkbar extreme Konsequenzen verfolgen, das gehörte seit jeher bei ihm zum satirischen Metier. Also mußte ihm auch das Umgekehrte liegen: von den Extremen her, die er realiter vorfand, in die

Problematik ihrer Ursprünge hineinzuleuchten. Und er tat, was ihm lag. Er hat nicht nur als theoretischer Kopf, in der Vorrede zur zweiten Auflage des „Fixlein", mit satirischer Polemik gegen Schillers „Briefe" vom Leder gezogen.[38] Er hat sie danach auch als Menschengestalter, und da weit gründlicher, widerlegt: In Roquairol, der negativsten Figur des „Titan", schuf er ein Symbol der Jenenser Romantik, das zugleich durch und durch Produkt ästhetischer Erziehung im Schillerschen Sinne ist, gerade so, wie die wirklichen Romantiker, mag deren spezielle Exaltation mit der Doktrin der „Briefe" auch nicht mehr zu legitimieren sein, unvorstellbar wären ohne ihre in der „Kunstperiode" verbrachte, ästhetisch überfütterte Kindheit.

Die Wirkung ästhetischer Erziehung zeigt sich zum ersten Mal bei dem Knaben Roquairol, als er die Werther-Tracht anzieht, bevor er aus unglücklicher Liebe einen Selbstmordversuch unternimmt. Und mit geglücktem Freitod endet Roquairols Leben dadurch, daß er in der Liebhaberaufführung eines Schauspiels in der Rolle des Selbstmord begehenden Helden sich wirklich erschießt.[39] Laut Notiz vom Sommer 1796 hatte es, wie wir sahen, die des Franz Moor aus den „Räubern" sein sollen[40], ein weiteres Anzeichen dafür, daß der „Titan" auf die Auseinandersetzung mit Schiller hin konzipiert worden ist, daß er wahrscheinlich sogar Schiller selbst in nachdenklich stimmender Weise an das eigene Werk hat erinnern wollen. Wenn schon damals auf derselben Seite der zweiten „Fixlein"-Vorrede, auf der Schillers „Briefe" verhöhnt werden, ein wohlgezielter Hieb auch Friedrich Schlegel traf, obwohl der noch in seiner quasi-jakobinischen Phase steckte (sein Bruch mit Reichardt erfolgte erst ein Jahr später)[41], so kann es nicht wundernehmen, daß Jean Paul sich bei der Ausarbeitung von Roquairols Ende durch den entfalteten Ästhetizismus der Schlegelschen Partei dazu herausgefordert sah, den ursprünglichen Einfall mit einem neuen, antiromantischen Akzent zu versehen: Der gedruckte Text des vierten „Titan"-Bandes läßt Roquairol seinen Tod nicht mehr als Franz Moor, sondern in einem selbstverfaßten Stück mit dem Titel „Der Trauerspieler" finden, und der eiskalt zuschauende Kunstrat Fraischdörfer gibt zu dem scheußlichen Vorfall einen – lobenden Kommentar von sich, der wie ein Zitat aus Friedrich Schlegels Schriften wirkt. „Von der Seite der Kunst genommen", meint Fraischdörfer, „wäre die Frage, ob man diese Situation nicht mit Effekt entlehnte. Man müßte, wie im genialischen ‚Hamlet', ein Schauspiel ins Schauspiel flechten und in jenem den scheinbaren Tod zum wahren machen. Freilich wär' es dann nur Schein des Scheins, spielende Realität in reellem Spiel und tausendfacher wunderbarer Reflex!"[42]

Wohlvertraut mit derlei Redensarten, sollte der damalige Leser im „Titan" die Fragwürdigkeit des moralischen Anspruchs, mit dem

Schiller den Ästhetengeist von Weimar-Jena ausgestattet hatte, am Beispiel eines Helden begreifen lernen, dessen ganzes Dasein durch die romantische Doktrin, die er ins Leben überträgt, so sehr zum Literaturreflex, zur Theatersensation pervertiert ist, daß er, bar jedes sittlichen Halts, noch die eigene Vernichtung als den Knalleffekt einer Premiere in Szene setzt. Und die Konfrontation mit einem derartigen Extremfall romantischen Fehlverhaltens sollte denselben Leser eben damit aufnahmebereit machen für ein anderes Erziehungsideal als das der Schillerschen „Briefe": für den in Albano, Roquairols Gegenspieler, verkörperten revolutionären Staatsmann.

X

Die kritische Rezeption der Philosophie Kants ist, wie gesagt, sowohl bei Jean Paul als auch bei Schiller jeweils dem reifsten Stadium ihres literarischen Schaffens vorausgegangen. Sie bahnte bei diesem der klassischen Dramen-Dichtung und davor bei jenem dem Übergang zu großen Erzählwerken den Weg. Die Biographie Goethes, des paradigmatisch „naiven" Dichters, kennt einen vergleichbaren Vorgang bezeichnenderweise nicht. Für die „sentimentalischen" Dichter, als die Schiller und Jean Paul zu begreifen sind, war der Vorgang typisch. Beide pflegten sich überwiegend vom Allgemeinen, von der Idee her der Wirklichkeit zu nähern.[1] Beide empfanden daher auch das Bedürfnis, sich in gedankenvollem Innehalten, mittels philosophischer Neubesinnung auf das größte poetische Vorhaben, das sie ihren Kräften abverlangten, vorzubereiten.

Indes auch in diesem Punkt gehen Gemeinsamkeit und Parallelität wieder Hand in Hand mit einem gravierenden Unterschied. Bei Jean Paul war 1788/89, wie wir sahen[2], die Auseinandersetzung mit der „Kritik der praktischen Vernunft" – neben seiner Abkehr von Helvétius, seiner Kritik am Stoizismus, seinem Sichdurchringen zu liebender und hassender Parteinahme – eine Komponente moralphilosophischer Überlegungen, die schließlich in bestimmten Gestalten seiner Romane ihren Niederschlag fanden. Er rang damals vor allem um ein neues sittliches Leitbild, das mit der Aufgabe des angehenden Epikers, positive Helden zu schaffen, besser in Einklang zu bringen war als das des stoischen Weisen. Und als er es in dem „hohen Menschen", den seine Abhandlung „Über die Fortdauer der menschlichen Seele" preist[3], gefunden zu haben meinte, da ging er sogleich daran, es, erst in der „Loge", dann im „Hesperus", in Charaktere konkreter Romanfiguren, wie Gustav, Ottomar, Lord Horion, Viktor usw., umzusetzen.

Nicht so Schiller. Auch in seinem Fall zwar diente der analoge philosophische Selbstverständigungsprozeß der Jahre 1791–96 der Vorbereitung seiner nachfolgenden Dichtung, aber nur in dem Sinne, daß er für ihr vorrangiges Orientiertsein an bloß formalästhetischen Aufgaben, für das Ausscheiden progressiv-tendenzhafter Inhalte aus ihr – siehe die Metamorphosen von „Wallenstein" und „Maria Stuart"[4] – die rechtfertigenden Argumente bereitstellte. Zur Gestalt geworden ist Schillers Erziehungsideal in seinen klassischen Dramen nirgends. Von keinem seiner Helden kann man sagen, daß er dem Leitbild der „schönen Seele" entspräche, wie es in „Über Anmut und Würde" entworfen wird, oder gar, daß sein Werdegang nach der Doktrin der „Briefe über die ästhetische Erziehung" konzipiert wäre.

Woran liegt das? Offenbar daran, daß das Genre, in dem Schiller sein Bestes zu geben vermochte – das Drama –, strukturell ungeeignet ist, Bildungsprobleme zu poetischer Evidenz zu bringen, und daß insbesondere die in ferner Vergangenheit und fremden Ländern angesiedelten Sujets, die er in den Dramen seiner klassischen Periode, auf Grund seiner Neigung, Gegenwartsthemen auszuweichen, bevorzugt hat, nicht das Hineinwachsen eines Helden in die ästhetische Kultur eben dieser Gegenwart sinnfällig machen konnten. Hätte Schiller seine Kulturphilosophie und sein Erziehungsprogramm mit dichterischen Mitteln veranschaulichen wollen, so hätte er einen auf dem Boden der deutschen Gesellschaft seiner Zeit spielenden Bildungsroman schreiben müssen, und das lag ihm weder, der Art seiner Begabung nach, noch wäre es ohne Kompromiß mit seiner – gegen Herder hervorgekehrten – Maxime, daß der poetische Genius sich nicht durch Berührung mit der platten Wirklichkeit „beschmutzen" dürfe[5], zu vereinbaren gewesen.

Ein eigenes Romanprojekt in Erwägung zu ziehen erübrigte sich für ihn aber auch, weil er damit keinem Desiderat der Weimarer Klassik mehr abgeholfen hätte. Denn als die „Briefe" entstanden, schloß Schiller Freundschaft mit Goethe, und der hatte kurz zuvor an einem seit der Mitte der achtziger Jahre unfertig liegengelassenen Manuskript weiterzuarbeiten begonnen, das wichtige Voraussetzungen mitbrachte, die Botschaft der „Briefe" in sich aufzunehmen: am „Wilhelm Meister". Es handelte sich um einen Gegenwartsroman, in dessen Mittelpunkt ein kunstbegeisterter junger Mensch steht, und der berühmte Verfasser war, nicht zuletzt aus Aversion gegen die Revolutionsereignisse, von sich aus geneigt, im Reifen des Individuums zur gebildeten Persönlichkeit *die* zentrale Frage der modernen Kultur zu erblicken, nachdem er bereits 1785, laut Brief an seine damalige Freundin, Charlotte von Stein, einen Plan für die Fortführung des Begonnenen entworfen hatte, der, im Ansatz, vorsah, das ursprüngliche Theaterthema zu einem inhaltlich umfassenderen Prosa-Epos auszuweiten, worin die Idee reiner, hoher Menschlichkeit, etwa im

Sinne des damals entstandenen Gedichtfragments „Die Geheimnisse",
verherrlicht werden sollte.[6]

Man begreift, wieso Schiller seinen neugewonnenen Freund unentwegt zur Vollendung und Veröffentlichung gerade dieses Werks gedrängt, wieso er sich gern mit anspornendem Zuspruch, konstruktiver Kritik und lobender Hervorhebung einzelner Details dazu geäußert hat. Was die wechselseitige ideelle und künstlerische Anregung betrifft, so ist in dem Geistesbund der Weimarer Dioskuren Goethe im allgemeinen der Gebende gewesen, während umgekehrt die Wirkung Schillers auf ihn mehr als in geistiger Befruchtung in der Besiegung resignierender Stimmungen, in aufrüttelndem Abverlangen neuer Kreativität bestand. Aber im Falle von „Wilhelm Meisters Lehrjahren" sieht die Sache anders aus. Da floß in die Stimulation des Goetheschen Schöpfertums durch den aktivierenden Schiller zugleich dessen Eigenstes, die Philosophie seiner Abhandlungen und seiner Gedankenlyrik aus den Jahren 1792 bis 1795, mit ein.

Symptomatisch ist hierfür die Übernahme des Leitbilds der „schönen Seele". Für den oberflächlichen Leser des „Meister" scheint es sich allein in jener sonderbaren Pietistin verkörpern zu sollen, deren „Bekenntnisse" als Einschaltung das sechste Buch der „Lehrjahre" ausmachen.[7] Am Ende des Romans jedoch klärt sich das als Mißverständnis auf. Hier wird der Begriff „schöne Seele" plötzlich auf Natalie übertragen, von der ihr Bruder sagt, sie verdiene „diesen Ehrennamen vor vielen andern, mehr auch als unsere edle Tante (eben jene Pietistin – W. Hr.) selbst, die zu der Zeit, als unser guter Arzt jenes Manuskript (ihre Bekenntnisse – W. Hr.) so rubrizierte, die schönste Natur war, die wir in unserm Kreise kannten".[8] Und eben von Natalie heißt es, ganz im Sinne von Schillers „Über Anmut und Würde", man könne sie schon zu ihren Lebzeiten seligpreisen, „da ihre Natur nichts fordert, als was die Welt wünscht und braucht"[9], mit anderen Worten: da sie aus Neigung tut, was das Sittengesetz uns zur Pflicht macht.

Noch ungleich bedeutungsvoller ist die Anregung durch die Schillerschen „Briefe". Deren Lehre durchdringt das Bildungsproblem, wie der Roman es aufwirft und zur Lösung führt, vollständig. Als das rationellste, verhältnismäßig progressivste Moment der „Briefe" wurde vorhin[10] hervorgehoben, daß sie die deformierende Auswirkung der Arbeitsteilung auf den Menschen kenntlich machen, vom Standpunkt der Humanität daran Kritik üben und der Kunst, der ästhetischen Kultur die Mission zuweisen, der Deformierung entgegenzuwirken, um, im Idealfall, den Menschen ganz, unzerstückelt, von seelischer Verkrüppelung befreit, wiederherzustellen. Unter dem Eindruck dieser Doktrin stand Goethe, als er „Wilhelm Meisters theatralische Sendung"in die „Lehrjahre" umarbeitete, als er den Roman in seiner neuen

Version vollendete. Und nicht zuletzt darauf ist die Wendung zurückzuführen, die er jetzt der bisherigen, überwiegend autobiographischen Geschichte eines genial veranlagten jungen Theatermanns gab.

Der Wilhelm der „Lehrjahre" ist, in seiner hier früher besprochenen Durchschnittlichkeit[11], ein unbestimmter Charakter mit Drang zum Höheren. Aus Abneigung gegen die Vereinseitigung, welche die arbeitsteilige Gesellschaft dem Individuum aufzwingt, sträubt er sich gegen jedes Bestimmtwerden, jede Begrenzung. Nicht irgendwelche einzelnen, spezialisierten Fähigkeiten möchte er entwickeln, nur um für diese Gesellschaft brauchbar zu sein und sich unter ihren Normalbedingungen ernähren zu können. Nein, sein Streben geht dahin, alles, was latent im Menschen steckt, seine sämtlichen Kräfte und Anlagen, gleichmäßig und harmonisch auszubilden[12], weshalb er weder von der Philisterei beschränkter Häuslichkeit etwas wissen noch sich vom Vater in den engen Kreis kaufmännischen Geschäftslebens bannen lassen will. Unstet schweift er hin und her. Nur Poesie und Schauspiel interessieren ihn.

Bewunderung hegt Wilhelm für den Adel. Dessen Umgangsformen erscheinen ihm als schöne Selbstdarstellung freier, unabhängiger Persönlichkeiten. Doch ihm als Bürgerssohn ist es versagt, an den Privilegien dieser Kaste teilzuhaben.[13] Außerdem muß er, nach Beobachtungen, die er, mit fahrenden Schauspielern reisend, auf dem Schloß eines Grafen angestellt hat, einsehen, daß die Angehörigen der Aristokratie nur in seltenen Ausnahmefällen die Gunst ihrer Lebensbedingungen dazu nutzen, innere Bildungsharmonie zu erwerben und zu genießen. So zieht es den Helden immer wieder zum Theater, für das er sich seit früher Kindheit begeistert, das ihn vollends fasziniert, seit eine Schauspielerin seine erste Geliebte war. Schon sein auf einer Geschäftsreise spontan gefaßter Entschluß, sich einer fahrenden Truppe anzuschließen, ist eingegeben von dem Gedanken, deren freies, ungebundenes Vagabundenleben werde ihn der Enge des bürgerlichen Daseins entreißen. Erst recht lockt ihn, als er dann ganz zur Bühne geht, die Aussicht, als Schauspieler alle nur möglichen Situationen des Lebens ausschöpfen, in alle nur denkbaren Gestalten sich verwandeln zu können. Das Theater biete, so glaubt er, ihm die Möglichkeit, von Berufs wegen zu einer Selbstverwirklichung zu gelangen, die ihrem Wesen nach, notwendigerweise, zugleich Ausbildung zur Allseitigkeit sein werde.

Aber hier erliegt er einer Täuschung. Anhand der Erfahrungen Wilhelms demonstriert Goethe, daß das Theatermilieu von durchaus prosaischer Fragwürdigkeit ist und der Schauspielerberuf entweder, bei den großen Verwandlungsvirtuosen, über dem selbstvergessenen Sich-Einschmiegen in fremde Charaktere die Kultur des eigenen Lebens zu kurz kommen läßt (Serlo) oder, bei denen, die nur sich darstellen, zu einer in hypochondrische Selbstquälerei umschlagenden Entweihung der eigenen heiligsten und geheimsten Gefühle führt (Aurelie). So oder so bleibt die ersehnte Allseitigkeit ein Phantom. Sie muß es bleiben, weil der Schauspieler ja nie die Fülle des Lebens selbst ergreift, sondern immer nur den Schein davon. Rückblickend auf seine Theaterjahre, sieht daher Wilhelm schließlich in eine unendliche Leere. Nichts, meint er, sei ihm von dem, was er getan und erlebt hat, übriggeblieben.

Trotzdem war diese Zeit objektiv nicht umsonst für ihn. Die intensive Berührung mit Literatur und Kunst hat den durchschnittlichen, mittelmäßigen Menschen, der er ist, davor bewahrt, zum Banausen zu werden. Er hat als Schauspieler zwar keine überragende Leistung vollbracht. Das Theater aber hat ihn um wertvolle Bildungselemente bereichert. Die Kunst ist in seine Persönlichkeit als innerer Bestandteil eingegangen. Nachdem Wilhelm der Bühne den Rücken gekehrt, nachdem er sich, erfüllt von der Einsicht, daß Selbstbeschränkung notwendig sei, dem werktätigen Leben eingefügt hat, stellt der Dichter ihn, zwecks anschaulicher Kontrastierung, noch einmal seinem Jugendfreund, dem Kaufmann Werner, der einst vor ihm ein glänzendes Bild der Poesie des Handels entfaltet hatte[14], gegenüber, und siehe da, der Abstand ist enorm. Der philiströse Werner gibt nicht nur neben dem ehemaligen Schauspieler eine traurige Figur ab, er muß auch selbst darüber staunen, wie weit er hinter seinem vermeintlich verbummelten Freund zurückgeblieben ist.[15]

Schiller hatte mit der Konzeption seiner „Briefe über die ästhetische Erziehung" diese Lösung angeregt, und er auch war es, der sie als erster im Sinne der „Briefe" positiv würdigte, wobei er, keineswegs zufällig, den Funktionswert der Kontrastfigur Werner mit besonderem Lob herausstrich. Diese Gestalt, schrieb er an Goethe, sei „deswegen so wohltätig für das Ganze, weil sie den Realismus, zu welchem Sie den Helden des Romans zurückführen, verklärt und veredelt. Jetzt steht er in einer schönen menschlichen Mitte da, gleich weit von der Phantasterei und der Philisterhaftigkeit, und indem Sie ihn von dem Hange zur ersten so glücklich heilen, haben Sie vor der letzten nicht weniger gewarnt."[16] Die Gesamtidee der „Lehrjahre" aber faßte Schiller fünf Tage später in die Worte zusammen: „Wilhelm tritt von einem leeren und unbestimmten Ideal in ein bestimmtes tätiges Leben, aber ohne die idealisierende Kraft dabei einzubüßen."[17] Gemeint war mit dieser „idealisierenden Kraft" sein Schönheitssinn, der ihn am Ende der allegorisch vorbildhaften Aristokratie (Lothario, Natalie) als ebenbürtigen Gefährten zugesellt, während der oberflächliche, nur auf die äußere Form bedachte Graf ihn für einen Lord hält.[18]

Nicht geäußert hat Schiller sich zu der Frage, ob das allerspeziellste Anliegen seiner „Briefe", ob die per se moralische Dignität des Ästhetischen, die darin verkündet wird, im „Wilhelm Meister" irgendwo adäquat zur Anschauung gebracht ist. Wäre er dem nachgegangen, so hätte ihm kaum verborgen bleiben können, daß Goethe einerseits die Harmonie von Pflicht und Neigung, z. B. bei der Schilderung Natalies, der „schönen Seele" kat exochen, bloß deklarativ auch aus deren ästhetischer Kultiviertheit ableitet, und andererseits von Schönheit schweigt, sobald er für dieselbe Harmonie eine realistische Motivierung findet, wie etwa bei dem genialen Einfall, daß Wilhelm, nachdem ihm sein unehelicher Sohn präsentiert worden ist, mit der überraschenden Vaterfreude zugleich auch die Tugenden eines Bürgers erwirbt. „Oh der unnötigen Strenge der Moral", ruft der Held da aus, „da *die Natur* uns auf ihre liebliche Weise zu allem bildet, was wir *sein sollen*."[19] Die Spitze gegen Kants Rigorismus ist unverkennbar. Aber daß deswegen die ästhetisierende Ethik Schillers für das Begreifen des Falles zuständig wäre, wird niemand behaupten wollen. Nur als Allegoriker hat Goethe ihr Tribut gezollt. Für sie ein erzählend gestaltetes, durch poetische Evidenz überzeugendes Sinnbild zu schaffen war ihm nicht vergönnt, und sein mächtiger Instinkt für Lebenswahrheit hat ihn das offenbar nicht einmal versuchen lassen.

Genau dies ist denn auch der Punkt, wo der „Wilhelm Meister" dank seines Realismus aufhört, eine Umsetzung Schillerscher Philosophie ins Poetische zu sein, wo er dieser nicht mehr denselben Dienst zu leisten vermag, den bei Jean Paul die positiven Helden seiner zwei ersten heroischen Romane dem Leitbild des „hohen Menschen" leisten. Und die Parallelität findet nicht etwa bloß darum hier ihre Grenze, weil die begriffliche Formulierung des Ideals und seine dichterische Versinnbildlichung in dem einen Fall auf zwei verschiedene Schriftsteller mit stark differierender Handschrift verteilt, im anderen dagegen Sache ein- und desselben Autors sind – was auch immer das sonst für Folgen haben mochte. Den Ausschlag vielmehr gibt, daß der „hohe Mensch", so sehr ihm, im Unterschied zur „schönen Seele", der Mangel anhaftet, noch nicht im Hinblick auf den Problemkomplex der Persönlichkeitsentwicklung in einer arbeitsteiligen Gesellschaft konzipiert worden zu sein, den Realitäten des sittlichen Lebens insofern doch gemäßer ist, als er sich von der Verquickung moralischer und ästhetischer Kategorien so frei hält wie die Kant-Kritik in Jean Pauls Abhandlung „Über die Tugend".

XI

Von zwei einander entgegengesetzten Positionen aus ist der „Wilhelm Meister" in der deutschen Literatur um die Wende vom 18. zum 19. Jahrhundert bekämpft und dennoch zugleich rezipiert, beerbt oder sogar nachgeahmt worden. Er forderte den Widerspruch der revolutionär-demokratischen Opposition heraus, aber auch den der reaktionären Romantik und hat nichtsdestoweniger im Romanschaffen beider Richtungen tiefe Spuren hinterlassen.

Die jungen Romantiker verfolgten das allmähliche Erscheinen des Werks in den Jahren 1795/96 mit leidenschaftlicher Anteilnahme. Friedrich Schlegel feierte es zusammen mit der Französischen Revolution und der Fichteschen Wissenschaftslehre als eines der drei epochemachenden Ereignisse des Jahrhunderts.[1] Allen erschien es als ein Hohelied auf die Poetisierung des Lebens. Versuche, mit Goethe als Epiker in Wettstreit zu treten, griffen um sich wie eine Epidemie.[2] Und wenn der Name, den die neue Richtung sich nunmehr zulegte, von dem Begriff „Roman" hergenommen ist, so war es der „Meister", der ihren Verfechtern als *der* Roman schlechthin galt. Doch mit dem Ausgang der darin berichteten Geschichte – mit Wilhelms Ernüchterung und Selbstbescheidung, seiner Abkehr von der Schaubühne, seiner Hinwendung zu gemeinnütziger Arbeit – konnte die junge Generation nichts anfangen. Verstimmt über diesen Schluß, schob sie ihn achtlos beiseite und hielt sich teils an die formalen Qualitäten des Buchs, teils an diejenigen Elemente seines Inhalts, die der eigenen Seelenlage mehr entgegenzukommen, den hochgespannten Erwartungen besser zu entsprechen schienen. Anziehend fand man das Künstlertum des Helden und seine Verabscheuung prosaischer Bürgerlichkeit, aufregend interessant geheimnisumwitterte Gestalten wie Mignon und den Harfner.

Der konsequenteste Frühromantiker, Novalis, ging zunächst, während der ästhetizistischen Phase der Jenenser Schule, in der rein formalen, vom Inhalt abstrahierenden Würdigung des „Meister" am weitesten.[3] Später, nachdem er die Fichtesche Philosophie zu einem „magischen Idealismus" fortgesponnen, die romantische Erzählkunst aufs Märchenhafte und Wunderbare orientiert und auch der Mittelalterverherrlichung der Bewegung ein theoretisch gutes Gewissen gemacht hatte[4], rechnete Novalis polemisch mit dem Ideengehalt des Romans ab, den er nun, ausgehend von dem allgemein enttäuschenden Schluß, ein „im Grunde fatales und albernes Buch", einen „gegen die Poesie gerichteten Candide" nannte. Trotz der poetischen Darstellung, schrieb er, sei der Geist des Ganzen „undichterisch im höchsten Grade". Das Wunderbare werde in dieser „poetisierten bürgerlichen und häuslichen Geschichte" ausdrücklich „als Schwärmerei behandelt". Der Verstand stecke dahinter wie ein naiver Teufel. Mit größter Kunstfertigkeit vernichte die Poesie sich selbst, bis am Ende das „Evangelium der Ökonomie" den Sieg davontrage und die „ökonomische Natur" als die einzig wahre allein übrigbleibe.[5] Um zu demonstrieren, wie der wahre Triumph der Poesie über die Prosa des bürgerlichen Lebens aussehen müsse, hat Novalis seinen

„Heinrich von Ofterdingen" verfaßt. Programmatisch bis zum Provozierenden, sollte das langweilige Fragment sich bereits äußerlich durch gleichen Druck und gleiche Ausstattung als Gegenstück zum „Meister" zu erkennen geben. Inhaltlich stellt es mit allem, was seine eingewobenen Gespräche und Erzählungen besagen, die narzißtische Selbstverherrlichung einer Dichtkunst dar, die sonstiger Gegenstände zu entbehren scheint. In der Form will es durch Heraufbeschwören einer den Gesetzen des Verstandes und aller Erdenschwere entrückten, träumerisch-märchenhaft stilisierten Welt für die Poetik des „magischen Idealismus", nach der „am Ende alles Poesie wird", die Probe aufs Exempel liefern. Und die Entwürfe zur Fortführung, von Tieck mitgeteilt, zeigen, was der Plan des Ganzen gewesen ist: In das von Klingsor am Schluß des ersten Teils erzählte Märchen sollten gegen Ende des Werks die Romanfiguren selber eintreten, um es selbst zu erleben, durch ihr eigenes Tun auszufüllen und solcherart wahrzumachen. Die Absicht also bestand darin, jede Spur von Realismus in einem farbigen Nebel magischer Mystik aufzulösen, die Wirklichkeit in ein gestalt- und wesenloses Phantasiegebilde zu verflüchtigen.

Daß diese Verirrung von einer Ablehnung des „Meister" eingegeben ist, die im tadelnden Vorwurf seiner „ökonomischen" Tendenz gipfelt – so, als sei von Goethe der Kaufmann Werner verherrlicht worden –, wirft ein bezeichnendes Licht auf den Antikapitalismus der Romantik. Fatal war ihren Protagonisten der Ausgang von Wilhelms Reifungsprozeß deswegen, weil sie ihn als Verklärung des ihnen verhaßten Bürgertums verstanden. An sich hatten sie damit nicht unrecht. In der Tat kommt in den letzten Büchern der „Lehrjahre", wie danach in „Hermann und Dorothea" oder auch in Schillers „Lied von der Glocke" – das der Jenenser Kreis mit schallendem Gelächter quittiert hat –, die Affinität der Weimarer Klassik zu den historischen Resultaten der bürgerlichen Revolution, zur sozio-ökonomischen Basis des Directoire, zur relativen Fortschrittlichkeit des sich prosaisch entfaltenden Kapitalismus, zum Ausdruck. Aber wenn es zutrifft, daß diese Bürgerlichkeit, mit dem 9. Thermidor als welthistorischem Geburtshelfer, problematisch war, doppelt problematisch durch den erklärten Apolitizismus, der sie in Deutschland, eben bei Goethe und Schiller, dem Kampf gegen die nach wie vor obwaltende Feudalmisere entzog, dann kam es noch sehr darauf an, von welchem Standort aus ihr opponiert wurde. Die Romantik betrieb gegen sie eine Opposition von rechts, was am sichersten daran zu ermessen ist, daß die Orientierung aufs Ästhetische, die Goethe und Schiller dem Emanzipationsstreben des deutschen Bürgertums gaben, einem Novalis in ihrer Einseitigkeit nicht weit genug ging, daß er einer *grenzenlosen* Ästhetisierung das Wort redete, die das Klassenbewußtsein der bürgerlichen Avantgarde nicht nur der Politik entfremden mußte, sondern es, unter Diffamierung seiner letztlich ökonomischen Grundimpulse, in die Dauernarkose berauschender Träume zu versenken drohte.

Das heißt nicht, daß der soziale Inhalt der Romantik bereits im Ursprung dem der Klassik konträr gewesen wäre. Um Vertreter des Bürgertums handelte es sich bei den Romantikern ebenfalls.[6] Doch als die entwurzelten, überspannten, mit Kunstgenüssen vollgestopften Intellektuellen, die sie waren, als Jugendliche überdies, denen das Vermächtnis der Aufklärung, des vorrevolutionären Emanzipationskampfes der Bourgeoisie, nichts mehr bedeutete, fixierten sie den ästhetischen Widerschein der Ideologie des Directoire, von der eigentlich auch sie geprägt waren, für sich, bauschten ihn, losgelöst von seiner gesellschaftlichen Grundlage, zum Selbstwert auf und protestierten in seinem Namen gegen die prosaische Natur dieser Grundlage. Und das war der Ausgangspunkt dafür, daß sie eine Entgegensetzung von „Künstler" und „Bourgeois" zu ihrem Credo machten, die in ihrer hohlen Abstraktheit mit antibürgerlichen Inhalten beliebiger Herkunft ausgefüllt, von antibürgerlichen Kräften beliebiger Richtung in Regie genommen werden konnte. Wie aber hätten im Milieu der deutschen Misere, angesichts der Übermacht von Kleinstaatdespotismus und Landadel, diese Inhalte nicht schließlich restaurativer Herkunft sein, diese Kräfte nicht zur feudalen Richtung gehören sollen![7] Daß die hyperästhetische Opposition des Novalis gegen den „Meister" bei aller Radikalität ihrer antikapitalistischen Prätention und Attitude aus den mystischen Tendenzen des „magischen Idealismus" hervorwuchs, daß sie mit Nostalgie für die „mondbeglänzte Zaubernacht" des Mittelalters einherging und in die Traum- und Märchennebel des „Heinrich von Ofterdingen" einmündete, offenbart unzweideutig, in welches Lager die deutsche Romantik abtrieb: in das der legitimistischen Reaktion und des klerikalen Obskurantismus.

Von antikapitalistischen Motiven war auch der Affront Hölderlins gegen den „Meister" eingegeben. Sie hatten bei ihm jedoch eine andere Ausgangsbasis als bei Novalis. Sie wurzelten im Demokratismus und Republikanismus der Revolutionsjahre, in ungebrochener, durch nichts zu beirrender Anhänglichkeit an die Ideale der Gironde und des Jakobinertums, dazu in einer Verehrung für Schiller, die den Rebellengeist aus dessen Frühzeit zu bewahren und ihn mit den formalen Errungenschaften seiner klassischen Dichtung zu verschmelzen trachtete. Ähnlich wie vor ihm Georg Forster, wie gleichzeitig der frühe Friedrich Schlegel oder, während seiner Berner Periode, der junge Hegel[8], verherrlicht auch Hölderlin, er freilich als von Schiller inspirierter Lyriker, die antike Polis, nach deren Modell die linken Fraktionen der französischen Revolutionspartei auf den Trümmern des 1789 besiegten Feudalregimes die politische Ordnung einer neuen, auf Freiheit, Gleichheit und Brüderlichkeit basierenden Gesellschaft hatten errichten wollen. Da Hölderlin aber, nachdem der Versuch einer derartigen Wiederbelebung der Antike in Frankreich gescheitert war, weder an die Möglichkeit seiner Wiederholung in naher Zukunft zu glauben vermochte, noch die Neigung zeigte, sich auf den aus der Revolution hervorgegangenen, nachthermidorianischen Weltzustand – auf das Bourgeois-Regime des Directoire, die Entfesselung des Kapitalismus, die Perspektive einer kapitalistischen Modernisierung Deutschlands – innerlich einzustellen, geschweige in alledem einen Fortschritt zu erblicken, blieb ihm nichts übrig, als in Tönen elegischer Melancholie den Verlust der Herrlichkeit des antiken Lebens zu betrauern und die Gegenwart seiner Zeit, zumal die deutsche[9], dafür anzuklagen, wie tief sie gesunken sei. Darin fuhr er so lange fort, bis Hoffnungslosigkeit und Vereinsamung ihn in geistige Umnachtung trieben.

Auch Hölderlin verabscheute den Bourgeois als prosaischen Menschentyp, aber, anders als die Romantiker, nicht in erster Linie wegen seines Mangels an Kunstverständnis, sondern wegen seines Egoismus, seiner von partikulären Privatinteressen bestimmten Haltung zu den öffentlichen Belangen. Als positives, vorbildhaftes Kontrastbild setzte er dem Bourgeois daher auch nicht den Künstler entgegen, sondern den Bürger im Sinne des Citoyen, der aus politischem Antrieb handelt, der in selbstloser, altruistischer Hingabe an das Ganze, an den im demokratischen Staat sich verkörpernden allgemeinen Willen, die Erfüllung seines Lebens findet. Von dieser Position aus grenzte Hölderlin sich als Erzähler vom „Meister" ab. Er verwarf den Helden, weil er ihn sowohl in der Phase des Künstlertums als auch danach als zu unheroisch empfand. Er beanstandete an dem Ausgang des Romans Wilhelms Anpassung an die bestehende, vom Bourgeois-Egoismus beherrschte und durchdrungene Gesellschaft. Er vermochte auch nicht einzusehen, wieso die Schmach dieser Anpassung gemildert, gar aufgehoben sein sollte, wenn sie von Verfeinerung des Geschmacks, von der Bewahrung musischer Vorlieben begleitet war. Selbst vom Asketismus des Jakobinertums frei und dem Schönheitskult der Weimarer Klassik an sich zugetan, bestand Hölderlin, mit der Kulturblüte des Perikleischen Athen vor Augen, gleichwohl gegen Weimar auf dem Primat eines freien öffentlichen Lebens, das er für die unentbehrliche Grundlage jeder ästhetischen Veredlung der menschlichen Beziehungen hielt, und die Entscheidung für den Kampf um die Freiheit schien ihm deshalb in der Entwicklung eines idealen Helden das unerläßliche Kriterium für die Bewährung seines Schönheitssinns zu sein.

Diese Kritik am Bildungsideal Schillers und Goethes hat Hölderlin allerdings nie explizit, in Form einer Stellungnahme geäußert, die als revolutionär-demokratisches Pendant zu der romantisch-reaktionären Polemik von Novalis zitiert werden könnte. Doch sein „Hyperion"

(1797–1799) setzt die eben umschriebene Ablehnung des „Meister"
voraus und schließt sie ein. Im Gegenzug zu dem Goetheschen Erzie-
hungsroman einer paradigmatischen Aussöhnung mit der Wirklichkeit
ist hier ein Roman geschaffen worden, worin ein Held, in seiner
Geistesart knabenhaft heroisch wie der Marquis von Posa aus dem
„Don Carlos"[10], der Wirklichkeit Widerstand leistet. Es ist, bei allem
Schönheitsdurst, auch weder Kunstenthusiasmus noch der verfeinerte
Egoismus einer Besorgnis um die harmonische Entfaltung der eigenen
Wesenskräfte, was den Aufbruch Hyperions aus der Enge und Erbärmlichkeit des bürgerlichen Lebens motiviert. Vielmehr treiben die
Solidarität mit einem unterdrückten Volk und der Wunsch, das ver-
lorene Elysium neu zu pflanzen, ihn dazu, sich 1770 dem Aufstandsversuch der Griechen gegen das türkische Joch anzuschließen. Soweit
es aber um den Erziehungsprozeß geht, der in dieser militanten Parteinahme gipfelt, so wird das Spannungsfeld widerstreitender Einflüsse,
in dem er sich abspielt, in einem dem „Meister" vollends konträren
Geist dargestellt.

Auf Hyperions Werdegang wirken Diotima und Alabanda ein. Dieser
verkörpert die Revolution, jene, mit deutlichen Anklängen an Schillers
„Briefe", die ästhetische Kultur und den friedlichen Bildungsgedanken
der Weimarer Klassiker. Darin, daß Hyperion Diotima liebt, kommt
zum Ausdruck, wie kostbar ihre Ideale für ihn sind, wie sehr sie ihn
anziehen. Und doch erweist Alabandas Einfluß sich im entscheidenden
Augenblick als stärker. Während der Kriegsheld den Jüngling in den
ausbrechenden Aufstand hineinziehen will, sucht Diotima, erfüllt von
der Idee, daß der Weg zur Freiheit durch die Schönheit führe, ihren
Freund davon abzubringen, dem Ruf zu den Waffen zu folgen. Hyperions Entschluß aber ist gefaßt, und er besiegt Diotimas Einwände,
indem er, mit unverkennbarer Spitze gegen den Apolitizismus von
Weimar-Jena, namentlich gegen die von Schiller in den „Briefen"
postulierte Kultur-Elite der erlesenen Zirkel, erwidert, der neue Gei-
sterbund könne nicht in der Luft leben, die „Theokratie des Schönen"
müsse „in einem Freistaat wohnen", dem es „einen Platz auf der Erde
zu erobern" gelte.[11]

XII

Der Hinweis auf Novalis und Hölderlin erst erlaubt es, die kritisch-
produktive Auseinandersetzung Jean Pauls mit dem „Wilhelm Meister", wie sie im „Titan" ihren Niederschlag gefunden hat, nach literarhistorisch kommensurablen Vergleichsmaßstäben auf ihren Klassen-
charakter, ihre politische Tendenz und ihren ideellen Gehalt hin zu
untersuchen. Worin ähnelt dieser Roman der simultanen Aufnahme

des „Meister" bei den Romantikern und Hölderlin, und wodurch unterscheidet er sich von ihr?

Vorausgeschickt sei der Beantwortung dieser Frage die Bemerkung, daß der „Titan" nicht darin aufgeht, Gegenstück zum „Meister" zu sein. Noch diesseits aller Übereinstimmungen und Divergenzen inhaltlicher oder formaler Art, darf er in der Beziehung auf keinen Fall den Romanen gleichgestellt werden, die zur Zeit seiner endgültigen Ausarbeitung (1797–1802) und seines Erscheinens (1800–1803) von Schriftstellern der jüngeren Generation erst unter dem Eindruck des Goetheschen Erzählwerks ab ovo neu konzipiert worden sind. Die Literarhistoriker des vorigen Jahrhunderts haben diesen wichtigen Differenzpunkt, der sich im Licht der vorliegenden Untersuchung so selbstverständlich ausnimmt, als wäre er keiner Erörterung bedürftig, nicht gesehen und nicht sehen können. Im Bann zurückgebliebener Jean Paul-Philologie, damals eines Stiefkinds der Germanistik, ahnten sie nicht, wie weit die Vorgeschichte des „Titan" in Wahrheit zurückreicht. Sie nahmen an, seine Genesis hätte erst mit der Niederschrift der endgültigen Version eingesetzt, und schlossen daraus, der Ausgangspunkt sei, nicht anders als bei Tiecks „Sternbald", Novalis' „Ofterdingen" usw., die Lektüre des „Meister" gewesen.[1] Den „Hyperion" Hölderlins hielten sie, wegen des 1794 in Schillers „Neuer Thalia" abgedruckten Anfang-Fragments[2], für ein wesentlich früher konzipiertes Werk, während tatsächlich die ersten Vorarbeiten zu beiden aus dem Jahre 1792 stammen.[3] Inzwischen ist diesen Irrtümern durch die von Rohde, Berend u. a. geleistete Analyse der Vorarbeiten zum „Titan", vom „Genieheft" an, der Boden entzogen worden.[4] Nichtsdestoweniger ist der Literaturwissenschaft auch heute noch keineswegs bewußt, was eigentlich die vielen Analogien zwischen den drei heroischen Romanen zu bedeuten haben: daß sie dem „Titan" seine vermeintliche Selbständigkeit nehmen, indem sie ihn als die dritte Ausführung einer Idee ausweisen, die dem Autor schon zur Zeit seines Übergangs von der räsonierenden Satire zu belletristischem Schaffen, also längst vor der Inangriffnahme der „Lehrjahre" durch Goethe, vorgeschwebt hatte. Solange aber hierüber keine hinreichende Klarheit besteht, wird es immer wieder das schon im Ansatz fragwürdige Unternehmen von Sonderuntersuchungen über den „Titan" geben, die verkennen, daß es sich bei den in ihm feststellbaren Spuren der Auseinandersetzung mit dem „Meister" nur um eine Komponente der späten Modifizierung jener alten Idee handelt[5], und denen daher die Vergleichsbasis fehlt, auf der allein Ausmaß und Tragweite sowohl von Jean Pauls Opposition gegen den Goetheschen Bildungsroman als auch seines Beeinflußtseins durch ihn in sachgerechter Abgrenzung gegen parallele romantische Bestrebungen bestimmt werden können.

Festzuhalten ist, daß es Jean Paul auch nach dem Weimarbesuch von

1796 bei seinem Weiterarbeiten am „Titan" nicht in erster Linie darum ging, den ihm nunmehr vollständig bekannten „Meister" zu befehden bzw. aus ihm zu lernen oder auch beides miteinander zu verbinden. Das war nur ein – freilich bedeutsamer – Teilaspekt seines umfassender angelegten Kampfes gegen Weimar-Jena, und auch auf diesem Abschnitt hatte der Kampf, soweit der „Titan" in seinen Dienst gestellt wurde, sich der nach wie vor übergeordneten Absicht einzufügen, ein poetisches Sinnbild für die revolutionäre Überwindung der deutschen Misere, mit dem Idealfall eines dazu berufenen deutschen Revolutionärs, zu schaffen. Primär kam es dem Dichter somit weiterhin auf die Bewältigung derselben Aufgabe an, die er sich 1790 gestellt, mit der er schon bei der Abfassung von „Loge" und „Hesperus", zwischen 1791 und 1794, unablässig gerungen, die ihn desgleichen um die Jahreswende 1792/93 zum Anlegen des „Geniehefts" veranlaßt hatte. Auch jetzt bewahrte sie gegenüber allen neu hinzutretenden Motiven ihre volle Präponderanz.

Was besagt das aber? Nicht mehr und nicht weniger, als daß mit der endgültigen Version des dritten, letzten Versuchs, diese Aufgabe zu lösen, die *als Ganzes* einer *früheren* Etappe der Literaturentwicklung angehörende Revolutionsdichtung Jean Pauls wie ein Gebilde aus einer anderen Welt in die nächstfolgende *spätere,* ihr eigentlich wesensfremde Etappe hineinragt. „*Der*" Roman, an dem Jean Paul seit Sommer 1790 „laichte"[6], ist unter dem Eindruck der akuten Revolutionsereignisse in Frankreich konzipiert worden. Beflügelt von den heroischen Illusionen dieses „herrlichen Sonnenaufgangs" (Hegel), sind seine beiden ersten Fassungen, „Loge" und „Hesperus", zu Papier gebracht, ist auch die dritte, „Das Genie", noch vorbereitet worden. Doch unter den vollständig veränderten europäischen Bedingungen nach dem 9. Thermidor, im Zeichen des Directoire und der beginnenden Napoleonischen Ära, wurde *bei gleichbleibender Tendenz* eben diese dritte, schließlich „Titan" genannte Fassung ausgearbeitet und vollendet. Vor aller Prüfung ideengeschichtlicher Einflüsse stellt sich da unabweisbar die Frage, ob unter solchen Umständen „der" Roman nicht Züge von Antiquiertheit annehmen mußte, angenommen hat und, wenn nein, dank welcher Metamorphose der alten, ursprünglichen Idee er dem entgangen ist. Analysiert man die Auswirkung der kritischen Rezeption des „Meister" auf den Inhalt des „Titan" unter diesem Gesichtspunkt, dann rückt sie an ihren richtigen Platz, dann läßt sich ihr wirklicher Funktionswert ausmachen, und dann auch wird es möglich, herauszufinden, warum sie gerade so und nicht anders, spezifisch unterschieden von den gleichzeitigen kritischen „Meister"-Rezeptionen und -Adaptionen der jüngeren Schriftsteller, ausgefallen ist.

Der Verdacht des Antiquiertseins ist nicht a limine von der Hand zu weisen. Auch die, gemessen am „Hesperus", trotz überlegener literarischer Qualität geringere Publikumsresonanz legt ihn nahe.[7] Bis zu einem gewissen Grade mag sie aus der unglücklichen Prozedur der Veröffentlichung zu erklären sein: aus der Zumutung an den Leser, sich eine sehr verwickelte, erst vom Ausgang her durchsichtige Fabel stückweise im Lauf von über drei Jahren, bei jeweils einjährigem Abstand zwischen den vier Einzelbänden, zu Gemüte zu führen. Aber nach 1803 ließen Absatz und Echo weiter zu wünschen übrig, und dies erweist sich als nicht gar so überraschend, sobald man bedenkt, wie wenig das Werk damals in den allgemeinen Trend der Entwicklung seines Genres noch hineinpaßte. Trotz kolportagehafter Fabel-Elemente war es in seinen Handlungssträngen zu vernünftig und realistisch motiviert, nicht märchenhaft und wunderbar genug, um mit den Erzählwerken der entfalteten Romantik konkurrieren zu können[8], und doch auch in seinen Gestalten, in der gesellschaftlichen Sphäre, die sie konstituieren, dem gewohnten Alltag zu sehr entrückt, als daß es dem Gros der Leser ein Wiedererkennen der eigenen Existenzbedingungen gewährt hätte. Hinzu kam, daß es sich abermals auf weltpolitische Begebenheiten bezog, die von den „Hesperus"-Lesern noch als brandaktuell empfunden worden waren, jetzt aber mehr als zehn Jahre zurücklagen. Und für den Teil des Publikums, auf dessen anspruchsvollen Geschmack der Stil zugeschnitten war, ging anscheinend das Buch an die bewegenden Zeitfragen, wenn überhaupt, in unzeitgemäßer Weise heran.

Für den „Wilhelm Meister" und ebenso für die Romanschöpfungen der Romantik, die durch ihn angeregt worden sind, die auf ihn – wie auch immer – reagiert haben, ist kennzeichnend, daß sich aus ihnen Stellungnahmen verschiedener Art zu den prosaischen Resultaten der Französischen Revolution, zur bürgerlichen Gesellschaft, wie sie sich den deutschen Zeitgenossen des Directoire darbot, herauslesen lassen. Der „Titan" nimmt dazu implicite auch Stellung, aber mit einer Indirektheit, der gerade diese Wirklichkeit bis zum Unkenntlichen entgleitet, so daß er von ihr unberührt scheint. Das liegt nicht so sehr daran, daß seine Handlung schon 1792 endet. Da der Kapitalismus sich im Schoß der Feudalordnung entwickelt hat, hätten die durch das Directoire spruchreif gewordenen gesellschaftlichen Probleme ohne Einbuße an evidenter Aktualität an sich auch in jene Periode, oder in eine noch frühere, zwanglos zurückprojiziert werden können, wären sie nur entweder anhand eines bürgerlichen Sujets von hinreichend konstanter Typik dichterisch gestaltet oder wenigstens mit Bezugnahme auf ihre bürgerliche Seinsgrundlage ideell reflektiert worden. Indes weder von der einen noch von der anderen Möglichkeit macht der „Titan" Gebrauch. Eine feudal-dynastische Intrige bildet den Grundstock seiner sich fast ausschließlich in Hof- und Adelskreisen abspielenden Fabel, und ebensowenig, wie Kapitalismus und Bürgertum in ihm als Milieu vorkommen, werden sie irgendwo in gedanklicher Form zur Sprache gebracht. Dadurch gewinnt man den Eindruck, dem Verfasser seien die neuen gesellschaftlichen Phänomene seiner Epoche mitsamt der ihnen eigenen Problematik verschlossen gewesen, noch im Jahre 1802 hätte für ihn nur die – seit dem Sturz der Jakobiner welthistorisch überlebte – Alternative von Feudalabsolutismus und revolutionärer Demokratie existiert, kurz, die Entfesselung des Kapitalismus unter dem Directoire sei von ihm weder bejaht noch aus irgendwelchen, sei es jakobinischen, sei es romantisch-reaktionären, Beweggründen verneint worden, er habe sie vielmehr schlicht ignoriert, möglichenfalls gar nicht bemerkt.

So verhält es sich nun freilich nicht – und bei einem dermaßen wach und interessiert die Zeitereignisse verfolgenden, in seiner Stoffwahl förmlich gegenwartsbesessenen Autor, einem, der sich außerdem als Leser kaum je eine Neuerscheinung hat entgehen lassen, wäre es auch paradox, wenn es sich so verhielte. Abgesehen davon, daß Jean Paul sich im „Siebenkäs" immerhin als der international bedeutendste realistische Gestalter des Kleinbürgertums, den das ausgehende 18. Jahrhundert kennt, bewährt hatte – obschon auch hier ohne Bezugnahme auf die spezifische Directoire-Problematik und mit einer in den achtziger Jahren ablaufenden, also vorrevolutionären Geschichte –, ist die Ausklammerung der bürgerlichen Gesellschaft aus dem „Titan" einzig auf die Abtrennung der „im Parterre und auf der Groschengalerie" spielenden Parallelhandlung, auf deren Verselbständigung zu dem neuen Roman „Flegeljahre" zurückzuführen. Der Schnitt erfolgte, endgültig Anfang 1799, teils aus zwingenden romantechnisch-kompositorischen Gründen[9], teils aus plötzlicher Begeisterung für Homer und die griechischen Tragiker, teils wohl auch deshalb, weil durch Abstreifen der Sterne-Hippelschen barock-humoristischen Manier, in der die Geschichte des kleinbürgerlichen Parallel-Helden hätte erzählt werden müssen, der Ernst des durch die Haupthandlung artikulierten Zeitanliegens unterstrichen werden sollte. Wie dem auch sei, als Konsequenz ergab sich daraus die Umwandlung des „Titan" in einen Roman jenes rein „italienischen" Typs, der, laut „Vorschule der Ästhetik", die Einbeziehung bürgerlich-prosaischer Verhältnisse nicht verträgt.[10] Eben die dann selbständig ausgearbeiteten „Flegeljahre" jedoch beweisen, daß Jean Paul mit dem für die Literatur zentralen Problem des nachthermidorianischen Weltzustandes durchaus vertraut gewesen ist. Denn das Thema dieses großen Romanfragments ist die zuerst von Goethe im „Meister" aufgeworfene, bei so gut wie allen Romantikern im Mittelpunkt des Interesses stehende Frage, wie das von Idealen beseelte, zumal poetisch gestimmte[11] bürgerliche Individuum sich zur prosaischen Wirklichkeit des bürgerlichen Lebens verhalten soll, und in einem ähnlichen Sinne wie Goethe, anders als die Romantiker, hat Jean Paul darauf antworten wollen.[12]

Der „Titan" selbst war, sieht man genauer hin, in entscheidender Hinsicht aber auch nicht unzeitgemäß. Er war es insofern nicht, als in ihm das frühere Leitbild des „hohen Menschen", wenn nicht abgelöst, so doch tiefgreifend modifiziert wurde durch das neue des „allkräftigen Menschen". In anderem Zusammenhang[13] wird hierauf gleich ausführlicher zurückzukommen sein. Vordeutend sei an dieser Stelle nur so viel dazu bemerkt, daß die Jean Paulsche „Allkräftigkeit", ähnlich wie das allseitige Gebildetsein als Persönlichkeitsideal der Weimarer Klassiker und offensichtlich von ihm inspiriert, im Gegenzug zu den enthumanisierenden Auswirkungen jener „knechtenden Unterordnung der Individuen unter die Teilung der Arbeit"[14] konzipiert worden ist, die der Kapitalismus ins Extrem treibt. Auch hier also handelt es sich im Grunde um einen spezifisch nachthermidorianischen, die Problematik der kapitalistischen Gesellschaft betreffenden Programmpunkt des bürgerlich-progressiven Humanitätsdenkens und nicht mehr um eine Revolutionsparole gegen Adel und Feudaldespotie. Freilich, wenn bei Goethe der Kaufmannssohn Wilhelm Meister, weil er eine allseitig gebildete Persönlichkeit werden möchte, ausdrücklich seine bürgerliche Herkunft beklagt und für die ihm versagte, an die Privilegien des Adels gebundene Chance unspezialisierter Existenz ein Surrogat im vielfältigen Rollenangebot der Schaubühne sucht[15], dann stellt sich unwillkürlich die Assoziation der Arbeitsteilung als eines kapitalistischen Phänomens ein. Im „Titan" dagegen wird der eigentliche geschichtlich-gesellschaftliche Ort des analogen Rufs nach „Allkräftigkeit" durch Ausklammerung des Bürgertums, Überwiegen der antifeudalen Gesellschaftskritik, Kulmination der Entwicklung eines aristokratischen Helden in der Parteinahme für die französische Republik und durch die – damit verbundene – Verklärung des Revolutionskriegs von 1792 verdeckt. An der substantiellen Gleichartigkeit des Problems ändert das jedoch wenig. Der Unterschied besteht bloß darin, daß Goethe es mehr in seiner europäischen Allgemeingültigkeit erfaßt, während Jean Paul größeren Wert darauf legt, auf das Unerledigtsein der bürgerlich-demokratischen Revolution in Deutschland aufmerksam zu machen.

Kurz, die Vermutung, der „Titan" sei bereits bei Erscheinen veraltet gewesen, bestätigt sich bei näherer Prüfung nicht, und von einem generellen Zurückbleiben seines Verfassers hinter den gesellschaftlichen Veränderungen seiner Zeit darf in Anbetracht der Tatsache, daß er daneben und unmittelbar danach die „Flegeljahre" geschrieben hat, schon gar keine Rede sein. Trotzdem kommt es nicht von ungefähr, daß ein solcher Verdacht entstehen kann. Als wahrer Kern steckt darin eine Ahnung der enormen Schwierigkeiten, die für einen so weit linksstehenden Dichter wie Jean Paul aus der Notwendigkeit erwuchsen, sich auf die desillusionierenden Resultate der Revolution einzustellen. Er hat, wie gesagt, dasselbe Bildungsproblem, um das es im „Meister" geht, in den „Flegeljahren" *ähnlich* wie Goethe beantworten *wollen*. Aber die Antwort fiel – selbst wenn man von der humoristischen Darstellungsweise absieht – eben *nur* ähnlich, nicht identisch, aus, und sie gestalterisch zu Ende zu führen ist ihm nie gelungen, so daß es beim Wollen blieb. Wohl sollte der Held zur Anpassung an die normalen Daseinsbedingungen des Bürgertums erzogen werden, doch es sollte ihm zugleich auch, ideologisch durch seinen renitent-satirischen Bruder, Mißtrauen gegenüber der Aristokratie eingeflößt werden, welch letztere Absicht den Intentionen des „Meister" nicht nur strikt widerspricht, sondern offenkundig bewußtermaßen gegen ihn gerichtet war.[16] Und selbst von jener innerbürgerlichen Anpassung merken wir nichts, denn der Roman wurde nicht vollendet, und das plötzliche Abbrechen seiner Handlung, ohne daß an dem träumerisch-weltfremden Helden Ansätze zu gereiftem, lebenstüchtigem Verhalten zu erkennen wären, hat das Mißverständnis heraufbeschworen, hier läge ein Werk der Romantik vor.[17]

In Wahrheit ist in diesem Fall die Unfähigkeit, ein Happy end der Anpassung zu erzählen, alles andere als romantisch. Sie ist es so wenig wie die adelsfeindliche Tendenz. Beide Differenzpunkte gegenüber dem „Meister", einander wechselseitig beleuchtend, sind vielmehr Symptome dafür, daß die Haltung, mit der Jean Paul sich der Aufgabe annahm, den nachthermidorianischen Zustand dichterisch zu bewältigen, von seiner Anhänglichkeit an die demokratischen Ideale der Revolutionszeit geprägt war. Symptomatisch im gleichen Sinne und aus denselben Gründen dürfte es daher auch sein, daß er sich dieser Aufgabe so verhältnismäßig spät und zögernd zugewandt hat. Er scheint, was schon bezeichnend ist, des Anstoßes durch den „Meister" bedurft zu haben, um sie überhaupt ins Auge zu fassen.[18] Ihn zu ihren Gunsten von dem alten Vorsatz abzubringen, noch eine dritte Version seiner Revolutionsdichtung zu schaffen, reichte der Anstoß, wieder bezeichnenderweise, jedoch nicht aus, denn dieses Projekt behielt den Vorrang, und zunächst ward lediglich in seinem Rahmen dem bürgerlichen Erziehungsproblem zu poetischer Explikation ein untergeordneter Handlungsstrang zugebilligt. Die Hauptsache blieb der vorschwebende revolutionäre Held, und die Hauptwirkung von Goethes Roman bestand allererst darin, daß dieser zum Widerspruch aufreizte, daß Jean Paul aus Opposition gegen das darin verkündete Bildungsideal dem eigenen revolutionären Helden unmißverständlichere Kontur verlieh.[19] Den Ruf nach Aussöhnung mit dem Bestehenden bei Bewahrung ästhetischer Kultur für den einzelnen hielt er für verfehlt.

All dies bezeugt, wie schwer es ihm gefallen ist, sich von den heroischen Illusionen der Jahre 1789–94 zu lösen. Und wem unter den Jüngeren fiel das ebenso schwer und noch schwerer? Niemand anderem als dem Dichter des "Hyperion". Hölderlin und Jean Paul sind durch Welten getrennt, was ihre Mentalität, ihren Stil, ihren Gesichtskreis, ihre philosophischen Überzeugungen, ihre literarische Herkunft usw. angeht. Sie haben sich nicht gekannt, haben anscheinend auch nie voneinander Notiz genommen[20], geschweige, daß einer den anderen oder beide sich gegenseitig beeinflußt hätten. Um so eindrucksvoller ist die weitgehende Identität ihres politischen Standorts.

In leicht simplifizierender Auslegung eines Essays von Georg Lukács wird Hölderlin neuerdings häufig als deutscher Jakobiner bezeichnet. Das ist insofern nicht korrekt, als dieselbe verständnislose Verurteilung des Terrors von 1793, die sich bei Jean Paul findet, auch seiner Radikalität Grenzen setzte. Dessen Aufsatz "Charlotte Corday" hätte Hölderlin sehr wahrscheinlich, wäre er ihm bekannt geworden, gutgeheißen, und darin wird das Revolutionsgeschehen rückblickend vom Standpunkt des Girondismus aus beurteilt.[21] Indes Gironde *und* Jakobinertum hatten allerdings, was sonst auch immer sie trennen mochte, das antik-republikanische Staatsideal gemeinsam, an dem festzuhalten während der nachthermidorianischen Periode das Kriterium der Treue zur Revolution, besonders zu ihrem demokratischen Vermächtnis war, und in der Tat gehörten Hölderlin *und* Jean Paul zu den wenigen in Deutschland, die diesem Ideal nach wie vor unbeirrt huldigten. Dichterisch aber kommt die Einhelligkeit ihrer politischen Überzeugungen darin zum Ausdruck, daß im "Hyperion" wie im "Titan" jeweils ein sich nicht anpassender, ein dem Bestehenden Widerstand leistender Held idealisiert wird, der auf dem Höhepunkt seiner Entwicklung, entflammt von dem Gedanken an die Wiedergeburt der antiken Polis, den Entschluß faßt, im Kampf für die Freiheit des Volkes zur Waffe zu greifen, womit beide Male dem Erziehungsprogramm der Weimarer Klassik bewußt ein anderes, das der revolutionären Demokratie, entgegengesetzt wird.

Wer eruieren will, welche Stelle der "Titan" unter den etwa gleichzeitig ausgearbeiteten Erzählwerken einnimmt, die ebenfalls Spuren kritischer Auseinandersetzung mit dem "Meister" aufweisen, tut gut daran, sich vor allem diese seine Nähe zu dem Hölderlinschen Briefroman zu vergegenwärtigen. Im deutschen Romanschaffen des ausgehenden 18. und beginnenden 19. Jahrhunderts repräsentieren, unabhängig voneinander, der Jean Paul des "Titan" *und* Hölderlin die Richtung des antikisierenden revolutionär-demokratischen Republikanismus, die, von der Weimarer Klassik scharf unterschieden, gleichwohl noch weniger als romantisch qualifiziert werden kann.

Hat man sich dies einmal bewußt gemacht, so muß man allerdings, um die singulären Eigentümlichkeiten des „Titan" erklären zu können, sogleich auch auf die hierfür ebenso aufschlußreichen Momente reflektieren, die ihn vom „Hyperion" trennen. In erheblichem Maße lassen sie sich auf den zwischen beiden Dichtern obwaltenden Altersunterschied zurückführen, auf die daraus resultierende Tatsache, daß sie die nachthermidorianische Wirklichkeit aus jeweils anderer Sicht wahrnahmen. Für den sieben Jahre jüngeren Hölderlin, der in der vorrevolutionären Periode noch ein Knabe gewesen, bei dem das Erwachen politischen Bewußtseins – auf dem Tübinger Stift – dann mit der akuten Revolution zusammengetroffen war[22], floß in den Jahren danach die ihn abstoßende deutsche Feudalmisere mit dem ihm ebenso widerwärtigen Bourgeois-Egoismus des Directoire und des Konsulats *in eins* zusammen, so daß er die *Gegenwart im ganzen* an der versunkenen Herrlichkeit des antiken Lebens, an dem nicht eingelösten Versprechen der Revolution, es wiederherzustellen, maß und daher *pauschal* verurteilte. Jean Paul dagegen hatte bereits in den achtziger Jahren, als Satiriker, gegen den Kleinstaatdespotismus, den die Fronbauern ausbeutenden Landadel usw. einen *spezifischer antifeudalen* Kampf geführt[23], den er während und nach der Revolution als Romancier in dem Bewußtsein fortsetzte, daß es das besondere Verhängnis Deutschlands war, von diesen reaktionären Kräften beherrscht zu werden, und daß diese Schmach nach wie vor anhielt. Infolgedessen vermochte er das nachthermidorianische Frankreich, so tief es auch ihn enttäuschte, immer noch als kleineres Übel zu empfinden – man denke an die Parteinahme gegen Österreich, für die Franzosen in seinen auf die Kriegsereignisse von 1796 bezugnehmenden Gesprächen und Briefen, desgleichen an seine spätere relative Sympathie für Napoleons Rheinbund-Politik.

Hier ist die Ursache dafür zu suchen, daß der „Titan" kein allgemeines Leiden an der Gegenwart schlechthin ausdrückt, wie der „Hyperion", sondern konkrete, gezielte Kritik an den *feudalen* Zuständen Deutschlands übt. Hieran auch dürfte es liegen, daß Jean Paul, während er ihn abfaßte, über diesem speziellen Angriffsobjekt den Gegensatz von Bourgeois und Citoyen, der den Ausgangspunkt des Hölderlinschen Aufbegehrens gegen das Bestehende bildet, wenn nicht vergessen, so doch als verhältnismäßige Bagatelle angesehen zu haben scheint. Wie hätte er sonst in einem Werk, das, im Unterschied zu dem Hölderlins, ein echtes Epos und kein nur metaphorisch mit Handlung erfüllter lyrisch-subjektiver Briefroman ist[24], den der Gesinnung Hyperions in dem Punkt zum Verwechseln ähnlichen Citoyen-Heroismus Albanos ausschließlich mit der Ideologie der Feudalkaste konfrontieren, wie sich durch Fortlassen prosaisch-bürgerlicher Gegenspieler der Möglichkeit berauben können, ihm eine kapitalistische Folie zu geben!

Und um ein letztes Symptom zu erwähnen: Aus dem langjährigen Kampf gegen den Feudalismus rührt natürlich bei dem älteren Dichter auch dessen bis in kleinste Details gehende, lebhaft interessierte Vertrautheit mit monarchischen Herrschaftsmechanismen, Erbfolgeregeln usw. her – die Voraussetzung seines in allen drei heroischen Romanen immer wiederkehrenden Einfalls, für einen revolutionären Helden die Chancen des Aufstiegs zur Macht dynastischen Konstellationen abzuluchsen. Im „Hyperion" findet man dazu ebenfalls keine Parallele. Für Hölderlins Generation war dergleichen vieux jeu.

Mit den Folgen des Generationsgegensatzes überschneiden sich die einer unterschiedlichen Mentalität, die gleichfalls voller politisch-ideologischer Implikationen stecken. Der „Hyperion" ist ein einziger elegischer Klagegesang, der „Titan" ein großer Hymnus optimistischer Siegeszuversicht. Hier erleben wir das Happy end eines den Thron besteigenden Revolutionärs, dort einen einsamen Eremiten, der auf dem ihm heiligen Boden Griechenlands dem endgültigen Verlust des antiken Lebens nachtrauert, nachdem der Volksaufstand gegen die Türken, an dem er sich, in der Hoffnung, ein neues Elysium zu pflanzen, beteiligt hat, in Plünderei ausgeartet und schließlich niedergeschlagen worden ist – Sinnbilder der Schreckensherrschaft und des anschließend triumphierenden Bourgeois-Egoismus in Paris.[25] Zu einfach freilich wäre es, wollte man diesen Ausgang aus der tristen Gemütsverfassung eines Melancholikers, der dem Wahnsinn entgegentreibt, und jenen aus der heiteren des Humoristen, dem ein ausgeglichenerer Seelenhaushalt zu Gebote steht, erklären. Wenngleich daran viel Wahres ist, konnte doch auch Jean Paul melancholischen Stimmungen bis zur Verzweiflung erliegen, waren auch ihm als Dichter elegische Töne nicht fremd. Den wirklichen Gegensatz trifft es genauer, nicht seinen Humor allein, sondern generell die reiche, widerspruchsvolle Vielgestaltigkeit seines Wesens, die – unter anderem – in der eminenten Elastizität seines politischen Denkens zutage tritt, hervorzuheben und dem die enge, einförmige Geistesart Hölderlins gegenüberzustellen, der ebenso starr in der Politik auf ein abstrakt-erhabenes Ideal fixiert war wie in der allgemeinen Seelenstimmung auf Melancholie und in der poetischen Ausdrucksweise aufs Elegische; seine Humorlosigkeit versteht sich am Rande.

Hölderlin war dabei kein Pessimist im eigentlichen Sinne. So, wie er den privaten Traueranlässen der späteren enttäuschten Elegiker des 19. Jahrhunderts sein von der Revolution inspiriertes Orientiertsein an großen öffentlichen Belangen voraushatte, so unterscheidet er sich von ihnen zu seinem Vorteil auch darin, daß er in all seinen Klagen über die Miserabilität der Gegenwart den Glauben an die Menschheit aufrechterhielt und nicht etwa der Natur des Menschen die Übel des vorgefundenen Gesellschaftszustandes zuschrieb. Aber die Kompromißlosigkeit seiner Schwärmerei für die alten Griechen hatte, so sehr sie seiner Lyrik zustatten kam, etwas Pathologisches und war vollends als Richtschnur politischen Verhaltens untauglich bis zum äußersten. Zu der Wiedererweckung der antiken Polis, wie die Gironde und das Jakobinertum sie auf ihr Panier geschrieben hatten, gab es für ihn keine bejahenswerte oder auch nur halbwegs erträgliche, dem Menschen zumutbare Alternative. Das war seine Tragödie.

Jean Paul huldigte demselben Ideal. Er sah jedoch einerseits, als bester Kenner und getreuester Gefolgsmann Herders, die Antike viel historischer als Hölderlin.[26] Andererseits dachte und empfand er, weil sich in seiner Mentalität der himmelstürmende Idealismus der Revolution mit nüchternem Wirklichkeitssinn paarte, in der Politik zu praktisch und flexibel, um sich auf ein „Alles oder Nichts" festzulegen. Das heißt nicht, daß er prinzipienlos gewesen wäre. Auch sein Leben stand im Zeichen eines konstanten politischen Leitmotivs: des umfassenden Nein zur deutschen Misere. Alles indes, was ihm geeignet erschien, zu ihrer Überwindung beizutragen, auch wenn es hinter dem Ideal weit zurückblieb, fand seine – obwohl stets vorbehaltvolle, relativierende, die optimale Lösung nie aus dem Auge verlierende – Zustimmung. So griff er in seinen frühen Satiren die Fürsten mit einer Radikalität an, die von den sich an den aufgeklärten Absolutismus heftenden Illusionen nichts übrigließ, und konnte doch daneben in seinem privaten Briefwechsel jedes Anzeichen monarchischen Reformwillens, das sich in einem absolutistischen Staat zeigte oder zu zeigen schien, freudig und dankbar begrüßen.[27] So verherrlichte er schon damals, vor der Revolution, die antiken Republiken – was ihn nicht hinderte, die greifbareren, obschon prosaischer wirkenden Vorzüge des englischen Konstitutionalismus zu preisen.[28] Und so auch zeichnete er, während der Revolution, im „Hesperus" voller Sympathie prächtige, liebenswerte Vertreter des Jakobinertums – und ließ gleichwohl den Haupthelden sich aus Vorliebe für das englische System von ihren Radikalismen freundschaftlich distanzieren.[29] Es war diese Elastizität und Flexibilität, die schließlich, während gleichzeitig bei Hölderlin die Kompromißlosigkeit in Verzweiflung umschlug und dem Ausbruch des Wahnsinns den Weg bahnte, den optimistisch stimmenden Ausklang des „Titan" ermöglicht hat.

Doch worauf eigentlich stützte sich dieser Optimismus? Als Jean Paul den „Titan" schrieb, vertrat er, wie gesagt, die Position des Girondismus – jenes nachträglichen Girondismus, wie er hier früher[30] charakterisiert worden ist. Publizistisch verteidigte er die Gironde direkt in dem Aufsatz „Charlotte Corday"[31], poetisch verklärte er sie indirekt, indem er ihren Krieg von 1792 zum auslösenden Moment des heroischen Aufschwungs machte, in den der Bildungsprozeß des „Titan"-Helden einmündet.[32] Und wie, nach seiner Meinung, die Gironde geurteilt haben würde, wenn sie mit der neuen Situation noch konfrontiert worden wäre, so fiel sein Urteil über die Zustände und Ereignisse im nachthermidorianischen Europa aus. An der französischen Politik übte er, wie sein Briefwechsel zeigt, stets Kritik von links (Verachtung der Korruptheit des Directoire, des wachsenden Eroberungsdranges der Franzosen, der Wiederherstellung der Monarchie durch Napoleon usw.), bewertete Frankreich aber positiv, sobald er es an den deutschen Verhältnissen maß, und lehnte die ihm feindseligen Machenschaften Englands ab. Wäre er mit dieser Gesinnung nun optimistisch deswegen gewesen, weil die Wiedererrichtung eines girondistischen Regimes in Paris oder gar die Etablierung eines solchen in Deutschland ihm als nahe, aussichtsreiche Möglichkeit vorgeschwebt hätte, dann würde das heißen, daß Hölderlin in seiner Verzweiflung politisch urteilsfähiger und weitsichtiger war.

So verhielt es sich jedoch nicht. Ja, es ist die Frage, ob das Wort „Optimismus" nicht zuviel sagt, wenn damit Jean Pauls *Erwartungen* charakterisiert werden sollen. Die waren, immer auf Grund des girondistisch-jakobinischen Ideals, jetzt nicht nur gedämpft, sondern ausgesprochen von Enttäuschung und Bitterkeit überschattet. Aber vor unbedingter Hoffnungslosigkeit bewahrten ihn subjektiv sein flexibles politisches Denken sowie sein alter, in Deutschland noch längst nicht gegenstandsloser Antifeudalismus und objektiv handfeste Realitäten der europäischen Politik, die unter dieser Voraussetzung eine reduzierte Zuversicht zuließen. Und das genügte, ihn zu dem Versuch zu ermutigen, die in Deutschland fällige progressive Entwicklung durch das Aufzeigen einer optimistischen Perspektive aktiv voranzubewegen. Der Schluß des „Titan" darf daher nur bedingt als prognostisches Symbol verstanden werden – eine Deutung, der er unmittelbar, buchstäblich genommen, durch seine Zurückdatierung ins Jahr 1792 ja auch widerspricht –, er hat vielmehr in der Hauptsache den Charakter eines *mobilisierenden Appells*, wodurch sein Optimismus den Bewertungskriterien, nach denen er illusorisch genannt werden könnte, weitgehend entzogen ist.

Fragt sich, was das für Realitäten waren, die ein gewisses Maß an Zuversicht bei einem solcherart denkenden linken Schriftsteller zuließen. Äußerte Jean Paul sich in jenen Jahren über England, so versäumte er nie, seiner zornigen Verurteilung der Politik Pitts den einschränkenden Hinweis hinzuzufügen, daß durch sie die fundamentalen Rechte und Freiheiten des englischen Volkes nicht aus der Welt verschwunden seien. Und beschäftigte er sich mit Frankreich, dann war ihm klar, daß Directoire und Konsulat keinen Rückfall ins ancien régime bedeuteten. Beides genügte ihm nicht. Nichts dergleichen reichte an sein Ideal heran. Insoweit glich er Hölderlin. Doch frei von dessen starrer Monomanie und seit jeher gewohnt, gegen die deutsche

Feudalmisere anzukämpfen, konnte er nicht umhin, in dem einen wie in dem anderen Umstand ein untrügliches Anzeichen für die Unaufhaltsamkeit des Fortschritts zu sehen. Vor diesem westeuropäischen Hintergrund aber, in solcher Nachbarschaft, schien jetzt auch in Deutschland nicht mehr alles beim Alten bleiben zu wollen. Hier machten die Resonanz seines „Hesperus" und der Gedankenaustausch mit zahllosen hochgeborenen Verehrern dem Dichter die wachsende Krisenstimmung des Adels bewußt[33], die sich zum Teil, wie er feststellen konnte, in Reformplänen niederschlug. Auch das war eine Realität, und eben auf sie hoffte er dadurch stimulierend einwirken zu können, daß er für alle, die da unter Schwankungen und Halbheiten, von kurzsichtigen Interessen und konservativen Gewohnheiten gehemmt, unschlüssig nach neuen Wegen suchten, ein mitreißendes, begeisterndes, selbst ihre kühnsten Vorstellungen hoch überragendes Vorbild schuf. Der idealisiert-paradigmatische Werdegang des „Titan"-Helden, gipfelnd in dem Entschluß, vom girondistisch regierten Frankreich aus gegen die deutsche Feudalmisere Krieg zu führen, ist auf diese Weise zustande gekommen. Durch das Bild eines solchen Helden wollte Jean Paul den latenten Reformwillen in Teilen der deutschen Aristokratie, bis hinauf zu den einsichtigeren Fürsten, anspornen, vorantreiben, zu seinen äußersten Möglichkeiten hochreißen.

Liegt hier eine zusätzliche, vielleicht gar die wichtigste Ursache dafür, daß er einen reinen Adelsroman geschrieben hat? Philologisch fehlt jeder Anhaltspunkt, das zu bejahen. Trotzdem hätte die Annahme, daß es sich so verhält, im Lichte der gesellschaftlichen Erfahrungen, die Jean Paul in seinen Wanderjahren zuflossen, viel für sich, wenn nicht eine andere Überlegung besser fundiert und relativ weniger hypothetisch wäre. Man stelle sich vor, die „Flegeljahre" würden sowohl integrierender Bestandteil des „Titan" geblieben als auch zu Ende geführt worden sein. Wie hätte dann die Botschaft dieses Monsterwerks an die Deutschen gelautet? Dem Bürgertum hätte es zugerufen: „Überwindet eure Weltfremdheit und Vertrauensseligkeit und erkennt, daß der Adel euer Feind ist!" Und an die Aristokratie, mit Einschluß der Fürsten, hätte es appelliert: „Stellt eure Macht in den Dienst des Volkes! Nutzt sie zu durchgreifenden Reformen, die Deutschland im Sinne des girondistisch-jakobinischen Ideals von Grund auf erneuern!" Von zwei Seiten her also hätte dasselbe Buch gewissermaßen einen Stollen zur Unterminierung des feudalen Systems, mit dem Ziel, es zum Einsturz zu bringen, vorangetrieben. Das war geplant.

Und ein solches Vorhaben war damals, weil situationsgerecht, durchaus sinnvoll. Denn auf der einen Seite befand das deutsche Bürgertum, obwohl es ökonomisch immer noch längst nicht entwickelt genug war, um seinen Interessen mit revolutionären Mitteln Geltung zu verschaffen, sich nach europäischen Maßstäben nunmehr in einer *nach-revolutionären* Lage, die seinem Emanzipationskampf neue, günstige Aussichten eröffnete. Nichts war unter diesen Umständen zeitgemäßer, als ihm die aus seiner Ohnmacht herrührende Weltfremdheit auszutreiben und so sein – naturgemäß antiaristokratisches – Klassenbewußtsein zu stärken. Auf der anderen Seite mußten aber auch die Machthaber Deutschlands jetzt einsehen, daß es in ihrem wohlverstandenen Interesse lag, das bestehende, welthistorisch überlebte Feudalsystem durch einschneidende Reformen der neuen Lage anzupassen. Von höchster Aktualität – und nicht gänzlich aussichtslos – war es daher ebenfalls, die Krisenstimmung des Adels, in der sich das Gefühl dafür ankündigte, sowohl zu schüren als auch in möglichst progressive Bahnen zu lenken.

In diesem Aufeinanderzukommen, dieser relativen Konvergenz von an sich antagonistischen Klasseninteressen, die normalerweise, in Ländern mit unverzerrter Abfolge der Gesellschaftsformationen, unversöhnlich zu kollidieren pflegen, haben später Marx und Engels ein durchgehendes Charakteristikum der deutschen Geschichte, ihres Mangels an „Klassizität" gesehen. Das ist gemeint, wenn Marx z. B. in seiner „Einleitung zur Kritik der Hegelschen Rechtsphilosophie" (1844) „das Verhältnis der verschiedenen Sphären der deutschen Gesellschaft nicht dramatisch, sondern episch" nennt und hinzufügt, jede Klasse beginne hier, „sich zu empfinden und neben die anderen mit ihren besonderen Ansprüchen hinzulagern, nicht sobald sie gedrückt wird, sondern sobald ohne ihr Zutun die Zeitverhältnisse eine gesellige Unterlage dafür schaffen", usw.[34] Die Resultate der Französischen Revolution, wie sie unter dem Directoire zutage traten, ließen in Deutschland zwischen Adel und Bürgertum hinsichtlich ihrer Interessenlage, ihres Kräfteverhältnisses eine Konstellation eben dieses anomalen Typs entstehen, und die zweigleisige Strategie Jean Pauls, die in dem Romankomplex „Titan" + „Flegeljahre" erkennbar wird, war von dem Bestreben diktiert, daraus für den Fortschritt des Landes so viel wie möglich herauszuholen.

Nicht zufällig praktizierten Goethe und Schiller in demselben soziologischen Kräftefeld eine Strategie von analoger Zweigleisigkeit, indem sie auf der Basis des höfischen Mäzenatentums in einem deutschen Feudalstaat eine Literatur schufen, die der vollkommenste künstlerische Ausdruck des von Grund auf bürgerlichen Geistes der Directoire-Gesellschaft ist. Sie verliehen auf diese Weise – eine emanzipatorische Leistung von weltgeschichtlicher Tragweite – der autochthonen Kultur des europäischen Bürgertums zum ersten Mal eine den klassischen Kunstepochen der Neuzeit – von der Renaissance bis zum Grand Siècle – ebenbürtige Ranghöhe und trugen eben damit, uno actu in solchem Ausmaß bürgerlichen Gehalt in die höfische Kultur hinein, daß diese jegliche Eigenständigkeit einbüßte und als geistige Macht eigenen Ursprungs und Gepräges endgültig aus der Entwicklung der europäischen Zivilisation ausschied – kulturgeschichtlich ein bis dahin beispielloser Triumph des Bürgertums, das Äußerste, was sich der eben beschriebenen Konstellation im geistigen Bereich abringen ließ. Aber in Deutschland stand dieser Sieg, unmittelbar gesellschaftlich angesehen, ganz im Zeichen des friedlichen Ausgleichs zwischen den Klassen, und erkauft wurde er hier mit einer *Entpolitisierung des bürgerlichen Emanzipationsstrebens,* die es dem in seiner Krisenstimmung potentiell reformwilligen Adel außerordentlich leicht machte, sich bei Aufrechterhaltung der feudalen Herrschaftsstrukturen, unter Bewahrung seiner Privilegien in den Kapitalismus des 19. Jahrhunderts hineinzumogeln.[35]

Die zweigleisige Strategie Jean Pauls war unter den Bedingungen derselben Konstellation demgegenüber auf Überwindung der deutschen Feudalmisere durch Zuspitzung des Klassengegensatzes und Politisierung des öffentlich-geistigen Lebens angelegt. Auf Politisierung auch mit Hilfe der „Flegeljahre", so wenig man ihnen das in der Gestalt, in der sie uns überliefert sind, auf Anhieb anmerkt. Wären sie im Rahmen des „Titan" verblieben und da vollendet worden, dann hätte Walts Enttäuschung über den Adel, angefacht und ausgeweitet durch Vults satirische Agitation, sich an irgendeinem Punkt des Romangeschehens auf den Feudalstaat Hohenfließ erstrecken müssen, in dem die Geschichte des „Titan" spielt. Eine andere Möglichkeit, die parallelen Schicksale Albanos und Walts sinnvoll zu einer einheitlichen Handlung zu verflechten, ist kaum vorstellbar. Mit anderen Worten: Jean Paul hat (um es noch mit einem anderen Bild als dem des Minierstollens auszudrücken) zwischen 1796 und 1799, als seine beiden bedeutendsten Romanwerke noch eine die Totalität der Gesellschaft widerspiegelnde Einheit bilden sollten, darauf hingearbeitet, das Feudalsystem gleichsam im Zangengriff zerbrechen zu helfen: von unten durch Aufreizung des bürgerlichen Klassenbewußtseins gegen den Adel, von oben durch die heroische Gestalt eines revolutionären Prinzen, welche die unsicher gewordene Aristokratie beschämen, ihr Krisengefühl dermaßen vertiefen, steigern und mit demokratischen Impulsen aufladen sollte, daß es das irgend erreichbare Maximum an reformerischer Initiative hergab.

Man begreift nach dem vorher Gesagten, warum der Dichter, mit einem solchen Plan im Kopf, die Weimarer Klassik als seinen Bestrebungen feindlich empfinden mußte, warum die Verwirklichung seines Vorhabens den energischen Kampf gegen sie voraussetzte und einschloß. Seine Leser waren auch die Leser Schillers und Goethes, und wer unter ihnen, ob unten oder oben, sich das Programm der ästhetischen Erziehung des Menschen zu eigen machte, wer dem immanen-

ten Appell des „Wilhelm Meister" Gehör schenkte, fand sich *politisch*
eo ipso mit dem Bestehenden ab, kannte nur noch das Problem, die
eigene Persönlichkeit zu vervollkommnen, und war damit für jene
Zangenoperation gegen den Feudalismus verloren.

Ästhetisierung oder Politisierung des deutschen Geistes – zu dieser
Alternative spitzte sich zur Zeit des Directoire in der deutschen Lite-
ratur der Gegensatz zwischen den dominierenden Strömungen und der
revolutionär-demokratischen Opposition zu. Klassik *und* Romantische
Schule waren, ungeachtet ihrer Divergenzen untereinander, auf das
Postulat der Ästhetisierung eingeschworen. Im anderen, an Anzahl
und überragenden Potenzen schwächeren Lager war man es nicht.
Aber hier wieder stand Jean Paul insofern allein da, als nur er das
Gegenpostulat der Politisierung in offensiver Auseinandersetzung mit
den Konzeptionen von Klassik und Romantik und in der Form großer Dichtung zur Geltung brachte. Herder war nicht Künstler genug,
um mit den Weimarer Dioskuren auf deren ureigenem Terrain in
Wettstreit treten zu können, und war zu eingeschüchtert, um den politischen Kern seiner Einwände gegen sie öffentlich zu erkennen zu geben. Die Romane Klingers lassen, abgesehen von ihrer fraglichen
Qualität, den zentralen Streitpunkt überhaupt außer Acht. Selbst in
seiner „Geschichte eines Teutschen der neuesten Zeit", die sich, wie
gesagt, nach Thematik und Tendenz mit dem „Titan" teilweise eng
berührt[36], spielt er gar keine Rolle. Und im „Hyperion" Hölderlins,
wo der Streitpunkt zur Sprache kommt, bedeutet der Primat des Kampfes für politische Freiheit nicht, daß die ästhetische Kultur in der absoluten Rangfolge der Werte einen anderen Platz einnähme als bei
Goethe, Schiller und den Romantikern. Die „Theokratie des Schönen"
wird hier als Ziel vielmehr ausdrücklich bejaht, nur soll erst der „Freistaat" erkämpft werden, worin sie eine Wohnstatt finden kann[37] –
eine Auffassung, die, so diskutabel sie an sich sein mag, dem gegnerischen Standpunkt zu verwandt ist, als daß sie in der konkreten Situation, in der man sich befand, die zu seiner Bekämpfung benötigten
Energien nicht hätte schwächen müssen.

Hölderlin ist auch hier freilich derjenige, der Jean Paul verhältnismäßig am nächsten steht – dadurch, daß er das Problem überhaupt
aufwirft und es seinerseits im Medium einer anspruchsvollen Dichtung
demokratisch zu beantworten sucht. Aber seine Zugehörigkeit zur jüngeren Generation hatte, außer der – vorhin erwähnten – Nivellierung
der antifeudalen Affekte in seiner politischen Ideologie, eben auch zur
Folge, daß er vom Geist der „Kunstperiode" bereits selbst imprägniert
war. Gleichaltrig mit den Matadoren der Frühromantik, mit Schelling
von der Tübinger Stiftszeit her befreundet, war er blutjung in den Sog
der Jenenser Strömungen geraten.[38] Philosophisch hatte er sich, wie die
Romantiker, Fichte angeschlossen und gehörte zu denen, die danach

trachteten, dessen Wissenschaftslehre in pantheistischer Richtung weiterzuentwickeln.[39] Zu seinem Idol als Dichter erkor er Schiller. Eins wie das andere hat auf sein – an sich berechtigtes – Bemühen, der Weltanschauung des Jakobinertums ihren Asketismus zu nehmen, sie, unter Berufung auf Athen (statt auf Sparta oder die römische Republik), mit der Bejahung eines kulturvollen Lebens zu verbinden[40], quasi-romantisch abgefärbt.

Weder das eine noch das andere aber findet man bei Jean Paul. Die literarische Tradition, an die er angeknüpft hatte, war die der englischen – zumal humoristischen – Erzähler des 18. Jahrhunderts, und als Denker stand er im Bann der weit und breit entschiedensten Fichte-Gegner: Jacobis und Herders. Was aber die jakobinischen Borniertheiten angeht, so stellten sie für ihn längst kein Problem mehr dar, da er sie schon vor der Revolution an der Quelle, in Gestalt der Rousseauschen Zivilisationskritik, kennengelernt und sich damals bereits über sie lustig gemacht hatte. Anders gesagt: Es bedurfte keiner Weimarer Klassik, um ihm asketische Neigungen anstößig zu machen, weil die ihm ohnehin seit jeher fernlagen.

Gewappnet also, voller Abwehrkräfte stieß, im Unterschied zu Hölderlin, Jean Paul auf die Anfänge der Jenenser Romantik – ein Mittdreißiger, der ebenso seichte wie exaltierte Jünglinge sich selbst überschätzen sah, dem das Mißverhältnis zwischen ihrer Betriebsamkeit und dem dürftigen Gehalt ihrer Produktionen auffiel, der ihre Bestrebungen auf der ganzen Linie als den seinen konträr empfand. Fast fünf entscheidende Jahre lang überdies, bis zur Jahrhundertwende, blieb er gegen nahe, gar andauernde Berührung mit Novalis, den Brüdern Schlegel usw. abgeschirmt, erst durch örtliche Ferne – in Hof, in Leipzig –, dann in örtlicher Nachbarschaft durch das Bündnis mit Herder, der nichts so haßte wie den Jenenser Kreis. Romantische Verrisse eigener Bücher, eigene Ausfälle gegen romantische Lieblingsdoktrinen und Idole, den Jünglingen hinterbracht und von ihnen übelgenommen, taten ihr Übriges, die Barriere beiderseits zu versteifen.

Nach alledem gab es für eine der Diotima analoge Figur bei Jean Paul keinen Raum. Nicht in einer Gestalt, die der Held liebt, die seiner Liebe würdig ist, nein, in Scheusalen, in Verbrechern verkörpert sich im „Titan" das ästhetische Erziehungsprogramm, gerade so, wie darin nicht um eines Elysiums der Schönheit willen für die Freiheit des Volkes gekämpft wird, sondern diese an sich als oberster Wert gilt, dem entgegenzureifen bei dem Helden die niederschmetterndsten Erfahrungen mit der Gemeinheit der ihn umgebenden Ästheten zur Voraussetzung hat. Und was nicht vergessen werden darf: Jean Paul hat sich im „Titan" als Künstler zwar dem klassizistischen Stil genähert, aber auch da hält seine Begeisterung für die antike Polis sich, was den Inhalt angeht, frei von jener Verquickung mit ästhetisierendem

Hellenentum, wie sie bei Hölderlin abermals aus der frühen und engen Berührung mit Weimar-Jena zu erklären ist. Wenn es daher der zuversichtlicheren Einstellung zur europäischen Gegenwart entsprach, daß der „Titan", weil er kein hoffnungsloser Klagegesang zu werden brauchte, die Verengung zu einem lyrischen Briefroman nach Art des „Hyperion" vermeiden und sich so die Ereignis- und Gestaltenfülle des großen Epos bewahren konnte, dann hat die relativ größere Distanz zur Antike als Inbegriff des Kunstschönen ganz sicher – natürlich zusammen mit dem noch stärkeren Motiv, das Bild der deutschen Gesellschaft aus „Loge" und „Hesperus" auf neuesten Stand zu bringen – dazu beigetragen, daß das Revolutionsbekenntnis Albanos organisch aus den deutschen Zuständen hervorwächst und sich dann auf das Frankreich von 1792 bezieht, statt, wie das Hyperions, um einer stilvoll-metaphorischen Symbolik willen auf griechischen Boden entrückt und damit, weniger stilvoll, in den beiderseits reaktionären Krieg der Russen und Türken von 1770 hineinverwickelt zu sein.[41] Auch diese Unterschiede unterstreichen: Selbst innerhalb der revolutionär-demokratischen Literaturrichtung der Goethe-Zeit steht der „Titan" einzig da. Kein anderes Werk deutscher Dichtung ist der damaligen „Forderung des Tages" in gleichem Maße gerecht geworden.

DREIZEHNTES KAPITEL

Kontraposition und Erbantritt.
Form und Gehalt des Titan als Frucht der Auseinandersetzung mit der Weimarer Klassik und der Romantischen Schule

I

Die Auseinandersetzung mit dem Geist von Weimar-Jena vollzieht sich im „Titan" auf mehreren Ebenen. Sie operiert mit tendenziösen Anspielungen von oft provozierender Direktheit. Sie entwickelt daneben tief durchdachte epische Kontrapositionen zu den bekämpften Auffassungen und Einstellungen. Und sie weist auch eine Komponente kritischer Adaption gegnerischer Errungenschaften auf.

Zu den *Anspielungen* gehören sowohl Erwähnungen zeitgenössischer Dichtung und Philosophie als auch schlüsselromanhafte Elemente wie die Porträtähnlichkeit einzelner Figuren, zu denen mehr oder weniger berühmte Zeitgenossen Modell gestanden haben. Um nur einiges zu nennen, ist z. B. Linda mit solchem Mangel an Diskretion nach Charlotte von Kalb gezeichnet worden, daß deren Augenschwäche einen Angelpunkt der Handlung bildet und wörtlich wiedergegebene Stellen aus ihren Briefen Verwendung finden.[1] Gaspard gleicht in seinen Anschauungen, seinem Betragen, seiner Redeweise Goethe, während seine Physiognomie mit Worten beschrieben wird, die zuerst in Jean Pauls brieflichen Schilderungen Schillers auftauchen und schon da, wie später in dem Roman, zu dem Gesamteindruck eines „Cherubs mit dem Keim des Abfalls" zusammengefaßt sind.[2] Auf Pestitzer Hofgeselligkeiten liest man mit verteilten Rollen den „Tasso".[3] Dem edlen griechischen Baumeister Dian sind die Anschauungen Herders in den Mund gelegt.[4] Der unsympathische Fraischdörfer wirkt wie Heinrich Meyer, vertritt meist auch dessen Kunstdoktrin, verfällt mitunter aber auch in den Jargon der Brüder Schlegel.[5] Roquairol, der die ganze Literatur der Epoche intus hat, ahmt mit Vorliebe in seinem Verhalten bekannte Roman- und Dramenhelden nach.[6] Schoppe gibt, wie der mit ihm identische Leibgeber im „Siebenkäs", unentwegt Satiren Jean Paulscher Machart von sich, was ihn nicht davor schützt, schließlich Anhänger der Philosophie Fichtes und des jungen Schelling zu werden[7], usw. usf.

Mit alledem beabsichtigt Jean Paul nicht nur, dem Leser unmißverständlich klarzumachen, welche Epoche und welches Milieu er ihm vorführt. Er möchte auch Akzente setzen, die seinen eigenen Standort in den geistigen Kämpfen der Zeit verdeutlichen sollen. Gaspard etwa wird beherrscht von nacktem egoistischen Machtstreben. Wenn Goethe und Schiller ausgerechnet dieser Gestalt ihre Züge leihen müssen, so ist das ein Einfall von böser Ironie, der ungefähr besagen will, daß die dem Programm der Weimarer Klassik eigene Tendenz zur Entpolitisierung ihre Kehrseite habe in einer Politik, die idealer Antriebe und Zielsetzungen entbehre. Noch evidenter ist, daß, wenn Fraischdörfer sich in der vorhin erwähnten Weise über den Selbstmord Roquairols ausläßt – menschlich ungerührt, als Theaterkenner sehr angetan –, damit das Inhumane des frühromantischen Ästhetizismus angeprangert wird. Ähnlich geht – wie übrigens mit aller Deutlichkeit die „Clavis Fichtiana" bestätigt – die Idee, Schoppe über dem Studium der „Wissenschaftslehre" wahnsinnig werden zu lassen, gegen den von Jena aus um sich greifenden, das Denken der jungen Romantiker verwirrenden Subjektivismus der Kant-Fichteschen Erkenntnistheorie.[8] Immer werden dergestalt die dem Autor verhaßten Ideologien stigmatisiert. Bösewichter oder Dummköpfe stellen zumeist ihre Träger, positiven *und* negativen Romanfiguren, Schoppe wie Roquairol, gereichen sie zum Ruin, wohingegen Herders Gedanken mit gleicher Parteilichkeit einer Idealgestalt zugeteilt sind.

In dieser reichlich vordergründigen Art, zu Weltanschauungen Stellung zu nehmen, erschöpft der intendierte Angriff auf Weimar-Jena sich jedoch nicht. Daneben findet man eine tiefer dringende Polemik, die, in Gestaltung umgesetzt, es nicht nötig hat, Porträt-Ähnlichkeiten, Zitate aus Neuerscheinungen u. dgl. auf dem Präsentierteller darzubieten. So, wenn in die meisterhaft gelungene indirekte Charakterisierung der Liane Motive aus Novalis' „Hymnen an die Nacht" hineinverwoben sind, ohne daß eine einzige Verszeile daraus, geschweige der Name des Autors, vorkäme.[9] So auch, wenn Roquairol, mit keinem bestimmten Urbild identifizierbar – August Herder dürfte ihn zwar angeregt haben, ist aber keinesfalls in ihm porträtiert worden –, dermaßen zum Prototyp des jungen Romantikers gerät, daß später Clemens Brentano in diese Gestalt wie in einen Spiegel des eigenen Wesens zu blicken glaubte.[10]

Und selbst mit derartigen Sinnbildern ist es nicht getan. Für die Interpretation des Ideengehalts am ergiebigsten sind die großen, ebenfalls ganz in Gestaltung versenkten, von konstitutiven Strängen der Fabel nicht ablösbaren *Kontrapositionen*, die durch die Transparenz realistisch motivierten Handelns jeweils mehrerer, mindestens zweier Individuen das eigentlich Gemeinte durchschimmern lassen. Mit rein erzählerischen Mitteln, jede direkte Anspielung vermeidend, greift Jean Paul oft ein zentrales Motiv der Widersacher auf und leuchtet es in der Weise an, daß, scheinbar unwillkürlich, spannungsgeladene Situationen zwischen seinen Romanfiguren zur Ideologiekritik werden, indem sie seine Haltung zu dem umstrittenen Problem offenbaren *und* die symbolische Repräsentation des Gegenstandpunkts gleich dazu liefern.

Das ist es, was hier unter „epischer Kontraposition" verstanden wird. Erläutert sei der Begriff an einem konkreten Beispiel, das in medias res der Kontroverse mit der Klassik führt: an dem im vierten Band geschilderten Italien-Erlebnis der Hohenfließer Fürstin (Isabella) und ihrer Begleiter.[11] Seine manifeste Begründung findet dieses Ereignis in dem Umstand, daß Albano, eigentlich Erbprinz von Hohenfließ, vor seinem Thronantritt – sein Vorgänger ist bereits sterbenskrank – eine Kavalierstour absolviert haben muß, daß aber im Interesse der Geheimhaltung seiner hohen Geburt und künftigen Bestimmung die Eingeweihten bei Hof weder ihm selbst noch der Welt den wahren Zweck der Fahrt zu erkennen geben wollen. Nach Italien wird daher nicht er allein geschickt, sondern es ist eine ganze Reisegesellschaft, die sich im Gefolge der Fürstin dorthin begibt, und er, der vermeintliche Graf Zesara der Jüngere, Sohn Gaspards, ist ihrer Suite lediglich als ein Höfling unter anderen zugeteilt. Alles ergibt sich somit folgerichtig aus der Logik der Fabel, die ihrerseits den Gepflogenheiten des Zeitalters, hier der Sitte der Kavaliersreisen von Thronfolgern, stimmig eingepaßt ist. Desgleichen entspricht die Art, wie die Pestitzer Aristokratie, in nuancenreicher Abwandlung des Verhaltens der einzelnen, Reiseeindrücke sucht, sie innerlich aufnimmt und darüber ihre Gedanken austauscht, akkurat den Charakteren, wie sie sich dem Leser bereits vorher, in den auf deutschem Boden spielenden Romanteilen, eingeprägt haben. Mit einem Wort: Die epische Immanenz wird nirgends durchbrochen, nichts ist ihr von außen aufgesetzt. Am wenigsten wird irgendwo *unmittelbar* auf Goethe angespielt.

Gleichwohl wächst, da lauter Ästheten des Weimar-Jenaer Typs beisammen sind, denen es in Italien einzig um Kunstgenuß, nicht um Wahrnehmung der Zeugnisse kampferfüllter Geschichte zu tun ist, das Ganze sich zu einer großen Satire auf Goethes italienische Reise aus. Und damit tritt die tiefere Absicht, die von Anfang an hinter der manifesten Motivierung, der so fabelgerecht begründeten Kollektivität des Unternehmens, gesteckt hat, zutage: Die an Goethe gemahnenden Vorlieben und Reaktionsweisen der Pestitzer Höflinge braucht Jean Paul als Folie für die einzig bei Albano anzutreffende girondistisch-jakobinische Verherrlichung der antiken Polis. Sie sind für ihn ein Mittel episch kontraponierender Darstellung einer von ihm abgelehnten, bekämpften Geisteshaltung *und ihres Gegenteils*. Er will warnen vor der in Weimar-Jena gängigen Bewunderung des Altertums, die über der schönen Kunstidealität römischer Baudenkmäler und Skulpturen das politische Vermächtnis der römischen Republik vergißt, auf das es ihm im „Titan" ankommt. Und er will gleichzeitig den als vorbildhaft anzusehenden antikisierenden Republikanismus des positiven Helden nicht bloß für sich, isoliert und nur affirmativ, zur Anschauung bringen, sondern so, daß er sich kontrastierend abhebt von Goethes Italien-Erlebnis als dem Inbegriff jener rein ästhetischen, an der historischen Substanz desinteressierten Bestrebungen, die dem Weimar-Jenaer Kult der Antike das Gepräge geben.

Doch nicht allein das. Die Kontraposition geht noch weiter. Denn der vierte Band spielt im Jahre 1792, am Vorabend des Kriegs zwischen der französischen Republik und den europäischen Feudalmächten, über dessen nahe bevorstehenden Ausbruch ständig Nachrichten in Italien eintreffen. Und während in den Debatten über diesen Konflikt die Hohenfließer Fürstlichkeiten und Hofschranzen entweder für die reaktionär-feudale Seite Partei ergreifen oder das Ereignis, bestenfalls, in quietistischer Beschaulichkeit, ohne innere Anteilnahme reflektieren[12], wird bei Albano der Gedanke an die römische Republik, durch die steinernen Zeugen des Altertums in ihm wachgerufen, zum Anstoß, sich auf die Seite der Revolution zu stellen. Die Assoziation des Goetheschen Italien-Aufenthaltes aus den Jahren 1786–88 leitet also hinüber zu einer anderen: zu der Haltung, die tatsächlich in der Situation von 1792 der Weimarer Hof einnahm, zu Karl August, der damals im Gefolge des Herzogs von Braunschweig die Kampagne gegen Frankreich mitmachte, zu Goethe, der als kontemplativer Beobachter des Zeitgeschehens seinen fürstlichen Freund dabei begleitete. Ja, nicht einmal der Goethe aus der Zeit der Vollendung des „Titan" ist ausgelassen: Seine aus der Sicht des Rückblicks ausgewogenen Urteile über die Revolution, weiser als die einst kleinlichen Gehässigkeiten des „Bürgergenerals", werden von Gaspard vorgetragen, mit der Folge, daß dieser wie ein Prophet wirkt.[13] Dennoch fungiert Albano auch dazu als das positive Gegenbeispiel. Daß selbst die reifste, von Borniertheit freieste Gesinnung, die im Lager der Hofpartei laut wird, seinen heroischen Enthusiasmus nicht zu ersticken vermag, macht seine menschliche Überlegenheit aus, wodurch die Kontraposition ihre letzte, ihre politische Zuspitzung erhält.[14]

Eben diese Struktur nun hat – mutatis mutandis – in dem Roman auch die Beziehung Albano-Roquairol, sofern sie Widerlegung des „Wilhelm Meister" mit erzählerischen Mitteln ist. Charakter und Schicksal Roquairols sollen demonstrieren, wohin die von Schiller und Goethe empfohlene ästhetische Erziehung des Menschen im negativen Extremfall führt, und Albano lebt kontrapositorisch das Jean Paulsche Erziehungsideal vor. Darauf wird gleich ausführlicher zurückzukommen sein.[15] Vorher sei, diesseits der speziellen „Meister"-Problematik, noch ein Wort zu der dritten Komponente der allgemeinen Auseinandersetzung des „Titan" mit Weimar-Jena gesagt: zur *kritischen Aneignung von Errungenschaften* der Klassik. Die Elastizität und Flexibilität von Jean Pauls Denken, oben als Ausdruck seines vielgestaltigen Wesens gewürdigt und auf ihre politischen Konsequenzen hin untersucht[16], zeigt sich da von einer neuen Seite: als Fähigkeit, von den

Gegnern zu lernen, als selbst in heftiger Kontroverse nie versiegende Bereitschaft, ihr Werk doch auch als Quelle belebender Inspiration zu verstehen und dank der Berührung mit ihm die eigenen Grenzen zu überschreiten. Die damit kontrastierende starre Haltung vertritt in dem Fall nicht Hölderlin, sondern der in seinen Groll vergrabene späte Herder.

Man erinnere sich, daß Jean Paul bei seinem ersten Zusammentreffen mit Reichardt, laut dessen Bericht, „ganz herrliche Sachen über Goethes göttliches Genie" geäußert hat.[17] Das Gespräch betraf die enttäuschenden Erfahrungen, die Reichardt und Herder mit Goethe hatten machen müssen, und es fand statt zwischen zwei überzeugten Republikanern, die Goethes Einstellung zu den Zeitereignissen vollends mißbilligten. Bei einer derartigen Gelegenheit von Goethes Genialität zu schwärmen zeugt von erheblicher Unbefangenheit und Objektivität. Jean Paul war dazu imstande, Reichardt, der ihn nicht zuletzt deswegen anziehend fand, ebenfalls.

Anders Herder. Seit er sich mit Goethe und Schiller überworfen hatte, ließ er an ihnen kein gutes Haar mehr. Die dichterischen Qualitäten ihrer neuesten Produktionen sah er nicht und wollte er nicht sehen. So vorsichtig er seine für den Druck bestimmte Kritik auch zu formulieren pflegte, die Ablehnung, die bei ihm dahinter stand, war total, und ziemlich herrisch versuchte er, die ihm verbliebenen Anhänger auf die gleiche bornierte Ausschließlichkeit festzulegen. Darin lag etwas Tragisches. Denn im Grunde widersprach solch enger Parteigeist der Mentalität und Weltanschauung Herders. Die allgeschmeidige Einfühlung in fremde Geistesart, die den historischen Sinn des Verfassers der „Ideen zur Philosophie der Geschichte der Menschheit" ebenso kennzeichnet wie seine Aufgeschlossenheit für die Volkspoesie aus den entferntesten Zonen des Erdballs, hatte sich früher durchaus auch seinen Urteilen über zeitgenössische Literatur mitgeteilt. Hier wie dort begegnet man bei ihm dem gleichen toleranten Objektivismus, geschult an Leibniz' Philosophie. Indes der Sturz aus der Höhe unumstrittener geistiger Führerschaft in Isolierung und Erfolglosigkeit ließ in dem großen Mann Ressentiments zurück, die ihn in der aktuellen Fehde für die Vorzüge und Stärken der Gegenpartei blind machten.

Was Jean Paul angeht, so hatte er sich, längst bevor er nach Weimar kam, aus den Herderschen Schriften das ihnen immanente Postulat zu eigen gemacht, allenthalben, bei Individuen sowohl wie bei Völkern und Geschichtsepochen, das Gute, Schöne und Wahre, auch wenn es sich in fremd wirkender Umhüllung darbot, aufzuspüren und zu unbefangener Würdigung ans Licht zu ziehen. Das war es, was er in seinen überschwenglichen Briefen an Herder, von 1796 an, als dessen größtes Verdienst rühmte.[18] Und von diesem Prinzip abzuweichen lag ihm naturgemäß fern, als er, jünger an Jahren, geistig beweglicher, dazu erfolggekrönt und allerseits beliebt, im Kampf gegen die Weimarer Klassik an Herders Seite getreten war. Nicht, daß er hinsichtlich der politischen und ideologischen Kernpunkte des Streits versöhnlicher gewesen wäre oder gar sich mehr zurückgehalten hätte. Im Gegenteil. Ungehemmt von den Ängstlichkeiten des älteren Bundesgenossen, rückte er frischer und kecker als dieser mit der Kritik an den gemeinsamen Gegnern heraus. Aber er war auch frei von seiner aus gekränktem Ehrgeiz herrührenden Verdrossenheit, und so vermochte er sich ein höheres Maß an Respekt vor der Größe der Widersacher zu bewahren. Weder an gutem Willen, sie zu verstehen, ihnen gerecht zu werden, fehlte es ihm, noch kostete es ihn Überwindung, mit ihnen Umgang zu pflegen.[19] Zu ihren Neuerscheinungen nahm er, statt sie pauschal abzulehnen, differenziert und stets vom einzelnen Werk ausgehend Stellung, derart, daß beispielsweise der abstoßende Eindruck, den „Wallenstein" und besonders „Maria Stuart" auf ihn machten[20], ihn nicht hinderte, die „Jungfrau von Orleans" mit Lob zu bedenken[21], und daß die Frontstellung gegen die Romantische Schule für ihn kein Grund war, die poetische Begabung und immense Produktivität eines Ludwig Tieck zu verkennen, usw. Unter diesen Umständen konnte es nicht ausbleiben, daß er an Herders Verhalten, bei aller Liebe und Verehrung, bald Anstoß nahm.

Schon am 31. Juli 1797 hat Jean Paul einen brieflich an Herder gerichteten Panegyrikus über die „Humanitätsbriefe" mit der Einschränkung versehen: „In allen Ihren Gemälden von der deutschen Literatur scheint mir zwar nicht der ironische Schlagschatten Swifts, aber doch das ironische Streiflicht Horazens vorzuwalten: Ihr griechischer Geist tut, scheint es, der Stadt unrecht, in der er wohnt."[22] Daß er später, in den Weimarer Jahren, gesprächsweise gelegentlich ähnliche Einwände vorgebracht haben dürfte, ist in Anbetracht des Freimuts seiner Verbesserungsvorschläge zum Manuskript der Herderschen „Metakritik"[23] sehr wahrscheinlich, kann allerdings nur vermutet werden. Dafür existieren aus dieser Zeit Briefe von ihm, worin kaum weniger aufschlußreiche Klagen auftauchen, wie etwa die folgende: „Über Herders Parteilichkeit überall steigt nichts. . . . Steht in einem französischen oder andern Journal etwas gegen Goethe oder gar Schiller, so wird's gepriesen und umhergeschickt" (an Otto, vom 21. August 1800).[24] Noch deutlicher wird die auf die Weimarer Periode bisweilen zurückblickende Korrespondenz aus Berlin, Meiningen und Coburg. Hier finden sich Stellen, wo gleichermaßen beide Seiten der Vorwurf trifft, einander an parteiischer Voreingenommenheit in nichts nachzustehen, z. B. die: „Seit ich in Weimar war und hörte, daß Herder das schlecht findet, was Goethe und Schiller gut finden, und umgekehrt, . . . so frag' ich nach keinem einzigen Urteil mehr über mich" (an Otto, vom 24. Oktober 1800).[25] Und selbst in einem kurz nach Herders Tod geschriebenen Brief, der im ganzen ein erschütterndes Dokument der Trauer um den dahingeschiedenen unersetzlichen Geistesgefährten ist, steht die Bemerkung, daß „ein (zuletzt physisch-)kränklicher Ehrgeiz seine einzige Schwäche" gewesen sei (an Jacobi, vom 30. Januar 1804).[26]

Den zitierten Äußerungen ist zu entnehmen, wie ungefähr die persönlichen Erfahrungen ausgesehen haben müssen, welche die Diskrepanz zwischen Herders Grundsätzen und seinem unausgewogen negativen Verhältnis zur Weimarer Klassik Jean Paul allmählich zu Bewußtsein brachten, bis er so weit war, sich über die Ursachen dieses befremdenden Phänomens Gedanken zu machen. Zu Beginn der Bekanntschaft war der neue Freund ihm wie ein Engel erschienen, der vor einem alle Völker nachspiegelnden Meer steht und, „während wir Individuen schonen und Völker mißhandeln, beide errät und beschützt" (an Herder, vom 17. August 1796).[27] Bei näherem Kennenlernen begann er nach und nach daran zu zweifeln, ob das „Erraten und Beschützen" den Individuen wirklich noch in gleichem Maße wie den Völkern galt, und zu Jacobi sprach er endlich unverblümt aus, wegen Herders Mangel an reflektiertem Selbstgefühl sei dies nicht der Fall. Die Individualität ganzer Völker, die, statt zur Anschauung zu werden, immer nur eine Idee bleibe, erfasse Herder wie kein anderer Autor. Wenn ihm jedoch „kein Drama, nicht einmal ein leidliches Gespräch" gelingen wolle, so deswegen, weil Dichtung „höchste Gewalt über Mensch und Sache zugleich" verlange und Herder die Bedingung dafür, das eigene Ich „zweimal, sehend und gesehen", zu besitzen, so wenig mitbringe wie die meisten Weiber. Er bestehe „aus einem halben Dutzend Genies auf einmal", die aber alle des sie verbindenden besonnenen Ichs, ohne das Philosophie und Kunst sich nicht vollenden könnten, entbehren würden. Und das sei auch der Grund, warum ihm die „hohe Freiheit" fehle, „ein feindseliges Individuum zu verstehen und zu benutzen" (an Jacobi, vom 14. Mai 1803).[28]

Wie weit diese Deutung zutrifft, ob Herders späte Verhärtung tatsächlich hinreichend aus derselben psychologischen Wurzel erklärt werden kann wie sein lebenslang schwach entwickeltes dichterisches Gestaltungsvermögen, mag hier als nicht zum Thema gehörende Frage dahingestellt bleiben. Interessant für die vorliegende Untersuchung ist etwas anderes: daß Jean Paul in einer Analyse von Fehlern Herders, die er so nur sehen und beanstanden konnte, weil er selbst sich von ihnen frei glaubte, überhaupt das „Verstehen und Benutzen" von Feinden als Vorzug, als Kriterium geistiger Souveränität herausgestellt und die Unfähigkeit dazu auf einen Mangel an – Selbstkritik zurückgeführt hat (mit welchem Ausdruck man das „besonnene", das „sehende und gesehene" Ich wohl in den heutigen Sprachgebrauch wird übersetzen müssen). Mit „feindseligen Individuen" meinte er in einem

Zusammenhang, in dem von Herder die Rede war, natürlich in erster Linie Goethe und Schiller, und die Art, wie er selbst sie befehdete, hielt er deswegen für angemessener und wirkungsvoller, weil er die „hohe Freiheit" besaß, sie zu „verstehen *und zu benutzen*", d. h., weil sich bei ihm, aus „besonnenem" Innewerden der Schwächen und Grenzen des bisherigen eigenen Schaffens, mit der Ablehnung der Grundtendenzen der Weimarer Klassik doch die Bereitschaft verband, ihr unbefangen vieles abzugucken, bei ihr in die Schule zu gehen, besonders aber: *Positionen, die sie besetzt hielt, ihr streitig zu machen und selbst zu erobern.* In diesem Sinne berechtigt der zuletzt zitierte Brief zu dem Schluß, daß Jean Paul bei der Abfassung des „Titan" wohlüberlegt, mit großer Bewußtheit und als ein Herder-Adept, der sich das Einfühlungsprinzip seines Meisters durch dessen spätere Borniertheit nicht verleiden lassen wollte, an die Aufgabe herangegangen ist, die Gegner gleichzeitig zu bekämpfen *und* auf ihrem eigenen Gebiet zu übertreffen, zumindest ihnen gewachsen zu sein.[29]

Was hat er konkret von Weimar-Jena übernommen? Antwort: vor allem den am Kulturerbe der Antike geschulten Stilwillen, der den „Titan", vom zweiten Band an, so hochgradig, wie das neuzeitliche Genre des Prosa-Epos es überhaupt zuläßt – jedenfalls in stärkerem Maße, als es von Goethes Romanen gesagt werden kann –, zu einem klassizistischen Kunstwerk par exellence macht und ihn insoweit selbst in die Reihe der großen Dichtungen der Weimarer Klassik integriert. Die Metamorphose der formalen Gestaltungsmittel Jean Pauls, die darin zutage tritt, gehört zu den merkwürdigsten Fällen von Selbstüberwindung eines Schriftstellers, denen man in der Literaturgeschichte begegnet – merkwürdig namentlich deshalb, weil das Resultat, obwohl von einem durchaus zur Manieriertheit neigenden Autor mit eiserner Disziplin der widerstrebenden eigenen Erzählweise abgetrotzt, im wesentlichen als meisterhaft gelungen gelten darf.

Für jeden, der sich von „Wutz" und „Fixlein", „Hesperus" und „Siebenkäs" her an Jean Paul gewöhnt hat, ist die Wandlung verblüffend. Sie ist es um so mehr, als die Tendenz des „Titan", wie soeben[30] anhand der in Italien spielenden Partien seines vierten Bandes gezeigt werden konnte, gerade darauf hinausläuft, den Lesern zu suggerieren, daß die ästhetisierende Variante der Besinnung auf die Antike von tiefer Fragwürdigkeit sei. Als das eigentliche Grundgebrechen der Kultur von Weimar-Jena erscheint in dem Werk ja die Verlogenheit, mit der die feudalen Machthaber Deutschlands die – ihnen höchst unerwünschte – Wiederherstellung der Polis, wie sie dank der Französischen Revolution historisch spruchreif geworden ist, ersatzweise durch bloßes Nachahmen antiker Stilformen zu überspielen suchen. Ähnlicher Verlogenheit hatte übrigens bereits der „Fälbel" die altsprachlich-humanistische Gymnasialbildung überführt – durch die Satire auf einen Rektor, der, ungeachtet seiner Passion für die Schriftsteller des klassischen Altertums, aus erzkonservativer Einstellung die französische Republik verabscheut und sich nicht darin genugtun kann, den dem Polis-Ideal absolut konträren Untertanengeist des deutschen Kleinstaatphilisteriums als vorbildhaft zu rühmen.[31] Schon dieser Angriff auf ein zeitgenössisches Zerrbild antiken Geistes war dabei kein Zufallsprodukt spontaner Beobachtung des Lebens gewesen, sondern Ausdruck einer tiefwurzelnden Überzeugung. Das beweist die gleich danach entstandene „Loge", wo JP als Hofmeister des Helden, in einer der pädagogisch-theoretischen Einschaltungen à la „Emile", betont, daß eine einseitig an den Bildungswerten der Antike orientierte Erziehung den Jugendlichen seiner Zeit unzuträglich sei.[32] Und wenn fünf Jahre später die „Geschichte meiner Vorrede zur zweiten Auflage des Quintus Fixlein" dem noch den Hohn auf die „griechenzenden Formschneider" in Weimar und Jena hinzugefügt hatte[33], dann war damit der Angriff in programmatischer Weise bereits auch aufs Terrain des künstlerischen Schaffens hinübergetragen worden. Es sind diese Motivreihen, die der „Titan" in seiner Kontraposition von falschem, ästhetisierendem und wahrem, politischem Antike-Verständnis gipfeln läßt. Nichts mußte – so sollte man meinen – einem solcherart denkenden Autor, wenn er ohnehin von der so unklassischen, autochthon modernen Tradition des englischen Romans herkam, da näherliegen, als gegen den ästhetischen Kult der Antike erst recht die ihm gewohnte Erzählmanier ins Treffen zu führen – etwa durch einen Gigantismus an Sternescher Verschrobenheit.

Genau das Gegenteil geschah. In formaler Hinsicht ist der „Titan", sieht man von den schwachen Residuen der Sterneschen Manier im ersten Band einmal ab[34], eine einzige Übung in Zucht und Maß, dazu ein großangelegter Versuch, die anschaulich-plastische Charakterisierungskunst der Homerischen Epen mit der dramatischen Wucht Sophokleischer Tragödien-Szenen zu vereinigen und beide poetischen Mittel zugleich, uno actu für die Bewältigung eines modernen Stoffs einzusetzen. Daß ein solches Unterfangen der Linie der Weimarer Klassik folgte, liegt auf der Hand. Es genügt, an den Homerischen Stil von Goethes Gegenwarts-Versepos „Hermann und Dorothea" und an die vom Geist moderner Diesseitigkeit durchtränkte Adaption der Sophokleischen Schicksalstragödie in den klassischen Dramen Schillers zu denken[35], um zu erkennen, daß eine Sophokles-Homer-Synthese mit modernem Sujet herstellen zu wollen nicht nur mit den Weimarer Dioskuren in Wettstreit treten hieß, sondern sogar die Intention verrät, Formexperimente unterschiedlicher Art, die bei ihnen getrennt vorkommen, zusammenzuziehen, in eins zu verschränken und so die Vorbilder zu überbieten. Das aber bedeutet: Wir haben es im „Titan" mit dem Unikum eines Literaturwerks zu tun, das in seiner Form derselben Zeitströmung extrem verhaftet ist, gegen die sein Inhalt an-kämpft.

Will man diese – scheinbare – Paradoxie nicht von Grund auf miß-verstehen, so muß man davor auf der Hut sein, es sich mit der Er-klärung und Beurteilung ihres Zustandekommens zu leicht zu machen. In der „Geschichte meiner Vorrede etc." hatte der Dichter der Weimar-Jenaer Überbewertung des Ästhetischen den Fehdehandschuh hinge-worfen und sich in dem Zusammenhang auch über die neue Graeco-manie lustig gemacht, ohne deren linke Spielart, wie sie zu der Zeit theoretisch der frühe Friedrich Schlegel vertrat, davon auszunehmen.[36] Allein zwei Jahre später, im Mai 1798, besuchte Jean Paul den Ab-gußsaal der Dresdener Kunstsammlungen und war von dem dort Ge-sehenen auf einmal so tief beeindruckt, daß er sogleich den Vorsatz faßte, sich künftig beim Schreiben über große oder schöne Gegen-stände von den hellenischen Göttern die Gesetze der Schönheit geben zu lassen (Brief an Otto, vom 17. Mai).[37] Im Januar 1799, inzwischen in Weimar ansässig geworden, las er sodann, auf Anraten Herders, Homer in der Voßschen und die griechischen Tragiker in der Stol-bergschen Nachdichtung.[38] Seine Einstellung zu den zeitgenössischen klassizistischen Bestrebungen ist durch diese Bildungserlebnisse we-sentlich modifiziert worden, die denn auch auf den Stil des „Titan" in der eben angegebenen Weise eingewirkt haben.

Worin aber bestand die Modifikation? Nicht, wie man auf den ersten Blick annehmen möchte, darin, daß bei Jean Paul im Zuge seiner Re-zeption des antik-griechischen Kulturerbes Inkonsequenzen aufgekom-men wären, die, im Vergleich zu 1796, seiner Polemik gegen Weimar-Jena ihre Schärfe genommen, die seinen Kampf gegen Goethe und Schiller abgeschwächt hätten. Seiner formalästhetischen Annäherung an die Klassik eine solche Deutung zu geben wäre falsch. Inkonsequent vielmehr verhielt sich – und das wurde ihm jetzt klar – die Gegenseite, indem sie zwar die Kunst-Idealität der Antike zur Norm erhob, dabei jedoch deren Grundlage, die Polis-Demokratie, aus Abneigung gegen die Französische Revolution ausklammerte.[39] Und eben diesen Fehler hatte er selbst 1796, freilich aus Sympathie für die Revolution unter Umkehrung des Vorzeichens, auch begangen, indem er in der „Ge-schichte meiner Vorrede" jegliche Bewunderung und Nachahmung griechischer Kunst mit dem apolitischen Ästhetengeist, der ihre For-men zu verselbständigen trachtet, simplifizierend gleichgesetzt hatte. Jetzt war er so weit, diesen Irrtum zu überwinden, was für die lite-rarische Praxis bedeutete, daß er von den antiken Formen nunmehr seinerseits voller Bewunderung Gebrauch machte, aber nur, um desto energischer ihre unlösbare Zusammengehörigkeit mit dem Polis-Ideal zu unterstreichen. Die Folge war, daß von 1799 an auf der einen Seite der revolutionär-demokratische Ideengehalt des „Titan" die ihm gemäße klassizistische Form erhielt – bei gleichzeitiger Abstreifung der „niederländischen" und „deutschen" Stilelemente – und daß andererseits im Rahmen desselben Werks die Tendenz der Weimarer Klassik, diese Form ästhetisierend und entpolitisierend zu verselbständigen, unter einem neuen, der „Geschichte meiner Vorrede" gegenüber angemesseneren Gesichtspunkt, mit tiefer dringender Argumentation als Aushöhlung der geschichtlichen Substanz des antiken Erbes entlarvt werden konnte.

Die Paradoxie des Verhältnisses von Form und Inhalt, die dem Roman nach den Maßstäben der Literaturepoche eigen ist, der er unmittelbar angehört, verschwindet also, erweist sich als logische Kohärenz, sobald man an ihn die Maßstäbe der politischen Bewegung anlegt, die sich damals als Rückkehr zur Antike verstand. Und die Paradoxie löst sich erst recht auf, wenn man ihn als literaturhistorisches Endprodukt der auf jakobinische Art antikisierenden Bestrebungen bei Georg Forster, dem frühen Friedrich Schlegel und Hölderlin ansieht. Dann nämlich stellt sich heraus, worauf seine größere Nähe zur Weimarer Klassik beruht: Im Unterschied zu den publizistischen Arbeiten Forsters und Schlegels und auch zu Hölderlins „Hyperion" warf er, als das gewaltige Epos, das er ist, durch seinen Umfang, seine Problem- und Gestaltenfülle, seine geistesgeschichtliche Relevanz Formfragen auf, die sich allein mit denen vergleichen lassen, vor die sich sonst nur Goethe und Schiller in ihren bedeutendsten Werken gestellt sahen.

In beiden Phasen seiner Auseinandersetzung mit dem Klassizismus übrigens hat Jean Paul eigenwillige Konsequenzen aus Prämissen gezogen, die er bei Herder vorgegeben fand. Wiederholt hatte Herder, zuerst in den „Kritischen Wäldern" gegen Winckelmann und Lessing, unter Berufung auf die Mannigfaltigkeit des Schönheitsempfindens bei den verschiedenen Völkern, in den verschiedenen Geschichtsepochen, der griechischen Kunstschöpfung einen absolut normativen Wert abgesprochen.[40] Die gesprächsweisen Ausfälle Herders gegen den neuklassischen Geist von Weimar-Jena konnte Jean Paul, der mit dem gesamten Opus seines Abgotts intim vertraut war, im Juli 1796 nur als Bekräftigung dieser Auffassung verstehen. Und da die seinem eigenen literarischen Stil sehr entgegenkam, fiel es ihm nicht schwer, sie gleich darauf, eben in der „Geschichte meiner Vorrede", in eine Satire auf den Klassizismus umzumünzen. Daß er dabei einem Mißverständnis erlegen gewesen wäre, hieße zuviel behaupten. Denn bald danach sollte Herder selbst, in seinem Alterswerk, der „Adrastea", aus Aversion gegen Goethe und Schiller erneut jenem historisierenden und relativierenden Standpunkt das Wort reden[41], und schon in dem Aufsatz „Iduna oder der Apfel der Verjüngung", der seinen Bruch mit Schiller veranlaßt hatte, war von ihm die nordische statt der griechischen Mythologie in Empfehlung gebracht worden.[42]

Herders Bild der Antike existiert aber noch in einer anders lautenden Variante. Diese findet sich am ausgeprägtesten in der Nemesis-Abhandlung von 1785[43] und vor allem im Dritten Teil seiner „Ideen"[44]. Hier figurieren die Griechen als schlechthin unvergleichliches Volk, von dem jedes spätere Zeitalter Bildung und Menschlichkeit zu lernen habe. Von ihren Republiken heißt es, sie hätten den ersten Schritt zur Mündigkeit des Menschengeistes getan, von ihrer Geschichte, sie sei die Geburtsstätte der Philosophie der Geschichte gewesen, ein Lebenslauf, wie ihn so voll keine andere Nation durchlaufen habe. Der Sinn der Griechen für Maß und Begrenzung wird als eminenter Vorzug gegenüber dem Unendlichkeitsstreben der Neuzeit hervorgehoben. Ihre Kunst gilt als Gipfel aller Kunst.

Überbrückt wird der Widerspruch durch den in Herders Gesamtwerk perennierenden Gedanken, daß die Einzigartigkeit des Griechentums an das *einmalig* freie öffentliche Leben in den griechischen Stadtstaaten der Antike gebunden gewesen und aus ihm zu erklären sei – woran sich dann, je nachdem, ob darin ein beklagenswert unwiederholbares Einziges oder eines an nacheifernswerter Unübertrefflichkeit gesehen wird, bald das universalhistorisch relativierende Urteil – gefolgt von der Erörterung anderweitiger Ausprägungen der Humanität, welche die Geschichte (im Orient, in den nordischen Kulturen) auch noch kenne –, bald der auf Normgebung zielende Appell, es den Griechen in Tat und Wahrheit so weit wie möglich gleichzutun, anschließt. Und die zweite Variante, in den „Ideen" offenbar eingegeben von der Ahnung nahen Bevorstehens einer europäischen Revolution, von Herder selbst noch zur Rechtfertigung der französischen Umwälzung ins Treffen geführt in der Urfassung seiner „Humanitätsbriefe"[45], bestimmt, wie überhaupt das Antike-Verständnis der deutschen Girondisten und Jakobiner, so insbesondere den Standort des „Titan", wenn er auf seine appellartige Verherrlichung der griechischen Polis und der römischen Republik die Notwendigkeit gründet, in der Form klassizistisch zu sein.

Es ist, weil inhaltlich, so auch in der Zumessung dieser Form an diesen Inhalt, ein anderer Klassizismus als derjenige Goethes und Schillers. Nicht in ihrem, in Herders Sinn, unter seinem unmittelbaren Einfluß sind bei der Abfassung des „Titan" Homer und Sophokles für die gestalterische Bewältigung eines Romangeschehens in Anspruch genommen worden, das in der Apotheose des Staatsideals von Gironde und Jakobinertum kulminiert. Und ein ins Jugendliche und Schöne stilisierter Herder, der Baumeister Dian, von dem es einmal heißt, daß er „mit dem Arm eines Künstlers und Jünglings zugleich die Freiheitsfahne trug und schwang"[46], verkündet und verkörpert als wichtige Romanfigur des „Titan" diese Idee des Griechentums – indem er nicht nur dem Helden das Gleichmaß harmonischen Menschentums vorlebt und ihn zur Humanität bildet, sondern mit beidem auch sein Revolutionsbekenntnis vorbereiten hilft, das er am Ende, beim Wiedersehen in Italien, freudig bejaht und unterstützt.[47] Dennoch: Um imstande zu sein, derart die Herderschen Intentionen aus bloßer Programmatik in Poesie umzusetzen, hat Jean Paul sich von dem engen Parteigeist des späten Herder emanzipieren, hat seine künstlerische Praxis sich auf den Bahnen Goethes und Schillers bewegen müssen. Ein vollkommeneres Muster moderner Adaption des antiken Stils als das von ihnen geschaffene kannte die Weltliteratur nicht, und es dem Zeitanliegen der revolutionär-demokratischen Opposition gegen Weimar-Jena dienstbar zu machen, setzte jene „hohe Freiheit", die Herder in seiner Spätphase fremd geblieben ist, voraus, machte die Forderung, „die feindseligen Individuen zu verstehen *und zu benutzen*", unabweisbar. Nirgends sonst daher schreibt Jean Paul goetheähnlicher als dort, wo er aus Dian, seiner Frau Chariton und ihrer Kinderschar ein sich in Maß und Begrenzung erfüllendes Idyllion formt, das offensichtlich ein idealisiertes Denkmal des Herderschen Familienglücks sein will und unterderhand das klassizistische Gegenstück zu den übrigen, den „niederländischen" Jean Paulschen Idyllen, von „Wutz" bis „Fibel", geworden ist.[48]

Bei alledem ist die Meisterung der Form- und Stilproblematik noch dasjenige Gebiet, auf dem der Roman sich mit der Produktion der Weimarer Klassiker verhältnismäßig am wenigsten berührt. Die Tatsache, daß er hier der allgemeinen Richtung folgt, die zuerst Goethe und Schiller eingeschlagen haben, daß er sich an die auch von ihnen favorisierten Vorbilder hält, hat zwar im ganzen exorbitante Bedeutung, darf aber nicht mit besonderer Nähe in irgendwelchen Details verwechselt werden. Jeder Versuch eines Vergleichs wird es in dem Punkt allenfalls dazu bringen, Analogien aufzuzeigen. So kann man mit hochgradiger Berechtigung etwa feststellen, daß die gleiche Faszination durch die Würde und Hoheit des antiken Stils, die den klassischen Schiller in der Wahl seiner Sujets die platte Miserabilität deutscher Gegenwartsstoffe hat verschmähen lassen, bei dem gegenwartsbesessenen Jean Paul ein Beweggrund gewesen sein dürfte, aus dem „Titan" durch Eliminierung des Volkslebens einen Roman „italienischen" Typs zu machen. Mit direkter Beeinflussung von Werk zu Werk hat eine derartige Konvergenz evidentermaßen nichts zu tun. Und so verhält es sich überhaupt: Davon, daß die Form *bestimmter* klassischer Dichtungen Goethes oder Schillers auf die des „Titan" *direkt* eingewirkt hätte, kann keine Rede sein. Selbst da, wo unverkennbar in ihm jene Sophokles-Nachfolge stattfindet, durch die er unmittelbar ins Fahrwasser Schillerscher Intentionen gerät – im Zusammenhang mit dem Problem des „dramatischen Romans" und der Dramen-Theorie des späten Herder wird davon noch zu sprechen sein –, sorgt, noch

diesseits des inhaltlichen Gegensatzes, den die formale Verwandtschaft auch hier eher überpointiert, als daß sie ihn abschwächen würde,
schon die Heterogeneität der Genres für einen Abstand, der die Übernahme jedweder konkreten künstlerischen Lösung ausschließt.
Spuren konkreter Nachahmung weist dagegen durchaus die Konstruktion der Fabel auf. Kurioserweise gilt das am meisten für dasjenige
Fabelelement, das wegen seines kolportagehaften Charakters als Ge-
schmacksverirrung abqualifiziert zu werden pflegt. Die verbrecherischen Methoden, mit denen aus dem Hintergrund Gaspard, unter Ausnutzung der Gauklerkünste seines unheimlichen Bruders Peppo, vermeintlichen Geisterspuk inszeniert, um die Ereignisse in eine dem eigenen Machtstreben günstige Richtung zu lenken[49], sind von niemand anderem als Schiller ersonnen worden. Sie stammen aus seinem „Geisterseher", einem freilich noch seiner vorklassischen Periode angehörenden
Bruchstück, dem Anfang eines aufklärerischen Tendenzromans gegen
die Umtriebe der Jesuiten, niedergeschrieben zur Zeit der Vollendung
des von gleicher Gesinnung eingegebenen „Don Carlos".[50]
Die vordergründigen Motive für die Adaption dieses Erzählwerks
liegen auf der Hand. Jean Paul war, um der Überzeugungskraft der
antifeudalen Gesellschaftskritik seines „Titan" willen, an einer sich
durch den ganzen Roman hinziehenden Intrige gelegen, die geeignet
erschien, den Lesern unentwegt vor Augen zu führen, welch ungeheuerlichen, phantastisch anmutenden Verbrechen die Erbfolgekon-
flikte der deutschen Dynastien Vorschub leisteten. Außerdem wollte
er das schnelle Ende der zweiten Liebe seines Helden unter anderem
dadurch moralisch plausibel machen, daß er sie als einen wenigstens
teilweise durch betrügerische Manipulation bewirkten Herzensirrtum
erscheinen ließ.[51] Materialien zur Lösung beider Aufgaben enthielt der
„Geisterseher", auf den zurückzugreifen auch deswegen nahelag, weil
schon im Mittelpunkt seiner Handlung ein Prinz aus dem Fürstenhaus
eines deutschen Kleinstaats steht. Kolportage hat Jean Paul im übrigen nie verachtet, so wenig wie nach ihm Balzac. Wenn sie, wie im
„Geisterseher", das damals verbreitete Publikumsinteresse an Schick-
salen, die aus dem Verborgenen von unbekannten Mächten zu unbekannten Zielen gelenkt werden, durch überlegene Kunst dramatischer
Steigerung, durch erregendere Spannungseffekte noch besser absät-
tigte, als es der „Wilhelm Meister" mit seiner Turmgesellschaft oder
auch die eigene „Unsichtbare Loge" mit ihrer im Hintergrund agierenden Verschwörergruppe vermochte, dann konnte ihm das nur recht
sein. Und mit der politischen Gesinnung des frühen Schiller, die der
Tendenz des „Geistersehers" das Gepräge gibt, sympathisierte er
ohnehin – auch hier wieder analog zu Hölderlin, der zur gleichen Zeit
aus Vorliebe für den „Don Carlos" seinem Hyperion einen an den
Marquis von Posa erinnernden Charakter verlieh.[52]

Indes erklären diese Momente allein, wie ich meine, nicht alles. Noch ein weiterer, philologisch nicht exakt belegbarer Beweggrund wird zusätzlich eine Rolle gespielt haben: die Absicht, sich zum „Verstehen und Benutzen" der feindseligen Individuen auch und ebenso unmißverständlich zu bekennen wie zu ihrer Bekämpfung. Die oben erwähnte Kombination schlüsselromanhaft ähnlicher Züge Goethes und Schillers in der Gestalt Gaspards kann, nach Lage der Dinge, nur provokatorisch gemeint gewesen sein: Einem weiten Kreis von Kennern, nicht zuletzt den Angegriffenen selbst, sollte eingehämmert werden, daß sie es hier mit einem Roman zu tun hatten, in dem die Weimarer Klassik bekämpft wird, der ihr Konzept der ästhetischen Erziehung ad absurdum zu führen sucht und ihm ein anderes Bildungsideal entgegensetzen will. Die im „Titan" sich vollziehende Auseinandersetzung mit Goethe und Schiller läuft aber, wie gesagt, nicht *nur* auf Ablehnung ihrer Bestrebungen hinaus – auch inhaltlich nicht –, sondern sie steht gleichzeitig im Zeichen des Bemühens, ihre Errungenschaften zu bewahren, weiterzuentwickeln und mit den eigenen Tendenzen zur Synthese zu verschmelzen. Und es sieht ganz so aus, als habe Jean Paul auch das der Öffentlichkeit deutlich machen wollen – durch betonte, in keiner Weise kaschierte, für jeden Gebildeten seiner Zeit einsichtige Anleihen bei der erzählenden Prosa seiner Widersacher, die er somit wieder beide, nur diesmal mit positivem Vorzeichen, in eins kombiniert hat.

Von Goethe bot sich für den Zweck natürlich der „Meister" an, auf den sich ideologisch der ganze „Titan", in Ablehnung und Zustimmung, ihn teils widerlegend, teils von ihm lernend, sowieso bezieht. Von Schiller dagegen kam keines der Werke seiner klassischen Periode in Frage, da sie erzählende Prosa nun einmal nicht kennt. Trotzdem sollte offenbar *auch* Schiller, um nicht ausschließlich als Gegner, nämlich als Zielscheibe des Angriffs auf seine kulturphilosophisch-pädagogische Theorie, zu erscheinen, zugleich als einer der geistigen Väter des „Titan" präsent sein. Also mußte in seinem Fall das einzige beachtliche Erzählwerk, das er geschrieben hat, herhalten – eben der vorklassische „Geisterseher". Da diese Prosadichtung aber wegen ihres fragmentarischen Zustands und ihrer geringeren Bedeutung nie eine auch nur annähernd ähnliche Resonanz wie der „Meister" hat finden können, geschweige, daß sie um die Jahrhundertwende noch nennenswert im Gespräch gewesen wäre, ist sie um vieles auffälliger als benutzte Quelle deklariert worden: Die Inanspruchnahme ihrer Fabel für die epische Explikation der Machenschaften Gaspards und Peppos grenzt ans Plagiat, wobei alles dafür spricht, daß sowohl das Publikum als auch Schiller selbst das merken *sollten*.

Was endlich die Rezeption des „Meister" als solche angeht, so tangiert sie nicht nur die Fabel, sondern sogar den Ideengehalt des „Titan", ist auf dieser Ebene aber mit der dem widerstreitenden kontrapositorischen Komponente dermaßen eng verknüpft, daß beide Momente zusammen eine gesonderte Analyse verlangen. Das einzige Romanelement des „Titan", das hier die rezeptive Seite der Auseinandersetzung, für sich genommen, noch verhältnismäßig rein repräsentiert, betrifft die gegenüber „Loge" und „Hesperus" einschneidend veränderte erotische Laufbahn des Haupthelden. An ihr mag daher noch kurz erläutert werden, wie die Aneignung von Errungenschaften des Goetheschen Romans aussieht, soweit es möglich ist, sie von den Kontrapositionen zu isolieren.

Die zentralen Helden der früheren heroischen Romane haben jeweils nur eine einzige wahre Liebe – zu Beate bzw. zu Klotilde –, und die ist für ihr menschliches Reifen, das primär von politischen Faktoren bestimmt wird, unerheblich. Die moralischen Bewährungsproben, die sich daraus ergeben, daß die Liebe mit der Freundschaft und der Revolution in Kollision gerät[53], ändern an den Charakteren nichts, sie demonstrieren lediglich deren bereits fertige Idealität.[54] Bei sämtlichen anderen quasi-erotischen Beziehungen der Helden handelt es sich entweder um harmlose, oberflächliche Flirts, durch die sie – vergebens natürlich – ihre Seelenqualen um die Eine und Einzige zu lindern suchen (Victor – Joachime[55]), oder es sind Anfechtungen, denen der Held glorreich widersteht (Victor – Agnola[56]) bzw. für einen Augenblick erliegt, um den durch raffinierte weibliche Verführungskünste zustande gekommenen Fehltritt sofort furchtbar zu bereuen (Gustav – Residentin v. Bouse[57]). Vom ersten Kennenlernen der Einen und Einzigen an bleibt das Herz bis zum Schluß des Buchs ausschließlich von ihr gefesselt, und wenn der Roman, wie der „Hesperus", kein Fragment ist, dann wird das Mädchen am Ende geheiratet.

Völlig anders verläuft in der Beziehung die Entwicklung Albanos. Ihn sehen wir hintereinander drei große, echte, tief empfundene Passionen erleben, die alle, jede auf besondere Art, mit spezifischen Wirkungen, auch im Irrtum und in der Enttäuschung noch fruchtbar, an der Formung seiner Persönlichkeit Anteil haben, ohne daß Wert und Unwert dieser Verhältnisse, daß die Umstände ihres Entstehens und Wiedervergehens mit moralischen Kategorien allein zu erfassen wären. Und da zeigt Jean Paul sich abermals – jetzt jedoch nicht nur formal, wie im Falle seines Klassizismus, sondern eminent inhaltlich – als unbefangener, aufgeschlossener, gelehriger Schüler seines großen Gegners, denn das hat er, ihn verstehend und benutzend, aus dem „Wilhelm Meister" übernommen.

Freilich kritisch übernommen: Die sukzessiven Lieben Albanos zu Liane, Linda und Idoine weichen nicht nur in äußerlichen Details, sondern bis in den Kern ihrer menschlichen Substanz hinein von denen

Wilhelms zu Mariane, Philine, Therese und Natalie ab. Aber der über „Loge" und „Hesperus" hinausführende Einfall des „Titan", überhaupt einander ablösende Liebeserlebnisse des zentralen Helden mit mehreren Frauen unterschiedlicher Wesensart als heilsam und förderlich für seinen Reifeprozeß darzustellen und damit das Erotische als Bildungsfaktor gelten zu lassen, es in die Geschichte seiner Erziehung mit aufzunehmen, ist Goetheschen Ursprungs. Noch bei der Abfassung des „Hesperus" hätte der radikal gesinnte Schwarzenbacher Winkelschulmeister mit seiner Verachtung aristokratischer Libertinage es verschmäht, die ihm vorschwebende Idealgestalt eines revolutionären Staatsmannes durch den Makel zu entstellen, in seinen Jünglingsjahren mehrerer großer Leidenschaften fähig gewesen zu sein. Der „Hesperus"-Autor mußte den „Meister" lesen, um in dem Punkt über die Borniertheit seines kleinbürgerlichen Standes, seines Hinterwäldlerdaseins und seiner politischen Radikalität hinauszuwachsen. Und er mußte, als er ihn las, zu seinem angebeteten Freund und Bundesgenossen Herder, dem die Marianen und Philinen Goethes ein einziger Greuel waren, innerlich ein wenig auf Distanz gehen, um aus der Lektüre diesen Gewinn davonzutragen.

II

Mit der Erwähnung der genannten Frauengestalten, mit der Feststellung, daß sie, anders als Beate und Klotilde, Bildungsmächte sind, mündet die Untersuchung erneut in die Erziehungsproblematik ein. Wie deren generelle Behandlung in allen drei heroischen Romanen sich von der in „Wilhelm Meisters Lehrjahren" unterscheidet, ist oben summarisch dargelegt worden, wobei besonders anhand der divergierenden Adaptionen von Wielands „Agathon" erhebliche Gegensätze herausgearbeitet werden konnten.[1] Diese Gegensätze waren *objektiv*, wie gesagt[2], bereits vorhanden, als „Hesperus" und „Wilhelm Meister" fast gleichzeitig niedergeschrieben wurden. Aber davon konnte Jean Paul damals nichts ahnen. Erst vom Sommer 1796 an, nachdem auch der „Meister" vollständig erschienen war und er ihn ganz gelesen hatte, erkannte er, welche Kluft sein eigenes Erziehungsideal von dem Goethes trennte. Und dadurch, daß er das in derselben Phase seines Werdeganges begriff, in der er in die „große Welt" eintrat, Weimar kennenlernte und dort unter den unmittelbaren Einfluß des späten Herder geriet, verschärften die vorhandenen Gegensätze sich für ihn im gleichen Maße, wie er sich ihrer bewußt wurde. Nichtsdestoweniger regte der Goethesche Roman ihn fast ebenso an wie die Schriftsteller der jüngeren Generation. Zu beantworten bleibt jetzt die Frage, wie das Zusammentreffen dieser Faktoren speziell auf die Darstellung des Erziehungsproblems im „Titan" eingewirkt hat.

Auszugehen ist von der unbestreitbaren Tatsache, daß Jean Paul sich durch seine wiederholte Lektüre des „Meister" von der prinzipiellen Konzeption, die den pädagogischen und bildungsromanhaften Partien seiner Revolutionsdichtung zugrunde liegt, nicht hat abbringen lassen. In den allgemeinen Grundzügen wiederholt der „Titan" hier die von „Loge" und „Hesperus" her bekannte Erziehungsprozedur: Ein mit wertvollen Eigenschaften ausgestatteter Jüngling, der seine Kindheit in enger Berührung mit einfachen Menschen auf dem Dorf verbracht hat, wird früh von freiheitlich denkenden Männern – diesmal heißen sie erst Wehrfritz, dann Dian und Schoppe – beeinflußt. In die Residenz übergesiedelt, büßt er infolge des Zusammenpralls seines hochfliegenden Idealismus mit der miserablen deutschen Wirklichkeit alle Illusionen ein, die er sich über die herrschende Feudalkaste gemacht hatte. Er resigniert aber nicht, paßt sich nicht an, sondern zieht, im Gegenteil, aus seinen ihn an den Rand der Verzweiflung treibenden Erfahrungen die Konsequenz, sich der Sache der Revolution zu verschreiben. Mit dieser Entscheidung, die seinen Reifeprozeß abschließt, erweist er sich als fähig, von der ihm am Ende zu seiner Überraschung zufallenden Macht im Staat den richtigen, dem Wohl des Volkes dienenden Gebrauch zu machen, weshalb seine Erhöhung zum Herrscher des Landes vom Leser mit Befriedigung aufgenommen wird.

Man sieht: So vereinfacht formuliert, handelt es sich bloß um eine Reprise der Entwicklung von Gustav und Flamin. Nur steht einerseits Albano mehr im Mittelpunkt als Flamin, weil er mit Gustav *und* Victor den Vorzug teilt, zugleich der zentrale Liebhaber zu sein. Nur hat er, andererseits, Gustav wiederum voraus, daß seine Geschichte, wie die Victors *und* Flamins, bis zum Happy end geführt ist und nicht mitten auf dem Weg zum Ziel plötzlich abbricht. Die politische Substanz der Romanidee wird dadurch nicht berührt, ebensowenig wie durch die Genialität, die den „Titan"-Helden von seinen drei Vorläufern insgemein unterscheidet.

Es ist diese Idee mitsamt ihren pädagogischen Implikationen, die bereits bei der Abfassung des „Hesperus" zu der des fast simultan entstandenen „Meister" objektiv in Gegensatz gestanden hatte. Nach der Veröffentlichung und Verbreitung des „Meister" an ihr unbeirrt festzuhalten, ja immer noch zäh auf der Absicht zu beharren, sie ein drittes Mal zu realisieren, um sie nun erst zur Vollkommenheit auszuprägen, bedeutete allein schon einen bewußten Affront gegen das von Schiller theoretisch begründete, von Goethe künstlerisch gestaltete Erziehungsprogramm, und auch ohne jede weitergehende Bezugnahme darauf hätte der „Titan" von aufmerksam vergleichenden Lesern nur so verstanden werden können. Auflehnung hätte auch dann gegen Anpassung, politische gegen ästhetische Erziehung gestanden. Doch Jean

Paul ging um vieles weiter. Er nahm in seinem dritten heroischen Roman auf den „Meister", auf das ihm immanente Bildungsideal so umfassend Bezug, daß die Art, wie er den Erziehungsgedanken aus „Loge" und „Hesperus" nunmehr abwandelte, nur aus diesem Gesichtspunkt zu begreifen ist.

Vor allem gilt das für den Gegenspieler des Haupthelden, für Roquairol. All die üblen Eigenschaften, die im „Titan" sonst vereinzelt auf die übrigen Ästheten am Pestitzer Hof verteilt bleiben – auf Luigi, Bouverot, Fraischdörfer usw. –, konzentrieren und übersteigern sich im komödiantenhaften Charakter dieser Romanfigur, der die Lüge, abgehängt von durchsetzungsbedürftigen Interessen, zum artistischen Selbstzweck geworden ist. Kein Zweifel: Damit soll die von Goethe im „Meister" suggerierte Vorstellung widerlegt werden, daß das Schauspielertum einen zum Mann reifenden Jüngling zu veredeln imstande sei. Roquairol führt vor, daß es ihn bis ins Innerste korrumpiert und gesellschaftlich zum Schädling macht.

Allerdings beschönigt Goethe die Welt der Bühne seinerseits durchaus nicht. Auch die im „Meister" vorkommenden Schauspieler sind meist mehr oder weniger problematische Naturen, und daß Wilhelm ihren Kreis verläßt, erscheint als Voraussetzung für die Vollendung seiner Persönlichkeit. Dennoch besagt die Überlegenheit über den prosaischen Durchschnittsbürger vom Typ Kaufmann Werner, die Wilhelm am Theater erwirbt, daß selbst in solch zwielichtiger Sphäre künstlerischer Betätigung einem durchschnittlich begabten jungen Mann jene Segnungen ästhetischer Erziehung zuteil werden können, die er, nach der Doktrin der Weimarer Klassik, braucht, um davor bewahrt zu bleiben, im normalen bürgerlichen Alltag zum Philister und Banausen zu verkümmern. Und davon eben will Jean Paul nichts wissen, dagegen grenzt er das Bildungsideal, das ihm selbst vorschwebt, mit äußerster Schärfe ab. Nicht, daß er die in Goethes Einfall steckenden Überlegungen in jeder Beziehung für falsch gehalten hätte. Das zu behaupten wäre übertrieben. Aber ihm ging es in seinen heroischen Romanen und besonders im „Titan" darum, den strebenden deutschen Jünglingen seiner Zeit den zur Veränderung der Gesellschaft entschlossenen idealen Staatsmann zum Leitbild zu setzen. Und nichts stand einer solchen Absicht mehr im Wege, nichts war geeigneter, sie zu durchkreuzen, als Goethes paradigmatische Beantwortung des Problems, wie ein sich anpassender Bürgerssohn Kultiviertheit erwerben und bewahren kann. Das ist der Grund, aus dem der „Titan" die Fragwürdigkeit des ästhetisch orientierten Menschen, für die Jean Paul ein hellwaches Gespür besaß, die ihm sogar die eigene Schriftstellerexistenz sittlich verdächtig machte, in der Schauspielermentalität Roquairols ins Menschenfeindliche, Diabolische, schließlich auch Selbstzerstörerische hinüberwachsen läßt.

Im Unterschied zu Wilhelm Meister ist Roquairol kein professioneller Komödiant, auch nicht zeitweilig. Als solcher könnte er schwerlich zugleich typischer Aristokrat sein. Darauf, ihm diesen Status zu verleihen, mußte der Dichter aber ebenfalls Wert legen. Die antifeudale Tendenz seiner Gesellschaftskritik, unentbehrlich für den revolutionären Appellgehalt des Werks, gebot ihm, die negativste Rolle im Ensemble seiner Romanfiguren einem Höfling, dem Inbegriff hochgeborenen Parasitentums, zuzuweisen. Roquairol steht darum als Sohn des regierenden Ministers von Hohenfließ in funktioneller Analogie zu Matthieu von Schleunes, dem schurkenhaften Ministerssohn und Hofjunker aus dem „Hesperus". Er kann infolgedessen nur auf der Liebhaberbühne im buchstäblichen Sinne als Schauspieler auftreten[3], was gestalterisch wiederum zur Konsequenz hat, daß die komödiantenhaften Züge seines Charakters, wie sie auch im Alltagsverhalten zutage treten, desto schärfer betont werden müssen, damit evident werde, daß das als negative Bildungsmacht zu diffamierende Theater sich sinnbildhaft in diesem Laien verkörpert.

Gerade der aristokratische Status Roquairols ermöglichte es aber auch, die Ideologie des „Meister" noch unter einem weiteren Gesichtspunkt anzugreifen. Wilhelm würde gern der Adelskaste angehören. Er verherrlicht sie, weil er in ihren Privilegien die Voraussetzung allseitig entwickelten Menschentums erblickt.[4] Was davon zu halten ist, demonstriert Jean Paul, indem er bei der Charakterisierung Roquairols kaum eine der hassenswerten Eigenschaften ausläßt, die eben in den Adelsprivilegien ihren Nährboden haben. Mit deutlicher Anspielung auf das Vorrecht der Aristokratie, die Offiziersposten in der Armee zu besetzen, macht er beispielsweise das sensitive, für Kunst und Literatur schwärmende, ein schlampiges Bohème-Leben führende Herrensöhnchen, dem der leiseste Anflug soldatischer Tugend fehlt, zum Hauptmann. Den Vorarbeiten zufolge wollte er sogar zeigen, welch sadistisches Vergnügen es Roquairol bereitet, seine Untergebenen Spießruten laufen zu lassen. Schon für sich genommen wäre dieses Detail, das leider dem hohen, „italienischen" Stil geopfert worden ist, eine so tiefdringende wie makabre Beobachtung von prophetischer Aussagekraft. Man braucht nur an die Ursachen der späteren militärischen Niederlage Preußens bei Jena und Auerstedt zu denken, um das einzusehen. Beabsichtigt scheint mit Roquairols Offiziersberuf jedoch dies zu sein: Die in der Unmenschlichkeit des Leuteschindens leerlaufende martialische Geste eines feinnervigen Intellektuellen veranschaulicht, daß die Adelsprivilegien, weit entfernt, die von Wilhelm angestrebte Allseitigkeit zu gewährleisten, selbst bloß das hohle Komödiantentum hervortreiben, zu dem bei Roquairol die parasitäre Existenz allenthalben auswuchert. Der feudale Stand, in den Wilhelm sich hineinsehnt, fällt somit demselben Verdammungsurteil anheim wie der

Beruf, den Wilhelm ersatzweise wählt. Roquairol gehört jenem Stand von Geburt an, und wenn er dazu die Mentalität dieses Berufs besitzt, so deswegen, weil schon die ererbten Privilegien ihn ständig dazu drängen, Rollen zu spielen, die er als Mensch nicht auszufüllen vermag.[5] Derart wird der für den Ideengehalt des „Meister" zentrale Gedanke, daß die Adelssphäre der Persönlichkeitsentfaltung jene günstigen Bedingungen, die im Rollenangebot der Schaubühne nur zum Schein zu finden seien, realiter zu bieten habe, im „Titan" mit blutiger Ironie travestiert.

Die Schöngeisterei am Pestitzer Hof nun sorgt dafür, daß das Komödiantentum des feudalen Schmarotzers von früh auf gehätschelt und genährt wird durch – ästhetische Erziehung. Schon als Kind fürs Theater begeistert, wie Wilhelm Meister, glänzt Roquairol mit 13 Jahren auf der Liebhaberbühne als Hamlet und Karl Moor, als Clavigo und Egmont.[6] Zur Bühne zu gehen ist ihm jedoch, in symmetrischer Umkehrung von Wilhelms gesellschaftlich determiniertem Schicksal, gerade so versagt wie diesem die Zugehörigkeit zum Adel. Sich zu verwandeln, in wechselnden Rollen zu agieren, literarisch vorgeprägte Gefühle zu empfinden und auszudrücken, diese Leidenschaft kann der Ministerssohn also immer nur in der alltäglichen Kommunikation mit seinen Mitmenschen ausleben. Er tut es, indem er sich selbst und ihnen fortwährend irgend etwas vorspielt, meistens mit dem Effekt, ihnen Schaden zuzufügen, desgleichen ohne jeden Nutzen für die eigene Person – in dem Punkt über die zweckdienlich-egoistische Heuchelei eines Matthieu erhaben.

Komödiant bleibt er dabei, unter ungeheurem Frauenverschleiß, besonders als Liebhaber. Die Sexuallibertinage der aristokratischen Schwerenöter aus „Loge" und „Hesperus", in Roquairols Fall ist sie durch und durch poetisiert und theatralisiert. Aus den Liebesszenen der Weltdramatik stammen seine Emotionen, wie Repertoire-Stücke führt er sie auf. Wir sehen ihn zuerst die rustikal-naive, immer frohgemute Rabette v. Wehrfritz erobern.[7] Was er für sie empfindet, geht nicht darüber hinaus, daß sie ihn langweilt und – durch Langeweile sinnlich macht.[8] Zu sagen hat sie ihm nichts. Keinerlei Widerhall finden bei ihr seine glänzenden Geistesgaben und die Einfälle, mit denen er vor ihr brilliert. Stereotyp weiß sie auf seinen Redeschwall stets nur zu erwidern: „Ach, mein Herz!" Aber wie überhaupt Roquairol die Weiber weniger liebt als den Zustand des Verliebtseins in sie, so genießt er es, sich in eine gekünstelte Passion zu Rabette hineinzusteigern, ihr Gefühl damit anzustecken, sie in besinnungslose Hingabe hineinzutreiben, um endlich die solcherart Besiegte, von der nach ihrem Fallen nichts als die Langweiligkeit übrig bleibt, achtlos wegzuwerfen.[9] In vorentworfene Akte und Szenen eingeteilt, mit ihm als Regisseur und Hauptdarsteller, vor ihm als Zuschauer[10], rollt dieses

Drama ab, durch den schalen Ausgang ein Anlaß zu nur noch größerem Zynismus für ihn, für das arglose Landmädchen, das er in Schande und Verzweiflung stürzt, *die* Tragödie ihres Lebens.

Bei der zweiten Schurkerei Roquairols, die wir miterleben, wird dann das vorgetäuschte Gefühl durch eine vorgespiegelte Identität, wird zugleich die menschliche Gemeinheit durch einen abscheuerregenden Kriminalakt überboten. Diesmal sind immerhin echte Leidenschaften im Spiel: Eifersucht und Rachedurst wegen Albanos und Lindas Liebesbund. Trotzdem behauptet das Theater jetzt seine Übermacht sogar mehrfach. Denn es leiht der ruchlosen Tat die Mittel, mit denen allein sie verübt werden kann, treibt dafür den Tribut ihrer dramaturgischen Verwertung, noch bevor sie geschehen ist, ein und nimmt am Ende ihre in das Geständnis und die Selbstvernichtung des Delinquenten einmündende Enthüllung auch wieder fürs Rampenlicht in Anspruch. Dies ist der Sinngehalt von Lindas Schändung durch Roquairol.[11] Das Verbrechen ist nicht nur von langer Hand infam geplant, sondern, viel schlimmer, in einer Parabeltragödie, die der Täter sich auf den Leib geschrieben hat, künstlerisch vorgefertigt. Durchgeführt wird es von ihm unter dermaßen virtuosem Einsatz seiner Nachahmungskunst, daß die Geschändete glaubt, sich ihrem wahren Geliebten hingegeben zu haben. Und zu Bewußtsein bringt es den derart hintergangenen Liebenden, zur Vollendung der Rache an ihnen, die Uraufführung jenes Parabelstücks, bei welcher der Täter, nachdem er das Geschehene öffentlich preisgegeben hat, aus dem selbstgedichteten Freitod als Darsteller blutige Wirklichkeit macht, wie gesagt: mit dem Erfolg, daß der beste Kunstkenner der Residenz dies als einzigartigen Regieeinfall feiert.[12] Die letzte Wendung ist der Clou des Ganzen: Im Tod besiegt der Schauspieler Roquairol alles, was ihn im Leben an einer professionellen Bühnenlaufbahn gehindert hat. Daß er, statt als Hauptmann auf dem Feld der Ehre, als Mime auf dem der weit größeren, der unüberbietbaren einer so glanzvollen wie sensationell wirkenden Parkaufführung des Pestitzer höfischen Liebhabertheaters stirbt, ist der Triumph der ihm eigentlich gemäßen Lebensform über seinen Offiziersstatus, dem in derselben Situation der menschenliebende, sonst friedfertig-zivile Albano mit seinem Entschluß, für die französische Republik in den Krieg zu ziehen, sich mehr gewachsen zeigt.

Mit dem *Charakter* Wilhelm Meisters hat, wohlgemerkt, das exaltierte, schillernde Wesen Roquairols so gut wie nichts gemein. Auch nehmen die Lebensgeschichten beider einen anderen Verlauf. Vollends weisen ihre intellektuellen Physiognomien, ungeachtet der gemeinsamen Passion für die Bühne, insofern wenig Berührungspunkte auf, als die ideologischen Strömungen, die sie vertreten – Roquairol als Prototyp der Jenenser Romantik –, keineswegs identisch sind. Aber das im „Titan"

allgemein angewandte Verfahren, das Goethe-Schillersche Bildungsideal mit Musterschülern ästhetischer Erziehung zu konfrontieren, die
es durch ihre moralische Verworfenheit ad absurdum führen, ist dadurch, daß es seine Paradebeispiele in den von Komödiantengeist eingegebenen Verbrechen Roquairols findet, bewußt auf den „Meister"
als primäres literarisches Angriffsziel fixiert.

Das heißt nicht, daß der positive „Titan"-Held, Albano, der in epischer Kontraposition zu Roquairol das Erziehungsideal Jean Pauls
affirmativ vorlebt, *nur* indirekt, *nur* vermittelt durch seinen Gegenspieler, auf Wilhelms Charakter, Interessenkreis und Werdegang bezogen wäre. Diese Art der Beziehung kennzeichnet lediglich *ein* bestimmtes Moment seines Wesens: sein *Nicht-Ästhetentum*, das, um
vorbildhaft zu wirken, halt eine gefährlichere, bösere Folie verlangte,
als die harmlosen, niemandem Schaden zufügenden künstlerischen
Ambitionen des guten Wilhelm sie von sich aus hergegeben hätten.
Sofern Wilhelm *resigniert, sich anpaßt*, ist Albano ihm mit einem anderen Moment seines Wesens, mit der Eigenschaft, *Widerstand leistender, revolutionärer* Held zu sein, durchaus direkt entgegengesetzt. Hier
scheint es sogar zwischen ihm und Roquairol etwas Gemeinsames zu
geben, da der sich, seinerseits im Gegensatz zu Wilhelm, ja in den
eigenen Untergang stürzt und Verlust des Lebens auch die Folge von
Albanos Entscheidung, für Frankreich zu kämpfen, sein könnte. Indes
die Roquairolsche Version der Weigerung, sich anzupassen, atmet nicht
den Geist der Revolution, sondern symbolisiert die ihn destruktiv ver-
zerrende, dem Gehalt nach ins Gegenteil verdrehende Pseudoradikalität des romantischen Aufbegehrens, und die verwirft Jean Paul am
entschiedensten. Beweis: Während er sie im Ende Roquairols moralisch durch das vorausgeschickte Sexualverbrechen gleich scharf ab-
grenzt gegen Albanos heroischen Vorsatz wie gegen den echt-rebelli-
schen Freitod Werthers, den Roquairol als Knabe einmal nachgeäfft
hat[13], und sie obendrein kulturkritisch durch Verknüpfung des Selbst-
mords mit besagtem Theatereffekt als Extremform des ihm verhaßten
Ästhetentums brandmarkt, geht aus seinen „Flegeljahren" hervor, daß
er ihr das Anpassungs-Postulat des „Meister", so sehr es hier ins Demokratische abgewandelt wird, doch relativ vorgezogen hat.[14]

Direkt entgegengesetzt ist Albano – ein weiteres Moment seines Wesens – dank eigener *Überdurchschnittlichkeit* auch dem *durchschnittlichen* Wilhelm. Die formbare Unbestimmtheit des Charakters, die
jeweils am Anfang ihrer Reifeprozesse steht, bei Wilhelm hat sie das
Mittelmaß eines Knaben, dem hervorstechende Talente abgehen, bei
Albano dagegen die in unabsehbar viele Richtungen weisende Ent-
wicklungsfähigkeit des noch kindlichen Genies. Aus berechtigter
Furcht, zur Einseitigkeit zu verkümmern, schreckt der eine daher vor
jedem Beruf zurück. Aus berechtigtem Selbstvertrauen nimmt der

andere sich vor, dereinst mit Friedrich II. als Staatsmann und „daneben, in den Mußestunden" mit Goethe als Weltweiser zu wetteifern.[15] Wieder scheint darin Roquairol seinem Widerpart zu gleichen, denn genial veranlagt ist auch er. Wieder führt er tatsächlich aber nur in gleich großen Dimensionen das fratzenhafte Zerrbild dessen vor, was an Albano gut und gesund ist, so daß der Pseudoradikalität seiner Nichtanpassung eine Pseudogenialität seiner intellektuellen und musischen Neigungen entspricht. Das „Pseudo-Genie" nennen ihn mitunter die Vorarbeiten.[16]

Der „Titan" opponiert dem „Meister" also, wie diese Gegenüberstellungen verdeutlichen, nicht nur mit einem einzelnen anders gearteten und sich in entgegengesetzter Richtung entwickelnden Helden, sondern gleich mit zweien auf einmal: mit dem in Feindschaft zerfallenden Freundespaar Albano–Roquairol. Die Gründe dafür sind nach dem bisher Ausgemachten nicht schwer zu erkennen. Goethe wollte im „Meister", gemäß dem Schillerschen Programm der ästhetischen Erziehung, zeigen, daß es der Persönlichkeitsformung eines durchschnittlichen Bürgerssohnes förderlich sei, sich vor dem Eintritt ins normale werktätige Leben eine Zeit lang einem künstlerischen Beruf, hier dem des Schauspielers, zu widmen. Um die Frage, wie Jean Paul dazu gestanden hat, umfassend beantworten zu können, müßte man in die Diskussion des „Titan" auch noch die „Flegeljahre" einbeziehen, weil Walt plebejischer Herkunft ist, sich zu einem bürgerlich-prosaischen Beruf (Notar) ausbildet, musische Neigungen hat (als Dichter) und der Roman, wäre er vollendet worden, auf Aussöhnung mit der Alltagswirklichkeit hinausgeführt hätte – alles Momente, die dem „Meister" korrespondieren. Allein wie nahe man den Jean Paul der „Flegeljahre" an den Goethe des „Meister", wegen der Verwandtschaft von Sujet und Grundidee, auch heranrücken bzw. wie weit man ihn, wegen seines dezidierten Demokratismus, seiner Adelsfeindschaft usw., von ihm auch entfernt halten mag, auf keinen Fall konnte der Jean Paul des „Titan" einen Helden mit dem Charakter und Bildungsgang Wilhelms gebrauchen. Dieser Roman hatte, nach „Loge" und „Hesperus" zum dritten Mal, darzustellen, wie ein ideal gesinnter junger Mann der Bestimmung entgegenreift, auf dem Wege der Revolution „von oben" die deutsche Feudalmisere zu überwinden, und diesmal sollte es ein Genie sein, das die befreiende Tat als regierender Fürst vollbringt – beides Merkmale, die sich direkt, unvermittelt mit denen Wilhelms überhaupt nicht vergleichen ließen.

Nun hatte Jean Paul Jacobis „Allwill" entnommen, welchen inneren Gefährdungen jedes Genie ausgesetzt ist[17], und sowohl bedenkliche Eigenschaften und Neigungen, die er an sich selbst wahrzunehmen glaubte, als auch das Verhalten Goethes und Schillers, wie es sich ihm im Lichte des Xenien-Streits, der Erfahrungen Herders, Reichardts

u. a. darbot, bestätigten ihm, daß Jacobi recht hatte. Was dabei herauskam, wenn ein begabter Jüngling in der Atmosphäre höfischer Schöngeisterei aufwuchs, lehrte außerdem erschreckend die Fehlentwicklung August Herders.[18] Und dafür, daß besonders der Schauspielerberuf den Charakter deformieren kann, hatte Goethe selbst, dank seines illusionslosen Realismus, im „Meister" mehrere Beispiele geliefert. Sollte also, in der Situation wachsender Resonanz des „Meister" bei der Gebildetenschicht, im „Titan" das eigene, politische Erziehungsideal am paradigmatischen Werdegang eines jungen Genies veranschaulicht werden, so war es unerläßlich, darin zugleich jene Gefahren kenntlich zu machen und mit ihnen abzurechnen. Und das ließ sich am sichersten bewerkstelligen durch Einführung einer weiteren Jünglingsgestalt, die, potentiell so genial wie der positive Held, durch die von Goethe und Schiller empfohlene ästhetische Erziehung, namentlich durch das im „Meister" als Bildungsfaktor bejahte Theater, ausgehöhlt, zersetzt, verdorben wird. So entstand Roquairol, so die epische Kontraposition zwischen ihm und Albano, so auch die wichtige Besonderheit des „Titan", daß beide Figuren, weil auf der gleichen Ebene des Genialischen kontraponiert, gleichermaßen mit ungeheurem seelischen Schwung, hohen Geistesgaben, starken, dabei enorm ausdrucksfähigen Gefühlen ausgestattet sind und infolgedessen die kraftvolle Emotionalität, mit der sie voll lyrischen Feuers, in expressiver Metaphorik ihren Konflikt austragen, über das Romangeschehen eine Glut der Leidenschaft ausgießt, die in der erzählenden Prosa deutscher Sprache nicht ihresgleichen hat.

Das Motiv, für die Übereinstimmung *und* Gegensätzlichkeit dieses Jünglingspaars ein beide Momente integrierendes Symbol zu schaffen, scheint maßgebend gewesen zu sein für die Wahl des doppeldeutigen Buchtitels. Die gemeinsamen genialen Anlagen sind bei dem Sonnengott, den die Alten – mit Betonung auf der ersten Silbe – Titan nannten, der Erde, den Menschen zum Segen gereichende Vorzüge und Tugenden. Bei dem – auf der zweiten Silbe zu betonenden – Titánen dagegen, dem aus hybrider Selbstüberhebung frevelnden Himmelsstürmer, der von den Blitzen des Olymp in die Tiefe geschleudert wird, sind sie Fragwürdigkeiten, ungebändigte Gefahren, fluchbeladene, lebensfeindliche Laster.[19] Der Titel des Romans meint beides zugleich, obwohl Jean Paul in einem Brief an Jacobi, unter Favorisierung der zweiten Bedeutung, auch einmal erklärt hat, das Werk müsse eigentlich „Anti-Titan" heißen, da jeder Himmelsstürmer darin seine Hölle finde.[20]

Unter dem Gesichtspunkt dieser *Einheit von Identität und Widerstreit* muß man auch Albanos und Roquairols äußere Ähnlichkeiten sehen, die oft allzu banal als ein plumper Kunstgriff gedeutet werden, die Umstände von Lindas Schändung glaubhafter zu machen. Dies trifft einzig für die Überbetonung des Gleichklangs der Stimmen zu. Ansonsten war für einen Zeitgenossen Lavaters physiognomische Ähnlichkeit in erster Linie ein Indiz für Seelenverwandtschaft. Ausschlaggebend für die Häufung ähnlicher äußerer – wie übrigens auch innerer, emotioneller – Merkmale dürfte daher die Absicht gewesen sein, mit allen zu Gebote stehenden Mitteln den Eindruck zu verstärken, daß im Falle der beiden „Titan"-Helden keine naturgegebene, sondern eine gesellschaftlich erworbene Polarität vorliegt, mit anderen Worten: daß hier durch unterschiedliche Erziehung aus dem gleichen Ausgangsmaterial an Talenten und charakterlichen Grunddispositionen kraß divergierende Gesinnungen und Verhaltensweisen herausgeholt worden sind.

Nicht von Natur ist Roquairol schlecht – so etwas gab es für einen Schüler Rousseaus nicht –, sondern schlecht ist er als Kind und Opfer seines Jahrhunderts[21], überdies als Angehöriger einer parasitären Kaste, den Eltern und Erzieher zu früh und bis zum Überdruß mit Genüssen aller Art, auch geistigen und künstlerischen, überfüttert haben. Mit dieser Feststellung beginnt zu Anfang des zweiten Bandes die ausführliche direkte Beschreibung und Analyse von Roquairols Charakter, nachdem längst vorher, im Kindheitskapitel des ersten Bandes, der Tanzlehrer Falterle mit seinen Berichten dem staunenden Dorfkind Albano die phänomenalen intellektuellen Fähigkeiten des in der Residenz lebenden gleichaltrigen Ministersohnes und, vor allem, dessen Bravourleistungen auf der Pestitzer Liebhaberbühne nahegebracht hat.[22]

Der kleine Albano wächst unter anderen Bedingungen auf. Die summarische Erörterung der pädagogischen Passagen aller drei heroischen Romane hat die auf ihn einwirkenden Einflüsse und Milieufaktoren oben[23] bereits erwähnt und hinsichtlich ihrer Bedeutung analysiert: das Kleinkind-Idyll mit dem Schwesterchen Severina auf Isola bella, dann die Knabenjahre auf dem Dorf, die ständige Berührung mit einfachen Menschen, die prächtigen Pflegeeltern Wehrfritz, die lieb-vertraute Pflegeschwester Rabette, den Unterricht bei dem Schachtelmagister Wehmeier, schließlich, an der Schwelle zur Volljährigkeit, den Umgang mit dem Baumeister Dian, d. h. die beginnende Aneignung der Gedankenwelt Herders, usw.[24]

All das ist Albano zuteil geworden. All das fehlt Roquairol, den dafür Hoffestivitäten, Bälle, Poussagen, Theatersensationen, wahllose Vielleserei, literarische Tagesmoden, Luxus jeder Art und, nicht zu vergessen, ebenso unverdiente wie als Selbstverständlichkeit hingenommene Privilegien, bis hin zu unangemessener Offizierswürde mit Macht über strammstehende Untergebene, geprägt haben. Als nach Albanos Übersiedlung in die Residenz die beiden Jünglinge sich kennenlernen und Freundschaft schließen, fühlen sie sich gegenseitig durch die augenscheinliche Verwandtschaft ihrer Temperamente und Geistesgaben angezogen. Aber die Zuneigung beruht auf einem Mißverständnis. Dadurch, daß Roquairol von Grund auf falsch erzogen worden ist, trägt sie von Anbeginn den Keim der Entzweiung und Feindseligkeit in sich, und alle Illusionen, mit denen der gut erzogene Albano sich darüber hinwegzutäuschen sucht, werden zuschanden, alle seine Bemühungen, den Freundesbund zu retten, schlagen fehl.

Von einer eigentlichen Bildungsgeschichte kann bei Roquairol, nachdem seine pädagogische Periode unter so verhängnisvollem Vorzeichen gestanden hat, keine Rede mehr sein. Von dem Moment an, wo er Albano zum ersten Mal begegnet, sehen wir den Ministerssohn und Hauptmann nur noch seine Egozentrik und Genußsucht, seinen Ästhetizismus und seine romantische Zerrissenheit ausleben. Da eben zur Zerrissenheit jedoch die Reueanwandlungen gehören, die für die reflektierte Bewußtseinslage romantischer Intellektueller, für deren Selbstbespiegelung typisch sind, führt er das Zerrbild einer Peripetie des Reifens vor, indem er sich plötzlich radikal zu ändern wünscht[25], dazu ein völlig untaugliches Hilfsmittel wählt und nach dem Scheitern des Versuchs von der moralischen in die kriminelle Schurkerei abgleitet.[26]

Die Episode mit Rabette entspringt dem Wunsch nach Umkehr und Neubeginn. Roquairol hofft, die ans Krankhafte grenzende Problematik seines Wesens werde am Herzen dieses schlichten, warmen Mädchens Genesung finden. Das ist aber wieder nur ein romantisch-literarischer Einfall von ihm, romantisch wie alle allzu komplizierte Sehnsucht nach dem allzu Einfachen, literarisch, weil offensichtlich inspiriert durch den Archetyp Faust–Gretchen, der obendrein den Komödianten zur Entfaltung seiner Regiekünste herausfordert. Das Ergebnis fällt dann, dementsprechend, katastrophal aus. Mit psychologischem Raffinement wird geschildert, wie der Widersinn, die Unnatürlichkeit einer Liebesverbindung zwischen überzüchtetem Intellekt und ländlicher Unschuld deren Hingabe für den Verführer zwangsläufig zur Schändung ohne Lustgewinn macht.[27] Hat Jean Paul damit Fausts Lust an Gretchen travestieren wollen? Dem Erzähler der Ehemisere von Siebenkäs und Lenette, dem Vorkämpfer der Frauenbefreiung, der die verbreitete Vorliebe geistig hochstehender Männer für törichte Mädchen als fragwürdig empfunden hat[28], ist eine solche Provokation, zumal auf dem Höhepunkt seines Kampfes gegen die Weimarer Klassik, durchaus zuzutrauen. Wie dem auch sei: In Roquairol macht der aus romantischer Reflektiertheit bei innerer Öde erpreßte Sinnenrausch, der nichts als schale Langeweile zurückläßt, die Hoffnung des Anderswerdens definitiv zunichte. Die guten Vorsätze gehen wieder über Bord. Verlorener denn je fällt der Zerrissene, vollends von Lebensekel erfüllt, in die Exzesse seiner Schauspielermentalität zurück, um alsbald aufs Schänden mit zynischer Bewußtheit auszugehen, nun aber in Linda eine hochgeistige Frau und die einzige wahre Liebe seines Lebens zum Opfer zu erwählen.

Wenn man es so nennen will, ist dies Roquairols Bildungsgang. Jedenfalls sieht so die Grundlinie der Begebenheiten aus, welche die bildungsromanhaften Teile des „Titan" ausfüllen, soweit es sich darin um den negativen Helden handelt. Hauptsächlich ist dort aber natürlich von dem positiven, von Albano, die Rede, und dessen idealer Reifeprozeß, dem sittlichen Herunterkommen des Gegenspielers episch kontraponiert, von dem abschreckenden Beispiel, den es darbietet, zugleich kausal entscheidend mitbestimmt, steht im Zeichen politischer Erziehung. Schon deswegen, weil Albano in der Residenz und Universitätsstadt Pestitz Rechts- und Staatswissenschaften studiert.[29] Diese Fächer sind zwar von anderen, den Eingeweihten bei Hof, im Hinblick auf sein künftiges Herrscheramt, für ihn ausgesucht worden, und sie schöpfen weder den Reichtum seiner inneren Möglichkeiten noch die Universalität seiner – durch die Herder-Diansche Philosophie geweckten – geistigen Interessen aus. Er ist jedoch vollständig mit dem, was er erlernen soll, einverstanden, es entspricht seinem früh gehegten Wunsch, sich auf eine politische Laufbahn vorzubereiten, und in Italien stürzt er sich später aus eigenem Antrieb, nachdem der Entschluß, am Freiheitskampf der französischen Republik teilzunehmen, gefaßt ist, noch in ein intensives Studium der Kriegsgeschichte und Kriegskunst.[30] So profiliert er sich vor dem Leser in gänzlich anderer Weise als Wilhelm Meister oder auch Roquairol. Man spürt: Den Haupthelden des „Titan" für Literatenkreise sonderlich anziehend zu machen war nicht beabsichtigt. Ergreifen sollte sein Werdegang vor allem den Teil der Jugend, der zum Aufrücken in Staatsämter, zur Ausübung von Macht ausersehen war.

Bedeutungsvoller als Beruf und Berufsentschiedenheit Albanos sind die Faktoren, die der Entwicklung seiner politischen Gesinnung die Richtung geben. Erlebnismäßig steht da an erster Stelle sein existentielles Betroffensein von feudalem Machtmißbrauch. In noch stärkerem Maße als die Helden der früheren heroischen Romane muß er, was ihm in dem Zusammenhang widerfährt, als empörende Willkür empfinden, da Kräfte, die eine mysteriöse Anonymität zu wahren verstehen, anscheinend aus rätselhaften, durch Unberechenbarkeit um so bedrohlicher wirkenden Beweggründen mit ihm ein frevelhaftes Spiel treiben.[31] Dies gilt besonders für die Umstände, unter denen seine große, bis in die Sehnsüchte der Knabenjahre zurückreichende Jugendliebe zerbricht. Es sind offensichtlich die herrschenden feudalen Machtverhältnisse, an denen sie zugrunde geht. Aber Albano vermag nicht zu erkennen, wer da konkret aus welchen Motiven in sein Leben so feindselig eingreift und das seiner Geliebten zerstört.

Man erinnere sich, daß im „Hesperus" Flamin zum potentiellen politischen Gewalttäter wird, weil er glauben muß, daß mißbrauchte Fürstenmacht und höfische Ränke die von ihm geliebte Klotilde in eine sie entwürdigende Mätressenrolle hineinmanövrieren. Albano ergeht es um vieles schlimmer. Er weiß sich – was Flamin bei Klotilde nie hat erreichen können – der Liebe Lianes sicher, ist mit der Geliebten bereits heimlich verlobt und rechnet fest damit, daß sie sich um die Zustimmung ihrer Eltern zur vereinbarten Eheschließung bemüht. Dann aber muß er erleben, daß das Mädchen aus unerfindlichen Gründen mit ihm Schluß macht, und nachdem er mit berechtigtem Zorn auf ihren Wortbruch reagiert hat[32], siecht sie, von dem Geschehenen bis zum physischen Ruin mitgenommen, dahin, um schließlich auf dem Totenbett ihrem Geliebten zu schwören, sie habe in Wahrheit nie aufgehört, ihn zu lieben, dürfe ihm aber auch jetzt den Grund ihrer Entscheidung nicht anvertrauen.[33]

Was dieser Grund gewesen ist – das um die Hohenfließer Thronfolge gewobene Geheimnis –, wird der Held, zusammen mit dem Leser, erst gegen Schluß des Romans erfahren. Indes hat der episch allwissende Autor den Vorhang wenigstens teilweise vor den Augen des Lesers sogleich geöffnet. Dieser kennt deshalb wichtige Begebenheiten, die der Aufkündigung des Verlöbnisses durch Liane vorausgegangen sind. Er hat miterlebt, wie das Mädchen von seiten ihres Vaters, des Ministers v. Froulay, erfolglos unter Druck gesetzt worden ist, den ihr widerwärtigen Bouverot zu heiraten.[34] Er ist auch mit den – anders gearteten – Beweggründen vertraut, aus denen ihre Mutter Albano als Schwiegersohn ablehnen zu müssen glaubte.[35] Endlich ist dem Leser der Umstand bekannt, daß, nach dem Fehlschlagen der elterlichen Pressionen, es dem Hofprediger Spener gelungen ist, Liane in einem Gespräch unter vier Augen doch noch zum Verzicht auf ihren Geliebten zu bewegen.[36] Der Inhalt der Unterredung freilich bleibt bis kurz vor dem Ende der Geschichte in Dunkel gehüllt. Aus Speners menschlicher Integrität jedoch und aus Lianes Standhaftigkeit vorher vermag man unschwer zu schließen, daß es Gründe von überwältigender Tragweite sein müssen, die der ehrwürdige Mann geltend gemacht hat.

Und was weiß Albano von alledem? Nichts. Er hat keine Ahnung. Das heißt aber: Die Lage, in der er sich befindet, ist geradezu kafkaesk. Die niederschmetternde Erfahrung, daß Liane ihr gegebenes Wort wieder zurücknimmt, hat für ihn etwas Gespenstisches. Die Liebste, Vertrauteste scheint plötzlich wie verhext. Und der vorgetäuschte Spuk, mit dem ihm davor und danach zu wiederholten Malen der Gaukler Peppo, in der Art des Sizilianers aus dem Schillerschen „Geisterseher", zusetzt[37], muß bei Albano den Eindruck noch verstärken, sich überhaupt, *auch* in diesem neuesten unverständlichen Fall, in einer Welt von geisterhafter Unheimlichkeit zu bewegen.

Wie reagiert er darauf? Zunächst mit einer barschen, zornigen Zurechtweisung der vermeintlich Ungetreuen.[38] Von vielen Jean Paul-Forschern wird diese Wendung beanstandet. Sie werten sie als Ausdruck liebloser, ungerechter, wenig ritterlicher Haltung, die weder zu dem Charakter des Helden passe noch mit dem vorher beschworenen Ausmaß seiner Liebe zu vereinbaren sei.[39] Zweierlei wird dabei verkannt. Einmal ist Albano als der idealste Held eines für die Frauenbefreiung kämpfenden Dichters mit Notwendigkeit vom gleichen Recht und von der gleichen Würde der Geschlechter so tief durchdrungen, daß seine Ritterlichkeit an dem ihm einverseelten Prinzip, an Mann und Weib auch gleiche moralische Ansprüche zu stellen, ihre legitime Grenze findet. Einem Mädchen, das ihm ihr Ja-Wort gegeben hat und wenig später ohne einleuchtenden Grund nicht mehr dazu steht, spontan Treubruch vorzuwerfen, ist für ihn selbstverständlich und paßt somit sehr gut zu seinem Charakter. Zum anderen entspringt seine heftige, ärgerliche Reaktion einer von Mystizismus freien und insoweit im Grunde vernünftigen Einstellung, zu der aber, ehe sie sich auf das Niveau umfassend gereifter Menschlichkeit erheben kann, erst noch die gerade aus dem Konflikt mit Liane resultierenden Lebenserfahrungen hinzutreten müssen, die in den nachfolgenden Kapiteln die Parteinahme des Helden für die Revolution motivieren helfen und vor allem darum in die Geschichte eingeführt worden sind.

Zu den hervorstechendsten Qualitäten Albanos gehört – für einen angehenden Staatsmann unentbehrlich – seine durch alle irritierenden Situationen durchgehaltene Vernünftigkeit und Besonnenheit. Sie unterscheidet ihn, nebenbei bemerkt, deutlich von seinem funktionell-analogen Vorläufer im „Hesperus", dem hitzköpfigen Flamin. Und worin äußert sie sich am auffälligsten? Darin, daß Albano, ständig verfolgt und belästigt von anonymen Mächten, die auf gespenstische Art agieren, ruhig, männlich und mit starker Entschlußkraft seinen Weg geht, ohne jemals auch nur einen Moment lang an Gespenster zu glauben. Dank dieser Eigenschaft vermag er hinter den mysteriösen Dingen, die ihm auf Schritt und Tritt zustoßen, schließlich als sie bewegende Kräfte dieselben feudalen Interessen aufzuspüren, von denen auch die rings um ihn her ins Kraut schießenden weniger mysteriösen, nicht gespenstisch maskierten Hofintrigen diktiert sind, die ihn in zunehmendem Maße anwidern. Solange sein Lernprozeß aber so weit noch nicht gediehen ist, reagiert er, obwohl vernünftig, stets auch mit naiver Arglosigkeit. So bedauert er nach der ersten ihm von Peppo vorgegaukelten Geistererscheinung lediglich, den mit ihm Schabernack treibenden Kerl nicht festgenommen zu haben.[40] Selbst nach der zweiten überwiegt bei ihm der Wunsch, den Betrüger zu entlarven, das Interesse am Inhalt seiner Weissagungen noch so sehr, daß er die Braut, die ihm da prophetisch in Aussicht gestellt worden ist, Linda, seinem Freund Roquairol, der sie liebt, zu überlassen verspricht.[41] Auf den Gedanken, daß sich in der Voraussage der Zwang eines Fatums ankündigen könnte, kommt er gar nicht. Aber: Obwohl Albano von der Künstlichkeit des Spuks überzeugt ist, stellt er noch keine Überlegungen darüber an, wem dergleichen *nützen* mag. Und dieser Arglosigkeit, als einer niedrigen Stufe der Entwicklung seiner politischen Einsicht, entspricht es, daß er, als Liane mit ihm bricht, sich bei der Beurteilung ihres rätselhaften Verhaltens ausschließlich an die manifesten Tatsachen hält und daraus spontan die Berechtigung zu einem harten Tadel ableitet. Wäre er ein Mystiker, so würde er den Vorfall mit den Machenschaften Peppos in Parallele setzen und eins wie das andere aus dem Walten transzendenter Mächte erklären. Das liegt ihm fern, und darin offenbart sich seine Vernünftigkeit. Zu vermuten, daß man seine Geliebte aus politischen Motiven, um dynastischer Interessen willen, gezwungen haben könnte, ihm zu entsagen, liegt ihm aber auch noch fern, und darin zeigt sich seine Naivität, die an rationaler, nicht-mystischer Erklärung halt nur den Glauben an eine persönliche Schuld Lianes übrigläßt.

Es ist nun dieser irrige Glaube, der Albano in der Loyalität gegenüber dem feudalen Regime festbannt. Solange er existiert, besteht sie weiter fort. Wohl bedauert der tief getroffene Jüngling mit wachsendem Schuldgefühl, dem Mädchen durch seine Heftigkeit den seelischen Schock zugefügt zu haben, mit dem ihr Siechtum gleich am Ende der Unterredung eingesetzt hat.[42] Wohl macht er sich in steigendem Maße Sorgen um sie, als er vernimmt, daß ihr Zustand sich verschlimmere, und Reue und Mitleid lassen die alte Zuneigung zu ihr in ihm wieder aufleben bis zu dem Punkt, wo es sein sehnlichster Wunsch wird, die Geliebte, vielleicht zum letzten Mal, wiederzusehen.[43] Aber dies alles bedeutet keineswegs, daß er die Schuld an der Trennung als solcher bei den feudalen Machthabern, statt nach wie vor bei ihr, suchen würde. Erst Lianes Schwur auf dem Sterbebett, ihn immer geliebt zu haben, läßt ihn von ihrer Schuldlosigkeit überzeugt sein[44], und *das* öffnet ihm plötzlich die Augen, *damit* wird seiner Loyalität der Schlag versetzt, der ihren schnellen Zusammenbruch zur Folge hat. Denn jede vernunftgemäße, nicht-mystische Reflexion über die Ursachen der Tragödie muß jetzt zu dem Ergebnis gelangen, daß sie Teil einer politischen Manipulation der Herrschenden war.

So sehr indes der Tod Lianes der Glaubwürdigkeit ihres Schwurs den Rang der Gewißheit verleiht, so wenig läßt er für den Gedanken Raum, dem Verhängnis auf den Grund zu gehen, die Schuldigen aufzuspüren. Maßlose Trauer um die Verlorene und rasende Verzweiflung darüber, ihr Unrecht getan zu haben, stürzen Albano in eine tiefe

seelische Krise. Er erkrankt. Fieberträume jagen ihn. Mit knapper Not
gelingt es, ihn vom Rand des eigenen Grabes zurückzureißen.[45] Die
schon vorher geplante Reise nach Italien wird so für ihn zur lebens-
notwendigen Genesungskur. Ungewollt begünstigt die damit gewonnene Distanz das Wachsen von Erkenntnissen, die den gräßlichen Fall
ins Allgemeine heben. Als Albano in Italien wieder zu sich findet, ist
er für den endgültigen Bruch mit dem System, das seine Liebe zerstört, seine Geliebte gemordet hat, reif. Und in dieser Seelenverfas-
sung erreicht ihn die Kunde von dem nahen Ausbruch eines europäischen Krieges, die sein Revolutionsbekenntnis unmittelbar aus-
löst.[46] Krieg gegen die deutschen Zustände zu führen erscheint ihm
von da an als der Sinn seines Lebens.

Hineinverwoben ist in diese Geschichte das Drama der in Feindseligkeit umschlagenden Freundschaft zwischen Albano und Roquairol.
Der Umstand, daß beide sich gegenseitig vorwerfen, das Unglück der
jeweiligen Schwester, Rabettes bzw. Lianes, verschuldet zu haben –
der eine mit Recht, der andere mit Unrecht[47] –, bildet die moralische
Voraussetzung für die Entstehung, die Zuspitzung und das definitive
Unheilbarwerden des Konflikts, der das Spannungsverhältnis ihrer
Charaktere zu explosiver Entladung treibt. Sich eins wissend im Gemeinsamen und Ähnlichen, zugleich vom Anderssein des anderen heilsame Bereicherung erhoffend, welche die Mängel des eigenen Wesens
ausgleichen werde, haben die Jünglinge zueinander gefunden. An Roquairols weltmännischer Brillanz wollte sich der aus dem Dorf kommende Albano, an Albanos seelischer Gesundheit und Reinheit der
zerrissene, übersättigte Roquairol ein Beispiel nehmen – beiderseits
eine ideale Ergänzung. Daß jeder die Schwester des anderen liebte,
schien ihren Freundesbund noch fester zu machen, schien ihm Dauer-
haftigkeit fürs Leben zu gewähren. Diese Illusion ist zerstoben. Jeder
haßt im anderen den Verderber der eigenen Schwester. Und da verleihen die ähnlich kraftvoll-genialischen Anlagen dem feindlichen Zu-
sammenprall der anerzogenen widerstreitenden Eigenschaften die
Sprengkraft, die den Bund auseinanderreißt.

Für den Bildungsgang des positiven „Titan"-Helden ist auch dieser
Konflikt von überragender Bedeutung. Seit Albano als Knabe, noch
auf dem Dorf lebend, zum ersten Mal von Roquairol gehört hat, hegt
er für den glänzend begabten Jungen, der in der Residenz von sich
reden macht, Bewunderung.[48] Als er ihn, mündig geworden, kennenlernt, erblickt er in dem seinerseits Herangewachsenen eine anstaunens-
wert phänomenale Steigerung des eigenen Selbst. Bald macht er mit
dem Freund allerdings Erfahrungen, die ihm dessen problematische
Seiten enthüllen. Aber teils ist er großzügig genug, ihm vieles nachzu-
sehen, teils gibt er seinen irritierenden Beobachtungen, weil er sie sich
nach den Maßstäben des eigenen Wesens zurechtlegt, eine falsche Deu-

tung, teils auch üben sie durch die schillernde Dämonie gefährlicher Möglichkeiten, die in ihnen sich widerspiegeln und die auch in seiner Brust beschlossen liegen, heimlichen Zauber auf ihn aus.[49] Die Faszination schlägt jedoch unter dem Eindruck der Gemeinheit, die Roquairol an Rabette begeht, jäh ins Gegenteil um, womit das Verhältnis zu ihm für den positiven Helden in einem ganz anderen Sinne zum Medium der Selbsterziehung wird, als ursprünglich gedacht. Auch in die Seele des zum Feind Gewordenen nämlich sieht Albano wie in einen Spiegel. Doch jetzt ist es eine Fratze, die ihm daraus entgegenstarrt und ihm zur Warnung dient, nicht so zu werden wie der andere, vielmehr aus dem eigenen Ich rigoros all das auszuscheiden, was den Verruchten ausgehöhlt und zersetzt, was ihn eitel und unwahr, zuchtlos und asozial gemacht hat.[50]

Wodurch aber ist Roquairol am meisten verdorben worden? Was ist der Kern seiner menschlichen Fragwürdigkeit? Sein wurzelloses Ästhetentum. Dies erkennend, ringt Albano den Literaten und Künstler, der auf Grund der vielseitigen eigenen Anlagen potentiell auch in ihm steckt, in sich nieder und läutert sich zum rein politischen Menschen, vorab zum revolutionären Soldaten – poetische Antizipation des Typs, der später in Preußen Scharnhorst oder Gneisenau heißen wird. Die Begegnung mit den steinernen Zeugen des Altertums auf dem Boden Italiens bringt dieses Ergebnis seiner Katharsis an den Tag. Wo die übrigen Mitreisenden in kontemplativen Kunstgenuß versunken sind, da vernimmt er einzig den Appell zur Tat, den, über den historischen Abstand fast zweier Jahrtausende hinweg, die versunkene römische Republik ihm zuruft.[51]

Man sieht: Beide Male, sowohl im Fall der Tragödie Lianes als auch in dem des Konflikts mit Roquairol, hat das von Albano Erlebte und Erlittene im Prozeß seines Reifens einen politisierenden Effekt. Das Zerbrechen seiner Jugendliebe, mit dem Tod der Geliebten als Konsequenz, macht den Jüngling reif zur Gegnerschaft gegen die feudalen Machthaber Deutschlands. Das Entsetzen über Roquairol verhilft ihm gleichzeitig dazu, der Schöngeisterei an den deutschen Höfen, deren einseitig ästhetisch orientierter Kultur eine primär an der Politik orientierte Geisteshaltung entgegenzusetzen. Und beide Komponenten seines Bildungsganges, durch die Konstruktion der Fabel eng ineinander verschlungen, hier nur zu analytischem Zweck gesondert herausgehoben, münden ein in seine Parteinahme für die Revolution.

Was aber hat es zur Folge, daß diese Entscheidung mit dem seinerseits politisierten Bildungserlebnis der Antike zusammentrifft und ihren unmittelbaren Impuls daraus empfängt? Es läßt die eben geschilderten Ereignisse zu Nichtigkeiten herabsinken, die nicht der Rede wert sind. Sobald diese Liebesgeschichten – daß ein Jüngling sein Mädchen verliert, daß ein anderer ein zweites Mädchen enttäuscht – an den großen Motiven gemessen werden, die einst das Handeln der Griechen und Römer bestimmt haben, erscheinen sie als platte Trivialitäten. Ihr privater Charakter bedingt, daß sie den Vergleich mit der Hingabe des antiken Bürgers an die öffentliche Sache, an das Wohl, die Gerechtigkeit und den Ruhm des Staates, nicht aushalten. Wenn also Albano daheim von jenen privaten Affären so stark beansprucht war, wenn sie ihn so ungeheuer aufgewühlt haben, daß primär aus ihnen die Richtung seines Werdeganges erklärt werden muß, so gereicht das ihm im nachhinein nicht weniger zur Schande als dem kümmerlichen Hofmilieu, in dem sein Leben seit der Übersiedlung vom Dorf in die Residenz sich bisher abgespielt hat. Aus Erschütterung über zerstörtes Liebesglück und aus Enttäuschung über einen Freund, der zum Verführer weiblicher Unschuld wurde, hat er sich aus der deutschen Misere losgerungen. Es war aber selbst ein massives Stück deutscher Misere, daß es solcher Anlässe bedurfte, um ihn für den Appellgehalt der antiken Überlieferung und für die Kunde aus Frankreich empfänglich zu machen.

Das ist der Grund, warum in den Erwägungen, die seinen Plan, in den Krieg zu ziehen, unmittelbar motivieren, Roquairol, Liane und Rabette plötzlich keine Rolle mehr spielen.[52] Gerade dadurch stellt Albano unter Beweis, daß er mit der Welt, aus der er herkommt, gebrochen hat. Aus privater Erfahrung gewonnene Beweggründe, in denen sich nur das niedrige Niveau ihrer gesellschaftlichen Erfahrungsbasis widerspiegeln würde, können für ihn kein Gewicht mehr haben, *weil er kein Privatmensch mehr ist.* Maßgebend für seine Entscheidung ist daher einzig das Innewerden des Kontrasts zwischen der Größe und Herrlichkeit des antiken Lebens und der schmachvollen Tatenlosigkeit, zu der ihn daheim die engen deutschen Verhältnisse verurteilt haben und zu der er erneut verdammt wäre, wenn er, nach Deutschland zurückgekehrt, in Hohenfließ bliebe und dort sein müßiges Grafenleben, erfüllt von privaten Liebes- und Freundschaftskonflikten, fortsetzte.[53] Was auch immer er bisher durchgemacht hat, es stand, wie er jetzt erkennt, im Zeichen des Müßiggangs. Und den Müßiggang reproduziert vor seinen Augen das kontemplativ-ästhetisierende Italien-Erlebnis seiner höfischen Mitreisenden, das für die deutschen Zustände noch viel entlarvender ist als alle Verbrechen der Feudalkaste zusammengenommen, da es in der europäischen Situation von 1792 ausgerechnet die Antike zum Genußmittel herabwürdigt.[54] Das mit angesehen zu haben genügt ihm, zum Feind dieser Kaste zu werden und in dem bevorstehenden Krieg auf der Seite der französischen Republik gegen sie kämpfen zu wollen.

Albano wird nicht nur durch die Ereignisse erzogen. Es wirken auf ihn auch die Personen, mit denen er sich im Verlauf der Romanhandlung auseinandersetzt, erzieherisch ein, indem sie ihn anziehen oder abstoßen oder, wie Roquairol, erst das eine, dann das andere tun, so daß er aus der Begegnung, dem Verbundensein bzw. dem Konflikt mit ihnen lernt, wie man sein und wie man nicht sein soll. Das gilt für seine Kommunikation mit so gut wie allen Figuren des „Titan". Erzieher im engeren, buchstäblichen Sinne aber hat er in den bildungsromanhaften Partien des Werks nur vier. Sie heißen Wehrfritz, Dian, Schoppe und Augusti. Fragt sich, inwiefern es eine politische Erziehung ist, die ihm durch diese Männer zuteil wird.

Der Einfluß, den Wehrfritz auf Albano ausübt, reicht bis in dessen Kindheit zurück. Schon im Zuge ihrer Schilderung wird angedeutet, daß der Landschaftsdirektor von Amts wegen Verdruß mit der Regierung von Hohenfließ hat.[1] Später gibt er sich beiläufig als Anhänger der Französischen Revolution zu erkennen.[2] Offenbar haben seine Erfahrungen mit der Mißwirtschaft im Fürstentum diese Einstellung begünstigt. Zeugen politischer Belehrung Albanos durch seinen Pflegevater werden wir freilich nicht. Was man über dessen Gesinnung erfährt, reicht indes aus, um den Eindruck zu evozieren, daß zornige Auslassungen des Mannes über seinen Berufsärger zu der Atmosphäre gehören, in welcher der Junge aufwächst[3], und daß diesem mit zunehmender Reife allmählich auch der Sinn der Beschwerden aufgeht. Ähnliche Assoziationen erweckt unwillkürlich in der „Loge" im Hinblick auf den Knaben Gustav die Mitteilung, daß JP sein Hofmeister ist und daß im Hause seines Vaters der satirisch-renitente Doktor Fenk aus- und eingeht.[4] Ähnlich auch kann man sich ein gewisses Maß an politischer Beeinflussung des Knaben Victor durch Lord Horion kaum aus der Vorgeschichte der „Hesperus"-Fabel fortdenken.[5] Wehrfritz, als frühester Erzieher wie als späterer gleichgesinnter Freund des Helden, gehört in diese Kategorie.

Dian steht demgegenüber in den heroischen Romanen Jean Pauls einzig da, ohne funktionell-analogen Vorläufer. Er ist der personifizierte kulturelle Bildungsfaktor in Albanos Entwicklung zwischen den Knabenjahren und dem Übergang zur Volljährigkeit. Er lehrt den Jüngling zeichnen, sieht mit ihm Bildwerke und Antiken-Abgüsse an, führt ihn in Homer, Sophokles und Shakespeare ein, hält ihn dazu an, Rousseau zu lesen, treibt mit ihm Metaphysik und bringt ihm, unter großen kulturphilosophischen Gesichtspunkten, die Weltgeschichte und die Sitten der Völker nahe – alles im Geiste Herders, dessen Humanitätsbegriff er, ohne daß der Name Herder fiele, verkörpert, vorlebt und implicite auch gedanklich zum Ausdruck bringt.[6]

Als Architekt ist Dian, wohl nicht zufällig, ausübender Künstler auf dem Gebiet, das, dem Handwerk relativ am nächsten stehend, den materiellen Bedürfnissen der Menschen am meisten verpflichtet, die Gesetze der Schönheit besonders eng an lebensdienliche Zwecke bindet. Man erinnere sich der „Geschichte meiner Vorrede etc.", wo der Kunstrat Fraischdörfer, der auch als Romanfigur im „Titan" formalistische und l'art pour l'art-Doktrinen vertritt, es für einen Mißbrauch der Häuser erklärt, daß sie bewohnt würden.[7] Dian soll offenkundig den gegenteiligen Standpunkt symbolisieren. Ästhetische Normen sind ihm nicht weniger geläufig als den höfischen Kunstkennern, den Luigi, Bouverot, Roquairol und eben auch Fraischdörfer. Doch im Unterschied zu ihnen löst er die Kunst niemals aus den Lebenszusammenhängen heraus, deren Blüte sie ist. Und von da her versteht Dian sich denn auch – abermals wie Herder – darauf, Literatur- und Kunstwerke historisch, als Ausdruck der Lebensbedingungen ihrer Zeit, des sie jeweils tragenden und durchdringenden Volksgeistes, zu sehen. Besonders seine Auffassung der antiken Kunst, als der durch Maß und Begrenzung vollkommensten, ist Teil des Bildes, das er von der freien, der unverrenkt schönen Menschlichkeit der alten Griechen in sich trägt und von dem das harmonische Einssein ländlicher Naivität und modern-europäischer Kultur in seinem eigenen Wesen einen lebendig gegenwärtigen Widerschein hervorzaubert. Jean Paul läßt bei der Charakterisierung Dians in diesem Zusammenhang, zum Teil wörtlich, Gedanken aus Herders Nemesis-Aufsatz anklingen.[8] Man spürt: In der Verkleidung des jungen griechischen Baumeisters versenkt Herder den Keim in Albanos Seele, der bei dessen Begegnung mit der Antike in Italien einst aufgehen wird – ein politischer Erzieher, ohne direkt auf Staatsfragen einzugehen, oppositionell allein durch die Geschichtsbezogenheit seines Kunstverständnisses in einer Umwelt, in der sonst Stilformen als Selbstwert gelten und ein bindungsfreier Ästhetizismus kultiviert wird.

Endlich Schoppe. Kurz vor Albanos Übersiedlung in die Residenz tritt er neu als sein Mentor auf den Plan, wächst allmählich in die Rolle seines besten Freundes hinein und wird ihm dermaßen unentbehrlich, daß, als er am Schluß der Geschichte irrsinnig geworden ist und stirbt, sein Doppelgänger Siebenkäs ihn ersetzen muß[9] – was besagen will, daß auch der zum Mann gereifte, zum Fürsten erhöhte Albano Vertrauen verdiene, da ihm als engster Berater nach wie vor ein satirischer Kritiker der Gesellschaft zur Seite steht.

Schoppe besitzt, selbst identisch mit dem Leibgeber aus dem großen Eheroman[10], anders als Dian wieder Vorläufer in Jean Pauls Lebenswerk, und zwar nicht bloß solche an analoger Funktion, sondern in dem weitergehenden Sinne, daß obendrein in ihren Charakteren der seine vorentworfen ist. Auf der einen Seite haben wir es in ihm mit der dritten, profiliertesten unter mehreren Gestalten des Dichters zu tun, die Porträts seines unvergessenen Jugendfreundes, des Mediziners Johann Bernhard Hermann[11], sind. Die erste, noch schemenhafte tritt unter dem Namen Habermann als ungebunden durch die Welt schweifender Bratschenspieler in den „Teufelspapieren" auf.[12] Die zweite, schärfer individualisiert, durch ihren Arztberuf dem Urbild mehr angenähert, überdies bereits mit politischem Profil versehen, freilich von der Fabel her funktional nicht als notwendig einleuchtend, ist der Doktor Fenk in der „Loge".[13] Schoppe hat mit beiden den bizarren Charakter, die frappierend komischen Einfälle, die Freude an der clownesken Provokation gemeinsam, dazu mit Dr. Fenk auch das gute Herz unter widerborstiger Außenhaut, und wie seine Vorgänger stellt er ein Sinnbild extremer Eigenwilligkeit und nicht zu bezähmenden Unabhängigkeitsdranges dar. Andererseits ist auf ihn zugleich die Rolle, die in der „Loge" JP spielt[14], übertragen worden: Er ist der wichtigste Erzieher des Haupthelden. Für diesen Aspekt der Figur hat es erhebliche Folgen, daß der „Titan" die für die „Loge" bezeichnende Nachahmung des Rousseauschen „Emile" fallenläßt. Denn herausgenommen aus der Kindheitsgeschichte und nicht mehr Ich-Figur, wie Jean-Jacques, kann der auf Beeinflussung des volljährigen Jünglings konzentrierte Mentor, ungemildert durch die Qualitäten des Kinderpsychologen und guten Lehrers, desgleichen ungehemmt von Rücksichtnahmen auf die einst offen deklarierte Identität zwischen der Romanfigur JP und dem Autor[15], die Jean Paulsche Satire nunmehr in Reinkultur personifiziert zur Anschauung bringen. Erst die Gestalt eines reinen Satirikers aber, gesteigert durch die Hermannsche Eigenwilligkeit und Unabhängigkeit, gewährt dem politischen Oppositionsgeist, der den Erzieher eines Revolutionärs beseelen muß, die Möglichkeit voller Entfaltung.

Entstehungsgeschichte und wahre Bedeutung dieser Romanfigur waren lange durch den Umstand verdunkelt, daß sie dem Leserpublikum zuerst als der Leibgeber des „Siebenkäs" (1795/96) bekannt wurde und man nach dem Erscheinen des „Titan" (1800–1803) glaubte, es sei ein Einfall späteren Datums gewesen, sie hier unter anderem Namen noch einmal zu verwenden. Ihre originäre Bestimmung schien es danach zu sein, dem Armenadvokaten Siebenkäs als befreundeter Doppelgänger das Scheinsterben zu ermöglichen, das ihm aus der glücklos gewordenen Ehe mit seiner Lenette heraushilft.[16] Warum eigentlich Leibgeber auf Schritt und Tritt Satiren von sich gibt, verstand man unter dieser Voraussetzung nicht recht. So pflegte sein Wesen entweder übertrieben tiefsinnig interpretiert, oft auch mystifiziert, oder allzu simpel daraus erklärt zu werden, daß Siebenkäs, weil er als der Verfasser der „Teufelspapiere" figuriert, zum Doppelgänger einen Mann erhalten mußte, der seinerseits zur Satire aufgelegt ist.

Allerdings, als Jean Paul 1795 den Eheroman zu schreiben anfing, dürfte bei ihm die zweite Überlegung wirklich eine Rolle gespielt haben, aber nur deswegen, weil Leibgeber-Schoppe ihm damals bereits zur Verfügung stand. Dessen Entstehung ab ovo läßt sich aus ihr gewiß nicht herleiten. Tatsächlich ist diese Gestalt von vornherein im Hinblick auf den „Titan" konzipiert worden, längst ehe an den „Siebenkäs" auch nur gedacht war, und später wurde sie in das Personenensemble dieses Romans bloß, leihweise gewissermaßen, delegiert. Das beweist der „Komikus", der schon in den frühesten Notizen des „Geniehefts" auftaucht.[17] Und da diese Aufzeichnungen nur einige Monate, höchstens ein Jahr nach dem 1792 erfolgten Abbrechen der „Loge" zu Papier gebracht worden sind, muß das Motiv, die Vorzüge von JP und Fenk, bei gleichzeitiger Elimination der beiderseitigen Mängel, in einer einzigen Figur zu vereinen, evidentermaßen auch der Geburtshelfer dieser Figur, eben des „Komikus", gewesen sein. Jahre später erst verlangte der „Siebenkäs" den Doppelgänger. Der „Komikus" aus den „Titan"-Vorarbeiten brachte die hierfür ideale Voraussetzung seiner Geistesverwandtschaft mit dem ein Satirenbuch schreibenden Armenadvokaten mit. Es war dem „Komikus" aber äußerlich, im Rahmen des „Siebenkäs" unter dem Namen Leibgeber von seiner erzieherischen Mission vorübergehend dispensiert zu werden und sich mit dem gesellschaftskritischen Aussagegehalt seiner satirischen Streiche und Expektorationen lediglich auf die internen Verhältnisse im Reichsmarktflecken Kuhschnappel, unter Auslassung des feudalabsolutistischen Staates, des Hofmilieus usw., zu beziehen.[18] Bei der endgültigen Ausarbeitung des „Titan", von 1796/97 an, führte Jean Paul den „Komikus" unter dem Namen Schoppe zu seiner ursprünglichen Aufgabe zurück: einen angehenden Staatsmann so heranbilden zu helfen, daß dem über die ihn umgebende Gesellschaft, die deutsche Feudalmisere überhaupt, die Augen aufgehen.
Auf Gustav einwirkend, hatten genau das Fenk sowohl wie JP auch bereits tun sollen. Dabei waren jedoch empfindlich störende Fehler unterlaufen. Überflüssigerweise treten in der „Loge" gleich zwei Satiriker auf, und der eine davon, Fenk, der eigentlich nur um der Hermann-Reminiszenz willen da ist, hängt handlungsmäßig über weite Strecken in der Luft, wohingegen der andere, JP, auf Grund seiner dem „Emile" abgesehenen, zuerst in der Kinderstube wahrzunehmenden Pädagogenpflichten meist zu milde wirkt, als daß man ihm zutrauen könnte, der für den Werdegang eines jungen Revolutionärs entscheidende Entlarver der Herrschenden zu sein – eine Funktion, für deren Träger den unterdes berühmt gewordenen Namen „Jean Paul" zu verwenden im übrigen auch taktisch nicht mehr ratsam war. Schoppe ist über diese Kinderkrankheiten seiner Genesis hinaus. Und da im „Hesperus", wo die satirische Ader Jean Pauls auf Victor

übertragen und durch dessen Gefühlsüberschwang auch wieder mildernd ausgeglichen ist (während ein Hermann-Porträt hier gänzlich fehlt), es kein Pendant zu Schoppe gibt, könnte nicht zuletzt seinetwegen der Gedanke unwiderstehlich gewesen sein, im Anschluß an die Vollendung des „Hesperus" die Grundidee der „Loge" noch ein weiteres Mal zu verwirklichen – aber nun mit einem dermaßen genial veranlagten Haupthelden, daß die Aufgabe, aus ihm einen Rebellen zu formen, die Etablierung eines Erziehers von entsprechend großem Format erforderte.

Hineinverwoben sind in Schoppes Mentalität und Schicksal sowohl Motive aus dem Leben und Sterben Swifts[19] als auch die Philosophie Fichtes.[20] Das erstere wird Jean Paul deswegen für vorteilhaft erachtet haben, weil unter den Bildungsmächten, welche die intellektuelle Physiognomie seines idealsten Helden, Albanos, prägen helfen sollten, der Bahnbrecher der modernen Prosasatire nicht fehlen durfte und es, ungeachtet der notorischen Vorliebe Herders für ihn[21], dem ins Griechische transponierten Herder-Symbol Dian natürlich schlecht zu Gesicht stünde, Swift-Anhänger zu sein. Homer, Sophokles, Shakespeare, Swift, Rousseau und Herder – das sind die Großen der Literatur aus Vergangenheit und Gegenwart, deren Vermächtnis in den Bildungsgang Albanos einfließt, wobei speziell das Erbe Swifts dareinzuschleusen passenderweise Schoppe vorbehalten bleibt, der als Sprachrohr der Jean Paulschen Satire, als die Lavaglut seines wild empörten Herzens hinter einem Eispanzer verbergender Ironiker geistesgeschichtlich ja in der Tat Swifts Tradition fortsetzt.[22] Nebenbei bemerkt, steckt in alledem auch wieder eine gezielte Kontraposition: Roquairol bildet sich dadurch, daß er in Dramenrollen Goethes und Schillers auftritt, und diese Dichter scheinen aus Albanos paradigmatisch-idealer, von Herder-Dian empfohlener Lektüre verbannt zu sein.

Ein willkommenes Motiv war nicht zuletzt für Jean Paul Swifts Ende in geistiger Umnachtung. Bei aller Liebe zu Schoppe wollte er diesen doch auch als problematisch, als „einkräftige" Natur darstellen, und die extreme, hypertrophierte Eigenwilligkeit, die, obschon Quell großer Tugenden, sein Verhängnis ist, in Irrsinn umschlagen zu lassen schien ihm da eine glückliche Lösung. Das mußte aber so bewerkstelligt werden, daß kein schlechtes Licht auf die Swiftsche Tradition fiel. Die Satire als solche durfte, als das politische Aufklärungsinstrument kat exochen, an Problematik und Wahnwitz keinen Anteil haben. Das letzte Wort, mit dem auf den Lippen Swift gestorben ist, „I am what I am",[23] in der Nähe Jenas bei dem Mitarbeiter an der Herderschen „Metakritik", dem philosophischen Briefpartner F. H. Jacobis die Assoziation der lapidaren Formeln wachrufend, in denen die Fichtesche Philosophie den Ertrag ihrer schwindelerregenden Beweisführung zusammenfaßt, beschwor den erlösenden Einfall herauf, Schoppes Verrücktheit auf den Solipsismus zurückzuführen, den er aus der „Wissenschaftslehre" herausliest.[24] Dieselbe Eingebung erlaubte es zugleich, Fichte, dessen subjektivistische Philosophie es als eine der ärgsten Verirrungen der Zeit zu bekämpfen galt, der aber nichtsdestoweniger als Demokrat wie als Opfer des Jenenser Atheismusstreits aus Solidarität respektiert und geschont zu werden verdiente, in einer ihn ehrenden Weise anzugreifen. Werden seine romantischen Adepten im „Titan" durch den üblen Roquairol repräsentiert, so ist Fichte selbst davon ausdrücklich ausgenommen. Er darf, wenn auch mit höchst verwirrendem Effekt, die nächst Albano liebenswerteste Figur des Romans beeindrucken. Ihm aus polemischem Anlaß ein größeres Kompliment zu machen war nicht denkbar.[25] Die „Clavis Fichtiana seu Leibgeberiana", von 1799/1800, und die ihr korrespondierenden Auslassungen Schoppes über Fichte und seinen „Gehirndiener", den frühen Schelling, im vierten „Titan"-Band haben hier ihren Ursprung.

Was Schoppe als Freund für Albano bedeutet, ist oben bereits im Zusammenhang mit dem Problem der moralischen Bewährung der Charaktere ausgeführt worden.[26] Dies ergänzend, seien jetzt aus dem Komplex seiner erzieherischen Wirkung auf ihn die ausschlaggebenden Momente hervorgehoben. Als erstes ist da festzuhalten, daß Schoppe in einem Milieu, in dem es von Schmeichlern und Kriechern wimmelt, das Devotion unten begünstigt und sie oben als bequem hinnehmen läßt, seinem Schutzbefohlenen selbständiges Denken, Plebejerstolz und Mannesmut gegenüber Höhergestellten vorlebt. Er ist engagiert von dem Grafen Gaspard, der gesellschaftlich hoch über ihm steht und dem er Gehorsam schuldet. Als Gaspard ihn aber einmal, mit dem Vorwurf, gegen einen seiner Befehle verstoßen zu haben, von oben herab fragt: „Sie wußten aber meine Meinung noch, Herr Bibliothekar?", da antwortet Schoppe: „Gewiß, aber auch meine."[27] Das Beispiel steht für viele. Albano nimmt sich diese Haltung zum Vorbild, ohne zu ahnen, daß es ihm einst beschieden sein wird, das Land zu regieren. Seine Sympathie für Schoppe drängt dem Leser unwillkürlich die Zuversicht auf, daß dieser Fürst an den unter seinem Szepter lebenden Bürgern Mündigkeit, aufrechten Gang und Freimut zu schätzen wissen wird.

Fundiert sind diese hohen menschlichen Qualitäten in innerer Unabhängigkeit, die bei Schoppe so weit geht, daß er jederzeit, ohne Rücksicht auf Sicherheit und materiellen Vorteil, bereit ist, Stock und Hut zu nehmen und davonzugehen. Daher die phantastisch anmutende Mobilität seiner Existenz, die Vielzahl der Berufe, die er schon ausgeübt hat, das Auf und Ab seines Lebens.[28] Freiheit ist ihm der kostbarste Besitz. Lieber vogelfrei möchte er sein als unfrei. Hierin liegt seine Stärke. Sie birgt, wenn eine Persönlichkeit von derart kolossalem Wuchs allein ihrem Eigenwillen folgt, aber auch Gefahren in sich: Verneinung von Gesetz und Ordnung überhaupt, Unfähigkeit zu jedweder Bindung, ewiges Unbehaustsein, Heimatlosigkeit, die sich im Innenraum der Seele zu unergründlicher Vereinsamung auswächst, bis schließlich das auf sich zurückgeworfene Ich jenen Weltverlust praktisch erleidet, den die als Solipsismus verstandene Philosophie der absoluten Subjektivität theoretisch ausspricht.

Albano soll von Schoppe lernen und an ihm reifen. Aber da es seine Bestimmung ist, die Bedingungen freier Selbstverwirklichung all der Menschen, deren Schicksale ihm anvertraut sein werden, auf eine neue *Ordnung* ihres Zusammenlebens zu gründen, darf er nicht werden wie er.[29] Darum wirkt auf seinen Bildungsgang, den Einfluß des anarchischen Schoppe ergänzend und berichtigend, noch ein weiterer Erzieher ein: der Lektor Augusti[30], Sinnbild unpedantischer Korrektheit, moralisch integerer Einfügung in die Welt, wie sie ist. Als einziger unter den Hofleuten befolgt dieser Mann strikt die Regeln des Milieus, in dem er sich bewegt, ohne daß er von dessen Fäulnis angesteckt würde. Seine Mission ist es, dem Helden das Gesetz der Gesellschaft, in die er hineinwächst, beizubringen. Schoppe stellt die bestehende Ordnung radikal in Frage, mit Recht. Doch den Impuls, sie zu verändern, macht erst Augusti praktikabel, indem er vorführt, wie von einem Menschen, der ihr nicht verfallen ist, ihre Vorschriften und Mechanismen souverän beherrscht werden können. Für den künftigen Vollstrecker der Revolution „von oben" eine nicht zu entbehrende Kunst. Schoppes Auflehnung mit Augustis integerer Diplomatie in Taten zum Wohl der Bürger umzusetzen, das wird Sinn und Inhalt von Albanos Politik sein müssen.

Daß Augusti Randfigur bleibt, ist dabei bezeichnend. Er vermag dem herrschenden System gegenüber nur seine abstrakte Anständigkeit und Lauterkeit zu bewahren, die keine inhaltlich-konkrete Kritik hergibt. Im Abstrakten freilich bleibt auch Schoppes umfassende Systemverneinung stecken, aber nur insofern, als sie im ganzen rein destruktiv und mit der Eigengesetzlichkeit des Bestehenden nicht vermittelt ist. Was die Fülle der Details angeht, an denen sie das moralisch Unhaltbare, geschichtlich Überlebte der deutschen Zustände aufzeigt, so ist sie an Konkretheit nicht zu überbieten. Und hierin liegt das zweite Moment von Schoppes erzieherischer Funktion: Die Satiren, mit denen er beiläufig an so gut wie allen Aspekten der deutschen Feudalmisere, angefangen von geringfügigen Lächerlichkeiten des höfischen Zeremoniells[31] bis hinauf zur tragisch-grotesken Zerrissenheit des Reichskörpers – Voraussetzung der Erbfolgerivalität zwischen den Fürstentümern Hohenfließ und Haarhaar[32] –, beißende Kritik übt, klären Albano politisch auf, indem sie den Kommentar zu seinen niederschmetternden Erlebnissen liefern und ihm deren gesellschaftlich symptomatische Bedeutung bewußt machen. Vermittelndes Bindeglied aber zwischen dem allgemeinen argumentativen Gehalt dieser Satiren und dem sehr besonderen Erfahrungswert des von dem Haupthelden Erlebten und Erlittenen ist ein drittes Moment, dem ebenfalls erzieherische Relevanz zukommt: der kriminalistische Eifer, mit dem Schoppe, das „Cui bono?" im Kopf, die antifeudale Satire auf den Lippen, den finsteren Gewalten nachspürt, die ständig aus dem Hintergrund in das Leben seines jungen Freundes eingreifen.[33]

Die unheimlichen Aktivitäten, die Peppo im Auftrage seines Bruders Gaspard entfaltet, wie im „Geisterseher" der Sizilianer auf Geheiß des Armeniers, werden vom Leser als kolportagehafte Schauergeschichte, vom romantisch infizierten gar als Mysterium, in dem sich das Walten transzendenter Kräfte kundtun mag, wahrgenommen. Schon Albano reagiert anders, vernünftiger auf sie, freilich anfangs, wie gesagt, mit *naiver* Vernünftigkeit. Schoppes Reaktion endlich macht die Umtriebe der Partei Gaspards zum Stoff eines streng rationalen Krimis. In dem nicht-naiven, politisch gewitzten Mann, der auf Anhieb die feudale Machtintrige wittert, rufen sie den Detektiv wach. Freilich ist es zunächst eine trügerische „heiße Spur", auf der er sich, sie bis nach Spanien verfolgend, an die auch für ihn am Ende überraschende Wahrheit herantastet. Allein dadurch, daß Schoppe überhaupt, von vordergründigen Tatbeständen ausgehend, in gesellschaftliche Hintergründe vordringt, bringt er seinem Schüler bei, prinzipiell solche Hintergründe ins Auge zu fassen, und das ist sein – diesmal wohl ungewollt pädagogisches – Mittel, die naive Vernunft Albanos in eine wissend-durchschauende umzuwandeln. Die unterschiedliche Beurteilung mysteriöser Vorkommnisse durch das an Alter und Mentalität so ungleiche Freundespaar nimmt dabei zuweilen den für den Krimi anscheinend konstitutiven, das „laute Denken" des Detektivs ermöglichenden Dialog von Holmes und Watson vorweg. Aber hier zieht Holmes den Naivling Watson zu sich herauf und erweckt damit in ihm Tugenden, die reifer politischer Machtausübung nottun: Dem Verstand des weisen Fürsten von Hohenfließ wird heilsamer Argwohn eingewurzelt sein gegen die latente Kriminalität der Adelskaste, deren Privilegien er, um der Gerechtigkeit im Lande ein festes Fundament zu geben, zu beseitigen haben wird.

Schließlich ist Schoppe der große Antipode Roquairols im Kampf um Albanos Seele. Er ist es einmal moralisch, als der wahre, gute Freund, der vor dem falschen, schlechten beizeiten warnt und mit seinen Warnungen recht behält[34], zum anderen aber auch ideell, als das personifizierte Prinzip der politischen Erziehung, die über die ästhetische den Sieg davonträgt. Im Spannungsfeld zwischen den beiden so gegensätzlichen Freunden, die untereinander wie Tag und Nacht geschieden sind, vollzieht sich der Reifeprozeß des Helden. Anfangs übt Roquairol die stärkere Wirkung auf ihn aus. Doch das Verhältnis kehrt sich um. Am Ende ist er zum Feind geworden, wohingegen Schoppes Bewährung in der hilfreichen Tat gipfelt, die nach Lianes Sterben ihrem bis zum Wahnsinn verzweifelten Geliebten das Leben rettet.

Indes im selben Augenblick, da Albano mit Roquairol gebrochen hat, ist auch Schoppes erzieherische Aufgabe erledigt. Daß er an der Italienfahrt nicht mehr teilnimmt, hat symbolische Bedeutung. Als komischer Kauz, mit all seiner Verschrobenheit und Schrulligkeit, ist er der deutschen Feudalmisere, obwohl er sie unausgesetzt bekämpft, doch zu tief verhaftet, als daß er, über sie sich erhebend, unmittelbar an der Apotheose der antiken Republiken teilhaben könnte, die das Revolutionsbekenntnis seines reif gewordenen Zöglings umstrahlt. Wohl war Schoppes Satire das einzig geeignete Mittel, Albanos naive Loyalität gegenüber der feudalen Despotie zu zersetzen. Ihn zu revolutionärem Heroismus zu entflammen ist sie untauglich, und ein konstruktives Programm gibt sie nicht her.[35] Überdies hat in Schoppe die antifeudale Politik, um Albano vor der Maßlosigkeit des Roquairolschen Ästhetentums bewahren zu können, sich mit deren Gegenextrem, einer selber zum Maßlosen tendierenden Gedankenüberfrachtung, verbündet. Maßvoll zu sein aber war die Maxime der Griechen und Römer, und die griechische Polis, die römische Republik zu erneuern ist das Ziel der Revolution. Während daher Schoppe, die unterminierende Kraft in der Immanenz des Feudalsystems, als Detektiv sich immer tiefer in die Geheimgeschichte zweier deutscher Duodez-Despotien hineinbohrt, zugleich als deutscher Denker mit hypertrophischem Scharfsinn den Exzessen einer bodenlos subjektivistischen Reflexion anheimfällt und hier wie dort, bei sich mehrenden Anzeichen des Irrewerdens, auf falsche Fährten gerät, tritt in Italien wieder Dian auf den Plan.[36]

Dian hätte, selbst von Beruf Künstler, dem unheildrohenden Einfluß Roquairols auf Albano nur auf der gleichen Ebene des Ästhetischen, folglich nicht grundsätzlich genug, entgegenzuwirken vermocht. Zu reinen Gemüts, um höfischen Drahtziehern gewachsen zu sein, hätte er zum kriminalistischen Entlarver feudaler Machenschaften erst recht nicht getaugt. Am wenigsten wäre er, in seiner Erhabenheit über das Groteske und Verwinkelte, den Schmutz und die Niedrigkeit der deutschen Verhältnisse, jemals imstande gewesen, sich mit treffsicherer satirischer Kritik auf die lausigen Details ihres Verkommenseins einzulassen. All dies ist Schoppes Metier. Einen Schoppe als Erzieher braucht Albano also, solange er sich, unerfahren aus dem Dorf kommend, auf dem glatten Parkett des Fürstenhofs von Hohenfließ bewegt. Seit er dank Schoppe aber gegen die dort lauernden Gefahren hinreichend gefeit ist, bedarf es, damit sein Streben mit affirmativ idealem Gehalt erfüllt werde, einer heterogenen politischen Inspiration. Was ihn dergestalt inspiriert, ist seine Begegnung mit der Antike in Italien. Mag es – zum Teil – noch Schoppes Verdienst sein, daß sie nicht primär im Zeichen ästhetischen Erlebens steht, Dian hat bewirkt, daß ihr eine positive Idealbildung entspringt, die der Miserabilität der deutschen Zustände nicht nur immanent entgegengesetzt, sondern über sie hinaus ist, sie transzendiert, sie weit hinter sich und unter sich läßt. Darum steht es Dian zu, seinem einstigen Schüler Albano bei ihrem Wiedersehen in Rom als erster zu bestätigen, daß er recht daran tue, mit der französischen Republik und für sie in den Krieg zu ziehen.

Die für die Tendenz des „Titan" bezeichnende Stelle, die dies besagt, weist, was Jean Paul nicht ahnte, eine Analogie zu dem Gespräch auf, das bei Hölderlin der von Alabanda zu den Waffen gerufene Hyperion mit Diotima führt. Wo aber Diotima, als Verkünderin des Goethe-Schillerschen Erziehungsideals, ihrem Freund seinen Entschluß, Alabandas Ruf zu folgen, ausreden will, da stimmt Herders Geist, in Dian verkörpert, der gleichbedeutenden Entscheidung Albanos sofort, ohne Vorbehalt zu.[37] Und damit wird bei Jean Paul dem Ästhetischen, nachdem er es durch Schoppes Sieg über Roquairol erst einmal gründlicher in seine Schranken gewiesen hat als Hölderlin, doch auch wieder eine Ehrenrettung zuteil, und zwar eine, die viel weitergeht als die, welche Hölderlin ihm angedeihen läßt, wenn er Hyperion bei der Abwehr von Diotimas Einwänden das Postulat in den Mund legt, daß die „Theokratie des Schönen" in einem Freistaat wohnen müsse. Nach der Lehre des „Titan" kann und soll die recht verstandene Schönheit bereits am Kampf um die Freiheit selbst teilhaben, in ihm präsent sein, durch ihn inspiriert sich entfalten.

Freilich nur die recht verstandene. Den letzten Sinn der neuen Ordnung, die es auf der Erde zu erkämpfen gilt, hat Jean Paul, wie aus allen einschlägigen Äußerungen von ihm unzweideutig hervorgeht, in der sittlichen Besserung der Menschen gesehen und nicht in der Errichtung einer „Theokratie des Schönen". Selbst seine Zukunftsvision also hält sich, während in dem Punkt Hölderlin der Weimarer Klassik folgt, von jeder Überbewertung des Ästhetischen frei. Gleichwohl läßt er Dian „mit dem Arm des Künstlers die Freiheitsfahne schwingen", und diese Formulierung, die das uneingeschränkte Ja des griechischen Baumeisters zu Albanos heroischem Entschluß kommentiert, bringt zum Ausdruck, daß *dank Herder* schon im Hier und Jetzt, noch diesseits der neuen Ordnung, ein selber politisches, ein der Revolution und dem Freiheitskrieg verschworenes Künstlertum denkbar sei, gegen das die antiästhetische Tendenz des „Titan" sich *nicht* richte.

Herder-Dian hat seinerzeit Albano *auch* für Kunst empfänglich gemacht. Doch Erzieher und Zögling wußten in ihrer Kunstbegeisterung

Maß zu halten. Sie ließen noch andere Bildungsmächte gelten, vorab die Geschichte, von der alle Kulturschöpfung getragen wird, in die alle Kunst und Poesie, der Humanität verpflichtet, die sittliche Besserung der Individuen fördernd, wieder einmünden muß.[38] Deswegen kann die ästhetische Komponente der einstigen geistigen Kommunikation zwischen dem Jüngling und seinem Lehrer bis in die revolutionäre Situation, bis in den anhebenden Freiheitskrieg hinein ihre Daseinsberechtigung bewahren. Dem Musischen grundsätzlich feind zu sein liegt dem Erziehungsideal des „Titan" fern – so fern, daß sogar Schoppe als Maler vorgestellt wird (einer seiner zahlreichen Berufe).[39] Was Jean Paul verlangt, ist nur, daß, wie in der Kulturphilosophie Herders die Geschichte der Völker, so im Bildungsgang des Individuums dessen Verantwortung für Staat und Gesellschaft den Vorrang habe und jedes höhere geistige Interesse, mit Einschluß des künstlerischen Sinns, auf diesen Mittelpunkt zu beziehen sei.

IV

Nach den bisherigen Ausführungen kann darüber, daß der „Titan" zum „Wilhelm Meister" nicht nur, wie „Loge" und „Hesperus", objektiv in Gegensatz steht, sondern ihn auch widerlegen will, kein Zweifel bestehen. Ob man den Charakter des Haupthelden nimmt oder das Ziel, dem er entgegengeführt wird, ob man an die Erlebnisse und Erfahrungen, die seine Entwicklung determinieren, oder auch, wie zuletzt, an die ihn formenden Erzieher denkt, überall ist die Bewußtheit der polemischen Frontstellung gegen den Goetheschen Bildungsroman mit Händen zu greifen. Trotzdem wäre es eine zu schwache Umschreibung des wahren Sachverhalts, dem bloß ergänzend hinzuzufügen, daß Jean Paul diesem Werk auch viel zu verdanken habe. Tatsächlich hat er es ebenso intensiv, wie er es bekämpfte, und mit derselben Bewußtheit benutzt. Wo auch immer er den Erzähler Goethe als überlegen empfand, ging er bei ihm in die Schule, suchte er seine Intentionen und Ergebnisse in die Ausführung der eigenen Konzeption mit einzubeziehen.

An dem auffälligsten, das rezeptive Moment relativ rein repräsentierenden Beispiel, den drei aufeinanderfolgenden Geliebten des Helden, ist dies hier schon erläutert worden.[1] Um das Gemeinte nicht unnötig zu komplizieren, wurde die Verbindung von Rezeption und Widerstreit, die das Verhältnis des „Titan" zum „Meister" generell kennzeichnet, dabei vorläufig ausgeklammert. Von dieser Synthese muß jetzt, nachdem die gegensätzliche Tendenz beider Romane in Reinkultur herausgearbeitet worden ist, die Rede sein, und eben die vorhin getroffenen Feststellungen über die erotische Laufbahn Albanos führten da bereits an die zentrale Frage heran, wie nach dem Bekanntwerden Jean Pauls mit dem „Meister" die für seine heroischen Romane charakteristische Behandlung des Erziehungsproblems gleichzeitig in trotzender Abwehr Goethes ihre Kontinuität wahren *und* durch kritische Aneignung Goethescher Errungenschaften neue, sie bereichernde Gesichtspunkte und Inhalte hinzuerobern konnte.

Man erinnere sich: Von den Heldinnen der „Loge" und des „Hesperus" wurde oben erklärt, sie seien für das menschliche Reifen der jeweils ausschließlich und unwandelbar in sie verliebten Jünglinge kaum von Belang. Und auf den Einfluß des „Meister" wurde es zurückgeführt, daß demgegenüber Liane, Linda und Idoine in Albanos Werdegang die Bedeutung von Bildungsfaktoren hätten, die sukzessive mit dazu beitrügen, die Persönlichkeit des sie liebenden Mannes zu formen. Diesen Aussagen braucht auch hier nichts abgehandelt zu werden. Fügt man ihnen nun aber, unter Bekräftigung ihres Wahrheitsanspruchs, die Konkretisierung hinzu, daß die Formung von Albanos Persönlichkeit durch seine drei Geliebten eine wichtige Komponente seiner Politisierung und Radikalisierung ist, dann ist man wieder bei dem zwischen „Titan" und „Meister" bestehenden Gegensatz, den die Adaption Goethescher Errungenschaften durch Jean Paul, wie man nun erkennt, gar nicht aufhebt, sondern in sich hineinzieht. Akkurat das meint hier der Begriff *„kritische* Aneignung".

Indes bedarf die These, daß die Bereicherung und Vertiefung der Erziehungsproblematik im „Titan" der Einwirkung des „Meister" zuzuschreiben sei, einer Ergänzung noch in anderer, über die erotische Laufbahn hinausführender Richtung. Schon in „Loge" und „Hesperus" kommt – ansatzweise, mutatis mutandis – der Freund vor, der, sei es vorübergehend, sei es definitiv, zum Feind wird. Man denke an die Beziehungen zwischen Gustav und Amandus, Victor und Flamin, Flamin und Matthieu. Was dort aber nirgends vorkommt, das ist ein Freund wie Roquairol, der in dem Maße, wie er sich als feindlich erweist, dem Haupthelden zu tieferer Selbsterkenntnis verhilft, ihn obendrein eine neue, kritischere Einstellung zur herrschenden Kultur finden läßt und ihn damit – erzieht. Desgleichen kennen „Loge" und „Hesperus" zwar den politisch aufklärenden Erzieher (JP, Fenk, die Drillinge, mutmaßlich auch Ottomar und Horion), aber daß ein solcher zugleich die Naivität seines Zöglings durch unwillkürlich vor seinen Augen praktizierten Kriminalistenspürsinn bekämpft, wie dies Schoppe tut, das gibt es erst im „Titan". Und auch im „Titan" erst tritt ein Dian auf, der, ohne über Staatsangelegenheiten ein Wort zu verlieren, einzig durch die in ihm inkarnierte Kunstauffassung politisierend wirkt. Dem „Titan" auch bleibt es vorbehalten, die Satire nicht sich im Räsonement über konkrete Mißstände erschöpfen zu lassen, sondern sie als objektive Geistesmacht, in einem gewaltigen Charakter verkörpert, gegen die einseitig ästhetische Kultur einer ganzen Epoche aufzubie-

ten. Kurz, der dritte heroische Roman bringt allenthalben Bildungsfaktoren ins Spiel, zu denen in den ihn anbahnenden Prosawerken
davor teils jede Analogie fehlt, teils den analogen Stellen, falls vorhanden, ein vergleichbarer Funktionswert abgeht. Die Geliebten Albanos haben an diesem qualitativen Novum erheblichen Anteil, es geht
in ihnen jedoch nicht auf. Daß sie es in besonders auffallender Weise
pointieren, bedeutet nicht, daß die persönlichkeitsbildende Kraft, die
sie dank der Differenziertheit ihrer Naturen auf ihren Liebhaber aus-
strahlen, größer wäre als die eines Roquairol oder Gaspard, um von
den Erziehern im buchstäblichen Sinne ganz zu schweigen.

Der Vergleich mit dem „Meister" zeigt, warum der „Titan" die erzieherischen Agenzien, die im Zuge seiner Fabel, im Sosein und Handeln
seiner Figuren, in der Fülle seiner Szenen wirksam werden, dergestalt
über das aus „Loge" und „Hesperus" geläufige Maß hinaus verviel-
facht: Jean Paul hat von Goethe gelernt, daß Erziehung den *ganzen*
Menschen ergreift und durchformt, und daraus die Konsequenz gezogen, sie in noch anderen Dimensionen zur Geltung zu bringen als
bloß auf der Ebene der unmittelbar politischen Erkenntnis. In den
früheren Romanen führt, wie wir sahen, jeweils die Entwicklung des
zentralen Helden von einem Reformwillen, den die Ideologie des aufgeklärten Absolutismus in ihm erweckt hat, über enttäuschende, ernüchternde Erfahrungen mit den Herrschenden zur Parteinahme für
die Revolution.[2] Das ist jedesmal ein rein rationaler Vorgang, welche
aufwühlenden, tief empfundenen Emotionen, vom Dichter mit lyrischer Ausdruckskraft gestaltet, ihn auch begleiten mögen. Die Persönlichkeit bleibt davon unberührt, ja, der Begriff „Persönlichkeit" existiert überhaupt nicht. Erst der „Titan", am „Meister" geschult, kennt
diesen Begriff und operiert mit ihm, auch wenn Jean Paul nach wie
vor das *Wort* dafür, nicht nur im Romantext selbst, auch in den ihn
kommentierenden Briefstellen, peinlich vermeidet.

Gustav und Flamin werden Illusionen los und gewinnen eine neue,
radikal verneinende Einstellung zum feudalabsolutistischen Staat. Die
Wandlung ergreift, bei konstant bleibenden Charakteren, nur ihr Denken. In Albano wiederholt sie sich, aber so, daß sie zugleich die besten
Kräfte seines Wesens zur Entfaltung treibt und problematische, roquairolhafte Möglichkeiten, die in seiner genialen Natur beschlossen liegen,
bändigt. Im ersten Fall ereignet sich *Aufklärung,* im zweiten *Persön-*
lichkeitsformung, die zunehmendes Begreifen einschließt, ohne darauf
reduziert zu sein. Und es sind einzig moralische Impulse, denen die
Metamorphose des Denkens auf die Sprünge zu helfen vermag, und
höchstens Machtstrukturen, gegen die sie sie mobilisieren kann. Die
Metamorphose der Persönlichkeit dagegen versetzt das Menschentum
des Helden als Ganzes, mitsamt dem ihm von früh auf – durch Dian –
vermittelten Bildungsbesitz, in Aufruhr gegen die Totalität der beste-

henden Gesellschaft einschließlich der ihr eigenen Kultur. Empört über Mißstände und Verbrechen im Lande, nehmen Gustav und Flamin den revolutionären Kampf gegen ihren jeweiligen Fürsten auf. Albano tut es ihnen im Prinzip gleich. Doch abgesehen davon, daß er auf der Seite des revolutionären Frankreich *alle* deutschen Feudalstaaten mit Krieg überziehen will – was für das höhere Niveau seiner politischen Einsicht spricht –, trägt er Herder-Dians Bild der Antike in sich, und dadurch vertieft und erweitert der moralische Affekt sich in ihm zum Ekel an der Verlogenheit des herrschenden Kunstverständnisses, das die Feudalkaste, über die Verbrechen an den eigenen Untertanen hinaus, gegen den Sinn der Geschichte freveln läßt. Man sieht: Die Tendenz aller drei Romane ist dieselbe, und durchgehend befindet sie sich zu der des „Meister" in Gegensatz. Aber dank der kritischen Aneignung der Errungenschaften des „Meister" erhält sie im „Titan", ohne daß der Gegensatz dadurch abgeschwächt würde, eine neue, höhere Qualität: die des Bildungsromans im engeren und eigentlichen Sinne, die aus dem Sujet erst herausholt, was in ihm steckt.

Besonders in das Erziehungsideal, wie das Revolutionsbekenntnis im vierten Band es verklärt, hat Jean Paul Motive aus dem „Meister" so hineinverwoben, daß gerade deren Übernahme die Überzeugungskraft seiner eigenen Position eminent verstärkt. Goethe stellt im letzten Teil seines Romans, bei der Schilderung der Gesellschaft vom Turm – jenes von humanen Idealen erfüllten Adelskreises, der Wilhelms Werdegang bis dahin aus dem Verborgenen gelenkt hat –, die praktisch-nützliche Tätigkeit als höchste Sinnerfüllung des menschlichen Daseins dar und läßt namentlich Wilhelm selbst hier durch seine Erzieher einem tätigen Leben zuführen. Grundsätzlich, in abstracto war Jean Paul damit einverstanden, die Tätigkeit zu idealisieren. Der „Titan" greift das Motiv daher auf, macht es sich zu eigen – in Albanos schneidender Absage an den parasitären Müßiggang der Feudalkaste kommt das klar zum Ausdruck[3] – und nimmt in dem Zusammenhang, offensichtlich von Goethe inspiriert, sogar an dem Leitbild des „hohen Menschen", das in den Helden von „Loge" und „Hesperus" veranschaulicht ist, eine einschneidende Korrektur vor.

Jean Pauls „hoher Mensch" ist, wie wir sahen[4], von christlicher Gesinnung zwar insofern frei, als er Diesseits und Lebensfreude bejaht. Gleichwohl handelt er noch, ähnlich, wie es das christliche Postulat der Nächstenliebe gebietet, aus rein altruistischem Antrieb, ausschließlich für das Glück der anderen, weil er innerlich darüber hinaus ist, auf die eigenen Interessen und Bedürfnisse, das eigene Ansehen und Fortkommen Wert zu legen. Welchen Erlebnissen besonderer Art Jean Paul die Romanfiguren, die er als „hohe Menschen" verstanden wissen will, aussetzen muß, um glaubhaft zu machen, daß ihnen eine solche selbstlose Einstellung eigen ist, haben wir ebenfalls gesehen.[5] Das ihnen stets gegenwärtige Memento mori spielt dabei jedesmal eine wichtige Rolle (man denke vor allem an den Kapitän Ottomar und an Lord Horion).[6]

Goethe lagen derartige Erwägungen fern. Einmal war die sinistre Todesmelancholie der „hohen Menschen" das, was er an Jean Pauls Romanen am wenigsten ausstehen konnte. Selbst den „Hesperus", wo sie bereits verhältnismäßig abgemildert ist, hat er im Hinblick auf diesen Punkt mit einem polemischen Vers bedacht.[7] Zum anderen stand er, als er den „Meister" schrieb, im Bann der ihm sehr zusagenden Kritik, die soeben Schiller an dem ethischen Rigorismus Kants, an dessen Entgegensetzung von Pflicht und Neigung, geübt hatte.[8] Hier liegt der Grund, warum bei der Schilderung der Turmgesellschaft immer wieder emphatisch betont wird, daß es vor allem dem Eigeninteresse der Individuen diene, eine nützliche Tätigkeit zu verrichten. Als deren hauptsächlicher Sinn gilt danach nicht das für die Gesellschaft herausspringende Resultat, sondern die Leistung, die der Mensch, wenn er auf eine Sache tätig einwirkt, *an sich selbst* vollbringt; daß die Gesellschaft davon Nutzen hat, versteht sich am Rande. Nebenbei bemerkt, hat Goethe mit dieser Weiterentwicklung der Schillerschen Kant-Kritik direkt einem Kerngedanken der Hegelschen Geschichtsphilosophie, ihrer Dialektik von subjektiven Leidenschaften, Interessen etc. und objektivem Fortschritt, sowie indirekt auch der späteren Theorie des „vernünftigen Egoismus" bei Feuerbach den Weg gebahnt.

Jean Paul hatte schon vor Schiller, von etwas anderen Prämissen ausgehend, den Rigorismus Kants seinerseits heftig kritisiert.[9] Daß er damit in der Konsequenz auch die Selbstlosigkeit als Prädikat seines „hohen Menschen" in Frage stellte, war ihm in dem Zusammenhang nie klar geworden. Bei der Lektüre des „Meister" endlich begriff er es. Kein Wunder: Goethes Auffassung der Tätigkeit vermeidet überall dort, wo sie anschaulich gestaltet ist und nicht bloß deklarativ vorgetragen wird, die Schillersche Ästhetisierung der Moral und pointiert zugleich ihre Einwände gegen Kant in der Weise, daß sie in immer neuen Wendungen, durch immer neue Beispiele der Vorstellung widerspricht, beim Handeln komme es auf die Selbstlosigkeit der Motive an. In solcher Kombination mußte das für Jean Paul zum Anlaß selbstkritischer Besinnung werden. Wie sie im einzelnen ausgesehen hat, kann niemand wissen. Das Resultat liegt jedoch vor: Albano reift zwar – unter anderem – auch noch durch die Begegnung mit dem Tod, infolge des ihn aufwühlenden und erschütternden Sterbens von Liane[10], aber er zieht daraus für sein eigenes künftiges Leben nicht mehr Schlußfolgerungen, die denen Ottomars nach dem eigenen Scheintod, Gustavs nach dem Dahinscheiden von Amandus, Horions nach dem Ableben Marys gleichen würden. Wohl wird er ernster und würdiger, doch die

Selbstlosigkeit *aus* Todesmelancholie, die für die „hohen Menschen" bezeichnend ist, entfällt bei ihm. Und als er sich entschließt, aktiv tätig zu werden, da geht es ihm *primär* um den Sinngehalt *seines* Daseins und erst in zweiter Linie um den Dienst an anderen[11], der, fast wie im „Meister", zum sich selbstverständlich einstellenden Nebenerfolg herabsinkt. Wohl wird der „Titan"-Held für das Glück des Volkes dasselbe ausrichten wie die „hohen Menschen", und er will das auch. Doch seiner Motivlage nach ist er, im Prinzip nicht anders als Natalie, Lothario und der durch sie belehrte, ihrem Beispiel nacheifernde Wilhelm, ein „vernünftiger Egoist". Womit gesagt ist, daß Jean Paul als Moralphilosoph sich mit dieser Gestalt in die Reihe stellt, die von Schiller und Goethe vor ihm über Hegel nach ihm zu Feuerbach, Tschernyschewskij usw. führt und zu der natürlich auch Marx gehört.

Indes auch hier hebt das Lernen vom „Meister" den Gegensatz zu ihm keineswegs auf. Wilhelms Übergang zu nützlicher Tätigkeit fällt unmittelbar mit seiner Anpassung zusammen. Albanos Ruf nach Taten ist dagegen der höchste Ausdruck seiner Nichtanpassung, seines Widerstandes gegen die Welt, wie sie ist. Die Tätigkeit, die der „Titan" preist, hat somit einen vollständig anderen Inhalt als die Aktivitäten, die im „Meister" darunter verstanden werden. Die Angehörigen des Kreises, in den Wilhelm aufgenommen wird, bewähren ihren Sinn fürs Nützlich-Praktische in der Bewirtschaftung von Gütern und Schlössern, in Haus und Garten, in der Erziehung von Kindern, im Lindern von Not, auch im Entwirren menschlicher Schicksale. Das alles sind unverächtliche Dinge. Aber sie stehen unter dem Niveau des Ideals, das Jean Paul aufrichtet. An die zur Entstehungszeit des „Titan" immer noch unerledigte Aufgabe, die deutsche Feudalmisere zu überwinden, reichen sie nicht heran, geschweige, daß sie in der Situation von 1792, in der seine Handlung spielt, eines Helden vom Format Albanos würdig gewesen wären. Zur Tat schreiten heißt daher bei Albano: Soldat der Revolutionsarmee werden, und darin findet er den Sinngehalt seines Lebens.

Nun wäre es ungerecht, zu behaupten, daß Wilhelm sich der deutschen Feudalmisere anpasse. Der klassische Goethe war der größte geistige Repräsentant der Epoche des Directoire. Als solcher bejahte er die *Resultate* der bürgerlichen Revolution, was einschloß, daß er die Übertragung ihrer Errungenschaften mittels friedlicher Reformen auf Deutschland herbeiwünschte. Dies kommt im „Wilhelm Meister" u. a. darin zum Ausdruck, daß die als vorbildhaft zu verstehenden Adligen des letzten Teils, daß Lothario, Natalie usw. auf ihren Gütern freiwillig den Agrarfeudalismus liquidieren. Wenn Wilhelm also inmitten eines solchen Kreises, der überdies progressiv genug denkt und empfindet, ihn, ungeachtet seiner nichtadligen Herkunft, mit Selbstverständlichkeit als Gleichen zu behandeln, ins werktätige Leben eintritt, so paßt er sich im Grunde der *bürgerlichen* Gesellschaft an. Daß Jean Paul, im Gegensatz zu den Romantikern, einem solchen Vorgang nicht völlig ablehnend gegenüberstand, ist hier, unter Berufung auf die Idee der „Flegeljahre", mehrfach betont worden.[12] Jean Paul brachte, so muß jetzt hinzugefügt werden, aber nicht nur für die Integration des Bürgerssohnes in die normale Arbeitswelt der bürgerlichen Gesellschaft ein gewisses Maß an Sympathie auf, sondern auch für die reformerische Praxis eines sich bewußt verbürgerlichenden Adels, wie sie im siebenten und achten Buch des „Meister" dargestellt wird, und im Rahmen des „Titan" hat er das in einem Sinnbild zum Ausdruck gebracht, das als bedingt zustimmende Würdigung der Turmgesellschaft und ihres unheroischen, apolitischen Tätigkeitsideals anzusehen ist. Für die Herausarbeitung der Tendenz des „Titan" ist es von außerordentlicher Bedeutung, sich anhand dieses Beispiels klarzumachen, wie weit hier die Übereinstimmung mit Goethe geht und wo sie ihre Grenze findet.

In seinem Essay über den „Meister" führt Georg Lukács aus, daß der Turmgesellschaft der Gedanke zugrunde liege, inmitten der bestehenden Ordnung auf einer Art Insel Verhältnisse von vorbildhafter Menschlichkeit zu schaffen, die, vermöge ihrer Ausstrahlungskraft, die allmähliche Umwandlung der ganzen Gesellschaft bewirken könnten. Goethe nehme hier, freilich noch mit bürgerlichem Vorzeichen, den Traum des großen Utopisten Fourier vorweg, daß, wenn sein sagenhafter Millionär ihm die Gründung eines einzigen Phalanstères ermögliche, dies zur Ausbreitung des Fourierschen Sozialismus auf der ganzen Erde führen werde.[13] Diesen Charakter der als Modell einer besseren Zukunft gedachten „Insel" hat auch das im „Titan" vorkommende Dorf Arkadien, wo die Prinzessin Idoine die Fronknechtschaft aufgehoben und im kleinen eine neue Ordnung errichtet hat, die den ansässigen Bauern ein freies, glückliches Leben gewährleistet.[14] Idoine ist, wie früher erwähnt[15], der Natalie des „Meister", unter Einbeziehung gewisser Eigenschaften Thereses[16], nachgezeichnet. Nimmt man hinzu, daß ihr ganzes segensreiches Wirken dem Goetheschen Tätigkeitsideal entspricht, so wird klar, daß Jean Paul mit ihrem Arkadien den Bestrebungen der Turmgesellschaft ein Denkmal hat setzen wollen. Wie weit dabei seine Sympathie für Goethes Idee ging, erhellt schon daraus, daß Idoine, als Verkörperung des absoluten, unüberbietbaren Frauenideals, das der „Titan" aufstellt, nach Liane und Linda, die beide problematische Naturen sind, zur letzten, endgültigen Geliebten Albanos wird und schließlich mit ihm zusammen, als seine Gemahlin den Thron besteigt.[17] Nicht weniger bezeichnend sind die Gründe, aus denen sie ihre Reformtätigkeit auf dem Lande aufgenommen hat. Auch da wird ihre Progressivität nachdrücklich unterstrichen. Unter den bemitleidenswerten Jean Paulschen Prinzessinnen, deren Lebensglück dynastischen Interessen geopfert wird, ist sie die einzige, die darauf mit Widerstand reagiert, und das in einer Weise, die ihre prinzipiell antifeudale Gesinnung offenbart.

Daß eine Frau in gleicher Lage auch anders reagieren kann, demonstriert das Verhalten ihrer Schwester, der Fürstin Isabella. In dieser lernen wir eine reizvolle, geistreiche, aber ziemlich boshafte Dame kennen, die sich ein Vergnügen daraus macht, Männer zu Intimitäten zu provozieren, um sie im letzten Moment schimpflich abblitzen zu lassen und womöglich in den Augen der Gesellschaft bloßzustellen.[18] Wir erfahren, daß ihre ebenso hemmungslose wie kalte Koketterie einen tragischen Ursprung hat. In ihrer Jugend hat Isabella den Grafen Gaspard geliebt. Sein Werben um ihre Hand ist damals vom Haarhaarschen Hof zurückgewiesen worden, weil der, im Hinblick auf seine künftigen Erbansprüche, mehr daran interessiert war, das Mädchen später an den – physisch ruinierten, menschlich unangenehmen – Fürsten Luigi von Hohenfließ (Albanos älteren Bruder) zu vermählen. Durch die übliche feudale Hausmachtpolitik also ist der Charakter dieser Frau deformiert worden. Sie hält sich mit ihrem unverantwortlichen Betragen dafür schadlos, daß man ihr ein Liebesglück eigener Wahl verweigert hat.

Ihre Schwester hat ein ähnliches Schicksal erlitten. Auch sie wollte man zwingen, eine für die Dynastie vorteilhafte Ehe mit einem ungeliebten Fürsten einzugehen. Aber bei ihr erreichte man nichts. Ohne ihr Herz schon anderweitig vergeben zu haben, aus reiner Selbstachtung, hat Idoine diese Zumutung abgelehnt. Um sie zu strafen, zwang daraufhin die Regierung von Haarhaar ihr das Versprechen ab, nie unter ihrem Stande zu heiraten, was praktisch dem Gelübde der Ehelosigkeit gleichkam. Nur unter dieser Bedingung wurde ihre Verweigerung des von Staats wegen erwünschten Verlöbnisses akzeptiert. Bei Hof in Ungnade gefallen, lebt seither die Prinzessin wie eine Verbannte, gänzlich zurückgezogen, in einem Dorf. Doch eben dort ist es ihr, dank ihrer hohen menschlichen Qualitäten, gelungen, ihrem Leben einen sinnvollen Inhalt zu geben. Voller Verachtung für den Dünkel und Müßiggang ihrer Kaste, sich nur unter freien Menschen glücklich fühlend, erfüllt von den Ideen der Aufklärung, hat sie auf dem ihr zugewiesenen Landgut mit Klugheit und Tatkraft die feudalen Verhältnisse liquidiert und für die Bauern, gemeinsam mit ihnen, menschenwürdige Lebens- und Arbeitsbedingungen geschaffen. Alle fühlen sich in Arkadien wohl, alle sind einander in Freundschaft zugetan, und in nützlicher, fruchtbarer Tätigkeit für dieses blühende kleine Gemeinwesen geht Idoine auf.[19] Kein Zweifel: Mit der Amoral ihrer Schwester und den anders fragwürdigen Naturen Lianes und Lindas als kontrastierender Folie, ist dies die positivste Frauengestalt des Romans.

Ja, da sie die beiden sozialen Hauptanliegen Jean Pauls: die Bauernbefreiung *und* die Frauenemanzipation, *zugleich* versinnbildlicht, ist
es die höchste Idealgestalt, die er überhaupt geschaffen hat. (Bezeichnenderweise hat er seine älteste Tochter auf den Namen Idoine taufen
lassen.)

Diese Romanfigur unterscheidet sich, wie gesagt, in ihrer Mentalität,
Gesinnung und Redeweise kaum von der Natalie des „Wilhelm Meister", der „schönen Seele", und ihr praktisches Verhalten muß in exakt
dem Sinne tätig genannt werden wie das der Turmgesellschaft überhaupt. Heißt das, daß hier ausnahmsweise eine uneingeschränkte Huldigung für Goethe vorliegt? Weit gefehlt. Jean Paul sympathisiert mit
dem Wirken der human gesinnten Adligen im letzten Teil des „Meister" zwar, bekundet aber unmißverständlich, daß er es in den Grenzen
einer „Insel" für unzureichend hält, indem er Idoine am Ende zur Fürstin erhöht und den Leser mit der Aussicht entläßt, daß sie in Zukunft,
an der Seite Albanos, ihre progressiven Intentionen mit staatlichen
Machtmitteln im Maßstab eines ganzen Landes durchsetzen wird.

Daß damit das Happy end des Romans in eine Utopie hinüberwächst,
trifft zu, kann jedoch, solange der Vergleich zwischen „Titan" und
„Meister" zur Debatte steht, kein Gegenstand eines berechtigten Ein-
wandes sein. Denn utopisch ist die Goethesche „Insel" allemal, einmal
durch die Unwahrscheinlichkeit, daß gleich eine Gruppe benachbarter
Adliger freiwillig auf alte Privilegien verzichtet, zum anderen deswegen, weil politisch nichts falscher gedacht sein kann, als von der
beispielgebenden Werbekraft derartiger „Inseln" eine, sei es noch so
allmähliche, Veränderung der Gesellschaft zu erwarten. Jean Paul
utopisiert nur insofern, als er Idoine mit Hilfe von Zufallskonstella-
tionen an die Macht bringt, die zwar sorgfältig abgestimmt sind auf
das, was in der vorgegebenen Struktur des feudalabsolutistischen Staates möglich ist, aber durch ihre Ausgefallenheit konstruiert wirken.
In allem übrigen sind seine Vorstellungen um Vieles realistischer als
die Goethes.

Einerseits geht im „Titan" die Initiative zur Gründung des kleinen
Arkadien von einer einzelnen, isoliert dastehenden Aristokratin aus,
die, an Intelligenz, Charakterstärke und Bildung eine Ausnahme-
erscheinung, durch ihre Kaste elementarer Menschenrechte beraubt ist.
Daß es sich um einen Ausnahmefall handelt, wird unterstrichen durch
die aus gleichem Anlaß in gänzlich anderer Richtung verlaufende Entwicklung ihrer Schwester. Hierin steckt der Vorwurf gegen Goethe,
daß Aristokraten, die nicht nur progressiv denken, sondern auch entsprechend handeln, in solcher Anhäufung, wie die Turmgesellschaft
sie glaubhaft machen will, schwer vorstellbar sind. Andererseits macht
der „Titan" die Aufhebung der Fronknechtschaft im großen nicht vom
Vorhandensein derartiger beispielgebender „Inseln" abhängig, sondern

davon, daß deren etwaige Gründer, Menschen von der Denkweise Lotharios, Natalies usw., die Macht im Staat ausüben. Und von da her gesehen ist Idoine auf dem Thron ein einziger Protest gegen den Apolitizismus des „Meister". Denn ihre Wesensverwandtschaft mit Natalie wirft jetzt die Frage auf, wie der erfahrene Weimarer Staatsmann Goethe als Romanautor übersehen konnte, daß Grundfragen der Gesellschaft vom Gewicht der Bauernbefreiung durch den Staat entschieden werden.[20] Daß die Jean Paulsche Vision, die Leibeigenschaft auf dem Wege einer Revolution „von oben" zu überwinden, im 19. Jahrhundert, wenn auch weniger poetisch und ideal, durch den Verlauf der preußischen wie der russischen Geschichte als der Tendenz nach richtig bestätigt worden ist[21], wohingegen die Goethesche „Insel" in der Ineffektivität Owenscher Musterkolonien, anarchistischer Kommune-Experimente und ähnlicher Lappalien ihre Fortsetzung gefunden hat, sei nur am Rande vermerkt.

Nun muß der positive Held der drei heroischen Romane, bevor ihm die Macht zufällt, sich immer erst als Revolutionär bewährt haben, entweder durch den Anschluß an eine Verschwörergruppe (Gustav) oder durch die Vorbereitung eines Volksaufstandes (Flamin) oder dadurch, daß er sich entschließt, in den Reihen der französischen Revolutionsarmee zu kämpfen (Albano). Fragt sich, ob Idoine, ehe sie Herrscherin von Hohenfließ wird, eine analoge Bedingung erfüllt. Soweit das für eine Dame des Hochadels im ausgehenden 18. Jahrhundert überhaupt in Betracht kommen kann, ist dies zu bejahen. Das reformerische Wirken der Prinzessin in ihrem Arkadien allein genügt dem Dichter nicht. Auch sie muß ein Bekenntnis zur Französischen Revolution ablegen, und sie tut es und stellt damit erst unter Beweis, daß sie eine gute Landesmutter sein wird, gewillt und fähig, aus dem Staat *im ganzen* ein schönes Arkadien zu machen – ohne die Privilegien ihrer Kaste, die dem im Wege stehen und auf die sie bisher nur für ihre eigene Person verzichtet hat, zu schonen.

Vorbereitet wird die Bewährungsprobe Idoines durch den Ausgang der Liebesbeziehung zwischen Albano und der Gräfin Linda. Zum Bruch seines Verlöbnisses mit dieser zweiten Geliebten kommt es hauptsächlich deswegen, weil die sich seinem Plan, nach Frankreich zu gehen, in den Weg stellt – nicht aus legitimistisch-reaktionärer Gesinnung, wohl aber aus Egoismus, um ihren Liebhaber nicht zu entbehren.[22] In dieser Situation begegnet der Jüngling der geächteten Haarhaarschen Prinzessin, berichtet ihr von seinem Vorhaben, und sie heißt es gut. Natürlich wendet er sich daraufhin ihr nicht ausschließlich aus diesem Grunde zu. Er fühlt sich ohnehin seit langem von ihr stark angezogen. Sie sieht seiner ersten großen Liebe ähnlich. Was sie aus ihrem Arkadien gemacht hat, findet er bewunderungswürdig. Außerdem hat sie wesentlich dazu beigetragen, ihm bei seiner schweren

Erkrankung nach Lianes Tod das Leben zu retten.[23] Aber den letzten Ausschlag gibt doch ihr vorbehaltloses Ja zu seinem Vorsatz, in dem eben ausbrechenden Krieg auf der Seite der französischen Republik zu kämpfen. Damit ist entschieden, daß diese Frau für ihn die Richtige und Endgültige ist. Nur aus Rücksicht auf die ihr auferlegte Verpflichtung, nicht unter ihrem Stand zu heiraten, sieht er schweren Herzens davon ab, um sie zu werben. Als sich kurz darauf herausstellt, daß er selbst fürstlichen Geblüts ist, macht er ihr sofort – und mit Erfolg – einen Heiratsantrag.[24]

Es ist aufschlußreich, sich Idoines Bekenntnis zur Revolution näher anzusehen und dabei an das zu denken, was eben über den unterschiedlichen Inhalt des Tätigkeits-Ideals bei Jean Paul und Goethe ausgeführt wurde. Idoine umschreibt ihre Zustimmung zu Albanos heroischem Entschluß mit einem Satz, der fast plagiatsartig Inhalt und Ton der Äußerungen Natalies im Gedankenaustausch mit Wilhelm Meister nachahmt. Als Albano ihr ankündigt, daß er in wenigen Tagen nach Paris abreisen werde, um „Trost zu suchen im Kriege gegen den Frieden des Grabes und der Wüste", erwidert sie: „Ernste Tätigkeit, glauben Sie mir, söhnt zuletzt immer wieder mit dem Leben aus." Und da fühlt er sich verstanden, da begreift er, daß ihre Einstellungen identisch sind. „Alles in ihm", fährt der Text fort, „liebte sie und rief: Nur sie könnte deine letzte wie deine erste Liebe sein, und sein ganzes Herz, durch Wunden offen, war der stillen Seele zugetan."[25]

Was ist hier mit „ernster Tätigkeit" gemeint? Natalie versteht darunter, wenn sie dergleichen äußert, das, was sie selber betreibt: das ebenso friedfertige wie apolitische Tagewerk der Turmgesellschaft auf ihren Gütern, die Hilfe für Notleidende, das Erziehen von Kindern usw. Idoine müßte – so sollte man annehmen – an ihr eigenes Tun in Arkadien denken, das dem gleicht und das, nach ihrer Verbannung vom Haarhaarschen Hof, sie mit dem Leben wieder ausgesöhnt hat. Sie meint aber etwas anderes: die ernste Tätigkeit des Kriegführens, der sich Albano in den Reihen der Revolutionsarmee widmen will. Und Jean Paul kleidet diesen Inhalt in die Form einer Redewendung à la Natalie, um Goethe und dessen Lesern zu verstehen zu geben, daß, solange in Deutschland der „Friede des Grabes und der Wüste" herrscht, d. h. solange die deutsche Feudalmisere fortbesteht, für einen Deutschen von der idealen Gesinnung Albanos und Idoines der revolutionäre Kampf, der Krieg gegen die verrotteten Zustände im eigenen Vaterland den Vorrang vor dem Bewirtschaften von Feldern und Gärten, auch vor Reformen im Maßstab eines kleinen Arkadien, haben sollte und daß so und nicht anders im Grunde auch die Idealgestalten des „Wilhelm Meister", die Natalie, Lothario usw., denken müßten, hätte ihr Dichter in seiner Resignation, seiner Verabscheuung revolutionärer Methoden, seiner Furcht, im Zusammenhang mit der fälligen Aufhebung des Feudalismus auf dem Lande die Machtfrage aufzuwerfen, ihnen nicht einen zu kleinen Lebensinhalt zugemessen.

V

Der bedeutendste, für den „Titan" folgenreichste Gewinn, den Jean Paul aus seiner Auseinandersetzung mit „Wilhelm Meisters Lehrjahren" und Schillers „Briefen über die ästhetische Erziehung" davontrug, war das neue Leitbild des „allkräftigen Menschen", das bei ihm von der Mitte der neunziger Jahre an das des „hohen Menschen", wenn nicht ablöste, so doch berichtigte. Mit dem „allkräftigen Menschen" ist im Prinzip dasselbe gemeint wie mit der „allseitig gebildeten Persönlichkeit", die Wilhelm gern werden möchte, die überhaupt im Mittelpunkt der Bestrebungen der Weimarer Klassik stand. Desgleichen sind die Gegenbegriffe – „einseitig" hier, „einkräftig" dort – im Grunde Synonyma. Und erst unter dem Einfluß Goethes und Schillers ist dem Dichter des „Titan" das Problem, auf das diese kulturanthropologischen Kategorien sich beziehen, aufgegangen. Auf die Frage der Weimarer Dioskuren aber, wie ein Mensch es unter den Bedingungen arbeitsteiliger Zivilisation dazu bringen kann, „allkräftig" bzw. „allseitig gebildet "zu werden, gibt er eine andere Antwort als sie. Sie erwarten in der Beziehung alles von der Beschäftigung mit der Kunst, setzen ihre ganze Hoffnung, das menschliche Wesen der Deformierung durch die kapitalistische Produktionsweise entreißen zu können, auf die ästhetische Kultur. Er lehnt diese Auffassung ab. Nach seiner Meinung führt der Weg zur „Allkräftigkeit" über die Politik. Die höchste Vollendung umfassenden Menschentums ist für ihn der progressive Staatsmann.

Ihre Begründung findet diese Ansicht in der Lehre vom „passiven Genie", die Jean Paul später ohne politische Implikationen im § 10 der „Vorschule der Ästhetik" dargelegt hat[1], die bei ihm aber zuerst im „Titan" auftaucht[2] und hier nur als Versuch gewertet werden kann, *das Persönlichkeitsideal der Weimarer Klassik durch eine Erweiterung des Geniebegriffs so umzufunktionieren, daß es für die Politisierung der Intelligenzschicht brauchbar wird.* Die Theorie geht davon aus, daß geniale Menschen dank ihrer Offenheit für die Fülle des Lebens, ihres weiten Horizonts, der Vielfalt ihrer Neigungen und Interessen besonders günstige Anlagen mitbringen, sich zur „Allkräftigkeit" zu entwickeln. Sobald ein Genie jedoch, fährt sie dann fort, künstlerisch produktiv wird, muß es sich – als Maler, Dichter, Komponist usw. - spezialisieren, woraus sich ergibt, daß jedenfalls die ausübende Kunst den Menschen nicht „allkräftig" macht. Nun gibt es aber neben den aktiven Genies, laut Jean Paul, auch noch solche, die, obwohl mit höherem Sinn ausgestattet als das kräftige Talent, nicht die Fähigkeit besitzen, in einer bestimmten Kunstgattung Nennenswertes zu leisten. Auf der Grenze zwischen Talent und Genie stehend, halb zum tätigen, halb zum idealen Streben geneigt, dabei brennend ehrgeizig, sind sie von Liebe zu allem Großen und Schönen beseelt. Doch sich künstlerisch auszudrücken will ihnen nicht gelingen. Diese passiven Genies sind zur „Allkräftigkeit" prädisponiert. Sie müssen nur erkennen, daß sie, bei all ihrer musischen Unproduktivität, den aktiven Genies eines *voraushaben:* die größere Möglichkeit, sich ihre Vielseitigkeit zu erhalten, und daß die Politik das ideale Betätigungsfeld ist, aus ihrer Not eine Tugend zu machen.

Beschäftigt ein passives Genie sich überwiegend, gar ausschließlich mit Kunst, so, wie die einseitig ästhetisch orientierte Kultur von Weimar–Jena es ihm nahelegt, dann wird es unweigerlich in der kreativen Kunstausübung Schiffbruch erleiden, ohne seine Chance, sich zur „Allkräftigkeit" auszubilden, genutzt zu haben. Es wird, im Extremfall wie Roquairol, einem parasitenhaften, sachlich unergiebigen und moralisch zersetzenden Ästhetentum – der schlimmsten Art von „Einkräftigkeit", die sich denken läßt – anheimfallen. In der Politik dagegen winken dem passiven Genie Aufgaben, bei deren Bewältigung es für die Gesellschaft etwas Gutes und Großes zu leisten vermag und, dementsprechend, innere Harmonie und Befriedigung finden wird. Denn die Pflichten des Staatsmannes, der ein ganzes Volk regiert, der daher auf den Gebieten der Verwaltung, der Ökonomie, der Landesverteidigung, des Rechtswesens usw. Entscheidungen treffen und obendrein Kunst und Wissenschaft in *allen* ihren Zweigen fördern muß, verlangen einem Menschen das höchste Maß an vielfältigen Kenntnissen und Interessen ab. Benötigt also die Politik, wenn sie mit optimalem Nutzen für das Volk betrieben werden soll, die Vielseitigkeit, den weiten, universalen Horizont und das ideale Streben, die dem passiven Genie eigen sind, so hat sie ihrerseits diesem die Aktivitäten zu bieten, die am ehesten geeignet sind, es für die Mannigfaltigkeit der Lebenserscheinungen offenzuhalten und vor Vereinseitigung zu bewahren.

Das steht so nicht mehr in der „Vorschule der Ästhetik". Man braucht indes nur an die unterschiedliche Entwicklung von Albano und Roquairol zu denken, um zu erkennen, daß dies gemeint ist, wenn im vierten „Titan"-Band Gaspard zu Albano einmal von „wackeren Naturen" spricht, die alles Große und Schöne gewaltig fühlten und es aus sich wieder erschaffen wollten, denen das aber nur schwach gelinge, und dann hinzufügt: „Sie haben nicht wie das (aktive) Genie *eine* Richtung nach dem Schwerpunkt, sondern stehen selber im Schwerpunkte, so daß die Richtungen einander aufheben. Bald sind sie Dichter, bald Maler, bald Musiker. Am meisten lieben sie in der Jugend körperliche Tapferkeit, weil sich hier die Kraft am kürzesten und leichtesten durch den Arm ausspricht. Dabei macht sie früher alles Große, was sie sehen, entzückt, weil sie es nachzuschaffen denken, später aber ganz verdrießlich, weil sie es doch nicht vermögen. *Sie sollten aber einsehen, daß gerade sie, wenn sie ihren Ehrgeiz früh einzulenken wissen, das schönste Los vielartiger und harmonischer Kräfte gezogen haben.* Sowohl zum Genusse alles Schönen als auch zur moralischen Ausbildung und zur Besonnenheit ihres Wesens scheinen sie recht bestimmt zu sein, zu *ganzen* Menschen, *wie etwa ein Fürst sein muß, weil dieser für seine allseitige Bestimmung allseitige Richtungen und Kenntnisse haben muß.*"[3]

Daß es hier „Fürst" und nicht allgemeiner „Staatsmann" heißt, erklärt sich aus dem Kontext der Romanhandlung. Das Gespräch, zu dem die zitierte Stelle gehört, findet statt, kurz nachdem Albano sich entschlossen hat, nach Frankreich zu gehen, und noch bevor sich herausstellt, daß es seine Bestimmung ist, Hohenfließ als Fürst zu regieren. Das Stichwort „Fürst" sorgt dafür, daß Held und Leser sich bei der Enthüllung des Geheimnisses um Albanos hohe Abkunft an diese Worte Gaspards, die dem Wesen der Sache nach die Eignung des passiven Genies für eine politische Laufbahn begründen, wieder erinnern werden. (Abwegig ist es, wenn H. A. Korff aus der Stelle herausliest, daß Schillers Vers „Drum soll der Sänger mit dem König gehen,/ Sie beide wohnen auf der Menschheit Höhen" auch für den „Titan" Gültigkeit habe.[4])

Voll zu verstehen ist die Theorie des passiven Genies nur vor dem kulturhistorischen Hintergrund der Epoche, aus der sie stammt. In ihrer ursprünglichen Fassung wollte sie die Unzahl an intellektuell beweglichen, geistig aufgeschlossenen jungen Leuten, deren Hirne die „Kunstperiode" mit Poesie und wieder Poesie und überspitzten ästhetischen Doktrinen befrachtete, ohne daß nennenswert Schöpferisches dabei herauskam, aus der Literatendebatte fortlocken und dazu bewegen, den Belangen von Volk und Staat mehr Aufmerksamkeit zu schenken. *Die Politik ist für Jean Paul die alles andere zusammenhaltende Mitte eines gesundes Volkslebens.* Es liegt eine gewisse List darin, wie er diesen ihm auf den Nägeln brennenden Gedanken so aufbereitet, daß er bei den Angesprochenen auch ankommt. Er ködert sie, indem er ihnen versichert, ihr unproduktives Aufgeschlossensein für ästhetische Werte könne sich gerade auf politischem Gebiet am sinnvollsten betätigen, da zu den Obliegenheiten eines Staatsmannes ja *auch* die Förderung der Künste gehöre, *aller* Künste. Er schmeichelt ihnen, nimmt ihnen ihre Minderwertigkeitskomplexe, indem er unterstreicht, daß sie das seien, was sie gern sein möchten: Genies. Er redet ihnen gewissermaßen gut zu, sich ihrer mißglückten Lyrik wegen keinen Kummer zu machen; überflüssige Existenzen seien sie deswegen noch lange nicht; nur gehöre ihre Art von Genialität, an sich der künstlerischen gleichwertig, nun einmal in die Politik. Das taktische Vorgehen ist unverkennbar.

Taktik braucht nicht verlogen zu sein, und hier ist sie es sicher nicht. Die Argumente Jean Pauls sind getragen von aufrichtigem Widerwillen gegen die elitäre Überbewertung des Künstlertums, wie sie in der Romantischen Schule im Schwange war. Sie gründen sich auf die Überzeugung, daß die Künstler zwar anders sind als die übrigen Menschen, aber nicht höher stehen als sie. Durchaus Ernst war es dem Dichter auch mit seinem Respekt vor Männern, die, als Freunde der Musen, aber unfähig zu eigener poetischer Produktion, die Kultur der Epoche in den Raum der Politik selbst hineinzutragen suchten. Das eklatante Beispiel eines solchen passiven Genies ist im damaligen Deutschland der Koadjutor von Mainz und spätere Fürstprimas des Rheinbunds, Dalberg, in Kunst und Wissenschaft ein stümperhafter Dilettant, als Staatsmann eine unter den Umständen ihrer Zeit herausragend positive Erscheinung. Dalberg war mit Herder, Wieland, Goethe, Schiller und später auch Jean Paul befreundet. Es könnte sein, daß der Gedanke an ihn dem Autor des „Titan" angesichts zahlreicher begabter, human gesinnter Jugendlicher, die den öffentlichen Angelegenheiten gleichgültig gegenüberstanden, die Frage aufgedrängt hat, ob nicht auch sie im Staatsdienst Besseres zuwege brächten als die drittklassigen Romane und Theaterstücke, die zu verfertigen ein von fragwürdigen Zeittendenzen fehlgeleiteter Ehrgeiz ihnen abquälte.[5] All das, ehrlich durch und durch, dürfte den Einfall, für das im Rezeptiven weit ausgreifende Geistesinteresse eine eigene Genie-Kategorie aufzustellen, zum Zünden gebracht haben. Und erinnert werden darf daran, daß die Probe aufs Exempel des Wahrheitsgehalts dieser Theorie kein Geringerer liefert als der gewaltigste Staatsmann jenes Zeitalters, der alle Merkmale des passiven Genies an sich trug: Napoleon vor Toulon, auf der Kanonenlafette den „Werther" verschlingend, Napoleon im Kreml, vom Flammenmeer des brennenden Moskau umwogt ein neues Statut für die Comédie Française entwerfend, kann sich an „Allkräftigkeit" neben einem Beethoven, einem Schiller oder auch neben Jean Paul wahrlich sehen lassen. Und in *die* Richtung zielt der Charakter Albanos.

Über den ausschließenden Gegensatz, in dem die Lehre vom passiven Genie zu Schillers „Briefen über die ästhetische Erziehung des Menschen" steht, braucht nach dem früher zu diesem Werk Ausgeführten[6] hier kein Wort mehr verloren zu werden. Etwas komplizierter gelagert ist das Verhältnis der Theorie zum „Wilhelm Meister", wo die realistisch erzählte Geschichte Wilhelms der Schillerschen Doktrin viel von der kruden Konsequenz nimmt, die ihr in ihrer abstraktphilosophischen Version eigen ist. Drei tendenzhaft-ideelle Momente greifen in dem Goetheschen Roman ineinander: Erstens sucht Wilhelm Allseitigkeit im Schauspielerberuf vergebens. Zweitens *soll* er auch gar nicht – oder jedenfalls nicht auf die Dauer – allseitig werden *wollen*, sondern, mit Jarno, einsehen lernen, daß für das Individuum die Beschränkung auf einen bestimmten, normalen Beruf notwendig und heilsam ist, daß nur alle Menschen gemeinsam die der menschlichen Natur innewohnenden Wesenskräfte voll zur Entfaltung bringen können. Drittens bewirkt Wilhelms zeitweilige Hingabe an die Kunst, daß er genügend innere Reserven an Horizontweite, ästhetischer Kultur, geistiger Elastizität usw. erwirbt und ins normale Leben hinüberzuretten vermag, um gegen die deformierenden Auswirkungen der notwendigen Beschränkung gefeit, also am Ende doch eine abgerundete Persönlichkeit zu sein, die dem – individuell unerreichbaren – Ideal der Allseitigkeit immerhin so weit nahekommt, wie es für einen Durchschnittsmenschen unter den Bedingungen arbeitsteiliger Zivilisation möglich ist.

Jean Paul hat sich dieser Konzeption nicht völlig verschlossen. Die Idee seiner „Flegeljahre" ist ihr, wie mehrfach betont, nicht unverwandt. Sie weicht hinsichtlich der Tendenz – d. h. abgesehen von den sich aus der humoristischen Form ergebenden Unterschieden – von dem Goetheschen Modell nur darin ab, daß bei der Erziehung des Helden zu bürgerlicher Normalität, auch hier unter Bewahrung des poetischen Sinns, das Schwergewicht darauf liegen sollte, ihn seine Vertrauensseligkeit, besonders gegenüber dem Adel, überwinden zu lassen. Aber was für Jean Paul gilt, sofern er *nach* seinen heroischen Romanen noch andere Werke verfaßt hat, das gilt nicht für die Theorie des passiven Genies im „Titan". Vergleicht man deren Tendenz, für sich genommen, mit der des „Meister", so überwiegt der Gegensatz eindeutig und ist fast ebenso groß wie der zu den Schillerschen „Briefen" – nur *fast* insofern, als es zu dem, von Jean Paul natürlich bejahten, Scheitern des Allseitigkeitsstrebens am Theater in den „Briefen" kein Pendant gibt.

Um den Gegensatz zum „Meister" historisch richtig einschätzen zu können, muß man sich daran erinnern, daß es das zweite Moment der Goetheschen Konzeption, das Ja zur Selbstbeschränkung, war, das die jüngere, romantische Generation kalt ließ oder sogar (man denke an Novalis) ihren Protest herausforderte. Die Theorie des passiven Genies nun stimmt in diesen Protest mit ein, jedoch nur, um ihn sofort abzufangen und sein Wasser auf die Mühlen der revolutionär-demokratischen Opposition zu leiten. Will sagen: Auch Jean Paul wendet sich, in dem Punkt wie die Romantiker, dagegen, daß die Beschränkung notwendig sei – notwendig im doppelten Sinne von „unentrinnbar" und „unentbehrlich". Nachdem er mit seinem neuen „Allkräftigkeits"-Postulat das – ihm im „Hesperus" noch fernliegende – Bildungsideal der Klassik einmal übernommen hat, besteht er energisch darauf, daß es im Leben auch zu verwirklichen sein müsse, und zwar nicht nur von allen Menschen zusammen, sondern durchaus auch vom Individuum, falls es die Qualitäten des passiven Genies hat.[7] Mag Goethe in bezug auf den bürgerlichen Alltag recht haben – und die „Flegeljahre" werden zeigen, wie weit er da recht hat –, sein Fehler ist, nicht zu sehen oder nicht wahrhaben zu wollen, daß es zum bürgerlichen Alltag noch eine Alternative gibt. Diese findet der ideal gesinnte junge Mensch nach Jean Pauls Meinung aber nicht in der Kunst, nicht im Bereich des Ästhetischen – weder in dem eingeschränkten Sinne, in dem Goethe das behauptet, noch gar in dem überspannten des romantischen Ästhetizismus –, er findet sie einzig in der Politik, und im Rahmen primär politischer, staatsmännischer Betätigung ist es dann auch legitim, weil persönlichkeitsfördernd für ihn und nutzbringend für die Gesellschaft, daß er sein ästhetisches Interesse, als das eines geistigen Menschen, der nicht das Zeug zum ausübenden Künstler hat, in der Form sachkundiger kulturpolitischer Initiativen zur Geltung bringt.

Mit anderen Worten: Soweit Goethe im „Meister" die Notwendigkeit der Beschränkung lehrt, bekämpft die Theorie des passiven Genies ihn, im Bündnis mit der Romantik (und mit Hölderlin), als einen Befürworter von Resignation und Anpassung. Und soweit er die ästhetische Erziehung, im Schillerschen Sinne, als geeignetes Mittel zur Abwehr der enthumanisierenden Auswirkungen der Beschränkung empfiehlt, bekämpft sie ihn deswegen, weil er den noch ärgeren Verirrungen der Romantik, namentlich deren Ästhetizismus, Vorschub leistet. In beiden Fällen ist es der Theorie dabei um die Politisierung der jungen Intelligenz zu tun, deren anpassungsfeindlichen Elan sie erhalten, aber aus seiner Verstrickung in künstlerische Ambitionen, die doch zu nichts führen, herauslösen und, wenn nicht in revolutionären Kampf, so zumindest in waches, lebendiges Interesse an den öffentlichen Angelegenheiten transformieren will.

Passive Genies sind im Personenensemble des „Titan" Albano und Roquairol. In Roquairol verdirbt die ästhetische Erziehung die herrlichen Anlagen dieses Typs bis zum bitteren Ende in Verbrechen und Selbstzerstörung. Albano geht den richtigen, den diesem Typ gemäßen Weg, indem er politischer Revolutionär wird, und da er das Glück hat, daß ihm ein ganzer Staat zufällt, wird sein vielseitiger Pflichtenkreis ihn zur „Allkräftigkeit" emporwachsen lassen. Von den übrigen Romanfiguren grenzen an das passive Genie höchstens noch Dian, Linda und Idoine. Dian ist als hervorragender Architekt eigentlich aktives Genie, müßte also infolge seiner Spezialisierung „einkräftig" sein. Aber er bewahrt sich in hohem Maße die vielseitigen Neigungen und den weiten Horizont des genialen Menschen überhaupt, wobei ihn seine (Herdersche) Philosophie, kraft ihrer Verbindung von Universalität und antik-republikanischem Staatsideal als tragender Mitte des Kulturverständnisses, gegen roquairolhafte Verzettelung und Zersetzung ebenso immun macht wie sein solides Können auf begrenztem, überdies handwerksnahem Gebiet. Linda ist das weibliche Seitenstück zu Roquairol, wesentlich gemildert dadurch, daß ihr der Ehrgeiz, künstlerische Ambitionen auszuleben, fehlt, aber durch ihren sich in falscher Richtung bewegenden Emanzipationsdrang anfällig dafür, der Zersetzung anheimzufallen.[8] Daß auch für sie die Hinwendung zur Politik die Rettung sein könnte, beweist Idoine, deren ebenso entschiedener Widerstand gegen Konventionen nicht auswuchert, sondern durch ihr Aufgehen in der Miniaturpolitik des Dörfchens Arkadien zur Harmonie geführt wird. Die genialischen Züge an Linda sind unverkennbar. Ob Idoine ihr darin gleicht, läßt sich schwer sagen, da ihre Charakterisierung, wie die Natalies im „Meister", zu blaß allegorisch geraten ist. Jedenfalls wird die Erhöhung zur Fürstin, verbunden mit der Möglichkeit, ihr Wirken in Arkadien in den größeren Dimensionen des Staates fortzusetzen, alle Talente, die ihr eigen sind, in der Richtung der „Allkräftigkeit" zur Entfaltung bringen.

Was die Erziehung des zentralen Helden angeht, so ist Dians Einfluß auf ihn, ungeachtet der maßhaltenden Einfügung des Ästhetischen in den rechten Gesamtzusammenhang, zu sehr von künstlerischen Anregungen durchzogen, um allein auszureichen, einem passiven Genie die ihm zuträgliche Lebenshilfe zuteil werden zu lassen, weshalb Wehrfritz davor und vor allem Schoppe danach Albano massiver und direkter politisieren müssen – so lange, bis Roquairols abschreckendes Beispiel ihn vollends die latenten Gefahren des Ästhetentums im eigenen Ich erkennen und bannen läßt. Nachdem das geschehen und der Durchbruch zur Politik bei ihm endgültig ist, darf Dian wieder in Aktion treten, und es läßt sich absehen, daß er, als die Freiheitsfahne schwingender Künstler, unter den Ratgebern des mehr politisch orientierten neuen Herrscherpaars sachkundig für das Gedeihen der Künste im Staate Hohenfließ wird Sorge tragen.

VI

Es lag eigentlich nicht auf der Linie der Bestrebungen Jean Pauls, der Frage, was ein Mensch tun soll, um seine Persönlichkeit auszubilden, großes Gewicht beizumessen. Das Wort „Persönlichkeit" kommt bezeichnenderweise in seinem sonst überreichen Sprachschatz, soweit ich sehe, nicht vor. Vermutlich wird es sich nicht einmal in den vielen Notizbüchern finden, die im Laufe seines Lebens lawinenartig anschwollen und zu denen auch umfangreiche Wortsammlungen, Verzeichnisse von Synonymen u. dgl. gehören. Jean Paul wußte, was *Charaktere* sind. Er verstand sich auf *sittliche Leitbilder:* erst den stoischen Weisen[1] und danach den „hohen Menschen"[2], und versuchte als Autor, sie in Gestalt konkreter Personen zu veranschaulichen. Er hat, als Kenner des Leibnizschen Monadensystems und Anhänger der Philosophie Herders, oft mit bohrendem Tiefsinn über das Problem der *Individualität* nachgedacht. Das Aufblitzen der Erkenntnis, ein *Ich* zu sein, war in der Kindheit eines seiner aufwühlendsten Erlebnisse.[3] Aber was außer dem allen eine *Persönlichkeit* ausmacht, hätte er bis 1796 nicht anzugeben vermocht. Und sich eigene *Vervollkommnung* in einem anderen Sinne als dem des sittlichen Besserwerdens zum Ziel zu setzen, wäre ihm bis dahin als verwerflicher Egoismus erschienen.

Auch der „Titan"-Plan sah ursprünglich, wie die zwischen Ende 1792 und Mitte 1796 entstandenen Vorarbeiten beweisen, nicht vor, die Geschichte des zentralen Helden unter dem Gesichtspunkt seiner Entwicklung zu allseitiger Bildung, zur „Allkräftigkeit", darzustellen. Wie in der „Loge" und im „Hesperus" ging es da vielmehr abermals um die Frage, wie ein wertvoller junger Mensch dazu kommt, sich gegen die bestehende Ordnung aufzulehnen. Diesmal freilich sollte es ein genialer junger Mensch sein, und Jacobis „Allwill", unter diesem Blickwinkel rezipiert, trug in den Plan die Auseinandersetzung mit den problematischen, zwieschlächtigen Seiten der Genialität hinein. Aber als relevant erschienen dabei nur die moralischen Aspekte des Negativen. Die großen Vorzüge des Genies, so erkannte Jean Paul jetzt, sind mit ebenso großen *sittlichen* Gefahren verbunden, denen die Darstellung eines genialen Menschen nicht ausweichen darf. Wie ließ es sich bewerkstelligen, so fragte er sich, daß sein Genie, der Held des dritten heroischen Romans, die Gefährdung überwand und gut wurde, so überwältigend gut, wie die Aufgabe es verlangte, seine Auflehnung in einleuchtender Weise aus seinem Ethos entspringen zu lassen? War es ratsam, Albano gleich zu Anfang mit negativen Zügen auszustatten, die er dann abstreift? Oder sollte er besser nach anfänglicher Idealität eine Phase zeitweiliger Verderbnis durchmachen, um am Ende wieder zu sich zurückzufinden? Oder ging es an, ihm, als dem wahren Genie, das Gutsein konstant und ungetrübt zu belassen und die Schattenseiten seiner Gaben ausschließlich an einem ihm gegenüberzustellenden Pseudo-Genie sichtbar zu machen?[4] Daß Fragen solcher Art, wie auch immer beantwortet, an das Problem der Persönlichkeitsformung nicht heranreichen, liegt auf der Hand.

Immerhin stand seit der „Allwill"-Lektüre eines fest: Die künstlerische Begabung hatte der Quell alles Zwielichtigen zu sein. Also konnte unter der Voraussetzung, daß die Grundidee der Revolutionsdichtung beizubehalten war, nur das Verantwortungsbewußtsein für den Staat, einmündend in revolutionäre Taten, schließlich die Erlösung vom Übel bringen – wie für das schmachtende Volk durch seinen Befreier, so für die von innen her bedrohte Seele des Befreiers selbst durch sein Eintreten für das Volk, was bedeutete, daß Kunst und Politik als objektive Mächte um den Helden ringen mußten. Das war ein gegenüber „Loge" und „Hesperus" qualitativ neues Moment. Albano würde mehr und wesentlich Komplizierteres loswerden müssen als bloß Denkfehler, Naivitäten, vergleichbar den Illusionen Victors über die politische Belehrbarkeit eines privatim gutmütigen Potentaten. Nichtsdestoweniger blieb zunächst das Koordinatensystem, das die derart erweiterte Erziehungsproblematik in sich aufnahm, noch das alte, das außer seiner politischen Ordinate halt nur eine ethische Abszisse aufweist und somit – flach ist.

Enormen Zuwachs an Daten gesellschaftlicher Erfahrung trug in das System dann der erste Weimarbesuch ein. Aus dem Erlebten und Vernommenen kristallisierte sich bei Jean Paul die Erkenntnis heraus, daß Albanos innere Gefahrenquelle von der äußeren einer im ganzen fehlorientierten, das Ästhetische überbewertenden Kultur gespeist ward.[5] Doch das allein genügte immer noch nicht, um die Thematik des neuen Romans aus ihrer moralistischen Enge herauszuführen, um so weniger, als die Einsicht vor allem dem zu diesem Zeitpunkt seinerseits allzu viel moralisierenden Herder zu verdanken war. Was das Menschentum des Helden für Gewinn, außer dem eines reinen Gewissens, daraus ziehen würde, gut zu sein und das Rechte zu tun, wäre nach wie vor nicht abzusehen gewesen, wenn nicht just damals die Lektüre von „Wilhelm Meisters Lehrjahren" dem „Titan"-Dichter in einem weltanschaulich entscheidenden Punkt weitergeholfen hätte.

Den „Wilhelm Meister" nicht nur zu befehden, sondern ihm sich auch zu öffnen kann Jean Paul, bei aller Flexibilität seiner Geistesart, unmöglich leichtgefallen sein. Es stieß ihn sicher nicht nur der Inhalt des Goetheschen Bildungsideals, die Kombination von prosaisch resignierender Lebensweisheit mit Suprematie des Ästhetischen in den Residuen höheren Strebens, ab. Geradezu empört dürfte er über die Gelassenheit gewesen sein, mit der hier die Expektorationen eines Helden wiedergegeben und hingenommen werden, der, außer dem an sich schon fragwürdigen Theater, nichts im Kopf hat als den Selbstgenuß, den er sich von der freien, allseitigen Entfaltung seiner – übrigens bescheidenen – Fähigkeiten verspricht, und darum das parasitäre Leben eines Adligen führen möchte.[6] Ein „hoher Mensch" war das nicht. Bei Gustav, Victor, Flamin fängt jeweils im analogen Lebensabschnitt die Sache damit an, daß sie vor sich selbst bzw. einander gegenseitig Schwüre leisten, ihren Mitmenschen Gutes zu tun[7], und tiefe Abneigung gegen die Adelskaste, ob sie ihr selber angehören oder nicht, kennzeichnet ihre Einstellung, längst bevor sie in den Sog der Revolution geraten.

Geht man von diesen drei Helden aus, so kann man kaum umhin, der

Vermutung Raum zu geben, daß Jean Paul, mit einem vierten Jüngling gleich hochfliegender Gesinnung in petto, sich nach der Lektüre des „Meister" auf das Problem der Persönlichkeitsformung nur deshalb eingelassen habe, weil er andernfalls nicht imstande gewesen wäre, den Goetheschen Roman wirksam zu bekämpfen. Wollte er dessen Resonanz in der Gebildetenschicht, wie es in der Tat seine Absicht war, paralysieren, so mußte er auf die darin aufgeworfenen Fragen seinerseits eine Antwort geben – eine sehr andere Antwort auf Fragen, die ihm an sich zum Teil überflüssig erschienen. Gesetzt den Fall, es verhielte sich so, dann wäre die Theorie des passiven Genies nur ad hoc von ihm ersonnen worden zu dem Zweck, Menschen, die von Goethe und Schiller dazu verführt worden waren, sich übertriebener Pflege ihrer Persönlichkeit hinzugeben, für die wichtigeren öffentlichen Angelegenheiten zurückzugewinnen durch die fundierte Zusicherung, daß die Politik ihrer werten Persönlichkeit auch und erst recht Bekömmliches zu bieten hätte.

Es ist, zur Erhellung der geistesgeschichtlichen Situation, nützlich, diese krude Hypothese, mit dem Vorsatz, sie im folgenden nicht ganz aus dem Auge zu verlieren, erst einmal aufzustellen, bevor man untersucht, warum der wahre Sachverhalt doch komplizierter aussah. Die erste Komplikation liegt darin, daß Jean Paul, wieder dank der Vielgestaltigkeit und Elastizität seines Geistes, sich 1791, als es Schillers „Briefe" und Goethes „Meister" noch nicht gab, selbst einmal den Luxus geleistet hatte, einen seiner – überwiegend positiven – Helden durch den leidenschaftlichen Wunsch zu charakterisieren, ein *ganzer Mensch* zu sein, und sein Rebellentum primär aus dem verzweifelten Zorn darüber abzuleiten, daß die gesellschaftlichen Verhältnisse ihn daran hindern, seine Kräfte frei und allseitig zu entfalten.[8] Dieser Held, der Kapitän Ottomar der „Loge", ist ein Genie – daraus erklärt sich sein Aufschrei –, das früheste und vor Albano einzige Genie unter den Gestalten der heroischen Romane, das schon aus dem Grunde seinem Dichter, als er im „Titan" das Genie-Problem abermals und nun in größeren Dimensionen behandelte, präsent blieb. An den *ganzen Menschen*, der Ottomar so gern wäre, mußte ihn da der *ganze Mensch*, zu dem Wilhelm sich ausbilden will – was auch immer er an diesem Helden auszusetzen fand –, irgendwie erinnern.

Irgendwie. Vielleicht kam er ihm sogar äußerst vertraut vor. Es sind oben[9] die Anhaltspunkte für meine Vermutung aufgezählt worden, daß Goethe, als er 1793 die Umarbeitung der „Theatralischen Sendung" in die „Lehrjahre" in Angriff nahm, die eben damals neu erschienene „Unsichtbare Loge" gelesen hat und sich von ihr in mancher Hinsicht hat anregen lassen – wenn auch überwiegend zu abwehrendem Reagieren. Trifft diese Vermutung zu – was, in den Grenzen des Möglichen, nachzuprüfen Sache der Philologen ist –, dann hat ausnahmsweise Ottomars Brief an Doktor Fenk Goethe in einem wesentlichen Punkt überwiegend positiv angeregt, und zwar gerade im Hinblick auf das Problem der „allseitig gebildeten Persönlichkeit". Es genügt, zwei Zitate nebeneinander zu stellen, um sich das klarzumachen. Ottomar äußert zu Fenk u. a.: „Welche Kraft wird denn an uns ganz ausgebildet oder in Harmonie mit den andern Kräften? . . . Der Himmel schneiet ein paar Flocken zu unserem innern Schneemann zusammen, den wir unsre Bildung nennen, die Erde schmelzt oder besudelt ein Viertel davon, der laue Wind löset dem Schneemann den Kopf ab – das ist unser gebildeter innerer Mensch, so ein abscheuliches Flickwerk in allem unseren Wissen und Wollen."[10] Soweit Ottomar. Wilhelm Meister beklagt sich in einem an Werner gerichteten Brief, worin er seinen Entschluß, zum Theater zu gehen, begründet, darüber, daß der Bürger, um brauchbar zu werden, nur einzelne Fähigkeiten ausbilden solle, wobei „schon vorausgesetzt" werde, „daß in seinem Wesen keine Harmonie sei noch sein dürfe, weil er, um sich auf *eine* Weise brauchbar zu machen, alles übrige vernachlässigen muß."[11] Weniger bildhaft besagt das fast dasselbe.

Doch lassen wir dahingestellt sein, ob Goethe 1793/94 die „Loge" gelesen und, wenn ja, was sie ihm gegeben hat. Auf jeden Fall muß Jean Paul der Brief Ottomars eingefallen sein, als er 1795/96 die eben zitierte Stelle im „Meister" las, und angesichts der auffallenden Übereinstimmung mit der „Loge" konnte er nicht umhin, Wilhelms Allseitigkeitsstreben als legitim anzuerkennen. Allerdings nur bis zu einem gewissen Grade. Akzeptiert man das Leitbild des „hohen Menschen" als verpflichtend, so kann man sich nicht ohne weiteres auf den Standpunkt stellen, daß das, was Ottomar recht sei, Wilhelm billig sein müsse. Denn der genial veranlagte Ottomar beschreitet, als illegitimer Fürstensohn und Gutsherr, der seine Privilegien als Fesseln empfindet, den Weg der Revolution. Der mittelmäßig begabte Wilhelm dagegen geht als Bürgerssohn, der den Adel bewundernd um seine Privilegien beneidet, ans Theater – um nur die auffälligsten Differenzpunkte zu nennen. Vor allem aber: Goethe und Jean Paul nehmen zu dem Egoismus, der sich in den Auslassungen des jeweiligen Helden kundtut, eine diametral entgegengesetzte Haltung ein.

Ottomar wünscht, „ein ganzer, ein *edel* tätiger, ein *allgemeinnützlicher* Mensch" zu sein.[12] Trotz dieser ausgesprochen sozialen Akzentuierung seines Allseitigkeitsstrebens läßt Jean Paul es ihm nicht durchgehen, daß er primär aus dem selbstsüchtigen Bedauern, an der Entfaltung seiner genialen Gaben gehindert zu sein, gegen das Bestehende aufbegehrt. Voller Bedenken nennt er seinen Helden ein „Genie im guten Sinne und im bösen auch"[13], macht ihn zum Scheintoten, damit die furchtbare Konfrontation mit der Vergänglichkeit des menschlichen Lebens ihn läutere[14], und läßt ihn zur Teilnahme am revolutionären

Kampf der unsichtbaren Loge erst zu, nachdem gesichert ist, daß er sich, zum „hohen Menschen" gewandelt, diesem Kampf auch wirklich aus selbstloser Liebe zu den Unterdrückten, deren so kurzes Leben keine Hölle bleiben darf, anschließen wird.[15] Bei Goethe erklärt demgegenüber Wilhelm, nachdem er die für Adel und Bürgertum ungleichen Chancen, allseitig gebildete Persönlichkeiten hervorzubringen, auf die bestehende Verfassung der Gesellschaft zurückgeführt hat: „Ob sich daran einmal etwas ändern wird und was sich ändern wird, *bekümmert mich wenig;* genug, ich habe, wie die Sachen jetzt stehen, *an mich selbst zu denken,* und wie ich mich selbst und das, was mir ein unerläßliches Bedürfnis ist, rette und erreiche. Ich habe nun einmal gerade zu jener harmonischen Ausbildung meiner Natur, die mir meine Geburt versagt, eine unwiderstehliche Neigung."[16] Und während des Verlaufs der Romanhandlung gibt Goethe wiederholt zu verstehen, daß er diese Einstellung seines Helden grundsätzlich für berechtigt hält. Er weist lediglich darauf hin, daß Wilhelm Wege beschreitet, die nicht zu dem angestrebten Ziel führen können, meint aber andererseits, im großen und ganzen bekomme gerade das ihm ausgezeichnet, daß er zeitweilig in die Irre gehe. Man sieht: Gemessen an der „Loge", ist der „Meister" ein durchaus unmoralisches Buch, auch wenn man ihre Prüderie und seinen Freimut im Erotischen noch nicht einmal in Betracht zieht.

Die genannten Gegensätze heben das übereinstimmende Moment im Streben Ottomars und Wilhelms indes nicht auf. Eine sachgerechte Interpretation des „Titan" darf daher *den* Jean Paul, der in einem entscheidenden Stadium der Genesis dieses Werks, 1795/96, den „Meister" las, nicht ausschließlich als den literarischen Schöpfer von Gustav, Victor und Flamin betrachten. Sie muß vielmehr *auch* sehen, daß er außerdem noch das Ottomar-Problem in sich trug, das seine Aversion gegen Wilhelm von vornherein durch ein gewisses Maß an Verständnis für ihn dämpfte. Tut das die Interpretation aber, so stößt sie unweigerlich auf das Phänomen, daß der zentrale „Titan"-Held auf einmal darf, was Ottomar noch nicht durfte: rebellieren aus dem *selbstsüchtigen* Antrieb, ein *ganzer Mensch* zu sein, und daß sozusagen die Genehmigung zu diesem Egoismus für ihn beim Autor durch den nicht rebellierenden, apolitischen Wilhelm erwirkt worden ist. Selbstsüchtig im gleichen Sinne darf der Gegenspieler, Roquairol, auch sein. Er ist es nur leider nicht. Im Gegensatz zu seinem funktionell-analogen Vorläufer im „Hesperus", Matthieu, der seine Schurkereien aus handfesten Machtgelüsten begeht, handelt Roquairol bis zur Selbstzerstörung gegen den eigenen Nutzen aus Motiven, die ihm seine Leidenschaft fürs Theatralische und seine angelesenen Emotionen eingeben, womit gesagt ist, daß hier der Konflikt zwischen dem positiven und dem negativen Haupthelden sich mit moralischen Kategorien allein nicht mehr beschreiben läßt[17], in *dem* Punkt so wenig wie – mutatis mutandis – der Unterschied zwischen Wilhelm und Werner, in denen sich Kultiviertheit und Philistertum gegenüberstehen, also ebenfalls nicht Altruismus und Egoismus.

Fragt sich: Wie konnte der moralische Jean Paul ausgerechnet in puncto Moral aus dem unmoralischen „Meister" Belehrung schöpfen? Wie konnte er Goethes offensichtliche Befürwortung der Selbstsucht übernehmen, obwohl er doch in anderen Fragen (Ästhetisierung des Lebens, Apolitizismus, Anpassung aus Resignation, Durchschnittlichkeit des Helden usw.) sein hartnäckiger Gegner blieb? Die Antwort hierauf ist wieder in der verwandten Einstellung beider Dichter zur Ethik Kants zu suchen. Durch den ganzen „Meister" zieht sich, ohne daß jemals der Name Kant fiele oder in Kantischer Terminologie argumentiert würde, eine teils erzählend gestaltete, teils beiläufigaphoristisch räsonierende Polemik gegen den Rigorismus der „Kritik der praktischen Vernunft". Goethe kannte von diesem Buch zwar nur aus zweiter Hand, vornehmlich durch die kritische Interpretation Schillers, die Quintessenz. Aber die so gewonnenen Eindrücke genügten, ihn in der schroff ausschließenden Entgegensetzung von Pflicht und Neigung – mit vollem Recht – eine moderne, gedanklich subtilere Neuauflage der ihm verhaßten christlichen Verteufelung von Natur und Sinnlichkeit wittern zu lassen, und gegen die zog er vom Leder. Jean Paul lehnte, wie wir sahen, seinerseits den Kantischen Rigorismus entschieden ab. Lange vor Schiller hatte er ihn scharfsinnig kritisiert.[18] Inkonsequenterweise aber schleppte er mit dem Leitbild vom „hohen Menschen" selbst noch einen Rest christlicher Ethik durch seine Bücher, insofern, als bis zum „Titan" exclusive, lupenreiner Altruismus für ihn *das* Kriterium schlechthin für den überragenden menschlichen Wert seiner positiven Helden blieb. Deren edle Selbstverleugnung ließ er zwar jedesmal – unter Aufbietung wortreicher Metaphorik – gänzlich unkantisch aus der Fülle ihrer Natur, aus dem Überschwang ihrer glühenden Gefühle hervorwachsen und brachte sie dadurch mit den Neigungen in Einklang. Doch auf den eigenen Vorteil bezogene Wünsche, selbst wenn sie einem so unbanalen Anliegen wie der Abrundung und Vervollkommnung der eigenen – Persönlichkeit galten, gestattete er ihnen nicht. Sobald er derartige Realitäten des Lebens auch nur von ferne berührte, fiel er sofort in die kleinbürgerliche Tugendstrenge zurück, die er mit all den bedeutenden revolutionären Kleinbürgern seines Zeitalters, den Rousseau, Robespierre und eben auch Kant, teilte.

Schillers Kant-Kritik war ungeeignet, ihn davon zu kurieren. Soweit Jean Paul in der Sache mit ihr übereinstimmte, bedurfte er ihrer nicht, da er dasselbe in fachgerechterer, weniger dilettantischer Weise schon 1788/89 selber geschrieben hatte. Wo dagegen Schiller in diesem Problemzusammenhang eigene Wege ging, da führten die geradewegs zu dem Versuch, die Ethik zu ästhetisieren, dem Schönen als solchem moralische Relevanz beizumessen, und dies wiederum lehnte Jean Paul aus den hier früher analysierten, im Kern politischen Gründen radikal ab. Hinter der Schillerschen Lösung verbarg sich im übrigen ein selber moralisierender Kleinbürger, nur einer mit schlechtem Gewissen, welcher der Sache der Rousseau, Robespierre und Kant neuerdings untreu geworden war, ohne sich so unverklemmt-natürlich und generös wie sein Freund, der Patrizier und Hofmann Goethe, zum Schönheitskult bekennen zu können, und der deshalb die durch eine ausgeklügelte philosophische Doktrin untermauerte Ausrede brauchte, daß die Schönheit letztlich – via kultivierte Sitten und erlesener Geschmack – halt doch der Moral förderlich sei. Nicht mit rechten Dingen wäre es zugegangen, hätte Jean Paul einer solchen Renegaten-Ideologie Konzessionen gemacht. Aber was der Kant-Kritik Schillers und seiner eigenen gemeinsam war – das Prinzip, den Rigorismus im Namen des Postulats einer Harmonisierung von Vernunft und sinnlicher Natur zurückzuweisen –, genau das begegnete ihm, dem Romandichter, im „Wilhelm Meister", von einem anderen großen Romancier hineinversenkt in lauter erzählte, anschaulich-konkrete Begebenheiten, die zugleich den Selbstlosigkeits-Fetischismus von „Loge" und „Hesperus" allein durch die Lebenswahrheit spielend erledigen, mit der sie aus moralisch indifferenten, mitunter sogar sittenwidrigen, aber mit Lust und Liebe begangenen Handlungen segensreiche Wirkungen, oft auch sittlich segensreiche[19], hervorgehen lassen. Das überzeugte ihn.

Da keine philosophische Aufzeichnung Jean Pauls aus jener Zeit existiert, anhand deren sich die abstrakt-theoretischen Überlegungen rekonstruieren ließen, die zur Teildemontage des bisherigen Leitbilds vom „hohen Menschen" geführt und die daraus verbleibende Wertsubstanz als aufgehobenes Moment in das neue des „allkräftigen Menschen" hineingenommen haben, bleibt nur die – hypothetische – Vorstellung übrig, daß dem Dichter des „Titan" aus den Seiten des „Meister" die Stimme Goethes immer wieder zugerufen haben muß: „Wenn Sie schon, lieber Richter, Rebellen zum Idol unserer Jugend erheben wollen – was ich übrigens mißbillige –, warum lassen Sie sie nicht tüchtige Naturen sein, die Freude an ihren Umtrieben haben und bestrebt sind, darin alle ihre Kräfte zu regen?" Damit war für das in der „Loge" noch moralistisch abgebremste Ottomar-Motiv endlich das Signal auf freie Fahrt gesetzt, damit „Allkräftigkeit" als erstrebenswertes Lebensziel zugelassen, damit der Theorie vom passiven Genie der Weg gebahnt.

Man vergesse aber nicht die sozialen Akzentuierungen von Ottomars Drang, ein ganzer Mensch zu sein, und beachte, worin sie ihre Fortsetzung finden: Von bloßer *Teil*demontage des „hohen Menschen" muß deswegen gesprochen werden, weil Jean Paul im „Titan" dieses Leitbild nicht gänzlich preisgibt – wie einst zu dessen Gunsten das des stoischen Weisen –, sondern es mit der „allseitig gebildeten Persönlichkeit" der Weimarer Klassiker so zu synthetisieren sucht, daß das aus dem Beglücken anderer gewonnene eigene Glück als an sich schon Genuß gewährende Komponente des allgemeinen Selbstgenusses der sich frei entfaltenden Wesenskräfte des Menschen bewahrt bleibt, ja von dem nach „Allkräftigkeit" Strebenden bewußt angesteuert wird. Victor und Flamin schwören sich gegenseitige Hilfe im „Gutestun für die Menschen", rein altruistisch, ohne an die eigene Persönlichkeit den geringsten Gedanken zu verschwenden.[20] Demgegenüber denkt Wilhelm, wenn er im analogen Lebensstadium das „unerläßliche Bedürfnis" empfindet, allseitig gebildet zu werden, nur an sich.[21] Albano steht zwischen beiden Extremen oder, beide umfassend, darüber: Wilhelms Wunsch ist zwar grundsätzlich auch der seine, wird aber in seinem Fall mit den Worten umschrieben, ihm schwebe vor, „nichts Größeres zu werden und zu tun als – alles, nämlich zugleich *sich und ein Land* zu beglücken, zu verherrlichen und zu erleuchten . . . und in den Freistunden nebenbei ein großer Dichter und Weltweiser zu sein."[22]

Wer will, mag darin einen unüberwundenen Rest des Moralisierens und somit ein letzthinniges Zurückbleiben hinter dem Bildungsideal der deutschen Klassik sehen. Vom Standpunkt der auf den Privatgebrauch des bürgerlichen Individuums zugeschnittenen Lebensweisheit, die im „Meister" einzig zur Debatte steht, hätte er damit sogar recht. Anders sieht die Sache aus, sobald es sich darum handelt, den Wert einer Lebensmaxime zu beurteilen, die an der Aufgabe orientiert ist, die passiven Genies zur Hingabe an die Politik zu bewegen. Im „Titan" wird sowohl anhand der Rivalität der Fürstentümer Haarhaar und Hohenfließ als auch am Beispiel des Verhaltens von Gaspard und des Ministers v. Froulay gezeigt, daß Politik sehr unterschiedlichen Interessen dienen und auf sehr unterschiedliche Resultate hinarbeiten kann, woraus zu folgern ist, daß ein Mensch, der, *nur* zu dem Zweck, sein Glück zu machen und die eigenen Kräfte zu regen, in *irgendeiner* Politik aufgeht, Gefahr läuft, sich zum Handlanger des Bösen herzugeben und der Gesellschaft, dem Volk zum Verhängnis zu werden.[23] Dafür wollte Jean Paul die passiven Genies nicht werben. Also mußte er in die Bejahung des Allseitigkeitsstrebens, wie er sie formulierte, jenes Glück des Beglückens mit hineinnehmen. Im Raum der Politik war es – und ist es – heilsam, wenn das klassische Bildungsideal das Leitbild des „hohen Menschen" nicht einfach verdrängt, sondern mit ihm eine Synthese eingeht.

VII

Das Bildungsideal der Weimarer Klassik, mit der allseitig entfalteten Persönlichkeit als oberstem Wert, ist bei Goethe und Schiller hervorgewachsen aus scharfsichtiger Kritik an den entmenschenden Auswirkungen der von der kapitalistischen Produktionsweise ins Extrem gesteigerten Arbeitsteilung. Diese Kritik macht den bleibend wertvollen, rationellen Gehalt der – sonst so fragwürdigen – „Briefe über die ästhetische Erziehung des Menschen" aus und ist desgleichen der eigentliche Angelpunkt der Erziehungsproblematik, wie sie im „Wilhelm Meister" aufgerollt wird. Die Weimarer Dioskuren erkannten die Progressivität der aus der Französischen Revolution hervorgegangenen bürgerlichen Gesellschaft und bejahten sie. Aber sie bejahten sie nicht kritiklos, nicht als vertuschende, beschönigende Apologeten. Soweit sie ihre Gebrechen sahen, soweit man sie damals überhaupt sehen konnte, sprachen sie sie mit unerschrockener, rücksichtsloser Offenheit aus. Und der Hauptwiderspruch dieser Gesellschaft schien ihnen darin zu bestehen, daß in ihr ein entscheidendes Vehikel der zivilisatorischen Höherentwicklung, die Spezialisierung aller produktiven Tätigkeiten, zugleich die menschliche Natur bis zur Zerstückelung entstellt und verzerrt.[1]

Jean Paul schloß sich Goethe und Schiller in dem Punkt an, als er, durch ihr Beispiel inspiriert, verwandte Überlegungen, die er von sich aus schon früher angestellt hatte, in seinem neuen Leitbild zusammenfaßte. Vom „allkräftigen Menschen" als Maßstab ausgehend, führte er in der Folgezeit, bis an sein Lebensende, denselben Kampf gegen die Vereinseitigung, die Verkrüppelung, die „Einkräftigkeit", dem auch sie verschworen waren. Wie sie auch führte er diesen Kampf nicht nach der Art der Romantiker, die auf die „knechtende Unterordnung der Individuen unter die Teilung der Arbeit" mit dem Ruf reagierten, die Menschheit solle ins Mittelalter zurückkehren. Sein ungeheurer Haß auf den Feudalismus machte ihn gegen derartige Verirrungen immun. *Mit* Goethe und Schiller hielt er unverwandt an der aus dem Aufklärungszeitalter überkommenen Idee des Fortschritts fest. Auch wenn er diese Idee anders verstand als sie – demokratischer, plebejischer –, konnten die neuen Leiden, die der Kapitalismus heraufbeschwor, ihn doch nie dazu bewegen, romantisch-reaktionären Utopien das Wort zu reden.

Daß Jean Paul zu den Weimarer Klassikern nach der Periode der heftigen literarischen Richtungskämpfe, aus denen sein „Titan" hervorgegangen ist, eine versöhnlichere und, besonders zu Goethe, verehrungsvolle Haltung einnahm, hat hier seinen tieferen Grund. Es liegt nicht daran, daß er bei zunehmendem Alter milderen Sinnes geworden wäre. Es kann auch keine Rede davon sein, daß er sich ihnen politisch genähert hätte. In der Politik standen ihm, dem hartnäckigen Girondisten, die Liberalen und Demokraten zeitlebens um vieles näher, und je radikaler sie waren, desto lieber waren sie ihm. Aber die zeitweilige Zuspitzung des zwischen ihm und der Weimarer Klassik bestehenden Gegensatzes war gebunden an die heroische Geburtsstunde der bürgerlichen Gesellschaft. Als diese Etappe der europäischen Geschichte abgeschlossen war, als ihre Kämpfe der Vergangenheit angehörten, da kam es für die Literatur, namentlich für das literarische Schaffen eines so gegenwartsnahen Autors wie Jean Paul, vor allem anderen darauf an, zwischen den falschen Extremen romantischer Reaktion und liberaler Apologetik der künstlerischen Lebenswahrheit Geltung zu verschaffen, und diesen Weg hatte zuerst die Weimarer Klassik gewiesen, indem sie die Bewahrung des Fortschrittsgedankens mit rücksichtsloser Kritik an den enthumanisierenden Konsequenzen der Arbeitsteilung verband.

Jean Paul bekämpft den Kapitalismus, indem er die deformierenden Wirkungen der Arbeitsteilung auf den Menschen mit den Mitteln des Humoristen und Satirikers angreift. Er fing damit im Rahmen der „Flegeljahre" an, noch bevor der „Titan" vollendet war, und bis in das Romanfragment seiner letzten Lebensjahre, den „Kometen", sollte dies eines der ergiebigsten Teilgebiete seiner literarischen Produktion bleiben. In den grotesk „einkräftigen" Gestalten seiner reifsten Romane und Humoresken werden die Verzerrungen angeprangert, welche die arbeitsteilige Zivilisation den Individuen der bürgerlichen Gesellschaft aufzwingt. Man lacht über diese umwerfend komischen Charaktere und Typen und wird zugleich sehend durch sie, aufmerksam für ihre Urbilder im Alltag, die einem vorher nicht aufgefallen waren. Hat man durch Jean Paul gelernt, sie im Leben wahrzunehmen, und geht man der Frage nach, wie sie hier zustande gekommen sind, dann lacht man bald nicht mehr. Man stößt auf menschliche Tragödien, die in verkehrten gesellschaftlichen Verhältnissen ihre Wurzel haben und geeignet sind, einem Schauder des Entsetzens einzujagen. Ähnliche Wirkung hat später, in der Stummfilmzeit, Chaplin mit seinen besten sozialkritisch pointierten Streifen ausgeübt, so wenn er in „Modern Times" vorführt, wie die Arbeit am Fließband einen Menschen zurichten kann. Die reifste Schöpfung dieser Art ist Jean Paul in dem Titelhelden seiner Humoreske „Doktor Katzenbergers Badereise" (1809) gelungen.[2] Wir erleben da einen Mediziner, der durch seine kraftvolle Persönlichkeit, seinen hohen Verstand eigentlich anziehend wirkt, den aber sein fanatisiertes Fachidiotentum „einkräftig" bis zum Unmenschlichen gemacht hat. Katzenberger ist so sehr Wissenschaftler und nichts anderes, daß er z. B. seiner Frau, als die ein Kind von ihm erwartet, unentwegt Literatur über Mißgeburten vorliest, in der Hoffnung, sie werde eine solche zur Welt bringen, die er dann zu Studienzwecken in

Spiritus setzen will.[3] Legt man das Werk, das mit unnachahmlicher Phantasie die Spezialistenmentalität ausfabelt, aus der Hand, so ist man für vieles hellsichtig geworden: nicht nur für den notorischen Berufszynismus der Mediziner, der sich in der Nazizeit zu dem grausigen Extrem der KZ-Ärzte gesteigert hat, sondern auch für Mathematiker, die mit größtem Scharfsinn auf ihrem Fachgebiet die kindischsten Auffassungen über Politik verbinden, auch für Atomphysiker, die in naiver Ahnungslosigkeit Massenvernichtungswaffen für potentielle Kriegsbrandstifter produzieren, usw.

Der Typ Katzenberger tritt unter anderem Namen schon im „Titan" auf. Er heißt hier Doktor Sphex, ist ebenfalls fanatischer Arzt, verrichtet aber auch – wahrscheinlich, weil ihm als Lohn irgendein interessantes Studienobjekt, ein Kalb mit zwei Köpfen oder dgl., winkt – die Dienste eines Spions für den Ritter Gaspard. Ausgearbeitet ist die Figur nicht. Nur im ersten Band sieht es zuweilen so aus, als würde sie noch eine wichtige Rolle spielen.[4] In den späteren Bänden kommt sie kaum noch vor. Um der Reinheit des „italienischen" Stils willen ist sie, wie die übrige „niederländische Schleichware", die man im ersten Band noch antrifft, vom Autor unterdrückt worden, um später gesondert, eben als Katzenberger, Wiederauferstehung zu feiern.

Aus den Vorarbeiten zum „Titan" geht hervor, daß Sphex ursprünglich eine Schlüsselfunktion zugedacht gewesen sein muß.[5] Anscheinend sollte er, durch seinen Beruf dazu prädestiniert, zwischen der Hauptgeschichte und der im „Parterre und auf der Groschengalerie" spielenden Parallelhandlung, den späteren „Flegeljahren", vermitteln. In den betreffenden Aufzeichnungen trägt er allerdings zunächst wieder andere Namen: erst Zachäus, dann Zebedäus, und der letztere taucht bei Jean Paul auch in einem Satirenfragment aus dem Jahre 1790 auf, das, nicht über die Länge einer Druckseite hinausgediehen, zu den aufschlußreichsten Dokumenten der Vorgeschichte von „Loge" und „Titan" gehört: „Personalien vom philosophischen Professor Zebedäus, der so außerordentlich gelassen war und über allen Henker in der Welt scharf nachsann".[6]

In dem Fragment ist von verschiedenen Berufen die Rede, die dadurch, daß sie zur Routine werden, kein menschliches Gefühl für ihren Gegenstand mehr zulassen. Ein Jurist, heißt es da, erörtere mit größter Gelassenheit die Injurien, bei denen ein Mann von Ehre vor Empörung ins Kochen komme. Ein Arzt repetiere am Bett des Kranken, über dem die Flammen des Fiebers zusammenschlagen, in aller Ruhe die einschlägigen Abschnitte aus seinem Kompendium der Physiologie. „Der Offizier, der auf dem Schlachtfeld – dem Fleischhackerstock der Menschheit – umherschreitet, denkt nicht an die zerbrochnen Menschen um ihn, sondern an die Evolutionen und Viertelschwenkungen, die nötig waren, um ganze Generationen in bloße physiognomische Fragmente auszuschneiden, und er sieht, daß er sich in der Kadettenschule die Sache viel unvollkommener vorgestellt hat. Wenn ein Bataillenmaler hinter ihm geht, so denkt und sieht der zwar auf die zerbrochnen Menschen, und jede daliegende Wunde ist ihm interessant; aber er will alles für die Düsseldorfer Galerie nachkopieren, und das reine Menschengefühl dieses Jammers erregt er durch sein Schlachtstück erst bei andern und vielleicht auch – bei sich", usw. Der in der Überschrift genannte Philosoph Zebedäus, der in dem Bruchstück dann überhaupt nicht mehr in Aktion tritt, sollte mit dem durch diese Beispiele veranschaulichten Zynismus Gefühle analysieren und Tränen anatomisch beschreiben.[7] Angeregt war der Einfall durch Smollet, der in seinen Romanen, besonders im „Humphrey Klinker", mehrfach derartige Zyniker auftreten läßt. Smolletsche Merkmale trägt daher auch noch der blassere Vorläufer von Sphex-Katzenberger in der „Loge", der Philosophie-Professor Hoppedizel.[8]

Aufschlußreich ist das Fragment von 1790 deswegen, weil es zeigt, auf welchem Wege Jean Paul sich einem sehr wesentlichen Aspekt des nachmals für ihn so bedeutungsvollen Phänomens der „Einkräftigkeit" genähert hat und mit welcher Leichtigkeit er bereits 1790, kurz vor der Inangriffnahme seines ersten heroischen Romans, eine Fülle einleuchtender Beispiele dafür aus dem Ärmel schütteln konnte. Besonders der Bataillenmaler auf dem Schlachtfeld hat es in sich. Er repräsentiert schon in nuce die unmenschliche „Einkräftigkeit" des Ästhetentums, ein Kardinalthema des „Titan". Das Motiv wird, übrigens unter Verwendung des eben zitierten Zebedäus-Fragments, erstmals erneut aufgegriffen in der „Loge", wo es von Öfels literarischen Ambitionen beiläufig heißt: „Öfel dankte Gott für jedes Unglück, das in einen Vers ging, und er wünschte zum Flor der schönen Wissenschaften, Pest, Hungersnot und andere Gräßlichkeiten wären öfter in der Natur, damit der Dichter nach diesen Modellen arbeiten und größere Illusionen daraus erzielen könnte, wie schon den Malern, welche geköpfte Leute oder aufgesprengte Schiffe malen wollten, mit den Urbildern dazu beigesprungen wurde."[9] Das ist bei Öfel erst ein akzidenteller Zug und noch keineswegs das Zentrum seines negativen Charakters. Aber genau das war die Einstellung zum Leben, die Jean Paul an sich selbst, am eigenen Künstlertum, unausstehlich und ethisch unzulässig fand, die ihn Syllis Brief im „Allwill" als moralisches Heilsmittel empfinden ließ, die er auch bei Goethe, Schiller und den Romantikern vermutete und mit der er schließlich in großen Dimensionen im „Titan", insbesondere durch die Darstellung Roquairols, vernichtend abgerechnet hat.

Indes Begriffe wie „Kraft", „Einkräftigkeit" u. dgl. kommen weder in dem Fragment von 1790 noch im Kontext der Charakterisierung Öfels vor. Sie finden sich noch nicht einmal in den wichtigen Passagen der

Vorarbeiten zum „Titan", die von der Auswertung des „Allwill" Zeugnis geben. Wohl bezeichnet ein Schmierheft von Ende 1794 einmal als „vorstechenden Zug" des Helden: „Kraft". Aber das Wort ist da anders gemeint, es wird als Inbegriff von Heftigkeit, Zorn, Freiheitsliebe, Tollkühnheit, Mut, Verachtung alles Mittelmäßigen usw. gebraucht.[10] Um den ersten Keim des Problemkomplexes „Kraft und Harmonie" aufzuspüren, muß man sich an den ganz frühen Jean Paul, an dessen älteste kommentierte Erzerpte, noch vor den „Übungen im Denken" (1779–81), halten.[11] Der Sechzehnjährige präsentiert sich da als Leugner der Willensfreiheit – ein Standpunkt, den er später, unter dem Einfluß von Jacobi und Kant, aufgegeben hat – und verteidigt David Hartleys Determinismus gegen den Einwurf, daß die Strafwürdigkeit des Verbrechers dessen freien Willen voraussetze. In dem Zusammenhang führt er u. a. aus, daß die harmonische Vervollkommnung aller Seelenkräfte das Ideal menschlicher Entwicklung sei. Beim Bösen finde auch eine Ausbildung seiner Kraft statt – z. B. werde der Geizige lernen, listig, verschlagen und sorgsam zu sein –, aber sie sei einseitig und falsch proportioniert. Wörtlich: „Er überbildet gleichsam diese Seelenkraft, andre läßt er verrosten, seine Kräft' harmonieren nicht miteinander." Dies führe zu einer Beeinträchtigung der „Glückseligkeit" des Bösen – man hört den Anhänger der Popularphilosophie. Die Strafe mache den Verbrecher dann darauf aufmerksam, worin der Mangel des „Vergnügens" begründet liege, und helfe ihm so, die vernachlässigten und unterdrückten Seelenkräfte zu beleben und die verlorene Harmonie wiederzugewinnen. Also sei ein Mensch, der – im Sinne des strengen Determinismus – böse handeln *muß*, sehr wohl der Strafe fähig; denn diese erfordere ebensowenig die Willensfreiheit wie eine Medizin die Freiheit des Körpers; sie ist „Arznei für die Seele, macht sie wieder vollkommen".[12]

Löst man aus diesem Gedankengang die Polemik gegen die Willensfreiheit heraus – die aber der spätere Jean Paul nur aus gedanklicher Inkonsequenz nicht mehr mit seiner Konzeption der harmonierenden Kräfte zu verbinden pflegte[13] –, so hat man hier fix und fertig die philosophisch-anthropologische Theorie vor sich, die der Verwendung der Begriffe „Einkräftigkeit" und „Allkräftigkeit" in der späteren „Titan"-Periode zugrunde liegt. Hinzugekommen sein mag später noch, daß die Terminologie, die lieber von „Kräften", statt von „Seiten", des *ganzen Menschen* spricht und infolgedessen meist „einkräftig" statt „einseitig" sagt, deshalb beibehalten wurde, weil sie zugleich wie eine Huldigung an den von Herder ins Quasi-Materialistische transponierten Kraft-Begriff der Leibnizschen Monadologie wirkte; die Wörter „allseitig"–„einseitig" wurden von Goethe und Schiller ausschließlich benutzt, und gegen die sich auch sprachlich abzugrenzen war Ehrensache, zumal wenn der Abgott Herder eine Vorliebe für den Terminus „Kraft" hegte.

Bevor es so weit war, daß derartige Überlegungen zum Zuge kommen konnten, verharrte das Problem von Kraft und Harmonie für lange Zeit in der Latenz. Eine momentane Reaktivierung erfuhr es erst wieder zehn bis zwölf Jahre nach den „Übungen im Denken", im Brief Ottomars an Doktor Fenk, 1791. Da plötzlich heißt es in der Klage über die Unmöglichkeit, unter den obwaltenden Verhältnissen ein *ganzer Mensch* zu sein: „Fenk! Nimm wenigstens, was der Mensch wird oder tut: so gar wenig! Welche Kraft wird denn an uns ganz ausgebildet oder in Harmonie mit den andern Kräften? Ist's nicht schon ein Glück, wenn nur *eine* Kraft wie ein Ast ins Treibhaus eines Hör- oder Büchersaals hineingezogen und mit partialer Wärme zu Blüten genötigt wird, indes der ganze Baum draußen im Schnee mit schwarzen, harten Zweigen steht?"[14] Hier erfolgt erstmals eine Weiterentwicklung der Theorie, die einst der sechzehnjährige Hofer Gymnasiast Fritz Richter zur Verteidigung des Hartleyschen Determinismus vorgetragen hat. Es tritt neu der Gedanke der dem Menschen von der Gesellschaft aufgezwungenen „Einkräftigkeit" hinzu. Doch weit entfernt, schon das Problem der Arbeitsteilung in sich aufgenommen zu haben, steht der neue Gedanke noch gänzlich unverbunden neben der erst 72 Seiten später im gleichen Werk sporadisch auftauchenden Idee aus dem Zebedäus-Fragment vom Vorjahr, wonach die Berufsroutine den Juristen, Arzt, Offizier, Maler und besonders den Schriftsteller, diesesfalls Öfel, für die Gegenstände ihres jeweiligen Metiers bis zur Unmenschlichkeit empfindungslos mache.[15] In beiden Komplexen steckt je ein wichtiger Ansatz für die spätere Kritik an den enthumanisierenden Auswirkungen der Arbeitsteilung. Aber zwischen ihnen einen Zusammenhang herzustellen fällt dem Autor der „Loge" nicht ein.

Warum hat Jean Paul nicht schon damals beide Motive miteinander verknüpft? Und warum hat er jedem von ihnen, für sich genommen, nicht mehr Bedeutung beigemessen als tausend anderen Einfällen auch? Warum mußten wieder drei bis vier Jahre vergehen, ehe die Auswertung der Jacobischen Genie-Kritik, des Briefs von Sylli aus dem „Allwill", wenigstens den Anstoß gab, erneut auf das zweite Motiv, aber auch da nur partiell, in bezug auf die „erkältende" künstlerische Routine, im Zebedäus-Fragment vertreten durch den Schlachtenmaler, zurückzugreifen?[16] Warum gar blieb das erste Motiv, die Klage über die einseitige Bildung, die immer nur einzelne Seelenkräfte des Menschen zum Blühen treibt, bis 1796 gänzlich unbeachtet in einem schlummernden Gehirnwinkel stecken? Warum reduziert die Bedeutung des Postulats der vielen Berufe, die ein Mensch im Laufe seines Lebens ausüben sollte, im „Hesperus" sich darauf, eine faule

Ausrede zu sein, mit der Viktor die „Tutti-Liebe" entschuldigt, ohne daß der Autor ihm das durchgehen ließe?[17] Die Antwort auf alle diese Fragen ist, glaube ich, darin zu suchen, daß Jean Pauls Gesellschaftskritik bei der Abfassung von „Loge" und „Hesperus" noch zu tief und zu ausschließlich an den Kampf gegen die spezifischen Widerwärtigkeiten des niedergehenden Feudalismus, in Gestalt der deutschen Kleinstaatdespotien, engagiert war, als daß sie die Tragweite spezifischer Probleme der *bürgerlichen* Gesellschaft schon hätte ermessen und hinreichend ernst nehmen können.

Bezeichnend dafür ist z. B., daß der einzige Bourgeois, der in der „Loge" vorkommt, Röper, bei Lichte besehen, eigentlich keiner ist, sondern ein typisch feudaler, durch sagenhaften Geiz charakterisierter Wucherkapitalist, der, zu Geld gekommen, ein Landgut erwirbt, sich adeln läßt, zur Ausbeutung von Fronbauern übergeht und über die dann die Patrimonialgerichtsbarkeit ausübt – wie der Töpener Gutsherr v. Oerthel, nach dessen Modell Jean Paul Röper karikierend gezeichnet hat.[18] Es liegt auf derselben Linie, daß Ottomar, im Brief an Fenk, obwohl er darin über Vereinseitigung und stückwerkhafte Bildung klagt, die Fesselung seiner Kräfte mit keinem Wort auf den Kapitalismus zurückführt, sondern auf die Miserabilität des deutschen Feudalzustandes und den parasitären Müßiggang des Aristokraten. Denn worin gipfelt der Brief des genialen Kapitäns? In den Sätzen: „Was tun denn die edelsten Kräfte in dir, wenn Wochen und Monate verströmen, die sie nicht brauchen, nicht rufen, nicht üben? Wenn ich so oft der Unmöglichkeit zusah, in allen unsern *monarchischen Ämtern* ein ganzer, ein edel tätiger, ein allgemeinnützlicher Mensch zu sein – selbst der Monarch kann nicht mit den unendlich vielen schwarzen subalternen Klauen und Händen, die er erst als Finger oder Griffe an seine Hände anschienen muß, etwas vollendet Gutes tun –, so oft ich so zusah, so wünscht' ich, ich würde gehenkt mit meinen Räubern, wär' aber vorher ihr Hauptmann und rennte mit ihnen die alte Verfassung nieder."[19] Man sieht: Es ist ausschließlich von *feudalen* Mißständen die Rede.

Woher im übrigen hatte Jean Paul den Inhalt seiner frühen Reflexionen über Kraft und Harmonie bezogen? Nicht aus der Beobachtung der bürgerlichen Lebenswirklichkeit, sondern aus philosophischen Büchern. Und eine Lesefrucht, diesmal aus dem Roman eines englischen Humoristen, Smollets, war desgleichen später der Grundgedanke seines Zebedäus-Fragments. Diese Kenntnisse aber konnte er in der tiefen Rückständigkeit von Ansbach-Bayreuth unmöglich auf die Widersprüche der kapitalistischen Gesellschaft beziehen. Es ging ihm damit wie den Alten mit der Erfindung des Prinzips der Dampfmaschine, von dem sie unter den Bedingungen der Sklavenhaltergesellschaft keinen anderen Gebrauch zu machen wußten, als es für eine Spielerei wie den Heronsball zu nutzen. Wenn Jean Paul eine seiner Romanfiguren über stückwerkhafte Bildung klagen ließ, dann meinte er im Grunde die lückenhafte Bildung, die *ihm* in der Schwarzenbacher Einklassenschule und während der nur zweijährigen Gymnasiastenzeit in Hof zuteil geworden war.[20] Und seine – ihm selber moralisch suspekte – Neigung, Erlebnisse zu suchen, um sie literarisch verwerten zu können, meinte er, wenn er einer anderen Romanfigur das sehnliche Warten auf Unglücksfälle, die „in einen Vers gehen", andichtete.[21] Mit Kritik an der Arbeitsteilung hatte dergleichen vorerst noch wenig zu tun.

Doch das sollte sich ändern – unter dem Einfluß Goethes und Schillers. Ottomar will die „alte Verfassung" niederrennen. Auch Wilhelm Meister klagt, im vorhin zitierten Brief an Werner, über die bestehende „Verfassung".[22] Er meint damit aber etwas anderes: die arbeitsteilige Zivilisation des Kapitalismus. Sie verlangt dem Bürger eine einseitige Entwicklung seiner Fähigkeiten ab und zwingt ihn so zur Unterdrückung wertvoller Potenzen seines Innern, die infolgedessen verkümmern. Freilich kommt notwendigerweise auch bei Wilhelm, da er sich ja auf dasselbe Land zur selben Zeit bezieht wie Ottomar, in der Gesellschaft als Totalität der Feudaladel mit seinen Privilegien vor. Er erscheint bei ihm jedoch in entgegengesetzter Beleuchtung. Steht somit bei Ottomar ein allgemeines Bedauern über die Einseitigkeit der Bildung, ohne daß dieser Mißstand von ihm auf den Kapitalismus zurückgeführt würde, unverbunden neben seiner Klage, daß es ihm als Adligem infolge der Gebrechen der feudalen Herrschaftsstruktur versagt sei, sich sinnvoll zu betätigen und dabei seine Kräfte zu entfalten, so ist, im Gegensatz dazu, Wilhelm sich über die kapitalistische Grundlage der auch ihn bedrückenden Einseitigkeit der Bildung völlig klar, macht sich aber über die Möglichkeit der Adligen, auf der Basis ihrer Privilegien zu allseitig gebildeten Persönlichkeiten zu reifen, die rosigsten Illusionen.[23]

Zu schließen ist daraus, daß, wenn Goethe 1793/94 bei der Umarbeitung der „Theatralischen Sendung" in die „Lehrjahre" Gedanken aus Ottomars Brief für den Brief Wilhelms an Werner benutzt haben sollte, er sie im Sinne von Schillers Kritik an den Auswirkungen der kapitalistischen Arbeitsteilung auf den Menschen abgewandelt und weiterentwickelt und außerdem mit einer Umkehrung der Ottomarschen Bewertung der Adelsprivilegien versehen hat. Das nur nebenbei, als Wink an die Adresse der Goethe-Forscher. Interessant für die Jean Paul-Forschung, namentlich im Hinblick auf die Beurteilung des „Titan", ist etwas anderes: Dem vollständig in seinen antifeudalen Haß versunkenen, vom Kapitalismus bis dahin wenig verstehenden Jean Paul ging, als er 1795/96 Schillers „Briefe" und Goethes „Meister" las und darin die Anlässe der ihm wohlbekannten Ottomarschen Klagen in neuer Version wiederfand, plötzlich ein Licht über den kausalen Zusammenhang zwischen einseitiger Bildung und Arbeitsteilung auf, und das bewirkte in der Entwicklung seiner Gesellschaftskritik einen Qualitätsumschlag, ohne den weder die formale und inhaltliche Eigenart seines „Titan" noch das spezifische Gepräge des Bildes der bürgerlichen Gesellschaft und ihrer typischen Repräsentanten in seinen späteren Werken, wie etwa den „Flegeljahren", dem „Katzenberger" und dem „Kometen", zustande gekommen wären.

Unmittelbar hatte dieses Aha-Erlebnis, wie man es wohl nennen darf, für Jean Pauls Gegenwartsverständnis zwei bedeutungsvolle Konsequenzen: Erstens schossen jetzt in seinem Denken die Theorie von Kraft und Harmonie, die Einfälle des Zebedäus-Fragments von 1790, die enthumanisierende Wirkung der Berufsroutine betreffend, *und* Viktors Postulat der vielen Berufe wie getrennte Kristalle zur Einheit eines neuen Gebildes zusammen. Von da her rührt u. a. der eigentümliche Zug der „Einkräftigkeit" kritisch gesehener Jean Paulscher Figuren, daß sie meist Verarmung nach innen und Kälte nach außen ist (Roquairol, Fraischdörfer, Gaspard im „Titan", Neupeter in den „Flegeljahren"[24], Sphex-Katzenberger – um nur einige Beispiele zu nennen). Zweitens begriff er aber auch, daß dem von ihm bisher immer nur beiläufig behandelten, noch nicht in seiner Tiefe erfaßten Problem, das diesen Ideenkomplexen innewohnt, eine schlechthin universelle Bedeutung für die Gesellschaft seiner Epoche und ihre Kultur zukam. Und das brachte ihn auf den Gedanken, die Welt des „Titan" mit lauter „einkräftigen" Gestalten zu bevölkern und den zentralen Helden, Albano, von ihnen umringt, zur „Allkräftigkeit" emporwachsen zu lassen – unter Adaption von Wilhelm Meisters Allseitigkeits-Ideal, aber mit anderem Inhalt, mit der revolutionären Politik als tragender Mitte, die alle Seelenkräfte der Persönlichkeit bindet und harmonisiert oder auch einem etwaigen „Kräfte-Krieg" im Innern schließlich den Frieden bringt.

Unmittelbar nach seiner Rückkehr von der Weimar-Reise, während der Arbeitsperiode am „Titan", die Berend als die dritte bezeichnet (Juli bis September 1796)[25], las Jean Paul den „Wilhelm Meister" zum ersten Mal ganz[26], und die aus dieser Zeit stammenden Vorarbeiten weisen als qualitativ neue Momente auf: die Rückverwandlung Albanos in ein Genie, das „in allem gut" ist; die Verselbständigung seiner negativen Züge zu einer besonderen Gestalt namens Roquairol; intensive Versuche, den politischen Freiheitsdrang Albanos durch revolutionäre Handlungen zu veranschaulichen und – den Einfall, daß „alle Verirrungen übertriebener einseitiger Vorzüge" dargestellt werden sollen, während Albano durch seinen „Hauptgrundsatz, alle Kräfte der Seele auszubilden", vor solcher verhängnisvollen Einseitigkeit bewahrt bleiben soll, aber nicht, weil er sich von den ihm begegnenden „einkräftigen" Mitmenschen isolieren würde, sondern weil sie alle, ins jeweils eigene Schicksal hineinverwoben, einen ihn „bessernden oder belehrenden Nebenzweck" haben. Im einzelnen soll z. B. Zebedäus (später Sphex) „beweisen", daß Grundsätze ohne Gefühle nichts sind, und Roquairol das Umgekehrte, Lidie (später Liane) soll die Verirrungen des Gefühls, Leibgeber (später Schoppe) die des Witzes, Zebedäus wieder die des Verstandes vorführen, usw.[27]

Aus den damaligen Aufzeichnungen geht aber auch noch etwas anderes hervor: Der Roman sollte 1796 nach wie vor die Totalität der Gesellschaft widerspiegeln, d. h. formal eine Kombination der drei Romanschulen sein. Als Ziel schwebte „Vereinigung des Alban und Fixleins"[28] vor, wobei unter dem neuen Fixlein der spätere Held der „Flegeljahre" zu verstehen ist. Wäre es bei diesem Plan geblieben, dann wäre infolge der Präsenz des sich in der Parallelhandlung entfaltenden bürgerlichen Lebens die „Einkräftigkeit" in allen ihren Gestalten, bis in die Hofsphäre hinauf, sinnfällig aus ihrer Grundlage, der kapitalistischen Arbeitsteilung, hervorgewachsen. Die Abtrennung der „Flegeljahre", endgültig 1799, hat einen Strich durch diese Rechnung gemacht. Die Verwirklichung von Jean Pauls Absicht, die Arbeitsteilung in ihren vereinseitigenden Auswirkungen auf die Charaktere plebejischer und bürgerlicher Individuen zu kritisieren, zögerte sich hinaus – weshalb die Resultate dieser Seite seines Schaffens erst von der Veröffentlichung der „Flegeljahre" (1804/05) an zutage traten –, und die „einkräftigen" Figuren des in einen Roman „italienischer" Schule umgewandelten „Titan" agieren in einer soziologischen Landschaft, in der überhaupt nicht gearbeitet wird. Ausgerechnet in dem Buch also, das den programmatischen Auftakt der Jean Paulschen Kritik an der arbeitsteiligen Zivilisation bildet, kommen deren Basis-Phänomene nicht vor. Der Leser befindet sich fast ausnahmslos unter Hofleuten, und nur eine kleine, unbedeutende Nebenfigur, die im Verlauf des Geschehens dann auch noch fast von der Bildfläche verschwindet, Dr. Sphex, Vorläufer von Katzenberger, deutet an, was eigentlich gewollt war.

Und noch ein weiteres Problem wirft der „Titan" in dem Zusammenhang auf. Nichts widerspricht den Vorstellungen Wilhelm Meisters mehr, als die „Einkräftigkeit" durch Adlige repräsentieren zu lassen. Nun sind die Vorstellungen Wilhelms nicht in allem identisch mit denen Goethes, der in *den* Partien des „Meister", die auf dem Schloß des Grafen spielen, die pauschalen Illusionen seines Helden über den Adel bereits Lügen straft, bevor er sie ausspricht. Es zeigt sich da, daß die meisten Adligen weit entfernt davon sind, ihre Privilegien zur Vervollkommnung ihrer Persönlichkeit zu nutzen.[29] Nichtsdestoweniger hätte aber *auch* Goethe entschieden der Ansicht widersprochen, daß ein Adelsroman der geeignete Ort sei, Deformierungen der menschlichen Natur zu veranschaulichen, die ihre Ursache in spezialisierter Tätigkeit haben, und Jean Paul las diesen Einwand auch aus dem „Meister" heraus. Er lehnte ihn ab, einmal aus der weit verbreiteten Neigung, die Tragweite einer neu gewonnenen Errungenschaft zu überschätzen, zum anderen, weil er Wilhelms Verherrlichung des Adels so tief mißbilligte, daß er, um sie ad absurdum zu führen, es bewußt darauf anlegte, gerade die privilegierte, parasitäre Existenz als Nährboden schlimmster „Einkräftigkeit" zu erweisen. Hier sollte und mußte Ottomar gegen Wilhelm das letzte Wort behalten.

Tatsächlich weisen *beide* Standpunkte einen berechtigten Kern auf. Daß in einer halb feudalen, halb schon kapitalistischen Gesellschaft dem elementaren Zwang, sich im Daseinskampf nur durch Ausbildung spezialisierter Fähigkeiten und Kenntnisse behaupten zu können, der Bürger in weit stärkerem Maße unterliegt als der seine Privilegien genießende Aristokrat, steht außer Frage. Soweit hat Wilhelm Meister recht, und nichts im „Titan" widerlegt ihn da. Aber auch in der Überzeugung Jean Pauls steckt etwas Wahres: die richtige Ahnung, daß Widersprüche, die der Totalität einer Gesellschaft immanent sind, sich in *allen* ihren Sphären reproduzieren, daß mithin die seelischen Schäden, die eine arbeitsteilige Zivilisation erzeugt, notwendig in irgendeiner Form auch bei deren Müßiggängern wiederkehren müssen, möglichenfalls bei ihnen sogar in gesteigerter, auswuchernder Weise. Außerdem darf darauf aufmerksam gemacht werden, daß der „Titan"-Dichter keine intakte, gesunde Adelswelt schildert, sondern – unter Verwertung eines überreichen Materials eigener Beobachtungen – die höfischen Kreise des in Niedergang und Zersetzung begriffenen deutschen Feudalismus zur Zeit der Französischen Revolution. Ein ästhetisierender Intellektuellentyp wie Roquairol z. B., wurzellos durch die *aus der Arbeitsteilung resultierende* relative Verselbständigung der Intelligenzschicht[30], zugleich als Sohn eines adligen Ministers aber auch gegenüber der bürgerlichen Intelligenz privilegiert, war mitsamt der einseitigen Prägung seiner geistigen Interessen in diesem Milieu durchaus typisch, mindestens so typisch wie im basisnäheren Milieu des Kaufmannsstandes ein Philister wie der Werner im „Meister" oder Neupeter in den „Flegeljahren".

Wie dem auch sei, Jean Paul führt im „Titan" in den Charakteren seiner Romanfiguren lauter Variationen der „Einkräftigkeit" als eines Grundgebrechens der Gesellschaft seiner Zeit vor. Er tut dies jedoch nicht in der Weise, daß er ihnen in beliebigen, ihrem Wesen äußerlichen oder auch mehr oder weniger geschickt ausgewählten, eigens auf sie zugeschnittenen Situationen Gelegenheit geben würde, gewissermaßen leitmotivisch, in Vorwegnahme etwa der „Buddenbrooks", ihre diversen Ticks anzubringen. Nein, seine Intention bewegt sich auf viel anspruchsvollerem Niveau. Er läßt jede dieser Gestalten an der einen, einseitigen „Kraft", die ihr jeweils innewohnt, von der sie beherrscht wird und die ihre Stärke ausmacht, schließlich scheitern, wenn nicht sogar – wie Liane, Roquairol und Schoppe – physisch zugrunde gehen. Der Roman ist so ein *Geflecht ineinander greifender Einzeltragödien* – die den späteren Satyrspielen der „Einkräftigkeit" von der Art des „Katzenberger" vorausgehen. Jeder „Einkräftige" des „Titan" fällt nach dem Gesetz, nach dem er angetreten ist, vergleichbar den „Gestalten des Weltgeistes" in der wenige Jahre später konzipierten Geschichtsphilosophie Hegels, vergleichbar auch den Helden der antiken Schicksalstragödie, nur hier, wie in den klassischen Dramen Schillers, mit dem Unterschied, daß, dank der realistischen Motivierung des Ganzen wie der kleinsten Details, jede Spur eines mit transzendenten Mächten operierenden Fatalismus aus dem Geschehen strikt verbannt bleibt.

Im Hinblick auf diese Seite seiner Konzeption hat Jean Paul seit 1799 in sein Studium antiker Dichtung außer Homer auch die Tragödien von Sophokles einbezogen.[31] Herder, der ihm Sophokles zur Lektüre empfahl[32], arbeitete damals an der Dramentheorie, die man in seiner „Adrastea" findet.[33] Herder stellt sich da – scheinbar – auf den Boden der Theaterbestrebungen Goethes und Schillers, indem er an deren antikisierende Bestrebungen anknüpft, tut dies aber nur, um, im Gegensatz zu ihnen, das Schwergewicht nicht auf die reine Kunstform, sondern auf den sittlichen Gehalt der griechischen Dramen zu legen. Insbesondere gegen den klassischen Schiller richtet sich die Schrift, die den allgemeinen Verfall des Dramas in der Gegenwart beklagt, dabei Schiller mit keinem Wort erwähnt, so, als sei sein Schaffen selbst nach den Maßstäben dieser auf den Hund gekommenen Theaterepoche nicht der Rede wert, aber indirekt mit allem, was zum Problem des Schicksalsdramas ausgeführt wird, gegen die Art, wie Schiller es zu erneuern versuchte, polemisiert. Im Gespräch mit Freunden über die einschlägigen Fragen muß Herder, wie stets in solchen Fällen, noch deutlicher geworden sein. Denn Jean Paul berichtete eben damals, bezugnehmend auf die „Adrastea", brieflich an Jacobi, daß Herders Tischreden genialischer seien als seine „zu diplomatisch" abgefaßten „Druckreden".[34]

Vor dem damit angedeuteten Hintergrund muß man die Tatsache sehen, daß die Einzeltragödien der „einkräftigen" Gestalten im „Titan", etwa die Geschichte Lianes, unter ähnlicher Elimination des transzendenten Fatums nach dem Modell des Sophokleischen „Ödipus" konstruiert sind wie die Dramen Schillers vom „Wallenstein" an, und in dem Zusammenhang Hinweise der Herderschen Dramentheorie beachten. Das lag gewiß auf der Linie des schon im Mai 1798 in Dresden gefaßten Vorsatzes, künftig bei der Behandlung großer und schöner

Gegenstände von den Errungenschaften der griechischen Kunst und Literatur Gebrauch zu machen.[35] Aber zweifellos verfolgte Jean Paul auch noch den Nebenzweck, Schiller und seinen Anhängern eine Lehre zu erteilen. In einem Werk, das die in den Schillerschen Jugenddramen geübte Kritik an der höfischen Welt auf neuesten Stand bringt und dabei auch noch mit nicht zu überbietender Auffälligkeit den „Geisterseher" verwertet, demonstriert Jean Paul zugleich, daß der Versuch, die Handlungsstruktur des antiken Schicksalsdramas dem modernen Empfinden annehmbar zu machen, kein bloßes Formexperiment zu sein brauchte[36], daß es vielmehr möglich war, dieses Vorhaben an einem deutschen Gegenwartsstoff durchzuführen und mit einer sittlich gehaltvollen, politisch relevanten, ihrer Tendenz nach revolutionären Aussage über die Zeitverhältnisse zu verbinden.

Durch die Sophokles-Adaption hat der „Titan" die Form des „dramatischen Romans" erhalten. In den §§ 70 und 71 der „Vorschule der Ästhetik" verteidigt Jean Paul sie unter deutlicher Anspielung auf sein Hauptwerk und mit direkter Bezugnahme auf die anders geartete Erzählweise des „Wilhelm Meister".[37] Er gesteht zu, der „Meister" werde den Normen des Epos besser gerecht, da er eindeutig Vergangenes erzähle und mehr die Welt darstelle als einen einzelnen Helden, meint aber, daß diese Form bei den Romantikern (Novalis, Tieck, E. Wagner, Fouqué, Arnim) zu einem „Zerstreuglas" geworden sei, das, im Gegensatz zur Sammellinse, nicht mehr genug „Wärmeverdichtung des Interesses" erlaube. Der Roman könne und dürfe auch dramatische Form annehmen. Sie biete den Vorteil, ihn „weniger zum Spielraum der Geschichte auszubreiten als zur Rennbahn der Charaktere einzuschränken". Sie gebe „Szenen des leidenschaftlichen Klimax, Worte der Gegenwart, heftige Erwartung, Schärfe der Charaktere und Motive, Stärke der Knoten usw.", weshalb schon Aristoteles der Epopöe die Annäherung an die dramatische Gedrungenheit empfohlen habe, und allein schon die Losgebundenheit der Prosa mache dem Roman eine gewisse Strenge der Form nötig und heilsam.[38]

„Rennbahnen der Charaktere" brauchte die Idee, aus mehreren Tragödien der „Einkräftigkeit", deren jede nach Sophokleischem Modell zu bauen war, einen Roman zusammenzuflechten, der im ganzen den Eindruck Homerischer Monumentalität erweckt. Und die Idee eröffnete die Möglichkeit, in den Szenen der Leidenschaft, mit den Worten der Gegenwart den Glanz der Jean Paulschen Sprache, die Fülle seiner Bilder und Gleichnisse, die Kraft und Tiefe seines Gefühls durch Formstrenge, befreit von den barocken Schnörkeleien und den behäbig sich Zeit lassenden Abschweifungen seiner früheren Werke, zu höchster Entfaltung zu bringen. So geriet der „Titan" zu einer Dichtung, die an Schönheit in unserer erzählenden Prosa einzig dasteht. Da seine „einkräftigen" Charaktere die Geistesmächte der Goethezeit verkör-

pern – die Weimarer Klassik, die Romantische Schule, die idealisti-
sche Philosophie Fichtes und Schellings und die Satire Jean Pauls –,
nimmt das Werk zugleich aber auch an gedanklichem Gehalt und durch
die kulturhistorische Tiefendimension seiner plastischen, scharf individualisierten, sich unauslöschlich einprägenden Gestalten eine Sonderstellung unter den bedeutendsten Werken der Erzählkunst aller
Zeiten ein. Beide Momente zusammen berechtigten dazu, es den größten Roman deutscher Sprache zu nennen.

VIII

Den in der „Unsichtbaren Loge" mißlungenen, daher unvollendet abgebrochenen Erziehungsroman wollte Jean Paul, wie gesagt, mit dem
„Titan" noch einmal besser schreiben. Besser in vielem, vor allem aber
darin, daß der Held diesmal ein Jüngling von überragender Begabung,
ein Mensch großen Formats sein sollte, dem zuzutrauen war, daß er
seiner Mission, die Französische Revolution auf deutschen Boden zu
übertragen, gewachsen sein würde, kurz, ein Genie.[1]
Wie konnte die Genialität dieses Helden sich handelnd offenbaren?
Ihn im Wirkungskreis seiner Bestimmung, als regierender Fürst, geniale
Taten vollbringen zu lassen ging nicht an. Denn ihrem sozialen Inhalt nach müßten dies Taten der Revolution „von oben" sein, und die zu
schildern hätte geheißen, die Utopie, die am Ende nur als Zukunftsperspektive aufscheinen durfte, im einzelnen auszumalen, noch dazu
zurückdatiert in die europäische Situation von 1792, womit der Boden
des Gegebenen und Tatsächlichen verlassen, das Wünschenswerte als
bereits vorhanden dargestellt worden wäre. Der anzustrebende Realismus, die gebotene Lebenswahrheit ließen das nicht zu. Sie verlangten,
die Entwicklung Albanos nicht über den Punkt hinauszuführen, wo
auf Grund von Umständen, die durch die Struktur des feudalabsolutistischen Systems als denkbar beglaubigt sind, ihm die Macht zufällt.
Sich vorzustellen, wie er seine Macht dann in genialer Weise gebrauchen wird, nachdem er soeben noch sein Leben dafür in die Schanze
hat schlagen wollen, den Revolutionskrieg von Frankreich aus über
die deutschen Grenzen zu tragen, war einzig Sache der Phantasie des
Lesers.
Die Gelegenheiten, Genialität an den Tag zu legen, mußten sich folglich
für den Helden in der seinem Machtantritt vorausliegenden Periode
ergeben, und da konnten sie, nach den Verhältnissen der damaligen
Zeit, in Ermangelung eines freien öffentlichen Lebens, in nichts anderem
bestehen als in künstlerischer Betätigung. Indes Albano zum Künstler
zu machen verbot sich erst recht. Es hätte der Tendenz des Romans,
seiner Kampfansage an den Ästhetengeist des Zeitalters, seiner Frontstellung gegen die Weimarer Klassik und die Romantische Schule,

widersprochen. Soweit Albano künstlerische Neigungen besitzt, galt es, sie als Gefahrenquelle seines Wesens zu stigmatisieren und dafür zu sorgen, daß er der inneren Bedrohung, sie erkennend, Herr wird, indem er sich von aller Schöngeisterei abkehrt und den Sinn seines Lebens im Kampf für die Revolution, im Krieg gegen die deutschen Zustände findet.

Macht man sich diese thematischen Beschränkungen klar, so begreift man, daß Jean Paul durch die Logik seiner Konzeption in ein schweres Dilemma geriet. Der Held, der ihm vorschwebte, sollte zwar ein Genie sein, durfte aber so gut wie nichts tun, was geeignet war, ihn als solches auszuweisen. So schien er dazu verurteilt, ein bloß in den Kommentaren seines Autors deklariertes Genie zu bleiben.

Der erste Versuch, dieser Schwierigkeit zu entgehen, deutet sich in dem durch die Lektüre des „Allwill" ausgelösten Einfall an, Albano vorübergehend, unter Entfesselung seiner problematischen Eigenschaften, in Verirrungen und Verfehlungen zu stürzen.[2] Diese Idee ließ Jean Paul, bis auf winzige Reste im dritten Band[3], fallen, nachdem ihm durch Schillers „Briefe" und Goethes „Meister" die Einsicht geläufig geworden war, daß die enthumanisierenden Wirkungen der Arbeitsteilung die „Einkräftigkeit" der Individuen zu einer allgemeinen Erscheinung der modernen Gesellschaft machen, und sich außerdem bei ihm, wohl im Zusammenhang damit, die Theorie des passiven Genies herauskristallisiert hatte.

Aus der Kombination beider Gedankenelemente ergab sich eine neue, bessere Lösung. Die Genialität brauchte sich jetzt nicht mehr in Leistungen, weder in künstlerischen noch in staatsmännischen, niederzuschlagen, sondern konnte allein durch die Anlage zur „Allkräftigkeit" charakterisiert werden, die in der Fähigkeit des Helden zutage tritt, dank seines inneren Reichtums, der Spannweite seiner Persönlichkeit die jeweils vereinseitigten Vorzüge der ihm begegnenden Mitmenschen zu verstehen, zu übernehmen und an sich selber auszubilden, ohne selbst, wie diese, der falschen Verabsolutierung eines einzelnen Vorzugs zu verfallen. Und den Helden in die verschiedensten Tragödien der „Einkräftigkeit", teils gleichzeitig, teils nacheinander, zu verwickeln, um ihn jedesmal als *belehrten Sieger* daraus hervorgehen zu lassen, das war das gestalterische Mittel, sowohl die Mannigfaltigkeit seiner Kräfte als auch die maßvolle Besonnenheit, mit der er sie zu bändigen und zu harmonisieren weiß, anschaulich in Aktion zu setzen.

Albano liebt, zeitweilig oder auf Dauer, einander diametral entgegengesetzte Charaktere: Liane, Linda, Roquairol, Schoppe, Gaspard. Das beweist, welche Offenheit für alle Möglichkeiten des Menschseins ihm auf Grund seiner „allkräftigen" Natur eigen ist. Er geht aber nicht, wie Wilhelm Meister, in dunklem Schwanken seinen Weg, sondern reißt sich, nachdem er an den Tragödien dieser Gestalten teilgenommen hat, immer voller Entschiedenheit von der Maßlosigkeit los, mit der sie jeweils ihren vereinseitigten Vorzug so auf die Spitze treiben, daß er zum selbstzerstörerischen Frevel wird. Das wieder beweist: Albanos innerer Reichtum ist kein zerfließender Brei, er hat die Würde, die Bestimmtheit und Festigkeit männlicher Größe.

Diese Eigentümlichkeit seines Charakters: *erfüllte* Spannweite der Menschlichkeit, *bestimmte, entschlossene* Vielfalt des Menschenmöglichen zu sein, macht Albano zum Genie. Aus der Aufgabe aber, das Reifen eines solchen Helden im Kräftefeld der ihn umgebenden falschen Extreme und ihres Scheiterns darzustellen, ist letztlich die dramatische Form des „Titan" entsprungen. Sie „ordnet", wie Max Kommerell[4] sagt, „ein Vielfaches tragischer Verläufe mit Held, Frevel und Sturz um das erzählte Werden eines heilgebliebenen Siegers und so, daß die einzelnen Frevel der andern in der sie umfassenden Ganzheit des Jünglings durch Wechselwirkung gebändigt sind. Es ist also eine Mehrheit von Tragödien in eine Erzählung verarbeitet und gegen sie alle das ergänzende, geforderte Menschentum gestellt. Dabei bringt jeder Frevelnde eine Möglichkeit jenes geforderten Menschen zum Austrag: Er ist mitschuldig, wankt bei jedem Sturz und lernt im Untergang der andern ein Fieber des eigenen Wesens sehen, aus dem er gefeit hervorgeht." Für die Beschreibung des Sachverhalts eine gültigere Formulierung zu finden ist mir, bei allen Vorbehalten gegen Kommerells Jean Paul-Buch, nicht möglich.

Die wichtigste dieser erziehenden Tragödien ist oben bereits behandelt worden: der Fall Roquairol.[5] Die Gesamtheit der übrigen Beispiele hier auch nur skizzenhaft auszudeuten würde zu weit führen. Es liefe praktisch auf eine interpretierende Wiedergabe der unerhört verwickelten Fabel des „Titan" im ganzen hinaus. Ich beschränke mich darauf, zum Schluß nur noch die Punkte hervorzuheben, die bislang, soweit ich sehe, in der einschlägigen Literatur entweder gar keine Beachtung gefunden haben oder nicht hinreichend in den richtigen Zusammenhang gestellt worden sind. Fast durchweg handelt es sich dabei um Aspekte der Romanhandlung, die sich nur dem voll erschließen, der davon ausgeht, daß der Dichter nicht nur die Erziehungsprozedur, der Albano ausgesetzt ist, hat darstellen, sondern eben damit erzieherisch auch auf den Leser, und zwar im Sinne progressiver Politisierung, hat einwirken wollen.

Sieht man die Sache so an, dann zeigt sich, daß z. B. selbst der niedrigsten, erbärmlichsten Tragödie der „Einkräftigkeit", die im „Titan" vorkommt, erhebliche Bedeutung beizumessen ist: der des Ministers v. Froulay, des Vaters von Liane und Roquairol. Der funktionell analoge Vorläufer dieser Figur im „Hesperus", der Minister v. Schleunes, bleibt dort eine blasse Randfigur. Die Aktionen der konservativen Hofpartei, die Schleunes anführt, werden kaum durch ihn selbst, sondern hauptsächlich durch das veranschaulicht, was sein Sohn Matthieu tut. Der Froulay des „Titan" ist demgegenüber mit großer Kunst der Charakterisierung ausgearbeitet worden. Wir erleben ihn als unerträglichen Ehemann einer liebenswerten Frau sowie als despotischen Vater, der seine Tochter in eine ihr verhaßte Ehe zwingen will und, da sie nicht pariert, so weit geht, sie zeitweilig ihrer Freiheit zu berauben.[6] Wir werden Zeugen der üblen Praktiken Froulayscher Innenpolitik, die mit dem Aussenden von Spitzeln, dem Öffnen von Briefen, dem Belauschen von Gesprächen operiert.[7] Und wir sehen den Minister der koketten Fürstin Isabella, die auch mit ihm ihr übliches Spiel des Anlockens und Abblitzenlassens liebesbedürftiger Männer treiben möchte, dank seiner ihn warnenden Geheiminformationen eine schmähliche Niederlage zufügen.[8]

Nun fehlt im „Titan" gänzlich ein Pendant zu der im „Hesperus" durch Horion, Victor und Klotilde repräsentierten progressiven Partei bei Hof. Albano und Idoine, die, abseits der Hohenfließer Macht, der Aufgabe entgegenreifen, die Verhältnisse auf dem Wege der Revolution „von oben" zu ändern, ahnen von ihrer künftigen Bestimmung nichts, und ihr potentieller Gegenspieler, eben der Minister, der seinerseits ahnungslos ist, kennt demzufolge gar nicht das Problem der Schleunes-Clique, mit entschiedenen Reformern, wie Horion, bzw. jakobinerhaft radikalen Gegnern des feudalen Systems, wie Flamin, konfrontiert zu sein. Daran dürfte es liegen, daß in Froulay weniger der Protagonist einer inhaltlich reaktionären Politik als der gewandte Methodiker verabscheuenswerter machtpolitischer Techniken gezeichnet wird. Fragt sich, ob selbst diesem Scheusal, gemäß der Jean Paulschen Definition der „Einkräftigkeit", die Verirrung eines einseitig übertriebenen *Vorzugs* zugebilligt wird und somit die Würde, daran in einer nach Sophokleischem Schema konstruierten Tragödie zu scheitern. Die – auf den ersten Blick überraschende – Antwort lautet: Ja, denn Froulay verkörpert in kraftvoller, Eindruck gebietender Weise die für die Politik unentbehrliche Tugend der Prognose – nur eben nichts anderes als das, weshalb sein ganzes Ich sich in die Erwartung und Vorbereitung des Kommenden hineinwirft und sie, dementsprechend, mit nichts als Ichbezogenheit ausfüllt.

Gäbe es noch andere „Kräfte" in Froulay als diese einzige, so würde er nicht blind dafür sein, daß der Zustand des Landes ihm noch mehr Aufgaben zu bieten hat als einzig die, alles zu tun, um auch unter dem Szepter von Haarhaar, dessen Fürst, wie er meint, nach dem zu erwartenden Tod des Fürsten Luigi die Hohenfließer Erbfolge antreten wird, im Amt zu bleiben und mächtiger denn je zu werden. Das heißt, ein weniger „einkräftiger" Froulay würde sachlichere Regierungs- und Verwaltungsarbeit leisten und sich so wahrscheinlich bei dem vermeintlichen Nachfolger Luigis, ganz gewiß aber bei dem tatsächlichen, bei

Albano, eher in Empfehlung bringen. Das tut der Minister jedoch nicht, sondern all seine schlaue Agilität ist von dem einen Gedanken absorbiert, sich vorsorglich der Dynastie von Haarhaar angenehm zu machen und vor allem Bouverot, ihren Agenten in Hohenfließ, der einst Luigis Gesundheit zerrüttet hat, für sich zu gewinnen und an sich zu binden. Und mit jedem Schritt, den Froulay in dieser Richtung tut, beschwört er eben dadurch die eigene Niederlage herauf. Insbesondere treibt sein Versuch, Liane gegen ihren Willen an Bouverot zu vermählen, die Tochter in den Widerstand hinein, der die Eingeweihten bei Hof alarmiert und schließlich zum Eingreifen Speners führt, mit der Folge, daß das Mädchen an dem ihr aufgezwungenen Bruch mit Albano physisch zugrunde geht, als Schachfigur im Spiel ihres Vaters also ausfällt. Freilich würde ihr dieses Schicksal, allein auf Grund der Tatsache, daß eine Verbindung zwischen ihr und Albano die Pläne der Hohenfließer Dynastie und Gaspards empfindlich stören müßte, auch ohne Froulays Machenschaften beschieden sein. Aber der stünde vor Albano, seinem wirklichen künftigen Herrn, in der Beziehung dann wenigstens integer da. So kann es nicht ausbleiben, daß er von diesem in seiner Nichtswürdigkeit als Minister wie als Vater durchschaut wird.[9] Derart gräbt die zum absoluten Wert verselbständigte, rein egoistisch motivierte Machtbehauptung, die sich nur von dem leiten läßt, was da – vermeintlich – heraufzieht, ihr eigenes Grab.

An Froulay läßt sich gut die Vielschichtigkeit aufzeigen, die fast allen „Titan"-Gestalten eigen ist. Vordergründig gehört er zu dem Illustrationsmaterial, mit dem die satirische Gesellschaftskritik Jean Pauls die Fäulnis des feudalabsolutistischen Systems sinnfällig macht: Wie Bouverot als abgefeimter Agent im Außendienst, wie Luigi als Nullität auf dem Thron, ist Froulay als volksfeindlicher, seine Macht mißbrauchender Minister typisch. In einer durchschimmernden tieferen Schicht seines Wesens aber erweist er sich als überepochales Sinnbild jedes eigensüchtig konjunkturbeflissenen Opportunismus in der Politik überhaupt, und dahinter wieder wird, dringt man noch tiefer, eine allgemeinmenschliche Eigenschaft faßbar: die Voraussicht, die, an sich ein Vorzug, hier durch ihre Verabsolutierung zum Fluch pervertiert ist. Eines der anderen Symbole sinnentleerter Politik, die in der „Titan"-Welt auf der Stufe des niederen Gewürms angesiedelt sind, hat dieselbe Innenstruktur: In dem Gaukler Peppo vereinigen sich, hintereinander gestaffelt, das kolportagehaft wirkende Schauerelement der feudalen Palastintrige, das ohnmächtige Werkzeug der Macht, das sich selbst als Nichts, seinen Auftraggeber als Gottheit empfindet[10], und, anthropologisch gesehen, die Fähigkeit zu lügen, sich zu verstellen, die, herausgelöst aus den Tugenden der Höflichkeit, des taktvollen Schonens, der zuverlässigen Verschwiegenheit, für sich zur beliebig verwendbaren Kunst entwickelt, ins Satanische auswuchert.

Die interessantesten „einkräftigen" Figuren im politischen Raum sind
der Graf Gaspard und Schoppe. In Gaspard vermutet der Held bis
zum Schluß der Geschichte seinen Vater. Der Leser, in dem Punkt nicht
klüger, erliegt sogar dem Eindruck, daß es zwischen Vater und Sohn
Merkmale geistiger Ähnlichkeit gebe, und ist da psychologisch nicht
völlig im Irrtum. Denn in vorgeschrittenem Lebensalter könnte die
Spannweite von Albanos Menschentum, wenn das Feuer der Jugend
in ihm erst erloschen und reifer Gelassenheit gewichen sein wird, sich
durchaus zu derselben weisheitsvollen, goetheähnlichen Allübersicht
abklären, die den imponierenden spanischen Granden in allem, was
er sagt und tut, kennzeichnet. Man beachte, daß Gaspard Weisheiten
nicht nur Goethes, sondern auch Jean Pauls in den Mund gelegt sind,
nicht zuletzt die so wichtige Theorie des passiven Genies.[11] Mit den
Gedanken, die dieser Mensch sich über die Welt und das Leben
macht, ist sein Autor meist einverstanden. Anstandslos läßt er ihn in
positivem Sinne mitwirken an der Bildung des vorgeblichen Sohnes,
läßt ihn dessen Horizont in vielen Richtungen erweitern und mit bedeutenden Inhalten ausfüllen, ja gesteht ihm das Verdienst zu, Schoppe
als seinen Erzieher engagiert zu haben. „Gaspard", heißt es in dem
Zusammenhang, „hatte ein parteiloses tiefreichendes Auge für jede,
sogar die fremdeste Brust und suchte am wenigsten sein Ebenbild. Er
zog daher den Bibliothekar in sein Haus."[12] Das ist, wenn nicht alles
täuscht, *auch* die Einstellung Albanos und bei diesem ein Kriterium
seiner Anlage zur „Allkräftigkeit".

Trotzdem haben wir es in Gaspard, wie sich am Ende herausstellt[13],
mit dem verbrecherischsten Drahtzieher feudaler Machtmanipulation
zu tun, der in dem Roman vorkommt. Seine Motive, rein egoistisch
wie die Froulays, stehen moralisch noch unter dessen Niveau, da sie
zusätzlich von persönlicher Rachsucht durchdrungen sind[14], und seine
Taten haben der prognostischen Vorsorglichkeit der Intrigen des Ministers nur dies voraus, daß sie aus überlegener Kenntnis der wahren
Zusammenhänge mit List und Täuschung, mit über Leichen gehender
Brutalität, nach einem durch Jahrzehnte verfolgten, bis in kleinste
Einzelheiten festgelegten Plan das Eigeninteresse ihres Urhebers an
den wirklichen Gang der Dinge anzuhängen suchen.

Mit der gleichen Kälte, mit der Gaspard dem teuflischen Spiel Bou-
verots zugesehen hat, das dem Erbprinzen Luigi Gesundheit, Mannes-
kraft und fast das Leben kostete, hat er sich von dessen Eltern als
Preis für die Rettung ihres zweiten Sohnes, Albanos, die vertraglich
zu fixierende Zusicherung ausbedungen, daß seine Tochter Linda an
den im Verborgenen aufwachsenden, vor der Welt verheimlichten
Thronfolger vermählt werden wird. Um seine Nachkommen auf einem
Thron sitzen zu sehen, trennt Gaspard sich von seiner Frau, verbirgt
er der Tochter den Vater und gibt sie als sein Mündel aus, bedient er

sich der Gauklerkünste seines von ihm wie ein Sklave abhängigen Bruders Peppo, der mit mystischen Verheißungen Albano in Lindas Arme zu treiben und durch die Schockwirkung vorgetäuschten Geisterspuks selbst noch die Sterbestunde Luigis so zu manipulieren hat, daß sie in das Timing des Plans optimal hineinpaßt.[15] Der Vertrag mit Gaspard schließlich ist es, der es der Hohenfließer Dynastie, bei Strafe ihres Erlöschens, zur Pflicht macht, unter Mißbrauch der Autorität des würdigen Hofpredigers Spener die Liebe zwischen Albano und Liane zu zerstören, wodurch das Mädchen in den Tod, der Jüngling fast in den Wahnsinn und an den Rand des Grabes getrieben wird.[16] Und was gedenkt der Spanier anzufangen mit der Macht, die er vermöge seines Einflusses auf die zur Fürstin erhöhte Linda ausüben möchte? Reformen ins Auge zu fassen liegt ihm fern, das Wohl des Landes ist ihm ein leerer Begriff. Abgesehen von der Befriedigung seines Wunsches, die Erbfolgeaussichten des Hofs von Haarhaar, der ihm einst die Hand der Prinzessin Isabella verweigert hat, zu durchkreuzen, will er weiter nichts erreichen, als an der Ausplünderung der Untertanen von Hohenfließ beteiligt zu sein. Sind die Anschläge Haarhaars auf die Dynastie von Hohenfließ verbrecherisch, so werden die Maßnahmen, mit der diese sich dagegen zur Wehr setzt, durch die Art der ihr von Gaspard gewährten, seinen Vorteil mit einmengenden Hilfe selbst zu einer Kette von Verbrechen.

Im Lichte von Gaspards Weisheit wirkt die Enthüllung der ungeheuerlichen Zusammenhänge zunächst wie eine naive Frühform des Tricks vieler Krimis, am Schluß mit der Überraschung aufzuwarten, daß die am wenigsten verdächtige Person der Täter ist. Jean Paul hat sich diesen Effekt in der Tat nicht entgehen lassen. Aber er hat ihm zuliebe nicht etwa in den Charakter des Entlarvten einen Bruch hineingetragen, denn der Roman ist durchzogen von Warnungen vor Gaspard, die besagen, daß, unbeschadet des tiefen Wahrheitsgehalts der Reflexionen, die er von sich gibt, seine rein kontemplative Einstellung zum Lauf der Welt, seine Weigerung, Partei zu ergreifen, für ihn den Unterschied zwischen gut und böse praktisch aufhebe. Man erinnere sich: Das Zebedäus-Fragment von 1790 nennt als hervorstechendste Eigenschaft des Philosophie-Professors, den es eiskalt Gefühle analysieren und Tränen anatomieren lassen wollte, dessen Gelassenheit.[17] Genau diese Haltung beanstandete Jean Paul später an Goethe; so, wenn er über ihn, aus Anlaß des Jenenser Atheismusstreits, an Jacobi schrieb: „Goethe – über den ich Dir ein Oktavbändchen zufertigen möchte – ist Gott gleich, der, nach Pope, eine Welt und einen Sperling mit gleichem Gemüte fallen sieht, um so mehr, als er keines von beiden erschafft. Aber seine Apathie gegen *fremde* Leiden nimmt er schmeichelnd für eine gegen die *seinigen*" (aus Weimar, vom 15. Mai 1799).[18] Eben dies ist die Haltung Gaspards. Er beurteilt alles mit großer Klugheit und durchschauendem Blick, aber nichts bewegt ihn. „Seine Prüfung eines Menschen", heißt es gleich zu Anfang des Romans, „war eine kalte Totenbeschau, und nach dem Prüfen lieb' er nicht stärker und haßt' er nicht stärker; für ihn waren im Spektakelstück des polternden Lebens der Regisseur und die ersten und zweiten Liebhaberinnen und die Lears und Iphigenien und Helden weder Freunde, noch die Kasperls und die Tyrannen und Figuranten Feinde, sondern es waren verschiedene Akteurs in verschiedenen Rollen."[19] Und beim ersten Auftreten des so charakterisierten Mannes wird hinzugefügt: „Ein verschmähender, gebietender Geist stand da, der nichts lieben konnte, nicht sein eignes Herz, kaum ein höheres, einer von jenen Fürchterlichen, die sich über die Menschen, über das Unglück, über die Erde und über das – Gewissen erheben, und denen es gleich gilt, welches Menschenblut sie hingießen, ob fremdes oder ihres."[20]

So steht es im ersten Band. Im vierten urteilt Gaspard über die Französische Revolution ohne jede Spur konservativer Borniertheit und doch auch viel weitsichtiger und ausgewogener als der von revolutionärem Enthusiasmus entflammte Albano. Aber gerade die in großen Geschichtsperspektiven denkende, innerlich unbeteiligte Objektivität, die sich von legitimistisch-reaktionären Vorurteilen so frei hält wie von Begeisterung für Freiheit und Recht, erweist sich als die wirksamste konterrevolutionäre Agitation, indem sie immerhin für einen Augenblick erreicht, ein „heißes Siegel auf Albanos Mund zu drükken".[21] Erst am nächsten Morgen, im Gespräch mit Dian, findet der Jüngling zu seinem Vorsatz zurück, „sobald der unheilige Krieg gegen die gallische Freiheit . . . in Flammen schlage, an die Seite der Freiheit zu treten und früher zu fallen als sie".[22] Hier, spätestens, wird klar, welcher politische Sinn darin liegt, daß Gaspards weiser Objektivismus von vornherein als etwas Negatives stigmatisiert worden ist. Scheinbar „allkräftig" durch seine Horizontweite und sein freies, unbefangenes Urteil über jede Erscheinung des Lebens, ist der – vermeintliche – Vater in Wahrheit „einkräftig" bis zum äußersten durch sein Verharren im Kontemplativen, seine quietistische Beschaulichkeit, sein aus ewig relativierendem Abwägen geborenes Unvermögen, in Liebe und Haß zu entbrennen. Und da ihm infolgedessen Böses und Gutes gleich gelten, kann es nicht überraschen, daß, wenn er sich einmal zur Tat entschließt, um im derart betrachteten Weltgetriebe den eigenen Vorteil wahrzunehmen, er dann das Böse nicht scheuen wird. Der Romanschluß offenbart: Er *hat* es nicht gescheut.

Die großen Wahrheiten in Gaspards Weltbild und Lebensweisheit werden als solche dadurch keineswegs falsch, ebensowenig, wie die Vorkehrungen, die er für Albanos Erziehung getroffen hat, dadurch aufhören, dem Jüngling zum Segen zu gereichen. Aber gerade das wird, mit Sophokleischer Zwangsläufigkeit, Gaspard selbst zum Verhängnis:

Unter den „einkräftigen" Gestalten des „Titan" ist er die einzige, die unmittelbar auch Gutes bewirkt und – daran scheitert. Er scheitert z. B. an der Berufung Schoppes zum Mentor des präsumtiven Thronfolgers. Der Objektivismus ist hier der bösen Praxis so abträglich, wie er sonst das Zustandekommen einer guten verhindert. Die böse, dergestalt um ihre Früchte geprellt, fördert eben damit auch wieder das Gute. Denn das enthüllte und scheiternde Verbrechen Gaspards und seines Handlangers Peppo verhilft Albano dazu, sich von der Gefahr der bloßen Kontemplation, die das allseitige Geistesinteresse in sich birgt, loszureißen. Das Beispiel des Mannes, den er für seinen Vater hielt, lehrt ihn, daß universale Bildung, wenn sie keine richtungweisende Verbindlichkeit für das Handeln einschließt, als bewegende Kraft des Handelns nur den um die Wahl seiner Mittel unbekümmerten Egoismus übrigläßt, der, weil ganz auf sich angewiesen, von Vernunft und Sittlichkeit im Stich gelassen, obendrein auch noch so täppisch ist, seine Ziele zu verfehlen. Eine solche Erfahrung gemacht zu haben ist für Albano wertvoll, für die Progressivität seines Herrschertums unentbehrlich: Durch die Entschiedenheit seiner Parteinahme für die Revolution trennt er sich bereits von dem Objektivismus, der die universalhistorische Bewertung des in Frankreich Geschehenden durch Gaspard kennzeichnet. Dafür aber, daß diese Haltung sich nicht mit dem jugendlichen Enthusiasmus des Prinzen verlieren, daß sie auch im reifen Mannesalter für die Entscheidungen des Landesherrn von Hohenfließ stets bestimmend bleiben wird, sorgt erst das Gewahrwerden der jedes ideellen Antriebs entbehrenden, verbrecherischen Politik, welche die tätige Kehrseite der reifen, abgeklärten Kontemplation Gaspards gewesen ist, sorgt vor allem die Entlarvung der in Peppo „einkräftig" inkarnierten Lüge, die der sonst in tiefsinnigen Wahrheiten exzellierende Weise für die Durchsetzung handgreiflicher Machtinteressen in seinen Dienst zu stellen gewußt hat.[23]

Von Gaspard zum Mentor bestellt, ist Schoppe sein Gegenspieler gerade so, wie er im Ringen um Albanos Seele dem unheilvollen Einfluß Roquairols entgegenwirkt. Der Geist Gaspards gleicht einem das All in sich aufnehmenden Spiegel. Auch Schoppes Geist spiegelt die Welt wider, aber ganz anders: mit den kräftigen Strichen der Karikatur, die das Schlechte und Niedrige, es grotesk übertreibend, kenntlich macht. Seine Satiren lassen in Albano ein *parteinehmendes* Bild des Lebens erstehen, das den Objektivismus des – vermeintlichen – Vaters energisch berichtigt. Und als heilsam den väterlichen Einfluß korrigierender Erzieher bewährt Schoppe sich praktisch darin, daß er nicht in der Kontemplation verharrt, daß der Haß auf das Hassenswerte ihn zur Tat treibt.[24] Dies ist der ideelle Sinn seiner Betätigung als Detektiv. Wohl gerät der skurrile Mann dabei zunächst auf falsche Spuren. Aber daß er überhaupt etwas unternimmt, statt räsonierend zuzusehen, was aus dem mysteriösen Spiel, das mit Albano getrieben wird, noch werden mag, das macht ihn zum Vorbild. Auch führen seine Nachforschungen über Irrwege und Sackgassen immer näher an die wirklichen Täter heran, denen der Detektiv auf ihren Fersen schließlich so lästig wird, daß sie ihn, unter Mordbezichtigung, durch seine Einlieferung ins Tollhaus loszuwerden suchen.[25] Und Schoppe ist es, der Peppo stellt und zur Kapitulation zwingt, so daß ihm das Geständnis entrissen werden kann, im Auftrag Gaspards gehandelt zu haben. In dem Augenblick, als Albanos Anspruch auf den Thron ans Licht kommt, ist daher die Autorität, die Gaspard für ihn besaß, die Schoppe so abbröckeln ließ, wie er vorher die Faszination durch Roquairol zu dämpfen verstand, in nichts zerstoben.[26]

Trotzdem muß auch Schoppe auf der Strecke bleiben. Seine „Einkräftigkeit", für die radikalisierende Erziehung des Thronfolgers gedeihlich, ließe sich mit den *konstruktiven* Aufgaben, die den revolutionären Fürsten erwarten, nicht mehr vereinbaren. Denn sie besteht, so sehr Schoppe der militanten Wahrheit der Satire verschworen, so sehr er zu aktivem Kampf gegen das Schlechte aufgelegt ist, in dem Mangel, daß er der bestehenden Ordnung, die es zu überwinden gilt, nichts entgegenzusetzen weiß als seinen so unbedingten wie bindungslosen Unabhängigkeitsdrang.[27] Die Absolutheit des Willens, allein auf sich gestellt zu sein, macht ihn, wie gesagt, anfällig für die Fichtesche Philosophie, und da er sie, in ihren Sog geraten, mit der Kraft der satirischen Übertreibung, der er in seinem Denken nicht mehr Herr wird, zum Solipsismus steigert, verfällt er dem Wahnsinn. Er stirbt in dem Moment seines Triumphs über Gaspard und Peppo, als zufällig sein Doppelgänger Siebenkäs, der maßvollere Satiriker, der die anonym erschienene „Auswahl aus des Teufels Papieren" verfaßt hat, in Pestitz auftaucht. In der Trauer um den gemeinsamen Freund finden Siebenkäs und Fürst Albano zusammen.[28] Man spürt: Nachdem der wilde Schoppe nicht mehr da ist, wird via Siebenkäs der Einfluß Jean Pauls sich in der Regierungspolitik des neuen Herrschers geltend machen.

Und der Einfluß Idoines. Sie verkörpert die sich auf Freiheit gründende neue Ordnung. Aus ihrem Arkadien bringt sie die Botschaft der dort im kleinen verwirklichten Bauernbefreiung mit, die dem neuen Fürsten zeigt, was er zuerst zu tun haben wird. Das Erlebnis der Antike in Italien hat ihn hoch über die Kleinlichkeit und Enge der deutschen Verhältnisse hinauswachsen lassen.[29] Die kurze Zeit nach seiner Heimkehr stand dann im Zeichen seines Aufbruchs in den Krieg.[30] Die Überraschung, daß er Hohenfließ wird regieren müssen, trifft ihn somit in einer den unmittelbaren Belangen des Landes entfremdeten Geistesverfassung. Der Lebensbund mit Idoine beseitigt, noch bevor er geschlossen ist, diese Schwierigkeit sofort. Er führt Albano so in die deutsche Wirklichkeit zurück, daß er an sie erneut Anschluß findet auf eine Weise, die seinem revolutionären Wollen gemäß ist. Durch das von seiner Frau geschaffene Beispiel muß ihm einleuchten, wie er den Kampf gegen die deutsche Misere, den er in den Reihen der französischen Revolutionsarmee zu führen gedachte, als Herrscher führen kann. Vom Aufbruch nach Frankreich ist freilich keine Rede mehr. Gleichwohl braucht er substantiell auf das, was er damit vorhatte, nicht zu verzichten. Die Aufgabe, Hohenfließ in ein Arkadien im großen umzuwandeln, zielt auf denselben Zweck: das eigene Volk von feudaler Knechtung zu befreien.

Auf Freiheit gegründete Ordnung trägt Idoine aber noch in anderem Sinne in Albanos Leben hinein. Denn sie ist die vollständig emanzipierte Geliebte, da sie gegen die höfische Konvention die freie Wahl des Herzens bis in die rächende Verbannung hinein verteidigt hat und nichtsdestoweniger in der lebenslangen Liebesbindung von Mann und Weib einen unverzichtbaren Kulturwert sieht, den sie mit gleicher Entschiedenheit vor der Willkür romantischer Libertinage in Schutz nimmt. Das eine hat sie Liane, das andere Linda voraus.

Beide Mädchen, die Albano vor Idoine geliebt hat, sind „einkräftige" Gestalten. Die Literaturwissenschaft hat das oft betont, aber hat bisher nicht beachtet, daß das nächst der Bauernbefreiung dringlichste Anliegen des Sozialkritikers Jean Paul, die Emanzipation der Frau, sowohl Lianes als auch Lindas „Einkräftigkeit" zum Sinnbild einer jeweils verfehlten Beantwortung dieses Zeitproblems durch das weibliche Geschlecht selbst macht, dem ursprünglich der „Titan" gewidmet werden sollte. Liane, Linda und Idoine wirken nacheinander erzieherisch auf ihren Geliebten ein. Sie sind so an der Formung seiner Persönlichkeit eminent beteiligt. Aber mit ihnen, durch sie, anhand ihrer Fehler und Vorzüge will der Dichter zugleich auch seine Leserinnen erziehen. Sie sollen weder wie Liane noch wie Linda sein. Idoine sollen sie sich zum Vorbild nehmen.

An Gemütstiefe, Transparenz der Farben und Zartheit steht Liane unter den poetischen Mädchengestalten der Weltliteratur einzig da. Jean Paul zeichnet sie mit andächtiger Liebe, versetzt sich mit der ganzen Virtuosität seiner Einfühlungsgabe in ihr Seelenleben.[31] Und doch verhält er sich zu ihr überaus kritisch. Daß beides bei ihm Hand in Hand gehen kann, ist jedem Kenner seiner Werke von Kordula Fälbel oder der Lenette des „Siebenkäs"[32] her geläufig. Nicht übersehen werden darf, daß Lianes Idealisierung, wie die Roquairols, in die Phantasien des *Knaben* Albano hineinverlegt ist, der im Dorf Blumenbühl von den in der Residenz aufwachsenden Ministerskindern gehört hat und sich *von beiden* ein übersteigert herrliches Bild macht.[33] Wie einschneidend es im Falle Roquairols später durch die Wirklichkeit korrigiert wird, ist hier gezeigt worden. Die Erfahrungen mit dessen Schwester entbehren, obwohl sie ein rührendes Wesen und von edelster Gesinnung ist, nicht jeder Parallele zu dieser Desillusionierung.

Die Fehler, die Liane zum Verhängnis werden, sind durchweg darauf zurückzuführen, daß sie die untergeordnete Stellung der Frau in der Gesellschaft, freilich auf dem Niveau, das dem Rang ihres Vaters in der feudalen Hierarchie entspricht, bis zur Selbstaufgabe verinnerlicht hat. Die progressiven Ideen und Bestrebungen der Zeit sind spurlos an ihr vorübergegangen. Schwärmerischer, obskur religiöser Mystizismus beherrscht ihr Bewußtsein bis zu einem solchen Grade, daß sie glaubt, der Himmel habe sie dazu bestimmt, bald ihrer ins Jenseits vorangegangenen Freundin Karoline nachzusterben. In ihrer förmlichen Sehnsucht danach gleicht sie Emanuel-Dahore, dem Mystiker des „Hesperus".[34] Ihre Weltanschauung spiegelt, wie erwähnt, die Seite der Romantik wider, die literarisch durch Novalis' „Hymnen an die Nacht" repräsentiert wird[35] und von Jean Paul kaum weniger abgelehnt wurde als der Schlegelsche Ästhetizismus, der bei ihm in Roquairol konzentriert ist. Der Gedanke, in der Liebe eigenes Glück zu finden, liegt Liane völlig fern. Ihr Begriff von Liebe kennt nur die sich selbst verleugnende Aufopferung für den anderen.[36]

Von diesem Mädchen erhört zu werden ist für Albano von vornherein keine ungetrübte Freude. Die erdenferne Geliebte quält ihn mit ihren Todesahnungen, mit der düsteren Einbildung, daß ihr häufig ihre dahingeschiedene Freundin erscheine. Er vermißt an ihr die natürliche Heiterkeit eines gesunden, lebensfrohen Menschen. Was ihn am meisten beunruhigt, ist die Vorstellung, daß sie in ihrer ekstatischen Hingabe an Gott und ihrem übersteigerten Edelmut gar nicht imstande sei, seine Liebe genügend zu schätzen. Sie kennt die geisterhaften Weissagungen, die ihm ihre Freundin Linda zur Frau verheißen haben. So bringt sie es übers Herz, ihm zu erklären, es sei ihr ein Trost zu wissen, daß er, wenn sie tot sei, mit Linda glücklich sein werde. Albano empfindet, daß ein solcher Gedanke bei einer liebenden Frau unnatürlich ist. Der Argwohn beschleicht ihn, das Mädchen liebe ihn bloß, weil es nichts hasse. Und die Zweifel und widersprechenden Empfindungen, die sich bei ihm einstellen, führen schließlich dazu, daß er ihr nicht vertraut, sondern sie für treulos hält, als die verborgenen Mächte, die sein Schicksal lenken, sie dazu zwingen, mit ihm zu brechen.[37]

Es scheint ein Anflug von Emanzipation, daß Liane heroisch ihre Liebe gegen die eigenen Eltern verteidigt. In Wahrheit bewegt ihr Widerstand sich da in den Grenzen der Loyalität, die ihr die neue Rolle der bereits heimlich Verlobten abverlangt. Die Konvention läßt es nicht nur zu, sie fordert geradezu, daß der künftige Mann unter dieser Voraussetzung den Vorrang vor den Eltern habe. Sobald Liane durch Spener von dem Geheimnis um Albanos Geburt erfährt, bricht ihr Widerstand im Nu zusammen.[38] Sie glaubt, es dem Leben, der Gesundheit und der Zukunft ihres Geliebten schuldig zu sein, unter Wahrung des Geheimnisses mit ihm zu brechen. Aber das ist, bei Lichte besehen, töricht von ihr. Denn da Albano von den Nachstellungen des Haarhaarschen Hofs im Falle der Preisgabe des Geheimnisses selbst an Leib und Leben bedroht wäre, würde er der letzte sein, es zu verraten. Ihm könnte Liane ohne Bedenken anvertrauen, was sie weiß. Interessiert daran, ihm seine Herkunft und Bestimmung noch länger vorzuenthalten, ist einzig Gaspard, der erst die geplante Manipulation mit Linda zu Ende führen möchte.[39] Was also bewegt Liane dazu, sich an den leicht zu widerlegenden Gedanken zu klammern, daß sie auf Albano aus Sorge um dessen Leben verzichten müsse? Einmal der Gehorsam der Untertanin gegenüber dem Herrscherhaus, zum anderen – noch wichtiger – das von der feudalen Konvention gezüchtete Gefühl, als schlichtes Fräulein von Froulay einem angehenden Fürsten nicht ebenbürtig zu sein. Jean Paul betont mehrmals, daß Idoine Liane täuschend ähnlich sehe, nur sei sie an Gestalt größer. Sie ist es auch an Charakter, auch durch die Progressivität ihrer Gesinnung.

Nun setzt die nichtemanzipierte Frau, soll es ihr erspart bleiben, an der Härte ihres Schicksals zugrunde zu gehen, den ritterlichen Mann voraus. Den findet Liane in Albano nicht, als sie ihm seine Briefe zurückgibt und das heimliche Verlöbnis ohne Angabe von Gründen auflöst. Sie hat es statt dessen mit einem Gefährten zu tun, der sie, *weil* als gleichberechtigt, so auch als *gleich verpflichtet* behandelt und dementsprechend barsch zurechtweist, zumal er sowieso an der Echtheit einer Liebe zweifelt, der eigenes Glücksverlangen abgeht, ja die die Anpreisung einer würdigeren Nachfolgerin zuläßt. So wird Liane ein Schlag versetzt, dem ihre zarte, kränkliche Konstitution kaum standhält. Sie würde seine Folgen aber wahrscheinlich überstehen, wenn nicht zusätzlich ihre mystisch-obskuren Todesahnungen eine ständige Verführung wären, die Anfälligkeit und Schwäche der eigenen Physis als Beweis für die Wahrheit jener transzendenten Prophezeiungen zu nehmen, mit denen die schon ins Jenseits entrückte Freundin Karoline sie zu locken scheint. Schon im „Hesperus" und im „Fixlein" hat Jean Paul das Verhalten von Personen geschildert, die zu einem bestimmten Zeitpunkt den eigenen Tod erwarten, und hat beide Male, seinem aufklärerischen Rationalismus getreu, die mystischen Einbildungen dadurch widerlegt, daß, als es so weit ist, gar nichts geschieht.[40] Auch im „Titan" gibt er dem Mystizismus nicht etwa recht. Er bekämpft ihn hier womöglich noch entschiedener. Doch die Sophokles-Adaption, als Schema für die Darstellung des tragischen Scheiterns „einkräftiger" Charaktere, inspiriert ihn zu einer Abwandlung jenes Einfalls: Krank geworden durch die Kapitulation ihrer Liebe vor der heiliggehaltenen Konvention *und* durch die unangemessene Behandlung von seiten ihres aufgeklärt-vernünftigen Geliebten, gibt Liane mit ihren Todeserwartungen ihrem geschwächten Körper den Rest. Sie stirbt also sowohl an dem dynastischen Verbrechen, das ihr den Verzicht auf den geliebten Mann abnötigt, wie auch als *mit*schuldiges Opfer des reaktionären Weltbildes, das gefühlvolle, schwärmerische Frauen ihrer Art unter den Bedingungen der deutschen Feudalmisere internalisieren.[41]

Auf seine zweite Geliebte, Linda, ist Albano wiederholt durch die Weissagungen des ihm in verschiedenen Maskierungen erscheinenden Peppo aufmerksam gemacht worden.[42] Ein von Gaspard und den Eingeweihten bei Hof manipuliertes Arrangement führt dazu, daß er ihr in Italien, auf der Insel Ischia, zum ersten Mal begegnet. Der jungen Gräfin fällt der Jüngling durch die Ähnlichkeit seiner Stimme mit der Roquairols auf. Er, umgekehrt, erkennt ihr Gesicht wieder, das Peppo ihn früher durch Luftspiegelungen hat sehen lassen und das später Liane für ihn gezeichnet hat. Aber Linda ist herrlicher als alle Bilder von ihr. Fast auf den ersten Blick, während ein Erdbeben die Insel erschüttert, entflammen beide in Liebe zueinander, das feurige junge Genie und die titanenhafte schöne Spanierin.[43] Es sieht so aus, als habe Gaspard richtig gerechnet, als seien sie wirklich wie füreinander geschaffen. Das warme Klima Italiens, die prangende, leuchtende Landschaft fachen ihre Gefühle an, daß sie auflodern wie Flammen. Mit ungeheurer Wortgewalt schwelgt Jean Paul darin, den Überschwang und die Seligkeit des frischen Glücks dieser starken, gesunden Naturen zu schildern. Wie ein stiller, blasser Traum aus längst versunkenen Tagen erscheint die Liebe Albanos zu Liane, verglichen mit der Glut seiner neuen Passion.

Doch bald beginnen sich abermals Konflikte anzukündigen. Linda ist eine emanzipierte Frau, frei von Vorurteilen, selbständig in ihrem Denken und Handeln, voller Eigenwilligkeit, stolz und kühn auf ihrem Recht und ihren Wünschen beharrend, die verkörperte Freigeisterei der Leidenschaft, wie einst Schiller sie in seinem großen Gedicht auf ihr Urbild, Charlotte von Kalb, besungen hat. Intellektuell und an Bildung steht sie, Tochter Gaspards, hoch über der schwärmerisch frommen Liane. Nicht Gebetbücher liest sie, sondern Montaigne, Rousseau und die Germaine de Staël. Aber sie vertritt desgleichen die Ideen über Liebe und Ehe aus Friedrich Schlegels „Lucinde".[44] Ohne das Buch zu nennen, geht Jean Paul nun auch mit diesem Aspekt der Romantik ins Gericht. Linda weist Albanos Heiratspläne zurück. Sie lehnt die Ehe als Institution ab. Frei will sie sich dem Geliebten schenken. Der Traualtar gilt ihr als Richtplatz der weiblichen Freiheit, als Scheiterhaufen der Liebe.[45] Und auf der Basis der freien Gemeinschaft wiederum soll der Mann, solange die beiderseitige Leidenschaft anhält, ihr ganz gehören. So widersetzt sie sich denn auch Albanos Plan, in Frankreich für den Sieg der bedrohten Republik zu kämpfen.[46] War Lianes Liebe nichts als Verzicht und Opfer, so liebt Linda rein egoistisch, ohne Rücksicht auf den Lauf der Welt, erhaben ebenso über die Freiheit des Volkes wie über Sitte und Satzung.

Als das Paar, aus Italien zurückgekehrt, wieder in Hohenfließ weilt, gelingt es der Prinzessin Julienne, Albanos Schwester, Linda zu einem gemeinsamen Ausflug mit ihr in das Arkadien Idoines zu bewegen. Julienne, die, als Angehörige des Pestitzer Hofs, vertraglich den Plänen Gaspards verpflichtet ist, rechnet damit, daß der Anblick Idoines wegen deren Ähnlichkeit mit Liane in Linda wilde Eifersucht aufstacheln und so ihre Seele für die hohen Moralbegriffe der verbannten Haarhaarschen Prinzessin aufnahmebereit machen werde, aus Angst, Albano an das Ebenbild seiner früheren Liebe zu verlieren. Idoine ist in viel stärkerem Maße als Linda emanzipiert, nicht nur frei *von* Konventionen und Vorurteilen, sondern frei *für* ein werktätiges Leben, wie es unter den Bedingungen der Zeit sonst nur die Männer führen.[47] Gerade deswegen aber liegt ihr das romantische Geniewesen, das gegen Tugend und Sittlichkeit in jeder Form aufbegehrt, fern. Auch sie lebt ehelos, aber nur, weil es ihr versagt ist, unter ihrem Stande zu heiraten. An sich gilt ihr die Ehe, sofern sie aus Liebe und nicht um dynastischer Interessen willen geschlossen wird, als sinnvoll. So bringt Julienne geschickt das Gespräch aufs Heiraten. Linda äußert ihren ketzerischen Haß dagegen. Liebe ohne Freiheit und aus Pflicht, meint sie, sei nichts als Heuchelei. Die Ehe lege „die Blume mit einem scharfen Eisenring an ihren Stab peinlich gefangen". Idoine wendet ein, es sei gewiß nur Lindas Verabscheuung der Priester, die sie auf die Ehe übertrage. Beides aber sei nicht dasselbe, das Eheband nichts weiter als eine ewige Liebe, und jede rechte Liebe müsse sich für eine ewige halten. „Ich bin eine Deutsche", schließt die Prinzessin, „und achte meine Ahnen hoch. Selig sind eine Frau wie Elisabeth und ein Mann wie Götz von Berlichingen in ihrer heiligen Ehe." Wie von Julienne vorausgesehen, windet Linda sich in Eifersuchtsqualen und fühlt sich zugleich durch die moralische Überlegenheit der Doppelgängerin ihrer toten Rivalin beschämt. Als die Freundinnen sich auf den Heimweg machen, ist der Widerstand der Titanide gebrochen.[48]

Der schwelende Konflikt ist damit jedoch nur zur Hälfte aus der Welt geschafft. Auf Gaspards Drängen nimmt Linda den Heiratsantrag Albanos jetzt zwar an. Mit den Worten „So nimm sie denn hin, meine liebe Freiheit, und bleibe bei mir!" sinkt sie an seine Brust. Aber im selben Augenblick bricht die andere, viel tiefere Divergenz wieder auf. Linda fordert von ihrem Geliebten, daß er nun darauf verzichte, in den Krieg zu ziehen. Das kann er nicht. Soeben ist ihm von Ereignissen berichtet worden, die es ihm unmöglich machen, noch länger mit seiner Abreise zu zaudern. Der Ausbruch bewaffneter Kämpfe steht unmittelbar bevor. Die Sache der Revolution steht auf dem Spiel.

Linda besteht darauf, daß er den Gedanken, nach Frankreich zu gehen, endgültig aufgebe. Albano beharrt auf seinem Vorsatz. Beide sind stolz und hartnäckig. Keiner gibt nach. Ohne ein Zeichen der Erweichung läßt die Spanierin anspannen und entfernt sich. Der Bruch ist unvermeidlich. Albano erinnert sich schmerzlich an Liane, die nicht so egoistisch gewesen wäre, und sucht das Grab der Verstorbenen auf. Und da begegnet er Idoine, die nun auch darin ihre Überlegenheit über Linda beweist, daß sie seinen Entschluß bejaht.[49]

Lindas Art, „einkräftig" zu sein, ähnelt stark derjenigen Schoppes, weshalb es psychologisch kein Zufall ist, daß der alte Mann sich voller Zuneigung zu ihr hingezogen fühlt.[50] Beiden ist eine Freiheitsliebe eigen, die jedwede Bindung verschmäht. Beide haben die feudale Konvention weit hinter sich gelassen, ohne zu neuen Ufern aufgebrochen zu sein, ohne die konstruktive Idee einer neuen, besseren Ordnung der Beziehungen zwischen den Menschen in sich zu tragen. Und wie Schoppe der subjektivistischen Philosophie der Jenenser Romantik verfällt und durch sie in Wahnsinn getrieben wird, so erliegt Linda, in ihrer Willkür, ihrer Losgebundenheit von jeder Sitte, in der apolitischen, auf puren Egoismus reduzierten Substanzlosigkeit ihres Emanzipiertseins, der Faszination durch den romantischen Ästhetengeist in seiner ruchlosesten Gestalt. Die Titanide hat das Werben Roquairols stets zurückgewiesen.[51] Als der Verschmähte sich jetzt aber an ihr und an Albano dafür rächt, daß sie zusammengefunden haben, als er, von dem Bruch zwischen beiden nichts ahnend, Linda mit der verstellten Handschrift ihres Verlobten zur Dämmerstunde in einen Park lockt, sie dort unter Ausnutzung ihrer Nachtblindheit und seiner Stimmenähnlichkeit mit Albano schändet, um ihr hinterdrein das Geschehene in der Liebhaberaufführung des Parabelstücks „Der Trauerspieler", mit dem eigenen Selbstmord auf der Bühne als Schlußpointe, zu Bewußtsein zu bringen, da ist die Titanide von der kühnen Verruchtheit, dem großen Stil des an ihr begangenen Verbrechens so angetan, daß sie den Toten zu lieben anfängt und stolz erklärt, seine Witwe zu sein.[52] Und diese sensationslüsterne, exaltierte Reaktion, welche die Fehlorientierung ihres Emanzipationsdranges vollends entlarvt, zerstört in Albano, der für die unglückliche Geschändete schon tiefes Mitgefühl zu empfinden begann, den letzten Rest von Sympathie. Kurz danach werden ihm seine wahre Herkunft sowie sein Anspruch auf den soeben durch Luigis Tod verwaisten Thron bekannt, und er hält um Idoines Hand an.[53]

Im Gegensatz zu Schoppe *und* zu Linda ist Idoine von *konstruktivem* Freiheitsdrang beseelt. Durch ihre Auflehnung gegen die Menschenunwürdigkeit der dynastischen Heiraten hat sie sich, um den Preis der Verbannung vom Hof, ihre Emanzipation erkämpft, hat ihr in Arkadien einen tätigen Inhalt gegeben und hat schließlich durch ihr Bekenntnis zur Französischen Revolution gezeigt, daß es ihr mit dem Willen, die Welt zum Besseren zu verändern, auch in großen Dimensionen Ernst ist. Ihr Ja zur Institution der Ehe aber bedeutet, daß sie in die zu errichtende neue Gesellschaft das Kulturerbe der auf Freiheit und Liebe basierenden Bindungen hinüberzuretten und gegen die Zügellosigkeit einer falsch verstandenen Modernität verteidigt zu sehen wünscht. Als werktätige Frau, als gleichgesinnte, ebenbürtige politische Gefährtin, als Persönlichkeit von sittlicher Reinheit und Größe ist sie der Mensch, den Albano an seiner Seite braucht, mit dem in Liebe verbunden er die ihm zugefallene Macht der Menschlichkeit und Freiheit dienstbar machen will.

„Er war sich höherer Zwecke und Kräfte bewußt, als alle harten Seelen ihm streitig machen wollten", schreibt Jean Paul über den sein Amt antretenden jungen Fürsten, „aus dem hellen, freien Ätherkreise des ewigen Guten ließ er sich nicht herabziehen in die schmutzige Landenge des gemeinen Seins. Ein höheres Reich, als was ein metallener Szepter regiert, eines, das der Mensch erst erschafft, um es zu beherrschen, tat sich ihm auf. Im kleinen und in jedem Ländchen war etwas Großes, nicht die Volksmenge, sondern das Volksglück."[54] Und als der Ehebund zwischen Albano und Idoine beschlossen ist, welcher der Rivalität zwischen Haarhaar und Hohenfließ auf andere Weise, als die Dynastien es sich vorgestellt haben, ein Ende setzt, da ruft Julienne, während die Liebenden im ersten Kuß versinken, aus: „Schauet auf zum schönen Himmel, der Regenbogen des ewigen Friedens blüht an ihm, und die Gewitter sind vorüber, und die Welt ist so hell und grün – wacht auf, meine Geschwister!"[55]

Mit diesen Worten, niedergeschrieben zu Meiningen im Dezember 1802, zwölfeinhalb Jahre nach den ersten, planenden Überlegungen, die der „Unsichtbaren Loge" galten, vollendet sich Jean Pauls Revolutionsdichtung, die umfassendste Bekundung freiheitlichen Tatwillens, die der deutsche Geist im Morgenrot des bürgerlichen Zeitalters hervorgebracht hat, gipfelnd in der Entdeckung, daß der revolutionäre Staatsmann die wahre Verwirklichung des klassischen Persönlichkeitsideals ist.

VIERZEHNTES KAPITEL

Schlußbemerkungen zur Stellung Jean Pauls in der Literaturgeschichte

I

Jean Paul ist der bedeutendste Erzähler der Goethezeit und, ohne daß das Ganze seines Erbes sich im Komischen erschöpfen würde, der größte Humorist deutscher Sprache. Um seine Stellung in der Literaturgeschichte näher zu bestimmen, muß man unterscheiden zwischen den historisch-gesellschaftlichen Kräften, denen der soziale Gehalt seiner Dichtung verpflichtet ist, und den ideengeschichtlichen Überlieferungen, die sein Schaffen unmittelbar angeregt und befruchtet haben. Unter dem ersten Gesichtspunkt stellt sein Lebenswerk eine der entschiedensten Manifestationen revolutionär-demokratischen Geistes dar, die aus der deutschen Literatur um die Wende vom 18. zum 19. Jahrhundert, zwischen dem Ende des ancien régime und dem Beginn der Restaurationsperiode, überliefert sind. Unter dem zweiten Gesichtspunkt erweist es sich als der im deutschen Sprachraum gewichtigste Versuch, den englischen Roman aus dem 18. Jahrhundert, insbesondere den humoristischen, schöpferisch fortzubilden. Beide Momente zusammen machen den Verfasser der „Unsichtbaren Loge" und des „Hesperus" zum Pionier des modernen kritischen Realismus in der Geschichte deutscher Erzählkunst. Als Autor des „Titan" und der „Flegeljahre" adaptierte er, zusätzlich zu der englischen Überlieferung, formal wie inhaltlich noch Elemente der Dichtung Goethes und Schillers und verlieh ihnen in kritischer Auseinandersetzung mit ihren Urhebern eine andere, spezifisch demokratische Tendenz.

An dieser historischen Ortsbestimmung muß auffallen, daß sie darauf verzichtet, Kategorien ins Spiel zu bringen, von denen die Literaturwissenschaft üblicherweise Gebrauch macht, wenn sie die Lebensleistung eines deutschen Dichters, der dem letzten Drittel des 18. und dem ersten des 19. Jahrhunderts angehört, einzuordnen sucht. Es ist zunächst vermieden worden, von Aufklärung, Sturm und Drang, Klassik und Romantik zu sprechen. Aus gutem Grund: Obwohl diesen Begriffen unleugbar die Hauptetappen und -gruppierungen in der damaligen Geschichte deutscher Dichtkunst entsprechen, sind sie weder historisch und soziologisch bis heute eindeutig definiert, noch vermögen sie die komplizierte Vielfalt der literarischen Phänomene zu fassen, die man unter sie zu subsumieren, mit ihrer Hilfe zu gliedern pflegt. Und besonders deutlich wird ihre Unzulänglichkeit am Werk Jean Pauls. Es steht, auf je unterschiedliche Art, in Berührung mit allen diesen „Schulen" und läßt sich doch keiner von ihnen zuordnen.

In den achtziger Jahren des 18. Jahrhunderts, während seiner satirischen Periode, stand Jean Paul seiner Bildung und seinem geistigen Habitus nach dem älteren Aufklärertyp, von der Art Lessings, Lichtenbergs, selbst Nicolais, näher als den Stürmern und Drängern, über die er sich denn auch gerne lustig gemacht hat. Er war Rationalist, stellte seiner ersten Veröffentlichung Voltaire-Zitate als Motto voran und ahmte die Ironie der Swiftschen Satiren nach. Gleichwohl setzen seine damaligen Schriften den Sturm und Drang voraus. Durch ihn ist ihr Autor dazu ermutigt worden, seine deutschen Vorgänger, die Rabener und Liscow, an Radikalität weit hinter sich zu lassen, und seine Satirenbücher, vom „Lob der Dummheit" bis zur „Bayerischen Kreuzerkomödie", ob veröffentlicht oder nicht, sind ihrer Tendenz nach dem rebellischen Geist der Dramen Klingers und des jungen Schiller eng verwandt. Es fängt also damit an, daß schon die Abgrenzung von Aufklärung und Sturm und Drang durch den frühen Jean Paul in Frage gestellt ist. Beide Richtungen überschneiden und durchdringen sich in seinem Schaffen so sehr, daß ihre schroff ausschließende Entgegensetzung als Absurdität erscheint.[1]

Was die Gruppierungen betrifft, die sich nacheinander, die jüngere aus der älteren hervorgehend, in den neunziger Jahren herausgebildet haben – die Weimarer Klassik und die Romantische Schule –, so ist es, bei all ihrer Bedeutung, irrig zu meinen, daß die deutsche Literatur jener Zeit von ihnen allein repräsentiert würde. Sieht man ab von den letzten Mohikanern der Aufklärung, wie Nicolai, die ziemlich belanglos sind, allerdings nicht ohne Einfluß waren, so gab es noch Hölderlin und den späten Klinger und die von Herder und Jean Paul vertretene Richtung. Sie und andere widerstreiten der gewohnten Vorstellung, daß, weil auf den Sturm und Drang die Klassik und auf diese die Romantik gefolgt ist, sich jede Erscheinung des literarischen Lebens jener Epoche in der einen oder anderen Kategorie müsse unterbringen lassen. In Wahrheit liegen die Dinge komplizierter.

Als Goethe und Schiller ihren Geistesbund schlossen, war die „Unsichtbare Loge" bereits erschienen, und der „Hesperus" stand kurz vor seiner Vollendung, beides Werke, in denen Jean Paul auf selbständige, eigenwillige Art über die der vorrevolutionären Epoche angehörenden Hauptströmungen der deutschen Dichtung – Aufklärung und Sturm und Drang – hinausgewachsen war. Objektiv stand er hier bereits in Gegensatz zur Weimarer Klassik, und von 1796 an sehen wir ihn, unter dem Einfluß Herders, bewußtermaßen, bis zur Feindseligkeit gegen sie Stellung nehmen, ihr zugleich aber auch manche Errungenschaft absehen und sie sich zunutze machen. Nichtsdestoweniger bewegte seine Opposition sich auf anderer Linie als die der Romantik, mit der, besonders im „Titan", mittels Darstellung „einkräftiger" Gestalten wie Roquairol, Liane und Linda, noch schärfer abgerechnet wird.

Um die Jahrhundertwende trat in der Einstellung des Dichters eine gewisse Veränderung ein. In Berlin rang er sich, unter Wahrung seiner Selbständigkeit und immer noch mit starken, ins Grundsätzliche gehenden Vorbehalten, vorübergehend zu einer versöhnlicheren Haltung gegenüber den Romantikern durch, war bereit, deren wertvolle Leistungen anzuerkennen, und ließ sich von ihnen in Grenzen sogar anregen. Heißt das, daß damit, nachdem unterdessen die Gegensätze zwischen Klassik und Romantik sich voll entfaltet hatten, ein Bündnis zwischen ihm und den Romantikern gegen Weimar zustande gekommen wäre? Weit gefehlt. Jean Pauls Verhältnis zu Goethe und Schiller wurde zur gleichen Zeit noch versöhnlicher, und soweit von einem Bündnis die Rede sein kann, richtete es sich gegen den platten Aufkläricht Nicolais und seiner Anhänger, womit die Weimarer Dioskuren, hätten sie sich näher damit befaßt, sicher einverstanden gewesen wären. Mit den „Flegeljahren" sodann legte Jean Paul ein humoristisches Seitenstück zum „Wilhelm Meister" vor, das dessen Grundgedanken übernimmt und nur ins Demokratische abwandelt, und in der „Vorschule der Ästhetik" endlich befehdete er sowohl die antirealistischen Konzeptionen der Romantiker, deren Überspanntheit und Phantasterei, als auch den trockenen, poesiefeindlichen Philistergeist jener übriggebliebenen Berliner Aufklärer.[2] Offenbar war damit ein äußerster Punkt der Annäherung an die Weimarer Klassik erreicht, zumal an verschiedenen Stellen des Werks Goethe und Schiller Lob gespendet wird. Als Ästhetiker bekämpfte Jean Paul sie nicht mehr grundsätzlich, er wollte sie nur noch ergänzen – z. B. durch die bei ihnen fehlende Theorie des Humors und des Komischen. Im einzelnen machte er dabei entschiedene Vorbehalte geltend und nahm er kritische Abgrenzungen vor. Der Grundtenor ist bewundernde Anerkennung – was aber wieder nicht hindert, daß in diesem Buch als der große geistige Führer der Epoche Herder, der abseitsstehende, grollende Widersacher der Weimarer Klassik, gefeiert wird.[3]

Gleich scharf unterschieden von der Romantik durch sein Dringen auf Lebenswahrheit und Realismus und von der Klassik durch seinen Humor, seine Gegenwartsbesessenheit, seine – mit Ausnahme des „Titan" – barock-schrullige Form, gegen beide Richtungen die plebejisch-demokratische Tendenz seines Schaffens behauptend, dennoch einig mit beiden in der Verteidigung der Poesie gegen Aufkläricht, Philistertum und plattes Mittelmaß, bei alledem den Intentionen seines vergötterten Herder verschworen, doch zu liebenswürdig, aufgeschlossen und geistig beweglich, um, wie dieser, nur verdrossen zu sein und ganze Kinderheime mit dem Badewasser auszuschütten, statt dessen bereit, selbst Gegnern gerecht zu werden, ihre Größe zu würdigen, von ihnen zu lernen – so steht der reife Jean Paul in den Literaturkämpfen seiner Zeit da und spottet jedem Versuch, ihn auf eine der dominierenden Richtungen festzulegen.

Man hat diese Eigenwilligkeit seiner Position häufig bemerkt und hat auf verschiedene Weise versucht, ihr die geläufigen Begriffe anzupassen. Der Wahrheit verhältnismäßig am nächsten kommt dabei Hettner, wenn er Jean Paul zusammen mit Klinger und Hölderlin unter den Sammelbegriff „Nachklänge der Sturm- und Drang-Periode" stellt.[4] In der Tat: Die militante Frontstellung gegen Absolutismus und Adelsvorrechte, das zu Ehren Jean Jacques' gewählte Pseudonym, die lebenslange Liebe zu Herder, dem einstigen Erwecker der Bewegung, der mehrfach, bis in den „Titan" hinein wiederkehrende Gedanke, positive Romanhelden durch „Klingerschen Abscheu an Despotismus" zu charakterisieren, das Anklingen von Reminiszenzen an die „Räuber" in der „Unsichtbaren Loge", die ebenfalls an den jungen Schiller erinnernde kritische Darstellung der Adelswelt, das alles und manches mehr bestätigt, daß in Jean Pauls Romanen die Impulse des Sturm und Drang machtvoll fortwirken.

Trotzdem hat die von Hettner gewählte Verlegenheitskategorie doch auch wieder ihr Mißliches. Einmal liegt in dem Begriff des „Nachklangs" etwas Herabsetzendes. Es wird damit zum Ausdruck gebracht, daß der den Sturm und Drang beseelende Oppositionsgeist seine einzig legitimen Vertreter in den dieser Bewegung unmittelbar zugehörigen Dichtern der siebziger und achtziger Jahre habe, während er in der Periode der Goethe-Schillerschen Klassik eigentlich nicht mehr recht angebracht gewesen sei. In Wahrheit ist die Lebensleistung Jean Pauls unvergleichlich bedeutender als der Sturm und Drang, und zeitgemäß war ihre Tendenz insofern, als nach der Französischen Revolution die deutsche Feudalmisere ja fortbestand – was auch immer die Resultate der Revolution für Europa im ganzen bedeuten mochten. Zum anderen konnten die produktiven Anregungen, die Jean Paul vom Sturm und Drang empfing, aber auch nur geringfügig sein, einfach deswegen, weil die Literaturgattung, in der er sein Bestes gegeben hat, den Stürmern und Drängern verhältnismäßig fremd geblieben war. Goethes „Werther" hat nicht den Charakter eines Romans im echten und eigentlichen Sinne. Heinses „Ardhingello", dieses Hohelied ausschweifender Sinnlichkeit, lag den Bestrebungen, die in der „Loge" und im „Hesperus" ihren Niederschlag gefunden haben, fern und könnte allenfalls auf den hohen, „italienischen" Stil der letzten „Titan"-Bände abgefärbt haben.[5] Schillers „Geisterseher" hat auf die Fabel des „Titan" eingewirkt, kann jedoch schwerlich zu den wichtigen Vorläufern des Jean Paulschen Romans überhaupt gerechnet werden. Und das ist bereits alles, was der Sturm und Drang an belangvoller erzählender Prosa hervorgebracht hat, wenn man die Romane Klingers ausnimmt, die selbst erst von 1791 an entstanden, also

„Nachklang" sind. So erklärt es sich, daß Wieland, der literarische Vollender des Rokoko, mit seinen Romanen Jean Paul immer noch mehr zu geben vermochte als die Bewegung, zu deren Ausläufern dieser gehören soll.

Trotz seiner relativen Berechtigung ist mithin auch das Schlagwort „Nachklang der Sturm- und Drang-Periode" fragwürdig. Und es erweist sich als entbehrlich, sobald man sich dazu entschließt, die Kennzeichnung der *Klassenposition* eines Schriftstellers für wesentlicher anzusehen als dessen Subsumierung unter eine geistesgeschichtliche Kategorie. Geht man davon aus, daß Jean Paul ein mit den Fronbauern verbundener revolutionärer Demokrat gewesen ist, daß er von ihrem Klassenstandpunkt aus gegen den Kleinstaatdespotismus und die Privilegien des Adels angekämpft hat, daß die Französische Revolution ihn in diesem Kampf beflügelte, dann fällt es weniger schwer, ihn historisch richtig einzuordnen. Denn dann lassen sich sein Gegensatz zur Weimarer Klassik und zur Romantischen Schule, sein Bündnis mit Herder, seine Vorliebe für den „Dya-Na-Sore", die Eigenart seiner Adaption des Wielandschen „Agathon" und nicht zuletzt *auch* das Fortwirken des Sturm- und Drang-Erbes in seinen Werken sogleich auf ihren gemeinsamen Nenner bringen. Dann auch wird klar, was ihn, über alle Unterschiede hinweg, einerseits mit dem späten Klinger und andererseits mit Hölderlin substantiell verbindet.

Eine Frage läßt sich so freilich nicht beantworten: die nach den literarischen Traditionen, an die Jean Paul unmittelbar angeknüpft und die er weiterentwickelt hat. Sie kann nur geklärt werden, wenn man die Anforderungen in Betracht zieht, die das Genre an ihn stellte, in dem er seine demokratischen Bestrebungen geltend zu machen gedachte. Um Romane schreiben zu lernen, mußte er sich in der Hauptsache anderen Meistern zuwenden, als es sie in Deutschland gab. Und er fand sie, wie einst als Satiriker, wieder unter den Engländern. Waren das „Lob der Dummheit" und die „Grönländischen Prozesse" durch Pope und Young, die „Teufelspapiere" und die „Kreuzerkomödie" durch Swift, teilweise durch Sterne angeregt worden, so stehen seine Romane vorab im Zeichen von Richardson und Fielding, Sterne und Smollet und haben erst sekundär Motive aus dem erzählerischen Werk Wielands, aus Schillers „Geisterseher", Goethes „Wilhelm Meister" usw. in sich aufgenommen. Will man daher den Begriff des revolutionären Demokraten noch durch eine speziell geistesgeschichtliche Kennzeichnung der Stellung Jean Pauls in der modernen Literaturentwicklung präzisieren, so hilft es wieder nichts, die konventionellen Kategorien zu dehnen und zu strecken, da es in der Beziehung den wahren Sachverhalt genauer trifft, von dem großen deutschen Fortsetzer der englischen Romanciers des 18. Jahrhunderts zu sprechen.

Nicht zufällig ist der Prosaroman, als die spezifisch neuzeitliche Errungenschaft der Literatur, in dem ältesten, durch Jahrhunderte fortgeschrittensten kapitalistischen Land Europas entstanden und hier zu lange Zeit unübertroffener Blüte geführt worden. Und nicht zufällig blieb das ökonomisch rückständige, altertümlich verwinkelte, eines nationalen Zentrums entbehrende Deutschland mit seinen feudalen Gesellschaftsverhältnissen, seinem schwachen, gedrückten Bürgertum in dieser Gattung der Dichtkunst länger als in der Lyrik, dem Drama, dem Versepos hinter der westeuropäischen Entwicklung zurück. Übersetzungen englischer Romane überschwemmten Jahrzehnte lang den deutschen Buchmarkt, ehe es zu tastenden eigenen Versuchen in dem sich sofort allgemeiner Beliebtheit erfreuenden Genre kam, und durchweg an englische Vorbilder lehnten die Pioniere des deutschen Romans sich an: Gellert mit seinem „Leben der schwedischen Gräfin von G." an Richardson, Wieland mit dem „Agathon" an Fielding, Hippel mit den „Lebensläufen" an Sterne. Keines dieser einst bahnbrechenden Bücher hat der Zeit standgehalten. Schon im 19. Jahrhundert las sie kaum noch jemand. Erst in Jean Paul erhob der deutsche Roman sich zu weltliterarischem Rang. Erst in dem Dichter der „Unsichtbaren Loge" und des „Hesperus" erwuchs den großen englischen Romanschriftstellern ein deutscher Schüler und Fortsetzer, der ihnen kongenial und nicht mehr bloß ihr Epigone war. Einzig das Manuskript von „Wilhelm Meisters theatralischer Sendung" besaß noch annähernd gleichen Rang. Aber bis 1910 blieb es der Öffentlichkeit verborgen, und seine Umarbeitung zu „Wilhelm Meisters Lehrjahren" kam erst kurz nach dem „Hesperus" heraus und ist möglicherweise bereits durch die „Loge" beeinflußt worden.

Das auffälligste Merkmal der Adaption des englischen Romans in „Loge" und „Hesperus" ist der Versuch des Autors, sich der ganzen Breite und Vielfalt des vorgefundenen Erbes auf einmal zu bemächtigen und nichts auszulassen, was irgend als fruchtbar und wertvoll gelten konnte. Im Unterschied zu seinen deutschen Vorläufern hat Jean Paul nicht an diesen oder jenen einzelnen englischen Erzähler angeknüpft, sondern die Leistungen und Eigentümlichkeiten *aller* überhaupt in Frage kommenden englischen Vorbilder *zugleich* übernommen und sie im Feuer der Phantasie miteinander verschmolzen.[1]

Er folgt Fielding im Humor, im Erfinden packender, verwickelter Geschichten, in der sorgfältigen Motivierung fortlaufender, zusammenhängender Handlungen, die, scheinbar zwanglos daherfabuliert, zu anschaulicher Schilderung der verschiedensten Gesellschaftsbereiche Gelegenheit bieten, sowie in zahllosen technischen Details, von der Irreführung des Lesers bis zur nachträglichen doppelten Motivierung früher berichteter Vorfälle. Er tritt das Erbe Smollets an in der Vorliebe für exzentrische Typen und derb-komische Szenen. Er gestaltet ideale Frauen und schwelgt in Gefühlen wie Richardson, auch wie dessen kontinentale Fortsetzer, der Rousseau der „Nouvelle Heloïse" und der Goethe des „Werther". Wie Goldsmith poetisiert er kleinbürgerliche und dörfliche Sujets. Wie Swift ist er ein Virtuose der Ironie. Und er adaptiert gleichzeitig zu alledem auch noch Sternes subjektiv-sentimental-humoristische Manier und barocke Form, das betont Schrullige und Absonderliche, den sich ständig in den Vordergrund spielenden Autor, der allenthalben seine persönlichen Verhältnisse und Ansichten in die Darstellung mischt, die Gegenwart des Schreibens mit der Vergangenheit des Beschriebenen verquickt, häufig Abschweifungen anbringt, für die er sich bei Lesern und Rezensenten entschuldigt, und immerfort das Rührende und das Komische ineinander umschlagen läßt. „Pamela" und „Clarissa", „Joseph Andrews" und „Tom Jones", das „Tonnenmärchen" und der „Gulliver", „Roderick Random" und „Humphrey Klinker", der „Landprediger von Wakefield" und der „Tristram Shandy" – es ließe sich aus dem England des 18. Jahrhunderts kaum ein hervorragendes Werk belletristischer Prosa nennen, das nicht als Muster für die Abbildung bestimmter Wirklichkeitsbereiche oder als Fundgrube formaler Stilelemente und technischer Kniffe oder auch mit konkreten Motiven auf den Jean Paulschen Roman eingewirkt hätte.

Und doch ist dieser Roman eine durchaus originale Leistung, keine eklektizistische Stümperei. Das liegt zunächst natürlich daran, daß sich hier der englischen Literaturtradition ein Dichter bemächtigt hat, der seinen Vorbildern an Phantasie und schöpferischer Kraft gewachsen ist. Von keinem der früheren deutschen Nachahmer des englischen Romans ließe sich so uneingeschränkt Gleiches sagen. Hippel z. B. überragt zweifellos das Gros der älteren und gleichzeitigen deutschen Sternianer. An Gemütstiefe und humoristischer Liebenswürdigkeit bleibt er weit hinter dem „Tristram Shandy" und der „Empfindsamen Reise" zurück, und nie ist es ihm gelungen, Gestalten wie Shandy senior, Onkel Toby und den Korporal Trim zu erschaffen. Jean Paul dagegen ist Sterne in jeder Beziehung – im Humor, im Gefühlsreichtum und auch in der Kunst der Charakterisierung – ebenbürtig, wenn nicht überlegen, ganz abgesehen davon, daß sein vielseitiges Wesen sich schwerlich auf die Sternesche Komponente reduzieren läßt. Ein wenig penetrant freilich wirkt zuweilen die an allzu früher Lektüre der Wolffschen Philosophie genährte deutsche Gründlichkeit, mit der er die Schrullen Sternes, die bei diesem spontan umherpurzeln, gleichsam systematisiert.

Was die deutsche Nachfolge Richardsons angeht, so gilt es zwar als ausgemacht, daß der von „Pamela" und „Clarissa" ausgehende Sentimentalismus im „Werther" seine Vollendung gefunden habe. Aber einmal ist dies ein Sonderfall, der, wenn die Geschichte des Romans zur Debatte steht, eigentlich nicht in Betracht kommen kann, da, wie gesagt, der „Werther" die Kriterien eines solchen nicht erfüllt. Als nennenswerter Versuch, in Richardsons Manier einen Roman zu schreiben, kann in der deutschen Literatur der Aufklärungsepoche nur die „Schwedische Gräfin" angesehen werden, gemessen an Jean Paul eine Belanglosigkeit. Zum anderen hatte in der Entwicklung des Sentimentalismus bereits Rousseau über Richardson hinausgeführt, z. B. durch die Naturschwelgerei der „Nouvelle Heloïse", die für den „Werther" bedeutsamer gewesen ist als „Pamela" und „Clarissa", weshalb der frühe Goethe auch aus diesem Grunde nicht ohne weiteres, jedenfalls nicht unmittelbar, zu den Fortsetzern des *englischen* Romans gerechnet werden kann. Jean Paul dagegen greift, außer auf die „Nouvelle Heloïse" und den „Werther", wieder direkt auf Richardson zurück. Und dann ist es noch die Frage, ob die ernsten und gefühlvollen Partien etwa im „Hesperus" und besonders der ganze „Titan" nicht selbst den „Werther" noch übertreffen, ob mithin der Sentimentalismus nicht vielmehr in Jean Paul kulminiert. Karl Philipp Moritz fand, daß schon die „Unsichtbare Loge" über Goethe stehe, womit nur der Prosaschriftsteller Goethe, also 1792 nur der Autor des „Werther", allenfalls noch der des Ur-„Meister" gemeint sein konnte, und von Moritz weiß man, daß er Goethe tief verehrt hat. Wie dem auch sei: Auch der „Werther" ändert nichts an der einzigartigen Stellung, die Jean Paul in der Rezeption des englischen Romans durch die deutsche Dichtung einnimmt.

Derjenige Engländer, bei dem Zweifel auftauchen, ob er ihn in jeder Hinsicht erreicht, ist Fielding. In der Kunst der Komposition ist ohne Frage der Meister dem etwas unbeholfenen Schüler überlegen. Dieser indes zeichnet sich wiederum durch stärkere poetische Kraft und tiefere Problemstellungen aus, und gar von den übrigen deutschen Fielding-Nachahmern kommt keiner ihm gleich. Auch Wieland nicht, obwohl er verhältnismäßig bedeutend ist; denn der „Agathon" kann schon wegen der antik-griechischen Einkleidung seiner Geschichte mit dem „Hesperus" so wenig wie mit dem „Tom Jones" konkurrieren, in denen beiden das farbige Bild lebendiger Gegenwartswirklichkeit zum Wesentlichsten gehört; überdies bleibt Wieland, sobald das Thema mehr von ihm verlangt, als mit Grazie schlüpfrig zu sein, in endloser abstrakter Reflexion stecken, und vollends von Fieldings Humor ist im „Agathon" nichts zu spüren.

Der naheliegenden Gefahr des Eklektizismus entgeht Jean Paul dadurch, daß er die literarischen Vorbilder nirgends geistlos und bloß äußerlich nachahmt, sondern alles daraus Entnommene seiner unverwechselbaren Individualität anverwandelt. Selbst ein so geringfügiges

Fabel-Detail wie das erdbeerförmige Muttermal aus „Joseph Andrews" muß es sich z. B. gefallen lassen, im „Hesperus" phantasievoll und witzig – wenn auch ausnahmsweise nicht gerade realistisch, eher märchenhaft – in ein Apfelmal umgedichtet zu werden, das an den illegitimen Fürstensöhnen nur sichtbar wird, wenn im Oktober die Äpfel reifen.[2] Und was im kleinen praktiziert wird, geschieht im großen erst recht. Stets wird mit schöpferischer Kraft das Aufgenommene verarbeitet, umgestaltet, den eigenen künstlerischen, sozialen und ideellen Absichten dienstbar gemacht, der eigenen Ursprünglichkeit assimiliert. Dies gewährleistet, daß aus der Mischung so vieler verschiedenartiger Einflüsse – und fast in jedem Werk kommen nichtenglische noch hinzu (Meyern, Wieland, Rousseau, Hippel, Thümmel und Schulz in der „Loge"[3]; Meyern, Wieland, Kalidasa und Cramer im „Hesperus"[4]; Homer, Sophokles, Rousseau, Jacobi, Goethe und Schiller im „Titan"[5]; Goethe in den „Flegeljahren"; Cervantes im „Kometen") – sich in keinem Fall ein Sammelsurium ergibt, sondern jedesmal eine neue Qualität entsteht. Nur in der „Loge" machen sich gelegentlich noch sperrige Reste bemerkbar, die in die Verbindung nicht eingehen wollen und hie und da den Eindruck des Inhomogenen erwecken.[6] Trotzdem urteilte Moritz, als er dieses Werk des damals noch namenlosen, ihm gänzlich unbekannten Dichters im Manuskript gelesen hatte: „Das ist etwas ganz Neues!" Und er hatte recht. Im „Titan" schließlich hat Jean Paul, unter Preisgabe der Sterneschen Manier, mit seiner Sophokles-Homer-Synthese einen völlig neuen Weg beschritten, der ihn zeitweilig von der englischen Tradition fortführte und auf dem das Werk zu der grandiosesten Leistung geriet, die der Klassizismus in Deutschland auf dem Gebiet der erzählenden Prosa vollbracht hat.

Mit alledem ist das literarhistorisch wichtigste Moment aber noch nicht berührt. Das entscheidende Geheimnis der Originalität Jean Pauls liegt in der Einzigartigkeit seiner Sujets. Seine Romanwelt bildet eine Wirklichkeit ab, deren das Prosaepos sich nie zuvor bemächtigt hatte, geschweige denn, daß sie den großen englischen „Novelists" hätte vertraut sein können. Indem der Dichter das gesellschaftliche Leben in typischen deutschen Kleinstaaten des ausgehenden 18. Jahrhunderts, in Ländchen wie Scheerau, Flachsenfingen, Hohenfließ, Haarhaar, Haslau und Hohengeis, schilderte, gab er seiner Kombination englischer Literatureinflüsse einen Gegenstand, der sich von den sozialen und politischen Verhältnissen im England Fieldings und Sternes scharf unterscheidet und so ganz andere Konfliktlagen, eine andere Atmosphäre, andere Charaktere bedingt. Und neu ist schließlich auch der Ideengehalt. In die solcherart eingedeutschte englische Romantradition bricht der Rebellengeist des Sturm und Drang ein, es erstehen, in den drei heroischen Romanen jedenfalls, Helden, die von den Losungen der Französischen Revolution wie verzaubert sind, ja, in den „Titan" ist sogar die Problemfülle der Auseinandersetzung Herders und Jean Pauls mit der Weimarer Klassik, der Kant-Fichteschen Philosophie und der Romantischen Schule hineinverwoben worden. Und dieser Gehalt wurde nicht etwa in der Form abstrakter Diskussion einer Fieldingschen Fabel oder Sterneschen Schnurrpfeiferei künstlich aufgepfropft, sondern in lebendige Charaktere und fesselnde menschliche Konflikte hineinversenkt. Eine Figur wie Roquairol, die bereits die ganze Problematik der modernen parasitären Intelligenz in sich trägt, oder eine Linda, Sinnbild der fehlgeleitet-exaltierten Emanzipationsvariante bei den genialischen Frauen des Weimarer Kreises und der Romantik, sind bei einem Richardson oder Fielding, Sterne oder gar Smollet nicht vorstellbar.

III

Im Zusammenhang mit der unterschiedlichen Wieland-Rezeption im „Hesperus" und im „Wilhelm Meister" ist oben angedeutet worden, was der Jean Paulsche Roman, von der Sturm- und Drang-Tradition her gesehen, an grundsätzlich Neuem bringt: die Realisierung der durch die Französische Revolution erstmals entstandenen Möglichkeit, die feudalen Verhältnisse in Deutschland als konkrete Totalität zum Gegenstand realistischer Gesellschaftskritik zu machen und so den Protest der Stürmer und Dränger in eine episch-objektive Gesamtschau der Gesellschaft zu transformieren (in eine objektive, ungeachtet der formalen Subjektivität der an Sterne geschulten humoristisch-barocken Manier).[1] Was aber bedeutet die Gesellschaftskritik in diesem Roman, wenn man sie vom Standpunkt der englischen „Novel" des 18. Jahrhunderts aus betrachtet?

Fielding, das Hauptvorbild Jean Pauls, zugleich der erste moderne Erzähler, der in eminentem Sinne Spiegel der Welt war und als solcher das Gesellschaftsganze seiner Zeit und seines Landes, vom Landstreicher bis zum Oberhaus-Mitglied, vom Dörfchen in Somersetshire bis zum Londoner Großstadttreiben, eingefangen hat, legt unleugbar einen gesunden, spontanen Demokratismus an den Tag. Aber im Prinzip bejahte er die Ordnung, die in England aus dem Klassenkompromiß von 1688, der Glorious Revolution, hervorgegangen war, und das mit relativer historischer Berechtigung insofern, als es in der Tat eine fortschrittlichere zu seinen Lebzeiten nirgends auf dem Erdball gab. Fielding scheute sich freilich nicht, mit großer Unbefangenheit die Auswüchse und negativen Seiten dieser Gesellschaft zur Sprache zu bringen und die typischen Borniertheiten der herrschenden Klassen bei Namen zu nennen. Doch er glaubte an die Möglichkeit einer Überwindung alles Schlechten und Verächtlichen auf der Grundlage des bestehenden sozialen und politischen Systems. So wird bei ihm der Sieg des guten über den bösen Menschen verklärt, ohne daß die Frage einer grundstürzenden Veränderung der Verhältnisse jemals auch nur am Horizont auftaucht.

Ganz anders verhielt sich Jean Paul zu der ihn umgebenden Wirklichkeit. Er verneinte deren Grundlagen radikal, betrachtete sie als grundsätzlich unvereinbar mit Recht, Vernunft und Menschlichkeit und tat alles, um dem Leser die Schlußfolgerung aufzudrängen, daß mit Zuständen, die so unhaltbar sind wie die geschilderten, Schluß gemacht werden müsse. Das ging bei ihm so weit, daß er es fertigbrachte, in einer Fußnote auf die Dummheit eines seiner Helden hinzuweisen, der in einem Staatsamt den Menschen hofft nützen zu können, da doch der Staatskörper unheilbar krank sei und es gar keinen Sinn habe, an einzelnen Symptomen herumzukurieren.[2] Sogar in den Idyllen wird Wert darauf gelegt, dem Leser einzuschärfen, unter den bestehenden Bedingungen werde nie das Verdienst belohnt, infolgedessen sei das Glück des kleinen Mannes absolut unwahrscheinlich und hänge von der empörenden Willkür der Mächtigen ab, die allerdings manchmal aus purem Zufall auch einen begünstige, der es verdient habe.[3]

Es ist evident, daß damit eine ganz neue Qualität des Realismus entstand, die an Illusionslosigkeit dem gesellschaftskritischen Roman des 19. Jahrhunderts, etwa dem Thackerays, Flauberts, Raabes, verwandter ist als dem Fieldings. Dies hat jedoch nicht etwa seine Ursache darin, daß der Gesellschaftszustand, den der Jean Paulsche Roman widerspiegelt, den Verhältnissen in den fortgeschrittenen kapitalistischen Ländern des 19. Jahrhunderts ähnlich wäre. Im Gegenteil, die Radikalität beruht darauf, daß in ihm noch feudale Mißstände angeprangert werden. Und auch damit läßt es sich nicht erklären, daß Jean Paul prinzipiell demokratischer eingestellt gewesen wäre als Fielding. Man entsinnt sich, daß er selbst dazu neigte, die englischen Einrichtungen für vorbildhaft zu halten. Nur war eben diese passionierte Bewunderung alles Englischen, ebenso wie die Parteinahme für die Französische Revolution oder die an Hölderlin erinnernde Idealisierung der antiken Republiken, Ausdruck seiner Verneinung der gänzlich anderen Ordnung, die in Deutschland existierte. Wenn also bei ihm die Kritik am Bestehenden eine Schärfe annahm, die bis dahin in der Romanliteratur, auch der westeuropäischen, nicht dagewesen war, so vor allem deswegen, weil der kritisierte Gegenstand einen weltgeschichtlichen Anachronismus darstellte.

Hier liegt der hauptsächliche Grund dafür, daß der Jean Paulsche Roman, obwohl er mit der Rücksichtslosigkeit und Konsequenz seiner sozialen Anklage den kritischen Realismus auf ein neues, höheres Niveau hob, den späteren Generationen realistischer Romanschriftsteller nur verhältnismäßig wenig hat geben können. Nicht das war das Wesentliche, daß seine barocke Manier abstoßend gewirkt hätte – die nimmt bei dem Vorbild Sterne geradezu chaotische Formen an und hat gleichwohl dessen Weltruhm nicht beeinträchtigt. Ausschlaggebend ist vielmehr, daß der westeuropäische kritisch-realistische Roman des 19. Jahrhunderts die entfaltete bürgerliche Gesellschaft mit ihren kapitalistischen Widersprüchen und Unmenschlichkeiten abbildet und daß diese Wirklichkeit mit den Verhältnissen in den deutschen feudalabsolutistischen Kleinstaaten des 18. Jahrhunderts wenig zu tun hat.

In den Büchern Jean Pauls kommen Bettler, Fronbauern, Handwerker, Dorfpfarrer, Schulmeister, Advokaten, Apotheker, Kaufleute, Ärzte, Gymnasialprofessoren, Großgrundbesitzer, Höflinge, Minister und Fürsten vor. Es gibt darin keine Großbourgeoisie, keine Arbeiterklasse, keine Großstadt, kein Hafengewirr, kein nationales Zentrum, keine Börse, kein Parteiwesen, keine Pressekorruption usw., und es kann sie nicht geben. Porträtiert er – wenn es hoch kommt – einmal einen vereinzelten Bourgeois, dann stellt sich bei genauerem Hinsehen, wie am Beispiel Röpers gezeigt werden konnte, gewöhnlich heraus, daß es eigentlich keiner ist. Röpers hervorstechendster Charakterzug ist fanatischer Geiz, womit wir uns eher in der Welt der Molièreschen Komödie befinden als auf dem Boden moderner kapitalistischer Realitäten. Nur über die Charakterisierung „einkräftiger" Typen von den „Flegeljahren" an, mit dem Kaufmann Neupeter als erstem rein bürgerlichen Typ, mit dem Arzt Katzenberger als gestalterischem Höhepunkt, bezieht die Jean Paulsche Gesellschaftskritik, durch den „Wilhelm Meister" dazu angeregt, sich auf die enthumanisierenden Wirkungen extremer Arbeitsteilung als ein spezifisch kapitalistisches Problem. Sonst kommt sie vom Kampf gegen den Feudalismus – und später gegen dessen konservierte Überreste in der Restaurationsgesellschaft („Komet") – nicht los.

Einzig in der russischen Literatur des 19. Jahrhunderts, die ebenfalls eine Gesellschaft mit ausgeprägt feudalen Merkmalen widerspiegelt, stößt man relativ häufig auf Themen, die – ohne daß eine Beeinflussung vorläge – entfernt an Motive und Sujets bei Jean Paul anklingen oder, zumindest, doch so geartet sind, daß sie seiner Kunst sehr gemäß gewesen wären: in Gogols „Toten Seelen" und seinen „Gutsbesitzern aus alter Zeit", in Saltykow-Schtschedrins Satiren auf die zaristische Bürokratie, in Gontscharows „Oblomow", in Ljeskows „Klerisei", in Tschechows „Tod des Beamten" – um nur einiges zu erwähnen. Auch die Reduzierung des Bourgeois auf den Händler und Kaufmann ist charakteristisch für den russischen Roman. Aber eine befruchtende Wirkung wäre hier ebenfalls kaum in Betracht gekommen – Herzen war, soweit ich sehe, der einzige Jean Paul-Verehrer unter den russischen Klassikern –, weil sich, verglichen mit den riesigen Ausmaßen des östlichen Feudalreichs, mit der Ferne des Zaren, der Zentralisierung aller Macht in seiner Hand, mit den beiden Hauptstädten von gesamtnationaler Bedeutung – eine davon das modern-europäische Petersburg –, die verwinkelte Welt von Scheerau und Flachsenfingen trotz der Gemeinsamkeit der feudalen Züge exotisch-liliputhaft ausnimmt. Daß Serenissimus einen einzelnen Gutsbesitzer, Rittmeister seiner Armee, zum Gläubiger hat und nicht imstande ist, dessen Ansprüche zu befriedigen ("Loge"), daß ein anderer Monarch mit seinem Leibarzt, verkleidet und inkognito, das eigene Land bereist und schon binnen weniger Tage damit fertig wird ("Hesperus"), daß mitten im Reich zwei benachbarte Fürstentümer miteinander im Erbfolgestreit liegen ("Titan"), daß ein Marktflecken eigene Jurisdiktion hat und sein Großer Rat kompetent ist, Krieg und Frieden zu erklären ("Siebenkäs"), daß quer durch ein Dorfschulzenhaus die Grenze zweier verschiedener Hoheitsgebiete läuft ("Flegeljahre") usw., dergleichen wäre Mütterchen Rußland schon zu Iwan Grosnys Zeiten fremd gewesen. Diese Momente gaben aber dem deutschen Feudalzustand das ihm eigentümliche Gepräge, bestimmten seine Atmosphäre, sein unverwechselbares Fluidum und sind aus dem Jean Paulschen Roman nicht fortzudenken.

So reduziert die produktive Nachfolge Jean Pauls in der Weltliteratur des 19. Jahrhunderts sich im wesentlichen darauf, daß einige wenige Engländer – Dickens, George Meredith – sich von seinem Humor anregen ließen, der ihnen seiner Fielding-Sterne-Smolletschen Provenienz wegen verwandt vorkam (Carlyles Enthusiasmus ist bei dessen allgemeiner Vorliebe für Deutschland bereits ein Sonderfall), und daß unter den Franzosen Scribe eine einzelne Szene aus dem "Hesperus", ihm bekannt geworden durch Madame de Staëls "De l'Allemagne", in einem Lustspiel verarbeitet hat. In Deutschland ist die Wirkung natürlich spürbarer, namentlich bei den Romantikern (wo etwa der Eichendorffsche "Taugenichts" sich bei näherer Betrachtung als fader zweiter Aufguß einer Fußwanderung von Walt in den "Flegeljahren" herausstellt), doch als fruchtbar für den realistischen gesellschaftskritischen Roman von hohem Rang erwies sie sich nur bei Raabe, der selbst seine Sujets in den immer noch mit feudalem Gerümpel angefüllten altertümlichen Winkeln der deutschen Gegenwart seiner Zeit anzusiedeln pflegte und dabei ein großer Humorist war. Es liegt eine tiefe Tragik darin, daß gerade das nicht genug zu rühmende Bestreben Jean Pauls, immer wieder der Wirklichkeit seiner Zeit und seines Landes den Spiegel vorzuhalten, ihn an Stoffe fesselte, die es ihm verwehrten, auf das Schaffen späterer Schriftsteller einen seiner Genialität auch nur entfernt entsprechenden Einfluß auszuüben.

Den Lesern des bürgerlichen Zeitalters mußten diejenigen Romane des Dichters noch am meisten zusagen, die – im Sinne der in der „Vorschule der Ästhetik" dargelegten Theorie – der sogenannten „deutschen" Schule angehören: der „Siebenkäs" und die „Flegeljahre". Der „Siebenkäs" ist der erste realistische Eheroman von Format in der Geschichte der deutschen Literatur, lange vor den „Wahlverwandtschaften" und lebenswahrer als sie. Der Lebensbund zweier liebenswerter, herzensguter und grundanständiger Menschen – er Armenadvokat mit schriftstellerischen Neigungen, sie Putzmacherin – zerbricht an furchtbarer sozialer Not und an der Verständnislosigkeit, mit der, im zermürbenden Ehe-Alltag, die geistig uninteressierte, nur an ihren Haushalt denkende, dabei bigotte Frau dem Höhenflug der Gedanken ihres Mannes gegenübersteht. Ein solcher Stoff, mit großer Kunst der Charakterisierung behandelt, verknüpft mit einer anschaulichen Schilderung trister Kleinstadtverhältnisse, vermag das Interesse des bürgerlichen Lesers auch im 19. und 20. Jahrhundert durchaus noch zu fesseln. Desgleichen ist das Thema der „Flegeljahre", selbst abgesehen von dem unvergleichlichen Zauber des Haupthelden und der überwältigenden Komik seiner Abenteuer, so fest mit den perennierenden Grundfragen des bürgerlichen Daseins verbunden, daß die Beliebtheit des Buchs bis auf den heutigen Tag, seine verhältnismäßig starke Wirkung auf spätere Schriftsteller (Eichendorff, Immermann, Dickens, Gustav Freytag) und die Anerkennung, die es sogar bei Gegnern des Verfassers gefunden hat, nicht wundernehmen können.

Ausgerechnet diese beiden Romane waren aber in den Plänen Jean Pauls eigentlich nicht vorgesehen. Im Falle des „Siebenkäs" nahm ein anspruchsloses kleines Werk, mit dem während der Arbeit am „Titan" zwischendurch ein Verlegerwunsch erfüllt werden sollte, unterderhand enormen Umfang an[1], und gar die „Flegeljahre" stellen, wie oben mehrfach gezeigt wurde, die Verselbständigung eines bloßen Nebenmotivs der ursprünglichen „Titan"-Konzeption, wie sie zwischen 1796 und 1799 aussah, dar.[2] Diejenigen Romane, mit denen der Dichter sein Lebensprogramm zu verwirklichen suchte, in die er von vornherein alles hineinlegte, was ihm am Herzen lag, die zugleich dringlichen Forderungen seines Zeitalters entsprechen sollten, das sind die „Unsichtbare Loge", der „Hesperus" und der „Titan". Und gerade diese Bücher sind im 19. und 20. Jahrhundert, bis auf den heutigen Tag, am wenigsten gelesen worden und haben die geringste Wirkung ausgeübt. Auch der Erfolg des „Hesperus" überdauerte die sogenannten Befreiungskriege nicht wesentlich. Der Vormärz belebte das Interesse an den drei heroischen Romanen wieder etwas, aber gleich nach 1848/49 sank es auf den Nullpunkt, wo es bis heute verharrt.

Zwei Faktoren treffen zusammen, die das verständlich machen. Einmal der Umstand, daß die kleinen Fürstenhöfe dem Bürgertum nach wie vor eine unzugängliche, fremde Welt blieben, gleichzeitig aber in dem Maße, wie die kapitalistische Entwicklung sich Bahn brach, für ihre Untertanen immer mehr an Bedrohlichkeit verloren – so lange, bis der letzte König von Sachsen nur noch ein ebenso harmloser Witz war wie sein Abdanken 1918. Unter diesen Umständen mußte eine Gesellschaftskritik, die sich auf den Kampf gegen den Kleinstaatdespotismus konzentrierte, relativ uninteressant werden. Zum anderen war die weltgeschichtliche Situation, deren Ausdruck die „Loge", der „Hesperus" und der „Titan" sind, einmalig, ausgefallen und blieb so dem gewohnten, alltäglichen, durchaus unheroischen Dasein des Bürgertums fremd. Das Revolutionserlebnis idealistisch entflammter Jünglinge, die eine verrottete Welt umgestalten wollen, wirkte daher, abgelöst von seinem konkreten historischen Anlaß, exaltiert. Es konnte mit der Ehekalamität des Armenadvokaten Siebenkäs in Kuhschnappel und den handfesten Alltagserlebnissen des Helden der „Flegeljahre", gar mit dem Berufsfanatismus des Doktor Katzenberger, der grotesken Feigheit des Feldpredigers Schmelzle usw. nicht mehr konkurrieren, seit die Französische Revolution aufgehört hatte, die Gemüter zu bewegen. Niemand erkannte in dem, was Gustav, Flamin, Victor und Albano aufwühlt, die eigenen Probleme wieder. Selbst ihre Liebes- und Freundschaftskonflikte waren der Prosa des bürgerlichen Lebens allzu weit entrückt, als daß die Leser sie noch hätten nachempfinden können. Das erhabene Pathos und der Gefühlsüberschwang des Menschheitsfrühlings, der die beste Jugend der Sturm- und Drang-Zeit, der Revolutionsjahre und noch der Befreiungskriege mit Tatendrang und schwärmerischem Enthusiasmus erfüllt hatte, fanden keine Resonanz mehr.

Hier bedarf meine Ausführung über die neue Qualität des kritischen Realismus, die bei Jean Paul zutage tritt[3], einer Ergänzung. Die Romane des Dichters, sagte ich, seien illusionsloser als die Fieldings und näherten sich insoweit bereits Thackeray, Flaubert und Raabe, mit dem Unterschied freilich, daß in ihnen die Gesellschaftskritik sich noch auf spezifisch feudale Mißstände beziehe. Das ist, so formuliert, richtig, jedoch nur, sofern damit die radikale Verneinung der bestehenden Gesellschaftsordnung gemeint ist, über die es in der „Loge", im „Hesperus" und im „Titan" allerdings keine Illusionen gibt. Was dagegen die Gesinnung der positiven Helden und den Optimismus der revolutionären Perspektive, der sich in ihnen verkörpert, betrifft, so sind diese Romane eine einzige Verherrlichung von Illusionen – der heroischen Illusionen der bürgerlichen Revolution. Denn das gehört zu der unbedingten Verneinung der feudalen Ordnung immer dazu: daß die Kräfte, die ihre Überwindung anstreben, von dem unerschütterlichen Glauben beseelt sind, für die Befreiung der Menschheit zu wirken. Dieser Glaube ist durch die kapitalistische Wirklichkeit, die aus den Kämpfen der Revolutionszeit als deren Ergebnis hervorging, zerstört worden, und der gesellschaftskritische Roman des 19. Jahrhunderts, der, als bürgerlicher, die Perspektive der sozialistischen Revolution noch nicht kannte, hat daher, weit entfernt, nur die Widersprüche und Unmenschlichkeiten des gegebenen sozialen Zustandes anzuprangern, die generelle und ausweglose Desillusionierung seiner Helden zum zentralen Thema. Und in dieser Hinsicht gehören wieder Jean Paul und Fielding eng zusammen, weil sie beide noch lebenswahr sein konnten, ohne Enttäuschung und Resignation zur unüberschreitbaren Lebenserfahrung ihrer Helden zu machen, während etwa Flauberts „Education sentimentale" den äußersten Gegenpol zu ihrem sieghaften Optimismus markiert. Nur verdanken die Helden Jean Pauls ihren Optimismus, der bei Fielding auf dem Boden und in den Grenzen der englischen Verhältnisse des 18. Jahrhunderts als legitim gelten kann, der Aktualität der Französischen Revolution, die es als aussichtsreich erscheinen läßt, die deutschen Verhältnisse von Grund auf umzukrempeln.

V

Es ist nun die Frage, ob es dabei bleiben muß, daß die Revolutionsdichtung Jean Pauls, der Kern seiner Lebensleistung, den Lesern weniger zu sagen hat als der „Siebenkäs" und die „Flegeljahre" und noch viel weniger als der kritische Realismus des 19. Jahrhunderts. Dies wäre dann zu bejahen, wenn nach wie vor eine ausweglose Desillusionierung, wie zu Lebzeiten Flauberts, das vorwiegende Zeiterlebnis der Menschen des heutigen Weltzustandes wäre oder, vorsichtiger ausgedrückt, es vernünftigerweise sein müßte. Dem ist aber nicht so. Die proletarisch-sozialistische Revolution, der Aufbruch ganzer Kontinente, welche die Fesseln jahrhundertealter kolonialer Versklavung abstreifen, und – nicht zu vergessen – der weltweite Protest der denkenden Jugend gegen das kapitalistische System haben den Optimismus des 18. Jahrhunderts dem Lebensgefühl der Gegenwart wieder nahegebracht und ihm unwiderstehlichen Zauber verliehen. So ist es ein tief bedeutsames Zeichen, daß es in den sozialistischen Ländern eine seit vielen Jahren anhaltende Fielding-Renaissance gibt, wie man sie sich im vorigen Jahrhundert nicht hätte träumen lassen. Nun gebe man einem Tom Jones zu seiner herzbezwingenden Liebenswürdigkeit noch den Willen, die Welt zum Guten zu verändern, und lasse ihn am Ende nicht nur seine Sophie erringen und über den intriganten Blifil triumphieren, sondern zum Herrscher aufsteigen und Land und Volk beglücken, und man hat den Helden der Jean Paulschen Revolutionsdichtung.

Gewiß: Dieser Held ist durch den Überschwang seines Gefühls und durch seine Prüderie nicht gerade „in", und er bewegt sich in einer Welt, die unwiderruflich der Vergangenheit angehört, deren Potentaten, Hofschranzen und Minister heute allenfalls noch als Illustrationsmaterial zur Veranschaulichung eines traurigen Kapitels deutscher Geschichte in Betracht zu kommen scheinen. Doch nicht mit rechten Dingen müßte es zugehen, wenn es uns kalt ließe, festzustellen, daß in der „Unsichtbaren Loge" regelrecht „Aufklärung durch Aktion" betrieben wird[1], daß der Fabel des „Hesperus" ein Plan der „Unterwanderung" bestehender Macht zugrunde liegt[2], den in der zum Unterwandern vorgesehenen „Gruppe" beinahe der Alternativplan eines Aufstands ablöst, und daß der „Titan" gar einen jungen Mann zum Vorbild verklärt, der in seiner Zeit dieselbe politische Entscheidung trifft[3], wie sie in den dreißiger Jahren dieses Jahrhunderts diejenigen jungen Deutschen getroffen haben, die in die Reihen der Internationalen Brigaden eilten, um die spanische Republik gegen den Henker Franco und die Legion Condor zu verteidigen. Man stelle sich, mit der letztgenannten Analogie im Kopf, vor, welch peinliche Verlegenheit es für die Nazis mitunter gewesen wäre, hätte dem Volk, das sie regierten, der „Titan" als der klassische Erziehungsroman seiner Nationalliteratur gegolten, womöglich seit Generationen mit der Konsequenz, Pflichtlektüre für angehende Abiturienten zu sein. Der „Wilhelm Meister", wie human auch immer, bereitete den braunen Machthabern solche Sorgen nicht.

Damit soll keiner billig aktualisierenden Herabsetzung des bürgerlichen Traditionsbewußtseins das Wort geredet werden. Der „Wilhelm Meister" söhnte den bürgerlichen Menschen des 19. und der ersten Hälfte des 20. Jahrhunderts mit seinem prosaischen Beruf aus und verwies ihn, falls er nach Abrundung seiner Persönlichkeit verlangte, auf die Pflege der Kunst. Das war unter den damaligen Verhältnissen praktikabel und nicht ohne Sinn. Was würde derselbe Bürger, wenn wir von einem ephemeren Zeitereignis wie dem spanischen Bürgerkrieg einmal absehen wollen, aus dem „Titan" herausgelesen haben? Den Appell, er solle, bei vielseitigem Geistesinteresse, sich nicht mit Kunst befassen, sondern sein Geschäft aufgeben und revolutionärer Staatsmann werden. Man muß gerechterweise zugeben, daß ein solches Postulat an den Bedürfnissen der Klasse, welche die Bildung monopolisiert, mithin die Rangordnung der überkommenen Bildungswerte festzulegen hatte, vorbeiging – zumal im Mittelpunkt des „Titan" ja noch nicht einmal ein bürgerlicher Held steht, wie der Kaufmannssohn Wilhelm, sondern ein von seiner Dynastie versteckt gehaltener Erbprinz, der sich durch den Anblick römischer Baudenkmäler zu heroischen Taten aufgerufen fühlt. Wem sollte dergleichen etwas zu sagen haben?

Sache der Arbeiterbewegung, nicht des Bürgertums, wäre es gewesen, die Erinnerung an die Revolutionsdichtung Jean Pauls im Bewußtsein des deutschen Volkes wachzuhalten. Hier gab es Berührungspunkte, mehr als im „Wilhelm Meister", mehr auch als in den klassischen Dramen Schillers, die in den Arbeiterbildungsvereinen so gerne gelesen und diskutiert wurden. „Einkräftigkeit" in ihrer krassesten, unmenschlichsten Form wird am laufenden Band des kapitalistischen Betriebs gezüchtet. Wodurch aber ringt der Proletarier sich von den vereinseitigenden, verengenden, abstumpfenden Bedingungen seines Broterwerbs los? Durch den Anschluß an die politische Bewegung seiner Klasse, die seinen Horizont erweitert, ihm große, oft gefährliche Aufgaben anvertraut, das Ethos der Solidarität in ihm entwickelt, ihm auch kulturelle Bildungswerte zuführt und ihn mit alledem dazu erzieht, eines Tages als Staatsmann den anspruchsvollen, „Allkräftigkeit" fördernden Pflichten gewachsen zu sein, welche die sozialistische Umgestaltung der Gesellschaft mit sich bringt. Revolutionäre Politik als Heilmittel gegen das verkrüppelte, zerstückelte Menschentum, das eine arbeitsteilige Zivilisation erzeugt hat – vom Standpunkt des Proletariats ist das kein dummer Gedanke[4]; ganz abgesehen davon, daß die Jean Paulsche Verklärung des progressiven Politikers zum höchsten Menschheitsideal jedem Funktionär recht schmeichelhaft vorkommen muß.

Unveraltet scheint bis auf den heutigen Tag auch der Kern der Kritik, die Jean Paul an Roquairol und an Gaspard übt.[5] Dort appelliert er an die Intellektuellen, sich, nach dem Vorbild Albanos, durch Entscheidung für die Sache der Unterdrückten von der sie infizierenden Fäulnis einer untergangsreifen Gesellschaft loszusagen. Hier sagt er ihnen, daß es ans Verbrechen grenze, wohlinformiert zu sein und über ein rationales Weltbild zu verfügen, ohne daraus die Konsequenz tätigen Engagements für das Gute zu ziehen. Wer wollte leugnen, daß eins wie das andere für die sozialistische Bewegung, wo immer sie heute auf die Intelligenzschicht aufklärend und erzieherisch einzuwirken sucht, von aktuellem Wert ist?

Dann die Art, wie Jean Paul in seinen heroischen Romanen an die Frage der Frauenemanzipation herangeht. Klotilde im „Hesperus" ist die erste positive Heldin der deutschen Literatur, deren idealer Charakter sich u. a. darin offenbart, daß sie sich danach sehnt, dieselben Berufe auszuüben wie die Männer.[6] Und Idoine steht noch über ihr: Sie widersetzt sich den Konventionen ihrer Klasse, weil sie sich das Recht auf Liebe aus freier Wahl nicht nehmen lassen will, funktioniert dann die Strafe, die ihr dafür auferlegt wird, dazu um, eine befreiende Tat für die Unterdrückten zu vollbringen, führt in dem Zusammenhang selbst ein sinnvolles werktätiges Leben und erweist sich am Ende als ebenbürtige Gefährtin ihres Geliebten dadurch, daß sie ihn in der Absicht bestärkt, für die Revolution zur Waffe zu greifen.[7] Der Dichter, der in dieser Gestalt sein Frauenideal gesehen hat, kann einer Bewegung nicht fremd sein, die zu ihren Erzvätern den Verfasser des Buchs „Die Frau und der Sozialismus" zählt und Frauen wie Clara Zetkin und Rosa Luxemburg in ihren Reihen hatte.

Erstaunlicherweise aber weiß diese Bewegung von Jean Paul so gut wie nichts oder assoziiert höchstens mit seinem Namen Werke wie die „Flegeljahre" und den „Siebenkäs", den „Wutz" und den „Quintus Fixlein", weil die in der Bildung des liberalen Bürgertums immer noch ihren, wenn auch bescheidenen, Platz behaupten. Daß es eine Revolutionsdichtung Jean Pauls gibt, mit deren Analyse man ein dickes Buch füllen kann, ohne mit der Fülle der Probleme, die sie aufwirft, auch nur halbwegs zu Rande zu kommen, wird fast 150 Jahre nach dem Tode des Dichters und 125 Jahre nach dem Erscheinen des „Kommunistischen Manifests" bei dessen Erben, dess' kann man gewiß sein, Verwunderung erregen. Woran liegt das? Sicher bis zu einem gewissen Grade an der barocken Manier, die den meisten Büchern Jean Pauls das Gepräge gibt, an seinem Hang zum Skurrilen, an der Überfülle seiner – oft gesuchten – Gleichnisse und Metaphern. Aber dies erklärt nicht alles. Die Verse Schillers, die Prosa Kleists, die Satzgefüge Thomas Manns lesen sich auch nicht glatt herunter. Für die Kulturpolitik der Arbeiterbewegung ist das stets nur ein Grund mehr gewesen, den zeitüberdauernden Wert der Werke dieser Dichter herauszustreichen. Ob Jean Paul noch gelesen wird, kümmert sie bis jetzt dagegen wenig. Ihn mit Lessing und Herder, Goethe und Schiller in einem Atem zu nennen würde ihr nicht im Traum einfallen. Es müssen Mißverständnisse besonderer Art vorliegen, wenn gegenüber einem so weit linksstehenden Klassiker ein solches Ausmaß an Gleichgültigkeit so hartnäckig anhält. Worin bestehen sie? Wie sind sie zu erklären?

VI

Die Geschichte des Mißverstehens, der bis heute unbewältigten Entfremdung fängt damit an, daß Jean Paul in der Zeit des Vormärz, der letzten, in der das Bürgertum mit der revolutionären Aussage seiner Dichtung noch etwas anfangen konnte, Anhänger hatte, die kleiner waren als er und ihm mit ihrer Begeisterung schadeten. Ich meine Ludwig Börne und die Schriftsteller des Jungen Deutschland. Sie waren es, die den Dichter, indem sie sich auf ihn beriefen, erst bei Heinrich Heine und dann auch bei Karl Marx in Verruf brachten.

Im vorliegenden Buch werden die Gründe dargelegt, aus denen Jean Paul zwischen 1796 und etwa 1802 die Weimarer Klassik bekämpft hat. Es wird aber auch gezeigt, daß er nicht nur vorher und danach ein

Verehrer Goethes war, sondern, im Unterschied zum späten Herder, selbst in der Situation des akuten Konflikts die Größe seiner Gegner zu würdigen wußte und unbefangen von ihnen lernte[1], mit dem Erfolg, daß sein dritter heroischer Roman, der „Titan", nicht zuletzt dank der kritischen Aneignung ihrer Errungenschaften über die ihm vorausgegangenen Versuche, die „Unsichtbare Loge" und den „Hesperus", hoch hinauswuchs. Diesen Sachverhalt in seiner Kompliziertheit zu verstehen waren die kleinbürgerlichen Radikalen des Vormärz, Börne an der Spitze, zu beschränkt. Für sie stellte sich der Fall viel einfacher dar: Goethe war der Fürstenknecht, Jean Paul der Dichter des Volkes. Also hatte ein guter Demokrat Goethe zu verachten und Jean Paul zu lieben. Man nennt dergleichen heute eine linkssektiererische Dummheit und weiß, daß kleinbürgerliche Radikale dafür anfällig sind.[2]

Allergisch gegen solchen Schwachsinn waren Heine und Marx. Das Verächtlichmachen Goethes durch Börne und dessen Anhänger bildete den Ausgangspunkt des Kampfes, den Heine gegen die kleinbürgerlichen Radikalen des Vormärz führte. Als Börne gestorben war, veröffentlichte Heine über ihn ein Buch, worin er mit der Borniertheit des Toten scharf abrechnete.[3] Börnes Freunde waren darüber empört. Doch der junge Marx, damals selber noch bürgerlicher Demokrat, gab Heine recht. Dabei ging Marx' Engagement in dieser Frage so weit, daß er im Herbst 1842 einen jungen Mitarbeiter der „Rheinischen Zeitung", der deren Redaktion in Köln aufsuchte, unter anderem deswegen ziemlich kühl abfertigte, weil ihm der Ruf vorausging, zur Börne-Partei zu tendieren. Der junge Mann, der sich in dem Punkt bald eines besseren besinnen sollte, hieß Friedrich Engels.[4]

Die Vorliebe, die Marx für Goethe und Heine hegte, hat sich in der Folgezeit auf das Kulturverständnis der deutschen wie der internationalen Arbeiterbewegung im allgemeinen sehr segensreich ausgewirkt. Sie erleichterte es ihr, sich von banausenhaften Radikalismen, die kleinbürgerliche Elemente von Zeit zu Zeit in ihre Reihen hineinzutragen suchten, weitgehend frei zu halten. Aber die Nachwirkungen jenes Konflikts aus den Jahren des Vormärz bedingten, daß die Elimination des Einflusses von Börne zugunsten Heines zugleich auch dem Ansehen Jean Pauls abträglich war. Nach 1848, in derselben Periode, in der er beim Bürgertum in Vergessenheit geriet, galt er auch den Sozialisten nur noch als belanglose Randerscheinung der Literaturgeschichte. Jeder Ansatz zur Besinnung auf ihn wäre als Erneuerung einer alten Börneschen Marotte abgetan worden. Es gab solche Ansätze aber auch nicht, denn die wenigen Gebildeten, die den Weg zum Proletariat fanden, waren hinsichtlich ihrer Literaturkenntnis von der Tradition des deutschen Bildungsbürgertums geprägt, das dem Kult der Weimarer Klassik huldigte. Soweit sie marxistische Erkenntnisse erwarben und sie auf die Literaturgeschichte anwandten, gewannen sie dem

Erbe Lessings, Goethes, Schillers usw. neue Seiten ab oder machten dem Bürgertum den Anspruch auf deren Vermächtnis streitig. So verdienstvoll das war, zur Neuentdeckung verschollener und verdrängter revolutionärer Überlieferungen reichte es nicht aus.

Marx und Engels scheinen das Lebenswerk Jean Pauls, wenn überhaupt, so nur oberflächlich und lückenhaft gekannt zu haben. Nennenswert geäußert haben sie sich jedenfalls nie darüber. In der „Deutschen Ideologie" erwähnen sie Jean Paul einmal beiläufig als eine Quelle, aus der man Kenntnisse über den zur Zeit Napoleons in Deutschland herrschenden Schachergeist schöpfen könne[5], und in einer Rezension über ein Buch seines englischen Verehrers Carlyle, aus dem Jahre 1850, rügen sie ihn, seines barocken Stils wegen, als „literarischen Apotheker".[6] Diese Invektive ist wörtlich übernommen aus der Hegelschen „Ästhetik". Sie bezieht sich auf die Gepflogenheit des Dichters, zur Veranschaulichung eines Sachverhalts Gleichnisse aus den entferntesten Lebensbereichen zusammenzutragen und sie so zu vermengen, wie das die Apotheker mit den Ingredienzien ihrer Medikamente tun.[7] Man kann über diese Eigenart der Erzählweise Jean Pauls unterschiedlicher Meinung sein. Daß ihre Abqualifizierung, zumal wenn sie sich selber eines weit hergeholten Vergleichs bedient, nichts über den Ideengehalt seiner Bücher, über den Wert oder Unwert seiner Romanfabeln und die von ihm gestalteten Charaktere aussagt, liegt auf der Hand. Marx hat offensichtlich seine – und Heines – Abneigung gegen Börne auf Jean Paul übertragen. Engels wiederum war zu kurze Zeit Börne-Anhänger gewesen, um in das Allerheiligste dieser Richtung, den Jean Paul-Kult, tiefer einzudringen. Daß er als Neunzehnjähriger einmal die Vereinigung von Jean Pauls Schmuck mit Börnes Präzision als Ideal des modernen Stils bezeichnet hat[8], ist für die marxistische Literaturwissenschaft unerheblich.

Den größten Einfluß auf die Einstellung der deutschen Sozialdemokratie zum literarischen Erbe übte in der Ära der II. Internationale Franz Mehring aus. Er war ein bedeutender Marxist, scheint aber von Jean Paul fast nichts gelesen zu haben. In seinen Schriften geht er nirgends auf eines seiner Werke ein. Selbst in seinem sonst kenntnisreichen Aufsatz über Herder nicht, obwohl darin, wie auch in Mehrings Schiller-Biographie, über Herders Spätphase ein ziemlich ausgewogenes Urteil gefällt wird, das der einseitig negativen Einschätzung durch die bürgerliche Literaturwissenschaft nationalliberaler Richtung widerspricht.[9] Georg Lukács, der hervorragendste marxistische Literaturhistoriker der III. Internationale, übergeht Jean Paul zwar nicht mehr, bewertet ihn aber, vermutlich in Unkenntnis des „Hesperus" und des „Titan", nur aus der Sicht seiner Idyllen von der Art des „Quintus Fixlein". In politischer Hinsicht, meint Lukács, sei Jean Paul radikaler eingestellt gewesen als Goethe und Schiller. Seine größere Volkstümlichkeit und die persönliche politische Radikalität hätten bei ihm, infolge der deutschen Verhältnisse, jedoch „nicht eine leidenschaftlichere Aufdeckung der großen Widersprüche des modernen Lebens, wie bei Dickens und im russischen Roman", zur Folge gehabt, „sondern nur eine kleinbürgerliche Versöhnung mit der elenden deutschen Wirklichkeit".[10] Man kann sich leicht ausrechnen, daß ein Dichter, den Marx als „literarischen Apotheker" abtut, den Mehring fast mit Stillschweigen übergeht, den schließlich Lukács mit dem eben zitierten Vorwurf tadelt, unter Marxisten kein allzu großes Ansehen genießt.

Gegen die Auffassung, daß Jean Paul ein Vertreter des Kleinbürgertums gewesen sei, wäre an sich kaum etwas einzuwenden (obwohl ich aus guten Gründen dazu neige, seine Affinität zur Klasse der Fronbauern für elementarer und stärker zu halten, ähnlich wie später bei den russischen revolutionären Demokraten aus der Reformperiode unter Zar Alexander II.). Man muß sich nur darüber klar sein, daß im 18. Jahrhundert das Kleinbürgertum, geistig repräsentiert durch Rousseau, politisch z. B. durch Robespierre, die revolutionärste Klasse der Gesellschaft gewesen ist, daß es damals an der Spitze des Kampfes der vorproletarischen plebejischen Massen gegen den Absolutismus und die Adelskaste gestanden hat und im Schreckensjahr 1793 in Frankreich sogar zur Unterdrückung des Großbürgertums überging. Kleinbürger war Jean Paul etwa in diesem Sinne. Er war es *nicht* im Sinne der Idyllen-Helden wie Wutz, Fixlein und Fibel, die er *am Rande* seiner Romanwelt gestaltet und dabei *durchaus kritisch gesehen* hat, wie ich oben, in meiner Analyse des „Wutz", bewiesen zu haben glaube.[11] An diese Figuren pflegt aber unsinnigerweise gedacht zu werden, wenn man den Dichter einen Kleinbürger nennt. Man glaubt, er habe sich mit der vergnüglichen Anpassung seiner Idyllen-Helden an das schlechte Bestehende identifiziert, wovon keine Rede sein kann. Es ist nicht einmal zulässig, Jean Paul mit den – immer noch radikalen – Kleinbürgern des Vormärz gleichzusetzen, die sich auf ihn berufen haben, als er schon unter der Erde lag. Denn im Vormärz begann sich bereits das Proletariat zu organisieren, das im Zuge der Entfaltung seines Klassenkampfes der einstigen revolutionären Mission des Kleinbürgertums ein Ende setzte.

So immens die Verdienste sind, die Georg Lukács sich um die marxistische Erhellung der deutschen Literaturgeschichte erworben hat, sein Urteil über Jean Paul hält kritischer Nachprüfung nicht stand. Er tut Jean Paul Unrecht, wenn er bei ihm eine „kleinbürgerliche Versöhnung mit der elenden deutschen Wirklichkeit" vermutet. Er begeht den Fehler, sich ausschließlich an den „Fixlein" zu halten und aus dem zufälligen Umstand, daß dieser Idylle in ihrer zweiten Auflage (1796) die von Herder inspirierte Polemik gegen den Formenkult des Weimarer Klassizismus vorangestellt ist, den abwegigen Schluß zu ziehen, Jean

Paul habe allein mit volkstümlich-humoristischen Dichtungen von der Art des „Fixlein" ein Muster dafür geben wollen, wie dem ästhetischen Aristokratismus Goethes und Schillers zu begegnen sei, dem er Fixleins Versöhnung mit der Wirklichkeit entgegengesetzt hätte.[12] Tatsächlich ist bei Jean Paul der devote Fixlein eine rührend-lächerliche Figur, deren Verhalten ihm in keiner Hinsicht als vorbildhaft gilt. Tatsächlich erfolgt Jean Pauls umfassende Auseinandersetzung mit der Weimarer Klassik im „Titan", wo dem einseitig ästhetischen Bildungsideal Goethes und Schillers ein anderes, das der revolutionären Politisierung, kontraponiert wird und wo er abermals, wie schon vor dem „Fixlein" im „Hesperus", unzweideutig die grundstürzende Überwindung der deutschen Feudalmisere fordert.

Über den „Hesperus" und den „Titan", desgleichen über die „Unsichtbare Loge", schweigt Lukács sich aus.[13] Sollte er sie gekannt haben – was ich für ausgeschlossen halte –, so ist er der Meinung gewesen, daß Idyllen wie der „Fixlein" für den Dichter charakteristischer seien als seine heroischen Romane. Und genau das ist seit der Mitte des vorigen Jahrhunderts der Grundirrtum des *bürgerlichen* Jean Paul-Verständnisses, den der Marxismus überwinden muß, um der Arbeiterbewegung endlich den Zugang zu einer der belangvollsten Erscheinungen ihres revolutionär-demokratischen Literaturerbes zu erschließen. Die vorliegende Untersuchung konzentrierte sich aus keinem anderen Grund auf die drei heroischen Romane Jean Pauls. Sie fußt auf dem Bild der klassischen deutschen Literatur, das Mehring und Lukács geschaffen haben, und ist beiden zu großem Dank verpflichtet. Aber sie will dieses Bild berichtigen und ergänzen an dem Punkt, wo es, bis heute zum Schaden des Traditionsbewußtseins der Linken, seine bedauerlichste Lücke aufweist.

Anmerkungen

Jean Paul wird in der vorliegenden Arbeit zitiert nach: *Jean Pauls Sämtliche Werke.*
Historisch-kritische Ausgabe. Herausgegeben von der Preußischen Akademie der Wissen-
schaften u. a. (später von der Deutschen Akademie der Wissenschaften zu Berlin), Hermann Böhlaus Nachfolger, Weimar 1927 ff. (Akademie-Verlag, Berlin 1952—63).
I. Abteilung: Zu Lebzeiten des Dichters erschienene Werke (Bände 1—19);
II. Abt.: Nachlaß (Bde 1—5); III. Abt.: Briefe (Bde 1—9). Diese Ausgabe ist im
folgenden stets mit der Abkürzung SW gemeint. Die römische Ziffer vor dem
ersten Schrägstrich bedeutet dann die Abteilung; die arabische dahinter den Band;
die Ziffer hinter dem zweiten Schrägstrich, wenn römisch, die betreffende Seite aus
der Einleitung des Band-Herausgebers und, wenn arabisch, die betreffende Seite aus
dem Jean Paul-Text des Bandes. Verweise auf Abt. III führen außerdem die lau-
fende Nummer des jeweils zitierten Briefs (abgekürzt Br.) an. Abweichend von der
benutzten Ausgabe werden stets, auch in wörtlichen Zitaten, unter Wahrung des
Lautbestandes, die heutigen Rechtschreibungs- und Zeichensetzungsregeln befolgt.

Motto (S. 5)

[1] SW III/1/375 (Br. 394).
[2] *Jean Pauls Persönlichkeit. Zeitgenössische Berichte*, gesammelt und herausgegeben
von Eduard Berend, München und Leipzig 1913 (im folgenden stets abgekürzt
JPP), S. 18 ff., besonders 20.

Einleitung (S. 7—14)

[1] Den Untertitel „Eine Biographie" tragen die *Unsichtbare Loge* in der ersten, der
Hesperus in der ersten und zweiten Auflage, die *Flegeljahre* in beiden Ausgaben.
In der zweiten Aufl. der *Loge* und der dritten des *Hesperus* heißt es statt dessen
„Eine Lebensbeschreibung". Die Genre-Bezeichnung „Roman" scheint Jean
Paul, unter dem Einfluß seines Freundes Christian Otto, zunächst für verbraucht
und anrüchig gehalten und deshalb vermieden zu haben (siehe SW I/2/X).
Siebenkäs, *Titan* und *Komet* sind nicht als Biographien bzw. Lebensbeschrei-
bungen gekennzeichnet. Der *Komet* trägt den Untertitel „Eine komische Geschichte".
[2] SW I/2, edit. Eduard Berend.
[3] SW I/3 u. 4, ed. H. Bach u. E. Berend.
[4] SW I/8 u. 9, ed. E. Berend.
[5] Auszuschließen oder zumindest nicht wahrscheinlich zu machen ist die Kenntnis dieser Romane z. B. bei Fontane (obwohl er ansonst Jean Paul-Kenner war),
bei Gerhart Hauptmann, Heinrich Mann, Thomas Mann, Wedekind, Wasser-
mann, Rilke, Kafka, Musil, Stefan Zweig, Jünger, Feuchtwanger, Lukács,
J. R. Becher, Rilla, Brecht — um nur einige der prominentesten Vertreter sehr
unterschiedlicher Literaturrichtungen zu nennen.
[6] SW I/14, ed. W. v. Schramm.
[7] SW III/1/299 (Br. 329).
[8] Berend SW I/2/VI—XII.

[9] Bach SW I/3/VI—X.

[10] Berend SW I/8/VI f.

[11] SW I/3/33 f.; I/4/314 ff.; I/8/49 ff.

[12] In der *Loge* erlebt der Autor die Geschichte mit und bringt sie, noch während sie sich abspielt, zu Papier. Im *Hesperus* und besonders im *Titan* ist er dem Geschehen zwar entrückt, doch wird es ihm beide Male laufend durch Depeschen zugetragen (vgl. SW I/3/33 f.; I/8/49 ff.). Auch die pedantischen kalendarischen Angaben, namentlich in *Loge* und *Hesperus*, sind ein Mittel, die Aktualität des Berichteten zu unterstreichen. Der vierte *Titan*-Band desavouiert diese Fiktion allerdings an einer Stelle, wo Jean Paul plötzlich selbst aus der Sicht des Jahres 1802 rückblickend zur Französischen Revolution Stellung nimmt (SW I/9/224, Zeilen 27—30).

[13] SW I/6, ed. K. Schreinert.

[14] SW I/10, ed. Berend.

[15] SW I/15, ed. Berend.

[16] SW I/5/249 ff., ed. Berend.

[17] SW I/13/314 ff., ed. Schreinert.

[18] Näheres hierzu unten, S. 343 ff.

[19] Vgl. hierüber Berend SW I/10/V—XLIX; I/5/XXVII—XXXI; Schreinert SW I/6/VIII—XXXI; sowie unten S. 195 f., 260 f., 324 ff., 420 ff., 547.

[20] In den *Siebenkäs* ist, unter dem Namen Leibgeber, die Figur des Komikus aus den Vorarbeiten zum *Titan* übernommen worden (s. unten, S. 470 ff.). Die in den *Flegeljahren* erzählte Geschichte hatte ursprünglich, 1796—99, eine Komponente der Handlung des *Titan* sein sollen (s. unten, S. 195 f., S. 420 ff.). Und der *Komet* kehrt das Grundmotiv des *Titan* satirisch um (siehe unten, S. 185). In ähnlichem Sinne sind als *Titan*-Ableger außerdem die *Clavis Fichtiana*, wegen der fiktiven Verfasserschaft Leibgeber-Schoppes (SW I/9/459 ff., ed. Berend), und desgleichen *Doktor Katzenbergers Badereise*, wegen der Identität der Charaktere Katzenbergers und der *Titan*-Figur Dr. Sphex (SW I/8/127—133; I/13/71 ff.) anzusehen. Zum Zusammenhang *Titan-Katzenberger* vgl. unten, S. 47 f., 505 ff.

[21] Erst jüngst wieder Hans Mayer (*Jean Pauls Nachruhm*, in: *Zur deutschen Klassik und Romantik*, Pfullingen 1963, S. 243 ff.); Ralph-Rainer Wuthenow (*Ein roter Faden. Jean Pauls politische Schriften und sein Verhältnis zur Französischen Revolution*, in: *Jahrbuch der Jean Paul-Gesellschaft*, 3. Jahrg., 1968, S. 49 ff.); Hans G. Helms (*Jean Paul, ein politischer Autor*, in: *Text und Kritik. Sonderband Jean Paul*, 1970, S. 98 ff.) und, etwas überzogen, Peter v. Haselberg (*Musivisches Vexierstroh. Jean Paul, ein Jakobiner in Deutschland*, in: *Festschrift Adorno*, Frankfurt/Main 1963) — um nur einige zu nennen. Hierher gehört desgleichen mein Aufsatz *Satire und Politik beim jungen Jean Paul*, in: *Sinn und Form*, Jahrg. 19 (1967), S. 1482 ff., der ein Vorabdruck von ausgewählten Teilen der Kapitel I und IV der vorliegenden Studie war und auf den sich teilweise auch Wuthenow, a. a. O., und Helms, a. a. O., stützen.

I. Kapitel. Zur Problematik der satirischen Periode (S. 15—33)

Abschnitt I (S. 15)

[1] Der behauptete Einfluß der Französischen Revolution auf die *Unsichtbare Loge* wird hier nachgewiesen unten, S. 117 f., 161 ff.

Abschnitt II (S. 15—17)

[1] SW II/1/1—104, 156—291, ed. Berend.
[2] Ebenda, S. 105—154.
[3] Siehe die Leipziger Episode unten, S. 331. Näheres bei Walther Harich: *Jean Paul*, Leipzig 1925, S. 486 f. Dieses vom linksliberalen Standpunkt der Zwanziger Jahre verfaßte, durch den Einfluß Nadlers, die Ignorierung der englischen Literatur des 18. Jahrhunderts und das Fehlen marxistischer Gesichtspunkte streckenweise problematische Werk verwertet auch alle wesentlichen, im Faktischen meist zuverlässigen Ergebnisse der älteren (hegelianisierenden) Standard-Biographie von Paul Nerrlich (*Jean Paul. Sein Leben und seine Werke*, Berlin 1889). Soweit die Darstellung Walther Harichs historisch einwandfrei ist, verweise ich jeweils auf ihre im Biographischen ausführlicher als bei mir gehaltenen Darlegungen. Wo sie sich als philologisch fragwürdig oder durch neuere Forschungen überholt erweist, stütze ich mich jeweils auf die einschlägigen neueren Einzeluntersuchungen anderer, vor allem auf Eduard Berend, namentlich auf dessen Einleitungen und Kommentare zu den meisten Bänden der historisch-kritischen Jean Paul-Gesamtausgabe (SW, 1927 ff.).
[4] SW III/1/227 ff., 258, 270 f. (Br. 197, 252, 281). Dazu Walther Harich, a. a. O., S. 154, 174 ff.

Abschnitt III (S. 17—18)

[1] SW II/1/292 ff.
[2] SW I/1/1 ff., ed. Berend.
[3] SW I/1/219 ff. Berend zur Rekonstruktion der vier Fassungen ebd., S. XXIV ff.
[4] SW II/1—3, ed. Berend.
[5] SW II/3/108 ff. Zur Entstehungsgeschichte Berend ebd., S. XX ff.

Abschnitt IV (S. 18—20)

[1] Siehe unten, S. 94 ff. Dazu die späteren Bekenntnisse, schon als Achtzehnjähriger Republikaner gewesen zu sein, z. B. SW III/3/210 (Br. 290).
[2] Stein: *Geschichte Frankens*, 2 Bde, Schweinfurt 1883—86; v. Lang: *Neuere Geschichte des Fürstentums Bayreuth*, 3 Bde, 2. Aufl. 1911; Walther Harich, a. a. O., S. 26 ff., 151 ff.
[3] SW III/1/6 ff. (Besonders Br. 6, 10, 12, 13, 15, 18, 19, 20). Dazu Walther Harich, a. a. O., S. 78 ff.
[4] H. P. Sturz: *Denkwürdigkeiten von J. J. Rousseau*, in: *Schriften*, Band 1, Leipzig 1779, S. 176. Zitiert SW I/1/98.
[5] SW I/1/1, 117.

Abschnitt V (S. 20—21)

[1] SW II/4/122, ed. Berend.
[2] Nachgewiesen von Ferdinand Josef Schneider, in: *Jean Pauls Jugend und erstes Auftreten in der Literatur*, Berlin 1905, S. 168. Vgl. Berend SW II/1/XXV, XLV, 415.
[3] Bereits in der Experten-Sammlung *Schöne Wissensch.*, Bd 1, von Jean Paul auszugsweise abgeschrieben. Auswertung der *Dunciade* freilich erst im *Lob der Dummheit*, von SW II/1/341 an.
[4] SW II/1/67, 82 ff.
[5] SW II/1/249—262.

6 Schneider a. a. O. und Berend SW II/1/XLIV f.; I/1/XIV f. Selbstzeugnis Jean Pauls SW I/1/3 f.

7 SW II/1/155.

8 SW I/2/8. Der *Orbis pictus* in den *Grönländischen Prozessen* zustimmend zitiert SW I/1/146, 178.

Abschnitt VI (S. 21—23)

1 Man denke z. B. an den Hofmarschall von Kalb in *Kabale und Liebe* oder sogar noch an die Hofdamen der Königin in *Don Carlos*, etwa die „sanfte" Mondecar mit ihrer Vorliebe für Stiergefechte und Ketzerverbrennungen. Jean Paul hat die satirische Ader Schillers früh bemerkt, zuerst 1787 im *Brief an einen angehenden Schauspieler*, SW II/3/21 ff., besonders 25. Siehe später auch sein Urteil über *Don Carlos* in der *Vorschule der Ästhetik*, SW I/11/103, ed. Berend.

2 Sowohl von Hermann Hettner, *Geschichte der deutschen Literatur im 18. Jahrhundert*, Bd 1, Berlin 1961, S. 294, als auch von Georg Lukács, *Skizze einer Geschichte der neueren deutschen Literatur*, Berlin 1953, S. 21, als besonders authentische Kennzeichnung der deutschen Misere hervorgehoben.

3 So besonders in der Satire *Von der Vortrefflichkeit und Notwendigkeit der elenden Skribenten*, 1735.

4 A. F. Cranz: *Charlatanerien*, Berlin 1780 f. Jean Pauls abfällige Urteile darüber SW III/1/122, 149, 201, 354 (Br. 74, 92, 154, 390).

5 Beeinflußtsein von Herder und Ansätze zur Nachahmung seines Stils lassen sich bereits beim ganz frühen Jean Paul nachweisen, so SW II/1/12 ff., 130 f., 185. Seine Begeisterung für Goethe in derselben Zeit erhellt aus *Abälard und Heloise*, SW II/1/105 ff. Die *Grönländischen Prozesse* nehmen Herder von ihrer sonstigen Verdammung der Genieperiode aus, so SW I/1/45. Vgl. dazu auch Kommentar Berend, ebd., S. 569.

Abschnitt VII (S. 23—26)

1 Siehe z. B. Hettner, a. a. O., Bd 2, S. 610; Walther Harich, a. a. O., S. 108—113; Berend SW II/1/XLIV f.; I/1/XI; I/2/V f.; Max Kommerell: *Jean Paul*, 3. Aufl., Frankfurt/Main 1957, S. 16 ff.

2 Zur Beurteilung dieser Antithetik siehe Lukács, a. a. O., S. 17 f.

3 Berend SW I/1/IX; I/2/V f.; II/1/XLIV; II/2/V.

4 Solche „Durchbrüche" finden sich SW II/2/215, 293, 347, 371, 376. Berend weist erleichtert und mit Genugtuung einige dieser Stellen ebd., S. V Fußnote, vor.

5 Siehe z. B. SW III/1/8 f., 20, 38 (Br. 7, 13, 20).

6 Schiller: *Gesammelte Werke*, ed. Alexander Abusch, Band 8, Berlin 1955, S. 547 ff., besonders 573 ff.

7 Ebd., S. 580 f.

8 Ebd., S. 575 ff.

9 Berend SW II/2/V.

10 SW I/1/221 f.

11 Ebd., S. 353.

Abschnitt VIII (S. 26—28)

1 Nach dem Erfolg der *Loge* übersandte Jean Paul im Juli 1793 an den Pfarrer Vogel ein Dedikationsexemplar mit der Bemerkung, das Buch sei glücklicher

als die Satirensammlungen, ohne deswegen besser zu sein (SW III/1/396. Br. 438). Im Dezember 1795 äußerte er sich zu Friedrich v. Oertel gleich im ersten Brief über die *Grönländischen Prozesse*, deren Richtung er nach wie vor bejahe (SW III/2/136 ff. Br. 211). Über dasselbe Werk unterhielt er sich im Juni 1796 beim ersten Zusammentreffen mit Herder und freute sich über dessen Lob (SW III/3/207. Br. 337). 1797 wollte er, als der Verleger Heinsius ihm eine neue Ausgabe der *Teufelspapiere* vorschlug, die *Prozesse* in das Projekt mit einbezogen wissen (SW III/3/354. Br. 667). Im gleichen Jahr gab er seinen Freundinnen Charlotte v. Kalb und Emilie v. Berlepsch die *Teufelspapiere* zu lesen. Den Titelhelden seines *Siebenkäs* hatte er damals bereits zu deren Verfasser gemacht. Später machte er den Vult der *Flegeljahre* zum Autor der *Prozesse*. Die Umarbeitung der *Teufelspapiere* zu den *Palingenesien*, von 1798, rührt in keiner Weise an die satirische Substanz des Buchs. Sie will es lediglich dem Publikum durch eine erzählende Einkleidung leichter zugänglich machen. Auf das Anerbieten des Rechtsnachfolgers von Voß, die *Prozesse* neu aufzulegen, ging der alte Jean Paul gerne ein. Die Streichungen, die er für die neue Ausgabe vornahm, haben den Inhalt kaum verändert. Die vom Mai 1821 datierte Vorrede (SW I/1/3 ff.) zeigt, daß der Achtundfünfzigjährige das Werk, das er mit 19 Jahren geschrieben, im wesentlichen immer noch gutheißt. Was er daran auszusetzen hat, bezieht sich lediglich auf Formfragen. In dem neuen Epilog, vom August 1821 (SW I/1/213 ff.), versichert er, daß die *Teufelspapiere* besser gelungen seien als die *Prozesse* und kaum einer Änderung bedürften. Über der Durchsicht der *Teufelspapiere* für die erste Gesamtausgabe seiner Werke ist er vier Jahre später, 1825, gestorben.

2 SW I/2/7 f.

3 Das *Lob der Dummheit* greift die „Weiber, Stutzer, Mächtigen, Höflinge, Edelleute, Theologen, Philosophen, Poeten pp." an (SW II/1/307 ff.). Ähnlich die Systematik der Angriffsobjekte in den *Prozessen* (SW I/1/1 ff.) und in der *Bittschrift der deutschen Satiriker* (SW II/2/16 ff.). Auch die *Teufelspapiere* (SW I/1/219 ff.) und die *Bayerische Kreuzerkomödie* (SW II/3/108 ff.) sind in der Themenwahl auf soziologische Vollständigkeit hin angelegt.

Abschnitt IX (S. 28—30)

1 Die ersten nennenswerten Nachlaß-Ausgaben waren: *Jean Pauls literarischer Nachlaß*, Bde 1—5, Berlin 1836—38, und *Der Papierdrache. Jean Pauls letztes* Werk, Teil 1—2, Frankfurt/Main 1845. Vollständige Ausgabe der Nachlaß-Satiren erst 1928—32 in SW II/1—3, ed. Berend.

2 SW II/2/241 ff., besonders 243—247.

Abschnitt X (S. 30—33)

1 SW I/11/121.

2 SW II/2/16 ff.

3 SW I/1/163 ff.

4 SW I/1/XL.

5 Reste in den „launigten" bzw. witzigen Anhängen SW I/1/330—345, 466—471. Vgl. damit SW II/2/369—438.

6 SW I/1/346 ff., 472 ff.

7 SW II/3/108 ff.

8 SW I/1/307 ff.

9 SW I/18/79 ff., ed. Berend.
10 So am eindrucksvollsten verschiedene Stellen in der *Bayerischen Kreuzerkomödie*, namentlich SW II/3/121, und in der Satire *Was für Sätze nach meinem Tode jährlich sollen erwiesen werden*, SW II/3/76 ff., besonders 84 ff.
11 Siehe unten, S. 94 ff.

II. Kapitel. Momente des Reifens (S. 34–58)

Abschnitt I (S. 34)

1 SW III/1/554 (an Jean Paul, Br. 65). Siehe auch I/2/V.
2 SW III/1/506 u. 557 (an Jean Paul, Br. 102). Siehe auch I/2/Vf.
3 Berend SW I/1/XLI.

Abschnitt II (S. 34–35)

1 Zuletzt in: Jean Paul, *Dämmerungen. Eine Auswahl*, ed. H. Scurla, Berlin 1951, S. 418 ff.
2 SW II/3/300 ff.

Abschnitt III (S. 35–37)

1 Siehe oben, S. 17, dazu die Anm. 4 zu Kap. I, Abschn. II.
2 Z. B. SW I/2/67 ff.; I/8/60 ff.; I/10/412 ff.; II/4/69 ff. Aus dem letztgenannten Werk erhellt der autobiographische Ursprung dieser Passagen.
3 Ergibt sich u. a. aus SW I/1/258 f., 336 ff.; II/3/41 ff.; I/2/176 ff.
4 SW III/1/227 f. (Br. 197).
5 SW I/17/45 ff., ed. Schreinert. Hier nur in der zweiten Fassung (der *Herbstblumine*) als *Scherzhafte Phantasie*.
6 SW I/1/256 ff. Zur Datierung Berend ebd., S. XXXVI–XL.
7 Ebd., S. 332 ff. Zur Datierung Berend ebd., S. XXXVI–XL.
8 Ebd., S. 337 f.
9 SW I/8/175.
10 SW I/2/408 ff.; I/5/1 ff., 387 ff.; I/13/347 ff.; II/4/69 ff.
11 Zum sozialkritischen Gehalt der Idyllen Näheres siehe unten, S. 137 ff.

Abschnitt IV (S. 37–38)

1 SW I/12/69 ff., ed. Berend.
2 SW I/2/44 ff., 96 ff., besonders 114–126.
3 SW I/5/215 ff.
4 SW I/3/71 f., 75 f., 95 ff., 106 f.
5 Siehe unten, S. 250 ff., 450 ff.
6 Johann Paul Friedrich Richter wurde als Knabe „Fritz" gerufen. Er nannte sich „Jean Paul" erst von 1792 an. Sein Pseudonym als Satirenschreiber hatte vorher „Hasus" oder „J. P. F. Hasus" geheißen. Der Einfachheit halber wird er im vorliegenden Buch für *alle* Lebensperioden nur mit dem Namen genannt, unter dem er berühmt geworden ist. Tritt er in eigenen erzählenden Werken selber auf, so kürze ich diesen Namen jedesmal mit JP ab (siehe unten, S. 133).

Abschnitt V (S. 38–42)

1 SW II/1/307 ff.; I/1/78 ff., 186 ff., 493 ff.; II/2/21 ff., 90 ff.
2 SW I/1/7 f.

[3] Siehe oben, S. 23 ff.
[4] SW I/1/7 f.
[5] SW II/1/312.
[6] Ebd., S. 313.
[7] Programmatisch ausgedrückt SW I/5/25 ff.; I/6/9 ff.
[8] SW II/1/312 ff., I/1/88.
[9] SW II/3/224 ff.
[10] SW I/5/215 ff.
[11] Ebd., S. 224 f.
[12] Formulierung aus dem *Hesperus*, SW I/3, ähnlich ebd., S. 100 f.
[13] Näheres siehe unten, S. 226 f., 484 ff., 526 f., 531 ff.
[14] SW I/5/224.

Abschnitt VI (S. 42—44)

[1] SW I/18/172 ff.
[2] SW II/3/41 ff. Näheres über dieses Werk unten, S. 111 ff.
[3] Z. B. SW III/1/276 (Br. 287).
[4] SW III/1/549 f. (Br. 24 u. 26, von Frau Richter). Belegbar auch durch SW III/1/ 12 f., 22 ff., 46 ff., 60, 62 f. (Br. 10, 15, 28, 29, 35, 37).
[5] Ergibt sich aus SW III/1/60, 62 f. (Br. 35 u. 37).
[6] Walther Harich, a. a. O., S. 188 f., 304 f.

Abschnitt VII (S. 44—46)

[1] SW I/1/7. Vgl. II/4/109.
[2] SW I/3/172 f. Hier, in der Ausgabe letzter Hand: „Gesamt- oder Zugleich- liebe".
[3] Berend SW I/2/XXIX f.
[4] Walther Harich, a. a. O., S. 299—309. Siehe unten, S. 48 f.
[5] Ebd., S. 347 f.
[6] Z. B. SW I/2/320—342.
[7] Walther Harich, a. a. O., S. 470 f., 477 ff., 506 ff., 537 ff.; SW III/3/45 ff. (Br. 61).
[8] SW III/3/139 f. (Br. 179).
[9] SW I/1/7, Zeile 28 f.
[10] SW I/3/173.

Abschnitt VIII (S. 46—50)

[1] Bach SW I/3/XI.
[2] SW III/1/1 (Br. 1).
[3] Walther Harich, a. a. O., S. 162 ff.
[4] SW I/2/31 ff., 81 ff.
[5] SW I/6/29 ff., 40 ff.; I/8/7 f., 19 ff. Siehe unten, S. 215, 243 ff., 263, 274, 469 ff.
[6] SW I/8/129 ff. Siehe unten, S. 505 ff.
[7] SW I/13/79 ff.
[8] SW III/1/167 (Br. 108). Walther Harich, a. a. O., S. 137 f.
[9] SW III/1/368 ff. (Br. 412, 413). Tagebuch-Eintragungen vom 27. Dez. 1792, 26. Jan., 10. Febr. u. 12. März 1793, zitiert ebd., S. 535. Rückblickende An- spielung z. B. SW III/1/398 (Br. 439). — Siehe auch Walther Harich, a. a. O., S. 299 ff., sowie H. Bach: *Jean Pauls Hesperus*, Leipzig 1929 (*Palästra* CLXVI), und SW I/3/XXIX ff.

[10] Emanuel Samuel junior (1766—1842) nahm den Familiennamen Osmund erst 1814 an. Zur Unterscheidung von der Romanfigur Emanuel im *Hesperus*, der Jean Paul diesen Namen schon vor dem Bekanntwerden mit dem Bayreuther Freund gegeben hatte, wird er im folgenden bereits für die vorausliegenden Jahre meist Osmund genannt.

[11] SW III/1/493 (Br. 441). Dazu Erläuterung Berend ebd., S. 542. Darstellung des Falles ohne Namensnennung in den *Briefen zur Berichtigung der vertrauten Briefe über das Fürstentum Bayreuth*, 1794, S. 66 ff. Der Beistand Jean Pauls und der Brüder Otto für Emanuel (Osmund) sind zu belegen durch SW III/2/105 f. (Br. 154). Vgl. auch Berend ebd., S. 425.

Abschnitt IX (S. 50—51)

[1] Vgl. SW III/1/221 f.
[2] Walther Harich, a. a. O., S. 182 f.; SW III/1/557 (Br. 97, von Hermann). Vgl. auch ebd., S. 281 (Br. 304).
[4] Ebd., S. 310 f. (Br. 346).
[5] SW I/2/453.
[6] Walther Harich, a. a. O., S. 174.
[7] SW III/1/287 (Brief 313). Ebd. S. 508 u. 557 (Br. 103 u. 107, von Chr. Oerthel).
[8] Ebd., S. 366 f. (Br. 408). Kommentar Berend ebd., S. 534.
[9] Walther Harich, a. a. O., S. 251. SW III/1/560 (Br. 133, von Moritz).
[10] Ebd., S. 357 f. (Br. 393).
[11] Ebd., S. 394 f. (Br. 437).

Abschnitt X (S. 51—54)

[1] *JPP*, S. 7.
[2] Walther Harich, a. a. O., S. 198 f.; Berend SW III/1/516 (Kommentar zu Br. 347).
[3] SW II/3/51 ff., 385.
[4] SW I/18/95 ff. Neufassung I/5/41 ff. Vgl. SW III/1/555 f. (Br. 83 u. 87, von Karoline Herder); ebd., S. 256 (Br. 245).
[5] Berend SW II/3/XVIII f.; III/1/494 (Kommentar zu Br. 243).
[6] SW II/3/163 ff.
[7] Ebd., S. 58 ff.
[8] Ebd., S. 76 ff.
[9] Ebd., S. 96 ff.
[10] Ebd., S. 252 ff.
[11] Ebd., S. 280 ff.
[12] Die Eintragung vom 15. 11. lautet: „Wichtigster Abend meines Lebens; denn ich empfand den Gedanken des Todes, daß es schlechterdings kein Unterschied ist, ob ich morgen oder in dreißig Jahren sterbe." Hierauf bezieht sich vermutlich auch die Mitteilung der Schwarzenbacher Wirtin, *JPP*, S. 7. Vgl. auch Walther Harich, a. a. O., S. 198 f., sowie Kommentar Berend SW III/1/516.
[13] SW II/3/339 ff.
[14] SW III/1/313 (Br. 350). Kommentar Berend ebd., S. 516.

Abschnitt XI (S. 54—58)

[1] SW I/2/12 f.
[2] L. Feuerbach: *Vorläufige Thesen zur Reform(ation) der Philosophie* (1843), in: *Ge-*

sammelte Werke, ed. Werner Schuffenhauer und Wolfgang Harich, Band 9, Berlin 1970, S. 243 ff., besonders 248.

3 SW II/3/354.
4 Ebd., S. 360.
5 Ebd., S. 339.
6 Ottomar in der *Unsichtbaren Loge*: „. . . eure zwei Dezembertage, die ihr achtzig Jahre nennt . . ." (SW I/2/297).
7 SW III/1/312 (Br. 347).
8 SW I/2/295 ff., 438 f., 448 ff.
9 Ebd., S. 449.
10 Ebd., S. 205 ff.
11 Ebd., S. 280 ff., 291 ff.
12 Ebd., S. 295 ff., 304 f.
13 SW I/3/31 f., 41, 179 f., 192.
14 SW I/9/166—227.

III. *Kapitel. Der Weg zum Leitbild des Hohen Menschen (S. 59—91)*

Abschnitt I (S. 59—61)

1 Zu den philosophiehistorischen Auslassungen des folgenden Kapitels vgl. auch die ausführliche Darstellung der erkenntnistheoretischen Aspekte in meiner Schrift *Jean Pauls Kritik des philosophischen Egoismus,* Leipzig 1967 und Frankfurt/Main o. J. (1968).

Abschnitt II (S. 61—63)

1 SW II/1/1—104, 156—291.
2 Walther Harich, a. a. O., S. 64 f.
3 SW II/1/1—22.
4 Ebd., S. 14 ff.
5 Ebd., S. 40—48.
6 Ersichtlich ebd., S. 191—244.
7 Ersichtlich aus SW III/1/19 (Br. 13).
8 SW II/1/274 f.
9 Ebd., S. 156—244, 249—273.

Abschnitt III (S. 63—69)

1 SW II/1/298—300, 324—331, 343—345; II/2/103—124, 148—170; I/1/60 ff., 299 ff., 327, 330—342, 459 f., 468 f. Vgl. dazu auch den gesamten Briefwechsel mit Pfarrer Vogel und Kaplan Völkel in SW III/1.
2 SW II/1/307, 330 f.
3 SW II/2/148 ff., besonders 161.
4 Ebd., S. 107.
5 Ebd., S. 112.
6 SW III/1/19 (Br. 13).
7 SW III/3/117 ff. (Br. 158). Die Ergänzung durch die Textstellen bei Kant und Herder, auf die Jean Paul sich hier bezieht, in meiner Schrift *Jean Pauls Kritik usw.,* a. a. O., Frankfurt/Main o. J. (1968), S. 198 ff., Erläuterungen ebd., S. 264, 268.
8 SW I/1/228 f.; II/3/138 ff., 289 f.

⁹ SW I/9/459 ff. Näheres hierzu in *Jean Pauls Kritik usw.*, a. a. O.
¹⁰ SW I/9/396 f., 428 f.
¹¹ SW III/2/128 (Br. 193).
¹² SW III/1/305 f. (Br. 335).
¹³ Vgl. hierzu Lukács: *Skizze usw.*, a. a. O., S. 28 f.
¹⁴ Z. B. SW I/1/12 ff.
¹⁵ Berend SW I/7/VIII; III/2/343 (Br. 642).
¹⁶ SW III/2/370 (Br. 456).

Abschnitt IV (S. 69—73)

¹ Ersichtlich aus SW II/1/171 ff., 191 ff., sowie aus den Exzerpten, Fasz. 4 b, *Extraits* I, Leipzig 1781.
² SW II/1/171 ff. In der Hauptsache folgt die Schrift allerdings Popes *Essay on Man*.
³ SW II/1/191 ff. Berend hat SW I/2/XLf. den direkten Einfluß von „De l'esprit" sogar noch in dem Höhlenkapitel der „Loge", ebd., S. 44 ff., nachgewiesen.
⁴ Ebd., S. 193 f.
⁵ Ebd., S. 63 ff. Vgl. I/10/59.
⁶ SW II/1/194 ff., 210.
⁷ Ebd., S. 241—243.
⁸ SW II/2/293—296.
⁹ Vor allem SW I/1/346 ff.
¹⁰ Walther Harich, a. a. O., S. 129 f.
¹¹ SW I/1/472 ff.
¹² Ebd., S. 346 ff., besonders 348 ff.

Abschnitt V (S. 73—76)

¹ Siehe oben, Anm. 8 zu Abschn. III.
² SW I/1/346 ff. besonders 347.
³ SW III/2/128 (Br. 193).
⁴ SW I/3/380 ff. Die von Wuthenow (*Ein roter Faden*, a. a. O.) vermerkten Anklänge der Vision an Condorcet erklären sich nicht aus direkter Beeinflussung, die chronologisch unmöglich gewesen wäre, sondern daraus, daß erstens sowohl Herder als auch Condorcet an Voltaires *Essais sur les mœurs* angeknüpft haben und zweitens Condorcet bei der Abfassung seiner geschichtsphilosophischen *Esquisse* 1793/94 ebenso unter dem unmittelbaren Eindruck der Französischen Revolution gestanden hat wie gleichzeitig Jean Paul bei der Ausarbeitung des *Hesperus*. Für die Abhängigkeit des Aufsatzes *Über die Wüste usw.* von Herder ist besonders die Weite des völkerkundlichen Horizonts bezeichnend. Sie macht Jean Paul als revolutionär-demokratischen Adepten der *Ideen zur Philosophie der Geschichte der Menschheit* geradezu zum Propheten des heutigen Befreiungskampfes der Völker der Dritten Welt.
⁵ Die zweite Schulrede SW II/1/12 ff.; die Huldigung SW I/1/225 ff.
⁶ Siehe hierzu wieder meine Schrift *Jean Pauls Kritik usw.*, a. a. O.
⁷ SW II/2/148 ff.
⁸ Eine Zusammenstellung aller einschlägigen Briefstellen im Anhang zu meiner Schrift *Jean Pauls Kritik usw.*, in der ausführlicheren Frankfurter Ausgabe a. a. O., S. 196 ff., Erläuterungen ebd., S. 267 ff.
⁹ SW I/9/463 f.

[10] SW II/3/339 ff.
[11] SW I/7/7 ff.
[12] SW II/4/133 ff., 217 ff.

Abschnitt VI (S. 76—82)

[1] SW I/1/346 ff.
[2] Ebd., S. 350.
[3] Ebd., S. 349.
[4] Ebd.
[5] Siehe G. W. Plechanow über Helvétius in: *Beiträge zur Geschichte des Materialismus*, Berlin 1946, S. 56 ff.
[6] SW I/1/352 f.
[7] *Gesammelte Werke*, ed. Abusch, a. a. O., S. 200 ff.
[8] Ebd., S. 240 ff., besonders S. 269—275.
[9] SW III/2/36 (Br. 43).
[10] Ebd., S. 52 (Br. 64).
[11] SW I/1/351.
[12] Ebd., S. 352.
[13] Ebd., S. 353.
[14] Ebd., S. 475.
[15] Ebd., S. 475 ff. Vgl. SW I/10/59; II/1/63 ff.

Abschnitt VII (S. 82—85)

[1] SW II/3/163 ff.
[2] SW I/6/247 ff.
[3] Schreinert SW I/6/LI.
[4] SW II/3/166.
[5] SW I/6/247 f.

Abschnitt VIII (S. 86—91)

[1] SW II/3/218 ff.
[2] Ebd., S. 232 ff.
[3] Ebd., S. 249 f.
[4] Ebd., S. 339 ff.
[5] SW I/13/242 ff. Dazu Berend ebd., S. LXXVIII.
[6] SW II/3/339—345.
[7] L. Feuerbach, a. a. O., Bd. 10, S. 192 ff., besonders 244 ff.
[8] SW II/3/345 ff., besonders 359. Vgl. damit ebd., S. 344 f.
[9] Ebd., S. 358.
[10] Ebd., S. 359 f.
[11] Ebd., S. 351 f. Vgl. SW I/2/210.
[12] SW II/3/351.
[13] SW III/1/296 ff. (Br. 327).
[14] Hegel: *Phänomenologie des Geistes*, ed. J. Hoffmeister, Phil. Bibl. 114, 5. Aufl., Leipzig 1949, S. 151 ff.
[15] Siehe oben, S. 54 ff.
[16] SW III/1/312 (Br. 347).
[17] SW II/3/341 f.

Abschnitt I (S. 92)

[1] Zur Abhängigkeit der deutschen Schriftsteller im 18. Jahrh. siehe Lukács, *Skizze usw.*, a. a. O., S. 21f.

Abschnitt II (S. 92–94)

[1] SW II/1/78.
[2] Ebd., S. 104.
[3] Werther im Brief vom 12. August (1771): „Es ist wahr, der Diebstahl . . ." bis „. . . Mitleiden oder Strafe?" Goethes *Romane und Novellen*, Großherzog Wilhelm Ernst-Ausgabe, Bd 1, Leipzig 1920, S. 47.
[4] SW II/1/79ff.
[5] Ebd., S. 84.
[6] Ebd., S. 160.
[7] *Minna usw.*, II/1. Lessing: *Gesammelte Werke*, ed. Paul Rilla, Bd 2, Berlin 1954, S. 154.
[8] SW II/1/165f.

Abschnitt III (S. 94–97)

[1] SW II/1/171ff.
[2] Ebd., S. 191ff.
[3] Ebd., S. 245ff.
[4] Ebd., S. 292ff. Zu dem benutzten Muster siehe Claus Träger in: Erasmus von Rotterdam, *Das Lob der Torheit*, Leipzig 1957, sowie Trägers Essay *Über das soziale Wesen der literarischen Narrenbeschwörung* in: *Studien zur Literaturtheorie und vergleichenden Literaturgeschichte*, Leipzig 1970, S. 157ff., besonders 175ff.
[5] SW II/1/304–306.
[6] Ebd., S. 314–316.
[7] Ebd., S. 340ff.
[8] Ebd., S. 315f.
[9] Ebd., S. 317f.
[10] Ebd., S. 318; MEGA I. Abt., Bd. 1, 1. Halbbd., S. 526f.
[11] SW II/1/318f.
[12] Ebd., S. 340–347.

Abschnitt IV (S. 97–99)

[1] SW I/1/72ff., 174–186.
[2] SW II/1/314–316.
[3] SW I/1/75–77.
[4] SW II/2/16ff.
[5] Ebd., S. 17.
[6] Ebd.

Abschnitt V (S. 99–103).

[1] SW II/2/231ff.
[2] SW II/3/54f., 76ff.

3 SW I/1/259 ff., besonders 262 ff., 270 ff.

4 Ebd., S. 292 ff., besonders 295 f., 297 ff.

5 Brecht: *Gesammelte Werke*, ed. Elisabeth Hauptmann, Bd 4, Frankfurt/Main 1967, S. 1674.

6 Siehe oben, S. 32.

7 SW I/1/307 ff., besonders 313 f., 321–324.

8 Ebd., S. 534 ff., besonders 540–543.

9 SW II/2/408 ff.

10 SW I/1/521 ff.

11 SW II/2/424–431; I/1/522–524; I/17/45 ff.

12 SW I/1/523 f.

13 SW II/2/426 f.

14 SW I/18/79 ff.

15 SW I/1/332 ff.

16 Ebd., S. 256 ff., besonders 258 f.

Abschnitt VI (S. 103–105)

1 SW II/3/121 ff.

2 Ebd., S. 135.

3 Ebd., S. 157 ff.

4 Ebd., S. 160 f.

5 Ebd., S. 183 ff.

6 Ebd., S. 192.

Abschnitt VII (S. 105–110)

1 SW III/1/12 (Br. 9).

2 SW I/2/175 Fußnote. Siehe hierzu unten, S. 278 ff.

3 Siehe Rudolf Haym: *Herder*, ed. Wolfgang Harich, Berlin 1954, Bd 1, S. 125 f., 357–363; Herder: *Sämtliche Werke*, ed. Suphan, Band 4, S. 343 ff.; Jean Paul, SW II/2/387.

4 Genauer: seinen Nachruhm beeinträchtigt. Siehe SW I/3/41 ff., 76 ff. Siehe unten S. 111 ff., 114.

5 SW I/6/486 f.

6 Ebd., S. 487.

7 SW I/1/273 f. Ähnlicher Anklang friderizianischer Gesinnung SW II/3/162 wohl von taktischer Erwägung eingegeben, um Archenholz die Vermittlung der *Bayerischen Kreuzerkomödie* an einen Berliner Verleger zu erleichtern. Wahrscheinlich aus demselben Grunde die überwiegend antikatholische Akzentuierung der Theologie-Kritik im gleichen Werk, z. B. ebd., S. 169 ff. Beides zielte auf Vorlieben der Berliner Aufklärer um Nicolai, der selbst Verleger war.

8 Siehe hierzu unten, S. 314.

9 SW II/2/377 f.

10 SW I/1/524 ff.

11 Ebd., S. 526.

12 SW III/1/147 (Br. 92).

13 SW I/1/560–562.

14 SW II/4/122.

15 Ersichtlich aus SW II/1/23–104, 156–291.

[16] Nachgewiesen durch Schneider, a. a. O. Ersichtlich auch aus Berend SW II/1/XV, Fußnote 1.

[17] Siehe unten, S. 138f., 188ff., 538ff.

[18] Leipzig 1785.

[19] SW III/1/266 (Br. 274). Kommentar Berend ebd., S. 499.

[20] SW I/1/563.

[21] SW I/4/35f.

[22] Berend SW I/8/XXIVf.

[23] SW I/5/249ff., besonders 280ff.

[24] SW III/3/45 (Br. 61).

Abschnitt VIII (S. 110—116)

[1] Lessing in einer Rezension vom April 1751; Herder im *Journal meiner Reise im Jahre 1769*, in der Preisschrift *Über den Ursprung der Sprache* und in den Schriften der Bückeburger Periode (vgl. Haym, a. a. O., Bd 1, S. 366ff., 570ff.); Schiller in seiner Rede über die Schaubühne als moralische Anstalt, in seiner Einleitung in die Universalhistorie und in der Abhandlung *Über naive und sentimentalische Dichtung;* Fichte in den Vorlesungen über die Bestimmung des Gelehrten. Mehring über diesen Aspekt der deutschen Rousseau-Rezeption in der *Lessing-Legende*, Berlin 1953, S. 325. Vgl. dazu auch meine Aufsatz-Sammlung *Rudolf Haym und sein Herderbuch*, Berlin 1955, S. 131ff. Jean Pauls Einstellung erhellt z. B. aus SW I/1/466f.

[2] Viktors Haltung, z. B. SW I/3/69, war in der Beziehung auch die Jean Pauls.

[3] SW II/2/376.

[4] SW I/1/466f.

[5] SW II/3/90f.

[6] „Est-il utile au peuple d'être trompé, soit qu'on l' induise dans de nouvelles erreurs, ou qu'on l'entretienne dans celles où il est?"

[7] SW II/3/8ff.

[8] Ebd., S. 41ff.

[9] Disc. I, ch. 1.

[10] SW II/3/42—47.

[11] Ebd., S. 49.

[12] Siehe oben, S. 97. SW II/1/342f. Die Vermutung Berends, daß vielleicht schon diese Formulierungen, von 1781f., durch die Preisfrage der Berliner Akademie angeregt gewesen seien, im Kommentar ebd., S. 429.

[13] SW II/3/96.

[14] Ebd., S. 76ff.

[15] Zur Ämtervergabe ebd., S. 77f. Zur Göttlichkeit der Fürsten ebd., S. 84 und 88. Vgl. hierzu SW II/2/231ff. Siehe im vorliegenden Bd auch oben, S. 99.

[16] Quellennachweis bei Jean Paul SW II/3/385. Kommentar Berend ebd., S. 452.

[17] Ebd., S. 85—88.

[18] Ebd., S. 88ff.

[19] Ebd., S. 90—93.

[20] SW I/4/264.

[21] SW I/6/468—471.

[22] SW III/1/266 (Br. 274).

[23] Siehe oben, S. 109.

[24] SW II/3/96.

25 Ebd., S. 159.
26 Siehe oben, S. 104f.
27 SW III/1/313 (Br. 350).
28 SW I/5/215ff.
29 SW I/2/408ff.

Abschnitt IX (S. 117—121)

1 SW III/1/298ff. (Br. 329), ebd., S. 558 (Br. 116, von Otto). Kommentar Berend
   ebd., S. 517.
2 Ebd., S. 314ff. (Br. 351).
3 Ebd., S. 337f. (Br. 376).
4 Ebd., S. 359f. (Br. 397).
5 Ebd., S. 374f. (Br. 418).
6 Ebd., S. 375f. (Br. 418).
7 Ebd., S. 376 (Br. 418).
8 Ebd., S. 377 (Br. 418).
9 SW I/1/472ff., besonders 474f.
10 SW III/1/377 (Br. 418). Vgl. damit SW I/3/besonders 40 u. 273, sowie die fast
   wörtliche Wiederholung der Sentenz SW I/4/122.
11 SW I/4/3ff., 31ff., 258ff.
12 SW III/1/379f. (Br. 420).
13 Ebd., S. 380 (Br. 420).
14 SW I/4/118ff. Mit den vorstehenden Ausführungen glaube ich en passant auch
   die leichten Übertreibungen v. Haselbergs (Vexierstroh, a. a. O.) auf ihr rechtes
   Maß reduziert zu haben.

Abschnitt X (S. 121—128).

1 SW I/5/249ff., besonders 280ff.
2 SW I/13/314ff.
3 Ebd., S. 319.
4 Ebd., S. 326.
5 Ebd., S. 327.
6 SW I/5/281—283.
7 SW I/13/333—335. Über die spätere unglückliche Liebe von Lux' Tochter zu
   Jean Paul siehe Walther Harich, a. a. O., S. 785f.
8 SW III/2/208 (Br. 337).
9 Jean Pauls Enttäuschung über die Aggressivität und den Expansionsdrang
   der Franzosen datiert von deren Einmarsch in die Schweiz und der Annexion
   Genfs 1798. Literarisch hat diese Haltung ihren Niederschlag gefunden in der
   Vorrede zu Jean Pauls Briefe und bevorstehender Lebenslauf (1799), SW I/7/355ff.
   Das Wort von der „vergrößerten Nation" findet sich auch im „Titan", SW
   I/9/224.
10 SW III/4/301 (Br. 477).
11 SW I/14/3ff. Siehe auch Walther Harich, a. a. O., S. 694ff.
12 Dämmerungen für Deutschland, SW I/14/41ff.; Politische Fastenpredigten während
   Deutschlands Marterwoche, ebd., S. 185ff.
13 Hettner, a. a. O., Bd 2, S. 624f.; Fritz Klatt: Jean Paul als Verkünder von Frieden
   und Freiheit, 2. Aufl., Hamburg 1947.
14 SW I/15.

[15] Siehe E. Berend: *Jean Paul-Begeisterung im Revolutionsjahr 1848*, in der Zeitschrift *Hesperus* 3, Mai 1952, S. 36 ff.

[16] SW I/9/200 ff. bis Ende.

[17] Über Goethes Verhältnis zur Französischen Revolution vgl. Georg Brandes: *Goethe*, Berlin 1922, S. 312 ff., 324 ff.

[18] Vgl. Karl Berger: *Schiller*, Bd 2, München 1909, S. 120—130.

[19] Dies der Grundgedanke der *Briefe über die ästhetische Erziehung des Menschen*, ed. Abusch, a. a. O., Bd. 8, S. 399 ff. Siehe unten, S. 324, 395 ff.

[20] Siehe unten, S. 351 ff.

V. Kapitel. Übergang von der räsonierenden Satire zu erzählender Darstellung vor dem Hintergrund der Revolution (S. 129—160)

Abschnitt I (S. 129—132)

[1] SW I/18/95 ff.; II/3/163 ff., 252 ff.

[2] SW II/2/361 ff.

[3] SW I/1/232 ff.

[4] SW II/3/306—320, 329—332, 361—368.

[5] Ebd., S. 300 ff.

[6] Ebd., S. 312 ff.

[7] SW III/1/299 ff. (Br. 329).

[8] Ebd., S. 300 f. (Br. 329). Kommentar Berend ebd., S. 512 f.

[9] SW II/3/312.

[10] SW I/5/342 ff., besonders 372 ff.

[11] SW II/3/296—300.

[12] Ebd., S. 299.

[13] Ebd., S. 300—306.

[14] Berend SW I/5/XVII. Vgl. SW III/1/315 (Br. 351).

[15] Ebd., S. XVIIf.; SW III/1/558 (Br. 117, von Chr. Otto).

[16] SW I/5/196 ff.

Abschnitt II (S. 132—137).

[1] Berend SW II/3/XXII.

[2] SW III/1/300 (Br. 329).

[3] SW I/5/215 ff.

[4] Berend ebd., S. XX ff.; SW III/1/559 (Br. 120, von Otto).

[5] Siehe oben, S. 40 ff.

[6] SW I/5/217 f.

[7] Ebd., S. 221—223.

[8] SW III/1/324 (Br. 361).

[9] SW I/5/224 f., 233.

[10] Ebd., S. 233 f.

[11] Ebd., S. 226—228.

[12] Ebd., S. 228.

[13] Ebd., S. 236—239.

[14] Vgl. H. Mann: *Der Untertan*, Berlin 1953, besonders S. 137 f., 446 ff.

Abschnitt III (S. 137—141)

[1] SW III/1/323 ff. (Br. 361).

[2] SW I/2/408 ff. Zur folgenden Interpretation des *Wutz* vgl. auch die — mir erst nach Abschluß dieses Buchs bekannt gewordene — von Jens Tismar in: *Gestörte Idyllen*, München 1973, S. 12 ff., mit der ich in wesentlichen Punkten übereinstimme und die meine Darlegungen z. T. wertvoll ergänzt.

[3] SW III/1/325 (Br. 362).

[4] Ebd., S. 327 (Br. 365).

[5] Berend SW I/2/LII; III/1/343 (Br. 380).

[6] SW III/1/560 (Br. 133, von Moritz).

[7] Ebd., S. 359 (Br. 395).

[8] Ebd., S. 560 (Br. 135, von Moritz).

[9] SW I/2/213 ff.

[10] Ebd., S. 414.

[11] Ebd., S. 439 ff., 213 ff.

[12] SW I/5/387 ff.

[13] § 73. SW I/11/240 ff.

[14] In der Zweiten Sammlung der *Fragmente über die neuere deutsche Literatur*, in: *Werke*, ed. H. Düntzer, 19. Teil, Berlin o. J., S. 168 ff.

[15] Z. B. Müllers *Schafschur* und *Nußkernen*, Voß' *Die Leibeigenen* und *Die Freigelassenen*, später *Luise* und *Siebzigster Geburtstag*. Jean Paul nennt in der *Vorschule der Ästhetik* (§ 73), SW I/11/242, auch Frohreich, z. B. dessen *Seifensieder*.

Abschnitt IV (S. 141—143)

[1] SW I/2/417.

[2] SW II/4/99 ff.

[3] SW II/1/123.

[4] SW I/2/67 ff.; I/8/60 ff.; I/10/412 ff.

[5] SW II/4/69 ff.

[6] Siehe oben, S. 37 f.

[7] Berend SW I/5/XX.

[8] Siehe oben, S. 72, 80 ff., 89 f., und die Anmerkungen dazu.

[9] SW I/2/408.

[10] SW III/1/312 (Br. 347).

[11] SW I/11/241 f.

Abschnitt V (S. 143—148)

[1] SW I/11/242.

[2] Ebd.

[3] *Confessions*, XII; dtsch. *Bekenntnisse*, übers. v. E. Hardt, Leipzig 1925, S. 842 ff.

[4] SW I/2/365—368, 372—375, 377—382, 386—399.

[5] SW I/3/92 ff., 200 ff.; I/4/132—187.

[6] SW I/2/408 ff.; I/5/61 ff.; I/13/349 ff.

[7] Satire auf die Dichterbiographien und die Schriftstellereitelkeit sowie Überschneidung mit dem Problemgehalt des *Kometen*. Siehe Walther Harich, a. a. O., S. 759 ff., und Berend SW I/13/LXXXVIII ff.

[8] SW I/5/61—182.

[9] Ebd., S. 66 f., 119.

[10] Ebd., S. 75 f.

[11] Ebd., S. 75, 87—91.

[12] Ebd., S. 128.

[13] SW I/5/392 ff.
[14] Ebd., S. 438.
[15] Ebd., S. 475 ff.
[16] SW II/4/69 ff.
[17] Ebd., S. 128.
[18] Ebd., S. 121.

Abschnitt VI (148—152)

[1] SW I/2/422 f.
[2] Ebd., S. 415 f. Eine gewisse Analogie zu Wutz' sozialem Elend im *Fixlein*, SW I/5/116 f.
[3] Siehe oben, S. 141 ff.
[4] Zitiert bei Walter Harich, a. a. O., S. 274.
[5] SW I/4/264 f. Vgl. meine *Kritik der revolutionären Ungeduld*, Basel 1970.
[6] SW I/5/233 f.

Abschnitt VII (S. 153—157)

[1] Deutsch von Rosa Luxemburg, Berlin 1947, S. 49.
[2] SW II/4/84.
[3] SW III/1/266 (Br. 274).
[4] SW I/11/244.
[5] SW I/2/409.
[6] SW II/4/89.
[7] SW I/2/411 ff.
[8] Ebd., S. 413 f.
[9] Ebd., S. 415.
[10] Ebd., S. 416.
[11] Ebd., S. 417. Vgl. auch S. 444.
[12] Ebd., S. 417 ff.
[13] Ebd., S. 425.
[14] Ebd., S. 426.
[15] Ebd., S. 427.
[16] Ebd., S. 429.
[17] Ebd., S. 432—439.
[18] Ebd., S. 442 f.
[19] Ebd., S. 446.

Abschnitt VIII (S. 157—160)

[1] SW I/5/75 f.
[2] SW 1/5/233 f.
[3] SW III/1/327 (Br. 365).

VI. Kapitel. Die drei heroischen Romane als Revolutionsdichtung (S. 161—193)

Abschnitt I (S. 161—165)

[1] SW I/2/X.
[2] Siehe oben, S. 113 ff., besonders 117 ff.
[3] SW III/1/345 f. (Br. 383).

4 Ebd., S. 353 ff. (Br. 390).

5 SW I/2/IX.

6 Ebd., S. 447 ff., 14 ff.

7 Ebd., S. 346 (Br. 383).

8 SW I/4/5 f., 33—36, 118—122, 264 f.

9 SW I/2/100 f., 105, 363 f., 404—407.

10 *Jean Pauls Hesperus*, Leipzig 1929, und SW I/3/XXIII—XXVI.

11 Siehe unten, S. 354 f.

12 Richard Rohde: *Jean Pauls Titan*, Berlin 1920, S. 4 f.; Berend SW I/8/VI f. Zu den Parallelitäten von *Titan* und *Hesperus* siehe auch die Auswahl *Jean Pauls Werke in fünf Bänden*, Propyläen-Verlag, Berlin 1923, Einleitung des Herausgebers, Eduard Berend, zu Band 3 (*Titan, Gianozzo*), S. V ff.

13 Die in der *Loge* angegebenen Daten fallen in die Jahre 1790/91. Nachgewiesen durch Berend SW I/2/XXX f.

14 Der Rhein SW I/3/55; I/8/388. Die Handlung des *Hesperus* spielt zwischen Frühjahr 1792 und Ende Oktober 1793, die des *Titan*, mit Einschluß seiner Vorgeschichte, zwischen 1771 (Geburtsjahr des Helden) und Herbst 1792.

15 SW III/1/360 (Br. 397).

Abschnitt II (S. 165—169)

1 Siehe unten, S. 308 ff.

2 SW I/2/VIII.

3 SW I/3/XV.

4 SW I/8/XIII.

5 Ebd., S. XVIII, XXIV f.

6 *Dya-Na-Sore oder die Wanderer. Eine Geschichte aus dem Sam-skritt übersetzt* (anonym), 3 Bände, Wien und Leipzig 1787—1791; 2. Aufl. 1791. Dazu Berend SW I/2/XXXIV f.; Bach SW I/3/XXXIV ff. u. *Jean Pauls Hesperus*, Leipzig 1929. Die Anrede an den „anderen gebückten Mann, den ich hier vor dem Publikum nicht nennen darf" (SW I/4/279, Zeile 4 ff.), wahrscheinlich eine Huldigung Jean Pauls für den Verfasser des *Dya-Na-Sore*.

7 Siehe oben, S. 114 f. SW II/3/90 f.

8 SW I/4/300 ff. bis Ende, I/9/439 ff. bis Ende.

Abschnitt III (S. 169—171)

1 SW I/2; I/3 u. 4; I/8 u. 9.

2 Der Name ist von dem Dorf Kleinpestitz bei Dresden genommen, das auch im ersten komischen Anhang erwähnt wird (SW I/8/245). Dafür, daß Leipzig vorschwebte, spricht die Verwendung von „Lindenstadt", der Verdeutschung für „Leipzig", als „Zu- oder Beiname" von Pestitz, z. B. SW I/8/34, 69, 110. Vgl. auch SW III/2/385 (Br. 727).

3 SW I/10; I/15; I/6. Zur Kombination von Hof und Bern im letzteren Werk siehe die Beilage zum 2. Kapitel, ebd., S. 58 ff.

4 Siehe *JPP*, S. 6 f.

5 Später literarisch verwertet SW I/10/188, Zeile 11 ff.

6 Ebd., S. 152 und Kommentar Berend ebd., S. 494. Siehe auch SW III/3/78 (Br. 113), Kommentar Berend ebd., S. 416.

7 12. Teil, 7. Kapitel.

8 SW II/2/196 ff.

Abschnitt IV (S. 171–174)

1 N. Hartmann: *Möglichkeit und Wirklichkeit*, Berlin 1938, S. 174 ff.
2 Wie Karl-Heinz Jakobs in *Beschreibung eines Sommers*, Berlin 1962.
3 SW III/2/212 (Br. 340).
4 K. Marx und Fr. Engels: *Über Kunst und Literatur*, Berlin 1948, S. 219.
5 SW I/8/61.
6 SW I/10/29 ff.
7 SW I/2.
8 SW I/6; I/8; I/9.
9 SW I/8; I/9.
10 SW I/8/24 f.
11 In: *Schriften zur Politik und Rechtsphilosophie*, ed. Georg Lasson, Leipzig 1923.
  Vgl. hierzu G. Lukács: *Der junge Hegel*, Berlin 1954, S. 174 ff.

Abschnitt V (S. 174–178)

1 *Allgemeines Handbuch der Freimaurerei*, 2 Bde, Leipzig 1900; Wolfram: *Die
  Illuminaten in Bayern und ihre Verfolgung*, Erlangen 1899 f.; Hettner, a. a. O., Bd 1,
  S. 567 ff.
2 SW I/2/X.
3 Wolfram, a. a. O., T. 2; Hettner, a. a. O., S. 582.
4 Zu den Gründen, die meine Vermutung stützen, siehe unten, S. 316 f. Ein
  Dedikationsexemplar der *Loge* ging Goethe Ende März 1794 zu (siehe SW
  III/2/8. Br. 5). Geantwortet hat er darauf anscheinend nicht. Er könnte aber zu
  diesem Zeitpunkt das zur Ostermesse 1793 erschienene Werk bereits gekannt
  haben, ja schon vor dessen Erscheinen durch seinen Freund K. Ph. Moritz
  darauf aufmerksam gemacht worden sein.
5 Siehe unten, S. 407 ff., 450 ff.
6 SW I/2/100 f., 105, 363 f.
7 Kommentar Berend SW I/2/460.
8 SW I/2/208.
9 Ebd., S. 100, 363 f.
10 Ebd., S. 105.
11 Freilich fehlt bei Ottomar, wie später im *Hesperus* bei Flamin, jede Analogie
  zu dem verzweifelten Zurückschrecken vor den denkbaren Konsequenzen der
  eigenen Taten, in das bei Schiller die Rebellion Karl Moors am Ende der *Räuber*
  einmündet.
12 SW I/4/5 f., 33–36, 118–122.
13 Die Bundesbeschlüsse vom Sommer 1832, die in den deutschen Staaten alle
  Vereine und Versammlungen politischen Charakters verboten, stellten formal
  nur eine Novellierung des ursprünglich gegen die Klubs gerichteten Reichs-
  gesetzes von 1793 dar, das bis dahin unverändert gültig gewesen war.
14 Bockenheimer: *Die Mainzer Klubbisten*, Mainz 1896. Siehe auch die beiden einschlägigen Arbeiten von C. Träger in: *Studien zur Literaturtheorie und vergleichenden Literaturgeschichte*, Leipzig 1970, S. 277 ff., 307 ff.; ferner *Mainz zwischen
  Rot und Schwarz*, ed. C. Träger, Berlin 1963.

Abschnitt VI (S. 178–180)

1 Darauf läßt nicht nur die Tendenz des *Hesperus* schließen, sondern auch Jean
  Pauls Verehrung für Forster, wie sie durch seinen Brief vom 27. März 1793 (!)

an Moritz (SW III/1/379f. Br. 420; siehe auch oben, S. 119f.) bezeugt wird. Mainz war Republik vom Oktober 1792 bis Juli 1793.

Abschnitt VII (S. 180—184)

[1] SW III/1/376 (Br. 418). Siehe auch oben, S. 118.

[2] Besonders SW I/2/105.

[3] Ebd., S. 404.

[4] Ebd., S. XXVI.

[5] SW III/1/360 (Br. 397).

[6] SW I/4/264, Zeile 33f.

[7] SW II/3/90. Siehe oben, S. 114f.

[8] SW I/3/341f. Siehe im übrigen unten, S. 236ff., 296ff.

[9] SW I/4/33—36, 118—122. Wie zeittypisch dies war, erhellt u. a. daraus, daß auch Hegel, Hölderlin und Schelling in ihrer Jugend im Tübinger Stift zusammen mit gleichgesinnten Kommilitonen einen revolutionären „Klub" bildeten. Vgl. Karl Rosenkranz: *Hegels Leben*, 1844, S. 32ff., sowie das Hölderlin-Stück von Peter Weiß.

[10] Ebd., S. 258ff.

[11] SW III/1/360 (Br. 397).

[12] Ebd., S. 375f. (Br. 418).

[13] Bach SW I/3/XIII.

[14] Ebd., S. XIIIf.

[15] Berend SW I/8/XXXIX. Siehe auch Rohde, a. a. O., S. 30.

[16] SW I/9/118f. Siehe unten, S. 436f.

[17] Ebd., S. 223.

Abschnitt VIII (S. 184—187)

[1] Marx/Engels, a. a. O., S. 104.

[2] Hölderlin, *Sämtliche Werke*, ed. Norbert v. Hellingrath, Bd 2, Berlin 1943, S. 282ff.

[3] SW I/15. Walther Harich, a. a. O., S. 805f. Nach Kommerell, a. a. O., S. 372, auch eine Travestie auf die *Loge*, namentlich in der Kindheitsgeschichte.

[4] Kircheisen: *Die Königin Luise in der Geschichte und Literatur*, 1906.

[5] Aus marxistischer Sicht dargestellt von G. W. Plechanow: *Beiträge zur Geschichte des Materialismus. Holbach — Helvétius — Marx*, Berlin 1946.

[6] Walther Harich, a. a. O., S. 597f. Jean Pauls Einstellung zu diesem Fürsten erhellt aus SW III/4/191f., 215, 217 (Br. 330, 363, 365).

[7] SW I/12/1—65. Vgl. hierzu Berend ebd., S. Vff.; Walther Harich, a. a. O., S. 687ff.; Herbert Koch (Herausg.): *Neue Zeugnisse zur Vorgeschichte von Jean Pauls Freiheits-Büchlein*, in der Zeitschrift *Hesperus* 22, Okt. 1961.

Abschnitt IX (S. 187—192)

[1] Eigenschaften Flamins, die ihn mehr als Viktor zum Staatsmann befähigt erscheinen lassen, SW I/4/300f. Gründe, aus denen Viktor in die Stellung des fürstlichen Leibarztes lanciert wird, ebd., S. 250f.

[2] Über weitere Einzelheiten, die den Einfluß der beiden Fieldingschen Romane auf den *Hesperus* bezeugen, siehe Bach SW I/3/XXXVII, wo aber merkwürdigerweise die Kindesvertauschungen nicht auf diese englische Quelle zurückgeführt werden. Zu den Spuren der Fielding-Rezeption in *Loge* und

Hesperus vgl. auch J. Firmery, *Étude sur la vie et les œuvres de Jean Paul Frédéric Richter*, Paris 1886. Fieldings Einfluß auf Jean Paul wird ignoriert von Walther Harich und unterschätzt von Berend.

3 Besonders bei Flamin, siehe SW I/3/341.

4 Stein, a. a. O., Bd 2; v. Lang, a. a. O., Bde 2 u. 3; Walther Harich, a. a. O., S. 202—206.

5 SW I/9/435 ff.; I/8/8 f., 63 ff.

6 SW I/8/139, Zeile 1 ff.; I/9/224, Zeile 17 ff., und S. 320.

7 SW I/2/74.

8 Ebd., S. XXVI.

9 Ebd., S. 59—61, 187, 191, 231, 241. Zur Enträtselung der Hintergründe siehe Berend, der ebd., S. XXII—XXIV, wahrscheinlich macht, daß Gustavs Halbbruder kein anderer ist als der Genius, sein unterirdischer Erzieher (S. 44—56, 403).

10 Berend ebd., S. XXV. In Italien halten sich für längere Zeit auf: Ottomar (siehe ebd., S. 31, 91, 205), Fenk (S. 31 u. 86) und auch der Scheerauer Erbprinz und spätere Fürst, Ottomars Halbbruder (S. 91 u. 100). Vgl. damit die Vorgeschichte des *Titan*, SW I/9/435—439.

Abschnitt X (S. 192—193)

1 Lukács: *Hölderlins Hyperion*, in: *Goethe und seine Zeit*, Berlin 1955, S. 155 f., sowie *Der junge Hegel*, Berlin 1954, S. 40, ferner K. Rosenkranz, a. a. O., S. 32 ff.

2 SW I/5/128. Siehe oben, S. 145 f.

VII. Kapitel. Das Bild der Gesellschaft und die Formprobleme ihrer Widerspiegelung (S. 194—217)

Abschnitt I (S. 194—196)

1 SW I/2/194 ff.

2 Ebd., S. 213 ff.

3 Ebd., S. 67 ff., 126 ff.

4 SW I/3/19, 52; I/4/250 f.

5 SW I/3/48 ff., 185 ff., 254 ff.; I/4/250 f.

6 SW I/3/246 ff.

7 Ebd., S. 28 ff.

8 Ebd., S. 137 ff.

9 Rohde, a. a. O., S. 6: „Schwarzenbach, wo der Dichter damals wohnte, spielt hinein. Dort hatte Clöter (der Initiator der Winkelschule — W. Hr.) einen Eisenhammer, und so wird denn S. 3 (des Studienhefts *Genie* — W. Hr.) der ‚Kaiserhammer' erwähnt, dann ein Bergwerk, in das der Held im 14. Jahr kommt." Berend nennt im analogen Zusammenhang SW I/8/XVIII u. a. den Kaiserhammer, ein Bergwerk und eine — Vitriolsiederei.

10 Berend SW I/8/XIX—LXII; I/10/VIII—XXX. Dasselbe schwach angedeutet und ungenau bei Rohde, a. a. O., S. 7 f.

11 Berend SW I/8/LXVII—LXXVII; I/10/XX—XLIX. Eine Nahtstelle zwischen beiden Romanen noch erkennbar in der Klosterdorf-Episode, SW I/8/222 f. Siehe auch unten S. 260 f., S. 324 ff., 420 ff.

12 SW I/8/60—127.

[13] Ebd., S. 241 ff. Beim zweiten Bändchen (*Gianozzo*), S. 401 ff., überwogen andere Motive.

Abschnitt II (S. 196—202)

[1] SW I/11/236 ff.
[2] Ebd., S. 236 f.
[3] Ebd., S. 237.
[4] Ebd., S. 237 f.
[5] Ebd., S. 237.
[6] Ebd., S. 238.
[7] SW I/3/143 f., 150 f., 19 ff., 92 ff., 246 ff., 254 ff.
[8] SW I/8/255—273. Dieselbe Tendenz steigert sich zur sozialen Anklage gegen die Herrschenden in der anschließenden Satire *Hafteldorns Idylle auf das vornehme Leben* ebd., S. 273 ff.
[9] SW I/9/200 ff.
[10] Berend SW I/8/LXVIIIf. Danach sollte zu Anfang des zweiten *Titan*-Bandes (mutmaßlich im 54. Zykel, ebd., S. 316 ff. — W. Hr.) „ein militärisches Spießrutenlaufen vorkommen, hauptsächlich wohl zu dem Zweck, durch Albanos und Roquairols verschiedene Haltung bei diesem grausamen Schauspiel den Gegensatz ihrer Charaktere zu beleuchten." Näheres zu Roquairols Offiziersberuf siehe unten, S. 453 ff.
[11] Dies die Quintessenz der Ästhetizismus-Kritik in dem Roman *Doktor Faustus*. Jean Pauls *Titan* ist Th. Mann allem Anschein nach nicht bekannt gewesen.
[12] SW I/3/251 f., 342 f.

Abschnitt III (S. 202—208)

[1] Siehe unten, S. 314 f., 543 ff., 548 f.
[2] SW I/3/137, Zeile 19 f., S. 142 f.
[3] Ebd., S. 143.
[4] SW I/2/369.
[5] Ebd., S. 176 ff.
[6] SW II/2/361 ff.
[7] SW I/2/139 ff.
[8] Ebd., S. 67 f., 101, 168, 177, 404 f.
[9] SW I/3/342 f.
[10] Ebd., S. 131, 134 f.
[11] Ebd., S. 123 ff., 152 f., 246, 251 f., 262 ff.; SW I/4/5 ff. und passim.
[12] SW I/2/91 f., 102 ff., 231 ff., 336 ff., 348 f. Dagegen SW I/3/39 ff., 131 ff., 245 ff., 267 ff., 334, und I/4/14 ff., 290 ff., 324.
[13] SW I/3 und 4 passim, z. B. I/4/5, 34 f., 121 f.
[14] Z. B. SW I/3/120 f.
[15] SW I/2/194 ff.; I/4/14 ff.; I/8/170 ff., 338 ff.; I/8,9 die Intrige Gaspards passim.
[16] Z. B. SW I/2/243 ff., 336 ff.; I/3/39 ff.; I/4/14 ff.; I/8/317 f.; I/9/70 ff., 117—133, 138 ff., 143 ff., 360—386.
[17] SW I/8/24 f.
[18] SW I/3/148 f., 155 ff.
[19] SW I/3/251 f. Zur Lage der Frauen und Mädchen siehe auch ebd., S. 324, 370.
[20] Ebd., S. 210, Zeile 20 ff.
[21] Ebd., S. 148 f., 155 ff., 164; SW I/9/68 f., 70 ff.

Abschnitt IV (S. 208–213)

1 Siehe unten, S. 438 ff.
2 SW III/1/557 (Br. 102, von Archenholz). Zitiert von Berend SW II/3/XXIIIff.
3 Man denke z. B. an die reflektierenden Einlagen im *Tom Jones*, auch an deren ausdrückliche Ankündigung ebd., ed. G. Seehase, Berlin 1964, Bd 1, S. 18.
4 SW I/11/233 f.
5 Ebd., S. 103.
6 SW III/1/396 (Br. 438).
7 Zum Jean Paul-Verständnis von Lukács siehe unten, S. 554 ff.
8 In: *Probleme des Realismus*, Berlin 1955, S. 60 ff.
9 Ebd., S. 61 f.
10 Ebd., S. 62.

Abschnitt V (S. 213–217)

1 SW I/2/100 ff.
2 Kommentar Berend ebd., S. 460.
3 SW I/3/259 f.
4 SW I/6/39 ff.
5 Ebd., S. 104 ff., 318 ff. Würdiges Seitenstück dazu im *Titan*, SW I/9/325 ff.
6 Z. B. SW I/3/187 ff., 380 ff.
7 Z. B. ebd., S. 161 ff.
8 Ebd., S. 380 ff. Siehe auch Kommentar Berend S. 404.
9 SW I/4/265 f. Die gleiche Abfolge von erzählter Begebenheit und satirischer Zusammenfassung ihres Sinngehalts kurz davor auch aus Anlaß des Duells, ebd., S. 259 ff., 262 f.
10 SW I/8/359 ff.

VIII. Kapitel. Der Charakter des positiven Helden und seine moralische Bewährung (S. 218–249)

Abschnitt I (S. 218–227)

1 Siehe unten, S. 450 ff.
2 Siehe unten, S. 351 ff., 434 ff.
3 SW I/4/5. In SW I/3/40 heißen sie, nach den jeweiligen Thronerben von England, Portugal und Spanien, der Waliser, der Brasilier und der Asturier.
4 SW I/4/33 f.
5 SW I/11/198 ff. Jean Paul stellt damit ein Postulat auf, das auch für die sozialistische Literatur der Gegenwart unverzichtbar ist. Zu Unrecht wird es heute oft als „dogmatisch" abgetan von Schwachköpfen, die dem Ruf nach dem makellosen positiven Helden all das anlasten, was sie der apologetischen Beschönigung bürokratischer Deformierungen in der Gesellschaft vorwerfen müßten. Wieso sollte eine Romanfigur nicht gerade dadurch, daß sie unerschrocken und selbstlos gegen diese Deformierungen ankämpft, sich als positiv bis zur Heiligkeit erweisen können? Und wieso sollte es, umgekehrt, eo ipso schwerfallen, Mißstände zu vertuschen und zu verniedlichen in einem Literaturwerk, in dem lauter defekte Charaktere vorkommen? Weder die eine noch die andere Annahme ist schlüssig.
6 SW I/1/472 ff.; II/3/351 ff. Siehe oben, S. 72, 80 ff., 88 ff.

[7] SW I/2/320 ff.

[8] Ebd., S. 344 ff., 374 ff.

[9] Z. B. SW I/3/151 ff. Vgl. damit etwa *Tom Jones*, a. a. O., Bd 2, S. 8 ff.

[10] SW I/2/37, 100, 350 ff.

[11] SW I/3/33 ff.

[12] Siehe unten, S. 517 ff. Korff: *Geist der Goethezeit*, 2. Aufl., Bd 3, Leipzig 1949,
S. 175 ff.; Kommerell, a. a. O., S. 265 ff.

[13] SW I/3/69.

[14] SW I/3/81, 341 f.; I/4/111 f., 263, 300 f.

[15] Hettner, a. a. O., Bd 2, S. 620.

[16] Ebd. unter wörtlicher (nicht als Zitat kenntlich gemachter) Wiederholung einer
Formulierung aus dem *Titan*, SW I/8/167.

[17] SW I/2/148 f.

[18] Ebd., S. 336 ff.

[19] SW I/9/92—99.

[20] A. a. O., S. 225, 246. Die Vermutung ist deswegen nicht aufrechtzuerhalten,
weil die drei Lieben des *Titan*-Helden die Auseinandersetzung Jean Pauls mit
Wilhelm Meisters Lehrjahren voraussetzen, die zur Zeit der Abfassung der *Loge*
noch nicht existierten. Siehe unten, S. 316 ff., 526 ff.

[21] SW I/9/181 ff., 344 ff. bis Ende.

Abschnitt II (S. 227—230)

[1] SW I/3/XI.

Abschnitt III (S. 230—233)

[1] SW I/2/183 ff.

[2] SW I/3/60 ff.

[3] SW I/2/184 f.

[4] Ebd., S. 265 ff.

[5] Ebd., S. 306 ff.

[6] Ebd., S. 204 f., 252 ff.

[7] Ebd., S. 133.

[8] Ebd., S. 404.

Abschnitt IV (S. 233—240)

[1] SW I/4/187.

[2] Ebd., S. 301 ff.

[3] SW I/3/60 f.

[4] Ebd., S. 150—174.

[5] Ebd., S. 181.

[6] Ebd., S. 46 ff., 180 ff.

[7] Ebd., S. 265 ff. bis Ende; SW I/4/1—117.

[8] Ebd., S. 118, 187 f.

[9] Ebd., S. 205 ff.

[10] SW I/3/285 ff. bis Ende.

[11] SW I/4/5, 32 ff., 109—118.

[12] Ebd., S. 13—31, 97 f., 106—118, 188, 205 f.

[13] Ebd., S. 258—290.

[14] Ebd., S. 290 ff.
[15] Ebd., S. 300 ff. bis Ende.

Abschnitt V (S. 241—249)

[1] SW I/9/211 ff.
[2] Ebd., S. 223f. und 227, Zeilen 1—4. Besonders die letztere Stelle widerlegt die Auffassung von Korff (a. a. O., S. 153), daß von Albano „der Krieg hier, ganz im Sinne des alten Rittertums, nicht von seinem politischen Zweck her, sondern nur als wahre Schule des Mannes verstanden" werde. Derselbe Irrtum klingt in milderer Form auch schon bei Berend (SW I/8/LXXVI, Zeile 1f.) an.
[3] SW I/2/195 und passim; I/3/79, 232; I/4/34f.
[4] Ebd., S. 5, 7, 122.
[5] SW I/8/309 ff. und passim; I/9/120 ff. und passim.
[6] Siehe unten, S. 351 ff., 434 ff.
[7] SW I/9/334 ff.
[8] Ebd., S. 403 ff.
[9] SW I/8/319 f.
[10] Ebd., S. 96 ff. bis Ende; SW I/9/3—137.
[11] SW I/8/100 ff. bis Ende; I/9/3—179.
[12] SW I/9/256—401.
[13] Ebd., S. 418 ff. bis Ende.
[14] Ebd., S. 401, 418.
[15] SW I/8/326 ff. bis Ende; I/9/3—99, 120—137, 100—189.
[16] Ebd., S. 123—137.
[17] Rohde, a. a. O., S. 75 f.
[18] SW I/9/319—429.
[19] Ebd., S. 360—371.
[20] Ebd., S. 159 ff., 334 ff.
[21] Ebd., S. 184 ff.
[22] Rohde, a. a. O., S. 91, 99.
[23] SW I/9/385 f.
[24] Ebd., S. 342 f. Siehe unten, S. 530 ff.
[25] SW I/9/419 ff.
[26] Ebd., S. 223 ff.
[27] Ebd., S. 436 f.
[28] SW I/4/187 f., 224—250.

IX. Kapitel. Die Entwicklung des positiven Helden zum Revolutionär als Gegenstand des Erziehungsromans (S. 250—307)

Abschnitt I (S. 250—255)

[1] Wie übrigens auch umgekehrt theoretische Aussagen von Pädagogen naturgemäß oft durch erzählte Geschichten gestützt sind. Man denke etwa an Makarenkos Ein Buch für Eltern.
[2] Tom Jones, a. a. O., Bd I, S. 329 ff.
[3] Siehe besonders ebd., S. 114—118. Zu der These, daß der Tom Jones den Charakter eines Gesellschaftsromans habe, vgl. auch G. Seehase, a. a. O., Bd 2, 557 ff., besonders 566.
[4] Geschichte des Agathon, VII. Buch; Wilhelm Meisters Lehrjahre, I. Buch, Kap. 2—7;

Flegeljahre, I. Bändchen, Kap. Nro 5 (SW I/10/28 ff.), und IV. Bändchen, Kap.
Nro 58 (ebd., S. 412 ff.). Nachgeholt wird die Kindheits- und Jugendgeschichte
auch in der ersten Fassung des *Grünen Heinrich*, hier allerdings über Hunderte
von Seiten (*Sämtl. Werke*, ed. Peter Goldammer, Bd 3, Berlin 1958, S. 55—542).

5 SW I/8/60—127.

6 SW I/2/114 ff. und in der Form kürzerer Abschweifungen und Sentenzen passim. Berend ebd., S. XXXII f.; Kommerell: *Jean Pauls Verhältnis zu Rousseau*,
Marburg 1924.

7 SW I/12/69 ff.

8 SW I/10/412 ff.; I/13/357 ff.; I/15; II/4/69 ff.

9 SW I/10/412 ff.

10 SW I/3/39 ff., 52, 72.

Abschnitt II (S. 255—262)

1 SW I/8/12 f., 119 ff.

2 Vgl. SW I/2/205 ff. mit ebd., S. 296 f. Andeutung der Wandlung ebd., S. 298,
Zeilen 5—20.

3 Siehe oben, S. 72, 88 ff.

4 Angedeutet SW I/9/6 Fußnote. Der vom Persönlichkeitsideal der Klassik abweichende neue Inhalt angedeutet SW I/8/224 f.; I/9/227.

5 SW I/8/68.

6 Ebd., S. 125. Die Formulierung Zeile 23 f. ganz sicher auf Goethe gemünzt.

7 Siehe oben, S. 12, 195 f. Näheres unten, S. 324 ff., 420 ff.

8 Dies der erzieherische Sinn des v. d. Kabelschen Testaments, SW I/10/9 ff.

9 SW I/3 und 4 passim.

10 SW I/2. Läuterung und Sterben fallen bei Amandus zusammen.

Abschnitt III (S. 262—264)

1 SW I/3/39 ff.

2 Wehrfritz' Gegensatz zum Minister und zum Fürsten angedeutet SW I/8/63,
139; seine revolutionäre Einstellung I/9/224, 320.

3 SW I/8/66 ff.

4 Ebd., S. 21 ff.

5 Diesbezügliche Vermutungen Walther Harichs, a. a. O., S. 246, abgelehnt von
Berend SW I/2/XXVI.

6 § 102 (SW I/12/277 ff.). Ebd. wird S. 282 das Aufwachsen künftiger Herrscher
in Anonymität, inmitten des Volkes und ohne Kenntnis der eigenen Herkunft
und Bestimmung, wie *Hesperus* und *Titan* es gestalten, mit einer neuen, zusätz-
lichen Begründung versehen: „Das mittlere und gemeine Volk umschmeichelt
seine Erbfürsten noch schädlicher, nämlich noch gröber und gebückter" (als
es die Hofschranzen tun). „Wo ein Fürst den Fuß hinstellt, stößt er einen Hof-
zirkel, wie Pompejus ein Heer, empor, und die Rauchaltäre dampfen umher."
Die ernüchternden Erfahrungen mit dem aus kleinen Verhältnissen stammenden
Napoleon veranlassen den Jean Paul der *Levana* (1807) dann allerdings, sich zu
diesem Aspekt der pädagogischen Konzeption, die seiner Revolutionsdichtung
zugrunde gelegen hatte, mit selbstkritischer Skepsis zu äußern. Siehe ebd.,
S. 283, und den Kommentar von Berend, S. 462.

Abschnitt IV (S. 264—267)

1 SW I/2/44 ff. Zu den ideengeschichtlichen Quellen dieses Einfalls siehe Rohde, a. a. O., S. 49; Kommerell: *Jean Pauls Verhältnis usw.*, a. a. O., S. 118; Walther Meier: *Jean Paul*, Zürich-Leipzig-Berlin 1926, S. 159; Josef Müller in: *Jean Pauls Werke in vier Bänden*, München 1925, Bd 1, S. 192; am gründlichsten Berend SW I/2/XXXVI ff.

2 SW I/2/18 f., 53 ff.; I/5/254 f.; I/8/14 f.

3 Vgl. SW I/2/25—43 mit ebd., S. 44—55.

4 *Emile*, 2. Buch.

5 SW I/2/67 ff.; I/8/63 ff.

6 SW I/3/46; I/8/8.

Abschnitt V (S. 267—274)

1 SW I/2/44 ff.

2 Ebd., S. 67 ff.

3 Ebd., S. 96 ff.

4 Ebd., S. 99 f.

5 Ebd., S. 113 f.

6 Ebd., S. 101, später besonders 348 f.

7 SW III/1/290 ff., 304, 332 ff. (Br. 319, 335, 373). Vgl. damit SW I/2/114 ff.

8 SW I/2/135 ff.

9 Ebd., S. 168 ff.

10 Ebd., S. 175 f., 183. Entschlüsselung dieser sehr undeutlichen Anspielungen siehe unten, S. 278 ff.

11 SW I/3/40 f., 183, 195 ff.; I/4/250 f.

12 SW I/3/39—46, 71 f., 181—186, 199.

13 SW I/3/46.

14 Ebd., S. 195 ff.

15 Siehe oben, S. 119 f.

16 Rohde, a. a. O., S. 106.

17 SW I/4/235 ff. Emanuel-Dahores wirklicher Tod erst ebd., S. 241.

18 SW I/3/202, 204 f. Weitere rationalistische Distanzierungen von Emanuel-Dahores Mystizismus SW I/4/180, 226 f., 235, 237, 251. Vorbehalt Klotildes gegen den Inder als Pädagogen ebd., S. 59.

19 SW I/8/8.

20 SW I/2/171.

21 Ebd., S. 143.

22 SW I/9/133 ff., 165, 167, 263 ff. und passim, 320 f., 394 ff.

23 SW I/8/40, 134, 229; I/9/437 f.

24 SW II/4/82 f. Vgl. dieselbe Ansicht beim frühen Jean Paul, z. B. SW I/1/252.

25 SW I/8/90 ff.

26 Ebd., S. 119 ff.

27 Ebd., S. 7 ff.

28 Ebd., S. 16 ff. und passim. Die Interpretation der eigentlichen Bildungsgeschichte Albanos unten, S. 306 f., 450 ff.

Abschnitt VI (S. 274—286)

1 SW I/2/73 f., 104 f.

2 Ebd., S. 102.

3 Ebd., S. 103 f.

4 Ebd., S. 422 ff. Siehe auch oben, S. 148.

5 Ebd., S. 82 ff. Vgl. SW I/8/255 und Kommentar Berend ebd., S. 526; ferner SW I/13/LXXIII ff., 140 ff. Die radikale politische Gesinnung Fenks siehe auch in dessen Brief an JP, SW I/2/145 ff., besonders 146: „Es wird einmal eine Zeit kommen, wo man unsre vergangne Dummheit so wenig begreifen wird als wir künftige Weisheit, ich meine, wo man nicht bloß, wie jetzo, keine Bettler, sondern auch keine Reichen dulden wird." Ähnliche Äußerungen Fenks passim.

6 SW I/2/101 und passim. Siehe zur Gesinnung Fenks und JPs auch oben, S. 214 f.

7 Ebd., S. 173 f.

8 Ebd., S. 174 f.

9 Ebd., S. 175 Fußnote.

10 Ebd., S. 176.

11 Vorausgeahnt freilich hatte er sie, wie aus einer Stelle im 3. Buch des *Emile* deutlich hervorgeht: „Vous vous fiez à l'ordre actuel de la société, sans songer, que cet ordre est sujet à des révolutions inévitables et qu'il nous est impossible de prévoir ni de prévenir celle qui peut regarder vos enfants. Le grand devient petit, le riche devient pauvre, le monarque devient sujet. Les coups du sort sont-ils si rares qua vous puissiez compter d'en être exempt? Nous approchons de l'état de crise et du siècle des révolutions."

12 SW I/2/176 ff.

13 Ebd., S. 179.

14 Ebd., S. 181 f.

14a Siehe ebd., S. 135 ff., sowie oben, S. 206.

15 SW I/2/100 f., 105.

16 Ebd., S. 177.

17 Ebd., S. 183 f.

18 SW I/3/267 ff., 341, 344; I/4/5, 31 ff., 118 ff.

19 *Tom Jones*, a. a. O., Bd 1, S. 254 ff.; Bd 2, S. 251 ff. Vgl. damit in den Vorarbeiten zur *Loge* (Schmierbuch, S. 7) den Vorsatz: „Ich muß viele falsche Mutmaßungen äußern, um den Leser zu irren" (SW I/2/XXII), vor allem aber in der *Vorschule der Ästhetik*, § 74, den unter ausdrücklicher Berufung auf die Entlarvung Blifils vorgetragenen Rat, es sei gut, eine wahre Entwicklung ein wenig hinter einer scheinbaren zu verstecken (SW I/11/244 ff.).

20 SW I/2/183, Zeilen 11—13.

21 Ebd., S. 159 f., 171 f.

22 Ebd., S. 159 f., 194 ff.

23 Ebd., S. 194 ff.

24 Ebd., S. 225 ff.

Abschnitt VII (S. 286—291)

1 SW I/2/265 ff. Siehe auch oben, S. 231.

2 Ebd., S. 201 f.

3 Ebd., S. 206 ff. Siehe oben, S. 56 ff.

4 Ebd., S. 209 ff. Vgl. II/3/351 f. Siehe auch oben, S. 86 ff.

5 SW I/2/252 ff.

6 Ebd., S. 265 ff.

[7] Ebd., S. 272—278.
[8] Ebd., S. 280 ff.
[9] Ebd., S. 281—291.
[10] Ebd., S. 291—298.
[11] Ebd., S. 298—306.
[12] Ebd., S. 306—311.
[13] Ebd., S. 309, Zeile 28.
[14] Ebd., S. 363 f.
[15] Ebd., S. 386 ff.
[16] Ebd., S. 391 ff.
[17] Ebd., S. 399.
[18] Ebd., S. 105 ff. und passim, zuletzt 385, 404 f.
[19] Ebd., S. 404 ff.
[20] SW I/4/279 ff.
[21] SW I/2/407.

Abschnitt VIII (S. 291—293)

[1] SW I/3/41, 178 ff., 191 f.
[2] Ebd., S. 39 ff.
[3] Ebd., S. 47, 333 f.
[4] Ebd., S. 62.
[5] Ebd., S. 187, 224 ff.
[6] Ebd., S. 194—219, 132—192.

Abschnitt IX (S. 293—295)

[1] SW I/3/49.
[2] Ebd., S. 132 ff.
[3] Ebd., S. 65 ff.
[4] Ebd., S. 143—155.
[5] Ebd., S. 164 f. Viktors generelle Einstellung zur sozialen Situation der Frau ebd.,
S. 100 f., 342 ff.
[6] Ebd., S. 259 ff.
[7] Ebd., S. 248 ff.
[8] Ebd., S. 250—265, 334.
[9] Ebd., S. 268 ff.

Abschnitt X (S. 295—301)

[1] SW I/3/26, 50, 60 f., 97 f.
[2] Ebd., S. 115.
[3] Ebd., S. 247 f.
[4] Siehe oben, S. 234 ff.
[5] SW I/3/341.
[6] Siehe oben, S. 236 ff.
[7] SW I/4/5 ff.
[8] SW I/3/395.
[9] SW I/4/298 f., 311 ff. bis Ende.
[10] SW I/4/5.
[11] Ebd., S. 33 ff., 118 ff.
[12] Ebd., S. 7.

13 Ebd., S. 33 ff.
14 Ebd., S. 106—118.
15 Ebd., S. 118—124.
16 Siehe oben, S. 234 ff., besonders 237 ff.
17 SW I/4/258 ff.
18 Ebd., S. 264 f.
19 Ebd., S. 265.
20 Ebd., S. 266.
21 Ebd., S. 235, 265.

Abschnitt XI (S. 302—307)

1 SW I/2/175 Fußnote.
2 SW I/3/115: „... Flamin ... verbrachte seine kleinen Ferien bis zu dem Sessionstisch in glühenden Hoffnungen, an diesem Tische zu nützen, und in Vorbereitungen, um es zu können."
3 Ebd., S. 341, 344.
4 SW I/4/5, 7, 33 ff.
5 SW I/2/183 f., 201 f., 306, 400. Vgl. damit SW I/4/235, 264 f.
6 Der Arztberuf hatte sich auf Fenk von dessen Modell, J. B. Hermann, her übertragen (siehe oben, S. 47 f.).
7 SW I/3/XIII.
8 Siehe unten, S. 351 ff.
9 SW I/8/62, 34, 97, 103, 116 f., 122 f., 127 f.
10 SW I/9/223.
11 Ebd., S. 227: „... Vorsatz, sobald der unheilige Krieg gegen die gallische Freiheit ... in Flammen schlage, an die Seite der Freiheit zu treten und früher zu fallen als sie."

X. Kapitel. Die demokratische und die entpolitisierende Adaption des Agathon (S. 308—326)

Abschnitt I (S. 308—311)

1 Siehe unten, S. 534 ff., besonders 538 ff.
2 Siehe oben, S. 188 ff.
3 1766/67. Wieland: Sämtliche Werke, ed. J. G. Gruber, Bde 9—11, Leipzig 1824.
4 1772.
5 Von Platon selbst dargestellt in seinem Siebenten Brief (323 E — 352 A).
6 Wieland, a. a. O., Bd 10, S. 225 ff.; Bd 11, S. 3 ff.
7 Der Einfluß des Fieldingschen „Findlings", d. h. des Tom Jones, auf sein Werk von Wieland selbst in der Einleitung Über das Historische im Agathon, a. a. O., Bd 9, S. 3 f., betont.
8 Siehe oben, S. 251 ff.
9 Wieland, a. a. O., Bd 11, S. 388 ff. bis Ende.

Abschnitt II (S. 311—313)

1 Siehe oben, S. 170 f.
2 Wieland, a. a. O., Bd 9, S. 148 ff.
3 A. a. O., Bd 10, S. 77 ff.
4 Wird im Text des Titan, soweit ich nach mehrmaliger Lektüre des Werkes sehe,

stets nur „die Fürstin" genannt. Den Namen „Isabella" habe ich bislang nur bei Berend (SW I/8/IX) entdecken können, der ihn, wie ich vermute, den Vorarbeiten entnommen hat (Rohde erwähnt ihn nicht). Gemeint ist die Haarhaarsche Prinzessin, Idoines Schwester, mit der sich Fürst Luigi von Hohenfließ, Albanos Bruder, vermählt (SW I/9/70 ff.). Der Einfachheit halber halte ich mich (etwa unten, S. 485, aber auch schon oben, S. 70) an die Berendsche Benennung dieser Frauengestalt.

5 Wieland, a. a. O., Bd 9, S. 173 ff.
6 Z. B. SW I/2/243 ff., 320 ff.; I/9/137 ff.
7 Z. B. SW I/2/341 f.
8 Wieland, a. a. O., Bd 11, S. 131 ff.; SW I/2/404 ff., I/4/264 ff.
9 Wieland, a. a. O., Bde 16 und 17; SW I/3/248 ff. und passim.

Abschnitt III (S. 313—316)

1 Man vergleiche in Wielands politischen Schriften die für seine vorrevolutionäre Periode charakteristische Verwerfung demokratisch-republikanischer Ideen, etwa in dem Aufsatz *Über das göttliche Recht der Obrigkeit* (1777; a. a. O., Bd 40, S. 49 ff.), mit den von Sympathie getragenen Arbeiten über die Französische Revolution aus den Jahren 1789—92 (a. a. O., Bd 41). Selbst in seiner Kritik an der Gironde, von 1792, geht Wieland da noch von grundsätzlicher Bejahung des demokratisch-republikanischen Staatsideals aus, dessen Realisierbarkeit unter den gegebenen Verhältnissen in Frankreich er allerdings bereits in Frage stellt (*Das Versprechen der Sicherheit, Freiheit und Gleichheit*, ebd., S. 221 ff.; *Die französische Republik*, ebd., S. 239 ff.). In den Ereignissen des Jahres 1793 hat dann Wieland, der das Jakobinertum immer abgelehnt hatte, eine Bestätigung seiner Befürchtungen vom Vorjahr gesehen (ebd., S. 375 ff.), von denen er fortan erklären sollte, sie seien den schon im *Agathon* von ihm verfochtenen politischen Grundsätzen und Gesinnungen zu verdanken, an denen er jederzeit unbeirrt festgehalten hätte (*Worte zur rechten Zeit*, Nachträge ebd., S. 417; ähnlich eine Anmerkung zum Elften Buch des *Agathon* in der neuen Ausgabe der *Sämtlichen Werke* von 1794, a. a. O., Bd 11, S. 398). Tatsächlich beruhte bei Wieland dieses nachträgliche Überzeugtsein von einer Kontinuität der eigenen Anschauungen in starkem Maße auf Selbsttäuschung.

2 Wieland, a. a. O., Bd 10, S. 82 ff.
3 Siehe oben, S. 106 f.; SW II/2/377 f.
4 SW I/13/314 ff.
5 In den *Biographischen Belustigungen*, SW I/5/249 ff.
6 Wieland, a. a. O., Bd 11, S. 390 ff. Eine Diskussion über diesen Aspekt des *Agathon* hat im April 1790 zwischen Jean Paul und Friedrich Wernlein stattgefunden. Siehe SW III/1/290 f. (Br. 319), S. 558 (Br. 108, von Wernlein). Kommentar Berend ebd., S. 510.
7 Nerrlich: *Jean Paul. Sein Leben und seine Werke*, Berlin 1889. Offenbar falsche Schlußfolgerung auch aus der Tatsache, daß Wernlein sich durch Gustavs Fall (SW I/2/320 ff.) an den *Agathon* erinnert gefühlt hatte (SW III/2/12. Br. 9; S. 537. Br. 4, von Wernlein). Kommentar Berend ebd., S. 394 f.
8 Berend SW I/2/XXXIIIf.
9 Zur Wieland-Adaption im *Hesperus* vgl. auch Bach, *Jean Pauls Hesperus*, a. a. O., und SW I/3/XXXVIIf.
10 SW I/4/300 ff. bis Ende; I/9/447 ff. bis Ende. Man braucht sich mit diesen End-

passagen nur vertraut zu machen, um zu erkennen, welch ungeheuerlicher Verfälschung sich Emil Staiger schuldig macht, wenn er in seiner Arbeit *Jean Paul: Titan. Vorstudien zu einer Auslegung* (in: *Meisterwerke deutscher Sprache aus dem 19. Jahrhundert*, Zürich 1943; 2. Aufl. 1948, S. 56 ff.; 4. Aufl. 1961 unverändert) am Schluß behauptet, mit seiner Botschaft sei Jean Paul „der Heiland derer geworden, die im Leben zu kurz gekommen, aber mit reicher Phantasie begabt sind: gescheiterter Künstler, enttäuschter Frauen, verwegener Vagabunden des Geistes", und dem dann hinzufügt: „Wir glauben nun aber auch zu verstehen, warum Jean Paul trotz seinem gewaltigen Einfluß nichts begründet hat, warum er nicht, wie minder begabte Dichter sogar, an der Gestaltung des Lebens, des Staates und der Gesellschaft beteiligt war. Der Mann, der uns das Leben entfremdet, kann uns im Leben nicht geleiten" (ebd. S. 98 f.). Zu der auch sonst verhängnisvollen Rolle Staigers in der Literaturwissenschaft der Gegenwart vgl. man den Essay von C. Träger: *Zwischen Interpretationskunst und ,materialistischer‘ Literaturwissenschaft*, in: *Studien zur Realismustheorie und Methodologie der Literaturwissenschaft*, Leipzig 1972, S. 249 ff.

Abschnitt IV (S. 316—318)

[1] Näheres hierzu in der Einleitung von Harry Maync zu seiner Ausgabe der *Theatralischen Sendung*, Stuttgart und Berlin 1911.
[2] SW III/2/8 (Br. 5).
[3] Geht aus dem Briefwechsel zwischen Goethe und Schiller im Zeitraum Juli bis Dezember 1795 hervor. Dedikationsexemplar des *Hesperus* ging an Goethe am 4. Juni 1795 (SW III/2/90. Br. 119).
[4] SW III/2/50 (Br. 62), 91 (Br. 121), 220 (Br. 350).
[5] Siehe oben, S. 175 f.
[6] Vgl. SW I/2/306 ff. und *Wilhelm Meisters Lehrjahre*, 8. Buch, 5. Kapitel, Großherzog Wilhelm Ernst-Ausgabe, Leipzig 1920, Bd 2, S. 531.

Abschnitt V (S. 318—321)

[1] Zur Progressivität dieser Momente siehe Lukács, *Goethe und seine Zeit*, a. a. O., S. 59.
[2] Erkennbar vor allem in dem Bruch, den der Charakter Antonios aufweist. Vgl. hierzu Hettner, a. a. O., Bd 2, S. 376 ff.

Abschnitt VI (S. 321—326)

[1] Siehe unten, S. 395—411.
[2] Z. B. bei Hettner, a. a. O., Bd 2, S. 615 f.
[3] SW I/10/163 und passim.
[4] Goethe, *Lehrjahre*, 5. Buch, 3. Kap., a. a. O., S. 284 f; Jean Paul, *Flegeljahre*, SW I/10/196 ff., besonders 207 f.
[5] SW I/10/218 ff.
[6] Ebd., S. 196 ff., 214 ff., 290 f.
[7] Siehe oben, S. 195 f., 260 f.

XI. Kapitel. Vom Hesperus zum Titan (S. 327—350)

Abschnitt I (S. 327—328)

[1] SW I/4/73 ff.
[2] SW III/2/145 (Br. 223).

³ Einem dieser Gefangenen, Fischer, war von seiner Frau ein Exemplar des *Hesperus* in die Haft geschickt worden. Er hatte vor, es nach seiner Freilassung dem Dichter zu schenken. Als Jean Paul davon hörte, äußerte er, daß er sich „kein heiligeres Geschenk als das angebotene" vorstellen könne. So laut SW III/2/558 (Br. 225, von Chr. Otto) und ebd., S. 373f. (Br. 701). Kommentar Berend, ebd., S. 526.

⁴ SW III/3/65 (Br. 93). Es handelt sich nicht um den ursprünglichen Herder-Verleger, Johann Friedrich Hartknoch, sondern um dessen Adoptivsohn und Nachfolger Johann H. (1768–1819), der auf Grund der Repressalien seitens des Zarismus die Buchhandlung 1798 von Riga nach Leipzig verlegte.

⁵ Vgl. etwa den ganzen Briefwechsel Jean Pauls mit Hans Georg von Ahlefeld (SW III/2/160f. und passim, ab Br. 252) und Wilhelmine von Kropff, genannt Minette (ebd. S. 178 und passim, ab Br. 290), dazu die einschlägigen Kommentare von Berend ebd. sowie die Darstellung des Falles bei Walther Harich, a. a. O., S. 394ff. Vgl. auch SW III/3/540 (Br. 57, von Elisabeth Hänel). — Zur Freundschaft Jean Pauls mit dem bildungsbemühten Badergesellen Karl Christian Rolsch siehe Eduard Berend, *Ein Babiergesell über Weimar* in: *Goethe-Jahrbuch* 1921, S. 174, sowie den Briefwechsel zwischen Rolsch und dem Dichter, SW III/2/536 und passim (ab Br. 1, von Rolsch), 13 und passim (ab Br. 10). Rolschs Briefe wimmeln von grammatikalischen und orthographischen Fehlern. Aus dem Fall geht hervor, daß Jean Paul der erste deutsche Schriftsteller gewesen ist, der sich der Aufgabe gewidmet hat, die kulturellen Bedürfnisse eines Proletariers in direktem persönlichen Kontakt entwickeln zu helfen.

⁶ SW III/3/188ff. (Br. 257). Kommentar Berend, S. 457.

⁷ SW III/2/294f. (Br. 517 und 518). Kommentar Berend S. 494f. Hieraus auch Jean Pauls Hilfe für die uneheliche Mutter und deren Kind ersichtlich.

⁸ SW III/3/333 (Br. 466).

⁹ Ebd., S. 85 (Br. 119).

¹⁰ *JPP*, S. 140. H. Bach, SW I/3/XXXIX.

Abschnitt II (S. 328–334).

¹ Zur Resonanz des *Hesperus* in Weimar siehe Walther Harich, a. a. O., S. 397ff.; Bach SW I/3/XXXIXf.

² Goethe an Schiller, am 10. und 18. Juni; Schiller an Goethe, am 12 Juni 1795. Zu Goethes Urteil über Klotilde siehe SW III/4/109 (Br. 200).

³ An Goethe, vom 12. Juni 1795.

⁴ Mitgeteilt von Böttiger: *Literarische Zustände und Zeitgenossen*, Bd 1, S. 167.

⁵ SW III/2/207 (Br. 337).

⁶ Hierauf Schillers Antwort zwei Tage später: „Daß in Weimar jetzt die Hundsposttage grassieren, ist mir außerordentlich psychologisch merkwürdig; denn man sollte sich nicht träumen lassen, daß derselbe Geschmack so ganz heterogene Massen vertragen kann, als diese Produktion und ‚Clara du Plessis' (von Lafontaine — W. Hr.) ist."

⁷ SW III/2/543f. (Br. 71 und 85, von Charlotte von Kalb), S. 164f. (Br. 260, 261, 262). Kommentar Berend ebd., S. 446f.

⁸ SW III/2/205 (Br. 335, 337, 340, 343). Dazu ebd. die Briefe 336, 338, 342, 345 (an Ch. v. Kalb), 339 (an Wieland), 341, 344 (an Karoline Herder), 346 (an Böttiger), 348 (an Knebel). Zusammenfassende Darstellung des Weimar-Besuchs auf Grund des Briefwechsels: Walther Harich, a. a. O., S. 398ff.

⁹ SW III/2/345 (Br. 648). Dieselbe Motivierung in scherzhafter Form im *Titan* selbst, SW I/8/56, Zeile 33 ff.

¹⁰ *Über Humanität. Ein Gegenstück zu des Präsidenten von Kotzebue Schrift vom Adel* (anonym), Leipzig 1793. Lobend erwähnt von Herder in den *Humanitätsbriefen*, 6. Sammlung, Riga 1795, S. 181. Kotzebue hatte in seiner Schrift, Leipzig 1792, den Verfasser der *Grönländischen Prozesse* wegen dessen Satire auf den Adel (SW I/1/72—77) einen „elenden Witzling" gescholten. Oertel bezieht sich in der Gegenschrift nicht auf die *Prozesse*. Siehe Kommentar Berend, SW III/2/436.

¹¹ SW III/2/213 (Br. 340), 221 f. (Br. 355). Ludwig v. Oertel war 1796 Regierungsassessor in Weimar.

¹² SW III/3/66 ff. (Br. 95 u. 97). Kommentar Berend ebd., S. 411 f.

¹³ Ebd., S. 88—99 (Br. 125, 126).

¹⁴ Darstellung der Weimarer Periode bei Walther Harich, a. a. O., S. 499—532, 540—543.

¹⁵ Ebd., S. 520—530.

¹⁶ Siehe unten, S. 438 ff.

¹⁷ SW III/3/138 (Br. 179).

¹⁸ SW III/3/328, 331 ff. (Br. 456, 465, 466).

¹⁹ Walther Harich, a. a. O., S. 532—543. Der von Willibald Alexis in dem Roman *Ruhe ist die erste Bürgerpflicht*, Berlin 1852, geschilderte Besuch Jean Pauls in Berlin am Vorabend der Schlacht bei Jena ist literarische Fiktion, die freilich Umstände und Tatsachen der beiden wirklichen Berlin-Aufenthalte des Dichters, aus den Jahren 1800—1801, frei verwertet.

²⁰ SW III/3/327 f., 333, 338 (Br. 454, 466, 473).

²¹ Ebd., S. 333.

²² *JPP*, S. 50, 85, 211. Dagegen negative Urteile über Tieck ebd., S. 71 f., 193 ff.

²³ Vgl. hierzu meine Schrift *Jean Pauls Kritik usw.*, a. a. O.

²⁴ SW I/8/401 ff. Berend ebd., S. XCI—XCV; Walther Harich, a. a. O., S. 545 ff.; Kommerell, *Jean Paul*, a. a. O., S. 318 ff.

²⁵ SW I/11/316—411. Siehe unten, S. 535 ff.

²⁶ SW III/4/79 (Br. 149).

²⁷ Siehe oben, S. 186 f.

²⁸ Ebd., S. 178 f. (Br. 314). Idoine nach der idealsten Frauengestalt des *Titan*.

²⁹ Walther Harich, a. a. O., S. 557—605.

Abschnitt III (S. 334—339)

¹ Ersichtlich z. B. aus den Memoiren von Clöters zweitjüngstem Sohn, Flamin (sic!): *Erinnerungen eines alten Mannes aus der Zeit der Wiedererweckung der deutschen Turnkunst*, Hof 1878, ferner aus SW III/2/286 (Br. 502) und, was Herold angeht, z. B. aus der Bemerkung ebd., S. 208, Zeile 21 f. (Br. 337).

² Ersichtlich aus SW III/3/311 (Br. 430) sowie aus III/4/43, 53 (Br. 76, 97). Kommentar Berend ebd., S. 333, 338.

³ Siehe oben, S. 240.

⁴ Siehe oben, S. 19 f.

⁵ SW I/3/33 ff. und passim bis I/4/311.

⁶ Z. B. SW I/3/22 ff., 262 ff.; I/4/6 ff.

⁷ SW I/3/183 u. 307 f.

⁸ Siehe oben, S. 175.

⁹ SW I/3/334; I/4/291.

¹⁰ Siehe unten, S. 441 ff.

Abschnitt IV (S. 340—343)

¹ Zum folgenden Abschnitt siehe die einschlägigen Ausführungen bei Walther Harich, a. a. O., S. 391 ff.

² SW III/2/94 f. (Br. 128). Kommentar Berend S. 420. Jean Paul schreibt irrtümlich „Fürstin Lunovsky".

³ SW I/8/3, 5 f. — An Otto vom 28. September 1799: „Ich trage den Gedanken umher, meinen Titan Fürstinnen — am liebsten jenen vier auf einmal — zu dedizieren (denn ich mache keine Vorrede); warum soll ich mutwillig alle Springstäbe und Steigeisen des Fortkommens wegwerfen? Aber beleidigt sie der Titan nicht? Und ist nicht schon diese Frage ein Kerker des Schwungs?" (SW III/3/233. Br. 320). An Otto vom 6. November 1799: „Sogar der furchtsame Herder und Böttiger sind für das Dedizieren; die Satiren gehen noch dazu die Fürstinnen nichts an (nur die Fürsten). Ich bitte die Hildburghäuser Fürstin, die andern zu fragen. Die Dedikation bestände dann in dem veränderten Traum auf die vier. Ich nenne sie nur bei den Taufnamen: die vier schönen und guten Schwestern auf dem Thron, Luise etc." (ebd., S. 248. Br. 339). Die Markierung der Stelle, an der im I. Komischen Anhang zum *Titan* die Satire auf den Fürstenmagen stehen sollte, SW I/8/255, Zeile 4 f. und Fußnote. Wortlaut der Satire SW I/13/140 ff. Siehe auch oben, S. 277, sowie die Kommentare von Berend SW I/8/LXXXIV ff., besonders XC, und Schreinert SW I/13/LXXIII ff., ferner die einschlägigen Briefstellen SW III/3/285 (Br. 393), 301 (Br. 412).

⁴ Z. B. an Otto vom 13. Juli 1799: „Du hast keine Vorstellung, wie hier um ein Eckchen Regenschirm vom Thronhimmel geschoben und gezankt und gestoßen wird. Ich sehe im Regen der Gruppe zu und bleibe Philosoph" (SW III/3/215. Br. 293). An Otto vom 4. November 1799: „Der Pegasus (Herder — W. Hr.) und die Nachtigall (Karoline Herder — W. Hr.) haben oft zu kleinliche politische Rücksichten und nicht Mut genug. Das sah ich neulich beim Geburtstags-Levée des Heiligen Geistes (der Herzoginmutter — W. Hr.)" (ebd., S. 246. Br. 339). An Jacobi vom 6. März 1800: „Wahrlich, Ihr alle, Du, Herder, Goethe, Wieland, Schiller etc., müsset schon sehr alt sein, weil Ihr so politisch seid und so viele Rücksichten nehmt, und ich unglaublich jung, weil ich keine kenne" (ebd., S. 302. Br. 412). Dechiffrierung der im Briefwechsel mit Otto benutzten Decknamen für hochgestellte Weimarer Persönlichkeiten ebd., S. 127 (Br. 164).

⁵ Siehe Walther Harich, a. a. O., S. 524 ff., 554 ff., 690 ff., 722 ff.

⁶ SW III/3/556 (Br. 213, von Otto).

⁷ Ebd., S. 209 (Br. 290).

Abschnitt V (S. 343—348)

¹ Hoffman benutzte diesen Ausdruck mit geringschätziger Beurteilung seiner Gelegenheitsarbeiten selbst.

² Fasz. 9. Mitgeteilt von Berend SW I/8/XII.

³ Ins Detail gehende Analysen bei Rohde, a. a. O., S. 4 ff., und bei Berend, SW I/8/VII ff.

⁴ SW I/3 u. 4; I/5/61 ff.

⁵ SW I/5/253 ff.

⁶ SW I/13/242 ff.

[7] SW I/6.

[8] SW III/2/171 (Br. 276).

[9] Ebd., S. 222 (Br. 356).

[10] Ebd., S. 229 (Br. 370).

[11] SW I/5/9 ff.

[12] SW III/2/244 (Br. 406).

[13] Ersichtlich aus ebd., S. 343 (Br. 642), sowie aus der Tatsache, daß Oertel Mitte September 1796 Jean Paul in Hof besucht hatte.

[14] SW I/5/387 ff.

[15] SW III/2/285 (Br. 499).

[16] SW I/7/3 ff.

[17] SW I/3 u. 4.

[18] SW III/2/343 (Br. 642).

[19] Ebd., S. 347 (Br. 654).

[20] Ersichtlich aus SW III/3/46 (Br. 61) sowie aus dem Umstand, daß Jean Paul im August 1797 zusammen mit der Berlepsch in Eger und Franzensbad gewesen war.

[21] SW I/7/155 ff.

[22] SW III/3/65 f. (Br. 93).

[23] SW I/7/355 ff.

[24] SW I/13/314 ff.

[25] SW I/8/241 ff.

[26] SW III/3/141 (Br. 179).

[27] SW I/8/5—238, 241—306.

[28] SW I/9/459 ff.

[29] Ebd., S. 505 ff.

[30] Ebd., S. 541 ff.

[31] SW I/8/307 ff.

[32] Ebd., S. 401ff.

[33] SW I/9/3—456.

[34] SW I/10/XXX—XXXVII.

[35] SW I/8/XIX—LXII und I/10/VIII—XXX; Rohde, a. a. O., S. 7f. Siehe auch SW III/3/104 (Br. 135), 174 (Br. 237). Kommentar Berend ebd., S. 424f., 452.

[36] SW I/10/XXXVII—LV, 3—225. Das vierte Bändchen der *Flegeljahre*, ebd., S. 337—480, schrieb Jean Paul erst zwischen August 1804 und Mai 1805, nach der Abfassung seiner *Vorschule der Ästhetik* (SW I/11), in Bayreuth. Siehe SW I/10/LVI—LIX.

[37] Berend teilt die vorstehend skizzierte Entstehungsgeschichte des *Titan* SW I/8/XI ff. in folgende Arbeitsperioden ein: 1) Ende 1792 bis Ende 1794, 2) Anfang 1795 bis Mitte 1796, 3) Juli bis September 1796, 4) Juni bis Oktober 1797, 5) Mai bis September 1798, 6) März bis Mai 1799, 7) Juni bis Sept. 1799, 8) November 1799 bis Dezember 1800, 9) Juni bis Dezember 1801, 10) März bis Dezember 1802. Detaillierte Darstellung der Genesis des *Titan* unter abweichenden Gesichtspunkten bei Rohde, a. a. O.

Abschnitt VI (S. 348—350)

[1] Auch die historisch-kritische Gesamtausgabe (hier SW genannt) spiegelt die Reihenfolge, in der die Werke *veröffentlicht* wurden, wider. Würde sie diese nach

ihrer *Entstehungsgeschichte* einteilen, so würde in der I. Abteilung auf den *Hesperus* (Bände 3 und 4) der *Titan* (in den Bänden 5 und 6) folgen müssen.

2 SW I/5/253 ff.; I/7/11 ff.

3 SW I/8/XI; I/6/XXVI ff.; Rohde, a. a. O., S. 15 f., 81 ff.

4 SW I/8/IX; Rohde, a. a. O., S. 17.

5 SW I/5/9 ff.

6 SW I/9/459 ff. Vgl. hierzu meine Schrift *Jean Pauls Kritik usw.*, a. a. O.

7 SW I/4/311 bis Ende; I/8/49 ff.

8 So, wie in ähnlich äußerlichem Sinne der *Hesperus* eine Fortsetzung der *Loge* ist. Vgl. SW I/2/136—139 mit I/3/33 ff. Als Sohn des Fürsten von Flachsenfingen tritt JP auch im *Jubelsenior* (I/5/255, Zeile 13 ff.) auf. Siehe auch oben, S. 146 f.

XII. Kapitel. *Zur Erklärung der Besonderheiten des Titan (S. 351—433)*

Abschnitt I (S. 351—356)

1 SW I/8/XIII.

2 Ebd., S. XX—XXIX. Rohde, a. a. O., S. 30.

3 SW I/8/XLI—L, besonders XLVIII f.

4 Ebd., S. LXXII—LXXVI. Daß diese Lösung jetzt erst ins Auge gefaßt wurde, ist allerdings ausgeschlossen. Spätestens im Frühjahr 1799 muß sie bereits festgestanden haben, da zu diesem Zeitpunkt der Anfang des Romans jene endgültige Fassung erhielt, die ohne volle Klarheit des Autors über den Ausgang des Ganzen nicht denkbar wäre. Nach meiner Vermutung hat Jean Paul die Einbeziehung der Französischen Revolution von Anfang an vorgeschwebt und ist von ihm die konkrete Realisation dieses Gedankens frühestens im September 1796, nach der ersten Begegnung mit Reichardt (siehe unten, S. 383 f.), spätestens 1798, nach der Lektüre von Klingers *Geschichte eines Teutschen der neusten Zeit* (siehe unten, S. 384 f.), konzipiert worden.

5 SW I/8/XLVIII. Die bei Berend noch relativ gemäßigte Abwertung der Jean Paulschen Fabeln, namentlich der des *Titan*, hat später E. Staiger, a. a. O., S. 56 ff., dadurch auf die Spitze getrieben, daß er sie mit — nicht zur Sache gehörenden — Auslassungen Jean Pauls zum psychophysischen Problem verquickte, um auf diese Weise die absurde These glaubhaft zu machen, es sei „nicht diese oder jene Wirklichkeit" gewesen, welche dem Dichter „nicht behagt" habe, sondern „das Wirkliche überhaupt" (ebd., S. 99). Auf den enormen, durchaus schädlichen Einfluß Staigers ist, auf Grund dieser These, die bis heute in der bürgerlichen Literaturwissenschaft dominierende Entfernung des politisch-gesellschaftskritischen Gehalts aus Jean Pauls heroischen Romanen, besonders aus dem *Titan*, zurückzuführen. Das zeigt sich sogar in dem sonst verdienstvollen, instruktiven Buch von Peter Michelsen: *Laurence Sterne und der deutsche Roman des 18. Jahrhunderts*, Göttingen 1962, wo es z. B. heißt, Jean Paul habe die Gesellschaft „letztlich deshalb angegriffen", „weil sie — bloß wirklich ist" (S. 351). Die vorliegende Studie, mit ihrer starken Betonung des Sinngehalts der Jean Paulschen Romanfabeln, habe ich nicht zuletzt zu dem Zweck verfaßt, derartigen Mißdeutungen entgegenzuwirken.

6 SW I/2/196, Ziele 36 ff.

7 SW I/8/LXXV f. Überraschend ist die Wendung für den Leser. Neu kann sie für den Autor zu diesem Zeitpunkt längst nicht mehr gewesen sein. Er mußte sie schon zu Beginn der Ausarbeitung des ersten Bandes in dessen endgültiger

Fassung im Kopf gehabt haben. Im übrigen geht es für Albano im vierten Band nicht um irgendeinen beliebigen „tätigen Gehalt" seines Lebens — den könnte er auch unter den Fahnen des Herzogs von Braunschweig finden —, sondern um tätige Parteinahme für eine gerechte, gegen eine ungerechte Sache (Beweise: I/9/226, letzte Zeile, bis 227, Zeile 4; desgleichen ebd., S. 228f., die Kontroverse mit dem kleinen Korsen, die offenbar den Sinn hat, den Primat der Revolution selbst gegenüber dem — an sich nicht unberechtigten — korsischen National-haß auf die Franzosen herauszustreichen).

8 Rohde, a. a. O., S. 6.
9 Siehe oben, S. 188ff., 267ff., 273, 305ff.
10 SW I/8/XV.
11 SW I/11/252f.
12 SW I/8/XV.
13 SW I/2/334, Zeile 2. Tritt in der *Loge* nicht auf, was sich im — ungeschrie-benen — dritten Teil aber hätte ändern können. Die geheimnisvoll-zweideutige Stelle davor, S. 333, Zeile 22ff., sieht ganz nach einer Verzahnung für eine künftige Fortsetzung aus.
14 Zwischen der — nach Berend — dritten bis sechsten Arbeitsperiode (SW I/8/ XXIX–LXII).
15 Siehe oben, S. 254f.
16 Rohde, a. a. O., S. 1.
17 Siehe hierzu oben, S. 191f., 284ff.
18 SW I/2/91. Genauer: Er „schien" dies zu sein. Nähere Konkretisierung ebd., S. 211f.
19 SW I/3/81f.
20 Ebd., S. 112ff.
21 Rohde, a. a. O., S. 29f.

Abschnitt II (S. 356—358)

1 Berend SW I/8/XIIIff.; Rohde, a. a. O., S. 31ff.
2 Berend SW I/8/XXXIVff.; Rohde, a. a. O., S. 44ff., 61ff.
3 Im Septemberheft 1775 der *Iris* und im *Teutschen Merkur* von 1776. Die Buch-ausgabe Königsberg 1792. Jean Paul muß diese sofort nach Erscheinen gelesen haben, da er noch in die *Loge* eine Fußnote über Jacobi eingefügt hat (SW I/2/ 142), die unter anderem auch auf den *Allwill* Bezug nimmt, ihn allerdings noch nicht in dem Sinne auswertet, wie dies später — von November 1794 an — in den Vorarbeiten zum *Titan* geschieht. Vgl. zum folgenden auch Th. Geißen-dörfer: *Jacobi's Allwill and Jean Paul's Titan*, in: *Journal for English and German Philology*, Vol. 27, 3, Urbana, Illinois, Juli 1928, S. 361ff.; Herta Hartmanns-henn: *Jean Pauls Titan und die Romane Fr. H. Jacobis*, Marburg 1934.
4 Siehe oben, S. 73ff.
5 *Eduard Allwills Briefsammlung*, a. a. O., XIX. Brief, S. 217ff.
6 SW III/4/168 (Br. 299). Vgl. damit Berend SW I/8/XIV und Fußnote 2.
7 Jacobi, a. a. O., 217ff. In der Werkausgabe von 1812 S. 177f. Siehe hierzu auch Schwarz: *Fr. H. Jacobis Allwill*, Halle 1911, besonders S. 59f., und Rohde, a. a. O., S. 30f.
8 SW I/8/312ff. Detaillierte Analyse dieses Charakters, wie er sich in den Vor-arbeiten und später im endgültigen Text zeigt, bei Rohde, a. a. O., S. 33—37, 43—45, 47—49, 61—80.

⁹ Siehe unten, S. 522 ff.

¹⁰ SW I/8/314.

¹¹ Siehe oben, S. 241 f.

Abschnitt III (S. 359—364)

¹ Siehe die unmittelbare Resonanz der Tage des Zusammenseins mit Goethe z. B. in Jacobis Brief an Sophie La Roche vom 10. August 1774, in: F. H. Jacobi, *Auserlesener Briefwechsel*, Leipzig 1825, Bd 1, S. 174.

² Rohde, a. a. O., S. 30.

³ Berend SW I/8/XXV; Rohde, a. a. O., S. 42.

⁴ Rohde, a. a. O., S. 17 ff.

⁵ Ebd., S. 46. Siehe auch 42 f.

⁶ Ebd., S. 46.

⁷ Ebd., S. 47.

⁸ Ebd.

⁹ Ebd., S. 42, 49 und passim.

¹⁰ Siehe oben, S. 318 ff.

¹¹ SW II/1/105 ff.

¹² Ebd., S. 122 f.

¹³ SW III/2/8 (Br. 5), 90 (Br. 119).

¹⁴ SW I/3/368.

¹⁵ *JPP*, S. 22.

¹⁶ *Die Versuche und Hindernisse Karls*, Leipzig 1808. Verspottung Jean Pauls ebd., S. 185 ff.

¹⁷ K. A. Varnhagen van Ense: *Denkwürdigkeiten und Vermischte Schriften*, Mannheim 1837—59, Band 3, 64. Zitiert in: *JPP*, S. 63 ff., besonders S. 74.

¹⁸ SW I/11/315 ff.

¹⁹ *Friedenspredigt an Deutschland*, entstanden Januar und Februar 1808 (SW I/14/ 3 ff.). Siehe auch Walther Harich, a. a. O., S. 699 ff.

²⁰ *JPP*, S. 85.

²¹ Siehe oben, S. 329, und die Anmerkungen dazu.

²² SW III/4/109 (Br. 200). Interessanterweise unter scharfer Ablehnung des negativen Urteils der Brüder Schlegel über den *Hesperus*.

²³ Goethe, Brief an Knebel, vom 16. März 1814, zitiert von Berend SW I/12/XXV.

²⁴ Großherzog Wilhelm Ernst-Ausgabe, Bd 11, S. 830 ff.

²⁵ SW I/8/XVII; Rohde, a. a. O., S. 62 ff.

²⁶ Schwarz, a. a. O., und Rohde, a. a. O., S. 37 ff.

²⁷ Rhode, a. a. O., S. 39 ff.

²⁸ Siehe oben, S. 318 ff., 359 f.

²⁹ Siehe oben, S. 316 f., und Anmerkungen dazu.

³⁰ Zu Johann Friedrich Abegg: „Goethes *Meister* ist als Kunstwerk nicht fehlerfrei, und ich wollte, wenn es nur in meinen Plänen läge, dieses gewiß beweisen. Indessen um Goethe nach seiner Größe kennenzulernen, muß man ihn ganz lesen, seinen *Götz von Berlichingen*, *Faust* usw.; in dieser Hinsicht, nach dem *ganzen* Inhalt seiner Produkte, ist er der erste Schriftsteller unserer Nation" (Handschriftliche Aufzeichnungen Abeggs vom 6. Mai 1798, zitiert *JPP*, S. 18, besonders 22). Friedrich Schlegel an Schleiermacher, 3. Juli 1798, unter Benutzung einer Mitteilung Karoline Schlegels, mit der Jean Paul in Dresden (laut SW III/3/83. Br. 119) „ein ganzes Souper verstritten" hatte: „Friedrich

Richter ist ein vollendeter Narr und hat gesagt, der *Meister* sei gegen die Regeln des Romans. Auf die Anfrage, ob es denn eine Theorie desselben gebe und wo man sie habhaft werden möchte, antwortete die Bestie: ,Ich kenne eine, denn ich habe eine geschrieben'" (Wilhelm Dilthey: *Aus Schleiermachers Leben*, Berlin 1858—63, Bd 3, S. 76; zitiert auch in: *JPP*, S. 24f.). Im Lichte der einschlägigen Darlegungen der *Vorschule der Ästhetik* (SW I/11/34ff., 234ff.) betreffen diese Äußerungen über den *Meister* lediglich Formfragen, die zu den im vorliegenden Buch erörterten Problemen nur in entfernter Beziehung stehen.

[31] Walther Harich, a. a. O., S. 345.

[32] Siehe SW III/2/220 (Br. 348 u. 350).

Abschnitt IV (S. 364—372)

[1] In einem Brief an Kant. Siehe Rudolf Haym, a. a. O., Bd 1, S. 110. Zur Vertiefung der marxistischen Einschätzung Herders, die im Rahmen der vorliegenden Untersuchung notgedrungen nur oberflächlich angedeutet werden kann, vgl. zum folgenden immer die einschlägige Studie von C. Träger, *Studien zur Literaturtheorie usw.*, a. a. O., S. 27ff.

[2] Haym, a. a. O., Bd 1, S. 29, Bd 2, S. 506. Ausführlich in: *Johann Gottfried von Herders Lebensbild*, herausgegeben von Emil Gottfried Herder, 3 Bde (Materialsammlung bis 1771).

[3] *Journal meiner Reise im Jahre 1769*, in: *Sämtl. Werke*, edit. B. Suphan, Bd 4, S. 343ff. Interpretation bei Haym, a. a. O., Bd 1, S. 356ff.

[4] Haym, ebd., S. 489ff.

[5] Haym, a. a. O., Bd 2, S. 77ff.

[6] Besonders in das Kapitel über die Regierungen, *Sämtl. Werke*, a. a. O., Bd 13, S. 375ff. Siehe Haym, a. a. O., Bd 2, S. 507f.

[7] In der ersten (unveröffentlichten) Fassung der *Humanitätsbriefe*. Komplette Wiedergabe erstmals in: Herder, *Ausgewählte Werke in Einzelausgaben*, ed. Heinz Stolpe und Heinrich Simon; *Briefe zu Beförderung der Humanität*, ed. Hans-Joachim Kruse, Berlin und Weimar 1971, Bd 2, S. 317ff. Hier im Anhang die bisher gründlichste marxistische Darstellung von Herders Verhältnis zur Französischen Revolution, ebd., S. 612ff.

[8] Haym, a. a. O., S. 509ff., 559, 631ff., 663f.

[9] Ebd., S. 460ff.

[10] Ebd., S. 668f.

[11] Ebd., S. 666—671.

[12] Ebd., S. 656. Zu Herders Mitarbeit an den *Horen* überhaupt siehe ebd., S. 637 bis 660.

[13] Ebd., S. 657.

[14] Weitere Äußerungen dieser Art zitiert bei Haym, a. a. O., Bd. 2, S. 670ff.

[15] SW I/5/9ff.

[16] Ebd., S. 17.

[17] Ebd., S. 21. Hier auch direkte Polemik gegen Schillers 22. Brief über die ästhetische Erziehung und gegen Friedrich Schlegels Schrift *Die Griechen und die Römer*. Siehe dazu unten, S. 403f. und 443ff.

[18] Ebd., S. 23. Ähnlich S. 17: „Er wunderte sich überhaupt, wie der König Dörfer leiden könnte, und gestand frei, es mach' ihm als Artisten eben kein Mißvergnügen, wenn eine ganze Stadt in Rauch aufginge, weil er alsdann doch die Hoffnung einer neuen schönern fasse." Auf derselben Linie liegt die Notiz,

die Rohde aus den Vorarbeiten zum *Titan* (Geschichtsheft) mitteilt: „Kunstrat prügelt seine Kinder, bis sie mit der Mutter eine liebende Gruppe zum Zeichnen bilden" (Rohde, a. a. O., S. 17).

19 SW I/5/25 ff.

20 Haym, a. a. O., Bd 2, S. 673 f., 834 f.

21 Ebd., S. 814—818.

22 MEGA I, Bd 3, S. 298 f.

23 Siehe Wolfgang Harich: *Rudolf Haym und sein Herderbuch*, a. a. O., S. 135 ff.

24 Vgl. Haym, a. a. O., Bd 2, S. 525 f., z. B. mit ebd., S. 542 f., 771 f., 793 f. Siehe dazu auch unten, S. 374 ff.

25 Siehe oben, S. 143—148.

26 MEGA, a. a. O., S. 298.

27 Entstanden allerdings schon zwischen Herbst 1788 und Frühjahr 1790. Erschienen im Sechsten Stück der *Horen*.

28 Vgl. auch Haym, a. a. O., Bd 2, S. 663, 665.

29 Marx/Engels, *Über Kunst und Literatur*, a. a. O., die Distanzierungen von Börnes Goethe-Kritik S. 219, 229.

30 Siehe z. B. Feuerbach, mit ausdrücklichem Bezug auf die klassische deutsche Literatur, *Gesammelte Werke*, a. a. O., Bd 3, S. 176; Bd 8, S. 225, 263. Zur Parallelität, welche die emanzipatorische Funktion der Verselbständigung der Kunst mit der der Wissenschaft aufweist, a. a. O., Bd 4, S. 10 ff., 37 ff., 263 ff.

31 Siehe Lukács: *Skizze usw.*, a. a. O., S. 59 f., 62 ff.; *Goethe und seine Zeit*, Berlin 1955, S. 17; *Deutsche Realisten*, Berlin 1951, S. 124 ff.

32 Siehe oben, S. 337 ff.

33 Zu Hölderlins *Hyperion* siehe unten, S. 414 ff., 423 ff.

Abschnitt V (S. 372—378)

1 Vor allem mit den *Fragmenten über die neuere deutsche Literatur*, den *Kritischen Wäldern* sowie den Straßburger Aufsätzen über Shakespeare, den Pseudo-Ossian und die Lyrik Klopstocks. Interpretation bei Haym, a. a. O., Bd 1, S. 131 ff., 245 ff., 407 ff.

2 So die Preisschrift *Über den Ursprung der Sprache*, die Beiträge zur Theologie, von den einschlägigen Bückeburger Schriften bis zu dem Werk *Vom Geist der Ebräischen Poesie*, die Schrift *Vom Erkennen und Empfinden der menschlichen Seele*, die Abhandlung über die Plastik usw. Siehe Haym, a. a. O., Bd 1, S. 428 ff., 584 ff., 661 ff., 699 ff., 713 ff., 736 ff.; Bd 2, S. 90 ff., 150 ff., 192 ff.

3 Die *Ideen zur Philosophie der Geschichte der Menschheit*, davor *Auch eine Philosophie zur Geschichte der Bildung der Menschheit*. Siehe Haym, a. a. O., Bd 1, S. 570 ff.; Bd 2, S. 221 ff.

4 Besonders in der Schrift *Gott*. Siehe Haym, a. a. O., Bd 2, S. 296 ff., besonders S. 316 ff.

5 *Ideen usw.*, I. Teil, 1. bis 3. Buch, *Sämtl. Werke*, Bd 13, S. 13 ff. Hierzu Haym, a. a. O., Bd 2, S. 221 ff. Vgl. auch mein Buch *Rudolf Haym usw.*, a. a. O., S. 155 ff., besonders 175 ff.

6 Herders *Werke*, ed. H. Düntzer, Berlin o. J., 13. Teil, S. 359 ff., besonders 449 ff. Hierzu Haym, a. a. O., Bd 2, S. 673 ff.

7 Etwa an Gleim oder Eschenburg. Siehe Haym, a. a. O., S. 686 f.

8 Ersichtlich aus SW III/2/207 (Br. 337).

9 Die Hauptmomente dieser Entwicklung skizziert bei Haym, a. a. O., Bd 1,

S. 358 ff., 489 ff., 570 ff.; Bd 2, S. 77 ff., 506 ff. Meine Kritik an Hayms Darstellung der Bückeburger Periode in: *Rudolf Haym usw.*, a. a. O., S. 111 ff.

10 Siehe unten, S. 386–403.

11 SW I/1; III/2/207 (Br. 337).

12 SW III/2/208 (Br. 337). Siehe hierzu z. B. die ängstliche Beflissenheit, mit der Herder sich in der achten Sammlung der Humanitätsbriefe gegen den Verdacht zu schützen sucht, Protagonist einer Politisierung der Literatur zu sein (*Werke*, 13. T., S. 468 f.; ed. Kruse, a. a. O., Bd 2, S. 133 ff.). Detaillierte Darstellung der Beziehung Herders zu Jean Paul bei Haym, a. a. O., Bd 2, S. 689 ff.

13 Ebd., S. 558 ff. bis Ende.

14 *Metakritik zur Kritik der reinen Vernunft* und *Kalligone*. Interpretation bei Haym, a. a. O., S. 709 ff., 746 ff.

15 Ebd., S. 508 ff., 559. Siehe auch F. Mehring: *Johann Gottfried Herder*, in: *Zur Literaturgeschichte von Calderon bis Heine*, Berlin 1929, S. 92 f.

16 Siehe Haym, a. a. O., S. 687. Über Herders und Wielands Altersfreundschaft ebd., S. 687 ff. bis Ende.

17 Ebd., S. 509. Vgl. auch oben, S. 314, und die Anmerkung 1 dazu.

18 Vgl. Haym, a. a. O., S. 77 ff. mit 798 ff.

19 SW III/2/227 (Br. 366).

20 Berend hält es ebd., S. 467, für unwahrscheinlich.

21 *Der Chinese in Rom*. Im Brief an Schiller, vom 10. August 1796.

22 8. Sammlung, 104, ed. Düntzer, a. a. O., S. 459.

23 SW I/5/11 ff.

24 In der *Metakritik* (siehe oben, S. 64, 376).

25 SW I/9/459 ff.

26 Siehe unten, S. 434 ff.

Abschnitt VI (379–386)

1 Siehe oben, S. 92 ff.

2 Z. B. SW I/2/159 f., 194 ff.; I/3/69 f., 118 ff.

3 Haym, a. a. O., Bd 2, S. 140, 385 ff., 705 ff.

4 SW III/3/116 f. (Br. 155), 125 (Br. 164) und passim; Walther Harich, a. a. O., S. 501 f.

5 Siehe oben, S. 365.

6 SW III/3/222 ff. (Br. 302). Ausführliche Darstellung des Falles bei Haym, a. a. O., S. 851 ff. Siehe auch Mehring, a. a. O., S. 93.

7 Haym, a. a. O., Bd 2, S. 666 f.

8 Siehe oben, S. 185–192., 262 ff., 284 f., 305 f.

9 SW I/8/XXXV.

10 Ebd., S. XXXVII ff.; Rohde, a. a. O., S. 44 f., 61 ff.

11 SW I/3/XIII.

12 SW I/8/XXXIX.

13 Siehe unten, S. 434 ff., besonders 450 ff.

14 Schletterer: *Johann Friedrich Reichardt*, Augsburg 1865.

15 Nr. 336, 337.

16 Schiller: *Gesammelte Werke*, a. a. O., Bd 1, 248 ff.

17 Ebd., S. 253. Nr. 40 meint Manso als Nachahmer Wielands, das Wort „jener" in der ersten Verszeile von Nr. 41 ebenfalls. Harmlos ist desgleichen in Nr. 276 (ebd., S. 284) das belustigte Befremden darüber, daß Jean Pauls Vision *Die Ver-*

nichtung ausgerechnet in einer Zeitschrift mit dem Titel *Erholungen* abgedruckt worden war. Aus der Reinschrift ausgeschieden hatten Goethe und Schiller das ebenso geistlose wie gehässige Xenion Nr. 239 (Anhang, ebd., S. 322) gegen den *Hesperus* mit der durch den Erfolg dieses Romans inzwischen widerlegten Vermutung, er werde den Hund besser ernähren als den Autor.

¹⁸ Nr. 42 (a. a. O., S. 253) ist an v. Alxinger als Lobredner Mansos adressiert. Man kann das Wort „seinen" in der Überschrift aber auch leicht — irrtümlich — auf den Adressaten von Nr. 41 beziehen, und dann sieht es so aus, als sei es nach Meinung der Xenien-Dichter aussichtslos, durch lobende Rezensionen an der Kleinheit Jean Pauls etwas ändern zu wollen.

¹⁹ SW III/2/261 (Br. 441).

²⁰ SW III/2/242 (Br. 400).

²¹ IV, 10. Stück, Berlin 1796.

²² Die spätere Äußerung (SW III/2/261. Br. 441): „Fürchterlich weh tat es meinem Herzen, daß G. ein so nahes wie das des guten Reichardts durchlöchern konnte", bezieht sich wohl aber nicht, wie Walther Harich (a. a. O., S. 442) annimmt, auf diese Reichardtschen Eröffnungen vom September, sondern auf die Verhöhnung und Verleumdung Reichardts in den *Xenien*.

²³ SW III/2/242 (Br. 400).

²⁴ Vgl. SW I/8/XXXIX mit I/9/221 ff.

²⁵ Ersichtlich aus SW III/3/65 (Br. 93) u. 69 f. (Br. 99). Kommentar Berend S. 411 f.

²⁶ *Vorschule der Ästhetik*, § 25, SW I/11/87 f.

²⁷ *Gesammelte Werke*, a. a. O., Bd 8, S. 399 ff.

Abschnitt VII (S. 386—388)

¹ Siehe oben, S. 126 ff.

² Mehring: *Goethe am Scheidewege*, a. a. O., S. 99 ff.; Lukács: *Goethe und seine Zeit*, a. a. O., S. 19 f.

³ Zur Frage des „dramatischen Romans" siehe unten, S. 514 ff., zum Einfluß des *Geistersehers* auf die kolportagehaften Elemente des *Titan* S. 447 f.

⁴ *Gesammelte Werke*, a. a. O., Bd 8, S. 5—78.

⁵ Berger, a. a. O., Bd 1, S. 79.

⁶ Siehe oben, S. 73 ff.

⁷ Berger, a. a. O., Bd 2, S. 111 ff.

Abschnitt VIII (S. 388—392)

¹ Berger, ebd., S. 378 ff. Völlig kritiklose Darstellung, deren Tatsachenfeststellungen aber eben deswegen um so größeres Gewicht für die im folgenden zu entwickelnde Auffassung haben.

² Schiller, a. a. O., Bd 7, S. 302 f., 327 ff.

³ Siehe oben, S. 161 ff., 274 ff.

⁴ Berger, a. a. O., S. 480; konkreter Hettner, a. a. O., Bd 2, S. 538.

⁵ Siehe oben, S. 63 ff., und dazu die Anmerkungen 1 und 7.

⁶ Berger, a. a. O., S. 480 ff.

⁷ Z. B. SW III/3/125 (Br. 164), 135 (Br. 174), 137 (Br. 179), 151 (Br. 203), 153 (Br. 203), 155 (Br. 207), 156 f. (Br. 210) allein gegen *Wallenstein*; III/4/62 (Br. 111), 119 (Br. 214), 125 (Br. 224), 128 (Br. 229) gegen *Maria Stuart*.

⁸ *JPP*, S. 44.

9 Schiller an Goethe, am 28. November 1796. Berger, a. a. O., S. 383 ff.; Hettner, a. a. O., S. 501 ff.

Abschnitt IX (S. 392—406)

1 Siehe hierzu meine Schrift *Jean Pauls Kritik usw.*, a. a. O., S. 57 Fußnote. Das von mir oben als vulgärmarxistisch bezeichnete Vorurteil scheint leider auch Träger in seiner sonst ausgezeichneten Studie über Schiller, a. a. O., S. 57 ff., zu akzeptieren, deren Lektüre ansonsten zur tieferen Durchdringung des Themas der folgenden Darlegungen dringend empfohlen sei.

2 Gesonderte Darstellung dieses Aspekts von Jean Pauls philosophischer Entwicklung in: *Jean Pauls Kritik usw.*, a. a. O.

3 Gerechterweise sei zugegeben: unter Umkehrung des Vorzeichens, mit dem der bürgerliche Ästhetizismus sich derselben Unterstellung schuldig gemacht hat.

4 *Gesammelte Werke*, a. a. O., Bd 8, S. 200 ff., 240 ff.

5 So Kant in einer Anmerkung zu seiner *Religion innerhalb der Grenzen der bloßen Vernunft (Sämtl. Werke*, Band VI, S. 182).

6 Siehe oben, S. 73—81.

7 *Gesammelte Werke*, a. a. O., Bd 1, S. 298. Dazu gehört auch das folgende Xenion Nr. 389, *Decisum*.

8 SW III/2/36 (Br. 43), 52 (Br. 64).

9 SW I/1/346 ff. Siehe oben, S. 69—81.

10 SW II/1/23—31, 76 ff., 83.

11 Am deutlichsten wird dies in der Vorrede zu der *Bonmot-Anthologie*, SW II/2/235 ff.

12 Vgl. SW I/11 mit Schiller: *Gesammelte Werke*, a. a. O., Bd 8, S. 79 ff. bis Ende.

13 SW I/1/352.

14 SW III/3/266 (Br. 368), 290 f. (Br. 394), 294 ff. (Br. 405). Kommentar Berend ebd., S. 493, 495.

15 Siehe z. B. SW I/11/405 ff. Gleichwohl in der *Vorschule der Ästhetik* auch Einwände gegen Kant, namentlich gegen dessen Definitionen des Schönen (ebd., S. 31 ff.), des Lächerlichen (S. 89 ff.) und des Erhabenen (S. 93 ff.).

16 SW III/2/36 (Br. 43), 52 (Br. 64).

17 *Gesammelte Werke*, a. a. O., Bd 8, S. 401 f., 404 f., 408 f., 418 f. Vgl. Träger, a. a. O., S. 72 ff.

18 SW III/2/130 f. (Br. 195). Kommentar Berend ebd., S. 434.

19 Ebd., S. 130.

20 Ebd., S. 133 (Br. 198). Kommentar Berend ebd., S. 434.

21 SW I/12/69 ff.

22 Schiller, a. a. O., S. 401 ff. und passim bis Ende.

23 SW III/2/130 (Br. 195).

24 Siehe oben, S. 356 ff.

25 Schiller, a. a. O., S. 412 ff., besonders 416 ff.

26 Ebd., S. 538 ff.

27 Ebd., S. 541 f.

28 Ebd., S. 542 ff., besonders 544.

29 Ebd., S. 419.

30 *Ideen zu einem Versuch, die Grenzen der Wirksamkeit des Staates zu bestimmen*, in Band 1 der Akademie-Ausgabe der *Gesammelten Schriften*, Berlin 1904.

31 Schiller, a. a. O., S. 401 ff.

32 Ebd., S. 496 f.

33 *Über das Studium der griechischen Poesie*, in: *Deutschland*, 1796, 2. Heft (Probe), 6. Heft (Auszug aus den ersten zehn Bogen des später vollständig *Die Griechen und Römer* genannten Essays).

34 Schiller, a. a. O., S. 547 ff.

35 Xenien Nr. 320 ff. Schiller, a. a. O., S. 289 f.

36 Deren Text SW I/11 wiedergibt.

37 Über Schiller als Wegbereiter des romantischen Ästhetizismus siehe Haym: *Die romantische Schule*, ed. O. Walzel, Berlin 1914, S. 596 f.

38 SW I/5/21.

39 SW I/8/87 f.; I/9/376 ff.

40 SW I/8/XXXV. Siehe oben, S. 381.

41 SW I/5/21. Zu Schlegel und Reichardt siehe Haym: *Romantische Schule*, a. a. O., S. 312 f.

42 SW I/9/386.

Abschnitt X (S. 406—411)

1 Der Gegensatz dieser Geistesart zu derjenigen Goethes kam in klassischer Weise in dem Gespräch über die Urpflanze zum Ausdruck, das im Juli 1793 in Jena die Annäherung zwischen Schiller und Goethe einleitete. Siehe Berger a. a. O., S. 257 ff.

2 Siehe oben, S. 76 ff.

3 SW II/3/339 ff., besonders 351 f.

4 Oben, S. 388 ff.

5 Schiller an Herder, 4. November 1795. Haym: *Herder*, a. a. O., Bd 2, S. 656 f. Siehe oben, S. 365 f.

6 Goethe an Frau v. Stein, am 8. Dezember 1785.

7 Großherzog Wilhelm Ernst-Ausgabe, S. 351 ff.

8 Ebd., S. 597.

9 Ebd., S. 531.

10 Siehe oben, S. 400.

11 Siehe oben, S. 259.

12 5. Buch, 3. Kapitel. A. a. O., S. 283 ff.

13 Ebd., S. 284 f.

14 1. Buch, 10. Kapitel. Ebd., S. 36 ff.

15 8. Buch, ebd., S. 490 ff.

16 Schiller an Goethe, am 3. Juli 1796.

17 Schiller an Goethe am 8. Juli 1796.

18 *Lehrjahre*, a. a. O., S. 588 f.

19 Ebd., S. 494.

Abschnitt XI (S. 411—416)

1 Friedrich Schlegel, *Athenäums*-Fragment 216.

2 Karoline v. Wolzogen: *Agnes von Lilien*; Dorothea Veit: *Florentin*; Friedrich Schlegel: *Lucinde*; Novalis: *Heinrich von Ofterdingen*; Tieck: *Sternbald*.

3 Siehe Haym: *Romantische Schule*, a. a. O., S. 432 f.

4 Mit dem Fragment *Die Christenheit oder Europa*, in: *Schriften*, 4. Aufl., I, S. 187 ff.

5 Brief an Tieck vom Februar 1800.

6 Siehe Lukács: *Skizze usw.* a. a. O., S. 43f.

7 Im Unterschied zu denen, die in Westeuropa, im Milieu eines fortgeschritteneren Kapitalismus, die Romantik determinierten.

8 Siehe Lukács: *Der junge Hegel*, a. a. O., S. 31—123.

9 Hölderlin: *Sämtliche Werke*, a. a. O., Bd 2, S. 282ff.

10 Haym: *Romantische Schule*, a. a. O., S. 351.

11 Hölderlin, a. a. O., S. 207f.

Abschnitt XII (S. 416—433)

1 Diese Annahme auch bei Haym, a. a. O., S. 136.

2 *Fragment von Hyperion*, in: *Neue Thalia*, Bd 4, Stück 5, S. 181ff. (1793 datiert,
aber erst im Jahr darauf erschienen).

3 Zur Entstehungsgeschichte des *Hyperion* siehe Hölderlin, a. a. O., Bd 2, S. 486ff.
Es versteht sich am Rande, daß die von Lukács *(Goethe und seine Zeit*, a. a. O.,
S. 163) und oben auch von mir behauptete Intention Hölderlins, ein Gegenstück
zum *Meister* zu schaffen, sich nur auf die Endfassung bezieht.

4 Rohde: *Jean Pauls Titan* (1920), a. a. O.; Berend SW I/8/Vff. (1933).

5 Dies auch der Hauptmangel der ansonsten wertvollen Studie von Lucie Stern:
*Untersuchungen zu Jean Pauls Titan mit besonderer Berücksichtigung seines Verhältnisses
zu Wilhelm Meisters Lehrjahren*, Frankfurt und (gekürzt) Stuttgart 1921.

6 SW III/1/299 (Br. 329). Siehe oben, S. 9.

7 Siehe Berend über die Diskrepanz zwischen den zahlreichen, überwiegend an-
erkennenden Besprechungen des Werks und dessen enttäuschendem buchhänd-
lerischen Erfolg, SW I/8/LXXXI f.

8 Die Romantiker selbst lehnten den Roman denn auch fast durchweg ab. Siehe
ebd., S. LXXIXf.

9 Siehe oben, S. 195ff. 324ff. Tiefblickende Aussagen über den Kapitalismus
finden sich im *Gianozzo* (1800), womit auch das zweite Bändchen die Absicht bezeugt, im Anhang zum *Titan* für Lücken seines Gesellschaftsbildes Ersatz zu
schaffen.

10 SW I/11/236 ff.

11 Walt dichtet, siehe SW I/10/18ff., 53ff. und passim.

12 Bisherige Einschränkungen dieser These siehe oben, S. 260f., 324ff.

13 Siehe unten, S. 489ff.

14 Formulierung von Marx, aus der *Kritik des Gothaer Programms*.

15 *Lehrjahre*, a. a. O., S. 283ff.

16 Siehe oben, S. 324f.

17 Das begann bereits bei Tieck. Ihm galt der *Titan* als „das Schlimmste", wohin
Jean Paul sich je „verstiegen" habe. Die *Flegeljahre* dagegen feierte er, in einem
Brief an den Dichter vom 17. Juni 1812, als „ganz unvergleichlich und herr-
lich".

18 Die Anfänge der *Flegeljahre* lassen sich bis in die Jahre des Bekanntwerdens mit
dem *Wilhelm Meister*, 1795/96, zurückverfolgen, aber nicht weiter. Siehe Berend
SW I/10/VIII—XXI sowie die grundlegende Arbeit von Karl Freye: *Jean Pauls
Flegeljahre. Materialien und Untersuchungen*, in: *Palästra* LXI, Berlin 1907.

19 SW I/8/XXXIX.

20 Was insofern höchst merkwürdig ist, als Hölderlin bis Ende 1794 Hofmeister
im Hause Charlotte von Kalbs gewesen war und sich deren freundschaftlicher
Gunst erfreut hatte. — Zusatz Januar 1974: Wie Günter de Bruyn mir nach

Drucklegung der vorliegenden Studie noch mitteilt, geht aus Briefen Charlotte von Kalbs (ed. P. Nerrlich, Berlin 1882) hervor, daß sie Hölderlinsche Aufzeichnungen einmal Jean Paul vorgelegt haben will, von denen er aber keine Notiz genommen habe.

21 Siehe oben, S. 120ff.

22 Lukács: *Goethe und seine Zeit*, a. a. O., S. 145f.

23 Siehe oben, S. 18ff., 92ff.

24 Wie eben der *Hyperion*. Siehe hierzu Lukács, a. a. O., S. 163.

25 Hölderlin, a. a. O., S. 234f.

26 Schon in der *Unsichtbaren Loge*. Siehe z. B. SW I/2/120ff.

27 Siehe oben, S. 104ff.

28 Siehe oben, S. 106ff.

29 SW I/4/35f. Siehe oben, S. 108f., 298.

30 Siehe oben, S. 121ff.

31 SW I/13/314ff.

32 SW I/9/215ff.

33 Siehe oben, S. 335—339.

34 MEGA, Abt. I, Bd 1, Halbbd. 1, S. 618.

35 Vgl. die zusammenfassende Analyse dieses Prozesses bei Lukács: *Die Zerstörung der Vernunft*, Berlin 1955, S. 36—47.

36 Siehe oben, S. 384f.

37 Hölderlin, a. a. O., S. 207.

38 Haym, a. a. O., S. 354f.

39 Lukács: *Goethe und seine Zeit*, a. a. O., S. 159.

40 Ebd., S. 148.

41 Hölderlin selbst scheint das Problematische dieses Krieges bewußt gewesen zu sein. Spuren davon kenntlich gemacht durch Lukács, a. a. O., S. 150.

Kapitel XIII. Kontraposition und Erbantritt. Form und Gehalt des Titan als Frucht der Auseinandersetzung mit der Weimarer Klassik und der Romantischen Schule (S. 434—533)

Abschnitt I (S. 434—450)

1 SW I/9/269—287, 349—354. Siehe hierzu Kommentar Berend ebd., S. 574f., 580, und Rohde, a. a. O., S. 116ff.

2 Vgl. SW I/8/30, Zeile 5—13, mit III/2/96 (Br. 128).

3 SW I/9/140f.

4 SW I/8/12f., 119ff.

5 SW I/9/386.

6 Und zwar von Kindheit an, SW I/8/97.

7 SW I/9/396f., 459ff.

8 Siehe meine Schrift *Jean Pauls Kritik usw.*, a. a. O., S. 99ff.

9 Siehe hierzu Walther Harich, a. a. O., S. 588f. Reaktion Jean Pauls auf Novalis' Tod SW III/4/212f. (Br. 361).

10 *JPP*, S. 160, und Kommentar Berend ebd., S. 321 (zu Nr. 103).

11 SW I/9/200ff.

12 Ebd., S. 211, 224ff.

13 Ebd., S. 225f.

[14] Ebd., S. 226f.

[15] Siehe unten, S. 450ff.

[16] Siehe oben, S. 425f.

[17] Siehe oben, S. 384.

[18] SW III/2/232 (Br. 379).

[19] Ersichtlich z.B. aus SW III/3/151f. (Br. 203): „Als ich zu einem Diner bei Goethe geladen war Schillern zu Ehren, nebst Herder und andern, der ihm aber nicht ein Ölblatt, geschweige einen Ölzweig des Friedens, den Goethe gern schlösse, reichte — wurd' ich und Herder zu Goethes Einfassung gemacht, ich der linke Rahmen und er der rechte; hier sagte mir Goethe, der nur allmählich warm werden will — so ist er gegen Schiller so kalt wie gegen jeden —: ‚er habe seinen Werther ... usw.'" Das beschriebene Diner fand am 16. Januar 1799 bei Goethe statt. Zusammen mit Schiller war Jean Paul am 13. Januar bei Wolzogens eingeladen gewesen. Mit Goethe und Schiller traf er dann wieder am 21. Januar bei Charlotte von Kalb zusammen (siehe Kommentar Berend ebd., S. 443f.). Dies nur als bezeichnendes Beispiel dafür, daß Jean Paul, im Unterschied zu Herder, in dem sachlichen Konflikt mit den Weimarer Dioskuren keinen Grund sah, persönlichen Begegnungen mit ihnen auszuweichen.

[20] Siehe oben, S. 390f., und die dazu gehörende Anmerkung 7.

[21] SW III/4/119 (Br. 214), 125 (Br. 224).

[22] SW III/2/357 (Br. 672).

[23] SW III/3/117ff. (Br. 158). Bedeutung im einzelnen ersichtlich aus dem Anhang, S. 198ff. (Br. 13), zu meiner Schrift *Jean Pauls Kritik usw.*, a. a. O.

[24] SW III/3/367f. (Br. 512).

[25] SW III/4/9 (Br. 11).

[26] Ebd., S. 272 (Br. 445).

[27] SW III/2/232 (Br. 379).

[28] SW III/4/234f. (Br. 401).

[29] Rohde, a. a. O., S. 2f.

[30] Siehe oben, S. 436f.

[31] SW I/5/233f. Siehe auch oben, S. 135ff.

[32] SW I/2/120ff.

[33] SW I/5/15ff. Die Formulierung „griechenzende Formschneider" ebd., S. 23.

[34] Etwa SW I/8/90ff., 129ff., 218ff.

[35] Siehe oben, S. 390ff.

[36] Schillers *Briefe über die ästhetische Erziehung des Menschen* und die in Reichardts *Deutschland* erschienene Vorprobe aus Friedrich Schlegels *Die Griechen und Römer* werden in der *Gesch. m. Vorrede*, a. a. O., S. 21, in einem Atemzug verhöhnt, kurz vor Erscheinen der *Xenien* mit ihrer Schillerschen Distanzierung von Schlegels Schrift. Siehe oben, S. 366f. und 378, sowie die Anmerkungen dazu.

[37] SW III/3/65 (Br. 93).

[38] Berend SW I/8/L und LVII. An Otto SW III/3/153 (Br. 203). Über die Wirkung vgl. das Bekenntnis an Thieriot vom 8. März 1709: „In diesem nordischen Winter wurde mein Geist in Jonien und Attika erquickt; ich meine, ich las mit einer Wonne, wovon Ihnen Herder erzählen könnte, die Odyssee, die *Ilias*, den *Sophokles*, etwas vom Euripides und Aeschylos. Die *unterstrichnen* ergriffen mich fast bei den Nerven; nach den letzten Gesängen der Ilias und dem Ödip zu Kolonos kann man nichts mehr lesen als Shakespeare oder Goethe (sic! —W. Hr.).

Sie wirken schön auf meinen Titan, aber nicht als Väter, sondern als Lehrer, nicht als plastische Formen dieser Pflanze, sondern als reifende Sonnen" (SW III/3/163f. Br. 222).

39 Siehe über diese Seite des Weimarer Klassizismus Hettner, a. a. O., Bd 2, S. 515—566. Zum Hinüberwachsen des entpolitisierten, von seiner demokratischen Substanz „gereinigten" Klassizismus bei Goethe und Schiller in die Kunstdoktrin der Romantik siehe Haym, *Romantische Schule*, a. a. O., S. 178—183.

40 Herder, *Werke*, ed. H. Düntzer, a. a. O., 20. Teil, S. 3ff. Siehe hierzu auch Haym: *Herder*, a. a. O., Bd 1, S. 249ff. S. 255f.

41 Herder, a. a. O., 14. Teil, S. 288ff., 737ff.

42 *Horen*, Jahrg. 1796, Erstes Stück. Siehe Haym, a. a. O., Bd 2, 656f.

43 *Nemesis ein lehrendes Sinnbild*, in: *Sämtl. Werke*, a. a. O., Bd 19, S. 154ff. Interpretation bei Haym a. a. O., S. 359ff.

44 *Ideen*, Dritter Teil, 13. Buch, in: *Sämtl. Werke*, a. a. O., Bd 14, S. 90ff. Interpretation bei Haym a. a. O., S. 256f.

45 Haym ebd., S. 506ff.

46 SW I/9/226.

47 Ebd., S. 227.

48 SW I/8/190ff.

49 SW I/8 und 9 passim. Das Geständnis Peppos, das Gaspard als Anstifter entlarvt, I/9/433f.

50 *Gesammelte Werke*, a. a. O., Bd 6, S. 69ff. Interpretation bei Berger, a. a. O., Bd 1, S. 478ff. Zur Beeinflussung Jean Pauls durch den *Geisterseher* siehe Rohde, a. a. O., S. 20, 140f., und Berend SW I/8/XLIXf.

51 Zu den Hauptgründen des Bruchs mit Linda siehe freilich hier S. 245ff., 487f., 530ff.

52 Haym: *Romantische Schule*, a. a. O., S. 350f.

53 Siehe oben, S. 227—249.

54 Daß beispielsweise im *Hesperus* Viktors sogenannte Bekehrung nicht Ausgangspunkt, sondern Folge seiner längst vorher edlen Sinnesart ist, erhellt aus SW I/4/73—76.

55 SW I/3/362ff.

56 SW I/4/18ff.

57 SW I/2/344ff.

Abschnitt II (S. 450—467)

1 Siehe oben, S. 308ff.

2 Siehe oben, S. 308ff., 359ff.

3 SW I/8/85, 97; I/9/376ff. Zur Schauspielermentalität Roquairols siehe im übrigen Rohde, a. a. O., S. 65f.

4 *Lehrjahre*, 5. Buch, 3. Kap., a. a. O., S. 284f.

5 SW I/8/LXVIII. Siehe oben, S. 241ff. Zur Karriere Roquairols als Offizier und Kammerrat SW I/8/141.

6 Ebd., S. 97.

7 Ebd., S. 352—398; SW I/9/3—137.

8 SW I/9/131.

9 Ebd., S. 127ff.

10 Ebd., S. 122ff., ist zwar von einem in Kapitel unterteilten *Roman* die Rede, aber

vorher, I/8/387, wird Roquairol zu Beginn der Episode mit Rabette als *„Regisseur seines innern Theaters"* charakterisiert.

[11] SW I/9/360—371.

[12] SW I/9/243, 318 ff., 360—387.

[13] SW I/8/87 f.

[14] Siehe oben, S. 324 ff., 260 f.

[15] SW I/8/125. Siehe oben, S. 260.

[16] Im Heft *Geschichte* der Vorarbeiten. Siehe Rohde, a. a. O., S. 44 f.

[17] Siehe oben, S. 356 ff.

[18] Siehe oben, S. 380 f.

[19] Über den Doppelsinn des Namens *Titan* und die Entstehung dieses Romantitels siehe Rohdes Hypothese, a. a. O., S. 39 ff.

[20] SW III/4/236 ff. (Br. 401).

[21] SW I/8/312.

[22] Ebd., S. 85, 87 f., 96 ff.

[23] Siehe oben, S. 27 ff.

[24] SW I/8/8 f., 17, 62—127.

[25] Z. B. ebd., S. 396 f.

[26] SW I/9/128 ff., 360 ff.

[27] Ebd., S. 129 ff.

[28] Die Sehnsucht nach dem törichten Mädchen war ihm im privaten Leben allerdings nicht fremd, so daß er auch mit diesem Zug Roquairols Gerichtstag über sich selbst gehalten hat. Siehe z. B. SW III/3/369 (Br. 512). Auf den Gedanken, in der Episode Roquairols mit Rabette eine Travestie der Beziehung Faust-Gretchen zu vermuten, hat mich Korff, a. a. O., Bd 3, S. 148, gebracht.

[29] SW I/8/34 f. und im weiteren passim.

[30] SW I/9/228.

[31] SW I/8/39 ff., 229 ff. und im weiteren passim. Aufklärung I/9/429—439.

[32] SW I/9/94 ff.

[33] Ebd., S. 98—178.

[34] SW I/8/338—398; I/9/3—99, 107—115.

[35] SW I/8/344—346.

[36] SW I/9/92 f.

[37] SW I/8/39 ff. und im weiteren passim.

[38] SW I/9/98 f.

[39] Nach Auffassung von Korff beispielsweise (a. a. O., S. 138 f.) durchkreuzt Jean Paul die innere Geschichte von Albanos und Lianes Liebe, statt sie auch innerlich zu Ende zu führen, „durch ein ganz neues und ganz äußerliches Motiv" und läßt in dem Zusammenhang dann aus Albanos Ritterlichkeit „den Mann hervorbrechen". Nach meiner Meinung braucht man die problematischen Züge Lianes, die auch Korff sieht (a. a. O., S. 133 ff.), nur als Ausdruck mangelnder weiblicher Emanzipiertheit zu fassen, und jenes neue Motiv erweist sich als durchaus nicht äußerlich. Siehe hierüber unten, S. 527 ff.

[40] SW I/8/43.

[41] Ebd., S. 237 f.

[42] SW I/9/93 ff.

[43] Ebd., S. 156—172.

[44] Ebd., S. 172—179.

[45] Ebd., S. 179—196.

[46] Ebd., S. 200—229.

[47] Siehe oben, S. 243 ff.

[48] SW I/8/96 ff.

[49] Ebd., S. 141—238, 309—398; SW I/9/3—120.

[50] SW I/9/120—137.

[51] Ebd., S. 211—215, 220—223.

[52] Bezeichnend hierfür ebd., S. 220, Zeile 25, bis 221, Zeile 1.

[53] Ebd., S. 213, 222, 289, 297.

[54] Ebd., S. 200 ff. und passim bis 241.

Abschnitt III (S. 468—478)

[1] SW I/8/63, 139.

[2] SW I/9/224, 320.

[3] SW I/8/63 ff.

[4] SW I/2. Siehe oben, S. 267 f., 274 ff.

[5] SW I/3. Siehe oben, S. 268 ff., 291 f.

[6] SW I/8/12, 119 ff.

[7] SW I/5/17. Siehe oben, S. 366 f.

[8] SW I/8/120. Siehe oben, S. 445.

[9] SW I/9/423—442.

[10] SW I/6.

[11] Siehe oben, S. 47 f., 50.

[12] SW I/1/232 ff.

[13] SW I/2/31 ff. und passim.

[14] Ebd., S. 175 f., 183, Zeilen 11—13. Interpretation dieser Stellen siehe oben, S. 277 ff.

[15] SW I/2/37 Fußnote, 96 ff.

[16] Im vierten Bändchen. SW I/6/440 ff.

[17] Rohde, a. a. O., S. 15 f.; Berend SW I/8/IX.

[18] SW I/6/39 ff. und passim.

[19] SW I/9/322 ff. und im weiteren passim bis 428. Siehe hierzu auch Kommentar Berend ebd., S. 578, 582.

[20] Ebd., S. 396 f., 459 ff. Vgl. hierzu auch meine Schrift *Jean Pauls Kritik usw.*, a. a. O.

[21] Herder über Swift in der *Adrastea*, in: *Werke*, ed. Düntzer, a. a. O., 14. Teil, S. 145 ff., 150 ff., 161 ff., 240 f.

[22] Siehe oben, S. 17 ff., und SW I/1/226.

[23] Orrery: *Bemerkungen über das Leben und die Schriften Swifts*, 1751, 11. Brief.

[24] SW I/9/396.

[25] Siehe hierzu meine Schrift *Jean Pauls Kritik usw.*, a. a. O., S. 112 ff.; Anhang S. 143 ff., 154 ff.

[26] Siehe oben, S. 243 ff.

[27] SW I/9/189.

[28] SW I/8/21 f.; I/9/431.

[29] Siehe z. B. Schoppes zynischen Kommentar zu Albanos Entscheidung, für die französische Republik zu kämpfen, SW I/9/327: „Immer würd' ich in einem Krieg, wie ihn die tote Zeit geben kann, glauben, zwar gegen Toren zu kämpfen, aber auch für Toren. ... Einige große lange Menschen und Väter der Zeit, wie Rousseau, Diderot, Sidney, Ferguson, Platon, haben ihre abgetragenen

Hosen abgelegt, und diese tragen ihre Jungen nach und nennen sich, weil sie ihnen so weit, lang und offen sitzen, deswegen Ohne-Hosen."

30 SW I/8/19 ff. und im weiteren passim.
31 Z. B. ebd., S. 210 ff.
32 Ebd., S. 24 f.
33 SW I/9/160 ff. und im weiteren passim.
34 SW I/8/319 ff. und im weiteren passim bis I/9/137.
35 Aufschlußreich hierfür sind besonders die politischen Passagen von Schoppes langem Brief, SW I/9/325 ff., wenn man sie unter diesem Gesichtspunkt liest.
36 SW I/9/213 und im weiteren passim.
37 Ebd., S. 226 f.
38 SW I/8/119 ff.
39 Ebd., S. 22 und im weiteren passim.

Abschnitt IV (S. 478—489)

1 Siehe oben, S. 448 ff.
2 Siehe oben, S. 274 ff., 293 ff., 295 ff.
3 SW I/9/221 ff.
4 Siehe oben, S. 80 ff., 88 ff.
5 Siehe oben, S. 55, 250 ff.
6 Siehe oben, S. 55 ff., 286 ff., 291 ff.
7 SW I/3/75, Zeile 6 ff. Dazu Kommentar Berend ebd., S. 411.
8 In: *Über Anmut und Würde*. Siehe oben, S. 393 ff.
9 Siehe oben, S. 78 ff., 394 ff.
10 SW I/9/166 ff.
11 Ebd., S. 212—224. Aber man beachte immer auch S. 226, Zeile 32, bis 227, Zeile 4.
12 Siehe oben, S. 195 f., 260 f., 324 ff., 420 ff.
13 *Goethe und seine Zeit*, a. a. O., S. 61 f.
14 SW I/9/105 ff., 344 ff.
15 Siehe oben, S. 226 f., 319.
16 J. Czerny: *Sterne, Hippel und Jean Paul*, Berlin 1904, S. 76 Anm.; Rohde, a. a. O., S. 139.
17 SW I/9/450 ff. bis Ende. Die überragende Bedeutung Idoines zuerst erkannt von Rudolf Blümel: *Zum Schlusse von Jean Pauls Titan*, in: *Jean Paul-Blätter*, Jahrg. 1932, S. 36 ff.
18 SW I/9/70 ff., 137 ff.
19 Ebd., S. 345, 347 ff. SW I/8/225 wird sogar Albanos Klage, mangels politischer Macht nichts für die Freiheit des Volkes tun zu können, von Jean Paul dahingehend kommentiert, daß der Held ja die Möglichkeit habe, die Untertanen seiner Rittergüter zu befreien.
20 Siehe oben, S. 321 ff.
21 Durch die Stein-Hardenbergschen Reformen und durch die Aufhebung der Leibeigenschaft unter Zar Alexander II.
22 Linda SW I/9/260: „Ich ehre ein paar Häupter der Revolution, besonders das politische Kraft-Ungeheuer, den Mirabeau, ob ich ihn gleich nicht liebhaben kann." Vgl. damit die Motivation ihrer Ablehnung der Entscheidung Albanos für die Teilnahme am französischen Krieg ebd., S. 297, 358 f.
23 Ebd., S. 186 ff.

[24] Ebd., S. 449 ff. bis Ende.
[25] Ebd., S. 418—422. Vgl. in den *Lehrjahren* z. B. a. a. O., S. 512.

Abschnitt V (S. 489—495)

[1] SW I/11/41 ff.
[2] SW I/9/227.
[3] Ebd.
[4] Korff, a. a. O., Bd 3, S. 177.
[5] Dalberg war 1771, mit 27 Jahren, Statthalter des Mainzer Kurfürsten in Erfurt geworden, 1787 als Koadjutor zu dessen erwähltem Nachfolger aufgestiegen, aber in dieser Eigenschaft nach zweijähriger Abwesenheit wieder nach Erfurt zurückgekehrt. Von seinem politischen Wirken kann Jean Paul sich also bereits zur Zeit der Abfassung des *Titan*, besonders während der Weimarer Jahre, ein Bild gemacht haben. Später, im Herbst 1808, wandte er sich an den Fürstprimas mit der Bitte, ihm die zweite Auflage seiner — pro-napoleonischen — *Friedenspredigt* widmen zu dürfen. Dalberg revanchierte sich, indem er dem Dichter zu einer Pension von 1000 Gulden jährlich verhalf, die er ihm bis 1811 sogar aus der eigenen Privatschatulle zahlte. Über Dalbergs literarischen Dilettantismus und seine Beziehungen zu Goethe, Schiller und Herder siehe Berger, a. a. O., Bd. 2, S. 35 ff.; über Dalberg und Jean Paul s. Walther Harich, a. a. O., S. 722 ff.
[6] Siehe oben, S. 395 ff.
[7] Siehe oben, S. 489 ff. In SW I/9/6 (Fußnote) weist Jean Paul ausdrücklich den Gedanken zurück, daß der Nutzen, den das Ganze durch die bloß partiale Ausbildung seiner einzelnen Glieder davontrage, ein Grund sein könne, die verkrüppelnden Auswirkungen der Arbeitsteilung definitiv hinzunehmen. Wenigstens für die Zukunft der Menschheit postuliert er allseitige Entwicklung *jedes* Individuums, womit er hier Marx bereits näher steht als den einschlägigen Auffassungen Goethes und Schillers. Vgl. in den *Lehrjahren* die Ausführungen Jarnos (8. Buch, 5. Kapitel), a. a. O., S. 542 ff.
[8] Siehe unten, S. 532.

Abschnitt VI (S. 495—503)

[1] Siehe oben, S. 72 f.
[2] Siehe oben, S. 79 ff., 87 ff.
[3] SW II/4/92.
[4] Siehe oben, S. 356 ff., 457.
[5] Siehe oben, S. 351 ff., besonders 364, 366, 379 ff., 405 f.
[6] Um zu sehen, daß dies keine vage Vermutung ist, lese man als Kommentar zu den *Lehrjahren*, 5. Buch, 3. Kapitel, das Kapitel Nro. 30 aus den *Flegeljahren* (SW I/10/196 f.) und beachte, daß es Vult ist, dem hier Jean Paul die eigene Meinung in den Mund legt.
[7] SW I/2/175; I/3/115.
[8] SW I/2/207 ff.
[9] S. 316 f.
[10] SW I/2/207.
[11] *Lehrjahre*, a. a. O., S. 284 f.
[12] SW I/2/208.
[13] Ebd., S. 91.

[14] Ebd., S. 291 ff.

[15] Ebd., S. 296 ff.

[16] *Lehrjahre*, a. a. O., S. 285. Zum nachfolgenden Gedanken, die Heilsamkeit des Irrens betreffend, vgl. ebd., S. 512 f., das Gespräch zwischen Natalie und Wilhelm über die diesbezüglichen Ansichten des Abbés.

[17] Siehe oben, S. 241 f.

[18] SW I/1/351 ff. Siehe oben, S. 78 ff., 393 ff.

[19] Z. B. *Lehrjahre*, a. a. O., S. 464 ff.

[20] SW I/2/175; I/3/115. In den Reflexionen Viktors scheint an einer Stelle, SW I/3/360, die Idee der allseitigen Ausbildung der menschlichen Wesenskräfte anzuklingen. Aber sie wird hier moralisierend verworfen als gefährliche Entschuldigung, die Viktor für seinen Hang zur Simultan- und Tutti-Liebe geltend mache: So, wie er mit vielen Koketten Umgang habe und sich dabei mit der Absicht rechtfertige, sie „bloß kennenlernen" zu wollen, verfechte er auch den Grundsatz, der Mensch solle die verschiedensten Berufe absolvieren. Der Kontext zeigt deutlich, wie weit Jean Paul 1792/93, selbst wenn er dem Thema Allseitigkeit sehr nahe kam, noch von der Fragestellung Goethes und Schillers, erst recht von der ihnen vorschwebenden Lösung, entfernt gewesen ist.

[21] *Lehrjahre*, a. a. O., S. 285 f.

[22] SW I/8/125. Entfaltung beider Komponenten — der altruistischen wie der des „vernünftigen Egoismus" — im politischen Denken Albanos ebd., S. 224 f., SW I/9/204—229 und schließlich, als höchster Ausdruck gereiften Menschentums, I/9/447.

[23] Siehe unten, S. 519 ff.

Abschnitt VII (S. 504—517)

[1] Z. B. Schiller, a. a. O., Bd 8, S. 412 ff.

[2] SW I/13/71 ff.

[3] Ebd., S. 117 f.

[4] SW I/8/129 ff. und im weiteren passim.

[5] Rohde, a. a. O., S. 15 und im weiteren passim.

[6] SW II/3/291.

[7] Fasz. 7: *Satirische Erfindungen*, Nr. 186 und 204. Siehe Berend, SW II/3/XXXIII f.

[8] SW I/2/85 und im weiteren passim.

[9] Ebd., S. 279.

[10] SW I/8/XIII.

[11] SW II/1/25 ff.

[12] Ebd., S. 27 f.

[13] Zur Auffassung der Willensfreiheit beim späteren Jean Paul siehe meine Schrift *Jean Pauls Kritik usw.*, a. a. O., S. 89 ff.

[14] SW I/2/207.

[15] Vgl. SW II/3/291 mit I/2/279.

[16] Rohde, a. a. O. S. 33 ff.

[17] SW I/3/360. Siehe auch oben, S. 503, und die dazu gehörende Anm. 20.

[18] SW II/2/361 ff.; I/2/139 ff.

[19] SW I/2/208.

[20] Siehe etwa SW II/4/219 ff.

[21] SW I/2/279.

[22] *Lehrjahre*, a. a. O., S. 285.

23 Vgl. SW I/2/207—209 mit *Lehrjahre*, a. a. O., S. 283—286.

24 SW I/10/148 ff. und passim.

25 SW I/8/XXIX ff.

26 SW III/2/220 (Br. 350).

27 SW I/8/XLf.

28 Ebd., S. XLI.

29 *Lehrjahre*, 3. Buch. Siehe hierzu Lukács: *Goethe und seine Zeit*, a. a. O., S. 57 ff.

30 Von Jean Paul deutlich hervorgehoben SW I/8/314.

31 Vgl. oben, Seite 442 ff.

32 SW III/3/153 (Br. 203), 163 f. (Br. 222).

33 *Werke*, a. a. O., 14. Teil, S. 288 ff. Interpretation bei Haym, *Herder*, a. a. O., Bd 2, S. 821 ff. Siehe hierzu oben, S. 365 f., 372 ff., 388 ff.

34 Von Haym, a. a. O., Bd 2, S. 824, auf die *Adrastea* bezogen.

35 SW III/3/65 (Br. 93).

36 Wie eben bei Schiller, siehe oben, S. 388 ff.

37 SW I/11/234 ff. Die Annäherung an die Form des Dramas hat später Balzac als ein Wesensmerkmal des modernen Romans im Unterschied zu dem des 17. und 18. Jahrhunderts gekennzeichnet und in der eigenen schriftstellerischen Praxis zu verwirklichen gesucht. Lukács faßt bereits die *Lehrjahre*, indem er sie mit der *Theatralischen Sendung* vergleicht, als Schritt in dieser Richtung auf. In der „Konzentrierung auf dramatische Szenen", der „engeren, dem Drama angenäherten Verknüpfung von Personen und Geschehnissen" erblickt er eine charakteristische Tendenz der Umarbeitung, die der *Ur-Meister* in den Jahren 1793—95 erfahren hat (siehe *Goethe und seine Zeit*, a. a. O., S. 70 f.). So gesehen, setzt der *Titan* nur eine Entwicklung fort, die sich schon bei Goethe selbst feststellen läßt, was Jean Paul in Unkenntnis der *Theatralischen Sendung* nicht wissen konnte.

38 SW I/11/235.

Abschnitt VIII (S. 517—533)

1 Siehe oben, S. 355 f.

2 Rohde, a. a. O., S. 30—45; Berend SW I/8/XIII bis XL. Siehe oben, S. 356 ff.

3 SW I/9/116 f. Und selbst hier wird, in deutlichem Unterschied zu den analogen „Rennwochen" Viktors im *Hesperus* (SW I/3/358 ff.), betont, daß Albano von „Simultan- und Tutti-Liebe" nichts wissen will: „Weiber floh er, weil sie ihn, wie fremde Kinder eine Mutter, die ihres verloren, zu schmerzlich erinnerten" (nämlich an Liane, nachdem sie mit ihm gebrochen hat). Übrigbleiben — nicht näher geschilderte — „wilde Männerfeste" in Gesellschaft Roquairols bzw. Schoppes.

4 *Jean Paul*, a. a. O., S. 265.

5 Siehe oben, S. 452 ff., besonders 465 ff., 479.

6 SW I/8/338 ff.; I/9/39 ff.

7 SW I/9/47 ff.

8 Ebd., S. 45 f., 143 ff.

9 Daß am Schluß der Geschichte Albano, zum Herrscher erhöht, sich die „Beförderung alter Feinde, besonders des verständigen Froulay" vornimmt (ebd., S. 447), hat mit der Logik der Fabel nichts mehr zu tun, sondern ist lediglich dem Prinzip Jean Pauls zuzuschreiben, das Happy end eines Romans nie durch die Bestrafung von Bösewichtern zu beeinträchtigen. So bleibt auch Matthieu von Schleunes am Ende des *Hesperus* ungeschoren.

10 Siehe das Geständnis Peppos, SW I/9/426 ff. Eine treffende Analyse der sonst von den Interpreten vernachlässigten Gestalt, in Kontrastierung mit dem Charakter und der Funktion Schoppes, bei Kommerell: *Jean Paul*, a. a. O., S. 257 ff.

11 SW I/9/227. Siehe oben, S. 490 f.

12 SW I/8/23.

13 SW I/9/432—439.

14 Ebd., S. 436, Zeilen 18—23, S. 437, Zeile 6 f.

15 Vgl. ebd., S. 296, Zeile 5 f., mit S. 316, Z. 19 ff., S. 340, Z. 23—26, und S. 402, Z. 29 f.

16 Ebd., S. 85 ff., 166 ff., 179 ff.

17 SW II/3/291. Siehe oben, S. 506 f.

18 SW III/3/199 (Br. 274). Goethe hatte u. a. durch sein Verhalten zu Reichardt Jean Paul Anlaß gegeben, an seiner menschlichen Integrität zu zweifeln. Dabei sympathisierte außerdem Jean Paul mit Reichardts politischem Radikalismus (siehe oben, S. 382 ff.). Um so bemerkenswerter ist, daß er nichtsdestoweniger auch an Reichardt selbst die Gaspardsche Gelassenheit als störend empfand. Nach einem Besuch bei dem Gleichgesinnten in Giebichenstein, Juli 1798, beklagte er sich zu Otto über „die ästhetischen Gaukler in Weimar, Jena und Berlin, die für keine Seele eine haben, vor denen alle Charaktere nur beschauet, nicht ergriffen, ... vorüberwehen", und fügte hinzu: „Ich denk' auch an Reichardt, der zwar, wie Antäus, auf der Familienerde wieder Stärkung einsaugt, der aber doch jeden zu sehr im rechten — Lichte sieht, d. h., der mit der Goetheschen Lorgnette Gute und Schlimme teilnahmslos, obwohl unparteiisch, lobend, aber nicht liebend, tadelnd, aber nicht hassend, als Dramaturg über das Theater laufen sieht" (SW III/3/77 f. Br. 113).

19 SW I/8/23 f.

20 Ebd., S. 30.

21 SW I/9/224—226.

22 Ebd., S. 226 f.

23 Siehe oben, S. 521.

24 Über Schoppe als Handelnden siehe Rohde, a. a. O., S. 91 ff.

25 SW I/9/397—415.

26 Ebd., S. 424—428.

27 Ebd., S. 325—331. Vgl. mit dieser tiefen, ausweglosen Skepsis die in dem Punkt ganz andere politische Einstellung Albanos SW I/8/125, 224 f. und I/9/211—229, 446—448. Richtig konstatiert Rohde, a. a. O., S. 91: „Schoppe — der ... nicht immer nur redet und schreibt, sondern auch, wenn es sein muß, handelt ... — lehnt es ab, sich in den Dienst der Gesamtheit zu stellen. Der Gedanke an die Aussichtslosigkeit eines solchen Beginnens hindert ihn. Wie ein Fels, einsam, hoch und — unfruchtbar, ragt er aus dem ihn umbrandenden Meer der Menschheit."

28 SW I/9/428—435, 439—442.

29 Ebd., S. 200 ff.

30 Ebd., S. 515 ff.

31 SW I/8/141 ff. bis I/9/177.

32 SW I/5/215 ff. und I/6. Siehe auch oben, S. 41 f.

33 Von Liane SW I/8/100 ff.

34 Vgl. ebd., S. 386, 389 ff. mit I/3/75, 199 f., 215 ff.

35 Siehe oben, S. 435 f.

[36] SW I/9/10 ff.

[37] SW I/8/389 ff. bis I/9/99.

[38] SW I/9/92 f.

[39] Ebd., S. 436—438.

[40] SW I/5/169 ff., I/4/224 ff., besonders 235.

[41] SW I/9/92—177.

[42] SW I/8/39 ff., 230 ff., 160 ff.; I/9/247 ff. Lianes noch auf dem Totenbett geäußerter Wunsch, Albano solle Linda lieben (I/9/174), weist in dieselbe Richtung.

[43] SW I/9/256 ff.

[44] Fr. Schlegel: *Lucinde*, Berlin 1799. Interpretation bei Haym: *Romantische Schule*, a. a. O., S. 551 ff. Das Urteil Jean Pauls in einem Brief an Knebel: „Ich komme jetzt die Treppe herauf und will ihnen nach meinem Guten Tag′eine ebenso gute Nacht sagen. Lesen Sie doch — wiewohl Sie dadurch eine aufopfern — Schlegels *Lucinde*, deren ästhetische Leere nur von immoralischer Fülle überläuft. Aber ich wollt′ Ihnen weiter nichts sagen als: Schlafen Sie wohl!" (SW III/3/211. Br. 291).

[45] SW I/9/308.

[46] Ebd., S. 296—299.

[47] Ebd., S. 105 f., 344—351. Ein Versuch Lindas, sich in der Schweiz ähnlich zu betätigen, ist bezeichnenderweise, weil von ihr nur als „ökonomisches Spielwerk(!)" betrieben, bereits nach einer Woche wieder gescheitert. Sie fand plötzlich den Eissee in Montanvert interessanter. Siehe ebd., S. 286.

[48] Ebd., S. 351—358. Mit Elisabeth meint Jean Paul hier nicht etwa die heilige Elisabeth, sondern die Frau Götz von Berlichingens in dem Goetheschen Jugenddrama. Wahrscheinlich war diese Berufung Idoines auf den „Götz" auch als moralisierende Sottise gegen Goethes freien Liebesbund mit Christiane Vulpius gedacht.

[49] Ebd., S. 358—360, 415—416, 418—422.

[50] Ebd., S. 154—160, 183—187, 243, 322—326, 334—338.

[51] SW I/8/85, 87 f.

[52] SW I/9/360—390, 397—401.

[53] Ebd., S. 401 ff. bis Ende.

[54] Ebd., S. 447.

[55] Ebd., S. 456.

XIV. Kapitel. Schlußbemerkungen zur Stellung Jean Pauls in der Literaturgeschichte (S. 534—556)

Abschnitt I (S. 534—538)

[1] Zur Einheitlichkeit von Aufklärung und Sturm und Drang siehe Lukács: *Skizze usw.*, a. a. O., S. 17 ff.

[2] SW I/11/316 ff., 377 ff. Die ausgewogene Stellungnahme zu Schiller ebd., S. 373 ff.

[3] Ebd., S. 427 ff.

[4] Hettner, a. a. O., Bd 2, S. 595 ff., besonders 608 ff.

[5] Siehe SW I/11/236, Zeile 32; III/2/76 (Br. 101).

Abschnitt II (S. 539—543)

[1] Dieses verschmelzende Kombinieren von mehreren Vorbildern und Mustern eine charakteristische Eigenart schon des ganz frühen Jean Paul, die bereits

in *Abälard und Heloise* zutage tritt. Siehe SW II/1/XXVIff., 105 ff., Kommentar Berend ebd., S. 418—421.

2 SW I/3/183, 307. Siehe oben, S. 337.
3 Siehe hierzu Berend SW I/2/XXXIff.
4 Siehe hierzu Bach SW I/3/XXXIVff.
5 Siehe hierzu Berend SW I/8/Vff. passim.
6 Dies gilt besonders für die Anleihen bei Smollet, z. B. SW I/2/85 und passim.

Abschnitt III (S. 543—546)

1 Siehe oben, S. 320f.
2 SW I/2/175 Fußnote. Siehe oben, S. 278 ff.
3 Siehe oben, S. 146 ff.

Abschnitt IV (S. 547—549)

1 SW I/6/VIIIff.
2 SW I/8/XIXff.; I/10/Vff.
3 Siehe oben, S. 543 f.

Abschnitt V (S. 549—552)

1 Siehe oben, S. 176f., 213f.
2 Siehe oben, S. 177f., 188f., 234f., 268f., 292ff., 302f.
3 Siehe oben, S. 190f., 247ff., 306f., 436f., 530ff.
4 Siehe oben, S. 489ff., 495ff.
5 Siehe oben, S. 452ff., 522ff., 532f.
6 SW I/3/210.
7 Siehe oben, S. 484ff., 526f.

Abschnitt VI (S. 552—556)

1 Siehe oben, S. 438 ff.
2 Zur Problematik des deutschen Vormärz-Radikalismus siehe Lukács: *Skizze usw.*, a. a. O., S. 58ff., besonders 62ff.
3 *Gesammelte Werke*, a. a. O., S. 367ff. Siehe hierzu auch Mehring: *Zur Literaturgeschichte usw.*, a. a. O., S. 376ff.; Lukács: *Deutsche Realisten usw.*, a. a. O., S. 89ff.
4 Mehring: *Karl Marx*, 4. Aufl., Leipzig 1923, S. 97f.
5 Marx/Engels: *Über Kunst und Literatur*, a. a. O., S. 198.
6 Ebd., S. 201f.
7 Hegel: *Ästhetik*, in: *Sämtl. Werke*, ed. Glockner, Bd 12, Stuttgart 1953, S. 396f., ähnlich a. a. O., Bd 13, S. 226ff.
8 Marx/Engels, a. a. O., S. 430f.
9 Mehring: *Zur Literaturgeschichte usw.*, a. a. O., S. 92ff., 245ff. Einzige Erwähnung Jean Pauls: das kurze Zitat zweier Sätze aus der Herder-Würdigung der *Vorschule der Ästhetik* ebd., S. 83, mit dem Zusatz Mehrings: „In der Tat erklären diese Urteile Goethes und Jean Pauls, weshalb Herders historische Wirksamkeit schnell im Dunkeln verschwunden ist."
10 Lukács: *Skizze usw.*, a. a. O., S. 39.
11 Siehe oben, S. 137ff.
12 Lukács, a. a. O., S. 39f.

[13] Dieses Stillschweigen ist freilich dem Verhalten Hans-Dietrich Dahnkes noch vorzuziehen, der im Nachwort zur Epikon-Ausgabe des *Siebenkäs*, Leipzig 1960, S. 703 ff., über den *Titan* ein dezidiertes Urteil abgibt, ohne ihn gelesen zu haben. Ebd., S. 703, spricht Dahnke von „dem Fürstensohn Albano, der in der ‚großen Welt' von der Unerfüllbarkeit seiner hochfliegenden Träume und Ideale erfahren muß und seiner Schwungkraft verlustig geht", und stellt folgenden Vergleich zwischen Wutz und Albano an: „Sein (Jean Pauls – W. Hr.) Wutz verwirklicht unter den elendesten Verhältnissen seine Idealwelt. Sein Albano scheitert unter günstigsten Bedingungen mit seinen Wunschvorstellungen." Das ist etwa so, als würde jemand behaupten, das Ende des *Faust* sei die Hochzeit des Helden mit Gretchen. Erstens sind die Bedingungen, unter denen Albano agiert, durchaus nicht günstig, denn bis ins letzte Kapitel des riesigen Romans hinein weiß er von seiner fürstlichen Herkunft gar nichts. Zweitens scheitert er nicht, sondern besteigt zum Schluß, zu seiner Überraschung, den Thron, und entläßt die Leser mit der Aussicht, daß er, ohne „seiner Schwungkraft verlustig" zu gehen, die gewonnene Macht nun dazu nutzen wird, sein Fürstentum im Geiste seiner erprobten Parteinahme für die Französische Revolution zu regieren.

Register

Inhalt

das neue buch
rowohlt

Herausgegeben von Jürgen Manthey

Programmschwerpunkte: Zeitgenössische Literatur vorwiegend jüngerer deutscher und ausländischer Autoren / Beiträge zu einer materialistischen Ästhetik/ Beispiele gesellschaftskritischer Dokumentaristik / Entwürfe für eine neue, unspekulative Anthropologie / Medientheorie und Kommunikationsforschung/ Kritik der «amerikanischen Ideologie»